Les grands arrêts de la jurisprudence civile

Les grands arrêts de la jurisprudence civile

Tome 1

Introduction
Personnes – Famille – Biens
Régimes matrimoniaux – Successions

13e édition

2015

Henri Capitant

Membre de l'Institut
Professeur de droit civil à la Faculté de droit de Paris

François Terré

Membre de l'Institut
Professeur émérite de l'Université
Panthéon-Assas (Paris II)

Yves Lequette

Professeur à l'Université
Panthéon-Assas
(Paris II)

DALLOZ

DALLOZ

31-35, rue Froidevaux, 75685 Paris Cedex 14

ISBN : 978-2-247-15017-5
978-2-247-15018-2

AVANT-PROPOS
pour la treizième édition

Intervenant plus de quatre-vingt ans après la publication de la première édition des *Grands arrêts de la jurisprudence civile* par Henri Capitant et plus de cinquante ans après que son œuvre eut été poursuivie par les doyens Léon Julliot de La Morandière et Alex Weill, la parution de cette treizième édition témoigne tout à la fois de la pertinence de l'intuition pédagogique qui animait le promoteur de cette entreprise et de la qualité de l'œuvre accomplie par ces grands maîtres du droit civil. Aussi bien les auteurs de la présente édition, désireux de témoigner leur attachement à leurs prédécesseurs ainsi que leur fidélité à l'esprit et à la méthode qui les ont inspirés, ont-ils tenu à maintenir le texte par lequel Henri Capitant préfaçait la première édition ainsi que l'avant-propos pour la quatrième édition dont les signataires étaient les doyens Léon Julliot de La Morandière et Alex Weill.

Forts de la tradition dans laquelle ils s'inscrivent mais aussi conscients de ce qu'un ouvrage, si prestigieux soit-il, ne peut se maintenir qu'au prix d'un constant rajeunissement, les auteurs ont poursuivi à l'occasion de cette treizième édition l'importante refonte entreprise dans les éditions précédentes.

En la forme, tout d'abord. La nouvelle présentation typographique, voulue par l'éditeur afin d'améliorer la lisibilité de l'ouvrage, ayant conduit à une augmentation sensible de son volume, la partition en deux tomes réalisée lors de la onzième édition a été maintenue. D'où un plan renouvelé qui cherche à concilier impératifs pédagogiques et exigences scientifiques. Le premier volume réunit la totalité des matières étudiées, d'une Université à l'autre, en licence 1 : introduction, mais aussi droit des personnes, droit de la famille et droit des biens. S'y ajoutent le droit des régimes matrimoniaux et celui des successions et des libéralités. Quoique ces matières ne soient le plus souvent étudiées qu'en master 1, il a paru opportun de les regrouper avec les précédentes car, situées au confluent du droit de la famille et du droit du patrimoine, elles en sont le prolongement naturel. Centré sur le droit des obligations, le second volume rassemble la théorie générale (acte juridique, responsabilité, quasi-contrats, régime) ainsi que les disciplines qui, évoluant dans son orbite, contribuent directement à son renouvellement : contrats spéciaux, droit des sûretés. Il correspond aux matières généralement enseignées en licence 2 et en licence 3. Sans que cela ait été déterminant dans la démarche des auteurs, il convient de relever qu'il y a là un certain retour aux sources, la progression d'ensemble de l'ouvrage recoupant, désormais, très largement le plan du Code civil. Afin de rendre plus aisée la lecture des observations, celles-ci ont été scindées en paragraphes et des titres ont été donnés aux principales divisions. Cette numérotation a également permis d'affiner les renvois internes à l'ouvrage et de développer l'index alphabétique.

Au fond, le travail de renouvellement a été poursuivi. Sans être d'une ampleur comparable à ceux réalisés lors d'éditions précédentes (71 décisions nouvelles, 78 décisions supprimées à l'occasion de la neuvième édition; respectivement 18, 25 et 38 décisions nouvelles introduites à l'occasion des dixième, onzième et douzième éditions), les changements opérés sont significatifs. De nombreux commentaires ont été totalement ou partiellement réécrits pour tenir compte des évolutions survenues depuis la précédente édition, il y a huit ans.

S'agissant du droit de la famille, le renouvellement y est surtout dû aux réformes législatives – loi du 17 juin 2013 sur le mariage, après les réformes du divorce, de la filiation ou encore des successions – en sorte que sont rendues obsolètes des décisions de grand principe. L'inachèvement de la réforme devrait néanmoins laisser une place significative à la jurisprudence. Quant au droit des obligations, toujours en attente d'une réforme, la jurisprudence y reste, pour l'heure, une source essentielle. Mais ce sont surtout les *sources du droit* qui connaissent sous l'influence de l'internationalisation, de l'européanisation et de la constitutionnalisation de notre droit, de profondes transformations. Formellement, ce bouleversement s'est marqué par la présence dans cet ouvrage de décisions émanant d'organes qui ne sont pas des « sources naturelles » du droit civil. Matériellement, cela se traduit par une « fondamentalisation » croissante de la discipline, aussi bien du fait du développement des questions prioritaires de constitutionnalité que de l'inflation galopante de la jurisprudence de la Cour de Strasbourg. Curieusement, la Cour de cassation qui, en posant dans son arrêt *Jacques Vabre* que le juge est le destinataire direct de la règle selon laquelle le traité est supérieur à la loi, lui serait-elle postérieure, avait cru se hisser au-dessus du législateur, y a perdu son statut de cour souveraine et avec lui une partie de son prestige et de son pouvoir. Elle n'est plus, en effet, qu'une sorte de troisième degré de juridiction, le quatrième degré étant occupé par le Conseil constitutionnel, la Cour de Luxembourg (CJUE) et la Cour de Strasbourg (CEDH), sans qu'on sache très bien comment s'articulent entre elles les différentes composantes de ce quatrième degré. Récemment, elle a, par une décision qui ne figure pas dans ce recueil, paru vouloir répondre à cette nouvelle donne en se comportant plus en juge du fond qu'en juge du droit (Civ. 1re, 4 déc. 2013, *D.* 2014. 179, note F. Chénedé, *ibid.* 153, chron. H. Fulchiron), ce qui lui a valu les applaudissements d'une doctrine toujours prompte à dénigrer la tradition juridique française (Jestaz, Marguénaud et Jamin, « Révolution tranquille à la Cour de cassation », *D.* 2014. 2061). À suivre ces encouragements, il pourrait être donné aux hauts magistrats d'écrire un chapitre supplémentaire au *Traité de la servitude volontaire*.

Pour l'heure, des décisions de principe importantes persistent à ce qui n'est plus à proprement parler le sommet, offrant ainsi à l'étudiant des vues sinon inégalables du moins instructives.

François TERRÉ et Yves LEQUETTE

PRÉFACE
de la première édition (1934)

En composant cet ouvrage, comme une annexe du *Cours élémentaire de Droit civil* publié en collaboration avec mon savant et regretté ami Ambroise COLIN, j'ai voulu mettre les étudiants et tous ceux qui s'intéressent au Droit civil en contact direct avec la Jurisprudence. Pour bien comprendre et connaître le Droit il faut le considérer non seulement du point de vue statique ou théorique, comme on le fait quand on l'étudie dans les commentaires, mais du point de vue dynamique, c'est-à-dire observer la vie juridique, les rapports qui se nouent entre les individus, la façon dont ils se forment, comment ils évoluent, les litiges qu'ils provoquent, les solutions que les tribunaux leur donnent. Les progrès réalisés dans l'interprétation des lois tiennent à ce que les juristes ne se contentent plus, comme leurs prédécesseurs, de raisonner sur les textes, de les éclairer par les travaux préparatoires, de les rapprocher, de les confronter, d'en resserrer l'application ou de l'étendre par le procédé de l'analogie, mais ont pris comme champ d'observation le commerce juridique vu à travers la jurisprudence. La jurisprudence est, en effet, bien qu'on l'ait contesté, une source de droit comme la loi elle-même, et cette source devient de plus en plus abondante à mesure que la loi vieillit. Sans sortir de leur rôle d'interprètes, cherchant dans les textes du code ou, à défaut, dans les principes généraux qui les dominent, les motifs de leurs jugements, les tribunaux créent peu à peu un corps de droit, une doctrine qui complète, enrichit, amende l'œuvre législative. Sans cet apport constant, sans ce rajeunissement incessant, les lois vieilliraient et se dessécheraient. Elles n'échappent à la décrépitude que par cet afflux de sang nouveau, par cette végétation complémentaire que leur apporte cette adaptation quotidienne aux besoins du commerce juridique. Les juristes contemporains ont compris que leur mission consistait à étudier, à critiquer ce droit en formation, à le dégager de la masse des décisions où il se trouve enfoui comme le minerai dans le sol, à le mettre au jour, à le dépouiller de ses scories, en un mot à le systématiser. C'est à eux, en effet, qu'incombe cette mission de découverte, de direction et de redressement. Les magistrats, absorbés par le jugement des procès qui viennent successivement devant eux, statuant sur des espèces toujours variables, ne peuvent saisir les traits généraux des règles à l'élaboration desquelles ils participent, pas plus que le promeneur dans la forêt n'en voit l'ensemble. C'est pourquoi les maîtres de nos Facultés se penchent aujourd'hui sur les décisions de la jurisprudence, comme le savant sur la matière, pour en scruter la composition. Mais, à la différence du savant, qui observe les choses du monde extérieur, le juriste travaille sur une matière essentiellement mouvante et changeante, parce qu'elle est l'œuvre de la volonté des hommes. Aussi son rôle ne se borne-t-il pas à observer; il doit critiquer à l'occasion, en vue de redresser, s'il se peut, l'interprétation que les tribunaux donnent des textes des lois. Quoi qu'il en soit, le juriste ne peut aujourd'hui se flatter de connaître le droit que s'il complète et vivifie l'étude des textes par celle de la jurisprudence.

Mais ce n'est pas seulement en tant que source alimentaire du Droit que le juriste doit étudier la jurisprudence. Son examen présente pour lui un second et précieux avantage. Il lui permet en effet de saisir sur le vif la formation et l'évolution des rapports juridiques. Il y voit en action la lutte des intérêts, la complexité des relations humaines, les mobiles qui déterminent la conclusion de ces rapports, les conflits qu'ils suscitent. Dans un procès, l'examen des faits qui ont provoqué le différend est aussi profitable que l'étude de la solution adoptée par les juges. Pour bien comprendre l'importance et le rôle d'une institution juridique, il est indispensable de voir comment elle fonctionne, c'est-à-dire quelle place elle tient dans le commerce juridique, quand et dans quelles conditions les hommes l'utilisent, la façon dont ils l'emploient, les modalités qu'ils y introduisent, les conséquences qu'elle produit. Or, c'est surtout dans la jurisprudence que l'on peut saisir ce fonctionnement de chaque institution. Plus on étudie le droit, plus on constate l'exactitude de cette observation. On ne connaît bien une règle, on ne se rend compte de son importance, qu'autant qu'on a étudié toutes les décisions de jurisprudence auxquelles son application a donné lieu.

Telles sont les raisons qui nous ont déterminé à composer cet ouvrage. Nous avons voulu donner aux étudiants une série d'illustrations des règles qui sont commentées dans notre *Cours de Droit civil.* Les décisions de jurisprudence doivent remplir le même rôle que les gravures et dessins explicatifs dans les livres de science. Elles mettront l'étudiant en contact avec la vie juridique. Elles augmenteront, croyons-nous, l'intérêt qu'il peut trouver à l'étude du droit théorique, enfin elles l'habitueront à lire et à comprendre les jugements. Combien de jeunes gens terminent leur droit sans avoir ouvert un recueil de jurisprudence, sans savoir s'en servir ! C'est une lacune énorme dans leur instruction. Et combien de juristes, même formés, se contentent de lire le sommaire qui, dans les Recueils, résume la solution donnée par les juges, sans se donner la peine de lire la décision elle-même. Détestable méthode qui peut conduire à de fâcheuses méprises. Pour bien comprendre un jugement, pour en saisir l'esprit, la portée, parfois la raison d'être, il faut d'abord connaître l'espèce sur laquelle il a été rendu, puis le lire avec attention, afin d'en extraire les arguments et de pouvoir juger de leur valeur. Car, comme nous l'avons dit plus haut, si, pour être un vrai juriste, il est indispensable de bien connaître la jurisprudence, il ne faut pas non plus s'incliner devant elle comme devant la loi. Sans doute, nous considérons la jurisprudence comme une source de droit, mais elle ne le devient que quand elle a été couronnée par une longue suite de décisions, et même quand elle est bien établie, elle est encore susceptible de revirements. Le juriste doit non seulement lire, mais critiquer, s'il juge que la décision est mal fondée.

Ainsi l'étude raisonnée et critique de la jurisprudence est un des facteurs essentiels de l'éducation juridique. Je dis un des facteurs. Car il y en a un autre, qu'il ne faut pas oublier, qui doit être mis au premier plan, c'est la lecture et la méditation des textes de la loi. Je répète maintes fois à mes étudiants que le Code civil doit être leur bréviaire, qu'il faut en lire les articles, que c'est un apprentissage nécessaire, que c'est le meilleur moyen d'apprendre la langue juridique et qu'il n'est pas d'exercice plus formateur. Je le dis, je le répète, mais c'est en vain. Les meilleurs d'entre eux étudient les commentaires, mais ils ne lisent pas ce qui y est commenté. C'est mettre la charrue devant les bœufs. C'est pire, car il n'y aurait que demi-mal si, après avoir étudié ce commentaire, ils se reportaient aux textes, mais ils ne le font pas. Et cela est proprement absurde. Et pourtant, qu'ils le sachent bien, il n'y a de bon juriste que celui qui a pris l'habitude de consulter la loi, de la méditer et de la bien comprendre. Combien de discussions vaines seraient évitées si chacun consultait d'abord les textes, au lieu de discuter ! On ne peut s'imaginer la supériorité de l'homme qui, dans une commission, cite les textes se rapportant à la question discutée. Quand on pose une question à un juriste, il est bien rare qu'il ouvre son code ou la loi. Il se jette sur les commentaires ou les recueils d'arrêts et s'en tient là. Du texte lui-même, il n'a cure. C'est contraire au bon sens, mais le bon sens n'est pas si répandu qu'on le croit. On ne saurait trop répéter aux étudiants le conseil que le père de Pierre PITHOU lui donnait, d'après ce que nous raconte LOYSEL dans la vie qu'il a écrite de son ami; Pierre PITHOU venait de terminer ses humanités au collège de Troyes, il partait « pour s'en aller aux Universités de Droit ». Au moment de le quitter, son père lui recommanda de « s'amuser aux textes sans s'arrêter aux gloses ni aux docteurs ». Me conformant au conseil de ce jurisconsulte avisé, j'ai eu soin de citer à propos de chaque arrêt les textes dont l'application a suscité le litige.

Il me reste à dire quelle est la méthode que j'ai suivie dans la composition de cet ouvrage. Et d'abord, il ne contient que des arrêts de la Cour de cassation. La raison en est que la Cour de cassation a pour mission d'assurer l'unité de l'interprétation judiciaire des lois. Tant que la Cour de cassation ne s'est pas prononcée sur un point de droit controversé, la jurisprudence n'est pas fixée. Il est rare que les tribunaux arrivent, sans l'intervention de la Cour suprême, à s'accorder sur la solution qu'il comporte.

Je n'ai relevé que les arrêts qui, depuis le Code civil, ont mis fin à une controverse ou inauguré une nouvelle interprétation. J'ai reproduit ordinairement l'arrêt qui a exprimé le premier l'opinion adoptée par la Cour suprême; parfois, j'ai choisi, dans la suite des arrêts consacrant la même solution, le plus caractéristique ou le plus intéressant par l'espèce. Autant que possible, quand il s'agit d'un arrêt de cassation, j'ai reproduit le jugement ou l'arrêt cassé. Cela permettra au lecteur de se rendre compte de la différence qu'il y a entre la rédaction des jugements des tribunaux et des arrêts de cours d'appel et celle d'un arrêt de la Cour suprême. Les premiers sont obligés de statuer en fait et en droit, de répondre à toutes les conclusions des parties, tandis que la Cour de cassation ne considère que le point de droit et décide uniquement si la décision qui lui est déférée a ou n'a pas violé la loi.

Parmi les arrêts reproduits, on trouvera des arrêts de la chambre des requêtes et des arrêts de la chambre civile. Ces derniers ont plus de poids, pour la raison qu'ils ont été rendus après un double examen de la Cour de cassation. Néanmoins, les premiers n'en sont pas moins fort importants aussi. Il y a des questions qui ne viennent pas devant la chambre civile, parce que la chambre des requêtes les arrête au passage et rejette les pourvois, ne jugeant pas que la difficulté mérite d'être renvoyée devant la chambre civile. Parfois aussi, il se manifeste une dissidence d'interprétation entre les deux chambres.

On remarquera, en comparant les arrêts de l'une et l'autre chambres, que ceux de la chambre civile sont ordinairement plus brefs, plus ramassés. Certains d'entre eux sont remarquables par leur concision et peuvent être donnés comme modèles. On remarquera aussi que la Cour de cassation évite soigneusement les formules trop larges qui pourraient l'engager pour d'autres questions. Elle limite son argumentation au point de droit litigieux.

Pour chaque arrêt reproduit, on trouvera les noms des parties. C'est un procédé mnémotechnique excellent pour se rappeler un arrêt, surtout lorsqu'il est complété par l'exposé des faits. Dans une étude de jurisprudence, il est indispensable pour éviter les confusions, les recherches inutiles. Les publicistes et les internationalistes l'emploient couramment; il est regrettable que les civilistes omettent de s'en servir.

Chaque décision est précédée d'un sommaire — mais nous ne saurions trop rappeler qu'il n'est là qu'à titre explicatif et qu'il vaudrait mieux ne pas consulter cet ouvrage que de s'en tenir à la lecture des sommaires — et, toutes les fois que cela a été possible, de l'exposé des faits, exposé auquel j'attache la plus grande importance ainsi que je l'ai déjà dit.

Enfin, chaque arrêt est accompagné de quelques observations qui ont simplement pour objet de préciser l'état de la question au moment où la Cour de cassation a statué, d'indiquer les principales décisions postérieures rendues sur la même question et de relever l'opinion de la doctrine.

Cet ouvrage avait été entrepris avec notre cher et regretté ami, le savant doyen de la Faculté de Droit de Grenoble, Louis BALLEYDIER; malheureusement la mort a prématurément arrêté cette collaboration et m'a privé des lumières et des précieux conseils de cet excellent juriste. Les lecteurs ne s'en apercevront que trop en comparant les quelques décisions annotées par mon regretté collègue avec les autres.

Je dois en terminant remercier très vivement Mademoiselle Suzanne DALLIGNY, Docteur en droit, qui a bien voulu relever toutes les décisions rapportées dans cet ouvrage et a très activement collaboré à sa composition.

Henri CAPITANT,
Membre de l'Institut,
Professeur de droit civil
à la Faculté de Droit de Paris.

AVANT-PROPOS
pour la quatrième édition (1964)

L'utilité des « grands arrêts de la Jurisprudence civile », pour la formation des étudiants en droit et l'information du monde juridique tout entier, n'est plus à démontrer. La troisième édition en est épuisée depuis plusieurs années déjà.

L'exemple donné par Henri CAPITANT en publiant ce livre relatif au Droit civil a été suivi en d'autres domaines. Depuis lors ont paru les « *Grands arrêts de la Jurisprudence commerciale* », les « *Grands arrêts de la Jurisprudence administrative* »; sont actuellement en préparation les « *Grands arrêts de la Jurisprudence pénale* ». Ces ouvrages forment une des collections importantes des Maisons Dalloz-Sirey. La nouvelle édition des « Grands arrêts de la Jurisprudence civile » paraît dans le cadre de cette collection. Celle-ci va pouvoir ainsi offrir un tableau d'ensemble de l'œuvre de la Jurisprudence française, permettant de fructueuses comparaisons entre les divers aspects de cette œuvre selon les branches du Droit, permettant au lecteur de se rendre un compte exact du rôle essentiel qu'ont joué et que jouent nos juridictions de tous ordres, à côté des pouvoirs législatif et réglementaire, dans l'élaboration du Droit français depuis le début du XIXe siècle.

Cette quatrième édition des *Grands arrêts de la Jurisprudence civile* se présente comme une véritable refonte de l'ouvrage.

Le plan tout d'abord en a été modifié afin de tenir compte de la réforme des études de la licence en droit, réalisée en 1954. Il comporte quatre parties au lieu de trois. La première partie, correspondant à la première année de licence, est divisée en deux livres : livre I, consacré à l'Introduction; livre II, consacré aux Personnes physiques et à la Famille. La deuxième partie, correspondant à la deuxième année, comprend le livre III : La Propriété et ses démembrements et le livre IV : les Obligations. La troisième partie, correspondant à la troisième année, comprend le livre V : Principaux contrats; le livre VI : Publicité foncière et le livre VII : Privilèges et Hypothèques. Enfin, la quatrième partie, correspondant à la quatrième année, est divisée en un livre VIII : Régimes matrimoniaux, un livre IX : Successions et un livre X : Dispositions à titre gratuit.

Le nombre des arrêts reproduits et annotés a été augmenté; il est passé de 240 à 273. Il a fallu en effet, pour se conformer aux nouveaux programmes, donner plus d'importance notamment au livre I, concernant l'introduction générale (application des lois, actes juridiques, personnes morales) et au livre V, consacré aux principaux contrats.

Il a fallu surtout, pour suivre le rythme rapide de l'évolution de notre Droit, insérer un assez grand nombre d'arrêts rendus dans les dix dernières années, arrêts statuant sur des questions nouvelles ou donnant une nouvelle orientation à la solution de problèmes anciens. Certes, afin que les éditions de cet ouvrage ne prennent pas une ampleur excessive, il a été nécessaire de sacrifier quelques anciens arrêts, rendus à propos d'institutions disparues ou en voie de disparition, telles que l'incapacité de la femme mariée ou le régime dotal. Cependant, ces sacrifices ne pouvaient être que limités. Ces anciens arrêts n'ont plus certes un grand intérêt pratique; mais leur valeur théorique, pédagogique et scientifique, demeure; car ils ont été caractéristiques de la méthode suivie à leur époque par notre Cour de cassation; souvent ils ont été de « grands arrêts » et, de toute manière, ils ont marqué une étape dans l'histoire de notre Droit. Or, comme Henri CAPITANT le soulignait dans la Préface placée en tête de la première édition, les Grands Arrêts ont pour but « de permettre au juriste de saisir sur le vif la formation et l'évolution des rapports juridiques ».

C'est également la raison pour laquelle ont été revues les notes accompagnant les arrêts reproduits. Il fallait, bien entendu, rédiger des notes entièrement originales pour les arrêts ne figurant pas dans les éditions précédentes. Mais il fallait aussi réviser les notes antérieures. Il était nécessaire de les compléter par des références aux importants ouvrages doctrinaux parus dans les dernières années. Il fallait rappeler la date des arrêts plus récents ayant maintenu la solution analysée. Il fallait surtout souligner l'importance d'autres arrêts, reproduits à côté de l'arrêt ancien, lorsqu'ils avaient soit renversé, soit infléchi la thèse affirmée par celui-ci. Il fallait signaler les interventions du législateur, soit qu'elles aient consacré le point de vue jurisprudentiel, soit, comme cela est arrivé récemment, qu'elles l'aient expressément contredit; il fallait aussi ouvrir des perspectives sur l'avenir et marquer, par exemple, l'influence que la jurisprudence avait eue sur les textes préparés, dans le droit des personnes, des successions et des libéralités notamment, par la Commission de réforme du Code civil.

Avec l'assentiment des héritiers de Henri CAPITANT, ce travail de refonte a été confié aux deux signataires du présent avant-propos. Le doyen JULLIOT DE LA MORANDIÈRE a pris la charge de la première et de la quatrième partie, correspondant à l'Introduction générale, aux Personnes physiques et à la Famille, aux Régimes matrimoniaux, aux Successions et aux Dispositions à titre gratuit, le doyen Alex WEILL, celle de la deuxième et de la troisième parties, correspondant à la Propriété, aux Obligations, aux Principaux contrats, à la Publicité foncière, aux Privilèges et Hypothèques.

Notre entente a été parfaite : nous avons l'un et l'autre travaillé en pleine communion de pensée, dans le même amour du Droit civil, dans le même désir de faire ressortir le vrai visage qu'il présente à l'heure actuelle, grâce au modelage incessant que lui fait subir une jurisprudence fermement appuyée sur les textes, mais toujours avertie des besoins de la société moderne.

Il nous reste à remercier Mlle Suzanne DALLIGNY d'avoir bien voulu, pour le choix des arrêts et la mise au point définitive, nous continuer une collaboration précieuse, qu'elle avait déjà apportée lors de la préparation des précédentes éditions des Grands Arrêts; grâce à elle, nous espérons avoir pu, malgré les modifications profondes que nous avons dû opérer, maintenir à cet ouvrage les qualités que lui avait imprimées la personnalité si puissante et si attachante d'Henri CAPITANT.

Léon JULLIOT DE LA MORANDIÈRE,
Membre de l'Institut,
Doyen honoraire de la Faculté de Droit
et des Sciences économiques de Paris.

Alex WEILL,
Doyen de la Faculté de Droit et des Sciences politiques
et économiques de Strasbourg.

LA COUR DE CASSATION

Organisation et Fonctionnement

Les décisions reproduites s'étalant sur une période de plus de deux cents ans — 1808 à 2013 — au cours de laquelle l'organisation et le fonctionnement de la Cour de cassation ont sensiblement évolué, il est utile de retracer son évolution, avant de présenter les règles actuelles.

I. — Évolution historique

1) Régime initial. — La Cour de cassation comprenait initialement trois chambres : la chambre des requêtes, la chambre civile et la chambre criminelle. Cette dernière connaissait des pourvois contre les décisions de toutes les juridictions de l'ordre répressif.

En matière de droit privé, jusqu'à la loi du 23 juillet 1947, le pourvoi était, en principe, d'abord déféré à la chambre des requêtes, qui pouvait ou le rejeter par un arrêt motivé si elle l'estimait manifestement mal fondé, ou l'admettre et le transmettre, par un arrêt non motivé, à la chambre civile, s'il lui apparaissait sérieux et méritant discussion contradictoire. De 1938 à 1947, a existé aussi une chambre sociale : dans certaines affaires, elle avait, par rapport à la chambre civile, le rôle ordinairement dévolu à la chambre des requêtes; dans d'autres, elle pouvait statuer directement.

La chambre civile statuait toujours par un arrêt motivé. Si elle estimait que les juges du fond avaient correctement appliqué la loi, elle rejetait le pourvoi, et tout était fini, la décision attaquée conservant définitivement son autorité. Dans le cas contraire, elle rendait un arrêt de cassation, annulant la décision attaquée et renvoyant l'affaire devant une autre juridiction du même degré que celle ayant rendu la décision cassée. Cette dernière juridiction, par exemple une cour d'appel, dite juridiction de renvoi, n'était pas liée par l'arrêt de cassation. Si elle se rangeait à l'avis de la Cour de cassation, le litige était terminé, les voies de recours étant épuisées. Mais elle pouvait se prononcer dans le même sens que la décision qui avait été cassée par la chambre civile. Dans ce cas, il y avait donc conflit entre la Cour de cassation et deux cours d'appel. Divers systèmes ont été successivement suivis pour dénouer le conflit. Bornons-nous à exposer celui de la loi du 1er avril 1837, qui est resté en vigueur jusqu'en 1967.

Lorsque la juridiction de renvoi statue dans le même sens que celle dont la décision a été cassée, un deuxième pourvoi en cassation est possible, qui s'appuie sur les mêmes moyens que le premier : il sera examiné avec un soin particulier, la Cour de cassation devant statuer *toutes chambres réunies* (sous l'empire de la loi du 2 brumaire an IV, chambre des requêtes, chambre civile, chambre criminelle). L'arrêt ainsi rendu pourra être, soit un arrêt de rejet (auquel cas les chambres réunies se prononcent contre l'avis de la chambre civile qui a cassé la décision attaquée), soit un arrêt de cassation (les chambres réunies statuant comme l'avait fait la chambre civile). Dans ce dernier cas, l'affaire est renvoyée devant une troisième juridiction, du même degré que les deux premières, mais avec cette particularité que la nouvelle juridiction de renvoi est tenue de se conformer sur le point de droit à la solution donnée par l'arrêt des chambres réunies. Ce deuxième renvoi n'est ainsi prononcé que pour ordre, il ne s'explique que par le principe que la Cour de cassation ne peut juger le procès; celui-ci sera donc soumis à une juridiction du fond, mais avec l'obligation de juger dans le sens consacré par la Cour de cassation. L'arrêt des chambres réunies ne vaut toutefois que pour la cause et ne lie pas les juges dans une cause postérieure.

2) La réforme de 1947. — On a reproché à la Cour de cassation le temps qu'elle mettait à liquider les pourvois. Une des causes des lenteurs parut être le double examen de la même affaire par la chambre des requêtes et, le cas échéant, par la chambre civile. D'où l'idée de transformer la chambre des requêtes en une nouvelle chambre civile afin de gagner du temps et de décharger les magistrats de la chambre civile. Mais on ne manqua pas d'objecter que l'existence de plusieurs chambres civiles risquait d'entraîner des divergences d'interprétation selon les chambres; c'en serait fait du rôle de la Cour de cassation, qui est d'assurer l'unité d'interprétation du droit. Aussi la loi du 23 juillet 1947, qui a supprimé la chambre des requêtes et institué diverses chambres civiles, avait-elle cherché à parer à ce danger.

Les magistrats étaient répartis en deux chambres : la chambre civile et la chambre criminelle. La chambre civile était divisée en quatre sections; en réalité on pouvait considérer qu'il y avait quatre chambres civiles entre lesquelles les affaires étaient réparties suivant leur nature, le bureau de la Cour opérant la spécialisation des chambres au début de chaque année judiciaire, en fonction des besoins. On distinguait ainsi la chambre civile, première section civile, la chambre civile, deuxième section civile, la chambre civile, section commerciale et financière, la chambre civile, section sociale.

Chaque section — au sens de chambre — siégeait isolément. Elle ne pouvait rendre d'arrêts qu'avec la présence de 7 membres au moins. Il n'y avait plus de filtrage préalable, chaque section étant directement saisie des pourvois relevant de sa compétence. Ou bien le pourvoi était rejeté, et la décision attaquée conservait définitivement son autorité, ou bien la décision attaquée était cassée. Dans ce cas, l'ancien mécanisme subsistait intégralement, avec la possibilité de l'intervention des chambres réunies si la juridiction de renvoi refusait de s'approprier la solution en droit de la section initialement saisie et qui avait cassé la première décision. La formation des chambres réunies exigeait la présence de 35 membres au moins.

Mais supposons que, sur un point, l'une des chambres civiles ait statué en un sens et qu'une question semblable étant posée devant une autre chambre, celle-ci se soit apprêtée à statuer différemment. Il y avait alors menace de contrariété de décisions au sein de la Cour de cassation. Dans ce cas, le Premier président, sur proposition du président de chambre et avis du conseiller rapporteur et de l'avocat général, renvoyait l'affaire devant l'*assemblée plénière civile*. Cette formation a été instituée par la loi du 23 juillet 1947. Elle devait réunir 15 membres au moins. Elle était présidée par le Premier président et comprenait nécessairement le président et le conseiller doyen de chacune des chambres civiles, ainsi que de la chambre criminelle, si le problème juridique en cause était susceptible de se poser également devant cette chambre (par exemple, une question de responsabilité civile). Les arrêts rendus par l'assemblée plénière civile suivaient le même circuit que ceux rendus par la chambre siégeant isolément : il y avait soit rejet du pourvoi, soit cassation de la décision attaquée et renvoi devant une juridiction du fond du même degré que celle qui avait rendu la première décision; si la juridiction de renvoi ne se rangeait pas à l'avis de l'assemblée plénière civile, un deuxième pourvoi en cassation était possible — il était porté devant les chambres réunies.

3) La réforme de 1967. — Une réforme générale de la Cour de cassation a été, à nouveau, opérée par une loi du 3 juillet 1967. Les résultats de la réforme intervenue en 1947 avaient certes été, dans l'ensemble, satisfaisants, l'augmentation du nombre des chambres, jointe à un effort de réorganisation interne, ayant amené une résorption des retards. Mais ces améliorations risquaient d'être insuffisantes dans l'avenir en raison de l'apport ininterrompu de dossiers nouveaux. De plus, il était apparu à l'expérience que le service des chambres était gravement perturbé dès que leurs membres étaient appelés à participer aux travaux des formations de jugement particulières qu'étaient les chambres réunies ou l'assemblée plénière civile, étant donné le nombre important de magistrats dont la présence était requise pour qu'elles pussent délibérer valablement.

C'est pourquoi la loi du 3 juillet 1967, complétée par les lois du 12 juillet 1978, du 3 janvier 1979, du 6 août 1981 et du 23 avril 1997, ainsi que par un décret du 26 février 1999, a opéré diverses réformes relatives à la composition et aux formations de la Cour de cassation. Les textes régissant la Cour de cassation sont, depuis leur codification, en 1978, puis en 2006 (ord. 8 janv. 2006), les articles L. 411-1 s. et R. 421-1 s. du Code de l'organisation judiciaire.

II. — Système actuel

La Cour de cassation est actuellement composée de six chambres : cinq chambres civiles et une chambre criminelle (art. R. 421-3 COJ). « Chacune des chambres de la Cour de cassation comprend : un président de chambre; des conseillers; des conseillers référendaires; un ou plusieurs avocats généraux; un greffier de chambre » (art. R. 421-4 COJ). Afin d'assurer le maximum de souplesse dans le fonctionnement de la Cour de cassation, la loi n'a pas fixé de manière impérative la composition de chacune des chambres.

Les arrêts peuvent être rendus soit par *l'une des chambres*, soit par une *chambre mixte*, soit par l'*assemblée plénière*.

1) Arrêts rendus par les diverses chambres civiles. — Chacune des chambres civiles a une compétence déterminée par une ordonnance du premier président, après avis du procureur général. Les trois premières chambres s'appellent chambres civiles (1re, 2e, 3e), la quatrième et la cinquième conservant respectivement l'appellation de chambre commerciale et financière et de chambre sociale.

Chaque chambre comporte un nombre variable de conseillers. Longtemps il fallut, pour qu'un arrêt soit valablement rendu, que sept membres au moins ayant voix délibérative soient présents. Ce nombre a été réduit, par étapes, avec réapparition d'un mécanisme de filtrage, non pas comme avant 1947, par une chambre de la Cour de cassation, mais au sein de chaque chambre. En l'état actuel des textes, « les affaires soumises à une chambre civile sont examinées par une formation de trois magistrats appartenant à la chambre à laquelle elles ont été distribuées » (art. L. 431-1, al. 1er, COJ). « Cette formation statue lorsque la solution du pourvoi s'impose », implicitement mais nécessairement (al. 2), que ce soit en rejet ou en cassation. « Dans le cas contraire, elle renvoie l'examen du pourvoi à l'audience de la chambre » (al. 2), ce qui conduit à exiger la présence de cinq membres ayant voix délibérative (art. R. 431-5 COJ). Ajoutons que « le premier président ou le président de la chambre concernée, ou leurs délégués, d'office ou à la demande du procureur général ou de l'une des parties, peuvent renvoyer directement une affaire à l'audience de la chambre par décision non motivée » (al. 3).

2) Arrêts rendus par une chambre mixte. — Afin d'alléger le système antérieur, la loi de 1967 a remplacé l'assemblée plénière civile instituée par la loi de 1947 par la formation des chambres mixtes. « Le renvoi devant une chambre mixte peut être ordonné lorsqu'une affaire pose une question relevant normalement des attributions de plusieurs chambres ou si la question a reçu ou est susceptible de recevoir des solutions divergentes ; il doit l'être en cas de partage égal des voix » (art. L. 431-5 COJ).

« Le renvoi (...) est décidé soit avant l'ouverture des débats, par ordonnance non motivée du premier président, soit par arrêt non motivé de la chambre saisie » (art. L. 431-7, al. 1er, COJ). « Le renvoi est de droit lorsque le procureur général le requiert avant l'ouverture des débats » (al. 2). « Lorsqu'une chambre mixte doit être constituée, elle est composée de magistrats appartenant à trois chambres au moins de la cour. » « La chambre mixte est présidée par le premier président, ou, en cas d'empêchement de celui-ci, par le plus ancien des présidents de chambre. » « Elle comprend, en outre, les présidents et doyens des chambres qui la composent ainsi que deux conseillers de chacune de ces chambres » (art. L. 421-4 COJ).

3) Arrêts rendus par l'assemblée plénière. — Toujours dans le désir d'alléger le système antérieur, la loi de 1967 a supprimé la formation des chambres réunies dont les attributions ont été dévolues à l'assemblée plénière. Celle-ci « est présidée par le premier président, ou, en cas d'empêchement de celui-ci, par le plus ancien des présidents de chambre » (art. L. 421-5, al. 1er, COJ). « Elle comprend, en outre les présidents et les doyens des chambres ainsi qu'un conseiller de chaque chambre » (al. 2). « Le premier président désigne sur proposition de chacun des présidents de chambre, parmi les conseillers de chaque chambre, celui qui sera appelé à siéger à l'assemblée plénière au titre de cette chambre » (art. R. 431-12 COJ). « Le renvoi devant l'assemblée plénière peut être ordonné lorsque l'affaire pose une question de principe, notamment s'il existe des solutions divergentes soit entre les juges du fond, soit entre les juges du fond et la Cour de cassation; il doit l'être lorsque, après cassation d'un premier arrêt ou jugement, la décision par la juridiction de renvoi est attaquée par les mêmes moyens » (art. L. 431-6 COJ).

4) La cassation avec ou sans renvoi. — Parce que la Cour de cassation est juge du droit, elle « ne connaît pas du fond des affaires, sauf disposition législative contraire » (art. L. 411-2, al. 2, COJ). En cas de cassation, l'affaire est donc renvoyée, sauf disposition contraire, devant une autre juridiction de même nature que celle dont émane l'arrêt ou le jugement cassé ou devant la même juridiction composée d'autres magistrats (art. L. 431-4, al. 1er, COJ). Toutefois, se constituant alors, en quelque sorte, en troisième degré de juridiction, la Cour de cassation — quelle qu'en soit la formation — peut casser sans renvoi, lorsque la cassation n'implique pas qu'il soit à nouveau statué sur le fond; elle peut aussi, en cassant sans renvoi, mettre fin au litige lorsque les faits, tels qu'ils ont été souverainement constatés et appréciés par les juges du fond, lui permettent d'appliquer la règle de droit appropriée (art. L. 411-3, al. 1 et 2, COJ).

Parce qu'il faut, de toute façon, mettre fin à un litige, à supposer qu'aient été respectées diverses étapes, il est prévu que, lorsque le renvoi est ordonné, après cassation, par l'assemblée plénière, la juridiction de renvoi *doit* se conformer à la décision de cette assemblée sur les points de droit jugés par celle-ci (art. L. 431-4, al. 2, COJ). Alors, s'affirme davantage l'autorité de la Cour de cassation dans la détermination du droit.

5) Autres fonctions. — Les fonctions de la Cour de cassation ne sont pas seulement juridictionnelles.

Une loi du 15 mai 1991, complétée par des décrets du 12 mars 1992 et du 13 mai 2005, a aménagé une procédure de saisine pour avis de la Cour de cassation. D'un nouvel article L. 441-1 du Code de l'organisation judiciaire, il résulte qu'« avant de statuer sur une demande soulevant une question de droit nouvelle, présentant une difficulté sérieuse et se posant dans de nombreux litiges, les juridictions de l'ordre judiciaire peuvent, par une décision non susceptible de recours, solliciter l'avis de la Cour de cassation ».

Lorsque le juge envisage de solliciter cet avis, « il en avise les parties et le ministère public » et « il recueille leurs observations écrites éventuellement dans le délai qu'il fixe, à moins qu'ils n'aient déjà conclu sur ce point » (art. 1031-1, al. 1er, C. pr. civ.). « Dès réception des observations ou à l'expiration du délai, le juge peut, par une décision non susceptible de recours, solliciter l'avis de la Cour de cassation en formulant la question de droit qu'il lui soumet… » (art. 1031-1, al. 2, C. pr. civ.).

« La formation de la Cour de cassation qui se prononce sur la demande d'avis est présidée par le premier président ou, en cas d'empêchement, par le président de chambre le plus ancien » (art. L. 441-2 COJ). « La Cour de cassation rend son avis dans les trois mois de la réception du dossier » (art. 1031-3 C. pr. civ.). « L'avis rendu ne lie pas la juridiction qui a formé la demande » (art. L. 441-3 COJ). Comme si elle n'était pas suffisamment occupée, la Cour de cassation, outrepassant ses pouvoirs, s'est arrogé celui d'émettre des avis même lorsqu'il ne lui en est pas demandé dans le cadre défini par la loi (v. Molfessis, « Les avis spontanés de la Cour de cassation », *D.* 2007, chron. 37).

INDEX DES OUVRAGES LE PLUS SOUVENT CITÉS

1. Traités, manuels, précis

a) Ouvrages anciens

AUBRY et RAU, *Cours de droit civil français*, 6e et 7e éd., par BARTIN, ESMEIN, PONSARD et DEJEAN DE LA BÂTIE, 1938-1975.

BEUDANT, *Cours de droit civil français*, 2e éd., publiée par R. BEUDANT et P. LEREBOURS-PIGEONNIÈRE, 19 vol., 1938-1953, avec le concours de Mme BÉQUIGNON-LAGARDE, de MM. BATIFFOL, BRETON, BRÈTHE DE LA GRESSAYE, G. LAGARDE, LE BALLE, LENOAN, R. PERROT, A. PERCEROU, RAYNAUD, RODIÈRE, VOIRIN.

COLIN et CAPITANT, *Cours élémentaires de droit civil français*, t. 3, 10e éd., 1950, par Léon JULLIOT DE LA MORANDIÈRE.

JOSSERAND, *Cours de droit civil positif français*, 3e éd., 3 vol., 1938-1940.

JULLIOT DE LA MORANDIÈRE, *Traité de droit civil* de COLIN et CAPITANT, refonte, t. 1, 1957 et t. 2, 1959.

PLANIOL et RIPERT, *Traité théorique de droit civil français*, 2e éd., 13 vol., 1952-1960, plus 1 vol. de tables, 1963, publiée avec le concours de MM. BECQUÉ, BESSON, BOULANGER, ESMEIN, GABOLDE, GIVORD, HAMEL, LEPARGNEUR, LOUSSOUARN, MAURY, PICARD, RADOUANT, ROUAST, R. SAVATIER, J. SAVATIER, TRASBOT, TUNC, VIALLETON.

RIPERT et BOULANGER, *Traité de droit civil*, d'après le Traité de PLANIOL, 4 vol., 1956-1959.

b) Ouvrages modernes

ANTONMATTÉI et RAYNARD, *Contrats spéciaux*, 7e éd., Litec, 2013.

ATIAS, *Droit civil, Les biens*, 9e éd., Litec, 2007; *Les personnes, les incapacités*, 1985.

AUBERT et SAVAUX, *Introduction au droit et thèmes fondamentaux du droit civil*, 14e éd., Sirey, 2014.

BACACHE-GIBEILI, *Les obligations, La responsabilité civile extra-contractuelle*, 2e éd., Economica, 2012.

BARTHEZ et HOUTCIEFF, *Les sûretés personnelles*, LGDJ, 2010.

BÉNABENT, *Droit de la famille*, 3e éd., Montchrestien, 2014; *Les obligations*, 14e éd., Montchrestien, 2014; *Droit des contrats spéciaux civils et commerciaux*, 10e éd., Montchrestien, 2013.

BOULANGER, *Droit civil de la famille, aspects comparatifs et internationaux*, t. 1, 3e éd., 1997, t. 2, 1994.

BRUN, *Responsabilité civile extracontractuelle*, 3e éd., LexisNexis, 2014.

CABRILLAC (R.), *Droit civil, Les régimes matrimoniaux*, 7e éd., Montchrestien, 2011.

CABRILLAC (M.), MOULY (Ch.), CABRILLAC (S.) et PÉTEL, *Droit des sûretés*, 9e éd., Litec, 2010.

CARBONNIER, *Droit civil, Introduction*, 27e éd., 2002; t. 1, *Les personnes*, 21e éd., 2000; t. 2, *La famille*, 21e éd., 2002; t. 3, *Les biens*, 19e éd., 2000; t. 4, *Les obligations*, 23e éd., 2000. *Droit civil*, t. 1 et 2, éd. Quadrige, PUF, 2004.

COLLART-DUTILLEUL et DELEBECQUE, *Contrats civils et commerciaux*, 9e éd., Dalloz, 2011.

COLOMER, *Droit civil, Les régimes matrimoniaux*, 12e éd., Litec, 2004.

CORNU, *Droit civil, Introduction, Les personnes, Les biens*, 12e éd., Montchrestien, 2005; *Introduction*, 13e éd., 2007; *Les personnes*, 13e éd., 2007; *La famille*, 9e éd., 2006; *Les régimes matrimoniaux*, 9e éd., 1997.

FABRE-MAGNAN, *Les obligations*, 3e éd., PUF, t. 1, 2012; t. 2, 2013.

FAGES, *Droit des obligations*, 4e éd., LGDJ, 2013.

FLOUR, AUBERT et SAVAUX, *Droit civil, Les obligations*, vol. 1, *L'acte juridique*, 16e éd., Sirey, 2014; vol. 2, *Le fait juridique*, 14e éd., Sirey, 2011; vol. 3, *Le rapport d'obligation*, 8e éd., Sirey, 2013.

FLOUR et CHAMPENOIS, *Les régimes matrimoniaux*, 2e éd., Sirey, 2001.

FLOUR et SOULEAU, *Droit civil, Les successions*, 3e éd., Armand Colin, 1991; *Les Libéralités*, Armand Colin, 1982.

FRANÇOIS, *Les obligations, régime général*, Economica, 3e éd., 2013; *Les sûretés personnelles*, Economica, 2004.

GHESTIN, *Cause de l'engagement et validité du contrat*, LGDJ, 2006; *Traité de droit civil, La formation du contrat*, 3e éd., LGDJ, 1993.

GHESTIN, BILLIAU et LOISEAU, *Le régime des créances et des dettes*, LGDJ, 2005.

GHESTIN et DESCHÉ, *Traités des contrats, La vente*, LGDJ, 1990.

GHESTIN et GOUBEAUX, *Traité de droit civil, Introduction générale*, 4e éd., LGDJ, 1994, avec le concours de Muriel FABRE-MAGNAN.

GHESTIN, JAMIN et BILLIAU, *Traité de droit civil, Les effets du contrat*, 2e éd., LGDJ, 1994.

GOUBEAUX, *Traité de droit civil, Les personnes*, LGDJ, 1989.

GRIMALDI, *Droit civil, Successions*, 6e éd., Litec, 2001; *Libéralités, Partages d'ascendants*, Litec, 2000.

GROSS et BIHR, *Contrats*, t. 1, *Ventes civiles et commerciales, baux d'habitation, baux commerciaux*, 2e éd., PUF, 2002.

HAUSER et HUET-WEILLER, *Traité de droit civil, La famille, Fondation et vie de la famille*, 2e éd., LGDJ, 1993; *Dissolution de la famille*, LGDJ, 1991.

Huet, Decocq, Grimaldi et Lécuyer, *Traité de droit civil, Les principaux contrats spéciaux*, 3e éd., LGDJ, 2012.

Jubault, *Droit civil, les successions, les libéralités*, 2e éd., Montchrestien, 2010.

Labbée, *Introduction générale au droit, Pour une approche éthique*, 1998.

Labrusse-Riou, *Droit de la famille*, 1984.

Larroumet, *Droit civil*, t. 1, *Introduction à l'étude du droit privé*, 6e éd., avec A. Aynès, Economica, 2013; t. 2, *Les biens, droits réels principaux*, 5e éd., Economica, 2006; t. 3, *Les obligations, Le contrat*, 7e éd., avec S. Bros, Economica, 2014; t. 4, *Les obligations, Régime général*, 3e éd. par J. François, Economica, 2013; t. 5, *Les obligations, La responsabilité civile extracontractuelle*, par M. Bacache-Gibeili, 2e éd., 2012; t. 7, *Les sûretés personnelles*, par J. François, Economica, 2004.

Le Tourneau, *Droit de la responsabilité et des contrats*, 10e éd., Dalloz, 2014.

Malaurie et Aynès, *Droit civil, Introduction au droit*, par Malaurie et Morvan, 5e éd., Defrénois, 2014; *Les personnes, La protection des mineurs et des majeurs*, par Malaurie, 7e éd., Defrénois, 2014; *La famille*, par Malaurie et Fulchiron, 4e éd., Defrénois, 2011; *Les obligations*, par Malaurie, Aynès et Stoffel-Munck, 4e éd., Defrénois, 2013; *Les biens*, 5e éd., Defrénois, 2013; *Les sûretés, La publicité foncière*, par Aynès et Crocq, 8e éd., Defrénois, 2014; *Les régimes matrimoniaux*, 4e éd., Defrénois, 2013; *Les successions, Les libéralités*, par Malaurie et Brenner, 6e éd., Defrénois, 2014; *Les contrats spéciaux*, par Malaurie, Aynès et Gautier, 7e éd., Defrénois, 2014.

Malinvaud, *Introduction à l'étude du droit*, 14e éd., Litec, 2013; *Les obligations*, avec Fenouillet et Mekki, 13e éd., Litec, 2014.

Marty et Raynaud, *Droit civil, Introduction générale à l'étude du droit*, 2e éd., Sirey, 1972; *Les personnes*, par Raynaud, 3e éd., Sirey, 1976; *Les obligations*, t. I, *Les sources*, par Raynaud, 2e éd., Sirey, 1988, t. II, *Les effets*, par Raynaud et Jestaz, 2e éd., Sirey, 1989; *Les biens*, par P. Jourdain, Sirey, 1995; *Les sûretés, La publicité foncière*, par Raynaud et Jestaz, 2e éd., Sirey, 1987; *Les régimes matrimoniaux*, par Raynaud, 2e éd., Sirey, 1985; *Les successions et les libéralités*, par Raynaud, Sirey, 1983.

Mazeaud (H., L. et J.), *Leçons de droit civil*, t. I, 1er vol., *Introduction à l'étude du droit*, par Chabas, 12e éd., Montchrestien, 2000; Mazeaud (H., L., J.) et F. Chabas, t. I, 2e vol., *Les personnes : la personnalité, les incapacités*, 8e éd., Montchrestien, 1997, par F. Laroche-gisserot; t. I, 3e vol., *La famille*, par Leveneur, 7e éd., Montchrestien, 1995; t. II, 1er vol., *Obligations : théorie générale*, par Chabas, 9e éd., Montchrestien, 1998; t. II, 2e vol., *Biens : droit de propriété et ses démembrements*, par Chabas, 8e éd., Montchrestien, 1994; t. III, 1er vol., *Sûretés, Publicité foncière*, par Y. Picod, 7e éd., Montchrestien, 1999; t. III, 2e vol., *Principaux contrats :* 1re partie, *Vente et échange*, par DE JUGLART, 7e éd., Montchrestien, 1987, *Régimes matrimoniaux*, par DE JUGLART, 5e éd., Montchrestien, 1982; 2e vol., *Successions, Libéralités*, 5e éd. par L. et Sabine LEVENEUR, Montchrestien, 1999.

MESTRE, PUTMAN et BILLIAU, *Droit commun des sûretés réelles*, LGDJ, 1996; *Droit spécial des sûretés réelles*, LGDJ, 1996.

MIGNOT, *Droit des sûretés*, Montchrestien, 2e éd., 2008.

POUMARÈDE, *Droit des obligations*, 3e éd., LGDJ, 2014.

ROLAND, *Droit des libéralités*, 2000.

SAUPHANOR-BROUILLAUD, *Les contrats de consommation, règles communes*, LGDJ, 2013, avec le concours de E. POILLOT, C. AUBERT DE VINCELLES et G. BRUNAUX.

SÉRIAUX, *Le droit, une introduction*, 1997; *Droit des obligations*, 2e éd., PUF, 1998; *Manuel de droit des successions et des libéralités*, PUF, 2003.

SIMLER, *Cautionnement et garanties autonomes*, 3e éd., 2000.

SIMLER et DELEBECQUE, *Droit civil, Les sûretés, La publicité foncière*, 6e éd., Dalloz, 2012.

STARCK, ROLAND et BOYER, *Introduction au droit*, Litec, 2002; *Obligations :* 1. *Responsabilité délictuelle*, 5e éd., Litec, 1996; 2. *Contrat*, 6e éd., Litec, 1998; 3. *Régime général*, 6e éd., Litec, 1999.

TERRÉ, *Introduction générale au droit*, 9e éd., Dalloz, 2012.

TERRÉ et FENOUILLET, *Les personnes, Personnalité, incapacité, protection*, 8e éd., Dalloz, 2012; *La famille*, 8e éd., Dalloz, 2011.

TERRÉ, LEQUETTE et GAUDEMET, *Droit civil, Les successions, Les libéralités*, 4e éd., Dalloz, 2014.

TERRÉ et SIMLER, *Les biens*, 7e éd., Dalloz, 2006; *Les régimes matrimoniaux*, 4e éd., Dalloz, 2005.

TERRÉ, SIMLER et LEQUETTE, *Droit civil, Les obligations*, 11e éd., Dalloz, 2013.

TESTU, *Contrats d'affaires*, Dalloz, 2011.

TEYSSIÉ, *Droit civil, Les personnes*, 15e éd., Litec, 2014.

THÉRY, *Sûretés et publicité foncière*, 2e éd., PUF, 1998.

VINEY, *Introduction à la responsabilité*, 3e éd., LGDJ, 2006.

VINEY et JOURDAIN, *Les conditions de la responsabilité*, avec le concours de S. CARVAL, 4e éd., LGDJ, 2013; *Les effets de la responsabilité*, 3e éd., LGDJ, 2010.

ZÉNATI et REVET, *Les biens*, 3e éd., PUF, 2008; *Contrats, théorie générale, quasi-contrats*, PUF, 2014; *Obligation, régime*, PUF, 2012; *Successions*, PUF, 2012.

2. Recueils de grands arrêts, avis et décisions

ANCEL et LEQUETTE, *Grands arrêts de la jurisprudence française de droit international privé*, 5e éd., Dalloz, 2006.

BERGER, *Jurisprudence de la Cour européenne des droits de l'homme*, 13e éd., Sirey, 2014.

FAVOREU et PHILIP *et al.*, *Les grandes décisions du Conseil constitutionnel*, 17e éd., Dalloz, 2013.

LONG, WEIL, BRAIBANT, DELVOLVÉ et GENEVOIS, *Les grands arrêts de la jurisprudence administrative*, 19e éd., Dalloz, 2013.

MESTRE, PUTMAN et VIDAL (sous la direction de), *Grands arrêts du droit des affaires*, Dalloz, 1995.

PÉLISSIER, LYON-CAEN, JEAMMAUD et DOCKÈS, *Les grands arrêts du droit du travail*, 3e éd., Dalloz, 2004.

SUDRE, MARGUÉNAUD, ANDRIANTSIMBAZOVINA, GOUTTENOIRE et LEVINET, *Les Grands arrêts de la Cour européenne des droits de l'homme*, 6e éd., PUF, 2011.

3. Vocabulaires, lexiques

CORNU, *Vocabulaire juridique, Association Henri-Capitant*, 10e éd., PUF, coll. « Quadrige », 2014.

GUINCHARD et DEBARD, *Lexique des termes juridiques*, 22e éd., Dalloz, 2014.

ROLAND et BOYER, *Adages du droit français*, 4e éd., 1999; *Locutions latines du droit français*, 3e éd., 1993.

LISTE DES ABRÉVIATIONS

AJ fam.	*Actualité juridique famille*
AJDA	*Actualité juridique Droit administratif*
APD	*Archives de philosophie du droit*
Ass. plén.	Assemblée plénière de la Cour de cassation
Bull. civ.	*Bulletin des arrêts des chambres civiles de la Cour de cassation*
Bull. crim.	*Bulletin des arrêts de la chambre criminelle de la Cour de cassation*
C. ass.	Code des assurances
C. civ.	Code civil
C. com.	Code de commerce
C. consom.	Code de la consommation
C. élect.	Code électoral
C. mon. fin.	Code monétaire et financier
C. pén.	Code pénal
C. pr. civ.	Code de procédure civile
C. pr. pén.	Code de procédure pénale
C. trav.	Code du travail
Cah. Cons. const.	*Les Cahiers du Conseil constitutionnel*
CASF	Code de l'action sociale et des familles
CCC	*Revue Contrats Concurrence Consommation*
CE	Conseil d'État
CEDH	Cour européenne des droits de l'homme
CGI	Code général des impôts
Ch. mixte	Chambre mixte de la Cour de cassation
Ch. réun.	Chambres réunies de la Cour de cassation
Civ.	Chambre civile de la Cour de cassation
CJCE	Cour de justice des Communautés européennes (avant le 1er décembre 2009)
CJUE	Cour de justice de l'Union européenne
COJ	Code de l'organisation judiciaire
Com.	Chambre commerciale de la Cour de cassation
Cons. const.	Conseil constitutionnel
Conv. EDH	Convention européenne des droits de l'homme et des libertés fondamentales
CPI	Code de la propriété intellectuelle
Crim.	Chambre criminelle de la Cour de cassation

D.	*Recueil Dalloz*
Dalloz JG	*Jurisprudence générale Dalloz*
Décr.-L.	Décret-loi
Defrénois	*Répertoire du notariat Defrénois*
DMF	*Revue Droit maritime français*
DP	*Recueil périodique et critique mensuel (années antérieures à 1941)*
Dr. adm.	*Revue Droit administratif*
Dr. et patr.	*Droit et patrimoine*
Dr. fam.	*Droit de la famille*
GADIP	*Grands arrêts de la jurisprudence française de droit international privé*, 5e éd., Dalloz, 2006
GAJA	*Les grands arrêts de la jurisprudence administrative*, 19e éd., Dalloz, 2013
Gaz. Pal.	*Gazette du Palais*
GDCC	*Les grandes décisions du Conseil constitutionnel*, 17e éd., Dalloz, 2013
IR	Informations rapides (du Recueil Dalloz)
JCP	*Juris-Classeur périodique (Semaine juridique), édition générale*
JCP E	*Juris-Classeur périodique (Semaine juridique), édition entreprise*
JCP N	*Juris-Classeur périodique (Semaine juridique), édition notariale*
JDI	*Journal de droit international (Clunet)*
JO	*Journal officiel*
L.	Loi
Lebon	*Recueil des arrêts du Conseil d'État*
LPA	*Les Petites Affiches*
Nouv. Cah. Cons. const.	*Les Nouveaux Cahiers du Conseil constitutionnel*
Ord.	Ordonnance
RCA	*Responsabilité civile et assurances*
RDC	*Revue des contrats*
RDUE	*Revue du droit de l'Union européenne*
LebonDH	*Recueil des décisions de la Cour européenne des droits de l'homme*
Rec. CJCE	*Recueil des arrêts de la Cour de justice et du tribunal de première instance des Communautés européennes*
Rec. Cons. const.	*Recueil des décisions du Conseil constitutionnel*
Rev. crit. DIP	*Revue critique de droit international privé*
Rev. sociétés	*Revue des sociétés*

RFDA	*Revue française de droit administratif*
RID comp.	*Revue internationale de droit comparé*
RJ com.	*Revue de jurisprudence commerciale*
RTD civ.	*Revue trimestrielle de droit civil*
RTD com.	*Revue trimestrielle de droit commercial*
S.	*Recueil Sirey*
Soc.	Chambre sociale de la Cour de cassation
Somm.	Sommaires
T. civ.	Tribunal, chambre civile
T. corr.	Tribunal correctionnel
TA	Tribunal administratif
TC	T. confl.
TUE	Traité sur l'Union européenne

LIVRE I

Introduction

SOURCES

1

CONSTITUTION. TRAITÉ INTERNATIONAL. ORDRE INTERNE. SUPÉRIORITÉ DE LA CONSTITUTION

Ass. plén. 2 juin 2000

(*Bull. ass. plén.*, n° 4, *JCP* 2001. II. 10453, note A.-C. de Foucauld, *D.* 2001. 1636, chron. B. Beignier et S. Mouton, *Europe*, août-sept. 2000, chron. n° 3, A. Rigaux et D. Simon, *RTD civ.* 2000. 672, obs. R. Libchaber)

D^lle^ Fraisse

La suprématie conférée aux engagements internationaux sur les lois par l'article 55 de la Constitution ne s'applique pas, dans l'ordre interne, aux dispositions de nature constitutionnelle.

Faits. — L'évolution institutionnelle de la Nouvelle-Calédonie a été l'occasion pour la Cour de cassation de préciser l'architecture de la pyramide des normes dans l'ordre interne. Conclu entre le gouvernement et les principaux acteurs de la vie politique néo-calédonienne, l'accord signé à Nouméa le 5 mai 1998 fixe le cadre dans lequel doit s'inscrire l'évolution institutionnelle de la Nouvelle-Calédonie au cours des vingt prochaines années. Cette évolution supposant le transfert progressif et irréversible aux institutions locales de compétences, dont l'article 74 de la Constitution qui traite des territoires d'outre-mer ne prévoit pas qu'elles puissent être déléguées à ceux-ci car elles relèvent de prérogatives essentielles de l'État, la loi constitutionnelle du 20 juillet 1998 a introduit dans la Constitution un titre XIII intitulé « Dispositions transitoires relatives à la Nouvelle-Calédonie ». Celui-ci habilite les pouvoirs publics à prendre les mesures nécessaires à la mise en œuvre des orientations définies dans l'accord de Nouméa. Parmi ces mesures fixant le statut transitoire de la Nouvelle-Calédonie, une loi organique du 19 mars 1999 a défini le collège restreint admis à participer à l'élection du congrès et des assemblées de province. La commission administrative et le tribunal de première instance de Nouméa ayant refusé, la première, d'inscrire la D^lle^ Fraisse sur la liste prévue par l'article 188 de cette loi organique, le second, d'annuler cette décision, un pourvoi en cassation fut formé. Le demandeur arguait, à l'appui de son pourvoi, que les premiers juges avaient refusé d'exercer un contrôle de conventionnalité de l'article 188 de la loi organique du 19 mars 1999 relative à la Nouvelle-Calédonie au regard des articles 2 et 25 du Pacte international relatif aux droits civils et politiques du 16 décembre 1966, ainsi que des articles 3 du premier protocole additionnel à la Convention européenne de sauvegarde des droits de l'homme et des libertés fondamentales et F (devenu 6) du traité de l'Union européenne du 7 février 1992. La question posée obligeait la Cour de cassation à se prononcer sur la place de la Constitution et des traités dans la hiérarchie des normes.

ARRÊT

La Cour; — *Sur les deuxième et troisième moyens réunis :* — Attendu que Mlle Fraisse fait grief au jugement attaqué (tribunal de première instance de Nouméa, 3 mai 1999) d'avoir rejeté sa requête tendant à l'annulation de la décision de la commission administrative de Nouméa ayant refusé son inscription sur la liste prévue à l'article 188 de la loi organique du 19 mars 1999 relative à la Nouvelle-Calédonie des électeurs admis à participer à l'élection du congrès et des assemblées de province et d'avoir refusé son inscription sur ladite liste, alors, selon le moyen : 1° que le jugement refuse d'exercer un contrôle de conventionnalité de l'article 188 de la loi organique n° 99-209 du 19 mars 1999 relative à la Nouvelle-Calédonie au regard des articles 2 et 25 du Pacte international relatif aux droits civils et politiques du 16 décembre 1966, 3 du premier protocole additionnel à la Convention européenne de sauvegarde des droits de l'homme et des libertés fondamentales et F (devenu 6) du traité de l'Union européenne du 7 février 1992, l'article 188 étant contraire à ces normes internationales en tant qu'il exige d'un citoyen de la République française un domicile de dix ans pour participer à l'élection des membres d'une assemblée d'une collectivité de la République française; 2° qu'il appartenait subsidiairement au tribunal de demander à la Cour de justice des Communautés européennes de se prononcer à titre préjudiciel sur la compatibilité de l'article 188 de la loi organique du 19 mars 1999 avec l'article 6 du traité de l'Union européenne; — Mais attendu, d'abord, que le droit de Mlle Fraisse à être inscrite sur les listes électorales pour les élections en cause n'entre pas dans le champ d'application du droit communautaire; — Attendu, ensuite, que l'article 188 de la loi organique du 19 mars 1999 a valeur constitutionnelle en ce que, déterminant les conditions de participation à l'élection du congrès et des assemblées de province de la Nouvelle-Calédonie et prévoyant la nécessité de justifier d'un domicile dans ce territoire depuis dix ans à la date du scrutin, il reprend les termes du paragraphe 2.2.1 des orientations de l'accord de Nouméa, qui a lui-même valeur constitutionnelle en vertu de l'article 77 de la Constitution; que la suprématie conférée aux engagements internationaux ne s'appliquant pas dans l'ordre interne aux dispositions de valeur constitutionnelle, le moyen tiré de ce que les dispositions de l'article 188 de la loi organique seraient contraires au Pacte international relatif aux droits civils et politiques et à la Convention européenne de sauvegarde des droits de l'homme et des libertés fondamentales doit être écarté;

D'où il suit que le moyen n'est pas fondé;

Par ces motifs, et sans qu'il y ait lieu de statuer sur le premier moyen auquel Mlle Fraisse a déclaré renoncer : — rejette.

OBSERVATIONS

1 Malgré sa fortune pédagogique, l'image de la pyramide des normes ne rend plus compte que très imparfaitement de notre système juridique, au point qu'on s'interroge sur le « désordre juridique français » (R. Libchaber, « Réflexions sur le désordre juridique français », *Mélanges J. Béguin*, 2004, p. 405) ou encore sur son « impossible rationalité » (R. Libchaber, « L'impossible rationalité de l'ordre juridique », *Mélanges B. Oppetit*, 2009, p. 505). Et de fait, l'internationalisation, la communautarisation et la fondamentalisation croissantes de notre droit soumettent l'édifice à de très fortes secousses qui affectent en profondeur son ordonnancement au point que la définition de son sommet est devenue matière à controverse. C'est ainsi que, tout en affirmant le principe de supériorité des traités sur la loi, l'arrêt *Jacques Vabre* (*infra*, n° 4) avait laissé en suspens la question des rapports des traités et de la Constitution. Les premiers l'emportaient-ils sur la seconde au nom de la primauté de l'ordre international ou la seconde sur les premiers en ce qu'elle est la norme fondatrice de l'ordre juridique français ?

En demandant aux juridictions judiciaires de contrôler la conformité des dispositions constitutionnelles avec les stipulations du Pacte international relatif aux droits civils et politiques et de la Convention européenne des droits de l'homme, les requérants obligeaient les magistrats à prendre position sur la place respective de la Constitution et des traités dans la hiérarchie des normes. La Cour de cassation ne s'est pas dérobée. Refusant de procéder à un tel contrôle, elle affirme que « la suprématie conférée aux engagements internationaux sur les lois ne s'applique pas, dans l'ordre interne, aux dispositions de nature constitutionnelle ». Elle reconnaît ainsi à la Constitution la qualité de norme suprême de l'ordre juridique français. Par un arrêt *Sarran* du 30 octobre 1998, le Conseil d'État avait déjà, en termes identiques, consacré la même solution. (CE, ass., 30 oct. 1998, *Sarran*, *GAJA*, 19e éd., n° 99, *D.* 2000. 152, note É. Aubin, *RFDA* 1998. 1081, concl. C. Maugüé, 1094, chron. D. Alland 1999. 57, notes Dubouis, Mathieu et Verpeaux, Gohin). Aussi bien a-t-on pu présenter les arrêts *D^lle Fraisse et Sarran* comme deux « des arrêts les plus importants de l'histoire de la Ve République en matière de hiérarchie des normes » (D. Alland, « Consécration d'un paradoxe : primauté du droit interne sur le droit international », *RFDA* 1998. 1095) (I). L'intégration croissante entre l'ordre juridique interne au sommet duquel se trouve la Constitution et l'ordre juridique communautaire a, néanmoins, conduit ultérieurement à une communautarisation partielle du droit constitutionnel français, en sorte que la représentation des sources du droit français renvoie aujourd'hui une image quelque peu brouillée (II).

I. — Droit constitutionnel et ordre international

2 Posée dans l'hypothèse d'un texte constitutionnel postérieur au traité, l'affirmation de la supériorité de la Constitution paraît devoir également trouver application, du fait même de la généralité de la formule utilisée, dans l'hypothèse inverse d'un traité postérieur à la norme constitutionnelle. Il résulte donc de la décision ci-dessus reproduite que les traités ont une *valeur supralégislative et infraconstitutionnelle.* Au premier abord, la solution peut surprendre. N'enseigne-t-on pas habituellement que l'ordre international prime l'ordre interne ? Comme l'écrivait Michel Virally, « le droit international est inconcevable autrement que supérieur aux États, ses sujets. Nier sa supériorité revient à nier son existence » (« Sur un pont aux ânes : les rapports entre droit international et droit interne », *Mélanges Rolin* 1964, reproduit in *Le droit international en devenir*, 1990, p. 103, spéc. 110). Aussi bien la Cour permanente de justice internationale a-t-elle rappelé qu'un « État ne saurait invoquer sa propre Constitution pour se soustraire aux obligations que lui imposent le droit international ou les traités en vigueur » (CPJI, avis du 3 févr. 1932, *Traitement des prisonniers de guerre polonais à Dantzig*, Sér. A/B, n° 44). N'y aurait-il pas, dès lors, quelque « paradoxe » à affirmer la primauté de la Constitution sur le droit international ?

3 En réalité, tout dépend, ainsi qu'on l'a lumineusement montré, du point de vue auquel on se place pour envisager la question des rapports entre le droit international et le droit interne (D. Alland, « Consécration d'un paradoxe : primauté du droit interne sur le droit international », *RFDA* 1998. 1094). Si on la considère à travers le prisme de l'ordre international, le principe de la primauté du droit international sur le droit interne l'emporte à l'évidence. Si on l'envisage du point de vue de l'ordre interne, les exigences fondamentales de la théorie de l'État conduisent à conférer à la Constitution la valeur de norme suprême. Et de fait, comme on l'a justement souligné, « il est très clair que, dans le droit interne de chaque État, la Constitution occupe une place tout à fait particulière. Il s'agit de la norme suprême de laquelle toutes les autorités de l'État, législatives, exécutives et judiciaires, tirent leur autorité. Elle est l'expression du pouvoir constituant, c'est-à-dire du pouvoir originel. C'est la Constitution qui organise les rapports entre les pouvoirs publics, appelés d'ailleurs pouvoirs constitués » (F. Raynaud et P. Fonbeur, « Chronique générale de jurisprudence administrative », *AJDA* 1998. 962, spéc. 964). Or, comme le rappelait également Michel Virally, « l'État trouve en lui-même, dans l'assentiment du groupe humain qu'il intègre, le fondement de sa légitimité. Tout ordre étatique est autocréateur et se développe à partir de sources originaires qui lui sont propres et qui n'ont besoin pour affirmer leur validité, de se référer à aucune norme supérieure (…). *L'ordre juridique étatique se forme en dehors du droit international et sans lui* » (art. préc., *Le droit international en devenir*, p. 108). On sait qu'afin de rendre compte de ce constat, Henri Batiffol parlait de *l'antériorité de l'ordre interne par rapport à l'ordre international.* Il en déduisait que, « tenant sa mission de l'autorité qui l'institue », un juge interne « ne saurait assumer un rôle contraire à la mission qui définit ses pou-

voirs et dont l'objet propre est la mise en œuvre de l'ordre interne : user de ses pouvoirs contre l'autorité qui les lui a conférés lui enlève toute qualité » (H. Batiffol, *Droit international privé*, 4e éd., no 39, p. 42). Invoquée longtemps avec succès pour faire échec au contrôle de conventionnalité des lois, cette considération a finalement été écartée en la matière, aux motifs que l'article 55 de la Constitution habilite constitutionnellement le juge judiciaire à exercer un contrôle de conventionnalité des lois ordinaires (*infra*, no 4). Mais elle conserve toute sa force et toute sa pertinence en ce qui concerne le contrôle de conventionnalité de la Constitution. On ne saurait, s'agissant des lois constitutionnelles, prétendre découvrir dans l'article 55 une telle habilitation. On voit mal, en effet, comment un juge qui tire son existence et ses pouvoirs de la Constitution pourrait s'ériger en censeur de celle-ci. En faisant prévaloir sa propre interprétation sur celle du pouvoir constituant, il commettrait nécessairement une usurpation de pouvoir.

4 Et ceci d'autant plus qu'il est dans la Constitution des dispositions qui laissent à penser qu'elle se considère, dans l'ordre juridique interne, comme supérieure aux traités. Certes, tel n'est pas le cas de son article 54, pourtant souvent invoqué en ce sens, qui prévoit que lorsqu'un engagement comporte une clause contraire à la Constitution, sa ratification ne peut intervenir qu'après la révision de celle-ci. Cherchant seulement à empêcher le conflit de normes qui résulterait de ce que la France s'engage internationalement à respecter un traité qu'elle ne pourrait appliquer qu'au mépris de sa Constitution, il n'établit pas une relation hiérarchique entre les deux (J. Combacau, *Le droit des traités*, 1991, p. 50; D. Alland, art. préc., *RFDA* 1998. 1098). En revanche, le nouvel article 53-1 de la Constitution issu de la loi constitutionnelle du 25 novembre 1993 est plus significatif sur la valeur respective de la Constitution et des traités. Tout en habilitant le gouvernement à conclure avec les États européens des accords délimitant leur compétence respective pour l'examen des demandes d'asile qui leur sont présentées, cette disposition ouvre à la France la possibilité d'exercer sa prérogative d'asile, nonobstant tout engagement international en la matière. En d'autres termes, le droit constitutionnel y est perçu comme un « rempart efficace » contre le droit international, ce qui implique qu'il ne saurait lui être subordonné (D. Alland, art. préc., *RFDA* 1998. 1096). On voit mal, au reste, comment il pourrait en aller autrement. À raisonner en termes de logique formelle, on ne saurait affirmer dans la Constitution la primauté de l'ordre international sur les dispositions constitutionnelles sans commettre un « paralogisme ». Comment, en effet, « le principe de supériorité d'une norme » pourrait-il « dépendre de l'énoncé d'une norme de rang inférieure » ? Il y faudrait un exercice de « lévitation » juridique qui paraît hors de portée (D. Alland, art. préc., *RFDA* 1998. 1102; rappr. R. Libchaber, *RTD civ.* 2000. 674; B. Beignier et S. Mouton, *D.* 2001, chron. 1636). Plus généralement, comme le relève fort justement M. Rémy Libchaber, « quelque effort que fasse la France pour favoriser une hiérarchie des normes fidèle à la primauté des règles internationales, elle ne pourra consacrer la suprématie de l'ordre international qu'à la condition de cesser d'être un État souverain » (*RTD civ.* 2000. 674; rappr.

L. Lemasson, « La Constitution française face au droit international : pour une défense du principe de souveraineté », *RRJ* 2003, n° 2, p. 1165 s.).

5 On a néanmoins critiqué cette décision, car elle nierait radicalement la primauté de l'ordre international. À cela il a été répondu qu'en précisant que la suprématie conférée aux engagements internationaux ne s'applique pas « dans l'ordre interne » aux dispositions de valeur constitutionnelle, Cour de cassation et Conseil d'État laissent à la primauté du droit international tout le loisir de se déployer dans l'ordre international. En revanche, dans l'ordre interne, les traités ne font sentir leur supériorité que dans la mesure où ils sont conformes aux textes de valeur constitutionnelle. La solution trouve une explication dans le constat déjà relevé de l'antériorité de l'ordre interne par rapport à l'ordre international. Au cas où existerait une contrariété entre l'ordre international et la Constitution, c'est-à-dire l'essence même de l'ordre interne, dont l'adoption et la modification sont soumises à des procédures contraignantes qui ne se retrouvent en aucune façon pour celle des traités, le juge interne, dont on a vu qu'il a pour première mission la mise en œuvre de l'ordre interne, serait tout naturellement porté à faire prévaloir les considérations qui permettent de sauvegarder la cohérence de l'ordre dont il est l'émanation. La contradiction irréductible entre ordre international et ordre interne se résout alors non par l'appel à un hypothétique troisième ordre juridique chargé de régler les relations entre les deux premiers, mais par la mise en cause éventuelle de la responsabilité internationale de l'État. S'il apparaît au juge international que le juge interne n'a pas correctement réglé le litige au regard des règles du droit international, la contradiction entre l'interprétation interne et l'interprétation internationale de la légalité est « résolue par le droit international qui permet en quelque sorte à l'État d'"acheter" dans l'ordre juridique international la possibilité de respecter son droit interne en substituant à ses obligations internationales incompatibles une obligation nouvelle, celle de réparer la violation de la loi » (Combacau et Sur, *Droit international public*. 3e éd., 1997, p. 544 ; rappr. S. Sur, « Quelques observations sur les normes juridiques internationales », *RGDIP* 1985. 901). Cette responsabilité peut être considérée, conformément à l'article 30 § 5 de la Convention de Vienne sur les traités, comme un phénomène normal du droit international. Le commissaire du gouvernement, Mme Maugüe, l'envisage d'ailleurs dans ses conclusions sur l'arrêt *Sarran* comme une conséquence naturelle de la solution finalement consacrée par la haute juridiction administrative (*RFDA* 1998. 1081 s., spéc. 1086).

On perçoit ainsi qu'à raisonner dans l'ordre interne, juge administratif et juge judiciaire ne pouvaient que refuser d'entrer dans la voie d'un contrôle de conventionnalité de la Constitution.

6 Fondée en droit, celle solution l'est aussi en opportunité. En premier lieu, décider que le juge pourrait écarter la volonté clairement exprimée du constituant au profit de l'application de normes internationales antérieures conduirait directement à la consécration du gouvernement des juges sous sa forme la plus exacerbée. Il leur permettrait, en effet, de paralyser la volonté du peuple souverain clairement et solennellement exprimée en prenant appui sur les axiomes passe-partout de n'importe quelle convention internationale. À cet égard, on ne peut mieux faire que de citer la formule du doyen Vedel : « si les juges ne gouvernent pas, c'est parce qu'à tout moment le souverain à la condition de paraître en majesté comme constituant peut dans une sorte de lit de justice, briser leurs arrêts » (G. Vedel, « Schengen et Maastricht », *RFDA* 1992. 173). À supposer que cette dernière borne vienne un jour à céder, le changement de régime serait patent, la souveraineté glissant des mains du peuple dans celle du juge.

En second lieu, admettre le contrôle de conventionnalité de la Constitution, ce serait placer une « folle confiance » dans le droit international (D. Alland, art. préc., *RFDA* 1998. 1102; rappr. L. Lemasson, art. préc., *RRJ* 2003, n° 2, p. 1165 s.). Certes, l'idéologie internationaliste et européiste pèse aujourd'hui de tout son poids dans la vie juridique, au point qu'on a pu qualifier de « malencontreuse » la décision ci-dessus reproduite car elle priverait les justiciables du bénéfice des normes internationales (*Rép. dr. intern.* Synthèse annuelle 2000-1 et 2001-1). Le propos apparaît pour le moins excessif.

Tout d'abord, il convient de noter que les hypothèses de contrariété entre l'ordre international et la Constitution sont, semble-t-il, assez rares. Comme le relève M. Jean Combacau « les traités ont rarement pour objet la réglementation de questions qui ressortissent à l'organisation des pouvoirs publics » (*Le droit des traités*, p. 50). Et lorsqu'il y a superposition, c'est-à-dire essentiellement en matière de droits fondamentaux, « la plupart des instruments internationaux protecteurs des droits de l'homme (...) adoptés ces dernières années, non seulement ne révolutionnent pas le droit français, mais encore offrent à l'individu un standard de protection moins élevé » (D. Gutmann, « Les droits de l'homme sont-ils l'avenir du droit ? », *Mélanges F. Terré*, 1999, p. 338).

7 En prévoyant qu'une juridiction doit se prononcer par priorité sur la transmission de la question de constitutionnalité, lorsqu'elle est saisie de moyens contestant la conformité d'une disposition législative, d'une part, aux droits et libertés garantis par la Constitution, d'autre part, aux engagements internationaux de la France, la loi organique du 10 décembre 2009 « a entendu garantir le respect de la Constitution et rappeler sa place au sommet de l'ordre juridique interne » (Cons. const. 3 déc. 2009, déc. n° 2009-595 DC, *Loi organique relative à l'application de l'art. 61-1 de la Constitution*, consid. n° 14, *GDCC*, 17e éd., n° 48).

II. — Droit constitutionnel et ordre communautaire

8 Deux lectures des rapports de l'ordre communautaire et du droit constitutionnel des États ont longtemps coexisté.

Très tôt, la Cour de justice des communautés européennes a affirmé, dans son célèbre arrêt *Costa*, la primauté du droit communautaire sur toute norme de droit interne, même constitutionnelle (CJCE 15 juill. 1964, *Rec. CJCE*, p. 1141; 9 mars 1978, *Simmenthal*, *Rec. CJCE*, p. 629). La motivation de l'arrêt rendu par la Cour de justice le 17 décembre 1970 est, à cet égard, particulièrement claire : « l'invocation d'atteintes portées, soit aux droits fondamentaux tels qu'ils sont formulés par la Constitution d'un État membre, soit aux principes d'une structure constitutionnelle, ne saurait affecter la validité d'un acte communautaire ou son effet sur le territoire d'un État » (CJCE 17 déc. 1970, *Internationale Handelgesellschaft*, *Rec. CJCE*, p. 1125) car « elle aurait pour effet de porter atteinte à l'unité et à l'efficacité du droit communautaire » (CJCE 17 déc. 1980, *Commission c. Belgique*, *Rec. CJCE*, p. 3881). Pour la Cour de Luxembourg, l'ordre communautaire constitue « un ordre juridique propre, intégré au système juridique des États membres » et qui l'emporte sur les textes internes quels qu'ils soient. À pousser jusqu'au bout cette conception, on pourrait être porté à considérer qu'en raison de l'intrication des ordres juridiques interne et communautaire, le juge national tient son office, au moins pour partie, directement de l'ordre juridique communautaire, en sorte qu'il pourrait vérifier la conformité de la Constitution à l'ordre juridique communautaire sans se heurter à l'objection de l'usurpation de pouvoir (rappr. *supra*, § 3).

Pour les juridictions françaises, les traités communautaires et les dispositions prises sur leur fondement ont longtemps été considérés comme des traités internationaux comme les autres. En fondant sur l'article 55 de la Constitution la supériorité des textes communautaires sur la loi interne, ces juridictions ont, en effet, marqué qu'elles n'entendaient faire aucune part à la spécificité du droit communautaire. Le Conseil d'État a d'ailleurs précisé que la suprématie du droit communautaire ne saurait prévaloir dans l'ordre interne sur la Constitution (CE 3 déc. 2001, *Syndicat national de l'industrie pharmaceutique*, *Lebon* 624; voir déjà CE 3 déc. 1999, *RTD civ.* 2000. 194, obs. Libchaber; rappr. concl. Frydman sur l'arrêt *Nicolo*, *Rev. crit. DIP* 1990. 125; voir aussi l'arrêt *Jacques Vabre*, *infra*, n° 4, dans lequel la Cour de cassation prend appui sur l'article 55 de la Constitution, contrairement aux conclusions du procureur général Touffait qui l'invitait à ne pas user de ce détour et à consacrer directement la primauté du droit communautaire, *D.* 1975. 497, spéc., p. 503). Certains ont cependant décelé, dans le fait que la Cour de cassation a relevé dans l'arrêt ci-dessus reproduit que le droit d'être inscrit sur les listes électorales « n'entre pas dans le champ d'application du droit communautaire », une « avancée significative » en ce que, entendue *a contrario*, cette incidente impliquerait que la solution posée ne vaudrait pas en cas de conflit entre la norme à valeur constitutionnelle et le droit communautaire (A. Rigaux et D. Simon, « Droit communautaire et Constitution française : une avancée significative de la Cour de cassation », *Europe* août-sept. 2000, chron. n° 8). C'est là prêter à cette incidente une signification qu'elle n'a probablement pas. Rappelons en effet que, pour que la pyramide des normes ait vocation à être sollicitée, il faut qu'il y ait un conflit de normes à résoudre, c'est-à-dire une *antinomie*. Or celle-ci n'existe que si l'on est en présence de dispositions qui, pour un même champ d'application, édictent des solutions incompatibles entre elles (L. Gannagé, *La hiérarchie des normes et les méthodes du droit international privé*, thèse Paris II, éd. 2001, p. 81 s., n°s 123 s.). En relevant que la question litigieuse ne rentrait pas dans le champ d'application du droit communautaire, la Cour de cassation s'est probablement contentée de constater l'absence d'antinomie. Ainsi, pour les juridictions françaises, pas plus que les traités ne s'imposent à la Constitution dans l'ordre interne, pas plus l'ordre communautaire ne s'impose à celle-ci.

9 Mais l'évolution ultérieure de la jurisprudence du Conseil constitutionnel a entraîné un infléchissement de la position des juridictions françaises qui, sans faire perdre à la Constitution sa position de clef de voûte de notre édifice institutionnel, n'en conduit pas moins à un certain effacement de celle-ci au bénéfice des principes généraux du droit communautaire. Et de fait, par une série de décisions en date des 10 juin 2004, 19 novembre 2004 (*GDCC*, n° 25) et 27 juillet 2006, le juge constitutionnel français a profondément renouvelé le cadre dans lequel s'inscrivent les rapports entre droit communautaire et droit constitutionnel. Prenant appui sur l'article 88-1 de la Constitution qui est issu de la révision constitutionnelle du 25 juin 1992, le Conseil constitutionnel a affirmé qu'en adoptant cette disposition, « le constituant a (...) consacré l'existence d'un ordre juridique communautaire intégré à l'ordre juridique interne et distinct de l'ordre international ». Il en résulte que le droit communautaire dérivé est désormais placé « sous la couverture constitutionnelle de l'article 88-1 de la Constitution » (X. Magnon, « Le chemin communautaire du Conseil constitutionnel : entre ombre et lumière, principe et conséquence de la spécificité constitutionnelle du droit communautaire », *J.-Cl. Europe* août-sept 2004, p. 6). Aussi bien, alors qu'auparavant le Conseil constitutionnel, saisi sur le fondement de l'article 61 de la Constitution, vérifiait que la loi de transposition d'une directive respectait les règles constitutionnelles, il se déclare dans ses décisions du 10 juin 2004 et du 27 juillet 2006 incompétent pour contrôler la constitutionnalité d'une loi de transposition qui se contente de tirer les conséquences nécessaires d'une directive communautaire (loi-miroir), sauf si cette directive heurte de front le noyau dur des règles constitutionnelles françaises, c'est-à-dire méconnaît « une règle ou un principe inhérent à l'identité constitutionnelle de la France ». En d'autres termes, le Conseil constitutionnel ne peut plus contrôler la constitutionnalité d'une loi de transposition qu'au regard des règles du bloc de constitutionnalité national qui sont sans équivalent en droit communautaire (par exemple, le principe de laïcité; rappr. art. 4 § 2, TUE prévoyant que l'UE respecte l'identité nationale des États membres « inhérente à leurs structures fondamentales politiques et constitutionnelles »). Au regard du droit constitutionnel français, le droit communautaire dérivé se voit ainsi reconnaître une sorte d'« immunité », sous réserve qu'il ne soit pas contraire aux prescriptions constitutionnelles qui forment le cœur de l'identité française. Corrélativement, il s'ensuit que le juge constitutionnel français reconnaît, lorsque l'identité constitutionnelle de la France n'est pas en cause, la primauté du juge communautaire, seul chargé de faire appliquer et respecter les principes communs aux États membres.

10 Ultérieurement, la haute juridiction administrative, s'inspirant de la jurisprudence récente du Conseil constitutionnel, a décidé que, s'agissant de contrôler la légalité d'un acte réglementaire transposant une directive, le juge français laisse le juge communautaire en assurer le respect à l'échelle de l'Union européenne, dès lors que les droits et libertés à valeur constitutionnelle dont la violation est alléguée sont également protégés par les textes communautaires et les principes généraux du droit communautaire. En revanche, lorsque sont en cause des droits et libertés spécifiques à la Constitution française, le juge français en assure lui-même le respect (CE 26 janv. 2007, *Soc. Arcelor Atlantique et Lorraine*, *GAJA*, 19e éd., no 112). On assiste ainsi à une « communautarisation partielle » du droit constitutionnel français, puisqu'une partie du bloc de constitutionnalité est transportée vers l'ordre juridique communautaire. Non sans un certain optimisme, on a pu écrire que « le processus d'intégration communautaire débouche (ainsi) sur un « pluralisme ordonné », (…) les valeurs nationales propres à chaque État membre marqu(a)nt les limites de cette intégration. (…) La primauté du droit communautaire, et partant celle de la Cour de justice, gardienne naturelle des traités, ne remet pas en cause, dans l'ordre interne, la suprématie de la Constitution » (M. Guyomar, concl., citant O. Dutheillet de Lamothe et M. Delmas-Marty).

11 Divers facteurs ont, au demeurant, contribué ces derniers temps à accroître encore la complexité de la question. Ainsi en va-t-il tout d'abord de l'introduction dans notre droit de la *question prioritaire de constitutionnalité*, qui soulève le problème de l'articulation d'une question prioritaire de constitutionnalité, portée devant le Conseil constitutionnel et invoquant une violation de la Constitution, et d'une question préjudicielle, renvoyée devant la CJUE et invoquant une violation du droit de l'Union. Qui des deux est prioritaire ? On a pu parler à ce propos de « tragédie en cinq actes », la question ayant fait l'objet de cinq arrêts en sept mois (M. Gautier, « QPC et droit communautaire. Retour sur une tragédie en cinq actes », *Dr. adm.* 2010. Étude 19). Le résultat en est que la question prioritaire de constitutionnalité doit, en dépit de son nom, céder la priorité au recours préjudiciel devant la CJUE dans le cas d'une loi nationale qui se borne à transposer une directive de l'Union, ce qu'on appelle parfois une loi-miroir, car la CJUE a seule compétence pour constater l'invalidité d'une loi de l'Union (*supra*, § 9). Dans les autres cas, la QPC est prioritaire, mais il faut que le juge national puisse adopter des mesures provisoires ou conservatoires de protection des droits conférés par l'ordre juridique de l'Union (CJUE 22 juin 2010, *RTD civ.* 2010. 499, obs. P. Deumier).

12 La complexité accrue de la question vient aussi du fait que la *charte des droits fondamentaux* de l'Union européenne s'est vu attribuer par le Traité de Lisbonne, dix ans après son adoption, une valeur juridique égale à celle des traités institutifs (art. 6 § 1 TUE). Contribuant à accroître l'empilement des textes relatifs aux droits fondamentaux, cette mesure rend un peu plus difficile encore l'organisation de la coexistence des normes au sommet de la pyramide. À cet égard, il convient de noter que l'article 51 § 1 de la Charte en limite le champ d'application en prévoyant qu'elle s'applique aux États membres « uniquement lorsqu'ils mettent en œuvre le droit de l'Union », ce qui implique que la Charte a vocation à s'appliquer à l'activité normative des États membres, non dans sa généralité, mais seulement dans la mesure où cette activité participe du droit de l'Union (J.-S. Bergé et S. Robin-Olivier, *Droit euro-*

péen, 2e éd., no 322). Selon la CJUE, lorsqu'un acte de droit de l'Union appelle une mise en œuvre nationale, « il reste loisible aux autorités et aux juridictions nationales d'appliquer les standards nationaux de protection des droits fondamentaux, pourvu que cette application ne compromette pas le niveau de protection prévu par la Charte, telle qu'interprétée par la Cour, ni la primauté, l'unité et l'effectivité du droit de l'Union » (CJUE 26 févr. 2013, *Åklagaren*, *JCP* 2013, no 11, p. 550, obs. F. Picod, *RTD civ.* 2014. 312, obs. L. Usunier; 26 févr. 2013, *Melloni*, *Constitutions* 2013. 184, obs. A. Levade). La CJUE admet donc l'application d'une norme constitutionnelle nationale plus protectrice que la Charte, sous réserve de la primauté du droit de l'Union. Cette dernière réserve est directement contraire à l'article 53 de la Charte qui prévoit que celle-ci ne saurait porter atteinte aux droits de l'homme reconnus par le droit de l'Union, le droit international, les conventions liant l'Union ou les États membres et les constitutions des États membres, en sorte qu'en cas de conflits entre normes protectrices des droits fondamentaux, c'est la plus favorable qui devrait l'emporter (J.-S. Bergé et S. Robin-Olivier, *op. cit.*, no 328).

13 Pour ajouter encore à la complexité, il faut relever que le droit constitutionnel et le droit communautaire ne sont pas les seuls à se disputer le sommet de la pyramide. La *Convention européenne des droits de l'homme* prétend également à celui-ci, multipliant ainsi les occasions de conflit. C'est ainsi que la Cour EDH siégeant à Strasbourg n'hésite pas à exercer son contrôle sur le droit communautaire, lorsque le respect des droits fondamentaux est en cause (CEDH 18 févr. 1999, *Matthews*, *JCP* 2000. I. 203, no 5, obs. Sudre, *JDI* 2000. 97, obs. P. Tavernier; A. Berramdane, « La Cour européenne des droits de l'homme, juge du droit de l'Union européenne », *RDUE* 2006. 243). Certes, la Cour de Strasbourg, a posé que le droit communautaire est présumé conforme à la Convention EDH « en ce que l'organisation dont il émane accorde aux droits fondamentaux une protection équivalente à celle que garantit la convention », mais il s'agit d'une présomption simple et la Cour réserve la possibilité d'une preuve contraire (CEDH 30 juin 2005, *Bosphorus c. Irlande*, *JDI* 2006. 1073, obs. P. Tavernier). Certaines affaires montrent, au demeurant, que la Cour de Luxembourg et la Cour de Strasbourg n'hésitent pas à interpréter de manière différente les mêmes principes (CJUE 26 févr. 2013, *Åklagaren*, préc., à propos de la règle *non bis in idem*), en sorte que les États membres peuvent être confrontés à des « injonctions contradictoires » qui les exposeront à être condamnés soit par l'une soit par l'autre ! (L. Usunier, obs. *RTD civ.* 2014. 316).

Quant au conflit entre Conseil constitutionnel et Cour de Strasbourg, il peut surgir beaucoup plus aisément encore puisque la Cour de Strasbourg considère qu'une décision du Conseil constitutionnel déclarant une loi conforme à la Constitution « ne suffit pas à établir la conformité de (celle-ci) avec les dispositions de la Convention européenne » (CEDH 28 oct. 1998, *Zielenski*, *D.* 2000. 629, obs. Perrot, *RTD civ.* 2000. 437, obs. Marguénaud, *Grands arrêts CEDH*, no 28, à propos d'une loi de validation, v. *infra*, no 9, § 9). Aussi bien, outre une divergence d'analyse au fond, le conflit pourrait naître du fait que le Conseil constitutionnel est porté, dans un souci de respect du pouvoir politique, à s'en remettre assez facilement au législateur (*infra*, n° 3, § 5), alors que la Cour de Strasbourg, « juge sans législateur », ne se sent nullement tenue par les exigences de la démocratie représentative, ce qui n'est qu'une des manifestations de son caractère « tyrannique » (B. Edelman, « La Cour européenne des droits de l'homme : une juridiction tyrannique ? », *D.* 2008. 1946; Y. Lequette, « Des juges littéralement irresponsables… », *Mélanges J. Héron*, 2008, p. 309 s.).

On voit ainsi que les hiérarchies s'enchevêtrent, donnant naissance à une « hétérarchie juridique » (F. Terré, « L'hétérarchie juridique », *Mélanges J. Boré*, 2006, p. 447).

2

CONSTITUTION. LOI. CONTRÔLE DE CONSTITUTIONNALITÉ. DROIT DE PROPRIÉTÉ

Cons. const. 16 janvier 1982

(*D.* 1983. 169, note L. Hamon, *JCP* 1982. II. 19788, note Nguyen Vinh et Franck, *Gaz. Pal.* 1982. 1. 67, note Piédelièvre et Dupichot, *Rev. crit. DIP* 1982. 349, note Bischoff, *GDCC*, n° 30)

Les principes énoncés par la Déclaration des droits de l'homme ont pleine valeur constitutionnelle tant en ce qui concerne le caractère fondamental du droit de propriété dont la conservation constitue l'un des buts de la société politique et qui est mis au même rang que la liberté, la sûreté et la résistance à l'oppression, qu'en ce qui concerne les garanties données aux titulaires de ce droit et les prérogatives de la puissance publique.

L'article 34 de la Constitution qui place dans le domaine de la loi les nationalisations d'entreprises et qui confie à la loi la détermination des principes fondamentaux du régime de la propriété, ne saurait dispenser le législateur, dans l'exercice de sa compétence, du respect des principes et des règles de valeur constitutionnelle qui s'imposent à tous les organes de l'État.

L'appréciation portée par le législateur sur la nécessité de nationalisation ne saurait, en l'absence d'erreur manifeste, être récusée par le Conseil constitutionnel dès lors qu'il n'est pas établi que les transferts de biens et d'entreprises présentement opérés restreindraient le champ de la propriété privée et de la liberté d'entreprendre au point de méconnaître les dispositions de la Déclaration de 1789.

En vertu des dispositions de l'article 17 de la Déclaration des droits de l'homme, la privation du droit de propriété pour cause de nécessité publique requiert une juste et préalable indemnité.

DÉCISION

Le Conseil constitutionnel; — Saisi le 18 décembre 1981, d'une part, par MM. Charles Pasqua et autres, sénateurs, et, d'autre part, le 19 décembre 1981, par MM. Claude Labbé et autres, députés, dans les conditions prévues à l'article 61, alinéa 2, de la Constitution, du texte de la loi de nationalisation, telle qu'elle a été adoptée par le Parlement le 18 décembre 1981; — Vu la Constitution; — Vu l'ordonnance du 7 novembre 1958 portant loi organique sur le Conseil constitutionnel, notamment les articles figurant au chapitre II du titre II de ladite ordonnance; — Ouï le rapporteur en son rapport;

I. — *Sur la procédure législative :* [...]; — *En ce qui concerne l'ensemble des moyens relatifs à la procédure législative :* — Considérant qu'il résulte de ce qui précède que la loi de nationalisation a été adoptée selon une procédure conforme à la Constitution;

II. — *Au fond :* — *Sur le principe des nationalisations :* — Considérant que l'article 2 de la Déclaration des droits de l'homme et du citoyen de 1789 proclame : « Le but de toute association politique est la conservation des droits naturels et imprescriptibles de l'homme. Ces droits sont la liberté, la propriété, la sûreté et la résistance à l'oppression »; que l'article 17 de la même Déclaration proclame également : « La propriété étant un droit inviolable et sacré, nul ne peut en être privé si ce n'est lorsque la nécessité publique, légalement constatée, l'exige évidemment et sous la condition d'une juste et préalable indemnité »; — Considérant que le peuple français, par le référendum du 5 mai 1946, a rejeté un projet de Constitution qui faisait précéder les dispositions relatives aux institutions de la République d'une nouvelle Déclaration des droits de l'homme comportant notamment l'énoncé de principes différant de ceux proclamés en 1789 par les articles 2 et 17 précités; — Considérant qu'au contraire, par les référendums du 13 octobre 1946 et du 28 septembre 1958, le peuple français a approuvé des textes conférant valeur constitutionnelle aux principes et aux droits proclamés en 1789; qu'en effet, le Préambule de la Constitution de 1946 « réaffirme solennellement les droits et les libertés de l'homme et du citoyen consacrés par la Déclaration des droits de 1789 » et tend seulement à compléter ceux-ci par la formulation des « principes politiques, économiques et sociaux particulièrement nécessaires à notre temps »; que, aux termes du Préambule de la Constitution de 1958, « le peuple français proclame solennellement son attachement aux droits de l'homme et aux principes de la souveraineté nationale tels qu'ils ont été définis par la Déclaration de 1789, confirmée et complétée par le Préambule de la Constitution de 1946 »; — Considérant que si, postérieurement à 1789 et jusqu'à nos jours, les finalités et les conditions d'exercice du droit de propriété ont subi une évolution caractérisée à la fois par une notable extension de son champ d'application à des domaines individuels nouveaux et par des limitations exigées par l'intérêt général, les principes mêmes énoncés par la Déclaration des droits de l'homme ont pleine valeur constitutionnelle tant en ce qui concerne le caractère fondamental du droit de propriété dont la conservation constitue l'un des buts de la société politique et qui est mis au même rang que la liberté, la sûreté et la résistance à l'oppression, qu'en ce qui concerne les garanties données aux titulaires de ce droit et les prérogatives de la puissance publique; que la liberté qui, aux termes de l'article 4 de la Déclaration, consiste à pouvoir faire tout ce qui ne nuit pas à autrui, ne saurait elle-même être préservée si des restrictions arbitraires ou abusives étaient apportées à la liberté d'entreprendre; — Considérant que l'alinéa 9 du Préambule de la Constitution de 1946 dispose : « Tout bien, toute entreprise dont l'exploitation a ou acquiert les caractères d'un service public national ou d'un monopole de fait doit devenir la propriété de la collectivité »; que cette disposition n'a ni pour objet ni pour effet de rendre inapplicables aux opérations de nationalisation les *principes sus-rappelés de la Déclaration de 1789*; — Considérant que, si l'article 34 de la Constitution place dans le domaine de la loi « les nationalisations d'entreprises et les transferts d'entreprises du secteur public au secteur privé », cette disposition, tout comme celle qui confie à la loi la détermination des principes fondamentaux du régime de la propriété, ne saurait dispenser le législateur, dans l'exercice de sa compétence, du respect des principes et des règles de valeur constitutionnelle qui s'imposent à tous les organes de l'État; — Considérant qu'il ressort des travaux préparatoires de la loi soumise à l'examen du Conseil constitutionnel que le législateur a entendu fonder les nationalisations opérées par ladite loi sur le fait que ces nationalisations seraient nécessaires pour donner aux pouvoirs publics les moyens de faire face à la crise économique, de promouvoir la croissance et de combattre le chômage et procéderaient donc de la nécessité publique au sens de l'article 17 de la Déclaration de 1789; — Considérant que l'appréciation portée par le législateur sur la nécessité des nationalisations décidées par la loi soumise à l'examen du Conseil constitutionnel ne saurait, en l'absence d'erreur manifeste, être récusée par celui-ci dès lors qu'il n'est pas établi que les transferts de biens et d'entreprises présentement opérés restreindraient le champ de la propriété privée et de la liberté d'entreprendre au point de méconnaître les dispositions précitées de la Déclaration de 1789;

Sur la désignation des sociétés faisant l'objet des nationalisations et sur le respect du principe d'égalité : [...]; — Considérant que le principe d'égalité n'est pas moins applicable entre les personnes morales qu'entre les personnes physiques, car, les personnes morales étant des groupements de personnes physiques, la méconnaissance du principe d'égalité entre celles-là équivaudrait nécessairement à une méconnaissance de l'égalité entre celles-ci; — Considérant que le principe d'égalité ne fait pas obstacle à ce qu'une loi établisse des règles non identiques à l'égard de catégories de personnes se trouvant dans des situations différentes, mais qu'il ne peut en être ainsi que lorsque cette non-identité est justifiée par la différence de situation et n'est pas incompatible avec la finalité de la loi; — Considérant que la dérogation visant les banques ayant le statut de sociétés immobilières pour le commerce et l'industrie ou le statut de maison de réescompte n'est pas contraire au principe d'égalité, certains des éléments des statuts de ces établissements leur étant spécifiques; — Considérant que, si les banques dont la majorité du capital social appartient directement ou indirectement à des personnes physiques ne résidant pas en France ou à des personnes morales n'ayant pas leur siège social en France ont le même statut juridique que les autres banques, le législateur a pu, sans méconnaître le principe d'égalité, les exclure de la nationalisation en prenant motif des risques de difficultés que la nationalisation de ces banques aurait pu entraîner sur le plan international et dont la réalisation aurait, à ses yeux, compromis l'intérêt général qui s'attache aux objectifs poursuivis par la loi de nationalisation; — Considérant au contraire que la dérogation portée au profit des banques dont la majorité du capital social appartient directement ou indirectement à des sociétés de caractère mutualiste ou coopératif méconnaît le principe d'égalité; qu'en effet, elle ne se justifie ni par des caractères spécifiques de leur statut ni par la nature de leur activité ni par des difficultés éventuelles dans l'application de la loi propres à contrarier les buts d'intérêt général que le législateur a entendu poursuivre; — Considérant, dès lors, qu'il y a lieu de déclarer non conformes à la Constitution les dispositions de l'article 13-I de la loi soumise à l'examen du Conseil constitutionnel ainsi conçues : « Les banques dont la majorité du capital social appartient directement ou indirectement à des sociétés de caractère mutualiste ou coopératif »;

Sur les transferts éventuels du secteur public au secteur privé :

En ce qui concerne les articles 4, 16 et 30 de la loi : [...]; — Considérant que si, aux termes de l'article 34 de la Constitution, la loi fixe « les règles concernant les nationalisations d'entreprises et les transferts de propriété d'entreprises du secteur public au secteur privé », ces dispositions n'imposent pas que toute opération impliquant un transfert du secteur public au secteur privé soit directement décidée par le législateur; qu'il appartient à celui-ci de poser pour de telles opérations des règles dont l'application incombera aux autorités ou organes désignés par lui; — Considérant que, si les articles 4, 16 et 30 de la loi ont pour objet de fixer, dans le cas particulier qu'ils visent, les règles selon lesquelles peuvent intervenir certains transferts, leurs dispositions attribuent aux seuls organes des sociétés nationales un pouvoir discrétionnaire d'appréciation et de décision soustrait à tout contrôle et d'une telle étendue que les dispositions critiquées ne sauraient être regardées comme satisfaisant aux exigences de l'article 34 de la Constitution; — Considérant, dès lors, que les articles 4, 16 et 30 de la loi soumise à l'examen du Conseil constitutionnel ne sont pas conformes à la Constitution;

En ce qui concerne les règles relatives à la cession éventuelle d'éléments d'actif des entreprises nationalisées au secteur privé : [...]; — Considérant que, s'il résulte des travaux préparatoires que le législateur a envisagé que les sociétés nationalisées puissent ne pas conserver certains actifs, notamment dans des filiales, ne correspondant pas aux objectifs des nationalisations et puissent les céder au secteur privé, ces aliénations, à l'inverse de celles mentionnées aux articles 4, 16 et 30, ne sont pas prévues par la loi soumise à l'examen du Conseil constitutionnel; que, dès lors, le législateur a pu, sans méconnaître l'article 34 de la Constitution, ne pas édicter dans la présente loi les règles applicables à ces éventuelles cessions et qui pourront faire l'objet, en tant que de besoin, de dispositions législatives ultérieures; qu'ainsi le grief sus-énoncé n'est pas fondé;

Sur l'indemnisation : — Considérant qu'en vertu des dispositions de l'article 17 de la Déclaration des droits de l'homme et du citoyen, la privation du droit de propriété pour cause de nécessité publique requiert une juste et préalable indemnité; [...];

En ce qui concerne le caractère juste de l'indemnisation : — Considérant que les actionnaires des sociétés visées par la loi de nationalisation ont droit à la compensation du préjudice subi par eux, évalué au jour du transfert de propriété, abstraction faite de l'influence que la perspective de la nationalisation a pu exercer sur la valeur de leurs titres; [...];

Quant à la valeur d'échange des actions inscrites à la cote officielle des agents de change : [...]; — Considérant au total qu'en ce qui concerne les actions des sociétés cotées en bourse, la méthode de calcul de leur valeur d'échange conduit à des inégalités de traitement dont l'ampleur ne saurait être justifiée par les seules considérations pratiques de rapidité et de simplicité; que ces inégalités de traitement se doublent, dans nombre de cas, d'une sous-estimation substantielle de ladite valeur d'échange; qu'enfin, le refus de reconnaître aux anciens actionnaires le bénéfice des dividendes attachés à l'exercice 1981 ou de leur accorder, sous une forme appropriée, un avantage équivalent, ampute sans justification les indemnités auxquelles ont droit les anciens actionnaires;

Quant à la valeur d'échange des actions des sociétés de banque non cotées en bourse; — Considérant que l'article 18-2 de la loi détermine la valeur d'échange des actions des sociétés de banque autres que celles dont les actions inscrites le 1er janvier 1978 à la cote officielle des agents de change; que cette valeur d'échange est déterminée par référence, pour parts égales, à la situation nette comptable au 31 décembre 1980 et au produit par 10 du bénéfice net moyen des exercices 1978, 1979, 1980, définis l'une et l'autre dans des termes identiques à ceux retenus par l'article 18-1 pour la détermination de la valeur d'échange des actions cotées en bourse; — Considérant que ces dispositions appellent une appréciation analogue à celle formulée plus haut concernant le recours, pour apprécier la valeur d'échange des actions cotées en bourse, à la situation nette comptable et au produit par 10 du bénéfice net moyen; que cette appréciation est aggravée par le fait que le cours en bourse ne pouvant être pris en compte, les inégalités de traitement et les insuffisances d'évaluation pouvant résulter de ce mode de calcul produisent un plein effet; qu'en outre, les observations relatives aux dividendes attachés à l'exercice 1981 s'appliquent également au cas présentement examiné;

Quant à l'ensemble des dispositions relatives à la valeur d'échange des actions : — Considérant qu'il résulte de ce qui précède que les articles 6, 18 et 32 de la loi soumise à l'examen du Conseil constitutionnel ne sont pas, en ce qui concerne le caractère juste de l'indemnité, conformes aux exigences de l'article 17 de la Déclaration des droits de l'homme et du citoyen;

En ce qui concerne le caractère préalable de l'indemnisation : — Considérant au contraire que, sous réserve de ce qui vient d'être dit concernant l'exigence, à laquelle il n'est pas satisfait, du caractère juste de l'indemnisation, les modalités de règlement prévues pour celle-ci doivent être regardées comme en assurant suffisamment le caractère préalable [...]; — Considérant ainsi qu'en eux-mêmes, les articles 5, 17 et 31 de la loi prévoient un mode d'indemnisation suffisamment équivalent à un paiement en numéraire, ne sont pas contraires à la Constitution;

Sur divers moyens soulevés par la saisine des sénateurs :

En ce qui concerne les articles 2, 14 et 28 de la loi : [...]; — Considérant que ni l'article 34 ni aucune autre disposition ou principe de valeur constitutionnelle ne s'oppose à ce que, aux côtés de l'État, d'autres personnes morales de droit public soient actionnaires des sociétés nationalisées; qu'ainsi les articles 2, 14 et 28 de la loi ne sont pas contraires à la Constitution;

En ce qui concerne les articles 3, 15 et 29 de la loi : [...]; — Considérant que, même si, dans certains cas, l'application des articles 3, 15 et 29 de la loi peut donner lieu, comme celle de toute loi, à des difficultés dont le règlement reviendrait, le cas échéant, aux juridictions compétentes, les dispositions critiquées sont suffisamment claires et précises et ne contreviennent en rien aux prescriptions de l'article 34 de la Constitution; qu'elles doivent donc être regardées comme non contraires à la Constitution;

En ce qui concerne la situation des actionnaires minoritaires des filiales des sociétés nationalisées : [...]; — Considérant que, dans le cas visé par les auteurs de la saisine, la situation juridique des actionnaires minoritaires ne se trouverait pas modifiée en ce qui concerne leurs droits au regard du ou des actionnaires majoritaires; que, d'ailleurs, le préjudice allégué est purement éventuel; qu'ainsi le fait que la loi soumise à l'examen du Conseil constitutionnel ne prévoit aucune indemnisation au profit desdits actionnaires n'est en rien contraire au principe d'égalité;

Sur l'ensemble de la loi soumise à l'examen du Conseil constitutionnel : — Considérant que, pour les motifs ci-dessus énoncés, ne sont pas conformes à la Constitution :

Les articles 4, 16 et 30 relatifs à certains pouvoirs des administrateurs généraux et des conseils d'administration;

Le membre de phrase de l'article 13-I ainsi conçu : « Les banques dont la majorité du capital social appartient directement ou indirectement à des sociétés de caractère mutualiste ou coopératif »;

Les articles 6, 18 et 32 relatifs à la détermination de la valeur d'échange des actions;

Considérant que les autres articles de la loi ne sont pas contraires à la Constitution;

Considérant, toutefois, que les dispositions des articles 6, 18 et 32 sont inséparables de l'ensemble de la loi.

Décide :

Art. 1er. — Sont déclarées non conformes à la Constitution les dispositions des articles 4, 6, 16, 18, 30 et 32 de la loi de nationalisation, ainsi que celles énoncées, à l'article 13-I, par les mots : « Les banques dont la majorité du capital social appartient directement ou indirectement à des sociétés de caractère mutualiste ou coopératif ».

Art. 2. — Les dispositions des articles 6, 18 et 32 de la loi de nationalisation ne sont pas séparables de l'ensemble de cette loi.

OBSERVATIONS

1 Certains s'étonneront sans doute de la reproduction de cette décision au sein de cet ouvrage. De fait, il est difficile de voir dans le Conseil constitutionnel une source naturelle de la « jurisprudence civile ».

Malgré cela, il a paru impossible aux auteurs d'ignorer plus longtemps une réalité qui, si elle échappe formellement au cadre de cet ouvrage, n'en a pas moins matériellement une importance de plus en plus grande pour l'ensemble du droit français, y compris du droit civil. Aussi bien, sans pour autant modifier un titre rendu familier à la communauté des juristes par plus de quatre-vingt années d'existence, ont-ils reproduit cette décision, afin que les étudiants prennent plus nettement conscience de l'influence qu'exercent désormais sur notre discipline, par le relais de la jurisprudence du Conseil constitutionnel, les droits et principes fondamentaux proclamés par notre Constitution et par les documents auxquels elle renvoie.

2 En théorie, la Constitution a toujours occupé, en France, le sommet de la pyramide des normes juridiques (sur les rapports avec les traités, v. *supra*, n° 1). Mais, dans la pratique, ce principe a longtemps été relégué au rang des abstractions en raison de l'absence d'un véritable contrôle de la constitutionnalité des lois. Plusieurs facteurs ont concouru à cette situation : l'adhésion au mythe rousseauiste de la loi infaillible et nécessairement bienfaisante parce qu'elle est l'expression de la volonté générale; la condition très inférieure faite par les révolutionnaires aux juges en raison de la méfiance que ceux-ci leur inspiraient; une instabilité constitutionnelle chronique qui n'a guère contribué à rehausser le prestige de la norme suprême et qui ne fut probablement tolérée que grâce à la pérennité de règles, telles celles issues du Code civil dont on a pu dire qu'elles étaient la « véritable Constitution de la France » (Carbonnier, *Introduction*, n° 113; v. déjà A. Colin, in *Le Code civil, Livre du centenaire*, 1904, p. 297, rééd. Dalloz, coll. « Bibliothèque Dalloz », 2004).

3 En abaissant le Parlement et en limitant la toute-puissance de la loi, la Constitution de 1958 a rompu avec cette tradition et créé les conditions politiques qui rendaient possible l'existence d'un véritable contrôle de la constitutionnalité des lois. Celui-ci fut, au demeurant, probablement plus le fruit d'un accident que le résultat d'un dessein clairement poursuivi (sur la petite histoire de cet accident, v. Jean Foyer, *Sur les chemins du droit avec le Général*, Fayard, 2006, p. 370). Le Conseil constitutionnel a, en effet, d'abord été institué pour veiller au respect des frontières dans lesquelles l'article 34 enserre le pouvoir législatif. C'est dire que le contrôle de la constitutionnalité des lois a été, à l'origine, conçu plus comme un moyen de préserver le nouvel équilibre des pouvoirs et notamment de maintenir le Parlement dans le cadre étroit de ses attributions, que comme un instrument de protection des droits de l'homme et des libertés fondamentales contre les atteintes que pouvait leur porter le législateur. Aussi bien, nombreux furent ceux qui ne virent dans le Conseil constitutionnel ainsi créé que l'instrument docile de l'exécutif. Mais les institutions n'évoluent pas toujours selon la pente attendue. De même que le Tribunal de cassation, initialement conçu comme un accessoire du corps législatif destiné à le protéger contre les empiétements du pouvoir judiciaire, est devenu l'instrument le plus efficace de la promotion de celui-ci (v. *infra*, n° 11 § 5, sur la jurisprudence source de droit), de même le Conseil constitutionnel a pris ses distances avec les conceptions qui avaient présidé à sa naissance et est devenu un véritable juge de la constitutionnalité des lois.

Cette mutation s'est réalisée sous forme d'une pièce en deux actes. Par sa célèbre décision du 16 juillet 1971 relative à la liberté d'association (*GDCC*, 17e éd., n° 27; Rivero, *D.* 1972. chron. 265), le Conseil constitutionnel a intégré au bloc de constitutionnalité, par rapport auquel il apprécie la conformité des lois, le Préambule de la Constitution de 1958 et par une cascade de renvois, la Déclaration des droits de l'homme de 1789, le Préambule de la Constitution de 1946, ainsi que les principes fondamentaux reconnus par les lois de la

République. D'où une transformation qualitative de la nature de son contrôle. Les normes de référence incluant désormais toute une série de règles et de principes intéressant les droits et libertés, leur influence est susceptible de se manifester en de nombreux domaines et notamment en droit privé. Encore fallait-il pour que le Conseil constitutionnel exerçât son contrôle qu'il fût saisi ! Or l'article 61 de la Constitution réservait cette saisine au président de la République, au Premier ministre ou au président de l'une ou l'autre assemblée, lesquels ont longtemps eu, et ont le plus souvent, sous la Ve République une couleur politique uniforme… Le changement vint ici de la réforme constitutionnelle du 29 octobre 1974 qui accorda la saisine à soixante parlementaires. Bien que qualifiée de « dérisoire » par le porte-parole du groupe socialiste, cette réforme s'est révélée d'une très grande portée. Elle permet, en effet, à l'opposition de soumettre à l'examen du Conseil les lois issues de la majorité du moment. De là désormais, dans notre pays, un véritable contrôle de la constitutionnalité des lois. Mais il s'agissait là uniquement d'un contrôle *a priori*, qui s'exerçait avant la promulgation de la loi, sur saisine des autorités précédemment indiquées. Une fois la loi promulguée, sans que le Conseil ait été saisi, aucun contrôle de constitutionnalité n'était plus possible. Même inconstitutionnelle, une loi promulguée était à l'abri de la critique.

Le changement vint ici, et c'est le deuxième acte, de la « petite révolution » opérée par la loi constitutionnelle du 23 juillet 2008 qui a introduit un contrôle *a posteriori* de la constitutionnalité des lois, sous forme d'une question prioritaire de constitutionnalité, communément appelée « QPC », adressée au Conseil constitutionnel, à l'occasion d'une instance en cours, sur renvoi de la Cour de cassation ou du Conseil d'État. Entrée en vigueur le 1er mars 2010, en vertu de la loi organique no 2009-1823 du 10 décembre 2009, cette loi permet de contrôler la constitutionnalité de tout texte à valeur législative à la condition qu'il soit applicable au litige, qu'il n'ait pas été déclaré conforme à la Constitution par une décision antérieure du Conseil constitutionnel et que la question posée revête un caractère sérieux (*infra*, no 3).

4 S'agissant du droit privé et plus particulièrement du droit civil, les manifestations de ce contrôle ont été diverses et se sont multipliées avec l'avènement de la QPC (v. F. Luchaire, « Les fondements constitutionnels du droit civil », *RTD civ.* 1982. 245; N. Molfessis, *Le Conseil constitutionnel et le droit privé*, thèse Paris II, éd. 1997; G. Rouhette, « Le droit privé dans la jurisprudence du Conseil constitutionnel » *in La légitimité de la jurisprudence du Conseil constitutionnel*, 1999, p. 39; C. Pérès, *RDC* 2010. 539; v. notamment, Cons. const. 22 oct. 1982, *Gaz. Pal.* 1983. 1. 60, note Chabas, en ce qui concerne la responsabilité civile; 13 juin 2013, *RDC* 2013 (no 3), obs. C. Pérès, en ce qui concerne la liberté contractuelle; 9 nov. 1999, *LPA* 1er déc. 1999, p. 6 s., comm. Schoettl et chron. N. Molfessis, *JCP* 2000. I. 210, en ce qui concerne le Pacs). Mais aucune n'a eu autant de retentissement que celle qui est résultée de l'examen des lois de nationalisation adoptées par le Parlement au début de l'année 1982, sur l'initiative du Gouvernement Mauroy. Saisi à deux reprises par les parlementaires de l'opposition, le Conseil constitutionnel a affirmé la valeur constitutionnelle du droit de propriété (I) et précisé les conditions auxquelles la puissance publique pouvait procéder à des nationalisations (II). L'essentiel de la doctrine du Conseil constitutionnel étant exprimé dans sa première décision, celle-ci est ici seule reproduite. Son analyse sera conduite en faisant également référence à la jurisprudence de la Cour européenne des droits de l'homme. On sait, en effet, que depuis la ratification par la France, en 1974, de la Convention de sauvegarde des droits de l'homme et des libertés fondamentales et l'acceptation, en 1981, du recours individuel, le droit français doit respecter deux sortes de normes fondamentales : les principes à valeur constitutionnelle découverts par le Conseil constitutionnel dans la Constitution et les documents auxquels renvoie son Préambule, mais aussi les droits de l'homme et libertés fondamentales définis par la Convention élaborée sous l'égide du Conseil de l'Europe dont la violation est sanctionnée par la Cour de Strasbourg, laquelle peut à certaines conditions connaître de recours émanant des particuliers (*infra*, n°s 26-27, § 8, et n° 100). À quoi il convient d'ajouter la Charte des droits fondamentaux lorsque les États membres mettent en œuvre le droit de l'Union (*supra*, n° 1, § 12).

I. — La constitutionnalité du droit de propriété

5 Le droit de propriété a-t-il valeur constitutionnelle ? Le rappel des débats qui avaient agité, sur ce point, les constituants aurait pu incliner vers une réponse négative. L'avant-projet gouvernemental avait, en effet, relégué la propriété au rang des matières réglementaires au sens de l'article 37 de la Constitution. Il fallut l'intervention de Marcel Waline s'insurgeant contre le fait que « l'article 544 du Code civil sur le droit de propriété puisse être supprimé par un règlement » pour que la matière soit réintégrée dans le domaine de la loi.

Aussi bien l'article 34 de la Constitution réserve-t-il à celle-ci le soin de déterminer « les principes fondamentaux du régime de la propriété, des droits réels et des obligations civiles et commerciales ». C'est précisément en s'appuyant sur ce texte que certains prétendaient dénier au Conseil constitutionnel le droit de contrôler les lois de nationalisation. L'article 34 de la Constitution conférant au législateur le soin de fixer les règles concernant les nationalisations d'entreprises et les principes fondamentaux du régime de la propriété, le législateur aurait, selon eux, disposé en la matière d'un véritable pouvoir souverain. C'était commettre un singulier contresens. L'article 34 n'est qu'une règle de répartition des compétences. Aussi bien, le Conseil constitutionnel rappelle-t-il que « cette disposition (…) ne saurait dispenser le législateur, dans l'exercice de sa compétence, du respect des principes et des règles de valeur constitutionnelle qui s'imposent à tous les organes de l'État ». Se trouve ainsi réaffirmée avec force l'existence d'une justice constitutionnelle garante d'un véritable État de droit et par là même le caractère irréversible de l'évolution qu'a connue notre système juridique depuis le début des années 1970. Encore faut-il savoir, une fois le principe du contrôle rappelé, quelle est la place du droit de propriété au regard de la hiérarchie des normes ? À cet effet, on envisagera le droit de propriété en lui-même (A), puis par rapport aux autres libertés fondamentales (B).

A. — La propriété est un droit inviolable et sacré

6 La Déclaration de 1789 et le Préambule de 1946 auxquels renvoie le Préambule de 1958 obéissent à des sources d'inspiration très différentes : la première, de conception essentiellement individualiste, exalte la liberté et magnifie le droit de propriété; aux termes de l'article 2, « le but de toute association est la conservation des droits naturels et imprescriptibles de l'homme. Ces droits sont la liberté, la propriété, la sûreté, et la résistance à l'oppression ». Et l'article 17 ajoute : « La propriété étant un droit inviolable et sacré, nul ne peut en être privé, si ce n'est lorsque la nécessité publique, légalement constatée, l'exige évidemment, et sous la condition d'une juste et préalable indemnité ». La seconde, de conception sociale, pour ne pas dire socialiste, n'en traite que pour rappeler que dans certaines conditions (service public national, monopole de fait) la propriété privée doit faire place à la propriété collective. On discerne dès lors aisément à quels textes allaient les préférences de chacun des protagonistes. Pour les partisans des nationalisations, la propriété était dépourvue de toute valeur constitutionnelle, car le renvoi opéré par le Préambule de 1958 à la Déclaration de 1789 et au Préambule de 1946 n'aurait valu que pour les droits de l'homme et les libertés fondamentales. Or le droit de propriété, droit économique et social, n'aurait à proprement parler, relevé d'aucune de ces catégories. Et, à supposer même qu'il y ait eu renvoi, les dispositions de la Déclaration de 1789 n'auraient dû être lues qu'à travers le prisme du Préambule de 1946 qui déclare que la République est sociale, conférant ainsi à la propriété un caractère fonctionnel. Pouvait-on, au demeurant, apporter encore quelque crédit aux dispositions de l'article 17 proclamant que le droit de propriété est « inviolable et sacré » alors que la liste des limites que celui-ci connaît n'a cessé de s'allonger ? À l'opposé, on soutenait que la Déclaration de 1789 conservait, ici comme ailleurs, toute sa valeur. Elle restait le principe que le Préambule de 1946 se contentait de préciser en définissant ce qu'il fallait entendre par « nécessité publique » : service public national, monopole de fait. Dès lors, les nationalisations de 1982 ne répondant à aucune de ces exigences étaient contraires à la Constitution.

7 Entre ces positions extrêmes, le Conseil constitutionnel a choisi une voie intermédiaire qui pourrait, à la seule lecture de sa décision, apparaître plus proche de celle des adversaires de la nationalisation que de celle de ses partisans. Affirmant pour la première fois la valeur constitutionnelle du droit de propriété, la décision du 16 janvier 1982 le fait en termes particulièrement vigoureux : paraphrasant l'article 2 de la Déclaration de 1789, elle place le droit de propriété au même rang que la liberté, la sûreté et la résistance à l'oppression et rappelle que « sa conservation constitue l'un des buts de la société politique ». Visant les articles 2 et 17, le Conseil affirme que « les principes mêmes énoncés par la Déclaration des droits de l'homme ont pleine valeur constitutionnelle tant en ce qui concerne le caractère fondamental du droit de propriété (...) qu'en ce qui concerne les garanties données aux titulaires de ce droit ». Cette solution résulte tout à la fois, selon lui, de ce que les Français ont par référendum rejeté un projet de Constitution précédé d'une

déclaration des droits qui rompait avec celle de 1789 et approuvé à deux reprises des textes conférant valeur constitutionnelle aux principes proclamés en 1789 et 1946. Mais, apparemment très favorable à la conception classique du droit de propriété, cette décision renferme également des considérations qui portent en germe la remise en cause de celle-ci. C'est ainsi que le Conseil constitutionnel reconnaît que le droit de propriété a évolué dans ses « finalités et ses conditions d'exercice », son champ d'application s'étendant en même temps que se multipliaient les « limitations exigées par l'intérêt général ». Par la première notation, il incline dans le sens d'une conception sociale du droit de propriété, conception en rupture avec la philosophie exprimée par la Déclaration des droits de l'homme. Par la deuxième notation, il marque la précellence de l'intérêt général sur le droit de propriété (rappr. CJCE 22 oct. 1991, aff. C. 44/89, *Rec. CJCE* n° 18-91, p. 2) (1). Ultérieurement, il a précisé que la loi peut limiter les attributs du droit de propriété, lorsque l'intérêt général le justifie, « à la condition que ces limitations n'aient pas un caractère de gravité tel que le sens et la portée du droit de propriété en soient dénaturés » (Cons. const. 29 juill. 1998, *JO* 31 juill. 1998, p. 11710, *RTD civ.* 1998. 799, obs. Molfessis et 1999. 132, obs. Zénati). Marchant sur les traces du Conseil constitutionnel, la Cour de cassation a posé que le droit de propriété est un droit fondamental de valeur constitutionnelle (Civ. 1re, 4 janv. 1995, *Bull. civ.* I, n° 3, *D.* 1995. Somm. 328, obs. Grimaldi, *JCP* 1996. I. 3921, obs. Périnet-Marquet, *RTD civ.* 1996. 932, obs. Zénati; 30 sept. 2011, déc. n° 2011-169 QPC, *D.* 2012. 2131, obs. Mallet-Bricout, *Dr. et patr.* déc. 2011. 100, note J.-B. Seube). Une telle motivation témoigne de l'autorité croissante dont jouit auprès des juridictions de l'ordre judiciaire, le juge de la Constitution (N. Molfessis, *op. cit.*, n° 688).

B. — La propriété et les autres libertés fondamentales

8 Malgré les affirmations très fortes de la décision ci-dessus reproduite le droit de propriété apparaît comme un droit de « second rang » par rapport aux droits et libertés de « premier rang » que constituent la liberté individuelle, la liberté d'association, la liberté de la presse ou la liberté de l'enseignement. Et de fait, alors que les libertés jugées particulièrement fondamentales ne sauraient être soumises au régime de l'*autorisation préalable* (Cons. const. 16 juill. 1971, *Liberté d'association*, préc.; 10-11 oct. 1984, *Entreprise de presse*, *GDCC*, n° 31), il en va différemment pour le droit de propriété (Cons. const. 26 juill. 1984, *Contrôle des structures des exploitations agricoles*) dès lors que

(1) « Il est de jurisprudence établie que les droits fondamentaux et, plus particulièrement, le droit de propriété n'apparaissent pas comme des prérogatives absolues mais doivent être pris en considération par rapport à leur fonction dans la société. Il s'ensuit que des restrictions peuvent être apportées à l'usage de ce droit, à condition que ces restrictions correspondent effectivement à des objectifs d'intérêt général poursuivis par la communauté et ne constituent pas, au regard du but poursuivi, une intervention démesurée et intolérable qui porterait atteinte à la substance du droit même ainsi garanti ».

la délivrance de ces autorisations ne revêt pas un caractère discrétionnaire (Cons. const. 17 juill. 1985, *Principes d'aménagement*). De même, alors que s'agissant d'une liberté fondamentale « la loi ne peut en réglementer l'exercice qu'en vue de le rendre plus effectif » (Cons. const. 10-11 oct. 1984, préc.) et ne peut abroger un régime de garantie d'une liberté que pour le remplacer par un autre au moins aussi protecteur (Cons. const. 20 janv. 1984, *Libertés universitaires*, *GDCC*, 14e éd., no 33), le législateur peut porter certaines atteintes au droit de propriété sous réserve de ne pas le dénaturer (Cons. const. 26 juill. 1984, préc. 13 déc. 1985, *Amendement Tour Eiffel*). Enfin, alors que le Conseil refuse que « les conditions essentielles d'application d'une loi organisant une liberté publique dépendent de collectivités territoriales et ainsi puissent ne pas être les mêmes sur l'ensemble du territoire » (Cons. const. 18 janv. 1985, *Loi Chevénement*), il admet que l'application du droit de propriété varie d'un point à l'autre du pays, les autorités locales pouvant assurer la mise en œuvre des lois le concernant (Cons. const. 17 juill. 1985, préc.).

En réalité, l'article 17 ne paraît plus protéger aujourd'hui le droit de propriété que dans son *existence*, c'est-à-dire en cas de « privation », de « dépossession ». Il ne joue en cas de « limitation » que si celle-ci est d'une gravité telle que son sens et sa portée en sont dénaturés. Reste à savoir où se situe ce seuil. Le Conseil constitutionnel a jugé acceptable qu'un bail rural soit imposé à un propriétaire inapte à exploiter son fonds (Cons. const. 26 juill. 1984, *JO* 26 juill. 1984; comp. plus sévère Civ. 1re, 4 janv. 1995, préc.) ou encore qu'une location soit imposée au propriétaire d'un logement inoccupé, mais à la condition qu'elle ne dégénère pas en une location perpétuelle (Cons. const. 29 juill. 1998, préc.). Il a pareillement admis que l'autorité publique reçoive le pouvoir de s'opposer dans certains cas à l'aliénation ou à l'acquisition d'un bien (Cons. const. 4 juill. 1989, *D.* 1990. 209, note Luchaire), mais non que le créancier adjudicataire puisse se retrouver propriétaire d'un bien dont la valeur est inférieure à son prix d'acquisition (Cons. const. 29 juill. 1998, préc.) ou encore que le droit au logement de l'occupant sans titre l'emporte sur le droit de propriété (Cons. const. 30 sept. 2011, préc.). De même, les limitations imposées au droit de propriété par la loi ALUR du 24 mars 2014 (procédure d'encadrement des loyers, autorisation préalable de mise en location…) ont été jugées, pour l'essentiel, conformes à la Constitution (Cons. const. 20 mars 2014, *D.* 2014. 1847, obs. B. Mallet-Bricout, *JCP* 2014. 467, obs. H. Périnet-Marquet). Au reste, alors même que s'applique l'article 17 de la Déclaration des droits de 1789, la privation de la propriété n'est pas prohibée. Simplement, elle ne peut se produire que s'il y a nécessité publique et sous la condition d'une juste et préalable indemnité. C'est dire qu'on ne considère plus dans la propriété que « la valeur » qu'elle représente (N. Molfessis, *op. cit.*, no 103, p. 110).

II. — Les conditions des nationalisations

9 S'en remettant au législateur pour ce qui est de l'appréciation de la nécessité publique (A), le Conseil constitutionnel contrôle, au contraire, strictement l'existence d'une indemnisation juste et préalable (B).

A. — La nécessité publique

10 Tout en affirmant que le Préambule de 1946 complète la Déclaration de 1789, le Conseil constitutionnel se garde de suivre les analyses de ceux qui identifient la *nécessité publique* à l'existence d'un service public national ou d'un monopole de fait. Selon lui, c'est au législateur qu'il revient d'apprécier la nécessité de la nationalisation. Le Conseil se refuse à exercer un contrôle de nature politique. Tout au plus rappelle-t-il que la propriété privée et la liberté d'entreprendre ne sauraient supporter une restriction de leur champ d'application qui leur ôterait toute portée pratique. La référence à la liberté d'entreprendre ne va pas sans ambiguïté : elle dynamise mais aussi finalise le droit de propriété. Il n'en reste pas moins que si, pour le Conseil, l'équilibre entre la propriété privée et la propriété publique, entre l'entreprise privée et l'entreprise publique peut varier, il ne saurait être rompu sans que soit remis en cause l'héritage de 1789. Il est vrai que le Conseil place ici fort loin le point de rupture : que reste-t-il, en effet, de la liberté d'entreprendre lorsqu'on admet la nationalisation des banques représentant près de 90 % des dépôts ? (v. cep. Zénati, « Sur la constitution de la propriété », *D.* 1985. 171.)

Quelques années plus tard, le Conseil constitutionnel fera preuve de la même retenue à l'occasion des privatisations, estimant que le législateur conserve « l'appréciation de l'opportunité des transferts du secteur public au secteur privé et la détermination des biens ou des entreprises sur lesquels ces transferts doivent porter », sous réserve du maintien dans le secteur public des services publics dont la nécessité découle des principes ou des règles de valeur constitutionnelle et des monopoles de fait (Cons. const. 25-26 juin 1986, *GDCC*, 14e éd., no 37). En concluant, à quatre ans de distance, à la constitutionnalité de lois mettant en œuvre des politiques exactement contraires, le Conseil constitutionnel marquait clairement qu'il entendait, en la matière, se garder de tout gouvernement des juges. Bien loin de vouloir imposer une politique qui lui serait propre, il se cantonnait à son rôle de juge de la constitutionnalité. Tout au plus, le Conseil a-t-il simplement réservé, s'inspirant en cela de la jurisprudence du Conseil d'État, l'hypothèse de l'erreur manifeste. On a pu douter que ce contrôle puisse s'exercer effectivement car, concevable de la part d'un fonctionnaire agissant seul, l'erreur manifeste ne le serait pas émanant d'une majorité parlementaire (Rivero, chron. *AJDA* oct. 1982, p. 209 s.; Savy, « La constitution des juges », *D.* 1993. 109). C'est là probablement montrer une foi excessive dans les vertus de la représentation nationale. Aussi bien, le Conseil constitutionnel a-t-il eu, ultérieurement, l'occasion de faire application de cette notion à propos d'une loi électorale adoptée à l'initiative du Gouvernement Fabius qui, s'agissant de la Nouvelle-Calédonie, méconnaissait par trop ouvertement le principe de la proportionnalité démographique (Cons. const. 8 août 1985, *GDCC*, 14e éd., no 36).

11 Ultérieurement, le glissement a été certain. Usant de plus en plus souvent de la technique des réserves d'interprétation, le Conseil constitutionnel n'admet la constitutionnalité d'une disposition que sous la condition que soit respectée l'interprétation qu'il en prône (Th. di Marino, *Le juge constitutionnel et la* *technique des décisions interprétatives en France et en Italie*, 1997, p. 127 s.; du même auteur, « L'influence des réserves d'interprétation », in *La légitimité de la jurisprudence du Conseil constitutionnel*, 1999, p. 189). La réécriture du texte qui en résulte conduit le Conseil constitutionnel à usurper le pouvoir législatif ainsi que le pouvoir d'interprétation de la loi qui appartient aux juges ordinaires. La décision rendue le 9 novembre 1999 en examen de la loi relative au Pacs en fournit une excellente illustration (*infra*, n° 28, § 12 s.; N. Molfessis, « La réécriture de la loi relative au Pacs par le Conseil constitutionnel », *JCP* 2000. I. 210).

B. — Une indemnité juste et préalable

12 Réservé quant à l'appréciation de la nécessité publique, le Conseil constitutionnel contrôle au contraire minutieusement l'existence d'une « *indemnisation juste et préalable* ». Celle-ci suppose, selon lui, « la compensation du préjudice subi (…), évalué au jour du transfert de propriété, abstraction faite de l'influence que la perspective de la nationalisation a pu exercer sur la valeur de leurs titres ». Il ne saurait être question de reprendre ici le détail de l'argumentation du Conseil constitutionnel. Rappelons simplement que celui-ci a estimé que les lois de nationalisation, dans leur première version, ne satisfaisaient pas à l'exigence d'une indemnisation juste et préalable et ce alors même que le législateur s'était conformé aux recommandations du Conseil d'État. En définitive, les modalités de fixation de l'indemnité ont été infléchies de la façon suivante : pour les actions cotées en bourse, utilisation d'une période de référence des cours de bourse plus courte et plus proche, la somme ainsi obtenue étant majorée de 14 % afin de tenir compte de la dépréciation monétaire; pour les actions non cotées en bourse, fixation de leur valeur d'échange par une commission administrative nationale d'évaluation présidée par le Premier président de la Cour des comptes laquelle doit prendre en considération un certain nombre de directives posées par le Conseil constitutionnel. Quant au caractère *préalable* de l'indemnisation, le Conseil a considéré qu'il était satisfait par l'attribution d'obligations immédiatement négociables.

Rappelons également que le Conseil a vérifié la conformité des lois de nationalisation par rapport au *principe d'égalité.* Entendu d'abord dans un sens étroit comme visant les seules discriminations expressément interdites par des textes à valeur constitutionnelle (égal accès à la justice, égal accès à l'éligibilité), ce principe est aujourd'hui compris beaucoup plus largement, le Conseil sanctionnant toute discrimination qui lui paraît injustifiée. Tel fut le cas, en la circonstance, pour les dispositions qui soustrayaient les banques mutualistes à la nationalisation des banques ayant plus d'un milliard de dépôts.

S'agissant non de nationalisation mais d'expropriation, le Conseil constitutionnel considère « qu'aucune exigence constitutionnelle n'impose que la collectivité expropriante (…) soit tenue de réparer la douleur morale éprouvée par le propriétaire à cause de la perte des biens expropriés » (Cons. const. 20 janv. 2011, déc. n° 2010-87 QPC, *D.* 2011. 2127, note G. Forest, 2999, obs. Mallet-Bricout), sans que cela prive pour autant l'indemnité de son caractère « juste ».

13 Les dispositions de la Convention européenne de sauvegarde des droits de l'homme et des libertés fondamentales ne paraissent pas de nature à assurer une protection plus complète du droit de propriété. S'appuyant sur l'article 1er du Premier protocole qui dispose « Toute personne physique ou morale a droit au respect de ses biens. Nul ne peut être privé de sa propriété que pour cause d'utilité publique et dans les conditions prévues par la loi et les principes généraux du droit international », la Cour européenne a posé, à l'occasion de recours visant certaines lois anglaises habilitant des locataires à racheter leur logement (21 févr. 1986, *James*, *Jurisprudence de la Cour européenne des droits de l'homme*, par V. Berger, 13e éd., no 278) ou procédant à des nationalisations (8 juill. 1986, *Lithgow*, *Jurisprudence de la Cour européenne des droits de l'homme*, par V. Berger, 13e éd., no 280, *JCP* 1987. II. 20733, note Jeantet), que si le versement d'une somme raisonnable en rapport avec la valeur du bien est requis pour que la privation de propriété ne constitue pas une atteinte excessive tombant sous le coup de l'article 1er, ce texte ne garantit pas néanmoins dans tous les cas le droit à une compensation intégrale, car des objectifs légitimes d'« utilité publique » tels qu'en poursuivent des mesures de réforme économique ou de justice sociale peuvent militer pour un remboursement inférieur à la pleine valeur marchande (sur cette question, v. Sudre, « La protection du droit de propriété par la Cour européenne des droits de l'homme », *D.* 1988. chron. 71). On perçoit ainsi la spécificité de la démarche du juge européen qui procède à un contrôle de proportionnalité pour rechercher si, eu égard à la légitimité du but poursuivi, il existe un « juste équilibre » entre les exigences de l'intérêt général et les impératifs de la sauvegarde du droit de propriété (CEDH 28 nov. 2002, *D.* 2002. 2279, obs. Birsan; 20 févr. 2003, *D.* 2003. Somm. 2276, obs. C. Birsan; v. aussi H. Pauliat, « Le droit de propriété devant le Conseil constitutionnel et la Cour européenne des droits de l'homme », *RD publ.* 1995. 1445). La Cour de Strasbourg a ultérieurement précisé qu'en cas de privation de la propriété une indemnisation ne pourrait constituer une réparation adéquate qu'à la condition qu'elle intervienne dans un délai raisonnable (CEDH 21 févr. 1997, *Rec. CEDH* 1997. I. 164 § 54; rappr. 14 nov. 2000, *JCP* 2001. I. 305, no 5, obs. Périnet-Marquet).

Terminons en rappelant que la jurisprudence de la Cour de cassation définissant les exigences de l'ordre public international, en la matière, est également en sensible retrait par rapport aux positions du Conseil constitutionnel. Alors qu'elle a longtemps subordonné la reconnaissance en France d'une mesure de nationalisation étrangère à l'existence d'une indemnité juste et préalablement versée (Req. 5 mars 1928, *La Ropit*, *GADIP*, no 13), elle se contente aujourd'hui d'une indemnité équitable préalablement fixée (Civ. 1re, 23 avr. 1969, *Nationalisations algériennes*, *D.* 1969. 341, concl. Blondeau, *Rev. crit. DIP* 1969. 717, note Schaeffer) et va même selon certaines décisions jusqu'à se satisfaire du seul fait que le principe d'une indemnité a été prévu (Civ. 1re, 1er juill. 1981, *Total Afrique*, *Rev. crit. DIP* 1983. 336, note P. Lagarde, *Clunet* 1983. 148, note Bourel, *Rev. sociétés* 1982. 878, note J. L. Bismuth).

3

CONSTITUTION. QUESTION PRIORITAIRE DE CONSTITUTIONNALITÉ. CONTRÔLE DE L'INTERPRÉTATION JURISPRUDENTIELLE

Cons. const. 6 oct. 2010

(*D.* 2010. 2744, note F. Chénedé, *JCP* 2010. 1145, note A. Gouttenoire et C. Radé, *RTD civ.* 2011. 90, obs. P. Deumier)

Mmes Isabelle D. et Isabelle B.

L'article 61-1 de la Constitution reconnaît à tout justiciable le droit de voir examiner, à sa demande, le moyen tiré de ce qu'une disposition législative méconnaît les droits et libertés que la Constitution garantit. En posant une question prioritaire de constitutionnalité, tout justiciable a le droit de contester la constitutionnalité de la portée effective qu'une interprétation jurisprudentielle constante confère à cette disposition.

DÉCISION

Le Conseil constitutionnel a été saisi le 9 juillet 2010 par la Cour de cassation (arrêt n° 12143 du 8 juillet 2010), dans les conditions prévues à l'article 61-1 de la Constitution, d'une question prioritaire de constitutionnalité posée par Mmes Isabelle D. et Isabelle B., relative à la conformité de l'article 365 du code civil aux droits et libertés que la Constitution garantit.

Le Conseil constitutionnel; — Vu la Constitution; — Vu l'ordonnance n° 58-1067 du 7 novembre 1958 modifiée portant loi organique sur le Conseil constitutionnel; — Vu le code civil; — Vu l'arrêt n° 06-15647 de la Cour de cassation (première chambre civile) du 20 février 2007; — Vu le règlement du 4 février 2010 sur la procédure suivie devant le Conseil constitutionnel pour les questions prioritaires de constitutionnalité; (...) — Le rapporteur ayant été entendu;

— *Sur la disposition soumise à l'examen du Conseil constitutionnel :*

1. Considérant qu'aux termes de l'article 365 du code civil : « L'adoptant est seul investi à l'égard de l'adopté de tous les droits d'autorité parentale, inclus celui de consentir au mariage de l'adopté, à moins qu'il ne soit le conjoint du père ou de la mère de l'adopté; dans ce cas, l'adoptant a l'autorité parentale concurremment avec son conjoint, lequel en conserve seul l'exercice, sous réserve d'une déclaration conjointe avec l'adoptant devant le greffier en chef du tribunal de grande instance aux fins d'un exercice en commun de cette autorité.

« Les droits d'autorité parentale sont exercés par le ou les adoptants dans les conditions prévues par le chapitre 1er du titre IX du présent livre.

« Les règles de l'administration légale et de la tutelle des mineurs s'appliquent à l'adopté »;

2. Considérant que l'article 61-1 de la Constitution reconnaît à tout justiciable le droit de voir examiner, à sa demande, le moyen tiré de ce qu'une disposition législative méconnaît les droits et libertés que la Constitution garantit; que les articles 23-2 et 23-5 de l'ordonnance du 7 novembre 1958 susvisée fixent les conditions dans lesquelles la question prioritaire de constitutionnalité doit être transmise par la juridiction au Conseil d'État ou à la Cour de cassation et renvoyée au Conseil constitutionnel; que ces dispositions prévoient notamment que la disposition législative contestée doit être « applicable au litige ou à la procédure »; qu'en posant une question prioritaire de constitutionnalité, tout justiciable a le droit de contester la constitutionnalité de la portée effective qu'une interprétation jurisprudentielle constante confère à cette disposition;

3. Considérant que l'article 365 du code civil fixe les règles de dévolution de l'autorité parentale à l'égard d'un enfant mineur faisant l'objet d'une adoption simple; que, depuis l'arrêt du 20 février 2007 susvisé, la Cour de cassation juge de manière constante que, lorsque le père ou la mère biologique entend continuer à élever l'enfant, le transfert à l'adoptant des droits d'autorité parentale qui résulterait de l'adoption par le concubin ou le partenaire du parent biologique est contraire à l'intérêt de l'enfant et, par suite, fait obstacle au prononcé de cette adoption; que, dès lors, la constitutionnalité de l'article 365 du code civil doit être examinée non pas en ce que cet article institue une distinction entre les enfants au regard de l'autorité parentale, selon qu'ils sont adoptés par le conjoint ou le concubin de leur parent biologique, mais en ce qu'il a pour effet d'interdire en principe l'adoption de l'enfant mineur du partenaire ou du concubin;

— *Sur la constitutionnalité de la disposition contestée :*

4. Considérant que, selon les requérantes, en prévoyant que l'adoption simple n'entraîne un partage de l'autorité parentale entre l'adoptant et le parent de l'adopté que lorsqu'ils sont mariés, l'article 365 du code civil prive l'enfant mineur de la possibilité d'être adopté par le partenaire ou le concubin de son père ou de sa mère; qu'en interdisant ainsi « la reconnaissance juridique d'un lien social de filiation qui préexiste », l'article 365 du code civil méconnaîtrait le droit à une vie familiale normale et le principe d'égalité devant la loi;

5. Considérant qu'aux termes de l'article 34 de la Constitution, la loi fixe les règles concernant « l'état et la capacité des personnes, les régimes matrimoniaux, les successions et libéralités »; qu'il est à tout moment loisible au législateur, statuant dans le domaine de sa compétence, d'adopter des dispositions nouvelles dont il lui appartient d'apprécier l'opportunité et de modifier des textes antérieurs ou d'abroger ceux-ci en leur substituant, le cas échéant, d'autres dispositions, dès lors que, dans l'exercice de ce pouvoir, il ne prive pas de garanties légales des exigences de caractère constitutionnel; que l'article 61-1 de la Constitution, à l'instar de l'article 61, ne confère pas au Conseil constitutionnel un pouvoir général d'appréciation et de décision de même nature que celui du Parlement; que cet article lui donne seulement compétence pour se prononcer sur la conformité d'une disposition législative aux droits et libertés que la Constitution garantit;

6. Considérant, d'une part, que l'article 6 de la Déclaration des droits de l'homme et du citoyen de 1789 dispose que la loi « doit être la même pour tous, soit qu'elle protège, soit qu'elle punisse »; que le principe d'égalité ne s'oppose ni à ce que le

législateur règle de façon différente des situations différentes ni à ce qu'il déroge à l'égalité pour des raisons d'intérêt général pourvu que, dans l'un et l'autre cas, la différence de traitement qui en résulte soit en rapport direct avec l'objet de la loi qui l'établit;

7. Considérant, d'autre part, que le droit de mener une vie familiale normale résulte du dixième alinéa du Préambule de la Constitution de 1946 qui dispose : « La Nation assure à l'individu et à la famille les conditions nécessaires à leur développement »;

8. Considérant, en premier lieu, que la disposition contestée, dans la portée que lui donne la jurisprudence constante de la Cour de cassation, empêche que, par la voie de l'adoption simple, un enfant mineur puisse voir établir un deuxième lien de filiation à l'égard du concubin ou du partenaire de son père ou sa mère; que, toutefois, cette disposition ne fait aucunement obstacle à la liberté du parent d'un enfant mineur de vivre en concubinage ou de conclure un pacte civil de solidarité avec la personne de son choix; qu'elle ne fait pas davantage obstacle à ce que ce parent associe son concubin ou son partenaire à l'éducation et la vie de l'enfant; que le droit de mener une vie familiale normale n'implique pas que la relation entre un enfant et la personne qui vit en couple avec son père ou sa mère ouvre droit à l'établissement d'un lien de filiation adoptive; que, par suite, le grief tiré de ce que l'article 365 du code civil porterait atteinte au droit de mener une vie familiale normale doit être écarté;

9. Considérant, en second lieu, qu'en maintenant le principe selon lequel la faculté d'une adoption au sein du couple est réservée aux conjoints, le législateur a, dans l'exercice de la compétence que lui attribue l'article 34 de la Constitution, estimé que la différence de situation entre les couples mariés et ceux qui ne le sont pas pouvait justifier, dans l'intérêt de l'enfant, une différence de traitement quant à l'établissement de la filiation adoptive à l'égard des enfants mineurs; qu'il n'appartient pas au Conseil constitutionnel de substituer son appréciation à celle du législateur sur les conséquences qu'il convient de tirer, en l'espèce, de la situation particulière des enfants élevés par deux personnes de même sexe; que, par suite, le grief tiré de la violation de l'article 6 de la Déclaration de 1789 doit être écarté;

10. Considérant que l'article 365 du code civil n'est contraire à aucun autre droit ou liberté que la Constitution garantit,

Décide :

Article 1er — L'article 365 du code civil est conforme à la Constitution.

OBSERVATIONS

1 De cette décision, il a été dit qu'elle pouvait prétendre « au double titre de grand arrêt de la jurisprudence civile et de grande décision du Conseil constitutionnel » (F. Chénedé, *D.* 2010. 2744). S'agissant de la première qualité, celle-ci apparaît rétrospectivement comme quelque peu fragile, voire éphémère, dans la mesure où la loi du 17 mai 2013 ouvrant le mariage aux personnes de même sexe a privé la solution qu'elle pose de la partie la plus symbolique de sa portée. De l'article 365 du Code civil qui affirme que l'adoptant est seul investi à l'égard de l'adopté de tous les droits d'autorité parentale

à moins qu'il ne soit le conjoint du père ou de la mère de l'adopté, la Cour de cassation a déduit qu'il n'est pas possible d'adopter l'enfant de son concubin ou de son partenaire sous peine de priver ce dernier de droits parentaux (Civ. 1re, 20 févr. 2007, *infra*, nos 55-56), solution que le Conseil constitutionnel déclare dans la présente décision conforme à la Constitution. Mais alors que cette interprétation faisait à l'époque obstacle à la consécration de toute situation d'homoparentalité, il n'en va plus de même depuis la loi du 17 mai 2013 : l'enfant dont le lien de parenté est établi à l'égard d'un de ses parents peut désormais être adopté par une personne de même sexe que ce parent dès lors que parent et adoptant sont mariés. Aussi bien retrouvera-t-on ultérieurement cette question (*infra*, nos 54-56).

Sa qualité de grande décision du Conseil constitutionnel reste en revanche inchangée. Pour en prendre conscience, il est nécessaire de la replacer dans le contexte créé par la réforme constitutionnelle du 23 juillet 2008, dont on sait qu'elle a introduit dans le système juridique français un contrôle *a posteriori* de constitutionnalité des lois (*infra*, no 2, § 3). Désormais, la Constitution renferme un article 61-1 qui dispose que « lorsque, à l'occasion d'une instance en cours devant une juridiction, il est soutenu qu'une disposition législative porte atteinte aux droits et libertés que la Constitution garantit, le Conseil constitutionnel peut être saisi de cette question sur renvoi du Conseil d'État ou de la Cour de cassation ». Le Conseil constitutionnel statue dans un délai de trois mois à compter de sa saisine. La disposition qu'il déclare inconstitutionnelle « est abrogée à compter de la publication de la décision du Conseil constitutionnel ou d'une date ultérieure fixée par cette décision » (art. 62-2, Const.). Afin d'éviter que le Conseil constitutionnel ne soit submergé par un afflux de recours, la loi organique du 10 décembre 2009 a mis en place un mécanisme de filtrage par la Cour de cassation et le Conseil d'État. Il en est résulté entre juge judiciaire et juge constitutionnel une « sourde rivalité », qui a parfois dégénéré en « guerre des juges ». La Cour de cassation a, en effet, à plusieurs reprises, semblé vouloir restreindre les « voies de passage » vers le Conseil constitutionnel en usant d'un « tamis trop serré » (Ph. Théry, *RTD civ.* 2010. 810). C'est ainsi qu'elle a décidé que le contrôle était sans objet lorsque la disposition était abrogée bien qu'elle fût applicable au litige (Ass. plén. 15 juin 2010, no 09-70.996). La QPC visant à l'abrogation de la loi inconstitutionnelle, il n'y a pas lieu de procéder au contrôle d'une disposition d'ores et déjà abrogée. Mais, dans cette voie, c'est surtout l'affirmation que le contrôle de constitutionnalité s'exerce sur les textes législatifs et non sur l'interprétation qui en est donnée par la Cour de cassation qui a suscité la controverse (Ass. plén. 19 mai 2010, no 09-71.161, *D.* 2010. 1352, *RTD civ.* 2010. 810, obs. Ph. Théry).

Dans la présente décision, le Conseil constitutionnel condamne fermement cette position : « en posant une QPC, tout justiciable a le droit de contester la constitutionnalité de la portée effective qu'une interprétation jurisprudentielle constante confère à cette disposition ».

Après s'être interrogé sur la question de principe que soulève une telle affirmation (I), on envisagera les modalités de sa mise en œuvre (II).

I. — Question de principe

2 À différentes reprises, la Cour de cassation a affirmé que la question dont elle pouvait saisir le Conseil constitutionnel était « seulement celle de l'atteinte portée par une disposition législative » aux droits et libertés que la Constitution garantit et non celle qui découlerait « de l'interprétation qu'en donne la jurisprudence » (v. par ex. Cass. QPC 19 mai 2010, n° 09-83.328, *D.* 2010. 1351). En d'autres termes, le contrôle de constitutionnalité *a posteriori* s'exercerait sur les textes législatifs et non sur l'interprétation qui en est donnée. À l'appui de sa position, la Cour de cassation invoque un argument de texte : l'article 61-1 de la Constitution vise uniquement l'atteinte portée par « une disposition législative » aux droits et libertés que la Constitution garantit. Cette lecture littérale est, au demeurant, confortée par les travaux préparatoires. Un amendement ayant été déposé au Sénat afin de préciser que le contrôle pouvait être exercé sur une disposition législative « le cas échéant interprétée par la jurisprudence », celui-ci a été rejeté à la demande du rapporteur et du gouvernement, au motif que « nous ne nous intéresserons pas ici au contrôle de la constitutionnalité de la jurisprudence qui est indépendante du texte de la loi ». Autrement dit, la réforme n'a pas pour but de contrôler la conformité à la Constitution de la jurisprudence du Conseil d'État ou de la Cour de cassation.

3 En dépit de sa conformité au texte et aux travaux préparatoires, cette solution est fermement condamnée par le Conseil constitutionnel dans la présente décision. La raison en est simple : une telle lecture conduirait à une « sanctuarisation de l'interprétation jurisprudentielle », laquelle échapperait ainsi à tout contrôle opéré par le Conseil constitutionnel. Le résultat en serait que l'interprétation de la loi bénéficierait d'un « meilleur sort » que la loi elle-même, en sorte qu'elle serait placée dans une situation sinon « supraconstitutionnelle », en tout cas « extraconstitutionnelle » (N. Molfessis, « La jurisprudence *supra-constitutionem* », *JCP* 2010. 1039, n° 10; Chénedé, note, *D.* 2010. 2746). Or une telle position ne serait pas admissible, car elle priverait le contrôle *a posteriori* de constitutionnalité de l'essentiel de son effectivité. En effet, comme on l'a justement souligné, « la loi “sèche”, la loi nue, une fois qu'elle est entrée en vigueur n'existe pas », car il n'est guère de texte que le juge ne soit amené à préciser, à compléter, voire à suppléer (N. Molfessis, art. préc., *JCP* 2010. 1039, n° 11). Le cas qui était l'objet de la présente QPC en est, au demeurant, une excellente illustration. Le texte de l'article 365 du Code civil institue une distinction entre les enfants, au regard de l'autorité parentale, selon qu'ils sont adoptés par le concubin ou le conjoint du parent biologique; privé dans le premier cas de l'autorité parentale, le parent biologique la conserve dans le second cas. La jurisprudence en déduit qu'il est interdit à une personne d'adopter l'enfant de son concubin ou de son partenaire, ce qui ne va pas de soi et ajoute manifestement au texte sur lequel il est pris appui. Refuser de contrôler cette interprétation, c'est s'interdire de contrôler la constitutionnalité du vrai droit positif et par là même stériliser la QPC, c'est placer le justiciable dans une situation de déni de justice constitutionnelle.

On comprend dans ces conditions la position du Conseil constitutionnel. Se fondant sur la doctrine du droit vivant, il considère que c'est la « loi en action » qui est la norme (G. Zagrebelsky, « La doctrine du droit vivant et la question de constitutionnalité », *Constitutions* 2010. 9). Le mythe d'une loi ayant tout prévu n'a plus cours. C'est la loi telle qu'elle est interprétée et avec la portée que lui confère son interprétation dont il convient de rechercher si elle est ou non conforme à la Constitution.

Retenue d'entrée de jeu par le Conseil d'État (CE 18 juin 2010, nº 338638; 16 juill. 2010, nº 334665), cette analyse a été ultérieurement reprise par la Cour de cassation qui s'est ralliée à la position du Conseil constitutionnel, d'abord sans le dire explicitement (Civ. 3e, 30 nov. 2010, nº 10-16.828; Crim. 19 janv. 2011, nº 10-85.159, nº 10-85.305; Civ. 2e, 10 mars 2011, nº 10-40.075), ensuite de manière beaucoup plus claire (Civ. 1re, 27 sept. 2011, *JCP* 2011. 1197, note F. Chénedé; 8 déc. 2011, *Bull. civ.* I, nº 211; Ass. plén. 20 mai 2011, *D.* 2011. 1346, obs. A. Lienhard, 1775, chron. N. Maziau). Il n'en reste pas moins que la position initiale de la Cour de cassation était dictée par la crainte légitime que, sous couvert du contrôle de constitutionnalité, le Conseil constitutionnel ne s'arroge le pouvoir de proposer sa propre interprétation de la disposition législative examinée. Aussi convient-il de rechercher selon quelles modalités est mis en œuvre ce contrôle de la loi interprétée afin de voir si les craintes de la haute juridiction sont ou non fondées.

II. — Mise en œuvre

4 Savoir quelle interprétation doit recevoir la loi et savoir si cette interprétation est conforme à la Constitution sont des questions distinctes. Au premier abord, on pourrait être porté à considérer que chacune de ces questions relève d'une juridiction propre : au gardien de la loi, c'est-à-dire à la Cour de cassation et au Conseil d'État, l'interprétation de la loi, au gardien de la Constitution, c'est-à-dire au Conseil constitutionnel, le contrôle de la conformité de cette interprétation avec la Constitution. Ainsi les risques d'empiétements ou de débordements seraient écartés. Mais la pratique montre qu'une telle approche n'est pas tenable.

Au départ, la césure semble pourtant nettement tranchée. C'est ainsi que lorsqu'on est en présence d'une création purement prétorienne ayant pour seul appui les « principes généraux du droit » tels que la haute juridiction les découvre, aucun contrôle de constitutionnalité n'est prévu puisque la loi organique requiert l'existence d'une « disposition législative ». C'est, au reste, probablement à cette hypothèse que, au-delà d'une formulation maladroite, faisaient référence les travaux préparatoires, précédemment mentionnés, écartant le contrôle de constitutionnalité de la jurisprudence. Seule une jurisprudence prenant appui sur une disposition législative, et non une pure création prétorienne, relève du contrôle de constitutionnalité *a posteriori*. Et lorsque le contrôle vise une disposition législative, telle qu'interprétée par la jurisprudence, encore faut-il selon la décision analysée que cette interprétation jurisprudentielle soit « constante ». C'est dire que si l'on est en présence d'une jurisprudence incertaine, mouvante, la Cour de cassation n'a pas à transmettre la question qui lui est soumise, car elle ne revêt pas un caractère sérieux. Il en résulte que le Conseil constitutionnel n'aura pas le loisir, puisqu'il n'est pas saisi, de fixer cette jurisprudence mouvante. Et si la Cour de cassation acceptait de transmettre une QPC, alors même que le caractère constant de la jurisprudence est discuté, c'est qu'elle considérerait que la jurisprudence stigmatisée est la sienne, en sorte que le Conseil constitutionnel aurait non à la fixer mais uniquement à en contrôler la conformité à la Constitution. Ce contrôle ne paraît lui-même, au premier abord, guère se prêter aux empiétements. En effet, de deux choses l'une : soit le texte tel qu'interprété est conforme à la Constitution et il n'y a évidemment pas à revenir sur cette interprétation; soit il ne l'est pas et la censure s'opère. Dans la présente affaire, le Conseil constitutionnel prend acte de l'interprétation retenue par la Cour de cassation, à savoir l'interdiction de l'adoption de l'enfant du partenaire et s'interroge seulement sur sa conformité à la Constitution. À aucun moment, le Conseil ne s'arroge le pouvoir de proposer sa propre interprétation de la disposition litigieuse examinée.

Mais à l'usage, il apparaît qu'une telle lecture manque singulièrement de réalisme : le « chacun chez soi est intenable » (F. Chénedé, *JCP* 2011. 1197). La Cour de cassation est, en effet, portée à exercer, à travers sa mission de filtrage, un pré-contrôle de constitutionnalité. Afin de vérifier le caractère sérieux de la QPC, il lui faut rechercher s'il existe ou non un doute sur la constitutionnalité de la décision attaquée. Mieux, lorsque la disposition litigieuse, telle qu'interprétée par une jurisprudence constante, lui apparaît contraire à la Constitution, la Cour de cassation peut décider de renverser sa jurisprudence et de retenir une interprétation de la loi qui la met en conformité avec la Constitution et lui évite la transmission d'une QPC (N. Maziau, « Le revirement de jurisprudence dans la procédure de QPC », *D.* 2012. 1833). Inversement, il arrive que l'étanchéité entre contrôle de constitutionnalité et interprétation ne soit pas tenable, envisagée du point de vue du Conseil constitutionnel. Confronté à une loi qui est du fait de l'interprétation qu'elle a reçue de la Cour de cassation, contraire à la Constitution, le Conseil constitutionnel peut être porté à substituer à l'interprétation retenue par le juge judiciaire, une interprétation conforme à la Constitution, qui permet de sauver le texte. S'apparentant aux réserves d'interprétation pratiquées par le juge constitutionnel, dans le cadre de son contrôle *a priori*, une telle attitude n'est admissible que pour sauver un texte, en sorte qu'elle doit évidemment être écartée lorsque l'interprétation retenue est constitutionnelle.

En définitive, c'est donc moins en termes de cloisonnement des tâches – interprétation de la loi par la Cour de cassation, contrôle de constitutionnalité par le Conseil constitutionnel – qu'en termes de « coopération » que devraient s'organiser les rapports du juge judiciaire et du juge constitutionnel (F. Chénedé, *JCP* 2011. 1197).

5 Comme on l'a justement souligné, cette cohabitation s'organisera d'autant mieux que le juge, qu'il soit judiciaire ou constitutionnel, est pleinement conscient de sa « place sur l'échiquier des pouvoirs » et ne prétendra pas se substituer au législateur lorsque sont sous-jacents des choix politiques fondamentaux. La présente affaire offre une bonne illustration de cette retenue. Saisi de la question de la conformité de l'article 365 du Code civil, tel qu'interprété, au principe d'égalité, le Conseil constitutionnel s'en remet à l'appréciation du législateur. La Cour de cassation avait fait antérieurement preuve de la même retenue en refusant, à propos du mariage de personnes de même sexe et de l'adoption par un couple homosexuel, de revenir au nom des droits et libertés fondamentaux sur l'arbitrage réalisé par le législateur français (*infra*, n°s 33-34, § 6 s.). En d'autres termes, les juges français répugnent à s'immiscer dans des débats éthiques et politiques. En cela, leur attitude est différente de celle de la Cour EDH qui, « juge sans législateur », se sent peu tenue par les exigences de la démocratie représentative ou directe (F. Chénedé, « Le droit à l'épreuve des droits de l'homme », *Mélanges G. Champenois*, 2012, p. 139 s.; Y. Lequette, « Des juges littéralement irresponsables… », *Mélanges J. Héron*, 2008, p. 309 s., spéc. p. 320).

4

TRAITÉ INTERNATIONAL. CONFLIT AVEC UNE LOI POSTÉRIEURE. ARTICLE 55 DE LA CONSTITUTION. SUPÉRIORITÉ DU TRAITÉ

Ch. mixte 24 mai 1975

(*D.* 1975. 497, concl. Touffait, *JCP* 1975. II. 18180 *bis*, concl. Touffait, *Gaz. Pal.* 1975. 2. 470, concl. Touffait, *Rev. crit. DIP* 1975. 347, note Jacques Foyer et D. Holleaux, *JDI* 1975. 801, note Ruzié)

Administration des douanes c. Soc. des Cafés Jacques Vabre et Soc. Weigel

Le Traité du 25 mars 1957 qui, en vertu de l'article 55 de la Constitution, a une autorité supérieure à celle des lois, institue un ordre juridique propre intégré à celui des États membres; en raison de cette spécificité, l'ordre juridique qu'il a créé est directement applicable aux ressortissants de ces États et s'impose à leurs juridictions. Dès lors, c'est à bon droit qu'une cour d'appel a décidé que l'article 95 du Traité devait être appliqué à l'exclusion de l'article 265 du Code des douanes, bien que ce dernier texte fût postérieur.

Faits. — La société des Cafés Jacques Vabre avait, depuis 1964, importé des Pays-Bas du café soluble, dédouané par la société Weigel. À l'occasion de chaque importation, l'administration des douanes perçut la taxe intérieure de consommation prévue par l'article 265 du Code des douanes. En 1968, ces deux sociétés assignèrent l'administration des douanes en restitution des sommes versées par la société Weigel et en réparation du préjudice subi du fait de la privation des fonds correspondants. Elles faisaient valoir que cette taxe était contraire à l'article 95 du Traité de Rome du 25 mars 1957, aux termes duquel « aucun État membre ne frappe directement ou indirectement les produits des autres États membres d'impositions intérieures, de quelque nature qu'elles soient, supérieures à celles qui frappent directement ou indirectement les produits nationaux similaires. En outre, aucun État membre ne frappe les produits des autres États membres d'impositions intérieures de nature à protéger indirectement d'autres productions ». La taxe frappant les cafés solubles hollandais était, selon les sociétés demanderesses, supérieure à celle due pour les cafés verts importés, servant à la production de café soluble en France. Partant, l'article 265 du Code des douanes tel que formulé par une loi du 14 décembre 1966 constituait une disposition législative contraire à un traité antérieurement ratifié et publié.

Le tribunal d'instance du 1er arrondissement de Paris, dans un jugement en date du 8 janvier 1971, donna gain de cause aux sociétés demanderesses. Ce jugement fut confirmé en appel par la Cour de Paris (Paris, 7 juill. 1973, *D.* 1974. 159, note J. Rideau, *Gaz. Pal.* 1973. 2. 661, concl. J. Cabannes, *JDI* 1974. 820, note Ruzié). Un pourvoi fut formé par l'administration des douanes.

ARRÊT

La Cour; — *Sur le premier moyen pris en ses deux branches :* — Attendu qu'il résulte des énonciations de l'arrêt déféré que, du 5 janvier 1967 au 5 juillet 1971, la société « Cafés Jacques Vabre » (Soc. Vabre) a importé des Pays-Bas, État membre de la Communauté économique européenne, certaines quantités de café soluble en vue de leur mise à la consommation en France; que le dédouanement de ces marchandises a été opéré par la société J. Weigel et Cie (Soc. Weigel), commissionnaire en douane; qu'à l'occasion de chacune de ces importations, la Soc. Weigel a payé à l'administration des Douanes la taxe intérieure de consommation prévue, pour ces marchandises, par la position Ex. 2102 du tableau A de l'article 265 du Code des douanes; que, prétendant qu'en violation de l'article 95 du Traité du 25 mars 1957 instituant la Communauté économique européenne, lesdites marchandises avaient ainsi subi une imposition supérieure à celle qui était appliquée aux cafés solubles fabriqués en France à partir du café vert en vue de leur consommation dans ce pays, les deux sociétés ont assigné l'administration en vue d'obtenir, pour la Soc. Weigel, la restitution du montant des taxes perçues et, pour la Soc. Vabre, l'indemnisation du préjudice qu'elle prétendait avoir subi du fait de la privation des fonds versés au titre de ladite taxe; — Attendu qu'il est reproché à la cour d'appel d'avoir accueilli ces demandes en leur principe (...).

Sur le deuxième moyen : — Attendu qu'il est de plus fait grief à l'arrêt d'avoir déclaré illégale la taxe intérieure de consommation prévue par l'article 265 du Code des douanes par suite de son incompatibilité avec les dispositions de l'article 95 du Traité du 25 mars 1957, au motif que celui-ci, en vertu de l'article 55 de la Constitution, a une autorité supérieure à celle de la loi interne, même postérieure, alors, selon le pourvoi, que s'il appartient au juge fiscal d'apprécier la légalité des textes réglementaires instituant un impôt litigieux, il ne saurait cependant, sans excéder ses pouvoirs, écarter l'application d'une loi interne sous prétexte qu'elle revêtirait un caractère inconstitutionnel, que l'ensemble des dispositions de l'article 265 du Code des douanes a été édicté par la loi du 14 décembre 1966 qui leur a conféré l'autorité absolue qui s'attache aux dispositions législatives et qui s'impose à toute juridiction française; — Mais attendu que le Traité du 25 mars 1957, qui, en vertu de l'article susvisé de la Constitution, a une autorité supérieure à celle des lois, institue un ordre juridique propre intégré à celui des États membres; qu'en raison de cette spécificité, l'ordre juridique qu'il a créé est directement applicable aux ressortissants de ces États et s'impose à leurs juridictions; que, dès lors, c'est à bon droit, et sans excéder ses pouvoirs, que la cour d'appel a décidé que l'article 95 du traité devait être appliqué en l'espèce, à l'exclusion de l'article 265 du Code des douanes, bien que ce dernier texte fût postérieur; d'où il suit que le moyen est mal fondé; (...) — *Par ces motifs*, rejette...

OBSERVATIONS

1 Cet arrêt est d'une exceptionnelle importance. En reconnaissant aux juges judiciaires le pouvoir d'écarter l'application d'une loi si elle est contraire à un traité ou à un accord international antérieur, l'arrêt *Jacques Vabre* a provoqué un séisme juridique dont les ondes de choc se sont répercutées bien au-delà du cercle des juridictions de l'ordre judiciaire. Après avoir rappelé l'état du droit antérieur (I), on examinera la solution retenue par l'arrêt *Jacques Vabre* (II), avant d'analyser ses retombées tant dans l'ordre administratif (III) que de manière plus générale (IV).

I. — L'état du droit antérieur

2 Ayant des origines différentes, traités et lois peuvent se trouver, plus encore que deux lois successives, en contradiction. Comment se résout alors le conflit entre la loi et le traité ?

La question s'est toujours réglée sans difficulté lorsque le traité est postérieur à la loi qu'il contredit. Pour affirmer la supériorité du traité postérieur sur la loi antérieure, il n'est, en effet, nul besoin de se référer à une quelconque primauté du traité sur la loi; il suffit de faire application des règles qui gouvernent la succession des normes dans le temps : *lex posterior derogat priori* (la loi postérieure déroge à la loi antérieure) (Roland et Boyer, *Adages du droit français*, 4e éd., n° 202). La maxime reçoit d'autant plus aisément application que les Constitutions de 1946 et de 1958 prescrivent la ratification en vertu d'une loi de tout traité modifiant une loi interne française. Le traité ne va donc pas à l'encontre de la volonté du Parlement (Batiffol, *Droit international privé*, 4e éd., 1967, n° 39).

Plus délicat est, en revanche, le conflit entre une loi et un traité qui lui est antérieur. Les règles qui gouvernent la succession des normes dans le temps donnant l'avantage à la loi, la question est alors clairement posée de savoir si le traité ne doit pas, malgré tout, lui être préféré parce qu'il occuperait dans la hiérarchie des normes une place supérieure à celle-ci.

3 Longtemps les tribunaux ont éludé la difficulté en considérant, conformément à ce qu'on a appelé la « doctrine Matter », que toute loi contraire à un traité antérieur devait s'entendre comme réservant le jeu du traité (Civ. 4 févr. 1936, *S.* 1936. 1. 257, note Raynaud). Le problème se règle alors très simplement par la coordination des normes en présence. Aussi bien aurait-il suffi, en l'espèce, de faire appel à cette règle jurisprudentielle d'interprétation pour résoudre la question posée. L'article 265 du Code des douanes ayant une portée générale et frappant les produits importés de toute origine pouvait, en effet, être compris comme réservant nécessairement l'application du Traité de Rome (en ce sens, Rideau, note *D.* 1974. 163; Foyer et Holleaux, note *Rev. crit. DIP* 1976. 357). Mais ni la cour d'appel, ni la Cour de cassation n'ont voulu emprunter cette voie. Suivant en cela les conclusions de l'avocat général Cabannes (*Gaz. Pal.* 1973. 2. 661), puis celles du procureur général Touffait (*D.* 1975. 500, 1re col.), elles ont entendu poser la question en termes de conflit ouvert entre le traité et la loi qui lui est postérieure. Il est, au reste, des cas où l'on ne saurait faire l'économie d'un tel conflit. Ainsi en va-t-il lorsque le législateur modifie un texte introduit en vertu d'un traité d'unification.

4 Le juge doit-il s'incliner devant l'ordre du législateur alors même que celui-ci contredirait les obligations internationales de la France ? Aux termes de l'article 55 de la Constitution, le traité a, *dès sa publication*, une autorité supérieure à celle des lois. La précision temporelle que renferme le texte montre que les lois qui sont, au premier chef, envisagées par celui-ci sont celles qui sont en vigueur au moment où le traité entre dans l'ordre juridique français, du fait de sa publication. Faut-il aller plus loin et déduire de cette disposition que le traité a également une autorité supérieure aux lois internes postérieures et que le juge, destinataire direct de cette règle, peut écarter l'application de ces lois ? Les travaux préparatoires sont obscurs (*Travaux préparatoires de la Constitution*, Avis et débats du comité consultatif constitutionnel, La documentation française, 1960, p. 64 s., 192). Quant à la lettre de l'article 55, force est de constater, comme on l'a justement souligné, que si elle « n'interdit pas cette double extension, elle ne la commande pas davantage, surtout la seconde » (P. Lagarde, « La condition de réciprocité dans l'appréciation des traités internationaux : son appréciation par le juge interne », *Rev. crit. DIP* 1975. 31 ; v. aussi Francescakis, « Remarques critiques sur le rôle de la Constitution dans le conflit entre le traité et la loi interne devant les tribunaux judiciaires », *Rev. crit. DIP* 1969. 425 s., spéc. p. 434).

Et de fait, à supposer même que l'article 55 soit compris comme affirmant de manière générale la supériorité du traité sur la loi, que celle-ci lui soit antérieure ou postérieure, la question reste entière de savoir si ce texte habilite ou non le juge judiciaire à assurer le respect de la hiérarchie des normes qu'il édicte. Les travaux préparatoires n'étant d'aucun secours, rien n'empêche de comprendre l'article 55 comme admettant simplement, dans le cadre d'un litige entre États, la responsabilité internationale de l'État français, en cas d'adoption d'une loi contraire à un traité (en ce sens, Francescakis, art. préc. *Rev. crit. DIP* 1969. 440 s.; Batiffol et Lagarde, *Traité*, t. I, 8e éd., no 41 ; B. Beignier et C. Bléry, *Cours d'introduction au droit*, 2e éd., 2006, p. 148).

Tel est d'ailleurs le système mis en place par la Convention de Vienne du 23 mai 1969 (art. 27 et 73). L'article 55 paraît, au reste, se prêter d'autant mieux à une telle lecture que celle-ci est seule de nature à permettre la conciliation de ce texte, compris comme affirmant le principe de la supériorité des traités sur la loi, avec un autre principe à valeur constitutionnelle du droit français, celui de la séparation des pouvoirs qui interdit aux tribunaux de faire obstacle à l'application des lois (art. 10, loi des 16 et 24 août 1790). Reconnaître au juge le pouvoir d'écarter l'application d'une loi au motif qu'elle est contraire à un traité, c'est en effet soumettre le législatif au contrôle du judiciaire contrairement à notre tradition de séparation des pouvoirs. Enfin, s'il est vrai que la Constitution de 1958 n'adhère plus au dogme du caractère sacré de la loi, c'est au Conseil constitutionnel, et à lui seul, qu'elle a conféré le pouvoir de contrôler la validité de celle-ci. Dès lors, il semblerait que les tribunaux ne puissent exercer sur la loi contraire au traité un contrôle de conventionnalité qui s'apparente d'assez près à un contrôle de constitutionnalité des lois. On comprend que, dans ces conditions, la jurisprudence judiciaire ait traditionnellement donné la préférence à la loi sur le traité (v. décisions citées, Batiffol et Lagarde, t. I, 8e éd., no 41, note 7). Comme le rappelait le procureur général Matter dans des conclusions restées célèbres : « À supposer qu'il y ait conflit entre la loi et un traité, quels seraient les devoirs du juge ? Aucun doute, vous ne connaissez et ne pouvez connaître d'autre volonté que celle de la loi. C'est le principe même sur lequel reposent nos institutions judiciaires » (*S.* 1932. 1. 257). Cette solution est, au reste, parfaitement compatible avec la subordination de l'ordre interne à l'ordre international. En effet, comme le soulignait Henri Batiffol, si « l'ordre interne est fondamentalement subordonné à l'ordre international (...), il lui est antérieur quant aux institutions existantes; et le juge interne tenant sa mission de l'autorité qui l'institue, ne saurait assumer un rôle contraire à la mission qui définit ses pouvoirs et dont l'objet propre est la mise en œuvre de l'ordre interne : user de ses pouvoirs contre l'autorité qui les lui a conférés lui enlève toute qualité » (*Droit international privé*, 4e éd., no 39, p. 42).

II. — Le contrôle de conventionnalité

5 En énonçant que c'est à bon droit qu'une cour d'appel a décidé que l'article 95 du Traité de Rome dont l'autorité est supérieure à celle des lois, devait être appliqué à l'exclusion de l'article 265 du Code des douanes et bien que ce texte lui fût postérieur, la Cour de cassation rompt résolument avec l'état du droit antérieur. Comment expliquer une telle rupture ?

6 Le premier élément de réponse réside probablement dans la jurisprudence du Conseil constitutionnel. Par sa décision du 15 janvier 1975 relative à la loi sur l'interruption volontaire de grossesse, le Conseil a, en effet, jugé qu'« une loi contraire à un traité ne serait pas, pour autant, contraire à la Constitution », car si les dispositions de l'article 55 de la Constitution « confèrent aux traités, dans les conditions qu'elles définissent, une autorité supérieure à celle des lois, elles ne prescrivent ni n'impliquent que le respect de ce principe doive être assuré dans le cadre du contrôle de la conformité des lois à la Constitution prévu à l'article 61 de celle-ci ».

Cette solution repose sur l'idée que les décisions prises par le Conseil constitutionnel dans le cadre de son contrôle revêtent un caractère absolu et définitif alors que la supériorité des traités sur les lois affirmée par l'article 55 de la Constitution « présente un caractère à la fois relatif et contingent, tenant, d'une part, à ce qu'elle est limitée au champ d'application du traité et, d'autre part, à ce qu'elle est subordonnée à une condition de réciprocité dont la réalisation peut varier selon le comportement du ou des États signataires du traité et le moment où doit s'apprécier le respect de cette condition » (Cons. const. 15 janv. 1975, *D.* 1975. 529, note L. Hamon, *JCP* 1975. II. 18030, note E.-M. Bey, *Gaz. Pal.* 1976. 1. 25, note Pellet, *Rev. crit. DIP* 1975. 606, note P. L., *JDI* 1975. 249, note D. Ruzié, *GDCC*, 14e éd., no 22).

Si les motifs invoqués par le Conseil constitutionnel n'ont pas toujours emporté la conviction des commentateurs, la solution qu'il a posée leur a, en règle générale, semblé digne d'approbation. La violation de la Constitution qui résulterait de la méconnaissance d'un traité leur est apparue trop indirecte pour pouvoir être consacrée en tant que telle. Ensuite et surtout, la solution retenue évite d'étendre de manière exagérée le domaine du bloc de constitutionnalité soumis au contrôle du Conseil constitutionnel en y incluant l'ensemble des traités ou accords internationaux ratifiés ou approuvés, quels qu'en soient le contenu et la portée (F. Terré, *Introduction générale au droit*, no 266). Enfin, on a souligné que le Conseil constitutionnel n'était pas le mieux placé pour opérer ce contrôle en raison de la brièveté des délais qui lui sont impartis et des difficultés d'interprétation que soulèvent fréquemment les engagements internationaux, spécialement d'origine communautaire.

7 Relativement à la question étudiée, il a été tiré argument de cette jurisprudence d'une double façon. En premier lieu, on a insisté sur ce qu'en refusant d'englober, sauf cas exceptionnel, les traités dans le bloc de constitutionnalité, le Conseil constitutionnel avait nettement marqué que le contrôle de la validité de la loi au regard du traité ne relevait pas du contrôle de constitutionnalité. Et ceci d'autant plus qu'il s'agit pour le juge judiciaire de se prononcer sur la validité d'une loi, non de manière abstraite, mais par voie d'exception, à propos d'un cas concret. En procédant à un tel contrôle, le juge judiciaire ne se mettrait donc pas en contradiction avec le principe qui veut qu'il ne soit pas juge de la constitutionnalité des lois. En second lieu, il a été souligné que, du fait même du refus du Conseil constitutionnel de procéder à un tel contrôle, le seul moyen d'éviter que l'article 55 de la Constitution ne restât lettre morte était de reconnaître au juge judiciaire le pouvoir d'y procéder.

À cette argumentation, il avait été à l'époque objecté qu'elle reposait sur une interprétation « quelque peu audacieuse » de la décision du Conseil constitutionnel, celle-ci n'étant « somme toute qu'une décision d'incompétence » (Foyer et Holleaux, note préc. p. 358; Jeantet, *JCP* 1975. I. 2743). De surcroît « comment qualifier le refus d'application d'une loi en vertu d'un texte constitutionnel autrement que comme un contrôle indirect de la constitutionnalité des lois ? » (Foyer et Holleaux, note préc., p. 358; D. Ruzié, *JDI* 1975. 251).

Enfin la solution retenue conduit à un résultat paradoxal : les tribunaux écartant les lois contraires au traité mais non celles qui heurtent la Constitution, le traité est mieux protégé que la Constitution qui lui est pourtant supérieure (Carbonnier, *Introduction*, n° 116; sur les rapports entre Constitution et traités, v. *supra*, n° 1).

8 En réalité, la solution consacrée par l'arrêt *Jacques Vabre* s'explique, semble-t-il, moins par des considérations techniques que par des choix *idéologiques* (v. en ce sens B. Beignier et C. Bléry, *Cours d'introduction au droit*, p. 152). Elle tend, en effet, à tirer toutes les conséquences d'évolutions qu'on peut discerner dans l'ordre juridique français et qui, conduites à leur terme, en remettent en cause les fondements les mieux établis. Tout d'abord, l'époque de la suprématie du droit interne serait, selon certains révolue, en raison de l'essor considérable qu'ont connu depuis plus de quarante ans les sources internationales. Partant, l'impossibilité de faire prévaloir le traité sur la loi devrait céder, car elle apparaîtrait comme une entrave à l'investissement progressif de notre ordre juridique par les normes internationales. Corrélativement, la perte de prestige subie par la loi du fait de l'abaissement du Parlement par la Constitution de 1958 crée un climat favorable à la « véritable révolution de Palais » (Foyer et Holleaux, *Rev. crit. DIP* 1975. 359) qu'opère l'arrêt *Jacques Vabre*. Profitant du déclin du pouvoir législatif, le pouvoir judiciaire s'arroge le droit de censurer, sinon toutes les lois, du moins celles qui lui paraissent contraires aux traités. Aussi bien certains commentateurs ont-ils vu dans l'arrêt *Jacques Vabre*, toutes proportions gardées, « l'équivalent français du célèbre arrêt *Marbury v. Madison* de 1803 (Zoller, *Grands arrêts de la Cour suprême des États-Unis*, 2000, n° 3), par lequel la Cour suprême des États-Unis a proclamé le principe du contrôle judiciaire de la constitutionnalité des lois fédérales » (Foyer et Holleaux, note préc. p. 359).

Il en résulte « une profonde perte d'influence et de crédit de la loi » (N. Molfessis, *RTD civ.* 1999. 238). En prenant appui sur un certain nombre d'instruments internationaux protecteurs des droits et libertés fondamentaux au sein desquels la Convention européenne des droits de l'homme occupe une position de premier plan, les juges sont désormais en mesure d'écarter un texte clair et précis voté par le Parlement, au prétexte qu'il n'est pas « conforme aux axiomes passe-partout d'une pseudo constitution étrangère » (Carbonnier, *Droit civil*, *Introduction*, n° 116). Mieux, en invitant le juge judiciaire à procéder à un contrôle de conventionnalité, le Conseil constitutionnel, pratiquant la politique de Gribouille, a rendu possible un contrôle qui lui fait directement concurrence puisqu'il n'est pas exclu qu'une loi puisse être écartée pour inconventionnalité, alors même qu'elle fait l'objet d'une déclaration de conformité à la Constitution (Molfessis, *RTD civ.* 1999. 239; v. par ex. *infra*, n° 9, § 15).

9 Un temps, un frein a pu résulter de ce que les instruments internationaux ne peuvent être invoqués par les particuliers devant les tribunaux que s'ils présentent un caractère auto-exécutoire (*self-executing*), lequel fait, en principe, défaut lorsqu'ils se contentent de mettre des obligations à la charge des États et n'accordent pas aux individus des droits suffisamment précis pour pouvoir se suffire à eux-mêmes. La première chambre civile avait ainsi décidé que la Convention de New York sur les droits de l'enfant du 26 janvier 1990 ne crée d'obligations qu'à la charge des États parties et n'est pas directement applicable en France (Civ. 1re, 10 mars 1993, *Lejeune*, *Bull. civ.* I, n° 103, *D.* 1993. 361, note Massip, *Rev. crit. DIP* 1993. 449, note P. Lagarde; 15 juill. 1993, *D.* 1994. 191 note Massip, *JCP* 1994. II. 22219, note Y. Benhamou, *RTD civ.* 1993. 814, obs. Hauser). Mais, s'alignant sur la position du Conseil d'État (CE 22 sept 1997, *Dlle Cinar*, *JCP* 1998. II. 10052, note Gouttenoire), elle a ultérieurement abandonné toute solution *a priori* et a choisi de rechercher au cas par cas si les dispositions de la Convention de New York sont d'une précision suffisante pour justifier leur application directe (Civ. 1re, 18 mai 2005 et 14 juin 2005, *D.* 2005. 1909, note Egéa, *JCP* 2005. II. 10081, note Granet-Lambrechts et Stryckler, et 10115, concl. C. Petit, note C. Chabert, *Rev. crit DIP* 2005. 679, note D. Bureau, *JDI* 2005. 1132, note Chalas, *Dr. fam.* 2005, n° 156, obs. Gouttenoire, *RTD civ.* 2005. 556, obs. Encinas de Munagorri, 583, obs. Hauser, 750, obs. Rémy-Corlay). Dans cette nouvelle approche, elle a considéré que l'article 3.1 de la Convention de New York prévoyant que l'intérêt supérieur de l'enfant doit être une considération primordiale dans toutes les décisions qui concernent l'enfant était d'application directe. La précision de la directive n'apparaît pourtant pas évidente, tant sont multiples les lectures auxquelles peut donner lieu cette « notion magique » (Carbonnier, *D.* 1960. 673). Il est vrai que la notion d'intérêt supérieur de l'enfant n'est pas plus vague que la plupart des droits consacrés par la Convention européenne des droits de l'homme. Or ceux-ci sont généralement regardés, en raison de l'article 1er de cet instrument, comme directement invocables par les individus. Dans la même ligne, la haute juridiction a admis l'applicabilité directe de la Convention n° 158 de l'Organisation internationale du travail (OIT) relative à la cessation de la relation de travail à l'initiative de l'employeur alors que les normes posées par celles-ci étaient singulièrement floues (Soc. 29 mars 2006, *JCP* S 2006. 1427, note R. Vatinet). Or la France a ratifié près de 130 conventions de l'OIT.

10 Le pouvoir dont se sont ainsi emparés les juges est d'autant plus grand que, du fait de la construction européenne, ce qu'on a pu appeler le « bloc de conventionnalité » (Teboul, *JCP* 1992. II. 21859) est bien loin de se réduire aux traités et accords internationaux visés par l'article 55 de la Constitution. Tout en prenant appui sur ce texte, la haute juridiction décide, en effet, dans l'arrêt *Jacques Vabre*, que le Traité de Rome « institue un ordre juridique propre intégré à celui des États membres; qu'en raison de cette spécificité l'ordre juridique qu'il a créé est directement applicable aux ressortissants de ces États et s'impose à leurs juridictions » (rappr. CJCE 15 juill. 1964, *Costa*, *Rec. CJCE*, p. 1141; v. aussi 9 mars 1978, *Simmenthal*, *Rec. CJCE*, p. 609). Il en résulte qu'à la faveur du pouvoir que se sont arrogé les tribunaux de contrôler la conformité de la loi aux traités, c'est non seulement le Traité de Rome lui-même qui est assuré d'une véritable primauté sur les lois internes françaises, mais encore les règlements et directives communautaires (v. Crim. 14 juill. 1988, *Bull. crim.*, n° 270; 7 nov. 1990, *Bull. crim.*, n° 371) ainsi que, semble-t-il, les règles jurisprudentielles issues des décisions de la Cour de justice des Communautés européennes. En effet, par un arrêt du 5 décembre 1983, la chambre criminelle de la Cour de cassation a reconnu, en se fondant sur l'article 55 de la Constitution, l'autorité de la jurisprudence de la Cour de Luxembourg sur le législateur français (Crim. 5 déc. 1983, *D.* 1984. 217, 1re esp., note Cosson).

III. — La position du Conseil d'État

11 Dans un premier temps, cette montée en puissance du pouvoir des juges a été limitée aux seules juridictions de l'ordre judiciaire. Dans l'important arrêt *Syndicat général des fabricants de semoules de France*, en date du 1er mars 1968, le Conseil d'État avait, en effet, décidé que le conflit entre le traité et la loi postérieure soulevait un problème de constitutionnalité échappant à la compétence de la juridiction administrative (CE 1er mars 1968, *D.* 1968. 285, note M. L., *Rev. crit. DIP* 1968. 516, concl. Questiaux, note Kovar). Comme le soulignait le commissaire du gouvernement, le Conseil d'État ne pouvait écarter une loi au prétexte qu'elle était contraire à un traité, « sans modifier, de sa seule volonté, sa place dans les institutions ». La haute juridiction administrative maintint sa position malgré le revirement de jurisprudence qu'opéra la Cour de cassation avec l'arrêt *Jacques Vabre* (v. par ex., CE 22 oct. 1979, *Union démocratique du travail*, *Lebon* 384, *RD publ.* 1980. 531, concl. Hagelsteen). Et ce n'est que quatorze années plus tard que la révolution opérée au palais de justice atteignit le Palais-Royal. Encore le Conseil d'État ne se rendit-il qu'après que le Conseil constitutionnel, tirant explicitement les enseignements de sa propre jurisprudence, lui eut adressé des invites pressantes. Par une décision du 3 septembre 1986, celui-ci énonça, en effet, que le respect de la règle posée par l'article 55 de la Constitution « s'impose même dans le silence de la loi » et qu'« il appartient aux divers organes de l'État de veiller à l'application » des Conventions internationales « dans le cadre de leurs compétences respectives » (*Rec. Cons. const.* 135, *RFDA* 1987. 120, note Genevois, *JDI* 1987. 289, note Pinto). Et, menant à son terme la logique de la proposition précédente, le Conseil constitutionnel décida « qu'il lui appartient en tant que juge électoral de ne pas faire application d'une loi qui serait contraire à un traité et ceci bien qu'il ne puisse, dans le contentieux électoral, apprécier, par la voie de l'exception, la constitutionnalité d'une loi » (Cons. const. 21 oct. 1988, *D.* 1989. 285, note F. Luchaire).

Aussi bien, cédant aux multiples pressions dont il était l'objet, le Conseil d'État devait-il rompre avec une jurisprudence à laquelle il paraissait pourtant attaché et s'aligner sur la position de la Cour de cassation et du Conseil constitutionnel par un arrêt *Nicolo* (CE 20 oct. 1989, *D.* 1990. 135, note Sabourin, *JCP* 1989. II. 21371, concl. Frydman, *Rev. crit. DIP* 1990. 125, concl. Frydman, note P. Lagarde, *GAJA*, 19e éd., no 90). Ayant à connaître d'un contentieux électoral, le Conseil, suivant en cela les conclusions du commissaire du gouvernement, n'a appliqué la loi du 7 juillet 1977 relative à l'élection des représentants à l'Assemblée des Communautés européennes qu'après s'être assuré qu'elle n'était pas contraire aux stipulations du Traité de Rome, acceptant ainsi l'éventualité d'écarter une loi incompatible avec un traité, quand bien même elle lui serait postérieure.

En revanche, il a jugé que ni l'article 55 de la Constitution ni aucune autre disposition de valeur constitutionnelle « ne prescrive ni n'implique que le juge administratif fasse prévaloir la coutume internationale sur la loi en cas de conflit entre ces deux normes » (CE 6 juin 1997, *JCP* 1997. II. 22945, note G. Teboul).

12 Restait encore à déterminer si cette primauté des traités valait également pour le droit communautaire dérivé. Évoquant la question, le commissaire du gouvernement Frydman avait affirmé dans ses conclusions sur l'arrêt *Nicolo* qu'on ne pouvait s'engager « dans une logique difficilement justifiable de supranationalité, à laquelle ne souscrit pas expressément le Traité de Rome, et qui conduirait – quoi qu'on puisse par ailleurs en penser sur le plan politique – à rendre celui-ci très certainement inconstitutionnel », ce qui paraissait indiquer que les juridictions administratives entendaient se maintenir en retrait par rapport aux positions de la Cour de cassation. Mais, sous couvert du « dialogue des juges » (B. Genevois, *D.* 1979. 155), le Conseil d'État a ultérieurement affirmé la primauté sur les lois nationales, même postérieures, non seulement des règlements (CE 24 sept. 1990, *Boisdet*, *Lebon* 251, *RFDA* 1991. 172, note Dubouis), mais encore des directives communautaires (CE 28 févr. 1992, *Rothman*, *JCP* 1992. II. 21859, note Teboul). Enfin, il a estimé qu'un arrêt de la Cour de justice des Communautés européennes condamnant la France pour manquement à ses obligations communautaires du fait de la contrariété d'un règlement national avec une directive, avait pour conséquence de rendre ce règlement *de plano* inapplicable (CE 23 mars 1992, *Soc. Klöckner France*, *Lebon* 133). (Sur cette évolution, v. G. Lebreton, « Le Conseil d'État est-il souverainiste ? », *Mélanges Jean Foyer. In memoriam*, 2010, p. 163 s.)

13 Comment expliquer cet important décalage dans le temps entre la jurisprudence de la Cour de cassation et celle du Conseil d'État ? Sans doute par la perception différente qu'ont eue, un moment, ces deux hautes juridictions, des rapports entre l'ordre interne et les ordres international et européen.

Mais aussi par des phénomènes de pouvoir qu'il est intéressant de mettre en évidence tant ils montrent combien, à la suite de la brèche ouverte par le Conseil constitutionnel, a été rapide et profonde l'évolution de la société française vers un « gouvernement des juges ». La clef de cette évolution nous est, au reste, donnée par le commissaire du gouvernement Frydman dans ses conclusions sur l'arrêt *Nicolo* : « la nécessité d'éviter, *dans l'intérêt de la justice administrative* (1), tout conflit potentiel entre le Conseil d'État et le pouvoir législatif (...) nous paraît (...) moins pressante que par le passé. Nous ne sommes plus, en effet, à l'époque où le commissaire du gouvernement Latournerie pouvait évoquer, dans ses conclusions sur l'arrêt *Arrighi* de 1936, qu'un

(1) C'est nous qui soulignons

contrôle de la loi risquerait de compromettre l'acquis de la jurisprudence en remettant en cause la place même du Conseil d'État dans les institutions. L'autonomie, l'indépendance et les compétences propres de la juridiction administrative ont, en effet, été depuis lors solennellement reconnues, notamment en vertu d'une jurisprudence très constructive du Conseil constitutionnel inaugurée par ses importantes décisions du 22 juillet 1980 et du 23 janvier 1987, et à nouveau confirmée tout récemment encore par une décision du 28 juillet 1989 ». Autrement dit, tant qu'une épreuve de force survenant entre le Conseil d'État et le pouvoir législatif fut susceptible de se résoudre au détriment du premier, la haute juridiction administrative jugea préférable de s'abstenir. Le souvenir de l'arrêt *Canal* (CE 19 oct. 1962, *JCP* 1963. II. 13068, note Debbasch, *GAJA*, 19e éd., n° 79) et des réactions qu'il avait entraînées était là pour la rappeler à la prudence. Mais le Conseil constitutionnel ayant limé les griffes du pouvoir législatif de telle sorte qu'il n'était plus en position de rappeler aux magistrats qu'« user de ses pouvoirs contre l'autorité qui les (leur) a conférés (leur) enlève toute qualité » (Batiffol, *op. cit.*, n° 39, p. 42), la voie était libre pour le gouvernement des juges. Belle leçon de science politique plus que de droit !

IV. — Les conséquences

14 Les arrêts *Jacques Vabre* et plus encore *Nicolo* ont généralement été l'objet de la part de la communauté des juristes, d'appréciations dithyrambiques. On se permettra ici de faire entendre un point de vue quelque peu hétérodoxe. Procédant de choix idéologiques favorables à l'internationalisation et à l'européanisation de notre droit, ainsi qu'à l'émergence d'un gouvernement des juges, la jurisprudence *Jacques Vabre* pourrait à terme se révéler lourde de déconvenues pour la société française. À elle seule, la multiplication des instruments internationaux, tels en matière de droit social les conventions de l'OIT, est de nature à engendrer une grande insécurité juridique. Toute loi, qu'elle soit nouvelle ou ancienne, peut en ce domaine être contestée et sa validité mise en doute sur les fondements les plus inattendus. D'où « le risque de contentieux innombrables, longs, complexes, à l'issue toujours incertaine » et la possibilité laissée aux juges de « bloquer toute mise en œuvre d'une politique sociale conçue par un Parlement devenu fantoche » (R. Vatinet, note *JCP* S 2006. 1427). Mais il y a plus grave. La solution retenue par l'arrêt *Jacques Vabre* procède à l'intégration au sein de l'ordre juridique français non d'un corps de règles figées, comme il en va habituellement lorsqu'on parle d'intégration, mais d'une « autorité étrangère légiférante » (Carbonnier, *Introduction*, n° 116). Il en résulte que l'énorme masse sécrétée, au jour le jour, par la bureaucratie bruxelloise est désormais applicable en France sans que le peuple français puisse, par l'intermédiaire de ses représentants, la contrôler, l'infléchir, l'amender (B. Oppetit, « L'Eurocratie ou le mythe du législateur suprême », *D.* 1990. 73, reproduit *in Droit et modernité*, 1998, p. 31). Tout au plus, dans le contexte de la ratification du Traité de Maastricht, une orientation dans le sens d'une réduction du déficit démocratique s'est-elle manifestée à l'occasion de la réforme constitutionnelle opérée par la loi du 25 juin 1992. Il en est résulté une obligation pour le gouvernement de soumission pour avis au Parlement de certains textes (v. nouv. art. 88-4 de la Constitution de 1958). Mais il ne s'agit pas de subordonner leur intégration dans l'ordre juridique français à l'accord de celui-ci. Cette situation est d'autant plus regrettable que le droit communautaire apparaît, aux yeux mêmes des plus ardents défenseurs de l'idée européenne, comme un « monument d'hermétisme, connu seulement des spécialistes ou des groupes d'intérêts » (J. Delors, *La France par l'Europe*, Grasset, 1988, p. 272) ou encore comme une « tapisserie que tisseraient les directions générales de Bruxelles sans avoir un modèle devant les yeux, et qui n'aurait comme lien de cohérence que de répondre aux besoins du Marché, loin des grands principes fondateurs des relations entre les hommes que devraient être la liberté, la responsabilité, la bonne foi, la confiance et la proportionnalité » (P. Lagarde, compte rendu de *ZE v. P Zeitschrift für Europaisches Privatrecht*, *Rev. crit. DIP* 1993. 862).

15 Si l'on ajoute que, dans un autre registre, la Cour européenne des droits de l'homme siégeant à Strasbourg formée, selon la vigoureuse formule de M. Jacques Héron, de « juges littéralement irresponsables, nommés par une assemblée apatride, soustraits à tout contrôle et situés à des années-lumière du justiciable moyen » (*RRJ* 1987. 1171) peut, du fait de cette même jurisprudence, et, en prenant la précaution d'accrocher ses décisions à un lambeau d'article de la Convention européenne des droits de l'homme dont le caractère elliptique autorise les interprétations les plus divinatoires, remettre en cause n'importe quel fondement de notre société (J.-P. Gridel, « Un abus interprétatif », *La vie judiciaire*, 1er févr. 1993), on se demandera par quelle singulière aberration un peuple adulte a pu ainsi aliéner – à une époque où on ne cesse d'exalter la démocratie – le soin de dire son droit entre les mains d'hommes qui lui sont totalement extérieurs et qui n'ont pas pour première mission le bien commun de la société française (rappr. Carbonnier, *Introduction*, n° 116; J.-C. Soyer, « La loi nationale et la Convention européenne des droits de l'homme », *Mélanges Jean Foyer* 1997. 145, n° 45). Comme le soulignait Jean Foyer, « un peuple libre est un peuple dont le droit civil légiféré par ses élus ou par lui-même n'est dicté ni par les juges ni par des volontés étrangères » (J. Foyer, « Le droit privé dominé », *Mélanges P. Catala*, 2001, p. 13 s., 20); v. aussi P. Catala, « Turbulences dans les sources du droit » *Mélanges Ben Halima*, Tunis, 2005, p. 79 s.; B. Edelman, « La CEDH, une juridiction tyrannique ? », *D.* 2008. 1946; Y. Lequette, « Des juges littéralement irresponsables… », *Mélanges J. Héron*, 2008, p. 309).

5-8

LOIS. CONFLITS DANS LE TEMPS. NON-RÉTROACTIVITÉ. EFFET IMMÉDIAT. RAPPORTS JURIDIQUES FORMÉS ANTÉRIEUREMENT. DROITS ACQUIS

I. Civ. 20 février 1917. — II. Ch. réun. 13 janvier 1932. — III. Civ., 1re sect. civ. 29 avril 1960. — IV. Civ., sect. com. 15 juin 1962

Si toute loi nouvelle régit en principe les situations établies et les rapports juridiques formés dès avant sa promulgation, il est fait échec à ce principe par la règle de la non-rétroactivité des lois formulée par l'article 2 du Code civil, lorsque l'application d'une loi nouvelle porterait atteinte à des droits acquis sous l'empire de la législation antérieure (1er, 2e arrêts).

Si, sans doute, une loi nouvelle s'applique aussitôt aux effets à venir des situations juridiques non contractuelles en cours au moment où elle entre en vigueur, et cela même quand semblable situation est l'objet d'un litige judiciaire, en revanche elle ne saurait, sans avoir effet rétroactif, régir rétrospectivement les conditions de validité ni les effets passés d'opérations juridiques antérieurement achevées (3e arrêt).

Les effets d'un contrat sont régis, en principe, par la loi en vigueur à l'époque où il a été passé (4e arrêt).

I. — Civ. 20 février 1917

(*DP* 1917. 1. 81, concl. Sarrut, note H. Capitant, *S.* 1917. 1. 73, note Lyon-Caen)

Veuve G... c. B...

Faits. — La veuve G... avait eu un enfant naturel au cours de l'année 1912. Peu après était promulguée la loi du 16 novembre 1912, qui autorisa, dans des cas limitativement déterminés, la recherche de la paternité. La veuve G... intenta aussitôt une action en recherche de paternité contre le sieur B... qu'elle prétendait être le père de son enfant.

Cette action posait la question de savoir si la nouvelle loi était applicable aux enfants nés avant sa promulgation. Résolue affirmativement par les premiers juges, elle a été tranchée en sens contraire par un arrêt de la cour de Montpellier du 31 mai 1915 pour les motifs suivants :

« ... Attendu qu'en présence des divergences profondes qui se sont produites sur l'application de la loi du 16 novembre 1912, tant dans la doctrine que dans la jurisprudence, il convient de s'en référer aux termes dans lesquels cette loi a été conçue et aux principes généraux du droit; — Attendu que le principe fondamental inscrit en tête du Code civil et qui domine toute notre législation est que la loi ne dispose que pour l'avenir et n'a point d'effet rétroactif; — Attendu que si l'on considère à ce double point de vue la loi du 16 novembre 1912, on constate non seulement qu'elle ne contient aucune disposition permettant de lui assigner un effet dans le passé, mais encore que les termes dans lesquels elle a été promulguée démontrent qu'elle n'a réglementé que l'avenir; — Attendu, d'autre part, que même les travaux préparatoires, les déclarations du rapporteur et du garde des Sceaux ne peuvent être invoqués pour baser une opinion contraire et que ces documents, dont il est impossible de déduire une interprétation certaine et décisive, laissent la question entière; — Attendu qu'il convient de considérer, en outre, comme l'a justement considéré la cour d'appel de Bordeaux (arrêt du 9 févr. 1914) : 1° qu'on ne peut se prévaloir, dans l'intérêt de l'enfant, et pour établir sa filiation au regard de son père, des modes de preuve que la loi en vigueur prohibait au moment de sa naissance; 2° que l'application rétroactive de la loi pendant une période de vingt-deux ans aurait pour conséquence non seulement de porter atteinte à la situation légale du père, réglée par l'ancien article 340 du Code civil, mais encore de léser inévitablement les droits acquis des héritiers légitimes en cas de décès du père de famille; — Attendu enfin qu'en appliquant la loi à une catégorie spéciale d'enfants naturels, à ceux ayant moins de vingt-deux ans avant sa promulgation, les tribunaux créeraient pour l'ensemble de ces enfants une distinction contraire à l'équité, non prévue pour le passé par le législateur, et qu'aucun texte ou aucun motif juridique ne peuvent autoriser; — qu'à tous ces points de vue, il convient donc de se décider en faveur de la non-rétroactivité de la loi et décider que l'action de la dame G. était irrecevable... ».

Mme G... s'est pourvue en cassation :

Moyen. — Violation de l'article 340 du Code civil, modifié par la loi du 16 novembre 1912, en ce que l'arrêt attaqué a refusé d'en faire l'application à un enfant né moins de deux ans avant la promulgation de cette loi.

ARRÊT

La Cour; — ... Attendu que toute loi nouvelle régit en principe même les situations établies ou les rapports juridiques formés dès avant sa promulgation; qu'il n'est fait échec à ce principe par la règle de la non-rétroactivité des lois formulée dans l'article 2 du Code civil qu'autant que l'application de la loi nouvelle porterait atteinte à des droits acquis sous l'empire de la législation antérieure; — Attendu que l'article 340 du Code civil, prohibant, sauf dans un cas particulier, la recherche de la paternité, conférait éventuellement au père naturel la faculté d'opposer une fin de non-recevoir à l'action en déclaration de paternité qui serait intentée contre lui; mais que ce texte ne lui faisait pas acquérir pour toujours le droit de se soustraire à la constatation du lien l'unissant à son enfant et à l'exécution des obligations naturelles en dérivant; — Attendu, dès lors, que la loi du 16 novembre 1912 n'ayant, par la suppression de la faculté résultant de l'ancien article 340, enlevé au père naturel qu'une simple expectative, doit, conformément au principe sus-énoncé, être appliquée même aux enfants nés avant sa promulgation; — Attendu qu'il résulte des constatations de l'arrêt attaqué que la dame G..., se fondant sur les dispositions du nouvel article 340 du Code civil, a, dans le délai prévu par le texte, formé au nom de son fils mineur, contre le sieur B..., une action en déclaration de paternité; — Attendu que, sans examiner au fond cette demande, la cour d'appel de Montpellier l'a déclarée irrecevable par le motif que l'enfant qui en faisait l'objet était né antérieurement à la promulgation de la loi de 1912; — Mais attendu que cette circonstance, ainsi qu'il vient d'être établi, était inopérante pour faire écarter l'application à la cause de la loi actuellement en vigueur; — Attendu que l'arrêt attaqué objecte, en outre, que la possibilité, pour les enfants dont il s'agit, d'invoquer les dispositions de la loi nouvelle, serait contraire à la règle de la non-rétroactivité des lois, à un double point de vue : 1° en ce qu'elle permettrait à ces enfants d'établir leur filiation par des modes de preuve irrecevables sous l'ancienne législation; 2° en ce qu'elle aurait pour conséquence, en dehors de l'hypothèse prévue par l'article 337 du Code civil, de léser les droits acquis des héritiers légitimes du père naturel, dans le cas où l'action en déclaration de paternité serait introduite après le décès de ce dernier; — Mais attendu, sur le premier point, que si, pour établir l'existence ou l'extinction d'un droit né sous l'empire d'une ancienne législation, il n'est permis en général de recourir qu'aux modes de preuve admis par celle-ci, une semblable règle est étrangère à l'espèce, dans laquelle le père naturel ne pouvait se prévaloir d'un droit à l'encontre de l'enfant; — Attendu, sur le second point, que le fait par certains héritiers d'avoir appréhendé une succession ne suffit pas pour leur conférer un droit acquis vis-à-vis d'autres héritiers dont l'existence serait ultérieurement établie; que, dès lors, l'enfant naturel qui, après le décès du père, invoquerait contre les héritiers de ce dernier le nouvel article 340 pour obtenir sa part dans l'hérédité, ne saurait être considéré comme lésant un droit acquis; et qu'il importerait peu que le décès du père ait eu lieu avant la promulgation de la loi de 1912, celle-ci n'ayant apporté aucune modification au régime successoral antérieur; — D'où il suit qu'en statuant comme il l'a fait, l'arrêt attaqué a faussement appliqué l'article 2 du Code civil et violé l'article 340 nouveau du même code; — *Par ces motifs,* casse…

II. — Ch. réun. 13 janvier 1932

(*DP* 1932. 1. 18, rapport de M. le cons. Pilon)

Martinaud c. Veuve Bernard

Faits. — M. Martinaud, propriétaire d'une maison sise à Limoges, a, par exploit du 27 novembre 1928, donné congé à sa locataire, la dame veuve Bernard, des lieux qu'elle occupait en vertu d'un bail verbal, en vue de les aménager et modifier dans les conditions prévues par la loi du 1er avril 1926. Le congé était donné six mois à l'avance et l'exploit offrait une indemnité préalable égale à une année de loyer, le tout conformément aux prescriptions de la loi.

Les parties n'ayant pu se mettre d'accord, le sieur Martinaud intenta une procédure au cours de laquelle fut votée et promulguée la loi du 29 juin 1929, qui, modifiant et complétant sur certains points la loi du 1er avril 1926, soumettait notamment le droit de reprise du propriétaire à des conditions plus sévères et plus onéreuses : le délai de préavis y était porté de six mois à un an et l'indemnité d'éviction de une à deux années de loyer.

La dame veuve Bernard prétendit alors que les dispositions de la nouvelle loi, étant d'ordre public, devaient s'appliquer aux procédures en cours et que le droit de reprise du propriétaire était en conséquence soumis aux prescriptions plus rigoureuses de la loi de 1929.

Le juge de paix des cantons Sud et Est de Limoges, statuant sur opposition, fit droit à ces conclusions par un jugement du 7 août 1929 contre lequel le sieur Martinaud se pourvut en cassation.

ARRÊT

La Cour; — *Sur les moyens réunis :* — Vu les articles 2 du Code civil, 21, alinéas 1er et 2 de la loi du 1er avril 1926; — Attendu que si toute loi nouvelle régit, en principe, les situations établies et les rapports juridiques formés dès avant sa promulgation, il est fait échec à ce principe par la règle de la non-rétroactivité des lois formulée par l'article 2 du Code civil, lorsque l'application d'une loi nouvelle porterait atteinte à des droits acquis sous l'empire de la législation antérieure; — Attendu que le jugement attaqué a décidé d'appliquer les dispositions résultant de la loi du 29 juin 1929 à un congé-préavis donné par le propriétaire à sa locataire en vertu d'un bail verbal, aux fins de reprendre l'immeuble pour le surélever et y construire une annexe, bien qu'il résulte des constatations du jugement que ce congé, conforme aux prescriptions de l'article 21 de la loi du 1er avril 1926, a été donné à une date et pour une époque antérieures à la promulgation de la loi de 1929, et validé par un jugement de défaut rendu également avant cette promulgation, l'opposition au jugement, seule, lui étant postérieure; — Or attendu que l'article unique de la loi du 29 juin 1929 énonce que plusieurs articles de la loi du 1er avril 1926, parmi lesquels figure l'article 21, « seront modifiés et complétés ainsi qu'il suit, à dater du 1er juillet 1929 »; qu'il ressort de cette disposition que la loi nouvelle n'a pas pour objet d'interpréter les textes visés, mais au contraire de les modifier et de les compléter, sans rétroactivité; — Attendu, d'autre part, que le congé-préavis, donné par le propriétaire pour l'exercice du droit de reprise, n'est pas un acte de procédure; qu'en effet, l'instance ne commence, ainsi que le prévoit l'article 15 de la loi du 1er avril 1926, que par la déclaration au greffe consécutive au préavis, lequel est seulement l'une des conditions auxquelles l'article 21 subordonne l'exercice du droit de reprise; que par suite, donné le 27 novembre 1928 pour le 27 mai 1929, il ne saurait être régi par la loi du 29 juin 1929 sans porter atteinte au droit régulièrement acquis par le propriétaire sous l'empire de la loi antérieure; d'où il suit qu'en statuant comme il l'a fait, le juge de paix a violé et faussement appliqué les textes visés par le pourvoi; — *Par ces motifs*, casse…

III. — Civ., 1re sect. civ. 29 avril 1960

(*D.* 1960. 429, note G. Holleaux)

Veuve A… c. A… et autres

Faits. — Marié deux fois M. A… avait eu trois enfants, deux de sa première épouse, le troisième de celle qui allait devenir sa seconde épouse. Toute la difficulté provenait en effet de ce que ce troisième enfant était né avant la célébration du second mariage, 142 jours seulement après la dissolution du premier. C'est dire que pour que cet enfant, adultérin *a patre*, soit rattaché au second couple il fallait qu'il soit légitimé. M. A. et sa seconde épouse s'y employèrent puisqu'ils reconnurent l'enfant juste avant la célébration du second mariage réalisant ainsi une légitimation par mariage subséquent. Celle-ci était-elle valide ? Pour répondre à cette question il fallait résoudre un conflit de lois dans le temps. Dans la rédaction que lui avait donnée la loi du 25 avril 1924, l'article 331 du Code civil n'autorisait la légitimation d'un enfant adultérin *a patre* que s'il n'existait pas de descendants légitimes issus du mariage au cours duquel il avait été conçu. La loi du 5 juillet

1956 ayant supprimé cette exigence, la solution dépendait de la loi applicable. Retenait-on la loi ancienne et la légitimation était nulle; appliquait-on la loi nouvelle et elle était valide. Les juges du fond ayant fait application de la loi ancienne, un pourvoi fut formé.

ARRÊT

La Cour; — *Sur le moyen unique :* — Attendu qu'A... ayant le 13 août 1953, lors de son mariage avec demoiselle M..., reconnu à fin de légitimation la fille naturelle de celle-ci, née le 29 novembre 1950, soit 142 jours seulement après la dissolution, le 10 juillet 1950, par la mort de sa première femme, d'un précédent mariage dont il avait deux filles encore vivantes, il est reproché à l'arrêt attaqué, du 28 juin 1957, d'avoir, par application des articles 331 (dans la rédaction de la loi du 25 avr. 1924) et 335 du Code civil, déclaré nulles la reconnaissance et la légitimation, en refusant de tenir compte de la loi du 5 juillet 1956, qui, modifiant l'article 331, permet désormais la légitimation et à cette fin la reconnaissance des enfants adultérins du mari, même en présence d'enfants légitimes, alors, selon le pourvoi, que les lois nouvelles doivent régir immédiatement les rapports juridiques formés avant leur promulgation; — Mais attendu que si sans doute une loi nouvelle s'applique aussitôt aux effets à venir des situations juridiques non contractuelles en cours au moment où elle entre en vigueur, et cela même quand semblable situation est l'objet d'un litige judiciaire, en revanche elle ne saurait, sans avoir effet rétroactif, régir rétrospectivement les conditions de validité ni les effets passés d'opérations juridiques antérieurement achevées; que c'est donc à bon droit que la cour d'appel a décidé que la validité et l'efficacité de la reconnaissance litigieuse, comme de la légitimation qu'elle avait pour objet de réaliser, ne pouvaient être appréciées qu'au regard de la législation sous l'empire de laquelle l'acte avait été accompli; d'où il suit que l'arrêt attaqué, qui est motivé, a légalement justifié sa décision; — *Par ces motifs*, rejette...

IV. — Civ., sect. com. 15 juin 1962

(*Bull. civ.* III, n° 313, p. 258)

Soc. Cabaud c. Achard

Faits. — Par contrat du 26 janvier 1956 une société confie le soin de l'exploitation commerciale d'un produit à un sieur Achard. À la suite d'une réorganisation des circuits de distribution, celui-ci met fin au contrat et réclame diverses indemnités. L'octroi de celles-ci obéissait-il au décret du 23 décembre 1958 plus favorable à l'intéressé ou au droit antérieur ? La cour d'appel ayant fait application du décret, un pourvoi fut formé.

ARRÊT

La Cour; — *Sur le premier moyen :* — Vu l'article 1134 du Code civil; — Attendu que les effets d'un contrat sont régis, en principe, par la loi en vigueur à l'époque où il a été passé; — Attendu que selon les énonciations de l'arrêt attaqué, la société

Cabaud ayant obtenu en 1955 de la Compagnie des produits chimiques et raffineries de Berre la concession en exclusivité de la vente des bouteilles de Berrogaz dans un secteur de l'agglomération lyonnaise et de ses environs, a, par contrat du 26 janvier 1956, chargé Achard de l'exploitation commerciale de ce produit dans tout le réseau qui lui était ainsi concédé; — Que cependant, par lettre du 21 janvier 1959, confirmée par une correspondance ultérieure, la société Cabaud, invoquant la nécessité de réorganiser ses services sous la pression des Raffineries de Berre dont dépend son activité commerciale pour la branche Berrogaz, a notifié à son représentant qu'elle était obligée de restreindre dans une large mesure le rayon d'action dont elle lui avait attribué la concession; que considéré comme démissionnaire à la suite de son refus d'accepter cette nouvelle situation, Achard a réclamé à la société Cabaud diverses indemnités pour rupture de contrat; — Attendu que la cour d'appel, par l'arrêt infirmatif attaqué, a fait droit à cette demande en appliquant à la cause l'article 3 du décret du 23 décembre 1958 sur « les agents commerciaux », disposant que « ... la résiliation par le mandant, des contrats intervenus entre les agents commerciaux et leurs mandants, si elle n'est pas justifiée par une faute du mandataire, ouvre droit, au profit de ce dernier, nonobstant toute clause contraire, à une indemnité compensatrice du préjudice subi »; — Attendu qu'en faisant régir par un texte nouveau les effets d'un contrat conclu en considération des règles antérieures, alors qu'aucune disposition de ce texte ne prévoit qu'il déroge au principe ci-dessus énoncé, qu'il n'a pas consacré sur ce point le projet proposé par les organisations professionnelles d'agents commerciaux et qu'au contraire, l'arrêté du 19 juin 1959, pris pour l'application d'un de ses articles, prescrit que les agents commerciaux doivent, « avant de commencer à exercer leur activité », se faire immatriculer, la cour d'appel a violé le texte susvisé; — *Par ces motifs*, et sans qu'il soit besoin de statuer sur le second moyen : casse...

OBSERVATIONS

1 L'inflation des lois a pour corollaire l'instabilité du droit. De là, l'actualité du problème des conflits de lois dans le temps. Lorsqu'une loi nouvelle remplace une loi ancienne, la détermination de leurs domaines d'application respectifs résulte de l'affrontement d'impératifs contradictoires : privilégie-t-on l'idée de *sécurité*, la loi ancienne se verra reconnaître une place très importante; lui préfère-t-on celle de *progrès du droit* et *d'unité de la législation*, et la loi nouvelle l'emportera. Aussi bien l'histoire montre-t-elle que la coloration politique du législateur n'est pas indifférente à ces choix : révolutionnaire ou réformiste, il n'hésitera pas devant les lois rétroactives, c'est-à-dire devant les lois qui reviennent sur le passé; conservateur, il s'accommodera plus aisément d'une certaine survie de la loi ancienne. Éclairés par les excès de la période révolutionnaire, les rédacteurs du Code civil ont eu à cœur de consacrer une solution équilibrée. Aux termes de l'article 2 : « la loi ne dispose que pour l'avenir; elle n'a point d'effet rétroactif ». La loi nouvelle n'a *pas d'effet rétroactif*, cela signifie qu'elle ne s'applique pas aux situations juridiques qui se sont entièrement réalisées sous l'empire de la loi ancienne. Ainsi sauvegarde-t-on la sécurité des particuliers. Comment, au demeurant, exiger de

ceux-ci l'obéissance à une règle qu'ils ne pouvaient connaître puisqu'elle n'existait pas encore à l'époque où ils ont agi ? La loi nouvelle dispose *pour l'avenir*; elle régit donc les situations nées postérieurement à son entrée en vigueur. En décider autrement serait, à l'évidence, priver de toute efficacité l'ordre du législateur.

Apparemment simples, ces directives se heurtent à des difficultés de mise en œuvre considérables lorsque le changement de législation intéresse des phénomènes juridiques qui ne présentent pas un caractère instantané : la création d'une situation juridique nécessite parfois l'écoulement d'un certain temps (usucapion, possession d'état); les effets d'une situation juridique peuvent se prolonger pendant une période fort longue. D'où une question : quel est, dans ces diverses hypothèses, l'effet d'une loi nouvelle entrant en vigueur au cours de ces périodes ? Face à l'insuffisance des directives du Code, il revenait à la jurisprudence de faire œuvre créatrice. Elle s'y est employée avec souplesse et pragmatisme, s'inspirant des grandes constructions doctrinales sans pour autant s'enfermer dans celles-ci. Aussi bien, en contrepoint de l'analyse des arrêts ci-dessus reproduits, retracera-t-on les grandes lignes de chacune de ces constructions (I), avant de dégager les solutions jurisprudentielles relatives à la constitution et aux effets des situations juridiques (II).

I. — Les constructions doctrinales

2 Une lecture même rapide des quatre décisions analysées permet de constater que la philosophie qui les inspire n'est guère homogène : les deux premières mettent en œuvre la théorie des droits acquis, en honneur auprès de la doctrine du XIXe et du début du XXe siècles (A), les deux dernières la théorie du doyen Roubier qui a les faveurs de la doctrine moderne (B).

A. — La théorie des droits acquis

3 La doctrine classique, d'inspiration libérale, a prétendu résoudre la question du conflit de lois dans le temps par une distinction entre les *droits acquis* – d'où son nom – et les *simples expectatives.* Alors que la loi nouvelle ne pourrait, sans rétroactivité, porter atteinte aux premiers, elle pourrait au contraire modifier ou supprimer les secondes.

Par l'arrêt du 20 février 1917, la chambre civile applique ce critère à l'action en recherche de paternité naturelle et décide que l'article 340 du Code civil (réd. 1804) qui prohibait, sauf dans un cas particulier (l'enlèvement), la recherche de paternité ne constituait pour le père naturel qu'une simple expectative et ne lui avait pas fait « acquérir pour toujours le droit de se soustraire à la constatation du lien l'unissant à son enfant ». L'enfant né antérieurement à l'entrée en vigueur de la loi nouvelle pouvait donc agir en recherche de paternité sur le fondement de celle-ci. À l'inverse, par l'arrêt des chambres réunies rendu le 13 janvier 1932, la Cour de cassation a décidé que le congé-préavis donné par le bailleur à son locataire conformément à la loi alors en vigueur, constituait au bénéfice du premier un « droit régulièrement acquis (…) sous l'empire de la loi antérieure ». Partant, la loi nouvelle ne lui était pas applicable.

La distinction ainsi consacrée a, en général, été critiquée par la doctrine moderne. On lui a objecté qu'elle était insuffisante et mal fondée. *Insuffisante* : alors que le droit acquis serait celui qui est entré dans notre patrimoine et dont un tiers ne peut nous priver, la simple expectative pourrait être anéantie par la volonté d'un tiers. Faite pour les droits patrimoniaux, la formule est difficile à transposer dans le domaine des droits extrapatrimoniaux et notamment dans celui du droit de la famille. Aussi bien a-t-on souligné que le raisonnement en termes de droits acquis se réduisait souvent à une véritable pétition de principe, l'interprète baptisant la situation en cause de droit acquis ou de simple expectative selon le résultat qu'il veut atteindre. *Mal fondée*, car un particulier ne saurait avoir, pour l'avenir, des droits acquis à l'encontre de la loi. Reflet de l'individualisme libéral du XIXe siècle, la théorie des droits acquis pose la question du conflit de lois en termes de défense des droits subjectifs contre le droit objectif. Or une telle analyse procède d'une vision inexacte des rapports entre les deux notions. Le droit subjectif n'existe pas, en effet, en tant que tel, mais uniquement dans la mesure où le droit objectif le consacre. Dès lors la vraie question n'est pas celle de la protection de tel ou tel droit subjectif, mais celle du conflit de compétence entre la loi ancienne et la loi nouvelle.

B. — La théorie de Roubier

4 On comprend, dans ces conditions, que la plupart des auteurs se soient ralliés à la théorie moderne élaborée par le doyen Roubier (*Les conflits de lois dans le temps*, 1929; *Le droit transitoire*, 1960). Délaissant la notion de droit acquis, celui-ci raisonne à partir du concept de *situation juridique*, état de droit susceptible de modifications (ex. : état d'époux, d'enfant légitime, de propriétaire, de créancier, etc.). Selon lui, la loi nouvelle marque une *coupure dans le temps* : alors que le passé demeure régi par la loi ancienne, l'avenir l'est par la loi nouvelle. Partant, pour les situations juridiques qui font problème, c'est-à-dire celles qui se sont constituées avant le changement de législation mais qui prolongent leurs effets au-delà de celui-ci (situation en cours), il convient de procéder à la distinction suivante : la loi nouvelle ne peut pas revenir sur les conditions dans lesquelles ces situations se sont constituées ni modifier les effets qu'elles ont déjà sortis (*principe de non-rétroactivité de la loi nouvelle*). En revanche, elle s'empare de ces mêmes situations pour leur faire produire à compter de son entrée en vigueur des conséquences éventuellement différentes (*principe de l'effet immédiat de la loi nouvelle*). Il en va toutefois autrement pour les situations contractuelles qui restent en principe régies, même pour l'avenir, par la loi sous l'empire de laquelle elles ont été créées (*principe de la survie de la loi ancienne*) (Pour une critique constructive de la théorie de Roubier, v. J. Héron, *Principes du droit transitoire*, Dalloz, 1996, n°s 5 s.).

Les deux derniers arrêts reproduits montrent que la jurisprudence n'est pas restée insensible à ces analyses. Par l'arrêt du 29 avril 1960, elle consacre, en effet, l'opposition entre, d'une part, « les conditions de validité et les effets passés », d'autre part, « les effets à venir des situations juridiques non contractuelles en cours », soumettant les premiers à la loi ancienne, les seconds à la loi nouvelle. Par l'arrêt du 15 juin 1962, elle affirme le principe de la survie de la loi ancienne pour les situations contractuelles en cours.

II. — L'analyse de la jurisprudence

5 Contrairement à ce que pourrait laisser croire le rapprochement des deux séries de décisions ci-dessus reproduites, la jurisprudence n'a pas abandonné toute référence à la notion de droit acquis (rappr. *infra*, n° 187, t. 2, 12e éd., au sujet de l'affaire *Perruche* et de ses suites). Tout en adhérant aux grandes lignes de la construction de Roubier, elle n'hésite pas à justifier certaines de ses solutions par le recours à la notion de droit acquis. Aussi n'est-il pas inutile de reprendre, à travers les espèces ci-dessus reproduites, les principales hypothèses de conflit de lois dans le temps afin de déterminer les réponses qui leur sont apportées en vertu de chacune de ces théories. On constatera que si théorie classique et théorie moderne conduisent à des résultats voisins en ce qui concerne la constitution des situations juridiques (A), il en va autrement lorsqu'on envisage les effets de ces situations (B).

A. — La création des situations juridiques

6 Lorsque la loi nouvelle modifie les *conditions de réalisation d'un fait ou d'un acte juridique*, on s'accorde généralement sur ce que la régularité de la situation qui en résulte doit être appréciée conformément à la loi contemporaine de leur accomplissement. Que l'on raisonne en termes de constitution d'une situation juridique ou de droit acquis, la non-rétroactivité s'oppose à l'application de la loi nouvelle dès lors que toutes les conditions posées par la loi ancienne ont déjà été réalisées. Par exemple si, dans le deuxième arrêt commenté, le congé-préavis échappe à l'application de la loi nouvelle, c'est parce qu'il a été régulièrement et définitivement accompli avant l'entrée en vigueur de celle-ci (rappr. Civ. 3e, 7 nov. 1968, *JCP* 1969. II. 15771 ; 13 févr. 1969, *Bull. civ.* III, n° 133, p. 101). Et lorsque, dans le troisième arrêt commenté, la chambre civile décide qu'une légitimation d'enfant adultérin était nulle compte tenu de la teneur de l'article 331 du Code civil (réd. L. 25 avr. 1924), c'est encore parce que cet acte était définitivement réalisé avant que la loi du 5 juillet 1956 n'ait posé un principe contraire. En se prononçant autrement, la Cour de cassation aurait conféré à cette disposition une portée rétroactive, ce que seul le législateur peut faire (sur cette question, v. *infra*, n° 9, § 3 ; sur le contrôle exercé par le juge sur la portée rétroactive des lois de validation, v. *infra*, n° 9, § 7).

Pour résoudre les difficultés propres à la constitution d'une situation juridique, la jurisprudence n'hésite pas à faire, aujourd'hui encore, parfois référence à la notion de droit acquis ; de fait, en la circonstance, celle-ci a le mérite de souligner que la constitution de la situation est, ou non, entièrement achevée.

De manière plus générale, l'évolution jurisprudentielle tend à marquer un certain retour, sinon à l'idéologie du moins à la théorie des droits acquis. Il faut, en effet, constater, surtout lorsque font pression des forces de conservation d'avantages, voire de privilèges, un attachement aux « acquis », notamment aux « acquis sociaux » (rappr. E. Dockès, *L'application dans le temps des règles de droit du travail*, thèse Lyon, 1992; « L'avantage individuel acquis », *Dr. soc.* 1993. 826; en droit constitutionnel, voir le « cliquet anti-retour », B. Mathieu et M. Verpeaux, *JCP* 2003. I. 146, n° 4; 2004. I. 192, n° 1; en droit communautaire, voir P. Rémy-Corlay, *RTD civ.* 2005. 350).

7 L'affinement permanent des analyses à conduit à s'interroger sur la *notion de constitution* d'une situation juridique. Cette constitution peut, en effet, être non pas instantanée mais successive, se réaliser en plusieurs étapes, chacune de celle-ci pouvant être envisagée isolément ou, au contraire, n'être considérée comme participant à la constitution de la situation que lorsque tous les autres éléments constitutifs auront été réunis. L'intervention d'une loi nouvelle au cours du processus de constitution oblige le juge à se prononcer. Un exemple en est donné par la loi d'orientation agricole du 9 juillet 1999 reportant jusqu'à la fin du bail à ferme le droit du fermier d'être remboursé des améliorations réalisées par lui au cours de bail. Il a été décidé que cette loi n'est pas applicable lorsque les améliorations sont intervenues avant son entrée en vigueur et que le bail prend fin après celle-ci (Civ. 3e, 28 juin 2005, *JCP* 2006. II. 10027, note P. Fleury). On perçoit alors que la difficulté procède moins des principes que de leur mise en œuvre. Toute la difficulté est, en effet d'identifier le fait créateur d'une situation juridique afin de savoir si la création de celle-ci est antérieure ou postérieure à la loi nouvelle. Tel est le cas, par exemple, en matière de filiation : la situation d'enfant naturel ou d'enfant légitime résulte-t-elle de la naissance ou de la preuve qui en est officiellement fournie ? Quoique formulé en termes de droits acquis, le premier arrêt ci-dessus reproduit implique que la situation juridique de l'enfant n'est créée qu'au moment où sa filiation est prouvée. En conséquence si les modes de preuve recevables sont modifiés par une loi postérieure à la naissance, les enfants nés antérieurement peuvent s'en prévaloir dès lors qu'ils sont encore dans les délais requis pour agir. Une solution comparable a ultérieurement été adoptée à l'occasion de l'octroi de droits alimentaires aux enfants adultérins par la loi du 15 juillet 1955 (Civ. 1re, 13 janv. 1959, *D.* 1959. 63, 4e esp., note Rouast; 16 nov. 1960, *D.* 1961. 7, note Holleaux). Elle figure aussi dans la loi du 3 janvier 1972 sur la filiation (art. 12, al. 1er). Mais l'existence de délais assez courts étant de nature à rendre illusoire l'application de la loi nouvelle aux enfants nés avant son entrée en vigueur (Civ. 1re, 13 nov. 1975, *D.* 1976. 133, note D. Huet-Weiller, *JCP* 1976. II. 18288, note R. Savatier, *Defrénois* 1976. 849, obs. Souleau, *RTD civ.* 1976. 125, obs. Nerson), les dispositions transitoires de la loi de 1972 ont été, en la matière, modifiées et complétées par les lois des 5 juillet 1973 et 15 novembre 1976 (v. les commentaires de D. Huet-Weiller, *D.* 1976. chron. 7; E.-L. Bach, *D.* 1976. chron. 95; Massip, *Defrénois* 1977. 3).

Complexité supplémentaire, il arrive que le litige mette en *concours* plusieurs situations juridiques nées à des moments distincts. Ainsi en allait-il dans la 1re espèce. Se prévalant d'une filiation établie grâce aux ressources que lui offrait la loi nouvelle, l'enfant prétendait venir à une succession ouverte antérieurement à l'entrée en vigueur de celle-ci. La dévolution d'une succession étant, en principe, régie par la loi en vigueur à l'époque où elle s'ouvre (v. par ex., Civ. 1re, 14 déc. 1971, *D.* 1972. 117), pouvait-on sans rétroactivité faire état d'une filiation établie conformément à une loi entrée en vigueur postérieurement à cette date ? La Cour de cassation répond par l'affirmative. Elle décide en effet « qu'il importerait peu que le décès du père ait eu lieu avant la promulgation de la loi de 1912, celle-ci n'ayant apporté aucune modification au régime successoral antérieur ». Critiquée par certains au motif qu'elle faisait rétroagir la loi nouvelle (H. Capitant, note *D.* 1917. 1. 81; Planiol et Ripert, *Traité*, t. 2 par Rouast, n° 891), cette solution fut approuvée par d'autres (Roubier, *Les conflits de lois dans le temps*, t. 1, 1923, p. 422 s.; Breton, note *D.* 1983. 223). Selon eux, la loi du 16 novembre 1912 permettant à l'enfant d'établir sa filiation, celle-ci devait, une fois prouvée, produire les effets que lui attribuait la loi successorale en vigueur à l'époque de l'ouverture de la succession.

En réalité, l'hypothèse illustre combien il est difficile en présence d'une situation composée d'éléments distincts de déterminer la loi applicable à chacun d'eux; il est alors nécessaire de procéder à une localisation dans le temps qui n'est pas sans rappeler celle qui préside à la solution des conflits de lois dans l'espace (rappr. Civ. 1re, 3 janv. 1980, *Rev. crit. DIP* 1980. 331, note Batiffol, *GADIP*, n° 61). Désireux de couper court à ces controverses, le législateur a, en 1972, expressément réglé ce problème en prenant le contre-pied de la solution consacrée en 1917. L'article 14, alinéa 1er de la loi du 3 janvier 1972 disposa, en effet, que « les droits successoraux institués par la présente loi ou résultant de règles nouvelles concernant *l'établissement de la filiation* ne pourront être exercés dans les successions ouvertes avant son entrée en vigueur » (Civ. 1re, 14 oct. 1981, *D.* 1983. 222, note Breton). Mais les dispositions transitoires de la loi du 25 juin 1982 qui permit l'établissement de la filiation naturelle paternelle par la possession d'état témoignent d'un rapprochement avec la solution jadis consacrée par la Cour de cassation (sur cette question, v. Civ. 1re, 27 janv. 1987, *D.* 1987. 378, note Massip, et Ph. Théry, « La possession d'état d'enfant naturel : état de grâce ou illusion ? », *JCP* 1984. I. 3135). Sur les dispositions transitoires de la loi du 3 janvier 2001 abrogeant les articles 759 et 760 du Code civil qui réduisaient la vocation successorale des enfants adultérins, voir *infra*, n° 100, § 10.

B. — Les effets des situations juridiques

1° Les situations extra-contractuelles

8 Peu sensible dans l'hypothèse précédente, la différence entre théorie classique et théorie moderne est, au contraire, éclatante lorsque la loi nouvelle modifie les conséquences d'une situation juridique extra-contractuelle (ex. : contenu de la propriété, effets du mariage, de la filiation, etc.). Entendue à la lettre, la théorie des droits acquis impliquerait que la loi nouvelle s'applique uniquement aux situations juridiques nées postérieurement à son entrée en vigueur à l'exclusion des situations en cours. Ainsi, titulaire d'un droit qui est définitivement entré dans son patrimoine, le propriétaire ne saurait supporter les restrictions qu'une loi postérieure à la date d'acquisition de son droit viendrait apporter à l'exercice de celui-ci. Il en résulterait un système juridique complexe, à strates multiples, où chacun vivrait avec le droit de sa génération. Rendant sinon impossible, du moins très difficile toute véritable transformation de la législation, une telle solution ne saurait évidemment être retenue. Aussi bien la jurisprudence ne l'a-t-elle jamais consacrée. Alors même qu'ils se réfèrent expressément à la théorie des droits acquis, les arrêts du 20 février 1917 et du 30 juin 1932 prennent le soin d'affirmer que « toute loi nouvelle régit, en principe, même les situations établies ou les rapports formés dès avant sa promulgation ». Mieux, elle n'a pas hésité à qualifier la propriété de simple expectative afin de rendre une loi nouvelle immédiatement applicable à des droits nés antérieurement à son entrée en vigueur (Civ. 11 déc. 1901, *DP* 1902. 1. 353) !

Évitant le recours à de tels artifices, la théorie de Roubier présente, de ce point de vue, une supériorité certaine. Aussi bien la Cour de cassation l'a-t-elle très nettement consacrée en décidant, dans son arrêt du 29 avril 1960, qu'une loi nouvelle s'applique immédiatement aux effets à venir des situations juridiques non contractuelles en cours au moment où elle entre en vigueur (v. aussi Soc. 7 mai 1981, *Bull. civ.* V, n° 406, p. 303).

Elle ajoute qu'il en va ainsi, alors même qu'une « semblable situation est l'objet d'un litige judiciaire ». L'affirmation ne va pas sans surprendre. En effet, de deux choses l'une : soit le litige judiciaire se noue postérieurement à l'entrée en vigueur de la loi nouvelle relativement aux effets futurs de la situation en cours et l'application de la loi nouvelle ne souffre aucune discussion. Soit le litige se noue postérieurement à l'entrée en vigueur de la loi nouvelle relativement aux effets passés de la situation en cours, ou encore le litige est déjà noué au moment où survient l'entrée en vigueur de la loi nouvelle, en sorte qu'il porte alors nécessairement sur des faits qui lui sont antérieurs. On est alors, dans ces deux derniers cas, en présence des effets passés d'une situation en cours et non de ses effets à venir. Partant appliquer dans ce cas la loi nouvelle, c'est procéder à une application non pas immédiate mais rétroactive de cette loi. Les comportements des protagonistes vont être appréciés conformément à une loi que ceux-ci ne pouvaient pas connaître, puisqu'elle n'était pas en vigueur à l'époque où ils ont agi. Longtemps, la pratique de telles lois rétroactives a été admise. La règle de la non-rétroactivité étant posée en matière civile par un simple texte législatif, l'article 2 du Code civil, il était possible d'y déroger par une loi postérieure. Mais l'application d'une telle loi à des litiges pendants, en ce qu'elle risque de dévier le cours normal du procès a été condamnée par la jurisprudence de la Cour de Strasbourg et celle du Conseil constitutionnel (*infra*, n° 9, § 7 s.) (voir Carbonnier, note sous Civ. 29 déc. 1942, *DC* 1943. 85).

2° Les situations contractuelles

9 Si la loi nouvelle s'applique, en principe, de manière immédiate aux effets futurs des situations en cours, il est traditionnellement dérogé à cette règle pour les effets des *contrats* conclus antérieurement à son entrée en vigueur. Ceux-ci restent régis par la loi ancienne. Il y a alors dit-on *survie de la loi ancienne*.

Posée sous le couvert de la théorie des droits acquis dès le XIXe siècle (Civ. 20 juin 1888, *D.* 89. 1. 26; 26 avr. 1892, *S.* 92. 1. 304; 7 juin 1901, *DP* 1902. 1. 105), cette solution est affirmée avec une particulière netteté par la quatrième décision ci-dessus reproduite : « les effets d'un contrat sont régis par la loi en vigueur à l'époque où il a été passé » (Sur la persistance en jurisprudence de la théorie des droits acquis, v. Th. Bonneau, *La Cour de cassation et l'application de la loi dans le temps*, thèse Paris II, éd. 1990, n°s 94 s.)

Les raisons de cette solution sont multiples :

La règle de l'effet immédiat de la loi nouvelle s'explique essentiellement par le souci d'assurer l'unité de la législation. Or celui-ci est moins pressant en matière contractuelle : le principe de la liberté contractuelle encourage le pluralisme juridique et confère à la réalité contractuelle une physionomie extrêmement variée. Le contrat est « le moyen par lequel la diversité pénètre dans le monde juridique » (Roubier, *Le droit transitoire*, n° 70, p. 346, n° 78, p. 391).

L'application de la loi ancienne répond à la volonté de sauvegarder la sécurité juridique. Or les considérations propres à celle-ci sont, en matière contractuelle, particulièrement pressantes : le contrat repose sur la volonté des parties, laquelle s'est exprimée en contemplation d'un certain état du droit positif. Dès lors, soumettre le contrat à la loi nouvelle, ce serait modifier les bases sur la foi desquelles les parties ont édifié leur accord, ce serait risquer de rompre l'équilibre de celui-ci et par là même ruiner son fondement : peut-être l'une ou l'autre des parties se serait-elle dérobée devant la conclusion d'un contrat présentant les traits que lui confère la loi nouvelle.

10 Il ne faudrait pas pour autant commettre un contresens : décider que le contrat échappe en principe à la loi nouvelle ne signifie en aucune façon une quelconque supériorité de celui-ci sur celle-là. La force obligatoire ne vient pas, en effet, de la promesse mais de la valeur attribuée à la promesse (Terré, Simler et Lequette, *Les obligations*, n° 28). Le visa de l'article 1134 est à cet égard éclairant. La loi ne s'incorpore pas au contrat, elle le régit (rappr. en matière de conflit de lois dans l'espace, Civ. 5 déc. 1910, *S.* 1911. 1. 129, *GADIP*, n° 11, et 6 juill. 1959, *Rev. crit. DIP* 1959. 708, note Batiffol, *GADIP*, n° 35). C'est dire, dans cette approche, qu'il sera toujours possible au législateur et même au juge de déclarer qu'une loi nouvelle est immédiatement applicable au contrat en cours.

Le *législateur* contemporain ne s'est, au demeurant, pas privé d'exercer cette faculté. Les dispositions transitoires dérogeant en matière contractuelle au principe de la survie de la loi ancienne sont, en effet, nombreuses et s'accompagnent de mesures variées qui permettent la mise en harmonie des contrats existants avec la loi nouvelle (réfection du contrat par amputation de clauses, par substitution de clauses, ou par les parties dans un délai fixé par le législateur…) (sur cette question, v. F. Dekeuwer-Défossez, *op. cit.*, n°s 18 s., p. 27 s.). Certains auteurs ont cru discerner dans cette floraison de dispositions transitoires les prémices d'un abandon du principe de la survie de la loi ancienne (Dekeuwer-Défossez, *op.* et *loc. cit.*). L'analyse ne convainc pas. Si le législateur prend la peine d'édicter des mesures transitoires, c'est précisément parce qu'en la circonstance, les principes du droit commun transitoire ne lui conviennent pas. Dès lors, il paraît quelque peu artificiel de déduire de telles mesures une remise en cause du principe. D'ailleurs la jurisprudence ne paraît pas prête à renoncer à la règle de la survie de la loi ancienne. Censurant les décisions des juges du fond qui méconnaissent ce principe (Civ. 3e, 21 janv. 1971, *JCP* 1971. II. 16776, note Level; Civ. 1re, 4 mai 1982, *Bull. civ.* I, no 156, p. 139), la Cour de cassation l'a réaffirmé en précisant qu'il devait être respecté lorsqu'« aucune raison ne commande d'y déroger » (Com. 27 oct. 1969, *Bull. civ.* IV, no 310, p. 293). Et ultérieurement elle a posé « qu'en l'absence de dispositions expresses de la loi prévoyant son application immédiate et à défaut de considérations d'ordre public particulièrement impératives, les contrats d'édition demeurent soumis à la loi en vigueur lors de la conclusion » (Civ. 1re, 4 déc. 2001, *Bull. civ.* I, no 307, *RTD civ.* 2002. 507, obs. Mestre et Fages).

11 Ne reposant, à la différence de la non-rétroactivité, sur aucun texte de portée générale, le principe de la survie de la loi ancienne peut être écarté par le *juge* dès lors que les raisons qui le fondent font, dans telles ou telles circonstances, défaut.

Il en va tout d'abord ainsi lorsque la loi nouvelle exprime un *intérêt social* tellement *impérieux* que la stabilité des conventions ne saurait y faire échec. Le Conseil d'État l'a récemment exprimé de manière fort claire : « dans le cas où elle n'a pas expressément prévu (…) l'application des normes nouvelles qu'elle édicte à une situation contractuelle en cours à la date de son entrée en vigueur, la loi ne peut être interprétée comme autorisant implicitement une telle application de ses dispositions que si un motif d'intérêt général suffisant lié à un impératif d'ordre public le justifie et que s'il n'est dès lors pas porté une atteinte excessive à la liberté contractuelle » (CE 8 avr. 2009, *Commune d'Olivet*, *RFDA* 2009. 449, concl. E. Geffray, *RTD civ.* 2010. 58, obs. P. Deumier). À l'évidence, le seul fait que la loi nouvelle soit impérative au sens de l'article 6 du Code civil ne saurait suffire à attester de l'existence d'un tel intérêt. Ainsi, dans la quatrième décision reproduite, le statut des agents commerciaux, bien qu'impératif, n'est pas jugé applicable aux contrats en cours. En revanche, il a été décidé que les textes prévoyant le cours forcé et édictant par voie de conséquence la nullité des clauses de paiement en or ou en monnaie étrangère étaient d'application immédiate (v. *infra*, nos 243-245, t. 2, 12e éd.). Il en a été de même plus récemment pour certaines dispositions du droit de la concurrence issues de la loi NRE : « les dispositions de la loi du 15 mai 2001 modifiant l'article L. 441-6 du Code de commerce, qui répondent à des considérations d'ordre public particulièrement impérieuses, sont applicables dès la date d'entrée en vigueur de ce texte aux contrats en cours » (Com. 3 mars 2009, *JCP* 2009. I. 273, no 4, obs. M. Chagny, *CCC* 2009, no 156, obs. L. Leveneur). C'est donc au coup par coup, pour chaque disposition, que l'interprète devra rechercher si les intérêts qu'elle défend sont si essentiels qu'ils justifient son application immédiate. Délicate, cette démarche ne paraît pas pour autant impraticable (v. cep. *contra*, Th. Bonneau, *op. cit.*, n° 181, p. 163). Le rapprochement avec le droit international privé et la pratique des lois de police est là encore particulièrement éclairant (v. par ex., CE 29 juin 1973, *GADIP*, n° 53).

Refusant l'appel à la notion d'ordre public, Roubier considérait que les effets d'un contrat en cours peuvent être saisis par la loi nouvelle chaque fois que celle-ci établit ou modifie un *statut légal* dont le contrat n'est que la condition. Et l'éminent auteur de citer le contrat de travail (*op. cit.*, n° 84, p. 423). Il est permis de douter du caractère décisif de cette considération. Même si, dans une telle hypothèse, l'argument déduit de la diversité contractuelle disparaît, il n'en reste pas moins que les parties ne se sont déterminées à contracter qu'en considération des droits et obligations définis par la législation du moment. Partant, une modification de celle-ci ne paraît pouvoir leur être imposée que si les intérêts collectifs qu'elle véhicule sont d'une intensité telle qu'ils imposent son application immédiate, ce qui ramène au critère précédent. La Cour de cassation use néanmoins parfois de cette seule justification et raisonne alors comme si elle était en présence d'une situation extra-contractuelle. Ainsi a-t-elle décidé que « l'action directe instituée par l'article 12 de la loi du 31 décembre 1975 trouv(ant) son fondement dans la volonté du législateur et non dans les contrats conclus entre les parties », est « ouverte au sous-traitant dès l'entrée en vigueur de la loi du 31 décembre 1975, bien que le contrat de sous-traitance ait été conclu antérieurement » (Ch. mixte 13 mars 1981, *infra*, n° 275, t. 2, 12e éd.). Et de fait, bien que la créance du sous-traitant ait sa source dans un contrat, l'action directe est un élément de son statut légal comme l'action oblique, l'action paulienne ou les privilèges (Rémy, obs. *RTD civ.* 1981. 864). Mais n'aurait-il pas été plus exact d'affirmer qu'ayant pour objet la protection de sous-traitants victimes de multiples abus, la loi du 31 décembre 1975 devait être déclarée d'application immédiate pour atteindre son but ?

Afin de donner une image aussi précise que possible de la jurisprudence relative aux conflits de lois dans le temps, il importe de terminer en indiquant que la jurisprudence qualifie parfois de *lois rétroactives* les dispositions qui s'appliquent immédiatement aux effets futurs des contrats en cours (v. par ex., Civ. 3e, 15 oct. 1970, *JCP* 1971. II. 16640, note E. J. Guillot; CE 24 mars 2006, *D.* 2006. 1224, *Defrénois* 2006. 673, obs. R. Libchaber, *AJDA* 2006. 1028, obs. Landais et Lenica, *RDC* 2006. 1038, obs. C. Pérès, *RTD civ.* 2005. 527, obs. Encinas de Munagori). La terminologie est impropre dès lors que ces lois, ne remettant pas en cause les effets que le contrat avait déjà produits, ne reviennent pas sur le passé (pour un retour à l'orthodoxie, v. CE 8 avr. 2009, *RFDA* 2009. 449, concl. E. Geffray, *RTD civ.* 2010. 58, obs. P. Deumier). Elle s'explique par la résurgence de la notion de droit acquis. Fondant la survie de la loi ancienne sur l'idée de droit acquis, le juge a alors le sentiment que l'application immédiate de la loi nouvelle, en ce qu'elle le remet en cause, s'apparente à une rétroactivité.

12 De ce qui précède, on peut déduire que, loin de s'enfermer dans un système, la jurisprudence continue de faire appel à l'une ou l'autre des théories étudiées, ce qui est un gage de souplesse, mais ne favorise guère la prévisibilité. Il ne faut donc pas s'étonner du recours au concept de sécurité juridique (v. P. Cassia, « La sécurité juridique, un "nouveau" principe général du droit aux multiples facettes », *D.* 2006. 1190; Th. Piazzon, *La sécurité juridique*, thèse Paris II, 2006; Conseil d'État, Rapport 2006, spéc. sur *Sécurité juridique et complexité du droit*, not. Molfessis, p. 391, v. aussi F. Terré, *Introd. gén. au droit*, n°s 453 s.).

Il faut bien reconnaître que l'intervention d'une exigence de sécurité juridique, latente dans le droit antérieur, répond à de bonnes intentions, mais ce n'est pas avec de bonnes intentions que l'on fait du bon droit, surtout lorsque cela se manifeste par l'insertion d'un principe apparemment nouveau dans un ensemble de solutions d'une grande et nécessaire précision (v. *infra*, n° 9, § 12).

AUX AUTEURS CITÉS, *adde* : Bach, « Contribution à l'étude du problème de l'application des lois dans le temps », *RTD civ.* 1969. 405 s.; J. Héron, *Principes du droit transitoire*, Dalloz, 1996; Level, *Essai sur les conflits de lois dans le temps*, 1959; P. Fleury-Le Gros, *Contribution à l'analyse normative des conflits de lois dans le temps en droit privé interne*, Dalloz, 2005.

9

LOIS. LOIS RÉTROACTIVES. LOIS DE VALIDATION. DROITS FONDAMENTAUX. CONVENTION EUROPÉENNE DES DROITS DE L'HOMME. PROCÈS ÉQUITABLE

Ass. plén. 24 janvier 2003

(*Bull. civ. ass. plén.*, n° 2, p. 2, *D.* 2003. 1648, note Péricard-Pioux)

Baudron c. Fédération des syndicats nationaux d'employeurs des établissements et services pour personnes inadaptées et handicapées

Si le législateur peut adopter, en matière civile, des dispositions rétroactives, le principe de prééminence du droit et la notion de procès équitable consacrés par l'article 6 de la Convention européenne des droits de l'homme s'opposent, sauf pour d'impérieux motifs d'intérêt général, à l'ingérence du pouvoir législatif dans l'administration de la justice afin d'influer sur le dénouement judiciaire des litiges.

Faits. — Gérant des établissements accueillant des personnes handicapées, une association emploie des éducateurs lesquels assurent, entre autres, des permanences de nuit. En vertu de la convention collective applicable, ces heures de surveillance nocturne leur sont payées sur la base d'un système d'équivalence : les neuf premières heures de surveillance sont assimilées à trois heures de travail éducatif et les trois suivantes sont payées sur la base d'une demi-heure de travail éducatif, chacune. Début 1998, certains éducateurs saisissent la juridiction prud'homale et demandent des rappels de salaire, des indemnités de congés payés et des dommages-intérêts. Déboutés en première instance, ils se prévalent en cause d'appel d'une jurisprudence nouvelle de la Cour de cassation qui décide que les heures de surveillance nocturne constituent un temps de travail effectif et ne peuvent être rémunérées selon le régime d'équivalence institué par la convention collective applicable (Soc. 29 juin 1999, *Bull. civ.* V, n° 307, *JCP* E 1999. 1232, note J. Barthélémy). Une loi est adoptée, en date du 29 janvier 2000, dont l'article 29 valide l'équivalence des heures définie par la convention collective.

Par une décision du 14 décembre 2000, la Cour d'Orléans confirme la décision des premiers juges. Un pourvoi est formé faisant valoir que la loi de validation du 29 janvier 2000, étant intervenue dans un procès en cours sans qu'un motif impérieux d'intérêt général le justifie, viole les dispositions de l'article 6 § 1 de la Conv. EDH posant le droit à un procès équitable.

ARRÊT

La Cour, — *Sur le moyen unique :* — Attendu, selon l'arrêt attaqué (Orléans, 14 décembre 2000), que l'Association départementale des pupilles de l'enseignement public (ADPEP), au sein de laquelle s'applique la convention collective nationale des établissements et services pour personnes inadaptées et handicapées du 15 mars 1966, gère des établissements à caractère social et sanitaire; que M. X... et d'autres salariés de cette association, employés en qualité d'éducateurs, assurent une permanence de nuit dans une chambre dite de « veille » mise à leur disposition dans chaque établissement pour leur permettre de répondre aux sollicitations des pensionnaires et à tout incident; que ces heures de surveillance nocturne leur sont payées conformément à l'article 11 de l'annexe III de la convention collective prévoyant que les neuf premières heures sont assimilées à trois heures de travail éducatif et qu'entre neuf heures et douze heures, chaque heure est assimilée à une demi-heure de travail éducatif; que les salariés, après avoir saisi, les 26 janvier, 12 février et 2 mars 1998, la juridiction prud'homale en réclamant des rappels de salaire, les indemnités de congés payés afférentes et des dommages-intérêts, se sont prévalus, en cause d'appel, d'une jurisprudence nouvelle de la Cour de cassation qui a décidé que les heures de surveillance nocturne constituaient un temps de travail effectif et ne pouvaient être rémunérées selon le régime d'équivalence institué par la convention collective applicable; que les syndicats CFDT des services de santé et services sociaux du Loiret et le syndicat SUD CRC du Loiret sont intervenus dans l'instance en réclamant le paiement de dommages-intérêts; — Attendu que les salariés et les syndicats font grief à l'arrêt d'avoir rejeté leurs demandes, alors, selon le moyen : — 1/ que le principe de prééminence du droit et la notion de procès équitable, résultant de l'article 6 § 1 de la Convention européenne de sauvegarde des droits de l'homme et des libertés fondamentales, s'oppose, sauf pour d'impérieux motifs d'intérêt général, à l'ingérence du pouvoir législatif dans l'administration de la justice afin d'influer sur le dénouement judiciaire d'un litige; qu'il était acquis aux débats que l'association était chargée d'une mission de service public et placée sous le contrôle d'une autorité publique qui en assure le financement par le paiement d'un prix de journée, que le procès l'opposant au salarié était en cours lors de l'entrée en vigueur de l'article 29 de la loi du 19 janvier 2000 et que ce texte, dont il n'est pas établi qu'un impérieux motif d'intérêt général le justifiait, remettait en cause, au profit de l'association, une jurisprudence favorable au salarié en matière d'heures d'équivalence; qu'au vu de ces constatations, la cour d'appel ne pouvait, sans violer les dispositions de l'article 6-1 de la Convention européenne de sauvegarde des droits de l'homme et des libertés fondamentales, refuser, ainsi qu'il lui était demandé, d'écarter l'article 29 de la loi du 19 janvier 2000 pour juger le litige dont elle était saisie; — 2/ qu'il résulte des articles L. 212-2 et L. 212-4 du Code du travail, dans leur rédaction alors en vigueur, qu'un horaire d'équivalence peut être institué soit par un décret, soit par une convention de branche ou un accord professionnel ou interprofessionnel étendu, soit par une convention ou un accord d'entreprise ou d'établissement soumis aux dispositions de l'article L. 132-26 du Code du travail; qu'une convention collective agréée ne remplit pas ces conditions; qu'en se fondant, par suite, sur l'institution d'un temps d'équivalence par la seule Convention collective nationale des établissements et services pour personnes inadaptées et handicapées du 15 mars 1966, la cour d'appel a violé les dispositions susvisées; — 3/ qu'il résulte des constatations de l'arrêt attaqué que les salariés intéressés effectuaient des heures de présence de nuit dans une chambre spécialement mise à leur disposition dans l'enceinte du foyer afin d'être en mesure de répondre à tout moment, en cas de besoin, aux sollicitations des personnes handicapées, et que, s'il y avait des temps d'inaction entre les interventions, ils devaient être considérés par ailleurs comme des temps de travail effectif; qu'il s'en déduisait nécessairement qu'il s'agissait d'un temps pendant lequel les salariés étaient tenus de rester en permanence à la disposition de l'employeur pour les besoins de l'entreprise, de sorte que ces heures de garde de nuit constituaient un temps de travail effectif qui devait être rémunéré comme tel; que de ce chef, la cour d'appel a encore violé l'article L. 212-4 du Code du travail; — Mais attendu que si le législateur peut adopter, en matière civile, des dispositions rétroactives, le principe de prééminence du droit et la notion de procès équitable consacrés par l'article 6 de la Convention européenne de sauvegarde des droits de l'homme et des libertés fondamentales s'opposent, sauf pour d'impérieux motifs d'intérêt général, à l'ingérence du pouvoir législatif dans l'administration de la justice afin d'influer sur le dénouement judiciaire des litiges; — Et attendu qu'obéit à d'impérieux motifs d'intérêt général l'intervention du législateur destinée à aménager les effets d'une jurisprudence nouvelle de nature à compromettre la pérennité du service public de la santé et de la protection sociale auquel participent les établissements pour personnes inadaptées et handicapées; que dès lors, la cour d'appel, en faisant application de l'article 29 de la loi n° 2000-37 du 19 janvier 2000 au présent litige, a légalement justifié sa décision; *Par ces motifs,* rejette.

OBSERVATIONS

1 Aux termes de l'article 2 du Code civil, la loi « n'a point d'effet rétroactif ». On entend par là qu'une loi ne peut pas s'appliquer à des faits qui ont été accomplis antérieurement à son entrée en vigueur. La règle paraît de bon sens. Le droit privé a pour finalité d'organiser la vie en société et d'assurer la paix sociale en réglant les rapports entre les personnes privées. Comment pourrait-il atteindre ce but si les actes qui ont été accomplis, les situations qui ont été créées et les droits qui ont été acquis conformément à la loi alors en vigueur pouvaient être remis en cause à tout moment par une loi nouvelle ? Mais il arrive que le législateur se propose de déroger à cette règle. Le peut-il et dans quelle mesure ? Répondant à cette interrogation, l'arrêt ci-dessus reproduit pose les principes qui gouvernent la question (I). Les justifications qu'on invoque à leur soutien ne sont pas à l'abri de la discussion (II).

I. — Les principes

2 Après avoir rappelé que le législateur peut, en matière civile, adopter des dispositions rétroactives (A), la haute juridiction apporte à cette affirmation, s'agissant des lois de validation, des limitations qu'elle emprunte à la jurisprudence de la Cour de Strasbourg (B).

A. — Les lois rétroactives

3 « Le législateur peut adopter, en matière civile, des dispositions rétroactives ».

Et de fait, si l'article 8 de la Déclaration des droits de l'homme de 1789, à laquelle renvoient le Préambule de la Constitution de 1946 et celui de la Constitution de 1958, ainsi que l'article 7 de la Convention européenne des droits de l'homme posent le principe de la non-rétroactivité de la loi pénale, il n'en va pas de même pour la loi civile. À la différence de la Constitution de l'an III qui avait consacré un tel principe (« Aucune loi ni criminelle *ni civile* ne peut avoir d'effet rétroactif »), aucun des instruments constitutionnels qui l'ont suivie n'a réaffirmé cette règle, laquelle procède aujourd'hui exclusivement de l'article 2 du Code civil. Il en résulte que le législateur peut, en matière civile, déroger au principe de non-rétroactivité, dès lors qu'il confère expressément ce caractère à une loi. On peut, en effet, en principe déroger par une loi plus récente à une loi plus ancienne.

4 L'exemple toujours cité de disposition rétroactive est celui du décret du 17 nivôse an II (6 janv. 1794) qui, durant la Révolution, a annulé toutes les donations faites depuis le 14 juillet 1789 et disposé que les règles nouvelles qu'il édictait en matière de dévolution de biens laissés par des personnes décédées s'appliquaient à toutes les successions ouvertes depuis cette date. Le législateur révolutionnaire cherchait ainsi à changer la structure de la société en modifiant au sein de celle-ci la répartition des richesses. Il en est résulté de graves perturbations puisqu'il a fallu remettre en cause les partages effectués dans l'intervalle ainsi que les actes juridiques qui avaient été accomplis sur la foi de ceux-ci. D'où, on l'a vu, la consécration du principe de non-rétroactivité de la loi civile par la Constitution de l'an III.

Fort de cette expérience, le législateur n'a longtemps fait usage des lois rétroactives que de manière exceptionnelle. Parfois, il s'est agi de faire face à des situations de crise. Ainsi la loi du 27 juillet 1940 a exonéré les chemins de fer de leur responsabilité pour les transports effectués depuis le 10 mai 1940. Parfois aussi, certaines lois reçoivent une portée rétroactive dans un souci de progrès social. Ainsi la loi du 5 juillet 1985 tendant à l'amélioration de la situation des victimes d'accident de la circulation a été déclarée applicable aux procédures en cours, ainsi qu'aux accidents intervenus dans les trois années précédant la publication de la loi et n'ayant pas donné lieu à l'introduction d'une action en justice. Parfois enfin, le législateur donne une portée rétroactive à une loi nouvelle afin de valider une pratique, irrégulière au regard des textes, mais qui paraît pouvoir être admise sans inconvénient sérieux. C'est ainsi que la loi du 21 juin 1843 a validé rétroactivement tous les actes notariés ne mentionnant pas la présence d'un notaire en second alors que celle-ci était requise. C'est ainsi encore que la loi du 3 janvier 1972 a validé la reconnaissance d'enfants adultérins jusque-là illicites dont la nullité n'avait pas été prononcée par un jugement passé en force de chose jugée (art. 12 al. 3). (Sur les lois interprétatives et leur caractère rétroactif, voir *infra*, n° 10.)

5 Raisonnant par analogie avec la rétroactivité *in mitius* qui bénéficie de plein droit aux lois pénales plus douces, un auteur a suggéré qu'une portée similaire soit reconnue à toutes les lois « confirmatives » sans qu'il soit besoin pour cela d'une disposition transitoire spécifique (F. Dekeuwer-Defossez, *Les dispositions transitoires dans la législation civile contemporaine*, 1977, n° 151, p. 184). C'est méconnaître que le problème ne se pose pas dans les mêmes termes en droit civil et en droit criminel. À la différence du droit pénal, le droit civil résout les conflits entre deux parties : il ne peut donner raison à l'une sans donner tort à l'autre. La validation d'un acte nul n'échappe pas à la règle : le testament validé peut déshériter l'héritier *ab intestat* (J. Héron, « Étude structurale de l'application de la loi dans le temps », *RTD civ.* 1985. 301). Partant, contrairement à ce qui a pu être dit, l'application rétroactive d'une loi civile, permettrait-elle de valider un acte nul, recèle une menace certaine pour la sécurité juridique. Aussi la portée rétroactive qui s'attache aux lois confirmatives ne nous paraît-elle pouvoir résulter, comme l'exige d'ailleurs la lettre de l'article 2 du Code civil, que d'une disposition expresse du législateur (Roubier, *Le droit transitoire*, n° 61, p. 283 s.).

6 Longtemps assez rares, les lois de validation ont eu tendance à se multiplier à la période récente en raison de la piètre qualité de la législation. Prenant conscience des malfaçons qui affectent tel ou tel texte, le législateur tente de réparer les erreurs commises. Il le fait parfois uniquement pour l'avenir, au moyen d'une loi rectificative, mais il le fait aussi souvent pour le passé, au moyen d'une loi de validation laquelle revêt alors un caractère rétroactif. C'est ainsi que le législateur ayant abrogé par inadvertance, en 1991, l'article 631 du Code de commerce qui fonde la compétence générale des tribunaux de commerce et que l'erreur n'ayant été découverte qu'en… 2000, la loi NRE du 16 mai 2001 a introduit dans le Code de l'organisation judiciaire un nouvel article L. 411-4 reprenant la substance de l'article 631 du Code de commerce avec effet rétroactif en 1991. La loi a alors pour objet manifeste de « rétablir la sécurité juridique en sauvant les prévisions des sujets de droit » (T. Piazzon, *La sécurité juridique*, thèse Paris II, 2006, n° 165). Mais il arrive aussi – l'affaire ayant donné lieu à la décision analysée en est une excellente illustration – que le législateur use de cette technique « dans le but de contrecarrer une évolution de la jurisprudence qu'il désapprouve ». Il y a alors « une lutte de pouvoirs ou de préséance entre le Parlement et l'autorité judiciaire » (Th. Piazzon, *op.* et *loc. cit.*). Cette lutte de pouvoirs a conduit le juge – constitutionnel, européen, judiciaire, administratif – à procéder à un encadrement des lois rétroactives (Ph. Malinvaud, « L'étrange montée du contrôle du juge sur les lois rétroactives », *Le Code civil, un passé, un présent, un avenir*, 2004, p. 671 s.).

B. — L'encadrement des lois rétroactives

7 Ces lois sont susceptibles d'être soumises à un double contrôle : contrôle de constitutionnalité par le Conseil constitutionnel, contrôle de conventionnalité par la Cour européenne des droits de l'homme et, dans son sillage, par les juges nationaux, juge judiciaire ou juge administratif, pour ce qui est de la France.

8 Dès lors qu'il s'était reconnu le pouvoir d'apprécier la conformité des lois au bloc de constitutionnalité (*supra*, n° 2), le Conseil constitutionnel décida naturellement qu'en matière pénale, l'article 8 de la Déclaration de 1789 conférait au principe de non-rétroactivité une valeur constitutionnelle (Cons. const. 19 et 20 janv. 1981, *D.* 1982. 441, *JCP* 1981. II. 19701, *GDCC*, 14e éd., n° 30; 18 janv. 1985, *D.* 1986. 425). Mais s'agissant de la matière civile, il jugea d'abord que l'article 2 du Code civil n'avait que la valeur d'une loi ordinaire (Cons. const. 9 janv., 22 juill., 30 déc. 1980, *Rec. Cons. const.*, p. 29, 46, 53, *D.* 1981. IR 359). Est-ce à dire que le contrôle de constitutionnalité devait rester limité aux seules matières pénales ? Le besoin d'un contrôle des lois rétroactives en dehors de la matière pénale, se fit d'abord sentir en droit fiscal, le législateur n'hésitant pas à allécher les contribuables par des incitations fiscales (exonération, abattements…) qu'il supprime ensuite, parfois rétroactivement (Cons. const. 28 déc. 1995, *Rec. Cons. const.*, p. 646, *JCP* 1996. III. 67749; J. Buisson, « Non-rétroactivité des lois et droit fiscal », in *Le titre préliminaire du Code civil*, 2003, p. 99 s.; voir aussi Rép. min., *Defrénois* 2003. 1021). Cette première ouverture fut élargie par une décision du 18 décembre 1998, relative à la loi de financement de la Sécurité sociale pour 1999, le Conseil posant à cette occasion une règle applicable en tous domaines : « que le principe de non-rétroactivité des lois n'a valeur constitutionnelle, en vertu de l'article 8 de la Déclaration des droits de l'homme et du citoyen, qu'en matière répressive; que si, dans les autres matières, le législateur a la faculté d'adopter des dispositions rétroactives, il ne peut le faire qu'en considération d'un *motif d'intérêt général* suffisant et sous réserve de ne pas priver de garanties légales des exigences constitutionnelles » (Cons. const. 18 déc. 2001, *JO* 26 déc. 2001, p. 20582).

9 La pénétration grandissante du droit européen des droits de l'homme au sein du droit privé, par le truchement du contrôle de conventionnalité (*supra*, n° 4), s'est notamment manifestée à propos des lois rétroactives. Si la Convention européenne des droits de l'homme affirme le principe de non-rétroactivité de la loi en matière pénale (art. 7), elle ne comporte en revanche aucune disposition similaire à l'article 2 du Code civil français en matière civile. Mais l'on s'est ingénié à en découvrir l'équivalent en prenant appui sur l'article 6 § 1 de la Convention européenne des droits de l'homme, ainsi libellé : « Toute personne a droit à ce que sa cause soit entendue équitablement, publiquement et dans un délai raisonnable par un tribunal indépendant et impartial, établi par la loi, qui décidera, soit des contestations sur ses droits et obligations de caractère civil… ». Au premier abord, cette disposition paraît étrangère à la question de la non-rétroactivité des lois. Mais la Cour de Strasbourg a trouvé l'occasion de faire application de ce texte à propos du contrôle de conventionnalité exercé sur des lois qui s'appliquent à des litiges pendants avec l'objectif d'infléchir le cours de la justice. Dans un premier temps, elle a posé que « le principe de la prééminence du droit et la notion de procès équitable consacrés par l'article 6 s'opposent à toute ingérence du pouvoir législatif dans le but d'influer sur le dénouement judiciaire d'un litige » (CEDH 9 déc. 1994, *Raffineries grecques*, *JCP* 1995. I. 3823, n° 40, obs. F. Sudre). Dans un second temps, elle a apporté à ce principe un tempérament, conférant ainsi à sa jurisprudence une certaine souplesse : « si, en principe, le pouvoir législatif n'est pas empêché de réglementer en matière civile, par de nouvelles dispositions à portée rétroactive, des droits découlant des lois en vigueur, le principe de prééminence du droit et la notion de procès équitable résultant de l'article 6 § 1 de la Convention européenne, s'opposent, *sauf pour d'impérieux motifs d'intérêt général*, à l'ingérence du pouvoir législatif dans l'administration de la justice afin d'influer sur le dénouement judiciaire d'un litige » (CEDH 28 oct. 1999, *Zielenski*, *D.* 2000. 629, obs. R. Perrot, *RTD civ.* 2000. 437, obs. Marguénaud, *Grands arrêts CEDH*, n° 28; B. Mathieu, « Les validations législatives devant le juge de Strasbourg : une réaction rapide du Conseil constitutionnel », *RFDA* 2000. 289).

Elle use aussi parfois, à cet effet, de l'article 1er du Protocole n° 1 de la Convention européenne suivant lequel « toute personne physique ou morale a droit au respect de ses biens ». Et de fait, ce texte s'appliquant aussi bien aux créances qu'aux biens *stricto sensu*, il y a contrariété si la créance est née sous l'empire du droit ancien et qu'elle est supprimée par la loi nouvelle (voir au sujet du « tableau d'amortissement et des intérêts dus à des établissements de crédit », CEDH 14 févr. 2006, *Lecarpentier*, *JCP* E 2006. 2062, note J. Raynaud, *LPA* 3 mai 206, p. 12, note E. Garaud, *RTD civ.* 2006. 261, obs. Marguénaud; voir aussi dans l'affaire *Perruche*, *infra*, n° 187, t. 2, 12e éd.). On voit que la théorie des droits acquis qui a pu paraître un temps surannée (*supra*, nos 5-8, § 3) a de beaux jours devant elle.

10 Dans l'affaire ayant donné lieu à la décision ci-dessus reproduite, le législateur était précisément intervenu, par une loi du 19 janvier 2000, pour briser une jurisprudence nouvelle alors qu'était en cours un litige dans lequel cette jurisprudence avait été invoquée. Empruntant presque mot pour mot sa motivation à la Cour de Strasbourg, la haute juridiction décide que, « si le législateur peut adopter, en matière civile, des dispositions rétroactives, le principe de prééminence du droit et la notion de procès équitable consacrés par l'article 6 de la Convention européenne s'opposent, sauf pour d'impérieux motifs d'intérêt général, à l'ingérence du pouvoir législatif dans l'administration de la justice afin d'influer sur le dénouement judiciaire des litiges » (voir déjà dans cette voie Civ. 1re, 20 juin 2000, *D.* 2000. 699, note M.-L. Niboyet, *RTD civ.* 2000. 670, obs. Molfessis, 676, obs. Libchaber, *LPA* 5 mars 2001, no 45, p. 12, note Thioye ; 13 nov. 2002, *Bull. civ.* I, no 268 ; voir aussi la position du Conseil d'État : CE 28 juin 2000, *AJDA* 2000. 796 ; 11 juill. 2001, *RFDA* 2001. 1047, concl. Bergeal). Mettant en œuvre cette directive, elle a estimé qu'en la circonstance, l'intervention du législateur avait bien été guidée par « d'impérieux motifs d'intérêt général », dans la mesure où elle était « destinée à aménager les effets d'une jurisprudence nouvelle de nature à compromettre la pérennité du service public de la santé et de la protection sociale auquel participent les établissements pour personnes inadaptées et handicapées ». En se prononçant ainsi, l'Assemblée plénière prend le contre-pied de la chambre sociale, laquelle, refusant de s'incliner devant cette loi nouvelle, avait nié l'existence d'un impérieux motif d'intérêt général (Soc. 24 avr. 2001, *D.* 2001. 2445, note Kibalo Adom), mais s'aligna ensuite sur la position de l'Assemblée plénière (Soc. 18 mars 2003, *Bull. civ.* V, no 194 ; 28 janv. 2005, *Bull. civ.* V, no 39). Le feuilleton devait rebondir avec l'intervention de la Cour de Strasbourg. Par deux arrêts du 9 janvier 2007, celle-ci accueillit les recours formés par les salariés dont les procès étaient en cours au moment de l'entrée en vigueur de la loi du 19 janvier 2000 et condamna la France (CEDH 9 janv. 2007, *RDC* 2007. 477, obs. A. Debet). Tirant les leçons de la censure européenne, la chambre sociale par deux arrêts du 13 juin 2007 a écarté l'application du texte litigieux aux salariés qui avaient déjà saisi les tribunaux au moment de son entrée en vigueur mais non à ceux qui l'avaient saisi postérieurement (Soc. 13 juin 2007, deux arrêts, *D.* 2007. 2439, note C. Pérès). Pour casser l'arrêt qui avait fait application de la loi litigieuse aux instances en cours, la chambre sociale a intégré la décision européenne dans le visa de son arrêt, montrant ainsi qu'entre deux lectures de l'intérêt général, faites l'une par l'assemblée plénière de la Cour de cassation, l'autre par des juges qui ignorent tout de la société française et de ses besoins, c'est la seconde qui prévaut. Ces divergences montrent l'incertitude qui s'attache à l'appréciation du caractère impérieux du motif d'intérêt général poursuivi et portent à s'interroger sur le bien-fondé de ces solutions.

11 Auparavant, il importe de relever que l'arrêt reproduit avait laissé pendante une question qui a été ultérieurement résolue. La présence de l'État à l'instance en cours ayant été relevée (Civ. 1re, 20 juin 2000, *RTD civ.* 2000. 670, obs. Molfessis), on s'était demandé s'il n'y avait pas là une seconde condition requise pour que soit tenu en échec le caractère rétroactif des lois de validation : absence d'un motif impérieux d'intérêt général d'une part, présence de l'État au litige d'autre part. Et de fait, l'égalité des armes est manifestement méconnue lorsque l'État est partie à une procédure et qu'il modifie rétroactivement le droit applicable à celle-ci dans un sens qui lui est favorable (Ph. Théry, *RTD civ.* 2004. 344). Par un arrêt du 23 janvier 2004, l'Assemblée plénière a nettement écarté cette seconde exigence; le contrôle des lois rétroactives s'applique « même lorsque l'État n'est pas partie au procès » (Ass. plén. 23 janv. 2004, *D.* 2004. 1108, note P.-Y. Gautier, *JCP* 2004. II. 10030, note Billiau, *RFDA* 2004. 224, note B. Mathieu, *RJDA* 2004. 304, rapp. C. Favre, *RTD civ.* 2004. 341, obs. Théry, 371, obs. Raynard, 598, obs. P. Deumier).

II. — Appréciation

12 Afin de justifier la jurisprudence analysée, on invoque habituellement l'impératif de sécurité juridique ainsi que le principe de l'indépendance des juges. Aucune de ces considérations n'emporte pleinement la conviction.

A. — La sécurité juridique

13 Pour fonder ses décisions, la Cour de Strasbourg se réfère au principe de sécurité juridique, lequel est une des composantes du droit à un procès équitable. On ne doit pas modifier la loi en cours de litige et la rendre applicable aux affaires pendantes au risque de méconnaître les prévisions juridiques des sujets de droit (Malinvaud, art. préc, p. 678; Molfessis, *RTD civ.* 2000. 670). Dès lors que ceux-ci ont agi en justice pour faire valoir les droits que le droit positif leur reconnaît, la sécurité juridique requiert que le législateur ne remette pas en cause leur prévision en modifiant celui-ci rétroactivement. Mais à retenir une telle justification, il conviendrait que « l'on scrute précisément l'état et la légitimité des prévisions élaborées par celui qui a agi en justice et subit à son détriment la validation » (Th. Piazzon, *La sécurité juridique*, n° 166). C'est ainsi que, si l'action en justice a été introduite avant le revirement de jurisprudence que la loi de validation a pour objet de combattre, on perçoit mal en quoi cette loi méconnaît les prévisions légitimes du demandeur (1). C'est dire que le recours à l'impératif de sécurité juridique oblige à une véritable casuistique, en fonction des circonstances propres à chaque cas. Or, comme on l'a justement souligné, « il n'est pas sûr que le juge accepte de rentrer dans de telles considérations (...) Si la validation répond à un "impérieux motif d'intérêt général", elle sera valable et efficace, quand bien même des prévisions juridiques légitimes devraient en souffrir, conséquence logique d'un choix qui fait prévaloir l'intérêt collectif sur l'intérêt subjectif des individus qui aspirent à la sécurité. Si, au contraire, la validation ne répond pas à cet "impérieux motif d'intérêt général" tel que le dessine le juge, elle sera écartée dans tous les cas, que des

---

(1) Ainsi semblait-il en aller en la circonstance, puisque l'action avait été introduite en 1998 et que le revirement de jurisprudence était survenu en juin 1999, en cause d'appel. C'était donc plutôt la loi de validation qui, en remettant le droit dans l'état où il se trouvait au jour de l'introduction de l'instance, respectait le mieux les prévisions des intéressés. Mais la Cour de Strasbourg considère qu'il y avait non revirement de jurisprudence mais réaffirmation d'une intreprétation antérieure mettant fin à une brève incertitude.

prévisions légitimes soient ou non en cause. Plus que la sécurité juridique des justiciables, la jurisprudence qui s'est développée au sujet des lois de validation vise à protéger (...) l'office du juge contre l'ingérence du législateur » (T. Piazzon, *op.* et *loc. cit.*). C'est l'indépendance du juge et la séparation des pouvoirs qui sont alors en cause.

B. — L'indépendance du juge

14 Dans la mesure où les lois de validation se proposent de briser une jurisprudence contraire à la volonté du législateur, la critique se déplace du terrain de la sécurité juridique vers celui de l'indépendance du juge, principe constitutionnel déduit de l'article 64 de la Constitution pour le juge judiciaire. En application de ce principe, le Conseil constitutionnel a décidé « qu'il n'appartient ni au législateur, ni au gouvernement de censurer les décisions des juridictions, d'adresser à celles-ci des injonctions et de se substituer à elles dans le jugement des litiges relevant de leur compétence » (Cons. const. 20 juill. 1980, *D.* 1981. 65, note Franck). Il est, au reste, évident que, dans de tels cas, le droit à un procès équitable est méconnu. Mais interdire au pouvoir exécutif et au pouvoir législatif de censurer les décisions de justice ou de se substituer à celles-ci dans la résolution des litiges n'implique pas de lui refuser le pouvoir de modifier une loi s'il estime que l'application qui en est faite par les juges conduit à des solutions regrettables. Dans ce dernier cas, la difficulté est alors essentiellement de savoir si le législateur peut décider que la loi nouvelle est applicable aux instances en cours, ce qui signifie qu'elle s'applique à des faits antérieurs à son édiction alors même qu'un procès a été engagé dès lors qu'il n'a pas donné lieu à une décision passée en force de chose jugée. L'analyse structurale des conflits de lois dans le temps qui voit dans la loi rétroactive « une série de décisions en ce qu'elle régit les faits antérieurs à son édiction » porte à considérer avec méfiance une telle situation. Ce faisant, le législateur « s'écarte de sa fonction normale qui est de poser des normes abstraites et neutres parce qu'hypothétiques : il règle les cas particuliers » (J. Héron, *Principes du droit transitoire*, Dalloz, 1996, n°s 61 s., p. 59 s.).

15 Conseil constitutionnel et Cour de Strasbourg ont entrepris de répondre à cette situation en recourant à des procédés voisins. Le législateur peut adopter des mesures de validation à condition qu'elles répondent, pour le Conseil constitutionnel, à un « motif d'intérêt général suffisant », pour la Cour de Strasbourg, à d'« impérieux motifs d'intérêt général ». L'idée qui sous-tend ces directives est ancienne. Aubry et Rau écrivaient déjà que « le législateur ne doit faire usage de ce pouvoir (édicter des lois rétroactives) que pour des causes majeures d'intérêt public » (*Cours de droit civil français*, 5e éd. par Bartin, § 30, p. 104). Et lorsque le législateur prend parti pour une catégorie de citoyens au détriment d'une autre, spécialement lorsque des procédures sont pendantes, il faut que « soit constatée une concordance des intérêts des premiers avec l'intérêt général » (P.-Y. Gautier, note, *D.* 2004. 1112).

En dépit de la parenté d'inspiration qui guide ces directives, leur formulation quelque peu différente ne va pas sans susciter certains inconvénients. La

Cour de Strasbourg considère, en effet, qu'une décision du Conseil constitutionnel déclarant la loi de validation conforme à la Constitution « ne suffit pas à établir la conformité de (celle-ci) avec les dispositions de la Convention européenne » (CEDH 28 oct. 1999, préc.). Il en résulte que la France reste exposée à des condamnations par la Cour de Strasbourg pour des textes législatifs que le Conseil constitutionnel a jugés conformes à la Constitution. Ainsi une loi déclarée conforme à la Constitution pourra être écartée comme contraire à une convention (voir par ex., Com. 20 nov. 2001, *RFDA* 2002. 791, note J. Lamarque) par un juge qui reconnaît pourtant dans l'ordre interne, c'est-à-dire dans son ordre, la supériorité de la Constitution sur la Convention (*supra*, nº 1). C'est un signe parmi d'autres de l'hétérarchie juridique (F. Terré, « L'hétérarchie juridique », *Mélanges Jacques Boré*, 2006, p. 447 s.).

16 La position retenue par la Cour de Strasbourg conduit le juge judiciaire, au titre du contrôle de conventionnalité, à vérifier si la loi de validation est justifiée par un impérieux motif d'intérêt général. Ainsi qu'on l'a souligné, ce contrôle place le juge « sur un terrain qui est normalement celui du législateur », lequel est « le seul interprète et gardien autorisé de l'intérêt général » (Ph. Malinvaud, art. préc., p. 682; Th. Piazzon, *op. cit.*, nº 166; Ph. Théry, *RTD civ.* 2004. 345). C'est là, au reste, pour le juge un « cadeau empoisonné » car il requiert une appréciation « de nature politique », à laquelle celui-ci n'est guère préparé. L'affaire ayant donné lieu à la décision analysée montre bien la difficulté de l'exercice. Prenant le contre-pied de la chambre sociale, l'Assemblée plénière décide que l'intervention du législateur destinée à aménager les effets d'une jurisprudence nouvelle répond à d'impérieux motifs d'intérêt général dès lors que cette jurisprudence était de nature à « compromettre la pérennité du service public de la santé et de la protection sociale ». Qualifiée d'« imparable » par un commentateur (B. Mathieu, chron. préc.), cette justification est jugée déficiente par un autre aux motifs que la décision aurait été dictée par un simple intérêt financier (Paricard-Pioux, *D.* 2003. 1648). L'argument a manifestement fait mouche auprès de la Cour de Strasbourg. À la nécessité mise en avant par la Cour de cassation de préserver la pérennité et la continuité du service public de la santé et de la protection qui seraient mises en péril, les juges européens répondent qu'« en principe un motif financier ne permet pas à lui seul de justifier une telle intervention législative » et considèrent qu'« en l'espèce, aucun élément ne vient étayer l'argument ». On voit ainsi le peu de révérence que la Cour de Strasbourg a pour les arbitrages réalisés par la représentation nationale. Comme on a pu le souligner, « on ne peut que s'inquiéter de l'absence (…) de toute nuance dans le refus des juges européens de prendre en compte les répercussions financières des revirements jurisprudentiels » (C. Pérès, note *D.* 2007. 2442). Cette rigueur est sans doute compréhensible quand le législateur avantage les banques, comme dans l'affaire du tableau d'amortissement (*supra*, § 9). En revanche, quand il s'agit d'avantager les associations qui s'occupent des personnes handicapées et des personnes inadaptées, la sévérité européenne peut susciter l'étonnement (A. Debet, obs., *RDC* 2007. 479). « La notion d'intérêt général

(…) se trouve ici mobilisée à contre-emploi au soutien d'une prise de position proprement dogmatique » (C. Pérès, *D.* 2007. 2442).

17 On entrevoit ainsi toute la difficulté de la tâche confiée au juge. Postérieurement à l'arrêt reproduit, l'Assemblée plénière s'est abritée pour résoudre cette question derrière une recherche de l'intention du législateur : « il ne résulte ni des termes de la loi (MURCEF), ni des travaux parlementaires que le législateur ait entendu répondre à un impérieux motif d'intérêt général pour corriger l'interprétation jurisprudentielle de l'article L. 145-38 du Code de commerce et donner à cette loi nouvelle une portée rétroactive dans le but d'influer sur le dénouement des litiges en cours » (Ass. plén. 23 janv. 2004, *D.* 2004. 1108, note P.-Y. Gautier; v. *infra* nº 10, § 9). La méthode de la recherche de l'intention du législateur est ainsi « étendue, dans une tentative quelque peu hybride, de la fonction d'interprétation à celle de contrôle de la loi » (P. Deumier, *RTD civ.* 2004. 601; sur les conflits qui risquent d'en résulter entre les différents agents du contrôle de la rétroactivité des lois, v. P. Deumier, *RTD civ.* 2004. 601). Le législateur se voit ainsi imposer une sorte d'« obligation de motivation » de la norme rétroactive (P.-Y. Gautier, note *D.* 2004. 1113).

10

LOIS. LOI INTERPRÉTATIVE. RÉTROACTIVITÉ. BAIL COMMERCIAL. RÉVISION DU LOYER

Civ. 3e, 27 février 2002

(*D.* 2002. 1142, note Y. Rouquet, *JCP* E 2002. 678, note M.-L. Sainturat, *RTD civ* 2002. 599, obs. Molfessis)

Soc. Générale c. Mlle de Puyraimond

Une loi ne peut être considérée comme interprétative qu'autant qu'elle se borne à reconnaître, sans rien innover, un droit préexistant qu'une définition imparfaite a rendu susceptible de controverses.

Une loi interprétative s'applique aux instances en cours.

Faits. — Voir l'arrêt et les observations.

ARRÊT

La Cour; — *Sur le caractère interprétatif de l'article 26 de la loi nº 2001-1168 du 11 décembre 2001 contesté par la défense :* — Attendu qu'une loi ne peut être considérée comme interprétative qu'autant qu'elle se borne à reconnaître, sans rien innover, un droit préexistant qu'une définition imparfaite a rendu susceptible de controverses.

ver, un droit préexistant qu'une définition imparfaite a rendu susceptible de controverses ; — Attendu qu'en complétant le troisième alinéa de l'article L. 145-38 du Code de commerce par les mots « par dérogation aux dispositions de l'article L. 145-33 et », le législateur, sans rien innover, n'a fait que préciser par une référence expresse à l'article L. 145-33 du Code de commerce, le caractère dérogatoire de cet alinéa qui donnait lieu à un abondant contentieux; — D'où il suit que ce texte, étant interprétatif, est applicable aux instances en cours à la date de la publication de la loi n° 2001-1168 du 11 décembre 2001 ;

Sur le moyen unique : — Attendu, selon l'arrêt attaqué (Paris, 17 mai 2000), que Mlle de Puyraimond, propriétaire de locaux à usage commercial donnés à bail à la Société générale, a assigné celle-ci pour faire fixer le montant du loyer révisé à 18 713,10 francs résultant de l'indexation; que, reconventionnellement, la Société générale a réclamé que ce loyer soit fixé en fonction de la valeur locative; — Attendu que la Société générale fait grief à l'arrêt de la débouter de sa demande alors, selon le moyen, que le prix du bail révisé en application de l'article 27 du décret du 30 septembre 1953 ne peut, en aucun cas, excéder la valeur locative; qu'il s'ensuit que, même en l'absence d'une modification de plus de 10 % de cette valeur locative sous l'effet des facteurs locaux de commercialité, la réduction du montant du loyer est de droit à l'issue d'une première période de trois ans lorsque celui-ci s'avère correspondre à un montant supérieur à cette valeur locative; qu'en refusant d'admettre ce réajustement destiné à sauvegarder l'équilibre des prestations entre les parties sous prétexte que la preuve d'une variation de 10 % n'aurait pas été rapportée, la cour d'appel, qui a maintenu le loyer à un montant excédant la valeur locative, a violé les articles 23 et 27 du décret précité; — Mais attendu qu'ayant relevé que, selon l'article 27 du décret du 30 septembre 1953 devenu l'article L. 145-38 du Code de commerce, texte d'ordre public, le loyer révisé ne peut être fixé à la valeur locative que si la preuve est rapportée d'une modification matérielle des facteurs locaux de commercialité ayant entraîné par elle-même une variation de plus de 10 % de la valeur locative, et constaté que la Société générale ne rapportait pas la preuve d'une telle modification, la cour d'appel en a exactement déduit que la Société générale devait être déboutée de sa demande de fixation du loyer révisé à la valeur locative. — D'où il suit que le moyen n'est pas fondé; — *Par ces motifs,* rejette...

OBSERVATIONS

1 L'interprétation est un moyen parmi d'autres qui servent à la compréhension du réel : traduction, évaluation, qualification... Dans ce domaine, le même mot désigne une opération de l'esprit et le résultat que celle-ci permet d'atteindre. En matière juridique, l'interprétation joue un rôle important et à ce titre relève de l'herméneutique; Hermès était un messager, un intermédiaire, bref un interprète. L'objet de l'interprétation peut être un événement, lorsque, par exemple, l'on s'attache à des indices ou à des témoignages pour déterminer les causes d'un accident; elle peut aussi avoir pour objet un acte juridique, un contrat (v. *infra*, nos 160 s., t. 2, 12e éd.); elle peut encore porter sur un jugement ou une loi. C'est précisément à propos de ce dernier cas que l'arrêt rapporté est intervenu. Il a trait à l'interprétation des lois, questions des plus

anciennes et des plus importantes. Qu'elles soient plus ou moins obscures, incertaines ou vieillies, les lois appellent souvent, au-delà de leur seule application, une interprétation. L'analyse de ce comportement a été profondément renouvelée par le livre monumental de Benoît Frydman (*Le sens des lois*, Bruylant et LGDJ, 2005). On se bornera ici à en citer le passage liminaire : « L'interprétation des textes est l'une des formes principales du savoir et de la culture. Pourtant, son histoire demeure mal connue, de même que ses relations avec l'histoire des sciences et de la raison en général. Dans cette histoire que raconte ce livre, le droit a joué et joue encore un rôle fondamental. Au carrefour du savoir et du pouvoir, de la tradition et de sa critique, les modèles juridiques d'interprétation déterminent les rapports, très variables selon les époques, qu'une société entretient avec les règles qui l'organisent et les autorités qui les édictent » (*op. cit.*, p. 15).

À toutes les difficultés que suscite, assez naturellement, l'interprétation s'en est ajoutée une, plus spécifique, relative aux *lois interprétatives* et à la définition de leur portée dans le temps. Longtemps, la jurisprudence a décidé que les lois interprétatives, faisant corps avec la règle qu'elles interprètent, avaient un effet rétroactif (sur les lois rétroactives, v. *supra*, n° 9). L'affaire dite de la loi MURCEF qui est à l'origine de l'arrêt reproduit a donné lieu à de multiples rebondissements. Le problème posé (I) a été l'occasion pour la haute juridiction de rappeler la définition des lois interprétatives et des conséquences qui s'y attachent (II), avant qu'il ne la conduise, dans une formation plus solennelle, à réviser sa position (III).

I. — Le problème posé

2 Le problème, fort technique, posé à l'origine de l'arrêt, était relatif à la révision triennale des baux commerciaux. Le prix du bail ayant été fixé par les contractants, lors de sa conclusion, il s'agissait de savoir quelle pouvait être l'incidence d'une baisse de la valeur locative du bien loué sur le montant du loyer, à l'occasion de sa révision triennale. La solution semblait résulter de l'ancien article 23-4 du décret du 30 septembre 1953, devenu l'article L. 145-33 du Code de commerce, lequel est ainsi rédigé : « Le montant des loyers des baux renouvelés ou révisés doit correspondre à la valeur locative ». À s'en tenir à une lecture élémentaire de ce texte, la variation de la valeur locative pouvait donc, lors de la révision triennale, opérer aussi bien à la baisse qu'à la hausse du loyer initialement fixé. L'application de cette disposition ne suscita, au demeurant, guère de discussion, quant au point contesté, tant que l'évolution des valeurs locatives fut à la hausse. Mais, du fait de la crise économique et immobilière marquant la décennie 1990, la question se posa de l'incidence d'une baisse de la valeur locative sur le montant du loyer, à l'occasion de sa révision. Les locataires soutenaient que le prix du bail révisé pouvait être fixé en dessous du montant du loyer contractuel initial et se heurtaient à l'opposition des bailleurs. Ceux-ci arguaient d'une autre disposition figurant à l'article L. 145-38 (anc. art. 27, décr. 30 sept. 1953) du Code de commerce, ainsi rédigé : « À moins que ne soit rapportée la preuve d'une modification matérielle des facteurs locaux de commercialité ayant entraîné par elle-même une variation de plus de 10 % de la valeur locative, la majoration ou la *diminution* du loyer consécutive à une révision triennale ne peut excéder la variation de l'indice trimestriel du coût de la construction intervenu depuis la dernière fixation amiable ou judiciaire du loyer ». À suivre cette disposition, le juge devait s'en tenir à la variation de l'indice du coût de la construction, à moins que la modification des facteurs locaux de commercialité n'ait entraîné une variation significative de la valeur locative.

3 Par l'arrêt *Privilèges* rendu le 24 janvier 1996, la troisième chambre civile (*Bull. civ.* III, n° 24) décida, d'une manière favorable aux locataires, que le prix du bail révisé ne pouvait en aucun cas dépasser la valeur locative, ce qui pouvait donc entraîner sa diminution – indépendamment de toute considération liée à la variation de l'indice de la construction – en dessous du montant du loyer contractuellement convenu. Malgré la résistance des bailleurs et les succès obtenus par eux devant certaines cours d'appel, la Cour de cassation maintint sa position (Civ. 3e, 30 mai 2001, *JCP* 2001. II. 1628, note J. Monéger).

La persistance de cette jurisprudence a entraîné une intervention du législateur qui a procédé à un « bris de jurisprudence », parfaitement naturel, là où on tient pour la primauté de la loi. Malheureusement, la loi du 11 décembre 2001, portant *Mesures urgentes de réformes à caractère économique et financier* – dite loi MURCEF pour les amateurs de sigles renforçant les mystères du droit –, s'y est prise de manière maladroite pour réaliser ce « bris de jurisprudence », en insérant au début du troisième alinéa de l'article L. 145-38 du Code de commerce, les mots « par dérogation aux dispositions de l'article L. 145-33… » On fit, en effet, valoir que là n'était pas la question, puisque dans son état antérieur, l'article L. 145-38 constituait déjà une dérogation à l'article L. 145-33. Ce qui faisait problème, c'était la relation entre la baisse de la valeur locative et l'existence ou l'absence d'un plancher contractuel. Malgré une malfaçon législative, la solution n'était néanmoins plus douteuse depuis la loi du 11 décembre 2001 : *profitant aux bailleurs*, elle empêchait une baisse du loyer révisé en dessous du loyer contractuel. Encore fallait-il savoir, la loi MURCEF ne comportant pas de dispositions transitoires sur ce point, si la loi nouvelle se trouvait applicable aux contrats conclus avant son entrée en vigueur et, plus encore, aux instances en cours suscitées par ceux-ci.

II. — L'incidence du caractère interprétatif d'une loi

4 En l'absence de disposition transitoire particulière, la réponse dépendait, au regard d'une jurisprudence aussi ancienne que bien établie, de la nature de la loi. Qualifiée d'interprétative, la loi nouvelle s'appliquait rétroactivement aux procès en cours, y compris aux pourvois pendants devant la Cour de cassation au moment de son entrée en vigueur. Dans le cas contraire, elle obéissait aux règles ordinaires du droit transitoire formulées par l'article 2 du Code civil lequel, tel qu'interprété par la jurisprudence, conduit à la règle de la survie de la loi ancienne, c'est-à-dire à maintenir le contrat sous l'empire de la loi en vigueur à l'époque où il a été conclu (*supra*, n°s 5-8, § 9).

5 Le principe même de l'existence de lois interprétatives a pu être discuté. On s'est, en effet, demandé si le droit d'interpréter la loi subsiste, en faveur du législateur, depuis la disparition du référé législatif. À quoi il a été répondu que « l'interprétation de la loi par le législateur n'a rien de choquant. Pourquoi l'auteur de la norme ne pourrait-il pas procéder, concurremment au juge, à l'interprétation du texte qu'il a édicté ? (...) Qu'importe l'auteur de l'interprétation dès lors qu'il fait disparaître le plus rapidement possible l'incertitude que fait naître un texte mal rédigé » (J. Héron, *Principes du droit transitoire*, Dalloz, 1996, n° 71, p. 68).

Aussi bien la pratique des lois interprétatives, par lesquelles le législateur détermine le sens qu'il convient de donner à des dispositions antérieures qui ont pu susciter la controverse, s'est-elle solidement établie. Dissipant les obscurités ou les ambiguïtés de la loi antérieure qu'elle interprète, la loi interprétative rétroagit au jour où celle-ci est entrée en vigueur, sous réserve des décisions rendues en force de chose jugée. Autrement dit, la loi interprétative est appliquée aux instances en cours, y compris celles pendantes devant la Cour de cassation (Civ. 23 déc. 1845, *S.* 1846. 1. 456). Ainsi, pour ne prendre qu'un exemple, une loi du 9 mars 1918 ayant, dans son article 56, accordé aux locataires le droit de faire proroger les baux et locations verbales déjà en cours au début de la guerre, soit le 1er août 1914, on se demanda si cette disposition s'appliquait aux titulaires de baux antérieurs à la guerre, mais venus à expiration depuis et renouvelés. La Cour de cassation s'étant prononcée négativement (Civ. 26 mars 1919, *D.* 1919. 24), une loi du 23 octobre 1919 précisa que l'expression de « baux antérieurs au 1er août 1914 » comprenait les baux antérieurs et renouvelés depuis (*D.* 1919, L. p. 257), précision applicable aux instances en cours.

6 Comme dans l'exemple évoqué, c'est souvent le législateur lui-même qui qualifie la loi d'interprétative, ce qui a pour conséquence de lui conférer un effet rétroactif. Il arrive que le législateur procède à cette qualification, même lorsque la loi nouvelle ne se contente pas d'interpréter un texte, mais le modifie. Déguisant une loi modificative sous le couvert d'une loi interprétative, il rend alors la loi nouvelle rétroactive sans le dire. On est en présence d'une loi interprétative par détermination de la loi (Th. Bonneau, *La Cour de cassation et l'application de la loi dans le temps*, 1989, n°s 266 s., p. 264 s.). On s'est, dans ce cas, interrogé sur le point de savoir si le juge avait la faculté de remettre en cause la qualification législative pour refuser ensuite l'application rétroactive du texte. En faveur d'une réponse négative, on fait valoir que si le législateur force alors la nature de la loi, c'est tout simplement parce que la fiction est un immémorial outil du droit et qu'il a le choix de ses fictions (F. Terré, *Introduction*, n° 517). Néanmoins, les juges n'hésitent plus à contrôler la réalité du caractère interprétatif d'une loi, même lorsque le législateur l'a ainsi qualifiée (Com. 7 avr. 1992, *Bull. civ.* IV, n° 150, *Defrénois* 1992. 1274, note Chappert) et à lui dénier, en cas de réponse négative, toute portée rétroactive (sur cette question, voir Th. Bonneau, *op.* et *loc. cit.*).

Mais que décider lorsque, comme en l'espèce, le législateur n'a rien spécifié ? On admet alors que le juge puisse qualifier une loi d'interprétative et l'appliquer rétroactivement, à la condition que les caractères s'en trouvent effectivement réunis, c'est-à-dire qu'on soit en présence d'une loi interprétative par nature. Ce qui a conduit la Cour de cassation à définir la notion de loi interprétative (Civ. 2e, 20 févr. 1963, *Bull. civ.* II, no 174, p. 127), définition qu'elle rappelle en la circonstance : « une loi ne peut être considérée comme interprétative qu'autant qu'elle se borne à reconnaître, sans rien innover, un état de droit préexistant qu'une définition imparfaite a rendu susceptible de controverse ».

7 À suivre cette définition, deux éléments sont requis. En premier lieu, la loi interprétative est celle qui reconnaît un droit préexistant, sans rien innover. Autrement dit une loi qui crée un droit nouveau (Soc. 15 févr. 1978, *Bull. civ.* V, no 442, p. 269) ou modifie un droit préexistant (Soc. 5 mai 1961, *Bull. civ.* V, no 466, p. 376) ne peut être considérée comme interprétative. En second lieu, la loi interprétative est celle qui précise un droit qu'une définition imparfaite a rendu susceptible de controverse. Ne pouvant innover, la loi interprétative a pour unique rôle de préciser et d'expliquer le sens obscur et controversé du texte définissant le droit préexistant. Encore faut-il qu'elle apporte une précision à un texte antérieur. Si tel n'est pas le cas, la loi nouvelle ne peut être déclarée interprétative (Civ. 3e, 30 avr. 1974, *Bull. civ.* III, no 176, p. 130). En la circonstance, la troisième chambre civile se conforme à ces exigences en relevant dans la suite de sa décision, que « le législateur, sans rien innover, n'a fait que préciser… ».

Ainsi qualifiée d'interprétative, la loi nouvelle est tout naturellement déclarée « applicable aux instances en cours à la date de la publication de la loi du 11 décembre 2001 ». L'arrêt commenté relève aussi, à la suite de la cour d'appel, que l'article 27 du décret du 30 septembre 1953 devenu l'article L. 145-38 du Code de commerce est un « texte d'ordre public ». La précision n'est pas de nature à permettre la résolution du problème posé puisque les lois d'ordre public, si elles s'appliquent immédiatement aux contrats en cours, n'ont pas d'effet rétroactif (*supra*, nos 5-8, § 11). Quoi qu'il en soit, après cet arrêt, il convenait de considérer que la baisse de la valeur locative, sous réserve d'une modification notable des facteurs matériels de commercialité, ne pouvait avoir pour conséquence une modification à la baisse du loyer contractuellement fixé, y compris au sujet des contrats en cours.

8 Afin de justifier la portée dans le temps très spécifique dont bénéficient les lois interprétatives, on a mis en avant l'idée que la loi interprétative, ne faisant rien d'autre que de clarifier une loi préexistante, serait dépourvue de toute portée créatrice, en sorte qu'en l'appliquant le juge appliquerait le droit ancien clarifié. Comme l'écrivaient Aubry et Rau, « la loi interprétative s'incorpore avec la loi interprétée, elle ne fait avec elle qu'une seule loi, plus claire et elle doit être appliquée aux faits antérieurs » (Aubry et Rau, *Cours de droit civil* *français*, t. 1, p. 102, note 9 *bis*). L'explication ne va pas sans une part d'artifice. Et de fait, si le législateur prend la peine de voter une loi interprétative, c'est souvent que le texte antérieur avait donné lieu à une interprétation qui ne le satisfaisait pas. Tel était, au reste, le cas en la circonstance puisque la loi du 11 décembre 2001 se proposait de briser la jurisprudence de la troisième chambre civile (*supra*, § 3). La loi interprétative n'est alors rien d'autre qu'un revirement de jurisprudence ordonné par le législateur (Roubier, *Le droit transitoire*, p. 248; Molfessis, *RTD civ.* 2002. 602). Affirmer dans ces conditions qu'elle ne fait que déclarer le droit préexistant, sans opérer de rupture est pour le moins discutable. Aussi bien, Roubier avait-il cherché une explication au caractère rétroactif des lois interprétatives dans le fait qu'une telle loi fait partie non de la législation mais de la jurisprudence. « Le législateur, qui veut fixer quel est le sens du droit préexistant se place sur le même terrain que le juge et prétend jouer un rôle analogue au sien » (*op.* et *loc. cit.*; J. Reymond, *Des lois d'interprétation et de leur rétroactivité*, 1925, p. 76; J. Héron, *Principes du droit transitoire*, Dalloz, 1996, n° 72, p. 68). Cette explication trouve un renfort précieux dans l'analyse structurale des conflits de lois dans le temps, laquelle voit dans la loi rétroactive « une série de décisions en ce qu'elle régit les faits antérieurs à son édiction » (J. Héron, *op. cit.*, 1996, n° 56, p. 54).

Mais la loi interprétative, en ce qu'elle brise une interprétation jurisprudentielle et impose celle du législateur dans tous les litiges en cours, peut être perçue comme une immixtion du pouvoir législatif dans l'administration de la justice. Or une telle ingérence est de nature, on l'a vu à propos des lois de validation (*supra*, n° 9, § 9), à porter atteinte à certains droits fondamentaux, notamment au droit à un procès équitable. D'où un encadrement et un refoulement des lois interprétatives.

III. — Le dépassement de la question

9 Devant la cour de Versailles, saisie sur renvoi, le débat s'est déplacé. Pour écarter la loi nouvelle, celle-ci n'a pas nié le caractère interprétatif de la loi MURCEF, mais, la traitant comme une loi rétroactive, a estimé que cette loi « votée à l'instigation des bailleurs, (...) n'a pas eu d'autre objet que de mettre un terme à une jurisprudence qui déplaisait à ceux-ci », ce qui traduisait à ses yeux l'absence de motifs impérieux d'intérêt général pouvant seuls justifier l'application de la loi nouvelle à des instances en cours (*supra*, n° 9) (Versailles, 6 févr. 2003, *D.* 2003. 720, note P.-Y. Gautier). À cela, il a été répondu que la jurisprudence brisée par la loi n'obéissait elle-même « à aucun motif d'intérêt général et n'avait d'autre objet que de venir au secours des locataires ». On perçoit alors de nouveau le « danger qu'il y a pour le juge à vouloir contrôler l'action du législateur. L'équilibre à établir entre les bailleurs et les preneurs (...) dépend de choix éminemment politiques; dès lors tout contrôle sur ce choix conféré au juge amène ce dernier sur un terrain qui n'est pas le sien » (Ph. Malinvaud, « L'étrange montée du contrôle du juge sur les lois rétroactives », *Le Code civil, un passé, un présent, un avenir*, 2004, p. 686).

Saisie à son tour, l'Assemblée plénière a, par un arrêt rendu le 23 janvier 2004, déjugé la troisième chambre civile et est parvenue à la même solution que la cour de renvoi, mais par une démarche différente. Sans remettre en cause, le caractère potentiellement interprétatif de la loi MURCEF, elle considère que ce caractère est indifférent en ce qui concerne sa portée dans le temps. Désormais, les lois interprétatives sont, comme toutes les lois nouvelles, soumises au principe de non-rétroactivité de l'article 2 du Code civil. Pour y déroger, il faut rechercher dans le texte de la loi ou dans les travaux préparatoires la volonté du législateur de conférer à la loi nouvelle une portée rétroactive, son caractère interprétatif étant à cet égard indifférent, ainsi que l'impérieux motif d'intérêt général qui justifie cette portée rétroactive (Ass. plén. 23 janv. 2004, *JCP* 2004. II. 10030, note Billiau, *D.* 2004. 1108, note P.-Y. Gautier, *RFDA* 2004. 224, note B. Mathieu, *RTD civ.* 2004. 341, obs. Théry, 371, obs. Raynard, 598, obs. P. Deumier; rappr. Civ. 3e, 7 avr. 2004, *LPA* 22 juill. 2005, p. 12, note S. Chassagnard). L'Assemblée plénière retire ainsi son intérêt à la notion de loi interprétative et entend imposer au législateur le choix d'un certain langage pour conférer à un texte une portée rétroactive.

Ainsi qu'on l'a souligné, ce déclassement des lois interprétatives n'est pas sans susciter de nouvelles interrogations. Alors que jusque-là, loi interprétative et revirement de jurisprudence se voyaient reconnaître la même portée rétroactive, ils sont désormais soumis à une curieuse distorsion : l'interprétation opérée par le législateur constitue une nouvelle norme soumise au principe de non-rétroactivité; la nouvelle interprétation opérée par le juge fait corps avec la règle interprétée et revêt un caractère rétroactif (P. Deumier, *RTD civ.* 2004. 605) (sur cette question voir *infra*, n° 12, § 10).

11

JURISPRUDENCE. SOURCE DU DROIT. JURISPRUDENCE COMBATTUE PAR LA LOI. SERVITUDE. ENCLAVE. DROIT DE PASSAGE. EXTINCTION

Civ. 26 août 1874

(*D.* 75. 1. 124)

Charrier c. Naudin et autres

Lorsque le propriétaire d'un fonds enclavé a, pendant trente ans, exercé suivant un mode et une assiette déterminés le droit de passage que lui accorde l'article 682 du Code civil, sa possession équivaut à un titre d'acquisition de la servitude de passage. La servitude ainsi acquise persiste même après la cessation de l'enclave.

Sur les rapports entre la loi et la jurisprudence, v. les observations II.

Faits. — Propriétaire d'un fonds, autrefois enclavé, M. Charrier réclamait la servitude de passage que ses prédécesseurs avaient, selon lui, exercé pendant plus de trente ans. Les juges du fond le déboutèrent au motif que l'état d'enclave étant nécessaire à l'existence de la servitude, la cessation de l'un entraînait l'extinction de l'autre. Selon eux, la possession trentenaire n'avait d'autre objet, en cas d'enclave et à défaut de convention, que de fixer l'assiette du passage. Un pourvoi fut formé.

ARRÊT

La Cour; — Vu les articles 682, 685 et 2219 du Code civil; — Attendu que Charrier réclamait, pour l'usage de sa parcelle n° 122, une servitude de passage sur les parcelles n°s 104, 105 et 98, appartenant aux défendeurs; qu'à l'appui de sa demande, il soutenait que le passage dont s'agit, et dont il précisait le mode et l'assiette, avait été exercé par ses prédécesseurs pendant plus de trente ans, alors que ladite parcelle était enclavée, et que la servitude ainsi acquise devait persister, bien que l'enclave eût cessé; — Qu'il offrait subsidiairement la preuve des faits allégués; — Attendu que l'arrêt attaqué, sans avoir égard à la preuve offerte, a rejeté la demande de Charrier par le motif qu'en matière de servitude de passage au cas d'enclave, et à défaut de convention comme dans l'espèce, la possession trentenaire n'a d'autre effet que de faire prescrire l'indemnité et de fixer l'assiette du passage, mais que l'article 682 du Code civil, faisant dépendre l'existence de la servitude de la condition d'enclave, son exercice est toujours subordonné à cette condition, et doit, dès lors, cesser en même temps que l'enclave elle-même; — Attendu que c'est uniquement en s'appuyant sur ce motif de droit que ledit arrêt a déclaré qu'il n'y avait pas lieu de rechercher, dans la cause, si la parcelle n° 122 a été plus ou moins longtemps enclavée, et si le passage s'est exercé pendant un temps suffisant pour prescrire, ni d'admettre les faits articulés à cet égard, puisqu'il est certain, ajoute-t-il, que l'état d'enclave a aujourd'hui cessé; — Mais attendu, en droit, que, lorsque le propriétaire d'un fonds enclavé auquel l'article 682 accorde, à raison de la nécessité, un droit de passage, a, pendant trente ans, exercé ce droit suivant un mode et une assiette déterminés, sa possession équivaut à un titre d'acquisition de la servitude de passage; que la servitude ainsi acquise devient un accessoire du fonds au profit duquel elle se trouve constituée, et, en conséquence, persiste même après la cessation de l'enclave; — D'où il suit que l'arrêt attaqué, en jugeant le contraire, a violé les articles ci-dessus visés; — Casse...

OBSERVATIONS

1 Grand arrêt en son temps, la décision ci-dessus reproduite n'exprime plus que très partiellement le droit positif. Elle figure néanmoins dans ce recueil, car elle illustre à la perfection l'une des figures qui peuvent se nouer entre les diverses sources du droit : la jurisprudence combattue par la loi (I). Mieux que toutes les analyses théoriques, cette hypothèse permet de saisir la vraie nature de la jurisprudence, source de droit (II).

I. — La jurisprudence combattue par la loi

2 La cessation de l'état d'enclave entraîne-t-elle l'extinction de la servitude légale de passage alors même que celle-ci aurait été exercée pendant plus de trente ans ? À cette question, la haute juridiction répond par la négative. Contestée par la doctrine, cette jurisprudence a été brisée, plus de cent ans après qu'elle eut été posée, par l'intervention du législateur.

La disparition de l'état d'enclave, qu'elle résulte de l'acquisition d'un fonds contigu ayant accès à la voie publique ou de la création d'une voie nouvelle, entraîne en principe l'extinction de la servitude légale de passage. Il en va toutefois autrement, selon l'arrêt analysé, lorsque le propriétaire du fonds enclavé a pendant trente ans exercé le passage suivant une assiette et un mode déterminés ; cette possession équivaut alors, en effet, selon lui, à un titre acquisitif de servitude. Devenue un accessoire du fonds au profit duquel elle se trouve constituée, la servitude persiste après la cessation de l'état d'enclave.

3 Posée dès le milieu du XIXe siècle (Req. 19 janv. 1848, *DP* 48. 1. 5; Civ. 19 juin 1872, *DP* 72. 1. 259), cette solution est réaffirmée en termes particulièrement nets dans l'arrêt ci-dessus reproduit. En dépit de la fermeté des motifs qui la fondent, cette jurisprudence n'a jamais convaincu la doctrine. Dès l'origine, la plupart des auteurs ont critiqué la solution retenue : fausse au regard des principes juridiques, celle-ci était, en outre, selon eux, malheureuse du point de vue des exigences de la pratique (v. par ex., Aubry et Rau, *Droit civil français*, 4e éd., t. 2, § 243, p. 32, note 34; Laurent, *Principes du droit civil français*, t. 8, n° 110).

Aux termes des articles 690 et 691 du Code civil, seules les servitudes continues et apparentes peuvent s'acquérir par prescription (Terré et Simler, *Les biens*, n° 895). Or, requérant le fait actuel de l'homme pour s'exercer, la servitude de passage est discontinue. Aussi bien, l'article 685, alinéa 1, ne fait-il référence à la prescription trentenaire que pour permettre la fixation de l'assiette et du mode d'exercice de la servitude de passage en cas d'enclave ; légale, celle-ci a son titre dans la loi et non dans l'usucapion. Dès lors, en décidant que cette possession permet à la servitude de se maintenir malgré la cessation de l'état d'enclave, la jurisprudence méconnaît la distinction du titre légal, fondement du droit de passage, et de la fixation par prescription de l'assiette de la servitude. Cette novation de la servitude légale en servitude du fait de l'homme est juridiquement incorrecte.

Mal fondée en droit, cette solution est en outre néfaste du point de vue pratique. Elle maintient, en effet, une servitude qui n'est plus nécessaire pour la desserte du fonds dominant. Or les servitudes de passage, sources de conflits incessants, peuvent gêner l'exploitation du fonds servant (Terré et Simler, *Les biens*, n° 310).

4 En dépit de la pertinence de ces critiques, la haute juridiction maintint sa position (v. not. Req. 27 déc. 1904, *DP* 1905. 1. 74; Civ. 20 févr. 1922, *DP* 1925. 1. 80; Civ., 1re sect. civ. 13 mai 1959, *Bull. civ.* I, n° 239, p. 202; 6 juill. 1959, *Bull. civ.* I, n° 337, p. 281). Aussi certains appelaient-ils de leurs vœux une intervention du législateur. Ce fut l'objet de la loi du 25 juin 1971 qui introduisit dans le Code civil un article 685-1 ainsi libellé : « En cas de cessation de l'enclave et quelle que soit la manière dont l'assiette et le mode de

la servitude ont été déterminés, le propriétaire du fonds servant peut, à tout moment, invoquer l'extinction de la servitude si la desserte du fonds dominant est assurée dans les conditions de l'article 682 » (Goubeaux, *JCP* 1971. I. 2416; Bihr, *D.* 1972. chron. 27). C'est là un bel exemple de « jurisprudence combattue par la loi » (Ph. Malaurie, *Mélanges Savatier*, 1965, p. 603 s.).

De fait, en édictant ce texte, le législateur condamne l'amalgame opéré par la haute juridiction entre la création des servitudes du fait de l'homme et l'aménagement de la servitude légale. Lorsque le droit de passage est fondé sur l'état d'enclave, la disparition de celui-ci entraîne désormais l'extinction de la servitude et ce « quelle que soit la manière dont l'assiette et le mode de la servitude ont été déterminés ». Ainsi, ne modifiant pas le fondement légal de la servitude, l'aménagement conventionnel qui a fixé l'assiette ne fait pas obstacle à l'extinction de la servitude (Civ. 3e, 13 déc. 1983, *Bull. civ.* III, no 260, p. 198, *Defrénois* 1984. 853, obs. Souleau). Inversement, lorsque le droit de passage est fondé sur un titre conventionnel (Civ. 3e, 27 févr. 1974, *Bull. civ.* III, no 96, p. 73) ou sur la destination du père de famille (Civ. 3e, 16 juill. 1974, *Bull. civ.* III, n 310, p. 235), l'article 685-1 ne saurait recevoir application. On s'est cependant demandé s'il ne conviendrait pas d'étendre aux servitudes du fait de l'homme la philosophie qui inspire cette disposition. Celles-ci ne devraient-elles pas s'effacer lorsqu'elles deviennent inutiles, comme la servitude légale de passage s'éteint avec le besoin qui la fonde ? En l'état du droit positif, la réponse paraît devoir être négative (Civ. 1re, 7 déc. 1966, *D.* 1967. 21, note Voulet; 6 févr. 2013, *D.* 2013. 496; Civ. 3e, 17 sept. 2013, *D.* 2014. 1854, obs. N. Reboul-Maupin, *RTD civ.* 2013. 868, obs. W. Dross). Aussi certains souhaitent-ils que le législateur introduise une faculté de rachat des servitudes établies du fait de l'homme lorsque leur maintien ne présente plus d'intérêt pour le fonds dominant (Goubeaux, note *Defrénois* 1988. 1085).

II. — La jurisprudence source du droit

5 Entendue comme l'habitude de juger une question d'une certaine façon, la jurisprudence est-elle une simple autorité ou une authentique source du droit ?

On sait que la question agite depuis fort longtemps la doctrine. Aujourd'hui encore, les auteurs sont partagés. Certains tiennent pour la première analyse (Carbonnier, *Droit civil*, t. 1, no 144; Cornu, *Introduction, les personnes, les biens*, no 440; Aubert, *Introduction au droit*, no 163), d'autres pour la seconde (Marty et Raynaud, *Introduction générale*, no 119; Mazeaud et Chabas, t. I, vol. I, no 105); d'autres encore préfèrent bannir le terme de *source* – métaphore douteuse pour lui préférer celui, plus neutre, de composante (Terré, *Introduction générale au droit*, no 346).

La première conception se relie à l'idéologie révolutionnaire et au principe de la séparation des pouvoirs. Les juges ne sauraient participer à la création du droit, car ils usurperaient un pouvoir qui n'appartient qu'aux élus de la Nation. La loi écrite étant censée avoir tout prévu, le juge en est le serviteur, il l'applique mécaniquement. Aussi bien toutes les précautions étaient-elles prises pour empêcher la jurisprudence, « la plus détestable des institutions » (Le Chapelier), de devenir une source du droit : les arrêts de règlement étaient prohibés.

Mieux, conçu comme un auxiliaire du corps législatif, le tribunal de cassation était institué non pour imposer l'unité d'interprétation, mais pour protéger la loi contre les empiétements du juge; se présentait-il une difficulté sérieuse d'interprétation, la solution en revenait au législateur par l'entremise du référé législatif. Néanmoins, dès cette époque, quelques esprits pragmatiques et perspicaces, au premier rang desquels il faut citer Portalis, devaient rappeler le rôle irremplaçable du juge. La loi ne peut tout régler : parfois obscure, elle est souvent incomplète et devient progressivement obsolète. Il faut donc l'interpréter, la compléter, l'adapter. Si le législateur s'en abstient, qui mieux que le juge peut remplir cette triple tâche ! En lui faisant obligation de juger malgré le silence, l'obscurité ou l'insuffisance de la loi, l'article 4 du Code civil l'y incite et lui reconnaît implicitement un pouvoir propre lui permettant de créer le droit lorsque cela est nécessaire à la solution du litige dont il a à connaître. Encore fallait-il que la haute juridiction en ait les moyens ! La suppression du référé législatif et corrélativement le pouvoir reconnu à la Cour de cassation, réunie dans sa formation la plus prestigieuse, d'imposer sa solution aux juges du fond devaient les lui donner (sur cette question, v. L. Husson, « Analyse critique de la méthode de l'exégèse », *Archives de philosophie du droit*, 1972, p. 115 s.; Ph. Rémy, « La part faite au juge », *Pouvoirs* 2004, n° 107, p. 22 s.).

6 Soutenir que la jurisprudence peut être source du droit, suppose que l'on explique comment une règle générale peut sortir de décisions particulières. Par quelle étrange alchimie les décisions de justice qui sont normes individuelles, concrètes et catégoriques peuvent-elles se muer en une règle de droit, générale, abstraite et hypothétique ?

La réponse est double.

En premier lieu, dans toute décision de justice, il y a *deux* aspects : l'aspect *individuel*, concret qui s'incarne au premier chef dans le dispositif et qui apporte une solution à l'espèce; les présupposés *généraux* sur lesquels elle repose et qui s'expriment à travers sa motivation. En règle générale, ceux-ci devront d'autant plus au juge que les directives de la loi sont plus discrètes; ils seront d'autant plus importants qu'ils émanent d'une juridiction plus élevée dans la hiérarchie judiciaire. Juge du droit, la Cour de cassation a naturellement tendance à privilégier la « fonction généralisante » de l'acte juridictionnel au détriment de sa « fonction individualisante » (P. Bellet, « Grandeur et servitudes de la Cour de cassation », *RID comp.* 1980. 296). C'est dire que de ses décisions et spécialement de ses arrêts de principe se dégagent des modèles destinés à guider l'action future des juges du fond (1).

---

(1) À ce stade de l'explication, il faut faire justice d'un argument toujours reproduit bien que non pertinent : la jurisprudence ne saurait être une source du droit car les décisions des juges n'ont qu'une autorité relative de chose jugée. C'est méconnaître que l'autorité relative de chose jugée concerne la situation concrète sur laquelle la décision s'est prononcée (son autorité juridictionnelle) et non la règle abstraite qui y est impliquée (son autorité jurisprudentielle). La preuve : les décisions revêtues d'une autorité absolue de chose jugée n'ont pas sur le plan jurisprudentiel une autorité supérieure à celles qui n'en sont pas revêtues (Hébraud, obs. *RTD civ.* 1969. 607 s.); inversement, l'autorité relative de chose jugée n'empêche pas, dans les pays de *common law*, les décisions de justice d'avoir valeur de précédent.

En second lieu, les modèles ainsi proposés aux juges du fond sont l'objet d'une double loi : loi d'imitation, loi de continuité.

Loi d'*imitation* : ce que la Cour de cassation a jugé, les juges du fond le jugeront. Ils savent, en effet, que, s'ils ne respectent pas les directives de la haute juridiction, leurs décisions seront censurées. « La doctrine de la Cour de cassation s'impose aux juges du fond avec la même force d'airain que la loi dont elle est chargée d'assurer le respect : par la cassation » (Zénati, chron. *D.* 1992. 254). Encore faut-il, pour que le système fonctionne correctement, que le modèle proposé soit unique, clair et connu de ses destinataires. Unique : l'institution des chambres mixtes et celle de l'assemblée plénière sont là pour y pourvoir (A. Perdriau, « La chambre mixte et l'assemblée plénière de la Cour de cassation », *JCP* 1994. I. 3798). Clair : le prononcé d'arrêts de principe aux formules soigneusement ciselées y répond ainsi que la pratique des communiqués dont on souligne la « fonction pédagogique » (P. Deumier, *RTD civ.* 2006. 510). Connu de ses destinataires : la publication au Bulletin des arrêts de la Cour de cassation n'a pas d'autre fin (sur l'arrêt de la Cour de cassation, v. Breton, *Annales Fac. Toulouse* 1975. 7 s.; Perdriau, « Visas, “chapeaux” et dispositifs des arrêts de la Cour de cassation en matière civile », *JCP* 1986. I. 3257; « La portée doctrinale des arrêts civils de la Cour de cassation », *JCP* 1990. I. 3468; Lindon, « La motivation des arrêts de la Cour de cassation », *JCP* 1975. I. 2681; Voulet, « L'interprétation des arrêts de la Cour de cassation », *JCP* 1970. I. 2305; M.-N. et X. Bachellier, *La technique de cassation*, 5e éd., 2003). Quant à la pratique du rapport annuel, elle joue le rôle de caisse de résonance au bénéfice d'arrêts auxquels la haute juridiction porte une attention particulière.

Loi de *continuité* : ce que la Cour de cassation a jugé dans le passé, elle le rejugera dans l'avenir. Certes, rien ne l'y oblige : un revirement de jurisprudence est toujours possible. La haute juridiction a d'ailleurs posé que « la sécurité juridique (…) ne saurait consacrer un droit acquis à une jurisprudence figée, l'évolution de la jurisprudence relevant de l'office du juge dans l'application du droit » (Civ. 1re, 21 mars 2000, *D.* 2000. 593, note Atias; 9 oct. 2001, *infra*, no 12). Aussi bien les auteurs qui ne voient dans la jurisprudence qu'une autorité insistent-ils sur cette précarité. Mais l'argument prouve trop : on ne saurait, en effet, dénier à la jurisprudence valeur de source du droit sous le prétexte qu'elle ne s'impose pas au juge qui l'a posée, car il en va de même du législateur ! Celui-ci peut toujours modifier ou abroger une loi antérieure. Au reste, la stabilité de la jurisprudence n'est probablement pas aujourd'hui, en de nombreux domaines, inférieure à celle de la loi; de plus en plus souvent, produit de ministères « techniques », celle-ci énonce moins une règle de conduite qu'elle ne devient un procédé de gouvernement, alors que celle-là est l'œuvre de magistrats imprégnés, au-delà de leur diversité, de ce que Ripert nommait « l'esprit juridique », c'est-à-dire « l'esprit conservateur au sens philosophique du terme » (*Les forces créatrices du droit*, p. 8 s., nos 3 s.).

Mais, ajoute-t-on, cette précarité de la jurisprudence serait plus redoutable parce qu'accentuée par le caractère *rétroactif* qui marque ses revirements. De fait, il est vrai qu'« une jurisprudence nouvelle s'applique toujours dans tous les procès nouveaux, sans que l'on prenne en considération la date à laquelle les faits du procès se sont produits et quand bien même ces faits seraient antérieurs au changement de jurisprudence » (Roubier, *Le droit transitoire*, 2e éd., n° 7, p. 25 ; sur les procédés que la jurisprudence utilise pour atténuer cette rétroactivité, v. *infra*, n° 12, § 8). Cela tient à une raison fort simple. Lorsqu'elle confère un certain sens à une règle, la jurisprudence fait corps avec celle-ci. Partant, cette règle est censée avoir toujours eu cette signification. Plus que rétroactive, la jurisprudence est déclarative, comme le furent longtemps les lois interprétatives (*supra*, n° 10, § 6 s.).

7 La remarque est essentielle en ce que, faisant pénétrer au cœur du problème, elle permet de mieux approcher le véritable *fondement* de la force obligatoire de la jurisprudence. Contrairement à ce qui a pu être soutenu, celle-ci ne saurait procéder d'une réception implicite du législateur (Waline, « Le pouvoir normatif de la jurisprudence », *Mélanges Scelle*, t. II, p. 613 s., spéc. p. 622), pas plus que d'un rapprochement avec la coutume. Soutenir que l'absence de réaction du législateur face à la jurisprudence implique une approbation tacite de celle-ci ne va pas sans beaucoup d'artifice. Quant à l'opinion qui voudrait déceler le fondement de la jurisprudence dans « la décision du pouvoir que sont les tribunaux » et l'« assentiment des justiciables » (J. Maury, « Observations sur la jurisprudence en tant que source du droit », *Études Ripert*, 1950, t. I, p. 43) ou encore dans la « commune reconnaissance » (Ph. Jestaz, « La jurisprudence : réflexions sur un malentendu », *D.* 1987. chron. 11), elle néglige, pour la seconde explication, le fait que la jurisprudence est d'abord un « phénomène d'autorité » et, pour la première, que la haute juridiction n'hésite pas parfois à imposer ses conceptions malgré les résistances des juges du fond et des praticiens. Parmi d'autres exemples, on citera celui de la clause commerciale (*infra*, n° 135, t. 2, 12e éd.).

En réalité, comme l'a lumineusement montré le regretté Pierre Hébraud (« Le juge et la jurisprudence », *Mélanges Couzinet*, 1974, p. 329 s., spéc. 334 et 363 s.), la jurisprudence est bien une source du droit mais une source d'une nature différente de celle de la loi ; la jurisprudence puise sa force dans la mission même du juge. Chargé de trancher au fond les procès qui lui sont soumis en fonction des règles légales ou réglementaires, le juge dispose d'une autonomie qui lui permet de modeler le sens de celles-ci, voire parfois de les modifier ou de les compléter. Prenant acte des insuffisances de la loi, il n'hésite plus en effet, en certains domaines – droit international privé (v. par ex., *GADIP*, nos 58, 63 et 67), mais aussi droit civil (v. par ex., *infra*, nos 81-82, § 2 ; 99, § 3) ou droit commercial (v. B. Oppetit, *Archives de philosophie du droit* 1987. 179 s., spéc. p. 181 ; A. Perdriau, chron. préc., nos 39 s., et annexe II) – à fonder ses décisions sur des principes généraux qu'il découvre et consacre et dont la violation donne ouverture à cassation (rappr. art. 604 C. pr. civ. qui précise que l'objet du pourvoi en cassation est la censure de la non-conformité de la décision attaquée « aux règles ») (P. Morvan, *Le principe de droit privé*, thèse Paris II, éd. 1999). La jurisprudence qui s'en dégage s'incorpore à ces règles ou tient la place des règles absentes « au niveau qui est le leur et non à un niveau particulier qui lui serait propre » (Hébraud, art. préc., p. 363). Faisant corps avec la règle qu'elle interprète ou s'identifiant à la règle qu'elle supplée, elle a dans la hiérarchie des normes la même valeur que celle-ci. La preuve : si l'autorité à qui il appartient de poser ces règles – pouvoir législatif, pouvoir réglementaire – veut combattre cette jurisprudence, elle ne le pourra qu'en prenant un texte de même nature que les dispositions auxquelles elle est intégrée ou dont elle tient la place. Ainsi aura-t-il fallu, en l'espèce, une loi pour mettre fin à une solution que la Cour de cassation réaffirmait imperturbablement dans les mêmes termes depuis plus de cent ans malgré les critiques dont elle était l'objet.

8 Ce schéma classique doit aujourd'hui être complété en raison du pouvoir que se sont arrogé les juges de procéder à un contrôle de conventionnalité des lois (*supra*, n° 4). Combattue par la loi, la jurisprudence peut désormais, sous couvert des dispositions de la Convention européenne des droits de l'homme, résister à celle-ci en la déclarant contraire aux normes supranationales (Molfessis, *RTD civ.* 1999. 238). Le juge se voit ainsi habilité à donner une « leçon de démocratie » au législateur (Molfessis, « Loi et jurisprudence », *Pouvoirs* 2008, n° 126, p. 87 s., spéc. p. 91). Revêtue de l'autorité de la règle qu'elle interprète, la jurisprudence l'emporte alors sur la loi, laquelle est neutralisée (Ph. Malaurie, « La loi combattue par la jurisprudence », *Defrénois* 2005. 1210; Jean Foyer, « Le droit civil dominé », *Mélanges P. Catala*, 2001, p. 13; P. Catala, « Turbulences dans les sources du droit », *Mélanges Ben Halima*, Tunis, 2005, p. 79). Et il faudra pour la combattre une révision ou une dénonciation du traité.

Allant plus loin encore, certains revendiquent pour la jurisprudence son institutionnalisation en tant que « source déclarée ». Se voulant norme à part entière, la jurisprudence devrait pouvoir faire l'objet comme la loi d'une modélisation dans le temps qui se traduirait par un « droit transitoire » des revirements de jurisprudence (N. Molfessis, art. préc., *Pouvoirs* 2008, n° 126, p. 92) (sur cette question, v. *infra*, n° 12, § 11 s.).

9 En guise de conclusion, on rappellera cette remarque de René David (*Les grands systèmes de droit contemporains*, 2ᵉ éd., n° 95, p. 130). S'interrogeant sur le critère qui, en droit comparé, permettrait de discerner la véritable nature de la jurisprudence, l'éminent auteur écrivait : « Plus qu'aux formules des auteurs et plus qu'à la considération des œuvres de doctrine, il faut pour avoir une vue juste de la question, s'attacher à un autre facteur, qui est l'existence et le développement des recueils ou répertoires de jurisprudence. Ces recueils ou répertoires – de même que cet ouvrage, aurions-nous tendance à ajouter – ne sont pas écrits (...) pour le plaisir de leurs lecteurs; (...) ils ne s'expliquent que si la jurisprudence est, au sens vrai de cette expression, une source du droit ».

AUX AUTEURS CITÉS, *adde* : sur cette question, v. J.-L. Aubert, M. Bandrac, A. Breton, J. Carbonnier, G. Cornu, M. Gobert, F. Terré, A. Tunc, F. Zénati, « La jurisprudence aujourd'hui, libres propos sur une institution controversée », *RTD civ.* 1992. 337; Zénati, *La jurisprudence*, 1991.

12

REVIREMENT DE JURISPRUDENCE. MÉDECIN. OBLIGATION D'INFORMATION. APPLICATION DANS LE TEMPS

Civ. 1re, 9 octobre 2001

(*Bull. civ.* I, n° 249, p. 157, *D.* 2001. 3470, rapport P. Sargos, note D. Thouvenin, *JCP* 2002. II. 10045, note O. Cachard, *RTD civ.* 2002. 176, obs. R. Libchaber, *LPA* 13 mars 2002, n° 52, p. 17, note F. Marmoz)

La responsabilité consécutive à la transgression d'une obligation d'information peut être recherchée, alors même qu'à l'époque des faits la jurisprudence admettait qu'un médecin ne commettait pas de faute s'il ne révélait pas à son patient des risques exceptionnels. En effet, l'interprétation jurisprudentielle d'une même norme à moment donné ne peut être différente selon l'époque des faits considérés et nul ne peut se prévaloir d'un droit acquis à une jurisprudence figée.

Faits. — En 1974, une jeune femme accouche d'un enfant se présentant par le siège. L'enfant subit des traumatismes dont, parvenu à l'âge adulte, il conserve des séquelles importantes. Devenu majeur, il intente une action en responsabilité à l'encontre du médecin qui l'a accouché sur deux fondements : 1) la réalisation défectueuse de l'accouchement qui lui aurait causé le dommage dont il souffre; 2) le fait pour le médecin de ne pas avoir informé sa mère des risques s'attachant, dans un tel cas, à un accouchement par la voie basse, ce qui aurait empêché celle-ci de demander une césarienne.

Il est débouté sur chacun de ces fondements.

S'appuyant sur un rapport d'expertise, les juges du fond considèrent que les soins donnés ont été attentifs et conformes aux données acquises de la science (sur les obligations pesant sur le médecin, voir Civ. 20 mai 1936, *infra*, n° 162, t. 2, 12e éd.).

Quant au devoir d'information, ils constatent que, au moment des faits, l'obligation qui pesait sur le médecin n'exigeait pas qu'il délivre une information aussi détaillée (voir Civ. 1re, 25 févr. 1997, *infra*, n° 17). C'est seulement depuis un arrêt rendu par la première chambre civile le 7 octobre 1998 (*D.* 1999. 145, note Porchy, *JCP* 1998. II. 10179, concl. Sainte-Rose, note P. Sargos, *CCC* 1998, n° 160, note L. Leveneur) que le médecin doit informer son patient de l'existence de tels risques.

Un pourvoi est formé.

S'agissant des griefs relatifs aux fautes du médecin lors de l'accouchement, il est reproché à la cour d'appel de ne pas avoir répondu aux conclusions. Le grief sera accueilli par un motif de médiocre portée.

S'agissant des griefs portant sur le refus des juges du fond de considérer comme fautive l'absence d'information sur les risques respectifs d'un accouchement par le siège et d'une césarienne, ils donnent lieu au contraire à une motivation d'une grande portée puisque la haute juridiction y prend clairement position sur la question de l'application dans le temps d'un revirement de jurisprudence.

ARRÊT

La Cour : — Attendu qu'à partir du mois de juin 1974, M. Y..., médecin, a suivi la grossesse de Mme X...; que, lors de la visite du 8e mois, le 16 décembre 1974, le praticien a suspecté une présentation par le siège et a prescrit une radiographie fœtale qui a confirmé cette suspicion; que, le samedi 11 janvier 1975, M. Y... a été appelé au domicile de Mme X... en raison de douleurs, cette dernière entrant à la clinique A... devenue clinique Z... le lendemain dimanche 12 janvier dans l'après-midi, où une sage-femme lui a donné les premiers soins, M. Y... examinant sa patiente vers 19 heures, c'est-à-dire peu avant la rupture de la poche des eaux, la naissance survenant vers 19 heures 30; qu'en raison de la présentation par le siège un relèvement des bras de l'enfant, prénommé Franck, s'est produit, et, lors des manœuvres obstétricales, est survenue une dystocie de ses épaules entraînant une paralysie bilatérale du plexus brachial, dont M. Franck X... a conservé des séquelles au niveau du membre supérieur droit, son IPP après consolidation étant de 25 %; qu'après sa majorité, ce dernier a engagé une action contre le médecin et la clinique en invoquant des griefs tirés des fautes commises lors de sa mise au monde et d'une absence d'information de sa mère quant aux risques inhérents à une présentation par le siège lorsque l'accouchement par voie basse était préféré à une césarienne; que l'arrêt attaqué l'a débouté;

Sur le moyen unique, pris en ses première et cinquième branches :

Vu l'article 455 du nouveau Code de procédure civile;

Attendu que M. Y... a procédé à l'accouchement de Mme X... dans le lit de celle-ci, sur une bassine, lui-même et une sage-femme tenant chacun une jambe de la parturiente; qu'eu égard à ces conditions de réalisation de l'accouchement, à propos desquelles le rapport d'expertise précisait que les manœuvres réalisées sur la bassine pour traiter la dystocie « n'en ont certainement pas été facilitées », M. Franck X... avait fait valoir dans ses conclusions qu'il existait à la clinique une « salle de travail » dotée d'une table d'accouchement et que les raisons de son absence d'utilisation pour un accouchement dangereux par le siège étaient restées inconnues; qu'en ne répondant pas à ce moyen, la cour d'appel n'a pas satisfait aux exigences du texte susvisé; — *Et sur les deuxième, troisième et quatrième branches du moyen :*

Vu les articles 1165 et 1382 du Code civil; — Attendu que la cour d'appel a estimé que le grief de défaut d'information sur les risques, en cas de présentation par le siège, d'une césarienne et d'un accouchement par voie basse, ne pouvait être retenu dès lors que le médecin n'était pas en 1974 contractuellement tenu de donner des renseignements complets sur les complications afférentes aux investigations et soins proposés, et ce d'autant moins qu'en l'espèce le risque était exceptionnel; — Attendu, cependant, qu'un médecin ne peut être dispensé de son devoir d'information vis-à-vis de son patient, qui trouve son fondement dans l'exigence du respect du principe constitutionnel de sauvegarde de la dignité de la personne humaine, par le seul fait qu'un risque grave ne se réalise qu'exceptionnellement; que la responsabilité consécutive à la transgression de cette obligation peut être recherchée, aussi bien par la mère que par son enfant, alors même qu'à l'époque des faits la jurisprudence admettait qu'un médecin ne commettait pas de faute s'il ne révélait pas à son patient des risques exceptionnels; qu'en effet, l'interprétation jurisprudentielle d'une même norme à un moment donné ne peut être différente selon l'époque des faits considérés et nul ne peut se prévaloir d'un droit acquis à une jurisprudence figée; d'où il suit qu'en statuant comme elle l'a fait, la cour d'appel a violé les textes susvisés;

Par ces motifs, casse...

OBSERVATIONS

1 En soi peu innovante (voir déjà Civ. 1re, 21 mars 2000, *Bull. civ.* I, no 95, p. 65, *D.* 2000. 593, note C. Atias, *RTD civ.* 2000. 666, obs. N. Molfessis), la double affirmation que « nul ne peut se prévaloir d'un droit acquis à une jurisprudence figée » et que « l'interprétation jurisprudentielle d'une même norme à un moment donné ne peut être différente selon l'époque des faits considérés » est intervenue dans un contexte bien particulier qui a conduit les commentateurs à s'interroger sur le caractère équitable de la solution posée ainsi que sur le bien-fondé de la règle qui la soutient, au point que le Premier président de la Cour de cassation a ultérieurement réuni une commission, sous la présidence de M. Molfessis, afin de réfléchir à la portée dans le temps des revirements de jurisprudence. C'est dire que, jouant en quelque sorte le rôle de révélateur, la présente décision est à l'origine non seulement d'un vaste débat mais aussi de propositions tendant à reconnaître aux magistrats le pouvoir de moduler dans le temps leurs revirements de jurisprudence (voir N. Molfessis, *Les revirements de jurisprudence, rapport remis à M. le Premier président Guy Canivet*, cité *infra Rapport*, Litec, 2005). Aussi bien, après avoir analysé la solution posée par la décision ci-dessus reproduite et les difficultés qu'elle suscite (I), envisagera-t-on les propositions dont elle a été l'occasion ainsi que l'accueil qu'elles ont reçu (II).

I. — La portée dans le temps des revirements de jurisprudence

2 Un médecin est tenu pour responsable en 2001, car il a, en 1974, manqué à l'obligation d'informer son client des risques exceptionnels que celui-ci encourrait. Rien que de normal, dira-t-on, dès lors que le délai de prescription de l'action en responsabilité civile contractuelle qui était à l'époque de trente ans n'était pas écoulé. Mais la solution devient plus surprenante lorsqu'on sait que l'obligation pour le médecin d'informer son client des risques exceptionnels a sa source dans un arrêt rendu par la première chambre civile, le 7 octobre 1998 (préc.). Autrement dit, il y a faute du médecin parce qu'il a méconnu une obligation qui n'existait pas à l'époque des faits reprochés ! Tenu de donner des soins « conformes aux données actuelles de la science », il est aussi « obligé de délivrer des informations conformes aux exigences futures de la jurisprudence » (R. Libchaber, *RTD civ.* 2002. 177). Alors que, si l'obligation d'information sur les risques exceptionnels encourus avait eu sa source dans une loi du 7 octobre 1998, celle-ci ne se serait appliquée, article 2 du Code civil oblige, qu'aux comportements postérieurs à son entrée en

vigueur, elle régit, parce que sa source est jurisprudentielle, des comportements antérieurs. L'explication de pareille bizarrerie réside dans la nature propre de la jurisprudence en tant que source du droit. Son caractère déclaratif est générateur d'insécurité juridique (A). Encore faut-il prendre la mesure exacte de cette difficulté (B).

A. — Le caractère déclaratif de la jurisprudence

3 Entendue comme l'habitude de juger une question d'une certaine façon, la jurisprudence est créatrice de droit en ce que le modèle qui se dégage de certaines décisions de la haute juridiction est l'objet d'une double loi d'imitation et de continuité (v. *supra*, n° 11 § 6). Mais cette continuité ne signifie pas que la haute juridiction doive rester immuable dans ses positions. Comme on l'a souligné, les revirements de jurisprudence sont nécessaires, car « l'évolution du monde change le poids relatif des arguments qui fondent une solution » (C. Mouly, in *L'image doctrinale de la Cour de cassation*, 1994, p. 123) (1). Ce recueil de grands arrêts en offre de multiples illustrations : jugées bonnes à un moment donné, de nombreuses solutions sont abandonnées lorsque la modification du contexte dans lequel elles s'inscrivent rend nécessaire leur révision. Ainsi l'absence d'indemnisation du transporté bénévole, dictée à l'origine par des considérations d'équité très fortes, a perdu toute justification lorsque l'assurance automobile est devenue obligatoire (Civ. 27 mars 1928, Ch. mixte, 20 déc. 1968, *infra*, n°s 209-210, t. 2, 12e éd.). Ainsi encore le refus initial de découvrir, dans l'article 1384 alinéa 1, un principe général de responsabilité du fait d'autrui a dû céder devant l'évolution des nécessités sociales (Ass. plén. 29 mars 1991, *infra*, n°s 227-229, t. 2, 12e éd.). Et on pourrait multiplier les exemples.

Indispensable à la vie du droit, le revirement de jurisprudence n'en est pas moins « un acte grave qui ne se justifie que dans le cas d'impérieuse nécessité », car il est par lui-même source de perturbations (H. Batiffol, « Note sur les revirements de jurisprudence », *APD* 1967. 335). Aussi est-il souhaitable qu'il ait été précédé d'un débat approfondi, en sorte que la question soit parvenue à maturité et que la décision des magistrats soit parfaitement éclairée et réfléchie. De ce point de vue, on ne peut que déplorer les revirements de juris-

---

(1) Aussi bien, tous les systèmes juridiques connaissent-ils des moyens de faire évoluer leur jurisprudence, y compris ceux qui reposent sur le système du précédent. Si, en droit anglais, les décisions ont valeur de précédent, celui-ci ne lie le juge que dans la mesure où les faits qui lui sont présentés correspondent à ceux qui sont à l'origine de la décision précédente. Dès lors qu'il existe une différence entre ceux-ci, la solution pourra être différente. Autrement dit, là où le juge français interprète et parfois change de position, le juge anglais distingue (C. Jauffret-Spinosi, « Comment juge le juge anglais ? », *Droits* 1989, n° 9, p. 57 s.). Mais de distinction en distinction, la règle jurisprudentielle contenue dans les précédents peut prendre un tour si complexe et tourmenté qu'un revirement de jurisprudence, *stricto sensu*, peut apparaître comme le meilleur moyen de restaurer la cohérence du système. Aussi est-il reconnu, depuis 1966, à la Chambre des Lords la possibilité d'effectuer des revirements de jurisprudence (I. Rorive, « La rupture de la *House of Lords* avec un strict principe du *stare decisis* dans le contexte d'une réflexion sur l'accélération du temps juridique », in *L'accélération du temps juridique*, 2000, p. 801 s.).

prudence « circulaires », par lesquels la Cour de cassation n'abandonne sa jurisprudence initiale que pour y revenir ultérieurement. Les décisions qui se sont succédé en matière de prêt à usage en offrent, parmi d'autres, une bonne illustration (Civ. 1re, 19 nov. 1996, 3 févr. 2004, *infra*, nos 286-287, t. 2, 12e éd.). Si on conçoit que les progrès du droit puissent parfois s'accompagner de quelques tâtonnements, il y a là une figure jurisprudentielle qui est de nature à altérer la crédibilité de la haute juridiction et qui fait supporter aux seuls sujets de droit les frais de l'expérimentation juridique.

4 Se traduisant par l'abandon par les magistrats eux-mêmes d'une solution qu'ils avaient jusqu'alors suivie, le revirement de jurisprudence doit être distingué de figures voisines et n'est pas toujours aisé à identifier.

Et de fait, parfois on est en présence, à proprement parler, non d'un revirement de jurisprudence mais d'une *divergence* de jurisprudences, deux formations de la haute juridiction adoptant des positions dissemblables. Il appartiendra alors à une formation plus solennelle de la Cour de cassation de les départager et de procéder à ce qui constituera éventuellement un revirement de jurisprudence (pour des exemples, voir *infra*, nos 70-71 et nos 173-176, t. 2, 12e éd.).

Parfois aussi, l'imprécision ou l'ambiguïté des termes utilisés conduit à s'interroger sur la portée de la nouvelle solution, en sorte qu'il est permis d'hésiter sur l'*existence* d'un revirement de jurisprudence. Il faudra alors attendre une décision ultérieure pour être pleinement éclairé. C'est ainsi que, en ce qui concerne la question de savoir si la responsabilité personnelle du préposé peut ou non être engagée lorsqu'il agit dans le cadre de la mission qui lui est impartie par l'employeur, l'arrêt *Rochas* a donné lieu à plusieurs lectures, entre lesquelles il n'a été possible de trancher avec certitude qu'après que la haute juridiction eut rendu l'arrêt *Costedoat* (Ass. plén. 25 févr. 2000, *infra*, no 225, t. 2, 12e éd.).

En la circonstance, le revirement de jurisprudence qui était à l'origine de la difficulté était clairement identifié. Alors que, traditionnellement, les médecins étaient, sauf dans le domaine de la chirurgie esthétique, dispensés d'indiquer aux patients les risques exceptionnels qu'ils encourraient, ils doivent depuis l'arrêt précité du 7 octobre 1998, lequel est revêtu de tous les atours de l'arrêt de principe, signaler ces risques lorsque ceux-ci revêtent un caractère grave (1). Dès lors la question de sa portée dans le temps se posait avec une particulière netteté : la nouvelle jurisprudence s'appliquait-elle à des faits survenus antérieurement à la décision qui était à l'origine de celle-ci ?

5 Le bon sens paraissait commander, en l'espèce, une réponse négative. La responsabilité d'un professionnel ne doit-elle pas être évaluée à l'aune des obligations positives qui pesaient effectivement sur celui-ci au moment de l'accom-

(1) Fait, en revanche, problème la pérennité de cette jurisprudence. La loi du 4 mars 2002 vise, en effet, désormais dans l'art. L. 1111-2 al. 1 CSP « les risques fréquents ou graves *normalement prévisibles* ». D'où une controverse portant sur le point de savoir si cette formule est le produit d'une inadvertance du législateur ou marque sa volonté de revenir à la jurisprudence antérieure qui n'imposait l'information que pour les risques normalement prévisibles.

plissement des actes litigieux ? Et de fait apprécier le comportement d'une personne à travers le crible d'une grille autre que celle qui existait à l'époque, ce serait exiger de cette personne le respect de règles qu'elle ne pouvait connaître. L'adéquation entre la règle de conduite à laquelle l'individu a entendu conformer son comportement et la règle de décision utilisée par les magistrats pour apprécier ce comportement serait alors rompue.

La haute juridiction prend pourtant, dans la présente espèce, le parti d'apprécier le comportement du médecin en faisant application d'une règle qu'il ne pouvait pas connaître. Elle s'appuie à cet effet sur le double motif que « nul ne peut se prévaloir d'un droit acquis à une jurisprudence figée » et que « l'interprétation d'une même norme à un moment donné ne peut être différente selon l'époque des faits considérés ». Par la première affirmation (1), la haute juridiction veut probablement marquer que le principe de sécurité juridique, qui connaît aujourd'hui un renouveau certain (*infra* § 9 et *supra*, n°s 5-8, § 12), ne saurait l'empêcher de procéder à des revirements de jurisprudence. La motivation n'en est pas moins maladroite, si on la rapporte à la situation du médecin. Celui-ci ne se prévalait, en effet, nullement d'un droit acquis à une jurisprudence figée, lequel lui aurait permis de se comporter pour l'avenir comme si les évolutions de la jurisprudence n'existaient pas. Il demandait seulement que sa responsabilité professionnelle soit appréciée au regard des obligations positives qui pesaient effectivement sur lui à l'époque où il avait accompli les actes reprochés.

En réalité, la véritable justification réside dans la seconde proposition, laquelle se relie à la position originale qu'occupe la jurisprudence, au sein des sources du droit, en raison de sa nature juridique propre (*supra*, n° 11, § 5 s.). Ainsi qu'on l'a vu, la jurisprudence n'a pas dans la hiérarchie des normes, une place qui lui serait propre. Empruntant sa valeur à la disposition qu'elle interprète, elle fait corps avec celle-ci, le jugement restant « transparent » par rapport à elle (M.-A. Frison-Roche, « Le juge et son objet », *Mélanges C. Mouly*, t. 1, 1998, p. 21). Elle prend donc date au jour de la naissance du texte interprété et revêt de ce fait un caractère *déclaratif* qui oblige à en tenir compte dans tous les procès en cours ou à venir, du moins si les faits litigieux sont postérieurs au texte interprété. Comme l'écrivait Roubier, « une jurisprudence nouvelle s'applique toujours dans tous les procès nouveaux, sans que l'on prenne en considération la date à laquelle les faits du procès se sont produits et quand bien même ces faits seraient antérieurs au changement de jurisprudence » (*Le droit transitoire*, 2e éd., n° 7, p. 25). Ainsi que le soulignait Henri Batiffol c'est là « la curieuse revanche de la subordination du pouvoir judiciaire au pouvoir législatif : en interprétant la loi, il dit un droit qui vaut pour le passé comme pour l'avenir » (*Rev. crit. DIP* 1975. 79).

Classique, une telle analyse est aujourd'hui contestée. On souligne que le juge, bien loin de se borner à être la bouche de la loi et à interpréter les textes

---

(1) L'affirmation a été reprise par les différentes chambres de la Cour de cassation, mais avec des variations stylistiques, Si la première chambre civile parle d'une jurisprudence « figée », la troisième chambre civile évoque une jurisprudence « constante » (Civ. 3e, 2 oct. 2002, *Bull.civ.* III, n° 200, p. 170) et la chambre sociale une jurisprudence « immuable » (Soc. 7 janv. 2003, inédit).

existants, n'hésite pas à créer de toutes pièces une règle jurisprudentielle qu'il relie plus ou moins artificiellement à une disposition préexistante voire même à un principe qu'il découvre. Devenant une source du droit à part entière, la jurisprudence édicterait des règles dont il conviendrait d'organiser la succession dans le temps (G. Drouot, *La rétroactivité de la jurisprudence*, thèse Paris II, 2014). On retrouvera ces analyses dans la deuxième partie de ce commentaire.

6 Dans l'immédiat, il convient de relever que la haute juridiction fonde le devoir d'information du médecin sur le principe constitutionnel de sauvegarde de la dignité de la personne humaine lequel a ses racines dans le Préambule de la Constitution de 1946, relayé par le Conseil constitutionnel (Cons. const. 27 juill. 1994, *JO* 29 juill. 1994, p. 1124). Face à une telle motivation, on ne peut s'empêcher de relever, d'une part, que ce principe avait, dans le texte originel, une tout autre signification que celle au soutien de laquelle on veut l'utiliser, puisqu'il visait à « protéger la personne humaine contre toute forme d'asservissement et de dégradation » dans la droite ligne des réactions aux débordements du nazisme, d'autre part, que la première chambre civile n'avait nullement fait référence à la nécessité de respecter ce principe lorsqu'elle avait créé ce devoir d'information en 1998 (voir D. Thouvenin, note, *D.* 2001. 3475). Autrement dit, la haute juridiction a ici, de manière tout à fait artificielle, relié la règle jurisprudentielle à une norme fondamentale antérieure aux faits litigieux afin d'amplifier sa portée rétroactive, alors qu'il aurait été aisé d'en borner l'application dans le temps (par exemple en la reliant à l'article 35 du Code de déontologie médicale du 6 septembre 1995 qui impose au médecin un devoir d'information du patient). S'ajoutant à l'ancienneté des faits litigieux et à l'excessive longueur de la prescription extinctive (antérieurement à la réforme opérée par la loi du 17 juin 2008), une telle attitude débouche sur une décision qui heurte le bon sens le plus élémentaire. C'est dire que l'iniquité est ici le produit moins du libre jeu des principes juridiques que d'un choix délibéré des magistrats qui entendaient, coûte que coûte, faire prévaloir les intérêts du malade sur ceux du médecin, fût-ce en piétinant le réalisme le plus élémentaire. Il n'en reste pas moins que la nature déclarative de la jurisprudence en conférant une portée rétroactive au revirement de jurisprudence peut se révéler contraire à la sécurité juridique. Reste alors à apprécier la mesure exacte de ce danger.

B. — La mesure exacte du problème

7 Considérée à la lumière de l'arrêt ci-dessus reproduit, la portée rétroactive qu'implique le caractère déclaratif de la jurisprudence apparaît insupportable par les conséquences qu'elle emporte. En réalité, il convient de ramener le problème à ses véritables dimensions. Relativement rares sont, en effet, semble-t-il, les revirements qui portent atteinte à la sécurité juridique parce qu'ils méconnaissent de manière flagrante et injuste une légitime anticipation des justiciables (voir en ce sens Aubert, *RTD civ.* 2005. 301). Il n'en va ainsi que lorsque « la modification de la norme atteint un comportement ou une situation que les intéressés avaient le choix d'accomplir ou non » (A. Hervieu, « Observations sur l'insécurité juridique de la règle jurisprudentielle », *RRJ* 1989. 257 s., spéc. § 10). Tel est le cas lorsque le changement de solution rend, comme en l'espèce, fautif un comportement antérieurement licite, ou encore entache de nullité un acte juridique valable sous l'empire de la solution abandonnée (voir par exemple Soc. 10 juill. 2002, *D.* 2002. 2492, note Y. Serra, subordonnant la validité des clauses de non-concurrence à une nouvelle exigence, l'existence d'une contrepartie financière), ou enfin prive un justiciable d'une action qu'il pensait pouvoir exercer car il en avait respecté les conditions d'exercice. À l'inverse, les prévisions des intéressés ne seront pas déjouées lorsque le revirement de jurisprudence modifie la situation juridique d'une personne à sa demande, sans conséquence directe pour les droits des tiers (par exemple modification de l'état civil des transsexuels, voir *infra*, n°s 26-27). Ceci étant, l'identification des revirements de jurisprudence portant ou non atteinte à la sécurité juridique ne va pas, elle-même, sans une marge d'incertitude, selon que le cercle des personnes considérées est plus ou moins étendu. C'est ainsi que le revirement de jurisprudence relatif à l'indemnisation de la concubine, parfois présenté comme ne portant pas atteinte à la sécurité juridique puisque, du point de vue de l'auteur du dommage, aucune prévision n'est en cause, est de nature à altérer les prévisions des assureurs (C. Mouly, « Le revirement pour l'avenir », *JCP* 1994. I. 3776; sur cette question, voir *Rapport*, p. 18-19 et les observations de R. Encinas de Munagorri et P. Deumier, *RTD civ.* 2005. 83 s.).

8 Au reste, conscients des dangers que peuvent représenter les revirements de jurisprudence pour les prévisions juridiques des sujets de droit, les hauts magistrats essaient de les atténuer en usant de procédés appropriés. « Vague ébauche de droit transitoire jurisprudentiel » (Piazzon, *La sécurité juridique*, thèse Paris II, 2006, n° 176, p. 476), ces mesures d'accompagnement cherchent à permettre aux intéressés d'anticiper le changement et par là même de s'y adapter. Tel est le cas de la technique dite « des petits pas », le revirement s'opérant progressivement par touches successives. L'admission du contrôle judiciaire des clauses abusives en offre un bon exemple (Civ. 1re, 14 mai 1991, *infra*, n° 159, t. 2, 12e éd.). Tel est aussi le cas de la technique dite de l'*obiter dictum*, motif incident inutile à la solution, par lequel la haute juridiction peut sur une question connexe annoncer un éventuel revirement de jurisprudence (*infra*, n° 50). Tel est encore le cas de « l'arrêt blanc » par lequel le juge opère un revirement dans une affaire où la règle ancienne aurait conduit à la même solution d'espèce (Ch. mixte, 26 mai 2006, *infra*, n° 258, § 5, t. 2, 12e éd.) (sur ces différentes techniques, voir O. Salvat, *Les revirements de jurisprudence, étude comparée de droit français et de droit anglais*, thèse Paris II, 1983, n°s 211 s., p. 225 s.). En proposant certaines modifications législatives, le rapport annuel de la Cour de cassation peut aussi être l'indicateur d'évolution future de la jurisprudence dans le cas où les vœux qu'il émet ne seraient pas exaucés par le législateur (1). Parfois, la haute juridiction, usant d'une démar-

---

(1) Allant plus loin dans cette voie, un auteur propose que la Cour de cassation puisse inviter le législateur à intervenir, sous forme d'un référé-suggestion, lorsqu'elle ne peut d'elle-même modifier de manière satisfaisante le droit positif (G. Drouot, *La rétroactivité de la jurisprudence*, thèse Paris II, 2014, n°s 445 s., p. 314 s.).

che exactement contraire à celle retenue par l'arrêt étudié, limite la portée rétroactive du revirement de jurisprudence en rattachant plus ou moins artificiellement la solution nouvelle à l'interprétation d'un texte relativement récent (Com. 12 avr. 1988, *Bull. civ.* IV, n° 130, p. 92, à propos de l'exigence d'un écrit pour la stipulation des intérêts dus en cas de solde débiteur d'un compte-courant; voir C. Mouly, art. préc., p. 127).

On comprend, dans ces conditions, que l'analyse traditionnelle, alors même qu'elle conduit à conférer une portée rétroactive au revirement de jurisprudence, ait longtemps prospéré, sans rencontrer de véritable opposition.

9 Mais le double constat de la relative rareté des revirements de jurisprudence porteurs d'insécurité juridique et de l'existence de mesures d'accompagnement ne suffit plus, aujourd'hui, à désamorcer les critiques. L'époque est, en effet, marquée par un engouement croissant pour l'impératif de *sécurité juridique* sous l'influence notamment du droit communautaire et de la Convention européenne des droits de l'homme.

Et de fait, pour la Cour de Luxembourg, la sécurité juridique est une « exigence fondamentale ». Tout en posant que l'interprétation qu'elle donne d'une règle de droit communautaire doit être appliquée par le juge « même à des rapports juridiques nés et constitués avant l'arrêt statuant sur la demande d'interprétation », elle prévoit « qu'à titre exceptionnel (…) par application générale d'un principe de sécurité juridique inhérent à l'ordre juridique communautaire (elle peut) être amenée à limiter la possibilité par tout intéressé d'invoquer la disposition ainsi interprétée en vue de mettre en cause des relations juridiques établies de bonne foi » (CJCE 2 févr. 1988, aff. 24/86; rappr. CJCE 8 avr. 1976, *Defrenne c. Sabena*, aff. 43/75).

Quant à la Cour de Strasbourg, elle considère que la sécurité juridique est un « principe nécessairement inhérent au droit de la convention » (CEDH 13 juin 1979, *Marckx c. Belgique*, série A, n° 32, spéc. § 58, *Jurisprudence de la CEDH* 13e éd., par V. Berger, n° 156, *Grands arrêts CEDH*, n° 49) et fait sienne une vision subjective de la sécurité juridique « envisagée comme un rempart offert aux individus pour faire échec à l'arbitraire supposée des États » (Piazzon, thèse préc., n° 86, p. 180). S'agissant de sa propre jurisprudence, ceci l'a conduite à rappeler le caractère exceptionnel de ses revirements : « sans être formellement tenue de suivre l'un quelconque de ses arrêts antérieurs (…), il est dans l'intérêt de la sécurité juridique, de la prévisibilité et de l'égalité devant la loi qu'elle ne s'écarte pas sans motif valable des précédents » (CEDH 18 janv. 2001, *Chapman*, *D.* 2002. 2758, note D. Fiorina, *RTD civ.* 2001. 448, obs. J.-P. Marguénaud). Aussi bien, cette attention toute particulière portée à la sécurité juridique s'est-elle exprimée dans l'attitude de la Cour de Strasbourg à l'égard des lois de validation (*supra*, n° 9, § 9). C'est ainsi qu'elle affirme, dans son arrêt *Zielinski*, que « si, en principe, le pouvoir législatif n'est pas empêché de réglementer en matière civile, par de nouvelles dispositions à portée rétroactive, des droits découlant des lois en vigueur, le principe de la prééminence du droit et la notion de procès équitable consacré par l'article 6 (de la Convention européenne) s'opposent, sauf pour d'impérieux motifs d'intérêt général, à l'ingérence du pouvoir législatif dans l'administration de la justice dans le but d'influer sur le dénouement judiciaire d'un litige » (CEDH 28 oct. 1999, *JCP* 2000. I. 203, n° 11, obs. Sudre, *D.* 2000. Somm. 184, obs. Fricero, *RTD civ.* 2000. 436, obs. Marguénaud, *Grands arrêt CEDH*, n° 28). La sécurité juridique des justiciables nécessite que le législateur ne remette pas en cause les droits que ceux-ci tirent de l'ancien état du droit positif dès lors qu'ils ont agi en justice pour les faire valoir. Conseil constitutionnel (B. Mathieu, chron. *D.* 2002. 1439), Conseil d'État (CE 28 juill. 2000, *Lebon* 319; CE, ass., 11 juill. 2001, *AJDA* 2001. 841, obs. Guyomar et Collin) et Cour de cassation (Ass. plén. 24 janv. 2003, *supra*, n° 9) se sont ralliés à cette solution qui renforce leur position par rapport au pouvoir législatif, alors même qu'il n'est pas évident que la sécurité juridique ait toujours à y gagner (X. Lagarde, « Jurisprudence et insécurité juridique », *D.* 2006. 678, spéc. 684, n° 16).

Cette même tendance se retrouve pour les lois interprétatives (sur ces lois, voir *supra*, n° 10). Considérant désormais cette qualification pour indifférente, la Cour de cassation recherche si le législateur a entendu ou non conférer à la loi une portée rétroactive et dans l'affirmative en contrôle le bien-fondé en se référant aux critères dégagés par la Cour de Strasbourg : « si le législateur peut adopter, en matière civile, des dispositions rétroactives, le principe de la prééminence du droit et la notion de procès équitable consacrés par l'article 6 de la Convention européenne des droits de l'homme, s'opposent, sauf pour d'impérieux motifs d'intérêt général, à l'ingérence du pouvoir législatif dans l'administration de la justice afin d'influer sur le dénouement judiciaire des litiges; cette règle s'applique quelle que soit la qualification formelle donnée à la loi » (Ass. plén. 23 janv. 2004, *D.* 2004. 1108, note P.-Y. Gautier, *JCP* 2004. II. 10030, note Billiau).

10 D'où une interrogation : devenu le censeur vigilant des lois rétroactives, le juge peut-il encore édicter en toute liberté, sous couvert d'interprétation, des règles jurisprudentielles à portée rétroactive ? La deuxième chambre civile ne l'a pas pensé. Dans un arrêt du 8 juillet 2004 (*D.* 2004. 2956, note C. Bigot, *RTD civ.* 2005. 176, obs. Ph. Théry), elle a, en effet, écarté l'application d'une règle nouvelle de prescription, qu'elle avait elle-même édictée (obligation de réitérer trimestriellement l'intention de poursuivre l'action engagée), à une instance en cours au motif qu'une telle application « aboutirait à priver la victime d'un procès équitable au sens de l'article 6-1 de la Convention européenne ». Et si, ultérieurement, la chambre sociale a appliqué à des clauses de non-concurrence antérieurement souscrites sa nouvelle jurisprudence subordonnant leur validité à l'existence d'une contrepartie financière, ce n'est qu'après avoir relevé que la solution nouvelle répond à l'impérieuse nécessité d'assurer la sauvegarde et l'effectivité de la liberté fondamentale d'exercer une activité professionnelle (Soc. 17 déc. 2004, *Bull. civ.* V, n° 346, *RTD civ.* 2005. 159, obs. P.-Y. Gautier, 625, obs. Ph. Théry). On retrouve ainsi l'idée de l'impérieux motif d'intérêt général qui doit aujourd'hui justifier la rétroactivité des lois selon la jurisprudence. Autrement dit, faute de cette impérieuse nécessité l'application de la règle jurisprudentielle aux procès en cours ne serait pas justifiée. S'érigeant en juge de l'intérêt général, la haute juridiction paraît désormais prête à moduler la portée dans le temps des solutions qu'elle pose, alors même que l'article 5 du Code civil prohibe toujours les arrêts de règlement. On comprend, dans ces conditions, que le Premier président de la Cour de cassation ait estimé utile qu'il soit procédé à une réflexion d'ensemble sur la portée dans le temps des revirements de jurisprudence.

II. — Le *rapport Molfessis* et ses suites

11 À l'initiative du Premier président de la Cour de cassation, M. Guy Canivet, un groupe de travail s'est réuni en 2004 sous la présidence de M. Nicolas Molfessis, afin de s'interroger sur les dangers que recèlent les changements prétoriens en raison de leur rétroactivité naturelle et sur les remèdes que cette situation appelle (*Les revirements de jurisprudence, rapport remis à M. le Premier président Guy Canivet*, cité *infra Rapport*, Litec, 2005; voir aussi G. Canivet et N. Molfessis, « Les revirements de jurisprudence ne vaudront-ils que pour l'avenir ? », *JCP* 2004. I. 189).

Le constat auquel procède le groupe peut être ainsi brièvement résumé : la jurisprudence est bien une source du droit (*rapport*, p. 5-6); les arrêts sont dotés d'une portée rétroactive qui, si elle se déploie le plus souvent sans dommage pour la sécurité juridique (*rapport*, p. 17 s.), n'en heurte pas moins parfois celle-ci lorsque sont remises en cause les anticipations juridiques des intéressés (*rapport*, p. 19). Aussi bien prenant appui sur des suggestions doctrinales (C. Mouly, « Le revirement pour l'avenir », *JCP* 1994. I. 3776) et sur les modèles de solution offerts par le droit comparé (pratique de la *prospective overruling* aux États-Unis, sur laquelle voir A. et S. Tunc, *Le droit des États-Unis d'Amérique*, n° 81, p. 215; *rapport*, p. 62 s.), le rapport Molfessis propose tout à la fois, de maintenir le principe de la portée rétroactive de la jurisprudence et de reconnaître à titre dérogatoire à la haute juridiction le pouvoir de procéder à des revirements pour l'avenir, en modulant dans le temps la portée des solutions nouvelles qu'elle pose (*rapport*, p. 35 s.). Ce pouvoir serait exercé par les « formations de jugement aptes à assurer l'unité d'interprétation de la règle au sein de la Cour de cassation (Assemblée plénière, chambre mixte, plénière de chambre) » (*rapport*, p. 39), après qu'un débat contradictoire eut été instauré quant à l'opportunité de moduler la solution dans le temps, débat auquel participeraient non seulement les parties au litige à l'occasion duquel la haute juridiction envisage de procéder au revirement, mais aussi « les organisations et représentants des intérêts en cause dans la décision à intervenir » entendus en tant qu'*amicus curiae* (*rapport*, p. 40). Le rapport propose de fonder la décision de limiter le caractère rétroactif des revirements de jurisprudence, « soit (sur) une évaluation des inconvénients que pourrait emporter l'application rétroactive du revirement (…) soit (sur) la mise en évidence d'un impérieux motif d'intérêt général qui justifierait l'exception apportée à la règle de la rétroactivité ».

Deux décisions seraient ainsi prises par la Cour de cassation. La première viserait à savoir si une règle jurisprudentielle nouvelle doit être posée. La seconde déterminerait, dans l'affirmative, si cette règle prétorienne doit ou non s'appliquer à des faits antérieurs au prononcé de la décision, et notamment à ceux qui sont l'objet du litige. Aussi bien, les auteurs du rapport utilisent-ils l'espèce analysée pour illustrer ce raisonnement à double détente : « soit un patient qui invoque une nouvelle obligation – par un exercice de fiction rétrospectif, évoquons l'obligation d'information – à l'encontre du médecin pour mettre en œuvre sa responsabilité. Supposons que la Cour consacre cette obligation. Selon ce qui est proposé, l'arrêt à rendre est le suivant : la Cour jugera que l'interprétation nouvelle de l'article qu'elle applique (par exemple l'art. 1147 du Code civil) conduirait à faire peser sur le praticien une obligation d'information qui n'existait pas à la date de l'opération, de telle sorte qu'on ne saurait lui imputer à faute un comportement qui n'était pas fautif à la date à laquelle il a été réalisé » (*rapport*, p. 43).

12 Les réactions doctrinales suscitées par ce rapport ont été, dans l'ensemble, très réservées (voir par exemple, R. Encinas de Munagorri et P. Deumier, *RTD civ.* 2005. 83 s.; Ph. Théry, *RTD civ* 2005. 176 et 625; Y.-M. Serinet, *RTD civ.* 2005. 328) voire même hostiles (v. Heuzé, « À propos du rapport sur les revirements de jurisprudence, une réaction entre indignation et incrédulité », *JCP* 2005. I. 130; Th. Revet, « La légisprudence », *Mélanges Ph. Malaurie*, 2006, p. 377; X. Lagarde, « Brèves réflexions sur les revirements pour l'avenir », *APD*, t. 50, 2007, p. 77 s.). Cette réserve vient pour l'essentiel de ce que l'admission des revirements pour l'avenir est perçue comme remettant en cause les rapports entre le pouvoir législatif et l'autorité judiciaire, tels qu'ils sont traditionnellement entendus au sein du système juridique français. Et de fait, si la jurisprudence est une source du droit, elle est une source d'une nature différente de la loi. Ainsi qu'on l'a vu (*supra*, n° 11) la jurisprudence puise sa force dans la mission même du juge. Chargé de trancher au fond les procès qui lui sont soumis alors même que la loi est silencieuse, obscure ou insuffisante (art. 4 C. civ.), le juge dispose d'une autonomie qui lui permet d'interpréter les règles, voire parfois de les modifier ou de les compléter. Mais si le juge est ainsi fondé à dire le droit, il ne l'est qu'à la seule fin de trancher le litige qui lui est soumis. Partant, la règle prétorienne « n'est admissible (...) que si elle gouverne le litige dont la résolution a imposé une telle création normative » (Th. Revet, « La légisprudence », *Mélanges Malaurie* 2006, p. 386; Serinet, *RTD civ.* 2005. 330). Or, en édictant une règle prétorienne qui vaut, non pour la résolution du cas dont il a à connaître, mais pour l'avenir, le revirement pour l'avenir prend directement le contre-pied de cette exigence et tombe sous le coup de l'article 5 du Code civil prohibant les arrêts de règlement, lequel interdit au juge l'exercice d'un pouvoir normatif sans rapport avec la résolution du cas d'espèce. Afin d'échapper à une telle critique, les auteurs du rapport font valoir qu'un arrêt n'est de règlement que lorsque, détaché du litige soumis au juge, il revêt « un effet contraignant au-delà des parties ». Or, soulignent-ils, aucun justiciable « extérieur » à l'arrêt de règlement n'est immédiatement contraint par celui-ci, la modulation proposée ne valant, de façon obligatoire que dans le cadre du litige qui en est l'occasion (*rapport*, p. 36). À cela, il a été répondu que « le seul fait de refuser d'appliquer la règle nouvelle à la partie qui devait en bénéficier suffit à caractériser l'arrêt de règlement » (Ph. Théry,

RTD civ. 2005. 179; Libchaber, *RTD civ.* 2002. 179). En annonçant ce que le juge dira demain et en indiquant pourquoi il ne le dit pas aujourd'hui, le revirement pour l'avenir repose, on l'a vu, sur « une dualité de décision (qui) dissipe la confortable confusion du juridictionnel et du jurisprudentiel (laquelle) permet de contourner l'article 5 » (Ph. Théry, *RTD civ.* 2005. 179). Au surplus, si vraiment la modulation ne vaut que dans le cadre du litige qui en est l'occasion en sorte que son bien-fondé sera discuté dans chaque espèce, il est permis de se demander en quoi un tel système rapproche de l'objectif qu'il s'était fixé, faire progresser la sécurité juridique. Au reste, la modulation dans le temps pouvant être effectuée non en raison des inconvénients que pourrait présenter le revirement de jurisprudence au regard des attentes des justiciables, mais parce qu'elle serait imposée par « un impérieux motif d'intérêt général », il n'y a plus dans ce cas aucune place pour le subjectivisme. Si une modulation est retenue sur un tel fondement qui pourrait croire qu'elle ne vaudra que dans le cas d'espèce ? On est bien alors en face d'un arrêt de règlement, la haute juridiction s'autorisant à formuler une règle pour l'avenir en fonction non des données d'un litige mais de la seule conception qu'elle se fait de l'intérêt général.

C'est dire que la réforme suggérée, en touchant à la place de la Cour de cassation au sein des institutions de l'État, conduit inéluctablement à remettre en cause l'agencement traditionnel du pouvoir législatif et des autorités judiciaires. De tels choix ne sauraient, selon certains, être effectués par la Cour de cassation, agissant de sa seule initiative, car il y aurait là une question de *légitimité démocratique* (v. Heuzé, art. préc., *JCP* 2005. I. 130).

13 Ces considérations et ces critiques n'ont pas arrêté la haute juridiction. Par un arrêt du 21 décembre 2006 (*D.* 2007. 837, note P. Morvan, *JCP* 2007. II, note X. Lagarde, *RTD civ.* 2007. 72, obs. P. Deumier, 168, obs. Ph. Théry), l'Assemblée plénière a, en effet, consacré la figure du revirement de jurisprudence pour l'avenir, à propos d'une espèce identique à celle qui avait donné, à la deuxième chambre civile, l'occasion d'inaugurer cette pratique dans un arrêt du 8 juillet 2004 (préc., *supra*, § 10). Se fondant dans le cas précis sur le droit au procès équitable et à l'accès au juge, cette décision se voit reconnaître une portée très générale par le communiqué qui l'accompagne puisqu'il indique qu'« imposer aux justiciables l'application d'une règle qu'ils ignoraient et dont ils ne pouvaient anticiper la survenue au moment où ils ont agi est de nature à porter atteinte au principe de sécurité juridique et à contredire illégitimement leurs prévisions ».

Bien qu'émanant de la formation la plus solennelle de la Cour de cassation, le message n'a pas été reçu de manière identique par les différentes chambres qui la composent. Celles-ci ont, en effet, renvoyé des « signaux discordants » (N. Molfessis, « La Cour de cassation face à la modulation dans le temps des revirements de jurisprudence », *D.* 2009. 2567) : alors que la chambre commerciale s'est montrée réceptive à cette nouvelle pratique (Com. 13 nov. 2007, *Bull. civ.* IV, n° 243, *D.* 2007. 3010, obs. A. Lienhard, *JCP* 2008. II. 10009, note D. Cholet), la première chambre civile a marqué ses distances en ne l'acceptant qu'avec une grande circonspection (Civ. 1re, 11 juin 2009, *D.* 2009. 2599 et 2567, chron. N. Molfessis, *CCC* 2009, nº 240, note L. Leveneur).

En pointe sur la voie qui vise à conférer à la jurisprudence le statut de norme à part entière, la chambre commerciale a rendu, à un autre propos, un important arrêt en matière de revirement de jurisprudence (Com. 8 févr. 2011, *D.* 2011. 1314, note N. Molfessis et J. Klein, *RTD civ.* 2011. 493, obs. P. Deumier). La Cour de Strasbourg ayant posé que la justification d'un revirement doit figurer dans la décision qui procède à celui-ci (CEDH 14 janv. 2010, nº 36815/03, *Atanasovski c. ex-République yougoslave de Macédoine*, § 38), la chambre commerciale montre qu'elle paraît prête à se plier à cette exigence, en incluant dans sa décision ce motif quelque peu sibyllin : « les conséquences ainsi tirées du texte (litigieux), qui s'écartent de celles retenues depuis un arrêt du 24 février 1976, sont conformes à l'exigence de sécurité juridique au regard de l'évolution du droit des sociétés ».

Sur la question de savoir si la rétroactivité de la jurisprudence est conforme à la Constitution, v. Cons. const. 1er août 2013, *RTD civ.* 2014. 71, obs. P. Deumier.

JURISPRUDENCE. REVIREMENT

(V. *infra*, nº 50)

JURISPRUDENCE. ARRÊT DE PROVOCATION

(V. *infra*, nº 212, t. 2, 12e éd.)

13

CIRCULAIRES. VALEUR JURIDIQUE. JUGE JUDICIAIRE

Civ., sect. com. 23 octobre 1950

(*D.* 1951. 4)

Préfet du Nord c. Mélis

Les instructions et circulaires administratives, sans lier les juges, n'obligent que les fonctionnaires auxquels elles sont adressées et dans les sphères de leurs fonctions.

Faits. — Le préfet du Nord réquisitionne, en 1942, un terrain appartenant à la Société Vermersch et loué à un sieur Mélis. Quelques mois plus tard, celui-ci saisit la juridiction judiciaire, gardienne de la propriété privée, pour obtenir le paiement de diverses indemnités. Celles-ci ayant été fixées à 98 093,75 F, le préfet se pourvoit en cassation au motif que les juges du fond n'auraient pas respecté les règles d'évaluation posées par l'instruction ministérielle du 5 septembre 1940 qui, prise en application de l'article 28 de la loi du 11 juillet 1938, avait, selon lui, valeur réglementaire.

ARRÊT

La Cour; — *Sur le premier moyen :* — Attendu qu'en août 1942, le préfet du Nord réquisitionnait une pièce de terre, sise à Lille, appartenant à la Société Vermersch et louée à Mélis; que, par exploits des 2 mai 1943 et 18 janv. 1944, celui-ci assignait l'autorité préfectorale en payement d'une somme de 103 894 F représentant diverses indemnités; que la Cour de Douai, par arrêt du 20 janvier 1948, tant par motifs propres que par ceux du jugement qu'elle adoptait, condamnait l'État à payer à Mélis la somme de 98 093,75 F; — Attendu qu'il est reproché à l'arrêt d'avoir violé l'instruction ministérielle n° 11, du 5 septembre 1940, sur les réquisitions d'immeubles affectés à une exploitation agricole, en ce que, statuant sur diverses indemnités de réquisition, l'arrêt a refusé de se conformer aux règles d'évaluation posées par ledit document au motif qu'une telle instruction ne liait pas le juge, alors qu'elle avait été prise en exécution de l'article 28 de la loi du 11 juillet 1938 et avait un caractère réglementaire; — Mais attendu qu'un règlement d'administration publique prévu par l'article 28 n'a pas été pris en matière de réquisition d'établissement agricole, mais, à son défaut, ainsi qu'elle le reconnaît, une instruction ministérielle; que les instructions et circulaires administratives, sans lier les juges, n'obligent que les fonctionnaires auxquels elles sont adressées et dans les sphères de leurs fonctions; d'où il suit que le moyen n'est pas fondé;

Sur le deuxième moyen : (...)

Sur le troisième moyen : — Vu l'article 1153 du Code civil; — Attendu, d'après ce texte, que les intérêts dus pour retard dans l'exécution d'une obligation qui se borne au payement d'une certaine somme, courent à partir de la sommation de payer; — Attendu que la loi du 3 juillet 1877 (art. 27) et le décret du 28 novembre 1938 (art. 47) ne dérogent pas, en matière de réquisition militaire, à cette règle et n'apportent aucune modification au droit commun en ce qui touche le payement des intérêts moratoires qui sont dus seulement à dater du jour de la sommation de payer résultant, comme en la cause, de la citation en justice; — Attendu, dès lors, qu'en fixant comme il l'a fait, le point de départ des intérêts de l'indemnité allouée à Mélis au 1er août 1942, jour de la réquisition, l'arrêt attaqué a méconnu et violé le texte susvisé;

Par ces motifs, casse..., mais du chef seulement de la disposition relative aux intérêts.

OBSERVATIONS

1 Il est devenu banal de constater, sinon de dénoncer, la bureaucratisation croissante du droit. De plus en plus, l'administration concurrence le juge dans

sa tâche de mise en œuvre et d'interprétation des textes. Aucun domaine du droit privé n'échappe à l'emprise de ces « nouveaux interprètes » (Carbonnier, *Sociologie juridique*, Cours polycopié 1972-1973, p. 71; v. aussi « Le droit administratif du droit civil », *Rev. hist. droit* 1974. 758 s.) : droit des biens, droit des affaires au sein desquels l'État multiplie les mesures d'autorisation ou de contrôle afin de promouvoir une certaine politique économique ou sociale, mais aussi droit de la famille; il n'est que de songer au rôle joué par le service de l'état civil ou celui de l'aide sociale à l'enfance dans la mise en œuvre du droit de la filiation pour prendre conscience de cette réalité.

Les raisons de cette expansion sont diverses. Aux dires de ses zélateurs, l'intervention de l'administration serait tout à la fois un gage de compétence, de sécurité et d'unité. De compétence : ne disposant pas toujours des connaissances suffisantes pour apprécier, dans certaines matières très spécialisées, l'opportunité des décisions, le juge serait obligé de recourir aux experts; dès lors pourquoi ne pas faire l'économie d'un tel détour et confier la décision à une administration technique compétente ? De sécurité : à la différence des sanctions judiciaires qui jouent le plus souvent *a posteriori*, à titre curatif, remettant en cause des situations établies, l'intervention de l'administration revêt fréquemment un caractère préventif; partant, l'insécurité qu'elle engendre serait moindre (1). D'unité enfin : confiés au juge judiciaire, les contrôles présenteraient un caractère imprévisible pour ne pas dire anarchique, car le rôle de la Cour de cassation l'empêche de développer, en matière d'opportunité, une véritable jurisprudence; au contraire éclairée par des instructions et circulaires prises au sommet de la hiérarchie, l'administration pourrait aisément développer des pratiques uniformes.

Il est sans doute une part de vrai dans ces remarques. Mais leur pertinence ne saurait être exagérée : en plusieurs domaines le législateur a confié aux juges judiciaires le soin de procéder à des contrôles préventifs en opportunité sans que les risques dénoncés se concrétisent (v. par ex. à propos de l'homologation du changement de régime matrimonial, *infra*, n° 91, § 4 s.). Et face à la carence de l'exécutif, les juges ont parfois été contraints de ressaisir le pouvoir dont le législateur les avait privés au prétexte de la lenteur et de l'insécurité qui s'attacheraient à leur intervention (à propos des clauses abusives, v. *infra*, n° 159, t. 2, 12e éd.).

2 Quoi qu'il en soit, le recours à l'administration ne peut présenter les mérites qu'on lui prête qu'à la condition que celle-ci dispose de guides suffisamment sûrs. Abandonner à leurs seules lumières, en tête-à-tête avec le *JO*, les agents locaux, les « fonctionnaires de guichet », serait risquer de donner naissance à une pratique bien souvent anarchique. Tel est précisément l'objet des circulaires administratives, encore nommées comme dans la décision ci-dessus reproduite instructions ministérielles. Normes-relais entre le bureau créateur et le guichet, elles remplissent une double fonction *pédagogique* et *unificatrice* :

---

(1) Encore faut-il que ce système d'autorisation préalable ne porte pas atteinte à une liberté fondamentale (v. par ex. : Cons. const. 16 juill. 1971, *GDCC*, 17e éd., n° 27 pour la liberté d'association; Cons. const. 10 et 11 oct. 1984, *GDCC*, 17e éd., n° 31 pour la liberté de la presse).

elles font connaître aux services le sens que le ministre attribue au texte et fixent par là même une doctrine administrative unique sur le territoire. Essentielle pour la pratique administrative, l'existence de ces documents pose le problème de leur autorité au regard des juges administratifs et judiciaires. À la différence du Conseil d'État qui reconnaît à certains d'entre eux une réelle valeur juridique, la Cour de cassation adopte dans l'arrêt ci-dessus reproduit une position restrictive à laquelle elle s'est depuis conformée. Aussi essaiera-t-on de présenter la position de chacune de ces juridictions (I) avant de tenter d'expliquer pourquoi elles diffèrent (II).

I. — La valeur juridique des circulaires

A. — La position de la Cour de cassation

3 La consultation des recueils de jurisprudence montre que les juridictions judiciaires ont, de plus en plus souvent, à connaître de circulaires. Malgré cette progression, l'attitude du juge judiciaire reste constante. Posée dès le début du XIXe siècle (Req. 11 janv. 1816, *S.* 16. 1. 366), réaffirmée à de nombreuses reprises (v. par ex. Civ. 13 mars 1901, *D.* 1901. 1. 161; 15 mai 1923 et 7 avr. 1925, *DP* 1926. 1. 68), cette position est énoncée en termes très clairs par l'arrêt analysé. L'instruction ministérielle ne saurait tenir lieu du règlement exigé par la loi; simples mesures internes à l'administration, les circulaires n'ont aucune force obligatoire, elles ne lient ni les magistrats, ni les particuliers.

Les *conséquences* en sont multiples : leur violation ne saurait donner ouverture à cassation; elles ne peuvent conférer aucune obligation à la charge des individus pas plus qu'elles ne peuvent leur conférer de droits. Enfin, en matière pénale, elles ne peuvent ni fonder des poursuites, ni justifier la commission d'une infraction. On a parfois dénoncé *l'irréalisme* de ces solutions. Si, en théorie, les circulaires ne s'adressent qu'aux agents de l'administration pour qui elles sont d'ailleurs une « compagne inséparable » (Y. Gaudemet, « Remarques à propos des circulaires administratives », *Mélanges Stassinopoulos* 1974. 561), en pratique elles atteignent aussi, quoiqu'indirectement, les administrés qui en sont les destinataires finals et qui subissent les interprétations qu'elles véhiculent. Or, ceux-ci sont, pour de multiples raisons (crainte révérencielle de l'administration, souci de se mettre à couvert derrière une interprétation administrative qui a le mérite d'exister alors que l'interprétation judiciaire se fait souvent longtemps attendre, caractère non suspensif du recours pour excès de pouvoir devant la juridiction administrative et lenteur de ces instances…), naturellement portés à les respecter. Partant, sans être juridiquement obligatoires, nombre de circulaires jouissent d'une effectivité comparable à celle des textes qui le sont. Dès lors leur dénier toute autorité, n'est-ce pas risquer de ruiner la sécurité juridique ? L'adoption par le juge judiciaire d'une interprétation différente de celle que consacre la circulaire risque de signifier la remise en cause de droits que l'on croyait définitivement acquis ou l'irrégularité d'actes juridiques considérés jusque-là comme valables.

B. — La position du Conseil d'État

4 On oppose fréquemment à cette attitude celle du *Conseil d'État.* Longtemps proche des solutions consacrées par la Cour de cassation, la jurisprudence de la haute juridiction administrative accorde aujourd'hui aux circulaires une place dans l'ordonnancement juridique. Plus précisément, elle repose depuis l'arrêt *Notre Dame du Kreisker* (CE 29 janv. 1954, *RPDA* 1954. 50, concl. Tricot) sur la distinction des circulaires *interprétatives* qui restent privées de toute valeur juridique et des circulaires *réglementaires* qui sont au contraire revêtues d'une telle valeur. N'ajoutant pas à la légalité, les premières ne peuvent être ni attaquées devant la juridiction administrative, ni invoquées à l'appui d'un pourvoi. L'administré ne peut que discuter l'application individuelle qui lui a été faite de la loi ou du règlement ainsi interprété. À l'inverse, un recours pour excès de pouvoir est recevable contre les secondes ; de plus, elles pourront servir de base légale à un pourvoi, leur violation constituant une illégalité. Le critère de distinction entre ces deux catégories de circulaires soulève des difficultés dont l'étude ne saurait être entreprise dans un volume traitant principalement de la jurisprudence civile. Indiquons seulement ici qu'interprétative lorsqu'elle n'ajoute pas à la législation existante, la circulaire acquiert un caractère réglementaire lorsqu'elle crée des droits au profit des administrés ou leur impose des sujétions nouvelles. En d'autres termes, est réglementaire la circulaire « innovatoire » (Chapus).

La distinction posée par l'arrêt *Notre-Dame du Kreisker* ne semble pas devoir être remise en cause par l'arrêt du Conseil d'État du 18 décembre 2002, *M*[me] *Duvignères* (*RFDA* 2003. 274, concl. Fombeur et 510, note Petit, *GAJA*, 19e éd., n° 108) qui distingue les circulaires impératives et les circulaires non impératives. Il semble bien, en effet, que cette distinction ne se substitue pas à celle des circulaires interprétatives et des circulaires réglementaires, mais qu'elle s'y surajoute. Et de fait, ce que pose le Conseil d'État dans cet arrêt de 2002, c'est que, préalablement à la grille de lecture qui résulte de l'arrêt *Notre-Dame du Kreisker*, joue une nouvelle grille de lecture qui repose sur la distinction des circulaires impératives et des circulaires non impératives.

Partant, soit la circulaire n'est pas impérative (elle n'est que verbiage) et le recours formé contre elle n'est pas recevable, soit elle est impérative (elle est en quelque sorte rédigée comme le serait un texte juridique) et le recours est recevable. On retrouve alors, dans cette dernière hypothèse, la distinction posée par l'arrêt *Notre-Dame du Kreisker.* Autrement dit, ou bien la circulaire n'ajoute pas à la légalité, elle est interprétative (bien qu'impérative) ; le recours est recevable, mais sera rejeté au fond. Ou bien la circulaire ajoute à la légalité ; elle est réglementaire et peut faire l'objet d'un recours pour excès de pouvoir (voir en ce sens G. Koubi, « Distinguer "l'impératif" du "réglementaire" au sein des circulaires interprétatives », *RD publ.* 2004. 499 s.). Le changement opéré par le Conseil d'État dans l'arrêt du 18 décembre 2002 paraît donc bien être purement contentieux. L'exigence de recevabilité que la jurisprudence administrative instaure, préalablement à la discussion au fond, semble inspirée par le développement de textes qui ne sont pas à proprement parler du droit, textes dont on refuse qu'ils fassent l'objet d'un recours.

II. — Les raisons d'une divergence

5 Comment expliquer cette dualité des solutions ? Faut-il y voir une simple manifestation du cloisonnement des disciplines juridiques ou procède-t-elle de raisons plus profondes ?

Même s'il existe souvent un important décalage entre le moment où une innovation est réalisée dans une branche du droit et celui où elle est reçue dans une autre, il ne nous semble pas que ce soit là l'explication principale de cette dualité. À notre sens, celle-ci réside d'abord dans la différence des pouvoirs dont sont investis à l'égard des actes administratifs, le juge judiciaire et plus particulièrement le juge civil, d'une part, le juge administratif d'autre part. Alors que le juge civil ne peut, sauf atteinte grave au droit de propriété ou à la liberté individuelle, apprécier la légalité des règlements qu'il applique ni, à plus forte raison, les annuler (TC 16 juin 1923, *Septfonds*, *D.* 1924. 3. 41, concl. Matter; 30 oct. 1947, *Barinstein*, *D.* 1947. 476, note P. L. J., *JCP* 1947. II. 3966, note Fréjaville), le juge administratif dispose de cette double prérogative. Partant, reconnaître valeur réglementaire aux circulaires administratives conduit, pour l'un et pour l'autre, à des conséquences diamétralement opposées. Pour le second, c'est s'arroger le pouvoir d'en contrôler la légalité et éventuellement d'en prononcer la nullité; pour le premier, c'est au contraire, se mettre dans l'obligation de les respecter alors même qu'elles auraient été prises en violation des règles de droit qu'elles interprètent et qu'elles n'offriraient aucune garantie quant à la compétence de leurs auteurs et à la publicité de leur contenu; seuls, en ce cas, le sursis à statuer et la résolution de cette question préjudicielle par la juridiction administrative permettront de faire échec à l'illégalité de la circulaire.

6 Plutôt que de s'engager dans une voie aussi étroite et de risquer de perdre sur tous les tableaux, le juge judiciaire a préféré retenir une solution qui le place, en fait, dans une situation voisine de celle du juge administratif. Dénier toute valeur juridique à une circulaire et se refuser à l'appliquer, c'est en effet pour le juge judiciaire adopter une solution qui aboutit indirectement à une déclaration d'illégalité de la circulaire (Blumann, « L'application des circulaires administratives par le juge judiciaire », *AJDA* 1972. 263 s., spéc. 273, n° 70). À l'inverse, se conformer à l'interprétation proposée par la circulaire revient en fait à en consacrer la licéité. Il ne faudrait pas croire, en effet, que le principe posé par la Cour de cassation conduise la juridiction judiciaire à rejeter systématiquement les enseignements que contiennent les circulaires. Même si la Cour de cassation évite de se référer expressément à celles-ci, elle n'hésite pas à s'en inspirer très directement lorsqu'elle est persuadée du bien-fondé des solutions qu'elles retiennent (comp. Frank, note *D.* 1974. 224). On a, au demeurant, souvent noté l'influence qu'avaient pu exercer certaines circulaires sur l'orientation de la jurisprudence pour laquelle elles constituent une « lumière d'interprétation » (Cornu, *JCP* 1976. II. 18494). Tel est le cas, par exemple, de la fameuse circulaire *Fontanet* relative à l'interdiction des pratiques commerciales restreignant la concurrence, puisque ce sont ses critères qui ont été retenus par nos tribunaux. Et il est probable que la pratique administra-

tive a joué un rôle non négligeable dans l'adoption de l'interprétation *a contrario* de l'article 334-9 du Code civil (Civ. 1re, 9 juin 1976, *Grands arrêts jurisp. civile*, 11e éd., no 42, *D.* 1976. 593, note Raynaud, *JCP* 1976. II. 18494, note G. Cornu ; v. J.-M. Olivier, *Les sources administratives du droit privé*, thèse Paris II, nos 386 s., p. 689 s.). Ainsi en feignant d'ignorer l'importance pratique des circulaires et en leur déniant toute valeur juridique la Cour de cassation laisse au juge judiciaire une entière liberté : non tenu d'appliquer ces instruments, il peut s'en inspirer lorsqu'il l'estime souhaitable, soit que l'interprétation dégagée par l'administration lui paraisse bien venue, soit encore que l'importance de la pratique qui s'est développée sur la foi de ce texte en rende difficile la remise en cause. C'est là semble-t-il la moins mauvaise attitude que l'autorité judiciaire puisse adopter face aux débordements du pouvoir administratif.

7 Il n'est, au demeurant, pas indifférent de constater que le Conseil d'État a parfois essayé, par divers moyens, de renouer avec une liberté qu'a su conserver le juge judiciaire. En effet, appliqués à la lettre, les principes qui gouvernent la matière ne laissent à la juridiction administrative qu'une latitude assez faible ; en affirmant la valeur juridique des circulaires réglementaires, le Conseil d'État s'est paradoxalement condamné à les annuler fréquemment : même si elles ne sont pas illégales quant au fond parce qu'elles contiendraient des dispositions qui violent plus ou moins directement les prescriptions du texte qu'elles mettent en œuvre, elles le sont souvent quant à la forme, l'autorité dont elles émanent, les ministres, étant dépourvus, sauf lorsque la loi le leur accorde expressément, de pouvoir réglementaire. Certes l'arrêt *Jamart* (CE 7 févr. 1936, *GAJA*, 19e éd., no 47) leur a reconnu le pouvoir « comme à tout chef de service, de prendre les mesures nécessaires au bon fonctionnement de l'administration placée sous leur autorité ». Mais ce pouvoir ne peut « s'exercer que dans la mesure où les nécessités du service l'exigent, et envers les seules personnes qui se trouvent en relations avec le service, soit qu'elles y collaborent, soit qu'elles l'utilisent » (concl. Bernard sur CE 6 oct. 1961, *RD publ.* 1961. 1279).

Afin de sauver des textes qu'il juge utiles à la bonne marche de l'administration, le Conseil d'État a été amené à infléchir doublement sa ligne de conduite. En premier lieu, il entend parfois très strictement la notion de circulaire réglementaire. En second lieu, il développe la notion de circulaires directives qui ne peuvent être contrôlées par le juge qu'à l'occasion de recours dirigés contre les décisions ministérielles auxquelles elles ont servi de motivation (CE 11 déc. 1970, *Crédit foncier de France*, *D.* 1971. 674, note Loschak, *GAJA*, 19e éd., no 83). Conduisant toutes deux à accroître le nombre des circulaires qui ne peuvent être attaquées directement pour excès de pouvoir, ces mesures contribuent à rapprocher les solutions du Conseil d'État de celles de la Cour de cassation.

8 Aussi bien peut-on, à la lumière de cette double expérience, se demander s'il serait vraiment heureux, comme le suggèrent certains (Blumann, art. préc.), d'aligner la jurisprudence judiciaire sur la jurisprudence administrative. La spécificité des pouvoirs et des missions propres à chaque ordre de juridiction paraît bien y faire obstacle. Et les évolutions qu'on a parfois cru discerner en ce sens se sont toujours révélées sans lendemain (sur ces évolutions, rappr. J.-M. Olivier, *Les sources administratives du droit privé*, thèse Paris II, p. 701 s., n°s 392 s., et Ghestin, Goubeaux et Fabre-Magnan, *Introduction générale*, 4e éd., n° 421 ; Com. 8 avr. 1986, *Bull. civ.* IV, n° 57, p. 49 ; Soc. 9 juill. 1987, *Bull. civ.* V, n° 457, p. 282). Certes, on pourrait soutenir que les juridictions répressives occupent au sein de l'ordre judiciaire une place à part en ce que le Tribunal des conflits leur a reconnu le pouvoir d'apprécier la légalité des actes réglementaires (TC 5 juill. 1951, *Avranches et Desmarets*, *D.* 1952. 271, note Blaevoet), pouvoir consacré par l'article 111-5 du nouveau Code pénal qui l'a étendu aux actes individuels, de telle sorte que l'alignement sur la jurisprudence du Conseil d'État présenterait, en ce qui les concerne, un grand intérêt. Mais on ne peut que constater qu'elles ont toujours refusé de s'engager dans une voie que le principe de légalité ne les encourage guère à emprunter. Au surplus, le juge répressif ne pourrait retirer d'une telle évolution que des pouvoirs modestes : déclaré illégal, le règlement est certes inopposable à la partie en cause, mais il conserve sa valeur dans tous les autres cas de figure. En réalité, pour remédier à l'insécurité juridique que peut engendrer le refus de reconnaître en ce domaine toute valeur aux circulaires administratives, il conviendrait de considérer que le respect par un administré de la doctrine administrative constitue, sinon un fait justificatif, du moins une cause de non-imputabilité (*Contra*, Crim. 12 oct. 1993, *D.* 1994. 129, note D. Mayer). Plus généralement, il ne serait sans doute pas inutile de prévoir, à l'image de l'article L. 80 A du Livre des procédures fiscales (anc. art. 1649 *quinquies* CGI), que les circulaires, sans être obligatoires pour le juge et les administrés, le sont pour l'administration. Ainsi l'administré pourrait-il exiger de l'administration qu'elle se conforme à la pratique qui prévalait à l'époque où il a agi (en ce sens, Olivier, *op. cit.*, n° 621, p. 1100). L'article 2 du décret du 28 novembre 1983 concernant les relations entre l'administration et les usagers, qui prévoit que « tout intéressé est fondé à se prévaloir » à l'encontre de l'administration des « instructions, directives et circulaires lorsqu'elles ne sont pas contraires aux lois et règlements », réalise un pas important dans ce sens (comp. Ghestin, Goubeaux et Fabre-Magnan, n° 423).

9 Ajoutons pour clore ce commentaire que la solution donnée à la question traitée dans le troisième moyen – à savoir la date de départ des intérêts moratoires – ne serait probablement plus la même aujourd'hui. L'article 1153-1 du Code civil (réd. L. 5 juill. 1985) dispose, en effet, que la condamnation à une indemnité emporte intérêts au taux légal « à compter du prononcé du jugement à moins que le juge n'en décide autrement ». (Sur ce texte, v. G. Viney, et P. Jourdain, *Les effets de la responsabilité*, n°s 344 s.) Cette solution se rattache à un courant plus général en vertu duquel les dettes de valeur ne portent intérêts qu'à partir du moment où elles ont été liquidées (sur cette question, v. *infra*, n°s 114 et 262, t. 2, 12e éd.).

14

ARTICLE 6 DU CODE CIVIL. ORDRE PUBLIC. RÔLE DU JUGE

Civ. 4 décembre 1929

(*DH* 1930. 50, *S.* 1931. 1. 49, note P. Esmein)

Croizé c. Veaux

Un contrat ayant pour objet l'exploitation des malades au moyen d'une publicité intense et par l'emploi de qualificatifs destinés à impressionner le public est nul comme contraire à l'ordre public.

Une cause est illicite quand elle est contraire à l'ordre public, sans qu'il soit nécessaire qu'elle soit prohibée par la loi.

Faits. — Par contrat, en date du 16 octobre 1923, un publiciste Croizé céda à Veaux, docteur en médecine, la licence exclusive d'exploitation des marques *Faid* et *Biorane* pour produits pharmaceutiques et méthode thérapeutique, ainsi qu'une clinique sise à Lille. Veaux s'engageait en contrepartie à verser à Croizé 240 000 F par an et à faire dans les journaux de la région 6 000 F de publicité par mois.

Après quelques mois, la brouille survint entre les deux hommes. Veaux refusa d'exécuter ses engagements et Croizé l'assigna. Veaux répliqua en arguant de ce que la convention signée était contraire à l'ordre public et que, ses engagements étant nuls, il n'avait pas à les remplir. Un arrêt de la Cour de Douai du 17 février 1926 lui donna gain de cause. Pourvoi en cassation du sieur Croizé.

Moyens. — Les deux principaux moyens invoqués étaient :

1° que l'ensemble des stipulations du contrat n'étaient pas contraires à l'ordre public, que ce contrat n'avait pas de cause illicite au sens de l'article 1133;

2° qu'au surplus, le contrat n'était contraire à aucune loi et, notamment, n'était pas passé en violation de l'article 16, § 3 de la loi du 30 novembre 1892 sur l'exercice de la médecine, comme le prétendait l'arrêt de la Cour de Douai.

ARRÊT

La Cour; — *Sur le premier et le deuxième moyens réunis :* — Attendu que, par contrat en date du 16 octobre 1923, Croizé, publiciste, a cédé à Veaux, docteur en médecine, la licence exclusive d'exploitation des marques *Faid* et *Biorane* pour produits pharmaceutiques et méthode thérapeutique, ainsi que de la clinique Faid, sise à Lille, moyennant le versement d'une somme de 240 000 F par an, Veaux s'engageant en outre à faire dans les journaux de Lille et de la région au moins 6 000 F de publicité par mois; — Attendu que l'arrêt attaqué déclare que l'un des buts du contrat est de faire prescrire par Veaux, docteur en médecine, les produits dénommés *Faid* et *Biorane*; qu'il a pour objet principal l'exploitation par Veaux de la méthode *Biorane*; que, d'après les prospectus répandus à foison dans le public, cette méthode a pour effet de guérir toutes sortes de maladies; qu'elle a été imaginée par des personnes qui ne sont munies d'aucun diplôme médical et qu'elle paraît n'avoir aucune valeur scientifique; qu'il en est de même de la méthode *Faid*, qui n'en est que l'accessoire et qui a été imaginée par Croizé qui n'est pas docteur en médecine; — Attendu que l'arrêt attaqué constate, d'autre part, qu'avant de gagner pour lui la moindre somme, Veaux doit se faire remettre par ses clients des honoraires d'au moins 28 000 F par mois pour lui permettre de tenir ses engagements vis-à-vis de Croizé; — Attendu qu'en l'état de ces constatations souveraines, la cour d'appel a pu décider, par une interprétation de la convention, dont elle n'a point dénaturé les termes, que le contrat litigieux avait pour objet l'exploitation des malades au moyen d'une publicité intense et par l'emploi de qualificatifs destinés à impressionner le public; — Attendu qu'en décidant qu'une convention ayant un tel objet était nulle comme contraire à l'ordre public, la cour d'appel a appliqué aux faits constatés les conséquences légales qu'ils comportaient; — Attendu qu'il résulte des termes de l'article 1133 du Code civil que la cause est illicite quand elle est contraire à l'ordre public, sans qu'il soit nécessaire qu'elle soit prohibée par la loi; que, par suite, la nullité du contrat litigieux pouvait être prononcée sans qu'il eût été passé en violation de l'article 16, § 3 de la loi du 30 novembre 1892; qu'il est dès lors sans intérêt de rechercher si la cour d'appel a pu, dans un motif surabondant, invoquer une violation de ce texte de loi; d'où il suit que les moyens doivent être rejetés; — ... *Par ces motifs*, rejette.

OBSERVATIONS

1 L'arrêt ci-dessus a apporté une précision intéressante à la notion d'ordre public et à son rôle en droit civil. L'article 1131 du Code civil, disposant que « l'obligation sans cause ou sur fausse cause, ou sur cause illicite, ne peut avoir aucun effet », l'article 1133 ajoute : « la cause est illicite, quand elle est prohibée par la loi, quand elle est contraire aux bonnes mœurs ou à l'ordre public » (sur la notion de cause, v. *infra*, n° 156, t. 2, 12e éd.). Insérés au titre des contrats ou des obligations, ces textes ne sont qu'une application d'un principe général, affirmé en tête du Code civil, à l'article 6 du titre préliminaire : « On ne peut déroger par des conventions particulières aux lois qui intéressent l'ordre public et les bonnes mœurs ». Cette disposition apporte une limitation à un autre principe fondamental, celui dit de l'autonomie de la volonté, consacré avec force par l'article 1134, qui assimile, pour ceux qui les ont faites, les conventions à des lois. La convention est pour ses auteurs source de règles obligatoires, à la condition toutefois qu'elle ne soit pas contraire à l'ordre public. Expression d'une hiérarchie de valeurs, la notion d'ordre public marque ainsi la suprématie des règles protégeant les intérêts généraux de la société sur les règles conventionnelles inspirées des intérêts particuliers (P. Catala, « À propos de l'ordre public », *Mélanges P. Drai*, 2000, p. 511 s.). Elle atteste qu'il existe, dans chaque société, un ordre de valeurs supérieur qui est placé hors des atteintes des conventions particulières, car son respect est nécessaire à la cohésion de celle-ci. C'est le « rocher » sur lequel se construit la société (Carbonnier, *in L'ordre public à la fin du XXe siècle*, 1996, p. 1). Encore faut-il en connaître les contours exacts. Quels sont en ce domaine les rôles respectifs du législateur et du juge ? Quels sont les pouvoirs du juge ?

Telles sont les questions que posait à la Cour de cassation l'affaire *Croizé c. Veaux*.

I. — Les rôles respectifs du législateur et du juge

2 La doctrine classique du XIXe siècle, sur laquelle s'appuyait le pourvoi, élargissait au maximum la puissance des volontés individuelles et, afin d'éviter l'arbitraire, prétendait restreindre au minimum le pouvoir du juge. La liberté contractuelle ne peut être limitée que par le législateur. L'article 6 le proclame : ce qui est interdit aux conventions particulières, c'est de déroger aux lois qui intéressent l'ordre public. Il appartient donc à la loi seule de dire ce qui est d'ordre public et ce qui ne l'est pas.

Mais une position aussi absolue ne pouvait triompher devant les tribunaux, qui sont en contact direct avec les réalités sociales. L'ordre public est une notion mouvante, qui doit à chaque moment être adaptée aux besoins de l'époque et aux situations particulières. Cette besogne est à beaucoup de points de vue remplie par le juge.

3 Sans doute, ce sont les textes qui, fondamentalement, définissent les limites mises par l'ordre public à la volonté des contractants. Ils le font souvent en précisant que la règle est édictée « à peine de nullité de toute convention contraire » (v. par ex. l'art. L. 112-2 C. ass., l'art. 1628 C. civ.), ou encore en prohibant formellement tel ou tel contrat, telle ou telle clause (v. par ex. l'art. 1130, al. 2, l'art. 1388 C. civ.). Parfois le législateur accentue la prohibition en l'assortissant d'une sanction pénale (Civ. 1re, 20 juill. 1994, *Bull. civ.* I, n° 261, p. 190, *RTD civ.* 1995. 101, obs. Mestre, qui énonce que les conventions conclues à la suite de démarchages prohibés et sanctionnés pénalement sont contraires à l'ordre public). Il n'est alors nullement nécessaire pour qu'une convention soit déclarée contraire à l'ordre public qu'existent les éléments dont la réunion conditionne l'infraction (Civ. 1re, 11 juin 1996, *CCC* 1996, n° 166, obs. Leveneur, *RTD civ.* 1997. 116, obs. Mestre). Mais il est de nombreux cas où rien dans le libellé du texte ne permet de dire si la disposition légale exclut ou non les conventions contraires. C'est alors aux juges, y compris éventuellement au juge constitutionnel (Cons. const. 9 nov. 1999, *JO* 16 nov. 1999, p. 16962, conférant un caractère d'ordre public à l'ensemble des dispositions de l'art. 1er de la loi sur le Pacs) de rechercher si « des intérêts essentiels de la société sont impliqués dans cette disposition » (Carbonnier, t. 4, n° 69) (v. *infra*, n°s 243-245, t. 2, 12e éd., les arrêts rendus sur le caractère des lois monétaires). Dans la négative, le texte sera dit supplétif de volonté et les parties pourront y déroger (v. par ex. Ass. plén. 26 mars 1999, *D.* 1999. 369, note Delebecque, *RTD civ.* 1999. 615, obs. Mestre, à propos de l'art. 26 de la loi du 3 janv. 1969 relative à l'armement et aux ventes maritimes). Dans l'affirmative, le texte sera dit d'ordre public et les conventions dont l'objet ou la cause y contreviennent seront annulées.

Bien plus, il arrive que le juge annule au nom de l'ordre public une convention alors qu'elle ne heurte aucune disposition légale précise.

Ainsi, dans l'arrêt rapporté ci-dessus, la Cour de cassation constate que la convention déférée au juge n'était contraire à aucun texte exprès, mais décide qu'elle pouvait avoir une cause illicite, comme contraire à l'ordre public. C'est donc reconnaître au juge un rôle important dans la définition même de l'ordre public.

II. — Les pouvoirs du juge

4 Est-ce à dire que le juge a un pouvoir arbitraire pour décider si l'ordre public a été, ou non, menacé par la convention ? La réponse est négative : le juge ne peut avoir une conception personnelle de l'ordre public, fondée sur ses propres convictions, politiques, morales, économiques. C'est de la notion que la loi se fait de l'ordre public qu'il doit s'inspirer; et, à défaut de texte précis, c'est de l'ensemble de la législation actuelle qu'il doit la dégager. Aussi bien y a-t-il là une question de droit soumise au contrôle de la Cour de cassation (Civ. 27 juin 1837, *S.* 37. 1. 697; 18 nov. 1913, *DP* 1917. 1. 162; Ass. plén. 26 mars 1999, *D.* 1999. 369, note Ph. Delebecque, chron. N. Molfessis, *DMF* 1999. 987, censurant les juges du fond qui avaient conféré un caractère impératif aux art. 26 et 27 de la loi du 3 janv. 1969 relative au remorquage portuaire; Civ. 3e, 7 mars 2007 et 23 janv. 2007, *JCP* 2007. I. 197, no 11, obs. H. Périnet-Marquet, censurant les juges du fond, le premier parce qu'ils n'avaient pas conféré un caractère d'ordre public à l'art. 619 du C. civ. qui limite à 30 ans l'usufruit accordé à des particuliers, le second parce qu'il avait conféré un tel caractère à l'art. 605 C. civ; qui limite les obligations de l'usufruitier aux réparations d'entretien). L'arrêt rapporté donne à cet égard les précisions indispensables. Il appartient au juge du fond de dégager dans ses constatations souveraines, par interprétation du contrat (à condition de ne pas en dénaturer les termes, *infra*, no 161, t. 2, 12e éd.), quels étaient l'objet et la cause de ce contrat, notamment de dire quel était le but poursuivi en commun par les deux parties. Ainsi, dans l'espèce en cause, la cour d'appel a jugé souverainement que l'objet et le but des conventions passées étaient « l'exploitation des malades au moyen d'une publicité intense et par l'emploi de qualificatifs destinés à impressionner le public ». Ceci posé, la Cour de cassation a estimé, comme l'avait fait la cour d'appel, qu'un tel objet, *bien que non prohibé par un texte précis*, était contraire à l'ordre public légal dans son ensemble et a rejeté le pourvoi, parce que la cour « a appliqué aux faits constatés les conséquences *légales* qu'ils comportaient ». Elle n'aurait donc pas hésité à casser si elle avait estimé au contraire que l'exploitation des malades n'était pas contraire aux principes généraux de droit et de morale sur lesquels s'appuie expressément ou tacitement l'ensemble de la législation existante. Il va de soi que l'appréciation du juge quant à l'existence de ces principes généraux est devenue plus difficile à mesure que l'État-gendarme a fait place à l'État-providence et que le juge s'est trouvé plus fréquemment confronté à l'existence de problèmes économiques (v. le rôle du juge en présence des problèmes économiques, *Trav. Ass. H. Capitant*, t. XXII, 1970). En effet, à un ordre public classique, essentiellement négatif qui pose des interdits et qui a pour fonction de défendre les piliers de la société traditionnelle (l'État, la famille, l'individu), s'est ajouté un ordre public économique de direction et de protection qui se veut positif. Longtemps socialisant et n'hésitant pas en conséquence à aménager autoritairement le contenu de certains contrats, afin d'orienter l'activité contractuelle dans un sens jugé favorable à l'économie ou de protéger la partie faible, cet ordre public est devenu d'inspiration néo-libérale. Il veille à ce qu'existe une véritable concurrence entre les acteurs de la vie économique et s'efforce de restaurer les conditions d'un débat équilibré en renforçant la procédure contractuelle (formalisme informatif, délai de réflexion, droit de repentir) (Y. Lequette, « Les mutations de l'ordre public contractuel », *RDC* 2012. 262). Ajoutons que lorsque l'article 6 vise les lois qui intéressent l'ordre public et les bonnes mœurs, il ne concerne pas seulement les textes émanant du pouvoir législatif proprement dit ; il convient aussi de tenir compte de textes émanant du pouvoir réglementaire, lesquels comportent nombre de dispositions d'ordre public (Civ. 1re, 10 févr. 1998, *JCP* 1998. II. 10142, note B. Fages, *D.* 2000. 442, note L. Gannagé, *CCC* 1998, no 57, note Leveneur, *RTD civ.* 1998. 669, obs. Mestre).

5 Le contenu de la notion d'ordre public varie dans l'espace et dans le temps (v. au sujet de la répudiation, par rapport au système juridique français, Civ. 1re, 3 nov. 1983 et 17 févr. 2004, *GADIP*, nos 63-64). L'exemple du courtage matrimonial est, à cet égard, assez éclairant. Longtemps, une position de principe hostile à la convention passée avec celui qui se charge, moyennant un courtage, de faire conclure un mariage, l'a emporté en jurisprudence (Civ., 1er mai 1855, *DP* 1855. 1. 147). Mais celle-ci évolua dans un sens libéral et admit la validité du contrat de courtage matrimonial lorsqu'il tend seulement à rapprocher des candidats au mariage sans peser sur leur consentement (Req. 27 déc. 1944, *D.* 1945. 121). Néanmoins, la multiplication des clauses abusives insérées dans les contrats par des agences matrimoniales a entraîné l'intervention du législateur (L. 23 juin 1989) qui a enserré ce contrat dans un réseau de règles impératives sans que cet encadrement fasse obstacle au jeu d'un ordre public d'origine jurisprudentielle (v. par ex. Paris, 1er déc. 1999, *D.* 2000. Somm. 415, obs. Lemouland, nullité du contrat conclu avec une femme mariée). Mais celui-ci s'est depuis assoupli, au point de devenir évanescent (Civ. 1re, 4 nov. 2011, *D.* 2012. 59, note R. Libchaber, *JCP* 2012. 9, note D. Bakouche, *Dr. adm.* 2012, no 21, note D. Vigneau, *CCC* 2012, no 76, note G. Raymond).

15-16

ACTION EN JUSTICE. MINISTÈRE PUBLIC. ORDRE PUBLIC

I. Civ. 21 mai 1856. — II. Civ. 17 décembre 1913

Il résulte de l'article 46 de la loi du 20 avril 1810 et de l'article 184 du Code civil que le ministère public, étant chargé de poursuivre d'office l'exécution des lois dans les dispositions qui intéressent l'ordre public et ayant le droit d'agir en nullité d'un mariage entaché de bigamie, a le droit de faire opposition à la célébration d'un second mariage avant la dissolution du premier (1er arrêt).

Le droit d'agir d'office du ministère public dans les cas non spécifiés par la loi ne se justifie que dans les circonstances où l'ordre public est directement et principalement intéressé ; il n'en est pas ainsi lorsque le ministère public prétend faire annuler comme mensongère une reconnaissance d'enfant naturel, car une pareille matière concerne moins l'ordre public que l'honneur et le repos des familles (2e arrêt).

I. — Civ. 21 mai 1856

(*DP* 56. 1. 208, *S.* 57. 1. 111)

Proc. gén. près la cour de Rennes c. Pottier

Faits. — En 1855, le sieur Pottier se présenta à l'officier de l'état civil de Vitré pour le prier de procéder aux publications de son projet de mariage avec une demoiselle Louvigné. Le procureur de la République forma opposition à la célébration du mariage pour le motif qu'un acte de naissance inscrit sur les registres de l'état civil de la commune de Chaumeré, le 29 juillet 1819, constatait, sur la déclaration de Pottier lui-même, que l'enfant était né de lui et de la dame R... *son épouse*. Pottier, prétendant que l'opposition du ministère public était irrecevable et que, n'ayant jamais été marié, les mentions de l'acte de naissance dont s'agit étaient le résultat d'une erreur, demanda la mainlevée de cette opposition. Satisfaction lui fut donnée par un jugement du tribunal, du 18 juillet 1855, qui déclara l'opposition irrecevable :

« ... Considérant, dit le tribunal, que le droit de former opposition à mariage est accordé restrictivement par la loi à des personnes déterminées au nombre desquelles ne sont point désignés les officiers du ministère public ; que l'article 46 de la loi du 20 avril 1810 ne saurait suppléer aux dispositions du Code Napoléon ; — que la combinaison de cet article avec l'article 2 du titre 8 de la loi des 16-24 août 1790 établit, comme l'a décidé la Cour suprême, que le ministère public poursuit d'office, en matière civile, l'exécution des lois dans les dispositions qui intéressent l'ordre public, lorsque ce droit lui est formellement accordé par la loi ; — que c'est ainsi qu'il appartient au ministère public d'agir d'office en nullité de mariage, dans les cas prévus aux articles 184, 190, 191 du Code Napoléon ; — que le législateur, en faisant un devoir à toutes personnes de signaler les empêchements à mariage, a considéré que l'ordre public serait efficacement protégé ; — que sans qu'il fût nécessaire de donner au magistrat chargé du ministère public le droit d'agir d'office, il serait nécessairement mis à même de conclure lors de l'appréciation par le tribunal du refus constaté de l'officier de l'état civil, par suite de l'empêchement signalé ».

La cour de Rennes ayant, par arrêt du 22 août 1855, confirmé ce jugement, le ministère public s'est pourvu en cassation.

Moyen. — Fausse interprétation et violation des articles 46 de la loi du 20 avril 1810, 147 et 184 du Code Napoléon.

ARRÊT

La Cour;... — Attendu que l'article 46 de la loi du 20 avril 1810 charge le ministère public de surveiller l'exécution des lois et de poursuivre d'office cette exécution dans les dispositions qui intéressent l'ordre public; — que la disposition de la loi, qui défend de contracter un second mariage avant la dissolution du premier, intéresse l'ordre public au plus haut degré; — que le ministère public qui, aux termes de l'article 184 du Code Napoléon, a le droit d'agir pour faire prononcer en justice la nullité du second mariage, doit avoir à plus forte raison le droit de s'opposer à l'accomplissement de ce mariage, et de prévenir ainsi la consommation d'un crime dont il pourrait être obligé plus tard de poursuivre la répression devant les tribunaux criminels; — Qu'en décidant le contraire, l'arrêt attaqué a formellement violé l'article 46 de la loi du 20 avril 1810 et les articles 147 et 184 du Code Napoléon; — Casse...

II. — Civ. 17 décembre 1913

(*DP* 1914. 1. 261, note Binet, *S.* 1914. 1. 153, note Ruben de Couder)

Proc. gén. Indochine c. Bodin

Faits et moyens. — V. l'arrêt.

ARRÊT

La Cour; — *Sur le premier moyen de pourvoi :* — Attendu que l'arrêt attaqué (Cour d'Indochine, 18 nov. 1910) a déclaré irrecevable la demande du ministère public, procédant, d'office et par voie d'action principale, aux fins de faire annuler la reconnaissance qu'un Français aurait faite, en Cochinchine, d'enfants naturels nés de mère indigène; — Qu'en le décidant ainsi, il a fait une exacte application de la loi; — Attendu, en effet, qu'en règle générale et suivant l'article 2, titre 8, de la loi des 16-24 août 1790, les fonctions du ministère public s'exercent non par voie d'action, mais seulement par celle de réquisition et à titre de partie jointe; que s'il a été dérogé à ce principe, en des matières spécialement déterminées, pour la défense de certains intérêts auxquels le législateur a cru devoir accorder une protection particulière, et si, notamment, la loi du 20 avril 1810 dispose, par son article 46, qu'en matière civile, le ministère public agit d'office « dans les cas spécifiés par la loi », le droit d'action ne s'explique et ne se justifie que dans les circonstances où l'ordre public est directement et principalement intéressé, à l'occasion de faits qui y portent une grave atteinte, sans léser aucun intérêt rival; — Qu'il n'en est pas ainsi en ce qui concerne les reconnaissances d'enfants naturels; — Attendu, d'une part, que l'article 339 du Code civil, applicable en Cochinchine aux termes du décret du 25 juillet 1864, en déclarant que « toute reconnaissance de la part du père ou de la mère peut être contestée par tous ceux qui y ont intérêt », vise seulement les personnes privées qui ont un intérêt, pécuniaire ou moral, à faire prononcer la nullité de la reconnaissance; qu'il ne fait pas mention du ministère public; — Attendu d'autre part, que les questions de paternité et de filiation intéressent moins l'ordre public que l'honneur et le repos des familles qui doivent être protégés par la loi contre toute atteinte; — Rejette le premier moyen;...

OBSERVATIONS

1 Les deux arrêts rapportés ici doivent être rapprochés de celui qui a été signalé et analysé sous le numéro précédent. Comme lui, ils ont trait à la notion d'ordre public; ils en précisent un autre aspect. Au confluent du droit substantiel et du droit processuel, point de rencontre souvent névralgique, on constate une évolution tenant à un encadrement (I), puis à un élargissement (II) de l'action du ministère public, partie principale.

I. — Le ministère public, partie principale : l'encadrement par la jurisprudence

2 Le problème s'est posé à propos du droit d'agir d'office reconnu au ministère public dans les procès de droit privé concernant les particuliers. Un principe résultait initialement de la loi des 16-24 août 1790 : l'action en justice est réservée à ceux dont les droits ou intérêts ont été lésés. Et le ministère public ne peut normalement intervenir que comme *partie jointe*, par voie de réquisitions dans lesquelles, sans être ni demandeur, ni défendeur, il donne seulement son avis au nom des intérêts généraux. Les diverses réformes de la procédure civile et le Code de 1975 n'ont pas modifié fondamentalement ces règles, même si elles ont contribué à accroître, du moins dans les textes, le rôle du ministère public dans le déroulement des procès devant les juridictions de l'ordre judiciaire. « Seules les parties introduisent l'instance, hors les cas où la loi en dispose autrement » (art. 1er C. pr. civ.), ce qui n'empêche toujours pas le ministère public de pouvoir ou de devoir intervenir comme partie jointe, dans certaines conditions (art. 424 s. C. pr. civ.).

3 Toutefois, il a été admis que, par exception, le ministère public pouvait être *partie principale* et notamment agir d'office. Dans quels cas ? C'est à ce propos qu'est née une controverse, alimentée par la rédaction de l'article 46 de la loi du 20 avril 1810, sur l'organisation de l'ordre judiciaire et l'administration de la justice. L'alinéa 1er de ce texte disposait : « En matière civile, le ministère public agit d'office dans les cas spécifiés par la loi ». Mais il était ajouté, à l'alinéa 2 : « Il surveille l'exécution des lois, des arrêts et des jugements; il poursuit d'office cette exécution dans les dispositions qui intéressent l'ordre public ». Deux thèses se sont alors affrontées.

4 Pendant la première partie du XIXe siècle, c'est une thèse restrictive qui a prévalu en doctrine et en jurisprudence (Civ. 29 févr. 1832, *Jur. gén.*, v^o^ *Ministère public*, n° 96). Sans doute le ministère public peut agir d'office quand l'ordre public est intéressé, mais, d'après les conceptions libérales, de même que la loi seule définit l'ordre public (*supra*, n° 14, § 2), de même il appartient au législateur de déterminer limitativement les cas dans lesquels il estime que le ministère public peut, au nom de l'ordre public, intenter une action, alors que les particuliers dont les intérêts sont en cause ne le font pas. Le second alinéa de l'article 46 ne lui aurait permis de prendre, sans texte, que des mesures d'exécution en dehors de tout procès. C'est cette thèse restrictive qu'adoptèrent, dans l'affaire *Pottier*, le tribunal et la Cour de Rennes, en se référant à la jurisprudence d'alors : le ministère public avait bien reçu de l'article 184 du Code civil le droit d'agir en nullité d'un mariage entaché de bigamie; mais, aucun texte ne lui reconnaissant le droit de faire opposition à la célébration d'un mariage subséquent avant la dissolution du précédent mariage, son opposition devait être déclarée irrecevable. Inspirée par le désir de préserver la liberté des particuliers, cette interprétation restrictive trouvait appui dans les travaux préparatoires de la loi du 20 avril 1810.

5 Par son arrêt du 21 mai 1856, la chambre civile de la Cour de cassation, en cassant l'arrêt de la Cour de Rennes, s'est prononcée, semble-t-il pour la thèse contraire. À vrai dire, il pouvait paraître singulier que, qualifié pour agir en nullité d'un mariage entaché de bigamie, le ministère public ne puisse, en temps opportun, empêcher sa célébration. Mieux vaut prévenir que guérir. Dans cette mesure, on aurait donc pu considérer que le pouvoir d'action du ministère public – si tant est que l'opposition à mariage puisse être considérée comme une manifestation de l'action en justice – trouvait, en l'occurrence, quelque appui dans les textes. Les interprètes ont cependant insisté moins sur l'argument *a fortiori*, qui figure dans l'arrêt, que sur l'attendu aux termes duquel « l'article 46 de la loi du 20 avril 1810 charge le ministère public de surveiller l'exécution des lois et de poursuivre d'office cette exécution dans les dispositions qui intéressent l'ordre public ». Et, ultérieurement, du moins en matière civile, la Cour de cassation a maintenu cette solution (v. cep. Civ. 24 déc. 1901, *S.* 1902. 1. 363, note Perreau), en affirmant le droit d'agir du ministère public, pour des raisons d'ordre public, même en dehors des cas spécifiés par la loi (Garsonnet et Cézar-Bru, *Traité*, 3e éd., t. I, n° 207; Glasson, Tissier et Morel, *Traité*, 3e éd., t. I, n° 188).

6 Mais la Cour de cassation n'a pas tardé à apporter une précision et une limite à la thèse extensive, qu'elle consacrait. De cette thèse, on aurait pu déduire, en effet, que le domaine de l'ordre public serait le même, tant à propos de l'article 46 de la loi du 20 avril 1810, qu'au sujet des articles 6 et 1133 du Code civil, en d'autres termes que, toutes les fois que l'ordre public pourrait être invoqué par un particulier intéressé, en vue de s'opposer à un acte juridique ou d'en réclamer la nullité, le ministère public pourrait agir d'office. Or la Cour de cassation a estimé qu'il ne pouvait en être ainsi. La position qu'elle a prise à ce sujet montre toute la souplesse avec laquelle elle utilise la notion d'ordre public (rappr. Malaurie, *L'ordre public et le contrat*, t. I, 1953). Sans doute, cette notion reste toujours fondamentalement la même : visant à maintenir la cohésion et l'efficacité de la société étatique, elle exprime la suprématie des principes de l'organisation politique, sociale, économique et morale du pays (v. Req. 4 nov. 1946, *S.* 1947. 1. 43). Mais les nécessités de cette suprématie imposent que le domaine et la portée de l'ordre public varient non seulement dans l'espace et dans le temps, mais aussi selon les matières. Ainsi, tout ce qui est d'ordre public en droit interne et, en cette qualité, limite la liberté individuelle, ne l'est pas nécessairement en droit international privé, quand il s'agit de limiter le domaine normal d'application en France des décisions et règles étrangères (v. Civ. 25 mai 1948, *Lautour*, *D.* 1948. 357, note P. L. P., *GADIP*, 5e éd., no 19). Ainsi encore le seul fait qu'une loi soit impérative en droit interne n'implique pas qu'elle le soit au sens des conflits de lois dans le temps (*supra*, nos 5-8, § 11). De même, la question se pose de manière différente lorsque ce sont les intéressés eux-mêmes qui invoquent l'ordre public pour demander l'annulation d'un acte juridique ou lorsque, dans le silence desdits intéressés, le ministère public prétend agir d'office (v. aussi, à propos de l'office du juge, Normand, *Le juge et le litige*, 1965, p. 223 s.). On a, en effet, pu estimer que, le ministère public étant un agent du gouvernement, ses initiatives dans le domaine privé (affaires de famille, gestion des patrimoines, etc.) pouvaient certes être jugées nécessaires à la protection d'intérêts essentiels, mais qu'elles comportaient aussi des risques d'arbitraire et pouvaient, le cas échéant, entraîner des troubles plus dangereux, par eux-mêmes, pour l'ordre public que le maintien de certaines situations contraires à l'ordre public, mais acceptées par tous les intéressés.

7 Désireuse de limiter, dans cette perspective, l'activité du ministère public, la chambre des requêtes avait déjà décidé que l'action d'office, au nom de l'ordre public, ne pouvait être admise que dans les circonstances où l'ordre public est directement menacé. Dans le second arrêt rapporté, la Cour de cassation emploie une formule plus explicite : « le droit d'action d'office ne s'explique et ne se justifie que dans les circonstances où l'ordre public est *directement et principalement* intéressé… sans léser aucun intérêt rival ». On observera que, dans cette ligne, l'arrêt précise que le ministère public ne pouvait contester une reconnaissance d'enfant naturel en se fondant sur l'article 339 du Code civil (ancien) parce que la matière concerne « moins l'ordre public que le repos des familles ». Ultérieurement, la jurisprudence devait s'en tenir à la solution adoptée en 1913 (Solus, « La jurisprudence contemporaine et le droit du ministère public d'agir en justice au service de l'ordre public », *Mélanges Capitant* 1939. 769 s.), soit pour admettre (Req. 4 nov. 1946 préc.), soit pour déclarer irrecevables (Civ. 1re, 10 juin 1953, *D.* 1953. 612, *JCP* 1953. II. 7823, note J.S.; 29 mars 1955, *D.* 1955. 429) des demandes formées, en qualité de partie principale, par le ministère public (v. aussi Civ. 1re, 10 juin 1953, préc.; 29 mars 1955).

II. — Incidence de réformes ultérieures : l'élargissement

8 La place du ministère public dans l'ordre judiciaire donne lieu, en matière pénale, à des débats passionnés. Il n'en reste pas moins que son intervention est alors naturelle dans la mesure où l'État a le monopole de la répression.

En matière civile, il est, au premier abord, moins évident que le ministère public puisse s'immiscer dans des rapports d'intérêt privé. Mais il joue, en la matière, un rôle de gardien de la légalité et des libertés, fort utile (J. Décamps, « Le ministère public, gardien des libertés en droit des personnes et de la famille », *Dr. fam.* 2000, chron. n° 14). Aussi bien, le Code de procédure civile lui fait-il une assez large place (v. L. Cadiet et E. Jeuland, *Droit judiciaire privé*, 8e éd., 2013, nos 373 s.). Le ministère public peut intervenir comme *partie jointe*; il fait alors seulement « connaître son avis sur l'application de la loi dans une affaire dont il a communication ». Surtout, il peut intervenir comme partie principale, dans des cas plus étendus que ne le prévoyait la jurisprudence antérieure (A). L'élargissement du droit d'action des groupements qui caractérise la période contemporaine lui suscite des concurrents (B).

A. — Un domaine d'intervention plus étendu

9 Dans deux directions, l'on peut observer une extension du rôle du ministère public comme partie principale. Elles correspondent aux articles 422 et 423 du Code de procédure civile (v. Mikalef-Toudic, *Le ministère public, partie principale dans le procès civil*, thèse Caen, éd. 2007).

10 *1°* « Le ministère public agit d'office dans les cas spécifiés par la loi ». Or, le législateur a accru le nombre des situations où le pouvoir d'agir d'office est expressément reconnu au ministère public. C'est ainsi notamment que, sur la question dont avait à connaître le second arrêt reproduit, l'article 339, alinéa 2 (réd. L. 3 janv. 1972) prévoyait que l'action en contestation de reconnaissance, ouverte à tout intéressé, l'est aussi « au ministère public, si des indices tirés des actes eux-mêmes rendent invraisemblable la filiation déclarée ». On avait fait valoir, lors du vote de ce texte, que « cette atteinte à la règle traditionnelle de la "paix des familles" concerne le cas par exemple où la différence d'âge entre l'enfant et l'auteur de la reconnaissance est trop faible pour que le lien soit vraisemblable » (*JO*, Doc. parl. Ass. nat. Rapp. n° 1926 de M. Foyer, 28 juin 1971, p. 81, n° 1926; v. aussi art. 373-2-8, autorité parentale; 375, al. 1er, assistance éducative). Loin de refouler l'action du ministère public en la matière, l'ordonnance du 4 juillet 2005 sur la filiation a introduit dans le Code civil un article 336 aux termes duquel « la filiation légalement établie peut être contestée par le ministère public si des indices tirés des actes eux-mêmes la rendent invraisemblable ou en cas de fraude à la loi » (comp. Grenoble, 23 févr. 1993, *RTD civ.* 1993. 809, obs. J. Hauser). Les règles relatives au mariage sont, elles aussi, importantes, car, au nombre des intéressés admis à faire valoir la nullité d'un mariage nul de nullité absolue figure le ministère public (art. 190) dans tous les cas où s'applique l'article 184 (v. *infra*, n°s 33-34, § 4). La loi du 4 avril 2006 renforçant la prévention et la répression des violences au sein du couple étend, en matière de mariage, les pouvoirs du parquet. Modifiant l'article 180 alinéa 1er du Code civil, elle donne au ministère public le droit de demander la nullité du mariage dans le cas où le consentement d'un des conjoints n'aurait pas été libre (M. Azavant, *Dr. fam.* 2006, chron. n° 40). Ajoutons que si, « toute personne a le droit d'agir pour faire décider qu'elle a ou qu'elle n'a point la qualité de Français » (art. 29-3, al. 1er, C. civ.), « le procureur de la République a le même droit à l'égard de toute personne » (al. 2).

11 *2°* En dehors des cas spécifiés par la loi, le ministère public « peut agir pour la défense de l'ordre public à l'occasion des faits qui portent atteinte à celui-ci » (art. 423 C. pr. civ.). Cette formulation est plus extensive que celle retenue par la Cour de cassation dans le second arrêt commenté. Alors qu'il était précisé, dans cette décision, que le ministère public « peut agir pour la défense de l'ordre public à l'occasion des faits qui portent *directement* et *principalement* atteinte à celui-ci », ces deux adverbes furent effacés lorsqu'il devint en 1975 l'article 423 du Code de procédure civile. Libérant le ministère public de toute préoccupation relative aux intérêts privés, cette nouvelle rédaction permet à l'ordre public de peser de tout son poids. La haute juridiction a néanmoins déclaré irrecevable la tierce opposition formée par le ministère public contre une décision prononçant le divorce sur demande conjointe qui lui apparaissait contraire à l'ordre public (Civ. 1re, 17 nov. 1981, *JCP* 1982. II. 19842, note Gobert, *D.* 1982. 573, obs. Guiho, *Rev. crit. DIP* 1982. 669, note Jacques Foyer, *RTD civ.* 1983. 198, obs. R. Perrot). (Sur l'action en nullité d'un mariage homosexuel intentée par le ministère public, avant que la loi du 17 mai 2013 n'ait ouvert le mariage aux personnes de même sexe, voir Civ. 1re, 13 mars 2007, *infra*, n° 33 et Bordeaux, 19 avr. 2005, *D.* 2006. 1414, note J.-J. Lemouland et D. Vigneau, *Dr. fam.* 2005, n° 124, note Azavant, *RTD civ.* 2005. 574, obs. J. Hauser.)

B. — La concurrence des associations

12 La situation du ministère public comme partie principale appelle, malgré ces diverses extensions, des réflexions particulières en termes de démarches concurrentes dans le déclenchement de l'action en justice. En effet, le droit français s'est progressivement orienté dans le sens d'un élargissement du droit d'action des groupements. Aux *syndicats*, a été expressément reconnu le « droit d'agir en justice ». « Ils peuvent, devant toutes les juridictions, exercer tous les droits réservés à la partie civile concernant les faits portant un préjudice direct ou indirect à l'intérêt collectif de la profession qu'ils représentent » (art. L. 2132-3, C. trav.). Des pouvoirs comparables ont été reconnus aux *ordres professionnels*, ainsi qu'à un nombre grandissant d'*associations* auxquelles le législateur a reconnu le pouvoir d'agir pour la défense d'intérêts collectifs : unions d'associations familiales (art. L. 211-3, CASF), associations de consommateurs (art. L. 421-1 s., C. consom.), associations de lutte conte le racisme, le proxénétisme, etc. (art. 2 s., C. pr. pén.).

Dans une plus vaste perspective, une offensive a été conduite en vue de l'admission en droit français de l'*action de groupe* (1), en s'inspirant de ce qui se pratique à l'étranger. C'est ainsi que selon la *class action* américaine ou le *recours collectif* québécois, toute personne, physique ou morale, peut prétendre représenter un groupe de victimes, à certaines conditions contrôlées par le tribunal saisi. Dans un premier temps, la loi du 18 janvier 1992 a introduit dans notre droit l'action en représentation conjointe, qu'une association peut exercer « lorsque plusieurs consommateurs, personnes physiques, identifiés, ont subi des préjudices individuels qui ont été causés par le fait d'un même professionnel, et qui ont une origine commune » (art. L. 422-1, C. consom.). Reste qu'il faut alors un mandat expressément donné par le consommateur à l'association, ce qui limite considérablement la portée de l'innovation. Une deuxième étape a été franchie avec la loi du 17 mars 2014 qui a introduit, au sein du droit français, une véritable action de groupe dont le domaine reste néanmoins limité puisqu'elle joue uniquement pour la seule réparation des préjudices patrimoniaux résultant des dommages matériels subis par les consommateurs à la suite de manquements commis par des professionnels à leurs obligations légales ou contractuelles, à l'occasion de vente de biens ou de la fourniture de services ou lorsque ces préjudices résultent de pratiques anticoncurrentielles (Rebeyrol, « La nouvelle action de groupe », *D.* 2014. 947). Le système ainsi mis en place ne correspond à aucun modèle existant, en sorte qu'on a pu parler à son propos de « l'exorbitance de l'action de groupe à la française » (N. Molfessis, *D.* 2014. 947). Expression d'une certaine judiciarisation de la vie économique, ces actions sont la marque d'une société de plus en plus contentieuse.

---

(1) V., à ce sujet, S. Guinchard, « Le rôle et la participation des associations dans l'action en justice en droit français », *RIDC* 1989. 13 s.; E. Savaux, « La personnalité morale en procédure civile », *RTD civ.* 1995. 1 s.; L. Boré, *La défense des intérêts collectifs par les associations devant les juridictions administratives et judiciaires*, thèse Paris I, éd. 1997; *L'opportunité d'une action de groupe en droit des sociétés*, dir. Véronique Magnier, PUF, 2005.

PREUVES

17

CHARGE DE LA PREUVE. MÉDECIN. OBLIGATION D'INFORMATION. EXÉCUTION

Civ. 1re, 25 février 1997

(*Gaz. Pal.* 1997. 1. 274, rapp. P. Sargos, *D.* 1997. Somm. 319, obs. J. Penneau, *JCP* 1997. I. 4025, obs. G. Viney, *CCC* 1997, n° 76 et chron. 5 par L. Leveneur, *Defrénois* 1997. 751, obs. J.-L. Aubert, *Resp. civ. et assur.* 1997, chron. n° 8 par C. Lapoyade-Deschamps, *RTD civ.* 1997. 434, obs. P. Jourdain et 924, obs. J. Mestre)

M. H. c. Dr C.

Celui qui est légalement ou contractuellement tenu d'une obligation particulière d'information doit rapporter la preuve de l'exécution de cette obligation.

Faits. — Souffrant de douleurs abdominales, M. H. a consulté un médecin qui a pratiqué une coloscopie, à l'occasion de laquelle il a procédé à l'ablation d'un polype. Rentré chez lui, M. H. a ressenti, le lendemain de cette intervention, de nouvelles douleurs abdominales. Les examens immédiatement pratiqués ont permis d'établir que l'intestin avait été perforé lors de la coloscopie, ce qui a rendu nécessaire une autre intervention qui a laissé au patient de lourdes séquelles.

Celui-ci a introduit une action en responsabilité devant le tribunal de grande instance de Rennes. Une expertise ayant conclu à l'absence de faute du médecin mais souligné que « le risque de perforation au cas de coloscopie est à prendre en considération car il est loin d'être exceptionnel », le patient invoqua en appel, entre autres griefs, le fait que le médecin ne l'avait pas informé du risque de perforation inhérent à la coloscopie. Cette demande fut repoussée au motif qu'il revenait au demandeur de prouver le défaut d'information. Or il n'avait produit aux débats aucun élément accréditant sa thèse. Un pourvoi fut formé.

ARRÊT

La Cour; — *Sur le moyen unique pris en ses deux dernières branches :*

Vu l'article 1315 du Code civil; — Attendu que celui qui est légalement ou contractuellement tenu d'une obligation particulière d'information doit rapporter la preuve de l'exécution de cette obligation; — Attendu qu'à l'occasion d'une coloscopie avec ablation d'un polype réalisée par le docteur C., M. H. a subi une perforation intestinale; qu'au soutien de son action contre ce médecin, M. H. a fait valoir qu'il ne l'avait pas informé du risque de perforation au cours d'une telle intervention; que la cour d'appel (Rennes, 5 juill. 1994) a écarté ce moyen et débouté M. H. de son action au motif qu'il lui appartenait de rapporter la preuve de ce que le praticien ne l'avait pas averti de ce risque, ce qu'il ne faisait pas dès lors qu'il ne produisait aux débats aucun élément accréditant sa thèse; — Attendu qu'en statuant ainsi, alors que le médecin est tenu d'une obligation particulière d'information, vis-à-vis de son patient et qu'il lui incombe de prouver qu'il a exécuté cette obligation, la cour d'appel a violé le texte susvisé; — *Par ces motifs, et sans qu'il y ait lieu de statuer sur les deux premières branches du moyen :* casse et annule.

OBSERVATIONS

1 En précisant que « celui qui réclame l'exécution d'une obligation doit la prouver » (art. 1315, al. 1er C. civ.) et que « réciproquement, celui qui se prétend libéré doit justifier le paiement ou le fait qui a produit l'extinction de son obligation » (art. 1315, al. 2 C. civ.), les rédacteurs du Code civil ont entendu exprimer une règle traditionnelle, selon laquelle la charge de la preuve incombe au demandeur : *actori incumbit probatio*; *reus in excipiendo fit actor.*

Souvent présentée comme la simple expression du bon sens, cette directive soulève pourtant de délicats problèmes de compréhension et de mise en œuvre. Aussi bien n'est-il pas inutile de préciser les *principes* qui gouvernent la matière (I), avant de s'interroger sur leur *application* au problème de la preuve de l'exécution ou de l'inexécution de l'obligation d'information du médecin (II).

I. — Les principes

2 À s'en tenir à une lecture littérale de l'article 1315 du Code civil, il semble que ce texte règle le problème de la charge de la preuve en établissant un *ordre chronologique* de la production des preuves. Émettant une prétention et alléguant des faits à son soutien, le demandeur devra prouver ceux-ci si leur existence est contestée par son adversaire. Une fois ces faits établis, le défendeur, sortant de son expectative, puisera à son tour dans l'arsenal juridique un moyen de défense au soutien duquel il alléguera des faits qu'il devra, en cas de contestation, prouver. La charge de la preuve pèsera ainsi alternativement sur chacune des parties jusqu'à ce que l'une d'entre elles ne puisse y satisfaire. Elle perdra alors le procès.

Une telle présentation du problème ne rend que très imparfaitement compte de la réalité. D'une part, les parties se conforment rarement à l'ordre théorique de production des preuves. Bien loin de rester dans une attitude passive, chaque plaideur combat activement les preuves produites par la partie adverse; il est, en effet, plus difficile de détruire une conviction déjà formée que de l'empêcher de naître (Ghestin, Goubeaux et Fabre-Magnan, *Introduction générale*, n° 644). D'autre part, le juge peut intervenir activement dans la recherche des preuves; écartant l'adage *nemo tenetur edere contra se* (nul n'est tenu de produire contre lui-même), le nouveau Code de procédure civile (art. 11) lui permet notamment, à la requête de l'une des parties, d'enjoindre à l'autre partie de produire un élément de preuve qu'elle détient (v. aussi art. 10 C. civ. réd. L. 5 juill. 1972; C. Marraud, « Le droit à la preuve : la production forcée des preuves en justice », *JCP* 1973. I. 2572; Le Gall, *Le devoir de collaboration des parties à la manifestation de la vérité dans les litiges privés; remarques sur l'adage* « nemo tenetur edere contra se », thèse ronéot. Paris 1967; Daigre, *La production forcée des preuves dans le procès civil*, thèse Poitiers 1979; A. Bergeaud, *Le droit à la preuve*, 2010).

3 Aussi bien la doctrine moderne a-t-elle mis en évidence que la véritable signification de l'expression « charge de la preuve » était autre. Ces règles ont, en effet, pour objet de déterminer moins l'ordre chronologique de production des preuves que l'attribution du *risque de la preuve* (Motulsky, *Principes d'une réalisation méthodique du droit privé*, 1948, n° 117; Legeais, *Les règles de preuve en droit civil, permanences et transformations*, LGDJ, 1965, p. 101; F. Boulanger, « Réflexions sur le problème de la charge de la preuve », *RTD civ.* 1966. 736 s., spéc. n° 5; Devèze, *Contribution à l'étude de la charge de la preuve en matière civile*, thèse ronéot., Toulouse 1980; T. Le Bars, « De la théorie des charges de la preuve et de l'allégation à la théorie globale des risques processuels », *Mélanges G. Goubeaux*, 2009, p. 319; Terré, *Introduction générale au droit*, n°s 590 s., spéc. n° 597). Au cas où la lumière ne pourrait être faite, aucune des preuves produites par les parties n'entraînant la conviction du juge, il convient de savoir qui succombera. Alors même que l'incertitude subsisterait, le juge ne peut, en effet, renvoyer les parties dos à dos et refuser de statuer; il commettrait un déni de justice. Obligé de trancher le litige, il le fera au détriment de celui sur qui pèse le fardeau de la preuve et qui n'a pas su entraîner sa conviction. Selon la formule de la Cour de cassation, « l'incertitude et le doute subsistant à la suite de la production d'une preuve doivent nécessairement être retenus au détriment de celui qui avait la charge de la preuve » (Soc. 31 janv. 1962, *Bull. civ.* IV, n° 105, p. 85; 15 oct. 1964, *Bull. civ.* IV, n° 678, p. 556).

4 Reste alors à déterminer qui supporte le risque de la preuve. À cet effet, diverses directives ont été avancées. Certains se réclament de l'idée que la charge de la preuve pèse sur celui qui se prévaut d'un fait contraire à l'ordre normal et habituel des choses (v. par ex. Gény, *Science et technique en droit privé positif*, t. 3, n° 231). L'article 1315 ne serait qu'une illustration de cette idée. Comme l'écrivait Demolombe, « la situation normale ce n'est pas, bien entendu, l'existence de l'obligation, la présomption, au contraire, c'est l'absence du lien de l'obligation ! C'est la liberté ! Mais lorsque le demandeur a prouvé l'existence de l'obligation, ou lorsque le défendeur a reconnu l'existence de l'obligation, c'est à lui de prouver ce mode de libération qu'il invoque; car c'est lui qui veut innover » (*Cours de Code Napoléon*, t. 29, 1876, n° 188, p. 185).

La doctrine moderne a précisé la directive en soulignant que la charge de la preuve diffère selon que le créancier demande l'exécution de l'obligation ou agit en responsabilité pour inexécution de celle-ci. Dans le premier cas, il appartient au créancier de rapporter la preuve de l'existence de l'obligation dont il entend obtenir l'exécution; et le débiteur peut y échapper en prouvant que l'obligation est éteinte par une cause quelconque, en particulier par le paiement qu'il prétend avoir fait. Dans le second cas, la responsabilité contractuelle suppose pour sa mise en œuvre que soit établie l'inexécution des obligations du débiteur. La preuve de cette inexécution incombe donc au créancier demandeur en dommages-intérêts. Elle sera plus ou moins lourde à apporter selon la nature de l'obligation qui pèse sur le débiteur. Si celui-ci est tenu d'une obligation de résultat, la preuve résulte de la seule démonstration que le résultat recherché par les parties n'a pas été atteint. S'il est tenu d'une obligation de moyens, la preuve exigée du demandeur n'est pas seulement celle de sa propre insatisfaction, mais celle de l'imprudence, de la négligence, en un mot du comportement fautif du débiteur (Goubeaux et Bihr, *Rép. civ.*, v° *Preuve*, n°s 141 s.).

5 L'idée de normalité est alors insuffisante à rendre compte d'une telle construction. Aussi bien Henri Motulsky a-t-il mis en avant une autre directive, celle de la *prétention*. Très directement inspiré des travaux de cet auteur, l'article 9 du nouveau Code de procédure civile complète utilement l'article 1315. Aux termes de ce texte, il incombe « à chaque partie de prouver conformément à la loi les faits nécessaires au succès de sa prétention ». Le risque de la preuve ne dépend donc pas de l'initiative de la procédure mais de la formulation d'une prétention. Certes, les deux coïncideront au départ : le demandeur qui décide d'engager le procès émet toujours une prétention car sa démarche auprès du tribunal serait absurde si elle était sans objet. Mais le demandeur n'a pas le monopole de l'émission des prétentions. En réponse, le défendeur peut soit contester l'existence de tel ou tel fait allégué au soutien de sa prétention, soit émettre à son tour une prétention dont le succès serait de nature à ruiner celle de son adversaire. Dans le premier cas, le défendeur n'a rien à prouver puisque son moyen n'est que la contestation des faits allégués par le demandeur au soutien de sa prétention. En revanche, il revient à celui qui émet une prétention distincte d'alléguer et, si nécessaire, de prouver les faits qui la soutiennent. Toute la difficulté est donc de discerner dans le moyen de défense la présence d'une prétention distincte. Celle-ci fixe, en effet, le seuil à partir duquel la charge de la preuve bascule sur l'adversaire. Selon Motulsky dont les travaux ont directement inspiré les dispositions liminaires du nouveau Code de procédure civile, il en irait ainsi lorsque les « éléments générateurs du droit » invoqués par l'auteur d'une prétention auraient été établis et que son adversaire réclamerait l'application d'une règle qui modifierait la situation juridique ainsi créée (*op. cit.*, n° 11, p. 121).

Là encore, la directive ne va pas sans incertitudes. Aussi bien, les solutions sont-elles, en la matière, dictées tout autant par des considérations de politique juridique que par l'application mécanique des principes qui gouvernent la charge de la preuve. L'évolution de la jurisprudence sur la charge de la preuve de l'exécution du devoir d'information qui pèse sur certaines professions, et notamment les médecins, en fournit une bonne illustration. À quarante-six ans d'intervalle, la haute juridiction y a consacré une solution et son contraire, en fonction de ce qui lui paraissait le plus opportun. Les auteurs se sont empressés de les habiller, l'une comme l'autre, aux couleurs de l'orthodoxie juridique.

II. — L'application

6 Dans la présente affaire, un chirurgien avait pratiqué une coloscopie. Cette intervention ayant eu des suites malheureuses pour le patient, celui-ci avait cherché à en obtenir réparation. Encore fallait-il démontrer la faute du médecin. Lié à son patient par une simple obligation de moyens, le médecin est tenu de donner au malade des soins consciencieux, attentifs et, réserve faite des circonstances exceptionnelles, conformes aux données acquises de la science (Civ. 20 mai 1936, *infra*, n° 162, t. 2, 12e éd.). Or les premiers juges conclurent à l'absence de faute du médecin.

D'où, en appel, une demande en dommages-intérêts fondée sur la méconnaissance du devoir d'information du médecin, lequel, découvert initialement par la jurisprudence (Req. 28 janv. 1942, *DC* 1942, p. 63), est aujourd'hui consacré notamment par l'article 16-3 du Code civil, par l'article 35, alinéa 1er du décret du 6 septembre 1995 portant Code de déontologie médicale qui dispose très explicitement que « tout médecin doit à la personne qu'il examine, qu'il soigne ou qu'il conseille, une information loyale, claire et appropriée sur son état, les investigations et les soins qu'il lui propose. Tout au long de la maladie, il tient compte de la personnalité du patient dans ses explications et veille à leur compréhension », ainsi que par l'article L. 1111-1 du Code de la santé publique (réd. L. 4 mars 2002). Selon le patient, son médecin aurait procédé à une intervention non dépourvue de gravité sans l'informer des risques inhérents à celle-ci, de telle sorte que le consentement du patient à l'opération n'était pas éclairé. La cour d'appel repoussa la demande aux motifs « qu'il appartenait (au patient) de rapporter la preuve de ce que le médecin ne l'aurait pas averti des risques inhérents à une polypectomie, et notamment de celui de perforation digestive, qualifié de non négligeable par l'expert »; or le patient ne produisait aux débats aucun élément accréditant cette thèse.

En énonçant cette solution, la cour d'appel ne faisait, elle-même, que se conformer à une jurisprudence bien assise puisque, formulée pour la première fois par la haute juridiction en 1951 (Civ. 29 mai 1951, *D.* 1952. 53, note R. Savatier, *S.* 1953. 41, note Nerson, *JCP* 1951. II. 6421, note Perrot, *RTD civ.* 1951. 508, obs. H. et L. Mazeaud), elle avait été ensuite constamment réaffirmée (v. en dernier lieu Civ. 1re, 4 avr. 1995, *Bull. civ.* I, n° 159, *Dr. et patr.* oct. 1995, p. 97, obs. Chabas). La haute juridiction décidait, en effet, de façon très ferme, que la charge et donc le risque de la preuve de l'inexécution de l'obligation d'information incombaient au malade, celui-ci étant tenu de prouver qu'il n'a pas été informé des risques attachés à l'opération réalisée.

Par l'arrêt ci-dessus reproduit, la haute juridiction procède donc à un important revirement de jurisprudence. Visant le seul article 1315 du Code civil, elle énonce que c'est à celui qui est tenu, légalement ou contractuellement, d'une obligation d'information de rapporter la preuve de son exécution. Partant la charge et donc le risque de la preuve pèsent, en la circonstance, non plus sur le patient mais sur le médecin. Énoncée de manière très générale, la règle vaut, selon le rapporteur de l'arrêt, pour tous les professionnels débiteurs d'une obligation d'information (Sargos, rapp., *Gaz. Pal.* 1997. 1. 279). Et de fait, la haute juridiction a ultérieurement appliqué cette règle aux obligations d'information de l'avocat (Civ. 1re, 29 avr. 1997, *Bull. civ.* I, n° 132, *JCP* 1997. II. 12948, note R. Martin, *CCC* 1997, n° 111, obs. Leveneur, *RTD civ.* 1997. 725, obs. Mestre), du notaire (Civ. 1re, 3 févr. 1998, *Bull. civ.* I, n° 44, *RTD civ.* 1999. 84, obs. Mestre), de l'huissier (Civ. 1re, 15 déc. 1998, *Bull. civ.* I, n° 364), du garagiste (Civ. 1re, 15 mai 2002, *JCP* 2003. I. 152, n° 19, obs. G. Viney), du souscripteur d'une assurance de groupe (Civ. 1re, 9 déc. 1997, *Bull. civ.* I, n° 356, *RTD civ.* 1999. 83, obs. Mestre), etc. Elle l'a fait jouer aussi bien lorsque le défaut d'information est allégué pour mettre en œuvre la responsabilité du débiteur de cette obligation que pour fonder une demande d'annulation d'un contrat pour réticence dolosive (Civ. 1re, 15 mai 2002, *CCC* 2002, n° 135, note L. Leveneur, *JCP* 2002. I. 184, n° 1, obs. F. Labarthe). La solution est également consacrée, dans les rapports professionnel-consommateur, par l'article L. 111-1 du Code de la consommation (réd. L. 12 mai 2009).

7 Au regard des principes qui gouvernent la charge de la preuve, la solution ne s'impose pourtant pas avec la force de l'évidence. À se placer sur le terrain de la normalité, il a été soutenu que l'intégrité physique étant la situation normale, le malade peut se contenter de prouver qu'il y a été porté atteinte; et ce sera au médecin d'établir qu'il avait obtenu, au préalable, le consentement éclairé du malade. Déplaçant la question du terrain de la normalité sur celui de la technique juridique, on fait aussi valoir que la nouvelle solution serait dictée par le texte même de l'article 1315 du Code civil. C'est ainsi que, selon Mme Viney, « la preuve que l'alinéa 1er de ce texte impose au créancier est celle de l'existence de l'obligation », laquelle pour les médecins résulte de la loi. « Par conséquent, lorsqu'après l'exécution de la prestation, le client se plaint de ne pas avoir été correctement informé et que le professionnel conteste cette allégation, la situation relève, non pas de l'alinéa 1er de l'article 1315 mais de l'alinéa 2 qui impose la preuve au débiteur ». Et l'éminent auteur d'ajouter, « d'ailleurs dans sa thèse consacrée à l'obligation d'information dans les contrats, Mme Fabre-Magnan a montré de façon décisive que la charge de la preuve de l'obligation d'information doit être imposée au débiteur (…). Cet arrêt marque donc un retour à l'orthodoxie juridique » (*JCP* 1997. I. 4025, n° 12).

8 Un tel retour à l'orthodoxie n'est, cependant, peut-être pas aussi évident qu'on veut bien le dire. Rappelons, en effet, que le patient ne demandait pas l'exécution de l'obligation mais agissait en responsabilité pour inexécution de l'obligation. Il lui incombait donc, en vertu de l'article 9 du Code de procédure civile de prouver les éléments de fait nécessaires au succès de sa prétention. Or parmi ceux-ci figure, à l'évidence, l'inexécution de l'obligation. Afin de contourner cet écueil, Mme Fabre-Magnan enseigne que cette obligation est une obligation de résultat, de telle sorte que le débiteur est tenu de transmettre l'information à son cocontractant et ne sera exonéré que par la preuve d'un cas de force majeure ayant empêché cette communication (M. Fabre-Magnan, *De l'obligation d'information dans les contrats*, thèse Paris I, éd. 1992, n° 494, p. 402 et n°s 542 s., p. 430 s.). Mais une telle analyse ne suffit pas à résoudre le problème. Dire d'une obligation qu'elle est de résultat ne dispense pas, en effet, le créancier qui se plaint de l'inexécution de celle-ci de démontrer que le résultat recherché par les parties n'a pas été atteint. Comme la Cour de cassation l'a fréquemment rappelé, celui qui agit en dommages-intérêts pour l'inexécution d'une obligation doit établir toutes les conditions de la responsabilité, c'est-à-dire l'existence de l'obligation mais aussi son inexécution (Com. 22 mars 1977, *Bull. civ.* IV, n° 92). Or dans le cas présent, cette inexécution n'est pas démontrée mais présumée de manière fort contestable. Le fait qu'un risque s'est réalisé ne rend, en effet, nullement vraisemblable que la victime avait été tenue dans l'ignorance de ce risque (comp. F. Chabas, « L'obligation médicale d'information en danger », *JCP* 2000. I. 212, n° 4).

Aussi bien, conscients de la difficulté, d'autres auteurs estiment qu'il faut distinguer selon que le créancier se plaint d'une inexécution totale ou d'une mauvaise exécution. La charge de la preuve de l'inexécution pèserait sur le créancier dans le second cas mais non dans le premier (Jourdain, *RTD civ.* 1997. 142; rappr. M. Buchberger, « Le rôle de l'art. 1315 C. civ. en cas d'inexécution d'un contrat », *D.* 2011. 465, spéc. n° 15). Rien dans les principes qui gouvernent l'attribution du risque de la preuve ne justifie une telle distinction, qui apparaît en outre assez artificielle, notamment dans l'hypothèse du devoir d'information du médecin. La charge de la preuve de l'inexécution pèserait, en effet, sur le médecin au cas où le patient se plaindrait d'un défaut d'information complet, elle pèserait sur le malade au cas il alléguerait une information incomplète. Il est difficile d'aller plus loin dans la casuistique. En réalité, on voit bien ici que l'orthodoxie juridique conduisait à faire peser la preuve de l'inexécution de l'obligation d'information, condition d'obtention des dommages-intérêts, sur celui qui les demandait. C'est dire que le revirement de la jurisprudence est dicté moins par les impératifs du droit de la preuve que par des considérations d'opportunité.

9 La première de ces considérations d'opportunité a trait précisément à la preuve qui est exigée de la victime. Décider que celle-ci doit prouver le défaut d'exécution de l'obligation d'information, c'est faire peser sur elle une *preuve négative*. Or il a souvent été souligné qu'une telle preuve est délicate à rapporter (Larguier, « La preuve d'un fait négatif », *RTD civ.* 1953. 1) et qu'elle met le patient dans l'étroite dépendance du médecin puisqu'elle dépend d'un aveu plus ou moins direct de celui-ci ou encore de ses contradictions. Au contraire, le médecin peut aisément préconstituer la preuve en faisant signer au patient ou, en cas de fragilité de celui-ci, à ses proches un document.

La deuxième tient au fait qu'une plus grande rigueur dans la mise en œuvre de l'obligation d'information permettrait, selon certains, d'éviter nombre d'actes médicaux dangereux, qui sont réalisés sans être toujours indispensables. Grâce à une plus grande transparence, le patient resterait maître des traitements qui lui sont appliqués et échapperait à des interventions qui peuvent s'avérer pires que le mal dont il souffre (Viney, *JCP* 1997. I. 4025, n° 18). À l'opposé, on fait valoir que la solution nouvelle n'est pas sans présenter certains effets pervers : en insistant de façon excessive sur les risques, on peut dissuader le patient de subir une intervention souhaitable; en obligeant les médecins à se préconstituer des preuves, on les astreint à une paperasserie très lourde qui risque de les détourner des spécialités où ces contraintes sont particulièrement fortes, à moins qu'elle ne favorise la diffusion de documents stéréotypés peu propices à une véritable information du patient (Leveneur, *CCC* 1998, n° 160; Chabas, *JCP* 2000. I. 212, n° 5). Cet inconvénient s'était encore accru avec le renforcement qu'a ultérieurement connu l'obligation d'information du médecin. Alors que traditionnellement, les médecins étaient, sauf dans le domaine de la chirurgie esthétique, dispensés d'indiquer au patient les risques exceptionnels qu'ils encouraient (Civ. 1re, 3 janv. 1991, *Bull. civ.* I, n° 5), il a été décidé qu'ils devaient les signaler dès lors que ceux-ci présentent un caractère grave (Civ. 1re, 7 oct. 1998, *D.* 1999. 145, note Porchy, *JCP* 1998. II. 10179, concl. Sainte-Rose, note Sargos, *CCC* 1998, n° 160, note Leveneur, *RTD* civ. 1999. 111, obs. Jourdain; 9 oct. 2001, *supra*, n° 12).

L'obligation d'information du médecin a été consacrée par la loi du 4 mars 2002 relative aux droits du malade, dont les dispositions figurent sur ce point à l'art. L. 1111-2 du Code de la santé publique, complété par les articles R. 4127-35 et R. 4127-36 du même code. S'agissant de la charge de la preuve, l'article L. 1111-2 dispose dans son alinéa 7 : « En cas de litige, il appartient au professionnel ou à l'établissement de santé d'apporter la preuve que l'information a été délivrée à l'intéressé... ». La jurisprudence précise que le médecin à qui incombe la charge de la preuve de ce qu'il a informé son patient « peut s'en acquitter par tous moyens » (Civ. 1re, 12 juin 2012, *CCC* 2012, n° 22, note L. Leveneur; voir déjà Civ. 1re, 14 oct. 1997, *JCP* 1997. I. 4068, obs. Viney, *RTD civ.* 1998. 100, obs. Mestre; rappr. Civ. 1re, 3 févr. 1998, préc., pour le notaire).

Le débat s'est aujourd'hui déplacé de la question de la charge de la preuve à celle de la définition du préjudice réparable (sur cette question, voir en dernier lieu Civ. 1re, 23 janv. 2013, *D.* 2014. 590, note M. Bacache).

18

MODES DE PREUVE. ACTES JURIDIQUES. VIOLATION. DOL. EXISTENCE DE L'OBLIGATION. PREUVE ÉCRITE

Civ. 14 février 1938

(*DP* 1938. 1. 85, note Mimin, *S.* 1938. 1. 350, *Gaz. Pal.* 1938. 1. 605)

G... c. R...

La preuve d'une convention dont l'existence et la violation sont invoquées doit, lorsque la somme excède 5 000 francs (anciens) — aujourd'hui

1 500 euros —, être faite conformément aux règles du droit civil, et exceptionnellement par témoins ou par présomptions lorsqu'il existe un commencement de preuve par écrit (C. civ., art. 1341 s.).

Il en est ainsi, notamment, d'une promesse de cession d'office notarial, quand le prétendu bénéficiaire forme contre le notaire en titre une action en dommages-intérêts fondée sur l'article 1382 du Code civil, à raison du préjudice que lui aurait causé le refus de céder l'office aux conditions convenues.

Faits. — Le sieur R... a réclamé au sieur G... des dommages-intérêts en réparation du préjudice résultant pour lui de l'inexécution de la promesse que lui avait faite G... de lui céder son étude de notaire. Celui-ci a opposé à la demande une fin de non-recevoir tirée de l'article 6 de la loi du 23 juin 1841, qui, pour les cessions d'offices, exige la rédaction d'un écrit. Cette prétention a été repoussée et la demande admise par un jugement du tribunal départemental du Morbihan (section de Vannes) du 1er juin 1928 (rapporté au *DH* 1929. 548 sous l'arrêt ci-après rapporté), que la cour de Rennes a, sur appel de G..., confirmé par les motifs suivants :

« Considérant que la promesse fallacieuse de consentir une convention peut, sans qu'elle oblige contractuellement le promettant, constituer une faute quasi-délictuelle ; — Considérant que les moyens de prouver cette faute, qui n'est que génératrice de dommages-intérêts, ne se confondent pas nécessairement avec les modes de preuve du contrat seulement projeté ; — Considérant que si, pour les contrats purement consensuels, les conditions de preuve de la promesse peuvent être les mêmes que celles du contrat lui-même, c'est que précisément, en cette hypothèse, le consentement suffit pour que la convention soit parfaite, que la promesse par suite équivaut au contrat et a les mêmes effets obligatoires ; — Considérant qu'il ne peut en être de même pour des contrats solennels ou soumis à des formes particulières ; que la promesse ne vaut pas convention, que la promesse a le caractère d'un simple fait qui peut, le cas échéant, constituer un quasi-délit ; — Considérant que la preuve d'un fait échappe aux règles de la preuve des contrats ; — Considérant que bien plus, une promesse qui, non seulement n'engagerait contractuellement qu'établie par des modes de preuve particuliers mais qui, même prouvée, ne serait pas obligatoire, peut encore, si elle a été faite de mauvaise foi ou imprudemment, donner lieu à des dommages-intérêts ; — Considérant que c'est ainsi qu'une jurisprudence constante sanctionne par l'allocation de dommages-intérêts la rupture abusive d'une promesse de mariage qu'on ne peut cependant jamais, si prouvée et reconnue qu'elle soit, être contraint de réaliser ; — Considérant qu'*a fortiori* aucun principe n'interdit d'établir qu'une partie a fait miroiter aux yeux de l'autre partie l'espérance d'une convention et a, ensuite, par caprice, refusé de la réaliser ; — Considérant que la source de la faute sera moins dans l'inexécution de la promesse, laquelle n'a créé aucun lien contractuel, que dans le fait de la promesse elle-même, inconsidérément faite ; — Considérant que cette distinction n'est pas purement verbale et cette analyse seulement théorique ; — Considérant qu'elle permet de dégager la base de dommages-intérêts en la limitant au principe qui en justifie l'allocation ; — Considérant qu'on ne devra pas, pour leur calcul, tenir compte des avantages dont la partie lésée a été privée par la non-réalisation de la convention, ce qui, indirectement, rendrait cette convention obligatoire, mais uniquement du préjudice acquis, c'est-à-dire des dépenses et dérangements que la promesse non tenue a provoqués, du dommage matériel et moral qu'elle a entraîné ; — Considérant que si les faits allégués par l'intimé sont établis, il n'en résultera nullement que G… soit obligé de passer le traité de cession, mais seulement qu'il aura commis une faute et sera, le cas échéant, passible de dommages-intérêts; — Considérant que ces faits ne sont pas, quant à présent, établis au moins dans leurs circonstances, dans leur caractère fautif et dommageable; — *Par ces motifs*, confirme le jugement entrepris en ce qu'il a ordonné la preuve des faits articulés par R…, preuve contraire réservée à G… et qui sont énumérés au dispositif dudit jugement; — Admet également R… à faire, en la forme des enquêtes ordinaires, la preuve des faits suivants qu'il articule de prouver en cause d'appel… ».

ARRÊT

La Cour; — *Sur le moyen unique :* — Vu les articles 1341 et 1347 du Code civil; — Attendu que la preuve d'une convention dont l'existence et la violation sont invoquées doit, lorsque la somme excède 5 000 francs, être faite conformément aux règles du droit civil, et exceptionnellement par témoins ou par présomptions lorsqu'il existe un commencement de preuve par écrit; qu'il en est ainsi notamment d'une promesse de cession d'office notarial moyennant un prix déterminé, laquelle renferme une obligation de faire soumise, en ce qui concerne le montant du prix convenu entre les parties, aux règles édictées par les articles 1341 et s. du Code civil; — … Mais attendu que si l'articulat de R… tel qu'il ressort des motifs de la décision attaquée, avait pour objet des actes dolosifs imputables à G… et susceptibles en principe d'être établis par tous modes de preuve, il tendait, en même temps, à établir l'existence d'un engagement pris par ce dernier envers R… de lui céder sa charge à un prix déterminé, engagement dont R… entendait se prévaloir contre lui; qu'une semblable articulation portait donc à la fois sur des faits purs et simples et sur une obligation contractuelle ayant pour objet de consentir un traité de cession dans les formes prescrites par l'article 6 de la loi du 25 juin 1841, moyennant un prix excédant le chiffre fixé à l'article 1341 du Code civil; — D'où il suit qu'en statuant ainsi qu'il l'a fait, sans qu'il fût justifié d'un commencement de preuve par écrit exigé par l'article 1347 du même code, l'arrêt a violé les textes ci-dessus visés; — *Par ces motifs, et vu la connexité entre les divers chefs admis en preuve*, casse…

OBSERVATIONS

1 L'arrêt commenté illustre l'état d'un droit fidèle à la conception des rédacteurs du Code civil, riche des expériences du passé (v., sur l'évolution des formes, J. Hilaire, *Le droit, Les affaires et l'Histoire*, Economica, 1995, p. 275 s.). Mais si l'on se tourne vers l'avenir – déjà pour partie le présent – de nos sociétés, on constate l'existence d'importants bouleversements.

I. — L'héritage du passé

2 Deux grands systèmes s'opposent quant au régime de la preuve : celui de la *preuve libre*, encore nommé système de la preuve morale, n'établit aucune hiérarchie entre les modes de preuve et laisse au juge toute latitude pour former sa conviction ; celui de la *preuve légale* limite l'admissibilité des modes de preuve et commande au juge de tenir pour vrais les faits établis par les moyens de preuve admis.

Aucun de ces deux systèmes ne l'emporte complètement en droit civil français. Le système de la preuve légale prévaut pour les *actes juridiques*. Ceux-ci doivent être prouvés par écrit dès lors que les intérêts en jeu sont supérieurs à une certaine somme longtemps indiquée dans la loi (art. 1341 C. civ.) et modifiée à diverses reprises (1928, 1948, 1980 : 5 000 nouveaux francs), aujourd'hui prévue dans la loi (art. 1341, al. 1er C. civ.) laquelle renvoie sa fixation à un décret (décr. 15 juill. 1980, modifié par décr. du 20 août 2004 : 1 500 euros) ; et il n'est reçu aucune preuve par témoins contre et outre le contenu des actes (art. 1341 C. civ.). Quant au système de la liberté de preuve, il prévaut pour les *faits juridiques* dont l'existence peut être établie par tous moyens (art. 1348 C. civ.). Ce principe de répartition n'est d'ailleurs pas absolu : les actes juridiques peuvent parfois être prouvés par témoignages ou présomptions (art. 1347 et 1348 C. civ.) ; inversement, il est des faits juridiques dont la preuve est soumise par la loi à des conditions déterminées, la filiation par exemple.

3 Reprise par une jurisprudence constante (v. par ex., Civ. 13 juill. 1874, *DP* 75. 1. 173 ; Req. 8 mars 1898, *DP* 98. 1. 104 ; 18 juill. 1906, *DP* 1907. 1. 111 ; Civ. 24 déc. 1919, *DP* 1920. 1. 12 ; 20 janv. 1953, *Bull. civ.* I, n° 239 ; 27 avr. 1977, *D.* 1977. 413, note Gaury), cette distinction repose sur des considérations qui tiennent à la différence de nature des situations à prouver. Alors qu'il est difficile en pratique d'imposer aux intéressés de se ménager la preuve préconstituée de faits juridiques, c'est-à-dire de situations emportant des conséquences juridiques non voulues, car le plus souvent ils n'en prévoient pas les suites, il est au contraire parfaitement possible de leur demander de conserver la preuve d'actes juridiques, c'est-à-dire d'actes accomplis dans le seul dessein de produire des effets de droit. Et ce d'autant plus que les traces d'une expression de volonté sont généralement fuyantes et que le souvenir risque d'en être très imparfaitement gardé par les témoins (Legeais, *Les règles de preuve en droit civil, Permanences et transformations*, thèse Poitiers 1954, p. 47). Certes on a pu objecter que le système de la preuve légale pourrait être retenu aussi bien pour les faits que pour les actes juridiques, le jeu de la règle « à l'impossible nul n'est tenu » suffisant à apporter à la preuve des faits juridiques les tempéraments que leur nature rend nécessaires (Ghestin, Goubeaux et Fabre-Magnan, *Introduction générale*, n° 662). Mais ce serait méconnaître les conditions d'emploi de la dialectique du principe et de l'exception. Poser un principe dont on sait qu'il est d'emblée vidé de l'essentiel de son contenu par l'ampleur des exceptions qu'on est obligé de lui apporter est, en effet, de mauvaise méthode (Batiffol, *Problèmes de base de philosophie du droit*, p. 254 s.) Or tel serait le cas si l'on décidait que la preuve des faits juridiques obéit à un système de preuve légale. S'il est vrai, en effet, que certains faits juridiques peuvent être l'objet d'une preuve préconstituée (v. par ex. à propos de la promesse de mariage, *infra*, n° 32), il n'en va cependant pas ainsi de la plupart d'entre eux.

4 Tout en permettant de déterminer le domaine des différents modes de preuve, le critère qui résulte de la distinction des actes et des faits juridiques suscite parfois certaines difficultés de mise en œuvre. Ainsi en va-t-il en présence de « faits complexes », c'est-à-dire de situations dans lesquelles actes et faits sont étroitement imbriqués. Tel est le cas lorsque, comme en la circonstance, il s'agit de prouver un délit ou un quasi-délit qui résulte de la violation ou de l'inexécution d'un contrat. Le demandeur peut-il alors faire indistinctement la preuve du contrat et du délit selon les règles libérales applicables aux faits juridiques, c'est-à-dire par tous moyens et notamment par présomptions ? Doit-il, au contraire, si l'existence du contrat est déniée par le défendeur, le prouver comme un acte juridique, c'est-à-dire en principe par écrit si l'intérêt en jeu dépasse 1 500 euros ? Censurant la Cour de Rennes qui s'était prononcée pour une preuve libre, la haute juridiction retient un système distributif : le manquement du débiteur à son obligation est un simple fait qui peut être prouvé par tous moyens, mais l'existence du contrat ayant donné naissance à cette obligation ne saurait être établie que conformément à l'article 1341 du Code civil (v. aussi Civ. 1re, 15 juill. 1975, *Bull. civ.* I, no 241). En d'autres termes, lorsqu'acte et fait juridiques sont entremêlés, il faut isoler les éléments qui peuvent être prouvés librement de ceux qui sont soumis au système de la preuve légale.

Dans toutes les hypothèses visées ci-dessus, la faute, le dol s'étaient produits après la conclusion du contrat, à l'occasion de son exécution. Il ne faut pas confondre cette question avec celle de la preuve du dol, cause de nullité d'un acte juridique dont l'existence n'est pas contestée. Établir les manœuvres dolosives n'étant pas aller outre et contre l'écrit, la preuve en est libre (art. 1353 *in fine*; Req. 9 mai 1905, *DP* 1908. 1. 476; Civ. 4 janv. 1949, *Gaz. Pal.* 1949. 1. 145). Mais il ne suffit pas de prétendre que le consentement a été surpris par dol pour être admis à prouver librement l'existence du contrat déniée par l'adversaire (Aubry et Rau, t. 12, § 765, p. 295).

II. — Les changements du présent

5 De nouvelles techniques propres à renouveler l'approche du concept d'écrit ont, surtout au sujet de l'écrit sous forme électronique, nécessité plusieurs interventions législatives (loi du 13 mars 2000, loi du 21 juin 2004, ord. 16 juin 2005), non sans lien avec diverses directives communautaires (v. not. P. Stoffel-Munck, « La réforme des règles du commerce électronique », *JCP* E 2004. 1432; Florence Mas, *La conclusion des contrats du commerce électronique*, thèse Montpellier, 2005). De ce droit nouveau est résultée la reconnaissance, à côté de l'écrit « sur support papier », de l'écrit « sous forme électronique ». Celui-ci n'est pas un succédané de l'écrit littéral classique, mais une des formes de l'écrit littéral (F. Terré, *Introduction générale au droit*, 7e éd., nos 668 s.).

6 Cette dualité de formes ne s'est pas traduite par une disposition unique d'où résulterait une indifférence de principe au support ou au transfert de l'écrit. Si cette approche n'a pas été retenue, c'est parce qu'il ne faut pas confondre équivalence et similitude. Les articles 1316 et 1316-1 du Code civil (réd. L. 13 mars 2000) répondent à cette considération. « La preuve littérale ou preuve par écrit résulte d'une suite de lettres, de caractères, de chiffres ou de tous autres signes ou symboles dotés d'une signification intelligible, quels que soient leur support et leurs modalités de transmission » (art. 1316). « L'écrit sous forme électronique est admis en preuve au même titre que l'écrit sur support papier, sous réserve que puisse être dûment identifiée la personne dont il émane et qu'il soit établi et conservé dans des conditions de nature à en garantir l'intégrité » (art. 1316-1). Sous cette réserve, la solution retenue par l'arrêt commenté s'applique donc quelle que soit la forme de la preuve littérale.

PERSONNES JURIDIQUES

19-20

PERSONNES JURIDIQUES. PERSONNALITÉ MORALE. CONDITIONS D'EXISTENCE

I. Req. 23 février 1891. — II. Civ., 2e sect. civ. 28 janvier 1954

Il est de l'essence des sociétés civiles aussi bien que des sociétés commerciales de créer, au profit de l'individualité collective, des intérêts et des droits propres et distincts des intérêts et des droits de chacun des membres; aussi les textes du Code personnifient-ils la société, d'une manière expresse, en n'établissant jamais des rapports d'associé à associé, mais en mettant toujours les associés en rapport avec la société (1er arrêt).

D'ailleurs, la personnalité morale n'est pas une création de la loi; elle appartient en principe à tout groupement pourvu d'une possibilité d'expression collective pour la défense d'intérêts licites, dignes par suite d'être reconnus et protégés par la loi. Et, si le législateur a le pouvoir de priver de la personnalité telle catégorie de groupements, il en reconnaît au contraire implicitement mais nécessairement l'existence en faveur d'organismes créés par lui-même avec mission de gérer certains intérêts collectifs, tels les comités d'établissement créés par l'article 21 de l'ordonnance du 22 février 1945 (2e arrêt).

I. — Req. 23 février 1891

(*DP* 91. 1. 337, *S.* 92. 1. 73, note Meynial)

Banque générale des Alpes-Maritimes c. Rigal

Faits. — Le 10 juin 1884, un sieur Rigal consentait à la Banque générale des Alpes-Maritimes une inscription hypothécaire sur un immeuble dont il était copropriétaire avec les sieurs Roubaud et Victor Masséna, duc de Rivoli. Par acte du 26 juillet 1884, Roubaud, Rigal et le duc de Rivoli ont vendu au sieur Lambert un terrain dépendant de cet immeuble. Le prix n'ayant pas été payé comptant, il y a eu inscription du privilège des vendeurs et délégation au profit d'un précédent propriétaire, non payé, le sieur Raynard. L'acquéreur, Lambert, consentit à son tour, le 17 septembre 1884, une inscription hypothécaire au profit d'un prêteur, le sieur Rastelli, lequel subrogea dans ses droits un sieur Samana. Lambert n'ayant pas tenu ses engagements, Samana poursuivit la vente de l'immeuble hypothéqué et un ordre s'ouvrit pour la distribution du prix entre les créanciers inscrits. Le règlement provisoire fut contredit notamment par la Banque générale des Alpes-Maritimes, qui invoqua l'antériorité de son hypothèque, inscrite le 10 juin 1884, sur celle dont bénéficiait Samana, inscrite le 17 septembre suivant. Le tribunal de Nice et la cour d'Aix, par arrêt du 10 juillet 1889 (rapporté aux recueils sous l'arrêt de cassation), ont rejeté cette prétention pour le motif qu'il existait, entre Rigal, Roubaud et de Rivoli, une véritable société civile ayant pour objet la spéculation sur les immeubles; que les sociétés civiles formaient une personne distincte de celle des associés, lesquels ne possédaient qu'un droit purement mobilier sur l'actif et qu'en conséquence Rigal n'avait pu grever un immeuble de la société d'une hypothèque; que, par suite, cette hypothèque était nulle.

La Banque générale des Alpes-Maritimes s'est pourvue en cassation.

Moyens. — Violation des articles 1832 et s. du Code civil, et des principes en matière de société; violation des articles 2114, 2124 et 2134 du même code et 7 de la loi du 20 avril 1810, en ce que l'arrêt attaqué a admis qu'une société civile constitue une personne morale distincte de la personne des associés et a, en conséquence, annulé l'hypothèque consentie par l'un des associés sur sa part indivise dans les immeubles sociaux.

ARRÊT

La Cour; — ... Attendu qu'il est de l'essence des sociétés civiles, aussi bien que des sociétés commerciales, de créer, au profit de l'individualité collective, des intérêts et des droits propres et distincts des intérêts et des droits de chacun de ses membres; — Que les textes du Code civil (notamment les art. 1845, 1846, 1847, 1848, 1850, 1852, 1855, 1859, 1867), personnifient la société d'une manière expresse, en n'établissant jamais des rapports d'associé à associé, et en mettant toujours les associés en rapport avec la société; — Que les sociétés civiles constituent, tant qu'elles durent, une personne morale, laquelle est propriétaire du fonds social; — Que, par suite, l'arrêt attaqué, en déclarant sans valeur et inopérante l'hypothèque consentie, le 9 juin 1884, par Rigal à la Banque générale des Alpes-Maritimes, sur des immeubles qui n'étaient pas la copropriété par indivis des trois associés, mais la propriété exclusive de la société, dont l'existence a été reconnue, n'a violé aucun des textes ou principes invoqués, et est suffisamment motivé;... — *Par ces motifs*, rejette...

II. — Civ., 2e sect. civ., 28 janvier 1954

(*D.* 1954. 217, note G. Levasseur, *JCP* 1954. II. 7978, concl. Lemoine, *Dr. soc.* 1954. 161, note P. Durand)

Comité d'établissement de Saint-Chamond c. Ray

Faits. — Selon les dispositions de l'article 21 de l'ordonnance du 22 février 1945 sur les comités d'entreprise, la Cie des Forges et Aciéries de la Marine et d'Homécourt a créé des comités d'établissement pour chacun des établissements dont se compose son entreprise. Or le comité d'établissement de Saint-Chamond a passé une commande de vêtements au sieur Ray et lui en a payé le prix convenu. Mais les vêtements n'ont pas été livrés et le comité d'établissement, représenté par son président, a assigné le sieur Ray en remboursement du prix. Le défendeur a opposé le défaut de qualité du demandeur : l'ordonnance du 22 février 1945 n'ayant pas expressément reconnu la personnalité morale aux comités d'établissement, une action en justice ne peut valablement être intentée en leur nom. Cette thèse fut admise par la cour de Lyon, par arrêt du 30 octobre 1950. Le comité d'établissement s'est alors pourvu en cassation.

Moyen. — Violation des articles 1, 2 et 21 de l'ordonnance du 22 février 1945 et des principes en matière de personnalité morale, en ce que l'arrêt attaqué a jugé qu'un groupement n'avait la personnalité morale que si celle-ci lui a été expressément attribuée, alors que la création par l'ordonnance du 22 février 1945 des comités d'établissement impliquait nécessairement la reconnaissance de leur personnalité.

ARRÊT

La Cour; — *Sur le moyen unique pris en sa seconde branche :* — Vu les articles 1, 2 et 21 de l'ordonnance législative du 22 février 1945, 1er du décret du 2 novembre 1945; — Attendu que la personnalité civile n'est pas une création de la loi; qu'elle appartient, en principe, à tout groupement pourvu d'une possibilité d'expression collective pour la défense d'intérêts licites, dignes, par suite, d'être juridiquement reconnus et protégés; que si le législateur a le pouvoir, dans un but de haute police, de priver de la personnalité civile telle catégorie déterminée de groupements, il en reconnaît, au contraire, implicitement mais nécessairement l'existence en faveur d'organismes créés par la loi elle-même avec mission de gérer certains intérêts collectifs présentant ainsi le caractère de droits susceptibles d'être déduits en justice; — Attendu qu'après avoir, en son article 1er, institué des comités d'entreprises dans toutes les entreprises qu'elle énonce, l'ordonnance sus-visée dispose : « Le comité d'entreprise coopère avec la direction à l'amélioration des conditions collectives de travail et de vie du personnel, ainsi que des règlements qui s'y rapportent. Le comité d'entreprise assure ou contrôle la gestion de toutes les œuvres sociales établies dans l'entreprise au bénéfice des salariés ou de leurs familles, ou participe à cette gestion… dans les conditions qui seront fixées par un décret pris en Conseil d'État. Ce décret déterminera notamment… les règles d'octroi et l'étendue de la personnalité civile des comités d'entreprise »; — Attendu que l'article 21 de la même ordonnance est ainsi conçu : « Dans les entreprises comportant des établissements distincts, il sera créé des comités d'établissements dont la composition et le fonctionnement seront identiques à ceux des comités d'entreprise définis aux articles ci-dessus, qui auront les mêmes attributions que les comités d'entreprise dans la limite des pouvoirs confiés aux chefs de ces établissements. Le comité central d'entreprise sera composé de délégués élus des comités d'établissements »; — Attendu que pour déclarer irrecevable l'action intentée contre le sieur Ray, en remboursement du prix d'un marché de vêtements prétendu non exécuté, par le comité d'établissement de Saint-Chamond de la Cie des Forges et Aciéries de la Marine et d'Homécourt, représenté par son président, le sieur Berthier, l'arrêt attaqué énonce qu'un groupement n'a la personnalité civile que si celle-ci lui a été expressément attribuée; que le silence de la loi relativement aux comités d'établissements dans une matière où une disposition expresse est indispensable, ne peut s'interpréter que comme étant l'expression de la volonté de n'attribuer la personnalité civile qu'aux seuls comités d'entreprise, l'existence et le fonctionnement des comités d'établissements devant se confondre avec la personnalité des comités centraux d'entreprise, et les comités d'établissements ne pouvant contracter ou agir en justice que par l'intermédiaire de ces derniers; — Mais attendu que, d'après l'article 21 précité, la composition et le fonctionnement des comités d'établissements sont identiques à ceux des comités d'entreprise et ont les mêmes attributions que ces derniers dans les limites des pouvoirs confiés aux chefs de ces établissements; — Et attendu que si les dispositions de l'article 1er du décret du 2 novembre 1945, prises en application de l'article 2, alinéa 2, de l'ordonnance législative, ne visent expressément que les comités d'entreprise, elles impliquent nécessairement reconnaissance de la personnalité civile des comités d'établissements, celle-ci n'étant pas moins indispensable à l'exercice d'attributions et à la réalisation de buts identiques, dans le champ d'action qui leur est dévolu par ladite ordonnance elle-même; — D'où il suit qu'en déclarant, pour les motifs qu'elle a admis, l'action dudit comité d'établissement irrecevable, la cour d'appel a faussement appliqué et par suite violé les articles invoqués au moyen; — *Par ces motifs*, casse...

OBSERVATIONS

1 Le Code civil ne consacre aucun chapitre et, jusqu'en 1978, ne consacrait même expressément aucun article à la personnalité morale. Cette attitude traduisait, en 1804, une réaction contre les pratiques de l'Ancien régime et une méfiance envers les groupements de toutes sortes qui avaient autrefois ébranlé l'autorité de l'État et étroitement limité la liberté individuelle. Pourtant l'individualisme ne pouvait être poussé à l'extrême. On ne pouvait de manière absolue méconnaître l'existence d'intérêts collectifs. La personnalité de l'État ne fut jamais niée, pas plus que celle de certaines collectivités publiques. Et, en droit privé, on reconnut aux sociétés de commerce une personnalité distincte de celle des associés. À l'appui de cette analyse, l'article 529 du Code civil semblait bien consacrer une conséquence importante de cette personnalité : le caractère mobilier des « actions ou intérêts dans les compagnies de finance, de commerce ou d'industrie, encore que des immeubles dépendant de ces entreprises appartiennent aux compagnies ».

Il en est résulté une controverse doctrinale, certains tenant pour la théorie de la fiction, d'autres pour la théorie de la réalité des personnes morales (I). La jurisprudence s'est progressivement éloignée de la théorie de la fiction (II), pour consacrer ensuite franchement celle de la réalité (III), sans que soit pour autant exclue l'intervention du législateur (IV).

I. — La controverse doctrinale

2 À l'époque du Code civil, deux principes n'en paraissaient pas moins indiscutables. Seuls les individus – les personnes physiques – ont une véritable personnalité. La personnalité morale accordée à des groupements est le résultat d'un artifice, les personnes morales étant des créations de pure technique. La personnalité morale est une *fiction* juridique. Seule la loi peut, soutient-on,

user de ce procédé; seule elle peut, par une disposition expresse, accorder, à son gré d'ailleurs, la personnalité morale à un groupement.

3 À l'encontre de cette théorie, un mouvement s'est produit au XIXe siècle, lié à la persistance ou à la renaissance de la prise en considération d'intérêts collectifs. D'où le développement de la théorie de la *réalité* des personnes morales, certaines entités étant suffisamment réelles pour être considérées comme des sujets de droit. Par rapport à la théorie de la *fiction*, cette thèse est radicalement inverse, quelle que soit la sorte de réalité retenue : intérêts collectifs, volonté collective, organisation collective… La réalité de la personne morale existe en dehors de la volonté du législateur et s'impose à lui. La controverse doctrinale fut si vive qu'elle incita, au début du XXe siècle, certains auteurs à nier la valeur même de la notion de personne morale (v. Planiol, dans les premières éditions de son *Traité de droit civil*, et Duguit, *L'État et le droit objectif*, t. I, § 45 s.).

Depuis lors, la signification de la personnalité juridique ainsi que la notion de personne juridique ont donné lieu à un approfondissement des analyses, spécialement en ce qui concerne les personnes physiques, notamment au sujet des embryons (v. « Le sujet de droit », *APD*, t. 34, 1989). Qu'il s'agisse de personnes physiques ou de personnes morales, la reconnaissance de la qualité de sujet de droit est une opération découlant du jeu du système juridique. En ce sens, on rapproche opportunément la personnalité juridique de la capacité de jouissance en observant : « la personnalité morale, en définitive, ne se constate pas, elle s'affirme » (Coulombel, *Le particularisme de la condition juridique des personnes morales de droit privé*, thèse Nancy, 1950, p. 41). Un courant de pensée nancéien a bien éclairé la matière (Gény, *Science et technique en droit positif*, t. III, 1921, n° 224, p. 221 ; Coulombel, *op.* et *loc. cit.* ; Goubeaux, *Les personnes*, n° 20).

4 L'attribution de la personnalité juridique aux personnes physiques ne laisse pas de susciter des hésitations aux deux extrêmes de la vie (état embryonnaire ou état de coma dépassé). Du moins, entre les deux, le caractère ostensible de la personne physique (v. Dubois, *Le physique de la personne*, thèse Paris II, éd. 1986) ne fait plus problème, depuis l'abolition de l'esclavage. Quand il s'agit des groupements, il en va autrement, car le seuil de la personnalité juridique est souvent incertain. Au vrai, c'est l'alternative même – réalité ou fiction – qui est embarrassante dans la mesure où le groupement doit quand même correspondre à une certaine réalité pour accéder à la personnalité juridique et où la fictivité d'un groupement simulé est de nature à le priver d'effets (B. Vial-Pedroletti, *L'interposition de personnes dans les sociétés commerciales*, thèse ronéot. Aix-en-Provence, 1986; F. Raad, *L'abus de la personnalité morale en droit privé*, thèse Paris II, éd. 1991 ; C. Cutajar-Rivière, *La société écran, Essai sur sa notion et son système juridique*, thèse Bordeaux, éd. 1998). Reste qu'il faut quand même choisir, car, de l'attribution ou de la reconnaissance de la personnalité morale découle un faisceau de conséquences juridiques, que les personnes agissant en commun peuvent vouloir éviter. D'où, notamment, les multiples problèmes que posent les groupements momentanés d'entreprises (v. not. F. Dekeuwer-Défossez, « Illusions et dangers des sociétés créées de fait », *D.* 1982. chron. 83 s.). À quoi l'on ajoutera que l'octroi de la personnalité morale par le système juridique s'est détaché, en matière de sociétés, de l'exigence d'une pluralité d'associés. On en tiendra pour preuve évidente la loi du 11 juillet 1985 relative à l'entreprise unipersonnelle à responsabilité limitée et à l'exploitation agricole à responsabilité limitée (v. not. sur le thème « Quelle organisation juridique pour l'entreprise individuelle ? », les rapports de MM. Sayag et Bredin, *in* « Vingt ans de recherches pluridisciplinaires… à propos des structures juridiques de l'entreprise », *JCP* E, *Cahiers de droit de l'entreprise*, 1990, n° 1, p. 22 s.). Après quoi, point ultime de l'évolution, c'est la technique même de la personnalité morale qui a été évacuée lorsque le législateur a cru servir, comme par miracle, le sort des PME en accueillant l'entrepreneur individuel à responsabilité limitée (EIRL). La loi du 15 juin 2010 a, en effet introduit dans le Code de commerce un article L. 526-6 qui dispose que « tout entrepreneur individuel peut affecter à son activité professionnelle un patrimoine séparé de son patrimoine personnel, sans création d'une personne morale » (S. Bros, « La quasi-personnalité morale », in *Ass. H. Capitant*, p. 49).

II. — La jurisprudence : l'arrêt de 1891

5 Fortement attachée, au cours du XIXe siècle, à la thèse classique de la fiction, la jurisprudence a été, en droit privé du moins, progressivement conduite à s'en écarter. Les deux arrêts ci-dessus rapportés marquent des étapes importantes de cette évolution.

L'arrêt du 23 février 1891, relatif aux sociétés civiles, se situe encore dans la perspective classique. Trois individus ayant fondé une société civile en vue de spéculations immobilières, l'un d'eux consent à un tiers une hypothèque sur un des immeubles acquis. La validité de cette hypothèque était contestée. Jusqu'alors, les tribunaux, en accord avec la doctrine, décidaient qu'il existait entre les auteurs une indivision, le Code n'ayant pas, aux articles 1832 s., donné expressément la personnalité morale aux sociétés civiles (Aubry et Rau, 6e éd., t. I, § 54, p. 321; Lyon-Caen et Renault, *Traité de droit commercial*, t. I, n° 290; Nancy, 18 mai 1872, *DP* 73. 2. 103, *S.* 72. 2. 197; Douai, 11 juill. 1882, *DP* 83. 2. 152, *S.* 83. 2. 49) : on aurait dû en déduire que l'hypothèque consentie par Rigal était valable sur sa part indivise (v. *infra*, n° 121).

6 La cour d'appel décida le contraire et la Cour de cassation rejeta le pourvoi. Cette dernière affirme bien, contrairement à la théorie de la fiction, « qu'il est de l'essence des sociétés civiles, comme des sociétés commerciales, de créer au profit de l'individualité collective des intérêts et des droits propres et distincts des intérêts et des droits de chacun de ses membres », mais elle a soin d'ajouter que les textes du Code civil « personnifient la société d'une manière expresse, en n'établissant jamais des rapports d'associé à associé et en mettant toujours les associés en rapport avec la société ». Cette argumentation fut contestée par une partie de la doctrine (Colin et Capitant, *Cours élémentaire*,

8e éd., t. I, no 1174). On pouvait, en effet, douter du caractère exprès de la personnification légale, telle que la Cour de cassation la découvre, et éprouver, en l'occurrence, quelque mal à discerner l'existence d'intérêts distincts des intérêts des membres du groupement. Mais la solution adoptée par la Cour de cassation, en 1891, n'a pas été remise en cause par la jurisprudence qui s'est définitivement fixée en faveur de la personnalité morale des sociétés civiles (Req. 2 mars 1892, *DP* 93. 1. 169, *S.* 92. 1. 497, note Meynial; Civ. 22 nov. 1911, *DP* 1913. 1. 83, *S.* 1912. 1. 5). Depuis lors, la refonte du titre du Code civil consacré aux sociétés a comporté l'introduction d'une règle générale (v. aussi, au sujet des sociétés commerciales, *infra*, § 12) : de l'article 1842, alinéa 1er du Code civil (réd. L. 4 janv. 1978), il résulte, en effet, que les sociétés autres que les sociétés en participation « jouissent de la personnalité morale à compter de leur immatriculation », laquelle s'opère au registre du commerce et des sociétés. En outre, l'article 1844-2 fixe les conditions dans lesquelles une hypothèque peut être consentie au nom de la société. Observons d'ailleurs que la constitution d'une société n'entraîne pas nécessairement l'existence de la personnalité morale (v. D. Pernot, *La société sans personnalité*, thèse ronéot. Besançon, 1988). Ainsi « les associés peuvent convenir que la société ne sera point immatriculée. La société est dite alors "société en participation". Elle n'est pas une personne morale et n'est pas soumise à publicité. Elle peut être prouvée par tous moyens » (art. 1871, al. 1er C. civ.).

III. — La jurisprudence : l'arrêt de 1954

7 Le second arrêt rapporté, rendu par la chambre civile le 28 janvier 1954, est relatif aux comités d'établissement, dont l'ordonnance du 22 février 1945, sur les comités d'entreprise, a prévu la création au sein des entreprises composées d'établissements distincts (art. L. 435-1 s. C. trav.). Mais alors que les textes accordaient expressément la personnalité civile aux comités d'entreprise (v. l'actuel art. L. 431-6, al. 1er C. trav.), il n'avait rien prévu de tel pour les comités d'établissement. Les premiers commentateurs, ainsi que des tribunaux fidèles aux thèses classiques, déduisirent de ce silence de la loi que ces comités d'établissement ne pouvaient avoir une personnalité distincte de celle du comité d'entreprise (Poussière, « Les comités d'entreprise et la gestion des œuvres sociales », *JCP* 1946. I. 533, no 16; Lyon, 30 oct. 1950, *Dr. soc.* 1951. 178; Aix, 6 janv. 1953, *D.* 1953. 120). La Cour de cassation a consacré l'opinion inverse en se fondant sur deux raisons (v. N. Catala, *L'entreprise*, 1980, no 540).

8 Dans un premier attendu, elle affirme que « la personnalité civile n'est pas une création de la loi; qu'elle appartient, en principe, à tout groupement pourvu d'une possibilité d'expression collective pour la défense d'intérêts licites, dignes, par suite, d'être juridiquement reconnus et protégés ». Conforme à la théorie de la réalité (rappr. Soc. 25 mars 1949, *D.* 1949. 345, note Savatier; 28 mai 1949, *Gaz. Pal.* 1949. 2. 283; 28 oct. 1950, *D.* 1951. 6), cette formule manifeste, en outre, la préférence du droit français pour la réalité technique et son rejet de la réalité psycho-sociologique.

La suite de l'arrêt montre pourtant que la position de la Cour de cassation est moins tranchée qu'on pourrait le croire. Certes, il faut en déduire qu'un groupement peut être doté de la personnalité morale, sans qu'il soit nécessaire que le législateur l'ait *expressément* affirmé. Mais l'arrêt n'en rattache pas moins la personnalité morale à la volonté du législateur, même si celle-ci peut désormais être implicite – était-elle d'ailleurs tellement expresse dans le cas des sociétés civiles ? –, puisque, tout en réservant, au profit du législateur, le pouvoir « de priver de la personnalité civile telle catégorie déterminée de groupements », il ajoute que le législateur « en reconnaît, au contraire, *implicitement* mais nécessairement l'existence en faveur d'organismes créés par *la loi elle-même* avec mission de gérer certains intérêts collectifs présentant ainsi le caractère de droits susceptibles d'être déduits en justice ». La Cour de cassation invoque, en effet, les articles 1, 2 et 21 de l'ordonnance du 22 février 1945, en soulignant que ces textes ont chargé les comités d'établissement de la gestion d'intérêts collectifs, en leur donnant, dans un cadre plus restreint, les mêmes attributions qu'aux comités d'entreprise, ce qui *impliquait* une reconnaissance de la personnalité civile des comités d'établissement (v. les art. L. 435-1 s. C. trav.).

9 Mais ultérieurement, la Cour de cassation a affirmé la personnalité de la masse des créanciers de la faillite, bien qu'aucun texte n'ait fait allusion à cette personnalité (Com. 17 janv. 1956, *D.* 1956. 265, note Houin, *JCP* 1956. II. 9601, note Granger). La Cour de cassation ne donna pas les motifs de cette affirmation de sorte que l'on put se demander si ceux-ci étaient puisés dans la réalité d'intérêts collectifs ou dans une volonté implicite du législateur, dégagée des textes relatifs à la masse (v. aussi Com. 27 oct. 1964, *D.* 1965. 129, note M. Cabrillac; 16 mars 1965, *D.* 1966. 63). Implicitement, la loi du 13 juillet 1967 a consacré cette solution en précisant que la masse des créanciers de la société était « représentée par un syndic qui seul agit en son nom et peut l'engager » (art. 13, al. 1er). Mais, depuis lors, la loi no 85-98 du 25 janvier 1985 a non seulement supprimé le terme de masse, mais aussi écarté les solutions qui découlaient antérieurement de la personnalité juridique de celle-ci et cet état du droit a été maintenu par la loi du 26 juillet 2005.

10 Il n'est pas douteux qu'a pu subsister quelque incertitude, alimentée par le fait que le législateur prend souvent soin d'affirmer voire d'écarter la personnalité morale (v. *infra*, § 11).

Restent les cas dans lesquels la loi est muette. C'est alors que la jurisprudence commentée conserve toute sa portée. La suite l'a montré, car si la Cour de cassation a refusé de reconnaître la personnalité morale des sections syndicales d'entreprise (Soc. 22 mars 1979, *Bull. civ.* V, no 267, p. 191; 18 juill. 1979, *Bull. civ.* V, no 646, p. 473; v. aussi, pour une tribu mélanésienne, Paris, 20 déc. 1976, *D.* 1978. 373, note Agostini, *Gaz. Pal.* 1977. 1. 261, concl. Simon), elle a, au contraire, reconnu la personnalité morale des comités de groupe institués par les articles L. 439-1 s. du Code du travail en relevant simplement que ces comités « sont dotés d'une possibilité d'expression collective pour la défense des intérêts dont ils ont la charge et possèdent donc la personnalité civile qui leur permet d'ester en justice » (Soc. 23 janv. 1990, *JCP* E 1990. II. 15755, note Névot; comp., hostile à cette reconnaissance, G. Couturier, « Les budgets du comité d'entreprise », *Dr. soc.* 1986, n° 29, p. 379; et, favorable, M. Cohen, « La personnalité civile du comité de groupe », *Dr. soc.* 1983. 670 s., spéc. p. 673. – V. aussi, au sujet des comités d'hygiène, de sécurité et des conditions de travail institués par la loi du 23 déc. 1982, Soc. 17 avr. 1991, *JCP* 1992. II. 21856, note H. Blaise). Comp. sur l'absence de personnalité morale des pools bancaires, Y. Zein, *Les pools bancaires, Aspects juridiques*, thèse Paris II, éd. 1998, spéc. n°s 521 s., 898 s.).

IV. — La législation

11 La consécration de la théorie de la réalité *n'exclut pas nécessairement l'intervention du législateur*, étant d'ailleurs observé qu'en l'état actuel du droit communautaire, les entités créées en vertu d'un ordre juridique national « n'ont d'existence qu'à travers les différentes législations nationales qui en déterminent la constitution et le fonctionnement » (CJCE 27 sept. 1988, aff. 81/87, *Rec. CJCE* 1988. 5505).

En d'autres domaines, par exemple en droit comptable, la notion d'entité a une signification juridique précise. Il arrive que le législateur estime opportun de préciser que tel ou tel groupement ne possède pas la personnalité morale. Il peut s'agir pour lui de dissiper toute incertitude (v. not. à propos de l'absence de personnalité morale des sociétés en participation, l'art. 1871, al. 1er C. civ., des fonds communs de placement, l'art. 7-I de la loi du 23 déc. 1988, art. L. 214-20, al. 1er C. mon. fin. ou des fonds communs de créances, l'art. 34, al. 2 de la loi du 23 déc. 1988, art. L. 214-43, al. 3 C. mon. fin.; v. T. Bonneau, Les fonds communs de placement, Les fonds communs de créances, et le droit civil, *RTD civ.* 1991. 25). Mais il est arrivé aussi que le législateur prive de la personnalité juridique certaines catégories de groupements, par exemple les congrégations religieuses ou certaines associations. Aussi bien, dans le second arrêt rapporté, la Cour de cassation estime que « le législateur a le pouvoir, dans un but de haute police, de priver de la personnalité civile telle catégorie déterminée de groupements ». Aujourd'hui, plus encore que par le passé, ce pouvoir de privation doit s'exercer dans le cadre des exigences du droit constitutionnel; ainsi l'acquisition de la capacité juridique des associations déclarées ne peut être subordonnée à un contrôle préalable par l'autorité judiciaire de leur conformité à la loi (Cons. const. 16 juill. 1971, *JO* 18 juill. 1971, *GDCC*, 17e éd., n° 27, *RD publ.* 1971. 1170 s., note Robert).

12 Il arrive aussi que la loi affirme la personnalité morale de tel ou tel groupement, afin d'éviter toute incertitude (ex. : syndicat de copropriétaires, L. 10 juill. 1965, art. 14, al. 1er). Mais on ne peut normalement en déduire que, dans le silence de la loi, la personnalité morale aurait nécessairement fait défaut.

Enfin, il se peut que le législateur *fixe la date d'apparition de la personnalité morale.* Ainsi, « les sociétés commerciales jouissent de la personnalité morale à dater de leur immatriculation au registre du commerce et des sociétés » (L. n° 66-537 du 24 juill. 1966, art. 5, al. 1er, art. L. 210-6, al. 1er, C. com.). Certains commentateurs ont été incités à se demander si la solution retenue ne marquait pas un recul de la théorie de la réalité; ils ont même fait état, à ce sujet, d'une « conception révolutionnaire » (Bastian, « La réforme des sociétés commerciales », *JCP* 1967. I. 2121, n° 138). Cette analyse doit être écartée. Certes, il n'est pas douteux que, jusqu'à son immatriculation au registre du commerce, une société commerciale n'est, en aucune matière, dotée de la personnalité morale; mais on ne peut en déduire l'abandon de la théorie de la réalité, telle qu'elle est habituellement entendue. D'ailleurs, dans le second arrêt rapporté, il est fait état « d'intérêts licites, dignes, par suite, d'être juridiquement reconnus et protégés »; et il est parfaitement normal que le législateur prévoie un contrôle plus ou moins formel de cette licéité, quelles que soient les difficultés de la détermination du critère de la personnalité morale (v. sur ce dernier point, Coulombel, *op. cit.*, p. 40 s.; Jean Foyer, « Sens et portée de la personnalité morale des sociétés en droit français », in *La personne morale et ses limites*, 1960, p. 117; B. Oppetit, *Les rapports des personnes morales et de leurs membres*, thèse Paris, 1963, p. 414 s.). Un raisonnement analogue doit être tenu au sujet des sociétés civiles (art. 1842, al. 1er C. civ., préc.), ainsi que des fondations. À l'article 18, alinéa 2, de la loi du 23 juillet 1987 sur le développement du mécénat, il est précisé que « lorsque l'acte de fondation a pour but la création d'une personne morale, la fondation ne jouit de la capacité juridique qu'à compter de la date d'entrée en vigueur du décret en Conseil d'État accordant la reconnaissance d'utilité publique ». Elle acquiert alors le statut de fondation reconnue d'utilité publique. Modifiant et complétant la loi du 23 juillet 1987, la loi du 4 juillet 1990 a soumis à des règles analogues les fondations d'entreprises (v. C. Debbasch, « Le nouveau statut des fondations : fondations d'entreprise et fondations classiques », *D.* 1990. chron. 269 s.).

AUX AUTEURS CITÉS, *adde* : J.-P. Gridel, « La personnalité morale en droit français », *RID comp.* 1990. 495 s.; C. Freyria, « La personnalité morale à la dérive... », *Mélanges Breton et Derrida* 1991. 121 s.; J. Paillusseau, « Le droit moderne de la personnalité morale », *RTD civ.* 1993. 705 s.; E. Savaux, « La personnalité morale en procédure civile », *RTD civ.* 1995. 1 s.; G. Wicker, « La théorie de la personnalité morale depuis la thèse de B. Oppetit », *Mélanges B. Oppetit*, 2009, p. 691. – V. aussi *Les groupements et organismes sans personnalité morale*, *Trav. Ass. H. Capitant*, t. XXI, 1974 et, dans le même ordre d'idée, l'analyse pénétrante de B. Dondéro, *Les groupements dépourvus de personnalité juridique en droit privé*, thèse Aix-Marseille III, 2006.

LIVRE II

Les personnes physiques et la famille

DROITS DE LA PERSONNALITÉ

21

PERSONNE PHYSIQUE. VIE PRIVÉE. ARTICLE 9 DU CODE CIVIL. CONSTATATION D'UNE ATTEINTE. RÉPARATION

Civ. 1re, 5 novembre 1996

(*D.* 1997. 403, note S. Laulom, Somm. 289, obs. Jourdain, *JCP* 1997. II. 22805, note J. Ravanas, I. 4025, n° 1, obs. G. Viney)

SNC Prisma Presse c. Mme G.

Selon l'article 9 du Code civil, la seule constatation de l'atteinte à la vie privée ouvre droit à réparation.

Faits. — La société Prisma Presse qui édite le journal *Voici* avait publié un article relatif à la vie sentimentale d'une princesse intitulé « C. et V. L., désormais ils se montrent au grand jour ». Fondant sa demande sur l'article 9 du Code civil qui dispose « chacun a droit au respect de sa vie privée », Mme G. obtint du tribunal de grande instance de Paris, par un jugement du 21 octobre 1992, 80 000 F de dommages et intérêts, sans que celui-ci vise la consistance et l'étendue du dommage subi par la demanderesse. Cette décision ayant été confirmée en appel, par un arrêt de la Cour de Paris en date du 15 février 1994, un pourvoi en cassation fut formé qui reprochait à la cour d'appel d'avoir condamné la société Prisma Presse à des dommages et intérêts « en se fondant exclusivement sur l'article 9 du Code civil qui donne à la victime d'une atteinte à la vie privée une action propre à prévenir ou à faire cesser cette atteinte, la réparation du préjudice éventuellement subi demeurant soumise, quant à elle, aux conditions d'application de l'article 1382 du Code civil; l'arrêt attaqué aurait donc méconnu la nécessaire combinaison de ces deux textes en décidant que l'action de Mme G. n'était pas soumise aux dispositions de l'article 1382 quant à la preuve d'un dommage et d'un lien de causalité avec la faute retenue ».

ARRÊT

La Cour; — (...) *Sur le second moyen, pris en ses quatre branches :* — Attendu que la société Prisma Presse, éditrice du journal : « Voici », fait grief à l'arrêt attaqué (CA Paris, 15 févr. 1994) de l'avoir condamnée à payer à Mme G., des dommages et intérêts pour atteinte à sa vie privée et à son droit de s'opposer à la publication de son image; que le pourvoi fait valoir, d'abord, que si l'article 9 du Code civil donne à la victime d'une atteinte à la vie privée une action propre à prévenir ou faire cesser cette atteinte, la réparation du préjudice éventuellement subi est soumise aux conditions d'application de l'article 1382 du Code civil, de sorte que la cour d'appel a méconnu la nécessaire combinaison de ces deux textes en décidant que l'action de Mme G. n'était pas soumise aux dispositions de l'article 1382 quant à la preuve d'un dommage et d'un lien de causalité avec la faute retenue; qu'il est encore reproché à la cour d'appel d'avoir accordé une indemnité s'apparentant à une amende civile, indépendamment de tout dommage réparable, en violation du principe d'adéquation de la réparation accordée au préjudice subi, et sans motiver sa décision qui procède par simple affirmation; — Mais attendu que selon l'article 9 du Code civil, la seule constatation de l'atteinte à la vie privée ouvre droit à réparation; que la cour d'appel, après avoir constaté l'atteinte portée au droit de Mme G. au respect de sa vie privée par la publication litigieuse révélant sa vie sentimentale, a souverainement évalué le montant du préjudice subi; qu'elle a ainsi légalement justifié sa décision.

Par ces motifs : — Rejette le pourvoi; (...).

OBSERVATIONS

1 Dans une société libre, chaque individu a deux vies : sa vie publique et sa vie privée. Vivant en société, l'individu ne peut prétendre soustraire sa vie publique aux réflexions et aux regards d'autrui. Mais le droit lui fournit des armes pour se protéger contre les excès et la malveillance des autres : au pénal, notamment du fait de la répression du délit de diffamation; au civil, notamment par l'octroi de dommages-intérêts, la saisie et la suppression d'écrits comportant des atteintes à la personne ou encore l'insertion, dans ces écrits, d'encarts rétablissant la vérité.

C'est *en tant que telle* que la vie privée doit être protégée contre les atteintes des tiers agissant par le propos ou par l'image. La déformation de la vérité, bien entendu, demeure alors répréhensible. Mais, serait-elle conforme à la réalité, l'atteinte à la vie privée est condamnable. La nécessité de cette protection est, au demeurant, affirmée par les instruments internationaux les plus prestigieux. L'article 12 de la Déclaration universelle des droits de l'homme de 1948 dispose : « Nul ne sera l'objet d'immixtions arbitraires dans sa vie privée, sa famille, son domicile ou sa correspondance, ni d'atteintes à son honneur et à sa réputation. Toute personne a droit à la protection de la loi contre de telles immixtions ou de telles atteintes ». L'article 8.1 de la Convention européenne des droits de l'homme de 1950, ratifiée par la France en 1974, dispose : « Toute personne a droit au respect de sa vie privée et familiale, de son domicile et de sa correspondance ». Des formules semblables figurent dans le pacte des Nations unies relatif aux droits civils et politiques, de 1966 (art. 17), ratifié par la France. Quant au Conseil constitutionnel il a, à diverses reprises, déclaré non conformes à la Constitution des dispositions législatives qui apportaient des limitations au secret de la vie privée car « la méconnaissance du droit au respect de la vie privée peut être de nature à porter atteinte à la liberté individuelle » (Cons. const. 18 janv. 1995, *Rec. Cons. const.*, p. 170). Il n'en résulte pas pour autant que le droit au respect de la vie privée « ait en lui-même valeur constitutionnelle » (N. Molfessis, *Le Conseil constitutionnel et le droit privé*, thèse Paris II, éd. 1997, n° 163, p. 138; comp. P. Kayser, « Le Conseil constitutionnel protecteur du secret de la vie privée à l'égard des lois », *Mélanges Raynaud* 1985. 329 s.).

Encore faut-il savoir concrètement, comment ces directives sont mises en œuvre ? Initialement, c'est en se fondant sur l'article 1382 du Code civil, c'est-à-dire sur le droit de la responsabilité civile, que les tribunaux ont sanctionné les atteintes à la vie privée dont ils avaient à connaître. S'étoffant, ce courant jurisprudentiel a progressivement mis en évidence l'existence d'un droit au respect de la vie privée que le législateur a consacré en introduisant en 1970 un nouvel article 9 dans le Code civil. On assiste ainsi à un glissement de la question du domaine de la responsabilité civile vers celui des droits subjectifs, glissement dont il conviendra d'apprécier l'exacte portée (I). L'atteinte à la vie privée étant de nature à ouvrir un droit à réparation, il importera ensuite de préciser ce que recouvre la notion de vie privée (II).

I. — De la responsabilité civile au droit de la personnalité

2 Le glissement du siège de la matière de l'article 1382 à l'article 9 du Code civil a été l'occasion d'un débat entre partisans d'un raisonnement fondé sur la responsabilité civile et partisans d'un raisonnement reposant sur les droits de la personnalité (A). L'arrêt ci-dessus reproduit se prononce en faveur des seconds en termes si tranchés que la jurisprudence ultérieure a dû se démarquer de celui-ci afin de permettre une mise en œuvre plus équilibrée du droit au respect de la vie privée (B).

A. — Le débat : article 1382 et article 9 du Code civil

3 Lorsque, du fait du développement de la presse à sensation, les procès se sont, en la matière, multipliés, c'est essentiellement de l'article 1382 que les tribunaux ont fait usage (Badinter, « Le droit au respect de la vie privée », *JCP* 1968. I. 2136). Tel était, en effet, le remède qui venait immédiatement à l'esprit (Kayser, « Le secret de la vie privée et la jurisprudence civile »,

Mélanges Savatier 1965. 406). Et c'est en l'utilisant que la jurisprudence a forgé le droit à réparation des atteintes à la vie privée. La référence au droit de la responsabilité délictuelle ou quasi délictuelle a entraîné tout naturellement la nécessité de rapporter la preuve d'une faute et celle d'un préjudice.

La protection qui en résulte ne concerne pas seulement les inconnus. Bien mieux, ce sont surtout des personnes plus ou moins célèbres qui en réclament le bénéfice : grands de ce monde, politiciens, acteurs et chanteurs. La troisième catégorie défraie plus que les deux autres la chronique judiciaire. Et fréquentes ont été les décisions condamnant les fautifs à réparer le préjudice subi, principalement sous la forme de dommages et intérêts (Paris, 16 mars 1955, *Marlène Dietrich, D.* 1955. 295; 17 mars 1966, *Jean-Louis Trintignant, D.* 1966. 749; TGI Seine, 23 juin 1966, *Bernard Blier, JCP* 1966. II. 14875, note Lindon; 13 avr. 1970, *Catherine Deneuve, Gaz. Pal.* 1970. 2. 150). Dans la présente affaire, était également en cause une personne connue, puisque la demanderesse était une « jolie princesse méridionale » (Cadiet, « Les métamorphoses du préjudice », *in Les métamorphoses de la responsabilité*, 1997, p. 49).

4 Les spectaculaires progrès de la technique ont, dans notre société, accru les menaces pesant sur les personnes et suscité des interventions législatives de protection de la vie privée contre les dangers de l'audiovisuel (C. pén., art. 368, réd. L. 17 juill. 1970) et de l'informatique (L. 6 janv. 1978). Plus généralement, on a pu considérer que le secret de la vie privée serait protégé plus efficacement si l'on érigeait en un droit subjectif l'intérêt que peut avoir une personne, connue ou inconnue, au respect de sa sphère d'intimité. Tel a été l'objet de la loi du 17 juillet 1970 d'où est résulté un nouvel article 9 du Code civil dont l'alinéa 1er est ainsi rédigé : « chacun a droit au respect de sa vie privée ».

L'intérêt le plus immédiat de la reconnaissance d'un droit subjectif à la vie privée a été de l'assortir d'une action permettant de prévenir ou de faire cesser les atteintes à l'intimité de la vie privée. L'alinéa 2 de l'article 9 du Code civil pose, en effet, que « les juges peuvent, sans préjudice de la réparation du dommage subi, prescrire toutes mesures, telles que séquestre, saisie et autres, propres à empêcher ou faire cesser une atteinte à l'intimité de la vie privée ». En revanche, s'agissant de la réparation du préjudice subi, le texte ne la réglementant pas, les tribunaux ont, au moins dans un premier temps, continué à utiliser l'article 1382, de telle sorte qu'un débat s'est noué au sein de la doctrine.

5 Pour les uns, il n'est nul besoin de développer une catégorie particulière de droits en ce domaine et de s'engager dans de délicates discussions théoriques, le recours au mécanisme de la *responsabilité civile* suffisant à résoudre les problèmes. La souplesse de cette technique qui repose sur l'existence d'un devoir général de ne pas nuire à autrui lui permet, en effet, de répondre à l'infinie diversité des situations (P. Ancel, *L'indisponibilité des droits de la personnalité, une approche critique de la théorie des droits de la personnalité*, thèse Dijon, 1978; R. Nerson, *RTD civ.* 1971. 119; J. Rubellin-Devichi, *RTD civ.* 1983. 111, 1987. 84, 1988. 79).

Pour les autres, la consécration expresse du secret de la vie privée sous forme d'un *droit de la personnalité*, droit subjectif, confère à cette notion un relief et une résonance que la référence à un « principe général et vague tel le devoir de ne pas nuire à autrui se révèle incapable de lui donner » (Goubeaux, *Les personnes*, n° 275). En outre, « la caractéristique dominante du droit subjectif (étant) l'exclusivité (c'est-à-dire l'exclusion des autres) dont profite le titulaire de ce droit dans un secteur déterminé » (Ghestin, Goubeaux et Fabre-Magnan, *Introduction*, n° 189), l'affirmation d'un droit au respect de la vie privée permet de constituer autour de chaque sujet une « zone de protection » dont la seule violation appelle une sanction (Goubeaux, *op. cit.*, n° 279). « Le titulaire (...) peut demander réparation de la violation de son droit qui, parce qu'il est absolu, doit être respecté, même si l'usage qu'en fait un autre ne porte pas atteinte à des intérêts matériels ou moraux précis de son titulaire » (Rodière, *RTD civ.* 1966. 295).

6 La différence entre les deux analyses se fait sentir lorsqu'il s'agit de définir les conditions qui vont permettre aux juges de prononcer une condamnation. À se placer sur le terrain de la responsabilité civile, il faut établir que, indépendamment de l'atteinte objective à la vie privée, il y a eu une faute et un dommage en relation de causalité avec cette faute. À se placer sur le terrain des droits subjectifs, cette double exigence devient inutile. Le droit subjectif étant protégé en lui-même, sa seule violation justifie l'obligation de réparer, indépendamment de toute recherche de négligence ou d'imprudence (Starck, Roland et Boyer, *Responsabilité délictuelle*, n° 63). Le droit au secret de la vie privée crée une zone réservée à laquelle les tiers n'ont pas accès et dont ils ne sauraient faire état. Il n'est donc nul besoin d'établir une faute et un dommage. Sans doute, en pratique les deux analyses se rapprochent-elles, les tenants de l'article 1382 du Code civil estimant qu'il y a faute à porter atteinte à la vie privée d'autrui et préjudice moral à subir une aliénation d'un élément quelconque de sa personnalité. Néanmoins, dans l'un et l'autre cas, l'approche n'est pas exactement la même. Comme le soulignait Roubier, le recours aux droits subjectifs implique « un échelon de protection supérieur parce que la sanction est fondée sur la violation du droit du demandeur, quel que soit le comportement du défendeur » (*Droits subjectifs et situations juridiques*, 1963, p. 24). Il en résulte qu'il n'est nul besoin de s'ingénier à « trouver, grâce à quelque subtile analyse, (...) quelque chose de répréhensible dans la conduite du défendeur » (Starck, *Essai d'une théorie générale considérée en sa double fonction de garantie et de peine privée*, thèse Paris, 1947, p. 50). Inversement, il est indifférent que l'auteur de l'atteinte allègue qu'il était de bonne foi ou que son comportement était exempt de faute (Roubier, *op. cit.*, p. 304).

On passe ainsi « presque insensiblement de la mise en œuvre normale des principes du droit commun à une application de l'article 1382 du Code civil assouplie et de plus en plus marquée de particularisme, pour finir par une sanction directe de la violation des droits de la personnalité qui ne doit pratiquement plus rien à la responsabilité civile » (Goubeaux, *Les personnes*, n° 276).

B. — L'atteinte à la vie privée ouvre droit à réparation

7 La société éditrice du journal *Voici* ayant publié des images et fait des révélations sur la vie privée d'une personne, celle-ci obtint, sur le seul fondement de l'article 9 du Code civil, des dommages et intérêts ainsi qu'une mesure d'interdiction de la publication de son image. Le pourvoi en cassation formé contre cet arrêt soutint alors que, « si l'article 9 donne à la victime d'une atteinte à la vie privée une action propre à prévenir ou faire cesser cette atteinte, la réparation du préjudice éventuellement subi est soumise aux conditions d'application de l'article 1382 du Code civil, de sorte que la cour d'appel a méconnu la nécessaire combinaison de ces deux textes en décidant que l'action n'était pas soumise aux dispositions de l'article 1382 quant à la preuve d'un dommage et d'un lien de causalité avec la faute retenue ». Le pourvoi ne faisait ainsi, au reste, que s'appuyer sur certaines décisions des juges du fond qui avaient posé que pour obtenir des dommages et intérêts, la victime d'une atteinte à la vie privée devait, comme l'impose le droit commun de la responsabilité, prouver l'existence d'un préjudice (Paris, 5 déc. 1988, *D.* 1990. Somm. 239, obs. D. Amson; 17 déc. 1991, *D.* 1991. 371, note Ravanas).

Le problème était donc clairement posé. La haute juridiction y répond en rejetant le pourvoi au motif que, « selon l'article 9 du Code civil, la seule constatation de l'atteinte à la vie privée ouvre doit à réparation » (v. en termes identiques, Civ. 1re, 25 févr. 1997, *JCP* 1997. II. 22873, note Ravanas). Comme le souligne Mme Viney, « il est donc clair désormais que la preuve spécifique d'une faute et d'un dommage indépendants de l'atteinte à la vie privée est devenue inutile non seulement pour obtenir des mesures de cessation de l'illicite, mais aussi pour justifier la condamnation pécuniaire » (*JCP* 1997. I. 4025, no 3).

8 Est-ce à dire, comme le laissent entendre l'arrêt reproduit, ainsi que la doctrine dont il a consacré les thèses (*supra*, § 5), que toute atteinte au respect dû à la vie privée emporte droit à indemnisation ? La formule est certainement trop abrupte. Dès lors qu'on raisonne en termes de droits subjectifs, il faut, en effet, prendre en compte l'existence d'autres droits subjectifs ainsi que de libertés – liberté d'expression (G. Lécuyer, *Liberté d'expression et responsabilité*, Thèse, Paris I, 2006), de critique (*La liberté de critique*, coll. Rennes, éd. 2007), liberté de la presse, liberté de l'information, liberté de la création… – avec lesquels le droit au respect dû à la vie privée est susceptible d'entrer en conflit. Et ceci d'autant plus que les « droits à » sont plus que d'autres sensibles à la concurrence des autres droits (M. Pichard, *Le droit à. Étude de législation française*, thèse Paris II, éd. 2006, nos 248 s., p. 325 s.). Au reste, si l'article 9 du Code civil ne fait pas état de limitations au respect dû à la vie privée pouvant résulter de l'existence de droits ou libertés concurrents, il en va autrement de la Convention européenne de sauvegarde des droits de l'homme et des libertés fondamentales, laquelle mentionne ces limites dans son article 8 § 2 et consacre expressément la liberté d'expression dans son article 10. Il en résulte que toute atteinte au droit au respect dû à la vie privée n'implique pas droit à réparation au profit de celui qui subit cette atteinte. La réparation ne sera pas due lorsque l'atteinte revêt un caractère *légitime* parce qu'elle est *justifiée* par l'exercice d'un droit ou d'une liberté concurrente. C'est dire qu'il appartient alors au juge, procédant à une balance des intérêts, de rechercher dans chaque cas le juste équilibre entre les droits et libertés en présence. Comme le relève le doyen Carbonnier, « entre droits subjectifs, loin de l'impératif, la discussion est naturelle » (*Droit et passion du droit sous la Ve République*, p. 126).

9 Aussi bien, la Cour de cassation s'est-elle ultérieurement orientée dans cette voie, en avril 2003, par trois arrêts, deux rendus le 23 par la première chambre civile (Civ. 1re, 23 avr. 2003, *D.* 2003. 1854, note C. Bigot, *JCP* 2003. II. 10085, note J. Ravanas) un le 24 par la deuxième chambre civile (Civ. 2e, 24 avr. 2003, *Bull. civ.* II, no 114, p. 98); elle y marque clairement que la mise en œuvre du droit au respect de la vie privée ne saurait s'opérer sans prendre acte de la concurrence d'autres droits ou libertés. C'est ainsi que la haute juridiction estime fondé l'arrêt qui « retient que la divulgation des relations entretenues par Mme X avec Mme Y constituait une violation de son droit au respect de sa vie privée, et que la publication d'une photographie la représentant directement portait atteinte au droit au respect de son image, sans que ces publications se trouvent *justifiées* par l'implication de Mme X dans un événement dont l'importance eût rendu *légitime* cette divulgation *pour l'information* du public » (Civ. 2e, 24 avr. 2003, préc.).

10 On perçoit ainsi que le conflit se nouera fréquemment entre le droit du journaliste ou de l'éditeur de rechercher et de transmettre l'information ainsi que celui du citoyen de savoir, d'une part, le droit de chacun au respect de sa vie privée, d'autre part. Usant d'une « casuistique tâtonnante », la jurisprudence le résoud au profit des premiers lorsque la divulgation d'un élément de la vie privée d'une personne répond à un besoin d'information légitime du public, en raison par exemple de la position de cette personne (état de santé d'une personne qui exerce de très hautes fonctions, CEDH 18 mai 2004, *D.* 2004. 1838, note A. Guedj) ou encore de son implication dans l'actualité (identité, âge, état dépressif d'un homme découvert brûlé vif dans sa voiture, Civ. 2e, 20 nov. 2003, *Bull. civ.* II, no 354). Elle le résoud au profit du second, lorsque l'information « se fait voyeuriste ou prétexte à roman » (Gridel, « Liberté de la presse et protection civile des droits modernes de la personnalité en droit positif français », *D.* 2005. 393). Cette dernière hypothèse permet, au demeurant, d'illustrer la démarche de la haute juridiction. Un grand quotidien ayant annoncé la publication d'une « série de l'été » écrite par un écrivain à succès à partir d'un fait divers très médiatisé ayant pour objet la disparition d'une famille et procédé à la publication du premier épisode, de proches parents demandèrent l'interdiction de la publication en se prévalant de l'atteinte à leur vie privée. La cour d'appel ayant déféré à leur demande, la haute juridiction rejette le pourvoi. Après avoir rappelé que « les droits au respect de la vie privée et à la liberté d'expression revêtant, eu égard aux articles 8 et 10 de la Convention européenne et 9 du Code civil, une identique valeur normative, font ainsi devoir au juge saisi de rechercher leur équilibre et, le cas échéant, de privilégier la solution la plus protectrice de l'intérêt le plus légitime », la première chambre civile considère que la cour d'appel « a pu estimer que, relativement aux faits dramatiques dont elle était saisie, le respect de la vie privée s'imposait avec davantage de force à l'auteur d'une œuvre romanesque qu'à un journaliste remplissant sa mission d'information » (Civ. 1re, 9 juill. 2003, *Bull. civ.* I, nº 172, *JCP* 2003. II. 10139, note J. Ravanas, *RTD civ.* 2003. 680, obs. Hauser). Ainsi lorsque le but d'information du public s'estompe, le droit au respect dû à la vie privée reprend le dessus, sans que l'absence du premier puisse être suppléée par la liberté de création de l'artiste. Constat confirmé par un arrêt décidant qu'une œuvre de fiction, appuyée en l'occurrence sur des faits réels, si elle utilise des éléments de l'existence d'autrui, ne peut leur en adjoindre d'autres qui, fussent-ils imaginaires, portent atteinte au respect dû à sa vie privée (Civ. 1re, 7 févr. 2006, *JCP* 2006. II. 10041, note G. Loiseau).

11 Mais, bien loin de se limiter à ce type d'hypothèse, le conflit peut prendre les tours les plus divers. C'est ainsi qu'il a été jugé qu'un assureur pouvait faire suivre, sur la voie publique, par un enquêteur privé et un huissier de justice, la victime d'un dommage corporel afin de constater que celle-ci avait une autonomie et une mobilité bien supérieures à celles qu'elle prétendait être la sienne dans le cadre d'une action en réparation, une telle atteinte à la vie privée n'étant pas « disproportionnée au regard de la légitime préservation des droits de l'assureur et des intérêts de la collectivité des assurés » (Civ. 1re, 31 oct. 2012, *RCA* 2013, nº 1).

12 Quoi qu'il en soit, il apparaît que l'ouverture du droit à réparation ne saurait résulter de « la seule constatation de l'atteinte à la vie privée ». En réalité, le droit à réparation sera subordonné à un double constat : l'atteinte au droit au respect de la vie privée, laquelle ne doit pas revêtir un caractère « anodin » (Civ. 1re, 3 avr. 2002, *Bull. civ.*, nº 110, *D.* 2002. 3164, note C. Bigot), le caractère illégitime de cette atteinte, lequel résulte de l'absence de justification procédant de l'exercice d'un droit ou d'une liberté concurrente (comp. J.-C. Saint-Pau, « Responsabilité civile et anormalité », *Mélanges Lapoyade-Deschamps*, 2003, p. 251, note 9). C'est dire que le raisonnement en termes de droit subjectif n'est pas nécessairement plus protecteur pour la victime de l'atteinte que celui fondé sur la responsabilité civile. Tout dépendra de la pondération des intérêts en présence. En revanche, il offre très certainement une moindre sécurité juridique.

L'existence d'une atteinte à la vie privée étant désormais une condition nécessaire du droit à réparation, à défaut d'en être une condition suffisante, il importe d'en préciser les contours.

II. — Les contours de la vie privée

13 Que recouvre-t-elle exactement ? Pour répondre à la question, c'est à la jurisprudence qu'il faut se reporter, aussi bien à celle antérieure à la loi du 17 juillet 1970 qu'à celle qui l'a suivie. Son examen porte à se référer à l'image des cercles concentriques.

Au cœur de la vie privée, il y a la vie personnelle. Peuvent être rattachées à ce premier cercle les données tenant à l'identité (Civ. 1re, 13 févr. 1985, *JCP* 1985. II. 20467, 2e esp., note Lindon), à l'origine raciale (TGI Paris, 6 nov. 1974, *Gaz. Pal.* 1975. 1. 180), à la santé physique ou mentale (Paris, 9 juill. 1980, *D.* 1981. 72, 2e esp., note Lindon; Toulouse, 15 janv. 1991, *D.* 1991. 600, note Ravanas et sur pourvoi, Civ. 1re, 24 févr. 1993, *D.* 1993. IR 84), à l'existence d'une grossesse (Paris, 27 févr. 1981, *D.* 1981. 457, note Lindon et sur pourvoi Civ. 2e, 5 janv. 1983, *Bull. civ.* II, no 4, p. 3), au caractère (Paris, 28 févr. 1989, *D.* 1989. IR 128) ou aux mœurs (Paris, 14 juin 1985, *D.* 1986. IR 50, obs. Lindon; 20 févr. 1986, *D.* 1986. IR 447, obs. Lindon et Ansom). Au sujet des transsexuels, la jurisprudence a affirmé le principe suivant lequel le respect dû à la vie privée justifie que leur état civil indique le sexe dont ils ont l'apparence (*infra*, no 27).

Relèvent aussi de la vie privée d'une personne dans un cercle plus large, les éléments intéressant sa vie sentimentale, conjugale, extra-conjugale, familiale (Civ. 2e, 26 nov. 1975, *D.* 1977. 33, note R. L., *JCP* 1978. II. 18811, note Revel; Civ. 1re, 13 févr. 1985, 1re esp., *D.* 1985. 488, note Edelman, *JCP* 1985. II. 20467, note Lindon), ses relations amicales, sa participation à une réunion à caractère privé (Civ. 1re, 5 mars 1997, *D.* 1998. 474, note Ravanas). C'est à ce cercle qu'appartenaient les faits dont il était question en la circonstance.

La Cour européenne des droits de l'homme rassemble ces divers éléments dans une formule très compréhensive puisqu'elle pose qu'il serait trop restrictif de limiter la vie privée à « un cercle intime où chacun peut mener sa vie personnelle à sa guise… Le respect de la vie privée doit aussi englober, dans une certaine mesure, le droit pour l'individu de nouer et de développer des relations avec ses semblables. Il paraît, en outre n'y avoir aucune raison de principe de considérer cette manière de comprendre la notion de vie privée comme excluant les relations professionnelles » (CEDH 16 déc. 1992, *D.* 1993. Somm. 386, obs. Renucci. – Sur cette question, v. L. Leveneur, « Vie privée et familiale et vie professionnelle », in *La personne en droit du travail*, 1999, p. 32 s.).

Au sujet du domicile et de la résidence, il a été décidé que le domicile ou l'adresse relèvent du domaine de la vie privée (Civ. 1re, 6 nov. 1990, *D.* 1990. IR 278) et que viole l'intimité de celle-ci, celui qui publie dans la presse la photographie d'une résidence accompagnée du nom du propriétaire et de la localisation précise (Civ. 2e, 5 juin 2003, *Bull. civ.* II, no 175, *D.* 2003. 2461, note Dreyer, *Defrénois* 2003. 1577 obs. Aubert; rappr. Civ. 1re, 7 nov. 2006, *JCP* 2006. IV. 3352). Mais si toute personne est en droit, notamment pour échapper à des indiscrétions ou à la malveillance, de refuser de faire connaître le lieu de son domicile ou de sa résidence de telle sorte qu'en principe sa volonté doit être respectée sur ce point par les tiers, il en va autrement lorsque cette dissimulation lui est dictée par le seul dessein illégitime de se dérober à l'exécution de ses obligations et de faire échec aux droits de ses créanciers (Civ. 1re, 19 mars 1991, *Bull. civ.* I, no 96, p. 63, *RTD civ.* 1991. 499, obs. Hauser et Huet-Weiller; 30 juin 1992, *D.* 1993. 421, note P. Guiho, *JCP* 1993. II. 22001, note Daverat, *RTD civ.* 1993. 560, obs. Hauser). – Sur les relations entre le patrimoine et la vie privée v. *infra*, no 22.

Relèvent, en revanche, de la vie publique d'une personne connue ou inconnue, des comportements attestant une participation à des manifestations publiques, notamment à des pratiques religieuses d'un culte, dès lors que leur révélation n'est pas inspirée par la volonté de nuire ou de susciter des attitudes discriminatoires et agressives (Paris, 11 févr. 1987, *D.* 1987. Somm. 385, obs. Lindon et Ansom).

Force est néanmoins de constater qu'il n'est pas toujours facile de tracer la ligne de partage entre les deux vies, le domaine de ce qui est privé ayant tendance à se restreindre lorsqu'il y a notoriété de certains faits ou lorsqu'il s'agit de personnages historiques.

14 Quoi qu'il en soit, si la vie privée est cette sphère propre à chacun, dans laquelle nul ne peut s'immiscer sans y être convié, il n'y a pas atteinte à la vie privée, dès lors que l'intéressé a consenti à cette immixtion. De la part de bien des gens célèbres voire notoires, cette autorisation est assez fréquente, parfois contre rémunération. L'autorisation n'est pas nécessairement expresse. Elle peut être tacite, à condition qu'elle soit certaine. C'est pourquoi le fait de ne pas avoir exercé dans le passé des actions en justice pour obtenir la condamnation d'atteintes antérieures ne vaut pas consentement (Civ. 2e, 25 nov. 1966, *Bull. civ.* II, n° 929). La complaisance dont l'intéressé a fait preuve dans le passé ne saurait non plus valoir autorisation tacite mais elle peut inciter les juges à une certaine clémence (Paris, 21 déc. 1970, *JCP* 1971. II. 16653, note Lindon; 3 oct. 1988, *D.* 1988. IR 260). En la circonstance, Mme G. avait donné à sa vie sentimentale une certaine ampleur médiatique en montrant de la complaisance à l'égard de certains organes de presse. Mais parallèlement, elle avait montré de la réserve à l'encontre de l'hebdomadaire *Voici*, faisant mettre en garde la société qui l'éditait contre la publication d'articles attentatoires à sa vie privée et obtenant des condamnations contre cette société pour des faits analogues.

15 Dans le cas présent, la Cour de Paris avait condamné la société Prisma Presse non seulement pour atteinte à la vie privée de Mme G., mais aussi pour avoir méconnu son droit de s'opposer à la publication de son *image*. Et de fait, il est souvent porté atteinte à la fois au droit au respect de la vie privée et au droit à l'image. Le second ne saurait néanmoins être confondu avec le premier. Droit de la personnalité apparu en jurisprudence dès avant la loi du 17 juillet 1970, le droit à l'image permet à toute personne d'interdire aux tiers la reproduction et la publication de son image. Il coïncide avec le droit au respect de la vie privée chaque fois que la reproduction ou la publication saisissent l'image de la personne dans sa vie privée. Mais il déborde le cadre de la vie privée, en ce qu'il s'oppose à ce que la photographie d'une personne soit prise ou publiée, sans le consentement de celle-ci dans un lieu public, alors qu'elle effectue une promenade privée (Paris, 16 juin 1986, *D.* 1987. Somm. 136; Paris, 19 juin 1987, *Gaz. Pal.* 1987. 2. 430) ou participe à une manifestation religieuse (Paris, 11 févr. 1987, *Gaz. Pal.* 1987. 1. 138). Le droit à l'image peut, lui aussi, céder devant le principe de la liberté de la presse lequel « implique le libre choix des illustrations d'un débat général de phénomène de société sous la seule réserve du respect de la dignité de la personne humaine » (Civ. 2e, 4 nov. 2004, *D.* 2006. 696, note Corpart).

22

PERSONNE PHYSIQUE. VIE PRIVÉE. RENSEIGNEMENTS D'ORDRE PUREMENT PATRIMONIAL. PUBLICATION. ABSENCE DE RESPONSABILITÉ CIVILE

Civ. 1re, 28 mai 1991

(*D.* 1992. 213, note P. Kayser, *JCP* 1992. II. 21845, note Françoise Ringel)

X... et a. c. Y...

Le respect dû à la vie privée de chacun n'est pas atteint par la publication de renseignements d'ordre purement patrimonial ne comportant aucune allusion à la vie et à la personnalité de l'intéressé.

Viole l'article 9 du Code civil la cour d'appel qui, pour retenir la responsabilité d'une société éditant un hebdomadaire satirique qui a publié un article indiquant le montant des déclarations fiscales et reproduisant des fragments des avis d'imposition d'une personnalité politique, retient que « ces divulgations particulièrement précises constituent une atteinte à la vie privée de l'intéressé sur le plan patrimonial ».

Faits et moyen. — V. l'arrêt.

ARRÊT

La Cour; — *Sur le moyen unique :* — Vu l'article 9 du Code civil; — Attendu, selon l'arrêt attaqué, que l'hebdomadaire « X... », édité par la société Éditions Y..., a publié le 9 septembre 1987, sous le titre : « Z..., le plus riche des Caldoches, ne paie pas d'impôts », un article qui, pour appuyer cette double affirmation, insistait sur l'importance de la fortune foncière de M. Z..., indiquait le montant de ses déclarations fiscales pour 1984 et 1985 et reproduisait deux fragments de ses avis d'impositions pour ces mêmes années, dont le second portait la mention « néant »; qu'accueillant la demande de M. Z..., la cour d'appel, devant laquelle il n'était pas soutenu que ces éléments d'information aient eu une origine illicite, a retenu que « ces divulgations particulièrement précises constituaient une atteinte à sa vie privée sur le plan patrimonial », qu'elle a condamné la société Éditions Y... à payer à M. Z... 8 000 francs de dommages-intérêts; — Attendu qu'en se déterminant ainsi, alors que le respect dû à la vie privée de chacun n'est pas atteint par la publication de renseignements d'ordre purement patrimonial, ne comportant, comme en l'espèce, aucune allusion à la vie et à la personnalité de l'intéressé, la cour d'appel a violé le texte sus-visé ; — *Par ces motifs*, casse...

OBSERVATIONS

1 Prolongement de la personnalité selon l'analyse classique (I), le patrimoine a longtemps été couvert par le secret dû à la vie privée. Mais la multiplication des textes dérogeant à cette règle (II) a conduit la haute juridiction à renverser sa jurisprudence (III). La période récente paraît, néanmoins, marquée, en la matière, par un certain retour du respect dû à la vie privée (IV).

I. — Le patrimoine émanation de la personnalité

2 Aubry et Rau étaient tous deux professeurs à la Faculté de droit de Strasbourg depuis 1833. À cette époque, les provinces rhénanes étaient, quant au droit civil, régies par le Code civil, qu'y avait introduit Napoléon (le Code civil allemand ne verra le jour qu'à la fin du XIXe siècle). Cela avait amené, dans ces provinces, la publication en langue allemande de traités de droit civil français. L'un d'eux, le Cours de Salomon Zachariae, professeur à Heidelberg, en Allemagne, publié d'abord en deux volumes en 1808, eut en 1837 une quatrième édition en quatre volumes. Il suivait non le plan du Code civil, mais un plan plus rationnel. Soucieux de présenter au public français un Traité qui ne fut pas un commentaire du Code civil, article par article, suivant le mode alors pratiqué en France, Aubry et Rau entreprirent, en 1858, une traduction du Cours de Zachariae. Mais, dès le deuxième volume, ils cessèrent de se livrer à une simple traduction et, dans de nouvelles éditions, le Cours, en conservant, sauf certaines modifications, le plan de Zachariae, devint une œuvre originale appelée à une grande et durable influence en France et en Allemagne. Après la guerre de 1870, la Moselle et l'Alsace furent annexées par l'Allemagne. Aubry et Rau quittèrent Strasbourg et devinrent conseillers à la Cour de cassation française. Après avoir participé à l'élaboration de la doctrine, ils contribuèrent à celle de la jurisprudence.

3 C'est par leur intermédiaire que s'est introduite en droit français la théorie du patrimoine. Celui-ci est l'ensemble des rapports de droit appréciables en argent, qui ont pour sujet actif ou passif une même personne et qui sont envisagés comme formant une universalité juridique. Or, suivant la théorie d'Aubry et Rau, le patrimoine doit être considéré comme une émanation de la personnalité, sa projection sur le terrain des intérêts matériels. Le patrimoine est la personnalité de l'homme considéré dans ses relations avec les objets extérieurs ; l'idée du patrimoine découle directement de celle de la personnalité. De cette doctrine classique, on a déduit : que seules les personnes peuvent avoir un patrimoine ; que toute personne a nécessairement un patrimoine ; que le patrimoine reste lié à la personne aussi longtemps que dure la personnalité ; qu'une personne n'a qu'un patrimoine (principe de *l'indivisibilité* du patrimoine) (v. not. H. Gazin, *Essai critique sur la notion de patrimoine dans la doctrine classique*, thèse Dijon, 1910). Les inconvénients de cette théorie classique ont été depuis lors dénoncés avec une force grandissante, ce qui a favorisé les progrès de la théorie du *patrimoine d'affectation*, inspirée du droit allemand (S. Guinchard, *L'affectation des biens en droit privé français*, thèse Lyon, éd. 1976). Et ce changement a entraîné un mouvement législatif important qui a marqué le recul – ambigu il est vrai – de la théorie personnaliste d'Aubry et Rau (v. F. Terré, *Introduction générale au droit*, n° 337 ; A.-L. Thomas-Raynaud, *L'unité du patrimoine, essai critique*, thèse, Toulouse, éd. 2007) et qui s'est en dernier concrétisé dans la loi du 15 juin 2010 mettant en place l'entreprise individuelle à responsabilité limitée (art. L. 526-6 à L. 526-21, C. com.).

II. — Les textes spéciaux écartant le secret du patrimoine

4 La relation de la personne et du patrimoine a dû aussi être précisée au sujet de l'application de l'article 9 du Code civil, quant à la protection de la vie privée (*supra*, n° 21). Si l'on insiste sur le lien avec la personnalité, on peut être porté à considérer que le patrimoine relève de la vie privée ; cependant, lors même que l'on resterait fidèle à la théorie d'Aubry et Rau, la prise en considération de l'homme dans ses relations avec des intérêts matériels ou des objets extérieurs marque un nécessaire dépassement de la vie privée.

Un fort courant de pensée a longtemps conduit la jurisprudence à considérer que le patrimoine d'une personne relevait de sa vie privée. La Cour de cassation a décidé notamment que la publication d'informations relatives à l'achat et à la location d'un immeuble par un huissier et à l'achat de son étude constituait des atteintes au respect de sa vie privée (Civ. 2e, 20 oct. 1976, *Bull. civ.* II, n° 279, p. 219 ; v. aussi TGI Marseille, 29 sept. 1982, *D.* 1984. 64, note R. Lindon ; TGI Paris, 11 juill. 1984, *D.* 1985. IR 166, obs. R. Lindon ; rappr., en matière administrative, CE 12 mars 1982, *Lebon* 107). À l'appui de cette solution, on a invoqué la mentalité de la plupart des Français qui, titulaires d'un « patrimoine moyen », s'efforcent généralement de l'augmenter « assez souvent dans l'ignorance de leurs enfants, et, à plus forte raison, de leurs parents et amis », de telle sorte que « la transparence de leur patrimoine irait à l'encontre de leur sentiment intime » (P. Kayser, note préc. sous l'arrêt commenté, p. 215).

5 Force est pourtant de constater que des lois diverses et importantes ont porté atteinte à une solution que, traditionnellement, l'on pouvait considérer comme bien établie. Ainsi en est-il en *matière fiscale* : il résulte notamment de l'article L. 111 du Livre des procédures fiscales que, pour chaque commune, la liste des personnes assujetties à l'impôt sur le revenu ou à l'impôt sur les sociétés est tenue à la disposition des contribuables, l'administration pouvant même en prescrire l'affichage ; or, sur cette liste, figurent, pour chaque contribuable, le revenu imposable, le montant de l'impôt et celui de l'avoir fiscal. Dans un ordre d'idées voisin, il existe une publicité destinée à faciliter l'action des créanciers d'aliments lorsque leur qualité est reconnue par une décision de justice (art. L. 111, II, LPF).

En dehors même de ces matières, d'importantes manifestations de la transparence se relient à l'activité de certaines catégories de personnes, dans deux mondes qui, parfois, s'interpénètrent de ténébreuse manière.

C'est ainsi que des dispositions législatives ont été votées en 1988 et, à la suite de l'affaire Cahuzac, en 2014, afin d'assurer la transparence du patrimoine du président de la République, des membres du Parlement et du gouvernement, des présidents de conseils régionaux ou généraux et des maires de communes de plus de 30 000 habitants; des dispositions précises aménagent cette transparence, ce qui laisse place à des sanctions pénales lorsque des publications ou divulgations sont effectuées en dehors des cadres prévus par la loi.

Diverses dispositions du *droit des affaires* illustrent aussi l'existence d'atteintes importantes au secret du patrimoine. Ainsi, en vue de l'information des actionnaires, l'article L. 225-115 du Code de commerce reconnaît à tout actionnaire le droit d'obtenir communication : « 4° Du montant global, certifié exact par les commissaires aux comptes, des rémunérations versées aux personnes les mieux rémunérées, le nombre de ces personnes étant de dix ou de cinq selon que l'effectif du personnel excède ou non deux cents salariés ». À vrai dire, la communication ne porte alors que sur un montant *global* de rémunérations. Mais le désir d'améliorer l'information des administrateurs (v. Com. 24 avr. 1990, *Bull. civ.* IV, n° 125, p. 82, *RTD com.* 1990. 416, obs. Y. Reinhard), des salariés, du comité d'entreprise, des créanciers, a entraîné un recul de l'opacité des patrimoines individuels. Ce mouvement est notamment illustré par les déclarations exigées en cas de franchissement de seuils de détention d'actions de sociétés cotées (art. L. 233-7 C. com. – V. M. Germain, « La déclaration de franchissement de seuil », *Rev. dr. bancaire* 1990. 20 s.). Sur ce que la jurisprudence constitutionnelle ne protège pas contre la divulgation de renseignements patrimoniaux, v. Molfessis, *Le Conseil constitutionnel et le droit privé*, 1997, n° 158, p. 133.

III. — La remise en cause du secret du patrimoine par la jurisprudence

6 L'existence, par l'effet de lois spéciales, de dispositions de plus en plus nombreuses développant la transparence (v. *La transparence*, Colloque de l'Association Droit et commerce, éd. 1993), n'a pas été sans incidence sur la relation entre le patrimoine et la vie privée.

C'est ainsi que la jurisprudence a décidé que, en dehors des hypothèses régies par des textes spéciaux, « s'agissant de personnes ayant une situation qui les signale à l'attention du public par l'influence qu'elles exercent sur la vie économique en général, une nécessaire transparence s'instaure quant à leur patrimoine, qui devient ainsi un élément d'information » (Paris, 20 oct. 1987, *D.* 1988. Somm. 197, obs. D. Amson; v. aussi, au sujet de la situation de M. Jacques Calvet, président de PSA, TGI Paris, 28 sept. 1989, *Gaz. Pal.*

1989. 2. 789). Dans la même perspective, les tribunaux se sont prononcés au sujet de dirigeants de groupes influents, spécialement du fait de leur pouvoir d'intervention sur les marchés financiers, et ont décidé que la publication d'informations obtenues de manière licite et transmises « de façon sérieuse et sans tapage » à un public de lecteurs spécialisés ne portait pas atteinte à la vie privée (Paris, 15 janv. 1987, *D.* 1987. 231, 2e esp., note R. Lindon; 23 janv. 1989, *D.* 1989. 417, note R. Lindon). Quant à la Cour de Strasbourg, elle a décidé que les questions patrimoniales concernant une personne menant une vie publique, tel un dirigeant d'une grande entreprise, ne relèvent pas du domaine de la vie privée (CEDH 21 janv. 1999, *D.* 1999. Somm. 272, obs. Fricero, *JCP* 1999. II. 10120, note Derieux, *RTD civ.* 1999. 359, obs. Hauser).

7 L'élargissement du champ de la transparence a consisté à cesser de limiter aux personnalités de la vie des affaires les possibilités de divulgation et de diffusion d'informations relatives à leur patrimoine. Déjà, dans une précédente affaire au sujet de laquelle la cour d'appel de Paris avait réservé la possibilité de la transparence « aux personnalités du monde des affaires » (Paris, 23 janv. 1989, préc.), mais en rejetant le pourvoi formé contre cette décision, la Cour de cassation, employant une formule générale, avait décidé que « le respect dû à la vie privée de chacun n'est pas atteint par la publication de renseignements d'ordre purement patrimonial exclusifs de toute allusion à la vie et à la personnalité de l'intéressé » (Civ. 1re, 20 nov. 1990, *Bull. civ.* I, no 257, p. 182).

C'est la même attitude qu'adopte la Cour de cassation dans l'arrêt commenté. Mais celui-ci est un arrêt de cassation et non pas de rejet. En l'espèce la cour d'appel de Paris, par un arrêt du 19 juin 1989, avait condamné une société d'édition qui avait publié, sous le titre « Z..., le plus riche des Caldoches, ne paie pas d'impôts », un article insistant sur l'importance de sa fortune foncière, indiquant le montant de ses déclarations fiscales pour 1984 et 1985 et reproduisant deux fragments de ses avis d'imposition, le second portant la mention « néant ». Nul ne pouvait se tromper sur l'identité de l'intéressé, mais il n'avait pas été soutenu que ces éléments d'information avaient eu une origine illicite. Dès lors la Cour de cassation, par son arrêt du 28 mai 1991, a cassé l'arrêt qui lui était déféré. Elle a précisé « qu'en se déterminant ainsi, alors que le respect dû à la vie privée de chacun n'est pas atteint par la publication de renseignements d'ordre patrimonial ne comportant, comme en l'espèce, aucune allusion à la vie et à la personnalité de l'intéressé, la cour d'appel a violé le texte sus-visé ».

En usant d'une affirmation délibérée et générale (« ... la vie privée de chacun... ») alors qu'elle aurait pu prendre appui sur les qualités d'homme politique et d'homme d'affaires de l'intéressé pour justifier sa solution, la haute juridiction paraît bien avoir voulu soustraire au secret de la vie privée les informations d'ordre patrimonial, quelle que soit la qualité de la personne concernée (v. d'ailleurs depuis, Civ. 1re, 20 oct. 1993, *D.* 1994. 594, note Y. Picod, *RTD civ.* 1994. 77, obs. Hauser; Paris, 10 sept. 1996, *D.* 1996. IR 256; Versailles 17 mai 1995, *D.* 1996. 409, note Ravanas). C'est dire que, dès lors que les informations diffusées ont été obtenues de manière licite et qu'elles ne s'accompagnent pas d'informations sur la vie personnelle et familiale des intéressés, « nul citoyen ne peut mettre sa richesse à l'abri du mur de la vie privée. Notre patrimoine est nu. Pignon sur rue. Que de vertu » (Cornu, *Introduction, les personnes, les biens*, n° 516, note 74).

IV. — Le patrimoine entre droit au respect de la vie privée et droit à l'information

8 Une telle position a néanmoins suscité des réactions négatives en doctrine. Certains y ont vu une manifestation de « l'américanisation de la société française qui pousse notre droit à favoriser l'étalage de richesses, sans se soucier des conséquences sur l'affectivité » des intéressés (Lebreton, *Libertés publiques et droits de l'homme*, 1995, p. 260). D'autres ont souligné qu'une telle solution engendrait des risques non négligeables pour les personnes dont les patrimoines sont ainsi exposés sur la place publique, désignées qu'elles sont à l'envie, ou pour parler comme Spinoza, à l'esprit de convoitise de leurs contemporains. Aussi bien, estimant que les mesures ponctuelles prises par le législateur suffisaient, certains auteurs ont-ils encouragé les juges du fond à une résistance qui a amené la haute juridiction à reconsidérer sa position (Hauser, *RTD civ.* 1994. 78; rappr. F. Deboissy et J.-C. Saint-Pau, « La divulgation d'une information patrimoniale », *D.* 2000. 267). La Cour de cassation a, tout d'abord, paru vouloir amorcer un mouvement de repli. Un créancier ayant demandé des renseignements sur le patrimoine de son débiteur, la haute juridiction approuve les juges du fond d'avoir décidé que « la seule qualité de créancier des cotisations dues au titre du régime des retraites ne justifiait pas une telle intrusion dans la vie privée » (Civ. 1re, 19 déc. 1995, *D.* 1997. 158, note Ravanas). Il y aurait fallu, semble-t-il, un titre directement exécutoire. Mais en estimant que de telles investigations concernent la vie privée, la haute juridiction ne revenait-elle pas sur sa jurisprudence ? Dissipant toute ambiguïté, la haute juridiction a ultérieurement posé que « le salaire de celui qui n'est pas une personne publique et ne jouit d'aucune notoriété publique ressortit à sa vie privée » (Civ. 1re, 15 mai 2007, *D.* 2007. 2773, note C. Bigot, *JCP* 2007. II. 10155, note J. Lasserre Capdeville, *RCA* 2007, n° 233, *RTD civ.* 2007. 546, obs. J. Hauser). Une doctrine particulièrement autorisée en a déduit qu'« au-delà du salaire – seul visé en l'espèce – le propos vaut pour l'ensemble du patrimoine » (B. Teyssié, *Les personnes*, 15e éd., n° 119). De l'espèce, il résulte néanmoins que la règle est assortie de deux tempéraments : le premier concerne les personnes publiques ainsi que celles qui jouissent d'une notoriété particulière, pour lesquelles la solution précédemment exposée conserve sa valeur; le second résulte du droit du public à être informé lorsque la situation patrimoniale d'une personne constitue un élément de faits collectifs participant de l'actualité économique et sociale.

En tout état de cause, il y a atteinte à la vie privée lorsque les informations publiées portent non seulement sur la situation de fortune mais aussi sur le mode de vie et la personnalité de l'individu concerné (Civ. 1re, 30 mai 2000, *Bull. civ.* I, n° 167, *D.* 2001. Somm. 1989, obs. L. Marino, *JCP* 2001. II. 10524, note Montels) ou encore sur le détail de ses éléments constitutifs, tels la localisation d'une villa ou le train de vie personnel ou familial de l'intéressé (Civ. 2e, 5 juin 2003, *Bull. civ.* II, nº 175, *D.* 2003. 2461, note Dreyer, *RTD civ.* 2003. 681, obs. Hauser).

VIE PRIVÉE. TRANSSEXUALISME

(V. *infra*, nos 26-27)

NOM

23

NOM PATRONYMIQUE. DROIT AU NOM. IMPRESCRIPTIBILITÉ. POSSESSION PROLONGÉE D'UN NOM. RENONCIATION. PRESCRIPTION EXTINCTIVE. EXCLUSION

Civ. 1re, 15 mars 1988

(*D.* 1988. 549, note J. Massip, *JCP* 1989. II. 21347, note Agostini)

de Saintecatherine c. Procureur général de Limoges

Le nom ne se perd pas par le non-usage.

Si la possession loyale et prolongée d'un nom est propre à conférer à l'individu qui le porte le droit à ce nom, elle ne fait pas obstacle à ce que celui-ci, renonçant à s'en prévaloir, revendique le nom de ses ancêtres, qu'il n'a pas perdu en raison de l'usage d'un autre nom par ses ascendants les plus proches.

Faits. — M. Yves Saintecatherine a présenté au président du tribunal de grande instance de Limoges une requête tendant à la rectification de son acte de naissance établi dans cette ville le 19 mai 1945, ainsi que des actes de naissance de son père Rémy, né en 1913, de son grand-père Jean, né en 1889, et de son arrière-grand-père Louis, né en 1860. Il exposait que le nom porté par ses ancêtres s'était toujours écrit « de Sainte Catherine » et que c'est à la suite d'une erreur des services de l'état civil commise lors de l'établissement de l'acte de naissance de son arrière-grand-père, en 1860, que le nom avait été écrit sans particule. Par ordonnance du 2 mars 1984, le président du tribunal de grande instance de Limoges a rejeté cette requête au motif « qu'il est constant que l'erreur manifeste du rédacteur de 1860, qui s'est constamment renouvelée à chaque acte postérieur, a été acceptée par toute une famille et non par une seule branche; qu'ainsi, à partir de 1860, il ne s'est plus trouvé de membre de la famille pour continuer à porter le nom orné de la particule; — que l'on doit admettre qu'en acceptant aisément — et sagement — cette situation, la famille Saintecatherine a entendu renoncer à s'en prévaloir; que, d'autre part, si le réclamant indique qu'il s'est fait connaître sous le vocable « de Sainte Catherine », il ne démontre pas que ses auteurs aient eu la même préoccupation; qu'ainsi donc, sa prétention se voit opposer l'effet du temps ». Par un arrêt du 6 juin 1985, la cour d'appel de Limoges a confirmé cette décision en relevant « qu'il n'est nullement établi, contrairement aux affirmations de l'appelant, que ses ascendants aient continué à porter dans la vie courante le nom de Saintecatherine avec la particule qui avait disparu de leurs actes de l'état civil; que l'on se trouvait en présence d'une volonté délibérée de ne plus porter la particule ; que le requérant ne rapporte pas la preuve d'une simple erreur matérielle et estime que la longue possession par la famille d'un nom dépourvu de particule, possession constante, uniformément prolongée pendant plus d'un siècle, fait obstacle aujourd'hui à ce que Saintecatherine puisse en relever l'usage par la voie d'une rectification des actes de l'état civil ». Pourvoi en cassation par M. Saintecatherine.

Moyen. — V. l'arrêt.

ARRÊT

La Cour ; — *Sur le moyen unique, pris en sa première branche :* — Vu la loi du 6 fructidor an II, ensemble les principes qui régissent le droit au nom ; — Attendu que le nom ne se perd pas par le non-usage ; — Attendu que M. Yves Saintecatherine a présenté au président du tribunal de grande instance une requête tendant à la rectification de son acte de naissance et des actes de naissance de son père, de son grand-père et de son arrière-grand-père ; qu'il exposait que le nom porté par ses ancêtres s'était toujours écrit « De Sainte Catherine » et que c'est à la suite d'une erreur des services de l'état civil commise lors de l'établissement de l'acte de naissance de son arrière-grand-père, en 1860, que le nom avait été écrit sans particule ; — Attendu que l'arrêt attaqué (Limoges, 6 juin 1985) a débouté M. Saintecatherine de son action aux motifs, tant propres qu'adoptés, que l'erreur manifeste du rédacteur de 1860, qui s'est constamment renouvelée à chaque acte postérieur, a été acceptée par toute la famille ; qu'à partir de 1860 il ne s'est plus trouvé de membre de la famille à porter le nom avec la particule ; que devant cette carence totale force est de reconnaître que la famille de l'intéressé avait purement et simplement renoncé au port de la particule et que cette renonciation s'est perpétuée pendant plus de cent ans ; que l'arrêt énonce encore que la longue possession par la famille de l'intéressé d'un nom dépourvu de particule, possession constante uniformément prolongée pendant plus d'un siècle, fait obstacle aujourd'hui à ce que M. Saintecatherine puisse en relever l'usage ; — Attendu cependant que, si la possession loyale et prolongée d'un nom est propre à conférer à l'individu qui le porte le droit à ce nom, elle ne fait pas obstacle à ce que celui-ci, renonçant à s'en prévaloir, revendique le nom de ses ancêtres, qu'il n'a pas perdu en raison de l'usage d'un autre nom par ses ascendants les plus proches ; que dès lors en se déterminant comme elle a fait la cour d'appel a violé le texte et les principes susvisés ; — *Par ces motifs,...* casse...

OBSERVATIONS

1 Il n'y a pas au regard du droit d'autre noblesse que celle qui procède d'un titre nobiliaire. La particule, c'est-à-dire les mots *d'*, *de*, *du*, *de la*, *des*, précédant le nom patronymique, n'est donc qu'un élément du nom de famille. On ne l'a jamais qualifiée, même autrefois, comme une appellation nobiliaire. Le problème posé dans le présent cas concernait donc l'un des caractères du nom patronymique : son imprescriptibilité.

I. — Évolution. L'immutabilité

2 En droit romain, il était possible de changer de nom sauf si ce changement était frauduleux. Cette solution s'est maintenue dans l'Ancienne France. Quelques restrictions particulières seront relevées au XVIe siècle : les artisans ne peuvent changer leur nom lorsque celui-ci sert de marque de fabrique; les notaires ne peuvent changer leur seing manuel et leur nom sans autorisation. À l'appui d'un principe d'immutabilité du nom, on a invoqué une ordonnance dite d'Amboise, de 1555… mais il s'agit d'un édit de 1556 de portée limitée et dont le Parlement de Normandie obtint vite la révocation (A. Lefebvre-Teillard, *Le nom, Droit et histoire*, 1990, p. 97). Ce qui est vrai, c'est que, dans les derniers siècles de l'Ancien Régime, la monarchie a développé son contrôle en la matière à la faveur des lettres de commutation de nom, tendant de la sorte à transformer une institution sociale en institution de police civile (A. Lefebvre-Teillard, *op. cit.*, p. 110).

Après un décret du 24 brumaire an II qui, sans vraiment encourager les changements, ne les a pas exclus, la réaction s'est manifestée, résultant du décret du 6 fructidor an II, dont l'article 1er est ainsi rédigé : « Aucun citoyen ne pourra porter de nom ni de prénom autres que ceux exprimés dans son acte de naissance » (al. 1er). « Ceux qui les auront quittés seront tenus de les reprendre » (al. 2). Quant au principe de l'immutabilité du nom, ces dispositions n'ont jamais été considérées comme abrogées, même si la loi du 11 germinal an XI, puis celle du 8 janvier 1993 ont assoupli le système en réglementant le changement de nom.

II. — Imprescriptibilité

3 À l'immutabilité du nom, on rattache son *imprescriptibilité*, liée aussi à l'idée classique suivant laquelle le nom est hors du commerce (v. l'art. 2226 C. civ.; v. aussi, sur ce dernier point, *infra*, no 24). Encore convient-il de distinguer suivant qu'il s'agit de prescription extinctive ou de prescription acquisitive.

4 Le nom ne saurait être perdu par le non-usage prolongé. Cette solution est solidement établie en jurisprudence (Req. 21 juill. 1926, *S.* 1926. 1. 310; 14 avr. 1934, *DH* 1934. 265; Civ. 1re, 1er juill. 1968, *D.* 1968. 685, note R. Savatier). Dans le présent arrêt, la Cour de cassation demeure fidèle à cette position qu'elle exprime par un attendu dépourvu d'équivoque : « attendu que le nom ne se perd pas par le non-usage ». Peu importe donc que l'erreur commise en 1860 lors d'une déclaration à l'état civil ait été ultérieurement « acceptée par toute la famille », de génération en génération. Aussi bien l'absence de prescription *extinctive* a-t-elle permis de relever des noms de noblesse, avec ou sans particule, portés antérieurement à la Révolution.

5 Cependant, si le refus de prendre en compte l'incidence du temps est total s'agissant de son effet extinctif, c'est-à-dire de la perte du nom, il en va autrement à propos de son *acquisition*. Tout en décidant que le nom ne saurait être acquis par prescription (Civ., 1re sect. civ. 19 mai 1957, *Gaz. Pal.* 1958. 1. 117), la jurisprudence atténue cette exclusion en admettant que la possession extrêmement prolongée d'un nom (la possession centenaire par exemple) permet à une famille de conserver ce nom à condition toutefois que l'usage en ait été « loyal, public, incontesté » (Civ. 1re, 22 juin 1971, *D.* 1971. Somm. 181 rappr. Req. 10 nov. 1897, *DP* 98. 1. 242, *S.* 99. 1. 337; Civ. 6 mars 1923, sol. impl., *DP* 1923. 1. 81, note R. Savatier, *S.* 1924. 177, note Perreau; Civ. 1re, 20 mai 1980, *JCP* 1981. II. 19549, note D. L. N.; v. aussi Civ. 1re, 31 janv. 1978, *Bull. civ.* I, nº 41, p. 35, *JCP* 1979. II. 19035, note Nérac, au sujet d'une possession prolongée ayant abouti à une acquisition antérieurement au décret du 6 fructidor an II; comp. Civ. 1re, 6 juill. 1977, *D.* 1978. 396, note Agostini, *JCP* 1978. II. 18817, note R. Savatier).

6 La conciliation des solutions consacrées par la Cour de cassation suivant qu'il s'agit de l'effet extinctif ou de l'effet acquisitif du temps fait problème lorsque, comme dans l'arrêt commenté, il y avait eu acquisition du nom Saintecatherine par une possession prolongée. L'examen de cette question a conduit René Savatier à soutenir que l'intérêt social fondant l'immutabilité – et son corollaire l'imprescriptibilité – devait faire prévaloir le nom acquis sur le nom ancien et à justifier alors la perte par le non-usage prolongé (R. Savatier, note *D.* 1923. 1. 81, sous Civ. 6 mars 1923, préc.; v. aussi, du même auteur, note *DP* 1929. 1. 89, sous Req. 5 déc. 1928). Cette opinion n'a pas été consacrée par la Cour de cassation dans le présent arrêt. Celle-ci décide, en effet, que, « si la possession loyale et prolongée d'un nom est propre à conférer à l'individu qui le porte le droit à ce nom, elle ne fait pas obstacle à ce que celui-ci, renonçant à s'en prévaloir, revendique le nom de ses ancêtres… ». Mais on doit alors constater qu'en admettant la validité d'une telle renonciation, la Cour de cassation remet en cause le caractère indisponible du nom, sa situation parmi les choses hors du commerce… (*infra*, nº 24) qui constitue précisément l'un des fondements de l'imprescriptibilité. Aussi bien la haute juridiction a-t-elle ultérieurement infléchi sa jurisprudence. Tout en rappelant la solution antérieurement posée – « la possession prolongée propre à conférer un droit au nom ne fait pas obstacle à ce que son titulaire revendique le nom de ses ancêtres » –, elle a, par un arrêt du 25 mai 1992, précisé qu'il appartient au juge, en considération notamment de la durée respective et de l'ancienneté des possessions invoquées, ainsi que des circonstances dans lesquelles elles se sont succédé, d'apprécier s'il y a lieu d'accueillir cette revendication (Civ. 1re, 25 mai 1992, *Bull. civ.* I, nº 158, *D.* 1992. 445, note F. Boulanger, *Defrénois* 1992. 1431, obs. Massip, *RTD civ.* 1992. 741, obs. J. Hauser; 6 avr. 1994, *Bull. civ.* I, nº 141, *D.* 1994. IR 123, *RTD civ.* 1994. 563, obs. J. Hauser; 30 sept. 2003, *Bull. civ.* I, nº 195, D. 2004. 86, note G. Loiseau, *JCP* 2004. II. 10119, note Zelcevic-Duhamel, *RTD civ.* 2004. 61, obs. Hauser; 10 mai 2005, *Bull. civ.* I, nº 202, *Dr. fam.* 2005, nº 228, obs. P. Murat, *RTD civ.* 2005. 570, obs. Hauser; 17 déc. 2008, *D.* 2009. 168, *Dr. fam.* 2009, nº 32, note P. Murat).

7 Se trouve ainsi réalisé un « compromis » entre la solution posée en 1988 par la haute juridiction et celle préconisée par le doyen Savatier qui considérait que, dans le conflit entre les deux possessions successives, la possession actuelle devait prévaloir (Massip, obs. préc.). Cet infléchissement a permis, en la circonstance, à la haute juridiction de rejeter le pourvoi formé contre la décision de juges du fond qui avaient refusé à des particuliers la particule qu'ils revendiquaient, parce que leurs ancêtres en avaient perdu l'usage depuis près de quatre cents ans.

24

NOM PATRONYMIQUE. INDISPONIBILITÉ. NOM COMMERCIAL. DÉNOMINATION COMMERCIALE. STATUTS DE SOCIÉTÉ. ACCORD. SIGNE DISTINCTIF. PROPRIÉTÉ INCORPORELLE

Com. 12 mars 1985

(*D.* 1985. 471, note J. Ghestin, *JCP* 1985. II. 20400, concl. Montanier, note G. Bonet, *Gaz. Pal.* 1985. 1. 245, note Le Tallec)

Société anonyme des Éditions Bordas et autre c. Bordas

Le principe de l'inaliénabilité et de l'imprescriptibilité du nom patronymique, qui empêche son titulaire d'en disposer librement pour identifier au même titre une autre personne physique, ne s'oppose pas à la conclusion d'un accord portant sur l'utilisation de ce nom comme dénomination sociale ou nom commercial.

Un nom patronymique inséré dans les statuts d'une société devient un signe distinctif qui s'est détaché de la personne physique qui le porte, pour s'appliquer à la personne morale qu'il distingue et devenir ainsi objet de propriété incorporelle.

Faits. — Le 21 octobre 1941, MM. Henri et Pierre Bordas ont créé une société à responsabilité limitée « Les éditions de la France nouvelle », dont ils se partageaient les parts à égalité, M. Pierre Bordas devenant le gérant de cette société. Le 23 janvier 1946, à la suite d'une décision d'assemblée générale, la société a pris la dénomination sociale « Éditions Bordas ». À la suite d'une assemblée générale extraordinaire en date du 13 mars 1967, la SARL a été transformée en société anonyme tout en conservant la dénomination sociale « Éditions Bordas ». Peu après, M. Henri Bordas est décédé. M. Pierre Bordas étant président du conseil d'administration, la société s'est développée non sans appel à des capitaux extérieurs, de sorte qu'à la suite de diverses augmentations du capital, M. Pierre Bordas n'a plus détenu qu'une part très réduite du capital de la société. Un désaccord s'étant fait jour, M. Pierre Bordas a démissionné de ses fonctions en 1977 non sans préciser qu'il s'opposait à ce que son nom servit à couvrir une politique éditoriale qu'il désapprouvait; il ne détient plus dans la société en cause qu'un nombre infime d'actions. En 1978, M. Pierre Bordas a d'ailleurs créé une nouvelle maison d'édition, la SARL « Pierre Bordas et Fils éditeurs Maison fondée en 1978 ». Ajoutons qu'il existe aussi, depuis 1937, une société civile « Les cours universitaires de France Bordas ». En 1982, M. Pierre Bordas a assigné les Éditions Bordas devant le tribunal de grande instance de Paris, au motif que le vocable « Bordas » était son nom patronymique, pour leur faire interdire l'utilisation de son nom en l'absence de toute convention d'usage, de cession ou d'apport en société. Par jugement du 14 juin 1983, le tribunal de grande instance de Paris a débouté M. Pierre Bordas, estimant qu'aucun motif légitime ne justifiait sa prétention.

Mais, par un arrêt en date du 8 novembre 1984, la cour d'appel de Paris a infirmé ce jugement en considérant que « cette incorporation dans la dénomination sociale de la société de ce nom Bordas qui comme tout patronyme est inaliénable et imprescriptible et demeure la propriété de son titulaire et de sa famille, ne peut s'analyser que comme étant de la part de M. Pierre Bordas une simple tolérance d'usage de son nom, tolérance à laquelle il pouvait mettre fin sans pour autant commettre un abus dès lors qu'il justifiait de justes motifs ». Estimant que la demande de M. Pierre Bordas n'était pas arbitraire, la cour d'appel a décidé qu'il pouvait reprendre l'usage de son patronyme. Et elle a décidé que la Société Éditions Bordas devait, dans un délai de quatre mois à compter de la signification de son arrêt, cesser toute utilisation du nom patronymique Bordas dans sa dénomination sociale, sous astreinte de 1 000 F par jour de retard, et, dans le même délai, cesser toute utilisation du nom patronymique Bordas comme nom commercial, sous astreinte de 100 F par infraction à cette interdiction constatée. La cour d'appel estima qu'il n'était nullement démontré que cette dernière mesure « aurait une incidence sur l'avenir de la société, lequel incontestablement dépend au moins en partie de la persistance du succès ou de l'échec de la nouvelle politique suivie ».

Moyen. — V. l'arrêt.

ARRÊT

La Cour; — *Sur le premier moyen, pris en ses trois premières branches :* — Vu l'article 1134 du Code civil, ensemble l'article 1er de la loi du 28 juillet 1824; — Attendu que le principe de l'inaliénabilité et de l'imprescriptibilité du nom patronymique, qui empêche son titulaire d'en disposer librement pour identifier au même titre une autre personne physique, ne s'oppose pas à la conclusion d'un accord portant sur l'utilisation de ce nom comme dénomination sociale ou nom commercial; — Attendu que M. Pierre Bordas a demandé qu'il soit ordonné sous astreinte à la Soc. anonyme Éditions Bordas de cesser toute utilisation du nom Bordas dans sa dénomination sociale et à cette société et à la SARL Société Générale de Diffusion de cesser toute utilisation de ce nom dans leurs « dénominations commerciales »; — Attendu qu'après avoir constaté que M. Pierre Bordas et son frère Henri avaient licitement choisi la dénomination « Éditions Bordas » par acte sous seings privés du 23 janvier 1946 pour une société à responsabilité limitée dont ils étaient les fondateurs, ultérieurement transformée en société anonyme, la cour d'appel, pour accueillir la demande de M. Pierre Bordas, énonce qu'il n'y a eu aucune convention sur l'usage du nom Bordas par la société ou sur l'inclusion de ce nom dans la dénomination sociale et que le patronyme étant inaliénable et imprescriptible, l'incorporation du nom de Bordas dans la dénomination sociale ne peut s'analyser que comme une simple tolérance à laquelle M. Pierre Bordas pouvait mettre fin sans pour autant commettre un abus dès lors qu'il justifiait de justes motifs; — Attendu qu'en se déterminant par ces motifs, alors que ce patronyme est devenu, en raison de son insertion le 23 janvier 1946 dans les statuts de la société signés de M. Pierre Bordas, un signe distinctif qui s'est détaché de la personne physique qui le porte, pour s'appliquer à la personne morale qu'il distingue, et devenir ainsi objet de propriété incorporelle, la cour d'appel (Paris, 1re ch., 8 nov. 1984) a violé les textes susvisés; — *Par ces motifs*,... casse...

OBSERVATIONS

1 Bien que l'on puisse s'interroger à notre époque, plus que par le passé, sur les caractères du nom patronymique – du « nom de famille » depuis la loi du 4 mars 2002 –, il est encore admis que celui-ci est indisponible et imprescriptible. La Cour de cassation demeure, dans l'arrêt commenté, fidèle à cette position : « le principe de l'inaliénabilité et de l'imprescriptibilité du nom patronymique, (...) empêche son titulaire d'en disposer librement pour identifier au même titre une autre personne physique ».

2 Au principe de l'indisponibilité du nom, qui semble non seulement exclusif de tout accord, mais encore s'opposer à l'efficacité de tout acte juridique propre à entraîner altération de ce caractère, il existe pourtant des dérogations. Ainsi, à la suite d'un divorce, l'un des époux peut « conserver l'usage du nom de l'autre, soit avec l'accord de celui-ci, soit avec l'autorisation du juge, s'il justifie d'un intérêt particulier pour lui ou pour les enfants » (art. 264, al. 2, C. civ., réd. L. 26 mai 2004). Encore ne s'agit-il dans l'hypothèse envisagée que d'acte de disposition afférent à l'usage du nom. L'atteinte au principe d'indisponibilité est plus profonde en cas d'usage commercial du nom. On envisagera l'existence de cette commercialisation (I), puis sa portée (II).

I. — Existence de la commercialisation

3 Lorsqu'un commerçant exerce sa profession sous son nom patronymique, il fait alors de celui-ci un *nom commercial*, objet d'un droit de propriété incorporelle, qui, représentant une valeur patrimoniale, devient un élément du fonds de commerce et peut être cédé en même temps que lui. Ainsi en va-t-il d'un individu qui détache de sa personne son nom patronymique pour en faire un nom commercial. Dans la même perspective, il est logique d'admettre qu'une personne – ou ses héritiers – puisse reconnaître à autrui le droit d'user de son nom (nom personnel ou nom de famille) à des fins commerciales – la pratique est courante dans le monde du sport ou du spectacle – et, en l'absence de disposition contraire, que pareil accord puisse être tacite (Civ. 1re, 6 juill. 1965, *D.* 1965. 701, note Lindon, *Bull. civ.* I, no 453, p. 339, aff. *Negresco*). Encore faut-il que soit, s'il y a contestation, rapportée la preuve de l'accord (v. au sujet de l'utilisation d'un patronyme à titre de marque, Com. 6 mai 2003, *Bull. civ.* IV, n° 69, *D.* 2003. 2228, note G. Loiseau, *RTD civ.* 2003. 679, obs. Hauser – v. C. Zanella, *Les marques nominatives*, thèse Paris II, 1994). L'autorisation ainsi accordée peut cependant être contestée en cas de faute dans l'utilisation.

Lorsque l'activité revêt une forme sociale, un nom patronymique peut être utilisé pour désigner la personne morale. Ainsi, aux termes de l'article L. 221-2 du Code de commerce, « la société en nom collectif est désignée par une dénomination sociale, à laquelle peut être incorporé le nom d'un ou plusieurs associés et qui doit être précédée ou suivie immédiatement des mots "société en nom collectif" ». Il en va de même en matière de société à responsabilité limitée (art. L. 223-1, al. 3 C. com.) et de société par actions (art. L. 224-1, al. 1er, C. com.). Toutefois, dans la société en commandite par actions, le nom des associés commanditaires ne peut figurer dans la dénomination sociale (art. L. 224-1, al. 2 C. com.).

4 De ces observations, il est normal de déduire que l'insertion d'un nom patronymique par son titulaire dans la dénomination d'une société qu'il fonde – et on pourrait raisonner de manière analogue au sujet d'un apport du nom à une société déjà existante, surtout s'il s'ajoute à la qualité d'associé ou accompagne l'acquisition de cette qualité – produit, expressément ou tacitement, un effet semblable au détachement du nom commercial par rapport au nom patronymique (rappr. Com. 3 mars 1965, *Grospiron*, *Bull. civ.* III, n° 166, p. 140 et n° 168, p. 143; v. aussi, Civ. 1re, 6 juill. 1965, *Negresco*, préc.; rappr., sur l'incidence d'un long usage, Civ. 1re, 26 mai 1970, *Dop*, *Bull. civ.* I, n° 174, p. 140). Devenu élément, exclusif ou non, de la dénomination sociale, le nom accompagne le destin de la société, en particulier sa notoriété si l'activité de celle-ci est florissante.

II. — Portée de la commercialisation

5 Néanmoins, parce qu'il s'agit tout de même d'un nom patronymique, l'utilisation de ce vocable comme nom commercial ou son incorporation dans la dénomination oblige à s'interroger sur la portée de tels comportements. Sans doute convient-il de tenir compte de l'existence de conditions ou de réserves auxquelles le propriétaire du nom aurait subordonné l'emploi de son nom à des fins commerciales ou sociales. Mais en l'absence de telles précautions, que faut-il décider ? Sensible à l'argumentation de M. Pierre Bordas, la cour d'appel avait estimé que l'incorporation dans la dénomination sociale de ce nom Bordas, qui comme tout patronyme est inaliénable et imprescriptible et demeure la propriété de son titulaire et de sa famille, ne peut s'analyser de la part de Pierre Bordas que comme une simple tolérance d'usage, tolérance à laquelle l'intéressé pouvait mettre fin sans pour autant commettre un abus dès lors qu'il justifiait de justes motifs.

Dire que l'admission de l'insertion du nom patronymique dans la dénomination sociale relevait de la tolérance, et non de la cession, c'était minimiser singulièrement la signification et la portée de la dénomination sociale. Implicitement sensible à l'objection, la cour d'appel avait d'ailleurs pris soin de relever aussi « qu'il n'est nullement démontré que cette mesure aurait une incidence sur l'avenir de la société, lequel incontestablement dépend au moins en partie du succès ou de l'échec de la nouvelle politique suivie ».

6 En réalité, faute de clause contraire, la logique de l'utilisation d'un nom patronymique comme nom commercial ou de l'incorporation d'un tel nom dans une dénomination sociale conduit à reconnaître que le nom patronymique se détache alors de la personne pour devenir une marque ou un signe distinctif. En l'occurrence la cour d'appel avait donc inversé à tort le raisonnement : il ne s'agissait pas d'un pouvoir de mettre obstacle à la persistance d'une tolérance, en se fondant sur de « justes motifs » liés, en l'état, à des divergences de politique éditoriale attribuées à des changements de majorité; il s'agissait du droit acquis par une société au maintien de sa dénomination sociale, en dépit de l'évolution dans la répartition du capital et de la perte d'influence du fondateur de la société qui avait laissé se perpétuer pendant longtemps l'incorporation de son nom patronymique dans la dénomination.

Voilà pourquoi on comprend que la Cour de cassation ait cassé l'arrêt rendu le 8 novembre 1984 par la cour d'appel de Paris en décidant que le patronyme Bordas était « devenu, en raison de son insertion le 23 janvier 1946 dans les statuts de la société signés de M. Pierre Bordas, un signe distinctif qui s'est détaché de la personne physique qui le porte, pour s'appliquer à la personne morale qu'il distingue, et devenir ainsi objet de propriété incorporelle » (v. depuis Com. 27 févr. 1990, *JCP* 1990. II. 21545, note Pollaud-Dulian; Paris, 29 oct. 1990, *D.* 1993. Somm. 118, obs. J. Burst; v. aussi Paris, 22 juin 1988, *D.* 1989. Somm. 135, obs. Burst).

7 Reste que c'est quand même le nom patronymique qui est au centre du débat, quel que soit l'usage commercial qu'en fait son titulaire. Et c'est en ce sens qu'il doit être protégé contre des utilisations abusives, spécialement dans le cadre des activités des maisons d'édition. M. Malaurie formule l'hypothèse d'une maison d'éditions universitaires, acquise par un tiers, qui « continue à porter le nom du fondateur et se met à publier des cochonneries » (*Les personnes*, 1re éd., p. 66, note 163). On comprend alors, qu'en cas d'abus, elle puisse être condamnée à cesser d'employer ce nom. Mais ce retrait serait fondé sur l'abus et non sur le caractère révocable ou précaire de l'insertion dans la dénomination sociale.

8 Plus généralement, il convient d'ajouter que, si le nom patronymique d'une famille donne à ses membres le droit de s'opposer à toute appropriation indue de celui-ci par un tiers au même titre de nom patronymique, il est nécessaire, lorsque le nom est utilisé à des fins commerciales, que le demandeur justifie de l'existence d'une confusion possible à laquelle il a intérêt à mettre fin (Civ. 1re, 26 mai 1970, préc.; Com. 21 oct. 1997, *a contrario*, *Bull. civ.* IV, n° 278, *JCP* 1998. II. 10071, note Casey, *RTD civ.* 1998. 340, obs. J. Hauser; Paris, 30 oct.

1998, *D.* 1998. IR 259, *D. Affaires* 1999. 165, obs. J. F., *RTD civ.* 1999. 61, obs. J. Hauser).

AUX AUTEURS CITÉS, *adde* : C. Colombet, « Le nom et les propriétés incorporelles », *D.* 1989. chron. 31 s.; G. Loiseau, *Le nom objet d'un contrat*, thèse Paris I, éd. 1997; F. Pollaud-Dulian, « L'utilisation du nom patronymique comme nom commercial », *JCP* 1991. I. 3618; E. Treppoz, « La propriété intellectuelle et le droit au nom », in *La propriété intellectuelle entre autres droits*, Dalloz, 2009; A. Viandier, « Les conflits entre cédant et cessionnaire relatifs au nom », *RJ com.* 1995. 1 s.; M. Vivant, « Le patronyme saisi par le patrimoine », *Mélanges Colomer* 1993, p. 517 s.

DOMICILE

25

COMPAGNIE DE CHEMIN DE FER. SUCCURSALE. COMPÉTENCE

Req. 19 juin 1876

(*DP* 77. 1. 135, *S.* 76. 1. 383)

Chemin de fer d'Orléans c. Van den Brouck

Au point de vue de l'article 59 du Code de procédure civile, les compagnies de chemin de fer, assignées à l'occasion de leur commerce, ont leur siège social, non seulement au lieu de leur principal établissement, mais encore dans les villes où il existe des gares assez importantes pour être considérées comme des succursales de ces compagnies.

Moyens. — Violation de l'article 59 du Code de procédure civile en ce que l'arrêt attaqué (Orléans, 3 févr. 1875, rapporté au Dalloz sous l'arrêt de cassation) a attribué compétence au tribunal de Tours, pour connaître d'une action dirigée contre une compagnie de chemin de fer domiciliée à Paris, lorsque la demande, telle qu'elle était formulée dans l'assignation, ne concernait pas spécialement la gare de Tours.

ARRÊT

La Cour; — Attendu qu'au point de vue de l'article 59 du Code de procédure civile, les compagnies de chemin de fer, assignées à l'occasion de leur commerce, ont leur siège social non seulement au lieu de leur principal établissement, mais encore dans les villes où il existe des gares assez importantes pour être considérées comme des succursales de ces compagnies; — Attendu que les juges ont constaté, comme ils en avaient le droit, d'après les documents placés sous leur contrôle, lors du débat sur l'exception d'incompétence, que la gare de Tours se trouvait dans ces conditions par rapport à Van den Brouck, puisque Tours avait été le centre de ses opérations comme expéditeur et comme destinataire; — Que, dès lors, le maintien de la compétence de la juridiction saisie a une base légale et régulière; — … *Par ces motifs,* rejette…

OBSERVATIONS

1 Suivant la tradition des anciens auteurs, plutôt que de se référer à une notion de résidence habituelle, les rédacteurs du Code civil ont, à l'article 102, alinéa 1er du Code civil, toujours en vigueur, prévu que « le domicile de tout Français quant à l'exercice de ses droits civils, est au lieu où il a son principal établissement ». Cette identification oblige, le cas échéant, les tribunaux à apprécier la valeur, de chacun des intérêts localisés dans des lieux différents et à décider où se trouve pour cette personne le groupe d'intérêts le plus important.

I. — Unicité du domicile

2 La définition précitée exprime aussi un des caractères du domicile, son unicité : une personne ne peut avoir qu'un domicile. À ce principe, la loi a apporté des exceptions, par exemple quant au domicile électoral (art. L. 11, C. élect.), quant au domicile fiscal (art. 4 A CGI), etc. Il arrive aussi que, par convention, des parties à un contrat dérogent aux règles habituelles (élection de domicile…). Il est aussi arrivé que la jurisprudence admette l'existence de localisations spéciales, le plus souvent dans le cadre de l'exercice d'une profession, ces assouplissements précédant le plus souvent des dispositions législatives. Ainsi le régime de domiciliation des entreprises instauré par une loi du 21 décembre 1984 a été amélioré par une loi du 1er août 2003 « pour l'initiative économique ». Les commerçants, « personnes physiques demandant leur immatriculation au registre du commerce et des sociétés ou au répertoire des métiers doivent déclarer l'adresse de leur local d'habitation et y exercer une activité, dès lors qu'aucune disposition législative ou stipulation contractuelle ne s'y oppose » (al. 2).

3 Un certain refoulement du principe d'unicité du domicile est la conséquence d'une attention accrue portée aux divers *intérêts* attachés à la notion de domicile. Or, ceux-ci sont fort divers. Ainsi, en *droit civil*, le domicile présente notamment les intérêts suivants : a) certains actes, relatifs à la famille, doivent ou peuvent être accomplis au domicile (art. 74 C. civ. pour le mariage; art. 348-3, pour l'adoption); b) la succession (art. 720) et la tutelle (art. 393) s'ouvrent et leurs opérations sont centralisées au dernier domicile du défunt, du pupille; c) le paiement d'une dette se fait normalement au domicile du débiteur (art. 1247, al. 3). *En droit international privé*, le domicile est important quant à la détermination de la loi applicable. Ainsi, la dévolution des biens meubles appartenant au défunt est effectuée conformément à la loi de l'État sur le *territoire duquel* il a eu son dernier domicile (Civ. 19 juin 1939, *Labedan*, *GADIP*, n° 18). Cette solution est néanmoins remise en cause par le règlement européen du 4 juillet 2012, lequel soumet, à partir de son entrée en vigueur le 17 août 2015, les successions à la loi de l'État dans lequel le défunt avait sa résidence habituelle au moment de son décès.

Importants sont surtout les intérêts *d'ordre procédural* attachés à la notion de domicile : a) En cas de procès, « la juridiction territorialement compétente est, sauf disposition contraire, celle du lieu où demeure le défendeur » (art. 42, al. 1er, C. pr. civ.); or il résulte de l'article 43 du nouveau Code de procédure civile que le lieu où demeure le défendeur s'entend, s'il s'agit d'une personne physique, du lieu où celle-ci a son domicile ou, à défaut, sa résidence : *Actor sequitur forum rei*; b) Lorsqu'il y a signification d'un acte de procédure, c'est-à-dire notification d'un tel acte par huissier de justice, l'acte peut, si la signification à une personne s'avère impossible, être délivré soit à domicile, soit, à défaut de domicile connu, à résidence (art. 655, al. 1er, C. pr. civ.).

II. — Unicité et personnes morales

4 Il est indispensable de situer les intérêts d'une personne morale en un lieu déterminé, qui joue pour elle le rôle d'un domicile (v. S. Boulin, *Le siège social*, thèse ronéot. Paris II, 2 vol. 1985). Pour les personnes morales de droit privé, ce lieu est, en principe, celui du siège social. Ce siège n'est jamais qu'un domicile d'élection en ce qu'il est déterminé par les statuts. Mais il doit correspondre, comme le domicile des personnes physique, au lieu du principal établissement, celui-ci n'étant pas forcément le lieu de l'exploitation, mais plutôt le centre de l'activité juridique, financière et administrative de la personne morale (Civ. 7 juill. 1947, *JCP* 1947. II. 2871); les tribunaux refusent d'ailleurs de tenir compte du siège social indiqué aux statuts s'il paraît fictif (sur les conditions tenant à la jouissance des locaux, relatives à l'immatriculation au registre du commerce et des sociétés, v. art. L. 123-11 et L. 123-11-1, C. com., réd. L. no 2003-721, 1er août 2003, sur l'initiative économique).

Avant qu'il ne soit abrogé par le Code de procédure civile de 1975, l'article 59 du Code de procédure de 1807 formulait les règles applicables en matière de compétence territoriale. S'il disposait, tout d'abord (al. 1er), qu'en matière personnelle, le défendeur était assigné devant le tribunal de son domicile, il précisait, en outre, que le défendeur, en matière de société, était assigné « devant le juge du lieu où elle est établie » (al. 7).

Ce texte ne visait, avait-il semblé, que le siège social et pouvait donc être, de prime abord, considéré comme une illustration de l'adage *actor sequitur forum rei.* Mais les tribunaux ont profité de sa rédaction un peu vague pour admettre aussi, en cette matière, au choix du demandeur, la compétence des tribunaux dans le ressort desquels sont constituées des succursales de la société. Confirmant une jurisprudence (Req. 15 mai 1844, *S.* 44. 1. 394; 10 nov. 1852, *DP* 53. 1. 105, *S.* 52. 1. 788) qui avait été contestée, l'arrêt relevé, rendu au sujet d'une société de chemin de fer, concerne, en réalité, toutes les sociétés jouissant de la personnalité morale, bien que l'on ait continué d'utiliser l'expression de « jurisprudence des gares principales » (v. aussi Civ. 30 juin 1891, *D.* 94. 1. 539). Observons qu'à ce sujet le Code de procédure civile de 1975 n'a pas rompu avec la tradition car c'est toujours, lorsqu'il s'agit d'une personne morale, du « lieu où celle-ci est établie » qu'il est question, en matière de compétence territoriale (art. 43), « expression générique qui englobe l'ensemble des établissements principaux de la société » (Cornu, *Introduction les personnes, la famille*, n° 703).

III. — Domicile et siège social

5 À l'appui de la solution retenue, deux considérations pratiques ont été avancées.

D'une part, on a jugé opportun d'éviter qu'une personne en procès avec une société soit, en toute hypothèse, obligée d'assigner celle-ci devant le tribunal du lieu du siège social, quelque distant qu'il soit du lieu où s'est produit le fait générateur du litige. Cette préoccupation, de caractère privé, est en quelque sorte confirmée par le fait que le demandeur peut, s'il le préfère, saisir le tribunal du lieu du siège social (Civ. 2e, 24 janv. 1958, *Bull. civ.* II, n° 77, p. 49, motifs; Paris, 24 nov. 1924, *Gaz. Pal.* 1925. 1. 297).

D'autre part, dans une perspective plus générale, on a fait valoir que la règle jurisprudentielle présentait l'avantage d'enlever au tribunal de la Seine la connaissance nécessaire de tous les litiges qui concernaient les sociétés, extrêmement nombreuses, dont le siège était situé dans le département de la Seine, avant que celui-ci ne soit divisé. Depuis lors, l'éclatement du tribunal de grande instance de la Seine et l'apparition des tribunaux de Bobigny, de Créteil et de Nanterre, aux côtés du tribunal de Paris, n'ont d'ailleurs pas suffi à supprimer l'intérêt pratique de la solution dégagée par la jurisprudence, non seulement à propos des sociétés civiles, mais aussi au sujet des sociétés commerciales. Il faut en dire autant des efforts déployés par les autorités publiques en vue de faciliter la fixation en province des sièges sociaux réels des sociétés.

6 Encore fallait-il justifier *techniquement* la solution. Il a été parfois affirmé que l'établissement d'une succursale en un lieu déterminé valait, de la part de la société, élection de domicile en ce lieu (Req. 10 nov. 1852, préc.). Cette interprétation n'était pas seulement divinatoire; elle paraissait, le plus souvent, contraire à l'intention probable de la société, qui a tout intérêt à la concentration des litiges qui la concernent au lieu du siège social. En outre, l'élection de domicile – à supposer qu'elle soit possible (v. son refoulement par l'art. 48 du C. pr. civ.) – résulte normalement d'un accord des intéressés. Aussi bien, dans l'arrêt ci-dessus rapporté, la Cour de cassation préfère-t-elle affirmer « qu'au point de vue de l'article 59 du Code de procédure civile, les compagnies de chemin de fer, assignées à l'occasion de leur commerce, ont leur siège social, *non seulement au lieu de leur principal établissement, mais encore dans les villes où il existe des gares assez importantes pour être considérées comme des succursales de ces compagnies* ».

Pas davantage n'est-il possible de considérer que, *par exception au principe de l'unité du domicile*, celui-ci étant au lieu où tout Français a son principal établissement (art. 102, al. 1 C. civ.), une société aurait autant de domiciles que de « gares principales ». En effet, la Cour de cassation n'a pas décidé que la société établit son principal établissement partout où elle établit une succursale (comp. Glasson, Tissier et Morel, *Traité théor. et prat. proc. civ.*, 3e éd.,

t. II, n° 362), ce qui serait d'ailleurs difficilement conciliable avec la distinction du principal et de l'accessoire.

7 En réalité, c'est sur la notion de siège social que repose l'arrêt (v. S. Boulin, *Le siège social*, thèse préc.). Il y est en effet affirmé que les compagnies peuvent avoir *leur siège social* en plusieurs lieux, comme si le siège social pouvait exister partout où sont situées les succursales. Bien qu'il ne soit pas dit qu'il y a alors plusieurs sièges sociaux, l'explication technique n'est finalement pas plus satisfaisante, dans la mesure où le siège social d'une société est un et non pas multiple. Tout comme l'on a décroché la solution d'une référence à la notion de domicile, mieux vaut éviter d'utiliser en la circonstance celle de siège social.

8 Illustrant le refoulement de la notion de domicile – surtout telle que la définit le Code civil – en ce qui concerne les personnes morales – mais non les commerçants personnes physiques (Req. 28 juill. 1919, *S.* 1921. 1. 313, note P. Esmein) – la théorie des gares principales, élaborée par la jurisprudence et maintenue fermement par elle (Req. 7 mars 1911, *DP* 1916. 1. 224), n'est applicable que lorsque deux conditions sont remplies.

9 En premier lieu, il résulte de l'arrêt ci-dessus rapporté, que les « gares » doivent être assez importantes pour constituer des succursales. Or la notion de succursale, plus économique que juridique, est malaisément saisissable (v. M. Cabrillac, « Unité ou pluralité de la notion de succursale », *Mélanges Hamel*, 1961, p. 119 s.; Orfila, *La succursale en droit français*, thèse ronéot. Poitiers, 1967, spéc. p. 73 s.). Plutôt qu'à des éléments tenant à l'importance matérielle de l'établissement ou de la succursale, la jurisprudence s'attache à des considérations d'ordre juridique. Sans être juridiquement indépendant (v. Civ. 1re, 12 nov. 1957, *Bull. civ.* I, n° 427, p. 344), l'établissement ou la succursale doit disposer, par rapport au siège social, d'une certaine autonomie et, à cet effet, être doté d'agents ayant pouvoir pour traiter avec les tiers au nom de la société (Req. 18 nov. 1890, *S.* 93. 1. 22; 5 nov. 1928, *DH* 1928. 509, *S.* 1929. 1. 177, note Solus; Civ. 1re, 13 nov. 1957, *JCP* 1957. IV. 181; v. aussi Civ. 2e, 20 oct. 1965, *JCP* 1965, éd. A, 4759; Com. 12 janv. 1988, *JCP* 1988. IV. 101, *RTD civ.* 1988. 474, obs. Cabrillac et Teyssié).

10 En second lieu, il faut que les faits générateurs du litige se soient produits dans la région où l'établissement effectue ses opérations et, plus précisément, que l'action en justice se rapporte à l'activité contractuelle ou extracontractuelle de la succursale (Req. 15 avr. 1893, *DP* 94. 1. 539, *S.* 93. 1. 319; 7 mars 1911, *DP* 1916. 1. 224; Civ. 16 mars 1927, *Gaz. Pal.* 1927. 2. 43; Civ. 2e, 24 janv. 1958, *Bull. civ.* II, n° 77, p. 49; 6 avr. 2006, *Bull. civ.* II, n° 100, *JCP* E 2007. 1414, note Legros).

Il convient de préciser que la faculté découlant de la jurisprudence des « gares principales » ne peut être invoquée qu'à l'encontre de la société défenderesse et non par celle-ci (Civ. 2e, 29 janv. 1992, *JCP* 1992. IV. 920, *Rev. sociétés* 1992. 42, obs. Y. Chartier).

11 Une évolution propre à remettre plus radicalement en cause l'article 102, alinéa 1er, du code au sujet de la localisation des entreprises, sociale mais aussi individuelle, dotées ou non de la personnalité morale, se manifeste de divers côtés. Elle va de pair avec l'importance grandissante des notions, devenues juridiques, d'entités et d'établissements. Ce courant est manifeste en droit social, à telle enseigne que la notion d'établissement apparaît « polymorphe » (Ph. Waquet, note *D.* 2006. 215, dans Soc. 11 oct. 2005) puisqu'elle n'est pas définie de la même manière suivant qu'il s'agit de délégués du personnel, de comité d'établissement, de négociation collective... Bien d'autres considérations contribuent à la remise en cause du principe d'unicité (v. not., en droit européen, sur la localisation du centre des intérêts principaux du débiteur insolvable, R. Dammam et G. Podeur, *LPA* 21 mars 2007, p. 4). Indirectement, mais nécessairement, c'est encore d'éloignement et de proximité qu'il s'agit.

SEXE

26-27

TRANSSEXUALISME. ÉTAT CIVIL. MENTION DU SEXE. MODIFICATION. CONVENTION EUROPÉENNE DES DROITS DE L'HOMME. RESPECT DÛ À LA VIE PRIVÉE

I. Civ. 1re, 21 mai 1990. — II. Ass. plén. 11 décembre 1992

Le transsexualisme, même lorsqu'il est médicalement reconnu, ne peut s'analyser en un véritable changement de sexe, le transsexuel, bien qu'ayant perdu certains caractères de son sexe d'origine, n'ayant pas pour autant acquis ceux du sexe opposé. En outre l'article 8, alinéa 1er de la Convention européenne des droits de l'homme, qui dispose que toute personne a droit au respect de sa vie privée et familiale, n'impose pas d'attribuer au transsexuel un sexe qui n'est pas en réalité le sien (1er arrêt).

Lorsque, à la suite d'un traitement médico-chirurgical, subi dans un but thérapeutique, une personne présentant le syndrome du transsexualisme ne possède plus les caractères de son sexe d'origine et a pris une apparence physique la rapprochant de l'autre sexe, auquel correspond son comportement social, le principe du respect dû à la vie privée justifie que son état civil indique désormais le sexe dont elle a l'apparence. Le principe de l'indisponibilité de l'état des personnes ne fait pas obstacle à une telle modification (2e arrêt).

I. — Civ. 1re, 21 mai 1990

(*Bull. civ.* I, n° 117, p. 83, *D.* 1991. 169, rapp. Massip, *JCP* 1990. II. 21588, rapp. Massip, concl. Flipo, *Gaz. Pal.* 1991. 1. 33, concl. Flipo, *RTD civ.* 1991. 289, obs. J. Hauser)

Mme Dominique N.

Faits. — V. l'arrêt.

ARRÊT

La Cour; — *Sur les deux moyens réunis :* — Attendu, selon les énonciations des juges du fond, que Dominique N..., née le 18 juin 1948, a été déclarée sur les registres de l'état civil comme étant de sexe féminin; que dès son plus jeune âge, elle s'est considérée comme un garçon dont elle empruntait les jeux; qu'après s'être soumise à divers traitements médicaux et avoir subi plusieurs opérations chirurgicales, elle a saisi le tribunal de grande instance d'une action tendant à la substitution, dans son acte de naissance, de la mention « sexe masculin », à celle de « sexe féminin »; que l'arrêt attaqué (Bordeaux, 5 mars 1987), après avoir admis, avec les experts, que Dominique N... était un transsexuel vrai, l'a déboutée de sa demande aux motifs que le sexe psychologique ou psychosocial ne peut à lui seul primer le sexe biologique, anatomique ou génétique, que le sexe est un élément objectivement déterminé et intangible dont le meilleur critère est celui tiré de la formule chromosomique; — Attendu qu'en un premier moyen, Dominique N... fait grief à la cour d'appel d'avoir, en refusant de reconnaître son identité sexuelle masculine, telle qu'elle résulte de sa morphologie modifiée et de son psychisme, violé l'article 8, alinéa 1er, de la Convention européenne de sauvegarde des droits de l'homme et des libertés fondamentales; qu'en un second moyen, elle lui reproche d'avoir refusé de modifier son état civil alors que le principe de l'indisponibilité de l'état des personnes ne s'oppose pas à un changement de sexe en cas de transsexualisme vrai, c'est-à-dire lorsque la discordance entre le sexe psychologique et le sexe génétique est indépendante de la volonté du sujet, irrésistible, prépondérante et irrémédiablement acquise; — Mais attendu que le transsexualisme, même lorsqu'il est médicalement reconnu, ne peut s'analyser en un véritable changement de sexe, le transsexuel, bien qu'ayant perdu certains caractères de son sexe d'origine, n'ayant pas pour autant acquis ceux du sexe opposé; — Et attendu que l'article 8, alinéa 1er, de la Convention européenne des droits de l'homme, qui dispose que toute personne a droit au respect de sa vie privée et familiale, n'impose pas d'attribuer au transsexuel un sexe qui n'est pas en réalité le sien; — D'où il suit que les moyens ne peuvent être accueillis; — *Par ces motifs*, rejette...

II. — Ass. plén. 11 décembre 1992

(*JCP* 1993. II. 21991, concl. Jéol, note G. Mémeteau, *Gaz. Pal.* 1993. 1. 180, *RTD civ.* 1993. 325, obs. J. Hauser)

René X...

Faits. — V. l'arrêt.

ARRÊT

La Cour; — *Sur le moyen unique* : — Vu l'article 8 de la Convention européenne de sauvegarde des droits de l'homme et des libertés fondamentales, les articles 9 et 57 du Code civil et le *principe de l'indisponibilité de l'état des personnes*; — Attendu que lorsque, à la suite d'un traitement médico-chirurgical, subi dans un but thérapeutique, une personne présentant le syndrome du transsexualisme ne possède plus tous les caractères de son sexe d'origine et a pris une apparence physique la rapprochant de l'autre sexe, auquel correspond son comportement social, le principe du respect dû à la vie privée justifie que son état civil indique désormais le sexe dont elle a l'apparence; que le principe de l'indisponibilité de l'état des personnes ne fait pas obstacle à une telle modification; — Attendu que M. René X, né le 3 mars 1957, a été déclaré sur les registres de l'état civil comme étant du sexe masculin; que, s'étant depuis l'enfance considéré comme une fille, il s'est, dès l'âge de 20 ans, soumis à un traitement hormonal et a subi, à 30 ans, l'ablation de ses organes génitaux externes avec création d'un néo-vagin; qu'à la suite de cette opération, il a saisi le tribunal de grande instance de demandes tendant à la substitution, sur son acte de naissance, de la mention « sexe féminin » à celle de « sexe masculin » ainsi qu'au changement de son prénom; que le tribunal a décidé que M. X se prénommerait Renée, mais a rejeté ses autres prétentions; que l'arrêt attaqué a confirmé la décision des premiers juges aux motifs que la conviction intime de l'intéressé d'appartenir au sexe féminin et sa volonté de se comporter comme tel ne sauraient suffire pour faire reconnaître qu'il était devenu une femme, et que le principe de l'indisponibilité de l'état des personnes s'opposait à ce qu'il soit tenu compte des transformations obtenues à l'aide d'opérations volontairement provoquées; — Attendu, cependant, que la cour d'appel a d'abord constaté, en entérinant les conclusions de l'expert psychiatre commis par le tribunal, que M. X présentait tous les caractères du transsexualisme et que le traitement médico-chirurgical auquel il avait été soumis lui avait donné une apparence physique telle que son nouvel état se rapprochait davantage du sexe féminin que du sexe masculin; qu'elle a énoncé, ensuite, que l'insertion sociale de l'intéressé était conforme au sexe dont il avait l'apparence; d'où il suit qu'en statuant comme elle l'a fait, elle n'a pas tiré de ses constatations les conséquences légales qui s'en déduisaient; — Et attendu qu'il y a lieu, conformément à l'article 627, alinéa 2, du nouveau Code de procédure civile, de mettre fin au litige en appliquant la règle de droit appropriée; — *Par ces motifs*, casse et annule l'arrêt rendu le 15 novembre 1990, entre les parties, par la cour d'appel d'Aix-en-Provence; — Dit n'y avoir lieu à renvoi; — Dit que Renée X, née le 3 mars 1957 sera désignée à l'état civil comme de sexe féminin; — Ordonne la mention du présent arrêt en marge de l'acte de naissance de l'intéressée (...).

OBSERVATIONS

1 À s'en tenir à une approche toute hexagonale des arrêts ci-dessus reproduits relatifs au problème du transsexualisme, ceux-ci illustreraient un cas de figure bien connu en jurisprudence : statuant dans sa formation la plus solennelle, la Cour de cassation donnerait raison aux juges du fond qui ont choisi de résister à la solution pourtant clairement affirmée par l'une de ses chambres. Mais une telle lecture ne refléterait que très imparfaitement la réalité : si la haute juridiction a choisi, en la circonstance, de désavouer l'une de ses chambres, c'est moins en raison de la résistance de certains juges du fond que parce que, dans l'intervalle, la Cour européenne des droits de l'homme siégeant à Strasbourg a condamné la France aux motifs que la solution énoncée par la première chambre civile de la Cour de cassation en matière de transsexualisme conduirait à une violation du droit à la vie privée posé par l'article 8 de la Convention européenne des droits de l'homme. C'est dire que ces décisions sont l'occasion de s'interroger non seulement sur le problème, sensible entre tous, du transsexualisme (I), mais encore sur l'incidence de la jurisprudence de la Cour de Strasbourg sur le droit civil français (II). La question est aujourd'hui partiellement renouvelée par l'irruption de nouvelles données : ouverture du mariage aux personnes de même sexe, théorie du genre (III).

I. — Le transsexualisme condamné

2 Le droit rencontre le sexe en maintes circonstances (J.-P. Branlard, *Le sexe et l'état des personnes*, thèse Paris II, éd. 1993), à commencer lorsqu'il proclame l'égalité des sexes, ce qui implique leur différence et non leur identité. Longtemps notre droit civil est resté assez paisible quant à la définition du sexe. Au sujet du mariage – et de la différence des sexes qu'il impliquait jusqu'à la loi du 17 mai 2013 (Civ. 1re, 13 mars 2007, *infra*, no 33) – la Cour de cassation a décidé que le sexe devait être déterminé d'après l'aspect des voies génitales externes (Civ. 6 avr. 1903, *DP* 1904. 1. 395, concl. Baudouin, *S.* 1904. 1. 273, note Wahl). Démarche des plus orthodoxe pensait-on; démarche que l'on suit encore lors de la déclaration de naissance, sauf à utiliser, en cas d'erreur initiale sur le sexe – situation toute différente de celle du changement de sexe – la rectification judiciaire ou administrative prévue à l'article 99 du Code civil (Instr. gén. relative à l'état civil du 21 déc. 1955, no 289; Civ. 1re, 26 janv. 1983, *Bull. civ.* I, no 38, p. 33, *D.* 1983. 346, note Massip; Paris, 8 déc. 1967, *D.* 1968. 289, *RTD civ.* 1968. 536, obs. Nerson). Elle s'explique par le fait que presque toujours l'apparence correspond à la réalité. Mais voici que la science nous apprend que le sexe est une notion complexe; qu'il est le produit de la juxtaposition de plusieurs éléments : anatomiques mais aussi génétiques (chromosomes xy pour l'homme, xx pour la femme) et psychologiques (J. Petit, « L'ambiguïté du droit face au syndrome transsexuel », *RTD civ.* 1973. 263, spéc. p. 269). Or il arrive que ces éléments ne concordent pas : à considérer les facteurs anatomiques et génétiques l'individu a un sexe, à considérer les facteurs psychologiques il en a un autre. De là, la question du transsexualisme. Celle-ci procède, en effet, du « sentiment irrésistible et inéluctable éprouvé par certains d'appartenir au sexe opposé à celui qui est génétiquement, physiologiquement et juridiquement le (leur) avec le besoin obsédant de changer d'état sexuel anatomie comprise » (Rapport et avant-projet de loi sur les sciences de la vie et les droits de l'homme, mars 1989, p. 73, cité par Rubellin-Devichi, obs. *RTD civ.* 1989. 724). Afin de répondre à ce besoin, les médecins n'hésitent pas à donner aux personnes qui l'éprouvent, par des traitements hormonaux et des interventions chirurgicales, l'apparence d'un individu du sexe opposé.

3 Quel accueil le droit réserve-t-il à ces pratiques ?

Et d'abord le droit pénal ? Apparemment, l'obstacle n'est pas négligeable : l'administration d'hormones est de nature à fonder l'application de la sanction prévue par l'article 222-15 du nouveau Code pénal (rappr. art. 318 anc. C. pén.); quant au passage du masculin au féminin, chirurgie aidant, il pourrait, dès lors que le nouveau Code pénal n'a pas repris l'incrimination de castration (art. 316 anc. C. pén.), être réprimé sur le fondement de l'article 222-9 du nouveau Code pénal. Est-ce à dire que la cause est entendue et que le transsexualisme n'a pas droit de cité ? Nullement, car l'atteinte volontaire à l'intégrité physique des patients par les chirurgiens et les médecins échappe aux sanctions pénales lorsqu'elle est justifiée par des considérations thérapeutiques. Or telle est bien ici la finalité poursuivie par le corps médical (v. cep.

lorsque tel n'est pas le cas, Aix, 23 avr. 1990, *JCP* 1991. II. 21720, note Mémeteau, *Gaz. Pal.* 1990. 2. 575, maintenu par Crim. 30 mai 1991, *Bull. crim.*, n° 232; sur les motifs qui peuvent justifier l'acte médical ou chirurgical, v. Penneau, note *D.* 1986. 417).

Le droit civil ensuite : un individu peut-il, sur sa demande, obtenir la modification de la mention du sexe portée sur son état civil ?

La revendication est pressante : à travers le changement d'état civil, le transsexuel recherche la reconnaissance par les autres de ce qu'il estime être sa véritable identité; quant au corps médical, il tend à considérer qu'en parachevant la mutation, un tel changement concourt à l'apaisement des troubles et est, par là même, doté de vertus thérapeutiques. Mais précisément, le droit n'a-t-il pas ici d'autres impératifs à satisfaire que celui d'apporter un complément de traitement ?

4 Réceptacle officiel de l'état des personnes dans la société, l'état civil tend à organiser les rapports sociaux en établissant clairement et d'une façon stable l'identité de celles-ci. D'où, dans un premier temps, une réaction d'hostilité des magistrats fondée sur le principe de l'indisponibilité de l'état (v. en ce sens, la première décision rendue sur cette question, TGI Seine, 18 janv. 1965, *JCP* 1965. II. 14421, concl. Fabre; v. aussi Civ. 1re, 16 déc. 1975, *D.* 1976. 397, 1re esp., note R. Lindon, *JCP* 1976. II. 18503, note J. Penneau). Résultat d'un choix délibéré, la transformation physique ne saurait être suivie d'un changement d'état civil car celui-ci heurterait l'ordre public.

L'argument n'est pas sans réplique : si le principe de l'indisponibilité de l'état fait normalement obstacle à ce que des individus puissent apporter à celui-ci des modifications volontaires, il n'implique pas pour autant une intangibilité absolue. Exprimant officiellement un certain nombre de composantes de l'état des personnes, les actes de l'état civil prennent en compte les changements éventuels qui affectent celles-ci, seraient-ils volontaires. C'est ainsi que la survenance d'un événement entraîne souvent l'établissement d'un acte nouveau complétant ou modifiant un acte précédent et raccordé à celui-ci par le moyen d'une mention en marge. L'adoption plénière donne même lieu à l'établissement d'un acte factice destiné à annuler un acte antérieur (art. 354 C. civ.). Il est vrai que la situation analysée présente par rapport à ces hypothèses un caractère propre. Alors que les modifications traditionnelles sont généralement la suite d'une procédure judiciaire (ex. : divorce, adoption) ou administrative (ex. : changement de nom), encore qu'il existe des changements d'état résultant d'un simple acte de volonté (par ex. : la reconnaissance d'enfant naturel), celle qui nous occupe procède de la seule modification d'une situation de fait. Mais, à y bien réfléchir, est-ce là l'essentiel ? Il est, en effet, d'autres situations de fait que l'état civil prend directement en compte : la naissance et le décès, fût-il volontaire, par suicide. Reste que le changement demandé touche au « noyau dur » de l'acte de naissance : « la date, le lieu et le sexe de naissance, trois vérités historiques » qui devraient résister à « toute manipulation ultérieure ». Comme le souligne le doyen Carbonnier, « la comparaison avec la date de naissance qui détermine l'âge est éclairante ». Il est des vieillards qui se sentent très jeunes et savent se rajeunir ou se faire rajeunir, y compris au moyen de traitements coûteux et pénibles. « La distorsion entre leur âge psychologique et leur âge d'état civil peut les faire souffrir cruellement ». Faut-il pour autant procéder à une rectification de leur date de naissance ? (Carbonnier, *Les personnes*, n° 78).

5 Dépassant la seule question de l'état civil, le problème étudié se relie à une interrogation plus fondamentale, celle de la définition des missions respectives de la médecine et du droit. Alors que la première a manifestement pour vocation de soigner, on enseigne traditionnellement que le second est d'abord investi de la mission d'assurer l'harmonie sociale (M.-L. Rassat, « Sexe, médecine et droit », *Mélanges Raynaud* 1985. 663). Or la prise en compte du phénomène transsexuel par le droit civil est grosse de difficultés pour le groupe social. Comme le soulignait l'avocat général, Mme Flipo, une « réponse affirmative » à la question du transsexualisme est « de nature à faire vaciller les bases sur lesquelles repose une société » (*JCP* 1990. II. 21588). L'intérêt du transsexuel est, en effet, loin d'être seul en cause. Il n'est pas rare que le transsexuel soit déjà marié et qu'il ait des enfants. Qu'adviendra-t-il de cette union, de ces enfants ? De plus, pour nombre de transsexuels, le changement de sexe n'est qu'une étape sur la voie de la formation d'une nouvelle famille. Revendiquant haut et fort le droit au mariage, ils prétendent épouser des personnes qui, au moins génétiquement, sont de même sexe qu'eux. Enfin, ne pouvant procréer, ils chercheront à se constituer artificiellement une postérité. On le voit, bien loin de se limiter à une simple question d'état civil, le débat sur le transsexualisme touche aux fondements mêmes de la société. Si l'on ajoute que la consécration de telles pratiques par le droit risque d'avoir un effet d'entraînement et que le bien-fondé d'interventions irréversibles qui conduisent parfois à des suicides (Aix, 23 avr. 1990, préc.), à des psychoses postopératoires ou à la transformation du transsexuel en pervers est loin d'être admis par tous (v. P. Mercader, *Le paradoxe transsexuel, changement de sexe ou castration ?*, thèse Lyon, 1990; I. Bon, *Le transsexualisme, analyse des pratiques médicale et juridique*, thèse Lyon III, 1990, p. 68 s., p. 88 s., et les autorités scientifiques citées), on comprend que la première chambre civile de la Cour de cassation ait adopté une attitude négative.

6 Mais, constante dans son refus de prendre en compte le transsexualisme, la haute juridiction a varié dans ses motivations. S'appuyant initialement sur le principe de l'indisponibilité de l'état (Civ. 1re, 16 déc. 1975, préc.), elle a paru ensuite lui préférer la considération que les éléments physiques étaient prépondérants dans la détermination du sexe (Civ. 1re, 30 nov. 1983, *Bull. civ.* I, n° 284, p. 253, *D.* 1984. 165, note Edelman, *JCP* 1984. II. 20222, concl. Sadon, note Penneau, *RTD civ.* 1985. 137, obs. Rubellin-Devichi; 3 et 31 mars 1987, *Bull. civ.* I, n° 79, p. 59 et n° 116, p. 87, *D.* 1987. 445, note Jourdain, *JCP* 1988. II. 21000, note Agostini; 7 juin 1988, *Bull. civ.* I, n° 176, p. 122, *Gaz. Pal.* 1989. 1. 417, note Agostini; 10 mai 1989, *Bull. civ.* I, n° 189, p. 125, *RTD civ.* 1989. 721, obs. Rubellin-Devichi). Encore l'affirmation n'allait-elle pas sans quelques ambiguïtés.

Certaines décisions précisaient, en effet, que les modifications dont se prévaut le transsexuel pourraient éventuellement justifier un changement d'état si elles procédaient non d'une « volonté délibérée du sujet » (Civ. 1re, 31 mars 1987, préc.), mais d'une « cause étrangère » (Civ. 1re, 3 mars 1987, préc.). Entendue strictement, la formule signifie que ne peut être pris en considération que « le cas de modifications corporelles subies par l'intéressé et imposées par quelque accident ou contrainte extérieure » (Jourdain, note *D.* 1987. 446). Ainsi en va-t-il par exemple, de modifications résultant d'interventions jadis pratiquées par des médecins nazis sur un prisonnier (Civ. 1re, 16 déc. 1975, 2e esp., *D.* 1976. 397, note R. Lindon). Mais, désireux d'étendre le domaine de l'exception, certains ont soutenu qu'effectuées pour apaiser des troubles psychiques, les modifications corporelles étaient le produit non d'une volonté délibérée, mais d'une volonté contrainte déviée par les obsessions du sujet (Jourdain, note préc.; rappr. M. Gobert, « Le transsexualisme, fin ou commencement ? », *JCP* 1988. I. 3361, nos 10 s.). De nature à réduire à rien le principe, cette thèse avait été reprise par le pourvoi dans l'affaire ayant donné lieu à la première décision reproduite.

D'autres décisions soulignaient que les considérations psychologiques et sociales invoquées étaient insuffisantes pour justifier un changement de sexe (Civ. 1re, 7 juin 1988; 10 mai 1989, préc.). Là encore la formule était susceptible d'interprétation : l'insuffisance relevée était-elle propre à l'espèce ou revêtait-elle un caractère général ? À retenir la première lecture, le changement de sexe aurait pu être admis dans des hypothèses mieux caractérisées, à suivre la seconde le refus était global.

7 S'autorisant de ces ambiguïtés, les juges du fond se sont, en ce domaine, profondément divisés : à la position très compréhensive de certains magistrats, notamment parisiens, admettant le changement en cas de transsexualisme vrai (v. par ex. Paris, 21 oct. 1987, *D.* 1987. IR 231), a répondu l'attitude réservée de nombreuses autres juridictions de province (pour un bilan, v. obs. Rubellin-Devichi, *RTD civ.* 1989. 730 s.). De là le souhait exprimé par beaucoup que la haute juridiction remplisse enfin clairement sa mission unificatrice, à défaut de laquelle on redoutait que ne se développe un véritable *forum shopping* à l'intérieur des frontières de la République. Tel fut précisément l'objet du premier arrêt ci-dessus reproduit, ainsi que de trois autres décisions rendues le même jour. Renforçant l'autorité de son propos par l'effet de répétition, la Cour de cassation y exprimait nettement son refus de prendre en compte le transsexualisme : même lorsqu'il est médicalement reconnu, le transsexualisme ne peut s'analyser en un véritable changement de sexe, car le transsexuel, bien qu'ayant perdu certains caractères de son sexe d'origine, n'a pas pour autant acquis ceux du sexe opposé. En d'autres termes, le sexe psychologique ne peut prévaloir sur le sexe génétique. Comme le soulignait un commentateur, la haute juridiction paraissait ainsi avoir voulu « parler clair et pour longtemps » (M. Gobert, « Le transsexualisme ou la difficulté d'exister », *JCP* 1990. I. 3475, no 6). C'était compter sans la Cour européenne des droits de l'homme !

II. — Le transsexualisme consacré

8 On sait que la France a ratifié en 1974 la Convention européenne des droits de l'homme et des libertés fondamentales. Intégrée dans notre ordre juridique à hauteur des traités, conformément à l'article 55 de la Constitution, celle-ci s'impose aux juridictions de l'ordre judiciaire qui peuvent refuser d'appliquer toute disposition de notre droit qui leur apparaîtrait contraire à cette convention (Ch. mixte 24 mai 1975, *supra*, n° 4). Mais à ce contrôle purement national du respect des prescriptions de la Convention s'en ajoute, depuis l'acceptation en 1981 du recours individuel, un second d'ordre international. La Cour européenne des droits de l'homme siégeant à Strasbourg peut, en effet, connaître à certaines conditions des recours émanant des particuliers (G. Cohen-Jonathan, *La Convention européenne des droits de l'homme*, 1989; F. Terré, *Introduction générale au droit*, n° 285). Aussi bien les transsexuels désireux d'obtenir le changement de leur état civil puis de se marier ont-ils invoqué à l'appui de leurs demandes les articles 8 et 12 de la Convention européenne des droits de l'homme.

La prétention peut surprendre. Le premier de ces textes pose, en effet, que toute personne a droit au respect de sa vie privée et familiale et limite le pouvoir d'*ingérence* de l'autorité publique dans l'exercice de ce droit. Or, en la circonstance, c'est une *abstention* qui est reprochée à l'autorité publique. Mais par un détour imprévu dont il est probable que rédacteurs et signataires n'ont même pas envisagé l'éventualité, la Cour de Strasbourg a estimé que, si « l'article 8 tend pour l'essentiel à prémunir l'individu contre les ingérences arbitraires des pouvoirs publics, il peut engendrer de surcroît des obligations positives » à la charge de l'État (CEDH 13 juin 1979, *Marckx*, *Jurisprudence de la CEDH*, par V. Berger, 13e éd., n° 156, *Grands arrêts CEDH*, n° 49). Reste à savoir si tel est le cas en notre domaine.

9 Montrant ainsi que les dispositions éminemment elliptiques de la Convention européenne des droits de l'homme sont susceptibles des interprétations les plus diverses, les deux organes mis en place par celle-ci pour contrôler le respect des droits et libertés qu'elle garantit ont initialement adopté, en la matière, des positions diamétralement opposées.

La commission européenne des droits de l'homme, dans son rapport du 6 septembre 1990, a exprimé l'avis que l'État qui refuse de reconnaître le nouveau sexe d'un transsexuel à l'issue d'un traitement médical ne respecte pas sa vie privée et a estimé que l'article 12 ne s'opposait pas aux projets matrimoniaux des transsexuels.

Plus prudente, la Cour européenne des droits de l'homme a, à l'occasion de deux requêtes formées par des transsexuels contre la Grande-Bretagne, et après avoir examiné leur situation dans ce pays, décidé que le refus d'admettre un changement d'état du transsexuel n'était pas contraire à l'article 8 alinéa 1er de la convention (CEDH 17 oct. 1986, *Rees*, *Jurisprudence de la CEDH*, par V. Berger, 10e éd., nos 145 s.; 27 oct. 1990, *Cossey*, série A, n° 184) : « Si l'on tient compte de la grande marge d'appréciation à laisser ici aux États et de la nécessité de protéger les intérêts d'autrui pour atteindre l'équilibre voulu (entre l'intérêt général et les intérêts des particuliers), on ne saurait considérer que les obligations positives de l'article 8 vont jusque-là (...). Dès lors, il faut pour le moment laisser à l'État défendeur le soin de déterminer jusqu'à quel point il peut répondre aux (...) exigences des transsexuels ». Et s'agissant de l'article 12, la Cour de Strasbourg a répondu qu'« en garantissant le droit de se marier l'article 12 vise le mariage traditionnel entre deux personnes de sexe biologique différent ». L'invocation des textes internationaux n'a pas eu plus de succès devant la Cour de cassation. À plusieurs reprises (Civ. 1re, 7 juin 1988, préc.; 10 mai 1989, préc.), et notamment dans le premier arrêt ci-dessus reproduit, elle a, en effet, sèchement rappelé que « l'article 8, alinéa 1er de la Convention européenne (...) n'impose pas d'attribuer au transsexuel un sexe qui n'est pas en réalité le sien ».

On pouvait dès lors penser que la cause était entendue et que le recours formé contre le gouvernement français par un transsexuel dont les prétentions avaient été rejetées par les juridictions françaises (Civ. 1re, 31 mars 1987, préc.), était dépourvu de toute chance de succès. Tel ne fut pourtant pas le cas. Après avoir analysé la situation faite aux transsexuels en France, la Cour de Strasbourg a décidé que celle-ci était globalement incompatible avec le respect dû à la vie privée (CEDH 25 mars 1992, *JCP* 1992. II. 21955, note Garé, *D.* 1993. 101, note Marguénaud). Utilisant la technique anglo-saxonne des distinctions, la cour constate que la condition faite aux transsexuels est plus dure en France qu'en Grande-Bretagne : si la rectification de l'état civil est refusée par les deux pays, la Grande-Bretagne se montre plus tolérante quant à la modification des prénoms, laquelle n'est pas subordonnée à une autorisation judiciaire, et quant aux documents officiels, lesquels indiquent outre-Manche le sexe que le titulaire préfère. Aussi bien, sans revenir sur les principes énoncés dans les affaires *Rees* et *Cossey*, la cour n'en condamne pas moins la France à verser au requérant 100 000 francs pour réparer son préjudice moral et 35 000 francs pour frais et dépens. La Cour ayant ajouté que « plusieurs moyens de remédier à l'infraction à l'article 8 s'offrent au choix de l'État mais qu'elle n'a pas à lui indiquer le plus adéquat », la France était laissée dans « le doute le plus opaque » sur le point de savoir ce qu'il lui fallait précisément changer (J.-P. Marguénaud, note *D.* 1993. 106).

10 À cet effet, deux voies s'offraient. L'une minimale : puisque c'est la situation globale des transsexuels qui est jugée incompatible avec le respect dû à la vie privée, il aurait sans doute suffi, sans toucher aux actes de l'état civil, d'exclure la mention littérale ou numérotée du sexe des divers documents tels le passeport (européen) ou la référence INSEE et de considérer que le transsexualisme constituait un motif légitime de changer de prénom, ce que la Cour de cassation avait d'ailleurs déjà admis dans un *obiter dictum* (Civ. 1re, 21 mai 1990, 4e esp., *Suzanne J.*, *JCP* 1990. II. 21588). Ainsi la vie privée des transsexuels français aurait-elle été sauvegardée à l'égal de celle des transsexuels britanniques (v. en ce sens Marguénaud, *D.* 1993. 106; rappr. Lombois, « La position française sur le transsexualisme devant la Cour européenne des droits de l'homme », *D.* 1992. chron. 323).

L'autre maximale, qui consiste à reconnaître, par une modification de l'état civil des personnes concernées, la réalité du sexe psychosocial des transsexuels lesquels seraient ainsi en position de revendiquer tous les droits qui lui sont attachés.

Entre ces deux voies, la Cour de cassation, suivant en cela les conclusions de son avocat général, en a choisi une troisième qui se voulait médiane. Mais si l'on fait abstraction de quelques différences verbales, il semble bien que les conséquences pratiques qui découlent de la solution retenue soient fort proches de celles qui résultent de l'analyse maximale (1). Et de fait, plutôt que d'affirmer la réalité du sexe psychosocial, la Cour de cassation admet seulement que peut obtenir le changement de son état le transsexuel vrai auquel sa morphologie modifiée et son comportement social confèrent une apparence le rapprochant du sexe qu'il revendique. En outre, elle exige que le traitement ait été réalisé dans un but thérapeutique dont la nécessité doit être constatée par une expertise judiciaire; une deuxième décision rendue le même jour que la décision reproduite a, en effet, cassé pour manque de base légale un arrêt qui s'était contenté d'un avis médical ordinaire (Ass. plén. 11 déc. 1992, *JCP* 1993. II. 21991, 2e esp.). Enfin l'emploi de l'adverbe « désormais » marque que la décision revêt un caractère constitutif et qu'elle ne vaut donc que pour l'avenir (rappr. Civ. 1re, 14 nov. 2006, *Bull. civ.* I, n° 478, *Defrénois* 2007. 779, obs. J. Massip, *RTD civ.* 2008. 78, obs. J. Hauser). Mais, une fois la modification d'état opérée, on voit mal ce qui empêchera le transsexuel d'exercer tous les droits attachés au sexe figurant désormais sur son acte de naissance. Même si la Cour de cassation prend la précaution de parler de « rapprochement » plutôt que de changement, il n'en reste pas moins qu'en droit français il n'y a que deux sexes, le masculin et le féminin (Branlard, thèse préc., n°s 1777 s.), et qu'à partir du moment où la mention de l'un d'eux figure sur l'acte de l'état civil, cette indication prévaudra pour déterminer les droits de la personne concernée, notamment sur le plan familial.

11 Ces conséquences ont été développées par l'avocat général Jéol dans ses conclusions (*JCP* 1993. II. 21991; v. aussi M. Gobert, *Génétique, procréation et droit, rapport introductif*, Actes Sud 1985, p. 161 s., spéc. p. 177; Branlard, thèse préc., n°s 1936 s.). S'agissant du mariage du transsexuel célébré postérieurement à son changement d'état avec une personne génétiquement de même sexe, rien selon lui ne s'y opposerait : la capacité de procréer n'a jamais constitué, en droit français, une condition de validité du mariage; seules comptent alors les apparences extérieures du sexe, lesquelles seraient sauves. Telle a été, au demeurant, la pratique ultérieure (v. Larribau-Terneyre, « Transsexualisme et couple », *Dr. fam.* 2013, Dossier 14, n°s 7 s.). S'agissant du mariage célébré antérieurement à son changement d'état, la situation se réglerait par la caducité

(1) Au plan international, la cour de Paris a jugé que le droit de changer de sexe est « d'application directe en droit français » et bénéficie aux ressortissants des États étrangers sans considération de leur statut personnel créant ainsi une figure juridique inédite, le « sexe boiteux », c'est-à-dire le sexe qui change au passage de la frontière (Paris, 14 juin 1994, *Rev. crit. DIP* 1995. 308, note Y. Lequette).

de celui-ci (et non la nullité techniquement inadaptée puisque toutes les conditions du mariage étaient remplies au moment de l'union) (1). Encore faudrait-il préciser le régime juridique de cette caducité (pour un essai, v. L. Mauger-Vielpeau, « Le transsexualisme et le Code civil », *Dr. fam.* 2005. chron. nº 18, p. 14, nº 34). La pratique lui a préféré jusqu'à présent la voie du divorce, laquelle a donné lieu à des décisions à la motivation embarrassée (Nîmes, 7 févr. 2000, *Dr. fam.* 2000, nº 4, *RTD civ.* 2001. 335, obs. Hauser; TGI Caen, 28 mai 2001, *Dr. fam.* 2002, nº 42, obs. Lécuyer, *D.* 2002. 124, note L. Mauger-Vielpeau, *RTD civ.* 2002. 274, obs. J. Hauser; comp. Orléans, 24 févr. 2009, *JCP* 2009. 299). Quant aux enfants, tout en émettant des doutes sur le bien-fondé d'un changement d'état du transsexuel en leur présence comme sur la possibilité pour un transsexuel d'adopter un enfant – doutes qui ne sont au demeurant, spécialement pour la première hypothèse, pas partagés par tous (v. M. Gobert, *Génétique, procréation et droit*, préc.; chron. préc., *JCP* 1990. I. 3475, nº 16) et qui n'ont pas empêché les juges du fond de consacrer le transsexualisme en présence d'enfants (Caen, 12 juin 2003, cité par L. Mauger-Vielpeau, art. préc., *Dr. fam.* 2005, chron. nº 18, nº 31, note 85) – l'avocat général envisage le régime juridique qui devrait être le leur dans une telle situation : qu'il s'agisse des enfants que le transsexuel avait engendrés avant son changement d'état ou de ceux qu'il adopterait par la suite du fait de sa stérilité (…), « la nature – paternelle ou maternelle – de leur relation avec leur auteur ou parent adoptif serait évidemment déterminée en raison de la non-rétroactivité du jugement, par la date de leur naissance ou de leur adoption ». Se conformant à cette analyse, les juges du fond ont décidé que la décision de changement de sexe n'a d'effet que pour l'avenir et ne remet pas en cause les énonciations des actes de naissance des enfants du transsexuel (Paris, 2 juill. 1998, *JCP* 1999. II. 10005, note Th. Garé, *Dr. fam.*, 1999, nº 13, obs. Murat; voir D. Vigneau, « Transsexualisme et filiation », *Dr. fam.* 2013, Dossier 15, nºs 10 s.).

Il n'en reste pas moins que, techniquement, le système préconisé peut conduire à des absurdités. Ainsi, à suivre celui-ci, le père continuerait à exercer sur son enfant né antérieurement à son changement de sexe, l'autorité parentale en tant que père bien qu'il soit devenu officiellement dans l'intervalle une femme ! Quant au droit des successions, il n'est pas non plus sans soulever de délicats problèmes. À supposer que l'enfant décède sans descendants, comment la succession se répartira-t-elle entre les branches paternelle et maternelle (art. 746), alors qu'au jour de l'ouverture de la succession, l'enfant n'a plus un père et une mère mais, selon les cas, deux pères ou deux mères ? (rappr. à propos des conflits de lois dans le temps, Civ. 20 févr. 1917, *supra*, nºs 5-8, § 7).

---

(1) Certaines décisions de juges du fond ont plus radicalement considéré que l'existence d'un mariage non dissous faisait obstacle au changement de sexe (TGI Besançon 19 mars 2009, *Dr. fam.* 2011, n° 33, note Ph. Reigné; TGI Brest 15 déc. 2011, *JurisData* n° 2011-027855). La CEDH a, par un arrêt du 13 novembre 2012 (*D.* 2013. 152, note F. Marchadier), décidé qu'en subordonnant la pleine reconnaissance du changement de sexe d'un transsexuel à la transformation de son mariage antérieur en un partenariat civil, la loi finlandaise n'est pas contraire aux articles 8 et 14 de la Conv. EDH.

Mais surtout qu'adviendra-t-il si l'un de ces enfants introduit à son tour un recours devant la Cour européenne des droits de l'homme et fait valoir que la modification d'état accordée à l'un de ses parents (l'ingérence de l'État est ici manifeste) ne lui a pas permis de bénéficier d'une vie familiale normale, deux pères ou deux mères ne faisant pas un père et une mère. Se trouvera ainsi parfaitement illustrée la remarque de Michel Villey qui soulignait que « chacun des prétendus droits de l'homme est la négation d'autres droits de l'homme, et pratiqué séparément est générateur d'injustices » (*Le droit et les droits de l'homme*, 1983, p. 13).

12 Dans les précédentes éditions, il avait été souligné qu'il aurait été préférable que la haute juridiction s'en tînt, en la matière, à la solution basse, à l'image de ce qui est pratiqué dans d'autres pays d'Europe, notamment la Grande-Bretagne et l'Espagne, où la jurisprudence admet la modification de l'état civil des transsexuels, mais interdit à ceux-ci le mariage. Et ceci d'autant plus qu'ultérieurement la Cour de Strasbourg a réaffirmé qu'il ne pèse sur les États, en vertu de l'article 8 de la Convention européenne, « aucune obligation de reconnaître juridiquement (le) nouveau sexe » (CEDH 30 juill. 1998, *Dr. fam.* 1999, n° 22, *JCP* 1999. I. 105, n° 42, chron. Sudre, *D.* 1998. Somm. 370, obs. Renucci, *RTD civ.* 1999. 59, obs. Hauser). Mais, pratiquant une interprétation « dynamique et évolutive », la Cour de Strasbourg, renversant sa jurisprudence, a ultérieurement décidé que les transsexuels doivent se voir reconnaître, sur le fondement du droit au respect de la vie privée consacré par l'article 8 Conv. EDH, un droit à la mise en conformité de leur état civil avec leur sexe social ainsi que, sur le fondement de l'article 12 Conv. EDH, le droit de se marier (CEDH 11 juill. 2002, *Jurisprudence de la CEDH* par V. Berger, 13e éd., n° 189, *Dr. fam.* 2002, n° 133, note Gouttenoire-Cornut, *Defrénois* 2003. 1077, obs. Massip). Autrement dit, seule l'interprétation maximale choisie par la Cour de cassation est désormais compatible avec les exigences de la Convention européenne. Instituée pour assurer un contrôle du respect des droits et libertés garantis par la Convention européenne, la Cour de Strasbourg a naturellement tendance à considérer les questions qui lui sont soumises à travers le seul prisme des droits de l'homme. Sans doute soulignera-t-on que cette juridiction se livre fréquemment à une sorte de balance des intérêts afin de découvrir un juste équilibre entre les intérêts particuliers et l'intérêt général. Mais il apparaît à l'usage que la balance dont elle se sert est quelque peu faussée au bénéfice des premiers et au détriment du second. Comme le relève le doyen Carbonnier, « le postulat philosophique de la solution est que toute pulsion intensément sentie a vocation à devenir droit subjectif » (*Les personnes*, n° 79).

III. — Transsexualisme, ouverture du mariage aux personnes de même sexe et théorie du genre

13 La question du transsexualisme est aujourd'hui renouvelée, au moins dans certains de ses aspects, par l'ouverture du mariage aux personnes de même sexe ainsi que par la montée en puissance de la théorie du genre.

La loi du 17 mai 2013 ouvrant le mariage aux personnes de même sexe n'a pas traité directement du transsexualisme. Mais, agissant en quelque sorte par ricochet, elle produit un certain effet de simplification à propos de questions que celui-ci soulève.

La différence de sexe n'étant plus une condition de validité du mariage, la question de la caducité du mariage ne se pose plus. Et il ne saurait non plus être soutenu que l'existence d'un mariage non dissous peut faire échec au changement de sexe (*supra*, § 11). Quant au fait qu'un enfant puisse avoir, en raison du changement de sexe d'un de ses parents, deux pères ou deux mères, ce n'est plus qu'une des hypothèses parmi d'autres où une telle situation est susceptible de se rencontrer, puisqu'un enfant peut désormais faire l'objet d'une adoption par des personnes de même sexe.

On constate ainsi qu'à une époque où on ne cesse d'invoquer l'intérêt supérieur de l'enfant, la condition de celui-ci est soumise au principe d'expérimentation, le principe de précaution étant manifestement réservé à l'usage exclusif des adultes.

14 La montée en puissance de la théorie du genre conduit certains à demander une redéfinition des conditions du changement de sexe.

Initialement, la question du transsexualisme est perçue comme le produit d'une distorsion entre les sexes anatomique et génétique (*supra*, § 2), d'une part, psychologique, d'autre part, en sorte que les transsexuels sont appréhendés comme les « victimes d'une erreur de la nature » (C. Neirinck, « Le sexe, le genre et l'état civil », *Dr. fam.* 2012. Repère 2). La conviction du transsexuel d'appartenir à un sexe autre que son sexe anatomique et génétique, est envisagée sinon comme une maladie, en tout cas comme un syndrome qui appelle un traitement hormonal et chirurgical, à finalité thérapeutique, destiné à donner à l'intéressé le sexe qu'il revendique. La rectification de la nature du sexe à l'état civil est perçue comme la conséquence juridique du processus médical. Autrement dit, la rectification de l'état civil passe par une conversion sexuelle qui requiert une « réassignation sexuelle totale ». D'où les conditions posées en 1992 : intervention d'un expert judiciaire attestant de la réalité du syndrome ainsi que de la réalité des transformations opérées.

Sous l'influence de la théorie du genre, certains sont aujourd'hui portés à envisager autrement le transsexualisme. Le genre est une notion subjective qui prend en compte non la réalité du sexe biologique d'une personne mais la manière dont une personne vit et construit son apparence sexuée. Une telle approche subjective de l'identité sexuelle s'inscrit parfaitement dans une vision post-moderne du droit. De garant du bien commun, celui-ci se mue en dispensateur du bonheur individuel. L'individu post-moderne est un individu égotique et narcissique dont les désirs ne doivent rencontrer aucun obstacle et qui ne peut accepter que les lois de la cité s'opposent à la satisfaction de ses pulsions. Aussi bien, les conditions posées par la Cour de cassation au changement de sexe, apparaissent-elles aux adeptes de la théorie du genre comme des contraintes insupportables. Ce à quoi ils aspirent est parfaitement synthétisé par une proposition de loi visant à introduire dans le Code civil un article 99-2 permettant une modification du sexe à l'état civil « entièrement affranchie d'une quelconque obligation de parcours médical ». Selon cette proposition, il suffirait à la personne qui considère que son sexe ne correspond pas à son genre de présenter une requête en rectification de l'état civil au président du tribunal de grande instance appuyée par trois témoins de son choix attestant de la légitimité de sa demande pour obtenir la modification souhaitée, cette modification étant d'ailleurs réversible au cas où l'intéressé procéderait ultérieurement à une déclaration contraire (C. Neirinck, « Le sexe, le genre et l'état civil », *Dr. fam.* 2012. Repère 2). Aussi bien, faisant un premier pas dans cette direction, M. Thomas Hammarberg, commissaire aux droits de l'homme près le Conseil de l'Europe, a publié en 2009 un rapport recommandant d'« instaurer des procédures rapides et transparentes de changement de nom et de sexe sur les extraits d'acte de naissance », ce qui a conduit la chancellerie à prendre le 14 mai 2010 une circulaire, afin d'inviter le ministère public à abandonner l'exigence de l'expertise judiciaire et « à donner un avis favorable à la demande de changement d'état civil dès lors que les traitements hormonaux ayant pour effet une transformation physique ou physiologique définitive associée le cas échéant à des opérations de chirurgie plastique (...) ont entraîné un changement de sexe irréversible, sans exiger pour autant l'ablation des organes génitaux ». Certaines décisions de juges du fond ayant suivi les recommandations de cette circulaire, des pourvois ont été formés qui ont conduit la haute juridiction à connaître à nouveau de cette question. Par deux arrêts du 7 juin 2012, la première chambre civile a posé que « pour justifier une demande de rectification de la mention du sexe figurant dans un acte de naissance, la personne doit établir, au regard de ce qui est communément admis par la communauté scientifique, la réalité du syndrome transsexuel dont elle est atteinte ainsi que le caractère irréversible de la transformation de son apparence » (*D.* 2012. 1545, *Dr. fam.* 2012, n° 131, note P. Reigné). Par deux arrêts du 13 février 2013, elle a réaffirmé sa position et précisé que les exigences qu'elle pose « ne constituent pas des conditions discriminatoires ou portant atteinte aux principes posés par les art. 8 et 14 de la Conv. EDH, 16 et 16-1 du Code civil, dès lors qu'elles se fondent sur un juste équilibre entre les impératifs de sécurité juridique et d'indisponibilité de l'état des personnes d'une part, de protection de la vie privée et de respect dû au corps humain d'autre part ».

À l'heure actuelle, un courant doctrinal très actif s'emploie à ce que la question du transsexualisme soit, à l'instar de ce qui s'est produit dans de nombreux pays européens, l'objet d'une réforme législative (S. Paricard, « Le transsexualisme, à quand la loi ? », *Dr. fam.* 2012. Étude 2).

CONCUBINAGE

28

CONCUBINAGE. HOMOSEXUELS. SÉCURITÉ SOCIALE. BÉNÉFICIAIRES. REFUS. PACTE CIVIL DE SOLIDARITÉ (PACS). ÉVOLUTION

Soc. 11 juillet 1989

(*Bull. civ.* V, nº 515, p. 312, *Gaz. Pal.* 1990. 1. 216, concl. Dorwling-Carter, *JCP* 1990. II. 21553, note Meunier)

Mme L... c. CPAM de Nantes

L'article 13 de la loi du 2 janvier 1978 relative à la généralisation de la sécurité sociale dispose que la personne qui vit maritalement avec un assuré social et qui se trouve à sa charge effective, totale et permanente, a la qualité d'ayant droit de l'assuré pour l'ouverture du droit aux prestations en nature des assurances maladie et maternité.

En se référant dans cet article à la notion de vie maritale, le législateur a par là même entendu limiter les effets de droit, au regard des assurances maladie et maternité, à la situation de fait consistant dans la vie commune de deux personnes ayant décidé de vivre comme des époux, sans pour autant s'unir par le mariage, ce qui ne peut concerner qu'un couple constitué d'un homme et d'une femme.

Faits. — Mme L..., se déclarant la concubine de Mme D..., avec laquelle elle vivait depuis deux ans en étant à sa charge effective, assurée sociale, a demandé à la Caisse primaire d'assurance maladie de Nantes, puis à sa commission de recours gracieux, de lui reconnaître la qualité d'ayant droit de Mme D..., sur le fondement de l'article 13 de la loi du 2 janvier 1978 relative à la généralisation de la sécurité sociale (art. L. 161-14 CSS) qui dispose : « la personne qui vit maritalement avec un assuré social et se trouve à sa charge effective et permanente... a, à condition d'en rapporter la preuve, la qualité d'ayant droit de l'assuré pour l'ouverture du droit aux prestations en nature des assurances maladie et maternité ». S'étant heurtée à un refus, elle a saisi la commission de 1re instance du contentieux de la sécurité sociale de Nantes qui, par décision rendue le 19 janvier 1984, l'a déboutée de son recours.

Saisie en appel, la cour d'appel de Rennes a, par arrêt du 27 novembre 1985 (*D.* 1986. 380, 1re esp., note D. Denis), confirmé la décision de 1re instance : « Sur le fond : — Considérant que l'article 13 de la loi du 2 janvier 1978 ne définissant pas l'expression « vivre maritalement », il y a lieu de rechercher l'intention du législateur de l'époque; — Considérant que dans les rares cas où il fait expressément produire des effets de droit à l'union libre, au concubinage ou à la vie maritale, termes admis comme synonymes, le législateur français n'en donne pas de définition; — Considérant toutefois que les dictionnaires usuels, qui reflètent en matière de langage une opinion commune, les définissent encore comme « l'état d'un homme et d'une femme qui vivent ensemble, à l'instar d'époux, sans être mariés »; — Considérant qu'ainsi définis par référence explicite au mariage, qui est l'union consacrée par la loi d'un homme et d'une femme, comme des états ayant toute l'apparence du mariage aux yeux des tiers et ne s'en distinguant que par l'absence d'une consécration légale, ils impliquent à la fois une communauté de vie ou une relation permanente et stable entre deux personnes et l'hétérogénéité sexuelle dans le couple; qu'il apparaît donc, quelle que soit l'évolution des mœurs et des mentalités, que le commun, s'il reconnaît le « concubinage homosexuel » ou la « vie maritale homosexuelle », oppose toujours ces notions à celles, traditionnelles, de concubinage et de vie maritale, et ne perçoit pas deux personnes de même sexe comme mari et femme au seul motif qu'elles forment un couple stable; — Considérant ensuite et surtout que la loi du 2 janvier 1978, pour généraliser la sécurité sociale a, d'une part, en ses articles 1er à 12, institué le régime de l'assurance personnelle au profit de toute personne n'ayant pas droit à un titre quelconque aux prestations en nature d'un régime obligatoire d'assurance maladie et maternité, d'autre part, en son article 13, créé une nouvelle catégorie, limitée, d'ayants droit de l'assuré social en complétant les dispositions de l'article L. 285 du Code de la sécurité sociale qui désignent comme ayants droit de l'assuré les membres de sa famille, c'est-à-dire son conjoint, ses enfants, et d'autres parents ou alliés à certaines conditions; — Considérant que le législateur a donc, manifestement, seulement voulu, à l'article 13, assimiler la personne vivant de façon stable avec un assuré social, sans être mariée, au conjoint de l'assuré, dans le domaine restreint de l'assurance maladie et maternité; qu'ainsi il est certain qu'en employant l'expression « vivre maritalement », il s'est référé à sa définition courante, qui sous-entend l'apparence du mariage, et à une situation impliquant l'hétérogénéité sexuelle dans le couple; — Considérant qu'à partir du moment où il est acquis que la vie commune de deux personnes de même sexe ne correspond pas à la situation retenue par le législateur pour produire les effets de droit dans le domaine limité de l'assurance maladie et maternité, Mme L..., qui ne satisfaisait pas à la condition de vie maritale exigée par la loi, ne peut se prévaloir à l'égard de la Caisse primaire d'assurance maladie, de la reconnaissance par d'autres organismes ou certaines administrations, de son concubinage avec Mme D...; qu'il doit d'ailleurs être relevé qu'elle a toujours, sans aucune obligation, déclaré son concubinage, et que ces organismes et administrations n'auraient pas, faute de base légale, pris d'office en compte sa vie commune avec une personne de son sexe pour apprécier ses droits; — Considérant de même qu'ayant revendiqué l'octroi d'un avantage prévu par un texte de portée limitée qui ne lui était pas applicable, alors qu'elle pouvait souscrire l'assurance personnelle instituée par les articles 1er à 12 de la loi du 2 janvier 1978 pour parfaire la généralisation de la sécurité sociale, elle soutient vainement avoir été privée en raison de ses mœurs d'un avantage qui lui était dû ou du bénéfice d'une loi de portée générale et avoir été limitée dans ses choix de vie personnelle ou dans la jouissance de ses droits civils et de ses libertés fondamentales, garantis par le Code civil français et la Convention européenne des droits de l'homme; — Considérant qu'il convient, dans ces conditions, de dire son appel mal fondé, et de confirmer la décision déférée;... ».

Moyen. — V. l'arrêt.

ARRÊT

La Cour; — *Sur le moyen unique :* — Attendu que Mme L... fait grief à l'arrêt attaqué (Rennes, 8e ch., 27 nov. 1985) de lui avoir refusé la qualité d'ayant droit de Mme D..., qu'elle sollicitait sur le fondement de l'article 13 de la loi du 2 janvier 1978 relative à la généralisation de la sécurité sociale qui dispose que la personne qui vit maritalement avec un assuré social et qui se trouve à sa charge effective, totale et permanente, a la qualité d'ayant droit de l'assuré pour l'ouverture du droit aux prestations en nature des assurances maladie et maternité, alors tout d'abord, qu'il est constant qu'elle était depuis deux ans sous le toit de son amie, assurée sociale, et se trouvait à sa charge effective et alors surtout que la loi du 2 janvier 1978 portant généralisation de la sécurité sociale a posé le principe d'un droit de protection pour tous de sorte que ses dispositions doivent faire l'objet d'une interprétation extensive; que la vie maritale prise en considération par l'article 13 de la loi précitée s'entend d'une existence commune et stable entre deux individus en sorte qu'en y ajoutant une condition d'hétérogénéité sexuelle, la cour d'appel lui a apporté une restriction qu'il ne comporte pas; — Mais attendu qu'en se référant dans l'article 13 de la loi du 2 janvier 1978 à la notion de vie maritale, le législateur a par là même entendu limiter les effets de droit, au regard des assurances maladie et maternité à la situation de fait consistant dans la vie commune de deux personnes ayant décidé de vivre comme des époux, sans pour autant s'unir par le mariage, ce qui ne peut concerner qu'un couple constitué d'un homme et d'une femme; — Qu'ils étaient fondés à en déduire que Mme L... ne satisfaisait pas à la condition de vie maritale exigée par la loi; — D'où il suit que le moyen n'est pas fondé; — *Par ces motifs*, rejette.

OBSERVATIONS

1 Par deux arrêts rendus le 11 juillet 1989, la Cour de cassation a rejeté des pourvois formés contre des arrêts qui ont refusé à des couples homosexuels vivant en concubinage des avantages sociaux reconnus, sous certaines conditions, aux concubins. Dans l'un de ces arrêts, rendu sur pourvoi contre un arrêt de la cour d'appel de Paris en date du 11 octobre 1985, un steward de la Compagnie Air France a vainement sollicité en faveur de M. T... avec lequel il déclarait entretenir une relation homosexuelle, la délivrance d'un billet à tarif réduit, dit billet R permettant aux concubins des agents de la compagnie de voyager sur les lignes de celle-ci (Soc. 11 juill. 1989, *Bull. civ.* V, n° 514, p. 311). Dans l'arrêt commenté, s'agissant de deux femmes homosexuelles vivant en concubinage, cette situation a entraîné le refus de la qualité d'ayant droit de l'assuré pour l'ouverture du droit aux prestations en nature des assurances maladie et maternité.

Aujourd'hui dépassée, cette jurisprudence n'en conserve pas moins un intérêt certain, dans la mesure où elle constitue le point de départ d'une évolution législative considérable qui a conduit, en matière familiale, à une véritable révolution anthropologique. Aussi bien, en prenant appui sur cette décision, s'attachera-t-on à décrire la situation des couples homosexuels à l'époque où elle a été rendue (I), pour retracer ensuite les bouleversements que la question a connus (II).

I. — La situation passée des couples homosexuels

A. — Le problème des couples homosexuels

2 Que l'homosexualité ait existé de toute Antiquité, c'est une vérité d'évidence. L'« amour grec » en est une preuve parmi d'autres. Qu'il y ait eu, de la part des sociétés, des réactions différentes tout au long des siècles, ce n'est pas moins douteux ; pas plus qu'on ne peut nier la force de puissantes réactions de rejet. « Le rapt de Ganymède est resté le symbole de l'audace nécessaire à un amour qui défie les règles communes » (D. Fernandez, *Le rapt de Ganymède*, 1989). Le fait est qu'à notre époque de libération des mœurs, il y a eu, à ce sujet, une libération du discours, suivie d'un développement des prétentions juridiques, puis d'une réforme législative.

3 Laissons de côté l'aspect *pénal* du problème. En tant que telle, l'homosexualité a cessé d'être réprimée, depuis le Code pénal de 1791. Les droits européens évitent de sanctionner le délit d'homosexualité. La Cour européenne des droits de l'homme a, dans cet ordre d'idées, jugé que la législation pénale d'Irlande du Nord, interdisant les relations homosexuelles masculines, en public ou en privé, était contraire à l'article 8 de la Convention européenne des droits de l'homme parce qu'elle portait atteinte à l'intimité de la vie privée (aff. *Dudgeon*, 22 oct. 1981, *Jurisprudence de la Cour européenne des droits de l'homme*, par V. Berger, 13e éd., no 188), ce qui n'excluait pas, selon la cour, les limites que peut exiger la protection des mineurs. Aussi bien, l'article 331, alinéa 2, du Code pénal français de 1810 a longtemps sanctionné de peines correctionnelles le fait de commettre un acte impudique ou contre nature avec un mineur du même sexe ; mais ce texte a été abrogé par la loi no 82-683 du 4 août 1982.

4 Reste à savoir quel accueil le droit *civil* réservait aux relations homosexuelles, c'est-à-dire à déterminer dans quelle mesure il leur faisait produire des conséquences juridiques, transformant ainsi une situation de fait en situation de droit. Les premières réactions des tribunaux furent négatives. Ainsi a été annulé pour cause immorale, le legs consenti par un homosexuel au profit de trois hommes plus jeunes que lui avec qui il vivait en « concubinage » (TGI Paris, 28 juin 1985, *Gaz. Pal.* 1986. 1. Somm. 45, *Defrénois* 1985. 1161, obs. Champenois). La signification d'une telle décision demeurait néanmoins incertaine dans la mesure où elle ne différait pas, à l'époque, fondamentalement de celles qui intervenaient entre concubins (v., à ce sujet, l'évolution laxiste *infra*, nos 29-30). L'immoralité provenait de ce que le disposant était animé par la volonté d'assurer la permanence des relations homosexuelles, ce qui pouvait aller de pair avec la solution contraire, là où l'on constatait la volonté d'y mettre fin, en s'acquittant d'un devoir de conscience (*infra*, n°s 29-30, § 3).

B. — L'offensive des homosexuels

5 Désireux de trouver dans le système juridique une structure d'accueil, des couples homosexuels ont imaginé d'avoir recours à *l'adoption* simple pour assurer la stabilité de leur union. Au moins lorsqu'il existe plus qu'un doute sur la nature des relations en cause, les juges refusèrent de prononcer l'adoption (TGI Paris, 3 févr. 1982 et, sur appel, Paris, 2 juill. 1982; TGI Paris, 3 nov. 1982, en annexe à la chron. P. Raynaud, « Un abus de l'adoption simple. Les couples adoptifs », *D.* 1983. chron. 39 s.; Aix-en-Provence 5 sept. 2006, *Dr. fam.* 2007, n° 54, obs. A. Gabriel). Ainsi que le remarqua Pierre Raynaud, « l'adoption n'est pas un succédané du mariage, elle n'est pas destinée à abriter des amours illégitimes, même si une société permissive ne les tient pas nécessairement pour immorales ou illicites. L'adoption n'est pas faite pour les couples mais pour les enfants » (chron. préc., p. 40).

6 Plus généralement les lobbies homosexuels ont voulu vivre comme des gens mariés et faire célébrer leur « *union* » afin de la consolider. Le mariage en tant que tel paraissait à l'époque exclu puisqu'il nécessitait une différence de sexe (*infra*, n° 33) implicitement inscrite à l'article 75, dernier alinéa du Code civil. (Sur les « unions » entre homosexuels célébrées dans certains pays à l'époque, v. *Les concubinages, Approche socio-juridique*, par le Centre du droit de la famille, t. 1, 1986, Analyse introductive par J. Rubellin-Devichi, p. 26; v. aussi *Indépendance financière et communauté de vie*, Colloque Lille II, éd. 1989, spéc. S. J. J. Wiersema, « Les conventions de concubinage aux Pays-Bas », p. 158.)

Aussi est-ce à partir du concubinage que s'est concentré d'abord le débat. L'on voit bien, au demeurant, en quoi sa montée (v. not. Comm. intern. état civil, *Questions d'actualité en droit des personnes dans les États de la CIEC*, Colloque de Strasbourg, 1999, spéc. p. 43 s.), en tant que situation prise en considération, favorisait les prétentions des couples homosexuels : puisque des concubins, donc des gens non mariés, peuvent obtenir, spécialement en matière sociale, des avantages semblables à ceux des gens mariés, puisque le concubinage est, à certaines conditions, pris aussi en compte en matière fiscale, sociale, etc., la référence aux conditions du mariage – spécialement à la différence de sexe – perdait sa signification (v. D. Denis, note préc.; J. Rubellin-Devichi, obs. *RTD civ.* 1990. 53 s.).

7 L'argument était discutable, en ce qu'il s'appuyait sur une analyse du concubinage qui négligeait l'essentiel : le concubinage est traditionnellement l'ombre portée du mariage; il a toujours coexisté avec celui-ci, dont il emprunte spécialement quant au sexe les conditions. Et c'est pourquoi, la référence au concubinage ou à la « vie maritale » impliquait, à l'époque, *sauf disposition contraire*, comme le rappelle la Cour de cassation dans l'arrêt reproduit, une différence de sexe. Pareille exigence ne révélait d'ailleurs aucune discrimination tenant au sexe, car ce traitement juridique de l'homosexualité valait pour tous les couples homosexuels, qu'il s'agisse d'hommes ou de femmes. Aussi bien la troisième chambre civile a-t-elle ultérieurement décidé, à propos du transfert du contrat de bail au concubin notoire vivant depuis un an à la date du décès avec le locataire (art. 14, L. 6 juill. 1989), que « le concubinage ne (peut) résulter que d'une relation stable et continue ayant l'apparence du mariage, donc entre un homme et une femme » (Civ. 3e, 17 déc. 1997, *D.* 1998, concl. J.-F. Weber, note J.-L. Aubert; v. déjà à propos de la loi Quilliot, Paris, 27 mai 1986, *D.* 1986. IR 436, obs. Giverdon).

II. — L'évolution ultérieure

8 Elle a été marquée par la mise en place d'un modèle concurrent du mariage : le pacte civil de solidarité. Introduit dans notre droit par une loi du 15 novembre 1999, le pacte civil de solidarité (Pacs) a vu son régime complété et modifié par une loi du 25 juin 2006, tant sa réglementation initiale était imparfaite.

A. — Pacte civil de solidarité (loi du 15 novembre 1999)

9 Le législateur a renversé la jurisprudence issue de l'arrêt ci-dessus reproduit par une loi n° 93-121 du 27 janv. 1993 (art. 78), qui a ajouté deux alinéas à l'article L. 161-14 du Code de la sécurité sociale : « La personne non visée par le premier alinéa du présent article et par les articles L. 313-3 et L. 381-4, qui vit depuis une durée fixée par décret en Conseil d'État (douze mois consécutifs : art. R. 161-8-1, al. 1er CSS) avec un assuré social, et se trouve à sa charge effective, totale et permanente, a, à condition d'en apporter la preuve dans des conditions fixées par décret en Conseil d'État (v. art. R. 161-8-1, al. 2 et 3 CSS), la qualité d'ayant droit de l'assuré pour l'ouverture du droit aux prestations en nature des assurances maladie et maternité. – L'alinéa précédent ne peut s'appliquer qu'à une seule personne remplissant ces conditions par assuré social ». C'était, en quelque sorte, maintenir un principe de « monogamie », tout en supprimant l'exigence de différence de sexe (rappr. sur le refus traditionnel du bénéfice de la sécurité sociale à la seconde épouse d'un étranger polygame, Soc. 1er mars 1973, *Rev. crit. DIP* 1975. 54, note L. Graulich, *Clunet* 1974. 834, note G. de La Pradelle; v. depuis Soc. 8 mars 1990, *Bull. civ.* V, n° 113, p. 66; rappr. Y. Lequette, note *Rev. crit. DIP* 1984. 477).

10 Cette concession a renforcé la combativité des lobbies homosexuels qui ont milité avec une ardeur renouvelée en faveur de l'admission d'un contrat d'union civile (v. not. prop. n° 880, Ass. nat., 21 déc. 1993; rappr. X. Agostinelli, « Le concubinage homosexuel dans la loi DMOS du 17 janvier 1993 : le législateur a-t-il ouvert la boîte de Pandore ? », *RRJ* 1994. 1, p. 121 s.). On invoqua en ce sens les vents soufflant du nord, « les partenariats scandinaves ou encore l'exemple néerlandais ».

Il en est résulté une dérive capitale, qui a entraîné une grave atteinte à l'institution du mariage. Pour faire passer une réforme destinée aux couples homosexuels et ne pas heurter exagérément une opinion dominante attachée aux institutions familiales, les lobbies concernés ont acclimaté l'idée qu'il convenait d'adopter un texte de caractère plus général valant pour des personnes vivant ensemble de manière relativement stable. Alors que la situation des concubins s'était améliorée peu à peu et qu'on aurait pu envisager de poursuivre dans cette voie au moyen de retouches ponctuelles, les lobbies homosexuels, soucieux de reconnaissance par la société, ont milité en faveur de ce qui a été appelé « un cadre juridique nouveau ouvert à tous les couples non mariés ».

11 Une telle stratégie portait en elle, fatalement, le reniement du mariage civil.

Certes, les partisans du nouveau système s'en sont défendus. Ils ont fait valoir que la forme d'union prévue n'avait pas pour objet de concurrencer le mariage. Mais cette affirmation était contestable. La lecture de la loi du 15 novembre 1999 (*JO* 16 nov.) le prouve abondamment. Si le Pacs n'était pas un mariage, pourquoi ne le permettre qu'entre deux personnes vivant en commun ? Pourquoi pas entre trois ou quatre, ou même davantage ? Tout simplement par rejet de la polygamie. Et pourquoi : « il ne peut y avoir de pacte entre ascendant et descendant en ligne directe… et entre collatéraux jusqu'au troisième degré inclus », ce qui est l'exclure, par exemple entre frère et sœur vivant ensemble ? Pourquoi cette atteinte à l'égalité ? Parce qu'il s'agit bel et bien d'un mariage et qu'on introduit ici des empêchements tenant à l'inceste. Si le Pacs n'est pas un mariage, pourquoi l'avoir interdit, « entre deux personnes dont l'une au moins est engagée dans les liens du mariage… ou déjà liée par un pacte civil de solidarité » ? Et exiger, sinon une célébration, du moins une « déclaration conjointe au greffe du tribunal d'instance dans le ressort duquel elles fixent leur résidence commune ». La suite est du même ordre : « Les partenaires… s'apportent une aide mutuelle et matérielle… ; (ils) sont tenus solidairement à l'égard des tiers des dettes contractées par l'un d'eux pour les besoins de la vie courante… ». Un régime d'organisation de leurs biens a été prévu, ainsi que certains avantages fiscaux.

12 Les adversaires du Pacs ont saisi le Conseil constitutionnel. Par sa décision du 9 novembre 1999 (*JO* 9 nov. 1999, p. 16962), celui-ci a déclaré conformes à la Constitution les articles qui lui étaient soumis. Mais il a assorti sa décision de « réserves d'interprétation » dont le nombre est impressionnant, au point qu'on a pu se demander s'il n'y avait pas là un abus de pouvoirs. Au lieu de renvoyer sa copie au Parlement qui a pour mission, en la matière, de voter la loi en application de l'article 34 de la Constitution, le Conseil constitutionnel la réécrit et la complète, se comportant en une sorte de Parlement au second degré (v. N. Molfessis, « La réécriture de la loi relative au Pacs par le Conseil constitutionnel », *JCP* 2000. I. 210).

Le caractère critiquable de la démarche résulte de la multiplicité même des réserves. Il suffit, pour en prendre conscience de citer le dernier considérant de la décision rendue : « Considérant qu'il résulte de tout ce qui précède que, sous les réserves et compte tenu des précisions ci-dessus énoncées, et qui portent notamment sur la condition de vie commune des personnes liées par un pacte civil de solidarité, sur la nullité absolue du pacte en cas de non-respect des dispositions de l'article 515-2 du Code civil (empêchements), sur la nature de la preuve contraire permettant d'écarter les présomptions d'indivision instaurées par l'article 515-5 du Code civil, sur le régime de l'indivision, sur l'interprétation des dispositions en vigueur comportant les mentions de « célibataire » et de « vie maritale », sur le caractère obligatoire de l'aide mutuelle et matérielle que se doivent les personnes liées par un pacte, sur l'accès des tiers aux différents registres d'inscription des pactes, sur le respect de la vie privée des cocontractants et sur le droit du partenaire à réparation en cas de faute tenant aux conditions de la rupture unilatérale du pacte… ». En elle-même cette accumulation de réserves fait plus que traduire des réticences évidentes. Mais alors il fallait aller plus loin et annuler le texte.

Si l'on examine un par un les considérants, l'on s'aperçoit que plusieurs aboutissent à affirmer et à imposer, par voie de réserve, des interprétations tendant à rapprocher le Pacs du mariage civil traditionnel. C'est ainsi que le Conseil constitutionnel précise « que la notion de vie commune ne couvre pas seulement une communauté d'intérêts et ne se limite pas à l'exigence d'une simple cohabitation entre deux personnes; que la vie commune mentionnée par la loi déférée suppose, outre une résidence commune, une vie de couple, qui seule justifie que le législateur ait prévu des causes de nullité du pacte qui, soit reprennent les empêchements à mariage visant à prévenir l'inceste, soit évitent une violation de l'obligation de fidélité découlant du mariage ».

13 Mais, sur d'autres points, se sont manifestées d'évidentes contradictions par rapport à cette tendance au renforcement des liens noués. Contradiction lorsque, dans le même temps, le Conseil constitutionnel affirma de manière péremptoire « que les dispositions relatives au pacte civil de solidarité ne mettent en cause aucune des règles relatives au mariage ». Contradiction aussi lorsque, répondant au grief suivant lequel l'admission de la rupture par volonté unilatérale revient à admettre la répudiation, le Conseil se réfugia dans l'invocation du seul droit commun des obligations et affirma, là encore péremptoirement, « que le pacte civil de solidarité est un contrat étranger au mariage; qu'en conséquence sa rupture unilatérale ne saurait être qualifiée de répudiation ». Et d'ajouter une comparaison qui fait rêver : « Comme il a été dit précédemment, les contrats à durée indéterminée, catégorie à laquelle appartient le pacte civil de solidarité, peuvent toujours être résiliés par l'une ou l'autre des parties ».

Peut-être la contradiction majeure a trait à la manifestation sociale de l'existence et de la rupture du Pacs. Après avoir imaginé le recours aux maires, puis aux préfets, c'est au greffe du tribunal d'instance qu'un rôle majeur a été confié. Puisqu'on ne peut être « pacsés » avec plusieurs personnes simultanément, et que l'état de « pacsé » est incompatible avec celui de marié, l'information doit nécessairement circuler. En outre l'intérêt des tiers est évidemment concerné puisque les partenaires sont tenus solidairement à l'égard de ceux-ci des dettes contractées par l'un d'eux pour les besoins de la vie courante et pour les dépenses relatives au logement commun.

C'est alors que se fit jour une réticence du côté des lobbies homosexuels. Il a en conséquence été affirmé que l'enregistrement des Pacs aux greffes « n'a pas pour objet de révéler les préférences sexuelles des personnes liées par le pacte ». Mais on ne peut tout obtenir à la fois, la reconnaissance sociale – serait-elle discrète – et le secret de la vie privée. D'où les contorsions intellectuelles : « Considérant, en outre que les conditions dans lesquelles seront traitées, conservées et rendues accessibles aux tiers les informations relatives au pacte civil de solidarité seront fixées par un décret en Conseil d'État pris après avis de la Commission nationale de l'informatique et des libertés; que s'appliqueront les garanties résultant de la législation relative à l'informatique et aux libertés; que sous ces réserves, le législateur n'a pas porté atteinte au principe du respect de la vie privée ».

14 À quoi s'est ajoutée en cours de route et parce que des sénateurs y voyaient un moyen de calmer l'offensive, une prise en considération, par voie de définition, du concubinage dans le Code civil, ce qui n'a aucunement enrayé le mouvement en faveur du Pacs et a abouti seulement à un nouvel article 515-8 du Code civil plus gênant qu'autre chose. Il y a des manœuvres cousues de fil blanc qui se retournent souvent contre leurs auteurs. Ce nouvel article 515-8 est ainsi rédigé : « Le concubinage est une union de fait, caractérisée par une vie commune présentant un caractère de stabilité et de continuité, entre deux personnes, de sexe différent ou de même sexe, qui vivent en couple ». – Sur les inconvénients de cette malencontreuse définition, v. Terré et Fenouillet, *La famille*, n° 363; v. aussi J. Hauser, obs. *RTD civ.* 2006. 285; rappr. R. Blough, « Le concubinage, dix ans après », *Dr. fam.* 2009, Étude n° 19.

B. — Pacte civil de solidarité (loi du 23 juin 2006)

15 Dans la onzième édition des *Grands arrêts*, il était précisé que l'affaire n'était « aucunement terminée ». La précipitation du gouvernement conduisit à des conséquences que, de tous bords, on déplora : quant à la portée des circulaires et des décrets, quant à l'incidence de la loi du 15 novembre 1999 sur la question de l'adoption, contrairement à ce qui était affirmé (P. Murat, « Vers la famille homosexuelle par adoption », *Dr. fam.* 2000, n° 4, chron. n° 9), quant aux conséquences procédurales (H. Croze, « Pacte civil de solidarité », *Procédures* 2000. 2, n° 36). – V. aussi « Le Pacs », dir. H. Lécuyer, *Dr. fam.*, déc. 1999, suppl. n° 12 *ter*; R. Riastra, « Commentaire de la loi relative au Pacs », *D.* 2000. chron. 2003 s.; B. Beignier, « Pacte civil de solidarité et indivision : visite aux enfers », *Defrénois* 2000, 37175. Aussi bien, les insuffisances et les ambiguïtés de la loi de 1999 sont-elles vite apparues dans la pratique (v. Dossier : « Le pacte civil de solidarité, quel avenir ? », *AJ fam.* 2004. 256 s.), au point que fut rapidement posée la question d'une nouvelle réforme, laquelle impliquait un choix entre deux orientations, entre un caractère contractuel et un caractère institutionnel (v. sur ce point concl. du groupe de travail sur *Le droit de la famille*, Acad. Sc. morales et pol., PUF, 2002, p. 47 et 52).

16 Face aux revendications persistantes des couples non mariés, pacsés ou non, ainsi qu'à une offensive maintenue et bruyante en faveur du mariage homosexuel, les pouvoirs publics ont pris acte de ce que la loi de 1999 n'avait pas apporté toutes les solutions aux problèmes posés. Un groupe de travail fut institué sous l'égide de la Chancellerie, qui déposa un rapport le 30 novembre 2004 (F. Granet-Lambrechts, « Trente-deux propositions pour une révision de la loi du 15 novembre 1999 relative au Pacs », *Dr. fam.* 2005. chron. 9). Les orientations dégagées ont porté sur la formation ainsi que sur les effets personnels et pécuniaires du Pacs, y compris en matière sociale, fiscale et internationale.

17 À l'occasion du vote de la loi du 23 juin 2006 portant réforme du droit des successions et des libéralités, une réforme importante du Pacs a été réalisée aboutissant à faire de celui-ci un « quasi mariage » (Ph. Simler et P. Hilt, « Le nouveau visage du pacte civil de solidarité : "un quasi mariage" » ; J. Rochfeld, « Réforme du Pacs », *RTD civ.* 2006. 624 s.). Le pacs s'est, en effet, « matrimonialisé » aussi bien en ce qui concerne sa formation que ses effets.

Sa formation : le Pacs s'accompagne désormais d'une mention, en marge de l'acte de naissance, de la déclaration de pacte civil avec indication de l'identité de l'autre partenaire (art. 515-3-1 C. civ.), ce qui aboutit à assurer une publicité en mairie; il n'y a plus qu'un pas à faire dans le sens de l'assimilation au mariage : conférer à l'officier de l'état civil la mission de célébrer le Pacs. Ses effets : les droits et devoirs des partenaires se rapprochent de ceux des époux. Sur le terrain des relations personnelles, la loi de 2006 a affirmé, à l'article 515-4 du Code civil, l'existence de devoirs d'assistance réciproque et de vie commune entre les partenaires. À quoi s'ajoute désormais un véritable « statut patrimonial » de ceux-ci (Ph. Simler et P. Hilt, Chron. préc. n°s 15 s.) comportant, en prolongement de dispositions antérieures, un régime primaire (aide proportionnelle aux facultés respectives, obligation solidaire aux dettes inhérentes aux besoins de la vie courante, présomption de pouvoir sur les biens meubles détenus individuellement) et un régime secondaire, légal ou conventionnel. Le partenaire survivant bénéficie sur le logement des droits de jouissance gratuite et d'attribution préférentielle que le code accorde au conjoint survivant (art. 515-6, C. civ.).

18 À l'inverse, le mariage se « partenarise ». Considérée longtemps comme exprimant l'« essence » du mariage, l'obligation de fidélité est traitée comme quantité négligeable par la Cour de cassation (*infra*, n°s 29-30), dans le temps même où, fort curieusement, certains juges du fond la découvrent entre les partenaires (TGI Lille, ord. 5 juin 2002, *D.* 2003. 515, note X. Labbée, *RTD civ.* 2003. 870, obs. J. Hauser). De manière générale, les devoirs entre époux sont relativisés, dès lors que le divorce pour faute n'est plus qu'un « trompe-l'œil ». La contractualisation et la libéralisation qui caractérisent désormais le droit du divorce rapprochent considérablement le mariage du pacs, si ce n'est que subsiste la nécessité d'une intervention judiciaire. Mais celle-ci est désormais très formelle puisque celui qui ne veut plus de la vie commune peut rompre le lien matrimonial sans que l'autre puisse s'y opposer ni que le juge puisse faire jouer des mécanismes protecteurs qu'auraient pu et dû pourtant justifier les engagements pris par les époux lors de la célébration de leur union. Le mariage a ainsi perdu le caractère qui le distinguait fondamentalement du concubinage et du pacs, celui d'une union célébrée pour durer. Pourquoi devrait-il, au demeurant, durer, puisque ce qui justifiait la nécessité de cette durée, à savoir la mise en place d'un cadre stable favorisant la procréation et l'éducation des enfants n'a plus cours : la filiation est désormais coupée du mariage. En faisant disparaître la catégorie des enfants légitimes, l'ordonnance du 4 juillet 2005 a supprimé tout modèle en matière de filiation. Certes, la présomption de paternité a été maintenue. Mais il ne s'agit plus que d'une « règle de nature technique », simple « commodité de preuve », fort fragile au demeurant. À quoi, il faut ajouter que les rapports parents-enfants sont, depuis la loi du 4 mars 2002 relative à l'autorité parentale, définis en faisant totalement abstraction de la nature du lien qui unit les parents. Seule importe désormais la coparentalité, laquelle est envisagée abstraction faite de la nature du lien qui fonde le couple : peu importe que les parents soient mariés ou non. Il en résulte une transformation profonde de la nature du mariage. Alors que celui-ci avait été initialement conçu afin d'attribuer à l'homme les enfants nés de la femme et de fonder une famille permettant leur éducation, il est devenu un simple mode de vie à deux, fondé sur l'amour et la sexualité plutôt que sur la procréation, destiné à l'organisation matérielle d'une vie commune qui durera autant qu'il plaira à chacun. Mais si le mariage se transforme ainsi en une simple union personnelle et patrimoniale entre deux personnes à finalité de reconnaissance sociale, il devient difficile de le réserver aux couples hétérosexuels (R. Libchaber, « La notion de mariage civil », *Mélanges Ph. Jestaz*, 2006, p. 340). Aussi bien, la loi du 17 mai 2013 l'a-t-elle ouvert aux personnes de même sexe comblant ainsi un peu plus le fossé qui sépare mariage et pacs. Désormais, les trois modes de conjugalité – mariage, pacs, concubinage – sont ouverts aux couples homosexuels.

19 Certes, des différences subsistent entre mariage et pacs : en cas de mort d'un des partenaires, il n'est pas reconnu au survivant de vocation successorale ni de pension de réversion. En matière de nationalité et de condition des étrangers, les effets attachés au mariage ne jouent pas en cas de pacs (voir encore pour l'inscription sur les listes électorales, Civ. 2e, 5 mars 2008, *Dr. fam.* 2008, no 51, note V. Larribeau-Terneyre). Mais pour combien de temps ? Les rapprochements ne cessent, en effet, de s'accentuer. À supposer qu'un testament l'appelle à la succession, le partenaire est depuis la loi TEPA traité fiscalement comme le conjoint. C'est ainsi encore, que la loi du 12 juin 2009 prévoit que le juge aux affaires familiales dont la compétence était limitée aux couples mariés, connaîtra désormais de toute une série de questions qui surviennent entre personnes liées par un pacs ou entre concubins (art. L. 213-3, COJ). Aussi bien, nombre d'auteurs soulignent-ils que la « convergence progressive » des régimes juridiques applicables aux différents types de couples favorise « l'émergence d'un droit commun des couples » (J.-J. Lemouland, in *Mariage-Conjugalité, Parenté-Parentalité*, Dalloz, 2009, p. 33), un « statut minimal garanti, sorte de SMIG du couple » (H. Fulchiron, « De l'institution aux droits de l'individu : réflexions sur le mariage au début du XXIe siècle », *Mélanges Jacques Foyer*, 2008, p. 394, spéc. p. 401).

29-30

CONCUBINAGE. LIBÉRALITÉS ENTRE CONCUBINS. VALIDITÉ

I. Civ. 1re, 3 février 1999. — II. Ass. plén. 29 octobre 2004

N'est pas contraire aux bonnes mœurs la cause de la libéralité dont l'auteur entend maintenir la relation adultère qu'il entretient avec le bénéficiaire (1er arrêt).

N'est pas nulle comme ayant une cause contraire aux bonnes mœurs la libéralité consentie à l'occasion d'une relation adultère (2e arrêt).

I. — Civ. 1re, 3 février 1999

(*D.* 1999. 267, rapp. X. Savatier, note Langlade-O'Sughrue, Somm. 307, obs. M. Grimaldi et chron. Larroumet, p. 351, *JCP* 1999. II. 10083, note M. Billiau et G. Loiseau, I. 152, chron. Leveneur, *Defrénois* 1999. 680, obs. J. Massip, 738, obs. D. Mazeaud, 814, obs. G. Champenois, *Dr. fam.* 1999, n° 54, obs. B. B., *CCC* 1999, n° 105, obs. L. Leveneur, *RTD civ.* 1999. 364 et 817, obs. J. Hauser, 892, obs. J. Patarin)

Mme X... c. Y...

Faits. — Les circonstances de l'affaire nous sont connues, non par l'arrêt, mais par le rapport du conseiller rapporteur et, plus encore, par l'une des notes publiées à la suite de celui-ci, son auteur ayant manifestement eu accès au dossier (J. Massip, obs. *Defrénois* 1999. 680). On y apprend qu'un homme, Roger H., âgé de 77 ans, quitte le domicile conjugal après 34 ans de vie commune, pour s'installer chez l'une de ses anciennes employées, Brigitte V., âgée de 45 ans. Il décède dix-huit mois plus tard dans l'appartement qu'il avait loué pour lui-même et sa maîtresse, ayant consenti à celle-ci un legs de 500 000 F. Il laisse à sa survivance son épouse et un fils Christian, issu d'un premier mariage de son épouse, qu'il a adopté par adoption simple. La cour d'appel prononce la nullité de la libéralité adressée à Mlle V. pour cause illicite, cette libéralité n'ayant été faite « que pour poursuivre et maintenir une liaison encore très récente ». Un pourvoi est formé.

ARRÊT

La Cour; — *Sur le moyen unique :* — Vu les articles 1131 et 1133 du Code civil; — Attendu que n'est pas contraire aux bonnes mœurs la cause de la libéralité dont l'auteur entend maintenir la relation adultère qu'il entretient avec le bénéficiaire; — Attendu que le 26 octobre 1989, Roger Y... est décédé en laissant à sa succession son épouse et M. Christian Y... qu'il avait adopté; que par testament authentique du 17 mars 1989, il a, d'une part, révoqué toute donation entre époux et exhérédé son épouse, et, d'autre part, gratifié Mme X... d'une somme de 500 000 F; que M. Christian Y... a soutenu que la cause de cette disposition était contraire aux bonnes mœurs; — Attendu que pour prononcer la nullité de la libéralité consentie à Mme X..., la cour d'appel a retenu que la disposition testamentaire n'avait été prise que pour poursuivre et maintenir une liaison encore très récente; en quoi, la cour d'appel a violé les textes susvisés;

Par ces motifs, casse et [...] renvoie devant la cour d'appel de Paris, autrement composée...

II. — Ass plén. 29 octobre 2004

(*D.* 2004. 3175, note D. Vigneau, *JCP* 2005. II. 10011, note F. Chabas, et I. 187, n° 7, obs. Le Guidec, *JCP* 2005, n° 17, p. 229, « Libres propos », F. Terré, *Dr. fam.* 2004, n° 230, note B. Beignier, *CCC* 2005, n° 40, obs. Leveneur, *Defrénois* 2004. 1732, obs. Libchaber, 2005. 535, note S. Piédelièvre et 1045, note V. Mikalef-Toudic, *RDC* 2005. 1273 s., chron. J.-L. Sourioux, Ph. Malaurie, A. Bénabent, D. Fenouillet, G. Pignarre et B. Fages)

Faits. — Né en 1895, Jean Y. s'était marié en 1922 et avait vécu avec son épouse jusqu'à ce qu'il décède en 1991; une fille, Mme Micheline Y., est née de cette union. En 1976, M. Y. avait noué avec Mlle Muriel X, sa secrétaire, une relation adultère. De 64 ans sa cadette, celle-ci était alors âgée de 18 ans. Cette relation se poursuivit, émaillée de diverses libéralités, jusqu'au décès de M. Y. Quelques mois avant sa mort, M. Y. avait institué, par testament authentique, Mlle Muriel X, sa légataire universelle. La fille du *de cujus* ayant refusé de délivrer le legs, Mlle X. l'avait assignée devant le tribunal de grande instance de Paris en délivrance forcée de ce legs. Épouse et fille avaient alors demandé reconventionnellement l'annulation du testament sur le fondement de l'article 1133 C. civ.

Par jugement du 24 mai 1994, le tribunal de grande instance de Paris avait annulé le testament aux motifs que « pour cet homme âgé de 95 ans au jour de son dernier testament (et) ayant commencé ses relations à 82 ans avec une femme de 64 ans sa cadette, (...) le testament n'a pas été établi en témoignage de reconnaissance, mais a été motivé par la crainte d'être abandonné par son amie, qu'ainsi le maintien de relations adultères immorales était la cause impulsive et déterminante du legs universel, dont la nullité doit dès lors être prononcée ». Cette décision fut confirmée en appel par la Cour de Paris, par un arrêt du 5 janvier 1996, lequel, après avoir constaté l'existence de relations adultères entre M. Y. et Mlle X. ainsi que des sentiments intéressés que nourrissait cette dernière à l'égard de son amant, lesquels résultaient notamment d'une expression employée par celle-ci — « pas d'argent, pas d'amour » —, avait repris pour l'essentiel la motivation du tribunal. Intervenues en 1994 et 1996, ces décisions n'étaient, au demeurant, que l'application de la jurisprudence traditionnelle. Sur pourvoi de Mlle X., la première chambre civile a, par arrêt du 25 janvier 2000, cassé l'arrêt de la Cour de Paris en reprenant le motif de l'arrêt du 3 février 1999 : « n'est pas contraire aux bonnes mœurs la cause de la libéralité dont l'auteur entend maintenir la relation adultère qu'il entretient avec le bénéficiaire ».

L'affaire ayant été renvoyée devant la Cour de Paris autrement composée, celle-ci, par arrêt du 9 janvier 2002, confirma en tout point la décision déférée aux motifs que « la libéralité testamentaire qui n'avait vocation qu'à rémunérer les faveurs de Muriel X., est contraire aux bonnes mœurs et doit être annulée ». Un nouveau pourvoi ayant été formé, le Premier président de la Cour de cassation a ordonné, au visa des articles L. 124-1, L. 131-2 et 131-3 du Code de l'organisation judiciaire, son renvoi devant l'assemblée plénière.

ARRÊT

La Cour; — Sur le moyen unique, pris en sa première branche :

Vu les articles 900, 1131 et 1133 du Code civil;

Attendu que n'est pas nulle comme ayant une cause contraire aux bonnes mœurs la libéralité consentie à l'occasion d'une relation adultère;

Attendu, selon l'arrêt attaqué, rendu sur renvoi après cassation (Première chambre civile, 25 janv. 2000, pourvoi n° D 97-19.458), que Jean X... est décédé le 15 janvier 1991 après avoir institué Mme Y... légataire universelle par testament authentique du 4 octobre 1990; que Mme Y... ayant introduit une action en délivrance du legs, la veuve du testateur et sa fille, Mme Micheline X..., ont sollicité reconventionnellement l'annulation de ce legs;

Attendu que, pour prononcer la nullité du legs universel, l'arrêt retient que celui-ci, qui n'avait « vocation » qu'à rémunérer les faveurs de Mme Y..., est ainsi contraire aux bonnes mœurs;

Qu'en statuant ainsi, la cour d'appel a violé les textes susvisés;

Par ces motifs, [...] casse.

OBSERVATIONS

1 Les arrêts reproduits marquent l'abandon d'une jurisprudence classique en matière de libéralités entre concubins. Après avoir retracé cette évolution (I), on s'interrogera sur son bien-fondé (II).

I. — De la nullité à la validité des libéralités entre concubins

2 Sans annuler systématiquement les libéralités entre concubins, la jurisprudence avait mis sur pied un système qui permettait de les contrôler en scrutant la cause, c'est-à-dire le motif déterminant qui animait le disposant (A). L'état des mœurs ne justifiant plus, selon certains, un tel contrôle, la Cour de cassation a mis fin à celui-ci par les arrêts ci-dessus reproduits (B).

A. — La jurisprudence antérieure

3 En vertu de la règle « don de concubin à concubin ne vaut », les libéralités entre concubins étaient prohibées dans l'Ancien droit (Roland et Boyer, *Adages du droit français*, n° 98). Les rédacteurs du Code civil n'ayant pas repris cette règle, la jurisprudence posa que la licéité des libéralités devait être appréciée au regard du mobile ayant inspiré l'auteur de la libéralité.

La jurisprudence annulait les libéralités entre concubins, lorsque le disposant avait en vue la formation, la continuation ou la reprise des rapports illégitimes, c'est-à-dire lorsque l'avantage consenti était le prix de l'inconduite (Req. 2 févr. 1853, *DP* 53. 1. 57; Civ. 8 oct. 1957, *D.* 1958. 317, note Esmein, *JCP* 1957. II. 10234; Civ. 1re, 25 janv. 1972, *Bull. civ.* I, no 25, p. 22, *D.* 1972. 413, note Le Tourneau; Civ. 2e, 10 janv. 1979, *Bull. civ.* II, no 10, p. 7; 8 nov. 1982, *Bull. civ.* I, no 321). La nullité pouvait d'ailleurs porter, non seulement sur les libéralités faites aux concubins, mais aussi sur celles adressées aux enfants de la concubine (Civ. 11 avr. 1932, *DP* 1932. 1. 169), voire à son conjoint complaisant (Civ. 1re, 6 mars 1962, *Bull. civ.* I, no 138, p. 123).

En revanche, la jurisprudence déclarait valables les libéralités entre concubins lorsque le gratifié avait voulu s'acquitter d'un devoir de conscience et de reconnaissance. Ainsi en allait-il lorsque l'acte était motivé par le désir de ne pas laisser, après une rupture, la concubine seule et sans ressources (Req. 8 juin 1926, *DP* 1927. 1. 113, note R. Savatier; Civ. 1re, 6 oct. 1959, *D.* 1960. 515, note Malaurie, *JCP* 1959. II. 11305, note Esmein; 22 déc. 1965, *Bull. civ.* I, no 730, p. 558), lorsqu'il avait pour cause la gratitude inspirée par les soins prodigués pendant la maladie du disposant (Civ. 1re, 16 oct. 1967, *JCP* 1967. II. 15287, note R. Savatier; 4 nov. 1982, *Bull. civ.* I, no 319, p. 274) ou par l'aide apportée dans une activité professionnelle (Civ. 1re, 14 nov. 1960, *Bull. civ.* I, no 494, p. 403). Le fait qu'il y ait adultère et que les deux concubins, ou l'un d'eux, soient engagés dans les liens d'un mariage antérieur non dissous, n'était pas considéré, en soi, comme faisant obstacle à la libéralité. Tout dépendait du mobile qui guidait les intéressés (Civ. 11 mars 1918, *DP* 1918. 1. 100, *S.* 1918. 1. 170; Req. 8 juin 1926, préc.; Civ. 1re, 16 oct. 1967, préc.).

Cette distinction s'appliquait à toutes les formes de libéralités, y compris aux dons manuels (Civ. 1re, 10 janv. 1979, préc.), aux donations déguisées (Civ. 11 mars 1918, préc.; Req. 8 juin 1926, préc.) ou aux donations indirectes, par exemple à la souscription d'une assurance sur la vie (Civ. 1re, 8 oct. 1957, préc.; 8 nov. 1982, préc.). En revanche, la jurisprudence refusait de l'appliquer aux tontines entre concubins par ailleurs mariés, ce qui permettait de contourner la réserve des descendants ainsi que les règles du régime matrimonial et privait la construction édifiée par la Cour de cassation d'une partie de sa cohérence (Civ. 1re, 11 janv. 1983, *D.* 1983. 501, note Larroumet, *JCP* 1984. II. 20127, note F. Boulanger).

B. — La nouvelle jurisprudence

4 En posant, dans le premier arrêt reproduit, que « n'est pas contraire aux bonnes mœurs la cause de la libéralité dont l'auteur entend maintenir la relation adultère qu'il entretient avec le bénéficiaire », la haute juridiction a manifesté sa volonté de rompre avec sa jurisprudence antérieure (1). L'ampleur exacte de ce revirement a néanmoins soulevé certaines interrogations. L'arrêt ne visant que le « maintien » des relations illicites, on s'est demandé si la solu-

---

(1) Sur l'épilogue de cette affaire, voir Civ. 1re, 10 juill. 2003, *D.* 2003. 2031, note B. Beignier, *JCP* 2004. I. 155, no 5, obs. R. Le Guidec, *JCP* 2004. II. 10161, note J.-G. Mahinga.

tion traditionnelle ne persistait pas, lorsque le disposant avait en vue la formation ou la reprise des liens illicites. Proposée par certains (Langlade-O'Sughrue, *D.* 1999. 269), cette interprétation restrictive de l'arrêt ne fut, en règle générale, pas retenue par les auteurs. On souligna notamment que le fait de viser uniquement le maintien de la relation pouvait s'expliquer par le souci de la haute juridiction de répondre uniquement à la question qui lui était posée et de ne pas encourir le reproche de rendre des arrêts de règlement. On releva également que la différence entre les deux situations n'était pas telle qu'elle justifierait un traitement opposé (G. Champenois, *Defrénois* 1999. 821). En revanche, la rémunération d'un « commerce sexuel », le « prix du stupre » qui s'apparente à un contrat de prostitution, restaient, selon le rapporteur M. Xavier Savatier, illicites, car « ce qui demeure dégradant et immoral, c'est qu'un être, une femme échange son corps contre des cadeaux ou de l'argent » (X. Savatier, *D.* 1999. 268; voir dans le même sens Billiau et Loiseau, *JCP* 1999. II. 10083; G. Champenois, *Defrénois* 1999. 821).

5 Ce dernier message paraissait avoir été entendu par la Cour de Paris dans l'affaire ayant donné lieu à la seconde décision ci-dessus reproduite, puisque pour annuler, en raison de sa contrariété aux bonnes mœurs, le legs universel consenti par le testateur à sa maîtresse, elle avait constaté que celui-ci « n'avait vocation qu'à rémunérer les faveurs » de celle-ci, ce que confirmaient ses propos, « pas d'argent, pas d'amour ». Autrement dit, la Cour de Paris fondait la nullité du legs non sur le fait que la libéralité avait pour objet de maintenir une relation adultère, mais sur la vénalité affichée de la bénéficiaire, laquelle se comportait ouvertement comme une prostituée. Cela ne suffit pas à lui éviter la cassation. Mettant en exergue la circonstance que le testateur était marié pour préciser que cela ne suffisait pas à rendre la libéralité contraire aux bonnes mœurs, la haute juridiction décide que « n'est pas nulle comme ayant une cause contraire aux bonnes mœurs la libéralité consentie à l'occasion d'une relation adultère ». D'où l'impression de flottement laissée par la lecture de l'arrêt. En usant d'une « formule large et passe-partout » (D. Vigneau, note, *D.* 2005. 3176), la haute juridiction a certainement entendu marquer que les distinctions entre le maintien, la formation ou la reprise des relations adultères n'étaient plus de mise, comme l'avaient d'ailleurs laissé entendre les analyses de la doctrine dominante. Mais qu'en est-il du « commerce sexuel » ? En censurant l'arrêt qui annulait le legs dans un cas où il s'agissait, comme on l'a justement relevé moins de « fidélité » que de « vénalité » (A. Bénabent, *RDC* 2005. 1283), la haute juridiction paraît indiquer qu'il n'y a plus lieu de contrôler la cause d'une libéralité consentie dans le cadre d'une relation adultère, alors même que celle-ci aurait pour seule motivation la cupidité. Poursuivant dans cette voie, la haute juridiction a ultérieurement décidé que le contrat proposé par un professionnel et ayant pour objet l'offre de rencontres en vue de la réalisation d'un mariage ou d'une union stable « n'est pas nul comme ayant une cause contraire à l'ordre public et aux bonnes mœurs, du fait qu'il est conclu par une personne mariée » (Civ. 1re, 4 nov. 2011, *D.* 2012. 59, note R. Libchaber, *JCP* 2012. 9, note D. Bakouche, *CCC* 2012, n° 7, note Raymond, *Dr. fam.* 2012, n° 21, note D. Vigneau).

Il est vrai que la Cour de Luxembourg, en décidant que la prostitution était une activité économique indépendante bénéficiant de la liberté d'établissement et de la libre prestation de services (CJCE 20 nov. 2001, *Dame Jary c. Pays-Bas*), a créé un environnement juridique favorable à l'épanouissement de telles solutions. Aussi bien, la haute juridiction a-t-elle, par les décisions ci-dessus reproduites, posé un jalon important sur la voie de l'européanisation du droit français des contrats. En supprimant, en fait, le contrôle de la cause immorale, elle aligne celui-ci sur les principes européens du droit du contrat, lesquels n'envisagent pas l'éventualité d'un tel contrôle (art. 4-101). Il convient, comme n'a cessé de le répéter à l'époque le Premier président de la Cour de cassation, M. Guy Canivet, de faire du droit français, un instrument performant au service de l'économie.

II. — Appréciation de cette évolution

6 Chaleureusement approuvé par une partie de la doctrine, ce revirement de jurisprudence n'en soulève pas moins des critiques qui se développent tant sur le terrain juridique (A), que sur le terrain sociologique (B).

A. — De l'institution du mariage au contrat à effets restreints

7 Afin de justifier ce revirement de jurisprudence, les rapporteurs de ces arrêts ont mis en avant deux séries d'arguments.

En premier lieu, « terriblement fuyant » le critère classique laissait la porte ouverte à l'arbitraire du juge (X. Savatier, *D.* 1999. 267). À l'appui de cet argument est invoquée l'autorité du doyen René Savatier : « sentimentalité complexe dont les tribunaux ont beau jeu de tirer un arbitraire, en réalité souverain. Puisqu'il y a de tout dans la cause de la libéralité, il leur revient selon la conception qu'ils se font de la morale et selon la sympathie plus ou moins grande que leur inspire l'héroïne du procès, d'en tirer pour celle-ci bonheur ou malheur » (*Le droit, l'amour et la liberté*, 2e éd., 1963, p. 143).

En second lieu, la jurisprudence traditionnelle n'aurait plus été en accord avec l'état des mœurs. Les bonnes mœurs étant « la somme ou l'expression de ce que peuvent avoir de communes les différentes morales individuelles », il ne serait plus contraire à celles-ci de gratifier celui avec lequel on entretiendrait une liaison, fût-elle adultère (X. Savatier, *D.* 1999. 268; Billiau et Loiseau, note préc.; Langlade-O'Sughrue, note préc.). Comme l'écrit le conseiller Bizot, l'adultère en se banalisant « est devenu quasiment une composante possible, sinon admise et tolérée, de l'histoire d'un couple marié, et en tout cas objet d'une très faible réprobation sociale à l'égard de celui qui le commet » en sorte que « le devoir de fidélité n'est plus d'ordre public ». La solution nouvelle aurait, en outre, le mérite de mettre « fin à une hypocrisie. Auparavant, en effet, la jurisprudence se drapait dans une formule apparemment objective qui dissimulait une vision moraliste » (D. Mazeaud, *Defrénois* 1999. 738).

8 Au reproche d'arbitraire et d'insécurité juridique qui avait été développé par les rapporteurs à l'encontre de la jurisprudence traditionnelle, il a été répondu que les juges du fond prenaient appui pour pénétrer la psychologie du disposant sur des critères objectifs – stabilité du concubinage, date et nature de la libéralité, âge respectif du gratifié et du disposant –, qui permettaient de se faire une idée assez juste de la cause et qui avaient conduit à des résultats globalement assez équilibrés, ce critère ayant permis « de faire tomber autant de libéralités que d'en maintenir » (Grimaldi, *D.* 1999. Somm. 307).

Quant aux mœurs, on faisait valoir que si elles avaient évolué, les lois définissant les devoirs du mariage étaient restées inchangées (Grimaldi, obs. préc.; Champenois, *Defrénois* 1999. 819; Leveneur, obs. *CCC* 1999, n° 105 et chron. *JCP* 1999. I. 152). Et de fait, l'article 212 du Code civil continue de poser que la fidélité est le premier devoir des époux. On perçoit mal, au demeurant, comment il pourrait en être autrement, puisqu'il s'agit là de « l'essence » même du mariage (Grimaldi, obs. préc.). Quant à l'article 226 également inchangé, il confère toujours à l'article 212 un caractère d'ordre public. Or si la Cour de cassation est libre de conférer un caractère d'ordre public à des textes que le législateur n'a pas revêtus de cette qualité (v. *supra*, n° 14), elle ne peut en revanche priver de celle-ci des textes que le législateur déclare expressément d'ordre public. Il y aurait là, en effet, une « usurpation de pouvoirs » (Fenouillet, *RDC* 2005. 1286). Partant, à supposer que les libéralités entre concubins ne soient plus immorales, elles restent illicites en cas de concubinage adultérin. Comme le souligne fort justement M. Champenois, « la jurisprudence traditionnelle avait estompé cette réalité, en autorisant les libéralités entre concubins adultères lorsque l'atteinte au devoir de fidélité était limitée parce que l'acte avait pour objet de réparer un préjudice ou d'exécuter un devoir de conscience ». Mais avec la disparition de la distinction traditionnelle, la question du « respect des devoirs du mariage se pose nécessairement » (obs. préc.). Aussi bien avait-il été souligné que, dès lors que le motif déterminant d'une libéralité est « d'assurer le maintien d'une (…) relation (adultère) en violation du devoir légal et d'ordre public de fidélité », la cause de celle-ci « se heurte nécessairement à la règle posée par l'article 212 du Code civil » (Leveneur, *JCP* 1999. I. 152, n° 9).

9 Ce rappel à l'orthodoxie juridique a suscité la réplique vigoureuse d'un auteur. Selon lui, une telle analyse serait « trop habile pour être convaincante », car elle serait d'abord destinée à « masquer le conservatisme » de ceux qui la défendent. Or mieux vaudrait « avouer franchement (ce conservatisme) plutôt que de parer des vertus d'un raisonnement implacable ce qui n'est qu'un artifice » (C. Larroumet, « La libéralité consentie par un concubin adultère », *D.* 1999. 351 et 352). La critique mérite d'être approfondie car elle présente l'intérêt de mettre le lecteur en position de pénétrer au cœur de la réalité juridique sous-jacente à la nouvelle solution.

Selon M. Larroumet, si le devoir de fidélité est méconnu en cas d'adultère, « il n'en résulte pas pour autant que la cause de la libéralité faite au concubin de l'époux adultérin est illicite. *Ce qui est illicite, c'est l'adultère et non la libéralité* » (chron. préc.). Au premier abord, le seul énoncé d'une telle opinion n'est pas sans étonner. Ne repose-t-elle pas, en effet, sur une méconnaissance complète de la notion de cause ? Et de fait, chacun sait que pour apprécier la licéité ou la moralité d'un contrat, il est fait appel à la notion de cause subjective, laquelle vise le mobile, le motif qui guide chacun des contractants (*infra*, n° 156, § 20, t. 2, 12ᵉ éd.). Et si la jurisprudence a longtemps posé que le motif illicite ou immoral, même déterminant, n'entraîne la nullité que s'il est connu de l'autre partie (*infra*, n° 156, § 23, t. 2, 12ᵉ éd.) – ce qui serait de nature à permettre au gratifié d'échapper à la nullité en faisant valoir qu'il ignorait que son partenaire était marié –, il convient de rappeler, d'une part, que cette exigence n'a jamais valu que pour les contrats à titre onéreux, les contrats à titre gratuit y ayant toujours échappé, d'autre part que, pour les premiers, elle a été abandonnée par un arrêt du 7 octobre 1998 (*infra*, n° 158, t. 2, 12ᵉ éd.). C'est dire que lorsque le but poursuivi par l'un ou l'autre des contractants, fût-il connu de lui seul, est illicite ou immoral, la cause du contrat l'est aussi. Partant, puisque l'adultère est illicite, ce que ne dénie pas M. Larroumet, la libéralité qui a pour but de permettre la réalisation de celui-ci devrait l'être également.

Pour éviter une telle conclusion, l'éminent auteur poursuit ainsi sa démonstration : « Si l'adultère est répréhensible, c'est uniquement dans les relations entre époux. L'adultère ne produit pas d'effet à l'égard des tiers, y compris le concubin de l'époux » (chron. préc.). En d'autres termes, les obligations que le mariage engendre sont personnelles aux époux et ne sauraient rejaillir sur les tiers.

10 On est là au cœur du problème. Dans une vision classique, le mariage est l'acte par lequel un homme et une femme qui se sont mutuellement choisis, s'engagent à vivre ensemble à l'exclusion de tout autre et en principe jusqu'à la mort. Reposant sur un accord de volontés, il crée une union des personnes et des biens que la loi soustrait, dans ses traits essentiels, à la libre disposition des époux en lui conférant le caractère d'ordre public. Aussi bien présente-t-on le mariage, même s'il a sa source dans un accord de volontés, « comme une *institution*, c'est-à-dire un *tout organique*, une espèce de corps social *dépassant les volontés individuelles* » (Carbonnier, *Droit civil*, *La famille*, 19ᵉ éd., n° 12, p. 36). Partant, toute convention qui contrevient à ce statut est prohibée par la loi et donc illicite.

Toute autre est la présentation retenue par M. Larroumet. Pour celui-ci, en effet, le mariage crée des obligations strictement limitées aux époux et dépourvues de tout rayonnement à l'égard des tiers. Autrement dit, il récuse l'aspect institutionnel du mariage et traite celui-ci comme un contrat, qui plus est à effets restreints. On sait, en effet, que les contrats, quoique ne créant en principe d'obligations qu'entre les parties contractantes, ne sont pas dépourvus de tout effet à l'égard des tiers. Tenus de respecter la situation juridique à laquelle le contrat donne naissance, ceux-ci peuvent, si nécessaire, se prévaloir de son existence. Afin d'exprimer cette réalité, on enseigne que le contrat est opposable *aux* tiers et *par* les tiers.

11 « Complément nécessaire de la force obligatoire du contrat », l'opposabilité du contrat aux tiers se traduit pour ceux-ci par une obligation de ne pas faire, sanctionnée par la responsabilité délictuelle (Ghestin, Billiau et Jamin, *Les effets du contrat*, n°s 366 et 372). Ainsi le patron qui débauche l'employé d'un concurrent et l'amène à rompre le contrat conclu avec celui-ci se rend complice de cette rupture et engage sa responsabilité civile délictuelle. En bonne logique, il devrait en aller de même de la concubine qui, en connaissance de cause, accepte du conjoint adultère une libéralité que celui-ci a consentie en violation de son obligation de fidélité. Or, bien loin d'admettre une telle sanction qui est la conséquence naturelle de l'opposabilité des contrats aux tiers, M. Larroumet considère qu'« on ne voit pas pourquoi on sanctionnerait civilement le concubin par la privation de la libéralité qui lui a été consentie » (chron. préc.). Autrement dit, non content de gommer l'aspect institutionnel du mariage, puisqu'il raisonne comme si l'article 212 du Code civil n'existait pas et que le devoir de fidélité avait sa source exclusivement dans l'accord des époux, il fait de celui-ci un contrat *non opposable aux tiers.* De nature à surprendre, si l'on veut bien se souvenir que l'institution du mariage était, il n'y a pas encore si longtemps, l'un des piliers de la société, cette analyse n'en est pas moins postulée par la solution posée par la Cour de cassation.

La haute juridiction ne fait d'ailleurs ainsi qu'accomplir un pas supplémentaire dans une direction où elle s'était engagée il y a plus d'un quart de siècle. On se souvient, en effet, qu'après avoir, par son arrêt *Dangereux* (Ch. mixte, 27 févr. 1970, *infra*, n° 186, t. 2, 12e éd.), reconnu à la concubine la possibilité d'obtenir réparation du préjudice que lui causait le décès accidentel de son compagnon, la Cour de cassation a étendu cette solution au concubinage adultérin (Crim. 19 juin 1975, *D.* 1975. 679, note Tunc). Il en résulte que le tiers, auteur du dommage, ne peut pas opposer à la concubine le caractère illicite de l'adultère. Autrement dit, alors que les tiers peuvent en principe invoquer un contrat pour échapper à une obligation dont ils seraient sinon tenus (Com. 22 oct. 1991, *Bull. civ.* IV, n° 302, p. 209, *D.* 1993. 181, note Ghestin), il n'en va pas de même pour le mariage et le devoir de fidélité qui en découle. La situation qu'il crée n'est pas, en cas d'adultère, opposable par les tiers.

12 Par ses arrêts du 3 février 1999 et du 24 octobre 2004, la Cour de cassation franchit donc une étape supplémentaire : déjà non opposable par les tiers, la situation née du mariage et du devoir de fidélité qui en est le corollaire n'est désormais plus opposable aux tiers. Le saut qualitatif est important. Alors qu'en cas d'accident, les considérations d'équité pouvaient porter à admettre l'indemnisation de la concubine (Tunc, note *D.* 1975. 680), il s'agit désormais, comme le montrent les deux espèces concernées, de trancher un conflit ouvert entre, d'une part, l'épouse et l'enfant, d'autre part, la concubine. En donnant la préférence à la seconde, la haute juridiction montre clairement le cas qu'elle fait aujourd'hui du mariage (rappr. Civ. 2e, 4 mai 2000, *JCP* 2000. II. 10356, note Th. Garé). Aussi bien, diffus et souterrains dans la jurisprudence française, les présupposés théoriques sur lesquels repose une telle solution, apparaissent en pleine lumière dans certaines décisions étrangères. Un arrêt de la cour de Liège est, à cet égard, topique. Énonçant que « le caractère fautif de l'adultère a pour source et limite le contrat », lequel « n'échappe pas au principe de la relativité des conventions consacré par l'article 1165 du Code civil », il ajoute que « la relativité des effets des obligations, en l'occurrence celles qui sont issues du mariage, ne permet pas (à un tiers) de faire valoir le caractère illicite de l'adultère », car *il est illicite « seulement dans l'ordre juridique contractuel qui unit les époux » et « non dans l'ordre juridique sociétaire »* (Liège, 31 mars 1988, *Rev. rég. dr.* 1989. 11, note C. Remon). On ne saurait être plus clair.

B. — La réalité sociologique

13 En la circonstance, bien que les libéralités en cause fussent des legs, les juges du fond les avaient annulés pour immoralité. Il semble qu'ils aient été guidés par la différence d'âge importante existant entre le disposant et sa maîtresse : 32 ans dans la première espèce, 64 ans dans la seconde. Bien qu'elles soient généralement passées sous silence par la Cour de cassation et par conséquent par les commentateurs, ces deux données – l'âge élevé du disposant, sa différence d'âge importante avec le gratifié, respectivement 32 et 64 ans dans les espèces analysées – sont fréquemment réunies. La raison en est assez évidente. Lorsque les amants appartiennent à la même génération, il est rare que des libéralités interfèrent dans leur relation, sauf par le biais de ce que l'on a coutume de nommer les présents d'usage. La passion qu'ils éprouvent l'un pour l'autre et que légitime la morale du bonheur individuel suffit à expliquer leur comportement. En revanche, lorsqu'existe une différence d'âge importante, il faut des compensations. Ayant parfois perdu la séduction, certaines personnes âgées ont en revanche l'argent et entendent en user. Cet usage se heurtait autrefois au verrou juridique qui résultait de la nullité frappant les libéralités immorales et qui témoignait d'une certaine réprobation à l'encontre de ce type de comportement. En le faisant sauter, la haute juridiction montre que cette réprobation n'est plus de mise et que la morale du bonheur et de la liberté sexuelle doit, viagra aidant, irriguer toutes les classes d'âge (Y. Lequette, « Quelques remarques à propos des libéralités entre concubins », *Mélanges Ghestin*, 2001, p. 547 s.). Les réactions de certains commentateurs témoignent d'ailleurs implicitement de cette évolution des mentalités. Là où on aurait vu, il n'y a pas si longtemps, un vieillard libidineux, on découvre un « fringant septuagénaire » (D. Mazeaud, *Defrénois* 1999. 738). Il est permis de se demander s'il y a lieu de se féliciter d'une telle évolution. Dans l'espèce ayant donné lieu à l'arrêt du 24 octobre 2004, les juges du fond avaient annulé la libéralité, en constatant que le gratifié nourrissait à l'égard de son amant des sentiments intéressés et que le disposant avait été motivé par le désir de consolider ses relations avec sa cadette de 64 ans et la crainte d'être abandonné par celle-ci. Taisant pudiquement tous ces éléments, la Cour de cassation censure les juges du fond car « n'est pas nulle comme ayant une cause contraire aux bonnes mœurs la libéralité consentie à l'occasion d'une relation adultère ». Rappelons que cette nouvelle jurisprudence s'assigne pour objectif de faire cesser « l'hypocrisie ambiante » (D. Mazeaud, obs. préc.; X. Savatier, rapp. préc.) et que le rapporteur de l'arrêt du 3 février 1999 avait réaffirmé qu'il restait immoral qu'une femme échange son corps contre de l'argent (X. Savatier, rapp. *D.* 1999. 268) !

CONCUBINAGE. DOMMAGES-INTÉRÊTS. INTÉRÊT LÉGITIME. DROIT À RÉPARATION

(V. *infra*, n°s 185-186, t. 2, 12e éd.)

MARIAGE

31

LIBERTÉ DU MARIAGE. ATTEINTE. CONTRAT DE TRAVAIL. CAS TRÈS EXCEPTIONNELS. ÉTABLISSEMENT D'ENSEIGNEMENT PRIVÉ

Ass. plén. 19 mai 1978

(*D.* 1978. 541, concl. Schmelck, note Ardant, *JCP* 1979. II. 19009, rapp. Sauvageot, note Lindon)

Dame R... c. Association pour l'éducation populaire Ste-M...

Il ne peut être porté atteinte sans abus à la liberté du mariage par un employeur que dans des cas très exceptionnels où les nécessités des fonctions l'exigent impérieusement.

Lorsque les convictions religieuses d'une institutrice ont été prises en considération lors de la conclusion de son contrat de travail avec une institution religieuse attachée à l'indissolubilité du mariage, cette institution ne commet aucune faute en rompant le contrat de travail de cette salariée, pour remariage après divorce.

Faits et moyen. — V. l'arrêt.

ARRÊT

La Cour; — *Sur le moyen unique, pris en ses trois branches :* — Attendu que, selon les énonciations de l'arrêt attaqué (Lyon, 7 oct. 1976), dame R..., institutrice au « Cours S...-M... », établissement privé d'enseignement catholique lié à l'État par un « contrat simple », a été, le 3 septembre 1970, licenciée de ses fonctions en raison de son remariage après divorce; qu'elle a obtenu une indemnité pour brusque renvoi mais a été déboutée de sa demande en réparation du dommage résultant du caractère abusif de son licenciement; — Attendu qu'il est fait grief à la cour d'appel, statuant sur renvoi après cassation, d'en avoir ainsi décidé, alors que, selon le pourvoi, d'une part, est fautif le licenciement motivé par l'exercice, dans le cadre de la vie privée du salarié, d'une des libertés fondamentales garanties par la Constitution, comme la liberté du mariage et la liberté religieuse, alors que, d'autre part, le caractère confessionnel d'un établissement ne constitue pas un motif impérieux suffisant pour justifier une atteinte à la liberté du mariage et encore moins à la liberté religieuse, alors, enfin, que l'établissement, ayant passé un contrat avec l'État, devait dispenser à ses élèves un enseignement non confessionnel placé sous le contrôle de l'État; que l'employeur ne pouvait donc se fonder sur un motif relevant d'une doctrine religieuse pour licencier un professeur agréé rémunéré et surveillé par l'Éducation nationale, chargé de dispenser cet enseignement, et, donc, non tenu de respecter dans sa vie privée la morale catholique et encore moins de l'inculquer à ses élèves; que le maintien du caractère propre de l'établissement ne justifie pas l'atteinte portée à la liberté du mariage du salarié; — Mais attendu, en premier lieu, qu'il ne peut être porté atteinte sans abus à la liberté du mariage par un employeur que dans des cas très exceptionnels où les nécessités des fonctions l'exigent impérieusement; que, dans des motifs non critiqués par le moyen et qui, quel qu'en soit le mérite, suffisent à justifier leur décision, les juges du fond ont retenu que lors de la conclusion du contrat par lequel l'Assoc. S...-M... s'était liée à dame R..., les convictions religieuses de cette dernière avaient été prises en considération et que cet élément de l'accord des volontés, qui reste habituellement en dehors des rapports de travail, avait été incorporé volontairement dans le contrat dont il était devenu partie essentielle et déterminante; qu'ils ont ainsi relevé l'existence de circonstances très exceptionnelles opposables à dame R..., à laquelle il incombait, selon la législation alors en vigueur, d'établir la faute commise par son employeur dans l'exercice de son droit de rompre un contrat à durée indéterminée; que les juges du fond, ayant rappelé que le Cours S...-M..., attaché au principe de l'indissolubilité du mariage, avait agi en vue de sauvegarder la bonne marche de son entreprise, en lui conservant son caractère propre et sa réputation, ont pu décider que cette institution n'avait commis aucune faute; — Attendu, en second lieu, que l'arrêt attaqué énonce exactement que le fait, par un établissement d'enseignement privé, d'avoir conclu avec l'État le « contrat simple » prévu par la loi du 31 décembre 1959 n'avait pas eu pour effet de le priver de son caractère propre; d'où il suit que le moyen ne peut être accueilli; — *Par ces motifs*, rejette.

OBSERVATIONS

1 Si le droit français est animé, notamment en matière de fiançailles (v. *infra*, n° 32), par le souci d'assurer jusqu'au moment de la célébration du mariage la liberté du consentement et, en quelque sorte, le droit de ne pas se marier, la jurisprudence a été aussi appelée, depuis fort longtemps, à se prononcer sur la validité des clauses insérées dans des actes juridiques et ayant pour objet de porter atteinte à la liberté de se marier. En pareil cas, la pression exercée sur la volonté n'est qu'indirecte; mais, si la célébration d'un mariage en violation d'une clause de célibat ou de viduité ne permet évidemment pas de remettre en cause la validité de celui-ci, l'éventuelle privation des avantages prévus à l'acte contenant la clause conduit l'interprète à s'interroger sur la validité de celle-ci et par là même sur le caractère indisponible de la liberté de se marier, voire sur le droit au mariage. L'existence de clauses expresses n'est au demeurant nullement nécessaire à la naissance d'un tel débat. Il y suffit, ainsi que l'atteste le présent arrêt, de l'introduction dans le champ contractuel de considérations de caractère confessionnel.

2 C'est surtout à propos des clauses insérées dans des actes à *titre gratuit* que la jurisprudence a été appelée à se prononcer (F. Terré, Y. Lequette et S. Gaudemet, *Les successions, Les libéralités*, n° 355). Le plus souvent, il s'est agi de *clauses de viduité* (ou *de non-convol*) insérées dans des donations ou des testaments et privant le conjoint survivant du bénéfice de la libéralité au cas où il se remarierait. La Cour de cassation a décidé qu'une telle condition, « qui trouve sa justification soit dans l'intérêt de la légataire, soit dans l'affection du disposant pour sa famille personnelle, n'a rien de contraire à la morale », d'autant plus qu'en l'espèce, rien ne permettait de penser « que la stipulation attaquée ait été inspirée au testateur par aucun motif répréhensible » (Req. 18 mars 1867, *D.* 67. 1. 332). Ainsi a-t-il été admis que la clause pouvait être légitimement inspirée soit par le désir d'assurer l'avenir des enfants issus du mariage (Civ. 16 déc. 1913, *D.* 1915. 1. 28, *S.* 1914. 1. 460), soit par le souci de protéger le conjoint contre son grand âge, son état de santé, sa légèreté ou sa faiblesse (Civ. 22 déc. 1896, *D.* 98. 1. 537, concl. Desjardins) ou de maintenir des biens dans la famille (Req. 30 mai 1927, *DH* 1927. 448). À l'inverse, la condition est nulle si ses motifs sont répréhensibles, par exemple si le disposant a été inspiré par un sentiment de jalousie posthume (Civ. 24 oct. 1939, *DH* 1940. 1) ou par le désir de maintenir le souvenir de relations illégitimes (Req. 8 avr. 1913, *D.* 1915. 1. 29, note G. R.). Des solutions comparables ont d'ailleurs été adoptées par la jurisprudence à propos des clauses de *célibat* (Req. 11 nov. 1912, *D.* 1913. 1. 105, rapp. Lardenois, note Ripert, *S.* 1914. 1. 185, note Naquet) ou des clauses *limitant la liberté matrimoniale* (Civ. 1re, 8 nov. 1965, *Gaz. Pal.* 1966. 1. 55, *RTD civ.* 1966. 332, obs. R. Savatier; Poitiers 17 févr. 1998, *Dr. fam.* 1999, n° 56). Ajoutons que, dans l'une et l'autre hypothèses, la preuve du caractère illicite ou immoral de la clause incombe au bénéficiaire de la libéralité, désireux, en application de l'article 900 du Code civil, de conserver le bénéfice de sa libéralité, malgré son mariage ou son remariage (Civ. 22 déc. 1896, préc.; Req. 30 mai 1927, préc.).

Il a été relevé que ce type de contentieux semblait en voie de diminution, ce qui serait la marque d'une société « moins moralisante et plus respectueuse du pluralisme des comportements », dans laquelle les disposants seraient moins portés que par le passé à « contrôler le mode de vie du gratifié » (Y. Flour, « Libéralités et libertés », *Defrénois* 1995. 993 s., spéc. p. 1004). L'emprise croissante des droits fondamentaux sur le droit civil, aussi bien au niveau interne qu'international pourrait conduire à une remise en cause de la validité de principe reconnue aux clauses de viduité et de célibat, car elles vont à l'encontre du droit au mariage consacré par divers instruments (*infra*, § 5).

3 Lorsqu'elle a été appelée à se prononcer au sujet de clauses insérées dans des actes à *titre onéreux*, la jurisprudence a, au contraire, répugné davantage à admettre leur validité (rappr. cep., Soc. 9 mars 1950, *Gaz. Pal.* 1950. 2. 57). C'est ainsi qu'à propos d'une clause de célibat concernant les hôtesses de l'air d'Air France, la cour d'appel de Paris affirma « que le droit au mariage est un droit individuel d'ordre public qui ne peut se limiter, ni s'aliéner… ; que, dans le domaine des rapports contractuels de droit privé à titre onéreux… la liberté du mariage doit en principe être sauvegardée et qu'à moins de raisons impérieuses évidentes, une clause de non-convol doit être déclarée nulle comme attentatoire à un droit fondamental de la personnalité » (Paris, 30 avr. 1963, *D.* 1963. 428, note Rouast). Ultérieurement, au sujet de la validité d'une clause de célibat insérée dans un contrat conclu entre une fédération de la Mutualité agricole et une assistante sociale, la Cour de cassation refusa de faire produire effet à la clause, faute de « nécessités impérieuses, tirées de la nature des fonctions ou de leurs conditions d'exercice » et qui, seules, pouvaient exceptionnellement fonder une atteinte au « droit au mariage » et à la « liberté du travail » (Soc. 7 févr. 1968, *D.* 1968. 429).

4 Il en va autrement dans le cas d'un contrat conclu avec une « entreprise de tendance », c'est-à-dire une entreprise qui a pour finalité la promotion d'une idéologie, notamment religieuse. Tel était le cas dans la présente affaire. Un établissement d'enseignement catholique, lié à l'État par un contrat simple d'association (L. 31 déc. 1959, art. 1 s.), avait engagé une institutrice en 1958; ultérieurement, celle-ci se maria, divorça, puis, en 1970, se remaria. Lorsqu'elle annonça son remariage à la supérieure de l'établissement, celle-ci fit observer que ce nouvel état ne lui permettait plus d'exercer ses fonctions et lui demanda, mais en vain, de démissionner; l'institutrice fut donc licenciée; elle réclama notamment, en conséquence, une indemnité pour rupture abusive du contrat de travail. Elle n'obtint pas satisfaction devant les juges du fond (Aix-en-Provence, 2 déc. 1971, *JCP* 1972. II. 17085, note N. S., *Gaz. Pal.* 1972. 1. 327; rappr. Chambéry, 22 oct. 1970, *D.* 1971. 313, note Demichel), mais, dans un premier temps, la Cour de cassation fit droit à sa demande (Ch. mixte, 17 oct. 1975, *D.* 1975. 511, note Guiho, *JCP* 1976. II. 18238, note Lindon, *Gaz. Pal.* 1976. 1. 191, note L. C., *RTD civ.* 1976. 122, obs. Nerson, 365, obs. Cornu). Statuant comme cour de renvoi, la cour d'appel de Lyon ne s'inclina pas (Lyon, 7 oct. 1976, *D.* 1977. 408, note Guiho, *JCP* 1977. II. 18615, note Lindon, *Gaz. Pal.* 1977. 1. 32, note L. C.). Et cette résistance fut finalement victorieuse, puisque l'Assemblée plénière, par le présent arrêt, a rejeté le deuxième pourvoi de l'institutrice.

Conservant une formule des premiers juges, la Cour de cassation relève que « les convictions religieuses » de l'institutrice « avaient été prises en considération et que cet élément de l'accord des volontés, qui reste habituellement en dehors des rapports de travail, avait été incorporé volontairement dans le contrat dont il était devenu partie essentielle et déterminante ». Techniquement l'on voit bien la démarche, qui est celle classique qui est suivie lorsqu'on se demande ce qui a été introduit dans le champ contractuel. Appliquer cette démarche à des « convictions religieuses », qui affectent le plus intime de l'être, ou plutôt de l'âme, ne laisse pas d'inquiéter (P. Ardant, note préc., p. 549). À vrai dire, pareille introduction n'était peut-être pas si établie; et il est d'ailleurs douteux que l'institutrice ait pu être régulièrement licenciée du seul fait d'un changement de ses convictions religieuses. Probablement y a-t-il quelque ellipse dans la motivation. Ce qui avait été introduit dans le champ contractuel, c'était en réalité l'exigence d'un certain comportement social, face notamment à l'institution du mariage. La jurisprudence a ultérieurement évolué en ce sens. Censurant un arrêt de la cour de Paris qui avait admis le licenciement du bedeau de Saint-Nicolas du Chardonnet pour cause d'homosexualité, la Cour de cassation a décidé qu'il était désormais interdit « de congédier un salarié pour le seul motif tiré de ses mœurs ou de ses convictions religieuses » et que le licenciement du salarié n'est admissible que si son comportement a créé, compte tenu de la nature de ses fonctions et de sa finalité propre, un « trouble caractérisé » au sein de l'entreprise (Soc. 17 avr. 1991, *Bull. civ.* V, n° 201, *Dr. soc.* 1991. 485, note J. Savatier, *JCP* 1991. II. 21724, note Sériaux, *RTD civ.* 1991. 706, obs. Hauser; rappr. Soc. 20 nov. 1991, *Bull. civ.* V, n° 512, *Dr. soc.* 1992. 79; J.-M. Olivier, « Liberté d'opinion du salarié », *in La personne en droit du travail*, 1999. 59).

5 On voit ainsi que la matière s'articule autour d'un principe rappelé ou consolidé par la Cour de cassation et de l'admission d'exceptionnelles dérogations. Droit fondamental ? Liberté essentielle ? La doctrine variait : « le droit de choisir l'état conjugal s'affirme comme un droit fondamental de l'individu » (A. Bénabent, « La liberté individuelle et le mariage », *RTD civ.* 1973. 440); « la liberté du mariage constitue l'une des libertés essentielles de la personne… un droit naturel, un droit fondamental de la personnalité » (A. Huet, « Les atteintes à la liberté nuptiale dans les actes juridiques », *RTD civ.* 1967. 45). Et la Cour de cassation décide « qu'il ne peut être porté atteinte sans abus à la liberté du mariage par un employeur que dans des cas très exceptionnels où les nécessités des fonctions l'exigent impérieusement ». Ainsi l'emporte la référence à la notion, pourtant controversée (P. Braud, *La notion de la liberté publique en droit français*, 1968), de *liberté publique* (P. Ardant, note préc.). Et l'existence de dérogations n'est admise – comme dans le cas précité – que de manière très exceptionnelle et, semble-t-il, surtout dans les temps présents, liée à maintes contingences. On observera qu'aux termes de l'article 16-1 de la Déclaration universelle des droits de l'homme, de 1948, « à partir de l'âge nubile, l'homme et la femme, sans aucune restriction quant à la race, la nationalité ou la religion, ont le droit de se marier et de fonder une famille ». Et l'article 12 de la Convention européenne de sauvegarde des droits de l'homme et des libertés fondamentales, en date du 4 novembre 1950, ratifiée par la France, dispose qu'« à partir de l'âge nubile, l'homme et la femme ont le droit de se marier et de fonder une famille selon les lois nationales régissant l'exercice de ce droit » (v. aussi l'art. 23-2 du pacte des Nations unies relatif aux droits civils et politiques, adopté en 1966 et ratifié par la France en 1981).

6 La liberté du mariage, prolongée et renforcée par l'affirmation du droit au mariage, a fait et fait toujours problème au sujet des *mariages de complaisance*, ainsi appelés parce qu'ils sont conclus en vue de rendre service à l'un des conjoints, voire à un enfant, ce qui n'exclut d'ailleurs pas que le service rendu soit, le cas échéant, rémunéré. En quête d'une éventuelle sanction (nullité, inopposabilité, clause réputée non écrite…), la jurisprudence et le législateur ont été nécessairement confrontés à la détermination de la portée du droit au mariage (F. Terré et D. Fenouillet, *La famille*, n° 102). Ainsi la Cour de cassation s'est-elle prononcée dans le sens de la nullité faute de consentement « lorsque les époux ne se sont prêtés à la cérémonie qu'en vue d'atteindre un but étranger à l'union matrimoniale » (Civ. 1re, 28 oct. 2003, *D.* 2004. 21, note J.-P. Gridel, 2004. Somm. 2964, obs. J.-J. Lemouland, *RTD civ.* 2004. 66, obs. J. Hauser; rappr. Civ. 1re, 20 nov. 1963, *Bull. civ.* I, n° 506, *D.* 1964. 465, note G. Raymond, *JCP* 1964. II. 13498, note J. Mazeaud – Arrêt de principe alors que, d'ordinaire, la Cour de cassation reconnaît aux juges du fond un pouvoir souverain pour annuler ou admettre de tels mariages : Civ. 1re, 12 nov. 1998, *Dr. fam.* 1999, n° 23, obs. H. Lécuyer; 6 juill. 2000, *LPA* 31 janv. 2001, obs. J. Massip). Le tout est alors de savoir ce qui est ou n'est pas étranger au mariage. La réponse est volontiers recherchée en usant de l'idée que les effets considérés ne sont plus inhérents aux fins essentielles du mariage lorsqu'ils peuvent être obtenus par d'autres moyens. Ainsi en serait-il du changement de nom ou de l'acquisition de la nationalité française.

AUX AUTEURS CITÉS, *adde* : Bedoura, « Le licenciement des maîtres dans les établissements confessionnels », *D.* 1978. chron. 51 s.; Boulouis, « Famille et droit constitutionnel », *Mélanges Kayser* 1979, t. I, p. 147 s.; N. Coiret, « La liberté du mariage au risque des pressions matérielles », *RTD civ.* 1985. 63 s.; J. Savatier, « Vie de couple et rapports de travail », *Mélanges Cornu*, 1994, p. 415 s.; F. Terré, « Les célibataires », *Mélanges Flattet* 1985. 111 s.

32

PROMESSE DE MARIAGE. NULLITÉ. INEXÉCUTION. DOMMAGES-INTÉRÊTS

Civ. 30 mai 1838

(*Dalloz JG,* v° *Mariage*, n° 82, *S.* 38. 1. 492)

Bouvier c. Coutreau

Toute promesse de mariage est nulle en soi, comme portant atteinte à la liberté illimitée qui doit exister dans les mariages. Mais l'inexécution d'une semblable promesse peut, dans certaines circonstances, donner lieu à des dommages-intérêts, lorsque cette inexécution a causé un préjudice réel, parce que, dans ce cas, l'action en dommages-intérêts ne prend pas sa source dans la validité de la promesse de mariage, mais dans le fait du préjudice causé et de l'obligation, imposée par la loi à celui qui en est l'auteur, de le réparer.

Faits. — Le contrat de mariage passé entre le sieur Coutreau et la demoiselle Bouvier contenait une clause aux termes de laquelle le sieur Coutreau faisait donation à la demoiselle Bouvier d'une somme de 20 000 F, qui composait toute sa fortune, avec déclaration que cette disposition recevrait tout son effet dans le cas même où la célébration du mariage n'aurait pas lieu, soit parce qu'il décéderait dans l'intervalle, soit pour une raison indépendante de sa volonté.

Le sieur Coutreau, ayant renoncé à son projet de mariage, a été assigné par la demoiselle Bouvier en payement d'une somme de 20 000 F, à titre de dommages-intérêts. Le 29 mai 1834, un arrêt infirmatif de la cour de Poitiers (au Dalloz, sous l'arrêt de cassation, *S.* 34. 2. 354) repousse cette demande. Pourvoi en cassation de la demoiselle Bouvier.

Moyen. — Fausse application de l'article 1131 du Code civil et violation des articles 1134, 1142, 1146, 1147 et 1149, et encore violation des articles 1182 et 1183 du même code, en ce que l'arrêt attaqué a déclaré qu'une promesse de mariage ne pouvait produire aucun effet, et, spécialement, ne pouvait donner lieu, en cas d'inexécution, à des dommages-intérêts.

ARRÊT

La Cour; — Attendu que l'arrêt attaqué, en décidant que toute promesse de mariage est nulle en soi, comme portant atteinte à la liberté illimitée qui doit exister dans les mariages, n'a fait que proclamer un principe d'ordre public, et qui, soit avant, soit depuis la promulgation du Code civil, a toujours été consacré par la jurisprudence; — Attendu que, sans porter atteinte à ce principe, l'arrêt attaqué a pu décider que l'inexécution de semblables promesses pouvait, dans certaines circonstances, donner lieu à des actions en dommages-intérêts, lorsque cette inexécution avait causé un préjudice réel, parce que, dans ce cas, l'action en dommages-intérêts ne prend pas sa source dans la validité de la promesse de mariage, mais dans le fait du préjudice causé et de l'obligation imposée par la loi, à celui qui en est l'auteur, de le réparer; — Mais attendu que, de l'ensemble des motifs de l'arrêt attaqué, il résulte qu'il n'a pu être porté de préjudice réel à Antoinette-Anne Bouvier; — Qu'en se fondant sur ces motifs pour rejeter l'action en dommages-intérêts, formée par Pierre-Antoine Bouvier, dans l'intérêt de sa fille, la cour royale de Poitiers n'a fait qu'user du droit qu'elle avait d'apprécier les faits et les circonstances de la cause; et que l'arrêt attaqué, fondé sur cette appréciation, n'a pu violer aucune loi; — *Par ces motifs*, rejette...

OBSERVATIONS

1 En l'absence de toute disposition réglant directement la question de la rupture des fiançailles, il est revenu à la jurisprudence de poser les principes qui gouvernent la matière (I) et de procéder à leur mise en œuvre (II).

I. — Principes

2 Avant l'arrêt rapporté et dans la ligne des solutions de l'Ancien droit, certaines décisions avaient admis la validité des promesses de mariage et considéré que la rupture des fiançailles entraînait une responsabilité de nature contrac-

tuelle (v. les arrêts cités au *Dalloz JG,* v° *Mariage* n° 83). Néanmoins, la majorité des tribunaux considérait ces promesses comme nulles (v. les arrêts cités au *Dalloz JG,* v° *Mariage* n° 82). En rejetant, dans l'espèce ci-dessus, le pourvoi formé contre l'arrêt rendu par la Cour de Poitiers, au motif que les promesses de mariage sont contraires au principe d'ordre public qui veut que la liberté de consentir soit entière et illimitée au moment du mariage, la chambre civile consacre clairement cette seconde analyse : toute promesse de mariage est nulle en soi. On en a traditionnellement déduit que les promesses de mariage ne sont pas des contrats – des avant-contrats ? – produisant en tant que tels des effets juridiques. La position du droit français semble ainsi très éloignée de celle du BGB (art. 1297 et 1302) et du Code civil suisse (art. 90 à 95), qui reconnaissent l'efficacité civile du contrat de fiançailles.

3 De ce que les promesses de mariage ne peuvent être considérées comme des contrats valables, on déduit constamment que leur rupture n'engendre pas, par elle-même, au profit du fiancé délaissé, une action en dommages-intérêts (Civ. 2e, 16 mars 1955, *D.* 1955. 324; 12 juill. 1955, *D.* 1955. 736). C'est là la condition d'une véritable liberté matrimoniale : les futurs époux doivent pouvoir se rétracter jusqu'au dernier moment, sans la crainte d'encourir une responsabilité pour avoir enfreint un engagement (Cornu, *La famille*, n° 150). Il est vrai que pareille solution n'est pas nécessairement incompatible avec la notion de contrat, pour peu que celui-ci soit révocable *ad nutum*, compte tenu notamment de *l'intuitus personae* qui peut l'imprégner (Josserand, « Le problème de la rupture des fiançailles », *DH* 1927. chron. 24).

Au reste, tout en écartant cette analyse dans l'espèce ci-dessus, la Cour de cassation reconnaît que la rupture des fiançailles peut, *dans certaines circonstances*, donner lieu à des dommages-intérêts en réparation du préjudice causé. Le fondement de l'action n'est autre alors que l'article 1382 du Code civil, aux termes duquel « tout fait quelconque de l'homme, qui cause à autrui un dommage, oblige celui par la faute duquel il est arrivé à le réparer ». Ainsi préserve-t-on la liberté matrimoniale sans pour autant laisser entièrement démunie la fiancée abandonnée (puisque malgré l'égalité des sexes c'est presque toujours d'elle qu'il s'agit; v. cep. décision citée *RTD civ.* 1989. 278). Encore faut-il que la sanction ne soit pas portée « à un point tel que sa menace amènerait le fiancé récalcitrant à préférer le mariage » (Carbonnier, t. 2, n° 21).

II. — Mise en œuvre

4 La Cour de cassation s'emploie à ce que le système ainsi mis sur pied permette d'atteindre un point d'équilibre entre ces considérations opposées. Alors que sous l'Ancien droit, c'était au fiancé qui refuse de tenir sa promesse de prouver que la rupture était justifiée par un motif légitime, l'analyse délictuelle fait peser sur celui qui se plaint de la rupture la charge de démontrer qu'il a été victime d'un acte fautif (Req. 16 janv. 1877, *DP* 1877. 1. 165; 12 nov. 1901, *DP* 1902. 1. 46, *S.* 1902. 1. 287; Civ. 2 mars 1926, *DP* 1927. 1. 67; 3 juill. 1944, *D.* 1945. 81; Civ. 2e, 16 mars 1955, préc.). Ainsi en va-t-il souvent lorsque la rupture présente un caractère *tardif* (parce qu'il serait « un peu léger de découvrir son manque d'amour à la dernière minute » ? Malaurie et Fulchiron, *La famille*, n° 152; Req. 12 nov. 1901, préc.; 23 juin 1938, *Gaz. Pal.* 1938. 2. 596; Civ. 2e, 2 juill. 1970, *D.* 1970. 743, *Bull. civ.* II, n° 235, p. 178, *RTD civ.* 1971. 829, obs. Nerson; Paris, 22 avr. 1955, *D.* 1955. 598; 8 nov. 1957, *D.* 1958. 45, note Blanc; 15 oct. 1963, *D.* 1964. Somm. 50; Rouen, 15 juin 2005, Aix, 3 mars 2005, *Dr. fam.* 2005, n° 235, note Larribau-Terneyre) ou *brutal* (parce qu'il vaut mieux se quitter en douceur ? Colmar, 12 juin 1970, *D.* 1971. 406, note Wiederkehr, et sur pourvoi Civ. 2e, 18 janv. 1973, *JCP* 1974. II. 17794; rappr. Civ. 1re, 3 janv. 1980, *Bull. civ.* I, n° 5, p. 4, *RTD civ.* 1981. 132, obs. Rubellin-Devichi; Paris, 1er juill. 1999, *D.* 2000. Somm. 411, obs. Lemouland; v. cep. Paris, 12 nov. 1964, *JCP* 1965. II. 14104, 2e esp., note R. B.).

5 Mais la jurisprudence s'est ultérieurement assouplie au point que certains auteurs redoutent désormais une altération de la liberté matrimoniale (Bénabent, « La liberté individuelle et le mariage », *RTD civ.* 1973. 440 s., spéc. p. 468, n° 36). Ainsi, à la faute résidant dans la manière de rompre, on a assimilé l'*absence* de motif légitime (Civ. 1re, 29 avr. 1981, *Bull. civ.* I, n° 144).

Si, dans cette perspective, la rupture par manque d'amour n'est pas jugée fautive (Montpellier, 19 mars 1954, *D.* 1954. 377), il en va autrement de la rupture par pur caprice (Civ. 3 juill. 1944, préc.). Mais qu'est-ce qu'un caprice par opposition à un amour qui passe ? Ont été considérés comme ne suffisant pas à justifier la rupture, l'opposition de parents à la volonté desquels l'âge de l'intéressé lui aurait permis de résister (Colmar, 12 juin 1970, préc.), la seule annonce d'une grossesse (Civ. 1re, 3 janv. 1980, préc.), un accouchement plus rapide que prévu (Civ. 22 oct. 1970, *Gaz. Pal.* 1971. 1. Somm. 3). Mais n'est-il pas aisé alors d'invoquer le seul manque d'amour ?

En réalité, comme y a insisté le doyen Cornu (*op. cit.*, n° 152), la faute présente ici une physionomie propre. Elle existe non comme une violation d'une promesse car il n'y a pas faute à renoncer à un mariage sans amour (Carbonnier, t. 2, n° 21), mais en tant qu'il y a un *préjudice.* Il n'est, de ce point de vue, pas indifférent de constater que l'arrêt reproduit met l'accent sur l'absence de préjudice réel pour dénier à la victime de la rupture tout droit à des dommages-intérêts. Encore fallait-il que ce soit la victime, auteur de la demande, qui établisse l'existence de la faute ainsi définie. Mais plus récemment, certains ont cru pouvoir déceler dans quelques décisions (v. spéc. Civ. 1re, 27 févr. 1972, *JCP* 1972. II. 17111, note R. Lindon) le signe d'un « renversement insidieux de la charge de la preuve » faisant peser sur l'auteur de la rupture la preuve du motif légitime, ce qui ramène à l'ancien droit (*supra*, § 4; Malaurie et Fulchiron, *op. cit.* n° 152; Hauser et Huet-Weiller, *La famille*, n° 67; v. cep. Civ. 1re, 29 avr. 1981, *Bull. civ.* I, n° 144; 4 janv. 1995, *D.* 1995. 251, note Bénabent, *RTD civ.* 1995. 604, obs. Hauser).

6 Cet allégement des conditions exigées du demandeur s'est également manifesté quant à la preuve de l'existence de la promesse de mariage. La Cour de cassation a longtemps décidé, à ce sujet, qu'il s'agit de la preuve d'un acte juridique, qui ne peut se faire que conformément à l'article 1341 du Code civil, c'est-à-dire, à défaut d'aveu, par écrit ou par témoignages et présomptions, s'il y a un commencement de preuve par écrit (Civ. 2 déc. 1907, *DP* 1908. 1. 201 ; 12 nov 1935, *S.* 1936. 1. 6; 8 févr. 1954, *Bull. civ.* I, n° 49, p. 41 ; *contra* : Poitiers, 29 oct. 1928, *DP* 1929. 2. 19, note Voirin, *S.* 1929. 2. 1, note Garaud). Cette persistance de l'analyse contractuelle était, il est vrai, souvent atténuée par l'existence d'une correspondance assez abondante entre les amoureux (v. Nerson, obs., *RTD civ.* 1971. 829) et par la possibilité de recourir à l'article 1348 du Code civil, en cas d'impossibilité morale de se procurer un écrit (v. Civ. 2 déc. 1907, motifs préc.; Req. 10 févr. 1909, motifs, *DP* 1909. 1. 157; Civ. 3 déc. 1924, motifs, *DP* 1925. 1. 125, 4e esp.; 12 nov. 1929, motifs, *Gaz. Pal.* 1929. 2. 946; Paris, 26 mars 1955, *JCP* 1956. II. 9313, obs. Rabut). Elle n'en était pas moins critiquable, en bonne logique et même en fait (H. Capitant, « Le permis de séduire », *DH* 1933. chron. 1 s.), mais s'expliquait sans doute par la solution analogue qui était retenue, à l'époque, en matière d'action en recherche de paternité naturelle (art. 340-2° : cas d'ouverture pour séduction accomplie à l'aide de… promesse de mariage ou fiançailles). Or, la loi du 15 juillet 1955, modifiant l'article 340 du Code civil, a mis fin, quant à la recherche de paternité pour séduction, à l'exigence du commencement de preuve par écrit résultant de la rédaction de 1912 – avant que la loi du 8 janvier 1993 ne supprime les cas d'ouverture de cette action. Prolongeant un mouvement amorcé par des décisions qui ont déjà dans le passé admis la preuve de la promesse de mariage par tous moyens (Poitiers, 29 oct. 1928, *DP* 1929. 2. 19, note Voirin; T. Lyon, 3 juill. 1941, *Gaz. Pal.* 1941. 2. 431), la Cour de cassation a abandonné sa position apparemment rigoureuse et admis que la preuve pouvait être rapportée par tous moyens (Civ. 1re, 3 janv. 1980, préc.), ce qui est plus conforme à l'analyse des fiançailles retenue par elle. Reste qu'il faut prouver la réalité de la promesse de mariage, ce qui ne va pas sans difficultés (Civ. 1re, 25 janv. 1995, préc.; Aix, 10 mars 1998, Basse Terre, 15 déc. 1997, *Dr. fam.* 1999, n° 37). Le fait de vivre en concubinage et d'avoir un enfant avec sa compagne ne suffit pas à caractériser une promesse de mariage (Aix-en-Provence, 8 déc. 2009, *Dr. fam.* 2010, n° 110, note C. Siffrein-Blanc).

7 En dépit du recul du mariage et de l'essor de l'égalité des sexes, ce contentieux reste curieusement assez abondant. Néanmoins sa physionomie s'est en partie modifiée. Fréquemment la rupture fautive des fiançailles est invoquée alors qu'elle recouvre en réalité une rupture de concubinage (v. décisions analysées par J. Rubellin-Devichi, *RTD civ.* 1983. 281; rappr. Bordeaux, 4 janv. 2000, *Dr. fam.* 2000, n° 34, obs. Lécuyer, *D.* 2000. Somm. 411, obs. Lemouland). Parfois aussi, elle est utilisée pour résoudre les problèmes soulevés par la pratique *contra legem* du mariage célébré en France en la seule forme coranique par des personnes de confession islamique (Civ. 1re, 15 mars 1988, *Defrénois* 1988. 1012, obs. Massip; rappr. Paris, 8 déc. 1992, *D.* 1994. 272, note C. Hochart; voir aussi C. Eoche-Duval, « Faut-il dépénaliser les célébrations religieuses effectuées sans mariage civil ? », *D.* 2012. 2615).

AUX AUTEURS CITÉS, *adde* : C. Beroujon, « Variations sur la nature juridique de la liste de mariage », *D.* 1998. 10.

33-34

MARIAGE. CONDITION. DIFFÉRENCE DE SEXE. MARIAGE ENTRE HOMOSEXUELS. NULLITÉ

I. Civ. 1re, 13 mars 2007. — II. Cons. const. 17 mai 2013

Selon la loi française, le mariage est l'union d'un homme et d'une femme.

Ce principe n'est contredit par aucune des dispositions de la Convention européenne des droits de l'homme et de la charte des droits fondamentaux de l'Union européenne qui n'a pas en France de force obligatoire (1er arrêt).

Il est à tout moment loisible au législateur, statuant dans le domaine de sa compétence, d'adopter des dispositions nouvelles dont il lui appartient d'apprécier l'opportunité et de modifier des textes antérieurs ou d'abroger ceux-ci en leur substituant, le cas échéant, d'autres dispositions, dès lors que dans l'exercice de ce pouvoir, il ne prive pas de garanties légales des exigences de caractère constitutionnel. L'article 61 de la Constitution ne confère pas au Conseil constitutionnel un pouvoir général d'appréciation et de décision de même nature que celui du Parlement mais lui donne seulement compétence pour se prononcer sur la conformité à la Constitution des lois déférées à son examen.

En ouvrant l'accès à l'institution du mariage aux couples de personnes de même sexe, le législateur a estimé que la différence entre les couples formés d'un homme et d'une femme et les couples de personnes de même sexe ne justifiait plus que ces derniers ne puissent accéder au statut et à la protection juridique attachés au mariage. Il n'appartient pas au Conseil constitutionnel de substituer son appréciation à celle du législateur sur la prise en compte, en matière de mariage, de cette différence de situation.

En permettant l'adoption par deux personnes de même sexe ou au sein d'un couple de personnes de même sexe, le législateur, compétent pour fixer les règles relatives à l'état et à la capacité des personnes en application de l'article 34 de la Constitution, a estimé que l'identité du sexe des adoptants ne constituait pas, en elle-même un obstacle à l'établissement d'un lien de filiation adoptive. Il n'appartient pas au Conseil constitutionnel de substituer son appréciation à celle du législateur sur la prise en compte, pour l'établissement d'un lien de filiation adoptive, de la différence entre les couples de personnes de même sexe et les couples formés d'un homme et d'une femme (2e arrêt).

I. — Civ. 1re, 13 mars 2007

(*D.* 2007. 935, note I. Gallmeister, 1395, rapp. G. Pluyette, note E. Agostini, 1375, obs. H. Fulchiron, 1561, obs. J.-J. Lemouland et D. Vigneau, *JCP* 2007. I. 170, no 1, obs. J. Rubbelin-Devichi, *Dr. fam.* 2007, no 76, note M. Azavant, *LPA* 17 juill. 2007. 19, note J. Massip, *RTD civ.* 2007. 287, obs. J.-P. Marguénaud et 315, obs. J. Hauser)

Faits. — Le député maire de la ville de Bègles, M. Noël Mamère, a, malgré l'opposition du procureur de la République du TGI de Bordeaux, célébré le 5 juin 2004 le mariage de deux personnes de même sexe, Stéphane P. et Bertrand C. Ce « mariage-provocation » ne visait pas seulement à placer sous les feux de l'actualité un élu « en mal de réputation médiatique », qui avait « gardé de son passé de journaliste le goût des premières pages et des gros titres » (v. Larribau-Terneyre, *Dr. fam.* 2004, n° 138, p. 23; Hauser, *RTD civ.* 2004. 718). En effet, comme on l'a fort bien analysé, la « désobéissance civile » peut aussi parfois être l'instrument utilisé pour parvenir à la modification du droit existant. Cherchant « à montrer aux yeux de l'opinion publique et des gouvernants l'injustice du droit et de ses conséquences », elle tend à provoquer des poursuites afin que, à l'occasion des procès engagés, les tribunaux deviennent « la chambre d'écho de revendications visant à faire évoluer » le système juridique (R. Encinas de Munagorri, *RTD civ.* 2005. 73 s.). Si tel était le dessein de M. Noël Mamère, celui-ci n'aura pas été déçu, au moins dans un premier temps, puisque le mariage de Bègles a donné lieu à un double contentieux, devant les juridictions judiciaires comme il était probable, mais aussi devant les juridictions administratives. Ministère de l'Intérieur et Chancellerie ont, en effet, réagi, chacun dans leur registre, à cette provocation.

Le ministre de l'Intérieur a suspendu pour un mois de ses fonctions, par arrêté du 15 juin 2004, le maire de Bègles pour avoir célébré, malgré l'opposition signifiée par le procureur de la République, un mariage entre personnes de même sexe. Celui-ci a formé un recours devant le juge des référés du tribunal administratif de Bordeaux pour obtenir la suspension de l'exécution de cette sanction, en même temps qu'un recours au fond. Après que le recours en référé eut été rejeté par le tribunal administratif puis par le Conseil d'État considérant en substance que la condition d'urgence n'était pas remplie (CE 7 juill. 2004), le tribunal administratif de Bordeaux a rejeté le recours au fond (TA Bordeaux, 9 juill. 2004, *Dr. fam.* 2004, n° 138, note V. Larribau-Terneyre).

Quant au garde des Sceaux, il avait immédiatement réagi en indiquant que le procureur de la République contesterait, comme l'y autorise l'article 184 du Code civil, la validité de cette union. C'est cette instance judiciaire qui a été, pour l'essentiel, l'occasion du débat recherché. Si l'on s'en tient au seul aspect juridique, celui-ci n'aura sans doute pas répondu aux attentes du maire de Bègles, puisqu'une quasi-unanimité s'est dégagée, chez les commentateurs, pour approuver les décisions intervenues dans cette affaire, lesquelles font, toutes, de la différence des sexes une condition du mariage.

Dans un premier temps, le TGI de Bordeaux a rendu, le 27 juillet 2004, un « jugement d'annulation exemplaire » (G. Kessler, *JCP* 2004. II. 10169) en ce qu'il était soutenu par un « argumentaire rigoureux » et faisait ainsi œuvre de « pédagogie » (M. Azavant, *Dr. fam.* 2004, n° 166) (TGI Bordeaux, 27 juill. 21004, *D.* 2004. 2392, note Agostini et Somm. 296, obs. Lemouland, *JCP* 2004. II. 10169, note G. Kessler, *Dr. fam.* 2004, n° 166, note M. Azavant, *AJ fam.* 2004. 407, obs. Attuel-Mendès, *RTD civ.* 2004. 719, obs. Hauser). En appel, la Cour de Bordeaux a rendu, le 19 avril 2005, un arrêt dont on a pu écrire qu'il était « plus ambitieux » que le jugement qu'il confirmait dans la mesure où les magistrats fondent leur décision sur la nature même du mariage et adjoignent aux arguments développés en première instance relatifs au droit interne et au droit européen, une « mise en perspective » en recherchant les conséquences prévisibles d'une suite favorable à l'appel (M. Azavant, *Dr. fam.* 2005, n° 124, p. 14) (Bordeaux, 19 avr. 2005, *D.* 2005.

1687, note Agostini, *D.* 2006. Pan. 1414, obs. Lemouland et Vigneau, *Dr. fam.* 2005, n° 124, note M. Azavant, *RTD civ.* 2005. 574, obs. Hauser).

Un pourvoi a été formé contre cette décision que la haute juridiction rejette par l'arrêt ci-dessous reproduit.

ARRÊT

La Cour; — Attendu, selon l'arrêt confirmatif attaqué (Bordeaux, 19 avr. 2005), que, malgré l'opposition notifiée le 27 mai 2004 par le procureur de la République près le tribunal de grande instance de Bordeaux, le maire de la commune de Bègles, en sa qualité d'officier de l'état civil, a procédé, le 5 juin 2004, au mariage de MM. X... et Y... et l'a transcrit sur les registres de l'état civil; que cet acte a été annulé, avec mention en marge des actes de naissance des intéressés;

Sur le premier moyen, pris en ses deux branches :

— Attendu que MM. X... et Y... font grief à l'arrêt d'avoir déclaré recevable l'action du ministère public, alors, selon le moyen :

1/ qu'en vertu de l'article 184 du Code civil, tout mariage contracté en contravention aux dispositions contenues aux articles 144, 146, 146-1, 147, 161, 162 et 163, peut être attaqué par le ministère public; qu'aucun de ces textes ne pose comme critère de validité du mariage la différence de sexe des époux; qu'en déclarant recevable l'action du ministère public, la cour d'appel a violé l'article 184 du Code civil;

2/ qu'en dehors des cas spécifiés par la loi, le ministère public ne peut agir que pour la défense de l'ordre public à l'occasion des faits qui portent atteinte à celui-ci; qu'en déclarant recevable l'action du ministère public, sans dire en quoi les faits qui lui étaient soumis, non contraires aux articles 144, 146, 146-1, 147, 161, 162 et 163 du Code civil, avaient porté atteinte à l'ordre public, la cour d'appel a privé sa décision de base légale au regard de l'article 423 du nouveau Code de procédure civile;

— Mais attendu qu'aux termes de l'article 423 du nouveau Code de procédure civile, le ministère public peut agir pour la défense de l'ordre public à l'occasion des faits qui portent atteinte à celui-ci; que la célébration du mariage au mépris de l'opposition du ministère public ouvre à celui-ci une action en contestation de sa validité; que le moyen n'est fondé en aucune de ses branches;

Sur le second moyen, pris en ses cinq branches :

— Attendu que MM. X... et Y... font grief à l'arrêt d'avoir annulé l'acte de mariage dressé le 5 juin 2004, avec transcription en marge de cet acte et de leur acte de naissance, alors, selon le moyen :

1/ qu'en retenant que la différence de sexe constitue en droit interne français une condition de l'existence du mariage, cependant que cette condition est étrangère aux articles 75 et 144 du Code civil, que le premier de ces textes n'impose pas de formule sacramentelle à l'échange des consentements des époux faisant référence expressément aux termes « mari et femme », la cour d'appel a violé les textes susvisés;

2/ qu'il y a atteinte grave à la vie privée garantie par l'article 8 de la Convention lorsque le droit interne est incompatible avec un aspect important de l'identité personnelle du requérant; que le droit pour chaque individu d'établir les détails de son identité d'être humain est protégé, y compris le droit pour chacun, indépendamment de son sexe et de son orientation sexuelle, d'avoir libre choix et libre accès au mariage; — qu'en excluant les couples de même sexe de l'institution du mariage et en annulant l'acte de mariage dressé le 5 juin 2004, la cour d'appel a violé les articles 8 et 14 de la Convention européenne de sauvegarde des droits de l'homme et des libertés fondamentales;

3/ que par l'article 12 de la Convention se trouve garanti le droit fondamental de se marier et de fonder une famille; que le second aspect n'est pas une condition du premier, et l'incapacité pour un couple de concevoir ou d'élever un enfant ne saurait en soi passer pour le priver du droit visé par la première branche de la disposition en cause; qu'en excluant les couples de même sexe, que la nature n'a pas créés potentiellement féconds, de l'institution du mariage, cependant que cette réalité biologique ne saurait en soi passer pour priver ces couples du droit de se marier, la cour d'appel a violé les articles 12 et 14 de la Convention européenne de sauvegarde des droits de l'homme et des libertés fondamentales;

4/ alors que si l'article 12 de la Convention vise expressément le droit pour un homme et une femme de se marier, ces termes n'impliquent pas obligatoirement que les époux soient de sexe différent, sous peine de priver les homosexuels, en toutes circonstances, du droit de se marier; qu'en excluant les couples de même sexe de l'institution du mariage, et en annulant l'acte de mariage dressé le 5 juin 2004, la cour d'appel a violé les articles 12 et 14 de la Convention européenne de sauvegarde des droits de l'homme et des libertés fondamentales;

5/ que le libellé de l'article 9 de la Charte des droits fondamentaux de l'Union européenne s'écarte délibérément de celui de l'article 12 de la Convention européenne des droits de l'homme en ce qu'il garantit le droit de se marier sans référence à l'homme et à la femme; — qu'en retenant que les couples de même sexe ne seraient pas concernés par l'institution du mariage, et en annulant l'acte de mariage dressé le 5 juin 2004, la cour d'appel a violé l'article 9 de la Charte des droits fondamentaux de l'Union européenne;

— Mais attendu que, selon la loi française, le mariage est l'union d'un homme et d'une femme; que ce principe n'est contredit par aucune des dispositions de la Convention européenne des droits de l'homme et de la Charte des droits fondamentaux de l'Union européenne qui n'a pas en France de force obligatoire; que le moyen n'est fondé en aucune de ses branches;

Par ces motifs, rejette...

II. — Cons. const. 17 mai 2013

(*AJ fam.* 2013. 332, chron. F. Chénedé, *Constitutions* 2013. 166 et 381, chron. A.-M. Le Pourhiet, *ibid.* 2013. 555, chron. F. Chénedé, *RTD civ.* 2013. 579, obs. J. Hauser)

DÉCISION

Le Conseil constitutionnel a été saisi, dans les conditions prévues à l'article 61, deuxième alinéa, de la Constitution, de la loi ouvrant le mariage aux couples de personnes de même sexe, le 23 avril 2013, par [...]

Le Conseil constitutionnel; — Vu la Constitution; — Vu l'ordonnance n° 58-1067 du 7 novembre 1958 modifiée portant loi organique sur le Conseil constitutionnel; — Vu la loi organique n° 2001-692 du 1er août 2001 relative aux lois de finances; — Vu la loi organique n° 2009-403 du 15 avril 2009 relative à l'application des articles 34-1, 39 et 44 de la Constitution; — Vu le code civil; — Vu le code de l'action sociale et des familles; — Vu le code des pensions civiles et militaires de retraite; — Vu le code rural et de la pêche maritime; — Vu le code de la santé publique; — Vu le code de la sécurité sociale; — Vu le code du travail; — Vu les observations du Gouvernement, enregistrées le 2 mai 2013; — Vu les observations en réplique présentées par les députés requérants, enregistrées le 10 mai 2013; — Vu les observations en réplique présentées par les sénateurs requérants, enregistrées le 10 mai 2013; — Le rapporteur ayant été entendu;

1. Considérant que les députés et les sénateurs requérants défèrent au Conseil constitutionnel la loi ouvrant le mariage aux couples de personnes de même sexe; qu'ils soutiennent que cette loi et, en particulier, ses articles 14 et 22 ont été adoptés selon une procédure contraire à la Constitution; qu'ils soutiennent aussi que ses articles 1er, 7, 13, 14 et 21 sont contraires à la Constitution : que les députés requérants contestent en outre la conformité à la Constitution de son article 19; que les sénateurs requérants mettent encore en cause la procédure d'adoption des articles 16, 17, 18 et 19 de la loi et la conformité à la Constitution de ses articles 8, 11 et 12;

— *Sur la procédure d'adoption de la loi :* (...)

Sur les normes de constitutionnalité applicables :

14. Considérant qu'aux termes de l'article 34 de la Constitution, la loi fixe les règles concernant « l'état et la capacité des personnes, les régimes matrimoniaux, les successions et libéralités »; qu'il est à tout moment loisible au législateur, statuant dans le domaine de sa compétence, d'adopter des dispositions nouvelles dont il lui appartient d'apprécier l'opportunité et de modifier des textes antérieurs ou d'abroger ceux-ci en leur substituant, le cas échéant, d'autres dispositions, dès lors que, dans l'exercice de ce pouvoir, il ne prive pas de garanties légales des exigences de caractère constitutionnel; que l'article 61 de la Constitution ne confère pas au Conseil constitutionnel un pouvoir général d'appréciation et de décision de même nature que celui du Parlement mais lui donne seulement compétence pour se prononcer sur la conformité à la Constitution des lois déférées à son examen;

15. Considérant qu'aux termes de l'article 6 de la Déclaration des droits de l'homme et du citoyen de 1789 : « La loi... doit être la même pour tous, soit qu'elle protège, soit qu'elle punisse »; que le principe d'égalité ne s'oppose ni à ce que le législateur règle de façon différente des situations différentes ni à ce qu'il déroge à l'égalité pour des raisons d'intérêt général, pourvu que, dans l'un et l'autre cas, la différence de traitement qui en résulte soit en rapport direct avec l'objet de la loi qui l'établit; que si, en règle générale, ce principe impose de traiter de la même façon des personnes qui se trouvent dans la même situation, il n'en résulte pas pour autant qu'il oblige à traiter différemment des personnes se trouvant dans des situations différentes;

16. Considérant que le droit de mener une vie familiale normale résulte du dixième alinéa du Préambule de la Constitution de 1946 qui dispose : « La Nation assure à l'individu et à la famille les conditions nécessaires à leur développement »;

Sur le mariage :

En ce qui concerne le paragraphe I de l'article 1er :

17. Considérant que l'article 1er de la loi rétablit un article 143 du code civil dans le chapitre Ier du titre V du livre Ier du code civil, consacré aux qualités et conditions requises pour pouvoir contracter mariage; qu'aux termes de cet article : « Le mariage est contracté par deux personnes de sexe différent ou de même sexe »;

18. Considérant que, selon les requérants, l'ouverture du mariage aux couples de personnes de même sexe méconnaît le principe fondamental reconnu par les lois de la République selon lequel le mariage est l'union d'un homme et d'une femme; qu'ils font en outre valoir que la modification de la définition du mariage porterait atteinte aux exigences du quatorzième alinéa du Préambule de la Constitution de 1946;

19. Considérant que les sénateurs requérants font également valoir que l'article 34 de la Constitution ne fait référence qu'aux « régimes matrimoniaux »; que, par son caractère fondamental, la définition du mariage relèverait de la compétence du constituant; que le mariage entre personnes de même sexe méconnaîtrait un « enracinement naturel du droit civil » selon lequel l'altérité sexuelle est le fondement du mariage; que l'ouverture du mariage à des couples de même sexe « détournerait l'institution du mariage à des fins étrangères à l'institution matrimoniale »; qu'enfin, l'importance du changement opéré par les dispositions contestées dans la définition du mariage porterait atteinte, à l'égard des personnes mariées, à la liberté du mariage et au droit au maintien des conventions légalement conclues;

20. Considérant, en premier lieu, que les règles relatives au mariage relèvent de l'état des personnes; que, par suite, le grief tiré de ce que l'article 34 de la Constitution ne confierait pas au législateur la compétence pour fixer les qualités et conditions requises pour pouvoir contracter mariage doit être écarté;

21. Considérant, en deuxième lieu, que la tradition républicaine ne saurait être utilement invoquée pour soutenir qu'un texte législatif qui la contredit serait contraire à la Constitution qu'autant que cette tradition aurait donné naissance à un principe fondamental reconnu par les lois de la République au sens du premier alinéa du Préambule de la Constitution de 1946; que, si la législation républicaine antérieure à 1946 et les lois postérieures ont, jusqu'à la loi déférée, regardé le mariage comme l'union d'un homme et d'une femme, cette règle qui n'intéresse ni les droits et libertés fondamentaux, ni la souveraineté nationale, ni l'organisation des pouvoirs publics, ne peut constituer un principe fondamental reconnu par les lois de la République au sens du premier alinéa du Préambule de 1946; qu'en outre, doit en tout état de cause être écarté le grief tiré de ce que le mariage serait « naturellement » l'union d'un homme et d'une femme;

22. Considérant, en troisième lieu, qu'en ouvrant l'accès à l'institution du mariage aux couples de personnes de même sexe, le législateur a estimé que la différence entre les couples formés d'un homme et d'une femme et les couples de personnes de même sexe ne justifiait plus que ces derniers ne puissent accéder au statut et à la protection juridique attachés au mariage; qu'il n'appartient pas au Conseil constitutionnel de substituer son appréciation à celle du législateur sur la prise en compte, en matière de mariage, de cette différence de situation;

23. Considérant, en quatrième lieu, que les dispositions de l'article 1er ne portent aucune atteinte aux droits acquis nés de mariages antérieurs; que, par suite, le grief tiré de l'atteinte à la liberté du mariage, composante de la liberté personnelle proté-

gée par les articles 2 et 4 de la Déclaration de 1789, et au droit au maintien des conventions légalement conclues, qui résulte de son article 4, doit être écarté;

24. Considérant, en cinquième lieu, que les dispositions de l'article 1er n'ont ni pour objet ni pour effet de déroger au principe selon lequel tout traité en vigueur lie les parties et doit être exécuté par elles de bonne foi; que, par suite, les griefs tirés de la méconnaissance des principes du droit international public et du quatorzième alinéa du Préambule de 1946 doivent être écartés; qu'il n'appartient pas au Conseil constitutionnel, saisi en application de l'article 61 de la Constitution, d'examiner la compatibilité d'une loi avec les engagements internationaux de la France;

25. Considérant qu'il résulte de ce qui précède que les dispositions de l'article 143 du code civil ne méconnaissent pas les exigences constitutionnelles précitées;

En ce qui concerne le paragraphe II de l'article 1er :

26. Considérant que le paragraphe II de l'article 1er de la loi insère après le chapitre IV du titre V du livre Ier du code civil un chapitre IV *bis*, intitulé « Des règles de conflit de lois », et comprenant les articles 202-1 et 202-2;

27. Considérant qu'aux termes du premier alinéa de l'article 202-1 du code civil : « Les qualités et conditions requises pour pouvoir contracter mariage sont régies, pour chacun des époux, par sa loi personnelle »; que le second alinéa du même article prévoit : « Toutefois, deux personnes de même sexe peuvent contracter mariage lorsque, pour au moins l'une d'elles, soit sa loi personnelle, soit la loi de l'État sur le territoire duquel elle a son domicile ou sa résidence le permet »;

28. Considérant que, selon les requérants, ces dispositions qui introduisent, au profit du mariage de personnes de même sexe, une règle de conflit de lois distincte de celle qui prévaut pour les mariages de personnes de sexe différent, méconnaissent le principe d'égalité devant la loi; qu'ils soutiennent également qu'elles auront pour effet d'inciter des étrangers à venir en France pour « contourner les empêchements de leur loi nationale », de favoriser des « mariages blancs » en fraude à la législation sur l'entrée et le séjour en France ainsi que la législation sur la nationalité, et entraîneront une augmentation du nombre de mariages valables dans un pays et nuls dans l'autre : que serait ainsi méconnu le principe de sécurité juridique;

29. Considérant, en premier lieu, que, par les dispositions du second alinéa de l'article 202-1 du code civil dans sa rédaction résultant du paragraphe II de l'article 1er de la loi déférée, le législateur a entendu introduire un dispositif spécifique selon lequel « deux personnes de même sexe peuvent contracter mariage lorsque, pour au moins l'une d'elles, soit sa loi personnelle, soit la loi de l'État sur le territoire duquel elle a son domicile ou sa résidence le permet »; qu'il était loisible au législateur de permettre à deux personnes de même sexe de nationalité étrangère, dont la loi personnelle prohibe le mariage entre personnes de même sexe, de se marier en France dès lors que les autres conditions du mariage et notamment la condition de résidence sont remplies; que le législateur, qui n'était pas tenu de retenir les mêmes règles pour les mariages contractés entre personnes de sexe différent, n'a pas traité différemment des personnes se trouvant dans des situations semblables; que, par suite, le grief tiré de l'atteinte au principe d'égalité devant la loi doit être écarté;

30. Considérant, en second lieu, que l'éventualité d'un détournement de la loi ou d'abus lors de son application n'entache pas celle-ci d'inconstitutionnalité; qu'il appartient aux juridictions compétentes d'empêcher, de priver d'effet et, le cas

échéant, de réprimer de telles pratiques; que le grief tiré de l'atteinte à la sécurité juridique doit, en tout état de cause, être écarté;

31. Considérant qu'il résulte de ce qui précède que les dispositions de l'article 202-1 du code civil, qui ne méconnaissent aucune exigence constitutionnelle, doivent être déclarées conformes à la Constitution;

Sur l'adoption :

32. Considérant que les articles 343 et 346 du code civil, applicables tant à l'adoption plénière qu'à l'adoption simple, disposent, d'une part, que l'adoption « peut être demandée par deux époux... » et, d'autre part, que « nul ne peut être adopté par plusieurs personnes si ce n'est par deux époux »; qu'en outre, il résulte tant de l'article 356 du code civil, applicable à l'adoption plénière, que de l'article 365 du même code applicable à l'adoption simple, compte tenu de la portée que la jurisprudence constante de la Cour de cassation confère à ces dispositions, que la faculté d'une adoption au sein d'un couple est réservée aux conjoints; que, par suite, l'ouverture du mariage aux couples de personnes de même sexe a pour conséquence de permettre l'adoption par des couples de personnes de même sexe ainsi que l'adoption au sein de tels couples;

33. Considérant que les articles 7 et 8 de la loi modifient les articles 345-1 et 360 du code civil afin de fixer les conditions dans lesquelles un enfant ayant déjà fait l'objet d'une adoption par une personne peut ultérieurement être adopté par le conjoint de cette personne;

34. Considérant que l'article 13 de la loi insère dans le code civil un article 6-1 aux termes duquel : « Le mariage et la filiation adoptive emportent les mêmes effets, droits et obligations reconnus par les lois, à l'exclusion de ceux prévus au titre VII du livre Ier du présent code, que les époux ou les parents soient de sexe différent ou de même sexe »;

35. Considérant que les requérants mettent en cause l'intelligibilité de ces dispositions, la conformité à la Constitution de l'ouverture de l'adoption aux couples de personnes de même sexe et les modifications apportées par les articles 7 et 8 aux dispositions du code civil relatives à l'adoption;

En ce qui concerne l'intelligibilité des dispositions relatives à l'adoption :

36. Considérant que les requérants font valoir que les dispositions du code civil qui font référence à la filiation désignent distinctement « le père » et « la mère »; qu'en prévoyant que le mariage et la filiation emportent les mêmes effets, droits et obligations, que les époux soient de même sexe ou de sexe différent, les dispositions de l'article 13 conduisent, d'une part, à ce que les mots « père » et « mère » puissent désigner deux hommes ou deux femmes et, d'autre part, à ce que la portée de ces mots varie selon qu'ils sont ou non placés dans le titre VII du livre Ier du code civil; qu'il en résulterait une méconnaissance des exigences de clarté et de précision de la loi; qu'en permettant l'établissement d'un lien de filiation à l'égard de deux personnes de même sexe sans modifier les dispositions du titre VII du livre Ier du code civil, ces dispositions rendraient en outre inintelligibles certains articles du code civil, notamment ses articles 320, 330, 333, 336 et 336-1; que seraient également incompréhensibles les dispositions de l'article 310 du code civil relatives à l'égalité entre les enfants;

37. Considérant que les députés requérants font en outre valoir qu'en s'abstenant d'apporter les modifications nécessaires aux règles relatives à la présomption de

paternité, à la procréation médicalement assistée et à la gestation pour le compte d'autrui, les dispositions contestées auraient en outre rendu l'ensemble de ces règles incohérentes et inintelligibles;

38. Considérant qu'il incombe au législateur d'exercer pleinement la compétence que lui confie la Constitution et, en particulier, son article 34; que l'objectif de valeur constitutionnelle d'intelligibilité et d'accessibilité de la loi, qui découle des articles 4, 5, 6 et 16 de la Déclaration de 1789, impose au législateur d'adopter des dispositions suffisamment précises et des formules non équivoques;

Quant au titre VII du livre Ier du code civil

39. Considérant que, s'agissant des règles relatives à l'établissement et à la contestation de la filiation, le livre Ier du code civil comprend un titre VII, consacré à « la filiation », et un titre VIII, consacré à « la filiation adoptive »;

40. Considérant que le titre VII distingue entre la filiation maternelle et la filiation paternelle; que l'article 320 du code civil, qui figure au sein de ce titre VII, dispose : « Tant qu'elle n'a pas été contestée en justice, la filiation légalement établie fait obstacle à l'établissement d'une autre filiation qui la contredirait »; que, par suite, les dispositions de cet article font obstacle à ce que deux filiations maternelles ou deux filiations paternelles soient établies à l'égard d'un même enfant; qu'ainsi, en particulier, au sein d'un couple de personnes de même sexe, la filiation ne peut être établie par la présomption de l'article 312 du code civil; que le mariage est sans incidence sur les autres modes d'établissement de la filiation prévus par le titre VII du livre Ier du code civil;

41. Considérant qu'au sein du titre VIII, l'article 358, applicable aux enfants ayant été adoptés en la forme plénière, dispose : « L'adopté a, dans la famille de l'adoptant, les mêmes droits et les mêmes obligations qu'un enfant dont la filiation est établie en application du titre VII » du livre Ier; qu'en prévoyant, à titre de mesure générale de coordination, que la filiation adoptive emporte les mêmes effets, droits et obligations reconnus par les lois, à l'exclusion de ceux prévus au titre VII du livre Ier, que les époux ou les parents soient de sexe différent ou de même sexe, les dispositions de l'article 6-1 du code civil n'ont pas entendu faire obstacle à l'application de la règle selon laquelle, les enfants adoptés, que leurs parents soient de même sexe ou de sexe différent, bénéficieront des mêmes droits que ceux dont la filiation est légalement établie en application de ce titre VII;

42. Considérant qu'il résulte de ce qui précède que doit être écarté le grief tiré de ce que l'article 6-1 du code civil entacherait le titre VII du livre Ier du code civil d'inintelligibilité;

Quant à l'article 13 de la loi

43. Considérant qu'à l'exception des dispositions du titre VII du livre Ier du code civil, les règles de droit civil, notamment celles relatives à l'autorité parentale, au mariage, aux régimes matrimoniaux et aux successions, ne prévoient pas de différence entre l'homme et la femme s'agissant des relations du mariage, des conséquences qui en résultent et des conséquences relatives à l'établissement d'un lien de filiation; que, par suite, en prévoyant que le mariage et la filiation emportent les mêmes effets, droits et obligations reconnus par les lois, que les époux ou les parents soient de sexe différent ou de même sexe, sans supprimer les références qui, dans ces textes, désignent les « père » et « mère » ou « le mari et la femme », l'article 6-1 du code civil ne rend pas ces règles inintelligibles;

44. Considérant que, d'une part, les dispositions contestées n'ont ni pour objet ni pour effet de modifier la portée des dispositions de l'article 16-7 du code civil aux termes desquelles : « toute convention portant sur la procréation ou la gestation pour le compte d'autrui est nulle »; que, d'autre part, il résulte de l'article L. 2141-2 du code de la santé publique que l'assistance médicale à la procréation a pour objet de remédier à l'infertilité pathologique, médicalement diagnostiquée d'un couple formé d'un homme et d'une femme en âge de procréer, qu'ils soient ou non mariés; que les couples formés d'un homme et d'une femme sont, au regard de la procréation, dans une situation différente de celle des couples de personnes de même sexe; que le principe d'égalité ne s'oppose pas à ce que le législateur règle de façon différente des situations différentes dès lors que la différence de traitement qui en résulte est en lien direct avec l'objet de la loi qui l'établit; que, par suite, ni le principe d'égalité ni l'objectif de valeur constitutionnelle d'accessibilité et d'intelligibilité de la loi n'imposaient qu'en ouvrant le mariage et l'adoption aux couples de personnes de même sexe, le législateur modifie la législation régissant ces différentes matières;

45. Considérant qu'il résulte de ce qui précède que les griefs tirés de ce que l'article 13 de la loi serait entaché d'inintelligibilité doivent être écartés;

En ce qui concerne l'adoption par des personnes de même sexe ou au sein d'un couple de personnes de même sexe :

46. Considérant que, selon les requérants, la possibilité conférée à deux personnes de même sexe d'adopter un enfant porte atteinte au « principe de valeur constitutionnelle de la filiation bilinéaire fondée sur l'altérité sexuelle », proclamé par les lois de la République, ainsi qu'au droit constitutionnel de tout enfant à voir sa filiation établie à l'égard de son père et de sa mère; que l'adoption par deux personnes de même sexe porterait en outre atteinte au droit de l'enfant de mener une vie familiale normale ainsi qu'à la protection de l'intérêt supérieur de l'enfant; qu'il en résulterait également une méconnaissance des stipulations de l'article 3-1 de la Convention internationale relative aux droits de l'enfant;

47. Considérant qu'ils soutiennent encore que, lorsque l'enfant est adopté en la forme plénière par deux personnes de sexe différent, l'effacement de la filiation antérieure garantirait la préservation du secret de l'adoption et ferait entrer l'enfant dans la famille de l'adoptant « comme un enfant biologique »; que la possibilité d'une adoption par deux personnes de même sexe conduirait au contraire nécessairement à révéler l'orientation sexuelle des adoptants et la nature adoptive de la filiation; qu'il en résulterait une atteinte au droit à la protection de la vie privée et à l'égalité devant la loi;

48. Considérant qu'ils font enfin valoir que, compte tenu notamment des difficultés que rencontreront les couples de personnes de même sexe pour adopter, la possibilité d'un établissement de la filiation à l'égard de deux personnes de même sexe incitera ces couples à recourir à l'étranger à la procréation médicalement assistée et à la gestation pour le compte d'autrui en fraude à la loi française;

Quant aux griefs tirés de l'atteinte au principe d'égalité et au droit de mener une vie familiale normale

49. Considérant, en premier lieu que, d'une part, en permettant l'adoption par deux personnes de même sexe ou au sein d'un couple de personnes de même sexe, le législateur, compétent pour fixer les règles relatives à l'état et à la capacité des personnes en application de l'article 34 de la Constitution, a estimé que l'identité de

sexe des adoptants ne constituait pas, en elle-même, un obstacle à l'établissement d'un lien de filiation adoptive; qu'il n'appartient pas au Conseil constitutionnel de substituer son appréciation à celle du législateur sur la prise en compte, pour l'établissement d'un lien de filiation adoptive, de la différence entre les couples de personnes de même sexe et les couples formés d'un homme et d'une femme;

50. Considérant que, d'autre part, en vertu de l'article 356 du code civil, l'adoption plénière confère à l'enfant une filiation qui se substitue à sa filiation d'origine; que le principe d'égalité impose que les enfants adoptés en la forme plénière bénéficient, dans leur famille adoptive, des mêmes droits que ceux dont bénéficient les enfants dont la filiation est établie en application du titre VII du livre Ier du code civil; qu'une telle exigence est satisfaite par les dispositions de l'article 358 du code civil précité;

51. Considérant, en outre, que la liberté proclamée par l'article 2 de la Déclaration de 1789 implique le respect de la vie privée; que, toutefois, aucune exigence constitutionnelle n'impose ni que le caractère adoptif de la filiation soit dissimulé ni que les liens de parenté établis par la filiation adoptive imitent ceux de la filiation biologique; que, par suite, le grief tiré de ce que la possibilité d'une adoption par deux personnes de même sexe porterait atteinte au principe d'égalité et au droit à la protection de la vie privée doit être écarté :

52. Considérant, en deuxième lieu, que les dispositions contestées n'ont ni pour objet ni pour effet de reconnaître aux couples de personnes de même sexe un « droit à l'enfant »; qu'elles ne soustraient pas les couples de personnes de même sexe aux règles, conditions et contrôles institués en matière de filiation adoptive; qu'en effet, ces dispositions ne modifient pas la règle, fixée par le premier alinéa de l'article 353-1 du code civil, aux termes duquel : « Dans le cas d'adoption d'un pupille de l'État, d'un enfant remis à un organisme autorisé pour l'adoption ou d'un enfant étranger qui n'est pas l'enfant du conjoint de l'adoptant, le tribunal vérifie avant de prononcer l'adoption que le ou les requérants ont obtenu l'agrément pour adopter ou en étaient dispensés »; qu'il n'est pas davantage dérogé à la règle, fixée par le premier alinéa de l'article L. 225-2 du code de l'action sociale et des familles, aux termes duquel : « Les pupilles de l'État peuvent être adoptés soit par les personnes à qui le service de l'aide sociale à l'enfance les a confiés pour en assurer la garde lorsque les liens affectifs qui se sont établis entre eux justifient cette mesure, soit par des personnes agréées à cet effet, soit, si tel est l'intérêt desdits pupilles, par des personnes dont l'aptitude à les accueillir a été régulièrement constatée dans un État autre que la France, en cas d'accord international engageant à cette fin ledit État »; que s'appliquent également les dispositions de son article L. 225-17 qui prévoit : « Les personnes qui accueillent, en vue de son adoption, un enfant étranger doivent avoir obtenu l'agrément prévu aux articles L. 225-2 à L. 225-7 »; qu'ainsi, les couples de personnes de même sexe qui désirent adopter un enfant seront soumis, comme ceux qui sont formés d'un homme et d'une femme, à une procédure destinée à constater leur capacité à accueillir un enfant en vue de son adoption;

53. Considérant, d'une part, que la conformité à la Constitution d'une loi déjà promulguée peut être appréciée à l'occasion de l'examen des dispositions législatives qui la modifient, la complètent ou affectent son domaine; qu'en l'espèce les dispositions contestées affectent le domaine des articles L. 225-2 et L. 225-17 du code de l'action sociale et des familles; que les dispositions relatives à l'agrément du ou des adoptants, qu'ils soient de sexe différent ou de même sexe, ne sauraient conduire à ce que cet

agrément soit délivré sans que l'autorité administrative ait vérifié, dans chaque cas, le respect de l'exigence de conformité de l'adoption à l'intérêt de l'enfant qu'implique le dixième alinéa du Préambule de la Constitution de 1946; que, sous cette réserve, les dispositions des articles L. 225-2 et L. 225-17 du code de l'action sociale et des familles ne méconnaissent pas les exigences du dixième alinéa du Préambule de 1946;

54. Considérant, d'autre part, que les dispositions contestées ne dérogent pas aux dispositions de l'article 353 du code civil, selon lesquelles l'adoption est prononcée par le tribunal de grande instance à la requête de l'adoptant si les conditions de la loi sont remplies « et si l'adoption est conforme à l'intérêt de l'enfant »; que ces dispositions, applicables que les adoptants soient de même sexe ou de sexe différent, mettent en œuvre l'exigence résultant du dixième alinéa du Préambule de la Constitution de 1946 selon laquelle l'adoption ne peut être prononcée que si elle est conforme à l'intérêt de l'enfant;

55. Considérant qu'il résulte de ce qui précède que le grief tiré de ce que les dispositions contestées méconnaîtraient le dixième alinéa du Préambule de 1946 doit être écarté; qu'il en va de même du grief tiré de ce que les droits de l'enfant seraient inégalement protégés selon qu'ils sont adoptés par des parents de même sexe ou par des parents de sexe différent;

Quant aux autres griefs :

56. Considérant, en premier lieu, que la tradition républicaine ne saurait être utilement invoquée pour soutenir qu'un texte législatif qui la contredit serait contraire à la Constitution qu'autant que cette tradition aurait donné naissance à un principe fondamental reconnu par les lois de la République; que la législation républicaine antérieure à la Constitution de 1946 relative aux conditions de l'adoption et aux conditions d'établissement de la maternité et de la paternité a toujours compris des règles limitant ou encadrant les conditions dans lesquelles un enfant peut voir établir les liens de filiation à l'égard du père ou de la mère dont il est issu; que notamment, l'action en recherche de paternité a vu son régime juridique modifié par la loi du 16 novembre 1912 sur la déclaration judiciaire de paternité naturelle et que l'action en recherche de paternité des enfants adultérins a été interdite jusqu'à la loi n° 72-3 du 3 janvier 1972 sur la filiation; que de même les règles relatives à l'adoption de l'enfant mineur ont été modifiées par la loi du 19 juin 1923 sur l'adoption; qu'ainsi, en tout état de cause, doit être écarté le grief tiré de la méconnaissance d'un principe fondamental reconnu par les lois de la République en matière de « caractère bilinéaire de la filiation fondé sur l'altérité sexuelle »; qu'il en va de même du grief tiré de la méconnaissance d'un principe constitutionnel garantissant le droit de tout enfant de voir sa filiation concurremment établie à l'égard d'un père et d'une mère;

57. Considérant en deuxième lieu, que, si les dispositions de l'article 55 de la Constitution confèrent aux traités, dans les conditions qu'elles définissent, une autorité supérieure à celle des lois, elles ne prescrivent ni n'impliquent que le respect de ce principe doive être assuré dans le cadre du contrôle de la conformité des lois à la Constitution; qu'ainsi, en tout état de cause, doit être rejeté le grief tiré de la méconnaissance de la Convention internationale relative aux droits de l'enfant;

58. Considérant, en troisième lieu, que l'éventualité d'un détournement de la loi lors de son application n'entache pas celle-ci d'inconstitutionnalité; qu'il appartient aux juridictions compétentes d'empêcher, de priver d'effet et, le cas échéant, de réprimer de telles pratiques;

59. Considérant qu'il résulte de ce qui précède que l'ouverture de l'adoption par des couples de personnes de même sexe et au sein de ces couples n'est pas contraire aux exigences constitutionnelles précitées; que les dispositions des articles 1er et 13 de la loi déférée, qui ne méconnaissent aucune autre exigence constitutionnelle, doivent être déclarées conformes à la Constitution;

En ce qui concerne l'adoption d'un enfant ayant déjà fait l'objet d'une adoption :

60. Considérant que l'article 7 de la loi insère dans l'article 345-1 du code civil un 1° *bis* afin de permettre l'adoption de l'enfant du conjoint « Lorsque l'enfant a fait l'objet d'une adoption plénière par ce seul conjoint et n'a de filiation établie qu'à son égard »; que l'article 8 de la loi insère dans l'article 360 du même code un troisième alinéa aux termes duquel : « L'enfant précédemment adopté par une seule personne, en la forme simple ou plénière, peut l'être une seconde fois, par le conjoint de cette dernière, en la forme simple »;

61. Considérant que les sénateurs requérants font valoir qu'en maintenant la règle selon laquelle un enfant adopté ne peut faire l'objet d'une seconde adoption tout en levant cette interdiction pour permettre l'adoption de l'enfant du conjoint, les dispositions des articles 7 et 8 porteraient atteinte à l'égalité devant la loi;

62. Considérant que l'article 346 prohibe l'adoption par deux personnes si ce n'est par deux époux; que le deuxième alinéa de l'article 360 permet « s'il est justifié de motifs graves » l'adoption simple de l'enfant ayant déjà fait l'objet d'une adoption plénière; qu'il ressort du second alinéa de l'article 356 du code civil, s'agissant de l'adoption plénière, ainsi que du premier alinéa de l'article 365 du même code, s'agissant de l'adoption simple, que l'adoption de l'enfant du conjoint produit des effets identiques à ceux de l'adoption par deux époux; que les modifications apportées aux articles 345-1 et 360 du code civil fixent les conditions dans lesquelles un enfant ayant déjà fait l'objet d'une adoption, peut ultérieurement être aussi adopté par le conjoint de l'adoptant; qu'en réservant cette possibilité à l'adoption de l'enfant du conjoint, le législateur a pris en compte, comme il lui était loisible de le faire, la différence entre les adoptions au sein du couple et les autres formes d'adoption; que, par suite, le grief tiré de l'atteinte au principe d'égalité doit être écarte;

63. Considérant que, par suite, les dispositions des articles 7 et 8 de la loi déférée, qui ne méconnaissent aucune autre exigence constitutionnelle, doivent être déclarées conformes à la Constitution;

Sur les dispositions relatives au nom de famille : (...)

Sur les dispositions relatives au code du travail : (...)

Sur le recours aux ordonnances : (...)

Sur la validation des mariages antérieurs à la loi :

83. Considérant qu'aux termes de l'article 21 de la loi déférée : « Le mariage entre personnes de même sexe contracté avant l'entrée en vigueur de la présente loi est reconnu, dans ses effets à l'égard des époux et des enfants, en France, sous réserve du respect des articles 144, 148, 146-1, 147, 161, 162, 163, 180 et 191 du code civil. Il peut faire l'objet d'une transcription dans les conditions prévues aux articles 171-5 et 171-7 du même code. À compter de la date de transcription, il produit effet à l'égard des tiers »;

84. Considérant que, selon les requérants, ces dispositions ont pour objet de valider des mariages conclus, avant la nouvelle loi, en contrariété avec la loi qui était alors applicable et en créant ainsi « une insécurité juridique manifeste »; que cette

validation, dont la portée ne serait pas strictement définie, ne répondrait pas à un motif suffisant d'intérêt général; que ces dispositions seraient en outre contraires à l'objectif de valeur constitutionnelle d'intelligibilité et d'accessibilité de la loi;

85. Considérant qu'il résulte des travaux préparatoires que, par les dispositions de l'article 21, le législateur a entendu préciser les conditions de reconnaissance et de transcription des mariages contractés à l'étranger avant l'entrée en vigueur de la loi déférée; qu'en l'état du droit antérieur à la promulgation de celle-ci, le mariage célébré à l'étranger entre un ressortissant français et un citoyen d'un État qui reconnaît aux couples de même sexe le droit de se marier n'est pas reconnu par le droit français; que la reconnaissance, par l'article 21, du mariage contracté à l'étranger entre deux personnes de même sexe avant l'entrée en vigueur de la loi ainsi que la possibilité d'en obtenir la transcription sont subordonnées au respect des règles relatives à la validité du mariage prévues par les articles 144, 146, 146-1, 147, 161, 162, 163, 180 et 191 du code civil; qu'en outre, la transcription d'un tel mariage est soumise aux contrôles de l'autorité diplomatique ou consulaire ainsi que du ministère public dans les conditions prévues par les articles 171-5 et 171-7 du code civil;

86. Considérant que, d'une part, ces dispositions ne portent atteinte à aucun droit acquis; que, d'autre part, il était loisible au législateur d'instaurer une exception à la règle selon laquelle la validité d'un mariage s'apprécie au jour de sa célébration, en faisant produire des effets en France aux mariages célébrés à l'étranger antérieurement à la promulgation de la loi; que les dispositions contestées ne sont entachées d'aucune inintelligibilité;

87. Considérant qu'il résulte de ce qui précède que l'article 21 doit être déclaré conforme à la Constitution;

Sur l'application de la loi outre-mer : (...)

Décide :

Article 1er — Les articles 1er, 7, 8, 11 à 14, 19, 21 et 22 de la loi ouvrant le mariage aux couples de personnes de même sexe sont conformes à la Constitution.

Article 2 — Sous la réserve énoncée au considérant 53, les articles L. 225-2 et L. 225-17 du code de l'action sociale et des familles sont conformes à la Constitution.

OBSERVATIONS

1 Véritable révolution anthropologique, l'admission en droit français du mariage homosexuel a été l'œuvre du législateur et de lui seul. Ce n'est pas que les juges se soient désintéressés de la question : Cour de cassation, Cour européenne des droits de l'homme, Conseil constitutionnel ont, en effet, eu à connaître de la question, pour les deux premières avant que n'intervienne le vote de la loi du 17 mai 2013 ouvrant le mariage aux personnes de même sexe, pour le Conseil avant et après ce même vote. Mais se cantonnant dans une prudente réserve, les juges français – judiciaire et constitutionnel – ainsi que le juge européen se sont gardés d'empiéter sur le pouvoir législatif, tant la question était sensible et porteuse de symbole. On étudiera la réserve des juges antérieurement au vote de la loi nouvelle (I), puis postérieurement à celui-ci (II).

Alors même que cette attitude laissait au législateur une latitude certaine pour réaliser une réforme qui prenne toute la mesure du problème posé, celui-ci n'a manifestement pas su lui apporter une réponse cohérente (III).

I. — La réserve initiale des juges

2 Un bref instant apaisée par l'adoption du pacte civil de solidarité (L. du 15 nov. 1999, *supra*, n° 28, § 8), l'offensive tendant à l'admission en droit français du mariage entre personnes de même sexe a ensuite repris de plus belle. Elle s'est développée sur plusieurs fronts. Front judiciaire : une provocation savamment orchestrée a conduit les juridictions de l'ordre judiciaire à se prononcer sur la validité du mariage des personnes de même sexe. Front européen : se heurtant à un droit civil dépourvu d'ambiguïté, les partisans de l'ouverture du mariage aux personnes de même sexe ont placé leurs espoirs dans la Convention européenne des droits de l'homme. Sans succès, la Cour de Strasbourg se retranchant prudemment derrière la marge nationale d'appréciation des États. Front constitutionnel enfin. Ouvert par une question prioritaire de constitutionnalité qui émanait des partisans du mariage pour tous et visait l'état du droit antérieur à la réforme, ce front a été fermé par la décision du Conseil constitutionnel répondant aux recours formés par les parlementaires hostiles à la réforme. Se défaussant, dans le premier cas, d'une éventuelle réforme à accomplir sur le législateur, le Conseil a, dans le second cas, refusé de remettre en cause de quelque manière que ce soit la réforme une fois celle-ci accomplie. On envisagera successivement ces trois fronts, uniquement dans sa première composante pour le dernier.

A. — La Cour de cassation

3 Il était difficile de concevoir affaire plus médiatisée que celle qui a conduit à la décision rendue par la Cour de cassation le 13 mars 2007 : le maire de Bègles avait, en effet, malgré l'opposition du procureur de la République du TGI de Bordeaux, célébré le 5 juin 2004, le mariage de deux personnes de même sexe. Sur recours du procureur de la République, ce tribunal rendit un jugement d'annulation confirmé en appel par la cour de Bordeaux.

Saisie d'un pourvoi, la première chambre civile répond sans détour et avec une grande économie de moyens à la question qui lui était posée : la dualité de sexe était-elle à l'époque une des conditions du mariage à la française ?

À se placer sur le terrain du droit civil français de l'époque, les partisans du mariage homosexuel faisaient valoir qu'aucune disposition du Code civil ne prohibant expressément l'accès au mariage de couples de personnes de même sexe, un tel mariage serait permis. À cela, il était habituellement répondu que, si les rédacteurs du Code civil n'ont pas posé cette condition, c'est qu'elle était, pour eux, une évidence. Et de citer la fameuse définition que Portalis donne du mariage : « La société *de l'homme et de la femme* qui s'unissent pour perpétuer leur espèce, pour s'aider par des secours mutuels à porter le poids de la vie et pour partager leur commune destinée ». Au reste, si aucun texte du code ne fait de la différence des sexes une condition du mariage, nombreux étaient ceux qui en 1804 portaient la trace de cette conception. C'est ainsi que les articles 212 à 226 du Code Napoléon employaient, à l'époque, vingt fois le mot « mari » et seize fois le mot « femme » (Agostini, *D.* 2004. 2394). Et si la distinction des sexes n'apparaissait plus, à l'époque, qu'exceptionnellement dans le code, c'est parce que les termes mari et femme avaient été systématiquement éliminés, notamment par la loi du 23 décembre 1985 et par celle du 26 mai 2004, afin de manifester que les deux époux ont désormais les mêmes droits. Comme l'écrivait le doyen Cornu, « ce qui a été fait pour marquer l'égalité des sexes ne doit pas être invoqué (ce serait une pensée perverse) pour faire le lit de l'homosexualité » (G. Cornu, *La famille*, p. 274, note 40). L'article 75 du Code civil restait, au demeurant, fort clair lorsque, décrivant la célébration du mariage par l'officier de l'état civil, il disposait : « il recevra de chaque partie, l'une après l'autre, la déclaration qu'elles veulent se prendre pour *mari et femme* ». Aussi bien, est-ce parce que le mariage lui paraissait réservé à l'union de l'homme et de la femme que le législateur a créé le Pacs. Comme le souligne justement le tribunal de Bordeaux dans la présente affaire, « les travaux préparatoires de la loi du 15 novembre 1999 relative au Pacs montrent que, dans l'esprit du législateur, il y avait lieu de donner une existence et une structure juridique au couple homosexuel, le mariage étant réservé à l'homme et à la femme ».

Sans rentrer dans cette discussion, la Cour de cassation se contente d'affirmer comme une vérité d'évidence que « selon la loi française le mariage est l'union d'un homme et d'une femme ». Reste alors à déterminer la sanction qui frappe le « mariage » célébré entre deux personnes de même sexe : nullité ou inexistence ?

4 La notion d'inexistence est d'origine moderne. Étrangère au droit romain et à notre Ancien droit, elle a fait son apparition chez certains auteurs du XIXe siècle à propos précisément des nullités du mariage. Confrontés à la règle « en matière de mariage, il n'y a pas de nullité sans texte », règle longtemps considérée comme un axiome (voir par ex, Req. 12 nov. 1844, *DP* 1845. 1. 98, *S.* 1845.1.246), ces auteurs ont créé, à côté des nullités absolues et des nullités relatives du mariage, la catégorie de l'inexistence pour le cas où le Code civil n'a pas prévu la nullité et où cependant il manque de toute évidence un élément nécessaire à la validité (consentement, différence de sexe, célébration devant un officier de l'état civil) (Aubry et Rau, t. 1, 6e éd., § 37, p. 180 s.; Josserand, t. 1, n°s 139 s.). Selon ces auteurs, le régime de l'inexistence se différencierait de celui des nullités par trois traits : 1) l'inexistence n'aurait pas besoin d'être prononcée en justice; 2) elle serait imprescriptible; 3) alors que l'inefficacité de l'acte serait, en cas de nullité, le produit d'une fiction légale – la rétroactivité –, elle correspondrait, en cas d'inexistence, à la réalité – le néant –. Aussi bien cette inefficacité pourrait-elle être tempérée par la loi ou le juge dans le premier cas, mais non dans le second. Ainsi, en matière de mariage, elle ne pourrait jamais être accompagnée du bénéfice de la putativité, celui-ci supposant un minimum d'apparence par hypothèse exclue (sur ce dernier point, rappr. *infra*, n° 36, § 4).

La distinction de la nullité et de l'inexistence a été vivement critiquée par la doctrine française dès le début du XXe siècle, celle-ci reprochant à la notion d'inexistence d'être incertaine et inutile (Japiot, *Des nullités en matière d'actes juridiques*, thèse Dijon, 1909). En matière de mariage, et malgré quelques décisions divergentes des cours d'appel, la Cour de cassation s'est toujours montrée très réticente face à la notion d'inexistence (Terré et Fenouillet, *La famille*, no 144). Ainsi, elle a assimilé l'absence de consentement au vice du consentement sanctionné par une simple nullité relative ne pouvant être invoquée que par l'intéressé lui-même (Civ. 9 nov. 1887, *D.* 1888. 1. 161, note Poncet, *S.* 1887. 1. 416); nullité relative que la loi du 19 févr. 1933 modifiant l'article 184 du Code civil a transformé en un cas de nullité absolue. C'est encore une nullité absolue que la Cour de cassation a retenue pour sanctionner l'absence de célébration devant l'officier de l'état civil (Civ. 30 juill. 1900, *DP* 1901. 1. 317, *S.* 1901. 225, note A. Wahl). S'agissant de la différence de sexe, la Cour de cassation avait paru prête à consacrer la notion d'inexistence, dans les motifs d'un arrêt du 6 avril 1903 (*DP* 1903. 1. 395, concl. Baudouin). Elle avait, en effet, posé que l'*existence* d'un mariage est subordonnée à la condition que le sexe soit reconnaissable et qu'il diffère du sexe de l'autre; mais dans l'espèce, il s'agissait de simples malformations qui furent jugées insuffisantes à justifier le prononcé de la nullité. Aussi bien cette dernière situation serait-elle traitée aujourd'hui comme un cas de nullité relative, l'inaptitude sexuelle pouvant être prise en compte au titre de l'erreur sur les qualités essentielles (*infra*, no 35, § 4).

En la circonstance, la Cour de Bordeaux fondant sa solution sur la nature même du mariage s'est prononcée pour l'inexistence. La différence des sexes étant, pour cette juridiction, une condition de l'existence du mariage, « l'acte » dressé par le maire de Bègles n'a pas d'existence juridique. Il avait été souligné à l'époque par certains commentateurs que quelques-unes des conséquences prêtées à l'inexistence pourraient à l'avenir se révéler particulièrement intéressantes, si d'aventure ce genre de célébration devait se multiplier, l'inexistence permettant, sans limite de temps, d'invalider tout mariage homosexuel dont la nullité n'aurait pas été demandée et d'anéantir rétroactivement l'ensemble de ses effets (Lemouland, note *D.* 2004. 2966; M. Azavant, *Dr. fam.* 2005, no 124). Se conformant à sa ligne jurisprudentielle traditionnelle, la Cour de cassation préfère, comme les premiers juges, raisonner en termes de nullité absolue. Elle confirme ainsi qu'il peut exister en matière de mariage des nullités virtuelles. La notion d'inexistence n'a, au demeurant, guère le « vent en poupe » puisque la haute juridiction l'a écartée dans le seul domaine où elle l'avait explicitement admise (Req. 30 déc. 1902, *DP* 1903. 1.135, note Glasson, *S.* 1903.1.257, note A. Tissier), celui de la procédure civile (Ch. mixte 7 juill. 2006, *JCP* 2006. II. 10146, note Putman).

Le ministère public qui a le pouvoir d'agir pour la défense de l'ordre public, a qualité pour demander la nullité du mariage contracté entre personnes de même sexe. De manière surprenante, la Cour de cassation a déduit l'existence d'une atteinte à l'ordre public du fait qu'il a été procédé à la célébration du mariage malgré l'opposition du ministère public et non de ce que le mariage était intervenu entre personnes de même sexe (v. *supra*, nos 15-16, § 11).

B. — Le droit européen

5 Les couples homosexuels ont tenté de concrétiser leur aspiration au mariage en se fondant sur trois articles de la Convention européenne des droits de l'homme – l'article 12 qui consacre le droit au mariage, l'article 8 qui garantit le droit au respect de la vie privée et de la vie familiale, l'article 14 qui prohibe toute forme de discrimination –, ainsi que sur l'article 9 de la charte de l'Union européenne, qui réaffirme le droit de se marier et de fonder une famille sans faire mention de la différence des sexes, afin de laisser la porte ouverte au mariage homosexuel.

S'agissant de ce dernier instrument, la Cour de cassation rappelle qu'il n'avait pas à l'époque de force obligatoire. Il en va aujourd'hui autrement, le Traité de Lisbonne lui attribuant une valeur juridique égale à celle des traités institutifs (art. 6 § 1 TUE). Mais, à supposer que force obligatoire lui ait été reconnue dès cette époque, cela n'eut rien changé. La charte des droits fondamentaux n'implique en effet nullement pour les États l'obligation de consacrer le mariage homosexuel. Comme on l'a justement relevé, « une chose est de permettre aux États qui le souhaitent de consacrer de telles unions, une autre d'imposer aux États membres de changer de législation » (H. Fulchiron, *D.* 2007. 1376).

Quant à la Convention européenne des droits de l'homme, la Cour de cassation rappelle que la définition que le droit français donne du mariage n'est pas contraire aux exigences de celle-ci. Elle entérine ainsi les analyses des juges du fond qui avaient repoussé l'exception d'inconventionnalité soulevée à l'encontre d'une législation faisant de la différence de sexe une condition du mariage.

À rappeler les grandes lignes de cette démonstration, on soulignera d'abord que la Cour de Strasbourg refuse en principe d'accorder le bénéfice de l'article 12 aux couples de même sexe. Elle considère, en effet, que cette disposition vise le mariage entre personnes de sexe biologique opposé (CEDH 17 oct. 1986, *JDI* 1987. 796, note P. Rolland; v. aussi CJCE 31 mai 2001, *D.* 2001. 3380, note Nourissat et Devers). On s'est cependant demandé si cette solution n'était pas remise en cause par l'arrêt *Goodwin* affirmant le droit au mariage du transsexuel (CEDH 11 juill. 2002, *D.* 2003. 2032, note A.-S. Chavent-Leclère, *Jurisprudence de la CEDH* 13e éd., par V. Berger, no 189; voir aussi CJCE 7 janv. 2004, *Dr. fam.* 2004, no 62, note A. Gouttenoire; 28 nov. 2006, *RTD civ.* 2007. 287, obs. J.-P. Marguénaud). Pour certains, la cour aurait, en effet, ainsi montré sa volonté d'abandonner toute référence à l'homme et à la femme en matière de mariage, ce qui ne pourrait que conduire à terme à la reconnaissance du mariage homosexuel (C. Mecary, « Vers l'ouverture du mariage civil et républicain aux couples de personnes de même sexe ? », *AJ fam.* 2004. 267). En réalité, la Cour de Strasbourg considère simplement dans cette décision que retenir le seul sexe enregistré au moment de la naissance prive le transsexuel de la possibilité de se marier. Elle ne sanctionne donc que le fait de refuser de prendre en compte la nouvelle identité sexuelle. En revanche, elle ne remet pas en cause la condition de différence des sexes. Une fois le changement opéré, le transsexuel ne peut se marier qu'avec un individu du sexe opposé, c'est-à-dire de son ancien sexe. Il est vrai que si ces personnes sont alors juridiquement de sexe différent, elles sont biologiquement de même sexe (sauf à ce que le transsexuel épouse un autre transsexuel qui a suivi le cheminement inverse).

S'agissant des articles 8 et 14, il est bien établi, comme l'avait noté le tribunal de Bordeaux, qu'une différence de traitement ne constitue pas une discrimination, « lorsqu'il existe une justification objective et raisonnable, qui poursuit un but légitime dans une société démocratique et qui respecte un rapport raisonnable de proportionnalité entre les moyens employés et le but visé ». En l'espèce, les juges du fond avaient estimé que la conception traditionnelle du mariage, acte fondateur de la famille, qui reste celle de la plupart des pays européens était de nature à fournir la justification objective et raisonnable requise. Et de fait, « le couple homosexuel ne porte pas en lui d'espoir de procréation ». L'enfant n'est pour lui concevable qu'au moyen du « recours à un tiers, à la science et aux fictions du droit » lesquels débouchent sur une parenté qui n'est qu'« artifice » (H. Fulchiron, obs. préc.). Pour établir le rapport raisonnable de proportionnalité, on peut faire valoir, d'une part, que le refus du mariage homosexuel est nécessaire pour assurer la défense de la conception traditionnelle du mariage, d'autre part, que la loi française prévoit, pour les couples homosexuels, avec le Pacs, une autre forme de reconnaissance sociale et juridique.

Encouragés sans doute par des opinions doctrinales qui « dout(aient) du caractère durable de la résistance de la Cour européenne des droits de l'homme à la consécration du mariage homosexuel » (M. Levinet, « La liberté matrimoniale au sens de la Convention EDH », *RTDH* 2004. 889, spéc. p. 900), de nouveaux recours furent portés devant la Cour de Strasbourg qui lui permirent de se prononcer postérieurement à la décision de la Cour de cassation (CEDH 24 juin 2010, *Schalk et Kopf*, *JCP* 2010. 859, n° 30, obs. F. Sudre, *Dr. fam.* 2010, n° 143, obs. V. Larribeau-Terneyre, *RTD civ.* 2010. 738, obs. J.-P. Marguénaud, 765, obs. J. Hauser). Tout en ayant pris ses distances par son arrêt *Kozac* (CEDH 2 mars 2010, *JCP* 2010. 859, n° 18, obs. F. Sudre) avec sa jurisprudence antérieure qui considérait que les relations homosexuelles relevaient de la « vie privée » et non de la « vie familiale », la cour se refuse à procéder au forçage de l'article 12 qui vise le mariage traditionnel entre « l'homme et la femme » et qui renvoie aux législations nationales pour « l'exercice de ce droit ». En l'absence d'un consensus européen, seuls six États sur quarante-sept admettant à l'époque le mariage homosexuel, la question relève pour la Cour de Strasbourg de la marge nationale d'appréciation de chaque État. Autrement dit, celle-ci entendait laisser à l'évolution des mœurs et plus encore aux fluctuations des législations qui leur sont corrélatives le soin de régler la question. L'ouverture du mariage aux personnes de même sexe était, pour les législateurs nationaux, une possibilité et non une obligation. L'entrée en vigueur dans l'intervalle de la Charte européenne des droits fondamentaux (art. 6 § 1, Traité de Lisbonne) ne changeait, au demeurant, comme on l'a vu, rien à l'affaire.

C. — Le Conseil constitutionnel : contrôle a posteriori *de l'ancienne loi*

6 Déboutés sur le terrain civil et sur le terrain européen, les partisans de l'accès des couples homosexuels au mariage civil entreprirent de placer le débat sur le terrain constitutionnel. Usant des ressources que leur offrait la réforme constitutionnelle du 23 juillet 2008 (*supra*, n° 3), ils formulèrent une question prioritaire de constitutionnalité que la Cour de cassation renvoya devant le Conseil constitutionnel (Civ. 1re, 16 nov. 2010, *D.* 2010. 2773, 2011. 209, note J. Roux, *AJ fam.* 2010. 545, obs. F. Chénedé, *RTD civ.* 2011. 106, obs. J. Hauser). Refusant prudemment de se « prêter au jeu dangereux » de remplacer le Parlement (Hauser, *RTD civ.* 2011. 106), le Conseil décida qu'en « maintenant le principe selon lequel le mariage est l'union d'un homme et d'une femme, le législateur a (...) estimé que la différence entre les couples de même sexe et les couples composés d'un homme et d'une femme peut justifier une différence de traitement quant aux règles du droit de la famille » et qu'il ne lui appartenait pas de substituer son appréciation à celle du législateur (Cons. const. 28 janv. 2011, *D.* 2011. 1042, *Dr. fam.* 2011, n° 32, note Ouedraogo, *AJ fam.* 2011. 157, obs. F. Chénedé, *RTD civ.* 2011. 326, obs. J. Hauser; rappr. Cons. const. 6 oct. 2010, *supra*, n° 3). C'est dire que, au moins dans l'immédiat, l'ouverture du mariage aux personnes de même sexe ne pouvait qu'être l'œuvre du législateur.

II. — Le contrôle *a priori* de la nouvelle loi : la prudence du Conseil constitutionnel

7 L'occasion ne devait pas tarder. Les élections présidentielles puis législatives ayant porté au pouvoir un président de la République ainsi qu'une majorité qui avaient fait figurer dans leur programme l'admission en France du mariage homosexuel, un projet fut déposé à cette fin devant le Parlement qui aboutit au vote de la loi du 17 mai 2013. Usant du recours que leur offre l'article 61 de la Constitution (*supra*, n° 2), 187 députés et 137 sénateurs saisirent le Conseil constitutionnel afin qu'il déclare les dispositions essentielles de la loi nouvelle contraires à la Constitution.

Sans succès, puisque, par sa décision du 17 mai 2013, le Conseil constitutionnel a déclaré, sous une très modeste réserve d'interprétation relative aux articles L. 225-2 et L. 225-17 du Code de l'action sociale et des familles, les dispositions de la loi nouvelle conformes à la Constitution. On est bien loin de l'impressionnante série de réserves par laquelle le Conseil constitutionnel avait accueilli la loi sur le Pacs (*supra*, n° 28, § 12) (N. Molfessis, « La réécriture de la loi relative au Pacs par le Conseil constitutionnel », *JCP* 2000. I. 120).

Tout en prenant le soin de répondre à chacun des griefs qui avaient été formulés par les parlementaires contre la loi nouvelle, le Conseil a entendu marquer très nettement qu'il ne dispose pas d'un pouvoir d'appréciation et de décision de même nature que le Parlement, en sorte qu'il ne saurait substituer son appréciation à celle du législateur. Pour lui, c'est au législateur et non au juge constitutionnel qu'il appartient de se prononcer sur l'ouverture du mariage et de l'adoption aux couples de même sexe. Opposé en 2011 aux partisans de l'ouverture du mariage aux personnes de même sexe (Cons. const. 28 janv. 2011, préc.), l'argument l'est en 2013 aux adversaires de cette même ouverture.

8 Une telle position a suscité la controverse. Certains l'ont perçue comme le signe d'un « engagement clair » du Conseil constitutionnel en faveur des « thèses libertaires et donc d'un abandon de la philosophie républicaine » (A.-M. Le Pourhiet, « Le mariage de Mamère et la "constitution de mon père" », *Constitutions* 2013. 166 s.). D'autres y ont vu « une démission (du Conseil) à exercer son office » (A. Roblot-Troizier, « La loi et les principes fondamentaux reconnus par les lois de la République », *RFDA* 2013. 945).

À quoi il a été objecté que pour rejeter le grief selon lequel l'ouverture du mariage aux personnes de même sexe serait contraire au principe d'égalité, le Conseil constitutionnel répond, « non pas que la situation des couples homosexuels ne justifie pas qu'ils soient traités différemment (ce qui aurait été une approbation), mais qu'il ne lui appartient pas de substituer son appréciation à celle du législateur sur la prise en compte de leur différence de situation » (F. Chénedé, « Un autre regard sur la décision du Conseil constitutionnel relative au mariage pour tous », *Constitutions* 2013. 555). En adoptant une telle attitude, le Conseil constitutionnel refuse, en réalité, de juger du bien-fondé de la décision politique, ce que lui imposeraient les exigences de la démocratie (F. Chénedé, « La nouvelle leçon de démocratie du Conseil constitutionnel », *AJ fam.* 2013. 332; rappr. du même auteur, « La place du juge et le rôle du juriste dans le débat sur le mariage pour tous », in *L'ouverture du mariage aux personnes de même sexe*, 2014, p. 27 s.).

En réalité, comme le soulignait le doyen Vedel, le contrôle de constitutionnalité est là pour rappeler que certaines mesures portant sur de grands principes ne peuvent être prises que « dans des conditions solennelles, à des majorités renforcées ou par référendum » afin d'éviter qu'une majorité « ne puisse pas tout faire si elle n'est pas assez forte pour engager une révision contrôlée par un référendum » (G. Vedel, *Le Débat*, n° 55, mars-août 1989). Reste à s'entendre sur ces grands principes ainsi mis hors de portée des majorités de rencontre. Manifestement, le Conseil constitutionnel n'entend pas y faire figurer les principes d'organisation de la famille : il n'est pas question d'imposer un modèle familial au nom des droits et principes protégés par la Constitution (F. Chénedé et P. Deumier, « L'œuvre du Parlement, la part du Conseil constitutionnel en droit des personnes et de la famille », *Cah. Cons. const.* 2013, n° 39, p. 7; rappr. J.F. de Montgolfier, « La QPC et le droit de la famille au Conseil constitutionnel », *AJ fam.* 2012. 578). Pour lui, l'altérité sexuelle du mariage est une règle et non un principe fondamental de la République, règle qui n'intéresse ni les droits et libertés fondamentaux, ni la souveraineté nationale, ni l'organisation des pouvoirs publics. Il en va ainsi alors même que le Conseil constitutionnel exerce sous couvert des principes fondamentaux de la République, son contrôle sur des questions qui sont certainement moins cruciales pour l'avenir de notre société. Mais après tout, n'est-ce pas Jean Rivero qui s'interrogeait sur l'aptitude de la justice constitutionnelle à « filtrer le moustique et à laisser passer le chameau » (*Le Conseil constitutionnel et les libertés*, 2e éd., 1987, p. 101) ?

9 Pour justifier cette position, on a fait valoir qu'il s'agit là de « question de société » et que « jamais le Conseil constitutionnel n'a dégagé de principes fondamentaux des lois de la République sur des questions de société » (A. Viala, cité par A.-M. Le Pourhiet, art. préc., *Constitutions* 2013. 166). La limite ainsi tracée est extrêmement vague et par là même peu opératoire car, comme on l'a relevé, la Constitution a vocation à traiter de questions qui intéressent la « société » (B. Mathieu, « Les "questions de société" échappent au contrôle de constitutionnalité », *JCP* 2013. 588). Aussi bien, essaie-t-on de préciser l'ampleur de ce contrôle en approfondissant ses finalités : protéger les droits de l'homme par un régime de droit « pour que l'homme ne soit pas contraint, en suprême recours, à la révolte contre la tyrannie et l'oppression » (Préambule de la Déclaration universelle de 1948), en sorte que ce contrôle aurait pour but de lutter contre les interventions illégitimes du pouvoir politique portant atteinte à la sûreté, à la propriété et aux libertés, qu'elles soient individuelles ou collectives, économiques ou sociales (F. Chénedé, « Le droit à l'épreuve des droits de l'homme », *Mélanges G. Champenois*, 2012, p. 139 s.). On se ralliera bien volontiers à un tel programme, tout en rappelant que la Convention européenne des droits de l'homme qui avait été élaborée pour répondre au même programme, c'est-à-dire prévenir le renouvellement des atrocités perpétrées par les régimes totalitaires en protégeant l'individu contre l'action arbitraire de l'État, est depuis, sous l'impulsion de la Cour de Strasbourg, « sortie de son lit » (J. Carbonnier, *Droit et passion du droit sous la Ve République*, 1996, p. 55). Et de fait, si elle a fait preuve en la circonstance d'une certaine réserve (*supra*, § 5), elle a en de nombreux autres domaines fait montre d'une véritable « boulimie interprétative » qui l'a conduit à mettre « cul par-dessus tête » des institutions qui plongent leur racine dans une tradition immémoriale (H. Fulchiron, « Couples, mariage et différences des sexes : une question de discrimination ? », *Études Rubellin-Devichi*, 2002, p. 31). Or ces débordements sont d'autant plus menaçants pour la démocratie que, à la différence du Conseil constitutionnel, aucun peuple ne peut paraître en majesté dans une sorte de lit de justice pour briser ses décisions et la faire rentrer dans les limites qui ont été posées par les textes qui l'instituent.

III. — Les paradoxes et les non-dits de la loi du 17 mai 2013

10 Faisant de la France, le quatorzième pays au monde à ouvrir le mariage aux personnes de même sexe, les textes nouveaux se ressentent de la hâte apportée à leur rédaction ainsi que de la confusion qui a présidé à leur élaboration.

Depuis la nuit des temps, le mariage s'entendait, dans la société occidentale, de l'union d'un homme et d'une femme en vue d'attribuer à l'homme les enfants nés de la femme et de fonder ainsi une famille. Acte fondateur de la famille, le mariage était le moyen institutionnel prévu par le Code civil pour « discipliner le désordre naturel de la sexualité et de la procréation » (M. Azavant, *L'ordre public et l'état des personnes*, thèse Pau, 2002). En échangeant leurs consentements, les époux souscrivent, en effet, un certain nombre d'engagements l'un envers l'autre, mais aussi et surtout envers ceux auxquels ils vont donner naissance. Ils acceptent, en effet, par avance les enfants qui en naîtront et promettent de les élever et de les éduquer. Comme le souligne le doyen Carbonnier, « le cœur du mariage, ce n'est pas le couple, c'est la présomption de paternité » (J. Carbonnier, *Droit civil, la famille*, t. 2, 21e éd., p. 480 s.), qui permet de donner un père aux enfants et d'assigner à chacun sa place généalogique. La notion d'institution traditionnellement utilisée pour caractériser le mariage traduit le dépassement de l'intérêt individuel des époux et la dimension d'intérêt social dont il se trouve investi. Dans cette conception, puisque le mariage implique la filiation, la différence des sexes est inscrite au cœur même de celui-ci; elle en constitue un élément essentiel et non une simple modalité.

11 À l'encontre d'une telle analyse, il a été souligné que le mariage civil avait changé de nature. Coupé de ses racines canoniques, il serait « devenu étranger à lui-même » (R. Libchaber, « La notion de mariage civil », *Mélanges Ph. Jestaz*, 2006, p. 327). « Fondé sur l'amour et la sexualité plutôt que sur la procréation, destiné à l'organisation d'une vie matérielle qui durera autant qu'il plaira à chacun, indifférent à une quelconque sexualisation des rôles respectifs », le mariage ne serait plus selon cette analyse qu'« un des modes d'être de la vie à deux », en sorte que rien n'obligerait à le réserver aux seuls hétérosexuels. Une telle analyse trouve un puissant renfort dans les transformations que l'ordonnance du 4 juillet 2005 a apportées au droit de la filiation. En supprimant la notion même de filiation légitime, en banalisant la présomption de paternité, les auteurs de l'ordonnance de 2005 ont sinon rompu, du moins distendu, « l'affinité profonde entre mariage et filiation ». Celui-ci est ainsi privé de sa valeur symbolique de modèle au point que les citoyens risquent de perdre jusqu'à la perception de l'utilité d'une famille structurée par le mariage pour la procréation et l'éducation des enfants (Y. Lequette, « Observations sur le nominalisme législatif en matière de filiation », *Mélanges G. Viney* 2007). Aussi bien certains auteurs, tirant les conséquences de ce mouvement, ont-ils développé une nouvelle représentation de la famille dont la pierre fondatrice devient la filiation « plénière » (D. Fenouillet, « La filiation plénière, un modèle en quête d'identité », *Mélanges F. Terré* 1999, p. 509 s., spéc. 516; F. Dekeuwer-Defossez, *Rénover le droit de la famille*, 1999, p. 31). Apparaissant « comme un lien vertical autonome qui s'enracine dans le passé et plonge dans le futur, lien invariable dans sa substance, selon les relations des auteurs de l'enfant et dépendant exclusivement par essence des relations verticales effectives instituées entre l'enfant et chacun de ses auteurs », la filiation tient en respect, voire évince les autres mécanismes familiaux tel le mariage, lequel détaché de la procréation perd son caractère d'acte fondateur d'une famille et a pour seul objet l'organisation de la vie du couple. Devenu une « simple union personnelle et patrimoniale entre deux personnes, à finalité de reconnaissance sociale », sans perspective particulière de procréation, le mariage pourrait alors être ouvert aux homosexuels (V. Larribau-Terneyre, *Dr. fam.* 2004, n° 140, p. 24). Mais il ne devrait, en ce cas, en bonne logique, pas être accompagné des moyens – adoption, PMA – permettant aux couples de se doter d'une descendance, puisque ce qui, dans cette conception, rend possible le mariage homosexuel exclut qu'il reçoive un prolongement générationnel, lequel relève alors d'un autre problème, celui de l'homoparentalité (*infra*, n°s 54-56). Mais, comme on l'a justement souligné, « il est frappant de constater que la revendication de la filiation suit, quand elle ne l'accompagne pas, l'ouverture du mariage aux couples de même sexe, renouant ainsi les liens que l'on prétendait obsolètes, entre mariage et parenté » (H. Fulchiron, obs. préc.). Autrement dit, les mêmes qui se prévalent de ce changement de nature du mariage pour justifier son ouverture aux personnes de même sexe, soutiennent immédiatement après que les couples de même sexe, parce qu'ils sont mariés, doivent pouvoir adopter. Après avoir fait une croix sur le mariage traditionnel, ils n'hésitent pas à se prévaloir de celui-ci pour satisfaire leur désir d'enfant. Dans son article précédemment cité, M. Rémy Libchaber avait anticipé sur cette démarche et l'avait qualifiée de « pur sophisme » (art. préc., *Mélanges Jestaz*, p. 342). Et de fait, il y a là un véritable tour de passe-passe. Comme on a pu l'écrire, c'est « un des principaux paradoxes du projet de loi sur le mariage pour tous que de partir du principe que le mariage a changé, qu'il est devenu, avant tout une affaire de couple, pour dire ensuite que, puisque le mariage est ouvert aux personnes de même sexe, l'adoption doit suivre comme s'il s'agissait d'un effet du mariage » (H. Fulchiron, « La reconnaissance de la famille homosexuelle : étude d'impact », *D.* 2013. 101).

12 Pourquoi cet étonnant tour de passe-passe ? Sans doute, parce que, grâce à cet escamotage, le législateur évite de poser et donc d'avoir à résoudre des questions extrêmement complexes.

Manifestement le mariage pour tous, bien loin d'être une simple extension du mariage traditionnel, est devenu autre chose que celui-ci et revêt un caractère plural. D'où toute une série de questions. Comment s'articule ce statut du couple avec d'autres modes de conjugalité : le Pacs, le concubinage ? Le mariage se partenarisant dans le temps même où le Pacs se matrimonialise (Y. Lequette, « Quelques remarques sur le pluralisme en droit de la famille », *Mélanges G. Champenois*, 2012, p. 523 s., spéc. p. 534), y a-t-il lieu de maintenir ces différents statuts ? Comment s'articule le mariage pour tous avec le mariage religieux ?

Surtout, « aucune des conséquences de la loi quant à filiation n'est envisagée sérieusement, spécialement en matière d'adoption », en sorte que « ce sont des injustices flagrantes qui vont se produire entre des situations proches » (J. Hauser, obs. *RTD civ.* 2013. 581 ; rappr. H. Fulchiron, « Le mariage pour tous, un enfant pour qui ? », *JCP* 2013. 658). À s'en tenir aux seules conséquences acquises, à savoir l'ouverture de l'adoption aux personnes de même sexe, adoption plénière et mariage pour tous s'ajustent très malaisément. Dans le droit français, l'adoption plénière avait été conçue comme une fiction qui « singe » la nature : l'enfant qui fait l'objet d'une adoption plénière perd tout lien avec sa famille d'origine mais se voit doter en contrepartie d'une nouvelle famille, au sens traditionnel du terme, c'est-à-dire d'un père et d'une mère. Ce n'est plus le cas de l'enfant qui est l'objet d'une adoption par un couple de même sexe. D'où une série de questions. Quel sens conserve la fiction ? On peut faire comme si un enfant est né d'un homme et d'une femme, on ne peut pas faire comme s'il est né de deux hommes ou de deux femmes. Qu'advient-il de l'égalité dans un tel cas ? Au nom de l'égalité entre les couples, on crée une inégalité profonde entre les enfants, puisqu'il y aura ceux qui se verront attribuer un père et une mère et ceux auxquels on imposera deux pères ou deux mères. Que devient leur droit à une vie familiale normale ? Sur tous ces points le Conseil constitutionnel se défausse, dans la décision reproduite, sur le législateur, estimant qu'il ne lui appartient pas de substituer son appréciation à celle retenue par celui-ci. Quant au législateur, il envisage manifestement l'intérêt de l'enfant à l'aune, non du fameux principe de précaution, mais de ce qu'on pourrait appeler le principe d'*expérimentation.*

13 Derrière ce débat, s'en profile un autre relatif à l'intérêt de la société, à son avenir. Ce qui frappe lorsqu'on lit les travaux préparatoires de la loi, c'est que, comme l'a relevé Laurent Aynès, la considération de l'intérêt général est totalement absente de cette loi (L. Aynès, « Le projet de loi ouvrant le mariage aux couples de personnes de même sexe », *D.* 2012. 2753, n° 17). Il s'agit de satisfaire les revendications de certaines catégories de personnes, parfaitement organisées en groupes de pression, sans se préoccuper plus avant des conséquences pour la société dans son ensemble. C'est le triomphe de l'idéologie post-moderne. La valeur placée au centre de la philosophie post-moderne n'est plus le bien commun ou l'intérêt général mais le bonheur privé. Le rôle du politique en est bouleversé puisque, de garant du bien commun, il se mue en dispensateur du bonheur individuel (J. Chevallier, *L'État post-moderne*, 3e éd., 2008, p. 16 s.). Le sujet politique n'est plus le citoyen participant à une entreprise commune mais un individu égotique et narcissique qui ne peut accepter que les lois de la Cité s'opposent à ses désirs d'union et d'enfants (C. Lasch, *La culture du narcissisme*, Robert Laffont, 1981). Jadis, on enseignait qu'il n'était pas d'épanouissement individuel sans équilibre personnel et pas d'équilibre personnel sans conciliation du principe de plaisir et du principe de réalité. Désormais dans la vision post-moderne des choses, foin du principe de réalité; tout rappel de celui-ci est perçu comme l'expression d'une répression et, à ce titre, immédiatement disqualifié. Il reste, au demeurant, encore quelques tabous à faire tomber – prohibition de l'inceste, limitation au couple… (J.-S. Borghetti, « S'affranchir du modèle familial traditionnel », *Revue de droit d'Assas* 2011, n° 3, p. 93; F. Terré, « L'occasion rêvée », *JCP* 2005, n° 17, Actu. 223) – pour que le slogan « le mariage pour tous » devienne réalité.

MARIAGE. MAJEUR EN TUTELLE. AUDITION ET NÉCESSITÉ DU CONSENTEMENT DE L'INCAPABLE

(V. *infra*, n° 65)

35

MARIAGE. NULLITÉ. ERREUR SUR LA PERSONNE

Ch. réun. 24 avril 1862

(*DP* 62. 1. 153, *S.* 62. 1. 341, concl. Dupin)

Dame Berthon c. Berthon

L'erreur dans la personne, qui, aux termes de l'article 180 du Code civil, annule le mariage, ne doit s'entendre que d'une erreur qui porte sur l'identité de la personne et par le résultat de laquelle l'une des parties a épousé une personne autre que celle à qui elle croyait s'unir. Cette nullité ne s'étend pas aux simples erreurs sur des conditions ou des qualités de la personne, sur des flétrissures qu'elle aurait subies et, spécialement, à l'erreur de l'époux qui a ignoré la condamnation à des peines afflictives ou infamantes antérieurement prononcée contre son conjoint (C. civ., art. 146 et 180).

Faits. — Le sieur B… avait été, à l'âge de dix-sept ans, condamné, comme complice d'assassinat, à quinze ans de travaux forcés. Sa peine avait été, en raison de sa bonne conduite, commuée en celle de la réclusion et deux remises successives sur la durée lui avaient été accordées. À vingt-neuf ans, étant sorti de prison et s'étant créé une situation commerciale, il épousa la demoiselle H… Sa femme, ayant appris d'un tiers la condamnation prononcée contre son mari, intenta une action en nullité de son mariage, qui fut rejetée par la cour de Paris, le 4 février 1860 (*DP* 60. 2. 87, *S.* 60. 2. 71). Cette décision fut cassée par un arrêt de la chambre civile du 11 février 1861 (*DP* 61. 1. 59, *S.* 61. 1. 241), lequel a décidé que, « s'il résulte de la combinaison des articles 146 et 180 du Code civil que la nullité d'un mariage ne peut être prononcée pour cause d'erreur que lorsqu'il y a *erreur dans la personne*, cette erreur doit s'entendre non seulement de l'erreur dans la personne physique, mais encore de l'erreur dans la personne civile ». La cour d'Orléans, devant qui l'affaire fut renvoyée, statua dans le même sens que la cour de Paris, par un arrêt du 6 juillet 1861 (*S.* 61. 2. 485). Nouveau pourvoi de la dame B…

Moyen. — Violation des articles 146, 180 et 232 du Code civil, en ce que l'arrêt attaqué a refusé d'annuler, pour erreur dans la personne, le mariage contracté avec un individu frappé d'une condamnation à une peine afflictive et infamante, dont il a laissé ignorer l'existence à son conjoint.

ARRÊT
(après délib. en la ch. du cons.)

La Cour; — Attendu que l'erreur dans la personne dont les articles 146 et 180 du Code Napoléon ont fait une cause de nullité de mariage ne s'entend, sous la nouvelle comme sous l'ancienne législation, que d'une erreur portant sur la personne elle-même; — Attendu que si la nullité ainsi établie ne doit pas être restreinte au cas unique de l'erreur provenant d'une substitution frauduleuse de personne au moment de la célébration; — Si elle peut également recevoir son application quand l'erreur procède de ce que l'un des époux s'est fait agréer en se présentant comme membre d'une famille qui n'est pas la sienne, et s'est attribué les conditions d'origine et la filiation qui appartiennent à un autre; — Le texte et l'esprit de l'article 180 écartent virtuellement de sa disposition les erreurs d'une autre nature, et n'admettent la nullité que pour l'erreur qui porte sur l'identité de la personne, et par le résultat de laquelle l'une des parties a épousé une personne autre que celle à qui elle croyait s'unir; — Qu'ainsi, la nullité pour erreur dans la personne reste sans extension possible aux simples erreurs sur des conditions ou des qualités de la personne, sur des flétrissures qu'elle aurait subies, et spécialement à l'erreur de l'époux qui a ignoré la condamnation à des peines afflictives ou infamantes antérieurement prononcée contre son conjoint et la privation des droits civils et civiques qui s'en est suivie; — Que la déchéance établie par l'article 34 du Code pénal ne constitue par elle-même ni un empêchement au mariage, ni une cause de nullité de l'union contractée; — Qu'elle ne touche non plus en rien à l'identité de la personne; qu'elle ne peut donc motiver une action en nullité du mariage pour erreur dans la personne; — Qu'en le jugeant ainsi et en rejetant la demande en nullité de son mariage formée par Zoé H..., et motivée sur l'ignorance où elle avait été, à l'époque du mariage, de la condamnation à quinze ans de travaux forcés qu'avait antérieurement subie B..., son mari, et de la privation des droits civils et civiques qui en avait été la suite, l'arrêt attaqué n'a fait qu'une juste et saine application des articles 146 et 180 du Code Napoléon; — *Par ces motifs*, rejette...

OBSERVATIONS

1 Célèbre sans doute plus encore par l'espèce qui en était l'occasion que par la solution qu'il pose, cet arrêt des chambres réunies ne présente plus guère aujourd'hui qu'un intérêt rétrospectif. De fait, le législateur ayant réalisé ce que la jurisprudence n'avait pas pu ou cru devoir faire, le droit français retient, depuis la loi du 11 juillet 1975 portant réforme du divorce, une conception élargie de l'erreur sur la personne en matière de mariage. Cette décision n'en mérite pas moins de figurer dans ce recueil. Historiquement, elle a indirectement contribué à la définition des grands équilibres de notre droit de la famille : en donnant de l'erreur sur la personne une définition très étroite et en faisant ainsi du mariage français de l'époque une union plus indissoluble même que celle du droit canonique, elle a, à terme, rendu inéluctable la restauration du divorce. Plus immédiatement, la jurisprudence qui s'est développée à la suite de cet arrêt (I) n'est pas étrangère à la maturation d'une loi dont la compréhension suppose la connaissance du droit antérieur (II).

I. — La jurisprudence

2 Cet arrêt précise quelle est l'erreur dans la personne qui, aux termes de l'article 180, alinéa 2 du Code civil, réd. 1804, entraîne la nullité du mariage. Pothier, dont les rédacteurs du Code civil se sont inspirés en la matière, avait

adopté sur ce point une conception excessivement étroite. Pour lui, la seule erreur que l'on pût alléguer en matière de mariage était celle qui portait sur *l'identité physique* de la personne (*Mariage*, n°s 308 à 310). Il s'agit là, du moins de nos jours, d'une hypothèse très exceptionnelle, dans la mesure où la formation du mariage requiert normalement la comparution personnelle des époux. En outre, une éventuelle substitution de personne entraîne une absence de consentement (v. l'art. 146 C. civ.) et non pas seulement un vice du consentement.

Par rapport à cette conception, l'arrêt reproduit réalise une certaine extension, puisqu'il ne restreint pas la nullité au cas de l'erreur provenant d'une substitution de personne au moment de la célébration. Il demeure néanmoins singulièrement restrictif puisque, outre l'erreur sur l'identité physique, seule l'erreur sur *l'identité civile* est prise en compte. Tel est le cas lorsque l'un des futurs époux s'est fait agréer, en se présentant comme membre d'une famille qui n'est pas la sienne, et s'est attribué les conditions d'origine et de filiation appartenant à un autre. Ainsi en va-t-il lorsque l'un des conjoints a pris un faux nom, un faux état civil pour faire croire à l'autre qu'il appartenait à une famille à laquelle il était étranger (T. civ. Seine, 7 juill. 1948, *D.* 1950. 441, note G. H.). Mais, compte tenu du critère retenu, toute autre erreur portant, par exemple, sur l'intégrité physique, morale ou même judiciaire de l'individu, ou encore sur des composantes plus ou moins directes de l'état des personnes, n'a pas été, en général, considérée comme une erreur sur la personne, au sens de l'article 180 (réd. 1804). Ainsi, la Cour de cassation a décidé qu'une femme qui s'était mariée en ignorant que son futur époux était un moine défroqué ne pouvait obtenir l'annulation du mariage pour cause d'erreur (Civ. 25 juill. 1888, *D.* 1888. 1. 97). La nullité a aussi été exclue alors que l'un des époux ignorait, en se mariant, qu'il épousait un conjoint impuissant (Civ. 16 oct. 1903, *S.* 1904. 1. 273, note Wahl) ou une fille-mère (T. Seine, 18 janv. 1938, *D.* 1938. 2. 119). L'erreur sur l'âge n'a pas été admise (T. Seine, 6 déc. 1949, *D.* 1950. 103). Et il faut en dire autant de l'erreur sur la qualité de la filiation (Bordeaux, 21 mars 1866, *S.* 66. 2. 209) et de l'erreur sur la nationalité (Paris, 20 juill. 1943, *S.* 1943. 2. 56).

La rigueur manifestée par la Cour de cassation en matière de nullité du mariage était, au demeurant, tempérée par la facilité avec laquelle notre jurisprudence découvrait l'existence d'une injure grave justifiant un divorce dans le fait, pour un conjoint, d'avoir dissimulé à l'autre des circonstances (impuissance, casier judiciaire chargé, appartenance à une religion, etc.), qui auraient été de nature à empêcher le mariage (Civ. 7 mai 1951, *D.* 1951. 472; 5 juill. 1956, *D.* 1956. 609, V. Guyon, « De l'obligation de sincérité dans le mariage », *RTD civ.* 1964. 473).

3 Ces solutions exagérément restrictives étaient très vivement critiquées par la doctrine (v. not. Marty et Raynaud, 3e éd., *Les personnes*, par Raynaud, n° 80). Contraires aux règles du droit canonique, elles sont aussi contredites par des législations étrangères tenant compte de l'erreur, dès lors que celle-ci porte sur des qualités matrimoniales essentielles; sans admettre la nullité pour cause d'erreur aussi facilement qu'en matière de contrat, ces systèmes tiennent compte à la fois de la nécessité de fonder le mariage sur un consentement éclairé des époux et du souci d'assurer la stabilité du mariage en le soustrayant à des fantaisies individuelles (droit allemand : anc. art. 1333 BGB, L. 20 févr. 1946, art. 32; droit suisse art. 124 C. civ.).

4 Ces objections semblent avoir encouragé, depuis plus d'un siècle (v. Cornu, *Centenaire*, *D.* 1959. chron. 215), la résistance des juridictions du fond. C'est ainsi que les tribunaux ont retenu comme cause de nullité *l'erreur sur la situation de famille* dans une espèce où une jeune fille avait épousé un divorcé alors qu'elle croyait se marier avec un célibataire (T. civ. Bordeaux, 9 juin 1924, *Gaz. Pal.* 1924. 2. 201; v. cep. *contra* Bordeaux, 21 déc. 1954, *D.* 1955. 242, note P. Esmein, mais dans une hypothèse où le demandeur en nullité était lui-même divorcé), la *croyance erronée à la possibilité d'un mariage religieux* (T. civ. Seine, 4 avr. 1951, *JCP* 1953. II. 7408, note J. M.; comp. T. civ. Bordeaux, 9 juin 1924, préc.; v. Coulombel, Le droit privé français devant le fait religieux, *RTD civ.* 1956. 1 s., spéc. n° 6, p. 13), *l'erreur sur la nationalité* en temps de guerre (T. civ. Seine, 4 févr. 1918 et 2 janv. 1920, *DP* 1920. 2. 78, *S.* 1920. 2. 129, note H. Rousseau), *l'erreur sur l'honorabilité* dans des circonstances qui n'étaient pas sans rappeler l'affaire *Berthon* (dissimulation d'une tentative de meurtre : T. civ. Bressuire, 26 juill. 1944, *D.* 1945. 94, *RTD civ.* 1945. 105, obs. G. Lagarde).

S'il était encore possible de concilier la plupart de ces décisions avec la formule de l'arrêt *Berthon* à condition de considérer une erreur sur l'*état* d'une personne comme une erreur sur son identité civile (Hauser et Huet-Weiller, *La famille, Fondation et vie de la famille*, 2e éd., n° 256), il n'en allait plus ainsi pour toutes les décisions qui retinrent la nullité pour *erreur* sur *la santé mentale* du conjoint (TGI Le Mans, 18 mars 1965, *D.* 1967. 203, note Pradel, *RTD civ.* 1965. 796, obs. Nerson; comp. en ce qui concerne le dol, Paris, 31 janv. 1967, *JCP* 1967. II. 15036, note R. B., *RTD civ.* 1968. 139, obs. Nerson) ou sur son *aptitude sexuelle* (T. civ. Grenoble, 13 mars et 20 nov. 1958, *D.* 1959. 495, note Cornu; v. aussi TGI Lille, 17 mai 1962, *D.* 1963. Somm. 10; Grenoble, 19 juin 1963, *JCP* 1963. II. 13334, concl. Brouillonnet; TGI Lyon, 5 mai 1971, *Ann. Fac. Droit Lyon* 1972. 185, note Maurice; TGI Avranches, 10 juill. 1973, *D.* 1974. 174, note Guiho; v. Trochu, « L'impuissance », *D.* 1965. chron. 153).

Du fait de cette évolution, il n'existait plus de certitude. Aussi espérait-on qu'un arrêt de la Cour de cassation donnerait le signal d'un éventuel revirement. Mais, saisie à deux reprises, la haute juridiction s'était contentée de rejeter le pourvoi, en se référant au pouvoir souverain des juges du fond qui avaient refusé la nullité faute de preuve suffisante (Civ. 1re, 13 oct. 1970, *Bull. civ.* I, n° 257, p. 211, *RTD civ.* 1971. 827; 29 janv. 1975, *D.* 1975. 668, note Hauser). La solution vint du législateur.

II. — La loi du 11 juillet 1975

5 Dans sa rédaction du 11 juillet 1975, l'article 180, alinéa 1 du Code civil dispose : « S'il y a erreur dans la personne, ou sur *les qualités essentielles de* *la personne*, l'autre époux peut demander la nullité du mariage ». En visant l'erreur sur les qualités essentielles en sus de l'erreur dans la personne, le législateur consacre et amplifie la jurisprudence des juges du fond décrite ci-dessus (ex. : ignorance de la qualité de divorcé : Civ. 2e, 2 déc. 1997, *Defrénois* 1998. 1017, obs. Massip, *Dr. fam.* 1998, no 35, obs. Lécuyer, *RTD civ.* 1998. 659, obs. Hauser; ignorance d'une condamnation pénale : TGI Paris, 23 mars 1982, *Defrénois* 1983. 313, obs. Massip, *RTD civ.* 1983. 323, obs. Nerson et Rubellin-Devichi; ignorance de la qualité de prostituée : TGI Paris, 23 févr. 2001, *Dr. fam.* 2002, no 1, obs. Lécuyer; ignorance de l'existence d'une « vieille maîtresse » avec laquelle le conjoint n'avait nullement l'intention de rompre : TGI Le Mans, 7 déc. 1981, *JCP* 1986. II. 20573, note Lemouland, *contra*, dans le cas de l'ignorance d'une liaison antérieure, Paris, 20 déc. 2001, *Dr. fam.* 2002, no 40, obs. Lécuyer, *RTD civ.* 2002. 272, obs. Hauser, maintenu par Civ. 1re, 13 déc. 2005, *Bull. civ.* I, no 495, *D.* 2006. Pan. 1417, obs. Lemouland et Vigneau, *JCP* 2006. II. 10140, note Ben Hadj Yahia, *RTD civ.* 2006. 285, obs. Hauser; ignorance de l'existence d'une seconde famille naturelle : Rennes, 11 déc. 2000, *Dr. fam.* 2001, no 67, obs. Lécuyer, *RTD civ.* 2001. 855, obs. Hauser). Par qualité essentielle il faut entendre la qualité déterminante, celle qui, si elle avait été connue, aurait dissuadé les époux de se marier. Encore faut-il que cette qualité soit « sociologiquement déterminante » (Malaurie et Fulchiron, *La famille*, no 182). La dimension sociale particulièrement marquée du mariage oblige en effet à ne prendre en compte que les erreurs déterminantes compatibles avec le système de valeurs de notre société. Ainsi a-t-on pu douter qu'une erreur sur la naissance, la race ou la religion du conjoint puisse entraîner la nullité du mariage (Hauser et Huet-Weiller, *La famille, Fondation et vie de la famille*, 2e éd. 1993, nos 260 s.). Quant à l'erreur sur la situation patrimoniale du conjoint (fortune, profession), sa prise en compte semble se heurter au fait que le texte vise exclusivement les qualités essentielles de la personne (Cornu, *La famille*, no 174). En revanche, ont été considérées comme des causes de nullité : l'ignorance de l'impuissance du mari (Paris, 26 mars 1982, *Gaz. Pal.* 1982. 2. 519, note J. M., *Defrénois* 1982, 32930, no 4, obs. Massip; rappr. Rouen 6 mars 2008, *AJ fam.* 2008. 399, obs. F. Chénedé, *RTD civ.* 2008. 659, obs. J. Hauser), l'ignorance de ce que le conjoint était atteint d'une infection VIH à un stade avancé (TGI Dinan 4 avr. 2006, *D.* 2007. 1510), l'ignorance de l'aliénation mentale du conjoint (TGI Tarascon, 8 juill. 1981, *Gaz. Pal.* 1982. 1. Somm. 91), le critère retenu étant lié au point de savoir si l'état mental met obstacle à une vie conjugale normale (v. au sujet d'une curatelle, TGI Vesoul, 28 nov. 1989, *D.* 1990. 590, note Philippe, nullité; Paris, 10 févr. 1987, *D.* 1987. IR 49, absence de nullité).

6 On perçoit ainsi que les solutions sont, en la matière, le fruit d'une tension et d'une recherche d'équilibre entre la dimension institutionnelle et d'ordre public du mariage et l'autonomie de la volonté des époux qui n'entendent pas abdiquer leurs choix personnels. Nulle affaire ne l'illustre mieux que celle, très médiatisée, qui est intervenue sur la question de savoir si la virginité de la femme peut être une qualité essentielle au sens de l'article 180 du Code civil, en sorte que son absence entraînerait la nullité du mariage. En la circonstance, un mari avait découvert, lors de la nuit de noces, que sa femme n'était pas vierge, alors qu'elle lui avait été présentée « comme célibataire et chaste ». Il demanda et obtint la nullité du mariage (TGI Lille, 1er avr. 2008, *D.* 2008. 1389, note P. Labbée, *JCP* 2008. II. 10122, note G. Raoul-Cormeil, *Dr. fam.* 2008, nº 98, note V. Larribau-Terneyre, *RTD civ.* 2008. 455, obs. J. Hauser). Entrée dans le champ matrimonial, cette qualité avait été déterminante du consentement au mariage projeté. S'il avait connu son absence, le mari ne se serait pas marié. Autrement dit, la dimension subjective prévaut. L'affaire ayant été communiquée au ministère public en tant que partie jointe (*supra*, nos 15-16), celui-ci fit appel de la décision, là où un pourvoi dans l'intérêt de la loi aurait sans doute été préférable (J. Hauser, *RTD civ.* 2008. 458; sur cette institution, voir *infra*, nº 51, § 17). La cour de Douai a infirmé la décision en considérant que le mariage reste une « matière d'ordre public » et que la virginité de la future épouse « n'est pas une qualité essentielle », car « son absence n'a pas d'incidence sur la vie matrimoniale ». Le mari ayant fait valoir que la future épouse avait menti sur sa vie sentimentale antérieure et sur sa virginité, provoquant ainsi une « erreur sur la confiance » qu'il pouvait avoir en celle-ci, confiance relevant des qualités essentielles attendues par chaque conjoint de l'autre, la cour répond que le « mensonge qui ne porte pas sur une qualité essentielle n'est pas un fondement valide pour l'annulation du mariage ». On sait, en effet, que le dol est exclu en matière de mariage (« En mariage, trompe qui peut ») (Douai 17 nov. 2008, *D.* 2010. 729, obs. Lemouland, *JCP* 2009. I. 10005, note Ph. Malaurie, *Dr. fam.* 2008, nº 167, note V. Larribau-Terneyre, *RTD civ.* 2009. 98, obs. J. Hauser). On aurait mal compris, au demeurant, qu'une autre solution soit retenue. La jurisprudence ayant réduit à rien l'obligation de fidélité entre époux durant le mariage (*supra*, nos 29-30), il serait pour le moins paradoxal qu'elle la découvre pendant la période antérieure au mariage. Cette solution est également en cohérence avec la jurisprudence qui considère que l'ignorance d'une liaison antérieure n'est une cause de nullité que si le conjoint entend maintenir cette liaison postérieurement à son mariage (TGI Le Mans, 7 déc. 1981, préc.).

7 On peut aussi relever l'admission de la nullité dans des cas où il est établi que l'un des conjoints n'avait nullement l'intention de respecter les obligations fondamentales du mariage (Montpellier, 14 déc. 1992, *JCP* 1993. IV. 2337, *RTD civ.* 1994. 80, obs. Hauser; Paris, 7 mai 1996, *JCP* 1997. I. 3996, nº 6, obs. Farge, *Dr. fam.* 1997, comm. 38, obs. Lécuyer, *RTD civ.* 1996. 583, obs. Hauser). C'est dire que l'on passe alors insensiblement d'une question à une autre : celle des mariages simulés, frauduleux ou de complaisance (v. Civ. 1re, 28 oct. 2003, *D.* 2004. 21, note Gridel, *Defrénois* 2004. 143, obs. Massip, *Dr. fam.* 2004, nº 13).

8 À la différence de l'action en nullité absolue du mariage pour défaut de consentement, prévue par les articles 146 et 184 du Code civil, qui est ouverte à tous ceux qui y ont intérêt, l'action en nullité pour erreur sur les qualités essentielles de la personne est exclusivement attachée à la personne et ne peut être exercée que par l'époux dont le consentement a été vicié (Civ. 1re, 4 juill.

1995, *Bull. civ.* I, n° 291, p. 203, *D.* 1996. 232, note F. Boulanger, *Defrénois* 1996. 322, obs. Massip).

AUX AUTEURS CITÉS, *adde* : Raymond, *Le consentement des époux au mariage*, thèse, éd. 1965; D. Gutmann, *Le sentiment d'identité, Étude de droit des personnes et de la famille*, thèse Paris II, éd. 2000, n°s 1 s., 342 s.

36

MARIAGE PUTATIF. BONNE FOI. PRÉSOMPTION

Civ. 5 novembre 1913

(*DP* 1914. 1. 281, note P. Binet, *S.* 1920. 1. 370)

Veuve Picot c. Picot

La bonne foi étant toujours présumée, il incombe à celui qui allègue la mauvaise foi de la prouver. Par suite, celui qui, en vertu de l'article 202 du Code civil, prétend faire produire à un mariage déclaré nul des effets civils en faveur de l'époux qui l'a contracté de bonne foi n'a pas à rapporter la preuve de cette bonne foi (C. civ., art. 202).

Faits. — Les faits sont exposés dans l'arrêt suivant rendu par la cour de Rennes, le 24 février 1910 (rapporté au Dalloz sous l'arrêt de cassation) :

« La Cour; — Considérant que Aimée Lemoine, prenant la qualité de veuve Picot, a fait assigner Georgina Picot, femme Picot, devant le tribunal de Saint-Malo, pour voir ordonner le partage et la liquidation de la succession de feu Frédéric Picot et de la communauté ayant existé entre elle et lui, par suite d'un mariage contracté à Dinard le 14 octobre 1903; — Considérant que la défenderesse a opposé à cette demande le défaut de qualité de la demanderesse, le mariage célébré à Dinard, le 14 octobre 1903, étant nul pour cause de bigamie, puisque Frédéric Picot avait épousé, le 12 novembre 1885, Mary-Amy Valpy, veuve de Quetterville, laquelle n'est décédée que le 7 février 1905, sans avoir divorcé; — Considérant que, devant la cour, Aimée Lemoine ne prétend pas que le mariage contracté par elle avec Frédéric Picot soit valable; qu'elle accepte la décision du tribunal le déclarant nul, mais invoque les articles 201 et 202 du Code civil, et soutient qu'en raison de sa bonne foi, il doit produire les effets civils à son égard; — Considérant qu'invoquant sa bonne foi pour faire produire effet à un acte qui, radicalement nul, n'en peut produire aucun, elle doit faire la preuve de la circonstance qu'elle allègue; qu'elle se borne à affirmer sa bonne foi, sans établir ni demander à établir, en dehors de la célébration du mariage, dans les conditions ordinaires, aucun fait tendant à la démontrer; que son affirmation est insuffisante et inopérante, qu'elle ne peut donc se prévaloir de la disposition de l'article 201 du Code civil; — Considérant que la nullité du mariage étant certaine, les époux Picot n'ont rien à prouver;

que c'est donc à tort que les premiers juges ont mis à leur charge la preuve de la mauvaise foi d'Aimée Lemoine;... — Par ces motifs, confirme le jugement dont est appel, en tant qu'il a prononcé la nullité du mariage de Frédéric-Georges Picot et d'Aimée Lemoine célébré à Dinard le 14 octobre 1903; — Le réforme, au contraire, en tant qu'il a admis... les époux Picot à prouver la mauvaise foi d'Aimée Lemoine... ».

La dame Aimée Lemoine s'est pourvue en cassation.

Moyen. — Violation des articles 201, 202, 1116 et 2268 du Code civil, et 7 de la loi du 20 avril 1810, en ce que l'arrêt attaqué a déclaré qu'il incombait à l'époux, qui invoque le bénéfice des dispositions des articles 201 et 202, de prouver sa bonne foi, alors que, la fraude ne se présumant pas, c'est à celui qui allègue la mauvaise foi de cet époux à en rapporter la preuve.

ARRÊT
(après délib. en la ch. du cons.)

La Cour; — ... Attendu qu'aux termes de l'article 202 du Code civil, le mariage qui a été déclaré nul produit néanmoins des effets civils en faveur de l'époux qui l'a contracté de bonne foi; — Attendu, d'autre part, que la bonne foi est toujours présumée et qu'il incombe à celui qui allègue la mauvaise foi de la prouver; — Attendu que des constatations de l'arrêt attaqué il résulte qu'à une action en compte, liquidation et partage de communauté et de succession formée par la dame Aimée Lemoine, se disant veuve Picot, contre la dame Georgina Picot, cette dernière a opposé le défaut de qualité de la demanderesse; — Qu'elle a soutenu que le mariage contracté le 14 octobre 1903 à Dinard, par Aimée Lemoine avec Frédéric Picot était nul, par application de l'article 147 du Code civil, parce que, à cette date, Frédéric Picot était, depuis le 12 novembre 1885, engagé dans les liens d'un précédent mariage avec Mary Amy Valpy, veuve Nelson de Quetterville, laquelle n'est décédée que le 17 février 1905, sans avoir divorcé; — Qu'Aimée Lemoine n'a pas contesté la nullité invoquée, mais qu'elle a réclamé le bénéfice des articles 201 et 202 du Code civil en prétendant que son mariage avait été contracté par elle de bonne foi; — Attendu que l'arrêt attaqué décide que ladite dame, arguant de sa bonne foi pour faire produire effet à un acte qui, radicalement nul, n'en pouvait produire aucun, était tenue d'établir la circonstance alléguée par elle, et qu'elle se bornait à une affirmation insuffisante et inopérante; — Attendu qu'en mettant à la charge de la dame Lemoine une preuve qui ne lui incombait pas, l'arrêt a violé par refus d'application le texte ci-dessus visé; — *Par ces motifs*, casse...

OBSERVATIONS

1 « La bonne foi est toujours présumée, et c'est à celui qui allègue la mauvaise foi à la prouver ». Cette règle, qui figurait à l'article 2268 du Code civil relatif à la prescription acquisitive abrégée des immeubles, a désormais son siège à l'article 2274 du Code civil. Doit-on en étendre l'application aux autres effets que la bonne foi peut produire et notamment au mariage putatif ?

I. — La preuve de la bonne foi

2 Après la chambre criminelle (18 févr. 1819, *Dalloz JG*, v° *Bigamie*, n° 16-2°), la chambre civile de la Cour de cassation se prononce, dans l'arrêt ci-dessus, pour l'affirmative, sans fournir de raison à l'appui de son affirmation, ce qui n'a pas empêché celle-ci de fixer la jurisprudence (Civ. 8 janv. 1930, *DP* 1930. 1. 51; rappr. Civ., 1re sect. civ. 8 janv. 1963, *D.* 1963. 341, note Ph. M., *JCP* 1964. II. 13470, note Ph. F.; T. civ. Seine, 6 mars 1957, *JCP* 1957. II. 10212, note P. Bellet; Paris, 16 déc. 1959, *D.* 1961. 239, note Cornu, *JCP* 1960. II. 11460, concl. Combaldieu; Civ. 1re, 15 janv. 1980, *Bull. civ.* I, n° 26, p. 21).

3 On pouvait cependant faire valoir que, si la présomption consacrée à l'ancien article 2268 du Code civil (devenu l'art. 2274 C. civ.) se conçoit très bien en matière de prescription acquisitive abrégée, il n'en allait pas de même, en d'autres domaines, notamment pour l'acquisition des fruits (art. 549 C. civ.), ou en cas de mariage entaché de nullité. De fait, alors que l'usucapion abrégée suppose un juste titre qui rend vraisemblable la bonne foi, un tel élément n'est pas requis dans ces autres hypothèses. Néanmoins, reconnaissant une portée générale à l'article 2268, la haute juridiction a étendu à ces situations le jeu de la présomption de bonne foi.

À s'en tenir à l'hypothèse du mariage nul, on peut justifier cette solution par l'idée qu'il y a lieu de présumer que les époux (rappr. TGI Nanterre, 15 janv. 1975, *Gaz. Pal.* 1975. 2. 577) ou du moins l'un d'eux croyaient à la validité de leur mariage, sinon ils ne l'auraient pas contracté. La charge de la preuve de la bonne foi serait, au demeurant, souvent très lourde. Démontrer sa bonne foi, ce serait en effet établir qu'on ignorait les exigences de la loi ou l'existence de faits qui s'opposaient au mariage. Or une preuve négative est toujours plus difficile à rapporter que celle d'un fait précis (v. Larguier, « La preuve d'un fait négatif », *RTD civ.* 1953. 1 s., v. *supra*, n° 17, § 9). Il sera plus aisé à l'adversaire de prouver des faits établissant que l'époux connaissait les obstacles s'opposant à la validité du mariage (v. par ex. Civ. 1re, 5 mai 1982, *D.* 1982. IR 406, *RTD civ.* 1983. 331, obs. Rubellin-Devichi). Il a fallu, en outre, tenir compte d'une considération aujourd'hui dépassée, liée au fait que le mariage putatif est un correctif utile aux conséquences si graves de l'annulation du mariage : à l'époque, le mariage annulé ne produisait ses effets à l'égard des enfants que si l'un au moins des époux était de bonne foi, de sorte que, pour éviter de faire subir aux enfants les conséquences de faits qui leur étaient étrangers, on était enclin à favoriser l'extension du mariage putatif; depuis la loi du 3 janvier 1972, sur la filiation, cet argument a disparu, puisque, très heureusement, l'article 202, alinéa 1er du Code civil dispose désormais que le mariage annulé produit ses effets « à l'égard des enfants, quand bien même aucun des époux n'aurait été de bonne foi » (v., depuis lors, TGI Paris, 24 févr. 1975, *D.* 1975. 379, concl. Paire, note Massip; v. surtout Jacques Foyer, « Réflexions sur l'article 202 du Code civil », *Mélanges Terré*, 1999, p. 466 s.). À l'égard des époux, la théorie du mariage putatif (v. l'art. 201 C. civ., réd.

L. 3 janv. 1972) et, par conséquent, la solution consacrée par l'arrêt rapporté conservent leur valeur.

II. — La notion de bonne foi

4 Le libéralisme manifesté par la jurisprudence sur le terrain de la preuve se retrouve sur celui du fond. La notion de bonne foi est, en effet, très largement entendue par les tribunaux. Peu importe la nature de l'erreur commise ; il peut s'agir d'une erreur de fait ou d'une erreur de droit (Civ. 30 juill. 1900, *DP* 1901. 1. 317 ; 5 janv. 1910, *DP* 1911. 1. 338 ; Civ., 1re sect. civ. 14 déc. 1971, *D.* 1972. 179), la présomption de la bonne foi n'étant pas, ici, refoulée par l'adage : « Nul n'est censé ignorer la loi ». Peu importe aussi la gravité du vice : ce sont non seulement les nullités relatives, mais aussi les nullités absolues – comme dans le présent cas – qui peuvent donner lieu à mariage putatif (Civ. 7 août 1883, *S.* 84. 1. 5, note Labbé ; Civ., 1re, sect. civ. 14 juin 1957, *D.* 1957. 557 ; Paris, 8 mars 1994, *D.* 1994. IR 87). Bien plus, la jurisprudence, contrairement à l'opinion de certains auteurs (L. Leveneur, *Situations de fait et droit privé*, 1990, nº 175, p. 200 ; voir aussi *supra* nos 33-34, § 4), semble admettre que l'inexistence d'un mariage – à supposer qu'elle soit reconnue – n'empêche pas l'application des articles 201 et 202 du Code civil. Contrairement au droit canonique, qui exige une célébration publique, il a été décidé qu'il pourrait s'agir d'un mariage non célébré devant un officier de l'état civil (Civ. 30 juill. 1900, préc. ; 5 janv. 1910, préc. ; Req. 14 mars 1933, *DH* 1933. 219, *S.* 1934. 1. 161, sol. impl., rapport Pilon, note Solus) ou d'un mariage célébré *in extremis* dans un sanatorium par un prêtre catholique, entre un tuberculeux et sa fiancée (Bordeaux, 14 juin 1937, *DH* 1937. 539).

Dans cette voie libérale, on ne s'arrête qu'en l'absence de toute célébration ; aller au-delà serait faire produire effet, dans le passé du moins, au simple concubinage, comme s'il s'agissait d'un mariage. D'ailleurs, on conçoit mal, en fait, que puisse exister la bonne foi, sans, au moins, une célébration « non dérisoire » du mariage « devant une autorité apparente » (Cornu, *La famille*, nº 192) (Lyon, 13 nov. 1924, *DP* 1925. 2. 73, note Rouast ; Aix, 11 déc. 1933, *DP* 1936. 2. 57, note Nast). En outre, il faut que, dans l'esprit de celui qui invoque le mariage putatif, il y ait un véritable mariage. Ce ne fut pas le cas, dans l'affaire *Cousin de Lavallière*, d'un administrateur français qui avait épousé en Guinée deux sœurs indigènes à la fois (Nîmes, 17 juin 1929, *S.* 1929. 2. 129 et, sur pourvoi, Req. 14 mars 1933, préc.). Mais la volonté de contracter un véritable mariage peut exister même si l'intéressé n'a pas été appelé à exprimer son consentement dans l'acte de mariage (Civ. 1re, 14 juin 1957, préc. ; Paris, 18 oct. 2001, *Dr. fam.* 2002, n,° 124, obs. M. Farge). Bien plus, l'absence de consentement ne peut faire échec à la putativité, dès lors qu'aucun doute ne subsiste, à l'encontre du bénéficiaire, sur sa conviction d'être marié (Civ. 14 juin 1957, préc. ; Paris, 18 oct. 2001, préc.). De même l'existence d'une fraude à la loi n'empêche pas l'octroi du bénéfice du mariage putatif dès lors que les époux ont cru à la validité de leur mariage (Civ. 1re, 8 janv. 1963, *D.* 1963. 341, note Malaurie, *Rev. crit. DIP* 1963. 109, note

G. H.). Enfin, il a été admis que le caractère putatif d'un mariage annulé peut être reconnu, non seulement par le jugement qui annule le mariage, mais encore par un jugement ultérieur lorsque la décision prononçant la nullité n'a pas statué sur la putativité (Civ. 1re, 28 mai 1991, *D.* 1992. 121, *Defrénois* 1991. 1246, obs. Massip).

5 Aussi bien la compréhension très large que la jurisprudence a du mariage putatif a-t-elle conduit certains auteurs à se demander si celui-ci n'était pas devenu la règle, le refus de son bénéfice apparaissant comme une « sanction facultative et supplémentaire que l'on imposera, moins en considération de la bonne foi d'un époux que de la culpabilité de l'autre ou des deux » (Hauser et Huet-Weiller, *La famille, Fondation et vie de la famille*, 2e éd., 1993, no 381). Une telle analyse est, au demeurant, en parfaite harmonie avec la solution consacrée par l'arrêt ci-dessus reproduit : la putativité apparaissant non comme un bénéfice exceptionnel mais comme un droit, ce n'est pas à l'époux qui la revendique de prouver sa bonne foi (sur le mariage putatif en droit international privé, v. Civ. 1re, 6 mars 1956, *Veuve Moreau*, *GADIP* no 28 ; Civ. 1re, 3 juin 1998, *D.* 1999. 51, note B. Fauvarque-Cosson, *JCP* 1999. II. 10032, note H. Muir-Watt, *Rev. crit. DIP* 1999. 509, note Y. Lequette).

Il convient d'ajouter que la loi du 4 avril 2006 s'inscrit dans le sens d'une meilleure protection du consentement, notamment en termes de saisine par les officiers de l'état civil du procureur de la République (art. 175-2, C. civ.). – V. les obs. d'A.-M. Leroyer, *RTD civ.* 2006. 403.

37

MARIAGE POSTHUME. MOTIFS. POUVOIR DISCRÉTIONNAIRE DU PRÉSIDENT DE LA RÉPUBLIQUE

Civ. 1re, 6 décembre 1989

(*Bull. civ.* I, no 380, p. 256, *D.* 1990. 225, note Hauser, *JCP* 1990. II. 21557, note F. Boulanger, *Defrénois* 1990. 292, obs. Massip)

Mme X... c. Mme Y...

Si l'appréciation de l'existence comme de la gravité des motifs qui justifient le mariage posthume relève du pouvoir discrétionnaire du président de la République, il appartient au juge de vérifier l'existence de formalités officielles dont le chef de l'État apprécie souverainement si elles sont de nature à marquer sans équivoque le consentement au mariage de l'époux décédé.

Faits. — Né en 1902, Jean-Marie Z… a eu de son premier mariage, dissous par divorce en 1956, quatre filles. En 1975, âgé de 73 ans, il a noué une liaison avec Mme Y…, de 33 ans sa cadette, laquelle était mariée et mère de deux enfants mineurs. Constatant la diminution rapide des facultés mentales de leur père, les quatre filles de Jean-Marie Z… demandèrent le 21 octobre 1979 la mise en tutelle de celui-ci. Alors que cette procédure était en cours et qu'un rapport d'expert concluait le 23 juillet 1980 à la démence sénile, Mme Y… se libéra des liens qui l'unissaient à son précédent époux par un divorce en date du 30 septembre 1980 et entreprit immédiatement d'en nouer de nouveaux avec Jean-Marie Z… Les bans furent publiés le 15 octobre. Les frères de Jean-Marie Z… firent opposition à ce mariage en se fondant sur l'état de démence du futur époux (art. 174-2° C. civ.), lequel ne forma aucune demande tendant à la levée de celle-ci. Et par jugement du 13 janvier 1981, le juge des tutelles, au vu du rapport de trois experts concluant à la démence sénile et à la nécessité d'une représentation, décida d'ouvrir la tutelle.

Jean-Marie Z… décéda le 25 mars 1983 laissant un testament en date du 7 octobre 1977 par lequel il léguait à Mme Y… la quotité disponible. Celle-ci entreprit alors des démarches afin d'obtenir du président de la République l'autorisation nécessaire à la célébration d'un mariage posthume. Par ce détour, Mme Y… poursuivait la réalisation d'une partie des objectifs qu'elle n'avait pu atteindre directement : l'obtention d'une confortable pension de réversion, l'imposition de son legs au taux, non de 60 % applicable entre étrangers, mais à celui de 20 % applicable à l'époque entre époux.

Encore fallait-il pour que ce résultat fût atteint, que le président de la République estimât que les conditions auxquelles l'article 171 du Code civil subordonne le mariage posthume — motifs graves, décès d'un des époux après l'accomplissement de formalités officielles marquant sans équivoque son consentement — étaient réunies.

Contre toute attente, tel fut le cas ! Mme Y… obtint satisfaction par décret du 29 octobre 1984 et la célébration du mariage eut lieu le 17 novembre 1984.

Une des filles du défunt, Mme X… saisit le tribunal de grande instance de Paris d'une demande tendant à l'annulation de ce mariage. Les magistrats ne mirent, semble-t-il, aucun empressement à lui permettre de réunir les éléments de preuve nécessaires au succès de son action puisque, comme le relève Mme Rubellin-Devichi dans ses observations à la *Revue trimestrielle de droit civil* sous la décision de 1re instance (1986. 573), la demanderesse « ne fut autorisée ni à se faire remettre le dossier de tutelle, ni à faire sommer la caisse de retraite de communiquer les renseignements afférents à la réversion de la retraite de l'époux défunt à l'épouse posthume ».

Par jugement du 10 juin 1986, le tribunal rejeta la demande au motif que l'autorisation de mariage posthume constituait une prérogative du président de la République, relevant de son pouvoir discrétionnaire, tant en ce qui concerne l'appréciation des motifs graves justifiant la mesure que l'accomplissement de formalités officielles marquant sans équivoque le consentement de l'époux décédé. Sur appel, la cour de Paris par arrêt du 26 novembre 1987 confirma ce jugement pour des motifs analogues.

Un pourvoi fut formé.

ARRÊT

La Cour; — *Sur le premier moyen pris en ses deux branches :* — Attendu, selon les énonciations des juges du fond, que par décret du 29 octobre 1984 le président de la République a autorisé le mariage de Z..., décédé le 25 mai 1983, et de Mme Y...; que le mariage a été célébré le 17 novembre 1984; que Mme X..., fille d'un premier mariage de Z..., a saisi le tribunal de grande instance d'une demande tendant à l'annulation de ce mariage posthume; que l'arrêt confirmatif attaqué (Paris, 1re ch. suppl., 26 nov. 1987) l'a déboutée de son action au motif que « la prérogative conférée au président de la République par l'article 171 du Code civil d'autoriser la célébration d'un mariage posthume relève d'un pouvoir souverain du chef de l'État dans l'exercice duquel celui-ci apprécie de façon discrétionnaire tant les motifs graves justifiant la mesure que l'accomplissement de formalités officielles marquant sans équivoque le consentement du futur époux décédé » de sorte que sa décision « échappe à tout contrôle juridictionnel »; — Attendu que Mme X... fait grief à la cour d'appel d'avoir ainsi statué alors, d'une part, selon le moyen, qu'elle ne pouvait, sans violer l'article 171 du Code civil, refuser d'exercer un contrôle sur l'existence des formalités officielles auxquelles était subordonnée la compétence du président de la République; et alors, d'autre part, que si l'appréciation de la gravité des motifs allégués relève d'un pouvoir souverain du chef de l'État, il appartient en revanche au juge de vérifier l'existence formelle de tels motifs, ce dont s'est abstenue la cour d'appel; — Mais attendu d'abord que, comme l'a retenu à bon droit l'arrêt attaqué, l'appréciation de l'existence comme de la gravité des motifs qui justifient le mariage posthume relève du pouvoir discrétionnaire du président de la République; — Et attendu ensuite que si, contrairement à ce qu'a estimé la cour d'appel, il appartient au juge de vérifier l'existence de formalités officielles dont le chef de l'État apprécie souverainement si elles sont de nature à marquer sans équivoque le consentement au mariage de l'époux décédé, il reste, qu'en l'espèce, il résulte des constatations des juges du fond que Z... et Mme Y... ont fait procéder, le 15 octobre 1980, par l'officier de l'état civil, à la publication préalable au mariage prévue par les articles 63 et s. du Code civil; qu'il s'ensuit que la seconde condition mise par l'article 171 de ce code à la célébration d'un mariage posthume était remplie, peu important à cet égard que le mariage projeté n'ait pu être célébré en raison de l'opposition formée par les frères du futur époux et de sa mise ultérieure en tutelle; que, dès lors, l'arrêt se trouve légalement justifié et que le moyen, en aucune de ses deux branches, ne peut être accueilli;

Sur le second moyen : — Attendu qu'il est encore reproché à l'arrêt attaqué d'avoir déclaré irrecevable la demande de Mme X... en nullité du mariage posthume, fondée sur le défaut de consentement du conseil de famille au motif que le mariage contracté sans ce consentement ne peut être attaqué, selon l'article 182 du Code civil, que par le conseil de famille alors que, selon le moyen, Mme X... pouvait invoquer cette cause de nullité en sa qualité de continuatrice de la personne du défunt; — Mais attendu que le régime de la tutelle auquel était soumis Jean-Marie Z... a pris fin à son décès; que son mariage posthume pouvait être contracté sans autre autorisation que celle du président de la République; que le moyen n'est donc pas fondé; — *Par ces motifs*, rejette...

OBSERVATIONS

1 Le 2 décembre 1959, à Fréjus, le barrage de Malpasset se rompait. Parmi les victimes de la catastrophe figurait un jeune homme qui devait se marier deux semaines plus tard et dont la fiancée était enceinte. Alertée par une campagne de presse, l'opinion s'émut. Afin de répondre à cette situation douloureuse, une loi du 31 décembre 1959 inséra à l'article 171 du Code civil des dispositions sur le mariage posthume. Celles-ci donnent au président de la République le droit d'autoriser pour des motifs graves le mariage entre deux fiancés dont l'un est mort brutalement peu de temps avant la célébration alors qu'avaient été accomplies les formalités marquant sans équivoque son consentement à celle-ci. Ainsi la qualité d'enfant légitime sera-t-elle conférée à l'enfant conçu hors mariage.

L'institution a, en général, été critiquée par les auteurs qui y voient un « défi au bon sens », une « caricature de mariage » (Guiho, « Réflexions sur le mariage posthume », *Études Falletti*, p. 321 s.; Malaurie et Fulchiron, *La famille*, n° 155). Aussi bien la doctrine enseignait-elle que le mariage posthume avait perdu « la plus grande partie de son utilité depuis que la loi du 3 janvier 1972 sur la filiation a admis la légitimation par autorité de justice lorsque le mariage est impossible entre les parents de l'enfant » (Terré et Fenouillet, *Les personnes, La famille, Les incapacités*, n° 368; v. cep. Bénabent, *La famille*, n° 70). À plus forte raison, en va-t-il ainsi depuis que l'ordonnance du 4 juillet 2005 sur la filiation a posé l'identité de condition des enfants nés en ou hors mariage y compris pour l'établissement de la filiation, en sorte que la légitimation par autorité de justice lui est apparue inutile et qu'elle l'a supprimée.

2 L'espèce ci-dessus reproduite montre néanmoins que le mariage posthume conserve dans les rapports entre époux certains avantages qui expliquent qu'il y soit encore recouru. S'il est vrai, en effet, que le législateur a entendu priver le mariage « avec une ombre » d'effets patrimoniaux, puisque l'article 171, alinéa 3, du Code civil précise que celui-ci « n'entraîne aucun droit de succession *ab intestat* au profit de l'époux survivant et (qu')aucun régime matrimonial n'est réputé avoir existé entre les époux », il ne faut pas oublier qu'il est pour une veuve d'autres moyens de tirer des ressources de l'union dissoute. Positivement, elle pourra fréquemment prétendre à une pension de réversion ainsi qu'au capital décès de l'assurance décès (Civ. 2e, 22 mai 2007, *Dr. fam.*, n° 160, note A. Devers, *Defrénois* 2007. 1309, obs. Massip, *RTD civ.* 2007. 756, obs. J. Hauser); négativement, en cas de libéralités consenties par son conjoint posthume, les droits de mutation seront ceux applicables entre époux (Rép. min., *JCP* N 2006. Actu. 383). Réduits à rien aujourd'hui par la loi TEPA, ils étaient, à l'époque de la présente décision, de 20 % et non de 60 %, taux pratiqué entre étrangers.

Certes, il n'avait pas été imaginé, lors du vote de la loi, que les intérêts pécuniaires de la concubine pourraient constituer les motifs graves justifiant l'octroi par le président de la République de l'autorisation de célébrer le mariage posthume. Mais l'espèce montre qu'il faut désormais compter avec de telles considérations. Comme on a pu l'écrire, « ce curieux mariage n'a plus qu'une utilité financière » (J. Hauser, *RTD civ.* 2008. 85).

Aussi bien, cette nouvelle lecture des motifs graves offre-t-elle à l'institution du mariage posthume des perspectives insoupçonnées. L'état de mariage ne présentant plus guère aujourd'hui d'intérêt qu'au décès d'un des époux, de nombreux concubins pourraient après la mort de leur partenaire demander la célébration d'une telle union ce qui leur permettrait de cumuler les avantages du concubinage et ceux du mariage ! Sans doute objectera-t-on qu'une telle pratique se heurterait à la seconde exigence posée par l'article 171 : il faut que l'un des futurs époux soit décédé après l'accomplissement de formalités officielles marquant sans équivoque son consentement. Mais précisément l'espèce montre que le président de la République n'hésite pas à procéder à une appréciation extrêmement libérale de cette condition, la réduisant à fort peu de chose. C'était là, au demeurant, semble-t-il, une contrainte encore trop lourde, puisque le législateur a, par une loi du 17 mai 2011, assoupli les conditions du mariage posthume en substituant à l'exigence de « l'accomplissement de formalités officielles », celle d'une « réunion suffisante de faits ».

Parfois présenté comme une « institution moribonde » appelée à disparaître (Malaurie et Fulchiron, n° 155), le mariage posthume « nourrit un contentieux important en dépit de son caractère marginal » (J.-M. Coquema et C. Barthelet, « Les formes de mariage dénuées de toutes communautés de vie, unions atypiques », *Dr. fam.* 2010. Étude 10). C'est ainsi que la jurisprudence a eu à préciser sa date d'effet (Civ. 1re, 22 mai 2007, préc.; Civ. 2e, 10 juill. 2008, *D.* 2010. 730, obs. Lemouland, *Defrénois* 2008. 2419, obs. J. Massip). Dans la présente espèce, c'est la question du contrôle qu'exerce le juge judiciaire sur le décret d'autorisation pris par le président de la République qui est posée.

I. — Le contrôle de l'autorisation présidentielle par le juge judiciaire

3 L'autorisation du président de la République étant une condition essentielle de la validité du mariage posthume, est-il permis de démontrer qu'elle a été donnée à tort ? Les juridictions administratives ayant eu à connaître de requêtes tendant à l'annulation de décisions par lesquelles le président de la République, sur le fondement de l'article 171 du Code civil, ou les ministres de la justice et de la défense nationale, par application de l'article 3 § 3 de la loi du 28 novembre 1957 (1), avaient autorisé la célébration d'un mariage posthume, le Conseil d'État a affirmé leur incompétence pour statuer sur de telles demandes aux motifs qu'« eu égard à leur objet et aux circonstances dans lesquelles elles doivent intervenir, les décisions que les ministres de la justice et de la défense nationale (ou le président de la République) sont appelés à prendre en vertu du texte précité sont, qu'elles accordent ou qu'elles refusent l'autorisa-

(1) Ces textes ont institué en ce qui concerne les militaires et marins décédés au cours des opérations de maintien de l'ordre et de pacification en Afrique du Nord, une possibilité de mariage posthume qui, sous l'angle de la question examinée, est similaire à celle instituée par l'article 171 du Code civil.

tion sollicitée, indissociables de questions d'état relatives au mariage lui-même ». Pour la haute juridiction administrative, il n'appartient donc « qu'aux tribunaux civils de se prononcer sur les mérites de la requête tendant à ce que la décision autorisant le mariage posthume soit déclarée illégale car la validité du mariage ne peut être appréciée que par l'autorité judiciaire » (CE 25 oct. 1963, *Compan*, *Gaz. Pal.* 1964. 1. 149, *AJDA* 1963. II. 628, concl. Dutheillet de Lamothe, *RTD civ.* 1964. 167, obs. Hébraud; 19 févr. 1964, *Delay*; 10 juin 1964, *Fournoye*; rappr. CE 12 oct. 2005, *Dr. fam.* 2005, n° 259, obs. V. Larribau-Terneyre pour un recours contre un refus de dispense dans le cas d'un empêchement à mariage, art. 163 C. civ.).

4 Ayant en la circonstance à connaître d'une telle requête, le tribunal de grande instance de Paris puis la cour du même lieu ont refusé d'exercer un quelconque contrôle. Ils ont, en effet, décidé que le président de la République appréciait de façon discrétionnaire aussi bien l'existence des motifs graves qui justifient la mesure que l'accomplissement des formalités officielles marquant sans équivoque le consentement du fiancé décédé. Saisie d'un pourvoi, la Cour de cassation répond en distinguant ces deux éléments.

II. — L'accomplissement des formalités officielles marquant sans équivoque le consentement du fiancé décédé

5 S'agissant de l'accomplissement des formalités officielles, la haute juridiction pose que le juge vérifie leur existence, le chef de l'État appréciant ensuite souverainement la réalité du consentement du défunt (v., dans le même sens, Aix-en-Provence, 27 juin 1996, *JCP* 1997. I. 3996, n° 4, obs. Farge; Civ. 1re, 30 mars 1999, *Dr. fam.* 1999, n° 62, obs. Lécuyer, *Defrénois* 1999. 1256, obs. Massip, *RTD civ.* 1999. 606, obs. Hauser). C'est dire que le juge judiciaire est « appelé à une seule mission peu glorieuse et vide de sens » (Hauser, note *D.* 1990. 226) : son action se limite à contrôler l'existence d'une formalité. Peu importe ensuite que de l'accomplissement de celle-ci ne résulte manifestement pas le consentement sans équivoque exigé par l'article 171 du Code civil. Ce point relève de l'appréciation souveraine du président.

Ainsi, en l'espèce, le décret se fonde sur la publication des bans en 1980 (rappr., sur la considération de certificats prénuptiaux délivrés par un même praticien à des futurs époux, Paris, 20 juin 1995, *Gaz. Pal.* 1995. 2. 669, note J.-G. M., *RTD civ.* 1995. 865, obs. J. Hauser). Mais est-il besoin de rappeler que le décès est survenu trois ans plus tard, en 1983, et que, dans l'intervalle, il a été fait opposition au mariage, qu'aucune levée de cette opposition n'a été demandée par l'intéressé, que celui-ci a été placé sous tutelle et qu'enfin la publication des bans est devenue caduque (art. 65 C. civ.) ? Qualifiées de « troublantes » par un très haut magistrat (Massip, obs. *Defrénois* 1990. 294), ces circonstances n'ont apparemment pas arrêté le président de la République, lequel, comme le note M. Hauser, peut « tout, y compris réputer consentants ceux qui ne le peuvent ou ne le veulent » (note *D.* 1990. 226). Et de fait, on est alors bien loin de l'hypothèse pour laquelle la réforme avait été conçue, celle de deux fiancés qui « ont fait les démarches nécessaires, (dont) le mariage n'est plus qu'une question de jours, et (dont) seul le plus brutal des cas de force majeure, la mort, vient empêcher la réalisation de leur projet » (Noirel, « Mariage 1960 : Le mariage posthume », *S.* 1960. 15 s., spéc. p. 18, col. 2). Des bans anciens, devenus caducs, ne sauraient manifestement constituer la formalité officielle visée par l'article 171 du Code civil. Ajoutons que, suppléant l'absence de consentement du fiancé (sur la nullité du mariage d'un majeur en tutelle, en raison de son absence de consentement, v. Civ. 1re, 24 mars 1988, *infra*, nº 65), l'autorisation du président de la République permet également, en l'espèce, de passer outre au défaut de consentement du conseil de famille au motif que la tutelle a pris fin au moment où le mariage est célébré. Comme le relève justement M. Hauser, « l'argument frise le sophisme et viole ouvertement l'article 171 du Code civil. Cet article, faut-il le rappeler, (requiert) que l'époux soit décédé « après l'accomplissement de formalités officielles, marquant sans équivoque le consentement ». C'est donc bien, et comment pourrait-il en être autrement, en se fondant sur les conditions de validité du consentement appréciées *avant le décès* que le président pourra, *après ce décès*, accorder l'autorisation. Quand la cour affirme que le mariage posthume pouvait être contracté sans autre autorisation que celle du président de la République (sous-entendu sans l'autorisation du conseil de famille), elle confond la célébration du mariage qui, effectivement, ne suppose que cette autorisation et la constatation *préalable* d'un consentement « sans équivoque », qui ne peut être faite qu'avant, c'est-à-dire à un moment où la capacité du futur époux était au contraire discutée » (Hauser, note *D.* 1990. 227). Comme le note spirituellement le même commentateur, « à défaut de pouvoir guérir les écrouelles, comme ses devanciers royaux », le président de la République a semble-t-il acquis, par la grâce de la haute juridiction, le pouvoir de purger de leurs vices les mariages nuls !

6 Choquante quant à son résultat, cette limitation drastique du contrôle ne s'imposait nullement en droit. Il faut, en effet, conserver présent à l'esprit que la compétence du juge civil pour statuer sur une demande mettant en cause la légalité d'un acte administratif est en quelque sorte accidentelle. Appartenant normalement aux juridictions administratives, la connaissance de ce type de contentieux ressortit ici au juge civil parce que l'annulation du décret d'autorisation du mariage posthume, en retentissant sur la validité du mariage, aurait des conséquences sur l'état des personnes lequel relève de sa compétence exclusive. Remplaçant le juge administratif, le juge judiciaire devrait disposer de pouvoirs qui s'apparentent à ceux qu'exerce celui-ci dans le cadre du recours pour excès de pouvoir. Or le Conseil d'État décide qu'à l'exception des actes de gouvernement auxquels reste manifestement étrangère la question étudiée, l'ensemble des actes administratifs, tant réglementaires qu'individuels, est soumis à un contrôle de légalité. S'agissant plus particulièrement du président de la République, le Conseil d'État contrôle non seulement la légalité des actes pris dans l'exercice de son pouvoir réglementaire (CE 8 août 1919, *Labonne*, *GAJA*, 19e éd., nº 35), mais aussi celle des actes accomplis par celui-ci en vertu des pouvoirs propres qu'il exerce sans contreseing ministériel, par exemple le tableau d'avancement des magistrats du siège (concl. Henry, sous CE 2 mars 1962, *Rubin de Servens*, *JCP* 1962. II. 12613, *RD publ.* 1962. 294), ou encore celle des décrets individuels admettant au bénéfice de l'amnistie (CE 22 nov. 1963, *Dalmas de Polignac*, *D.* 1964. 161).

7 C'est dire qu'en la circonstance rien ne paraissait s'opposer à ce que les juges judiciaires contrôlent la légalité du décret autorisant le mariage posthume, en vérifiant non seulement l'accomplissement de formalités officielles mais encore que de celui-ci résultait sans équivoque le consentement du défunt au mariage. Il y va, en effet, du respect de la hiérarchie des normes : le président de la République doit rester dans les limites de l'habilitation qu'il tient de l'article 171 du Code civil. Or cette disposition lie indissolublement les deux exigences. Si elle requiert l'accomplissement de formalités officielles, c'est pour s'assurer d'un consentement du défunt à un mariage imminent dont la célébration régulière n'a été empêchée que par la survenance prématurée du décès. Telle est, au demeurant semble-t-il, l'opinion de la haute juridiction administrative. Dans sa décision précitée, le Conseil d'État ne se borne pas à abandonner ce contentieux aux juridictions civiles, mais laisse clairement entendre que le juge civil ne sortirait pas de sa mission en appréciant la légalité du décret présidentiel. Quant au commissaire du gouvernement, il était encore plus explicite puisqu'il déclarait que la légalité interne des autorisations dépend de « *l'interprétation correcte ou erronée* » que le président a faite « *des volontés du défunt* ». Une telle interprétation, ajoutait-il, « ne nous paraît pouvoir être contrôlée que par le juge de la validité du mariage » (Dutheillet de Lamothe, *AJDA* 1963. II. 628, spéc. 629, 2e col. *in fine*). Le rapprochement que certains ont cru pouvoir faire avec un autre pouvoir régalien du président, le droit de grâce, lequel échappe à tout contrôle, ne paraît pas pertinent. Le droit de grâce est prévu par la Constitution (art. 17), qui ne soumet son exercice à aucune condition. Relique de la monarchie absolue, il se situe en quelque sorte au-delà de la légalité, car il intervient après l'application de la loi, et pour écarter ou atténuer l'exécution de celle-ci. On peut, au reste, se demander si le juge aurait la sérénité requise pour contrôler une mesure qui dispense de l'exécution d'une décision elle-même judiciaire ! À l'évidence, aucune de ces particularités ne se retrouve à propos du décret présidentiel autorisant la célébration d'un mariage posthume. Comme on l'a fort justement souligné, l'abstention du juge administratif et la timidité du juge judiciaire conduisent ici à un « surprenant déni de justice » (Hauser, note *D.* 1990. 226).

8 En dépit des critiques qui ont été adressées à cette jurisprudence, les magistrats en ont fait application à plusieurs reprises (v. not. Civ. 1re, 30 mars 1999, *D.* 1999. IR 123, *RTD civ.* 1999. 606, obs. Hauser; 17 oct. 2007, *D.* 2007. 2811, *Dr. fam.* 2007, no 197, note V. Larribau-Terneyre, *RTD civ.* 2008. 84, obs. J. Hauser; v. aussi Paris, 20 juin 1995, *D.* 1995. IR 192, *RTD civ.* 1995. 865, obs. J. Hauser). Aussi bien un auteur s'était demandé s'il n'y aurait pas là un motif de condamnation devant la juridiction européenne sur le fondement de l'article 13 de la Conv. EDH « qui prévoit l'exercice d'un "recours effectif", alors que le résultat de tout cela est d'exclure tout recours utile » (J. Hauser,

RTD civ. 1995. 865; 1999. 607). Crainte d'une condamnation strasbourgeoise, « esprit d'indépendance » à l'égard du pouvoir exécutif, la haute juridiction a récemment infléchi sa jurisprudence. Elle a, en effet, décidé que, « s'il résulte de l'article 171 du Code civil que le président de la République apprécie la réalité du consentement du futur époux décédé au moment des formalités officielles, il appartient au juge, saisi d'une demande d'annulation de mariage posthume, de vérifier si ce consentement a persisté jusqu'au décès » (Civ. 1re, 28 févr. 2006, *Dr. fam.* 2006, n° 79, note V. Larribau-Terneyre; rappr. Grenoble 27 juin 2007, *Dr. fam.* 2007, n° 217, note V. Larribau-Terneyre, *RTD civ.* 2008. 84, obs. J. Hauser).

Comme on l'a souligné, il n'y a pas, à proprement parler, revirement de jurisprudence dans la mesure où l'espèce ayant été l'occasion de cette décision présente une double différence avec celle de 1989. En premier lieu, les juges judiciaires étaient saisis non d'un recours en annulation du décret du président de la République autorisant la célébration du mariage posthume, mais d'une action en nullité du mariage où le juge judiciaire est « appelé normalement à exercer la plénitude de ses pouvoirs » (Larribau-Terneyre, *Dr. fam.* 2006, n° 79). En second lieu, la vérification de l'existence du consentement, qui appartenait auparavant entièrement au président, est désormais l'objet d'une « subtile répartition des tâches » (Larribau-Terneyre, obs. préc.). Conservant sa prérogative régalienne, le chef de l'État continue à vérifier la « réalité du consentement » au moment des formalités officielles. Mais, désormais, le juge vérifie la « persistance » de ce consentement jusqu'au décès, ce qui devrait lui permettre de corriger, au vu de tous les éléments du dossier, une éventuelle erreur d'appréciation commise par le président.

9 La modification introduite par la loi du 17 mai 2011 substituant à l'exigence de « l'accomplissement de formalités officielles marquant sans équivoque » le consentement du futur époux décédé celle d'« une réunion suffisante de faits » établissant sans équivoque le même consentement assouplit sensiblement les conditions du mariage posthume et devrait permettre de soustraire un peu plus encore la décision du président de la République au contrôle du juge judiciaire. Désormais une simple démarche auprès du maire pour savoir quelles sont les formalités à remplir pour se marier, appuyée de quelques attestations certifiant que le défunt avait formé le projet de se marier suffiront à établir de manière non équivoque le consentement, alors même qu'il existe des attestations en sens contraire (Reims 6 sept. 2013, *Dr. fam.* 2013, n° 149). L'achat d'une bague ou le projet d'acheter des alliances qui ne constituaient pas des « formalités officielles » (Civ. 1re, 17 oct. 2007, préc.) seront pris en compte au titre de la « réunion des faits ».

III. — Les motifs graves

10 S'agissant de l'existence de *motifs graves* justifiant le décret du président de la République autorisant la célébration du mariage, c'est l'opportunité de la décision qui est en cause. Se conformant à l'attitude traditionnelle de la jurisprudence administrative, la Cour de cassation refuse de s'engager sur la voie d'un tel contrôle. Une telle solution invite à s'interroger sur ce qui distingue les motifs graves du bon plaisir ? La réponse est : rien, sinon les bornes que le chef de l'État s'impose à lui-même en raison de la haute conscience qu'il a de sa fonction. Or, précisément, celles-ci paraissent avoir cédé, en la circonstance, au point qu'on peut parler d'un véritable dévoiement de l'institution.

Conçu par le législateur pour conférer la légitimité à un enfant, le mariage posthume est ici mis au service des intérêts pécuniaires d'un concubinage auquel on ne saurait manifestement appliquer le qualificatif de « bon ». Gratifiée d'une libéralité dans des conditions telles qu'on aurait pu à l'époque songer à en contester la validité sur le fondement de l'immoralité de la cause (v. depuis le laxisme de la jurisprudence, *supra*, n°s 29-30), l'épouse posthume est désormais à l'abri d'une telle action. Assujettie à l'époque à une imposition dont le taux est normalement de 60 %, elle est en la circonstance finalement taxée au taux de 20 % et ceci par la grâce d'un pouvoir qui, par ailleurs et à intervalles réguliers, se désolait à l'époque de l'insuffisance des prélèvements fiscaux en ce domaine. Et s'il paraît peu probable que la nouvelle épouse puisse se prévaloir de la quotité disponible spéciale (en ce sens, Massip, obs. *Defrénois* 1990. 295), du moins bénéficiera-t-elle en prime d'une pension de réversion dont il a toujours été enseigné que son obtention ne pouvait en aucun cas constituer le motif grave exigé par la loi (Guiho, art. préc., *Études Falletti*, p. 320).

Ainsi une institution élaborée pour remédier à quelques situations aussi douloureuses qu'exceptionnelles devient l'instrument qui désarme la vigilance des familles pour sauver et même rétribuer la fraude !

38

MARIAGE. DEVOIR DE COHABITATION

Req. 2 janvier 1877

(*DP* 77. 1. 162, rapport Onofrio)

Bastien c. Bastien

L'obligation qui est imposée à la femme d'habiter avec son mari est subordonnée à la condition que celui-ci non seulement lui fournisse tout ce qui lui est nécessaire pour les besoins matériels de la vie, mais assure en outre la protection de sa sécurité et de sa dignité.

En conséquence, les tribunaux peuvent, sans établir entre les époux une séparation de corps illicite, autoriser la femme blessée dans sa dignité d'épouse à se retirer dans sa famille jusqu'à ce qu'une situation convenable lui soit faite et contraindre le mari à lui payer jusqu'alors une pension mensuelle.

Faits. — M. Bastien avait introduit dans son ménage, comme domestiques, disait-il, deux personnes, qui étaient en réalité ses enfants naturels. Il marquait pour eux une grande préférence et leur avait laissé prendre une grande autorité sur sa femme et sur l'enfant né de son mariage. Mme Bastien, jugeant sa position intolérable, forma contre son mari une demande tendant à être autorisée, tant qu'il n'aurait pas renvoyé ces deux personnes, à se retirer chez ses parents avec son enfant et à recevoir une pension alimentaire.

Le tribunal d'Arras, par jugement du 25 août 1875, la cour de Douai, par arrêt du 29 février 1876, firent droit à sa demande.

Pourvoi du sieur Bastien, pour violation des articles 214, 231 et 306 du Code civil, ainsi que des articles 872 s. du Code de procédure civile.

ARRÊT

La Cour; — *Sur le moyen unique... :* — Attendu que si l'article 214 du Code civil impose à la femme l'obligation d'habiter avec son mari, cette obligation est subordonnée à la condition que celui-ci lui donnera la protection qui lui est due, qu'il lui fournira tout ce qui est nécessaire aux besoins de la vie, selon ses facultés et son état; — Attendu que par ces dernières expressions le législateur n'a pas borné sa sollicitude aux besoins matériels de la vie, mais qu'il a entendu protéger également la dignité et la sécurité de la femme; — Attendu que l'arrêt attaqué déclare en fait que la présence dans le domicile du sieur Bastien de personnes étrangères, la situation qu'il leur a faite dans son intérieur, l'espèce d'autorité qu'il leur attribue sur l'enfant né de son mariage et sur sa femme, sont de nature à blesser celle-ci dans sa dignité et à lui faire dans le domicile commun une position intolérable; — Attendu que, dans ces circonstances, la Cour de Douai a pu, sans violer aucun principe, autoriser la dame Bastien à se retirer dans sa famille jusqu'à ce que les personnes dont s'agit aient quitté le domicile conjugal, et contraindre le mari à lui payer jusqu'alors une pension mensuelle; — Attendu qu'une telle disposition n'établit point entre les époux une séparation de corps illicite, en les dispensant contrairement à la loi du devoir de la vie commune; qu'elle a pour objet d'assurer l'exécution réciproque de ce devoir dans les conditions d'assistance et de protection qui sont tracées aux époux par la loi; — Attendu, dès lors, que l'arrêt attaqué ne viole aucun des articles invoqués; — Rejette...

OBSERVATIONS

1 L'arrêt ci-dessus rapporté a marqué une étape importante dans la reconnaissance d'une dispense du devoir de cohabitation entre époux. Sa signification a d'ailleurs pu être remise en cause, compte tenu de l'évolution législative du droit des gens mariés (v. Marie-Christine Manigne, « La communauté de vie », *JCP* 1976. I. 2803).

I. — La consécration de la dispense de cohabitation par la jurisprudence

2 Le Code civil, à l'article 214 (rédaction de 1804), imposait à la femme l'obligation d'habiter avec son mari et de le suivre partout où il jugeait à propos de résider. Mais cette obligation, rattachée à la puissance maritale, ne pouvait être considérée comme absolue. D'ailleurs, l'article 214, dans sa deuxième phrase, obligeait le mari à recevoir sa femme et à lui fournir tout ce qui est nécessaire pour les besoins de la vie, selon ses facultés et son état. Plus généralement, l'article 212 disposait que les époux se doivent mutuellement *fidélité, secours, assistance*, à quoi la loi du 4 avril 2006 a ajouté le « respect ».

Dans l'arrêt commenté, la Cour de cassation a affirmé qu'il y a liaison entre l'obligation pour la femme d'habiter avec le mari et l'obligation pour celui-ci de la protéger, de l'assister et de l'entretenir. L'exécution de la première est « *subordonnée à la condition que* (le mari) *lui donnera la protection qui lui est due, qu'il lui fournira tout ce qui est nécessaire aux besoins de la vie, selon ses facultés et son état* ». Ce faisant, la chambre des requêtes a confirmé divers précédents (Civ. 9 janv. 1826, *Dalloz JG*, v° *Mariage*, n° 749, 10°; Req. 20 nov. 1860, *DP* 61. 1. 305), datant aussi d'une époque où le divorce n'avait pas encore été rétabli. La dispense de cohabitation, admise (dans le présent cas) parce que le mari prétendait imposer à sa femme la présence et l'autorité de personnes étrangères (rappr. Douai, 26 mars 1901, *DP* 1902. 2. 188) – ou celle de ses parents (Req. 20 nov. 1860, préc.) ou, *a fortiori*, celle d'une concubine (Paris, 21 mai 1897, *S.* 97. 2. 296) – l'a aussi été lorsque le mari avait proféré des injures graves et commis des sévices (Req. 27 janv. 1908, *DP* 1908. 1. 154; Bastia, 20 mai 1902, *DP* 1904. 2. 231) ou qu'il avait violé son obligation d'entretien (Req. 4 mars 1914, *DP* 1916. 1. 31).

Tout naturellement, on a été conduit à observer qu'un certain lien existe entre l'obligation de cohabitation et les autres devoirs découlant du mariage. Si le refus d'habiter avec son conjoint a été considéré comme une injure grave, pouvant servir de fondement à une demande de divorce ou de séparation de corps, ce refus perd son caractère fautif lorsque la femme peut justifier que le mari ne remplit pas à son égard son obligation d'assistance et d'entretien (Req. 4 mars 1914, préc.). Inversement, si le refus de la femme n'est pas justifié, le mari est fondé à suspendre lui-même l'exécution de son devoir de secours et d'assistance, notamment à lui refuser toute pension alimentaire (Dijon, 4 févr. 1888, *DP* 89. 2. 249; v. aussi Colmar, 1er déc. 1952, *D.* 1953. 46).

3 Approfondissant l'analyse, certains auteurs se sont référés au caractère synallagmatique du mariage (Aubry et Rau, § 470, n° 88), ce qui, par voie de conséquence, éveille l'idée d'une sorte d'exception *non adimpleti contractus*. Aussi bien, un recours préalable à la justice n'est pas indispensable (Req. 4 mars 1914, préc.; Dijon, 4 févr. 1888, préc.; Civ. 2e, 15 janv. 1969, *D.* 1970. 148, 1re esp., note Le Calonnec). À quoi l'on a objecté que la corrélation admise à propos de l'obligation de cohabitation est exclue au sujet d'autres effets du mariage (Planiol et Ripert, t. II, par Rouast, n° 366); c'est ainsi que l'obligation mutuelle de fidélité n'est pas suspendue par l'adultère du conjoint

(v. Y. Chartier, « Domicile conjugal et vie familiale », *RTD civ.* 1971, n° 18, p. 527, n° 54, p. 557). Encore faut-il observer que, si fruste soit-il, le mécanisme de l'exception *non adimpleti contractus* s'adapte aux diverses situations dans lesquelles on l'utilise, notamment lorsque celles-ci donnent naissance à une pluralité d'obligations entre deux personnes (Béguin, *Rapport Trav. Ass. Capitant*, t. XVIII, 1966, p. 41 s.). Il est vrai que cette adaptation, signe d'une sorte d'indépendance dans l'interdépendance, laisse normalement subsister l'exception lorsqu'il s'agit d'une obligation mutuelle, dont le contenu est identique pour les intéressés. Mieux vaut observer que le mariage, s'il est pour partie un contrat, n'est pas un contrat ordinaire (Y. Chartier, *op. cit.*, p. 527) ou encore que la communauté de vie suppose, à l'évidence, une vie supportable, normale, faute de quoi la femme peut se dispenser de cohabiter avec son mari et réclamer, le cas échéant, une pension alimentaire (v. Soc. 21 nov. 1940, *DA* 1941. 13).

En plaçant davantage dans un plan d'égalité l'un et l'autre époux, qui « s'obligent conjointement à une communauté de vie » (art. 215, al. 1 C. civ.), la loi du 4 juin 1970 n'a pas remis en cause cette analyse. Ainsi a-t-il été décidé, sur une action de la femme en contribution aux charges du mariage, après un abandon du domicile conjugal pendant plusieurs années par le mari, que celui-ci devait être tenu de verser une pension, sans pouvoir s'y soustraire, d'ores et déjà, en sommant sa femme de reprendre la vie commune (Civ. 1re, 14 mars 1973, *D.* 1974. 453, note P. Rémy, *JCP* 1973. II. 17430, note R. Lindon, *RTD civ.* 1975. 299, obs. Nerson). Encore ne faut-il pas déduire de cette constatation que la loi du 4 juin 1970 a été, en tous points, sans influence en la matière. C'est ce que l'on va voir.

II. — La consécration de la dispense de résidence commune par le législateur

4 Lorsque fut rendu, en 1877, l'arrêt ci-dessus rapporté, le droit n'accordait aucun recours à la femme mariée contre le choix de la résidence de la famille par le mari. Mais la loi du 18 février 1938 reconnut à la femme la possibilité de saisir le tribunal en cas de « fixation abusive de la résidence du ménage par le mari ». Puis la loi du 22 septembre 1942, dont la formule fut, sur ce point, reprise par la loi du 13 juillet 1965, a substitué, à la notion subjective de *fixation abusive*, la référence objective aux *dangers d'ordre physique ou d'ordre moral* présentés, pour la famille, par la résidence fixée par le mari (Nerson, obs. *RTD civ.* 1970. 157). Et la loi du 4 juin 1970, sur l'autorité parentale, substitua à la notion de « dangers d'ordre physique ou moral », celle d'« inconvénients graves ».

On a été conduit, dans ces conditions, à se demander si la dispense de résidence commune, alors prévue par la loi, n'absorbait pas ou, dans la négative, n'excluait pas la dispense de cohabitation, telle qu'elle avait été précédemment admise par les tribunaux.

5 Indépendamment du fait que la cohabitation concerne non seulement l'habitation commune, mais aussi le *debitum conjugale*, l'autorisation de résidence séparée et la dispense de cohabitation correspondaient, de prime abord, à des considérations différentes (v. Nerson, obs. *RTD civ.* 1970. 156 s.). L'une tendait à corriger, au profit de la femme, les conséquences du maintien de la qualité de chef de famille du mari (L. 22 sept. 1942 et 13 juill. 1965), puis, après sa suppression (L. 4 juin 1970), la survivance – jusqu'à la loi du 11 juillet 1975 portant réforme du divorce – du pouvoir, laissé au mari, de choisir, faute d'accord, la résidence de la famille (art. 215, al. 2 C. civ.). L'autre, offerte, le cas échéant, au mari aussi bien qu'à la femme (v. Desbois, obs. *RTD civ.* 1962. 78), dégageait partiellement et de manière temporaire les époux de leur obligation de vivre ensemble, mais opérait, dans une certaine mesure, à la manière d'une astreinte (v. en ce sens, Roland, note *D.* 1961. 324, sous Toulouse, 30 janv. 1961), puisque, conformément aux termes mêmes de l'arrêt ci-dessus rapporté, il s'agit d'assurer l'exécution réciproque du devoir de vie commune dans les conditions d'assistance et de protection qui sont tracées aux époux par la loi. C'est précisément pour cette raison qu'à une époque où l'on combattait la séparation de fait (v. Jean Maury, « Les séparations de fait entre époux », *RTD civ.* 1965. 515; M.-F. Nicolas, *La séparation de fait entre époux*, thèse dactyl. Paris, 1972), la dispense de cohabitation a cependant été admise par les tribunaux.

Force est pourtant de constater que les deux remèdes sont apparus souvent très voisins. Certes, la dispense de cohabitation répond à des considérations d'ordre subjectif, tenant au *comportement* du conjoint, tandis que l'autorisation de résidence séparée tient avant tout au *lieu*; mais il a été admis que cette autorisation pouvait aussi être obtenue lorsque le choix du mari était fondé sur d'autres considérations que l'intérêt familial (Marty et Raynaud, 3e éd., *Les personnes*, par Raynaud, nº 209), notamment sur le désir d'être désagréable à sa femme (TGI Seine, 22 janv. 1965, *RTD civ.* 1965. 799, obs. Nerson). On comprend donc sans peine que certaines juridictions, préférant évidemment un texte précis à une construction prétorienne, aient alors utilisé l'article 215 du Code civil afin de motiver des décisions relevant, en réalité, du domaine de la dispense de cohabitation (v. Toulouse, 30 janv. 1961, préc.; 5 juill. 1966, cassé par Civ. 1re, 1er juill. 1969, *D.* 1970. 148, 2e esp., note Le Calonnec, *JCP* 1969. II. 16056, concl. Lindon, *Gaz. Pal.* 1969. 2. 176; rappr. Paris, 10 juin 1958, *D.* 1958. 735, note Voirin). Les deux mécanismes ne faisaient pourtant pas double emploi (Nerson, obs. *RTD civ.* 1970. 156 s.; Y. Chartier, art. préc., p. 556 s.).

6 Encore fallait-il savoir si la dispense de cohabitation, consacrée depuis longtemps par la jurisprudence, plus précisément par l'arrêt rapporté, n'avait pas été remise en cause, du fait de la consécration légale de l'autorisation de résidence séparée. Si la question méritait d'être posée, c'est parce que la Cour de cassation semblait avoir remis en question l'existence d'une dispense de cohabitation, en l'absence d'une procédure de divorce ou de séparation de corps (Civ. 1re, 1er juill. 1969, préc.). Solution singulière, puisqu'elle incite abusivement à demander le divorce ou la séparation de corps (v. C.-I. Foulon-Piganiol, « Le droit de ne pas demander le divorce », *D.* 1970. chron. 148), alors que rien ne permet de penser que le législateur ait entendu en 1938, 1942 ou 1965 faire disparaître un remède ancien et opportun. Solution difficilement conciliable avec le courant législatif qui a tendu à reconnaître à la séparation de fait plus d'effets que par le passé (ex. : art. 1442, al. 2 C. civ., réd. L. 13 juill. 1965; art. 237 C. civ., réd. L. 11 juill. 1975). Et solution abandonnée ensuite assez rapidement par la Cour de cassation (Civ. 1re, 24 oct. 1973, *D.* 1975. 724, note A. Bénabent, *JCP* 1975. II. 17991, note Y. Chartier, *RTD civ.* 1975. 299, obs. Nerson; rappr. Civ. 1re, 14 mars 1973, préc.). Ajoutons que la Commission Dekeuwer-Défossez a proposé d'inscrire dans la loi « la possibilité pour un époux de quitter le domicile conjugal lorsqu'il y est victime de violences, droit trop souvent méconnu des conjoints comme de leurs conseils à l'heure actuelle » (*Rénover le droit de la famille.* Rapport, La Documentation française, 1999, p. 136).

7 L'originalité de la dispense de cohabitation se trouve, en un certain sens, renforcée depuis la réforme du divorce. Prolongeant jusqu'à son terme une évolution égalitaire, la loi du 11 juillet 1975 a supprimé les derniers vestiges de la prépondérance maritale quant au choix de la résidence de la famille : il est seulement disposé, au nouvel article 215, alinéa 2 du Code civil, que celle-ci est au lieu que les époux « choisissent d'un commun accord »; corrélativement, a été supprimée la faculté, pour la femme, d'obtenir, dans certaines conditions, une autorisation de résidence séparée. Même si les époux peuvent avoir un domicile distinct, ils ne s'en obligent pas moins mutuellement, aujourd'hui comme hier, à une communauté de vie (art. 108, al. 1, 215, al. 1 C. civ.), ce qui, dans la ligne d'une jurisprudence ancienne et non condamnée, laisse toujours place à d'éventuelles dispenses de cohabitation (v. Bénabent, note préc.).

Sur la communauté de vie depuis la loi du 4 avril 2006 renforçant la répression des violences au sein du couple, v. Anne-Marie Leroyer, obs. *RTD civ.* 2006. 402 s.

DIVORCE ET SÉPARATION DE CORPS

39

ADULTÈRE. CAUSE PÉREMPTOIRE

Req. 5 août 1901

(*DP* 1901. 1. 470, *S.* 1901. 1. 400)

X... c. X...

L'adultère du mari est une cause de divorce péremptoire pour le juge (C. civ., art. 230).

Moyen. — Fausse interprétation et violation de l'article 230 du Code civil.

ARRÊT

La Cour;... — Attendu qu'aux termes de l'article 230 du Code civil, modifié par la loi du 27 juillet 1884, l'adultère du mari, commis même en dehors du domicile conjugal, est une cause de divorce; qu'il appartient, sans doute, à la femme de renoncer à s'en prévaloir, mais que, celle-ci s'en prévalant, cette cause de divorce est péremptoire pour le juge; — Attendu que l'arrêt attaqué, en le décidant ainsi, après avoir constaté souverainement l'adultère de X..., n'a ni violé, ni faussement interprété le texte visé au moyen; — *Par ces motifs*, rejette.

OBSERVATIONS

1 Replacé dans le cours du temps, l'arrêt commenté illustre bien ce que peut être, dans une mesure variable, l'office du juge en matière de divorce (ou de séparation de corps) quant à l'admission de la rupture ou du relâchement du lien conjugal.

I. — L'adultère, cause péremptoire de divorce

2 Avant le rétablissement du divorce par la loi du 27 juillet 1884, l'adultère simple du mari, c'est-à-dire l'adultère non aggravé par l'entretien de la concubine dans la maison commune (anc. art. 230 C. civ.), n'était considéré que comme une injure grave, ce qui laissait aux juges, pour prononcer ou refuser la séparation de corps (ou jusqu'en 1816 le divorce), un pouvoir d'appréciation qui était, au contraire, exclu, en toute hypothèse, au sujet de l'adultère de la femme.

Les auteurs de la loi de 1884 ont entendu supprimer cette différence. Au lendemain du vote de la loi, certains ont pourtant soutenu qu'elle subsistait. Mettant à profit une distinction utilisée au cours des travaux parlementaires (Rodière, « La notion de cause péremptoire de divorce », *JCP* 1937, chron. 12), mais qui ne fut employée dans aucun des textes issus de la réforme, ils ont fait valoir que l'adultère de la femme était une cause péremptoire de divorce, s'imposant au juge, tandis que celui-ci disposerait d'un pouvoir d'appréciation quant à la gravité de l'adultère du mari. Cette thèse, déjà écartée par la Cour de cassation dans les motifs de précédents arrêts (Req. 13 nov. 1889, *DP* 90. 1. 36, *S.* 90. 1. 398; 9 févr. 1897, *DP* 97. 1. 550, *S.* 97. 1. 168), fut formellement condamnée par l'arrêt ci-dessus rapporté. Ce faisant, il consacra aussi, mais à sa manière, la distinction des causes péremptoires (adultère, condamnation à une peine afflictive et infamante) et des causes non péremptoires (excès, sévices, injures) de divorce, distinction qui fut implicitement confirmée par la loi du 2 avril 1941 et l'ordonnance du 12 avril 1945.

3 Les termes concis de l'arrêt ci-dessus rapporté permettent de dégager la signification première du caractère péremptoire reconnu alors à l'adultère : seul le conjoint outragé est juge de l'opportunité du divorce; s'il se prévaut de cette cause, celle-ci est *péremptoire pour le tribunal*, lequel est privé de son pouvoir d'appréciation.

Lorsque l'adultère du défendeur est *prouvé*, le juge doit prononcer le divorce. Non seulement, il ne lui est pas nécessaire de constater la gravité de l'adultère et le caractère intolérable du maintien du lien conjugal (Civ., 2e sect. civ. 19 mars 1958, *D.* 1958. Somm. 121, *Bull. civ.* II, no 206, p. 136; 6 févr. 1959, *Bull. civ.* II, no 128, p. 83; 16 janv. 1963, *Bull. civ.* II, no 49, p. 37; 21 juin 1967, *Bull. civ.* II, no 229, p. 159), mais encore, et surtout, il ne peut refuser de prononcer le divorce au motif, inspiré de l'article 232 du Code civil (réd. 1945), que l'adultère commis ne rendrait pas intolérable le maintien du lien conjugal (Req. 22 janv. 1945, *D.* 1945. 186; Civ. 2e, 22 avr. 1970, *JCP* 1970. IV. 151) ou encore parce que certaines circonstances atténueraient la gravité de l'adultère (Civ. 2e, 12 nov. 1953, *D.* 1954. 24, *JCP* 1954. II. 7929, note Madray). Il en est ainsi alors même que le grief invoqué contre le demandeur est également celui d'adultère (Civ. 2e, 21 juin 1961, *Bull. civ.* II, no 474, p. 338), le tribunal ne pouvant, le cas échéant, que prononcer le divorce aux torts réciproques. La Cour de cassation a aussi déduit de cette dernière solution que, lorsque l'adultère de l'un des époux est établi, le tribunal n'est pas tenu de surseoir à statuer jusqu'à ce que la demande reconventionnelle, fondée sur l'adultère de l'autre, soit en état d'être jugée (Civ., 2e sect. civ. 12 nov. 1953, préc.; 22 juin 1955, *Bull. civ.* II, no 350, p. 216). – V. aussi, sur le fait que le juge du fond perd, en matière d'adultère, la possibilité d'apprécier la pertinence des offres de preuve : Civ. 6 juin 1951, *Bull. civ.* I, no 177, p. 138; Civ., 2e sect. civ. 30 mai 1958, *Bull. civ.* II, no 362, p. 242; 12 mai 1969, *JCP* 1969.

II. 16019; 17 févr. 1960, *Bull. civ.* II, n° 124, p. 82;... même si les offres de preuve paraissent dilatoires : Civ., 2e sect. civ. 19 janv. 1956, *JCP* 1956. II. 9424, note E. M., *Bull. civ.* II, n° 54, p. 32;... mais à la condition qu'elles soient sérieuses : Civ., 2e sect. civ. 3 oct. 1962, *Bull. civ.* II, n° 622, p. 453; 31 oct. 1962, *Bull. civ.* II, n° 685, p. 499, ce qui relève de la distinction entre la pertinence et l'admissibilité des offres de preuve.

4 D'ores et déjà, au sujet des rapports entre les parties et le juge, le caractère péremptoire de l'adultère pouvait susciter des objections, car une plus grande liberté du juge aurait permis à celui-ci de ne pas prononcer nécessairement le divorce aux torts *exclusifs* de l'époux adultère, voire de ne pas prononcer le divorce lorsque le comportement du demandeur efface le caractère offensant de l'adultère.

Lorsque le demandeur a *provoqué* l'adultère de son conjoint, notamment avec l'aide du complice de l'adultère, on aurait pu estimer que l'adultère cessait d'être offensant ou, à tout le moins, que le demandeur ne paraissait pas pouvoir se plaindre d'une faute qu'il a lui-même provoquée (v. en ce sens, C. cass. belge, 30 janv. 1936, *S.* 1936. 4. 23, *Pasicrisie* 1936. 1. 137, *RTD civ.* 1939. 248, obs. Lalou). Or la Cour de cassation, tout en admettant que la provocation était une injure grave, de nature à fonder un divorce aux torts réciproques, par l'effet d'une *demande reconventionnelle* (Civ., 2e sect. civ. 19 mars 1958, préc.), avait décidé que l'adultère, même provoqué, était une cause péremptoire et que les juges pouvaient, en conséquence, écarter le moyen de défense présenté par le conjoint adultère et fondé sur la provocation (Civ. 14 juin 1950, *JCP* 1950. II. 5782, note A. Jack-Mayer, *S.* 1950. 1. 50). En l'espèce, la Cour de cassation a cependant constaté que l'arrêt attaqué n'avait pas relevé l'existence d'une *connivence* entre les époux (v. aussi Civ., 2e sect. civ. 12 nov. 1953, préc.), ce qui donne à penser que, dans l'hypothèse contraire, les juges auraient rejeté la demande en divorce fondée sur l'adultère. Et, de fait, on conçoit mal qu'un mari, qui inciterait sa femme à la prostitution, puisse lui reprocher l'adultère.

La jurisprudence ultérieure demeura pourtant incertaine. Lorsque la Cour de cassation décida que la connivence du mari, constitutive d'injure, justifie un divorce aux torts réciproques (Civ., 2e sect. civ. 19 mars 1958, préc.), elle n'écarta pas le caractère péremptoire de l'adultère, pas plus qu'en cas de provocation. Mais d'autres arrêts, liés à des considérations d'ordre probatoire (Civ., 2e sect. civ. 15 avr. 1970, *D.* 1970. Somm. 206, *Bull. civ.* II, n° 120, p. 93) ou procédural (Civ., 2e sect. civ. 10 juill. 1963, *Bull. civ.* II, n° 507, p. 380), parurent implicitement reconnaître une incidence directe à la connivence et laissèrent, à tout le moins, subsister l'incertitude.

Plus nettement, les juridictions du fond admirent que la connivence était une fin de non-recevoir à la demande en divorce fondée sur l'adultère (Paris, 18 juill. 1893, *DP* 93. 2. 471; Bordeaux, 11 févr. 1907, *S.* 1908. 2. 76; TGI Laval, 29 sept. 1969, *JCP* 1970. II. 16384, note J. L. D.), à condition qu'il ne s'agisse pas seulement d'une attitude passive (T. civ. Seine, 21 mars 1901 et Paris, 5 janv. 1903, *DP* 1904. 2. 296, *S.* 1904. 2. 80) ou d'un geste de lassitude

(Montpellier, 5 nov. 1952, *D.* 1953. 87). Rappr. Civ. 2e, 21 juin 1979, *Bull. civ.* II, nº 193, p. 134, *RTD civ.* 1980. 334, obs. J. Rubellin-Devichi.

5 Développant davantage les conséquences du caractère péremptoire, la jurisprudence estima cependant – de manière discutable – que ce caractère rejaillissait sur la *définition de l'adultère*, en dépouillant plus ou moins celui-ci de ses éléments psychologiques. Certes, il fut admis que l'acte doit être *volontaire* et qu'il n'en est pas ainsi lorsqu'il a été accompli en état d'aliénation mentale (Civ. 2e, 7 avr. 1976, *D.* 1976. IR 173; Montpellier, 11 mars 1953, *D.* 1953. 258, *JCP* 1953. II. 7557, note G. M.; comp. Caen, 31 déc. 1889, *DP* 91. 2. 280), en cas de viol (TGI Niort, 21 nov. 1960, *D.* 1961. 247) ou en cas de substitution de personne (comp. T. corr. Lisieux, 16 mars 1928, *S.* 1928. 2. 104). Mais les divergences sont apparues quand il s'est agi de savoir s'il y a lieu d'exiger une *intention coupable.* Divers cas d'adultère de bonne foi ont donné aux tribunaux l'occasion de se prononcer; tous ont concerné des situations dans lesquelles un conjoint s'était cru un peu trop rapidement libéré du lien conjugal : d'où le reproche d'adultère. Or l'adultère était une cause péremptoire de divorce, qu'il ait été commis avant ou au cours de la procédure (Civ., 2e sect. civ. 18 mai 1971, *Bull. civ.* II, nº 179, p. 126). Diverses cours d'appel n'en ont pas moins estimé que l'époux de bonne foi n'était pas coupable d'adultère (Alger, 23 avr. 1934, *RTD civ.* 1936. 453; Angers, 10 mai 1937, *DP* 1938. 2. 55, *JCP* 1937. II. 406).

Ces décisions ont généralement été cassées (Civ. 29 janv. 1936, *DP* 1937. 1. 15 et la note; 1er mai 1939, *DC* 1941. 56, note J. C., *S.* 1939. 1. 227). Au premier arrêt de la Cour de cassation, qui se contentait expressément d'un adultère « matériellement établi », on a pu reprocher d'exagérer les conséquences du caractère péremptoire de l'adultère et aussi, renversant un ordre logique, de déduire de ce caractère la détermination des éléments constitutifs de l'adultère (v. note *DP* 1937. 1. 15). Plus nuancé, le second arrêt ne semble pas exclure l'exigence d'une intention coupable, mais reproche à la cour d'appel d'avoir considéré comme étant de bonne foi, sur le fondement de l'erreur de droit, une femme qui avait eu des relations avec un tiers, alors que le jugement de divorce rendu à son profit était frappé d'appel (elle ignorait l'effet suspensif de l'appel). En d'autres termes, par l'effet singulier de l'adage *Nul n'est censé ignorer la loi* (comp. *supra*, nº 36, § 4, à propos du mariage putatif), même la faute d'ignorance du *droit* contribuerait à constituer l'adultère (rappr., dans le même sens, Aix, 12 déc. 1960, *D.* 1961. 479, note Mimin), tandis que l'ignorance du *fait* l'exclurait (v. Lyon, 5 nov. 1959, *Gaz. Pal.* 1960. 1. 172).

II. — La réforme de 1975

6 La loi du 11 juillet 1975 a fait disparaître la catégorie des causes péremptoires, ce qui aboutit à accroître le pouvoir d'appréciation du juge, de quelque cas de divorce pour faute qu'il s'agisse. La solution qui peut prêter à hésitation quant aux condamnations pénales est certaine au sujet de l'adultère. À la suite de la réforme de 1975, la solution pouvait prêter au doute quant aux condamnations pénales car, s'agissant de ce cas de divorce, un article spécial avait subsisté dans le Code civil; mais cet article 243 a été abrogé par la loi du 26 mai 2004. Sans cesser, au demeurant, de constituer, le cas échéant, un cas de divorce, la condamnation pénale peut, aux termes de l'article 242 du Code civil, être liée à des faits constitutifs d'une violation grave ou renouvelée des devoirs et obligations du mariage rendant intolérable le maintien de la vie commune.

7 À s'en tenir à l'adultère, celui-ci a été, par la loi du 15 juillet 1975, doublement gommé des textes : d'une part, il a cessé de constituer un délit pénal; d'autre part, il n'est plus pris en considération qu'à travers le cas générique du divorce pour faute prévu à l'article 242 du Code civil. Dans ce contexte, l'adultère constitue, en principe, parmi d'autres, une cause de divorce, sans qu'il soit d'ailleurs nécessaire aux juges du fond de préciser sa gravité (Civ. 2e, 23 avr. 1980, *Bull. civ.* II, no 80; comp. Civ. 2e, 4 janv. 1980, *Bull. civ.* II, no 5, *D.* 1981. IR 79, obs. Breton; v. Y. Mayaud, « L'adultère cause de divorce depuis la loi du 11 juillet 1975 », *RTD civ.* 1980. 494).

L'abandon du caractère de l'adultère comme cause de divorce s'est manifesté dans diverses circonstances, en particulier lorsqu'il est *excusé* par les fautes du conjoint (Civ. 2e, 5 févr. 1986, *Bull. civ.* II, no 9). S'il peut, à certaines conditions, justifier le prononcé du divorce pour faute (Civ. 1re, 11 janv. 2005, *Bull. civ.* I, no 10), encore faut-il qu'il présente un caractère intentionnel (Civ. 2e, 7 avr. 1976, *D.* 1976. IR 173, troubles mentaux). Il n'est plus douteux, depuis la réforme de 1975, que l'adultère ne présente pas un caractère fautif en cas de provocation, de connivence (Civ. 2e, 29 janv. 1969, *Bull. civ.* II, no 27) ou de réciprocité. Ainsi l'adultère de l'épouse n'a pas d'influence sur la rupture du lien conjugal lorsque le comportement du mari lui retire le caractère de gravité qui aurait pu en faire une cause de divorce (Civ. 2e, 5 févr. 1986, *Bull. civ.* II, no 9; 22 mars 1995, *JCP* 1995. IV. 1249, *Bull. civ.* II, no 98).

8 De manière paradoxale, le glissement résultant de la suppression du caractère péremptoire de l'adultère comme cas de divorce augmente et diminue à la fois le pouvoir du juge. Il l'augmente puisque celui-ci apprécie la violation des devoirs du mariage. Il le diminue dans la mesure où la volonté des époux, telle que la jurisprudence l'apprécie, peut aménager l'obligation de fidélité ! Un recul significatif de l'ordre public familial est juridiquement apparu lorsque le prononcé du divorce a été refusé dans un cas où les violations reprochées par chacun des époux à son conjoint correspondaient « à une organisation conjugale mutuellement consentie » (Bordeaux, 19 nov. 1996, *D.* 1997. 523, note Garé, *Dr. fam.* 1997, no 60, obs. Lécuyer, *RTD civ.* 1997. 402, obs. Hauser). Solution insolite en ce que l'on aboutit – au moins pendant un temps – au maintien de ces époux dans les liens du mariage. À l'évidence, ce sont la nature et les caractères du mariage qui sont en cause (v. X. Labbée, *Les rapports juridiques dans le couple sont-ils contractuels ?*, Septentrion, 1996; rappr. M. Lamarche, *Les degrés du mariage*, thèse ronéot., Bordeaux IV, 1998; Ponsier, « De la contractualisation du droit de la famille et du mariage en particulier », *Gaz. Pal.* 6 mars 1999).

9 La tendance à l'assouplissement se manifeste tout particulièrement au *cours de l'instance en divorce*. C'est pourquoi l'adultère du mari ne constitue pas une violation grave des devoirs et obligations du mariage dès lors que le constat d'adultère a été établi près de deux ans après l'ordonnance ayant autorisé les époux à résider séparément et alors que le devoir de fidélité est nécessairement moins contraignant du fait de la longueur de la procédure (Civ. 2e, 29 avr. 1994, *Bull. civ.* II, no 123, *JCP* 1994. IV. 1592, *RTD civ.* 1994. 571, obs. J. Hauser; v. aussi Civ. 2e, 22 mars 1995, *D.* 1996. Somm. 64, 1re esp., obs. Blary-Clément; Douai 28 janv. 1999, *Dr. fam.* 1999. 139, 2e esp., note H. Lécuyer). Reste que l'adultère commis après l'introduction de la demande en divorce, même s'il n'a pas déterminé la rupture, n'en constitue pas moins un obstacle à la reprise de la vie commune et justifie le prononcé d'un divorce aux torts partagés (Dijon, 19 déc. 1991, *JCP* 1993. IV. 132; v. aussi Civ. 2e, 4 juin 1997, *Dr. fam.* 1997. 176, note H. Lécuyer; Besançon, 7 sept. 1999 et Riom, 12 sept. 2000, *Dr. fam.* 2001. 28, 1re et 2e esp., note H. Lécuyer). – V. C. Chabault, « De la relativité de l'adultère dans le divorce pour faute », *Dr. fam.* 1998. chron. 11.

III. — La réforme de 2004

10 À s'en tenir à la définition du divorce pour faute, les termes retenus, à l'article 242 du Code civil par les auteurs de la loi du 26 mai 2004, se situent, malgré quelques changements mineurs, dans la ligne du droit antérieur : « Le divorce peut être demandé par l'un des époux lorsque des faits constitutifs d'une violation grave ou renouvelée des devoirs et obligations du mariage sont imputables à son conjoint et rendent intolérable le maintien de la vie commune ». On pourrait donc, de prime abord, s'en tenir là, quitte à indiquer des compléments jurisprudentiels, par exemple quant à la preuve de l'adultère (v. à ce sujet, la preuve par le résultat d'un examen sanguin effectué sur l'un ou les enfants du couple en dehors de toute action relative à la filiation : Civ. 1re, 28 févr. 2006, *RTD civ.* 2006. 287, obs. J. Hauser).

S'il convient portant d'en dire davantage, c'est parce que le divorce pour faute n'a plus dans notre droit la place qui lui était encore reconnue avant la réforme de 2004. Dans les années qui précédèrent celle-ci, une offensive contre cette cause de divorce s'était développée. Cherchant à faire prévaloir la seule idée du divorce-faillite sur celle du divorce-sanction, un fort courant se prononçait pour la suppression du divorce pour faute jugé archaïque et pathogène. À quoi s'opposaient des considérations importantes, corroborées par un attachement manifeste, bien qu'en déclin, des intéressés à ce cas de divorce (en 1976, 89 %, en 1986, 48 %, en 1999, 42,76 %). Le législateur de 2004 l'a finalement maintenu mais vidé d'une bonne partie de sa substance, puisque les effets du divorce sont, pour l'essentiel, les mêmes que le divorce soit ou non prononcé aux torts exclusifs d'un époux. La faute est devenue très largement indifférente : l'époux aux torts exclusifs duquel le divorce a été prononcé conserve les avantages matrimoniaux qui ont pris effet au cours du mariage ainsi que les donations de biens présents qui lui ont été consenties (art. 265, al. 1er, C. civ.), le droit à la prestation compensatoire subsiste à son profit, sauf tempérament d'équité (art. 270, C. civ.). En définitive, seul persiste pour l'époux innocent la possibilité d'obtenir des dommages-intérêts, soit sur le fondement de l'article 266 du Code civil à condition qu'il établisse que la dissolution du mariage entraîne pour lui des conséquences d'une particulière gravité, soit sur celui de l'article 1382, lorsque la faute cause de divorce entraîne un préjudice distinct de celui entrant dans les prévisions de l'article 266 (Angers, 23 mai 2011, *Dr. fam.* 2011, n° 164, 4e esp., note V. Larribau-Terneyre). C'est dire que l'avantage attaché au divorce pour faute n'est plus, bien souvent, que « résiduel » et que le divorce pour faute ne procure plus à celui qui l'obtient qu'une « satisfaction symbolique » (Terré et Fenouillet, *La famille*, n° 208). Comme on a pu l'écrire, « le combat sur la faute a perdu la plus grande partie de son intérêt » (H. Fulchiron, « Les métamorphoses des cas de divorce », *Defrénois* 2004. 1117).

Néanmoins, lorsque ce combat est mené, on retrouve quant à la définition de la faute les solutions traditionnelles. Chacune des obligations nées du mariage continue à contenir « en négatif » le manquement constitutif de la faute cause de divorce. S'agissant plus précisément du devoir de fidélité, le divorce est prononcé en raison de l'adultère du conjoint (Paris, 15 sept. 2011, *Dr. fam.* 2011, n° 168), mais les tribunaux préfèrent parfois se placer sur le terrain de l'altération définitive du lien conjugal, en cas de manquement des deux époux à l'obligation de fidélité, alors même que l'un des époux s'y opposait (Pau, 9 mai 2011, *Dr. fam.* 2011, n° 165, 2e esp., note V. Larribau-Terneyre). L'adultère peut, au demeurant perdre son caractère fautif lorsque les relations extraconjugales faisaient partie du mode de vie des époux, librement choisi et accepté (Pau, 6 févr. 2006, *Dr. fam.* 2006, n° 165, note V. Larribau-Terneyre, à propos de pratiques échangistes). La Cour de cassation a eu l'occasion de rappeler que pour être une faute cause de divorce, la violation des devoirs du mariage devait être grave *ou* renouvelée et rendre ainsi intolérable le maintien de la vie commune (Civ. 1re, 18 mai 2011, *Dr. fam.* 2011, n° 165, note V. Larribau-Terneyre).

40

DIVORCE. EFFETS. PRESTATION COMPENSATOIRE. CARACTÈRE ALIMENTAIRE. INSAISISSABILITÉ

Civ. 2e, 27 juin 1985

(*D.* 1986. 230, note Catherine Philippe, *Bull. civ.* II, n° 131, p. 86)

C... c. Dame B...

Si la prestation compensatoire présente un caractère indemnitaire, elle présente aussi un caractère alimentaire. Dès lors, c'est à bon droit que, faisant application de l'article 2092-2-2° du Code civil à une rente allouée à titre de prestation compensatoire, une cour d'appel l'a déclarée insaisissable et a prononcé la nullité de la saisie-arrêt pratiquée sur cette rente.

Faits. — Un divorce sur demande conjointe avait été prononcé entre Mme B... et M. C... La convention homologuée mettait à la charge de l'ex-mari le versement d'une prestation compensatoire sous forme de rente. Ultérieurement, s'éleva entre les ex-époux un différend relatif à la contribution de ceux-ci à une dette fiscale née avant la dissolution du mariage. Il s'agissait du montant d'un impôt foncier relatif à un immeuble commun et dont les époux étaient tenus solidairement. Ayant payé la totalité de la dette, M. C... réclama vainement à Mme B... sa part contributive. S'étant heurté à un refus, il procéda à la saisie-arrêt entre ses propres mains de la rente qui avait été allouée à la femme à titre de prestation compensatoire.

Les juges du fond eurent à connaître du différend qui opposait les ex-époux quant au montant exact de la dette de Mme B... et quant à la possibilité, pour l'ex-mari, de procéder à une saisie-arrêt sur une prestation compensatoire, ce qui dépendait du caractère de celle-ci. Par un arrêt rendu le 9 mai 1984, la cour d'appel de Dijon se prononça sur le montant exact de la dette de Mme B... et, se référant au caractère alimentaire de la prestation compensatoire, décida, en application de l'article 2092-2-2° du Code civil, que celle-ci était insaisissable et que, par conséquent, la saisie-arrêt prononcée était nulle.

M. C... s'est pourvu en cassation.

Moyens. — V. l'arrêt.

ARRÊT

La Cour; — *Sur le premier moyen :* — Attendu, selon l'arrêt attaqué, qu'un précédent jugement (devenu irrévocable) ayant prononcé, sur leur demande conjointe, le divorce de Mme B... et de M. C..., celui-ci, après avoir fait procéder à la saisie-arrêt entre ses propres mains de la rente qui avait été allouée à la femme à titre de prestation compensatoire par la convention homologuée, a fait assigner son ex-épouse en paiement d'une certaine somme et en validation de la saisie-arrêt; — Attendu qu'il est fait grief à l'arrêt d'avoir, pour l'évaluation de la créance de M. C..., fixé la part contributive de la femme au paiement de la taxe foncière afférente à un immeuble commun, due par les époux pour l'année de leur divorce à la moitié de cette taxe, alors qu'il n'aurait pas été répondu aux conclusions soutenant que les parties étant convenues que la répartition des charges s'effectuerait par référence à la date de la facture, Mme B... aurait dû supporter la taxe dans la proportion des six-septièmes prévue par la convention; — Mais attendu qu'après avoir relevé que, se référant aux termes de la convention homologuée, M. C... avait élevé le montant de sa réclamation initiale au titre des impôts fonciers, l'arrêt retient que, pas plus en cause d'appel que devant le tribunal, il n'avait versé aux débats ladite convention et que ses prétentions fondées sur l'application de celle-ci ne pouvaient être accueillies; que, par ces énonciations, la cour d'appel a répondu aux conclusions; — D'où il suit que le moyen n'est pas fondé; — *Sur le second moyen :* — Attendu qu'il est reproché à l'arrêt d'avoir prononcé la nullité de la saisie-arrêt pratiquée sur la rente due à Mme B... à titre de prestation compensatoire, alors que celle-ci, même lorsqu'elle revêt la forme d'une rente, aurait pour objet, non d'assurer des aliments au créancier, mais de lui maintenir un train de vie comparable à celui qu'il avait avant le divorce, de sorte qu'en assimilant la prestation à une « provision, somme ou pension à caractère alimentaire » au sens de l'article 2092-2-2° du Code civil, l'arrêt aurait violé l'article 270 dudit code; — Mais attendu qu'après avoir exactement relevé que, si la prestation compensatoire présentait un caractère indemnitaire, elle présentait aussi un caractère alimentaire, c'est à bon droit, que, faisant application de l'article 2092-2-2° du Code civil à la rente allouée à Mme B... à titre de prestation compensatoire, l'arrêt l'a déclarée insaisissable et prononcé la nullité de la saisie; — D'où il suit que le moyen n'est pas fondé; — *Par ces motifs*, rejette...

OBSERVATIONS

1 Antérieurement à la réforme du divorce réalisée par la loi du 11 juillet 1975, une question classique agitait la doctrine quant à la nature, au fondement, aux caractères de la pension dite alimentaire due en cas de divorce par l'époux coupable à l'époux innocent et fixée en fonction des ressources de l'un et des besoins de l'autre. Alimentaire ? Indemnitaire ? Mixte ? On résumera les solutions jurisprudentielles et les analyses doctrinales alors retenues en observant que, suivant les questions posées, c'était l'un ou l'autre caractère (à moins qu'il ne s'agisse de fondement plutôt que de caractère) qui l'emportait (v. not. G. Ripert, « Le caractère de la pension alimentaire allouée en cas de divorce », *DH* 1927. chron. 53 s.; P. Esmein, « Le double visage et les singularités de la pension après divorce », *D.* 1953. chron. 67 s.; M. Culioli, *L'obligation alimentaire entre personnes divorcées*, thèse Aix, 1960).

Depuis la réforme de 1975, les données du problème ont changé, notamment du fait de la diversité des cas de divorce et de l'existence d'une nouveauté : la prestation compensatoire (J. de Poulpiquet, « Les prestations compensatoires après divorce », *JCP* 1977. I. 2856; M.-E. Roujou de Boubée, « Une institution qui se veut nouvelle : la prestation compensatoire après divorce », *Mélanges Marty*, 1978, p. 985 s.; S. Durrande, « Le contentieux de la prestation compensatoire après divorce », *D.* 1983. chron. 191 s.). « Sauf s'il est prononcé en raison de la rupture de la vie commune, le divorce met fin au devoir de secours prévu par l'article 212 du Code civil; mais l'un des époux peut être tenu de verser à l'autre une prestation destinée à compenser, autant qu'il est possible, la disparité que la rupture du mariage crée dans leurs conditions de vie respectives » (art. 270 C. civ., réd. L. 11 juill. 1975). La prestation compensatoire diffère de la pension alimentaire en ce sens qu'elle ne tend pas, sous une forme particulière, à l'exécution du devoir de secours, lequel prend fin sauf en cas de divorce pour rupture de la vie commune, mais à compenser la disparition de celui-ci. On a voulu, de la sorte, assurer, le cas échéant, « un rééquilibrage entre deux situations patrimoniales dont la disparité avait été jusqu'alors occultée par la communauté de vie » (J. Carbonnier, « La question du divorce, Mémoire à consulter », *D.* 1975, chron. 115 s., spéc. 120).

2 La finalité compensatoire a, depuis lors, été conservée. Mais les réformes successives réalisées par les lois du 30 juin 2000 et du 26 mai 2004 ont affecté profondément cet effet du divorce dans son domaine, sa lettre et son esprit. La première, de portée limitée quant au droit du divorce, mais néanmoins importante, a introduit des dispositions nouvelles quant à l'évaluation et quant aux modalités de la prestation (v. not. H. Lécuyer, « La loi du 30 juin 2000 relative à la prestation compensatoire en matière de divorce », *Dr. fam.* 2000, chron. 17; J.-B. Seube, « Dans l'ombre de la loi sur les prestations compensatoires : insuffisances, incertitudes, incohérences, paradoxes, effets pervers », *Dr. fam.* 2000, chron. 11; rappr. A. Sériaux, « La nature juridique de la prestation compensatoire ou les mystères de Paris », *RTD civ.* 1997. 53 s.).

La loi du 26 mai 2004 a étendu le domaine de la prestation compensatoire puisque, désormais, le devoir de secours est, en tant que tel, écarté, dans son principe, de quelque cas de divorce qu'il s'agisse, y compris en cas de divorce pour altération définitive du lien conjugal, lequel remplace le divorce pour rupture de la vie commune. En outre, la loi de 2006 n'a pas seulement renforcé les changements opérés quatre ans plus tôt; elle a affecté sa finalité en réalisant aussi en la matière une neutralisation des torts.

Les pesanteurs du passé ont cependant entraîné une persistance des références tant au caractère *alimentaire* qu'au caractère *indemnitaire*, bien que sur ce dernier point, cette persistance soit trompeuse (v. J. Massip, *Le nouveau droit du divorce*, 2005, n°s 165 s., p. 167 s.).

I. — Caractère alimentaire

3 Un vieux fond alimentaire subsiste. Aussi bien, la prestation compensatoire est fixée « selon les besoins de l'époux à qui elle est versée et les ressources de l'autre en tenant compte de la situation au moment du divorce et de l'évolution de celle-ci dans un avenir prévisible » (art. 271, al. 1er). Huit alinéas complètent, dans cet article, les diverses données que le juge, lorsqu'il fixe la pension, doit notamment prendre en considération. Ces précisions relèvent principalement du bavardage législatif.

La détermination de la prestation compensatoire par le juge est d'autant plus délicate qu'elle est souvent exposée à une présentation minimisante de la part du débiteur et maximisante de la part du créancier. La pratique judiciaire révèle bien les difficultés inhérentes à l'appréciation de l'existence et du calcul de la disparité; il en va de même du calcul de la prestation compensatoire (v. E. Muncany-Perves, « Pensions alimentaires et prestations compensatoires : quelles méthodes d'évaluation ? », *AJ fam.* 2005. 84 s.).

4 « Les époux doivent, à la demande du juge, justifier de leurs charges et ressources, notamment par la production de déclarations de revenus, d'avis d'imposition et de bordereaux de situation fiscale » (art. 1075-2, al. 1er C. pr. civ.). Une innovation marquante a été opérée par la loi du 30 juin 2000 : « Dans le cadre de la fixation d'une prestation compensatoire, par le juge ou par les parties, ou à l'occasion d'une demande de révision, les parties fournissent au juge une déclaration certifiant sur l'honneur l'exactitude de leurs ressources, revenus, patrimoine et conditions de vie » (art. 272, al. 1er C. civ.). Le recours à cette déclaration sur l'honneur – avatar du serment – émanant de chacun des époux est une singularité de la prestation compensatoire (H. Lécuyer, « La déclaration sur l'honneur », *Dr. fam.* 2003, chron. nº 6, « De la prestation compensatoire en général et de la déclaration sur l'honneur en particulier », *Dr. fam.* 2003, chron. nº 11). On peut s'interroger sur l'existence d'un lien entre l'honneur et la compensation.

« La prestation compensatoire ne peut être assortie de l'exécution provisoire » (art. 1079, al. 1er C. pr. civ.). « Toutefois elle peut l'être en tout ou en partie, lorsque l'absence d'exécution aurait des conséquences manifestement excessives pour le créancier en cas de recours sur la prestation compensatoire alors que le prononcé du divorce a acquis force de chose jugée » (al. 2). Le législateur a consacré diverses solutions relatives aux suites d'une inexécution en termes de recouvrement (L. 2 janv. 1973, art. 1er, al. 3; L. 11 juill. 1975, art. 15).

5 La jurisprudence a, elle aussi, déduit des conséquences de ce caractère alimentaire. Ainsi ne peut-on renoncer à une prestation compensatoire tant que la procédure de divorce n'est pas engagée (Civ. 2e, 21 mars 1988, *Bull. civ.* II, nº 74, p. 39, *D.* 1988. IR 99; 10 mai 1991, *Bull. civ.* II, nº 140, p. 75). Ainsi encore, dans l'arrêt rapporté, la Cour de cassation approuve la cour d'appel de Dijon d'avoir déclaré insaisissable la rente allouée à Mme B... à titre de prestation compensatoire en application de l'article 2092-2-2° du Code civil (aujourd'hui art. 14, 2°, L. 9 juill. 1991). La même analyse l'a conduite à décider que la créance, née de la prestation compensatoire, n'a pas à être déclarée au passif du débiteur en cessation des paiements soumis à une procédure collective (Com. 8 oct. 2003, *Bull. civ.* IV, nº 151, *D.* 2003. AJ *fam.* 2637, obs. A. Lienhard, 1re esp., *JCP* 2004. II. 10012, note Becqué-Ickowiez, *Dr. fam.* 2003, nº 132, obs. H. Lécuyer). La Cour de cassation a aussi décidé qu'en application de l'article 1293, 3°, du Code civil excluant la compensation d'une « dette qui a pour cause des aliments déclarés insaisissables », le débiteur d'une prestation compensatoire ne pouvait se libérer par la compensation avec d'autres sommes qui lui seraient dues (Civ. 2e, 23 mai 2002, *Dr. fam.* 2002, nº 126, obs. H. Lécuyer; rappr. Civ. 2e, 9 juill. 1997, *JCP* 1998. II. 10033, note E. Patault).

II. — Caractère indemnitaire

6 Par l'arrêt commenté, la Cour de cassation a rejeté le pourvoi formé contre l'arrêt de la cour d'appel de Dijon qui avait « exactement relevé que, si la prestation compensatoire présentait un caractère alimentaire, elle présentait aussi un caractère indemnitaire ». Ce caractère indemnitaire donnerait à penser que, s'agissant d'indemnité – disons même d'indemnisation –, il était question de préjudice causé par une faute de l'un des époux. Aussi longtemps que le divorce pour faute avait prévalu, c'est cette logique qui l'avait naturellement emporté. Mais la réforme de 1975 a distendu la relation entre responsable et victime dans l'aménagement des effets du divorce, précisément en cas de divorce par consentement mutuel, la convention homologuée ne pouvant être assimilée à une transaction consécutive à un différend en matière de responsabilité.

Même en cas de divorce pour faute, la réforme de 1975 réalisa une certaine distorsion entre faute et dette de prestation compensatoire. En effet, si l'époux aux torts duquel le divorce était prononcé n'avait droit à aucune prestation compensatoire, il pouvait cependant obtenir une indemnité à titre exceptionnel si, compte tenu de la vie commune et de la collaboration apportée à la profession de l'autre époux, il apparaissait manifestement contraire à l'équité de lui refuser toute compensation pécuniaire à la suite du divorce (anc, art. 280-1, al. 2 C. civ.); c'était une indemnité qui a été rapprochée de l'idée d'enrichissement sans cause (Civ. 2e, 9 mars 1983, *Bull. civ.* II, n° 72, p. 48, *D.* 1984. 17, note J. Massip); en tout cas, elle ne relevait pas de la responsabilité civile.

7 La loi du 26 mai 2004 a beaucoup plus radicalement refoulé la considération des torts, comme si le désir de dédramatisation passait par l'ignorance des fautes. Désormais l'attribution d'une prestation compensatoire ne dépend en principe que de la disparité des conditions de vie respectives de l'après-divorce (art. 270, al. 2; v. le n° précédent). Outre des sanctions résultant éventuellement du droit commun des obligations et des contrats (responsabilité civile, révocation des libéralités), deux exceptions sont cependant prévues à l'article 270, alinéa 3, du Code civil, ainsi rédigé : « Toutefois, le juge peut refuser d'accorder une telle prestation si l'équité le commande, soit en considération des critères prévus à l'article 271, soit lorsque le divorce est prononcé aux torts exclusifs de l'époux qui demande le bénéfice de cette prestation, au regard des circonstances particulières de la rupture ».

La première dérogation est singulière. Les critères retenus à l'article 271 sont des critères positifs d'attribution d'une prestation (v. le n° précédent); ils peuvent évidemment expliquer que le conjoint n'ait pas besoin d'une telle prestation; mais on voit mal, comment de tels critères pourraient, dans le même temps, fonder la vocation à bénéficier d'une prestation compensatoire et justifier que l'époux créancier en soit exceptionnellement privé. On peut donc douter que cette disposition permette de sanctionner un époux coupable (v. D. Fenouillet, « Le lien conjugal », in *La personne dans tous ses états*, Colloque *LPA* juill. 2004, p. 66).

À cette première exception, le texte ajoute une disposition particulière en cas de divorce aux torts exclusifs d'un époux lequel ne pourra tout de même pas obtenir une prestation compensatoire en raison des circonstances particulières de la rupture. La loi de 2004 transforme ainsi en exception ce qui, jusque-là, était la règle en cas de divorce aux torts exclusifs. Il appartient aux tribunaux de prendre en compte aussi bien la cause de la rupture, dont les fautes commises à l'origine de la crise conjugale, que ses effets, notamment la souffrance subie par l'époux qui demande à être déchargé de la prestation (D. Fenouillet, *loc. cit.*).

41

DIVORCE. REQUÊTE CONJOINTE. HOMOLOGATION. PRESTATION COMPENSATOIRE. RENTE. RÉVISION. ABSENCE DE CLAUSE DE RÉVISION. EXCEPTIONNELLE GRAVITÉ

Civ. 2e, 6 février 1985

(*D.* 1986. 452, note G. Potiron, *JCP* 1986. II. 20580, note A. Bénabent et R. Lindon, *Defrénois* 1985. 994, note Massip)

L… c. Dame C…

L'article 279, alinéa 3, du Code civil n'exclut pas la possibilité, reconnue aux parties par l'article 273 du même code, de demander au juge de réviser la prestation compensatoire convenue dans la convention homologuée si l'absence de révision devait avoir pour l'un des conjoints des conséquences d'une exceptionnelle gravité.

Faits. — Un divorce sur requête conjointe des époux L… avait été prononcé. Dans la convention homologuée fixant le montant et les modalités de la prestation compensatoire, une rente était mise à la charge de l'ex-époux. Mais il n'était prévu aucune faculté de demander au juge la révision de la prestation compensatoire en cas de changement imprévu dans les ressources et les besoins. Alléguant une forte baisse de ses revenus, l'ex-mari n'en demanda pas moins une révision de la pension, ce qui lui fut successivement refusé, le 28 janvier 1982 par le juge aux affaires matrimoniales du tribunal de grande instance de Tours, puis le 20 mai 1983 par la cour d'appel d'Orléans. Celle-ci estima que les dispositions de l'article 279 du Code civil, propres à la révision de la prestation compensatoire en cas de divorce sur requête conjointe, n'étaient pas applicables faute de nouvelle convention entre les ex-époux, et faute de réserve, dans la convention initiale, d'une faculté unilatérale de demande de révision judiciaire. En outre, la cour d'appel d'Orléans écarta l'application de l'article 273 du Code civil, aux termes duquel une prestation compensatoire ne peut être révisée même en cas de changement imprévu dans les ressources ou les besoins des parties, sauf si l'absence de révision devait avoir pour l'un des conjoints des conséquences d'une exceptionnelle gravité.
M. L… s'est pourvu en cassation.

Moyen. — Violation des articles 273 et 279, alinéa 3, du Code civil en ce que le second de ces textes n'exclut pas la possibilité, reconnue aux parties par le premier, de demander au juge de réviser la prestation compensatoire si l'absence de révision devait avoir pour l'un des conjoints des conséquences d'une exceptionnelle gravité.

ARRÊT

La Cour; — *Sur le moyen unique :* — Vu les articles 273 et 279, alinéa 3, du Code civil; — Attendu que le second de ces textes n'exclut pas la possibilité, reconnue aux parties par le premier, de demander au juge de réviser la prestation compensatoire convenue dans la convention homologuée si l'absence de révision devait avoir pour l'un des conjoints des conséquences d'une exceptionnelle gravité; — Attendu que pour débouter L... de sa demande de réduction de la rente allouée à titre de prestation compensatoire à Mme C... dans la convention définitive homologuée par le jugement, devenu irrévocable, ayant prononcé, sur leur demande conjointe, le divorce des époux L..., l'arrêt attaqué (Orléans, ch. civ., 20 mai 1983), confirmatif de ce chef, rendu sur appel d'une ordonnance d'un juge aux affaires matrimoniales, après avoir relevé qu'aucune clause de révision de la rente ne figurait dans la convention et qu'aucun accord n'était intervenu entre les parties pour en modifier le montant et qu'en conséquence les conditions imposées par l'article 279 du Code civil pour la révision de la prestation compensatoire conventionnelle n'étaient pas réunies, retient que les dispositions de l'article 273 relatives aux seules prestations compensatoires fixées par le juge ne sont pas applicables aux prestations convenues entre les parties; en quoi la cour d'appel a violé les textes susvisés; — *Par ces motifs*, casse...

OBSERVATIONS

1 La réforme du divorce opérée par la loi du 11 juillet 1975 a été notamment inspirée par le désir de dédramatiser le droit applicable (J. Carbonnier, « La question du divorce, Mémoire à consulter », *D.* 1975. chron. 115), non seulement quant à ses conditions, mais aussi sur le terrain de ses effets. D'où le souhait, sinon de faire disparaître, du moins d'atténuer les contentieux à retardement précédemment observés au sujet de la révision des pensions alimentaires prévues lors du prononcé du divorce. Cette préoccupation a, de toute évidence, inspiré le législateur lorsqu'il affirma, à l'article 273 du Code civil, le principe du caractère forfaitaire – c'est-à-dire non révisable – de la prestation compensatoire décidée par le juge. Ce caractère est, depuis la réforme de 2004, formulé à l'article 270, alinéa 2, du Code civil : « cette prestation a un caractère forfaitaire ». Il en a été déduit qu'elle ne saurait être assortie d'une condition suspensive (Civ. 2e, 5 nov. 1986, *Bull. civ.* II, n° 158, p. 107, *JCP* 187. IV. 17 : départ du domicile « conjugal ») ou résolutoire (Civ. 2e, 2 mai 1984, *D.* 1984. 579, note R. Lindon et A. Bénabent, *JCP* 1985. II. 20494).

2 L'affirmation du caractère forfaitaire de la prestation compensatoire allait de pair en 1975 avec le refoulement d'une possible révision. Elle ne pouvait être révisée, même en cas de changement imprévu dans les ressources et les besoins des parties, que « si l'absence de révision devait avoir pour l'un des conjoints des conséquences d'une exceptionnelle gravité » (anc. art. 273). L'appréciation de cette exception donna lieu à une interprétation particulièrement restrictive (ex. : Civ. 2e, 18 juin 1986, *D.* 1987. Somm. 46, obs. A. Bénabent; 14 déc. 1987, *Bull. civ.* II, n° 265, *JCP* 1988. IV. 84; 6 janv. 1988, *Gaz. Pal.* 1989. 2, 627, note J.M.; v. cep. dans le sens d'un certain assouplissement, Civ. 2e, 6 mars 1996 et Paris 26 mars 1996, *Dr. fam.* 1996, n° 24. – Rappr. au sujet de la suppression d'une garantie – assurance décès –

imposée au débiteur, Civ. 2e, 20 nov. 1996, *Bull. civ.* II, n° 252, *Defrénois* 1997. 989, note J. Massip, *RTD civ.* 1997. 898, obs. J. Hauser).

Des données sociologiques nouvelles – récession, chômage, surendettement, remariages – amplifiées par les groupes de pression (action d'associations de débiteurs-victimes), ont entraîné, par le vote de la loi du 30 juin 2000, une extension du domaine possible de la révision, les dispositions en cause étant applicables aux prestations compensatoires attribuées antérieurement (art. 20 à 23). Aux termes du nouvel article 276-3, alinéa 1er, du Code civil, réd. L. 26 mai 2004, « la prestation compensatoire fixée sous forme de rente peut être révisée, suspendue ou supprimée en cas de changement important dans les ressources ou les besoins de l'une ou l'autre des parties ». À l'alinéa 2, il est précisé que « la révision ne peut avoir pour effet de porter la rente à un montant supérieur à celui fixé initialement par le juge » (v. déjà, antérieurement à la loi de 2004, Civ. 1re, 16 mars 2004, *D.* 2004. 2254, note S. Mirabail, *AJ fam.* 2004. 184, obs. S. David, *Dr. fam.* 2004. Comm. 74, obs. V. Larribau-Terneyre, *LPA* 12 nov. 2004, p. 14, note S. Raby; *contra* Civ. 2e, 10 mai 2001, *Bull. civ.* II, n° 95, *RTD civ.* 2001. 569, obs. J. Hauser; 26 sept. 2002, *Bull. civ.* II, n° 187, *Defrénois* 2003. 121, obs. J. Massip). Autrement dit, la révision ne peut se traduire que par la diminution ou la suppression de la rente et non par son augmentation. Solution inégalitaire, qui ne permet pas de remédier à l'injustice d'une prestation compensatoire « chichement calculée » alors que le débiteur a depuis considérablement prospéré (Malaurie et Fulchiron, *La famille*, n° 813).

3 La question de savoir si la possibilité d'une révision de la prestation compensatoire existait aussi en cas de divorce par consentement mutuel (I) a suscité une discussion doctrinale (II) finalement tranchée par la jurisprudence, dont la loi du 26 mai 2004 a entériné la solution (III). C'est sous l'empire du droit antérieur à cette dernière réforme qu'a été rendu l'arrêt commenté.

I. — La question

4 La donnée contractuelle inhérente au divorce par consentement mutuel – plus précisément au divorce sur demande conjointe, sous l'empire de la loi de 1975, fondait, à son sujet, l'existence de dispositions spécifiques, prévues alors aux alinéas 2 et 3 de l'article 279 du Code civil. Après avoir posé dans son alinéa 2 que la convention homologuée « ne peut être modifiée que par une nouvelle convention entre les époux également soumise à homologation », ce qui permettait de modifier la prestation compensatoire en suivant cette voie (Civ. 1re, 10 mai 2006, *JCP* 2006. IV. 2223, *Dr. fam.* 2006, comm. 129, obs. V. Larribau-Terneyre, *RTD civ.* 2006. 541, obs. J. Hauser), ce texte ajoutait dans son alinéa 3 : « les époux ont néanmoins la faculté de prévoir dans leur convention que chacun d'eux pourra, en cas de changement imprévu dans ses ressources et ses besoins, demander au juge de réviser la prestation compensatoire ». Cette deuxième possibilité était fréquemment utilisée dans la pratique et n'était pas sans rappeler les clauses de révision qui sont souvent insérées dans les contrats (*infra*, n° 165, § 5, t. 2, 12e éd.).

En l'absence de clause de révision dans la convention homologuée, était-il cependant possible à l'un des ex-époux de demander unilatéralement une révision judiciaire de la prestation compensatoire en faisant valoir que l'absence de révision aurait pour lui des conséquences d'une exceptionnelle gravité ? En d'autres termes, l'ancien article 273 présentait-il un caractère général, de sorte qu'il serait applicable dans tous les cas de divorce, y compris en cas de divorce sur demande conjointe, ce qui était précisément fort utile lorsque les conditions d'application de l'article 279, alinéas 2 et 3, ne sont pas réunies ?

II. — La discussion doctrinale

5 Trois arguments paraissaient militer en faveur d'une réponse négative, même si l'exclusion de la révision envisagée pouvait, dans certaines situations, sembler assez dure. Le premier tenait au caractère spécifique du divorce sur requête conjointe, manifesté par l'existence de dispositions particulières en matière de révision. À cela, s'ajoutait sa nature contractuelle, ce qui portait à écarter, hors des cas prévus à son sujet, une révision implicitement contraire aux solutions de principe admises par la jurisprudence en matière d'imprévision (Civ. 6 mars 1876, *infra*, n° 165). Enfin, il y avait lieu d'insister sur le désir d'éviter autant que possible, en matière de divorce, le contentieux à retardement; les intéressés doivent être suffisamment éclairés lorsqu'ils concluent une convention, d'ailleurs soumise à homologation judiciaire. Tant pis pour eux s'ils n'ont pas prévu de clause de révision judiciaire.

Ces raisons avaient entraîné, en doctrine, une tendance généralement hostile à l'application de l'article 273 en cas de divorce sur demande conjointe (Massip, *La réforme du divorce*, t. I, 2 éd. 1986, n° 185; Y. Boyer, « La révision de la prestation compensatoire », *D.* 1980. chron. 263 s., n° 8; R. Nerson et J. Rubellin-Devichi, obs. *RTD civ.* 1983. 527, 1985. 151).

6 À quoi il était possible d'objecter que le divorce par consentement mutuel retenu par la loi du 11 juillet 1975 était prononcé par jugement et que, s'il y a lieu alors à convention fixant le montant et les modalités de la prestation compensatoire, les effets de cette convention n'en sont pas moins subordonnés à une homologation judiciaire (v. I. Balensi, « L'homologation judiciaire des actes juridiques », *RTD civ.* 1978. 42 s.). On ne peut pas non plus négliger le courant législatif qui tend spécialement à notre époque à affaiblir la force du lien contractuel, notamment en augmentant le pouvoir modérateur du juge et l'influence de l'équité dans les décisions qu'il est appelé à prendre (F. Lafay, *La modulation du droit par le juge, Étude de droit privé et sciences criminelles*, thèse Lyon, éd. PUAM, 2006).

Une partie de la doctrine s'était donc prononcée en faveur de l'application de l'ancien article 273 même en cas de divorce sur requête conjointe (S. Durrande, « Le contentieux de la prestation compensatoire après divorce », *D.* 1983. chron. 191; Bénabent, obs. *D.* 1980. IR 75, *D.* 1985. IR 174; Grimaldi, obs. *Gaz. Pal.* 1985. 2. Pan. 153; v. aussi J. Rubellin-Devichi, obs. *RTD civ.* 1987. 298).

III. — La solution jurisprudentielle et sa consécration par la loi de 2004

7 La jurisprudence hésita (v. en faveur de l'application de l'anc. art. 273 : TGI Saumur, 17 juin 1980, *Gaz. Pal.* 1981. 1. 52, note Brazier; *contra* : TGI Nanterre, 17 déc. 1980, *D.* 1981. 504), à tel point que, dans une même affaire, la cour d'appel de Poitiers adopta l'une et l'autre positions (1er mars 1978 et 7 mai 1980, *D.* 1980. IR 75, obs. Bénabent, *D.* 1980. 507, note Massip, *JCP* 1980. II. 19448, note Lindon). Mais la Cour de cassation s'est prononcée en faveur de l'application de l'ancien article 273 du Code civil même en cas de divorce sur demande conjointe. Cette solution résultait, implicitement mais nécessairement, de l'arrêt rendu par la deuxième chambre civile le 3 mars 1983 (*Bull. civ.* II, nº 64, p. 44, *D.* 1983. IR 281, *RTD civ.* 1983. 527) : la Cour de cassation avait certes alors, au sujet d'un divorce sur requête conjointe, estimé qu'il n'y avait pas lieu à révision, mais parce « qu'aucune conséquence d'une exceptionnelle gravité ne pouvait résulter (pour l'ex-mari) de l'absence de révision », et non pas parce que l'ancien article 273 était, en tant que tel, inapplicable dans le cas d'un divorce sur requête conjointe.

Par l'arrêt commenté – arrêt de principe, arrêt de cassation – la deuxième chambre civile cassa sans équivoque l'arrêt qui lui était déféré, jugeant qu'à tort la cour d'appel d'Orléans a retenu « que les dispositions de l'article 273 relatives aux seules prestations compensatoires fixées par le juge ne sont pas applicables aux prestations convenues entre les parties » (v. aussi, Civ. 2e, 17 févr. 1988, *Gaz. Pal.* 1988. 1, Pan. 89). Atténuant de la sorte la distinction des sources – judiciaires ou conventionnelles – de la prestation compensatoire, la Cour de cassation contribuait à l'accroissement permanent des pouvoirs du juge.

8 Le fait que la loi du 3 décembre 2001 a étendu à toutes les prestations compensatoires les règles de révision (L. 30 juin 2000, art. 21-1, réd. L. 3 déc. 2001) venait conforter cette solution. Mais sa consécration est résultée de la loi du 26 mai 2004 qui, tout en abrogeant l'ancien article 273 du code civil, a ajouté à l'article 279 alinéa 3 la disposition suivante : « Les dispositions prévues (…) à l'article 276-3 sont également applicables… », l'article 276-3 disposant lui-même « La prestation fixée sous forme de rente peut être révisée, suspendue ou supprimée en cas de changement important dans les ressources ou les besoins de l'une ou l'autre des parties ». Cette nouvelle formulation se retrouve dans l'alinéa 2 de l'article 279 à propos des clauses de révision : au changement imprévu dans les ressources et les besoins (*supra*, § 4), la loi de 2004 a substitué « le changement important dans les ressources ou les besoins de l'une ou l'autre des parties ».

42

DIVORCE. CAS. DEMANDE CONJOINTE. CONVENTION DÉFINITIVE. HOMOLOGATION. INDISSOCIABILITÉ

Civ. 2e, 6 mai 1987

(*D.* 1987. 358, note J.-Cl. Groslière, *Bull. civ.* II, no 103, p. 60, *Defrénois* 1987. 1069, note J. Massip)

Dame G... c. B...

Le prononcé du divorce et l'homologation de la convention définitive ont un caractère indissociable et ne peuvent plus être remis en cause hors des cas limitativement prévus par la loi.

Faits et moyen. — V. l'arrêt.

ARRÊT

La Cour; — *Sur le moyen unique :* — Attendu, selon l'arrêt confirmatif attaqué (Lyon, 2e ch. civ., 14 févr. 1985), qu'un jugement, non frappé de voies de recours, a prononcé le divorce des époux B... G... sur leur requête conjointe et homologué la convention définitive portant règlement des conséquences du divorce; que Mme G... estimant être victime d'une lésion dans cette convention, en a demandé la rescision; — Attendu qu'il est fait grief à l'arrêt d'avoir déclaré cette action irrecevable, alors que, d'une part, la convention portant règlement des effets du divorce pourrait être dissociée du jugement prononçant celui-ci, et, n'étant pas irrévocable, pourrait faire l'objet d'une action en rescision pour lésion, et alors que, d'autre part, en considérant qu'en l'absence de clause stipulant l'égalité du partage, celui-ci pouvait être présumé inégal, ce qui rendrait irrecevable l'action en rescision pour lésion, la cour d'appel aurait violé les articles 1476 et 887 du Code civil; — Mais attendu que l'arrêt retient à bon droit que le prononcé du divorce et l'homologation de la convention définitive ont un caractère indissociable et ne peuvent plus être remis en cause hors des cas limitativement prévus par la loi; que par ces seuls motifs, la cour d'appel a légalement justifié sa décision; — *Par ces motifs*, rejette.

OBSERVATIONS

1 Le caractère complexe du divorce par consentement mutuel, mélange indissociable, une fois prononcé, d'un élément conventionnel et d'un élément judiciaire, se manifeste à plus d'un titre, tout particulièrement lorsqu'on s'interroge sur la portée de la convention homologuée par le juge, qui souvent accompagne ce cas de divorce et fait corps avec lui. La question a été notam-

ment posée au sujet de la révision de la prestation compensatoire (v. *supra*, n° 41). Dans l'arrêt rapporté, la Cour de cassation s'est prononcée sur le point de savoir si la convention définitive de divorce, homologuée par le juge, pouvait être annulée pour vice du consentement ou le partage de communauté qui l'accompagne, rescindé pour cause de lésion. Après avoir précisé les termes du problème (I), on envisagera la controverse doctrinale à laquelle il a donné lieu (II), puis la solution que la jurisprudence lui a apportée (III).

I. — Le problème

2 La difficulté se relie à l'analyse, fort délicate, de l'homologation judiciaire des actes juridiques (v. I. Balensi, « L'homologation judiciaire des actes juridiques », *RTD civ.* 1978. 42 s.).

Quelques précisions s'imposent quant à la délimitation exacte du problème. Celui-ci vient de ce que, en cas de divorce par consentement mutuel sur requête conjointe, la décision du juge est hybride, combinant deux institutions juridiques de nature différente : une sentence judiciaire qui ne saurait être entachée de nullité et une convention qui peut être attaquée pour vice de consentement ou lésion. Deux attitudes sont dès lors concevables : dissocier les deux composantes du divorce sur requête conjointe et anéantir la seule convention homologuée, pour vice de consentement ou lésion; les déclarer indissociables et décider qu'elles ne peuvent être critiquées que par l'exercice des voies de recours recevables contre le jugement de divorce.

3 Entre ces deux analyses, une controverse fort nourrie s'est développée. Mais notons dès à présent que le problème disparaît lorsque la question de la dissociation des deux composantes du divorce sur requête conjointe ne se pose pas, soit parce que l'ensemble s'écroule, soit parce qu'il n'y a pas initialement de lien entre l'aménagement conventionnel des rapports pécuniaires entre époux et le jugement de divorce. Ainsi, lorsqu'une convention soumise à homologation a été passée sous seing privé et non par acte notarié, cette irrégularité, constitutive d'une fin de non-recevoir empêchant l'examen du fond, entraîne la nullité du jugement de divorce (Civ. 2e, 28 mars 1979, *Bull. civ.* II, n° 97, p. 68, *D.* 1980. 297, note Massip, *JCP* 1979. II. 19231, note Lindon, *RTD civ.* 1980. 557, obs. R. Nerson; rappr. Civ. 2e, 4 mars 1981, *Bull. civ.* II, n° 45, p. 31, *Defrénois* 1982. 354, note Massip, *RTD civ.* 1983. 524, obs. R. Nerson et J. Rubellin-Devichi; v. aussi P. Théry, note sous Civ. 2e, 19 févr. 1986, *Defrénois* 1987. 49). Ainsi, mais cette fois dans le sens d'une dissociation, deux époux désireux de divorcer peuvent préférer procéder en deux temps, changer tout d'abord de régime matrimonial et, dans ce cadre, procéder à un partage de leur communauté, puis obtenir un divorce sur requête conjointe en précisant qu'il n'y a pas lieu à liquidation; alors, le partage de communauté peut être attaqué pour cause de lésion (Civ. 1re, 17 févr. 1987, *Defrénois* 1987. 1068, note Massip).

Dans la présente affaire, l'ensemble n'étant pas dissocié, le problème n'était pas éludé. Si l'on insiste sur le caractère conventionnel de la convention homologuée, la prétention exprimée par l'ex-épouse et tendant à la rescision pour lésion du partage opéré pouvait laisser place à un examen de nature à remettre en cause l'opération. Telle fut la solution retenue par les juges du fond (TGI Le Mans, 3 avr. 1979, *JCP* 1979. II. 19230, note Lindon, *D.* 1980. IR 73, obs. Bénabent, *RTD civ.* 1980. 566, obs. R. Nerson et J. Rubellin-Devichi).

II. — La controverse doctrinale

4 Une partie de la doctrine a admis la possibilité d'une action en nullité pour vice du consentement ou en rescision pour lésion (Balensi, art. préc., n° 47; Coupet, « La liquidation anticipée du régime matrimonial dans le divorce sur demande conjointe », *Mélanges Kayser*, 1979, t. I, p. 255 s.; A. Breton, « Divorce et partage », *Mélanges Hébraud*, 1981, p. 125 s.; v. aussi R. Lindon et P. Bertin, « La convention dite définitive ou le talon d'Achille du divorce sur requête conjointe », *JCP* 1979. I. 2962, et « La convention définitive dans le divorce sur requête conjointe, Nouvelle étude du problème », *JCP* 1981. I. 3021; J. Rubellin-Devichi, obs. *RTD civ.* 1987. 287, 1989. 50 s.; *JCP* 1997. I. 4045, n° 5; Aynès, note *JCP* 1983. II. 19963 sous Dijon, 24 févr. 1982; A. Tisserand, « L'indésirable indivisibilité dans le divorce sur requête conjointe », *Mélanges Huet-Weiller*, 1994, p. 497 s.).

En faveur de cette solution, des arguments de poids ont été avancés : le droit commun des contrats, l'admission de la rescision en matière de partage (C. civ., art. 887, al. 2), le risque de fréquentes manœuvres, le sort des règlements des époux relatifs à la liquidation du régime matrimonial, lesquels peuvent être ultérieurement affectés par une estimation incorrecte des biens à partager, une appréciation inexacte de la composition active ou passive des biens soumis à partage, le fait que, ayant la même force exécutoire qu'une décision de justice (art. 279, al. 1), mais n'ayant pas, s'agissant d'une matière gracieuse, autorité de chose jugée, « on pourrait admettre que le contrôle du juge aux affaires familiales ne suffit pas à purger de ses éventuels vices l'accord des époux sur le principe du divorce et le règlement de ses effets » (H., L., J. Mazeaud, F. Chabas, t. I, 3e vol., 7e éd. par L. Leveneur, n° 1445-13).

5 À cette thèse on est cependant conduit à opposer des arguments qui nous paraissent décisifs : 1° le caractère indissociable de la décision du juge et de la convention qu'il homologue, lié spécialement au fait que le partage de communauté relève en tout cas ici d'un système de compensations d'ordre transactionnel et, en quelque sorte, définitif, ce qui n'exclut d'ailleurs pas la possibilité d'une convention complémentaire en cas d'omission d'un bien; 2° le fait que le juge aux affaires matrimoniales – aujourd'hui le juge aux affaires familiales (L. 8 janv. 1993, art. L. 312-1 COJ) – soit appelé à vérifier la réalité et la liberté des consentements (art. 232 C. civ., 1099, al. 1er C. pr. civ.), ainsi que l'équité (art. 278 C. civ., 1100 C. pr. civ.); 3° le fait que cette liberté et cet équilibre doivent faire l'objet d'une appréciation *globale*, en relation avec un accord sur le principe même du divorce (sur le caractère *compensatoire* du partage de communauté ici envisagé, v. Carbonnier, t. 2, *La famille*, 20e éd. 1999,

p. 544); 4° le développement significatif de l'office du juge dans la législation récente, spécialement dans le sens de la purge des vices et de la régularisation des actes, ou encore de l'appréciation des avantages et de l'évaluation des biens, ce qui conduit, en la matière, à ne pas établir de distinction entre les vices du consentement et la lésion malgré la différence de nature qui existe entre eux (v. not., dans le même sens, J. Lafond, « L'homologation par le juge aux affaires matrimoniales des conventions des époux en matière de divorce sur demande conjointe », *JCP* N 1977. I. 103 s., et « Conventions de divorce sur requête conjointe et rescision pour lésion », *JCP* N 1980. I. 285 s.; Massip, note *D.* 1980. 297 et *D.* 1981. 461; Bénabent, obs. *D.* 1980. IR 73; Guimbellot, « La convention définitive de divorce en cas de divorce sur requête conjointe peut-elle donner lieu à une action en rescision pour lésion ? », *D.* 1981. chron. 277).

•

III. — La solution jurisprudentielle

6 Ces considérations ont conduit la jurisprudence à exclure l'action en nullité pour vice du consentement (Civ. 2e, 13 nov. 1991, *Bull. civ.* II, no 303, p. 160, *Defrénois* 1992, 32595, dol; Lyon, 28 nov. 1979, *Gaz. Pal.* 1979. 1. 47, violence), le juge étant obligé de contrôler la volonté réelle et libre des époux (Civ. 2e, 29 sept. 1982, *Bull. civ.* II, no 116, *Defrénois* 1983, 33133, *Gaz. Pal.* 1983. 2. 558, obs. Massip), ce qui, au demeurant, n'est pas facile du fait du caractère relativement occulte de la cause de divorce (Civ. 1re, 17 nov. 1981, *D.* 1982. 573, note Guiho, *JCP* 1982. II. 19842, note Gobert, *Defrénois* 1982. 1552, obs. Massip). La même solution a été adoptée par l'arrêt rapporté au sujet d'une action en rescision pour lésion : « le prononcé du divorce et l'homologation de la convention définitive ont un caractère indissociable et ne peuvent plus être remis en cause hors des cas limitativement prévus par la loi » (v. depuis, dans le même sens, Civ. 2e, 13 nov. 1991, préc.; Civ. 1re, 18 oct. 1994, *Bull. civ.* I, no 292, p. 212, *D.* 1994. IR 248, *RTD civ.* 1995. 337, obs. Hauser, *Defrénois* 1995. 723, obs. Massip; 21 mai 1997, *Dr. fam.* 1997, no 120, obs. H. Lécuyer, *Defrénois* 1998. 302, obs. Massip; v. cep., sur l'incidence d'une procédure de surendettement, Civ. 1re, 11 oct. 1994, *D.* 1995. 402, note Annick Batteur). Dans la même ligne, il a été décidé que, si l'un des ex-époux n'exécute pas ses obligations, la convention ne sera pas résolue; il sera condamné à des dommages-intérêts (Dijon, 31 janv. 1995, *D.* 1996. Somm. 68, obs. E. Blary-Clément). Pas davantage n'est-il possible d'exercer l'action paulienne contre la convention homologuée (Civ. 2e, 25 nov. 1999, *Bull. civ.* II, no 177, *JCP* 2000. II. 10338, note Guedj, *Dr. fam.* 2000, obs. no 22, obs. H. Lécuyer, *RTD civ.* 2000. 89, obs. J. Hauser; v. aussi L. Peru-Pirotte, « Convention définitive de liquidation homologuée, Quels recours pour les créanciers ? », *JCP* N 2001. 203 – V. aussi, en cas de procédure collective [« faillite »], les obs. de J. Hauser, *RTD civ.* 2006. 747).

7 Des termes mêmes de l'arrêt commenté, il résulte qu'une remise en cause est possible dans les cas prévus par la loi, mais quels sont-ils ? (v. D. Villani,

« Quels sont les recours contre l'homologation d'une convention définitive par consentement mutuel ? », *D.* 1995. chron. 253). Il s'agit alors – l'appel étant exclu (C. pr. civ., art. 1102, al. 1; comp. au sujet du divorce sur double aveu, Civ. 2e, 26 janv. 1984, *D.* 1984. 390, note Groslière; 16 juill. 1987, *Bull. civ.* II, no 157, p. 89, *D.* 1987. 582, note Groslière, *Defrénois* 1987. I. 305, obs. Massip) – d'un pourvoi en cassation (dans un délai de 15 jours à compter du prononcé de la décision, art. 1103), d'une tierce opposition exercée dans l'année suivant l'accomplissement des formalités de publicité (art. 1104), étant observé que la tierce opposition n'est pas recevable sur le prononcé du divorce, ni sur les conséquences légales (Civ. 2e, 7 mars 2002, *Gaz. Pal.* 2003. 2. Somm. 2552, note J. Massip, *RTD civ.* 2005. 275, obs. J. Hauser). En revanche, la Cour de cassation a écarté le recours en révision pour *fraude* d'une des parties dans le divorce par consentement mutuel au motif de l'indivisibilité du divorce et de la convention homologuée (Civ. 1re, 5 nov. 2008, *Bull. civ.* I, no 247, *Dr. fam.* 2008, no 170, note V. Larribau-Terneyre, *AJ fam.* 2008. 476, obs. S. David, *RTD civ.* 2009. 100, obs. critique J. Hauser; 23 nov. 2011, *Bull. civ.* I, no 204).

8 S'il y a eu omission d'un élément d'actif, et indépendamment des éventuelles sanctions civiles du recel (C. civ., art. 1477), la deuxième chambre civile décidait de manière trop rigide qu'il n'était pas possible de se contenter d'un partage complémentaire qui aboutirait à modifier la convention homologuée et qu'il était donc nécessaire de parvenir à un nouvel accord soumis à l'homologation du juge (Civ. 2e, 29 nov. 1995, *Bull. civ.* II, no 291, *D.* 1997. 164, note Bénabent, *Defrénois* 1997, 36516; v. aussi Civ. 2e, 18 mars 1992, *Bull. civ.* II, no 90, *Defrénois* 1993. 644, note M.-C. Forgeard). Elle faisait ainsi prévaloir le droit du divorce sur le droit des régimes matrimoniaux. La première chambre civile retenait la solution contraire (Civ. 1re, 3 juill. 1996, *D.* 1997. 164, note A. Bénabent, *Defrénois* 1996, 36434, obs. J. Massip; v. aussi S. Cabrillac, « L'omission dans les conventions définitives homologuées », *Dr. fam.* 2000, chron. no 11), à laquelle s'est finalement ralliée la deuxième chambre civile (Civ. 2e, 27 janv. 2000, *D.* 2001. 2935, note J. Revel, *JCP* N 2000. 1613, note H. Lécuyer, *RTD civ.* 2000. 299, obs. J. Hauser; 6 mars 2001, *JCP* N 2002. 1125, obs. J. Massip). Aussi bien, la jurisprudence semble-t-elle aujourd'hui fermement posée en ce sens que « si la convention définitive homologuée, ayant la même force exécutoire qu'une décision de justice, ne peut être remise en cause, un époux divorcé demeure recevable à présenter une demande ultérieure tendant au partage complémentaire de biens communs omis dans l'état liquidatif homologué » (Civ. 1re, 22 févr. 2005, *Dr. fam.* 2005, no 103, note V. Larribau-Terneyre). Il a été souligné que cette solution ne se conciliait que fort imparfaitement avec celle qui précède sur la fraude (*supra*, § 7). « Quelle différence fondamentale y a-t-il donc entre la fraude volontaire d'un époux qui, par exemple, dissimule un bien et l'omission accidentelle d'un bien dans la convention de partage ? On avoue ne pas comprendre même si les deux hypothèses ne sont pas rigoureusement semblables » (J. Hauser, *RTD civ.* 2009. 101).

FILIATION

43

FILIATION LÉGITIME. ENFANT CONÇU AVANT LE MARIAGE

Civ. 8 janvier 1930

(*DP* 1930. 1. 51, note G. P., *S.* 1930. 1. 257, note Gény)

Époux Degas c. Consorts Degas

Tout enfant né au cours du mariage a la qualité d'enfant légitime, quelle que soit la date de sa conception.

Ainsi, un enfant né moins de cent quatre-vingts jours après la célébration du mariage et non désavoué par le mari est légitime.

Et des tiers intéressés sont irrecevables à contester cette légitimité par une action fondée sur le prétendu caractère adultérin de l'enfant (C. civ., art. 312).

Faits. — Le 17 juin 1869, René Degas avait, à la Nouvelle-Orléans, épousé Estelle Musson, dont il eut cinq enfants. Le 3 mai 1878, étant encore dans les liens du mariage, il avait épousé America Durive, qui était elle-même mariée avec Léonce Olivier. Le 24 janvier 1879, à la Nouvelle-Orléans, un double divorce, motivé par l'adultère, était prononcé, d'une part, entre Estelle Musson et René Degas, d'autre part, entre Léonce Olivier et America Durive; quelques jours après, le 6 février 1879, à New York, René Degas et America Durive, se présentant l'un et l'autre comme veufs, contractaient un nouveau mariage. Un enfant, René-Maurice, naquit de cette union, le 23 juillet 1879, c'est-à-dire moins de cent quatre-vingts jours après la célébration du mariage.

Ce mariage fut déclaré nul, car, à l'époque où il avait eu lieu, le divorce n'avait pas encore été rétabli dans la législation française et le mari, citoyen français, restait assujetti à son statut personnel; mais la cour de Paris, par arrêt du 31 décembre 1925 (*DH* 1926. 58), reconnaissant la bonne foi des époux, décida qu'il y avait mariage putatif et qu'en conséquence, René-Maurice Degas devait être tenu pour légitime, bien qu'ayant été conçu à une époque où chacun de ses père et mère était engagé dans les liens d'un précédent mariage.

Les consorts Degas, enfants du premier mariage de René Degas, se sont pourvus en cassation contre cet arrêt.

Moyens. — 1°... 2°... 3° Violation des articles 312 et 314, 331, 335 du Code civil, de la loi du 20 avril 1810, en ce que l'arrêt attaqué a déclaré qu'un enfant né moins de cent quatre-vingts jours après le mariage et conçu à une époque où ses auteurs étaient encore dans les liens d'unions antérieures, non dissoutes, bénéficie d'une fiction de légitimité, par suite du mariage subséquent de ses auteurs, alors, au contraire, que le vice d'adultérinité, qui entache la conception de cet enfant, l'empêche de faire jamais partie de la famille légitime de ses auteurs et le prive de tout droit à leur succession.

4° Violation des articles 314, 316, 317, 339 du Code civil en ce que l'arrêt attaqué déclare qu'aucune action en contestation de légitimité n'est recevable à l'encontre de l'enfant adultérin né moins de cent quatre-vingts jours après le mariage subséquent de ses auteurs et qui n'a pas fait l'objet d'une action en désaveu, alors, au contraire, qu'il appartient à tout intéressé de contester la reconnaissance ou la légitimation des enfants adultérins.

ARRÊT

La Cour; — ... Attendu que René-Maurice Degas est né au cours d'un mariage contracté dans des conditions irrégulières, mais de bonne foi, et moins de cent quatre-vingts jours après sa célébration; — Attendu que les demandeurs au pourvoi ont introduit une action en justice en vue de contester la légitimité, se fondant sur le double motif : 1° que le mariage putatif de René Degas et d'America Durive, ses père et mère, ne saurait produire d'effets légaux à l'égard d'un enfant qui, en raison de la date de sa conception, apparaissait comme n'étant pas issu de cette union; 2° que le vice d'adultérinité qui entache sa naissance ne lui permet pas légalement de prendre place dans la famille légitime; — Mais attendu que tout enfant né au cours du mariage a la qualité d'enfant légitime, quelle que soit la date de sa conception; que, s'agissant d'un enfant conçu avant le mariage, ladite qualité lui est reconnue, moins à raison de l'intention présumée chez ses parents de lui conférer par mariage le bénéfice d'une légitimation qu'en vue de sauvegarder par une fiction légale la dignité du mariage et l'unité de la famille; que de telles considérations suffisent à expliquer qu'entre enfants nés au même foyer et jouissant de la même possession d'état, la loi n'ait voulu introduire aucune distinction fondée sur la date respective de leur conception; qu'elles s'opposent à ce qu'à défaut de désaveu du mari, exercé sous les conditions et dans les délais strictement fixés par les articles 314 et 316 du Code civil, des tiers intéressés, fussent-ils les descendants d'un premier lit, puissent, au risque de scandale, contester une légitimité dont la naissance de l'enfant au cours du mariage constitue, vis-à-vis d'eux, le titre essentiel; — Attendu, d'autre part, qu'aux termes de l'article 201 du Code civil, le mariage déclaré nul, mais contracté de bonne foi, produit, tant à l'égard des époux qu'à l'égard des enfants, tous les effets civils d'une union régulière; que l'article 202, spécial au cas où la bonne foi n'existe que de la part d'un des époux, n'a entendu apporter aucune restriction au principe général posé par l'article précédent; — Attendu, dans ces conditions, que c'est à bon droit que l'arrêt attaqué a déclaré que René-Maurice Degas, né au cours du mariage contracté de bonne foi par René Degas et America Durive, et moins de cent quatre-vingts jours après sa célébration, était enfant légitime, qu'à défaut de désaveu du mari, la fiction de légitimité dont il bénéficie ne saurait être ébranlée par une action fondée sur le prétendu caractère adultérin de sa naissance et dirigée contre lui par ses cohéritiers; que pareille action est irrecevable. — D'où il suit qu'en statuant comme il l'a fait, l'arrêt attaqué, loin de violer les textes visés au moyen, en a fait une exacte appréciation; — *Par ces motifs*, rejette...

OBSERVATIONS

1 L'arrêt *Degas*, ci-dessus, est un des plus célèbres qui aient été rendus sous l'empire du droit antérieur à la réforme réalisée par la loi du 3 janvier 1972 (I). Celle-ci en a d'ailleurs consacré la solution, laquelle a été reprise par l'ordonnance du 4 juillet 2005 (II).

I. — La légitimité de l'enfant né au cours du mariage

2 Dans la rédaction qui leur avait été donnée en 1804, certains textes du Code civil relatifs aux enfants nés dans les cent soixante-dix-neuf premiers jours du mariage pouvaient paraître recéler une contradiction. Aux termes de l'article 312, alinéa 1er du Code civil (réd. 1804), « l'enfant *conçu pendant le mariage* a pour père le mari ». À s'en tenir à cette disposition, on aurait dû considérer que l'enfant né dans les cent soixante-dix-neuf premiers jours du mariage ne devait pas être couvert par la présomption *pater is est*, puisque, d'après les délais légaux de la grossesse, cet enfant n'a pas été conçu pendant le mariage. Et cependant, la paternité en était attribuée *de plano*, bien que de manière virtuelle, au mari, l'article 314 du Code civil (réd. 1804) disposant que, dans certains cas, cet enfant ne pouvait être désavoué.

Est-ce à dire qu'il n'y avait aucune différence entre l'enfant conçu pendant le mariage et l'enfant conçu avant ? Dès la promulgation du code, la question fut très discutée, surtout parmi les auteurs : les uns considéraient que l'enfant né dans les cent soixante-dix-neuf premiers jours était *légitime*, en principe au même titre que celui qui est conçu pendant le mariage (Demolombe, *Cours de Code Napoléon*, t. V, nos 57 s.); les autres estimaient qu'il était *légitimé* par le mariage subséquent de ses père et mère, au même titre que l'enfant naturel né avant ce mariage (Aubry et Rau, t. IX, § 545, p. 36 s., texte et note 12).

Par un arrêt du 28 juin 1869 (*DP* 69. 1. 335, *S.* 69. 1. 445), la Cour de cassation avait adopté cette seconde interprétation, pour le motif que, « si cet enfant naît légitime, quoique légalement présumé conçu avant le mariage, ce n'est que par l'effet d'une fiction de la loi, qui suppose, de la part des parents, l'intention de lui conférer la légitimité par leur mariage postérieur à la conception, mais antérieur à la naissance ». Et elle en avait déduit que, s'agissant en quelque sorte d'une *légitimation implicite*, les enfants conçus à une époque où l'un de leurs père et mère était engagé dans les liens d'un précédent mariage ne pouvaient invoquer la solution précédemment indiquée, compte tenu des règles qui, à l'époque, interdisaient la légitimation des enfants adultérins (art. 331 C. civ., réd. 1804).

3 Opérant un célèbre revirement de jurisprudence, la Cour de cassation affirme, dans l'arrêt *Degas*, « que tout enfant né au cours du mariage a la qualité d'enfant légitime, quelle que soit la date de sa conception », cette qualité lui étant reconnue « moins à raison de l'intention présumée chez ses parents de lui conférer par mariage le bénéfice d'une légitimation qu'en vue de sauvegarder par une fiction légale la dignité du mariage et l'unité de la famille ». Cer-

tains auteurs ont contesté la valeur de ces arguments. Ils ont fait valoir, notamment, que la solution retenue était, au contraire, de nature à porter atteinte à la famille légitime (Rouast, « La condition juridique de l'enfant conçu avant et né pendant le mariage », *RTD civ.* 1927. 137 s. ; « Les tendances individualistes de la jurisprudence en matière de filiation légitime », *RTD civ.* 1940-41. 223). En sens inverse, on a pu se demander si un désir d'égalité n'aurait pas dû conduire à reconnaître à la légitimation un caractère rétroactif et à traiter aussi comme des enfants légitimes – et non comme des enfants légitimés – les enfants nés peu de temps avant le mariage de leurs parents (v. sur ce point, Carbonnier, t. 2, *La famille*, 20e éd. 1999, p. 224, 229). Il reste qu'en pratique, la véritable justification de l'arrêt *Degas* était surtout liée à l'intérêt de l'enfant. De fait, si la Cour de cassation s'était prononcée différemment, l'enfant n'aurait pu se prétendre légitime, ni invoquer le bénéfice de la légitimation, compte tenu des règles qui, à l'époque, limitaient la possibilité de légitimation des enfants adultérins.

4 L'assimilation de l'enfant né pendant les cent soixante-dix-neuf premiers jours du mariage à l'enfant conçu pendant le mariage, telle qu'elle fut réalisée par l'arrêt *Degas*, devait entraîner d'autres conséquences. Ainsi fut-il considéré que l'enfant était « issu du mariage », au sens de l'article 331, alinéa 2, 3o du Code civil, réd. loi du 25 avril 1924 – puis réd. ord. du 3 mai 1945, après l'intermède de la « loi du jardinier » (L. 14 sept. 1941) – et que, par conséquent, son existence empêchait la légitimation d'enfants adultérins *a patre* (Civ., 1re sect. civ. 2 mars 1954, *Bozzi*, *D.* 1954. 397 ; comp., précisément, à propos d'un enfant légitimé par le mariage de ses parents, Civ. 1re, 3 mars 1970, *D.* 1970. Somm. 163, *Bull. civ.* I, no 79, p. 66, *RTD civ.* 1970. 748, obs. Nerson). Avant que la loi du 5 juillet 1956 n'ait supprimé cette restriction (v. aussi l'art. 329 C. civ., réd. L. 3 juill. 1972), la légitimation d'enfants adultérins *a patre* était, en effet, interdite s'il existait des enfants ou des descendants légitimes issus du mariage au cours duquel l'enfant adultérin a été conçu. De l'arrêt rapporté, on devait aussi déduire que, l'enfant étant légitime, seul, de son vivant, le mari pouvait contester cet état au moyen de l'action en désaveu ; il en résultait qu'un tiers ne pouvait le reconnaître comme son enfant naturel, ni prétendre le légitimer (Civ., 1re sect. civ., 2 mars 1954, préc.). Si, au contraire, l'enfant n'avait été considéré que comme un enfant légitimé, sa filiation reposant, pour partie, sur une reconnaissance, celle-ci aurait pu être contestée par toute personne intéressée (art. 339 C. civ., réd. 1804). Encore convient-il d'observer que la filiation de l'enfant n'était pas aussi solide que celle d'un enfant conçu pendant le mariage : sous réserve des fins de non-recevoir prévues à l'article 314 du Code civil (réd. 1804), il avait été admis que l'enfant pouvait être désavoué par simple dénégation et non pas nécessairement par preuve de non-paternité.

5 Compte tenu des données du litige, la Cour de cassation put se contenter, dans l'arrêt *Degas*, d'affirmer que « tout enfant *né au cours du mariage* a la qualité d'enfant légitime », même s'il a été conçu antérieurement à celui-ci. La naissance au cours du mariage était-elle donc le critère essentiel ? Nullement,

car la Cour de cassation, sensible à des considérations d'ordre social, a retenu une solution analogue dans un cas où l'enfant, considéré comme conçu avant le mariage, était né après sa dissolution (Civ. 2 juill. 1936, *Dewalle*, *DP* 1936. 1. 118, note Gandin de Lagrange) : c'était admettre que la *seule gestation* pendant le mariage pouvait aussi être une source de légitimité. Bien mieux, dans cette dernière affaire (arrêt *Dewalle*), ainsi qu'à l'occasion des arrêts *Héranval* (Civ. 4 janv. 1935, *D.* 1936. 1. 17, note Esmein, *DP* 1935. 1. 5, note Rouast, et Ch. réun., 8 mars 1939, *DC* 1941. 37, note Julliot de La Morandière, *S.* 1941. 1. 25, note Batiffol), il a été décidé, dans l'intérêt de l'enfant, qu'il était possible de situer la date de sa conception antérieurement au mariage – bien que l'enfant soit né plus de cent quatre-vingts jours après la célébration et qu'il eût pu être, à ce titre, considéré comme légitime – sans cesser d'admettre que cet enfant soit légitime et non légitimé. Ceux qui voudraient prédire après coup pourraient être tentés de voir dans cette évolution jurisprudentielle, pourtant orientée dans le sens de la primauté de la filiation légitime, le premier signe d'un nouvel aménagement des liens entre le mariage et la filiation (v. M. Gobert, « Réflexions avant une indispensable réforme du droit de la filiation », *JCP* 1968. I. 2207).

II. — La consécration de la jurisprudence par la loi

6 Il n'existe plus aujourd'hui de contradiction, au moins apparente, entre les textes du Code civil. La loi du 3 janvier 1972 a, en effet, consacré la jurisprudence *Degas.* Certes, il était toujours affirmé, à l'article 312, alinéa 1er du Code civil, que « l'enfant conçu pendant le mariage a pour père le mari ». Mais il résultait aussi de l'article 314, alinéa 1er, tel que rédigé par cette loi, que « l'enfant né avant le cent quatre-vingtième jour du mariage est légitime et réputé l'avoir été dès sa conception » (P. Raynaud, « La présomption de paternité légitime devant la jurisprudence depuis la loi du 3 janvier 1972 », *Mélanges Kayser*, 1979, t. II, p. 355). Plus simplement, l'ordonnance du 4 juillet 2005 donnant une nouvelle rédaction à l'article 312 prévoit que « l'enfant conçu ou né pendant le mariage a pour père le mari ».

44-45

FILIATION LÉGITIME. POSSESSION D'ÉTAT NON CONFORME AU TITRE. CONTESTATION DE PATERNITÉ. ARTICLE 322 DU CODE CIVIL. INTERPRÉTATION *A CONTRARIO*

Civ. 1re, 27 février 1985 (2 arrêts)

(*D.* 1985. 265, concl. Sadon, note G. Cornu, *JCP* 1985. II. 20460, note Fortis-Monjal et Paire, *Gaz. Pal.* 1985. 1. 332, concl. Arpaillange, *Defrénois* 1985. 1283, note M. Grimaldi et p. 701, obs. Massip)

L'article 322, alinéa 2, du Code civil se borne à poser le principe qu'en matière de filiation légitime, nul ne peut contester l'état de celui qui a une possession conforme à son titre de naissance (1re et 2e espèces);

Il s'ensuit, dans le contexte de la loi du 3 janvier 1972, dont l'un des objectifs essentiels a été d'attribuer à chacun son vrai rapport de filiation et qui, à cet effet, a attaché à la possession d'état, comme à son défaut, des conséquences juridiques plus nombreuses que par le passé, qu'en l'absence de possession d'état conforme au titre, la contestation de la paternité comme de la maternité légitime est recevable (1re et 2e espèces);

Cette action en contestation directe de la paternité légitime ne saurait priver de toute utilité les actions plus spécifiques que la loi a prévues à cette fin, par dérogation au principe posé par l'article 322, puisqu'il est possible d'y recourir lorsque les conditions en sont réunies, même dans le cas où il y a conjonction du titre et de la possession d'état (1re et 2e espèces).

Faits. — Proches l'une de l'autre, les deux espèces qui sont à l'origine des décisions ci-dessous reproduites n'en diffèrent pas moins en ce que la personne qui avait pris l'initiative de la contestation n'était pas la même.

Déclarés à l'état civil sous le nom de leur mère et du mari de celle-ci, les intéressés n'avaient semble-t-il pas la possession d'état d'enfant légitime, les parents étant au moins dans la 1re espèce séparés de fait dès avant la conception de l'enfant. La mère dans le premier cas, le mari dans le second ayant agi en contestation de paternité légitime, cette action fut déclarée recevable par la cour de Paris mais non par celle de Bordeaux. Était ainsi illustrée la diversité des attitudes des juges du fond quant à la possibilité d'interpréter *a contrario* l'article 322, alinéa 2 du Code civil. Deux pourvois ayant été formés contre ces décisions — le premier dans l'intérêt de la loi par le Procureur général près la Cour de cassation — la haute juridiction y a répondu le même jour dans les mêmes termes donnant ainsi une autorité accrue à la solution qu'elle pose.

1er ARRÊT

Proc. gén. près C. de cass., intérêt de la loi, aff. D...-L...

La Cour; — Attendu, selon les énonciations des juges du fond (Paris, 1re ch. suppl., 17 déc. 1982), que le 17 mars 1978 est né à N... un enfant du sexe masculin qui a reçu les prénoms de Simon, André et a été déclaré à l'état civil par D... comme issu de son mariage avec L...; que, par acte du 11 septembre 1980, L..., épouse D..., a assigné son mari pour faire juger que l'enfant Simon, André n'était pas le fils de ce dernier, en alléguant que, depuis 1976, son mari et elle, quoique demeurant sous le même toit, n'avaient pas de vie commune; que l'arrêt infirmatif attaqué a accueilli cette contestation de la paternité légitime, aux motifs qu'en l'absence de possession d'état constatée elle était recevable, contrairement à ce qu'avaient décidé les premiers juges, et que les résultats de l'expertise biologique judiciairement ordonnée excluaient de manière formelle la paternité du mari, défendeur; — Attendu que, pour contester la recevabilité de l'action, le pourvoi soutient que rien n'autorise à penser que le législateur de 1972, qui a strictement réglementé les actions en contestation de paternité légitime prévues par les articles 312 et 318 du Code civil, ait entendu, tout en conservant à l'article 322 sa rédaction antérieure, donner à ce texte un sens nouveau qui permettrait, sous la seule condition du défaut de possession d'état d'enfant légitime et en dehors d'un conflit de filiation à résoudre, la contestation de la paternité du mari de la mère; qu'il est aussi invoqué que si l'action en contestation de légitimité de l'article 322 du Code civil était ouverte au mari pendant trente ans, l'action en désaveu, qui est régie par des délais stricts et brefs, n'aurait plus d'utilité, ce que le législateur n'a pas voulu; qu'ainsi et surtout, cette nouvelle interprétation de l'article 322 rendrait superflues toutes les dispositions du Code civil relatives au désaveu et à la contestation de paternité légitime à fin de légitimation; qu'enfin, s'il était exact que toute contestation de légitimité fût interdite, lorsque le titre d'enfant légitime est conforté par la possession d'état, la même solution vaudrait pour la contestation de paternité de l'article 318 du Code civil tout autant que pour le désaveu; que, par son arrêt en date du 16 février 1977, la cour ayant décidé que l'action de l'article 318 était ouverte à la mère et à son second conjoint, même si l'enfant, déclaré sous le nom du premier mari, a la possession d'état, elle ne saurait, sans se contredire, consacrer une interprétation de l'article 322 qui prohibe toute contestation de paternité légitime dès que l'enfant a un titre d'enfant légitime et une possession d'état conforme; — Mais attendu, d'abord, qu'en son alinéa 2, l'article 322 du Code civil se borne à poser le principe qu'en matière de filiation légitime nul ne peut contester l'état de celui qui a une possession conforme à son titre de naissance; que, dans le contexte de la loi du 3 janvier 1972, dont l'un des objectifs essentiels a été d'attribuer à chacun son vrai rapport de filiation et qui, à cet effet, a attaché à la possession d'état, comme à son défaut, des conséquences juridiques plus nombreuses que par le passé, l'arrêt attaqué a estimé à bon droit, en l'absence de disposition contraire, que l'article 322, alinéa 2, permettait la contestation directe de la paternité légitime dès lors que l'enfant qui possédait le titre d'enfant légitime était dépourvu de la possession d'état; — Et attendu, en second lieu, que cette action en contestation directe de la paternité légitime ne saurait priver de toute utilité les actions plus spécifiques que la loi a prévues à cette fin, par dérogation au principe posé par l'article 322, puisqu'il est possible d'y recourir lorsque les conditions en sont réunies, même dans le cas où il y a conjonction du titre et de la possession d'état; que l'arrêt est légalement justifié et que le pourvoi dans l'intérêt de la loi ne peut donc être accueilli; — *Par ces motifs*, rejette...

2e ARRÊT

G. c. G.

La Cour; — *Sur le moyen unique :* — Vu l'article 322, alinéa 2, du Code civil; — Attendu qu'aux termes de cette disposition nul ne peut contester l'état de celui qui a une possession d'état conforme à son titre de naissance; qu'il s'ensuit, dans le contexte de la loi du 3 janvier 1972 dont l'un des objectifs essentiels a été d'attribuer à chacun son vrai rapport de filiation et qui, à cet effet, a attaché à la possession d'état, comme à son défaut, des conséquences juridiques plus nombreuses que par le passé, qu'en l'absence de possession d'état conforme au titre, la contestation de la paternité comme de la maternité légitime est recevable; — Attendu qu'en janvier 1978, M. G... a engagé contre son ancienne épouse, Mme R..., remariée F..., et un administrateur *ad hoc* du mineur, une action en contestation de sa paternité de l'enfant Rémi, déclaré à l'état civil comme né le 8 octobre 1963 de G... et de R..., son épouse; que l'arrêt attaqué, infirmatif (Bordeaux, 13 juill. 1983) de ce chef, a dit cette action irrecevable aux motifs que l'interprétation, donnée par le demandeur, de la disposition de l'alinéa 2 de l'article 322 du Code civil rendrait pratiquement inutile l'action en désaveu de l'article 312 du Code civil; que le législateur de 1972 a conservé l'article 322 dans sa rédaction antérieure et que rien n'indique qu'il ait entendu modifier la portée de cet article tel qu'interprété auparavant en ce qu'il visait à détruire, comme contraire à la réalité, la filiation maternelle et, par contrecoup, du fait de la disparition de la présomption de paternité du mari, la filiation paternelle; — Attendu qu'en statuant ainsi, la cour d'appel a violé le texte susvisé dont les termes sont généraux et qui ne prive pas de toute utilité les actions plus spécifiques en contestation directe de la paternité légitime que la loi de 1972 a prévues par dérogation au principe posé par l'article 322, puisqu'il est possible d'y recourir lorsque les conditions en sont réunies, même dans le cas où il y a conjonction du titre et de la possession d'état; — *Par ces motifs*, casse...

OBSERVATIONS

1 Tout en mettant fin au monopole marital du désaveu, la loi du 3 janvier 1972 n'avait ouvert que modérément l'action en contestation de paternité légitime. Son exercice, subordonné à des conditions très strictes par les articles 318 et suivants du Code civil, était en effet réservé à la mère se remariant avec « le véritable père ». Soucieuse de promouvoir la vérité biologique, la jurisprudence s'est montrée plus libérale : interprétant *a contrario* l'article 334-9 du Code civil qui disposait « Toute reconnaissance est nulle, toute demande en recherche est irrecevable, quand l'enfant a une filiation légitime déjà établie par la possession d'état », elle a admis que la paternité pouvait être contestée dès lors qu'elle était suspecte, c'est-à-dire que le titre qui l'établissait n'était pas conforté par la possession d'état; encore fallait-il pour cela que le père naturel reconnût l'enfant (Civ. 1re, 9 juin 1976, *D.* 1976. 593, note P. Raynaud, *JCP* 1976. II. 18494, note G. Cornu, *Gaz. Pal.* 1976. 2. 708, note Viatte, *Defrénois* 1976. art. 31207, note Massip, *RTD civ.* 1976. 340, obs. Nerson et 1977. 752, obs. Nerson et Rubbelin-Devichi, *Grands arrêts jurisp. civile*, 11e éd., no 42). C'est dire que la paternité légitime ne pouvait être attaquée que si l'enfant avait un « père de rechange », légitime dans le cas de l'article 318, naturel dans celui de l'article 334-9 interprété *a contrario*. Le « vide de filiation » était évité (Hauser et Huet-Weiller, *La famille, Fondation et vie de la famille*, 2e éd. 1993, no 685).

Cette étape franchie, certains interprètes, mus par le désir de faire prévaloir plus complètement encore la vérité biologique au détriment des filiations suspectes, ont proposé de transposer la méthode qui avait si bien réussi avec l'article 334-9 à l'article 322, alinéa 2 du Code civil et de considérer que la paternité du mari pouvait être contestée dès lors que titre et possession d'état ne concordaient pas. Après avoir retracé la controverse doctrinale (I) à laquelle cette proposition a donné naissance, on analysera la solution que la Cour de cassation lui a apportée (II). On verra ensuite que l'ordonnance du 4 juillet 2005 et la loi du 16 janvier 2009 sont allées beaucoup plus loin encore sur la voie de la contestation de la paternité du mari (III).

I. — La controverse doctrinale

2 Aux termes de l'article 322, alinéa 2 du Code civil, « Nul ne peut contester l'état de celui qui a une possession conforme à son titre de naissance ». Il a été proposé de procéder à une interprétation *a contrario* de ce texte et d'en déduire que la filiation légitime pouvait être contestée dans son seul élément paternel dès lors que titre de naissance et possession d'état ne concordaient pas (Massip, « La contestation de la filiation légitime depuis la loi du 3 janvier 1972 », *D.* 1977. chron. 237).

3 La proposition n'était pas sans surprendre. Inchangé depuis 1804, cet article avait toujours été compris de la même manière : lu directement, il rendait incontestable l'état d'un enfant légitime dont le titre est corroboré par la possession d'état; lu « à l'envers » (Carbonnier, t. 2, *La famille*, 20e éd. 1999, p. 253), il signifiait que pouvait être contesté l'état de celui dont le titre n'est pas consolidé par la possession d'état. Mais par contestation d'état, on entendait exclusivement contestation de la *maternité légitime*, la paternité ne pouvant être remise en cause que corrélativement à celle-ci.

Or le texte avait été maintenu tel quel en 1972 et rien dans les travaux préparatoires ne laissait supposer que ses auteurs aient entendu en modifier la portée. Mieux, une telle analyse paraissait priver de leur utilité plusieurs dispositions de cette loi. À quoi bon en effet enfermer désaveu et contestation aux fins de légitimation dans des conditions strictes s'il existe une action en contestation de paternité légitime libre de ces entraves ? Et de fait, cette nouvelle action, à la supposer admise, obéissait, en l'absence de dispositions particulières, aux seules exigences du droit commun : ouverte à tout intéressé, elle se prescrivait par 30 ans. Aussi bien ces critiques furent-elles développées avec beaucoup de force par la majeure partie de la doctrine (v. not. P. Raynaud, « La présomption de paternité légitime devant la jurisprudence depuis la loi du 3 janvier 1972 », *Mélanges Kayser*, 1979, t. II, p. 355, n° 28; « L'inégalité des filiations légitime et naturelle quant à leur mode d'établissement, Où va la jurisprudence ? », *D.* 1980. chron. 1, n° 13; Agostini, « L'argument *a contrario* », *D.* 1978. chron. 149; Vidal, « La place de la vérité biologique dans le droit de la filiation », *Mélanges Marty*, 1978, p. 1113, n° 22; « Observations sur le rôle et la notion de possession d'état dans le droit de la filiation », *Mélanges Hébraud*, 1979, p. 887, n° 28; C. Labrusse-Riou, *Droit de la famille*, *Les personnes*, p. 124; Colombet, *La famille*, n°s 117 et 121; D. Huet-Weiller, note *D.* 1984. 191; Nerson et Rubellin-Devichi, obs. *RTD civ.* 1977. 757, 1979. 787, 1981. 363, 1983. 740).

II. — La solution jurisprudentielle

4 Entendues par le tribunal de grande instance de Paris (4 févr. 1980, *D.* 1980. 116, note Raynaud; 3 mars 1981, *D.* 1981. 238, note Raynaud et IR 294, obs. D. Huet-Weiller, *JCP* 1982. II. 19828, note Salvage-Gerest), ces objections ne le furent pas par la cour du même lieu (24 janv., 8, 15 et 19 déc. 1978, *D.* 1979. IR 243, obs. D. Huet-Weiller, *D.* 1979. 85 et *D.* 1980. 131, note Massip; 17 déc. 1982, *D.* 1983. 377, note Raynaud. IR 325, obs. D. Huet-Weiller, *Gaz. Pal.* 1983. 1. 359, note Massip, *RTD civ.* 1983. 740, obs. Nerson et Rubellin-Devichi) laquelle se montra au contraire sensible aux thèses développées par l'un de ses membres (Massip, art. préc.). Gagnant la province, cette controverse ne pouvait se prolonger sans dommage. Afin de permettre à la haute juridiction de remplir sa mission d'unification du droit, le procureur général près la Cour de cassation forma un pourvoi dans l'intérêt de la loi contre un arrêt rendu par la cour de Paris (sur cette pratique, v. *infra*, n° 51, § 17; Boré, *La cassation en matière civile*, n° 3674). Désireuse à son tour de montrer le prix qu'elle attachait à la solution du problème qui lui était posé, la haute juridiction usa de l'effet de répétition : joignant au premier pourvoi un second formé contre un arrêt de la cour de Bordeaux retenant une solution opposée à celle de la cour de Paris, elle rendit le même jour deux arrêts énonçant le même principe. Ainsi le modèle proposé à l'imitation des juges du fond l'était-il avec plus de solennité (v. depuis Civ. 1re, 14 mai 1985, *Bull. civ.* I, n° 152; 30 juin 1987, *Gaz. Pal.* 1988. 1. 111, *Defrénois* 1987. 1399, obs. Massip).

5 Ce modèle fut celui qui avait la faveur de la cour de Paris. La haute juridiction affirma, en effet, que l'arrêt attaqué avait « estimé, à bon droit, (…) que l'article 322, alinéa 2 permettait la contestation directe de la paternité légitime dès lors que l'enfant qui possédait le titre d'enfant légitime était dépourvu de possession d'état ». Consciente, au demeurant, de l'ampleur de la controverse à laquelle elle entendait ainsi mettre fin, la Cour de cassation ne se limita pas à une simple affirmation. Cherchant à convaincre elle développa son argumentation en deux mouvements.

6 *1°)* Au pourvoi dans l'intérêt de la loi qui soutenait (thèse consacrée par la Cour de Bordeaux dans la seconde affaire) que l'article 322 a été conservé intact en 1972 et que rien ne permet de déceler chez le législateur la volonté d'en modifier le sens, la première chambre civile oppose le « contexte » d'une réforme « dont l'un des objectifs essentiels a été d'attribuer à chacun son vrai rapport de filiation et qui, à cet effet, a attaché à la possession d'état, comme à son défaut, des conséquences juridiques plus nombreuses que par le passé ». Comme on l'a souligné, par ces deux propositions, la haute juridiction marque nettement la place qu'elle entend faire à chacune des deux vérités : biologique et sociologique. Le lien légal de filiation doit consacrer la première, la vérité biologique, dont la seconde, la vérité sociologique issue de la possession d'état, n'est qu'un mode de preuve (Grimaldi, note, *Defrénois* 1985. 1293). Mais ce primat ne rencontre-t-il pas des limites ? En d'autres termes, toute vérité est-elle bonne à dire ? Il est précisément permis de se poser la question dans l'hypothèse inverse de celle dont avait à connaître la Cour de cassation, c'est-à-dire lorsque la filiation est établie non par le seul titre mais par la seule possession d'état.

La contestation de paternité est-elle alors recevable ? À suivre la lettre de l'article 322, alinéa 2 du Code civil, une réponse affirmative semble devoir l'emporter (en ce sens, Massip, art. préc. II; Grimaldi, note *Defrénois* 1985. 1299). Mais la vérité biologique ne devrait-elle pas alors céder devant la vérité sociologique ? Selon la formule imagée de M. Malaurie « ce qui distingue l'homme du singe, c'est que le vrai père est celui qui aime et qui élève, non celui qui a eu une relation sexuelle épisodique et qui n'est qu'un géniteur » (*La famille*, n° 558). L'intérêt de l'enfant ne réside-t-il pas au demeurant dans la stabilité du lien qu'il vit quotidiennement ? Au reste, l'admission de l'action en contestation de paternité légitime dans cette hypothèse semble heurter plusieurs textes. L'article 313 tout d'abord : si l'enfant légitime ne peut se prévaloir d'un titre, c'est le plus souvent faute d'indication du nom du mari de la mère dans l'acte de naissance; or précisément, la possession d'état a alors pour effet de redonner à la présomption de paternité sa force et il suffit de produire un acte de notoriété l'établissant pour obtenir du président du tribunal de grande instance la rectification du titre incomplet (Raynaud, « Le démantèlement de la présomption de paternité légitime », *D.* 1985. chron. 207, n° 10; Hauser et Huet-Weiller, n° 680). L'article 334-9 ensuite : comment admettre que l'existence de la possession d'état qui fait obstacle à toute reconnaissance ou recherche de paternité c'est-à-dire à une action ayant pour but de substituer une paternité à une autre, ne bloque pas celle qui aurait pour seul objet de détruire cette paternité ? On retrouve ainsi un autre principe que certains avaient cru découvrir dans le « contexte » de la loi de 1972 et dont la Cour de cassation fait pourtant totalement abstraction : un enfant ne pourrait être privé de sa filiation paternelle légitime qu'à la condition de la remplacer par une autre. De fait, si l'on met à part le classique désaveu ouvert au mari seul, la contestation de paternité prévue par l'article 318 comme celle issue de l'article 334-9 (Civ. 1re, 9 juin 1976, préc.) ne sont admises qu'autant qu'est substituée à la paternité légitime une autre paternité (légitime dans le premier cas, naturelle dans le second). Au contraire, l'action issue de l'article 322, alinéa 2 détruit mais ne reconstruit pas. Consacrant la « mort du père » (Raynaud, chron. préc., *D.* 1985. 208), elle est un instrument de promotion très efficace de la famille unilinéaire (Cornu, « La famille unilinéaire », *Mélanges Raynaud*, p. 137 s.). Aussi bien certains auteurs, pourtant partisans de cette analyse, ont-ils reconnu le « trouble » que leur causait ce résultat et souhaité que la recevabilité de l'action soit fermement assise sur la preuve du défaut de possession d'état (Cornu, note *D.* 1985. 268).

7 *2°)* À l'objection selon laquelle l'admission d'une action en contestation de paternité légitime ruinerait l'édifice de la loi de 1972 en retirant tout intérêt aux actions expressément réglementées, la Cour répond que cette action « ne saurait priver de toute utilité les actions plus spécifiques que la loi a prévues à cette fin, par dérogation au principe posé par l'article 322, puisqu'il est possible d'y recourir lorsque les conditions en sont réunies, même dans le cas où il y a conjonction du titre et de la possession d'état ». Selon la haute juridiction, les actions réglées par les articles 312 et 318 du Code civil conserveraient donc un intérêt en ce qu'elles permettraient de contester à des conditions beaucoup plus strictes des filiations légitimes non suspectes parce que s'appuyant sur un titre et une possession d'état (rappr. Riom, 2 mars 1989, *JCP* 1990. IV. 59). La solution était au demeurant déjà en germe dans la jurisprudence décidant que l'action en contestation de paternité aux fins de légitimation était recevable alors même que la paternité du premier mari était corroborée par la possession d'état (Civ. 1re, 16 févr. 1977, *D.* 1977. 328, note D. Huet-Weiller, *Gaz. Pal.* 1977. 2. 368, note Massip).

Ainsi existait-il, à la suite de cette jurisprudence, deux séries d'action : – les actions nommées – désaveu, contestation aux fins de légitimation – strictement réglementées qui permettaient de faire tomber les paternités légitimes fortes, celles qui reposent sur le titre et la possession d'état; – les actions innommées, issues de l'interprétation *a contrario* des articles 334-9 et 322, largement ouvertes, qui permettaient de faire tomber les paternités légitimes rendues suspectes par une discordance du titre et de la possession d'état.

III. — L'ordonnance du 4 juillet 2005 et la loi du 16 janvier 2009 portant réforme du droit de la filiation

8 L'ordonnance du 4 juillet 2005 et la loi du 16 janvier 2009 ont déplacé le siège de la règle initialement édictée à l'article 322, alinéa 2 du Code civil à l'article 333, alinéa 2, et ont ajouté à celle-ci une exigence de temps : « Nul, à l'exception du ministère public, ne peut contester la filiation lorsque la possession d'état conforme au titre a duré cinq ans depuis la naissance ou la reconnaissance, si elle a été faite ultérieurement ».

Autrement dit, pour que la conformité du titre à la possession d'état fasse obstacle à toute contestation sur la filiation, il faut qu'elle se soit maintenue pendant cinq ans. Lorsque la possession d'état est conforme au titre mais n'a pas duré cinq ans, le droit d'agir en contestation est réservé à certaines personnes – l'enfant, le père ou la mère, celui qui se prétend le père véritable –, et enfermé dans un délai de cinq ans qui court à compter du jour où la possession d'état a cessé ou du décès du parent dont le lien de filiation est contesté (art. 333, al. 1er, C. civ.). Lorsque la possession d'état n'est pas conforme au titre, l'action est ouverte à toute personne qui y a intérêt et est soumise à la prescription de droit commun de dix ans, laquelle court à compter du jour où le défendeur a commencé à jouir de l'état qui lui est contesté (art. 334 C. civ.). La présomption de paternité voit ainsi sa fragilité s'accroître par rapport à la jurisprudence de 1985, au point que certains s'interrogent sur sa pérennité (Malaurie et Fulchiron, *La famille*, nº 1162).

46-47

FILIATION NATURELLE. MODES D'ÉTABLISSEMENT. POSSESSION D'ÉTAT. ACTION EN CONSTATATION DE PATERNITÉ NATURELLE

I. Civ. 1re, 8 mai 1979. — II. Ass. plén. 9 juillet 1982

Il résulte de l'article 334-8 du Code civil qu'une action tendant, en dehors des cas et conditions prévus aux articles 340 à 340-4 du Code civil, à faire constater une paternité naturelle sur le fondement d'une possession d'état continue, telle que définie aux articles 311-1 et 311-2 du même code, doit être déclarée irrecevable (1er arrêt).

L'article 334-8 du Code civil qui, dans sa rédaction antérieure à la loi du 25 juin 1982, énumère seulement les cas dans lesquels l'acte juridique de reconnaissance ou les actions contentieuses engagées ont pour effet d'établir, en droit, directement ou indirectement, le lien de filiation naturelle, ne fait pas obstacle à la constatation, en vertu de l'article 311-3 du même code, de la possession d'état d'enfant naturel, fondée sur des éléments de pur fait, d'où résulte une présomption légale, commune aux filiations légitime et naturelle, instituée par les articles 311-1 et 311-2 du Code civil (2e arrêt).

I. — Civ. 1re, 8 mai 1979

(*D.* 1979. 477, note D. Huet-Weiller, *JCP* 1980. II. 19301, note Paire, *Gaz. Pal.* 1979. 2. 426, note Massip)

Consorts L... K... c. L. I... P...

Faits et moyens. — V. l'arrêt.

ARRÊT

La Cour; — *Sur le premier moyen :* — Vu l'article 334-8 du Code civil; — Attendu que, selon ce texte, la filiation naturelle est légalement établie, soit par reconnaissance volontaire, soit par déclaration judiciaire, à la suite d'une action en recherche de paternité ou de maternité, soit encore par l'effet nécessaire d'un jugement; qu'il en résulte qu'une action tendant, en dehors des cas et conditions prévus aux articles 340 à 340-4 du Code civil, à faire constater une paternité naturelle sur le fondement d'une possession d'état continue, telle que définie aux articles 311-1 et 311-2 du même code, doit être déclarée irrecevable; — Attendu que, selon les énonciations des juges du fond (Saint-Denis de la Réunion, 1er oct. 1976), L... K..., originaire de Chine, est venu s'installer, en 1938, à la Réunion, où il s'est marié avec dame L. T... S..., et où il est décédé le 29 novembre 1972; que sa veuve et ses enfants légitimes ont, à l'occasion de la liquidation de la succession, contesté à L... I... P... — né à Canton en 1927 et demeurant également à la Réunion depuis 1938 — son état d'enfant naturel du défunt; que L... I... P..., qui n'était pas en mesure de produire un acte de reconnaissance et qui se trouvait hors délai pour intenter une action en recherche de paternité, a alors engagé contre les consorts L... K... une action tendant à faire constater qu'il justifiait, dans les conditions prévues aux articles 311-1 et 311-2 du Code civil, d'une possession d'état continue d'enfant naturel de feu L... K..., et que, par suite, ses qualités d'enfant naturel et d'héritier dudit L... K... se trouvaient, faute de preuve contraire, légalement établies; qu'après enquête, l'arrêt confirmatif attaqué a fait droit à cette demande; — Attendu qu'en statuant ainsi, alors que l'action en constatation d'état dont elle était saisie était irrecevable, la cour d'appel a violé le texte susvisé; — *Par ces motifs*, et sans qu'il y ait lieu de se prononcer sur le second moyen, casse..., renvoie devant la cour d'appel de Saint-Denis de la Réunion.

II. — Ass. plén. 9 juillet 1982

(*JCP* 1983. II. 19993, concl. Cabannes, *Gaz. Pal.* 1982. 2. 513, note Massip, *Defrénois* 1982. 1. 1265, note Massip)

Consorts L... K... c. L... I... P...

Faits et moyen. — V. l'arrêt.

ARRÊT

La Cour; — *Sur le moyen unique :* — Attendu, selon les énonciations de l'arrêt attaqué (Saint-Denis de la Réunion du 4 juill. 1980), rendu sur renvoi après cassation, que L... K... est décédé le 29 novembre 1972; qu'une contestation s'étant élevée à l'occasion de la liquidation de sa succession, M. L... I... P..., né le 1er avril 1927, a assigné la veuve et les enfants légitimes du défunt pour faire juger qu'il est le fils naturel de celui-ci et, par suite, son héritier; que la cour d'appel a, confirmant le jugement de première instance dit que M. L... I... P... a rapporté la preuve qu'il jouissait de la possession d'état d'enfant naturel de L... K... et qu'en cette qualité, il avait vocation à venir à sa succession; — Attendu que les consorts L... K... font grief à la cour d'appel d'avoir ainsi statué, alors que, selon le moyen, il résulte de l'article 334-8 du Code civil, qu'une action tendant directement, en dehors des cas et conditions prévus aux articles 340 à 340-4 du Code civil, à faire constater une paternité naturelle sur le fondement d'une possession d'état telle qu'elle est définie aux articles 311-1 et 311-2 du même code, doit être déclarée irrecevable; — Mais attendu que l'article 334-8 du Code civil, dans sa rédaction antérieure à la loi du 25 juin 1982, énumère seulement les cas dans lesquels l'acte juridique de reconnaissance ou les actions contentieuses engagées ont pour effet d'établir, en droit, directement ou indirectement, le lien de filiation naturelle, qu'il ne fait pas obstacle à la constatation, en vertu de l'article 311-3 du même code, de la possession d'état d'enfant naturel, fondée sur des éléments de pur fait, d'où résulte une présomption légale, commune aux filiations légitime et naturelle, instituée par les articles 311-1 et 311-2 du Code civil; — Attendu qu'après avoir constaté l'existence des éléments constitutifs de la possession d'état d'enfant naturel chez L... I... P... et avoir relevé que la veuve et les enfants légitimes de L... K... ne prétendaient pas que cette possession d'état ne correspondait pas à la filiation véritable de l'intéressé, la juridiction du second degré a décidé, à bon droit, que M. L... I... P... est le fils naturel de L... K...; d'où il suit que le moyen n'est pas fondé; — *Par ces motifs*, rejette...

OBSERVATIONS

1 Bien que les deux arrêts commentés soient relatifs à une question désormais tranchée par la loi du 25 juin 1982 dont la solution a été reprise par l'ordonnance du 4 juillet 2005, leur reproduction parmi les *Grands arrêts* nous semble justifiée, car ils ont été les épisodes marquants d'une histoire qui illustre, en matière d'établissement de la filiation naturelle, les interférences de la législation et de la jurisprudence.

Les conséquences attachées à l'état d'enfant naturel sont subordonnées à l'établissement officiel de cette filiation, lequel peut résulter d'une reconnaissance volontaire ou d'un jugement rendu à la suite d'une action en recherche judiciaire de paternité ou de maternité. Mais, outre ces deux modes, la possession d'état constitue-t-elle aussi, en tant que telle et à la supposer prouvée, un mode d'établissement de la filiation naturelle ? Le débat auquel cette question donna lieu (I) fut tranché par les interventions successives des magistrats et du législateur (II).

I. — La question

2 Sous l'empire des textes initiaux du Code civil l'on s'était, au XIXe siècle, demandé si la possession d'état constituait un mode d'établissement – de preuve, peut-on alors dire aussi – de cette filiation. Malgré l'argumentation de Demolombe (*Traité*, t. V, n°s 477 s.), la jurisprudence avait, à ce propos, adopté une attitude négative (Civ. 17 févr. 1851, *D.* 51. 1. 113, *S.* 51. 1. 161, arrêt *Boissin*; rappr. Civ. 3 avr. 1872, *D.* 72. 1. 113, *S.* 72. 1. 126, arrêt *Miquel*). Le fait est qu'à l'époque, l'idée et la notion de possession d'état s'accordaient mal à l'esprit et aux techniques du droit de la filiation naturelle.

Les développements ultérieurs du rôle de la possession d'état modifièrent les données du débat. Il en fut surtout ainsi après que la loi du 3 janvier 1972 eut accru ce rôle. Ainsi sa fonction probatoire s'est renforcée, spécialement au sujet de la filiation naturelle : en le corroborant, elle permettait à l'acte de naissance portant indication du nom de la mère de valoir reconnaissance; elle remplissait des rôles importants dans le cadre des actions en justice; faute d'éléments suffisants de conviction, c'est d'ailleurs à elle que les juges devaient avoir égard pour trancher les conflits de filiations. Procédé réaliste de refoulement des fictions et de réduction d'un écart excessif, surtout en matière familiale, entre les règles de droit et les situations de fait, elle a aussi été envisagée comme un moyen d'assurer la paix des familles. Aux confins des règles de preuve et des règles de fond, la possession d'état consolidait nombre de situations, qu'il s'agisse de filiation légitime (art. 322) ou de filiation naturelle (art. 339, al. 3). Elle était un élément de constitution (art. 331-1, al. 2) ou de rétablissement (art. 313, al. 2) de certaines situations. À l'inverse, son absence en rendait d'autres fragiles et facilitait la naissance de conflits de filiations.

3 Ce courant porta certains auteurs à penser, après la réforme de 1972, qu'en tant que telle, la possession d'état d'enfant naturel constituait un mode d'établissement de la filiation naturelle, paternelle ou maternelle (R. Savatier, « Parenté et prescription civile », *RTD civ.* 1975. 1 s., spéc. n° 3; Agostini, note *D.* 1976. 126 sous TGI Paris, 25 mars 1975; Massip, note *D.* 1978. 670). Distincte par son objet et par sa nature des actions en justice en recherche de paternité ou de maternité, échappant notamment à l'application des règles fixant des délais rigoureux en matière d'action en recherche de paternité, il aurait donc existé, le cas échéant, une action *déclarative* d'état ou en constatation d'état d'enfant naturel.

De lege ferenda, cette opinion était satisfaisante; elle correspondait à un développement logique de l'orientation du droit de la filiation et se révélait fidèle à une évolution tendant à rapprocher celui-ci du réel et à améliorer la situation des enfants naturels. Mais en raison de l'état des textes issus de la réforme de 1972, et tout spécialement de l'article 334-8 du Code civil qui prévoyait seulement l'établissement légal de la filiation naturelle « soit par reconnaissance volontaire, soit par déclaration judiciaire, à la suite d'une action en recherche de paternité ou de maternité » (al. 1er), cette thèse – évidemment liée à une conception dynamique, voire sociologique, de l'interprétation des lois nouvelles – a suscité de solides résistances (R. Nerson et J. Rubellin-Devichi, obs., *RTD civ.* 1979. 791 s.; P. Raynaud, « L'inégalité des filiations légitime et naturelle quant à leur mode d'établissement. Où va la jurisprudence ? », *D.* 1980. chron. 1 s.).

II. — Les interférences de la jurisprudence et de la législation

4 La présente affaire donna à la jurisprudence l'occasion de se prononcer à nouveau (v. aussi, dans le sens de l'admission de la possession d'état, Paris, 11 juill. 1978, *D.* 1979. 425, note Massip, *D.* 1978. IR 396, obs. D. Huet-

Weiller; Paris, 8 déc. 1981, *D.* 1982. 151). En l'espèce, au décès du sieur *Law King* qui, originaire de Chine, s'était installé à la Réunion en 1927 et y était décédé en 1972, sa femme et ses enfants légitimes avaient contesté à un enfant qui était à même de démontrer qu'il bénéficiait de la possession d'état d'enfant naturel du défunt une vocation successorale à ce titre, faute de reconnaissance par le père et faute, pour l'enfant, de pouvoir agir en recherche de paternité naturelle, les délais de l'action étant expirés. Pourtant, adoptant une interprétation audacieuse, la cour d'appel de Saint-Denis de la Réunion accueillit, par un arrêt du 1er octobre 1976, l'action intentée par l'enfant en vue de faire *constater* qu'il justifiait d'une possession d'état continue d'enfant naturel. C'est cette décision que, par le premier arrêt rapporté, la première chambre civile a cassée en relevant que cette action était irrecevable.

À nouveau saisie, mais sur renvoi et autrement composée, la cour d'appel de Saint-Denis de la Réunion a résisté à la Cour de cassation (4 juill. 1980, *D.* 1981. 58, note Massip, *Defrénois* 1981. 1. 1391, obs. H. Souleau). Et, tandis qu'un nouveau pourvoi allait être tranché par la Cour de cassation, le législateur est intervenu. C'était sans doute la voie la plus appropriée. Une proposition de loi de M. Jean Foyer fut suivie du vote de la loi du 25 juin 1982, de sorte que l'article 334-8 du Code civil est désormais rédigé en ces termes : « La filiation naturelle est légalement établie par reconnaissance volontaire » (al. 1er). Elle « peut aussi se trouver établie par la possession d'état ou par l'effet d'un jugement » (al. 2).

5 Ainsi était combattue par la loi la solution consacrée par la première chambre civile. Encore fallait-il savoir si, dans cette affaire, la règle nouvelle était applicable, alors surtout qu'il s'agissait d'une instance pendante devant la Cour de cassation. En présentant son texte comme « l'exemple même de la proposition de loi interprétative » (*JO déb.*, Ass. nat., 15 déc. 1981, p. 4057), M. Foyer indiquait la voie à suivre, puisque les lois interprétatives sont applicables en cause de cassation (Civ. 26 avr. 1939, *DH* 1939. 306; « Malaurie, La jurisprudence combattue par la loi », *Mélanges Savatier*, 1965, p. 612; v. cep. depuis, *supra*, n° 10). Pareille issue se serait imposée si la loi avait été expressément déclarée interprétative par le législateur. En l'absence de cette formulation expresse, la Cour de cassation aurait encore pu affirmer l'existence de ce caractère. Elle n'a pas cru devoir le faire, estimant de la sorte implicitement que la loi nouvelle avait, par rapport au droit ancien, une portée plus novatrice. Mais alors, pour aboutir à un résultat analogue dans l'affaire qui lui était soumise, sur résistance de la cour de renvoi, l'Assemblée plénière, dans le second arrêt commenté, s'est ralliée à la position des juges d'appel et a considéré que, selon le droit antérieur à la réforme de 1982 – rendue curieusement inutile… comme si combattue par la loi, la jurisprudence voulait à son tour combattre celle-ci –, la possession d'état constituait en tant que telle un mode d'établissement de la filiation naturelle, cet établissement ne pouvant résulter d'un comportement simplement épisodique (Civ. 1re, 24 mars 1993, *Bull. civ.* I, n° 123, *D.* 1994. 346, note Massip) et ne faisant présumer la filiation que jusqu'à preuve contraire (Civ. 1re, 4 déc. 1990, *Bull. civ.* I, n° 277, *Defrénois* 1991. 672, note Massip, *RTD civ.* 1991. 511, obs. Huet-Weiller). L'action en constatation n'était pas soumise au délai préfix prévu par l'article 340-4, mais à la prescription de trente ans prévue par l'article 311-7 (Civ. 1re, 10 févr. 1993, *D.* 1993. 490, note Hauser et Nicolau, *D.* 1993. Somm. 325, obs. Granet-Lambrechts, *Defrénois* 1993. 718, obs. Massip). C'est ainsi que la pluralité des sources du droit privé provoque parfois de singulières démarches (v. depuis Civ. 1re, 1er déc. 1982, *D.* 1983. 573, note Agostini). – Sur la qualité pour agir, v. Civ. 1re, 10 mars 1998, *D.* 1998. IR 101. – Sur la portée de ce texte à l'égard des successions ouvertes avant son entrée en vigueur mais non encore liquidées à cette date v. Civ. 1re, 27 janv. 1987, *D.* 1987. 378, note Massip; 12 mai 1987, *Gaz. Pal.* 1988. 2. 856, note Massip; 6 juin 1990, *Bull. civ.* I, no 147, *D.* 1992. Somm. 224, obs. Vareille; 10 févr. 1993, *Bull. civ.* I, no 68, *Defrénois* 1994. 547, note B. de Saint Affrique.

6 L'ordonnance du 4 juillet 2005 uniformise les règles relatives à la possession d'état. La vocation probatoire autonome de la possession d'état est commune aux deux filiations (art. 310-1 et 317 C. civ.). Que l'enfant soit né en ou hors mariage, la possession d'état produit les mêmes effets. Néanmoins, en pratique, le mécanisme ordinaire de la preuve de la paternité que constitue, pour la filiation légitime, la présomption de paternité en « marginalise l'intérêt » pour celle-ci (Cornu, *La famille*, no 252). Le régime de l'action en constatation de possession d'état est désormais défini par l'article 330 du Code civil : « La possession d'état peut être constatée, à la demande de toute personne qui y a intérêt, dans le délai de dix ans à compter de sa cessation ou du décès du parent prétendu ».

7 La fonction attribuée par le droit français à la possession d'état marque l'originalité de notre système par rapport à des droits d'États voisins, tels que le droit allemand, axé sur la primauté de la reconnaissance (D. Henrich, « La reconnaissance de la paternité naturelle en droit germanique », Commission intern. de l'état civil, *Actes du colloque du cinquantenaire*, Strasbourg, 1999, p. 76 s.), et le droit anglais, attaché à la primauté du judiciaire (Nigel Lowe, *« The Establishment of Paternity under English Law »*, Actes préc., p. 80 s.).

AUX AUTEURS CITÉS, *adde* : Huet-Weiller, « L'établissement de la filiation naturelle par la possession d'état », *D.* 1982. chron. 185 s.; Jeandidier, « L'établissement de la filiation naturelle par la possession d'état », *D.* 1981. chron. 41 s.; Lautour, *La possession d'état*, thèse Paris II, 1973; M.-T. Meulders-Klein, « Réflexions sur les destinées de la possession d'état d'enfant », *Mélanges Huet-Weiller*, 1994, p. 319 s.; M. Rémond-Gouilloud, « La possession d'état d'enfant », *RTD civ.* 1975. 459 s.; Théry, « La possession d'état d'enfant naturel : état de grâce ou illusion ? », *JCP* 1984. I. 3135.

48

FILIATION NATURELLE. RECHERCHE DE LA MATERNITÉ. RECONNAISSANCE DU PÈRE AVEC INDICATION DU NOM DE LA MÈRE. EFFET

Civ. 25 juin 1877

(*DP* 78. 1. 262, *S.* 78. 1. 217)

Lambert c. Ferlet

L'indication, dans l'acte de naissance d'un enfant naturel, du nom de la mère par l'homme qui se déclare le père de cet enfant a pour effet de donner à tout aveu de la mère, dans quelque forme et à quelque époque qu'il se produise, la valeur d'une reconnaissance légale de la maternité (C. civ., art. 336). Mais il faut pour cela que la reconnaissance du père soit valable; si elle est nulle comme constatant une filiation adultérine, l'indication de la mère doit disparaître avec elle.

Faits. — Marie Ferlet, dite Loridon, se prétendant fille naturelle reconnue de la dame Loridon, née Ferlet, s'est présentée à la succession de cette dernière. À l'appui de sa prétention, elle invoquait son acte de naissance dressé le 19 juillet 1820, sur la déclaration par François Loridon que l'enfant du sexe féminin qu'il présente et à qui il donne le prénom de Marie est née la veille au soir de lui et d'Anne Ferlet, son épouse. Mais, à cette époque, François Loridon était en réalité marié à une autre femme qu'Anne Ferlet; sa déclaration était donc mensongère et sa reconnaissance nulle, comme constatant une filiation adultérine, conformément aux dispositions de l'article 335 du Code civil. Cette nullité rendait par suite sans effet l'indication dans l'acte de naissance du nom de la mère, indication qui, lorsqu'elle est corroborée par un aveu ultérieur de celle-ci, ne peut servir de preuve de la maternité naturelle, par argument *a contrario* tiré de l'article 336, *que si la reconnaissance du père est elle-même efficace*. C'est en ce sens que jugea la cour de Grenoble, par un arrêt du 25 août 1875 rapporté aux recueils sous l'arrêt de cassation, repoussant en conséquence la pétition d'hérédité de la dame Lambert, et contre lequel les époux Lambert se pourvurent en cassation.

Moyen. — 1° Violation des articles 334 et 336 du Code civil, par fausse application de l'article 335 du même code, en ce que l'arrêt attaqué a refusé tout effet à l'indication de la mère donnée avec son aveu dans l'acte de naissance de l'enfant naturel..., parce que (dans cet acte) se trouvait également la reconnaissance du père, nulle à son égard comme entachée d'adultérinité. 2°...

ARRÊT

(après délib. en la ch. du cons.)

La Cour;... — Attendu que si l'indication de la mère dans l'acte de reconnaissance du père a pour effet de donner à tout aveu de la mère, sous quelque forme et à quelque époque qu'il se produise, la valeur d'une reconnaissance légale de maternité, c'est à la condition que la reconnaissance du père soit elle-même efficace; — Que les expressions de l'article 336 du Code civil : « la reconnaissance du père... n'a d'effet qu'à l'égard du père », supposent une reconnaissance qui est, aux yeux de la loi, attributive de la qualité de père et susceptible de produire tous les effets légaux attachés à la paternité naturelle; — Que c'est en vue et en considération seulement d'une pareille reconnaissance, que la loi attache une certaine valeur à l'indication de la mère, de sorte que, si la reconnaissance du père est frappée d'inefficacité, l'indication de la mère doit disparaître avec elle; — Attendu que l'arrêt attaqué constate en fait que François Loridon qui, le 19 juillet 1820, a présenté à l'officier de l'état civil l'enfant du sexe féminin devenu depuis la femme Lambert, comme né de lui et d'Anne Ferlet, était, à l'époque de la conception de cet enfant marié avec une femme autre qu'Anne Ferlet; — Qu'il suit de là qu'en refusant toute valeur à l'indication de la maternité d'Anne Ferlet dans une reconnaissance de paternité entachée d'adultérinité, et comme telle complètement inefficace, l'arrêt attaqué n'a pas violé l'article 336 du Code civil et a fait, au contraire, une juste application de l'article 335 du même code;... — *Par ces motifs*, rejette...

OBSERVATIONS

1 Cette décision permet de retracer l'évolution jurisprudentielle qu'a connue, en l'absence de reconnaissance par la mère, la question de l'établissement non contentieux de la filiation d'un enfant naturel à l'égard de celle-ci. Et de fait, inchangé jusqu'à son abrogation par l'ordonnance du 4 juillet 2005, l'article 336 du Code civil a vu sa signification renouvelée par une interprétation prétorienne (I) qui a perdu son utilité, partiellement du fait des réformes de 1972 et 1982 (II), puis totalement du fait de celle de 2005 (III). Subsiste un débat, celui suscité par ce qu'il est convenu d'appeler l'accouchement sous X (IV).

I. — La jurisprudence

2 Aux termes de l'article 336, « la reconnaissance du père, sans l'indication et l'aveu de la mère, n'a d'effet qu'à l'égard du père ». Cette disposition, apparemment singulière, est le fait d'un incident de rédaction. Du projet de Code civil, il résultait que la reconnaissance du père sans l'aveu de la mère ne produisait pas d'effet *même à l'égard du père*. Par faveur pour la reconnaissance, ce système fut abandonné et le texte modifié en conséquence : même non confirmée par l'aveu de la mère, la reconnaissance du père est valable. Très vite la jurisprudence, usant de l'argument *a contrario* (le premier en matière de filiation mais non le dernier, v. *supra*, n°s 44-45), attacha à l'article 336 une autre signification. Elle décida en effet que, si le père indique le nom de la mère dans l'acte de reconnaissance, cette mention doit être présumée faite avec l'assentiment de celle-ci. Il suffit donc d'un aveu postérieur de la mère pour faire produire un plein effet à cette indication et pour qu'elle vaille *recon-*

naissance de la part de la mère, l'aveu de celle-ci pouvant être tacite et résulter du fait qu'elle a soigné et élevé l'enfant (v. Req. 7 janv. 1852, *DP* 52 1. 75, *S.* 52. 1. 12; 25 nov. 1913, *S.* 1914. 1. 95; 29 juin 1939, *S.* 1940. 1. 121, note H. G.; Lyon, 17 oct. 1955, *JCP* 1956. II. 9377, note Rouast, *D.* 1957. 701, note Savatier). Il n'est d'ailleurs pas nécessaire que l'indication du nom de la mère figure *dans* l'acte de reconnaissance; elle peut, semble-t-il, résulter *a posteriori* d'un acte séparé (Nerson, obs. *RTD civ.* 1966. 267) dès lors que la désignation émane du père ou a été expressément approuvée par celui-ci (Civ. 1re, 8 mars 1948, *D.* 1948. 213, note Lenoan; 2 nov. 1965, *D.* 1966. 83, *Gaz. Pal.* 1966. 1. 65). Encore faut-il que la reconnaissance du père soit elle-même valable. Si elle est nulle, elle ne produit aucun effet et « l'indication du nom de la mère doit disparaître avec elle ». En se prononçant de la sorte, la haute juridiction rompt avec sa jurisprudence antérieure (Req. 7 janv. 1852, préc.). Il n'est pas sûr que ce revirement soit heureux : l'indication du nom de la mère est un fait et la nullité de la reconnaissance ne devrait pas réagir sur le fait qui y est indiqué. Quoi qu'il en soit, il convient de remarquer que la nullité de la reconnaissance paternelle était, en l'occurrence, fondée sur l'ancien article 335 du Code civil prohibant la reconnaissance des enfants adultérins, texte abrogé par la loi du 3 janvier 1972.

3 Dérogeant au principe de l'indépendance des reconnaissances puisqu'un seul acte, celui du père, vaut pour établir les deux liens, cette solution présentait à l'époque une très grande utilité pratique. Nombre de couples vivant maritalement croyaient en effet que la preuve des deux filiations était faite lorsque la reconnaissance du père mentionnait la mère. La jurisprudence ci-dessus reproduite donne force positive à cette erreur !

Cette solution présentait, au demeurant, un intérêt tout particulier avant que la loi du 30 décembre 1915 ne consacre la légitimation *post nuptias.* Elle permettait, en effet, que le mariage du père qui avait reconnu l'enfant et de la mère qui ne l'avait pas reconnu emporte légitimation à une époque où celle-ci ne pouvait s'opérer que par mariage subséquent, ce qui supposait que la filiation fut établie avant le mariage à l'égard des deux parents. Déjà déclinante du fait de la multiplication des organismes chargés d'avertir la mère d'un enfant naturel de l'intérêt qu'il y a à le reconnaître (sur ces organismes, v. Dekeuwer-Défossez, *D.* 1986. chron. 305, spéc. p. 311), l'utilité de cette jurisprudence a brutalement décru en raison des réformes de 1972 et de 1982.

II. — Les lois du 3 janvier 1972 et du 25 juin 1982

4 Désireux de maintenir la solution dégagée par la jurisprudence, le législateur de 1972 a volontairement rédigé le nouvel article 336 dans les mêmes termes que l'ancien (v. not. *JO déb.*, Ass. nat., 6 oct. 1971, p. 4319). La moindre importance de l'article 336 ne venait donc pas d'une modification de sa substance, mais de l'apparition de dispositions concurrentes.

On l'a vu, pour établir le lien de filiation à l'égard de la mère, la reconnaissance du père devait porter l'indication du nom de la mère et être corroborée par l'aveu de celle-ci, lequel sous sa forme tacite résultera de la possession d'état. Or aux termes de l'article 337 du Code civil dans sa rédaction de 1972, « l'acte de naissance portant indication du nom de la mère vaut reconnaissance lorsqu'il est corroboré par la possession d'état ». C'est dire que, dans la grande majorité des cas, il n'était plus besoin du détour par l'interprétation *a contrario* de l'article 336 pour établir le lien de filiation. L'article 337 y suffisait. En faisant de la possession d'état une preuve directe de la filiation naturelle, la loi du 25 juin 1982 a accentué encore cette orientation (art. 334-8, al. 2) (v. *supra*, n°s 46-47).

5 Il convient toutefois de noter que, si la portée des articles 336 et 337 du Code civil a été limitée par l'admission de la possession d'état comme mode de preuve autonome de la filiation naturelle par la loi du 25 juin 1982, la solution que posaient ces textes conservait un intérêt. En effet, alors que la possession d'état d'enfant naturel n'interdisait pas l'établissement d'une autre filiation qui lui serait contraire – une telle situation débouchait seulement sur un conflit de filiations –, une reconnaissance d'enfant naturel dressait un obstacle à l'établissement d'une filiation naturelle qui la contredirait (art. 338).

III. — Une occasion manquée : la loi du 8 janvier 1993 — Une occasion saisie : l'ordonnance du 4 juillet 2005

6 Reste qu'une question subsistait, celle de savoir si la seule indication du nom de la mère dans l'acte de naissance ne devait pas valoir preuve de la maternité, ce qui revenait à étendre à la filiation naturelle la solution qui régissait la filiation légitime (art. 319). En exigeant que l'indication du nom de la mère dans l'acte de naissance soit corroborée par la possession d'état, le droit français posait, en effet, une solution qui se signalait par sa singularité. Pour la plupart des législations étrangères, pour la Convention de Bruxelles du 12 septembre 1962 relative à l'établissement de la filiation naturelle élaborée sous l'égide de la Commission internationale de l'état civil, pour la Convention européenne sur le statut des enfants nés hors mariage de 1975, la seule indication de la mère dans l'acte de naissance vaut preuve de la filiation maternelle. Aussi bien, la Commission de réforme du Code civil avait-elle, en son temps, proposé que la filiation maternelle d'un enfant naturel se prouve par l'acte de naissance aussi bien que par la reconnaissance maternelle (art. 504 de l'avant-projet). Mais une tentative de ratification de la Convention de Bruxelles suscita une très vive polémique (R. Savatier, « Est-ce possible ? », *D.* 1963. chron. 229) et se heurta à la résistance du Sénat. Forte de cette expérience, la loi du 3 janvier 1972, « loi de compromis », consacra une solution moyenne, intermédiaire entre la solution européenne (l'acte de naissance suffit) et la solution du Code civil (l'acte de naissance est totalement dépourvu d'effet).

7 La crainte de voir diminuer le nombre d'enfants adoptables et le postulat que l'intérêt de l'enfant réside dans une filiation artificielle fondée sur l'adoption et assumée volontairement et non dans une filiation biologique imposée à une mère qui n'accepte pas ses responsabilités à l'égard de l'enfant l'expliquaient (Carbonnier, t. 2, *La famille*, 20e éd., 1999, p. 289; v. Civ. 1re, 11 mars 1997, *Defrénois* 1997. I. 1335, obs. Massip; 13 janv. 1998, *Bull. civ.* I, no 11, *D.* 1998. Somm. 358, obs. Granet, *RTD civ.* 1998, obs. Hauser, *Defrénois* 1998. I. 1024, obs. Massip; M.-P. et G. Champenois, « La preuve judiciaire de la maternité : quelques aspects de son évolution depuis la loi du 3 janv. 1972 », *Mélanges Terré*, 1999, p. 485 s., spéc. 493). Mais l'argument était loin d'être convaincant, la déclaration judiciaire d'abandon instituée en 1966 permettant de détruire une filiation « de papier ». Aussi avait-on regretté que la loi du 8 janvier 1993 n'ait pas aligné la valeur probante de l'acte de naissance d'un enfant naturel en ce qui concerne la maternité sur celle qui est la sienne quant à la filiation légitime : l'objet de la preuve des deux maternités étant identique, l'égalité des filiations naturelle et légitime était invoquée pour justifier que soit reconnue la même valeur probante à ces deux actes de naissance; *Mater semper certa est.* La solution n'a pas été retenue par la loi du 8 janvier 1993 (v. les prop. de D. Cacheux, *JOAN* 29 avr. 1992, p. 721, et de N. Ameline, *JOAN* 16 mai 1992, p. 1287), sans doute là encore du fait des lobbies de l'adoption. Ultérieurement, la Commission Dekeuwer-Défossez a préconisé que l'indication du nom de la mère dans l'acte de naissance vaille, à elle seule, reconnaissance (*Rénover le droit de la famille*, La Documentation française, 1999, p. 35; v. aussi les positions adoptées par les Congrès des notaires de France, 91e Congrès, Tours 21-24 mai 1955, p. 160; Marseille 9-12 mai 1999, p. 61, *JCP* 1999. I. 101, no 4-1°). Cette réforme a été opérée par l'ordonnance du 4 juillet 2005. L'article 311-25 dispose désormais : « La filiation est établie, à l'égard de la mère, par la désignation de celle-ci dans l'acte de naissance de l'enfant ».

IV. — L'accouchement sous X

8 Dans une perspective plus large et plus contraignante, il aurait même été concevable que le déclarant soit obligé de révéler le nom de la mère naturelle, ce qui avait été consacré en droit positif (Crim. 1er juin 1844, *S.* 44. 1. 670; C. fam., art. 47). Loin de s'orienter dans cette voie, la loi du 8 janvier 1993 a inséré dans le Code civil un nouvel article 341-1, dont la teneur se retrouve, depuis l'ordonnance du 4 juillet 2005, à l'article 326 du Code civil : « Lors de l'accouchement, la mère peut demander que le secret de son admission et de son identité soit préservé ».

9 Afin d'éviter que le lien de filiation soit établi à son égard, la mère bénéficie classiquement de trois facultés : 1) abandonner le nouveau-né au service de l'Aide sociale à l'enfance; 2) taire son identité lors de l'établissement de l'acte de naissance de l'enfant; 3) accoucher sous X; la future mère peut en effet refuser de décliner son identité lors de son admission dans les locaux hospitaliers; sa carte d'identité – qu'elle remet lors de son entrée à l'hôpital pour que l'on puisse, le cas échéant, l'identifier à l'issue d'un accouchement qui lui aurait été fatal –, lui est restituée à la sortie sans que son identité ait été révélée de quelque manière. Ces trois dispositions associées assuraient en fait l'anonymat de la mère bien avant la loi du 8 janvier 1993. Mais les droits de la mère s'arrêtaient à cette faculté juridique de taire sa maternité; soucieux de l'intérêt de l'enfant, le droit reconnaissait en revanche à ce dernier la faculté de mener des recherches sur ses auteurs et, une fois ceux-ci découverts en fait, lui permettait d'exercer une action en recherche de maternité et, le cas échéant, de paternité. Sans doute, en fait, la preuve de la filiation était-elle bien délicate, voire impossible. Mais on s'accordait généralement à considérer qu'aucun obstacle juridique ne s'opposait à l'établissement du lien de filiation : la volonté de secret de la mère ne fermait donc pas, en droit, l'action en recherche de maternité à l'enfant.

Or, absolument incontesté dans le projet de réforme initial, ce droit de l'enfant à faire établir le lien de filiation maternelle a été supprimé par la loi du 8 janvier 1993, sous la pression des lobbies de l'adoption. Alors que l'intention des auteurs du projet initial était seulement de faciliter l'établissement du lien de filiation, le texte finalement adopté a interdit cet établissement lorsque la mère a accouché « sous X », faisant ainsi de cet accouchement une fin de non-recevoir à l'action en recherche de maternité, solution maintenue par l'ordonnance du 4 juillet 2005. Dans la rédaction que lui avait donnée cette ordonnance, l'article 325 disposait, en effet, que l'action en recherche de maternité était « admise sous réserve de l'application de l'article 326 du Code civil ». Fort heureusement, la loi du 16 janvier 2009 a supprimé cette réserve. Retour donc au droit antérieur : l'accouchement sous X ne constitue plus une fin de non-recevoir à l'action en recherche de maternité. Il n'en complique pas moins comme par le passé son exercice, l'anonymat rendant difficile l'identification de la mère.

10 Pareille fin de non-recevoir était, au demeurant, difficile à fonder. À son appui, on invoquait plusieurs arguments dont aucun n'est véritablement décisif. Il s'agissait de prévenir les avortements et les infanticides, donc de protéger le droit à la vie de l'enfant, voire de la mère (art. 6 Convention de New York sur les droits de l'enfant; art. 2 Conv. EDH); mais les statistiques réalisées dans les pays étrangers qui ne connaissent pas l'institution démentent cet argument. Il s'agissait de préserver la liberté individuelle qu'a une femme de ne pas procréer et de protéger son droit subjectif de se rattacher ou non un enfant (droit à la vie privée et familiale, art. 8 Conv. EDH); mais, à supposer que le droit à une vie familiale normale intègre ainsi le droit de ne pas faire établir le lien (en quelque sorte le droit à une vie non familiale !), une double objection s'élève encore, tenant à la discrimination établie avec le père naturel, auquel la loi ne permet pas de bloquer l'action en recherche de paternité, et à la totale méconnaissance du droit qu'ont l'enfant et le père à faire établir la filiation. Il s'agissait aussi de préserver la vie privée de la mère qui pouvait ainsi cacher sa maternité; mais c'est faire fi de la vie privée de l'enfant, qui a le droit de faire établir son identité et son lien de filiation. Il s'agissait encore de préserver la santé de la mère, le risque étant sinon que la femme préfère un accouchement clandestin avec les suites dramatiques qui peuvent en résulter. À quoi, il est répondu que l'enfant aussi a droit à son équilibre psychique; or, celui-ci est mis en danger par l'accouchement sous X qui le transforme en « enfant de personne » et nie son être en niant sa naissance. Il s'agissait, enfin, de préserver l'intérêt de l'enfant en permettant son adoption et en assurant la stabilité de celle-ci ; mais l'accouchement sous X n'est nullement nécessaire à l'obtention de ce double résultat : l'anonymat de la mère biologique n'est pas une condition de l'adoption et le placement de l'enfant suffit à « sécuriser » l'adoption en empêchant la restitution.

En réalité, on s'accordait à trouver à l'accouchement sous X deux intérêts bien réels : il protège la femme, en lui permettant de cacher sa grossesse et sa maternité aux tiers, et notamment à son entourage, et en lui évitant que l'enfant réapparaisse plus tard, alors qu'elle a construit sa vie et a eu d'autres enfants. Il protège aussi les adoptants en leur permettant de s'attacher pleinement l'enfant puisqu'il n'est l'enfant de personne. De ce point de vue, la réforme du 8 janvier 1993 était bien le fruit d'un certain féminisme et du lobbying des associations d'adoption.

11 L'accouchement sous X est rapidement apparu contestable à un quadruple égard. S'agissant de la mère, il n'est pas sûr qu'il procède toujours d'une volonté libre et éclairée, les circonstances qui y conduisent étant souvent dramatiques. S'agissant de l'enfant, ensuite, il risque d'empêcher sa construction psychique en gommant totalement son passé. S'agissant du père, il rend très problématique l'établissement de sa paternité. S'agissant des parents de la mère, c'est-à-dire des grands-parents maternels de l'enfant, l'accouchement sous X les empêche de se prévaloir de leur lien de parenté avec l'enfant.

Pour éviter que la mère ne fasse un tel choix dans l'ignorance ou sous la contrainte, le Code de l'action sociale et des familles prévoit que la femme est informée des conséquences juridiques de sa demande et des diverses possibilités qu'elle a de lever le secret (art. L. 222-6).

S'agissant de l'enfant, l'accouchement sous X méconnaissait totalement, dans sa version initiale, le droit de connaître ses origines, en sorte que le droit français risquait d'être condamné par la Cour européenne, celle-ci ayant considéré dans son arrêt *Gaskin* que le droit au respect de la vie privée exige que chacun puisse établir les détails de son identité d'être humain (CEDH 7 juill. 1989, *Jurisprudence de la CEDH* 13e éd., par V. Berger, no 174). Afin de tenter de l'éviter, la loi du 22 janvier 2002, tout en maintenant l'accouchement sous X, a créé un Conseil national pour l'accès aux origines personnelles et a ouvert à l'enfant, selon certaines modalités, le droit de demander à connaître ses origines. Mais l'accès effectif à des informations dépend de la volonté de la mère.

S'agissant du père, l'accouchement sous X risque fort de le priver en fait de sa paternité, ce qui a notamment conduit la loi du 22 janvier 2002 à introduire dans le Code civil un nouvel article 62-1 qui dispose « si la transcription de la reconnaissance paternelle s'avère impossible, du fait du secret de son identité opposé par la mère, le père peut en informer le procureur de la République. Celui-ci procède à la recherche des date et lieu d'établissement de l'acte de naissance de l'enfant ». Quant à l'ordonnance du 4 juillet 2005, telle que ratifiée par la loi du 16 janvier 2009, elle a explicitement autorisé le mari de la mère à reconnaître l'enfant de son épouse lorsque l'acte de naissance ne le désigne pas comme le père (art. 315 C. civ.), ce qui lui permettra d'en appeler ensuite au procureur de la République pour retrouver l'enfant.

S'agissant des grands-parents maternels, la Cour de cassation a décidé qu'ils n'avaient pas qualité pour intervenir dans une instance en adoption en l'absence d'un lien de parenté légalement établi (Civ. 1re, 8 juill. 2009, *Bull. civ.* I, nº 158).

12 D'application relativement rare, l'accouchement sous X n'en revêt pas moins une importance théorique certaine en ce qu'il illustre à merveille les difficultés contemporaines du droit de la famille lorsque celui-ci abandonne l'analyse institutionnelle – la filiation, élément central de l'état, est traditionnellement un lien indisponible – pour reformuler les règles sous forme de « droit de » et de « droit à ». Ce système a reçu en 2003 un satisfecit passablement embarrassé de la Cour de Strasbourg, bien en peine de donner à chacun le sien dans un tel maquis de droits subjectifs (CEDH 13 févr. 2003, *Odièvre*, *D.* 2003. 1240, note Mallet-Bricout, *JCP* 2003. I. 120, note Malaurie, II. 10049, note Gouttenoire et Sudre, *Dr. fam.* 2003, nº 58, note Murat, *RTD civ.* 2003. 277, obs. Hauser et 375, obs. Marguénaud; 10 janv. 2008, *Kearns*, *Dr. fam.* 2008. Étude 14, par A. Gouttenoire; 25 sept. 2012, *Dr. fam.* 2013. Étude 3, nº 24, par A. Gouttenoire qui procède par une comparaison entre le système italien et le système français). Saisie d'une question prioritaire de constitutionnalité, le Conseil constitutionnel a statué dans le même sens (Cons. const. 16 mai 2012, *Mathieu E.*, déc. nº 2012-248 QPC). Inextricable lorsqu'il est posé en termes de droits subjectifs, le problème serait autrement plus simple à résoudre si l'on raisonnait en termes institutionnels : l'identité de la mère est doublement nécessaire pour déterminer l'identité de l'enfant et pour permettre l'établissement de la maternité et de la paternité. Or de ce double point de vue, le pouvoir reconnu à la mère heurte directement le principe d'indisponibilité de l'état.

AUX AUTEURS CITÉS, *adde* : F. Dreifuss-Netter, « L'accouchement sous X », *Mélanges Huet-Weiller*, 1994, p. 99 s.; F. Granet, « L'établissement judiciaire de la filiation depuis la loi du 8 janvier 1993 », *D.* 1994. chron. 24; Gridel, « Vérité biologique et droit positif de la filiation (1972-1993) », *D.* 1993. chron. 198; C. Neirinck, « L'accouchement sous X : le fait et le droit », *JCP* 1996. I. 3922; E. Poisson-Drocourt, « L'accouchement sous X », *Mélanges Jacques Foyer*, 2007.

49

FILIATION NATURELLE. INSÉMINATION ARTIFICIELLE. CONCUBIN. CONSENTEMENT. RECONNAISSANCE. ANNULATION. RÉPARATION. DOMMAGES ET INTÉRÊTS

Civ. 1re, 10 juillet 1990

(*Bull. civ.* I, nº 196, p. 139, *D.* 1990. 517, note D. Huet-Weiller, *Gaz. Pal.* 1990. 2. 708, *Defrénois* 1990. 958, obs. Massip, *RTD civ.* 1991. 119, obs. Jourdain, et 311, obs. Hauser)

X... c. Mme Z... et autre

Les juges du fond retiennent à bon droit qu'un concubin, en consentant à l'insémination de sa compagne et en reconnaissant volontairement l'enfant qu'il sait ne pas être le sien, contracte vis-à-vis de l'enfant et de la mère l'obligation de se comporter comme un père en subvenant notamment aux besoins de l'enfant qu'il a reconnu. En faisant annuler la reconnaissance en raison de son caractère mensonger, le concubin méconnaît son engagement. Le préjudice matériel et moral qui en résulte pour l'enfant peut être sanctionné par des dommages-intérêts.

Faits. — Déjà mère de trois enfants issus d'un mariage dissous par divorce, une femme ne pouvait avoir d'enfant de son concubin, en raison de la stérilité de celui-ci. Afin semble-t-il de répondre au désir d'enfant de son compagnon, elle demanda, avec le consentement de celui-ci, à bénéficier d'une insémination artificielle. L'enfant ainsi conçu avec le sperme d'un tiers, donneur anonyme (IAD), fut reconnu dès avant sa naissance, par sa mère et le compagnon de celle-ci. Le couple s'étant séparé quelques mois plus tard, la femme se remit en ménage avec son ancien mari, en formant le projet — éphémère, celui-ci s'étant ultérieurement dérobé — de l'épouser de nouveau et de faire légitimer l'enfant par mariage.

L'ancien compagnon de la mère saisit alors le tribunal de grande instance de Toulouse d'une action en contestation de la reconnaissance qu'il avait souscrite. La mère ne s'opposa pas à l'annulation de cette reconnaissance mais demanda des dommages-intérêts en faisant valoir qu'alors qu'elle n'avait eu recours à l'insémination artificielle que pour satisfaire au désir d'enfant de son ami, dans l'espoir de fonder un foyer stable, celui-ci l'avait ensuite délaissée et s'était désintéressé de l'enfant. Quant à l'administratrice *ad hoc* qui avait été désignée à l'enfant, elle s'opposa à l'annulation de la reconnaissance, en soutenant que le consentement à la conception de l'enfant donné par le concubin de la mère pouvait être assimilé à un acte de procréation et que l'annulation priverait l'enfant de filiation paternelle, et sollicita à titre subsidiaire des dommages-intérêts.

Par jugement du 2 février 1987, le tribunal de grande instance de Toulouse prononça la nullité de la reconnaissance et alloua à la mère et à l'enfant des dommages-intérêts. La cour d'appel de Toulouse, par un arrêt du 21 septembre 1987, confirma la décision des premiers juges, tout en supprimant les dommages-intérêts alloués à la mère et en fondant l'allocation de dommages-intérêts à l'enfant sur une autre motivation. Alors que le tribunal avait estimé que l'ex-concubin avait commis une faute en transgressant les obligations implicites résultant de la reconnaissance et du consentement à l'insémination, la Cour a considéré que la procréation artificielle entre concubins avait — à la différence de la procréation artificielle entre époux avec le sperme du mari — une cause et un objet illicites.

L'ex-concubin s'est pourvu en cassation.

ARRÊT

La Cour; — *Sur les deux moyens réunis :* — Attendu que M. Jean-Claude X..., qui vivait en concubinage avec Mme Ghislaine Z..., a donné son accord à l'insémination artificielle de celle-ci par un donneur anonyme; qu'une fille, Émilie, est née de cette insémination artificielle le 29 juillet 1983 et a été reconnue, dès avant sa naissance, par X... et Mme Z...; qu'en 1985 X... a saisi le tribunal de grande instance d'une action tendant à l'annulation de cette reconnaissance en raison de son caractère mensonger; que l'arrêt confirmatif attaqué (Toulouse, 1re ch., 21 sept. 1987), après avoir annulé la reconnaissance souscrite par M. X..., l'a condamné à payer à l'enfant une somme de 100 000 F à titre de dommages-intérêts, au motif essentiel que la procréation artificielle entre concubins avait une cause et un objet illicites, de sorte que la convention passée par eux à ce sujet était nulle et en outre fautive au regard de l'enfant à naître; — Attendu qu'en un premier moyen M. X... fait grief à la cour d'appel d'avoir ainsi statué alors que l'acceptation par un concubin de l'insémination artificielle hétérologue de sa compagne n'est pas nécessairement fautive; qu'en un second moyen, il reproche à l'arrêt attaqué, d'une part, d'avoir méconnu les termes du litige en accordant à l'enfant des dommages-intérêts pour le prétendu préjudice résultant de sa naissance, rendue possible par l'insémination artificielle, alors qu'il avait été demandé des dommages-intérêts en raison de l'annulation de la reconnaissance privant l'enfant de filiation paternelle; d'autre part, de n'avoir pas caractérisé le lien de causalité entre la faute retenue et le préjudice subi par l'enfant qui ne peut résulter que de l'annulation de la reconnaissance; — Mais attendu que, comme l'ont retenu à bon droit les premiers juges, M. X... en consentant à l'insémination artificielle de sa compagne et en reconnaissant volontairement une enfant qu'il savait ne pas être la sienne, a contracté vis-à-vis de l'enfant et de la mère l'obligation de se comporter comme un père en subvenant notamment aux besoins de celle qu'il a reconnue; que l'inexécution de cet engagement, génératrice d'un préjudice matériel et moral pour l'enfant, peut être sanctionnée par des dommages-intérêts; que dès lors l'arrêt attaqué, qui n'a pas méconnu les termes du litige, se trouve légalement justifié; que les moyens ne peuvent donc être accueillis en aucune de leurs branches; — *Par ces motifs*, rejette...

OBSERVATIONS

1 Plus de deux mille enfants sont conçus, chaque année, à la suite de l'insémination artificielle de la mère par le sperme d'un donneur anonyme (enfant IAD). Les CECOS (Centres d'étude et de conservation du sperme) admettent les demandes d'IAD présentées par des couples mariés, mais aussi par des couples non mariés si le concubinage est établi, après que la stérilité du mari ou du partenaire de la femme inséminée a été démontrée. Il en résulte, en cas de succès, la naissance d'un enfant qui n'a pas été engendré par ce mari ou ce partenaire. Quelles sont la nature et la portée des rapports juridiques permettant de rattacher l'enfant au mari ou au concubin, étant observé que la procréation médicalement assistée est écartée en ce qui concerne les célibataires. Avant qu'il ne soit apporté à cette question une réponse par les lois relatives à la bioéthique (III), réponse au demeurant insuffisante (IV), la jurisprudence a été appelée à se prononcer en termes de droit de la filiation (I) et de droit de la responsabilité (II). Sur le terrain des sources du droit, il est intéressant de voir que les itinéraires utilisés peuvent présenter tour à tour leurs avantages et leurs inconvénients.

I. — Procréation assistée et droit de la filiation

2 En termes de filiation – aujourd'hui comme hier et sans doute demain –, il est normal de raisonner de manière différente selon que le couple demandeur se compose de *gens mariés* ou de *concubins* (sur le Pacs, v. *supra*, n° 28). S'ils sont mariés, le jeu de la présomption posée par l'article 312 du Code civil suffit à attribuer au mari la paternité de l'enfant mis au monde par son épouse. Sinon, le consentement du concubin est requis. Il ne suffit d'ailleurs pas qu'il ait consenti à l'insémination; une reconnaissance est nécessaire. Or celui qui est ainsi le père juridique de l'enfant, mais non son père biologique, forme parfois, notamment en cas de divorce ou de rupture du concubinage, le projet de contester sa paternité, bien qu'il ait consenti à l'insémination. Le peut-il ?

3 La filiation paternelle d'un enfant naturel conçu par IAD peut-elle être contestée par celui qui est juridiquement le père, à défaut de l'être biologiquement ? Les juges du fond ont dans la présente affaire répondu par l'affirmative non sans condamner l'IAD en invoquant le droit naturel et la morale (Toulouse, 21 sept. 1987, *JCP* 1988. II. 21036, note Sallé de La Marnierre, *D.* 1988. 184, note D. Huet-Weiller, *RTD civ.* 1987. 725, obs. Rubellin-Devichi). La mère, pas plus que l'administrateur légal, n'ayant formé de pourvoi incident pour soutenir que l'action en contestation de reconnaissance ne pouvait être accueillie, la Cour de cassation n'a pas eu à connaître du problème. Cela étant, il n'en faut pas moins rappeler les solutions assez naturellement dégagées à l'époque par la jurisprudence, qu'il s'agisse de filiation légitime ou de filiation naturelle.

S'agissant d'un enfant légitime, le mari pouvait le désavouer dans les six mois de sa naissance (art. 316 C. civ.). Le délai pendant lequel il pouvait se raviser était donc relativement court. Mais cette affirmation devait être corrigée depuis l'admission par la jurisprudence d'une action en contestation de paternité fondée sur l'interprétation *a contrario* de l'article 322 du Code civil (*supra*, n°s 44-45); en l'absence de possession d'état d'enfant légitime, l'action était ouverte au mari pendant trente ans.

S'agissant d'un enfant naturel, il suffisait pour détruire sa filiation paternelle d'établir que la reconnaissance émanant du concubin était mensongère. L'article 339 du Code civil prévoyait en effet que « la reconnaissance peut être contestée par toutes personnes qui y ont intérêt, *même par son auteur* ». Et cette action pouvait être intentée par le concubin pendant un délai minimum de dix ans, puisqu'elle n'était irrecevable aux termes de l'article 339, alinéa 3 du Code civil que lorsqu'« il existe une possession d'état conforme à la reconnaissance et qui a duré dix ans au moins depuis celle-ci ». Le succès de ces actions était, au reste, d'autant mieux assuré que la preuve de la non-paternité est aisée à apporter; l'insémination par un CECOS suppose, en effet que soit médicalement établie la stérilité du partenaire de la femme inséminée.

4 En l'état du droit positif antérieur aux lois sur la bioéthique ne pouvait-on pas arguer du consentement du mari ou du concubin à l'insémination, pour faire obstacle à sa demande en désaveu ou en reconnaissance ? Cela n'était pas inconcevable. Le régime juridique de la filiation n'ayant pas été formé en contemplation de la procréation médicalement assistée (PMA), il aurait été possible d'éluder le principe d'indisponibilité de l'état prohibant toute renonciation à une action relative à la filiation (C. civ., art. 311-9), et ce indépendamment d'une éventuelle prise en considération d'un abus du droit de désavouer ou de rétracter une reconnaissance (v. Carbonnier, t. 2, *La famille*, 20e éd., 1999, p. 219).

5 À plusieurs reprises, la jurisprudence a pourtant écarté semblables assouplissements, qu'il s'agisse de l'action en désaveu (TGI Nice, 30 juin 1976, *D.* 1977. 45, note Huet-Weiller, *JCP* 1977. II. 18597, note Harichaux-Ramu, *RTD civ.* 1977. 745, obs. Nerson; TGI Paris, 19 févr. 1985, *D.* 1986. 223, note Paillet; *contra*, TGI Bobigny, 18 janv. 1990, *D.* 1990. 332, note Saujot, *JCP* 1990. II. 21592, note Guiho, *Defrénois* 1990. 953, obs. Massip, *RTD civ.* 1990. 454, obs. Rubellin-Devichi; v. aussi Paris, 29 mars 1991, *D.* 1991. 562, note Sériaux et 1992, Somm. 61, obs. Vassaux-Vanoverschelde, *JCP* 1992. II. 21857, note Dobkine, dans le cas où l'enfant avait été conçu « à l'ancienne » alors que le mari stérile avait donné son consentement à l'inséminateur) ou de l'action en contestation de reconnaissance (Toulouse, 21 sept. 1987, préc.).

II. — Procréation assistée et droit de la responsabilité civile

6 La nullité de la reconnaissance émanant du concubin de la mère était quand même des plus choquantes dans la mesure où elle permettait à celui qui a pris la responsabilité de faire naître un enfant par IAD et qui s'est donc engagé à l'élever de renier sa parole.

Illustrant, une fois de plus, l'extraordinaire richesse du droit civil ainsi que sa remarquable capacité d'adaptation, les tribunaux ont alors trouvé dans le droit de la responsabilité civile le moyen de traiter avec bonheur la délicate situation dont ils étaient saisis. Après avoir prononcé la nullité de la reconnaissance, ils ont en effet sauvegardé les intérêts de l'enfant en condamnant l'auteur de celle-ci à des dommages-intérêts.

Tout en s'accordant sur la solution, les juges du fond se sont séparés sur sa justification. Pour les premiers juges, la responsabilité du concubin est engagée parce qu'en faisant annuler la reconnaissance, il a violé l'engagement de subvenir aux besoins de l'enfant, engagement qu'il a doublement souscrit en consentant à l'insémination et en reconnaissant l'enfant. Pour la cour d'appel, la faute génératrice de la responsabilité du concubin envers l'enfant est tout autre : elle réside dans le fait d'avoir conclu avec sa maîtresse une convention illicite tendant à recourir à un tiers donneur de sperme. De là, une analyse toute différente du dommage : résultant pour les premiers juges du fait d'être privé brusquement de filiation paternelle, il consiste pour les seconds dans la naissance de l'enfant.

Entre ces deux conceptions, la Cour de cassation marque très nettement sa préférence pour la première. Elle rejette, en effet, le pourvoi par un motif de pur droit qu'elle substitue à ceux de la cour de Toulouse. Refusant de suivre celle-ci sur le terrain de la condamnation de l'insémination artificielle (pour cette condamnation v. Sériaux, La procréation artificielle sans artifices : illicéité et responsabilités, *D.* 1988. 201), elle affirme qu'en consentant à celle-ci et en reconnaissant un enfant qu'il savait ne pas être le sien, l'auteur de la reconnaissance a contracté à son égard l'engagement de se comporter comme un père, engagement dont la méconnaissance doit être sanctionnée par des dommages-intérêts. C'est dire que, pour la Cour de cassation, la faute ne réside pas dans l'exercice de l'action en contestation de reconnaissance, laquelle est expressément prévue par l'article 339 du Code civil, ni même dans le fait d'avoir sciemment souscrit une reconnaissance de complaisance. La jurisprudence considère, en effet, aujourd'hui qu'un tel comportement, soutenu par une forte tradition, n'est pas fautif (comp. auparavant Civ. 1re, 4 mars 1981, *D.* 1982. IR 36 et Civ. 1re, 21 juill. 1987, *Bull. civ.* I, nº 246, *D.* 1988. 325, note Massip; 6 déc. 1988, *D.* 1989. 317, note Massip; Versailles, 29 avr. 1993, *Defrénois* 1994. 326, obs. Massip). En l'occurrence, ce qui est sanctionné, c'est la méconnaissance par le concubin de l'obligation d'entretenir l'enfant qu'il a souscrite en consentant à l'insémination de sa maîtresse (v. en ce sens pour la première fois Rubellin-Devichi, obs. *RTD civ.* 1977. 750).

7 La solution retenue est satisfaisante. Au regard tout d'abord de la position adoptée par la cour de Toulouse : la naissance d'un enfant ne saurait, en effet, s'analyser en un préjudice ou, pour être plus exact, en un préjudice juridiquement réparable (Terré, Simler et Lequette, *Les obligations*, nº 675; v. cep. *infra*, nº 187, t. 2, 12e éd.; rappr. en cas d'échec d'une interruption volontaire de grossesse, Civ. 1re, 25 juin 1991, *Bull. civ.* I, nº 213, p. 140, *D.* 1991. 566, note le Tourneau, *JCP* 1991. II. 21784, note Barbièri, *RTD civ.* 1991. 753, obs. Jourdain). Ensuite, en ce qu'elle permet de répondre à la situation de tous les enfants conçus par insémination du sperme d'un donneur anonyme, qu'ils soient naturels ou légitimes. En désavouant l'enfant de son épouse après qu'il a consenti à l'insémination de celle-ci, le mari méconnaît l'engagement qu'il a ainsi implicitement souscrit de subvenir comme un père aux besoins de l'enfant.

On s'est interrogé sur la nature de la responsabilité encourue en la circonstance, certains y voyant une responsabilité contractuelle (Massip, note *D.* 1989. 317; D. Huet-Weiller, note *D.* 1990. 518), d'autres une responsabilité délictuelle (Jourdain, obs. *RTD civ.* 1991. 120). En dépit de l'emploi par la haute juridiction du terme « contracté », la seconde analyse apparaît préférable : par la reconnaissance de l'enfant, acte juridique unilatéral, l'auteur de celle-ci s'est engagé à remplir les devoirs attachés à la paternité, lesquels constituent des obligations légales.

Quoi qu'il en soit, le détour par le droit de la responsabilité civile tend à répondre avec souplesse à la difficile question de la contestation de la filiation paternelle des enfants conçus par IAD. Elle laisse, en effet, une marge d'appréciation importante aux tribunaux : conduisant le plus souvent à une condamnation à dommages-intérêts au titre de la réparation par équivalent, elle peut également leur permettre, au titre de la réparation en nature, de paralyser l'action en contestation de paternité s'ils jugent cette solution préférable dans le cas particulier pour l'enfant. On voit ainsi que la jurisprudence peut être, face aux innovations de la science, un chemin assez approprié (rappr. Hauser et Huet-Weiller, n° 463). C'est pourtant par la voie législative que la solution a été ensuite recherchée.

III. — Les lois relatives à la bioéthique

8 Si le droit de la responsabilité permettait de répondre avec souplesse à la situation envisagée, il n'en reste pas moins que, sur le terrain de la filiation, les solutions dégagées par la jurisprudence n'étaient pas, en l'état, satisfaisantes. Désireux d'écarter un tel résultat, quelques commentateurs avaient appelé de leurs vœux l'intervention du législateur afin qu'il fasse du consentement le préliminaire d'une adoption (Paillet, note préc.), qu'il lui confère valeur légitimante ou adoptive (M. Harichaux-Ramu, note préc. *in fine*) ou encore qu'il en déduise l'existence d'une fin de non-recevoir à l'action en contestation de paternité (G. Raymond, « La procréation artificielle et le droit français », *JCP* 1983. I. 3114, n° 27). Le fait est que, s'inspirant de législations étrangères, un projet de texte appelé à devenir un nouvel article 311-20 du Code civil fut retenu dans le cadre des lois sur la bioéthique de 1994. Il tendait dans son principe à interdire dans les cas considérés toute action en contestation de filiation ou en réclamation d'état.

9 Ce projet fut critiqué par divers auteurs. À leurs yeux, il n'était pas sûr que la solution envisagée répondît, mieux que la jurisprudence étudiée, à la difficile question de la contestation de la filiation paternelle d'un enfant conçu par IAD. Il leur semblait parfaitement « vain d'enfermer un homme dans un rôle de père qu'il n'entend pas assumer » (D. Huet-Weiller, note *D.* 1988. 187) et qui risque de le pousser à « accabler (l'enfant) de sa haine parce qu'il ne peut se décharger de sa paternité » (Rubellin-Devichi, obs. *RTD civ.* 1977. 749).

« Imposer un enfant à un homme qui n'en est pas le géniteur, qui n'en veut plus et qui pas davantage ne veut de la mère, ce serait faire réapparaître les paternités fictives de haine et de rancune que la loi de 1972 a voulu faire disparaître » (Malaurie, *La famille*, n° 459).

De surcroît, consacrer une telle solution, ce serait, estimaient-ils, introduire dans un droit fondé sur la vérité des filiations « cette fausse note que constituerait une paternité artificielle forcée » (Rubellin-Devichi, obs., *RTD civ.* 1977. 152; « Les procréations artificielles, état des questions », *RTD civ.* 1987. 457 s., spéc. p. 464), fausse note d'autant moins justifiable qu'elle aurait pour objet de répondre à un contentieux statistiquement marginal. « Il n'est pas heureux, pour un enfant que l'on a voulu semblable aux autres, de construire un statut spécifique en contradiction avec toute l'évolution législative de ces dernières années » (Hauser et Huet-Weiller, n° 463). Ils ajoutaient que la différence est assez ténue entre le mari qui consent à une IAD et celui qui, préférant des cheminements plus traditionnels, accepte d'être trompé et couvre l'enfant adultérin de son nom. La question de la reconnaissance de complaisance est, au reste, connue depuis suffisamment longtemps pour qu'on « ait eu tout le loisir de se rendre compte que le remède n'était point de fermer l'action pour consolider le mensonge, mais de limiter l'exercice de la contestation par un recours à la notion de possession d'état », ce qu'a réalisé la loi de 1972 en fermant l'action à l'auteur de la reconnaissance lorsqu'existe une possession d'état ayant duré dix ans (Rubellin-Devichi, obs. *RTD civ.* 1987. 728).

En sens contraire, on pouvait faire valoir : que le principe de l'indisponibilité est loin d'être absolu dans la loi comme dans la jurisprudence; qu'on ne saurait tirer argument d'attitudes adoptées par des maris trompés là où il n'y a pas tromperie; qu'il n'y a pas lieu de faire de l'adultère un remède aux difficultés suscitées par la procréation assistée; que si la filiation artificielle tend à imiter la filiation naturelle, c'est quand même bien la preuve qu'elle s'en distingue.

10 Le législateur a tranché. Issu de la loi n° 94-653 du 29 juillet 1994, le nouvel article 311-20 du Code civil est ainsi rédigé : « Les époux ou les concubins qui, pour procréer, recourent à une assistance médicale nécessitant l'intervention d'un tiers donneur, doivent préalablement donner, dans des conditions garantissant le secret, leur consentement au juge ou au notaire, qui les informe des conséquences de leur acte au regard de la filiation » (al. 1er). « Le consentement donné à une procréation médicalement assistée interdit toute action aux fins d'établissement ou de contestation de la filiation à moins qu'il ne soit soutenu que l'enfant n'est pas issu de la procréation médicalement assistée ou que le consentement a été privé d'effet » (al. 2). « Le consentement est privé d'effet en cas de décès, de dépôt d'une requête en divorce ou en séparation de corps ou de cessation de la communauté de vie, survenant avant la réalisation de la procréation médicalement assistée. Il est également privé d'effet lorsque l'homme ou la femme le révoque, par écrit et avant la réalisation de la procréation médicalement assistée, auprès du médecin chargé de mettre en œuvre cette assistance » (al. 3). « Celui qui, après avoir consenti à l'assistance médicale à la procréation, ne reconnaît pas l'enfant qui en est issu engage sa responsabilité envers la mère et envers l'enfant » (al. 4). « En outre, est judiciairement déclarée la paternité hors mariage de celui qui, après avoir consenti à l'assistance médicale à la procréation, ne reconnaît pas l'enfant qui en est issu. L'action obéit aux dispositions des articles 340-2 à 340-6 » (al. 5). Désireuse de faire disparaître toute trace de distinction entre la filiation en ou hors mariage, l'ordonnance du 4 juillet 2005 a réécrit l'alinéa 5 : « En outre sa paternité est judiciairement déclarée ».

Si ce nouveau texte apporte une réponse aux questions posées, il est loin de résoudre tous les problèmes (F. Granet, « L'enfant conçu par procréation médicalement assistée et les projets de loi sur la bioéthique », *Mélanges Huet-Weiller*, 1994, p. 219 s.).

IV. — Les insuffisances des solutions actuelles

11 Outre l'affirmation de la responsabilité, solution inspirée de celle retenue par l'arrêt commenté, la loi comporte l'abandon de la solution antérieurement dégagée par la jurisprudence au sujet de la filiation. L'article 311-20 est tout ordonné sur le consentement, initialement exprimé sous la forme d'un acte solennel (C. pr. civ., art. 1157-2 : v. aussi l'art. L. 152-10 CSP), et qui est privé d'effet en cas de décès (v. déjà, antérieurement, l'exclusion de l'IAD *post mortem* : Civ. 1re, 9 janv. 1996, *Bull. civ.* I, no 21, *D.* 1996. 376, note Dreifuss-Netter, *JCP* 1996. II. 22666, note C. Neirinck, *Defrénois* 1996. I. 532, obs. Massip, *Gaz. Pal.* 1996. 2. 400, note Bonneau, *RTD civ.* 1996. 359, obs. Hauser; TGI Rennes, 30 juin 1993, *JCP* 1994. II. 22250, note Neirinck; comp. Toulouse, 18 avr. 1994, *JCP* 1995. II. 22472, note Neirinck).

12 À l'article 311-20, alinéa 5, il est donc désormais prévu qu'est judiciairement déclarée la paternité de celui qui, après avoir consenti à l'assistance médicale à la procréation, ne reconnaît pas l'enfant qui en est issu. Deux critiques peuvent être adressées à ce texte. On pourrait regretter d'abord que la loi ne se contente pas de prévoir, comme le faisait l'avant-projet de loi de 1988, que le consentement donné à l'assistance médicale à la procréation vaut reconnaissance et que le texte impose en réalité à la mère d'agir en justice contre le père. En réalité, cette solution a l'avantage d'une part d'entraîner une vérification judiciaire, d'autre part de permettre à la mère, si elle le souhaite, de ne pas faire établir un lien qui ne serait fondé, le cas échéant, sur rien – ni vérité du sang, ni vérité du cœur –, et de se contenter d'argent, qui lui permettra d'assumer ensuite la charge de l'enfant. À l'inverse, on pourrait regretter que le droit consacre une filiation forcée ne reposant sur aucune réalité ni affective ni même, le cas échéant, biologique, puisque l'application de ce texte est susceptible de déboucher sur l'établissement judiciaire d'une « filiation de papier ».

13 La Commission Dekeuwer-Défossez a proposé que le consentement à la procréation assistée vaille d'emblée reconnaissance de l'enfant au cas où la filiation ne serait pas établie. Selon elle, « cette solution se situerait à mi-chemin entre une présomption de paternité et une reconnaissance prénatale faite à l'égard d'un enfant non encore conçu. Elle éviterait en principe une procédure judiciaire destinée à l'établissement de la filiation et correspondrait mieux à l'idée que la filiation trouve alors directement sa source dans l'engagement initial des parents » (*Rénover le droit de la famille*, 1999, p. 38). L'ordonnance du 4 juillet 2005 a maintenu les solutions en l'état.

50

FILIATION NATURELLE SIMPLE. FILIATION ADULTÉRINE. ALIMENTS

Civ. 1re, 20 mai 1969

(*D.* 1969. 429, concl. Lindon, note Colombet, *RTD civ.* 1969. 544, obs. Nerson)

H. c. Dame D.

L'action en réclamation d'aliments prévue à l'article 342, alinéa 2 du Code civil n'est recevable que si son auteur a la qualité d'enfant naturel simple, adultérin ou incestueux.

Faits et moyen. — V. l'arrêt.

ARRÊT

La Cour; — *Sur le moyen unique, pris en sa dernière branche :* — Vu l'article 342, alinéa 2 du Code civil; — Attendu que l'action en réclamation d'aliments prévue par ce texte n'est recevable que si son auteur a la qualité d'enfant naturel simple ou adultérin ou incestueux; — Attendu que dame H... épouse D... agissant au nom de sa fille mineure, Christiane D... a engagé contre H... une action fondée sur l'article 342 susvisé afin d'obtenir une pension alimentaire pour cette enfant, qu'elle prétendait issue de leurs relations adultères; que l'arrêt confirmatif attaqué (Colmar, 8 févr. 1967), tout en relevant que le mariage des époux H...-D... n'avait pas été dissous par le divorce et qu'en l'absence d'un désaveu de paternité du mari, Christiane D..., née pendant le mariage et déclarée à l'état civil sous le nom de D..., avait la qualité non contestée d'enfant légitime, a déclaré l'action de dame D..., ès-qualités, recevable aux motifs « qu'il n'existe aucune incompatibilité... entre l'affirmation d'une filiation légitime, sur laquelle l'action prévue à l'article 342, alinéa 2 est sans influence, et la réclamation d'aliments à un tiers qui est, en fait, le père de l'enfant... »; — Attendu qu'en statuant ainsi, alors, cependant, que faute d'un désaveu de paternité émanant du mari de la mère et dont l'exercice n'appartient qu'à celui-ci, Christiane D... possède le statut d'enfant légitime, la cour d'appel a violé par fausse application l'article susvisé; — *Par ces motifs, et sans qu'il y ait lieu de statuer sur les autres branches du moyen*, casse...

OBSERVATIONS

1 Bien que le *revirement* de jurisprudence auquel il procède ait aujourd'hui perdu la majeure partie de son intérêt (I), cet arrêt n'en mérite pas moins de figurer dans ce recueil en raison de la *manière* dont la haute juridiction l'a réalisé (II).

I. — L'action alimentaire et les enfants naturels simples

2 En créant au profit des enfants adultérins dont la filiation n'est pas officiellement établie, une action alimentaire sans que celle-ci « ait pour effet de proclamer l'existence d'un lien de filiation dont l'établissement demeure prohibé » (anc. art. 342, al. 2 C. civ.), la loi du 15 juillet 1955 a introduit dans notre droit une technique assez perturbatrice. On s'est interrogé sur la nature de cette action. Était-elle purement alimentaire, à l'exemple de certaines solutions retenues à l'étranger ? S'agissait-il au contraire d'une action en recherche de paternité ou de maternité naturelle de seconde zone ? Par un arrêt *Moiselet* du 13 janvier 1959 (*D*. 1959. 61, note Rouast), la première chambre civile décida que, tout en devant démontrer l'existence d'un lien du sang le rattachant au défendeur, l'enfant restait juridiquement étranger à celui-ci, l'objet de son action étant limité à la réclamation des aliments. Autrement dit, la filiation existait à l'état latent pour fonder le droit aux aliments, mais n'arrivait pas à la vie juridique.

L'équivoque fondamentale qui marquait cette action ne favorisa évidemment pas la solution des multiples interrogations que son existence soulevait, notamment quant à son domaine d'application. Parmi celles-ci, se posait celle de son éventuel emploi par les enfants naturels simples à la place de l'action en recherche de paternité prévue par l'article 340 du Code civil. Visant les seuls enfants « nés d'un commerce adultérin », l'article 342 al. 2 pouvait-il être étendu à l'ensemble des enfants illégitimes ? Saisie de cette question, la haute juridiction y répondit par la négative dans un arrêt *Le Louz* du 13 janvier 1959 (*D*. 1959. 61, note Rouast) : l'enfant naturel simple ne pouvait obtenir de droits – fussent-ils alimentaires (1) – à l'égard de ses auteurs que si sa filiation était officiellement établie par reconnaissance ou par jugement. La solution paraissait bien résulter des textes : en posant l'article 342, le législateur n'avait manifestement songé qu'aux enfants adultérins, véritables « parias du droit », dont la filiation ne pouvait être établie. Elle n'en fut pas moins vivement critiquée, au motif qu'elle revenait à traiter l'enfant naturel simple plus défavorablement que l'enfant adultérin; de fait, les conditions de l'action alimentaire

(1) Sauf promesse d'aliments.

étaient plus libérales que celles de l'action en recherche de paternité naturelle et nombre de mères naturelles se seraient, semble-t-il, fort bien accommodées de ses seuls effets.

Aussi bien, dix ans plus tard, la haute juridiction a-t-elle, dans la présente affaire, étendu le bénéfice de l'action alimentaire aux enfants naturels. Mais elle l'a fait de façon très particulière : la demande d'aliments dont elle avait à connaître était en effet formée non par un enfant naturel, mais par un enfant légitime. Cassant l'arrêt d'appel qui avait accordé des aliments à ce dernier, la Cour précise à dessein que l'action « n'est recevable que si son auteur a la qualité d'enfant *naturel simple*, adultérin ou incestueux ». C'est dire que, sortant des limites des moyens du pourvoi, la haute juridiction tranche un point de droit qui ne lui était pas soumis. L'originalité de la démarche fut, au reste, soulignée par tous les commentateurs.

3 Ajoutons, pour clore ce développement, que l'action alimentaire, telle que l'avait prévue la loi du 15 juillet 1955, a disparu de notre droit. Elle a été remplacée par l'action à fins de subsides (art. 342 s.). De caractère alimentaire l'une et l'autre, ces deux actions n'en diffèrent pas moins profondément. Tandis que la loi de 1955 avait paru fonder « le droit aux aliments sur un rapport de filiation » – rapport qui devait être « tout à la fois constaté par les juges et gardé secret par eux », ce qui était à tout le moins singulier et justifia maintes critiques –, « l'action à fins de subsides procède d'une idée différente : celle d'une responsabilité de l'homme du fait de relations sexuelles qu'il a entretenues avec la mère pendant la période légale de la conception » (*JO*, Doc. parl. *Ass. nat.*, 30 mars 1971, Projet de loi n° 1624, Exp. motifs p. 12). Il en résulte que le demandeur n'a plus à prouver une paternité, mais seulement une possibilité – suffisante (art. 311-11 C. civ.) – de paternité. Il lui suffit d'établir par tous moyens l'existence de relations sexuelles pendant la période légale de la conception.

L'action à fins de subsides est ouverte aux enfants naturels ou adultérins ainsi qu'aux enfants légitimes. Pour ces derniers, l'action ne pouvait être exercée, sous l'empire de la loi du 3 janvier 1972, que si leur « titre d'enfant légitime n'est pas corroboré par la possession d'état » (art. 342-1 C. civ.), cette discordance rendant la paternité du mari suspecte. Selon la jurisprudence, le bénéfice de cette disposition ne pouvait « être étendu à l'enfant légitimé par mariage subséquent » (Civ. 1re, 25 mai 1977, *D.* 1978. 145, 1re esp., note Massip, *D.* 1977. IR 434, obs. D. Huet-Weiller; v. aussi Civ. 1re, 17 juill. 1980, *Bull. civ.* I, n° 224, *D.* 1981. IR 298, obs. D. Huet-Weiller). L'ordonnance du 4 juillet 2005 a uniformisé la règle en prévoyant que « tout enfant dont la filiation paternelle n'est pas établie peut réclamer des subsides ».

4 Bien que la loi du 8 janvier 1993 ait supprimé les cas d'ouverture et les fins de non-recevoir à l'action en recherche de paternité naturelle, l'action à fins de subsides a continué de susciter un contentieux relativement abondant, lié assez largement au fait que les intéressés peuvent s'accommoder d'une aide financière sans considération d'un lien de filiation (v. M.-C. Catala de Roton, « L'action à fins de subsides et la pratique des tribunaux », *RTD civ.* 1990. 1 s.;

Salvage-Gerest, « De la loi du 3 janvier 1972 à la loi du 8 janvier 1993... ou plaidoyer pour une vraie réforme du droit de la filiation », *Mélanges Huet-Weiller*, 1994, p. 415 s.; Granet, « L'établissement judiciaire de la filiation depuis la loi n° 93-22 du 8 janvier 1993 », *D.* 1994. 21, spéc. p. 26; Terré et Fenouillet, *La famille*, n°s 701 s.). La Commission Dekeuwer-Défossez a considéré qu'une action à fins de subsides « reste tout de même utile chaque fois que le lien juridique est difficile à établir ou que celui-ci risque d'être si traumatisant que les intéressés ne chercheront pas à l'établir » (inceste, viol, éventuelle pluripaternité) (*Rénover le droit de la famille*, 1999, p. 45). L'ordonnance du 4 juillet 2005 l'a maintenue en gommant toute différence entre les types de filiation.

II. — La méthode du revirement de jurisprudence

5 À la recherche constante d'un juste équilibre entre la nécessaire stabilité du droit et son indispensable adaptation à la réalité sociale, la haute juridiction ne procède à des revirements de jurisprudence qu'à intervalles souvent éloignés et après mûre réflexion. Aussi bien pourrait-on s'étonner qu'elle ait sur le problème qui nous occupe affirmé, à dix ans de distance, deux solutions opposées en termes aussi tranchés. L'on a voulu voir dans cet épisode l'illustration de la « politique du pire » qui serait parfois celle de la haute juridiction : pour démontrer la malfaisance de la loi, les juges en auraient fait une application absurde; puis, la réforme désirée se faisant attendre, la jurisprudence y aurait procédé elle-même (Malaurie, « La jurisprudence combattue par la loi », *Mélanges Savatier*, 1965, p. 604; rappr. *infra*, n°s 211-213, § 5 s.). À notre sens, l'explication est autre. Elle vient de ce que le juge est d'autant plus lié par les textes que ceux-ci sont plus récents. De fait, il lui est difficile d'aller ouvertement à l'encontre d'une volonté législative fraîchement et clairement exprimée. D'où l'arrêt *Le Louz* du 13 janvier 1959. Mais, les années passant et le contexte se modifiant, sa marge de manœuvre grandit. Ainsi procède-t-il, en l'espèce quinze ans après le vote de la loi, aux adaptations que le changement des mentalités lui semblait rendre nécessaires.

6 Ce n'est pas tant, au demeurant, le revirement en lui-même que la *manière* dont il a été réalisé qui retient ici l'attention. On sait que la Cour de cassation ne peut se prononcer que dans la limite des moyens des parties. Il ne lui appartient pas, à propos d'un litige, de trancher un point de droit qui ne lui est pas soumis. Or, en l'espèce, on l'a vu, la haute juridiction méconnaît ouvertement cette directive : ayant à connaître de la recevabilité de l'action alimentaire introduite par un enfant légitime, elle traite également de cette question au regard de l'enfant naturel.

L'explication de ce dépassement est simple : la haute juridiction répond aux invitations pressantes de son avocat général, lequel craignait qu'elle ne soit avant longtemps saisie d'un pourvoi lui permettant de procéder au revirement souhaité. Le cas de figure est intéressant car il permet de mieux percevoir l'une des limites de la jurisprudence, source de droit : l'interprétation judiciaire est tributaire des litiges; tant qu'un « procès pilote » n'est pas parvenu au stade de la cassation, la jurisprudence n'est pas fixée (Oppetit, « Les réponses ministérielles aux questions écrites des parlementaires et l'interprétation des lois », *D.* 1974. chron. 111, n° 19). Et à supposer qu'elle le soit, ce sont les pourvois permettant la réalisation d'un revirement souhaité qui peuvent, comme en l'espèce, faire défaut, les intéressés ne se hasardant plus à la discuter. Encore faut-il ne pas pousser trop loin ces critiques. Il est souvent préférable de laisser se décanter la discussion; ainsi évite-t-on que des prises de position hâtives n'obligent à des revirements rapprochés. Et si, une fois fixée, la jurisprudence n'est l'objet d'aucune résistance des juges du fond, d'aucune contestation des plaideurs permettant de la remettre en œuvre, c'est probablement qu'elle est en accord avec la conscience juridique et que le revirement est inutile (Hébraud, obs. *RTD civ.* 1969. 609; v. aussi Jestaz, chron. *D.* 1987. 1 qui voit le fondement de la jurisprudence dans la « commune reconnaissance »). Enfin, le fait que la jurisprudence s'élabore à la faveur de cas concrets ne saurait être tenu pour une infirmité car, comme on l'a souvent souligné, ceux-ci sont bien souvent nécessaires pour rendre « palpables (…) les conséquences de positions déterminées » (Batiffol, note, *Rev. crit. DIP* 1960. 66). Sur la loi du 15 mai 1991 introduisant la saisine pour avis devant la Cour de cassation, v. F. Terré, *Introduction générale au droit*, n° 153.

7 Ceci étant si, dépassant l'espèce, l'on s'interroge sur la valeur du procédé, il semble que l'appréciation doive être mitigée. Au premier abord, la pratique de l'*obiter dictum*, du motif incident, présente un réel intérêt. Elle permet, en effet, aux magistrats d'avancer une règle nouvelle sans en faire supporter le poids inattendu au premier plaideur à qui elle sera appliquée. Les manifestations en sont, au demeurant, nombreuses dans les domaines où la jurisprudence joue un rôle particulièrement important : droit administratif (v. Rivero, « Sur la rétroactivité de la règle jurisprudentielle », *AJDA* 1968. 15 s.), droit international privé (v. *GADIP*, n° 62 § 2). L'avantage qui en résulte est toutefois assez limité : si la brutalité de la première application est atténuée, il n'en reste pas moins que le principe nouveau, ainsi annoncé, jouera dans tous les procès à venir alors même qu'ils porteraient sur des faits antérieurs ! (Roubier, *Le droit transitoire*, 2e éd., n° 7, p. 25). C'est là la conséquence du caractère déclaratif de la jurisprudence : la plus récente est censée énoncer ce qui a toujours été le droit en vigueur (sur les autres moyens utilisés par la jurisprudence française pour faciliter les transitions, v. *supra*, n° 12, § 8). Ce procédé a longtemps constitué « l'instrument le plus avancé du rôle d'élaboration et de direction de la jurisprudence consciemment assumé par la Cour de cassation ». Il fait clairement ressortir « la différence entre le contenu *juridictionnel* de la décision, enfermé dans le cercle du litige, et son contenu *jurisprudentiel* » (Hébraud, « Le juge et la jurisprudence », *Mélanges Couzinet*, p. 348). Jouant en pratique le même rôle qu'un arrêt de règlement, la déclaration de principe contenue dans l'arrêt ne tombe pas cependant sous le coup de la prohibition de l'article 5 du Code civil « parce qu'il s'agit seulement d'une affirmation doctrinale, insérée dans les motifs et non dans le dispositif et dépourvue de toute force juridique » (Hébraud, *RTD civ.* 1972. 177; comp. A. Sériaux, « Le juge au miroir, l'article 5 du Code civil et l'ordre juridictionnel français contemporain », *Mélanges Mouly*, 1998, p. 171, spéc. p. 178, n° 7 ; Libchaber, obs. *RTD civ.* 1999. 784). On sait que la Cour de cassation, prenant ouvertement le contrepied de l'article 5 du Code civil, s'est récemment engagée sur la voie d'une modulation de la portée dans le temps des revirements de jurisprudence (*supra*, n° 12, § 13).

51

MATERNITÉ DE SUBSTITUTION. CONVENTION. OBJET. INDISPONIBILITÉ DU CORPS HUMAIN. INDISPONIBILITÉ DE L'ÉTAT DES PERSONNES. ORDRE PUBLIC. CONTRARIÉTÉ. ADOPTION PLÉNIÈRE. DÉTOURNEMENT D'INSTITUTION

Ass. plén. 31 mai 1991

(*D.* 1991. 417, rapport Y. Chartier, note D. Thouvenin, *JCP* 1991. II. 21752, communication J. Bernard, concl. Dontenwille, note F. Terré, *Defrénois* 1991. 1267, obs. A*ubert*, *RTD civ.* 1991. 517, obs. D. Huet-Weiller, 1992. 489. chron. M. Gobert, *LPA* 23 oct. 1991, n° 127, p. 4, note M. Gobert)

Proc. gén. près C. cass.

La convention par laquelle une femme s'engage, fût-ce à titre gratuit, à concevoir et à porter un enfant pour l'abandonner à sa naissance contrevient tant au principe d'ordre public de l'indisponibilité du corps humain qu'à celui de l'indisponibilité de l'état des personnes.

A violé les articles 6 et 1128 du Code civil, ensemble l'article 353 du même code, la cour d'appel qui a prononcé l'adoption plénière d'un enfant par une femme, alors que cette adoption n'était que l'ultime phase d'un processus d'ensemble destiné à permettre à un couple l'accueil à son foyer d'un enfant, conçu en exécution d'un contrat tendant à l'abandon à sa naissance par sa mère, et que, portant atteinte aux principes susvisés, ce processus constituait un détournement de l'institution de l'adoption.

Faits. — Pour remédier à la stérilité de leur couple, deux époux avaient eu recours à l'association Alma Mater, dissoute depuis. Selon un scénario bien rodé, cette association avait mis les époux en contact avec une femme qui acceptait de porter pour leur compte un enfant. Celui-ci avait été conçu par insémination artificielle avec le sperme du mari. L'enfant, une fille, avait été déclarée comme née le 7 février 1988 de L. G., son père biologique, lequel l'avait reconnue. Quant à la filiation maternelle, elle n'avait pas été indiquée, la mère biologique ayant accouché sous X. L'épouse de L. G. avait alors introduit une requête en adoption plénière. Le tribunal de grande instance de Paris ayant rejeté cette demande le 26 juin 1989, un appel fut interjeté.

Prenant une position contraire à celle adoptée dans l'intervalle par la Cour de cassation sur la question de principe que soulève cette pratique (Civ. 1re, 13 déc. 1989, *D.* 1990. 273, rapport Massip, *JCP* 1990. II. 21526, note Sériaux, *Defrénois* 1990. 743, obs. Aubert, *RTD civ.* 1990. 254, obs. Rubellin-Devichi), la Cour de Paris infirma la décision des premiers juges et se prononça en faveur des maternités pour autrui (Paris, 15 juin 1990, *JCP* 1991. II. 21563, note B. Edelman et C. Labrusse-Riou, *RTD civ.* 1990. 458, obs. Rubellin-Devichi). Un pourvoi dans l'intérêt de la loi fut formé par le Procureur général près la Cour de cassation.

ARRÊT

La Cour; — *Sur le pourvoi dans l'intérêt de la loi formé par M. le procureur général près la Cour de cassation :* — Vu les articles 6 et 1128 du Code civil, ensemble l'article 353 du même code; — Attendu que la convention par laquelle une femme s'engage, fût-ce à titre gratuit, à concevoir et à porter un enfant pour l'abandonner à sa naissance contrevient tant au principe d'ordre public de l'indisponibilité du corps humain qu'à celui de l'indisponibilité de l'état des personnes; — Attendu, selon l'arrêt infirmatif attaqué (Paris, 1re ch. C, 15 juin 1990) que Mme X..., épouse de M. Y..., étant atteinte d'une stérilité irréversible, son mari a donné son sperme à une autre femme qui, inséminée artificiellement, a porté et mis au monde l'enfant ainsi conçu; qu'à sa naissance, cet enfant a été déclaré comme étant né de Y..., sans indication de filiation maternelle; — Attendu que, pour prononcer l'adoption plénière de l'enfant par Mme Y..., l'arrêt retient qu'en l'état actuel des pratiques scientifiques et des mœurs, la méthode de la maternité substituée doit être considérée comme licite et non contraire à l'ordre public, et que cette adoption est conforme à l'intérêt de l'enfant, qui a été accueilli et élevé au foyer de M. et Mme Y... pratiquement depuis sa naissance; qu'en statuant ainsi, alors que cette adoption n'était que l'ultime phase d'un processus d'ensemble destiné à permettre à un couple l'accueil à son foyer d'un enfant, conçu en exécution d'un contrat tendant à l'abandon à sa naissance par sa mère, et que, portant atteinte aux principes de l'indisponibilité du corps humain et de l'état des personnes, ce processus constituait un détournement de l'institution de l'adoption, la cour d'appel a violé les textes susvisés; — *Par ces motifs,* casse... *mais seulement dans l'intérêt de la loi et sans renvoi.*

OBSERVATIONS

1 L'extraordinaire développement des procréations médicalement assistées a très vite interpellé juristes et politiques. Fallait-il légiférer sur ces questions ? Le parti de la prudence ayant dans un premier temps prévalu (v. en ce sens J. Carbonnier, *Rapport de synthèse*, *Colloque génétique, procréation et droit*, Actes Sud, 1985), les tribunaux ont été confrontés à de délicats problèmes qu'il leur a fallu résoudre par application du droit commun des personnes, des contrats et de la responsabilité. Ainsi en a-t-il été notamment à propos de ce qu'il est convenu d'appeler les maternités pour autrui ou encore les maternités de substitution.

Pouvait-on les admettre ? La Cour de cassation se prononça très nettement pour la négative en approuvant une cour d'appel d'avoir décidé qu'était illicite une association ayant pour objet de favoriser de telles maternités (Civ. 1re, 13 déc. 1989, préc.). Mais la solution ainsi affirmée se heurta à une très vive résistance de la cour de Paris. Par une série de cinq arrêts, aux termes manifestement provocateurs, en date des 15 juin (deux arrêts, préc.), 9 novembre (deux arrêts) et 30 novembre 1990, la juridiction parisienne admit la licéité du procédé. Estimant probablement que, dans un domaine aussi sensible, la jurisprudence ne pouvait rester longtemps incertaine, la haute hiérarchie judiciaire usa de procédés quelque peu exceptionnels afin de dénouer rapidement le conflit; le Procureur général près la Cour de cassation forma, en effet, un pourvoi dans l'intérêt de la loi dont fut saisie, par ordonnance du Premier président, l'assemblée plénière. Celle-ci, après avoir innové en procédant, pour la première fois dans l'histoire de la haute juridiction, à l'audition d'un *amicus curiae* en la personne du Président du comité national consultatif d'éthique, a cassé l'arrêt de la cour de Paris. Aussi bien la décision reproduite mérite-t-elle d'être commentée au regard non seulement de la solution qu'elle pose (I), mais encore de la démarche qui a été suivie pour parvenir à celle-ci (II).

I. — L'analyse de la décision

2 Après avoir rappelé les termes du problème (A), on recherchera quelles sont les solutions qui lui ont été apportées (B).

A. — Les termes du problème

3 Mère, la femme l'est en principe à un double titre : parce qu'elle produit un ovocyte qui est fécondé par le sperme de son mari ou de son compagnon, elle est la mère « génitrice »; parce qu'elle nourrit l'embryon et le porte jusqu'à son terme, elle est la mère « gestatrice » (Cornu, *La famille*, n° 298).

En cas de stérilité, l'une ou l'autre de ses deux fonctions, ou parfois même les deux, peuvent être affectées. Lorsque la stérilité n'est que partielle, il peut y être remédié en dissociant la fonction génitrice de la fonction gestatrice. Ainsi au cas où la première fonction est atteinte, il est possible de prélever sur une femme donneuse un ovocyte qui est soumis à l'insémination *in vitro* du mari du couple bénéficiaire, l'embryon ainsi obtenu étant ensuite réimplanté dans l'utérus de la femme stérile qui le portera jusqu'à son terme. Celle-ci est alors la mère gestatrice, mais elle n'est pas la mère génitrice.

Au cas où la deuxième fonction est défaillante, un ovocyte est prélevé sur la femme stérile pour être fécondé avec le sperme de son mari, puis réimplanté dans l'utérus d'une autre femme qui va porter jusqu'à sa naissance un enfant qu'elle n'a pas conçu. La femme stérile est alors la mère génitrice mais elle n'est pas la mère gestatrice. Selon certains, l'expression de « mère porteuse » devrait être réservée à cette situation (M. Gobert, « Réflexions sur les sources du droit et les « principes » d'indisponibilité du corps humain et de l'état des personnes », *RTD civ.* 1992. 507, n° 21).

4 Enfin, au cas où les deux fonctions sont affectées, il n'est d'autre ressource pour le couple stérile que de demander à une autre femme de consentir à être inséminée avec le sperme du mari et d'accepter que l'enfant qu'elle aura ainsi porté et mis au monde soit, non le sien, mais celui de ce couple, alors même qu'elle en est la mère génitrice et la mère gestatrice. Le processus juridique le plus souvent suivi pour rattacher l'enfant à une femme autre que sa mère biologique peut être ainsi résumé : l'enfant issu de cette fécondation est, à sa naissance, déclaré à l'état civil sans indication du nom de sa mère, et reconnu par son père biologique auquel il est remis. L'épouse de celui-ci dépose alors une requête en adoption. En l'absence de l'établissement d'un lien de filiation maternelle, le père exerce seul l'autorité parentale et consent seul à l'adoption par son épouse. Un tel détour est indispensable, car si l'épouse déclarait mensongèrement l'enfant comme né de ses œuvres, elle se rendrait coupable du crime de supposition d'enfant (art. 345 anc. C. pén.), lequel a été correctionnalisé par l'article 227-13 du nouveau Code pénal. Afin de désigner cette pratique, on parle de maternité pour autrui ou encore de maternité de substitution. C'est ce cas de figure dont les magistrats avaient à connaître dans l'affaire qui a donné lieu à la décision ci-dessus reproduite.

À la différence des deux premières hypothèses qui posent des problèmes juridiques inédits, parce que les procédés scientifiques utilisés pour remédier à la stérilité du couple conduisent à une dissociation de la mère génitrice et de la mère gestatrice, sans précédent dans l'histoire de l'humanité, les difficultés soulevées par l'hypothèse étudiée sont connues. De tout temps, en effet, des couples n'ont pas hésité à recourir aux services d'une femme féconde pour suppléer une épouse stérile : un adultère accepté se conjuguant avec l'abandon de l'enfant permettait au prix de quelques fraudes dans les déclarations de parvenir au résultat recherché (Hauser et Huet-Weiller, *La famille, Fondation et vie de la famille*, 2e éd., 1993, n° 906; Carbonnier, t. 2, *La famille*, 20e éd., 1999, p. 216). Vieille comme le monde (Genèse, XVI, 1 et 2), cette pratique n'en a pas moins connu un très important regain ces dernières années du fait du développement de l'insémination artificielle et de la multiplication d'associations qui la proposent ouvertement comme méthode de traitement de l'infertilité (J.-L. Baudouin et C. Labrusse-Riou, *Produire l'homme, de quel droit ?*, 1987, p. 107 s.).

5 Les biais par lesquels les tribunaux peuvent avoir à connaître de la licéité d'une telle opération sont multiples : demande d'adoption comme en l'espèce, mais aussi refus de la vraie mère d'exécuter la convention, refus du couple stérile de prendre l'enfant en charge, validité de l'association, etc. Par la variété même de ces questions, on prend conscience de la multiplicité des intérêts dont il faut tenter la conciliation.

Pour la maternité pour autrui, on invoque la détresse des couples sans enfant qui ne trouvent plus de réponse à leurs difficultés dans l'adoption, en raison de la diminution du nombre des enfants adoptables. On souligne également l'altruisme des femmes que cette détresse ne laisse pas indifférentes et qui choisissent d'aider leur prochain dans la difficulté. Allant plus loin, certains avancent l'existence d'un véritable droit naturel de chaque couple, en âge de procréer, à fonder une famille, dans le respect des droits d'autrui, lequel serait consacré par certaines Conventions (art. 8-I Conv. EDH) ou déclarations (art. 12 décl. univ. des droits de l'homme).

Contre, on souligne que le droit à l'enfant est une « perversion de la notion de droits subjectifs » (Hauser et Huet-Weiller, préc., n° 896; Edelman et Labrusse-Riou, *JCP* 1991. II. 21653, n°s 3 s.), inacceptable en ce qu'il tend à faire de l'enfant une chose (P. Raynaud, « L'enfant peut-il être objet de droit ? », *D.* 1988. chron. 109). Comment, au reste, des textes qui tendent à protéger la femme et l'enfant en tant que sujets pourraient-ils justifier des pratiques qui les transforment en objets (D. Huet-Weiller, *RTD civ.* 1991. 517) ? On insiste également sur ce que la solidarité précédemment évoquée pourrait bien ne pas être toujours au rendez-vous. Soit qu'une femme recoure à une mère de substitution, non parce qu'elle est stérile mais pour des raisons de convenance, parce qu'elle préfère faire supporter par une autre les sujétions et les risques d'une grossesse; il s'agira d'ailleurs dans ce cas, à proprement parler, non d'une mère de substitution mais d'une mère porteuse. Soit encore que la mère de substitution, pressée par la nécessité, obéisse à des considérations mercenaires. Réelles, ces objections militent pour un strict contrôle des maternités de substitution plutôt que pour un refus pur et simple de celles-ci. Aussi bien est-ce sur un autre terrain, celui de la défense des intérêts de la mère de substitution et surtout de ceux de l'enfant, que se développe la critique. Une telle grossesse présenterait pour la mère, outre les risques obstétricaux inhérents à toute gestation, des risques psychiques, notamment au moment de la naissance de l'enfant lorsque celui-ci lui est enlevé. Ces risques pourraient également affecter son entourage : mari, concubin, autres enfants qui pourraient craindre à leur tour d'être abandonnés. Enfin et surtout, une telle pratique ne garantirait pas les intérêts de l'enfant futur, soit que celui-ci puisse être affecté dans son développement ultérieur par l'indifférence que lui aurait témoignée la femme qui le porte durant sa grossesse, soit à l'opposé que l'arrachement à une mère qui s'y était profondément attachée n'éprouve l'un et l'autre (Y. Chartier, *D.* 1991. 419). En tout état de cause, la découverte ultérieure de ses origines pourrait être de nature à le perturber gravement. Sans doute, de telles situations existent-elles déjà en cas d'abandon et d'adoption. Mais il s'agirait ici de les créer délibérément.

À quoi il a été répondu qu'il ne faut pas « exagérer l'importance de la donnée biologique. Le biologique n'a jamais été de taille à épuiser la symbolique des rapports de filiation qui sont toujours l'objet d'une reconstruction personnelle de l'individu par l'individu, en serait-il inconscient » (F. Terré, *L'enfant de l'esclave*, 1987, p. 182).

6 Aussi bien certains souhaitaient-ils qu'entre le pour et le contre soit élaborée une réponse nuancée qui, sans interdire purement et simplement les maternités de substitution, les aurait encadrées très strictement. À cet effet, il avait été suggéré d'élaborer une solution spécifique qui se serait inspirée de la formule imaginée à propos des fiançailles par la Cour de cassation en 1838 (*supra*, n° 32) : la promesse, concernant son enfant, prise par une mère au profit d'un couple aurait été « nulle en soi, comme portant atteinte à la liberté illimitée qui doit exister » de reconnaître ou non son enfant. Ainsi aurait-on rappelé une liberté fondamentale qui n'aurait pu trouver sa limite que dans l'adoption de l'enfant par une autre femme, comme les fiançailles le trouvent dans le mariage (F. Terré, *op. cit.*, p. 188 s.; M. Gobert, art. préc., *RTD civ.* 1992. 519, n° 30). Telle n'a pas été la voie suivie par la haute juridiction.

B. — La solution

7 Par l'arrêt commenté, la Cour de cassation condamne catégoriquement les maternités de substitution, et elles seules, en des termes analogues à ceux que la première chambre civile avait utilisés en 1989, pour approuver la dissolution d'une association ayant pour objet de les faciliter (Civ. 1re, 13 déc. 1989, préc.).

En soulignant que les conventions visées sont celles par lesquelles une femme s'engage « à concevoir et à porter un enfant », la Cour de cassation paraît vouloir laisser de côté la question de la mère porteuse *stricto sensu*, qui n'est pas biologiquement mère de l'enfant à naître (Aubert, *Defrénois* 1991. 1267). La condamnation de l'opération analysée opère en deux temps : 1°) la convention contrevient au principe de l'indisponibilité du corps humain et à celui de l'indisponibilité de l'état des personnes; 2°) l'adoption, parce qu'elle constitue l'ultime phase d'un processus d'ensemble qui attente aux principes susvisés, est détournée de ses fins.

8 En visant expressément l'*indisponibilité du corps humain*, la haute juridiction consacre un principe qui, pour certains, n'existait guère jusqu'alors que dans l'imaginaire de la doctrine (M. Gobert, art. préc., *RTD civ.* 1992. 513, n° 25). Le droit n'admet-il pas que nombre de substances corporelles – lait, sang, sperme, ovules et même organes – peuvent faire l'objet d'un don ?

Mais, outre qu'il a fallu une loi pour valider certaines de ces situations, vouloir extrapoler de la licéité de ces opérations à celle des conventions de maternité pour autrui, c'était méconnaître la différence de nature qui les sépare. La convention par laquelle la mère de substitution s'engage à fabriquer l'enfant et à le livrer touche, en effet, à l'être même des personnes (Sériaux, « Droit naturel et procréation artificielle; quelle jurisprudence ? », *D.* 1985. 59; v. aussi note, *JCP* 1990. II. 21526). La grossesse affecte la mère trop au profond d'elle-même pour qu'elle puisse être traitée et se traiter de la sorte. L'allergie au contrat se fonde aussi sur la considération de son objet. Bien que le contrat soit conclu avant la fécondation de l'embryon, l'enfant à venir est promis en tant qu'il sera une personne humaine. Il ne saurait donc être traité comme un objet à livrer. Ce ne sont pas là des biens « dans le commerce », même si la convention est à titre gratuit. Hors du commerce, ne signifie donc pas ici seulement « hors échanges commerciaux » mais « hors de toute transaction », indisponible (Sériaux, note préc.; P. Kayser, « Les limites morales et juridiques de la procréation artificielle », *D.* 1987. 193). La solution est posée sous le couvert de l'article 1128 du Code civil : « il n'y a que les choses qui sont dans le commerce qui puissent être l'objet de conventions ». On l'a critiquée en faisant valoir qu'une telle référence réifierait le corps humain dans le temps même où on cherche à le sacraliser. Un corps humain ne serait, en effet, jamais réductible à une chose, fût-elle hors du commerce (M. Gobert, note préc., n° 26, p. 16). C'est méconnaître qu'interprété *a contrario* le texte vise une réalité beaucoup plus large qui englobe tous les tabous de notre société (v. A. Montas, « Entre "être" et "avoir", le corps humain est-il vénal ? », *RRJ* 2006, n° 4, p. 2245 s., spéc. p. 2251).

9 L'assemblée plénière censure également l'arrêt qui lui était déféré pour atteinte au *principe de l'indisponibilité de l'état des personnes.* Elliptique, la formule s'éclaire lorsqu'on la lit à la lumière de l'arrêt rendu par la première chambre civile le 13 décembre 1989 (préc.). L'association *Alma Mater* avait été alors annulée parce qu'elle avait pour objet de favoriser la conclusion de conventions contraires « au principe d'ordre public de l'indisponibilité de l'état des personnes en ce qu'elles ont pour but de faire venir au monde un enfant dont l'état ne correspondra pas à sa filiation réelle au moyen d'une renonciation et d'une cession également prohibées des droits reconnus par la loi à la future mère ».

L'indisponibilité de l'état des personnes n'est, en tant que principe de notre droit, inscrite dans aucun texte. Tout au plus peut-on l'induire des dispositions de l'article 311-9 du Code civil aux termes duquel « les actions relatives à la filiation ne peuvent faire l'objet de renonciations ». En dépit du caractère tardif (L. 3 janv. 1972) et limité de cette consécration, la Cour de cassation n'a pas hésité à proclamer le principe de l'indisponibilité de l'état des personnes pour interdire au transsexuel tout changement de son sexe légal (Civ. 1re, 16 déc. 1975, *Bull. civ.* I, n° 374, *JCP* 1976. II. 18503, note J. Penneau, *D.* 1976. 317, note R. Lindon, *RTD civ.* 1976. 119, obs. Nerson). Mais on sait que la haute juridiction a progressivement délaissé cette motivation à partir de 1983, avant qu'elle n'en vienne à poser la solution contraire (Ass. plén. 11 déc. 1992, *supra*, n° 27). D'où une interrogation : le reflux constaté en matière de transsexualisme ne pourrait-il se répercuter sur les maternités de substitution ? On en a douté. Et de fait, les deux situations diffèrent assez sensiblement Alors qu'en matière de transsexualisme, il s'agit d'admettre que la qualification donnée n'est pas intangible afin de prendre en compte la réalité présente, en matière de maternité de substitution, il faudrait admettre une renonciation anticipée de la future mère afin de faire venir au monde un enfant dont l'état ne correspondra pas à sa situation réelle (Sériaux, *JCP* 1990. I. 21526). C'est alors « la personne elle-même, considérée dans ses rapports familiaux », qui est en cause (Carbonnier, t. 2, 20e éd. 1999, p. 204).

10 Il n'en reste pas moins que la position adoptée reste « fragile », car les principes qui la fondent sont loin d'avoir une « portée absolue » (B. Oppetit, « Les tendances régressives dans l'évolution du droit contemporain », *Mélanges D. Holleaux* 1990. 317, spéc. 327). On retrouve ici l'un des problèmes de méthode les plus classiques du droit. En effet, si la dialectique du principe et de l'exception reste la démarche naturelle du juriste (Batiffol, *Problèmes de base de philosophie du droit*, p. 254 s.), encore faut-il que « les dérogations soient suffisamment définies pour qu'on sache si le principe garde une valeur et laquelle » (Batiffol, *Mélanges Giuliano* 1989. 33; rappr. Cornu, *La famille*, n° 300).

11 La nullité de la convention prononcée, qu'advient-il de *l'adoption ?* Tout en approuvant sans réserve la nullité radicale qui frappe la convention de maternité de substitution, une doctrine importante suggère que celle-ci ne devrait pas empêcher les magistrats de prononcer l'adoption demandée lorsqu'ils sont convaincus qu'elle est conforme à l'intérêt de l'enfant. Une fois annulée la promesse souscrite par la mère, resterait la liberté de celle-ci de reconnaître son enfant, mais aussi de l'abandonner ou de consentir à son adoption, les magistrats se déterminant en fonction de l'intérêt de l'enfant (Cornu, *Génétique, procréation et droit*, préc., p. 487; F. Terré, *L'enfant de l'esclave*, p. 194; Rubellin-Devichi, *RTD civ.* 1990. 457; « Procréations assistées et stratégies en matière de filiation », *JCP* 1991. I. 3505, n°s 14 s.). Mais, on le sait, telle n'a pas été la solution retenue par la Cour de cassation. Suivant en cela les conclusions très fermes de son avocat général qui lui demandait de ne pas s'incliner devant le fait accompli et de ne pas accepter l'adoption après en avoir condamné la cause (Chartier, *D.* 1991. 421), l'assemblée plénière a jugé l'adoption illicite parce qu'elle représente « l'ultime phase d'un processus d'ensemble destiné à permettre à un couple l'accueil à son foyer d'un enfant conçu en exécution d'un contrat tendant à l'abandon à sa naissance par sa mère ». Il y aurait là, en effet, un véritable « détournement d'institution »; « on adopte les enfants qui sont nés, on ne fait pas naître des enfants pour les adopter » (Hauser et Huet-Weiller, *op. cit.*, n° 906).

Sans doute l'adoption prononcée en la circonstance par la Cour de Paris est-elle maintenue, la cassation obtenue à la suite d'un pourvoi dans l'intérêt de la loi ne remettant pas en cause le statut de l'enfant. Mais l'effet dissuasif se veut, pour l'avenir, total.

12 L'une des lois sur la bioéthique de 1994 a consacré une solution comparable à celle que la Cour de cassation avait posée dans l'arrêt commenté. Du nouvel article 16-7 du Code civil (réd. L. n° 94-653 du 29 juill. 1994), il résulte, en effet, que « toute convention portant sur la procréation ou la gestation pour le compte d'autrui est nulle » (v. aussi la sanction pénale applicable aux intermédiaires, art. 227-12 C. pén.). Sont interdites les conventions portant sur la procréation « ou » la gestation : alors que l'arrêt sanctionnait seulement la convention portant sur ce double objet, conception et gestation, l'article 16-7 annule la convention que la mère porteuse soit génitrice et gestatrice ou seulement gestatrice, ou seulement génitrice. La prohibition ne concerne d'ailleurs pas exclusivement la pratique de la maternité de substitution; elle vaudrait également à l'encontre d'une convention de « père géniteur ». La convention ne sera annulée que si elle organise la procréation ou la gestation « pour le compte d'autrui », peu important, en revanche, que le contrat soit à titre gratuit ou à titre onéreux. La loi marque ainsi le refus que la société oppose à l'utilisation du corps comme outil de procréation, même dans l'intérêt prétendu d'autrui. Il n'a pas été apporté de modification à l'article 16-7 du Code civil à l'occasion de la révision des lois bioéthiques intervenue en 2004 et en 2011.

13 Reste à s'interroger sur l'efficacité du texte.

Les sanctions sont fortes. Au plan civil, la disposition prohibant la maternité pour autrui étant d'ordre public (art. 16-9 C. civ.) et visant à protéger aussi bien les intéressés que la société dans son ensemble, la nullité est absolue. Elle est donc invocable par tout intéressé ainsi que par le ministère public (*supra*, n°s 15-16) ; la convention ne peut faire l'objet d'une confirmation.

S'agissant des conséquences sur le lien de filiation entre l'enfant et le couple demandeur, la Cour de cassation a écarté dans la présente espèce la possibilité de procéder à une adoption plénière. Elle a ultérieurement réaffirmé la solution (Civ. 1re, 9 déc. 2003, *Dr. fam.* 2004, n° 17, note P. Murat, *Defrénois* 2004. 592, obs. Massip, *RTD civ.* 2004. 75, obs. Hauser) et l'a étendue à l'adoption simple (Civ. 1re, 29 juin 1994, *RTD civ.* 1994. 842, obs. Hauser).

Il avait été suggéré, pour permettre l'établissement de la filiation maternelle à l'égard de l'épouse du père biologique, lorsque la mère biologique accouche sous X et que le ménage d'accueil reçoit l'enfant après la naissance, d'user de la possession d'état « patiente, plus humble, moins arrogante » (Cornu, *La famille*, n° 300). Mais l'ordonnance du 4 juillet 2005 ayant posé que la possession d'état doit être stable, continue et non équivoque (art. 311-2 C. civ.), une circulaire en date du 30 juin 2006 a considéré que le caractère équivoque de la possession d'état peut résulter, notamment, d'une fraude ou d'une violation de la loi. Aussi bien le TGI de Lille a-t-il décidé, le 22 mars 2007, que, la convention portant sur la procréation ou la gestation pour le compte d'autrui étant nulle, la possession d'état sur laquelle des demandeurs se fondent pour voir établir un lien de filiation légitime est elle-même viciée, en sorte qu'elle ne peut permettre l'établissement d'un tel lien (TGI Lille, 22 mars 2007, *D.* 2007. 1251, note X. Labbée, *Dr. fam.* 2007, n° 122, note P. Murat).

Au plan pénal, l'article 227-12 du Code pénal incrimine la provocation à abandon d'enfant ainsi que le fait de s'entremettre entre les intéressés. Ces incriminations visent au premier chef les intermédiaires, le couple demandeur pouvant néanmoins être éventuellement poursuivi au titre de la complicité. Celui-ci peut également tomber sous le coup des délits de simulation et de dissimulation d'enfants prévus par l'article 227-13 du Code pénal. Mais il est difficile d'appréhender les faits, sur le fondement de ces textes, dès lors qu'ils se sont déroulés à l'étranger (TGI Créteil, 30 sept. 2004, *D.* 2005. 476, note Depadt-Sebag). Sur cette question, v. C. Blanchard, « Le droit pénal », *ADP, La famille en mutation*, t. 57, 2014, p. 349.

14 La prohibition posée par la jurisprudence et reprise par le législateur a empêché la constitution d'un « marché privé de la procréation » en France. Elle n'a pas, en revanche, totalement éradiqué la pratique des maternités pour autrui : se heurtant à une prohibition claire en France, les couples désireux de recourir à la gestation pour autrui ont, en effet, entrepris de la contourner en se rendant dans des pays où la loi l'autorise. S'est alors posée la question du statut des enfants nés de telles pratiques, sous l'empire d'une législation complaisante, au regard de l'ordre juridique français. La Cour de cassation s'est opposée à l'établissement de la filiation des enfants issus de conventions de gestation pour autrui exécutées à l'étranger à l'égard de leurs parents d'intention, alors même que le couple commanditaire y avait été désigné comme parents légaux de l'enfant par une décision de justice. À cet effet, la Cour de cassation a successivement retenu deux motivations. Par trois arrêts en date du 6 avril 2011, elle a refusé de reconnaître la filiation établie à l'égard de la mère d'intention au nom du principe d'ordre public d'indisponibilité de l'état des personnes (*D.* 2011. 1522, note D. Berthiau et L. Brunet, *Dr. fam.* 2011, Étude n° 14, par C. Nierinck, *Rev. crit. DIP* 2011. 722, note P. Hammje, *RTD civ.* 2011. 340, obs. J. Hauser). Par des décisions en date du 13 septembre 2013 (*D.* 2013. 2377, avis C. Petit, note M. Fabre-Magnan, 2349, chron. H. Fulchiron et C. Bidaud-Garon, *JCP* 2013. 985, note A. Mirkovic, 2014. 43, n° 4, obs. A. Gouttenoire, *AJ fam.* 2013. 579, note F. Chénedé, *Rev. crit. DIP* 2013. 909, note P. Hammje), et du 19 mars 2014 (*D.* 2014. 905, note H. Fulchiron et C. Bidaud-Garon, *JCP* 2014. 613, note J. Heymann, *Dr. fam.* 2014, n° 74, note C. Nierinck), elle a pris pour fondement de son refus non plus l'exception d'ordre public international mais la fraude à la loi, ce qui lui a permis de renforcer l'interdiction en annulant la reconnaissance du père biologique. La haute juridiction marquait ainsi nettement le prix qu'elle attachait au respect de la prohibition.

15 Un recours ayant été formé devant la Cour de Strasbourg, celle-ci a condamné l'État français (CEDH 26 juin 2014, *JCP* 2014. 877, note A. Gouttenoire, *Dr. fam.* 2014, n° 128, note C. Nierinck, *RTD civ.* 2014. 617, obs. J. Hauser). La question essentielle était de savoir si le refus de transcrire en France les actes de naissance d'un enfant issu d'une gestation pour autrui exécutée à l'étranger portait atteinte à l'article 8 de la Conv. EDH, c'est-à-dire au droit à la vie familiale et au respect de la vie privée des personnes concernées. La Cour de Strasbourg distingue. S'agissant de la vie familiale qui concerne les parents et les enfants, elle constate que le refus de reconnaître un lien de filiation entre les enfants nés à l'étranger d'une gestation pour autrui et les parents d'intention poursuit le but légitime de décourager les ressortissants français de recourir hors du territoire national à une méthode de procréation prohibée en France, cette prohibition visant elle-même à la protection de l'enfant et de la mère porteuse. Certes, la prohibition peut avoir pour les parents certains inconvénients, mais ils n'ont qu'à s'en prendre à eux-mêmes de s'être placés dans cette situation. S'agissant du droit au respect de la vie privée, celui-ci concerne uniquement les enfants. L'absence de reconnaissance de leur filiation crée une situation d'incertitude juridique qui est de nature à affecter leur identité et à leur porter préjudice, notamment en ce qui concerne l'acquisition de la nationalité française et l'exercice d'une éventuelle vocation successorale. Or les enfants ne doivent pas subir les conséquences négatives attachées au choix de leurs parents (rappr. *infra*, n° 100, pour les enfants adultérins). Pour la Cour de Strasbourg, cette analyse prend un « relief particulier » lorsque l'un des parents d'intention est en même temps le parent biologique. Il ne saurait alors être conforme à l'intérêt de l'enfant de le priver de cette filiation biologique, ce qui conduit à considérer qu'en faisant obstacle à la reconnaissance par le père biologique, la France est allée au-delà de ce que lui permettait sa marge nationale d'appréciation. En cantonnant ainsi la condamnation au refus d'établir la filiation paternelle biologique, la CEDH « ne condamne pas l'interdiction de la gestation pour autrui par l'article 16-7 du Code civil, mais il en annule peu ou prou la portée puisque le contournement se fera par l'intérêt de l'enfant devenu un pur “fait accompli” » (J. Hauser, obs. préc.) On perçoit à la lumière de cette question la différence d'approche entre la Cour de Strasbourg et la Cour de cassation. Alors que la première privilégie une approche individualiste, la seconde procède à une approche holistique : « le droit a en charge l'intérêt général et il ne peut encourager des pratiques illicites en approuvant et régularisant *a posteriori* ceux qui auraient transgressé l'interdit pour mettre les autorités devant le fait accompli » (M. Fabre-Magnan, *La gestation pour autrui, fictions et réalité*, 2013, p. 67).

II. — La démarche jurisprudentielle

16 Attestant l'irremplaçable rôle de la jurisprudence, la décision commentée ne dispense pas de réfléchir aux chemins qu'elle emprunte pour le remplir, face aux exigences du temps présent. En l'occurrence, c'est sur pourvoi dans l'intérêt de la loi que la Cour de cassation siégeant en assemblée plénière (A), a, après avoir entendu le président du Comité consultatif national d'éthique (B), censuré la cour de Paris.

A. — Le pourvoi dans l'intérêt de la loi

17 C'est un pourvoi dans l'intérêt de la loi qui a été utilisé. Cette voie de recours ancienne, déjà prévue par un décret du 27 novembre 1790, tend à éviter la formation d'une jurisprudence contraire aux lois, aux règlements ou aux formes de procéder, à la suite de décisions contre lesquelles, par indifférence ou calcul, les parties à un procès n'ont pas en temps utile, saisi la Cour de cassation (J. Boré, *La cassation en matière civile*, 1980, n° 3674, p. 1088; Th. Piazzon, *La sécurité juridique*, thèse Paris II, 2006, n° 271, p. 718). Son domaine a été élargi par la loi du 3 juillet 1967 : antérieurement, elle ne pouvait être formée que contre un jugement ou un arrêt rendu en dernier ressort; depuis, elle peut l'être contre toute décision, même en premier ressort, « contre laquelle cependant aucune des parties n'a réclamé dans le délai fixé ou qui a été exécutée » (art. 17, al. 1er).

En l'occurrence, on a pu se demander si l'auteur du pourvoi était animé par le souci d'éviter la formation d'une jurisprudence contraire aux lois, puisque, d'une part, la première chambre civile avait déjà adopté en la matière une position dénuée d'équivoque, et que, d'autre part, le pourvoi ne visait la violation d'aucune règle précise (M. Gobert, art. préc., *RTD civ.* 1992. 491, n° 4).

Et de fait, si l'on en juge par les termes du pourvoi, il s'agissait moins, en l'occurrence, d'empêcher la formation d'une jurisprudence que d'affermir une jurisprudence existante, afin d'assurer la sécurité juridique, à propos d'une question affectant en profondeur – médias aidant – notre société : « Il importe en cette matière particulièrement sensible, qui touche à un délicat problème de société et d'éthique, que soit mis fin à des divergences jurisprudentielles et que la sécurité juridique soit assurée ».

18 Aussi bien la haute juridiction a-t-elle usé, pour répondre pleinement à cette préoccupation, de l'innovation introduite par la loi du 3 janvier 1979 qui permet le renvoi devant l'assemblée plénière, dès la première saisine de la Cour de cassation, « lorsque l'affaire pose une question de principe, notamment s'il existe des solutions divergentes soit entre les juges du fond, soit entre les juges du fond et la Cour de cassation » (art. L. 131-2, al. 2), ce circuit court permettant d'obliger aussitôt la juridiction de renvoi – s'il y a renvoi – à se conformer à la décision de l'assemblée plénière sur les points de droit jugés par celle-ci (art. L. 1314, al. 2 COJ).

On a critiqué cette démarche en ce qu'elle coupe court au « dialogue fructueux entre les juges du fond considérés comme plus près des réalités et la Cour de cassation gardienne souveraine du droit et à qui reste le dernier mot » (M. Gobert, art. préc., *RTD civ.* 1992. 494, n° 7). Le danger est réel. Mais il n'est pas sûr qu'en la circonstance, la critique porte juste. À bien y réfléchir, le dialogue avec les juges du fond peut, en effet, se comprendre différemment selon le contexte dans lequel il se noue.

Parfois la solution n'est nullement évidente et les divisions entre juges du fond, de même que la résistance de certains d'entre eux à la solution affirmée par une des chambres de la Cour de cassation, peuvent apparaître à celle-ci comme l'occasion d'un approfondissement de la réflexion. Porter l'affaire devant l'assemblée plénière risque alors de précipiter une solution qui n'est pas encore parvenue à maturité. Parfois aussi, la Cour de cassation peut s'accommoder de la résistance de certains juges du fond et même la souhaiter. Il en va ainsi lorsque la haute juridiction rend – ce qui n'est pas agréable pour les justiciables en cause – un arrêt de provocation : la résistance à cet arrêt peut, en effet, contribuer à accroître indirectement la pression qu'elle cherche à faire peser sur le législateur pour le contraindre à intervenir. Ainsi en a-t-il été avec l'arrêt *Desmares* (Civ. 2e, 21 juill. 1982, *infra*, n° 212, t. 2, 12e éd.) (Choucroy, « La résistance des juges du fond, *in* L'image doctrinale de la Cour de cassation », 1994, p. 197). Enfin il arrive que la haute juridiction soit profondément convaincue du bien-fondé de la solution qu'elle a d'ores et déjà posée, en un domaine où les résistances des juges du fond risquent d'encourager des pratiques contraires qui rendront sa réaffirmation ultérieure beaucoup plus difficile. On comprend qu'elle use alors de toutes les armes dont elle dispose pour briser le plus rapidement possible leur résistance. Aussi bien la doctrine qui déplore ici la hâte de la haute juridiction, use-t-elle bien souvent dans ses démonstrations de l'argument du fait accompli, soulignant que telle ou telle pratique ne peut plus être interdite car le moment en est passé ! (v. par ex. à propos de l'insémination artificielle, M. Gobert, art. préc., *RTD civ.* 1992. 516). On ne saurait dès lors faire grief à la haute juridiction d'avoir pris ses responsabilités dans le temps où la solution qu'elle posait pouvait encore être effective.

*B. — L'*amicus curiae

19 Autre originalité de l'affaire, l'audition en qualité d'*amicus curiae* du professeur Jean Bernard, président du Comité national consultatif d'éthique pour les sciences de la vie et de la santé. La haute juridiction reprenait ainsi à son compte une innovation déjà observée devant les juges du fond (Paris, 6 juill. 1988, *D.* 1988. 341, *RTD civ.* 1989. 138, obs. Perrot) et dont M. le premier Président Drai avait naguère préconisé l'introduction devant la Cour de cassation. Inspiré par des pratiques depuis longtemps en usage outre-Manche et outre-Atlantique, le recours à un *amicus curiae* suscite une interrogation fondamentale sur le rôle de ce personnage. Cet « ami de la Cour » n'est pas *médiateur*, car il ne lui incombe pas, comme à celui-ci, de rechercher les éléments d'un accord qu'il propose aux parties sans pouvoir pourtant le leur imposer. Ce n'est pas non plus un *témoin* appelé à apporter des informations sur des faits auxquels il a assisté ou qu'il a personnellement constatés. Force est bien, malgré l'expression latine, de le considérer comme une sorte d'expert, un expert pas comme les autres, un « consultant privilégié » (Drai, « Le monde des affaires et ses juges », *RJ com.* 1990. 333), ce qui lui permet, sous réserve du principe de la contradiction, de remplir sa mission sans se plier aux règles relatives aux mesures d'instruction exécutées par un technicien (art. 232 C. pr. civ.). Consulté en tant qu'il est un « sachant », l'*amicus curiae* serait là pour éclairer la Cour. Encore faut-il savoir en quoi va consister l'éclaircissement attendu. S'agissant du *fait*, l'ensemble de ceux-ci doit être tenu, devant la Cour de cassation, pour définitivement acquis. Comment dès lors pourrait-il être enrichi ? (M. Gobert, art. préc., *RTD civ.* 1992. 500). S'agissant du *droit*, que la Cour de cassation est chargée de dire, n'y aurait-il pas de sa part une singulière démission, à confier à d'autres qu'à ses membres ou à ses auxiliaires le soin de le proposer ?

En réalité, l'*amicus curiae* a été entendu ici en tant que président du Comité consultatif national d'éthique. Connaissant la position de ce comité sur la question qu'elle avait à trancher, la haute juridiction a souhaité bénéficier de la caution de celui-ci. Obligés de prendre une décision dont l'écho politique ou médiatique pouvait « laisser des cicatrices » (Perrot, *RTD civ.* 1989. 138), les hauts magistrats trouvent dans l'audition d'un *amicus curiae* le moyen de s'abriter derrière l'autorité morale d'une personnalité éminente. On a douté qu'à terme leur prestige s'en trouve renforcé (M. Gobert, art. préc., *RTD civ.* 1992. 501, n° 16; F. Terré, note *JCP* 1991. II. 21752). Mais il a aussi été souligné que dès lors que la Cour de cassation prétendait créer la règle, elle devait suivre une procédure qui permette « aux intérêts en cause dans les décisions de principe de s'exprimer ». D'où le recours à l'*amicus curiae* (N. Molfessis, « Loi et jurisprudence », *Pouvoirs* 2008, n° 16, p. 94). V. aussi Y. Laurin, « L'*amicus curiae* », *JCP* 1992. I. 3602. Pour un autre exemple de recours à l'*amicus curiae*, v. *infra*, n° 133.

52

FILIATION ADOPTIVE. ENFANT NATUREL. ADOPTION. LÉGALITÉ

Civ. 1er avril 1846

(*DP* 46. 1. 81, concl. Delangle, *S.* 46. 1. 273, note Deville)

Bouleau et cons. c. Hérit. Bazouin

Un enfant naturel peut être adopté par le père ou la mère qui l'a reconnu; cette adoption n'est en effet interdite ni par le texte, ni par l'esprit de notre législation (C. civ., art. 345).

Moyen. — Les collatéraux du sieur Hazouin se sont pourvus en cassation contre un arrêt de la cour d'appel d'Angers, du 12 juillet 1844 (*S.* 44. 2. 309), qui les avait déclarés non recevables à attaquer, après le décès du sieur Bazouin, un précédent arrêt de la même cour, du 25 mars 1828, lequel avait autorisé ledit sieur Bazouin à adopter plusieurs enfants naturels par lui antérieurement reconnus.

ARRÊT
(après délib. en la ch. du cons.)

La Cour; — Attendu que les incapacités, pour être appliquées, doivent résulter d'un texte précis de la loi; — Attendu que le titre du Code civil qui détermine les formes, les conditions de l'adoption, et les personnes qui peuvent être adoptées, ne frappe d'aucune incapacité l'enfant naturel reconnu; — Que, dans l'absence d'un texte formel et absolu de la loi, c'est dans son esprit et dans les principes essentiels et fondamentaux de notre législation qu'il faut rechercher s'il existe quelques traces de cette incapacité; — Attendu que l'article 338 du Code civil se borne à déclarer que l'enfant naturel reconnu ne pourra réclamer les droits d'enfant légitime, et qu'il renvoie au titre des successions le règlement des droits qui lui sont accordés; — Que les articles 756 et 757 qui règlent ces droits dans de certaines limites, et qui ne les lui accordent qu'autant qu'il sera légalement reconnu, se bornent encore à les fixer, indépendamment de tout autre état que l'enfant naturel aurait pu acquérir; — Et que l'article 908, qui lui interdit de recevoir par donation entre vifs, ou par testament, au-delà de ce qui lui est accordé au titre des successions, statue toujours dans la supposition que l'enfant naturel n'est pas sorti de l'état où l'a placé le vice de sa naissance; — Attendu, dès lors, qu'on ne peut induire de ces divers articles, qui sont complètement étrangers à l'adoption, que l'intention du législateur ait été de frapper d'incapacité les enfants naturels reconnus; — Qu'en effet, ce n'est pas irrévocablement que l'enfant naturel reconnu demeure frappé des prohibitions portées par les articles 757 et 908 du Code civil, ces prohibitions cessant naturellement pour lui, lorsqu'il acquiert une situation nouvelle; alors rien ne s'oppose à ce que, par ce changement d'état, il obtienne des droits plus étendus; qu'ainsi, par exemple, le code autorisant la légitimation de l'enfant naturel, celui-ci acquiert par là un nouvel état dans lequel il est dégagé des restrictions et des incapacités qu'il subissait dans sa position d'enfant naturel, que c'est même la différence essentielle et radicale qui le sépare de l'enfant adultérin et incestueux à qui l'article 331 refuse le bienfait de la légitimation; — Qu'on ne saurait objecter que l'adoption étant un moyen de suppléer au défaut de la nature, et que le père d'un enfant naturel ayant connu les douceurs de la paternité, il n'a pas besoin de l'adoption pour se la procurer; — Que la preuve que le code n'a pas entendu interdire ce genre d'adoption se trouve dans l'article 343, qui ne le défend qu'à ceux qui ont des enfants ou descendants légitimes, d'où la conséquence nécessaire qu'elle ne leur sera pas interdite s'ils ont des enfants ou des petits-enfants naturels; — Que vainement encore objecterait-on que si le code eût entendu autoriser le père à adopter son enfant naturel, il l'aurait dispensé des conditions d'âge, de services rendus, et de moralité; — Que le législateur n'a pas voulu faire de l'adoption un droit, il a voulu en faire une récompense, et, envisagé sous ce point de vue, il devait soumettre le père naturel aux mêmes conditions que les autres adoptants; l'adoption n'est d'ailleurs ni une donation, ni un testament, c'est un changement d'état; et, s'il est vrai qu'une grande partie des effets de l'adoption soient acquis à l'enfant naturel par le seul fait de sa reconnaissance, il en est de plus précieux encore que l'adoption seule peut conférer; — Attendu que si on invalidait l'adoption des enfants naturels, par le motif qu'ils ont été reconnus, ce serait compromettre l'avenir de ces enfants en encourageant les pères à ne pas les reconnaître, dans l'espoir de pouvoir les adopter un jour, subordonnant ainsi leur sort à la chance très incertaine de la vie plus ou moins prolongée de leurs parents; — Attendu que, de l'ensemble de tout ce qui précède, il résulte que l'adoption des enfants naturels n'est interdite, ni par le texte, ni par l'esprit de notre législation, et que la cour royale d'Angers n'a violé aucune loi; — *Par ces motifs*, rejette...

Nota : du même jour, arrêt identique de la chambre dans une affaire *Tourret c. Cazenave.*

OBSERVATIONS

1 Inchangée depuis bientôt 150 ans la solution posée par cet arrêt ne s'est pourtant pas établie sans difficulté. La question de savoir si un père ou une mère peut adopter son propre enfant naturel est, en effet, célèbre par les variations d'opinion auxquelles elle a donné lieu. Merlin a changé d'avis deux fois et la Cour de cassation a fait de même en l'espace de cinq années (I). Les réformes successives du droit de la filiation auraient pu être l'occasion d'un nouveau revirement, mais il ne semble pas que la haute juridiction y soit résolue (II).

I. — Les variations jurisprudentielles

2 En 1841, consacrant la jurisprudence suivie par la grande majorité des cours d'appel, la chambre civile avait décidé qu'une telle adoption est permise (Civ. 28 avr. 1841, *DP* 41. 1. 273). Moins de deux ans après, elle se déjugeait et la prohibait (Civ. 16 mars 1843, *DP* 43. 1. 97, *S.* 43. 1. 177). Mais trois ans

plus tard, par l'arrêt ci-dessus reproduit, rendu après délibéré, malgré les conclusions contraires du Procureur général Delangle, la chambre civile est revenue à sa première solution montrant ainsi que la maturation de la jurisprudence ne va pas parfois sans repentir !

Outre l'objection de Demolombe, selon qui on ne pouvait pas « *devenir* le fils de quelqu'un lorsqu'on l'est déjà » (*Cours de Code Napoléon*, t. VI, n°s 51 s.), l'on opposait traditionnellement à cette solution qu'elle permettait aux parents de tourner les restrictions apportées par la loi à la capacité des enfants naturels de recueillir leurs biens par succession ou donation, ainsi que les conditions requises pour la légitimation. Longuement motivé et prenant même par endroits l'allure d'une véritable dissertation doctrinale, l'arrêt du 1er avril 1846 réfute de façon très explicite ces arguments : les incapacités sont de droit étroit, et aucun texte n'interdit l'adoption de l'enfant naturel par son père ou sa mère; de plus, une telle prohibition risquerait selon la Cour de provoquer une sorte de fraude en retour, les parents ne reconnaissant plus leur enfant naturel afin de pouvoir ultérieurement l'adopter. Depuis, la jurisprudence de la haute juridiction n'a plus varié (Req. 3 juin 1861, *DP* 61. 1. 336, *S.* 61. 1. 990; Civ. 13 mai 1868, *DP* 68. 1. 249, *S.* 68. 1. 338; Req. 13 juin 1882, *DP* 82. 1. 308, *S.* 84. 1. 211; v. aussi T. civ. Besançon, 24 mai 1946, *S.* 1947. 2. 57, note Sinay). Des décisions postérieures des juges du fond ont admis la même solution pour l'enfant adultérin, soulignant, là encore, qu'il n'y a « pas de prohibition légale expresse » (T. civ. Briançon, 24 mai 1946, *S.* 1947. 2. 57, note Sinay; Grenoble, 26 févr. 1947, *JCP* 1947. II. 3758, note P. Aymard) et que l'acte d'adoption, inassimilable à une reconnaissance, ne saurait tomber sous le coup de la prohibition de l'ancien article 335 du Code civil (Angers, 10 déc. 1952, *D.* 1953. 190, *JCP* 1953. II. 7403, concl. Lécrivain, *RTD civ.* 1953. 311, obs. G. Lagarde).

II. — L'incidence des réformes législatives

3 Les données du problème ont-elles été renouvelées par les réformes successives qu'ont connues le droit de la filiation adoptive et celui de la filiation par le sang ? Les multiples lois qui ont remanié ou refondu les textes relatifs à l'adoption n'ont pas tranché expressément cette question. Néanmoins, de leur silence, on déduit parfois qu'elles ont tacitement confirmé la solution admise par la Cour de cassation. La portée de cette jurisprudence a, au demeurant, été indirectement accrue du fait de l'admission, en 1966, de l'adoption plénière par une personne célibataire laquelle permet au parent naturel de légitimer son enfant sans avoir à recourir au mariage.

4 Postérieurement à la loi du 3 janvier 1972, un débat s'est engagé en doctrine sur l'opportunité de maintenir ou non cette solution. Plusieurs auteurs ont fait valoir que la possibilité d'adopter son enfant naturel avait perdu l'essentiel de son intérêt dès lors que la loi du 3 janvier 1972 avait introduit dans notre droit la légitimation par autorité de justice (Massip, *Defrénois* 1977. 312; Marty et Raynaud, n° 485; Labrusse-Riou, *La famille*, p. 187); en consacrant cette instition le législateur aurait voulu éviter que l'adoption soit détournée de son objet « qui est de donner une famille aux enfants qui en sont dépourvus » (Projet de loi sur la filiation déposé le 30 mars 1971, exposé des motifs, p. 11 ; circ. 2 mars 1973, *D.* 1973. L. 183; Massip, Morin et Aubert, *La réforme de la filiation*, 2e éd., no 88; Colombet, Foyer, Huet-Weiller et Labrusse-Riou, *La filiation légitime et naturelle*, 2e éd., no 140). Et lorsqu'elle en conservait un, par exemple en présence d'une pluralité d'enfants adultérins, l'adoption de l'un d'entre eux par son auteur lui permettant de se prévaloir à l'encontre des autres de l'article 760 du Code civil et de recueillir une part successorale plus importante (Civ. 1re, 8 oct. 1985, *Bull. civ.* I, no 249, *RTD civ.* 1986. 614, obs. Patarin), il était souligné que la solution revêtait un caractère choquant et heurtait « la raison et le sens de l'équité » (Patarin, obs. préc.; *infra*, no 100, § 2).

5 Tous ces éléments de discussion sont aujourd'hui périmés du fait de la suppression de toute distinction entre les enfants légitimes, naturels et adultérins ainsi que de son corollaire l'institution de la légitimation, par la loi du 3 décembre 2001 réformant les successions et plus encore par l'ordonnance du 4 juillet 2005 sur la filiation.

Ce n'est pas à dire que l'adoption de son propre enfant par un parent ait perdu tout intérêt. C'est ainsi qu'on avait pu songer, en cas d'inceste, à recourir à l'adoption par le parent qui ne peut établir sa parenté parce que l'autre a déjà établi la sienne (Hauser et Huet-Weiller, *La famille, fondation et vie de la famille*, 2e éd., 1993, no 694). Mais la possibilité d'une telle adoption a été ultérieurement condamnée par la Cour de cassation (Civ. 1re, 6 janv. 2004, *infra*, no 53), puis par le législateur (art. 310-2 C. civ., réd. ord 4 juill. 2005). Aussi bien certains auteurs se prononcent-ils aujourd'hui pour l'abandon de cette jurisprudence qui a perdu, selon eux, « toute justification depuis que les dispositions anciennes du Code civil qui instauraient des discriminations injustifiées à l'encontre de l'enfant naturel et refusaient de le rattacher à sa famille » ont été supprimées (Massip, *Defrénois* 2004. 595).

De manière plus générale, la Cour de cassation paraît décidée à lutter contre les détournements de l'institution de l'adoption, laquelle ne saurait devenir « l'adoption à tout faire » (Hauser, *D.* 1987, chron. 205; v. aussi « Le droit de la famille et l'utilitarisme », *Mélanges Terré* 1999. 441 s.). Ainsi en va-t-il à propos des contrats de mère de substitution (Ass plén., 31 mai 1991, *supra*, no 51) ou dans le cas de l'adoption d'un enfant par le second conjoint d'un parent, l'autre étant décédé, pour provoquer la rupture des liens avec la famille d'origine (Civ. 1re, 7 mars 1999, *Bull. civ.* I, no 112, *D.* 1989. 477, note J. Hauser, *Defrénois* 1989. 690, obs. Massip) ou encore en cas d'adoption de sa concubine (Civ. 1re, 22 juin 2004, *Dr. fam.* 2005, no 30, note P. Murat; 4 mai 2011, *D.* 2011. 1347, *Dr. fam.* 2011, no 110; v. aussi Aix-en-Provence, 5 sept. 2006, *Dr. fam.* 2007, no 54, note A. Gabriel) ou de son ex-mari (Civ. 1re, 23 juin 2010, *AJ fam.* 2010. 392, note F. Chénedé, *RTD civ.* 2010. 542, obs. J. Hauser). On rappellera aussi la décision par laquelle elle s'est opposée à l'adoption par une grand-mère de six de ses huit petits-enfants, laquelle tendait à tourner les règles du droit des successions et à réaliser ainsi une captation d'héritage (Civ. 1re, 16 oct. 2001, *Bull. civ.* I, no 256, *Dr. fam.* 2002, no 42, note

P. Murat, *Defrénois* 2002. 195, obs. Massip). Dans cette même perspective, un débat s'est récemment engagé en doctrine sur la légitimité des adoptions intrafamiliales (v. Fenouillet, *Dr. fam.* nov. 2003, chron. n° 29, n°s 28 s. Rubbelin-Devichi, *JCP* 2004. I. 109, n° 2).

6 On rapprochera de la solution consacrée par la chambre civile, dans l'arrêt ci-dessus rapporté, celle qu'a donnée, dans l'hypothèse pour ainsi dire inverse, la chambre des requêtes, laquelle a déclaré valable la reconnaissance, par une mère, de son enfant naturel, après que celui-ci eut été adopté, en raison du droit imprescriptible de reconnaissance d'un enfant naturel et parce que l'adopté reste dans sa famille naturelle et y conserve tous ses droits (Req. 10 mai 1939, *DH* 1939. 370). L'évolution postérieure du droit positif a réduit la portée de cette solution. S'il y a *adoption plénière*, l'adopté cesse, en principe, d'appartenir à sa famille par le sang (art. 356 C. civ.) et ne peut plus être reconnu dès que le placement est intervenu (art. 352 C. civ.); s'il y a *adoption simple*, l'adoption conserve tous ses effets, nonobstant l'établissement ultérieur d'un lien de filiation (art. 369 C. civ.). Rappr. P. Raynaud, « Un abus de l'adoption simple. Les couples adoptifs », *D.* 1983. chron. 39.

53

ADOPTION SIMPLE. ENFANT INCESTUEUX. PROHIBITION

Civ 1re, 6 janvier 2004

(*D.* 2004. 362, concl. J. Sainte-Rose, note D. Vigneau, *JCP* 2004. II. 10064, note C. Labrusse-Riou, et I. 109, n° 2, obs. J. Rubbelin-Devichi, *Dr. fam.* 2004, n° 16, note D. Fenouillet, *Defrénois* 2004. 594, note J. Massip)

Procureur général près la cour d'appel de Rennes c. M. L.

En vertu de l'article 334-10 du Code civil, s'il existe entre les père et mère de l'enfant naturel un des empêchements à mariage pour cause de parenté, la filiation étant déjà établie à l'égard de l'un, il est interdit de l'établir à l'égard de l'autre.

La requête en adoption, présentée par le frère de la mère biologique, contrevient aux dispositions d'ordre public édictées par l'article 334-10 du Code civil interdisant l'établissement du double lien de filiation en cas d'inceste absolu.

Faits. — Le 7 février 1990, une fille naît des relations d'un couple incestueux formé d'une sœur et d'un frère consanguins. La mère reconnaît l'enfant quelques jours avant sa naissance, le père quelques jours après. Sur le fondement de l'article 334-10 du Code civil, le TGI de Tours annule la seconde reconnaissance, le 12 septembre 1991.

Survient alors un intermède au cours duquel chacun des protagonistes cherche, semble-t-il, sa propre voie : l'enfant est reconnu par un autre homme qui le légitime en épousant sa mère le 11 octobre 1991 ; quant au frère-père, il conçoit un autre enfant avec une autre femme. Mais, en 1998, la mère divorce et fait annuler la reconnaissance ainsi que la légitimation subséquente. Frère et sœur reviennent alors, semble-t-il, à leur ancienne liaison et cherchent à faire consacrer la filiation incestueuse au moyen d'une requête en adoption simple présentée par le frère-père avec le consentement de la soeur-mère.

La demande est rejetée en première instance par un jugement du TGI de Saint-Malo, en date du 7 avril 1999, aux motifs que « l'empêchement dirimant que constitue l'inceste avéré interdit au juge de reconnaître à l'auteur de la reconnaissance le droit d'adopter l'enfant » et « qu'il ne saurait (...) être admis une fraude à la loi par le détournement de l'adoption de son but et la création d'un lien de filiation contraire à l'ordre public ».

Sur appel du père incestueux, la Cour de Rennes, dans un arrêt avant dire droit en date du 24 janvier 2000 (*RTD civ.* 2000. 819, obs. J. Hauser), écarte la fraude à la loi, considère que les conditions de l'adoption sont remplies et ordonne une expertise pour savoir si l'adoption est conforme à l'intérêt de l'enfant. Le 22 janvier 2001, elle prononce l'adoption. Cet arrêt est frappé d'un pourvoi formé par le procureur général près la cour d'appel de Rennes, fondé sur une violation de l'article 334-10 du Code civil et sur la fraude à la loi.

ARRÊT

La Cour : — Sur la recevabilité du pourvoi contestée par la défense : — (...)

Sur le moyen unique; — Vu l'article 334-10 du Code civil;

Attendu qu'en vertu de ce texte, s'il existe entre les père et mère de l'enfant naturel un des empêchements à mariage pour cause de parenté, la filiation étant déjà établie à l'égard de l'un, il est interdit de l'établir à l'égard de l'autre; — Attendu que Y... est née le 7 février 1990, ayant été préalablement reconnue par Mme Y...; qu'elle l'a été ensuite par M. Y...; — que les deux parents ayant la même filiation paternelle, la seconde reconnaissance a été annulée par un jugement du 12 septembre 1991 sur le fondement de l'article 334-10 du Code civil; que le 23 juillet 1998, M. Y... a déposé une requête aux fins d'adoption simple de l'enfant;

Attendu que pour accueillir cette demande, la cour d'appel a retenu que la loi n'interdisait pas l'adoption de son propre enfant et que l'adoption simple, ne manifestant pas une filiation biologique, ne pouvait être assimilée à la reconnaissance d'un enfant dont les père et mère connaissent un des empêchements à mariage prévu par les articles 161 et 162 du Code civil; — Attendu qu'en statuant ainsi, alors que la requête en adoption présentée par M. Y... contrevient aux dispositions d'ordre public édictées par l'article 334-10 du Code civil interdisant l'établissement du double lien de filiation en cas d'inceste absolu, la cour d'appel a violé le texte susvisé;

Par ces motifs, casse.

OBSERVATIONS

1 Dans le cas où un enfant est issu d'un inceste absolu, sa filiation paternelle peut-elle être établie au moyen d'une adoption simple, dès lors que sa filiation maternelle l'est déjà par voie de reconnaissance ? L'arrêt ci-dessus reproduit apporte à cette question une réponse négative, ultérieurement consacrée par l'ordonnance du 4 juillet 2005 sur la filiation (I). Reste à savoir si cette solution ne sera pas remise en question à moyen terme par la jurisprudence de la Cour de Strasbourg (II).

I. — Le droit français

2 À en croire Sigmund Freud, « les interdictions les plus puissantes de l'humanité s(ont) les plus difficiles à justifier » car d'ordre « pré-historique », elles « ont leur racine dans le passé de l'homme » (cité par C. Labrusse, *JCP* 2004. II. 10064). Ainsi en va-t-il du tabou que constitue la prohibition de l'inceste. Traditionnellement, on invoque à son soutien quatre séries de considérations. Raison *eugénique* : la consanguinité serait parfois source de maladies génétiques. Raison *sociologique* : la prohibition de l'inceste oblige à donner sa fille ou son fils, sa sœur ou son frère à un autre; or, cette obligation d'échange est indispensable à la cohésion de la société. Raison *familiale* : l'inceste entraîne au sein de la famille une perturbation des positions et une confusion des rôles qui rendent « difficile la construction de l'identité du sujet ». Raison *morale* : la prohibition de l'inceste est là pour prévenir l'éclosion de « passions troubles » (D. Fenouillet, *Dr. fam.* 2003, chron., n° 29).

Pilier tout à la fois de la famille et de la société, la prohibition de l'inceste trouve son expression en droit civil dans les empêchements à mariage ainsi que dans l'interdiction d'établir la double filiation d'un enfant lorsque celui-ci est issu d'une relation unissant des personnes entre lesquelles existe un tel empêchement (A. Batteur, « L'interdit de l'inceste », *RTD civ.* 2000. 759). Si l'on fait abstraction des empêchements susceptibles de dispense, deux interdits sont fulminés par les articles 161 et 162 du Code civil : « en ligne directe, le mariage est prohibé entre tous les ascendants et descendants », « en ligne collatérale, le mariage est prohibé entre le frère et la sœur ». Corrélativement à ce double interdit, l'article 334-10 prohibe l'établissement de la filiation à l'égard des deux parents dès lors qu'il existe entre ceux-ci un des empêchements à mariage ci-dessus prévus. Mais, inscrit à l'époque dans une section consacrée à la filiation naturelle, l'article 334-10 édictait-il une prohibition qui valait aussi pour la filiation adoptive ?

3 La Cour de Rennes ne l'avait pas pensé. Selon elle, la prohibition de l'article 334-10 s'applique uniquement à l'établissement d'une filiation biologique. Or l'adoption simple n'établit pas une telle filiation, pas même en apparence comme l'adoption plénière. Elle ne peut donc être assimilée à la reconnaissance d'un enfant. Au surplus, le droit français n'interdit pas l'adoption de son propre enfant. On sait, en effet, qu'après avoir beaucoup hésité la haute juridiction a permis à un parent naturel d'adopter son enfant (Civ., 1er avr.

1846, *supra*, n° 52). D'où l'affirmation que « l'adoption d'un enfant par le frère de sa mère, serait-il le père biologique de l'enfant, ne se heurte à aucune interdiction légale ».

La Cour de cassation la censure en rappelant sobrement que, dans un tel cas, l'adoption « contrevient aux dispositions d'ordre public de l'article 334-10 du Code civil ». Et de fait, comme l'a souligné l'avocat général Sainte-Rose dans ses conclusions, admettre l'adoption dans une telle situation « reviendrait à réduire à néant l'interdiction que le législateur a posée à l'article 334-10 » (*D.* 2004. 364). Même si elle peut être utilisée pour poursuivre des finalités diverses, au point qu'on a pu la qualifier de « bonne à tout faire » (J. Hauser, « L'adoption à tout faire », *D.* 1987. 2053 ; F. Millet, « L'adoption, d'un intérêt à l'autre », *RRJ* 2003. 1777), l'adoption simple est d'abord un mode d'établissement de la filiation qui a pour « effet premier de créer entre les intéressés un rapport juridique de père ou de mère à enfant » (D. Vigneau, note, *D.* 2004. 366). Simplement, la filiation qu'elle met en place est une « filiation de superposition et non, comme dans l'adoption plénière, une filiation de substitution » (Rubbelin-Devichi, *JCP* 2004. I. 109). Aussi bien aurait-on pu douter de la pérennité de la prohibition si elle pouvait être aussi aisément contournée.

4 En faisant référence au caractère d'ordre public des dispositions édictées par l'article 334-10 et non à la fraude à la loi ou à un éventuel détournement d'institution qui l'aurait obligée à s'interroger sur les finalités de l'adoption simple, la haute juridiction marque clairement qu'elle entend assurer le respect du principe fondamental qu'est l'interdiction de l'inceste. La chose est suffisamment rare, à l'époque contemporaine, pour qu'on la relève. On sait, par exemple, qu'il n'est plus question de sacrifier les intérêts des enfants adultérins à la défense de l'institution, longtemps jugée fondamentale pour la société, qu'est le mariage (*infra*, n° 100). Il est vrai que, s'agissant de la prohibition de l'inceste, les données sont sensiblement plus complexes, dans la mesure où intérêts de la société, intérêts de la famille et intérêts de l'enfant sont inextricablement mêlés à son soutien. Et de fait, en interdisant l'établissement légal d'une double filiation, il s'agit d'éviter, du point de vue de la société, que soit reconnue indirectement par le biais de l'état civil une union sexuelle que le droit prohibe par le truchement des empêchements à mariage, et, du point de vue de l'enfant, que celui-ci n'apparaisse comme le fruit d'une union réprouvée, ce qui pourrait éventuellement se retourner contre lui (D. Fenouillet, *Dr. fam.* févr. 2004, p. 19). En assurant le respect du principe généalogique, il s'agit d'éviter la perturbation des structures de la parenté, laquelle en brouillant les identités individuelles et les rôles familiaux (l'oncle est aussi le père) peut rendre plus difficile la construction de la personnalité de l'enfant mais aussi perturber celle de ses proches (C. Labrusse-Riou, *JCP* 2004. II. 10064).

5 À cela, il a néanmoins déjà été objecté qu'une telle prohibition qui fait de la filiation incestueuse un « empêchement à adoption », frappe l'enfant qui en est l'objet d'une véritable « infériorité » (J. Hauser, *RTD civ.* 2004. 77 ; A. Breton, « L'enfant incestueux », *Mélanges M. Ancel* 1975. 309). Privé de vocation successorale à l'égard d'un de ses parents, l'enfant incestueux ne pourra obtenir des subsides de celui-ci qu'à la condition que soient établies, conformément à l'article 342 du Code civil, des relations entre ses deux parents, qui font ainsi apparaître « le mal qu'on voulait éviter » (J. Hauser, obs. préc.). Ces considérations n'étaient sans doute pas étrangères à la démarche de la Cour de Rennes, décidant que l'adoption était conforme à l'intérêt de l'enfant. En les écartant l'arrêt marque « explicitement la priorité du principe de légalité sur l'opportunité de l'adoption au regard de l'intérêt de l'enfant; il s'inscrit aussi implicitement au rebours de la tendance actuelle à fonder les liens de droit sur les réalités affectives ou à traiter les rapports humains non conflictuels en termes de libertés ou de droits fondamentaux au gré des appréciations d'experts ou des seuls intérêts individuels au regard desquels l'a priori d'un interdit ne se conçoit guère » (C. Labrusse-Riou, *JCP* 2004. II. 10064). Il rappelle ainsi qu'une « règle de droit procède d'un jugement de valeur sur ce que la société doit accepter ou refuser dans l'intérêt de tous » (D. Fenouillet, *Dr. fam.*, nov. 2003, chron. n° 29, n° 13). Ce jugement de valeur a, au demeurant, été depuis entériné par l'ordonnance du 4 juillet 2005 puisque celle-ci a repris, mot pour mot, l'article 334-10 à l'article 310-2 du Code civil, en y ajoutant seulement *in fine*, la mention « par quelque moyen que ce soit », consacrant ainsi la jurisprudence ci-dessus reproduite.

II. — La Convention européenne des droits de l'homme

6 Les auteurs se sont interrogés sur la conformité à la Convention européenne des dispositions interdisant à un enfant incestueux d'établir sa filiation à l'égard d'un de ses parents. Une telle prohibition n'est-elle pas condamnable en vertu du principe de non-discrimination des enfants en raison de leur naissance ? (voir par exemple F. Granet, « L'application en matière d'état civil des principes posés par la Convention européenne des droits de l'homme », *RTD eur.* 1997. 653; Bénabent, *La famille*, n° 662).

Dans le sens d'une réponse positive, on a pu invoquer l'arrêt *Marckx* du 13 juin 1979 (*Jurisprudence de la CEDH* 13e éd., par V. Berger, n° 156, *Grands arrêts CEDH*, n° 49). Après avoir constaté que l'article 8 protégeait la famille naturelle aussi bien que la famille légitime, la Cour de Strasbourg y pose la règle que le respect de la vie familiale prévu par l'article 8 « implique (…) l'existence, en droit national, d'une protection juridique rendant possible, dès la naissance, l'intégration de l'enfant dans une famille ». Or l'enfant incestueux est privé de cette possibilité pour un de ses liens de filiation. Ne subit-il pas de ce fait une différence de traitement discriminatoire, dans la mesure où il supporte ainsi le poids d'une faute qui est non la sienne mais celle de ses parents ?

En faveur de la négative, on a pu faire valoir que cette prohibition repose sur des justifications objectives et raisonnables. Et de fait, cette règle est l'expression d'un tabou fondamental, commun à de nombreuses sociétés, à l'appui duquel on peut faire valoir de multiples considérations (*supra*, § 2). Aussi bien a-t-il été soutenu qu'au vu « du caractère fondamental de la règle, la Cour n'osera pas s'aventurer sur un terrain aussi mouvant et respectera la marge d'appréciation de l'État » (A. Debet, *L'influence de la Convention européenne des droits de l'homme sur le droit civil*, thèse Paris II, éd. 2002, n° 632).

7 Les développements ultérieurs de la jurisprudence de la Cour de Strasbourg portent néanmoins à douter de l'exactitude de ce pronostic. Par un arrêt du 13 septembre 2005, celle-ci a, en effet, qualifié d'atteinte excessive au droit du mariage fondé sur l'article 12 de la Convention, l'empêchement existant entre un beau-père et sa belle-fille, tous deux divorcés (CEDH 13 sept. 2005, *Dr. fam.* 2005, n° 234, note Gouttenoire et Lamarche). Certes, les situations ne sont pas exactement les mêmes. On est ici en présence d'un inceste non pas absolu mais relatif, puisqu'une dispense peut être accordée dans un tel cas par le président de la République « lorsque la personne qui a créé l'alliance a disparu » et que les considérations eugéniques ne s'y retrouvent pas. Mais les raisons familiales et sociales y sont bien présentes. Il s'agit de protéger l'intégrité de la famille, afin notamment de « prévenir le mal causé aux enfants qui pourraient être affectés par la modification des relations entre les adultes qui les entourent » : le couple ayant des enfants, le grand-père était appelé à devenir le mari de leur mère (Gouttenoire et Lamarche, *Dr. fam.* 2005, n° 234). Si l'on ajoute qu'il existait, en l'espèce, un consensus entre les États européens qui ne se retrouve pas pour le refus d'établir la filiation incestueuse à l'égard des deux parents, cette prohibition étant connue de certains États (France, Belgique, Luxembourg) et ignorée d'autres (Allemagne, Autriche, Grèce, Portugal…), il est permis de s'inquiéter de la pérennité de la solution posée par la Cour de cassation et consacrée par le code.

Par un curieux arrêt en date du 4 décembre 2013 (*D.* 2014. 179, note F. Chénedé, *Dr. fam.* 2014, n° 1, note Binet, *RTD civ.* 2014. 88, obs. J. Hauser), la première chambre civile a décidé que le prononcé de la nullité du mariage d'un beau-père avec sa belle-fille, divorcée d'avec son fils, fondée sur l'article 161 du Code civil, revêt à l'égard de cette dernière le caractère d'une ingérence injustifiée dans l'exercice de son droit au respect de sa vie privée et familiale, dès lors que cette union, célébrée sans opposition, avait duré plus de vingt ans. La solution est pour le moins surprenante : « oubliant sa mission première, assurer le respect et l'unité du droit, (la Cour de cassation) n'a pas hésité, sur le modèle de la Cour EDH, à juger l'espèce au fond, en pure opportunité, c'est-à-dire comme si la loi n'existait pas ou, à tout le moins, comme si elle n'était qu'un élément du litige, simple "donnée de droit", qui pourrait être écartée, au cas par cas, par une pesée des intérêts en présence », différente de celle à laquelle avait procédé le législateur (F. Chénedé, note préc.). Combattant la politique du fait accompli dans le domaine de la gestation pour autrui (*supra*, n° 51, § 11), la haute juridiction donne en la circonstance des gages à celle-ci, puisque la loi est écartée en raison de sa violation prolongée.

ADOPTION. OUVERTURE AUX PERSONNES DE MÊME SEXE. CONFORMITÉ À LA CONSTITUTION

(V. *supra*, n° 34)

54-56

HOMOPARENTALITÉ. DÉLÉGATION DE L'AUTORITÉ PARENTALE. ACCEPTATION. ADOPTION. REFUS

I. Civ. 1re, 24 février 2006. — II et III. Civ. 1re, 20 février 2007 (2 arrêts)

Les règles de la délégation volontaire de l'autorité parentale ne s'opposent pas à ce qu'une mère seule titulaire de l'autorité parentale en délègue tout ou partie de l'exercice à la femme avec laquelle elle vit en union stable et continue, dès lors que les circonstances l'exigent et que la mesure est conforme à l'intérêt supérieur de l'enfant (1er arrêt).

Viole l'article 365 du Code civil l'arrêt qui prononce l'adoption simple de l'enfant par la partenaire pacsée de sa mère, alors que cette adoption réalise un transfert des droits d'autorité parentale sur l'enfant en privant la mère biologique, qui continuait à élever l'enfant, de ses propres droits (2e et 3e arrêts).

I. — Civ. 1re, 24 février 2006

(*D.* 2006. 897, note D. Vigneau, 876, obs. H. Fulchiron et Pan. 1148, obs. F. Granet-Lambrechts, 1421, obs. J. Lemouland et D. Vigneau, *JCP* 2006. I. 199, obs. M. Rebourg, *Dr. fam.* 2006, n° 89, note P. Murat, *Defrénois* 2006. 1067, obs. Massip, *RTD civ.* 2006. 297, obs. J. Hauser).

II et III. — Civ. 1re, 20 février 2007 (2 arrêts)

(*D.* 2007. 721, note C. Delaporte-Carre, 1047, note D. Vigneau, *Gaz. Pal.* 25-27 févr. 2007, p. 10, concl. Cavarroc, *Dr. fam.* 2007, n° 80, note P. Murat, *Defrénois* 2007. 791, obs. Massip)

Faits. — Les trois espèces reproduites présentent, quant à leur point de départ, une parenté étroite. Des femmes vivent en couple parfois depuis de nombreuses années et, au moins dans deux des cas, concluent un Pacs. Au sein de chacun de ces couples, l'une de ces femmes met au monde un ou parfois deux enfants (des jumeaux) dont la filiation paternelle n'est pas établie. Les magistrats ne précisent pas le détour utilisé pour la conception de ces enfants : recours à une PMA interdite par le droit français mais pratiquée à l'étranger ou conception naturelle. Néanmoins, les déclarations des intéressées permettent d'établir que c'est la voie du « tourisme procréatif », en Belgique, qui a été utilisée (Hauser, *RTD civ.* 2006. 298; Massip, *Defrénois* 2007. 792). Quoi qu'il en soit ces femmes cherchent à faire établir un lien entre les enfants en question et la partenaire de la mère biologique. À cet effet, les intéressées recourent, dans la première espèce, à une délégation par la mère de l'autorité parentale, dans les deuxième et troisième espèces, à une adoption du ou des enfants par la femme qui vit avec leur mère. Dans la première affaire, la demande est accueillie par les juges du fond et est l'objet d'un pourvoi formé par le procureur général près la cour d'appel d'Angers, lequel est rejeté par la Cour de cassation. Dans les deux dernières affaires les juges du fond rendent des décisions contrastées puisque le tribunal puis la Cour de Paris, par un arrêt du 6 mai 2004, refusent de prononcer l'adoption en considérant que celle-ci n'était pas conforme à l'intérêt des enfants car la mère naturelle perdait son autorité parentale et que la délégation de l'autorité parentale à son profit n'était pas possible, tandis que le tribunal puis la Cour de Bourges, par un arrêt du 13 avril 2006, prononcent l'adoption simple en estimant que cette institution était conforme à l'intérêt de l'enfant et que la mère biologique pourrait solliciter une délégation de l'autorité parentale, afin que celle-ci soit partagée entre elle-même et sa compagne.

Une telle division des juges du fond, sur un sujet aussi sensible socialement, appelait l'intervention de la haute juridiction. Saisie d'un pourvoi contre chacun de ces deux arrêts, la Cour de cassation a rejeté celui formé contre la décision de la Cour de Paris et fait droit à celui formé contre la Cour de Bourges.

1er ARRÊT

La Cour : — Attendu que Mme X... et Mme Y... vivent ensemble depuis 1989 et ont conclu un pacte civil de solidarité le 28 décembre 1999; que Mme X... est la mère de deux enfants dont la filiation paternelle n'a pas été établie, Camille, née le 12 mai 1999, et Lou, née le 19 mars 2002;

— Sur le premier moyen et sur le moyen relevé d'office, après avertissement donné aux parties dans les conditions prévues à l'article 1015 du nouveau Code de procédure civile : — Attendu que le procureur général près la cour d'appel d'Angers fait grief à l'arrêt attaqué (Angers, 11 juin 2004) d'avoir délégué partiellement à Mme Y... l'exercice de l'autorité parentale dont Mme X... est seule titulaire et d'avoir partagé entre elles cet exercice partiellement délégué, alors, selon le premier moyen, que l'article 377 du Code civil subordonne la délégation volontaire de l'autorité parentale d'un des parents au profit d'un tiers à l'existence de circonstances particulières et non sur la simple crainte de la réalisation hypothétique d'un événement et qu'en se fondant, pour faire droit à la demande de Mme X..., sur la crainte d'un événement purement hypothétique, et ce dans des termes généraux, sans constater de circonstances avérées ou prévisibles interdisant à Mme X... d'exercer son autorité sur les deux enfants, la cour d'appel n'a pas donné de base légale à sa décision (violation de l'article 377 du Code civil et des articles 455 et 604 du Code de procédure civile), et alors qu'a été relevé d'office un moyen concernant la question de savoir si l'exercice de l'autorité parentale dont un parent est seul titulaire peut être délégué en tout ou partie, à sa demande, à une personne de même sexe avec laquelle il vit en union stable et continue; — Mais attendu que l'article 377, alinéa 1er, du Code civil ne s'oppose pas à ce qu'une mère seule titulaire de l'autorité parentale en délègue tout ou partie de l'exercice à la femme avec laquelle elle vit en union stable et continue, dès lors que les circonstances l'exigent et que la mesure est conforme à l'intérêt supérieur de l'enfant; — Attendu qu'ayant relevé que Camille et Lou étaient décrites comme des enfants épanouies, équilibrées et heureuses, bénéficiant de l'amour, du respect, de l'autorité et de la sérénité nécessaires à leur développement, que la relation unissant Mme X... et Mme Y... était stable depuis de nombreuses années et considérée comme harmonieuse et fondée sur un respect de leur rôle auprès des enfants et que l'absence de filiation paternelle laissait craindre qu'en cas d'événement accidentel plaçant la mère, astreinte professionnellement à de longs trajets quotidiens, dans l'incapacité d'exprimer sa volonté, Mme Y... ne se heurtât à une impossibilité juridique de tenir le rôle éducatif qu'elle avait toujours eu aux yeux de Camille et de Lou, la cour d'appel a pu décider qu'il était de l'intérêt des enfants de déléguer partiellement à Mme Y... l'exercice de l'autorité parentale dont Mme X... est seule titulaire et de le partager entre elles; qu'elle a ainsi légalement justifié sa décision;

— *Sur le second moyen :* — Attendu que le procureur général fait encore le même grief à l'arrêt attaqué, alors, selon le moyen, que l'article 377-1 du Code civil prévoit que « la délégation totale ou partielle de l'autorité parentale résultera du jugement rendu par le juge aux affaires familiales », qu'en omettant de définir les éléments de l'autorité parentale qui sont délégués à Mme Y..., le dispositif de l'arrêt doit s'analyser comme une délégation totale de l'autorité parentale à son profit, alors que la requérante demandait que ne soit prononcée qu'une délégation partielle de son autorité, et que, dès lors, la cour d'appel a violé les dispositions de l'article 5 du Code de procédure civile (violation de l'article 377-1 du Code civil et des articles 5 et 604 du Code de procédure civile); — Mais attendu que le prononcé d'une délégation partielle de l'exercice de l'autorité parentale, sans précision des droits délégués, n'équivaut pas au prononcé d'une délégation totale; que le moyen n'est pas fondé;

Par ces motifs, rejette...

2e ARRÊT

La Cour; — *Sur le moyen unique, pris en ses diverses branches :* — Attendu que Mme X... et Y..., après plusieurs années de vie commune, ont conclu un pacte civil de solidarité le 30 mars 2000; que Mme Y..., a donné naissance le 12 septembre 2001, à deux enfants, qu'elle a reconnus et qui n'ont pas de filiation établie à l'égard de leur père; que Mme Y... a consenti, devant notaire, le 22 mars 2002, à l'adoption simple de ses deux enfants; — Attendu que Mme X... fait grief à l'arrêt confirmatif attaqué (Paris, 6 mai 2004) d'avoir rejeté sa requête tendant à l'adoption simple des enfants, alors, selon le moyen : — 1/ qu'avant de rejeter la requête aux fins d'adoption simple, motif pris de ce que l'adoption ne servirait pas à l'intérêt des enfants, les juges du fond devaient rechercher s'il n'était pas conforme à l'intérêt des enfants d'établir, par la voie de l'adoption simple, un double lien de filiation avec deux personnes, vivant au foyer familial, participant à leur entretien et à leur éducation, et unies par un pacte civil de solidarité et de concubinage; d'où il suit que les juges du fond ont privé leur décision de base légale au regard des articles 353 et 361 du Code civil; — 2/ que loin d'être antinomique avec l'adoption simple, la délégation de l'autorité parentale est possible, en cas d'adoption simple, dès lors que les circonstances le justifient; qu'en décidant le contraire, les juges du fond ont violé les articles 363 à 369 du Code civil ainsi que l'article 377 du même code; — 3/ que le double lien de filiation, né de l'adoption simple, entre au nombre des circonstances justifiant une délégation de l'autorité parentale; qu'en décidant le contraire, les juges du fond ont violé les articles 363 à 369 du Code civil ainsi que l'article 377 du même code; — Mais attendu qu'ayant retenu à juste titre que Mme Y..., mère des enfants, perdrait son autorité parentale sur eux en cas d'adoption par Mme X..., alors qu'il y avait communauté de vie, puis relevé que la délégation de l'autorité parentale ne pouvait être demandée que si les circonstances l'exigeaient, ce qui n'était ni établi, ni allégué, et qu'en l'espèce, une telle délégation ou son partage étaient, à l'égard d'une adoption, antinomique et contradictoire, l'adoption d'un enfant mineur ayant pour but de conférer l'autorité parentale au seul adoptant, la cour d'appel, qui a procédé à la recherche prétendument omise, a légalement justifié sa décision;

Par ces motifs, rejette...

3e ARRÊT

La Cour; — Donne acte à Mmes X... et Y... de leur intervention; — *Sur les deux moyens du pourvoi auquel s'associent Mme X... et Y... :* — Vu l'article 365 du Code civil; — Attendu que l'adoptant est seul investi à l'égard de l'adopté de tous les droits d'autorité parentale à moins qu'il ne soit le conjoint du père ou de la mère de l'adopté; — Attendu que pour prononcer l'adoption simple, par Mme X..., du fils de Mme Y..., né le 13 juillet 2004, en estimant que l'adoption était conforme à l'intérêt de l'enfant, l'arrêt attaqué relève que Mmes Y... et X... ont conclu un pacte civil de solidarité en 2001, et qu'elles apportent toutes deux à l'enfant des conditions matérielles et morales adaptées et la chaleur affective souhaitable et qu'il est loisible à Mme Y... de solliciter un partage ou une délégation d'autorité parentale; — Qu'en statuant ainsi, alors que cette adoption réalisait un transfert des droits d'autorité parentale sur l'enfant en privant la mère biologique, qui entendait continuer à élever l'enfant, de ses propres droits, de sorte que, même si Mme Y... avait alors consenti à cette adoption, en faisant droit à la requête la cour d'appel a violé le texte susvisé;

Par ces motifs, casse...

OBSERVATIONS

1 Néologisme dont on cherchera vainement la définition dans le *Vocabulaire* Cornu, le mot « homoparentalité » revêt une signification ambiguë dans la mesure où il est invoqué pour rendre compte de situations diverses (sur celles-ci, voir H. Fulchiron, « Parenté, parentalité, homoparentalité », *D.* 2006. 876; F. Millet, « L'homoparentalité : essai d'une approche juridique », *Defrénois* 2005. 743). On s'en tiendra ici aux figures de l'homoparentalité correspondant à la situation qui est à l'origine des décisions ci-dessus reproduites, celle d'un enfant né pendant la vie d'un couple homosexuel et qui est rattaché uniquement à la femme qui en est accouchée. Première figure : la partenaire de la mère cherche à faire reconnaître, en droit, la fonction éducative qu'elle exerce en fait. Deuxième figure : la partenaire de la mère cherche à se rattacher l'enfant par un lien de filiation afin qu'il devienne l'enfant du couple. Alors que, dans la première hypothèse, il s'agit de donner un cadre juridique à la mission éducative remplie en fait par la partenaire de la mère, il est question dans la deuxième hypothèse de se placer sur le terrain de la parenté en agissant directement sur la filiation. Aussi bien, a-t-il été relevé qu'il serait plus exact de parler dans ce dernier cas d'homoparenté plutôt que d'homoparentalité. Quoi qu'il en soit, la réaction de la Cour de cassation est fort différente face à ces deux revendications : elle admet qu'il soit procédé à une délégation de

l'autorité parentale (I), mais refuse de consacrer l'existence d'un véritable lien de filiation au moyen du prononcé d'une adoption (II). La loi du 17 mai 2013 en ouvrant le mariage et l'adoption aux personnes de même sexe permet de tourner cette difficulté, sans pour autant envisager la question de l'homoparentalité dans sa globalité (III).

I. — L'acceptation de la délégation de l'autorité parentale

2 Par le premier arrêt reproduit, la Cour de cassation accepte de donner un cadre juridique à la fonction de fait remplie par le partenaire de la mère en usant du mécanisme de la délégation-partage de l'autorité parentale.

Traditionnellement, la délégation de l'autorité parentale pouvait être définie comme le transfert par le juge des prérogatives de cette autorité à une personne autre que les parents en raison d'une volonté expresse ou d'une renonciation de ceux-ci à en assumer les charges. Impliquant la remise volontaire de l'enfant par les parents à un tiers – particulier digne de confiance, établissement spécialisé, service de l'aide sociale –, elle supposait un « désinvestissement des parents » (R. Legeais, *L'autorité parentale*, n°s 194 s.). La loi du 4 mars 2002 a modifié les articles 377 et 377-1 du Code civil en supprimant la condition de remise de l'enfant à un tiers et en admettant la possibilité d'un exercice en commun par le délégant et le délégataire. Désormais la délégation n'est soumise qu'à deux conditions : il faut qu'elle soit « conforme à l'intérêt de l'enfant » et que « les circonstances l'exigent ».

3 Instituée pour répondre à la situation des beaux-parents dans les familles recomposées, cette nouvelle variété de délégation peut-elle jouer pour les couples homosexuels ? La décision reproduite répond par l'affirmative à cette question, alors même que les travaux préparatoires étaient restés silencieux sur la question de l'homoparentalité (D. Vigneau, *D.* 2007. 898). On peut noter au passage que la haute juridiction se réfère à « l'intérêt supérieur de l'enfant », notion consacrée par l'article 3-1 de Convention de New York sur les droits de l'enfant.

La solution a fait l'objet d'appréciations contrastées.

Pour certains, « si l'institution n'a pas été élaborée en considération du couple homosexuel, elle peut néanmoins facilement être utilisée en faveur du concubin homoparental » (Rubbelin-Devichi, *JCP* 2002. I. 101, n° 9). Puisque le tourisme procréatif permet de tourner l'interdiction en France du recours à l'assistance à la procréation, on ne saurait « fermer les yeux » sur ces situations et refuser un cadre juridique aux relations entre l'enfant et la partenaire de sa mère biologique. Dans cette perspective, la délégation-partage constituerait « le maillon manquant entre le trop peu de la situation de fait du tiers et le trop de droit » résultant de l'établissement d'un lien de filiation par le biais de l'adoption. Grâce à une telle solution, l'intérêt de l'enfant qui ne serait pas de rester sans lien juridique avec le partenaire de son parent qui participe de manière active à son éducation est pris en compte sans que pour autant les institutions familiales en soient défigurées (Murat, *Dr. fam.* 2006, n° 89, p. 20).

Au surplus, les circonstances qui ouvrent droit à délégation doivent s'apprécier en contemplation de l'intérêt de l'enfant, et le caractère homosexuel du couple est une circonstance qui ne saurait ni imposer, car l'homosexualité ne fait pas présumer les qualités éducatives, ni interdire, car il y aurait sinon discrimination en raison de l'orientation sexuelle, la mise en place d'une délégation. Aussi bien, en retenant que la décision d'appel avait suffisamment caractérisé la conformité de la décision à l'intérêt de l'enfant, la Cour de cassation refuse à juste titre, pour ces auteurs, « de contrôler des éléments qui relèvent naturellement de l'appréciation souveraine des juges du fond et laisse une ample latitude à ceux-ci » (P. Murat, *Dr. fam.* 2006, n° 89, p. 21).

4 Pour d'autres, « même si la délégation de l'autorité parentale peut avoir lieu en faveur d'un tiers dont la définition est somme toute largement entendue, elle n'en implique pas moins chez ce tiers l'octroi d'un rôle parental, et même d'une véritable image parentale lorsque ce tiers délégataire est une personne vivant en couple avec le parent biologique de l'enfant et partage avec celui-ci l'autorité parentale » (D. Vigneau, *D.* 2007. 898). Admettre la délégation de l'autorité parentale dans un tel cas, c'est « fermer les yeux » sur l'origine de l'enfant en acceptant de consacrer les conséquences d'une situation illicite. Pourquoi édicter des conditions d'accès à la PMA « puisqu'on valide sans vergogne les conséquences de celles qui contreviennent ouvertement à ces interdictions » (J. Hauser, *RTD civ.* 2006. 299). On fait également valoir que la délégation de l'autorité parentale ne pouvant être demandée que lorsque les circonstances l'exigent, son acceptation nécessite le constat « d'événements avérés ou suffisamment prévisibles empêchant en tout ou en partie l'exercice de l'autorité parentale et non celui d'événements purement hypothétiques » (D. Vigneau, *D.* 2007. 899; J. Hauser, *RTD civ.* 2006. 298). Or c'est sur des événements de cette dernière sorte (éventualité d'un événement accidentel pour la mère accompagnée d'un éloignement professionnel) que les juges du fond se sont fondés. En se contentant de telles circonstances pour dire la délégation légalement justifiée, la Cour de cassation aurait réduit son contrôle à une « simple formalité » (D. Vigneau, *D.* 2006. 899).

Partagés quant à l'appréciation à porter sur l'admission du jeu de la délégation de l'autorité parentale en la circonstance, tous les auteurs s'accordent en revanche pour constater « l'indigence » de la motivation de la Cour de cassation sur le point de savoir à quoi correspondait l'étendue d'une délégation partielle prononcée sans que soient précisés les attributs délégués (voir sur ce point Hauser, *RTD civ.* 2006. 298, col. 2; D. Vigneau, *D.* 2006. 899; P. Murat, *Dr. fam.* 2006, n° 89, p. 21).

5 Les oppositions doctrinales qui se sont fait jour à propos de la question de la délégation de l'autorité parentale tiennent, au demeurant, à une perception différente du contexte dans lequel s'inscrit ce débat. Pour les auteurs favorables à cette solution, l'admission de ce procédé indirect permettrait de donner une juste place à la partenaire de la mère biologique et, par là même, serait le moyen d'éviter la consécration législative d'un statut de l'homoparentalité. En consacrant le « rôle parental » qu'attribue la délégation, on éviterait que ne le soit le « titre de parent » que confère l'adoption. En d'autres termes, il y aurait là une concession heureuse, en ce que, répondant concrètement aux difficultés rencontrées, elle serait de nature à éviter d'autres dérives. Pour les auteurs hostiles à cette solution, on serait, au contraire, en présence de la première étape d'un mécanisme qui par une sorte d'« engrenage » ne pourrait conduire à terme qu'aux conséquences les plus extrêmes. Selon ces auteurs, ceux qui sont à l'origine de ces demandes n'attendent pas, en effet, seulement une réponse concrète à leur problème, ils conduisent « une entreprise symbolique et politique dont l'aboutissement est la reconnaissance à égalité de leur couple », voire « la suppression du droit dans le domaine des relations personnelles et familiales », chaque revendication satisfaite n'étant que l'antichambre de la suivante (J. Hauser, *RTD civ.* 2007. 101). De concession en concession, le point d'aboutissement devrait alors être l'acceptation des maternités de substitution puisque, sans elles, les couples d'hommes ne peuvent satisfaire leur désir d'enfants. C'est dire qu'au bout de tout cela, il y a la mise dans le commerce des facultés procréatrices de la femme et le droit à l'enfant, c'est-à-dire la réification de celui-ci (J. Hauser, *RTD civ.* 2006. 299; Y. Lequette, « La réification de l'enfant ? », *L'enfant en droit privé, Actualités juridiques tunisiennes*, n° 16, 2003, p. 103 s.).

II. — Le refus de l'adoption simple

6 « Largement commanditées par des groupes de pression qui, faute d'avoir encore convaincu les parlementaires (…), entendent en faire des exemples » et procéder à des « forçages médiatiques », les demandes visant à établir, au moyen d'une adoption, un lien de filiation entre un enfant et la partenaire de sa mère se sont multipliées ces dernières années (Hauser, *RTD civ.* 2007. 100). Portées devant les juridictions judiciaires, elles ont abouti à un refus qu'expriment les deux dernières décisions reproduites (A). Déboutés par la Cour de cassation, les partisans de l'homoparentalité ont cherché à obtenir satisfaction en usant de toutes les ressources que leur offre la fondamentalisation du droit civil, ce qui les a conduits à porter la question devant le Conseil constitutionnel et la Cour européenne des droits de l'homme. L'entrée en vigueur de la loi du 17 mai 2013 ouvrant le mariage et l'adoption aux personnes de même sexe a quelque peu modifié les données du problème (B).

A. — La Cour de cassation

7 Depuis la « décision pionnière » rendue par le TGI de Paris le 27 juin 2001, par laquelle celui-ci a prononcé l'adoption simple par la concubine de la mère de trois enfants conçus par IAD (*JCP* 2002. I. 101, n° 9, obs. Rubbelin-Devichi, *RTD civ.* 2002. 84, obs. Hauser), ce type de demandes s'était sensiblement accru et avait abouti, en appel, au prononcé de décisions contradictoires, comme le montrent les arrêts rendus par les cours de Paris et de Bourges dans deux des affaires ci-dessus reproduites (v. aussi Riom, 27 juin 2006, *Dr. fam.* 2006, n° 204, note P. Murat, *RTD civ.* 2007. 100, obs. Hauser; Amiens, 14 févr.

2007, *Dr. fam.* 2007, n° 80, 3e esp., note P. Murat), ces divergences provenant d'une appréciation différente de l'intérêt de l'enfant.

8 Aux termes de l'article 353 du Code civil, applicable à l'adoption simple en vertu de l'article 361 du même code, l'adoption est prononcée si « elle est conforme à l'intérêt de l'enfant ». Afin de justifier l'existence de cet intérêt dans le cas d'un enfant conçu au moyen d'une IAD pratiquée à l'étranger et qui n'a donc de filiation que dans une ligne, on fait valoir qu'il est toujours préférable de disposer d'un parent supplémentaire pour faire face aux aléas de la vie et, notamment, au décès éventuel du parent biologique. À suivre une telle analyse, le seul fait de n'avoir qu'un parent devrait systématiquement conduire au prononcé de l'adoption au motif que l'enfant y gagnera un parent supplémentaire, capable de remplacer le parent par le sang au cas où celui-ci viendrait à disparaître. À cela, il a été répondu qu'un tel raisonnement est « très largement hypothétique et relatif », car il repose sur des suppositions dont on ne sait pas si elles se réaliseront et qu'il passc sous silence d'autres événements qui, telle la séparation, sont, tout autant sinon plus, prévisibles dans la vie d'un couple, le lien de filiation atypique établi au moyen de l'adoption risquant alors de « devenir plus pesant que bénéfique » (Murat, *Dr. fam.* 2007, n° 80, p. 35). Et de fait, il n'est pas souhaitable de créer un lien qui aurait pour effet de multiplier les occasions de placer un enfant au cœur des conflits qui risquent de surgir entre des adultes revendiquant à un titre ou à un autre un droit sur lui. Au reste, pour répondre à l'hypothèse d'un éventuel décès, il existe la possibilité de désigner, par testament, comme tuteur le partenaire du parent, en cas de décès de celui-ci (art. 403 C. civ.) (F. Millet, art. préc., *Defrénois* 2005. 753).

9 À considérer ensuite les effets de l'adoption simple sur l'autorité parentale dont est investie la mère biologique, ceux-ci conduisent à des résultats opposés à ceux recherchés. L'article 365 du Code civil dispose, en effet, que « l'adoptant est seul investi à l'égard de l'adopté de tous les droits d'autorité parentale, inclus celui de consentir au mariage de l'adopté, à moins qu'il ne soit le conjoint du père ou de la mère de l'adopté ». Il en résulte que le parent biologique perd l'exercice de l'autorité parentale alors qu'il n'entend en fait nullement renoncer à son rôle de parent. C'est là manifestement une situation anormale, qui peut se révéler contraire à l'intérêt de l'enfant. Il convient d'ailleurs de souligner que l'adoptante et sa compagne sont, dans la troisième espèce reproduite, intervenues devant la Cour de cassation pour se joindre au pourvoi formé par le ministère public et demander l'annulation de l'arrêt rendu par la Cour de Bourges, car elles n'avaient pas pris conscience que l'adoption priverait la mère biologique de l'exercice de l'autorité parentale.

Pour éviter ce résultat pervers, on fait parfois suivre l'adoption d'une délégation-partage de l'autorité parentale qui permet au parent biologique de recouvrer l'exercice de l'autorité parentale (TGI Paris 2 juill. 2004, *Dr. fam.*, 2005, n° 4, note P. Murat, *RTD civ.* 2005. 116, obs. Hauser). Mais précisément, en la circonstance, la Cour de cassation juge une telle démarche « antinomique et contradictoire ».

10 Pour expliquer pourquoi le droit français est hostile à ce que ces problèmes trouvent une réponse en se plaçant sur le terrain de la filiation, il a été souligné que « c'est à partir de la filiation que l'enfant construit son identité et qu'il trouve ses racines humaines qui le relient *naturellement* à un homme et à une femme » (H. Fulchiron, *D.* 2006. 877). La filiation, qu'elle soit charnelle ou adoptive, ne fait que traduire cette réalité première; et si l'une des lignes est vacante, elle n'en existe pas moins potentiellement. En enfermant « l'enfant dans une filiation monosexuée », on en fait l'enfant de deux hommes ou de deux femmes, en sorte que la filiation « n'exprimerait plus en termes juridiques la réalité humaine fondamentale selon laquelle l'identité structurante de l'être humain en général et de tout être humain en particulier procède de la rencontre du sexe féminin et du sexe masculin » (J.-L. Renchon, « Les conjugalités en droit belge », *Du Pacs aux nouvelles conjugalités*, 2005, p. 85). C'est dire que c'est alors non seulement l'intérêt de l'enfant qui se trouve méconnu mais aussi celui de la société dans la mesure où celle-ci est intéressée à éviter que ne se brouillent les identités individuelles et familiales.

B. — Les droits fondamentaux

11 Déçus par la solution retenue par la Cour de cassation, les lobbies très actifs, partisans de l'homoparentalité, ont cherché à démontrer que le refus de l'admettre était contraire aux droits fondamentaux. À cet effet, la question a été portée devant le Conseil constitutionnel puis la Cour européenne des droits de l'homme.

Saisi d'une question prioritaire de constitutionnalité portant sur l'éventuelle contrariété à la Constitution de l'article 365 du Code civil, le Conseil y a répondu par une décision du 6 octobre 2010, par laquelle il a confirmé de la façon la plus nette que son contrôle s'exerçait non seulement sur la loi elle-même, mais aussi sur l'interprétation de cette loi par la jurisprudence (*supra*, n° 3).

C'est donc l'article 365 du Code civil, tel qu'interprété par la Cour de cassation, c'est-à-dire en ce qu'il a pour effet d'interdire l'adoption d'un enfant par la partenaire ou la compagne de la mère, dont le Conseil décide qu'il n'est contraire ni au droit de mener une vie familiale normale ni au principe d'égalité. S'agissant du premier, les juges constitutionnels estiment qu'il n'y est nullement porté atteinte par l'interprétation jurisprudentielle de l'article 365, celle-ci ne faisant pas obstacle à la liberté du parent de vivre en concubinage ou de conclure un Pacs avec la personne de son choix, pas plus qu'elle n'interdit au parent d'associer sa compagne ou sa partenaire à l'éducation et à la vie de l'enfant. Ils précisent que le droit de mener une vie familiale normale « n'implique pas que la relation entre un enfant et la personne qui vit en couple avec sa mère ou son père ouvre droit à l'établissement d'un lien de filiation adoptive ». S'agissant du principe d'égalité, le Conseil se demande si celui-ci est transgressé ou non du fait de la différence de traitement opérée entre les couples selon que les parents sont mariés ou non. Après avoir rappelé la définition du principe d'égalité, le Conseil constitutionnel constate que « le législateur a, dans l'exercice de la compétence que lui attribue l'article 34 de la Constitution, estimé que la différence de situations des couples mariés et de ceux qui ne le sont pas pouvait justifier, dans l'intérêt de l'enfant, une différence de traitement quant à l'établissement de la filiation adoptive à l'égard des enfants mineurs ». Rappelant que la Constitution (art. 61 et 61-1) ne lui confère pas un pouvoir général d'appréciation et de décision de même nature que celui du Parlement, le Conseil en déduit qu'il ne lui appartient pas de « substituer son appréciation à celle du législateur sur les conséquences qu'il convient de tirer, en l'espèce, de la situation particulière des enfants élevés par deux personnes de même sexe ». Autrement dit, le Conseil constitutionnel use ici de la même réserve que celle dont il avait fait preuve à l'occasion du contrôle *a posteriori* des dispositions prohibant le mariage des personnes de même sexe ou du contrôle *a priori* de la loi ouvrant le mariage aux personnes de même sexe (*supra*, n°s 33-34, § 6 s.).

12 N'ayant pu obtenir satisfaction en France, les tenants de l'homoparentalité se sont tournés vers la Cour EDH et ont soutenu que le refus de permettre l'adoption simple d'un enfant par la compagne ou la partenaire de sa mère était constitutif d'une discrimination par rapport aux couples hétérosexuels, mariés ou non. Ce grief est écarté par la Cour EDH, dans un arrêt du 15 mars 2012 (*Gas et Dubois*, *D.* 2012. 1241, note A. Dionisi-Peyrusse, *RTD civ.* 2012. 275, obs. J.-P. Marguénaud, 306, obs. J. Hauser) car l'interdit résultant de l'article 365 du Code civil frappe, en droit français, tous les couples non mariés, hétérosexuels ou homosexuels. Certes, les premiers peuvent recourir au mariage. Mais la Cour EDH ayant, à l'époque, jugé que le refus d'ouvrir le mariage aux couples de même sexe ne constitue pas une violation de la Convention EDH (CEDH 24 juin 2010, *Schalk et Kopf*, *JCP* 2010. 859, n° 30, obs. F. Sudre, *Dr. fam.* 2010, n° 143, obs. V. Larribeau-Terneyre, *RTD civ.* 2010. 738, obs. J.-P. Marguénaud, 765, obs. J. Hauser), elle se contente de rappeler sa position sur ce point. La Cour EDH a eu à connaître à nouveau de cette question à propos d'une affaire autrichienne. Elle y a rappelé les mêmes principes. Mais le droit autrichien ouvrant, à la différence du droit français, l'adoption coparentale aux couples hétérosexuels non mariés, mais non aux couples homosexuels, elle a estimé qu'il y avait discrimination (CEDH 19 févr. 2013, *D.* 2013. 502).

III. — La loi du 17 mai 2013

13 Ainsi déclaré conforme à la Constitution et à la Convention EDH, l'interdit posé par les arrêts ci-dessus reproduits semblait promis à une certaine pérennité. Aussi bien, la Cour de cassation a-t-elle réaffirmé nettement sa position dans l'hypothèse de demandes d'adoption simple croisées par des concubines homosexuelles (Civ. 1re, 9 mars 2011, *D.* 2011. 876, *Dr. fam.* 2011, n° 74, note C. Nierinck). Mais la loi du 17 mai 2013 ouvrant le mariage et l'adoption aux personnes de même sexe a renouvelé au moins partiellement les données du problème. Désormais, les couples homosexuels peuvent comme les couples hétérosexuels recourir au mariage, en sorte qu'il suffit pour éviter que la mère biologique ne perde ses droits sur son enfant qu'elle épouse celle qui vit avec elle, avant que celle-ci ne procède à l'adoption. Des difficultés subsistent néanmoins. La loi nouvelle admet, en effet, la filiation monosexuée en matière d'adoption, mais non en ce qui concerne les procréations médicalement assistées, l'assistance médicale à la procréation étant destinée à répondre à la demande parentale d'un couple, formé d'un homme et d'une femme. Il en résulte un véritable imbroglio qui tient au caractère incomplet et à l'absence de cohérence de la réforme opérée par la loi du 17 mai 2013 (*supra*, n°s 33-34, § 12). Le refus de l'insémination artificielle avec don de sperme (IAD) au profit d'une femme seule ou d'un couple de femmes les porte à se tourner vers l'étranger. La fraude qui en résulte a conduit, fort logiquement, certains juges du fond à rejeter la demande d'adoption déposée par la conjointe de la mère pour un enfant né par IAD pratiquée à l'étranger dans le cadre d'un projet parental commun (TGI Versailles, 29 avr. 2014, *D.* 2014. 1041, *RTD civ.* 2014. 637, obs. J. Hauser; H. Fulchiron, « *Fraus omnia corrumpit ?* », *D.* 2014. 1162). Mais la décision d'adoption obtenue à l'étranger par un couple de même sexe pouvant désormais être revêtue de l'*exequatur* (Versailles, 20 mars 2014, *AJ fam.* 2014. 237, obs. B. Haftel, *RTD civ.* 2014. 637, obs. J. Hauser) et l'intérêt de l'enfant exigeant qu'on lui accorde un état civil quelles que soient les circonstances de sa conception (CEDH 26 juin 2014, *supra*, n° 51, § 15), il devenait difficile de maintenir une telle prohibition. Aussi bien, la Cour de cassation a-t-elle par deux avis en date du 22 septembre 2014, décidé que « le recours à l'assistance médicale à la procréation, sous la forme d'une insémination artificielle avec donneur anonyme à l'étranger, ne fait pas obstacle au prononcé de l'adoption, par l'épouse de la mère, de l'enfant né de cette procréation, dès lors que les conditions légales de l'adoption sont réunies et qu'elle est conforme à l'intérêt de l'enfant » (*D.* 2014. 2031, note A.-M. Leroyer; J. Mouly, « La délocalisation procréative : fraude à la loi ou habilité permise », *D.* 2004. 2419).

57-58

PENSION ALIMENTAIRE. PLURALITÉ DE DÉBITEURS

I. Civ. 2 janvier 1929. — II. Civ. 27 novembre 1935

Aucune disposition n'impose au créancier d'aliments, contre les divers débiteurs de ceux-ci, une action commune ou des actions successives suivant un ordre déterminé (1er arrêt).

Si chacun des père et mère est tenu pour le tout de l'obligation de nourrir, entretenir et élever les enfants communs, cette obligation unique au regard des enfants, qui en sont les créanciers, ne s'en divise pas moins entre les parents qui, dans leurs rapports entre eux, doivent en supporter le poids proportion-

nellement à leurs ressources. Par suite, si l'un d'eux s'est soustrait à l'exécution de ce devoir, celui qui en a assumé la charge a, en principe, un recours contre le défaillant (2e arrêt).

I. — Civ. 2 janvier 1929

(*DP* 1929. 1. 137, note R. Savatier, *S.* 1929. 1. 185, note Audinet, *Gaz. Pal.* 1929. 1. 287)

Époux Giraud c. Dame Laprugne-Giraud

Faits. — Ils résultent de l'arrêt de la cour d'appel de Riom, en date du 24 novembre 1926 : « Attendu que les époux Giraud-Léonard ont deux enfants, un fils, le sieur Antoine Giraud, et la dame veuve Jay; que, néanmoins, ils ont assigné la dame Laprugne Marguerite, leur belle-fille, seule en payement d'une pension alimentaire; qu'ils n'établissent pas que leur fils ou leur fille ou tous deux refusent de leur fournir une pension alimentaire ou soient dans l'impossibilité de le faire; que c'est cependant seulement après constatation de la carence des enfants à fournir tout ou partie de la pension nécessaire à leurs ascendants que ceux-ci peuvent réclamer à leurs beaux-fils ou belles-filles la pension dont il s'agit dans la mesure de leurs facultés; — Attendu, en effet, que la dette alimentaire ne résulte pas d'une obligation solidaire; que si le législateur n'a pas déterminé en termes exprès que ladite obligation n'obligeait pas concurremment, mais successivement les différentes catégories de personnes qui y sont tenues, cette interprétation résulte nécessairement au fond de la nature des liens qui, en droit et en fait, unissent l'obligataire et l'obligé, en la forme de la rédaction même des articles 205 et 206 du Code civil; — Attendu, en ce qui concerne la différence des liens qui unissent les enfants et leurs ascendants et ceux qui unissent leurs beaux-enfants aux mêmes ascendants, qu'il paraît surabondant d'en souligner l'importance, aussi bien au point de vue juridique qu'au point de vue des sentiments de piété filiale sur lesquels est basée l'obligation alimentaire; qu'en ce qui concerne la forme de la rédaction des articles 205 et 206, il paraît incontestable que si le législateur avait entendu édicter concurremment, et au même titre, l'obligation alimentaire contre les enfants et les gendres et brus, il aurait compris dans le seul article 205 toutes les catégories de personnes astreignables au payement de la pension; que la division des articles 205 et 206 ne peut être expliquée que par l'intention de créer le rang dans lequel les obligés en principe devaient être tenus de satisfaire à leur obligation; que, par suite, la belle-fille assignée seule, comme dans l'espèce, en payement de pension alimentaire par ses beaux-parents, est fondée à soutenir l'irrecevabilité de la demande en se basant sur ce que ceux-ci n'ont pas, soit antérieurement, soit concurremment avec elle, poursuivi contre leurs enfants le payement d'une pension conforme aux facultés de ceux-ci et nécessaire à leurs besoins personnels; — Attendu que la demande des époux Giraud étant déclarée irrecevable, l'examen de la situation pécuniaire des parties est inutile; — *Par ces motifs*, confirme ».

Pourvoi en cassation par les époux Giraud pour violation des articles 205 et 206 du Code civil et de l'article 7 de la loi du 20 avril 1810 pour défaut de motifs et manque de base légale, en ce que l'arrêt attaqué a déclaré irrecevable la demande en pension alimentaire des époux Giraud contre la dame Laprugne, leur belle-fille séparée de biens, sous prétexte que ceux-ci n'auraient pas assigné, soit antérieurement, soit concurremment, leurs deux enfants et que la demande de pension formée contre une belle-fille doit être subsidiaire ou tout au moins concurrente à une demande formée contre les enfants et petits-enfants, alors, d'une part, que les gendres et belles-filles sont complètement assimilés aux enfants ou descendants quant à l'obligation alimentaire; que, d'autre part, ladite obligation est divisible et personnelle à chacun des débiteurs, et que le débiteur seul poursuivi n'est pas recevable, soit à requérir la mise en cause de ses codébiteurs, soit à prétendre que son obligation n'est que successive à l'obligation de ceux-ci, et à refuser, en conséquence, le payement de la pension qui lui incombe personnellement, tant que ses codébiteurs n'auraient pas été appelés au procès.

ARRÊT
(après délib. en la ch. du cons.)

La Cour; — *Sur le moyen unique :* — Vu l'article 206 du Code civil, modifié par la loi du 9 août 1919; — Attendu que cet article assimile entièrement les gendres et belles-filles aux enfants, quant à l'obligation de fournir des aliments à leurs beau-père et belle-mère qui sont dans le besoin; que si l'obligation des enfants est édictée la première dans l'article 205 et celle des gendres et belles-filles ensuite dans l'article 206, le législateur a pris soin, dans ce dernier article, de préciser que « les gendres et belles-filles doivent également, et dans les mêmes circonstances, des aliments à leur beau-père et belle-mère », et que cette obligation cesse, en ce qui les concerne, dans le cas qu'il spécifie; — Attendu, dès lors, que, sauf en ce dernier cas, il n'y a aucune distinction à faire entre les enfants et les gendres et belles-filles, qui sont tous obligés personnellement de contribuer, en tenant compte de la situation de fortune de chacun d'eux, au payement de la dette alimentaire évaluée suivant les besoins de l'ascendant qui la réclame et les ressources des prestataires; qu'aucune disposition n'impose au demandeur, contre les divers débiteurs des aliments, une action commune ou des actions successives suivant un ordre déterminé; — Attendu qu'en déclarant irrecevable la demande de pension alimentaire formée par les époux Giraud contre la dame Laprugne, épouse séparée de corps et de biens de leur fils, pour le motif que les demandeurs n'ont pas poursuivi, soit antérieurement, soit concurremment leurs enfants, l'arrêt attaqué n'a pas légalement justifié sa décision et a, par suite, violé l'article de loi susvisé; — *Par ces motifs*, casse…

II. — Civ. 27 novembre 1935

(*DP* 1936. 1. 25, note Rouast, *S.* 1936. 1. 103)

Époux Gibeaux c. Varin

Faits. — La cour d'appel de Rouen a, le 5 février 1931, rendu l'arrêt suivant (rapporté au *DP* sous l'arrêt ci-après relevé) : « … Attendu que par exploit en date du 23 décembre 1927, la dame Gibeaux, assistée de son mari, a assigné Varin en payement de la somme de 14 400 francs pour sa part contributive dans les frais d'entretien et d'éducation de leur enfant naturel commun Joseph-Henri-Emilien; — Attendu que par jugement en date du 28 juin 1929, le tribunal civil du Havre a déclaré mal fondée la demande de la dame Gibeaux, mais a néanmoins condamné Varin à lui payer la somme de 5 000 francs, à titre de dommages-intérêts, motif pris de ce que Varin avait violé une obligation légale (C. civ., art. 203, 338, 340) et avait ainsi commis une faute dont il devait réparation; — Attendu que cette décision ne saurait être maintenue par la cour, car il n'appartenait pas aux premiers juges de substituer à la demande dont ils étaient saisis une demande basée sur l'article 1382 du Code civil; — Attendu que, sur l'appel interjeté régulièrement par Varin, la dame Gibeaux maintient sa première demande et, se portant incidemment appelante s'approprie la thèse du tribunal et demande à la cour de condamner Varin à lui payer la somme de 14 400 francs en réparation du préjudice qui lui a été causé; — Attendu que la demande de la dame Gibeaux tendant à réclamer à Varin sa part contributive dans les frais d'entretien et d'éducation de leur enfant naturel commun n'est pas fondée; — Attendu tout d'abord que l'obligation alimentaire n'est ni solidaire, ni indivisible; que la dame Gibeaux, en pourvoyant aux besoins de l'enfant reconnu par elle, a fait face à une obligation personnelle et légale et ne saurait être considérée comme s'étant appauvrie sans cause; qu'elle ne saurait non plus baser sa demande sur une gestion d'affaires, l'intention d'agir pour le compte de Varin ne résultant nullement des éléments de la cause; — Attendu, d'autre part, que les aliments ne sont dus que dans la proportion des besoins de celui qui les réclame et de la fortune de celui qui les doit (C. civ., art. 208); qu'il est constant que, jusqu'à sa démobilisation en 1919, Varin était hors d'état de payer aucune somme, et qu'au moment de la demande, les besoins de l'enfant, alors âgé de dix-neuf ans, étaient nuls depuis longtemps; — Attendu, de plus, que la dame Gibeaux ne justifie d'aucune dette qu'elle ait été obligée de contracter ou de l'impossibilité où elle aurait été de réclamer les aliments à Varin;... — Par ces motifs, déclare la dame Gibeaux mal fondée en sa demande en payement par Varin de sa part contributive des frais d'entretien et d'éducation de leur enfant naturel, l'en déboute... ».

Pourvoi en cassation par les époux Gibeaux.

Moyens. — 1° Violation des articles 334, 1375 et 1377 du Code civil et de l'article 7 de la loi du 20 avril 1810, pour manque de base légale, en ce que la cour a refusé de condamner le père naturel à verser à la mère naturelle sa part contributive dans les frais d'entretien et d'éducation de leur enfant naturel commun, alors que celui qui s'est reconnu père d'un enfant naturel peut être condamné, sur la demande de la mère qui a pourvu à la nourriture et aux besoins de l'enfant, à lui rembourser tout ce qui excède la part pour laquelle elle est elle-même tenue d'y contribuer; 2°...

ARRÊT
(après délib. en la ch. du cons.)

La Cour; — *Sur le premier moyen :* — Vu l'article 203 du Code civil; — Attendu que si chacun des père et mère, naturels comme légitimes, est tenu pour le tout de l'obligation de nourrir, entretenir et élever les enfants communs, cette obligation, unique au regard des enfants, qui en sont les créanciers en dehors de toute décision judiciaire consacrant leurs droits, ne s'en divise pas moins entre les parents, qui, dans leurs rapports entre eux, doivent en supporter le poids proportionnellement à leurs ressources; qu'il suit de là que si l'un d'eux s'est soustrait à l'exécution de ce devoir, à la fois légal et moral, vis-à-vis des enfants hors d'état de se protéger eux-mêmes, celui qui en a forcément assumé la charge a, en principe, un recours contre le défaillant; — Attendu, toutefois, que ledit recours serait sans cause si, à raison de son insolvabilité complète, l'obligation de ce dernier se trouvait à disparaître; — Attendu que, pour justifier sa décision, l'arrêt attaqué a retenu pour motif principal que, l'obligation n'étant ni solidaire, ni indivisible, son exécution entière par la mère ne donnait lieu à aucun recours de la part de celle-ci; — Mais attendu qu'obligé avec la mère, le père devait la rembourser dans la mesure où il était tenu; que, de ce chef, l'arrêt attaqué a violé le texte de loi susvisé; — Attendu que, dans un motif subsidiaire, l'arrêt a constaté que, durant une certaine période de la minorité de l'enfant, le père était en état d'insolvabilité totale, mais qu'il n'a pas précisé qu'avant comme après cette période, la situation de fortune du père l'eût mis dans l'impossibilité absolue de contribuer à l'exécution de l'obligation lui incombant concurremment avec la mère; que, de ce chef, l'arrêt attaqué manque de base légale; — *Par ces motifs, et sans qu'il y ait lieu de statuer sur le deuxième moyen*, casse...

OBSERVATIONS

1 Fréquemment l'obligation alimentaire pèse sur une *pluralité de débiteurs*. L'existence de ces devoirs concurrents soulève, comme toujours en ce cas, deux questions : au plan de l'*obligation*, celle du droit de poursuite du créancier (I); au plan de la *contribution*, celle du droit de recours du débiteur poursuivi (II). Dans le silence des textes, c'est la jurisprudence qui a, au moyen des deux décisions ci-dessus reproduites, résolu l'une et l'autre de ces difficultés.

I. — L'obligation à la dette

2 La question du droit de poursuite se dédouble.

En premier lieu, les débiteurs d'aliments doivent-ils être poursuivis dans un certain ordre qui serait fondé sur l'intensité variable de l'affection présumée qui les unit au créancier ? En d'autres termes, existe-t-il une *hiérarchie* entre les débiteurs, le créancier ne pouvant agir contre les parents et alliés les plus éloignés qu'après s'être adressé au plus proche ?

Abandonnant une opinion longtemps dominante (Req. 7 juill. 1868, *DP* 69. 1. 243), la Cour de cassation décide, dans le premier arrêt ci-dessus reproduit, que rien n'impose au créancier « une action commune ou des actions successives dans un ordre déterminé ». Et, faisant application de cette règle, elle censure un arrêt de la cour de Riom qui avait affirmé l'existence d'un ordre de priorité dans une espèce mettant aux prises des beaux-parents et leur belle-fille. C'est dire qu'il n'existe aucune hiérarchie et que les parents peuvent réclamer des aliments à leur belle-fille (qui plus est, séparée de corps), sans avoir auparavant à démontrer la carence de leurs propres enfants (v. aussi Civ. 1re, 17 mars 1964, *Bull. civ.* I, n° 164, *D.* 1964. Somm. 113; 18 mars 1968, *Bull. civ.* I, n° 102, *D.* 1968. 623). Fondée sur ce que les articles 203 s. du Code civil n'établissent aucun classement entre les débiteurs d'aliments, cette solution est favorable au créancier : elle le dispense en effet de la preuve, souvent malaisée, de l'impossibilité d'obtenir satisfaction des parents les plus proches.

Cette absence de hiérarchie ne joue cependant qu'entre débiteurs d'aliments au sens strict. Lorsque sont en concurrence le devoir de secours entre époux d'une part, l'obligation alimentaire ordinaire d'autre part, le conjoint est tenu avant tous les autres débiteurs, car la parenté et l'alliance ne peuvent être sollicitées qu'après que le ménage, unité autonome, a tenté de s'assumer (Civ. 1re, 4 nov. 2010, *Dr. fam.* 2010, nº 177, note V. Larribau-Terneyre; Paris, 20 mars 1952, *Gaz. Pal.* 1952. 1. 350, *JCP* 1952. II. 7219, *D.* 1952. Somm. 73, une femme mariée ne peut agir contre son père que si elle établit que son mari est hors d'état de remplir son devoir de secours; Douai, 28 juill. 1953, *D.* 1954. 477, note Savatier, *RTD civ.* 1954. 645, obs. G. Lagarde; M. Rebourg, « La primauté du devoir de secours entre époux sur les obligations alimentaires découlant de la parenté », *Dr. fam.* 2011, Étude nº 7). Pour des raisons analogues, l'obligation d'entretien qui pèse sur les père et mère l'emporte sur l'obligation alimentaire des autres parents (Civ. 1re, 6 mars 1974, *D.* 1974. 329, note Gaury; rappr. Civ. 1re, 6 mars 1990, *Defrénois* 1990. 944 obs. Massip; 18 déc. 1996, *JurisData* nº 005056; Versailles, 29 sept. 1989, *D.* 1992. 67, 1er arrêt, note Th. Garé). Enfin, en cas d'adoption simple, une disposition impérative de la loi prévoit que « le père et la mère de l'adopté ne sont tenus de lui fournir des aliments que s'il ne peut les obtenir de l'adoptant » (art. 367, al. 2 C. civ.). Du fait de cette subsidiarité, le parent par le sang peut demander au parent adoptif le remboursement des pensions versées depuis le jugement d'adoption (Civ. 1re, 22 mai 2007, *Defrénois* 2007. 1321, obs. J. Massip). Cette subsidiarité n'est pas exclusive d'une contribution partielle du parent par le sang à l'entretien de l'enfant, lorsque l'adoptant ne peut assumer la totalité des besoins de l'enfant (Civ. 1re, 14 avr. 2010, *Dr. fam.* 2010, nº 115, note P. Murat).

3 En second lieu, à supposer qu'il y ait plusieurs débiteurs d'aliments tenus concurremment, le créancier peut-il réclamer le paiement intégral de ceux-ci à l'un d'entre eux ou doit-il diviser ses poursuites ?

Aucun texte ne réglant là encore la question, la jurisprudence a décidé, au cours du XIXe siècle, qu'il n'y avait ni solidarité, ni indivisibilité (Civ. 15 juill. 1861, *DP* 61. 1. 469; Req. 6 mars 1895, *DP* 95. 1. 237). Point de solidarité, parce que celle-ci ne se présume pas (art. 1202, al. 1 C. civ.); point d'indivisibilité, parce qu'il s'agit d'une dette d'argent, ce qu'on a parfois discuté dans la mesure où l'objet de l'obligation consiste plutôt « à faire vivre le créancier » (Carbonnier, t. 2, 20e éd. 1999, p. 63). Constante cette solution a été réaffirmée encore récemment (Civ. 1re, 29 janv. 2002, *Bull. civ.* I, nº 28, *Dr. et patr.* nº 104, p. 84, obs. Chauvel). La solution qui paraît se dégager est défavorable au créancier en ce qu'obligé de diviser ses poursuites, il doit supporter les risques d'insolvabilité de certains débiteurs.

Afin d'y remédier, il a été proposé de faire appel à la théorie de l'obligation *in solidum*. De même que chacun des coauteurs d'un dommage est tenu de le réparer pour le tout (Civ. 11 juill. 1892, *infra*, nº 256, t. 2, 12e éd.), de même chacun des débiteurs de l'obligation alimentaire serait tenu de subvenir aux besoins du créancier pour le tout parce que la solidarité familiale l'y contraindrait. L'obligation alimentaire serait ainsi une obligation *in solidum* avec cette particularité que, du côté des débiteurs, chacun de ceux-ci serait certes tenu de faire face à la totalité des besoins du créancier, mais dans la mesure de ses propres ressources, mesure qui n'est pas la même pour chaque coobligé. L'article 208, lorsqu'il envisage les modalités permettant de déterminer le montant de la créance d'aliments prend, en effet, en considération le « besoin de celui qui les réclame et la fortune de celui qui les doit » (sur cette question, v. B. Gaboriau, *L'obligation alimentaire*, thèse Bordeaux, 2003, n° 419, p. 238). Annoncée par le premier arrêt qui décide que rien n'impose au créancier « une action commune », cette solution semble implicitement consacrée par le second. Sans nier que l'obligation n'est ni solidaire, ni indivisible, il décide, en effet, que chacun des père et mère est, à l'égard des enfants communs, tenu pour le tout de les nourrir et de les entretenir (v. déjà Civ. 21 mai 1890, *DP* 90. 1. 337, note de Loynes; 6 août 1894, *DP* 95. 1. 199). Ainsi le créancier peut-il choisir le débiteur le plus accessible et le plus solvable.

4 La portée exacte de cette décision a, il est vrai, été discutée. Rendue à propos de l'article 203 du Code civil qui traite de la seule obligation d'entretien pesant sur les père et mère, vaut-elle également pour l'obligation alimentaire ordinaire ? En dépit des quelques points qui les différencient (Derrida, *L'obligation d'entretien, obligation des parents d'élever leurs enfants*, 1952, p. 45 s.), on était enclin à répondre par l'affirmative, l'obligation d'entretien apparaissant comme une simple variante de l'obligation alimentaire de l'article 205. Mais récemment la haute juridiction a posé très nettement qu'« il n'y a ni solidarité *ni obligation in solidum* entre les codébiteurs d'aliments » (Civ. 1re, 22 nov. 2005, *Defrénois* 2006. 343, obs. J. Massip, *Dr. fam.* 2007, Étude n° 9 par C. Rieubernet, *RTD civ.* 2006. 104, obs. Hauser). En indiquant ce que l'obligation alimentaire n'est pas, sans pour autant dire ce qu'elle est, la Cour de cassation ne facilite pas la tâche de l'interprète. La situation ne s'éclaircit guère lorsque la Cour de cassation ajoute deux ans plus tard, dans l'hypothèse où une mère avait assigné deux de ses onze enfants « qu'aucune disposition n'imposait à la créancière d'aliments d'engager une action à l'encontre de tous les codébiteurs ni de préciser la situation des autres coobligés, la dette d'aliments étant une dette personnelle dont le montant est fixé en considération des ressources du débiteur » (Civ. 1re, 25 avr. 2007, *Dr. fam.* 2007, n° 147, note P.-Y. Ardoy). Alors que certains analysent désormais l'obligation alimentaire en cas de pluralité de débiteurs en une obligation conjointe (Massip, note préc., Rieubernet, étude préc.; Ardoy, note préc.), solution à notre sens peu heureuse dans la mesure où elle contraint le créancier d'aliments dans le besoin à diviser ses poursuites et donc à multiplier les demandes, d'autres doutent d'une telle analyse et y voient une « forme particulière de l'obligation au tout », dont il conviendrait que la Cour de cassation, dans des arrêts plus diserts, explique ce qu'elle entend par là (Hauser, obs. préc.). La doctrine ne contribue guère à éclaircir la question. Il ne s'agirait pas, à proprement parler, « d'une obligation *in solidum* (pour le tout), puisque le montant de la dette alimentaire de chacun des codébiteurs dépend de ses ressources et de ses charges propres » (Malaurie et Fulchiron, *La famille*, n° 1751). « L'obligation au tout n'est alors (…) que l'obligation au paiement d'une dette personnelle, non l'obligation au total d'une dette comportant plusieurs débiteurs. Le rapport se noue, certes, dans un cadre familial, mais il est un lien personnel » (H. Lécuyer, « La pluralité de débiteurs de l'obligation alimentaire », *Dr. fam.* 1997, chron. n° 2). Est-ce à dire qu'on est alors placé dans une situation originale où le créancier d'aliments n'aurait pas à diviser ses poursuites entre les codébiteurs d'aliments, sans que ceux-ci soient tenus *in solidum* ? Plus classiquement, la haute juridiction a décidé que les hôpitaux, hospices et maisons de santé auxquels l'article L. 714-38 du Code de la santé publique accorde une action directe contre les débiteurs d'aliment devaient diviser leurs poursuites entre ceux-ci (Civ. 1re, 3 mars 1987, *JCP* 1987. IV. 159).

II. — La contribution à la dette

5 Le débiteur qui a seul assumé la charge des aliments dispose-t-il d'un recours contre les autres pour exiger de chacun sa part contributive ?

La négative a longtemps été enseignée au motif qu'il n'avait fait que payer sa propre dette qui n'était ni solidaire, ni indivisible (Paris, 26 avr. 1892, *DP* 93. 2. 175). Mais, admissible à l'époque où l'on estimait qu'une certaine hiérarchie existait entre les débiteurs, cette solution ne l'était plus dès lors que l'on reconnaissait au créancier la possibilité d'agir contre celui de ses débiteurs d'aliments qui était le mieux à même de lui venir en aide. Aussi bien, prenant acte de cette nouvelle donnée, la haute juridiction affirme-t-elle, dans le second arrêt ci-dessus reproduit, que « si chacun des père et mère est tenu pour le tout (…), cette obligation (…) unique au regard des enfants (…) ne s'en *divise* pas moins entre les parents qui, dans leurs rapports entre eux, doivent en supporter le poids proportionnellement à leurs ressources; qu'il suit de là que celui qui en a assumé la charge *a un recours* contre le défaillant », sauf si l'obligation de celui-ci disparaît du fait de son insolvabilité complète. Et quarante ans plus tard, à propos non plus de l'obligation d'entretien, mais de l'obligation alimentaire, la haute juridiction devait affirmer plus sobrement : « la personne tenue (…) à une obligation alimentaire dispose d'un recours contre ses coobligés pour les sommes qu'elle a payées excédant sa part contributive compte tenu des facultés respectives des débiteurs » (Civ. 1re, 29 mai 1974, *D.* 1975. 482, note Magnin).

Cette solution a néanmoins été contestée. Du point de vue de l'analyse juridique, on a souligné que « l'avènement d'un état de besoin chez l'un laisse les autres membres de la famille aptes à y subvenir en situation de débiteurs virtuels. Seule la réclamation adressée par l'indigent à l'un d'eux scelle le rapport obligatoire qui unit alors un créancier à un débiteur, la situation des autres demeurant identiques jusqu'à ce qu'ils soient actionnés. (…) Il ne peut y avoir, contrairement à ce qu'affirme la Cour de cassation, paiement de la part d'un débiteur dépassant sa part contributive, (car) la détermination du montant de la créance a été faite en fonction des besoins du créancier et de la fortune du débiteur, de la même manière que si le débiteur alimentaire était l'unique débiteur virtuel. Il n'y a (donc) pas place à une distinction obligation-contribution »

(H. Lécuyer, art. préc., *Dr. fam.* 1997, chron n° 2, p. 5). Reste à savoir dans quelle mesure l'arrêt du 22 novembre 2005 (préc.), fort court et très peu explicite, fait sienne cette analyse.

6 Si le principe de ce recours est aujourd'hui discuté, il en va plus encore ainsi de son *fondement.* On a parfois invoqué, à cet effet, la théorie de la *gestion d'affaires* : en subvenant seul à la totalité des besoins du créancier, le débiteur se serait porté gérant d'affaires pour les autres débiteurs et disposerait donc à leur encontre de l'action en remboursement. Admise par une décision (Colmar, 15 mars 1938, *S.* 1938. 231), cette explication a été rejetée par la jurisprudence (Req. 6 nov. 1899, *DP* 99. 1. 559; T. civ. Mamers, 3 nov. 1955, *D.* 1956. 32; TGI Avesnes-sur-Helpe, 23 janv. 1962, *JCP* 1963. II. 13279, note Savatier, *D.* 1963. 253, note Prévault, *RTD civ.* 1964. 89, obs. Desbois). De fait, la gestion d'affaires suppose la spontanéité de l'intervention du gérant, condition qui n'est pas remplie lorsque l'intervention résulte d'une obligation légale. La qualité de débiteur exclut celle de gérant (Bout, *La gestion d'affaires en droit français contemporain*, thèse Aix, éd. 1972, p. 109). Pas plus ne peut-on s'appuyer sur la théorie de l'*enrichissement sans cause* pourtant retenue par certaines décisions (T. civ. Bar-le-Duc, 5 juin 1943, *DC* 1944. 8, note Ripert) : l'appauvrissement de celui qui a payé la totalité de la dette et l'enrichissement corrélatif de ses codébiteurs ne sont pas sans cause, puisque précisément le débiteur avait à sa charge cette obligation au tout. En réalité, en l'absence de solidarité et d'indivisibilité, seule une explication semble pouvoir rendre compte à la fois de l'obligation au tout et du recours contre le débiteur défaillant, celle de l'obligation *in solidum* à laquelle l'arrêt du 29 mars 1974 fait d'ailleurs implicitement référence en employant le terme « coobligé ». Tenu « avec d'autres », le *solvens* peut, conformément à l'article 1251-3° du Code civil, se prévaloir de la *subrogation légale* (Versailles, 29 sept. 1989, *D.* 1992. 67, 2e arrêt, note Th. Garé). Comme le rappelle la seconde décision ci-dessus reproduite, le recours ne se divise pas alors par parts égales, mais est proportionnel aux ressources de chacun. La mise à l'écart de cette explication par la haute juridiction laisse l'interprète quelque peu démuni. Comme on l'a souligné, « si l'obligation alimentaire n'est certainement pas solidaire, s'il est peu imaginable qu'elle soit conjointe, si elle n'est pas non plus *in solidum*, elle n'est qu'une forme particulière de l'obligation au tout, mais il reste alors à la Cour de cassation, dans des arrêts plus diserts, à nous expliquer ce qu'elle entend exactement par là » (Hauser, *RTD civ.* 2006. 104).

AUX AUTEURS CITÉS, *adde* : Alfandari, *Le droit aux aliments en droit privé et en droit public*, thèse Poitiers, 1958; Frossard, « Le recours du débiteur alimentaire condamné contre les codébiteurs », *D.* 1967. chron. 23; Pélissier, *Les obligations alimentaires*, thèse Lyon, 1961, p. 266 s.

INCAPACITÉS - MINEURS

59-60

TUTELLE. INCAPACITÉ. NULLITÉ. RESCISION POUR LÉSION

I. Civ. 18 juin 1844. — II. Civ. 25 mars 1861

La qualité de mineur ne suffit pas pour faire annuler, sans distinction, toutes les conventions dans lesquelles le tuteur n'est pas intervenu; la loi a voulu seulement, dans les dispositions où elle s'occupe de l'intérêt du mineur, non pas qu'il ne pût jamais contracter, mais qu'il ne fût jamais lésé (C. civ., art. 1124 et 1305) (1er arrêt).

Les aliénations d'immeubles appartenant à des mineurs sont soumises par la loi à des formalités spéciales, nécessaires pour leur validité et dont l'absence entraîne une nullité qui vicie lesdites aliénations, à leur origine même, sans que le mineur, pour les attaquer, ait besoin de prouver qu'elles lui causent une lésion (C. civ., art. 457 et 458) (2e arrêt).

I. — Civ. 18 juin 1844

(*DP* 44. 1. 123, *S.* 44. 1. 497, note L.-M. Devill)

Rovel c. Simon

Faits. — Le mineur Rovel, conscrit de la classe 1838, voulant se garantir contre les risques du tirage au sort duquel dépendait son appel sous les drapeaux, avait, se disant majeur, conclu avec le sieur Simon un contrat par lequel celui-ci s'engageait, moyennant le payement de la somme de 650 francs, à le remplacer au service militaire pour le cas où Rovel tirerait un mauvais numéro. Le sort ayant favorisé Rovel, celui-ci soutint que la convention par lui faite était nulle pour avoir été consentie alors qu'il était encore en état de minorité et sans l'intervention de son tuteur. Le tribunal de Saint-Dié, par jugement du 11 juin 1840, après avoir constaté en fait que l'engagement passé par le mineur Rovel ne lui causait aucune lésion, le déclara valable et condamna en conséquence ledit mineur à en payer le montant au sieur Simon.

Pourvoi en cassation du mineur Rovel.

Moyen. — Fausse application de l'article 1305 et violation de l'article 1124 du Code civil, en ce que le jugement attaqué a maintenu un engagement contracté par un mineur, sans l'assistance de son tuteur, sous prétexte que cet engagement ne lui causait aucune lésion.

ARRÊT
(après délib. en ch. du cons.)

La Cour; — Attendu que si le mineur a été mis par l'article 1124 du Code civil, au rang des personnes déclarées incapables de contracter, l'article 1125 porte qu'il ne peut attaquer, pour cause d'incapacité, ses engagements que dans les cas prévus par la loi; — Attendu que l'article 1305, placé au titre de l'action en nullité ou en rescision des conventions, déclare que la simple lésion donne lieu à la rescision en faveur du mineur non émancipé, contre toutes sortes de conventions; — Attendu que les dispositions de cet article sont applicables aux actes souscrits par le mineur non émancipé, sans l'intervention de son tuteur, et à l'égard desquels des formes spéciales n'ont pas été déterminées par la loi; — Attendu, en effet, que cela résulte, indépendamment du sens naturel et clair que présentent les expressions dans lesquelles cette première partie de l'article est conçue, soit de son rapprochement avec la seconde qui, accordant la même faveur au mineur émancipé, contre toutes les conventions qui excèdent sa capacité, n'est évidemment relative qu'aux cas où ce dernier aurait traité, contrairement aux prescriptions de la loi, sans être assisté de son curateur; soit de la combinaison de cette première partie avec les articles qui suivent, notamment avec l'article 1307, qui veut que la simple déclaration de majorité, faite par le mineur, ne fasse point obstacle à sa restitution, ce qui ne peut s'entendre que d'une déclaration de majorité faite en l'absence du tuteur; — Attendu que l'ensemble de la législation sur la capacité du mineur non émancipé n'est point en opposition avec cette interprétation de l'article 1305 du Code civil; — Que tout ce que la loi a voulu, dans les dispositions où elle s'occupe des intérêts de ce mineur, c'est, non pas qu'il ne pût jamais contracter seul, mais qu'il ne fût pas lésé en contractant; — Attendu que, s'il en était autrement, si sa qualité de mineur suffisait pour faire annuler, sans distinction, toutes les conventions dans lesquelles le tuteur ne serait pas intervenu, les dispositions par lesquelles la loi a cherché à le protéger lui deviendraient préjudiciables, en interdisant aux tiers la faculté de passer avec lui les traités mêmes dont il pourrait tirer le plus d'avantage; — Qu'en lui conservant, dans tous les cas, le droit de se faire restituer pour la simple lésion, dont l'appréciation est abandonnée à la sagesse des tribunaux, la loi a suffisamment pourvu à son intérêt; — Attendu, en fait, que le jugement attaqué déclare qu'il est constant et reconnu par les parties que la somme de 650 francs que Rovel a consenti à payer comme prime d'assurance au défendeur, qui s'était obligé à lui fournir un remplaçant pour le service militaire, à ses risques et périls, quelles que fussent les chances du sort, n'a rien d'exagéré, et qu'elle est plutôt au-dessous qu'au-dessus de celles ordinairement promises dans ces sortes de contrats aléatoires; que sa fortune lui permettait de faire le sacrifice du prix qu'il a promis de donner, et qu'il n'a éprouvé aucune lésion de l'engagement qu'il a pris à ce sujet; — Attendu qu'en décidant dans ces circonstances, que la convention consentie par le demandeur, à une époque où il était mineur, et sans l'autorisation et la présence de son tuteur, n'était pas nulle en la forme, et ne pouvait être rescindée pour lésion, le jugement attaqué, loin de violer les dispositions de loi invoquées, en a fait, au contraire, une juste application, et n'a violé aucune autre loi; — *Par ces motifs*, rejette...

II. — Civ. 25 mars 1861

(*DP* 61. 1. 202, *S.* 61. 1. 673)

Marchais c. Marchais

Faits. — La dame Marchais a laissé comme héritiers quatre enfants vivants et des petits-enfants nés d'un cinquième enfant prédécédé placés sous la tutelle de leur mère la dame Pasquier. La plus grande partie des meubles et certains immeubles dépendant tant de la succession que de la communauté ayant existé entre la dame Marchais et son mari furent vendus, pour payer les dettes, par les héritiers et le sieur Marchais, mari de la défunte, avec le simple concours du tuteur des cohéritiers mineurs et sans que le conseil de famille eût été appelé à donner son autorisation. Quelques jours après, le sieur Marchais père a fait donation de ses biens à ses enfants et petits-enfants, à charge par eux de lui payer une rente viagère. Postérieurement, deux des petits-enfants, qui étaient mineurs au moment de l'aliénation des immeubles indivis, ont demandé la nullité de la vente pour défaut d'autorisation du conseil de famille et ont assigné leur oncle, J.-B. Marchais, qui s'était rendu adjudicataire des immeubles. Cette action a été rejetée par un arrêt de la cour de Poitiers du 2 mars 1859 (rapporté aux recueils avec l'arrêt de cassation) pour les motifs suivants :

« Attendu que ladite vente était une condition de la démission des biens qui leur a été faite par leur aïeul, qu'elle était dans l'intérêt de tous les membres de la famille, et dans ceux des créanciers; qu'elle avait pour but d'empêcher la multiplication des frais de partage et de faciliter la liquidation des succession et communauté de leurs auteurs; — Attendu qu'elle a été faite avec toutes les solennités propres à conserver l'intérêt des mineurs; qu'elle a été précédée d'affiches et de publications, et faite publiquement sur un cahier des charges et aux enchères; que la liquidation qui l'a suivie était avantageuse aux mineurs, et que la décision qui l'annulerait serait désastreuse pour leurs intérêts comme pour ceux de leurs créanciers ».

Moyen. — Violation des articles 457 et 458 du Code Napoléon, en ce que l'arrêt attaqué a validé une vente d'immeubles appartenant à des mineurs, bien qu'elle n'ait point été précédée d'une autorisation du conseil de famille homologuée par le tribunal.

ARRÊT

La Cour; — ... Attendu qu'il est constaté, en fait, par l'arrêt attaqué : 1° que les demandeurs étaient propriétaires, dans une proportion déterminée, des lots n°s 23 et 24 compris dans la vente faite par Pinaud, notaire, dont le défendeur a été déclaré adjudicataire; 2° que les demandeurs étaient alors en état de minorité, et que de plus, cette vente n'a pas été par eux ratifiée; 3° que cette vente a eu lieu sans autorisation préalable du conseil de famille, et, par suite, sans homologation de justice; — Attendu qu'aux termes des articles 457, 458 et 459 du Code Napoléon, l'autorisation préalable du conseil de famille et son homologation par le tribunal sont au nombre des formalités spéciales nécessaires pour la validité des aliénations des immeubles appartenant à des mineurs; — Que le défaut d'autorisation et d'homologation entraîne une nullité qui vicie les actes d'aliénation à leur origine même, et que les mineurs peuvent justement les attaquer, sans obligation pour eux de prouver qu'il en résulte à leur préjudice une lésion quelconque; — Attendu qu'en décidant le contraire, et en se fondant, pour écarter la nullité proposée, sur ce que, dans l'espèce, la vente attaquée était dans l'intérêt de toutes les parties, et que, d'ailleurs, elle offrait des résultats favorables aux demandeurs, l'arrêt dénoncé a méconnu les caractères juridiques et la portée légale de la nullité invoquée, et a ainsi expressément violé les articles 457, 458 et 459 précités du Code Napoléon; — *Par ces motifs*, casse...

OBSERVATIONS

1 Lorsque le *tuteur* accomplit seul, au nom du mineur, un acte subordonné au respect de certaines conditions, notamment à une autorisation du conseil de famille, l'acte est entaché de nullité relative, sans qu'il soit nécessaire de prouver qu'il a causé une lésion au mineur. Admise sous l'empire du droit antérieur (v. l'arrêt ci-dessus rapporté, en date du 25 mars 1861; Civ. 6 mars 1893, *DP* 93. 1. 473, *S.* 97. 1. 502; 7 mars 1922, *DP* 1922. 1. 169; 2 juin 1955, *Gaz. Pal.* 1955. 2. 71), cette solution de principe n'a pas été écartée par la loi du 14 déc. 1964, sur l'administration légale et la tutelle (v. les art. 1125 et 1304 C. civ., réd. L. 3 janv. 1968).

Mais que faut-il décider lorsque l'acte a été accompli *par le mineur ?* Antérieurement à la réforme de 1964, une controverse était née à ce propos. Elle résultait du fait que, si la capacité de contracter est une condition de validité de l'acte juridique (art. 1108 C. civ), ce qui tend à justifier la nullité relative de l'acte (v. l'ancien art. 1125 C. civ.), il était, en outre, précisé, à l'article 1305 du Code civil, que « la simple lésion donne lieu à la rescision en faveur du mineur non émancipé, contre toutes sortes de conventions; et en faveur du mineur émancipé, contre toutes conventions qui excèdent les bornes de sa capacité, ainsi qu'elle est déterminée au titre de la minorité, de la tutelle et de l'émancipation ». Le mineur étant déjà protégé par l'action en nullité relative, quelle portée convenait-il de donner à cette disposition ?

2 Trois solutions étaient concevables. La première aurait consisté à réserver l'action en nullité aux actes irrégulièrement accomplis par le tuteur, l'action en rescision sanctionnant les actes irrégulièrement accomplis par le mineur; mais elle aurait entraîné, non sans paradoxe, un anéantissement plus facile des actes du tuteur que des actes du mineur agissant seul. À l'inverse, on a soutenu que l'action en rescision ne concernait, à titre de protection supplémentaire, que les actes régulièrement accomplis par le tuteur, les actes irréguliers, passés par le tuteur ou par le mineur, étant, de toute façon, entachés de nullité; mais, à vouloir trop protéger le mineur, on eût, de la sorte, nui à ses intérêts en rendant trop difficile la tâche de son représentant légal. C'est donc une troisième solution que consacrent les deux arrêts rapportés : si le mineur conclut seul un acte que son tuteur n'aurait pu accomplir qu'avec l'autorisation du conseil de famille, la sanction est la nullité relative; mais si l'acte aurait pu être passé par le tuteur, sans aucune formalité, il ne pourra être annulé (rescindé) que si le mineur a subi une lésion (v. aussi Civ. 27 oct. 1926, *DH* 1927. 20). Ce n'est là que l'application de la maxime *minor restituitur non tanquam minor sed tanquam laesus* (Roland et Boyer, *Adages du droit français*, 4e éd., 1999, no 228; Foulupt, *La règle Minor restituitur…*, thèse Paris, 1914). S'agissant d'un contrat passé par un mineur portant sur l'enregistrement d'œuvres et concédant l'entière propriété de ces enregistrements à la société éditrice, son intervention personnelle est nécessaire, mais n'est pleinement efficace que s'il y a eu autorisation familiale, à peine de rescision pour lésion (Paris, 10 juin 1964, *JCP* 1965. II. 13980, rescindant le contrat d'enregistrement de disques que Johnny Hallyday avait, à l'âge de 16 ans, conclu avec la société Vogue à des conditions désavantageuses pour lui).

3 En donnant pleine efficacité aux actes d'administration non lésionnaires passés par le mineur, la solution élargit la capacité de celui-ci; et de fait, si l'opération n'est pas désavantageuse pour le mineur, celui-ci ne démontre-t-il pas, de la sorte, qu'il est apte à s'occuper seul de ses affaires ? Cette interprétation n'a pas été écartée par la loi du 14 déc. 1964 (art. 1305 C. civ.; v. aussi l'art. 450, al. 1er C. civ., réd. L. 14 déc. 1964 et 473 al. 1er, réd. L. 5 mars 2007; Civ., 1re sect. civ. 4 nov. 1970, *D.* 1971. 186, *JCP* 1971. II. 16631, *RTD civ.* 1971. 613, obs. Nerson; rappr. Stoufflet, « L'activité juridique du mineur non émancipé », *Mélanges Voirin* 1967. 782 s.). D'où une appréciation de la lésion largement dépendante de l'âge du mineur (v. Grimaldi, « L'administration légale à l'épreuve de l'adolescence », in *L'enfant, la famille, l'argent*, Colloque Lille II, LGDJ 1991, *Defrénois* 1991. 385 s.; M.-L. Fortuné, *L'enfant et l'argent*, thèse Toulouse, 1997). La jurisprudence adopte d'ailleurs à l'égard des mineurs une conception moins mathématique et objective de la lésion que dans la théorie générale de l'acte juridique : ce n'est pas le déséquilibre objectif des prestations qui compte mais l'utilité ou l'inutilité subjective du contrat pour le mineur, le caractère excessif ou non de la dépense au regard du patrimoine du mineur (Carbonnier, t. I, *Les personnes*, 17e éd., 2000, p. 204, 214; Malaurie, *Les personnes, la protection des mineurs et des majeurs*, no 611).

4 Au principe indiqué, il y a deux exceptions : a) La première résulte de l'article 1241 du Code civil : « le paiement fait au créancier n'est point valable s'il était incapable de le recevoir, à moins que le débiteur ne prouve que la chose payée a tourné au profit du créancier ». Ce texte sanctionne par la nullité le paiement effectué par un débiteur entre les mains d'un mineur, sauf si le *solvens* parvient à établir que la somme a tourné au profit de l'incapable. La raison d'être de cette règle se comprend aisément : il ne peut être question de lésion au moment même du paiement; si on appliquait la sanction normale, c'est-à-dire la rescision pour lésion, on priverait le mineur de la faculté de demander la nullité, même s'il avait dissipé le capital versé; b) La seconde résulte de l'application éventuelle de la responsabilité délictuelle à l'encontre du mineur qui se livrerait à des manœuvres frauduleuses pour dissimuler son incapacité lors de la conclusion de l'acte. S'il était, alors, doué de discernement, une telle dissimulation constituerait une faute. Il serait donc tenu, en vertu de l'article 1382 du Code civil, de réparer le dommage qui résulterait, pour le contractant trompé, de la nullité ou rescision que le mineur prétendrait ensuite invoquer. Et le mineur pourrait alors être privé de l'action en nullité ou rescision, à titre de réparation en nature.

Quant au mineur *émancipé*, il est, en principe, « capable, comme un majeur, de tous les actes de la vie civile » (art. 413-6, al. 1er C. civ.) et, de toute façon, le droit positif a cessé de lui accorder le bénéfice de l'action en rescision pour lésion (art. 1305 C. civ., réd. L. 14 déc. 1964).

61-62

AUTORITÉ PARENTALE. GRANDS-PARENTS. DROIT DE VISITE

I. Civ. 8 juillet 1857. — II. Civ. 1re, 1er décembre 1982

La puissance paternelle n'est pas, dans ceux de ses effets que la loi n'a point réglés et limités, absolue et sans contrôle. Bien que le père, seul investi du droit de diriger l'éducation de ses enfants, puisse leur interdire la visite de personnes, même de leur famille, dont il croirait avoir à craindre l'influence, il n'a ce pouvoir, à l'égard des membres de la famille auxquels l'enfant doit honneur et respect en vertu de l'article 371 du Code civil qu'autant que sa décision est commandée par d'impérieuses raisons qui sont soumises au contrôle des tribunaux (1er arrêt).

L'article 371-4 du Code civil présume qu'il est de l'intérêt des enfants d'entretenir des relations personnelles avec leurs grands-parents, à moins qu'il ne soit justifié de motifs graves de nature à y mettre obstacle (2e arrêt).

I. — Civ. 8 juillet 1857

(*DP* 57. 1. 273, *S.* 57. 1. 721)

Veuve Jaumes c. Jac du Puget

Faits. — En 1840, le sieur Jac du Puget épousa la demoiselle Jaumes. De ce mariage naquirent deux filles, l'une le 16 nov. 1840, et l'autre le 20 août 1844. La dame Jac du Puget décéda le 1er août 1845.

En 1852, le sieur Jac du Puget contracta un second mariage. Quelque temps après ce second mariage, il voulut faire venir auprès de lui ses deux jeunes enfants, qui jusque-là, et depuis la mort de leur mère, étaient demeurés confiés aux soins de la dame veuve Jaumes, leur grand-mère maternelle, et de la demoiselle Jaumes, leur tante.

Ayant échoué dans sa réclamation, il actionna la dame et la demoiselle Jaumes devant le tribunal civil de Montpellier, pour s'entendre condamner solidairement et sous peine de 1 000 F de dommages intérêts par chaque jour de retard, à conduire les deux jeunes filles dans un pensionnat de la ville de Montpellier, qu'il leur avait choisi.

Le tribunal décida que les défenderesses ne pouvaient être soumises à une pareille obligation. Alors, le sieur Jac du Puget requit le commissaire central de se transporter au sein de la famille Jaumes et le 7 avril 1854, ce fonctionnaire s'acquittant de sa délicate mission, obtint la remise des deux enfants qui, accompagnés de la demoiselle Jaumes, furent conduits dans la maison d'éducation désignée par le père.

Le sieur Jac du Puget ne tarda pas à interdire toute communication entre ses filles et leurs aïeule et tante maternelles. La dame veuve Jaumes s'adressa au tribunal de Montpellier, auquel elle demanda de lui reconnaître le droit de visiter ses deux petites-filles, dans le pensionnat où elles étaient placées; et ce tribunal, tout en proclamant l'omnipotence du pouvoir du père, décida cependant qu'il existait entre l'aïeule et les petits-enfants, des rapports sacrés, innés ou établis par la loi positive, et que la puissance du père ne pouvait, arbitrairement et sans motifs sérieux et légitimes, rompre des liens si étroitement serrés, pour substituer à des rapports que le père lui-même avait laissés s'établir, une brusque séparation qui n'avait d'autre raison d'être que son caprice ou sa fantaisie.

Sur l'appel du sieur Jac du Puget, arrêt de la cour de Montpellier, du 17 février 1855, qui infirme, dans les termes suivants : — « Considérant que les enfants mineurs sont placés sous l'autorité de leur père; qu'il a seul le droit de choisir leur résidence et de diriger leur éducation; que ce droit comprend celui d'interdire les visites qui ne lui paraissent pas convenables pour les enfants, et qu'il ne doit compte à personne des motifs de son opposition; — Considérant, dès lors, que M. Jac du Puget n'a pas dépassé les limites de son autorité paternelle en s'opposant à ce que ses filles mineures fussent visitées dans le pensionnat des Dames-Noires par la dame Veuve Jaumes, leur aïeule maternelle, et que les motifs de sa détermination ne doivent pas être examinés ».

Pourvoi de la dame veuve Jaumes pour violation et fausse interprétation des articles 371, 372, 373 du Code Napoléon et des principes du droit naturel, en ce que l'arrêt attaqué a maintenu, sans même en examiner les motifs, l'interdiction, par le père, de toute communication entre ses deux filles mineures, placées dans un pensionnat et leur aïeule maternelle.

ARRÊT
(apr. délib. en ch. du cons.)

La Cour; — Vu les articles 371, 372 et 373 du Code Napoléon; — Attendu que, si le législateur se contente de reconnaître la puissance paternelle et d'en régler quelques effets, il n'entend pas cependant qu'elle soit absolue et sans contrôle; — Attendu qu'il appartient sans doute au père de diriger l'éducation de ses enfants, de les placer à cet effet dans un établissement de son choix, et de leur interdire la visite des personnes, même de sa famille, dont il croirait avoir à craindre l'influence; — Attendu toutefois qu'il y a entre des enfants et leurs autres ascendants une réciprocité d'intérêts et de liens, de droits et de devoirs, qui ont leur principe dans la nature et leur sanction dans la loi civile elle-même, et qui, bien que subordonnés à la puissance paternelle, ne sauraient lui être entièrement sacrifiés sans d'impérieuses raisons, dont le père de famille sera le premier, mais non l'unique et souverain juge;

que l'interdiction de la part de celui-ci, de tout rapport entre ses enfants et les ascendants dont il s'agit, si elle se justifie, en certains cas exceptionnels et par de graves considérations, comme un acte légitime de l'autorité paternelle, peut aussi, en d'autres hypothèses, tout à la fois compromettre l'intérêt des enfants et blesser des devoirs ou des convenances morales qui devraient être respectés; que l'abus ne saurait alors se couvrir du voile du droit pour échapper au contrôle de la justice; qu'il ne se peut que le père se constitue, en pareil cas, le souverain arbitre de l'étendue de son autorité; que dès lors, en cette matière, comme en toute autre, il est permis de recourir à l'autorité des tribunaux et de leur demander qu'ils examinent, d'après la connaissance qu'ils peuvent avoir de la position respective des parties, ou d'après les faits qui sont soumis à leur appréciation, s'il y a eu exagération ou abus dans cet exercice de la puissance paternelle, et si elle doit être ramenée dans les limites du droit; — D'où il suit qu'en repoussant, sans examen, l'action de la demanderesse, par l'unique raison que le défendeur ne doit compte à personne des motifs de son opposition, et que les motifs de sa détermination ne doivent pas être examinés, l'arrêt dénoncé a faussement interprété et, par suite, violé les dispositions ci-dessus visées; — *Par ces motifs, donnant défaut contre le défendeur,* casse.

II. — Civ. 1re, 1er décembre 1982

(*Bull. civ.* I, no 346, p. 297)

M. Decharran c. Époux Michel et Mme Schmitt

Faits. — V. l'arrêt.

ARRÊT

La Cour; — *Sur le premier moyen, pris en ses deux branches :* — Attendu, selon les énonciations des juges du fond, que M. Decharran a, en épousant Mlle Martine Michel, le 3 août 1974, reconnu la jeune Sybille, née le 9 décembre 1972; qu'un autre enfant, Frédéric, est né de cette union au mois de février 1976; que Mme Decharran, ayant abandonné son foyer, un jugement de divorce a été prononcé au profit du mari; que les époux Michel, grands-parents maternels des mineurs et Mme Schmitt, grande-tante maternelle, ont assigné M. Decharran, à qui la garde des enfants a été confiée par le jugement précité, pour solliciter un droit de visite; que l'arrêt attaqué a accordé aux époux Michel un droit d'hébergement de quinze jours pendant les grandes vacances scolaires, et à Mme Schmitt un droit de visite le dernier dimanche de chaque mois, ainsi qu'un droit de correspondance avec les enfants; — Attendu que M. Decharran fait grief à la cour d'appel, en premier lieu, de s'être référée, pour accorder le droit d'hébergement, selon le moyen, au seul attachement des grands-parents à l'égard de leurs petits-enfants, alors que le droit de visite, sous la forme d'un hébergement, ne devait être accordé aux grands-parents qu'en considération de l'intérêt des mineurs apprécié concrètement, ce qui prive sa décision de base légale au regard de l'article 371-4 du Code civil, en second lieu, d'avoir omis de répondre aux conclusions par lesquelles il était soutenu que les époux Michel se rendaient souvent à Valence, où ils pouvaient être accueillis chez leur sœur et belle-sœur afin d'exercer leur droit de visite; — Mais attendu, d'une part, que l'article 371-4 du Code civil présume qu'il est de l'intérêt des enfants d'entretenir des relations personnelles avec leurs grands-parents, à moins qu'il ne soit justifié de motifs graves de nature à y faire obstacle; qu'en l'espèce, la cour d'appel, après avoir d'ailleurs énoncé « qu'il était conforme à l'intérêt des enfants de maintenir des relations régulières avec leurs grands-parents maternels », constate « qu'aucun grief sérieux n'est avancé par M. Dominique Decharran à l'encontre de la demande »; que sa décision est ainsi légalement justifiée; — Attendu, d'autre part, que la juridiction du second degré n'était pas tenue de suivre les parties dans le détail de leur argumentation relative aux modalités d'exercice du droit de visite; — D'où il suit que le moyen n'est fondé en aucune de ses branches; — *Sur le second moyen, pris en ses diverses branches :* — Attendu qu'il est encore reproché à l'arrêt attaqué, d'abord, de manquer de base légale au regard de l'article 371-4 du Code civil, en accordant un droit de visite à une tierce personne par des motifs inopérants et sans rechercher concrètement l'intérêt de l'enfant, ensuite, de s'être prononcé par des motifs hypothétiques en retenant que les circonstances exceptionnelles exigées par le texte précité résultaient « éventuellement » de la privation de l'affection maternelle; — Mais attendu que la juridiction du second degré, après avoir relevé que Mme Schmitt, grande-tante maternelle, est, en outre, la marraine de Sybille, et qu'elle a eu la charge des deux enfants pendant une courte période, à l'occasion de la séparation des parents, retient que les circonstances exceptionnelles, justifiant l'existence de relations régulières avec les mineurs, résultent notamment du fait que Sibylle et Frédéric sont privés d'affection maternelle en raison de leur abandon par leur mère depuis 1976; qu'elle a ainsi, sans recourir à des motifs hypothétiques — abstraction faite d'une impropriété de terme — ou inopérants, légalement justifié sa décision; — Que dès lors, le second moyen, pris en ses diverses branches, ne peut, non plus, être accueilli; — *Par ces motifs*, rejette...

OBSERVATIONS

1 Célébré par Victor Hugo, « l'art d'être grand-père » a résisté au phénomène du rétrécissement de la famille. Mieux, l'abaissement de l'âge de la retraite, l'allongement de la durée de la vie, le travail des femmes, la fragilité des couples, la multiplication des familles monoparentales ont contribué à accroître l'importance des grands-parents au sein de la structure familiale. Phénomène de société, cette « montée » des grands-parents s'opère dans l'immense majorité des cas sans que le droit ait à dire son mot. Mais, que des dissensions apparaissent au sein du groupe familial et la possibilité d'établir ou de maintenir des relations suivies entre les grands-parents et leurs petits-enfants devient l'enjeu d'un conflit que le juge devra résoudre. Parfois – variante de l'hypothèse précédente – le litige se noue, non entre parents et grands-parents, mais entre parents par le sang et tiers qui ont élevé l'enfant. En l'absence de toute disposition législative, la jurisprudence a longtemps apporté à ces deux questions une réponse différenciée : si les grands-parents pouvaient bénéficier d'un droit de visite en démontrant que le refus des parents est abusif, cette possibilité était, en revanche, déniée aux parents nourriciers. Accordant aux seconds les droits que la jurisprudence leur avait refusés (II), accentuant ceux des premiers (I), le législateur a remodelé les solutions prétoriennes, tout en laissant aux juges un pouvoir d'appréciation important.

I. — Le droit de visite des grands-parents

2 À l'origine, le débat a porté sur le principe même du droit des grands-parents d'entretenir des relations avec leurs petits-enfants en cas d'opposition des parents : la puissance paternelle permettait-elle à son titulaire de faire échec aux droits que les grands-parents prétendaient tenir de leur lien de parenté privilégié avec l'enfant ?

La question se reliait à une interrogation plus fondamentale, celle de la nature des droits du père : étaient-ils, à l'image de la *patria potestas* romaine, absolus ou devaient-ils être exercés dans l'intérêt de l'enfant et sous le contrôle des tribunaux, comme le prévoyait l'Ancien droit français ? En dépit de la discrétion du Code civil, lequel se contentait de régler la durée de la puissance paternelle et de préciser certains de ses effets, la seconde conception paraissait devoir l'emporter. L'étude des travaux préparatoires montrait, en effet, que les droits reconnus au père ne l'avaient été qu'en vue du développement physique et moral de l'enfant (Locré, Paris 1827, t. 7, p. 52 (Réal) et p. 82 (Albisson); v. aussi Savatier, *L'art de faire les lois, Bonaparte et le Code civil*, 1927, p. 30 et 31). Telle fut, au demeurant, l'opinion des premiers exégètes (Demolombe, n° 395). Aussi bien, s'inspirant de ces analyses, la haute juridiction énonce-t-elle, dans la première décision reproduite, que la puissance paternelle n'est pas, dans ceux de ses effets que la loi n'a point réglés et limités, « absolue et sans contrôle ». Puis, après avoir rappelé que « l'abus ne saurait se couvrir du voile du droit pour échapper au contrôle de la justice », elle donne aux grands-parents les moyens d'obtenir gain de cause dans le conflit qui les oppose au père, dès lors qu'ils apportent la preuve que le refus du droit de visite présente un caractère abusif (sur l'abus de droit dans cette hypothèse, v. Josserand, *De l'esprit des lois*, n° 71).

Ultérieurement, cette jurisprudence évolua dans le sens d'un élargissement continuel. Quant à la qualité exigée des grands-parents tout d'abord : les tribunaux rejetèrent progressivement toute distinction entre grand-parent légitime et grand parent naturel. Furent successivement entérinés le droit de visite des parents naturels de parents légitimes (Civ. 27 juill. 1938, *D.* 1939. 1. 73, note Lebrun), puis celui des parents légitimes de parents naturels et enfin celui des parents naturels de parents naturels (sur cette question, v. A. Sayag, « Les grands-parents dans le droit de la famille », *RTD civ.* 1969. 40, spéc. p. 60 et décisions citées). Quant aux modalités d'exercice du droit de visite, ensuite, dont la haute juridiction admit qu'il incluait le droit de séjour (Req. 24 févr. 1942, *JCP* 1942. II. 1559). Quant au fondement de la solution, enfin : on suggéra que celui-ci devait être découvert, non plus dans la théorie de l'abus de droit, mais dans la reconnaissance d'un droit aux grands-parents. Ce droit fut consacré par la loi du 4 juin 1970 qui introduisit dans le Code civil un article 371-4 ainsi libellé : « Les père et mère ne peuvent, sauf motifs graves, faire obstacle aux relations personnelles de l'enfant avec ses grands-parents » (sur cette disposition, voir Th. Garé, *Les grands-parents dans le droit de la famille*, 1989, n°s 282 s.; « Les grands-parents dans le droit de la famille », *Mélanges Huet-Weiller*, 1994, p. 181 s.; M.-L. Cicile-Delfosse, *Le lien parental*, thèse Paris II, éd. 2003, n°s 381 s., p. 240 s.). La commission Dekeuwer-Défossez préconisa un renforcement des relations de l'enfant avec ses proches par l'affirmation d'un droit de l'enfant à des relations personnelles non seulement avec ses grands-parents mais aussi ses frères et sœurs (*Rénover le droit de la famille*, 1999, p. 96 s.). La loi du 4 mars 2002 a suivi partiellement ces suggestions en donnant à l'article 371-4 la rédaction suivante : « L'enfant a le droit d'entretenir des relations personnelles avec ses ascendants. Seuls des motifs graves peuvent faire obstacle à ce droit ». C'est donc désormais l'enfant et non plus les grands-parents, qui a droit aux relations personnelles. La loi du 5 mars 2007 a remplacé la considération des « motifs graves » par celle de « l'intérêt de l'enfant » (sur cette substitution, voir Civ. 1re, 27 mai 2010, *RTD civ.* 2010. 548, obs. critiques J. Hauser).

Cette modification est « doublement regrettable ». Outre la maladresse de forme qu'il y a à viser les « ascendants » plutôt que les grands-parents, puisque le terme englobe aussi les parents, on peut s'interroger au fond sur la façon dont ce nouveau droit pourra être mis en œuvre en pratique. L'enfant étant par hypothèse mineur, et donc incapable, est en principe représenté par ses parents, titulaires de l'autorité parentale. Comment procéder pour faire respecter le droit de l'enfant lorsque ce sont les parents qui font obstacle à de telles relations ? Quatre moyens ont été suggérés – 1) l'assistance éducative mais il y faut la mise en danger de l'enfant, 2) la reconnaissance d'un droit procédural d'action au mineur mais à partir de quel âge ?, 3) la désignation d'un représentant *ad hoc* du mineur, 4) la reconnaissance aux grands-parents du pouvoir de saisir la justice pour faire respecter la prérogative enfantine –, dont aucun n'est pleinement satisfaisant. Où est le progrès ? (Terré et Fenouillet, *La famille*, n° 926). À quoi l'on ajoutera que la compatibilité de cette nouvelle disposition avec l'article 8 de la Convention européenne des droits de l'homme n'est nullement évidente, la Cour de Strasbourg considérant que le droit au respect de la vie familiale peut être invoqué par les grands-parents eux-mêmes (CEDH 27 avr. 2000, *L. c. Finlande*, req. n° 25651/94).

3 Si l'on fait abstraction de cette difficulté nouvelle introduite gratuitement par un législateur en mal d'innovation, les relations grands-parents petits-enfants soulèvent de délicats problèmes de mise en œuvre qui tiennent pour l'essentiel à l'acuité des conflits dont les juges ont à connaître. De fait, lorsque grand-parent et parent en sont réduits à soumettre au juge le différend qui les oppose, c'est que celui-ci a pris un tour particulièrement vif. En réalité, la procédure met alors le plus souvent aux prises non des parents et leur propre enfant, mais des beaux-parents et leur gendre ou leur bru. Elle intervient, en effet, dans la plupart des cas, à la suite de la dissolution par décès ou divorce du lien créant l'alliance, dissolution souvent suivie d'un remariage du gendre ou de la bru qui accentue encore l'animosité des intéressés (G. Sutton, « Du droit des grands-parents aux relations avec les petits-enfants », *JCP* 1972. II.

2504, n°s 8 s.). Ainsi en allait-il précisément dans le premier arrêt ci-dessus reproduit. Un veuf se remarie et réclame à son ancienne belle-mère les petites-filles qu'il lui avait confiées lors du décès de sa première épouse. Étant parvenu à reprendre ses enfants malgré le refus obstiné de sa belle-mère, il entendait interdire toute relation entre eux. Quant à la seconde espèce, s'y opposaient des beaux-parents et leur gendre à qui avait été confiée la garde des enfants à la suite du divorce.

Ainsi, appelé à arbitrer un « conflit familial exacerbé dont l'enjeu est l'affectivité d'un mineur », le juge tente de l'apaiser en favorisant notamment la reprise des contacts entre les parties. Essentiel, le besoin de sécurité de l'enfant ne peut en effet être satisfait que « dans le cadre de relations affectives, stables et harmonieuses avec les adultes qui l'entourent ». Mais, au cas où persisterait un désaccord qui par son acuité même se révélerait « périlleux » pour l'enfant, on pourrait voir là un motif grave autorisant à refuser ou réduire la relation personnelle demandée par le grand-parent (Civ. 1re, 13 déc. 1989, *JCP* 1990. IV. 64, *Defrénois* 1990. 304, obs. Massip; G. Sutton, art. préc., *JCP* 1972. I. 2504, n°s 14 s.; comp. Colombet, chron. *D.* 1971. 1 s., spéc. p. 9, n° 39). Il ne faudrait pas, en effet, que l'exercice du droit de visite suscite ou entretienne l'hostilité de l'enfant contre le parent gardien. Tel serait par exemple le cas lorsque le caractère vindicatif des grands-parents les pousserait à utiliser leur prérogative pour exacerber le conflit dans lequel l'enfant est directement impliqué. À l'inverse, les tribunaux se sont appuyés sur les qualités morales des grands-parents pour considérer que ceux-ci se garderaient de mêler leurs petits-enfants à la mésentente familiale (Civ. 1re, 17 mai 1972, *Bull. civ.* I, n° 131; rappr. Civ. 1re, 14 janv. 2009, *D.* 2009. 372, *Dr. fam.* 2009, n° 41, note P. Murat). Pour d'autres exemples de motifs graves, v. Lyon, 14 mars 2000, *Dr. fam.* 2000, n° 126 (passé familial); Riom 28 nov. 2000, *JCP* 2001. IV. 1625 (éloignement géographique); Dijon, 6 févr. 2003, *JCP* 2003. IV. 2673 (absence de moralité). L'âge des petits-enfants est une donnée que prennent en compte les magistrats; celui-ci doit être apprécié au jour non de l'assignation mais de la décision (Civ. 2e, 6 mai 2006, *Bull. civ.* II, n° 208, *Defrénois* 2004. 1690, obs. Massip). Il a été jugé, sous l'empire de l'ancien texte que c'est au parent d'apporter la preuve des « motifs graves » qui font obstacle à l'exercice du droit de visite des grands-parents, car, comme le relève le second arrêt reproduit, « l'article 371-4 présume qu'il est de l'intérêt des enfants d'entretenir des relations personnelles avec leurs grands-parents ».

Arguant de ce que l'exercice du droit de visite par les grands-parents risque d'altérer « l'unité de direction et d'éducation du mineur » et de provoquer de « continuels changements de milieu », certains auteurs déplorent la consécration de ce droit par le législateur (v. M. Gobert, « L'enfant et les adultes », *JCP* 1971. I. 2421, n°s 13 s.). La critique est probablement excessive : le maintien des liens avec les grands-parents peut, en effet, concourir à assurer l'équilibre du mineur en lui évitant notamment « la situation fausse » résultant de la suppression de la lignée du parent disparu ou divorcé (G. Sutton, art. préc., n° 16). Du moins est-il permis de se demander s'il n'aurait pas été préférable de laisser à ces solutions leur souplesse prétorienne plutôt que de les cristalliser par une intervention législative (M. Gobert, art. préc., n° 20).

II. — Le droit de visite des parents nourriciers

4 En fondant sa solution sur l'abus de droit, le premier arrêt ci-dessus reproduit ouvrait à d'autres qu'aux grands-parents la possibilité de contester la décision du père leur refusant de communiquer avec l'enfant. Et de fait, les juges du fond n'hésitèrent pas à accorder à certains « tiers privilégiés » (C. Neirinck, *La protection de l'enfant contre la personne de ses parents*, 1984, n°s 281 s.) un droit de visite malgré l'opposition des parents. Ainsi en alla-t-il notamment au profit de parents nourriciers – oncle et tante (Paris, 2 avr. 1957, *D.* 1958. 211, note E. de Lagrange), parrain et marraine (Paris, 30 avr. 1959, *D.* 1960. 373, censuré par Civ. 1re, 22 mars 1961, *D.* 1961. 521, note Savatier) – qui avaient assumé l'entretien et l'éducation de l'enfant et qui se voyaient interdire tout contact avec lui par le titulaire de l'autorité parentale. L'éventuel degré de parenté importait alors moins que « les services rendus » (Paris, 2 avr. 1957, préc.). Vivement critiquée par certains auteurs qui y voyaient un « instrument de pénétration (du) paternalisme des châtelains et des employeurs » (Carbonnier, note *D.* 1960. 673), cette tendance jurisprudentielle fut finalement censurée par la haute juridiction. Celle-ci posa que « le parent investi du droit de garde ne peut se voir imposer un droit de visite au profit de personnes autres que les ascendants à peine de subir une atteinte à sa puissance paternelle » (Civ. 1re, 27 oct. 1964, *JCP* 1965. I. 14166, note G. Viney; v. déjà Civ. 1re, 22 mars 1961, préc.). « La cohésion de la cellule familiale doit pouvoir, le cas échéant se payer du prix d'une ingratitude » (Sayag, art. préc., *RTD civ.* 1965. 58). Deux ans plus tard, la haute juridiction parut vouloir amorcer un revirement de jurisprudence en décidant qu'un droit de visite ne pouvait être refusé en l'absence de motifs tirés de l'intérêt de l'enfant ou de l'exercice normal de la puissance paternelle (Civ. 1re, 29 mars 1966, *D.* 1966. 369, note Rouast, *RTD civ.* 1966. 789, obs. Nerson).

5 La situation fut clarifiée, quelques années plus tard, par l'intervention du législateur. La loi du 4 juin 1970 introduisit en effet dans le Code civil un article 371-4, dont l'alinéa 2 dispose : « En considération de situations exceptionnelles, le tribunal peut accorder un droit de correspondance ou de visite à d'autres personnes, parents ou non ». Dangereuse pour l'unité de direction et d'éducation du mineur, cette disposition fut en outre critiquée en ce que l'exigence de « situations exceptionnelles » ne saurait constituer un « barrage suffisamment efficace » à l'octroi d'un droit de visite à d'autres personnes que les grands-parents (M. Gobert, art. préc., *JCP* 1971. II. 2421, n° 19). Ces dispositions furent néanmoins entendues assez libéralement par les tribunaux. C'est ainsi que le second arrêt ci-dessus reproduit décide que les juges du fond justifient suffisamment de l'existence de ces circonstances exceptionnelles dès lors qu'ils relèvent que l'auteur de la demande a élevé même temporairement l'enfant et que le contact avec celui-ci permet de maintenir des relations avec la ligne parentale déficiente. Accentuant ce mouvement, la commission Dekeuwer-Défossez a proposé un « texte très ouvert » (*Rénover le droit de la famille*, 1999, p. 98), lequel a été repris presque mot pour mot par la loi du 4 mars 2002. « Si tel est l'intérêt de l'enfant, le juge aux affaires familiales fixe les modalités des relations entre l'enfant et un tiers, parent ou non » (art. 371-4, al. 2 C. civ.).

6 Sous l'empire de la loi du 4 juin 1970, la haute juridiction a entendu très souplement les dispositions de l'alinéa 2 de l'article 371-4. Bien que ce texte ne vise que les droits de correspondance et de visite, la Cour de cassation a décidé, dans une espèce il est vrai très favorable, que le juge pouvait accorder un droit d'hébergement « qui ne constitue qu'une des modalités du droit de visite » (Civ. 1re, 5 mai 1986, *Bull. civ.* I, nº 112, *Defrénois* 1986. 1035).

Quant aux bénéficiaires du texte, leur cercle s'est sensiblement élargi. Les tribunaux l'utilisent, en effet, aujourd'hui pour résoudre des « conflits auxquels le législateur n'avait pas songé » (Rubellin-Devichi, obs. *RTD civ.* 1988. 322). Ainsi en va-t-il par exemple du « père » qui avait jusqu'alors élevé un enfant comme le sien et dont les liens avec celui-ci sont rompus du fait du primat que la loi du 3 janvier 1972 accorde désormais à la vérité biologique (Civ. 1re, 18 mai 2005, *D.* 2005. 1589, *RTD civ.* 2005. 383, obs. Hauser, à propos d'un « père » transsexuel; rappr. au profit de l'ancien concubin de la mère qui s'est cru le père de l'enfant jusqu'à la contestation de sa reconnaissance, Grenoble 20 févr. 1996, *Dr. fam.* 1997, nº 96, note P. Murat). Ainsi en va-t-il surtout des grands-parents par le sang dont les liens avec leur petit-enfant sont rompus en raison du prononcé d'une adoption plénière (Civ. 1re, 5 mai 1986, préc.; 21 juill. 1987, *Bull. civ.* I, nº 35, *D.* 1987. IR 191; rappr. Dijon, 22 juin 1993, *JCP* 1994. IV. 106; v. aussi au profit du concubin de l'adoptante, après leur séparation, Grenoble, 15 déc. 1997, *Dr. fam.* 1998, nº 38, obs. P. Murat; ou encore au profit de la partenaire de la mère après leur séparation, Rouen 3 avr. 2014, *Dr. fam.* 2014, nº 99, note C. Nierinck, *RTD civ.* 2014. 640, obs. J. Hauser). Ainsi en va-t-il aussi d'un oncle ou d'une tante ayant élevé l'enfant comme le montre la seconde espèce reproduite. Ainsi pourrait-il en aller encore du couple qui, ayant reçu un enfant d'une mère porteuse, en est ultérieurement privé en raison du changement d'attitude de celle-ci (sur cette question, v. Rubellin-Devichi, obs. *RTD civ.* 1998. 326 s.; *supra*, nº 51; v. aussi Poitiers 19 oct. 1999, *RTD civ.* 2002. 283, obs. Hauser).

La loi du 17 mai 2013 a ajouté à l'article 371-4, al. 2 l'incidente suivante : « en particulier lorsque ce tiers a résidé de manière stable avec lui et l'un de ses parents, a pourvu à son éducation, à son entretien ou à son installation, et a noué avec lui des liens affectifs durables ». Derrière cette formulation, c'est le « beau-parent », compagnon ou compagne du parent biologique qui est visé. La Cour EDH avait déjà décidé par un arrêt du 15 septembre 2011 (*D.* 2011. 2908, note F. Boulanger, *RTD civ.* 2012. 108, obs. J. Hauser) que le refus d'une juridiction d'accorder un droit de visite à l'homme se prétendant le père biologique d'un enfant, sans avoir apprécié l'intérêt de ce dernier est contraire à l'article 8 de la Convention EDH. Autrement dit, le tiers dont la paternité est incertaine se voit ainsi reconnaître un droit de visite potentiel. « Tout le monde pourra revendiquer sur l'enfant un droit de visite dès lors qu'il aura eu quelques fragments de vie avec la mère, ce qui risque d'ailleurs, si elle est changeante, de multiplier les titulaires de ce droit à… et les procès entre eux » (Hauser, *RTD civ.* 2012. 108).

MAJEURS PROTÉGÉS

63

PRODIGUES. ACTES ANTÉRIEURS À LA NOMINATION DU CONSEIL JUDICIAIRE. FRAUDE. NULLITÉ

Req. 15 juillet 1903

(*DP* 1904. 1. 129, note Capitant, *S.* 1904. 1. 446)

Vormus c. Guignard

Si les actes passés par un prodigue avant la nomination de son conseil judiciaire peuvent être annulés lorsqu'ils ont été faits avec l'intention frauduleuse d'empêcher les effets de cette nomination, les tribunaux peuvent, à plus forte raison, tout en maintenant ces actes, condamner à des dommages-intérêts les tiers qui, par leur assistance coupable, ont procuré au prodigue les ressources que celui-ci allait dissiper (C. civ., art. 503-513).

Faits. — L'exposé des faits résulte suffisamment des explications données par l'arrêt rapporté.

Moyen. — Excès de pouvoir, défaut de motifs et violation des articles 503 et 513 du Code civil, en ce que l'arrêt attaqué (Paris, 28 déc. 1900, rapporté au *Sirey* sous l'arrêt de cassation), tout en déclarant valable l'emprunt hypothécaire contracté par un prodigue avant la nomination de son conseil judiciaire, en annule le payement, fait au prodigue par son mandataire.

ARRÊT

La Cour; — ... Attendu que si les actes passés par un prodigue avant la nomination de son conseil judiciaire peuvent être annulés lorsqu'ils ont été faits dans le but frauduleux d'empêcher les effets de cette nomination, les tribunaux peuvent, à plus forte raison, tout en maintenant ces actes, condamner à des dommages-intérêts les tiers qui, par leur assistance coupable, ont procuré au prodigue des ressources que celui-ci allait dissiper; — Attendu qu'il est déclaré en fait, par l'arrêt attaqué que Vormus, qui s'annonçait dans les journaux comme faisant prêter des fonds sur des titres grevés d'usufruit à l'insu de l'usufruitier, se mit, en avril 1896, à la disposition de Guignard alors élève à l'École militaire de Saint-Cyr, et se fit fort de déjouer toutes les précautions que pouvait prendre sa famille; qu'il lui fit d'abord prêter, du 20 mai au 5 septembre 1896, par la Cie d'assurances sur la vie *Le phénix*, contre des ventes à réméré de la nue-propriété de valeurs de chemins de fer, un capital de 32 750 F; que ces fonds ayant été dissipés, il lui fit contracter, le 17 octobre, pour se couvrir de ses avances et commissions et assurer à son client de nouvelles ressources, un emprunt hypothécaire de 40 000 F, qui consommait la ruine du prodigue; qu'il se fit verser précipitamment par le notaire les 36 614,50 F formant le produit net de cet emprunt et qu'après s'être fait donner par Guignard, le 28 octobre ou à une époque concomitante, une décharge de son mandat, il lui fit un dernier versement de 24 000 F au moment même où la procédure en dation du conseil judiciaire allait commencer; — Attendu que les juges du fond ont en même temps constaté qu'à aucun moment Vormus, exactement renseigné sur la situation de Guignard vis-à-vis de sa famille, ne s'était fait illusion sur les conséquences des opérations qu'il effectuait avec ou pour le prodigue, et que, pour assurer le succès du genre de services qui constituait spécialement son industrie, il avait organisé et réalisé ces opérations dans l'intention délibérée de faire fraude à la loi; — Que la cour de Paris a pu, par suite, sans excès de pouvoirs, et en donnant, au contraire, à son arrêt une base légale, condamner Vormus à réparer, dans une certaine mesure le préjudice causé par sa fraude et fixer, par l'appréciation souveraine des faits de la cause, le chiffre des dommages-intérêts à 33 114,50 F; que cette décision, dûment motivée, n'a violé aucun des textes visés par le pourvoi; — *Par ces motifs*, rejette…

OBSERVATIONS

1 Les rédacteurs du Code civil n'avaient pas cru utile de faire remonter dans le passé les effets de la demi-incapacité résultant d'un jugement de nomination de conseil judiciaire. Aussi, et malgré l'intérêt considérable que la question présentait en pratique, la plupart des auteurs décidaient-ils que les actes antérieurs à la dation du conseil, ou passés pendant l'instance, ne pouvaient être annulés même si le tiers avait eu connaissance de la procédure commencée. Pendant longtemps, les tribunaux ont appliqué eux aussi scrupuleusement le texte de la loi. C'est seulement en 1888 (Req. 25 juin 1888, *DP* 89. 1. 59, *S.* 88. 1. 469) que la chambre des requêtes de la Cour de cassation, se fondant sur l'idée d'une fraude à la loi, paraît avoir admis, pour la première fois, l'existence d'une période suspecte, analogue à celle que le législateur avait prévue en matière de faillite. L'arrêt du 15 juillet 1903 ne fit que confirmer à cet égard la jurisprudence de la Cour de cassation. Mais il constitua, à un autre point de vue, une innovation. De ce qu'elle fonde l'annulation des actes antérieurs à la dation du conseil sur une idée de fraude, la Cour de cassation déduit que le tiers de mauvaise foi qui a traité avec le prodigue peut, au cas où l'annulation se révélerait impossible ou insuffisante, être condamné à des dommages-intérêts, pour réparer le préjudice causé au prodigue par son assistance coupable (v. aussi Req. 10 nov. 1919 et 25 oct. 1920, *DP* 1921. 1. 31).

2 Les lois du 3 janvier 1968, portant réforme du droit des *incapables* majeurs et du 5 mars 2007 portant réforme de la *protection* juridique des majeurs n'ont pas eu pour effet de modifier ces solutions. Certes, la protection attachée à l'ouverture de la tutelle ou de la curatelle, laquelle a remplacé la dation du conseil judiciaire, n'est opposable aux tiers que deux mois après que la mention en a été portée en marge de l'acte de la personne protégée (art. 444 C. civ., al. 1er, réd. L. 5 mars 2007); toutefois, même en l'absence de cette mention, elle est opposable aux tiers qui ont personnellement connaissance de la tutelle ou de la curatelle (al. 2; v. Civ. 1re, 18 nov. 1975; 9 nov. 1977, *JCP* 1978. IV. 12). Quant aux obligations résultant des actes accomplis avant la publicité du jugement d'ouverture de la mesure de protection, elles « peuvent être réduites sur la seule preuve que son inaptitude à défendre ses intérêts, par suite de l'altération de ses facultés personnelles, était notoire ou connue du cocontractant à l'époque où les actes ont été passés » (art. 464, al. 1er, C. civ., réd. L. 5 mars 2007). « Ces actes peuvent, dans les mêmes conditions, être annulés s'il est justifié d'un préjudice subi par la personne protégée ».

3 Il y a lieu de sanctionner comme par le passé, en utilisant la théorie générale de la fraude, les actes notamment d'aliénation, qu'un prodigue a pu conclure peu de temps avant la nomination d'un curateur, pour faire échec à la mesure dont il était menacé, si le tiers avec lequel il a traité connaissait la situation (v. en ce sens, Civ. 1re, 18 févr. 1976, *Bull. civ.* I, no 78, p. 64; TGI Paris, 2 juill. 1971, *D.* 1972. 252, note Fergani). Cette jurisprudence doit être maintenue pour les actes que le majeur en curatelle aurait frauduleusement passés à la veille de son placement sous curatelle. Il n'est pas douteux que le tiers doit avoir eu connaissance de l'imminence de l'action. On exige souvent qu'il y ait eu collusion entre lui et l'incapable (Massip, *Les majeurs protégés*, t. I, 1994, no 334), ce qui n'est pas toujours aisé à établir. Ne faut-il pas plutôt se contenter d'exiger que le tiers ait connu les intentions de la personne qui allait être mise en curatelle, la complicité de fraude étant tenue pour établie du moment que le tiers ne s'est pas abstenu de traiter ? (Comp. la solution admise en matière d'action paulienne pour la preuve de la complicité du tiers : Terré, Simler et Lequette, *Les obligations*, nos 1078 s., spéc. no 1179; v. aussi Civ. 1re, 17 oct. 1979, *infra*, no 250, t. 2, 12e éd.).

64

MAJEUR EN CURATELLE. ACTE DE DISPOSITION. NULLITÉ FACULTATIVE

Civ. 1re, 16 octobre 1985

(*D.* 1986. 154, note J. Massip)

Dame C. c. Soc. Résidencia Immobilier

L'article 510-1 du Code civil n'édicte pas à l'encontre des actes de disposition faits par le majeur en curatelle sans l'assistance de son curateur une nullité de droit, à la différence de l'article 502 du même code pour ce qui concerne les actes faits par le majeur en tutelle, et laisse au juge la faculté d'apprécier s'il doit ou non prononcer la nullité, eu égard aux circonstances de la cause.

Faits. — Selon les données fournies par l'annotateur particulièrement autorisé de cet arrêt, Mme Huguette C..., artiste « marginale et solitaire » qui « vole sur les ailes de l'imaginaire » a été placée en curatelle en 1978. Le 23 août 1979 elle a, sans l'assistance de son curateur, donné mandat de vendre un immeuble lui appartenant à un agent immobilier et s'est engagée à verser à celui-ci une commission calculée conformément aux normes réglementaires auxquelles renvoie l'article 6 de la loi Hoguet du 2 janvier 1970. Une promesse d'achat avec faculté de substitution ayant été signée le 11 septembre suivant, Mme G... a reconnu devoir à l'agence une somme correspondant au montant de la commission. La vente a finalement été réalisée avec un acheteur substitué à celui qui avait conclu la promesse initiale, et l'acte authentique a été signé par la majeure protégée et son curateur les 15 mars et 5 juillet 1980. Mme C... a ultérieurement refusé de verser le montant de la commission que l'agent immobilier lui réclamait, au motif que le mandat de vente, la promesse et la reconnaissance d'honoraires étaient des actes de disposition nuls pour avoir été conclus sans l'assistance du curateur.

Tout en admettant que les actes conclus par Mme C... excédaient sa capacité et auraient dû recevoir le contreseing du curateur, la cour d'appel a considéré que la nullité qui frappe les actes faits par un majeur en curatelle sans l'assistance de son curateur était non de droit mais facultative. Les actes critiqués n'étant pas désavantageux ni déraisonnables puisque le curateur s'était finalement associé à l'opération de vente, elle a estimé qu'il n'y avait pas lieu de prononcer leur nullité. Mme C... s'est pourvue en cassation.

ARRÊT

La Cour; — *Sur le premier moyen, pris en ses trois branches :* — Attendu, selon les énonciations des juges du fond, que Mme C..., majeure en curatelle, a, le 23 août 1979, sans l'assistance de son curateur, donné mandat de vendre un immeuble lui appartenant à la société Résidencia Immobilier et s'est engagée à verser à son mandataire une commission calculée en fonction du prix de vente; que, l'agence ayant trouvé un acquéreur en la personne de la société Pierre et Cristal, une promesse d'achat fut signée par celle-ci au profit de Mme C... dans laquelle l'acheteur se réservait la faculté de se substituer toute autre personne; qu'à cette occasion, Mme C... a reconnu devoir une somme de 100 000 F à l'agence immobilière, à titre de commission; que la société Pierre et Cristal n'ayant pas donné suite à ses engagements, la société Rimar lui a été substituée; que l'acte authentique de vente a été signé les 15 mars et 5 juillet 1980 par Mme C... assistée de son curateur; — Attendu que, Mme C... s'étant refusée à payer le montant de la commission qu'elle lui réclamait, la société Résidencia Immobilier l'a assignée devant le tribunal de grande instance; que Mme C... ayant soutenu que le mandat de vente et la reconnaissance de dette signés par elle sans l'assistance de son curateur étaient nuls, l'arrêt confirmatif attaqué (Aix, 15e ch., 30 sept. 1983) a estimé que l'article 510-1 du Code civil, qui dispose que, si le majeur en curatelle fait seul un acte pour lequel l'assistance du curateur est requise, lui-même et son curateur peuvent en demander l'annulation, n'édicte pas une nullité de droit mais laisse au juge un pouvoir d'appréciation; qu'après avoir relevé que le mandat litigieux n'avait rien de déraisonnable et de désavantageux puisque le curateur avait ratifié l'acte de vente, l'arrêt a décidé qu'il n'y avait pas lieu d'accueillir l'exception de nullité; qu'il a, en conséquence, condamné Mme C… au paiement de la commission; — Attendu que Mme C… fait grief à l'arrêt d'avoir ainsi statué alors que, d'une part, selon le moyen, la cour d'appel était tenue de constater la nullité des actes qu'elle avait passés sans l'assistance de son curateur de sorte que l'article 510-1 du Code civil aurait été violé; alors que, d'autre part, en justifiant le maintien du mandat de vente et de la reconnaissance d'honoraires par le fait que la ratification de la vente par le curateur démontrait que les actes critiqués n'étaient pas désavantageux pour la personne protégée, sans rechercher si le mandat qui déterminait les obligations de celle-ci à l'égard de l'agent immobilier n'était pas, en lui-même, de nature à nuire à ses intérêts, la cour d'appel n'aurait pas donné de base légale à sa décision au regard du même article; et alors que, enfin, la cour d'appel se serait bornée à statuer sur la validité du mandat de vente sans se prononcer sur celle de la reconnaissance de dette dont la nullité était aussi demandée; — Mais attendu que, comme l'énonce à bon droit l'arrêt attaqué, l'article 510-1 du Code civil n'édicte pas à l'encontre des actes de disposition faits par le majeur en curatelle sans l'assistance de son curateur une nullité de droit, à la différence de l'article 502 du même code pour ce qui concerne les actes faits par le majeur en tutelle, et laisse au juge la faculté d'apprécier s'il doit ou non prononcer la nullité, eu égard aux circonstances de la cause; que c'est dans l'exercice de son pouvoir souverain que la juridiction du second degré, qui s'est prononcée tant sur la validité du mandat de vente que sur celle de l'engagement de payer la commission et qui a relevé que les actes conclus par Mme C… n'avaient rien de déraisonnable et que la vente avait pu avoir lieu grâce aux diligences de la société immobilière, a estimé ne pas devoir annuler les actes critiqués; que le moyen ne peut donc être accueilli en aucune de ses branches;

Sur le second moyen : (…); — *Par ces motifs*, rejette.

OBSERVATIONS

1 Frappé d'une incapacité partielle, le majeur sous curatelle ne pouvait en principe suivant les règles retenues par la loi du 3 janvier 1968 conclure sans l'assistance de son curateur les actes qui, sous le régime de la tutelle, requièrent l'intervention du conseil de famille (art. 510 C. civ.). Si, passant outre à cette prohibition, il accomplissait seul de tels actes, ceux-ci entachés de nullité relative pouvaient être anéantis à sa demande ou à celle de son curateur (art. 510-1 C. civ.). Mais, à supposer une telle demande formée, le prononcé de la nullité était-il, pour le juge, obligatoire ou facultatif ?

Par l'arrêt ci-dessus reproduit, la haute juridiction a retenu la seconde solution : le juge n'est pas obligé de prononcer la nullité sur la simple constatation du défaut d'assistance.

2 La solution s'appuyait sur deux sortes de raisons.

De *texte*, tout d'abord. Certes l'article 510-1 du Code civil ne réglait pas explicitement la question; il se bornait, en effet, à préciser quelles sont les personnes – majeur en curatelle ou curateur – qui peuvent agir en nullité. Mais l'article 502, par son silence même, apportait un précieux élément de réponse. Alors que, dans sa rédaction antérieure à la loi du 3 janvier 1968, il assimilait interdit et prodigue en disposant : « L'interdiction ou la nomination d'un conseil judiciaire aura son effet du jour du jugement » et que « tous actes passés postérieurement par l'interdit ou sans l'assistance du conseil seront nuls de droit », il ne visait plus, comme le relève expressément la Cour de cassation, que le majeur en tutelle. Aussi bien le rapporteur du projet de loi à l'Assemblée nationale avait-il souligné qu'en rendant facultative la nullité des actes de disposition accomplis par le seul majeur en curatelle, la loi nouvelle modifiait le droit positif (Rapport Pleven, n° 1891, p. 97).

De *fond* ensuite. Comme on l'a souvent mis en relief, « le droit des incapacités pose toujours le problème de la conciliation entre la protection des intérêts des incapables et la sécurité des transactions » (Massip, note *D.* 1986. 155). Or fréquemment, le cocontractant du majeur en curatelle a pu traiter avec lui en ignorant sa situation. À la différence du majeur en tutelle, le majeur en curatelle est en effet atteint non d'une incapacité qui anéantit sa volonté, mais d'une semi-incapacité qui peut ne pas se manifester dans le comportement extérieur du sujet. Certes, la mention de l'incapacité était portée en marge de l'acte de naissance. Mais l'extrait de celui-ci n'est en général demandé que lors de la passation d'un acte authentique. Partant, en permettant le maintien d'un acte qui ne nuit pas aux intérêts de l'incapable, le caractère facultatif de la nullité favorisait cette conciliation. N'est-il pas, au demeurant, conforme à l'esprit de la curatelle de ne prononcer la nullité que dans la mesure où le défaut d'assistance a conduit le majeur à conclure un acte désavantageux ? En passant un acte qui ne lui est pas défavorable, le majeur en curatelle démontre, par là même, qu'il était, en la circonstance, apte à s'occuper de ses affaires. Aussi bien, prônée par la plupart des auteurs (v. note. H., L., J. Mazeaud, F. Chabas, t. I, 2e vol., 8e éd., par F. Laroche-Gisserot, 1997, n° 751; Terré et Fenouillet, *Les personnes, la famille, les incapacités*, n° 1287), cette solution a été ultérieurement réaffirmée (Civ. 1re, 16 oct. 1985, *D.* 1986. 154, note J. Massip; 1er oct. 1986, *D.* 1986. IR 457, *JCP* N 1987. II. 145, note Th. Fossier; Versailles, 29 avr. 1988, *D.* 1989. 251, note J. Massip).

3 Dans la ligne de solutions antérieures, la loi du 5 mars 2007 portant réforme de la protection juridique des majeurs et maintenant la distinction de la curatelle et de la tutelle conserve pour l'essentiel la jurisprudence analysée, si l'on veut bien se rappeler que le curateur remplit en principe une fonction d'assistance et le tuteur une fonction de représentation : « si la personne protégée a accompli seule un acte pour lequel elle aurait dû être assistée, l'acte ne peut être annulé que s'il est établi que la personne protégée a subi un préjudice » (art. 465, al. 1er, 2° C. civ.). « Si la personne protégée a accompli seule un acte pour lequel elle aurait dû être représentée, l'acte est nul de plein droit sans qu'il soit nécessaire de justifier d'un préjudice » (art. 465, al. 1er, 3° C. civ.).

65

MAJEUR EN TUTELLE. MARIAGE. AUDITION ET NÉCESSITÉ DU CONSENTEMENT DE L'INCAPABLE. RECOURS DU JUGE DES TUTELLES

Civ. 1re, 24 mars 1998

(*Bull. civ.* I, nº 124, *D.* 1999. 19, note J.-J. Lemouland, *RTD civ.* 1998. 658, obs. J. Hauser, *Defrénois* 1998. 1398, obs. J. Massip)

Mme B... et autres

Si le mariage d'un majeur en tutelle n'est permis qu'avec le consentement du conseil de famille ou des deux parents, il nécessite, préalablement, le consentement du majeur.

Est recevable, par application de l'article 1222 du nouveau Code de procédure civile, le recours fondé sur un moyen de droit formé par un juge des tutelles contre la décision d'un conseil de famille ayant autorisé le mariage d'un majeur sous tutelle, dès lors que le juge n'invoque pas seulement l'omission d'une formalité substantielle, mais surtout le fait qu'aucun élément ne permettait de penser que le majeur avait ou avait eu la volonté de contracter.

Faits et procédure. — Atteint d'une maladie incurable (la chorée de Huntington) le privant de l'usage de la parole et de toute possibilité de manifester sa volonté, Jacques L... a été placé, le 20 mai 1996, sous le régime de la tutelle, sa mère Mme B... étant désignée en qualité d'administratrice légale sous contrôle judiciaire. Par requête du 12 juin 1996, celle-ci a demandé l'autorisation de faire procéder au mariage de Jacques L... et de Christiane C... avec laquelle il vit en concubinage depuis trente ans et dont il a eu un fils âgé de vingt-trois ans. Le 26 août 1996, un conseil de famille spécialement convoqué à cet effet et composé de cinq personnes, dont la mère et le fils de Jacques L..., a, après avis du médecin traitant et audition de Christiane C..., donné son consentement au mariage à l'unanimité des voix excepté celle du juge des tutelles. L'altération des facultés mentales de Jacques L... avait rendu son audition impossible bien que le conseil de famille se soit transporté à son chevet.

Le juge des tutelles a alors formé contre la délibération du conseil de famille un recours fondé sur l'article 1222 du nouveau Code de procédure civile, applicable à la tutelle des majeurs en vertu de l'article 1243 du nouveau Code de procédure civile. Outre le fait que la totalité des formalités prévues à l'article 506 du Code civil n'avait pu être accomplie, il considérait qu'aucun élément extérieur ne permettait de penser que Jacques L... avait la volonté de contracter mariage avec Christiane C...

Par jugement du 12 décembre 1996, le tribunal de grande instance de Troyes a accueilli favorablement ce recours en rappelant que, suivant l'article 146 du Code civil, « il n'y a pas de mariage lorsqu'il n'y a point de consentement », que le consentement personnel du majeur protégé est une condition nécessaire de son mariage, qu'il avait été impossible de procéder à l'audition du futur époux et qu'il ne pouvait être déduit du concubinage trentenaire et de l'existence d'un enfant la volonté de se marier. C'est contre ce jugement que les cinq membres du conseil de famille se sont pourvus en cassation.

Moyen. — V. l'arrêt.

ARRÊT

La Cour; — *Sur le moyen unique pris en ses deux branches :* — Attendu que M. L..., né le 3 avril 1946, atteint d'une maladie incurable le privant de l'usage de la parole et de toute possibilité de manifester sa volonté, a été placé sous tutelle le 20 mai 1996, sa mère, Mme B..., étant désignée en qualité d'administratrice légale sous contrôle judiciaire; que, par requête du 12 juin 1996, celle-ci a demandé l'autorisation de procéder au mariage de M. L... avec Mme C... avec laquelle il vit depuis 30 ans et dont il a eu un fils; que, le 26 août 1996, un conseil de famille a été spécialement convoqué pour en délibérer et, après avis du médecin traitant et audition de Mme C... a donné son accord à l'unanimité des voix, excepté celle du juge des tutelles; que celui-ci a frappé cette délibération du recours au fond prévu par l'article 1222 du nouveau Code de procédure civile; — Attendu qu'il est reproché au jugement attaqué (TGI Troyes, 12 déc. 1996) d'avoir réformé ladite délibération, alors, selon le moyen, d'une part, que l'omission d'une formalité substantielle, telle l'audition du majeur protégé par le conseil de famille convoqué pour donner son consentement au mariage de celui-ci, ne peut être invoquée qu'au soutien d'une action en nullité que le juge des tutelles n'a pas qualité pour exercer et non pas à l'appui d'un recours de droit commun contre la délibération du conseil de famille; qu'en n'ayant pas déclaré irrecevable un tel recours du juge des tutelles, le tribunal de grande instance a violé les articles 416 et 506 du Code civil et 1222 du nouveau Code de procédure civile; alors, d'autre part et subsidiairement, que le mariage d'un majeur en tutelle dont les facultés mentales sont altérées et l'empêchent d'exprimer sa volonté et qui est représenté d'une manière continue dans tous les actes de la vie civile, ne requiert pas le consentement de la personne protégée, mais seulement celui du conseil de famille; que si ce consentement doit toutefois être donné après audition du majeur en tutelle, il peut être passé outre à cette formalité lorsque son accomplissement s'est avéré matériellement impossible en raison de son aphonie et de son incapacité à manifester sa volonté, de sorte qu'auraient été encore violés les textes précités; — Mais attendu, d'une part, que le juge des tutelles n'invoquait pas seulement l'omission d'une formalité substantielle, mais surtout le fait qu'aucun élément ne permettait de penser que le majeur avait ou avait eu la volonté de contracter mariage avec Mme C...; que son recours, fondé sur ce moyen de droit, était donc recevable par application de l'article 1222 du nouveau Code de procédure civile; — Attendu, d'autre part, que si le mariage d'un majeur en tutelle n'est permis qu'avec le consentement du conseil de famille ou des deux parents, il nécessite, préalablement, le consentement du majeur; qu'ayant constaté que ce consentement n'avait pu être recueilli, le tribunal a, à bon droit, réformé la délibération en ce qu'elle avait autorisé le mariage; d'où il suit que le moyen n'est fondé en aucune de ses branches; — *Par ces motifs*, rejette...

OBSERVATIONS

1 L'altération, plus ou moins profonde, des facultés mentales n'entraîne pas nécessairement l'application d'un régime de protection (tutelle, curatelle, sauvegarde de justice). En leur absence, le droit applicable sous l'emprise de la loi du 3 janvier 1968 figurait à l'article 489 du Code civil, dont l'alinéa 1er était ainsi rédigé : « pour faire un acte valable, il faut être sain d'esprit. Mais c'est à ceux qui agissent en nullité pour cette cause de prouver l'existence d'un trouble mental au moment de l'acte ». Depuis la réforme opérée par la loi du 5 mars 2007, c'est à l'article 414-1 du Code civil que figure la règle : « Pour faire un acte valable, il faut être sain d'esprit. C'est à ceux qui agissent en nullité pour cette cause de prouver l'existence d'un trouble mental au moment de l'acte ». Au sujet, plus précisément du mariage, il est écrit à l'article 146 du Code civil : « Il n'y a pas de mariage lorsqu'il n'y a point de consentement ».

2 Lorsque le majeur est placé sous un régime de protection, plus précisément en cas de curatelle, ou comme dans le cas présent, de tutelle, il en va différemment. Afin de mettre un terme aux hésitations manifestées antérieurement en cas d'interdiction (G. Raymond, *Le consentement des époux au mariage*, thèse Poitiers, éd. 1965, p. 95 s.), la loi du 3 janvier 1968 sous l'empire de laquelle a été rendu le présent arrêt a consacré des solutions précises, illustrant heureusement la méthode d'interprétation au moyen de laquelle la jurisprudence assure la combinaison du spécial et du général, de la forme et du fond.

I. — L'audition du majeur en tutelle

3 Tel qu'il résulte de la réforme de 1968, l'article 506 du Code civil était ainsi rédigé : « Même dans le cas des articles 497 et 499 » – c'est-à-dire dans les cas de tutelle simplifiée sans conseil de famille – « le mariage d'un majeur en tutelle n'est permis qu'avec le consentement d'un conseil de famille, spécialement convoqué pour en délibérer. Le conseil ne peut statuer qu'après audition des futurs conjoints » (al. 1). « Il n'y a pas lieu à la réunion d'un conseil de famille si les père et mère donnent l'un et l'autre leur consentement au mariage » (al. 2). « Dans tous les cas, l'avis du médecin traitant doit être requis » (al. 3). La formulation retenue par la loi du 5 mars 2007 est différente : « le mariage d'une personne en tutelle n'est permis qu'avec l'autorisation du juge ou du conseil de famille s'il a été constitué et après audition des futurs conjoints et recueil, le cas échéant, de l'avis des parents et de l'entourage » (art. 460, al. 2, nouv. C. civ.; sur la conclusion d'un Pacs, v. l'art. 462 nouv. C. civ.; sur le mariage du majeur en curatelle, v. l'art. 460, al. 1 C. civ. et sur la conformité de ce texte à la Constitution, v. Cons. const. 29 juin 2012, *D.* 2012. 1675, *Dr. fam.* 2012, n° 148, note I. Maria).

4 Compte tenu de ces conditions et du fait qu'un seul consentement, celui de la mère de Jacques L…, était exprimé, il fallait bien constituer spécialement un conseil de famille et recueillir l'avis du médecin traitant, ce qui fut fait. Restait à savoir s'il y avait eu *audition* des deux futurs conjoints et plus particulièrement ici du malade mental. Le fait que sa maladie le prive de l'usage de la parole ne suffisait pas à mettre obstacle à la manifestation de son consentement au moyen d'autres signes. Ce qui est vrai au moment de la célébration du mariage (Civ. 1re, 22 janv. 1968, *JCP* 1968. II. 15442, note R.-L.; v. aussi *Les modes non formels d'expression de la volonté*, Trav. Ass. H. Capitant, t. XX, 1968) l'est aussi au moment de l'audition prévue à l'ancien article 506 du Code civil (v. les obs. J. Hauser, sous l'arrêt commenté).

5 S'agissant de l'audition du majeur en tutelle, le juge des tutelles et le tribunal ont raisonné en la circonstance comme si l'audition n'avait pas eu lieu. On aurait pu penser le contraire en considérant que le conseil de famille s'était déplacé au chevet du malade et que l'audition de celui-ci suffisait (v. en ce sens les obs. de J. Massip, préc., p. 1400). À l'impossible nul n'est tenu. Semblable analyse aurait dispensé d'un détour par une réflexion sur la nature de la formalité et sur les conséquences devant être attachées à son inobservation. Toujours est-il que le raisonnement a été, au moins pour partie, orienté en ce sens.

6 À cet égard, il n'est pas douteux que l'audition des conjoints, tout comme l'avis du médecin traitant, constitue une formalité substantielle de sorte que le juge des tutelles doit mentionner leur accomplissement dans le procès-verbal de délibération (J. Massip, *Les majeurs protégés*, t. I, 1994, p. 201). Et la sanction de l'inobservation d'une formalité substantielle doit être alors trouvée dans l'ancien article 416 du Code civil dont l'alinéa 1er est ainsi rédigé : « Les délibérations du conseil de famille sont nulles lorsqu'elles ont été surprises par dol ou fraude, ou que des *formalités substantielles* ont été omises ». Or, s'il est prévu à l'alinéa 3 de cet article, que l'action en nullité peut être exercée dans certaines conditions par le tuteur, le subrogé tuteur, les membres du conseil de famille ou par le ministère public ainsi que par le majeur en tutelle redevenu capable, il en va autrement du juge des tutelles, qui ne bénéficie pas du droit d'action. Si le débat avait été situé seulement sur ce terrain, le recours formé par les cinq membres du conseil de famille contre le jugement du tribunal aurait dû être accueilli par la Cour de cassation.

Les dispositions nouvelles traitent de la question à l'article 402 du Code civil (réd. L. 5 mars 2007) en reprenant les règles antérieures, en sorte que la portée de l'arrêt commenté persiste depuis la dernière réforme.

II. — L'absence de consentement du majeur en tutelle

7 En réalité, dans cette zone de règles où se révèle malaisée la distinction de la forme et du fond, c'est aussi sur un autre terrain, bien plus opérationnel, que le juge des tutelles a situé son action. Il a en effet fondé celle-ci sur la possibilité d'un recours en réformation – et non plus d'une action en nullité – contre la décision du conseil de famille (sur la combinaison éventuelle de ces deux recours, v. Civ. 1re, 19 nov. 1991, *Bull. civ.* I, n° 319, p. 208, *D.* 1991. IR 283,

RTD civ. 1992. 52, obs. J. Hauser, *Defrénois* 1992. 314, obs. J. Massip; 18 nov. 1997, *Defrénois* 1998, 36860, obs. J. Massip). Ce recours, qui avait dans le passé, avant les réformes de la tutelle des mineurs, en 1964, puis des majeurs, en 1968, suscité des hésitations, est prévu à l'article 1222 du nouveau Code de procédure civile, dont l'alinéa 1er applicable aux majeurs en tutelle (C. pr. civ., art. 1243), est ainsi rédigé : « Dans tous les cas » – formule générale qui couvre celui du mariage – « la délibération du conseil de famille peut être frappée d'un recours devant le tribunal de grande instance, soit par le tuteur, le subrogé tuteur ou les autres membres du conseil de famille, soit par le juge des tutelles, quel qu'ait été leur avis lors de la délibération ». La généralité du texte offre donc le cas échéant une possibilité de choix notamment lorsqu'il y a non seulement raison – d'opportunité ou de légalité – d'agir en réformation, mais aussi omission d'une formalité substantielle (raison de légalité).

8 Reste que, s'agissant du droit d'agir, une différence existe entre les deux recours, quant à la détermination des autorités qualifiées : le juge des tutelles peut agir en réformation (C. pr. civ., art. 1222), mais pas en nullité; le ministère public peut agir en nullité (C. civ., anc. art. 416, al. 2; nouv. art. 402, al. 3) mais pas en réformation. On comprend que, dans la présente affaire, le juge des tutelles ait fondé son recours sur l'article 1222 du nouveau Code de procédure civile non sans relever, comme le tribunal de grande instance après lui, que les formalités prévues à l'ancien article 506 n'avaient pas été respectées.

9 Là n'était pourtant pas la perspective essentielle. Ce qui importait surtout c'était le fait, relevé par le tribunal, que les formalités prévues à l'ancien article 506 du Code civil se surajoutaient à l'exigence du consentement personnel de l'incapable. En d'autres termes, le tribunal s'attachait à l'exigence du consentement personnel de l'incapable, mais en quelque sorte à travers la nécessité de son audition. Il eut sans doute été préférable de mieux distinguer, même si l'une permet de relever l'autre, l'audition (forme) et le consentement (fond), et d'insister sur l'exigence fondamentale autant que naturelle d'un consentement de l'intéressé dans le temps de son mariage (audition et célébration), ce qui correspondait d'ailleurs à l'opinion unanime de la doctrine.

10 La consécration de cette solution par l'arrêt commenté, laquelle conserve toute sa portée depuis la réforme de 2007, a conduit certains auteurs à considérer cette décision sinon comme un grand arrêt, du moins comme « un arrêt merveilleux » (Ph. Malaurie, « La Cour de cassation au XXe siècle » in *Rapport de la Cour de cassation*, 1999, p. 18). Que le mariage du majeur sous tutelle suppose le consentement du majeur, « c'est évident, mais il fallait le dire, ce qui n'avait jamais encore été fait » (*ibid.*). Et M. Malaurie ajoute : « L'arrêt implique aussi un principe non écrit dominant le droit des incapacités, tout au moins lorsqu'il s'agit de majeurs : la personne qui doit parler pour l'incapable, c'est d'abord le majeur protégé lui-même, s'il le peut » (*ibid.*; v. aussi R. Betaillole-Gonthier, *La capacité naturelle*, thèse Bordeaux IV, 1999).

11 La formulation retenue par la Cour de cassation se ressent pourtant de la manière dont la question de droit lui a été posée. Répondant à ce qui était développé dans la seconde branche du moyen unique de cassation – à savoir « que le mariage d'un majeur en tutelle dont les facultés mentales sont altérées… ne requiert pas le consentement de la personne protégée mais seulement celui du conseil de famille » –, la Cour de cassation pose, pour rejeter le pourvoi, que « si le mariage d'un majeur en tutelle n'est permis qu'avec le consentement du conseil de famille ou des deux parents, il nécessite, préalablement, le consentement du majeur; qu'ayant constaté que ce consentement n'avait pu être recueilli, le tribunal a, à bon droit, réformé la délibération en ce qu'elle avait autorisé le mariage ». Par cette motivation, la Cour de cassation, évidemment bien inspirée lorsqu'elle affirme la nécessité du consentement de l'incapable, n'en confond pas moins son audition – qui permet au conseil de famille de se faire une opinion – et son consentement normalement exprimé lors de la célébration du mariage, ce qui aboutit à l'exigence d'un consentement réitéré qui ne correspond pas, par un glissement du raisonnement, à une conception instantanée du consentement au mariage, en l'occurrence dans un intervalle lucide (sur l'annulation du mariage d'un majeur en curatelle sans autorisation, v. Lyon 4 juin 2009, *Dr. fam.* 2009, n° 161, note I. Maria; sur l'annulation posthume du mariage d'une personne placé sous sauvegarde de justice, v. Civ. 1re, 4 mai 2011, *D.* 2011. 2387, note G. Raoul-Cormeil).

AUX AUTEURS CITÉS, *adde* : V. Doumeng, *La vie privée du majeur malade mental ou déficient intellectuel*, thèse ronéot. 1998, t. II, nos 1171 s.; B. Le Mintier-Feuillet, *Le lien conjugal du malade mental*, thèse Rennes I, 1988.

LIVRE III

Les biens

PROPRIÉTÉ

66-67

DROITS RÉELS. CARACTÈRE NON LIMITATIF

I. Req. 13 février 1834. — II. Civ. 3e, 31 octobre 2012

Les articles 544, 546 et 552 du Code civil sont déclaratifs du droit commun relativement à la nature et aux effets de la propriété mais ne sont pas prohibitifs. Ni ces articles, ni aucune autre loi n'excluent les diverses modifications et décompositions dont le droit ordinaire de propriété est susceptible (1er arrêt).

Il résulte des articles 544 et 1134 du Code civil que le propriétaire peut consentir, sous réserve des règles d'ordre public, un droit réel conférant le bénéfice d'une jouissance spéciale de son bien (2e arrêt).

I. — Req. 13 février 1834

(*DP* 34. 1. 218, *S.* 34. 1. 205)

Caquelard c. Lemoine

Faits. — Les sieurs Caquelard et Lemoine s'opposaient quant à la définition des droits dont ils étaient titulaires sur une berge herbue plantée d'arbres. S'appuyant sur un faisceau d'éléments, notamment la possession et l'appréciation de certains actes, les juges du fond avaient fixé de manière originale les limites respectives de leurs droits. Tout en leur reconnaissant un droit de copropriété sur cette berge, ils avaient décidé que le premier avait droit aux herbes et le second à la jouissance des arbres qui y étaient plantés. Estimant cette délimitation contraire aux dispositions des articles 544, 546 et 552 du Code civil ainsi qu'à celles de l'article 607 de la coutume de Normandie qui prévoit que les servitudes ne peuvent s'acquérir par la prescription serait-elle de 100 ans, le sieur Caquelard se pourvut en cassation. Il soutenait que l'arrêt avait soit constaté l'existence d'une servitude discontinue non établie par titre, soit reconnu une indivision dont il n'aurait pas respecté les conséquences quant au partage des produits.

Pourvoi en cassation de la part de Caquelard, pour violation des articles 544, 546, 552 et 691 du Code civil, et de l'article 607 de la coutume de Normandie, en ce que l'arrêt a reconnu, au profit de Lemoine, une *servitude discontinue*, non établie par titre. — Peut-être, dit le demandeur, objectera-t-on que c'est une *copropriété* que l'arrêt a reconnue. Mais, dans cette supposition même, la loi n'en aurait pas moins été violée. Et en effet, l'arrêt ne détermine pas la part de chacun dans la copropriété. Ce serait donc une *indivision* avec droit à la moitié de tous les produits pour chacun. Et cependant la cour royale n'accorde à Caquelard que la jouissance dérisoire des herbes sans valeur et elle attribue à Lemoine celle de tous les arbres qui croissent dans une grande partie du terrain. C'est là une violation des articles 544, 546 et 552 du Code civil, articles qui établissaient pour Caquelard un droit absolu sur la moitié des produits de toute nature du terrain, et non un droit limité à telle nature de produits. Le copropriétaire a *totum in toto, totum in qualibet parte.*

M. l'avocat général, en concluant au rejet, a fait remarquer que de nombreux exemples de décomposition de la propriété existent dans certaines localités; qu'ainsi, dans la Bresse, les étangs appartiennent pendant deux ans, quant à l'eau et à la pêche, à un propriétaire, et la troisième année (où on les assèche) à un autre propriétaire, qui l'est du sol, et qui ensemence et récolte; qu'il est d'autres pays dans lesquels la première herbe des prés appartient à un propriétaire, tandis que les seconde et troisième herbes appartiennent à d'autres...

ARRÊT

La Cour; — *Sur le premier moyen, tiré de la violation des articles 544, 546, 552 et 691 du Code civil, et 607 de la coutume de Normandie :* — Attendu, en fait, qu'après avoir, dans ses motifs, reconnu formellement à Caquelard et à Lemoine un droit de copropriété sur la berge ou chaussée dont il s'agit, et avoir expliqué la nature et les limites respectives de ce droit, d'après les faits et les circonstances particulières de la cause, et notamment l'origine commune des deux usines, la possession réciproque, l'intérêt commun à la conservation de la berge, la charge de l'entretenir, et l'appréciation de certains actes, l'arrêt attaqué reconnaît et déclare de nouveau, dans son dispositif, le même concours de propriétaires et les limites respectives de leurs droits; ce qui écarte l'application des articles 691 du Code civil, et 607, coutume de Normandie; — Attendu, en droit, que les articles 544, 546 et 552 du Code civil, sont déclaratifs du droit commun relativement à la nature et aux effets de la propriété, mais ne sont pas prohibitifs; — Que ni ces articles, ni aucune autre loi, n'excluent les diverses modifications et décompositions dont le droit ordinaire de propriété est susceptible; — Rejette...

II. — Civ. 3e, 31 octobre 2012

(*D.* 2013. 53, note L. d'Avout et B. Mallet-Bricout, *JCP* 2012. II. 1400, note F.-X. Testu, *LPA* 16 janv. 2013, p. 11, note F.-X. Agostini, *RDC* 2013. 584, obs. R. Libchaber, *RTD civ.* 2013. 142, obs. W. Dross)

La Maison de Poésie c. Société des auteurs et compositeurs dramatiques

Faits. — Par acte notarié des 7 avril et 30 juin 1932, la fondation La Maison de Poésie a vendu à la Société des auteurs et compositeurs dramatiques (SACD) un hôtel particulier, l'acte mentionnant que « n'est toutefois pas comprise dans la présente vente et en est au contraire formellement exclue la jouissance ou l'occupation par la Maison de Poésie et par elle seule des locaux où elle est installée actuellement et qui dépendent dudit immeuble » et « au cas où la SACD le jugerait nécessaire, elle aurait le droit de demander que le deuxième étage et autres locaux occupés par la Maison de Poésie soient mis à sa disposition, à charge par elle d'édifier dans la propriété présentement vendue et de mettre gratuitement à la disposition de la Maison de Poésie et pour toute la durée de la fondation, une construction de même importance, qualité, cube et surface pour surface (...) en conséquence de tout ce qui précède, la Maison de Poésie ne sera appelée à quitter les locaux qu'elle occupe actuellement que lorsque les locaux de remplacement seront complètement aménagés et prêts à recevoir les meubles, livres et objets d'art et tous accessoires utiles à son fonctionnement, nouveaux locaux qu'elle occupera gratuitement et pendant toute son existence ». Le 7 mai 2007, après soixante-quinze ans d'occupation paisible et alors qu'aucune charge n'était supportée par le titulaire du droit d'occupation des locaux, le propriétaire de l'immeuble agit en expulsion et paiement d'une indemnité d'occupation, en faisant valoir que le droit réel dont est titulaire la Maison de Poésie est un simple droit d'usage et d'habitation, dont le régime juridique est analogue à celui de l'usufruit, en sorte que ce droit, en ce qu'il était concédé à une personne morale, ne saurait excéder une durée de trente ans (art. 619 C. civ., applicable par renvoi de l'art. 625).

La cour d'appel ayant fait droit à cette demande et décidé que le droit litigieux était expiré, un pourvoi est formé.

ARRÊT

La cour : — Sur le deuxième moyen : — Vu les articles 544 et 1134 du code civil; — Attendu qu'il résulte de ces textes que le propriétaire peut consentir, sous réserve des règles d'ordre public, un droit réel conférant le bénéfice d'une jouissance spéciale de son bien; — Attendu, selon l'arrêt attaqué (Paris, 10 févr. 2011), que par acte notarié des 7 avril et 30 juin 1932, la fondation La Maison de Poésie a vendu à la Société des auteurs et compositeurs dramatiques (la SACD), un hôtel particulier, l'acte mentionnant que « n'est toutefois pas comprise dans la présente vente et en est au contraire formellement exclue, la jouissance ou l'occupation par La Maison de Poésie et par elle seule des locaux où elle est installée actuellement et qui dépendent dudit immeuble » et « au cas où la SACD le jugerait nécessaire, elle aurait le droit de demander que le deuxième étage et autres locaux occupés par La Maison de Poésie soient mis à sa disposition, à charge par elle d'édifier dans la propriété présentement vendue et de mettre gratuitement à la disposition de La Maison de Poésie et pour toute la durée de la fondation, une construction de même importance, qualité, cube et surface pour surface » [...] « en conséquence de tout ce qui précède, La Maison de Poésie ne sera appelée à quitter les locaux qu'elle occupe actuellement que lorsque les locaux de remplacement seront complètement aménagés et prêts à recevoir les meubles, livres et objets d'art et tous accessoires utiles à son fonctionnement, nouveaux locaux qu'elle occupera gratuitement et pendant toute son existence »; que, le 7 mai 2007, la SACD a assigné La Maison de Poésie en expulsion et en paiement d'une indemnité pour l'occupation sans droit ni titre des locaux; — Attendu que pour accueillir la demande l'arrêt retient que le droit concédé dans l'acte de vente à La Maison de Poésie est un droit d'usage et d'habitation et que ce droit, qui s'établit et se perd de la même manière que l'usufruit et ne peut excéder une durée de trente ans lorsqu'il est accordé à une personne morale, est désormais expiré; — Qu'en statuant ainsi, alors que les parties étaient convenues de conférer à La Maison de Poésie, pendant toute la durée de son existence, la jouissance ou l'occupation des locaux où elle était installée ou de locaux de remplacement, la cour d'appel, qui a méconnu leur volonté de constituer un droit réel au profit de la fondation, a violé les textes susvisés;

Par ces motifs, et sans qu'il y ait lieu de statuer sur les autres moyens, casse...

OBSERVATIONS

1 À 178 ans de distance, l'arrêt *Caquelard* et l'arrêt *La Maison de Poésie* se conjuguent pour poser avec force un même principe, celui du caractère non limitatif des droits réels (I). En revanche, l'arrêt *La Maison de Poésie* innove lorsqu'il énonce que les droits réels *sui generis* revêtent un caractère perpétuel (II).

I. — De l'affirmation du caractère non limitatif des droits réels

2 On envisagera le principe du caractère non limitatif des droits réels (A), avant de rechercher les conséquences qui peuvent lui être attachées (B).

A. — Le principe

3 Le nombre des droits réels est-il, à l'image de celui des droits personnels, infini ou se limite-t-il à ceux qui ont été prévus et organisés par la loi ? En d'autres termes, peut-on créer des droits réels en dehors de ceux que le Code civil énumère ?

À cette question, le premier arrêt reproduit apporte une réponse empreinte d'un grand libéralisme : « les articles 544, 546 et 552 du Code civil sont déclaratifs du droit commun relativement à la nature et aux effets de la propriété mais ne sont pas prohibitifs; ni ces articles, ni aucune autre loi n'excluent les diverses modifications et décompositions dont le droit ordinaire de propriété est susceptible ». C'est dire qu'il est, selon lui, possible de s'abstraire des modèles de droits réels proposés par le code. En posant, dans le second arrêt reproduit, au visa des articles 544 et 1134, que « le propriétaire peut consentir, sous réserve des règles d'ordre public, un droit réel conférant le bénéfice d'une jouissance spéciale de son bien », la troisième chambre civile confirme cette analyse. Le droit des biens en ce qu'il définit la composition des prérogatives constitutives de droit réel laisse place aux conventions particulières, en sorte que les droits réels peuvent revêtir un caractère atypique. Cette confirmation est importante car, au regard de l'ancienneté de l'arrêt *Caquelard*, on avait pu se demander s'il n'était pas l'œuvre de « magistrats mieux accoutumés à l'ancien droit qu'au système du code » (W. Dross, obs. *RTD civ.* 2013. 142).

4 La solution n'allait pas de soi. Chacune des thèses en présence était, en effet, étayée par de solides arguments. En faveur du *caractère limitatif* des droits réels, on invoquait la lettre de l'article 543 : « on peut avoir sur les biens, ou un droit de propriété, ou un simple droit de jouissance, ou seulement des services fonciers à prétendre ». On ajoutait que cette lettre reflétait exactement l'intention des rédacteurs du Code civil désireux de rompre avec la tradition féodale qui laminait la propriété entre de multiples pouvoirs. Droit réel par excellence, la propriété apparaissait comme un idéal qu'il fallait préserver en limitant les possibilités de l'aménager. Treilhard, après avoir évoqué les trois sortes de droit de l'article 543, n'affirmait-il d'ailleurs pas : « Voici, en effet, les seules modifications dont les propriétés sont susceptibles dans notre organisation politique et sociale; il ne peut exister sur les biens aucune autre espèce de droits » (Fenet, t. XIV, p. 57 et 58; v. aussi, p. 33 et 49) ? Enfin on soulignait que l'organisation de la propriété immobilière est d'ordre public en ce qu'elle intéresse au plus haut degré les tiers, les modes de transmission des biens, la sécurité des conventions.

5 En faveur du *caractère non limitatif* des droits réels, on soutenait que l'article 543 avait pour seul objet d'annoncer le plan du Livre II et qu'il n'impliquait aucune limitation expresse du nombre des droits réels. L'on en voulait pour preuve le fait qu'il passe sous silence certains droits réels pourtant indiscutés, tels l'hypothèque, l'emphytéose ou le droit de superficie. Quant au caractère d'ordre public de l'organisation de la propriété immobilière, il convient – soulignait-on – d'en apprécier l'exacte portée; il signifie simplement qu'il n'est pas possible de créer des droits réels d'où découleraient pour leur titulaire des pouvoirs que le législateur ne leur permet pas d'avoir. Or, de ce point de vue, les données du problème se sont profondément transformées. Ainsi la préoccupation du législateur est-elle aujourd'hui beaucoup moins d'affirmer le caractère absolu et exclusif de la propriété, afin d'éviter que ne s'y superpose le droit éminent d'un suzerain, que de protéger les utilisateurs des biens – si besoin est contre leurs propriétaires et au prix d'un certain affaiblissement de leurs droits – afin de développer et d'encourager l'exploitation de ceux-ci. Comme le Conseil constitutionnel l'a justement rappelé, le droit de propriété, s'il n'a pas été atteint dans son essence, a changé dans ses « finalités et ses conditions d'exercice » (Cons. const. 16 janv. 1982, *supra*, n° 2). De même la crainte d'une renaissance de la féodalité, qui expliquait le luxe de précautions entourant la réglementation des servitudes dont on redoutait qu'elles ne permettent la réintroduction de corvées et de services liés à la propriété, a disparu. (Pour un tableau très complet de la controverse doctrinale sur le caractère limitatif ou non des droits réels au XIXe siècle, voir L. Pfister, « Les particuliers peuvent-ils au gré de leur volonté créer des droits réels ? Retour sur la controverse doctrinale au XIXe siècle », *RDC* 2013. 1261).

6 En réalité, les *limites* à la création des droits réels tiennent aujourd'hui beaucoup plus à la structure même de ces droits : s'exerçant directement sur la chose sans l'intervention d'un tiers afin de retirer tout ou partie de ses utilités économiques, le droit réel ne permet pas, au moins selon l'analyse traditionnelle (Dabin, *RTD civ.* 1962. 35), de mettre une prestation positive à la charge d'une personne. Rien ne paraît, en revanche, s'opposer à ce que, dans la limite des pouvoirs qui peuvent s'exercer sur une chose, le découpage en soit organisé différemment de ce que la loi prévoit. Aussi bien, tous les pouvoirs que le code accorde à un individu sur une chose étant contenus dans le droit de propriété, la possibilité de créer de nouveaux droits réels se résume-t-elle dans celle de le *décomposer autrement* de ce que prévoit la loi. L'arrêt *Caquelard* n'en dit pas davantage lorsqu'il décide qu'aucun des textes invoqués n'exclut « les diverses modifications et décompositions dont le droit de propriété est susceptible ». Quant à l'arrêt *Maison de Poésie* en posant que « le propriétaire peut consentir, sous réserve des règles d'ordre public, un droit réel conférant le bénéfice de jouissance spéciale de son bien », il marque que les juges doivent respecter, dans la limite de l'ordre public, la configuration particulière que les parties entendent donner à un droit réel.

En l'espèce, la décomposition qui se rencontrait dans la première décision était originale : le droit de planter des arbres qui est, aux termes de l'article 552, l'un des éléments de la propriété du dessus était détaché de celle-ci. Il en résultait la coexistence de deux droits à l'assiette distincte : l'un avait la berge, l'autre les arbres. Comment analyser cette situation ? On pourrait y voir une sorte de copropriété très particulière puisque, le droit de chacun n'étant pas représenté par une quote-part abstraite, l'article 815 du Code civil ne peut être invoqué par l'un ou l'autre des intéressés pour demander le partage. Comment, en effet, demander l'attribution de droits ayant des objets distincts alors que cette situation est déjà réalisée ! Aussi bien a-t-on pu parler, à propos de cet arrêt, de « copropriété forcée avec attribution de la jouissance privative de certains biens » (Atias, *Les biens*, n° 44-a). Probablement exacte lorsque l'arrêt a été rendu, cette analyse ne rendrait plus compte aujourd'hui de la situation ainsi créée. En effet, il semble bien qu'on soit ici en présence d'une variété de droit de superficie. Or si, à l'époque, la Cour de cassation voyait indéniablement dans le droit de superficie une copropriété (v. en dernier lieu Req. 5 nov. 1866, *DP* 67. 1. 32), elle a ultérieurement décidé, dans une espèce qui n'est pas sans similitude avec l'arrêt *Caquelard*, que « le droit de superficie forme un droit de propriété distinct et séparé du fonds; qu'il porte exclusivement sur les constructions et les bois ou autres produits du sol (qu'il a pour objet); que le concours d'un droit de superficie avec la propriété du tréfonds ne crée un état d'indivision ni quant à la propriété du sol, ni quant à la jouissance; qu'en effet, il n'y a pas indivision de propriété là où tout le fonds est dans le domaine du propriétaire du sol; qu'il n'y a pas davantage communion de jouissance entre deux parties dont l'une perçoit par le moyen du pâturage ou de toute autre manière le produit immédiat du sol, tandis que l'autre a le droit de couper les arbres d'une certaine espèce seulement et d'en recueillir les fruits, puisqu'il n'existe entre eux aucun partage de fruits ou de revenus indivis » (Civ. 16 déc. 1873, *DP* 73. 1. 249; rappr. Civ. 3e, 6 mars 1991, *JCP* 1992. II. 21890, note Ourliac).

Résultant dans la première décision d'une division originale de l'assiette de la propriété, le droit réel *sui generis* procédait dans la seconde d'un fractionnement des prérogatives de jouissance du propriétaire. Alors que la cour d'appel avait qualifié le droit de la Maison de Poésie de droit d'usage et d'habitation, la Cour de cassation l'analyse en un « droit réel de jouissance spéciale ». Emprunté à l'avant-projet doctrinal établi par l'Association Capitant pour la réforme du droit des biens (sur les moutures successives de cet avant-projet, voir L. d'Avout et B. Mallet-Bricout, note, *D.* 2013. 55), ce concept constitue pour l'heure un droit réel atypique, un droit réel *sui generis*. Si on laisse de côté la dimension temporelle qu'on retrouvera dans la deuxième partie de ce commentaire, on peine quelque peu à identifier ce qui fait la spécificité de ce droit de jouissance qui justifie qu'on le distingue du droit réel de jouissance générale. Certes, comme cela a été relevé, il était prévu que le propriétaire, en cas de reprise du local, était tenu d'une sorte d'obligation de relogement, à surface et localisation constantes. Mais, avec un tel amalgame de « droit sur » et de « droit à », on sort alors de la réalité (R. Libchaber, *RDC* 2013. 587).

Quoi qu'il en soit de la nature exacte de ces droits, leur existence suffisait à établir qu'au moins dans les limites de l'ordre public, on n'est pas tenu par les modèles de droit réel proposés par le code. Le propriétaire est « libre de conférer à autrui n'importe quelle utilité offerte par son bien à titre de droit réel » (W. Dross, *RTD civ.* 2013. 142).

7 Encore faut-il, pour que la création de nouveaux droits réels soit pleinement effective, que ceux-ci soient opposables *erga omnes.* Or, objecte-t-on, « la constitution d'un droit réel n'est en général opposable aux tiers que moyennant l'accomplissement de certaines formalités de publicité lesquelles ne peuvent être légalement remplies que pour les droits et les actes qui rentrent dans les catégories prévues par la loi » (Planiol et Ripert, t. III par Picard, 1953, nos 48 s.; Josserand, *Cours de droit civil positif français*, t. I, no 1337, p. 744; Ghestin, chron. *D.* 1981. 1 s., spéc. p. 9, no 31). Vraie sous l'empire de la loi du 23 mars 1855 qui interdisait la publication de droits réels *sui generis*, cette objection méconnaît aujourd'hui le fait, d'une part, que l'article 28 du décret du 4 janvier 1955 prescrit la publication de tout acte constitutif de droits réels immobiliers et, d'autre part, que le conservateur des hypothèques n'a pas de contrôle sur les actes présentés aux fins de transcription.

Aussi bien la majorité de la doctrine récente se prononce-t-elle – lorsqu'elle traite du problème – pour la libre création des droits réels (Terré et Simler, *Les biens*, no 52; Marty, Raynaud et Jourdain, *Les biens*, no 8; Atias, *Les biens*, nos 39 s.; Larroumet, *Les biens*, nos 51 s.; Malaurie et Aynès, *Les biens*, n°s 355 s.; Bergel, Bruschi et Cimamonti, *Les biens*, n° 53; Derruppé, « La nature juridique du droit du preneur à bail et la distinction des droits réels et des droits de créance », 1952, n°s 256 s., p. 293 s.; J.-L. Goutal, *Essai sur le principe de l'effet relatif du contrat*, 1981, n°s 114 s., p. 87 s.; A. Hervieu, *De la limitation des droits réels*, thèse dactyl. Caen, 1981; P. Crocq, *Propriété et garantie*, 1995, n° 249; v. cep. *contra* Zénati, note *D.* 1985. 505; Zénati et Revet, *Les biens*, n° 196).

B. — Les conséquences attachées à ce principe

8 Au XIXe siècle, la jurisprudence a fréquemment eu à connaître, comme en témoigne l'arrêt *Caquelard*, de décompositions originales de la propriété qui constituait autant de « reliefs médiévaux » (R. Libchaber, *RDC* 2013. 586). Ainsi en allait-il, pour ne citer que quelques exemples, des droits d'assec et d'évolage qui, en Bresse, prévoyaient que les étangs étaient en eau pendant deux ans, et asséchés durant la troisième année pour être livrés à la culture; la jouissance effective de l'immeuble était alternativement exercée par le titulaire de l'évolage qui recueillait les produits de la pêche et par celui de l'assec qui bénéficiait des produits de la culture (Civ. 5 juill. 1848, *S.* 48. 1. 697). Ainsi en allait-il encore du droit de bandite qui, dans le comté de Nice, conférait à son titulaire, le bandiote, la jouissance de certains pâturages durant l'hiver. Expression de traditions locales vivaces qui, par-delà la Révolution, témoignait de la souplesse du régime foncier de l'Ancienne France, cette source de droits réels originaux s'est progressivement tarie, parfois avec la complicité du législateur. C'est ainsi que la loi du 21 juillet 1856 a permis aux intéressés de demander la licitation des étangs dont l'évolage et l'assec appartenaient à des propriétaires différents; c'est ainsi encore que la loi du 8 juillet 1963 a porté abrogation des bandites, non sans soulever d'ailleurs de nombreuses difficultés (v. D. Perney, *Une institution originale : les droits de bandite*, Travaux et recherches de la Faculté de droit de Nice, juin 1978, fasc. IV; sur le droit aux secondes herbes, v. Civ. 3e, 25 mars 1992, *D.* 1993. 65, note de La Marnierre; sur le droit dit de « crû et à croître », voir Civ. 3e, 23 mai 2012, *D.* 2012. 1934, note L. d'Avout, 2128, obs. B. Mallet-Bricout, *JCP* 2012. 930, note W. Dross, *LPA* 14 août 2012, p. 17, note F.-X. Agostini, *RTD civ.* 2012. 553).

9 On assiste cependant aujourd'hui à une certaine résurrection de ces pratiques avec l'essor de la « division en volumes » des immeubles bâtis. Utilisée pour des complexes immobiliers tels ceux du Front de Seine ou de la Défense dont les composantes de nature très différente sont souvent disposées en couches superposées (locaux techniques, garages, locaux commerciaux, dalle de circulation, jardin, locaux d'activité, locaux d'habitation…), cette technique consiste à diviser la propriété de l'immeuble en volumes définis géométriquement sans qu'il existe de parties communes entre eux. Mieux adaptée que la copropriété classique qui ne permet que malaisément de tenir compte de la diversité des composantes de l'immeuble, cette division nécessite une organisation conventionnelle complexe et notamment la mise en place d'un faisceau de servitudes réciproques, les problèmes communs étant réglés au sein d'une association foncière urbaine qui regroupe tous les propriétaires des volumes (sur cette technique, v. not. Terré et Simler, *Les biens*, n° 948; D. Sizaire, « Division en volumes et copropriété des immeubles bâtis », *JCP* 1988. I. 3367; « Division en volumes », *JCP* 1998, éd. N, p. 388; sur le rôle de pionnier joué en la matière par le doyen Savatier, v. not. chron. *D.* 1965. 213, *D.* 1976. 103). Il n'y a là d'ailleurs, comme bien souvent, qu'une réactualisation des procédés de l'ancien régime (sur l'Ancien droit, v. Marty et Raynaud, *Les biens*, n° 240, p. 300). Mais objectera-t-on, est-on vraiment en présence de droits réels nouveaux ? Il ne s'agit pas, en effet, d'un démembrement original des prérogatives du propriétaire, mais d'un partage novateur de l'espace.

10 Découvrir, dans la pratique, des droits réels *sui generis* qui procèdent d'une décomposition originale, non de l'assiette du droit, mais des prérogatives du titulaire de celui-ci, paraît plus difficile.

Comment l'expliquer ?

Une première raison vient à l'esprit : pour que la possibilité de créer de tels droits se matérialise, il faut que ceux-ci traduisent une originalité suffisante par rapport aux droits réels réglementés (F. Terré, *L'influence de la volonté individuelle sur les qualifications*, 1957, p. 450 s.). Or, ne pouvant guère servir, à la différence des droits personnels, qu'à répartir l'utilité économique des choses entre les personnes, la technique des droits réels aurait déjà donné naissance avec la propriété et ses démembrements réglementés aux instruments qui suffisent à répondre à l'essentiel des besoins. L'explication n'est cependant pas totalement convaincante. Il est, en effet, possible de concevoir des démembrements du droit de propriété irréductibles aux schémas connus. Ainsi nombre d'aménagements du droit de propriété qui visent à faire disparaître ou à restreindre le pouvoir de *disposition* du propriétaire pourraient-ils s'analyser en autant de droits réels *sui generis.* C'est ainsi que la jurisprudence n'a pas hésité à découvrir, dans l'engagement du propriétaire d'un terrain de ne pas demander réparation à l'exploitant régulier de la mine, un droit réel original transmissible aux acquéreurs successifs du terrain (Dijon, 30 déc. 1896, et Civ. 12 déc. 1899, *S.* 1901. 1. 497, note Tissier). Et de fait, acquérir le droit de causer des dommages au bien d'autrui sans être tenu de les réparer, n'est-ce pas se voir concéder par le propriétaire de celui-ci une partie de *l'abusus* (en ce sens, Goutal, *op. cit.*, n° 148, p. 109) ?

De même, il a été proposé de voir dans l'inaliénabilité conventionnelle, non une simple charge réelle, mais une véritable division du *jus abutendi* entre deux personnes, le propriétaire et le bénéficiaire de l'inaliénabilité (*infra*, n° 75). De même encore, certains ont cru pouvoir déceler dans la restriction au droit de disposer née d'un pacte de préférence un droit réel *sui generis* analogue au droit de préemption d'origine légale (en ce sens, Hervieu, thèse préc., p. 126 et 459; *contra C.* Saint Alary-Houin, *Le droit de préemption*, thèse Paris II, éd. 1979, n°s 488 s.).

Mais c'est surtout dans une décomposition originale du *droit d'usage* que pourrait être recherchée la solution de problèmes que la pratique résoud, pour l'heure, en usant de tout autres moyens. Afin de favoriser la diffusion de la civilisation des loisirs, il a été imaginé de proposer à plusieurs personnes de se grouper pour occuper, chaque année, à tour de rôle, pendant une période déterminée, la même résidence de vacances. Comme le montre le précédent de vieux arrêts (Req. 25 oct. 1886, *S.* 87. 1. 373, réglant l'usage d'une source entre plusieurs propriétaires en prévoyant que chacun d'entre eux « devait jouir desdites eaux à des jours et heures déterminés »), notre droit des biens peut s'accommoder de l'existence d'un droit d'usage périodique. Mais la pratique s'est orientée vers une formule sociétaire (Terré et Simler, *Les biens*, n° 552). Une société est seule propriétaire de l'immeuble et ses parts confèrent à leur titulaire un droit de séjour déterminé dans le temps (Cornu, *Introduction, Les personnes, Les biens*, n°s 1320 s.). C'est dire que, malgré la terminologie utilisée (multipropriété, propriété spatio-temporelle, propriété saisonnière, propriété par période, propriété à temps partagé...), qui témoigne du prestige que conservent les techniques du droit des biens dans l'inconscient collectif, ce système reste étranger au régime foncier. Extrapolant à partir de ces hypothèses, il est, nous semble-t-il, possible de découvrir la raison d'un certain manque de vitalité des droits réels *sui generis* dans « l'engouement » que notre époque marque aux personnes morales. Proliférant de manière spectaculaire (groupement foncier agricole, syndicat de copropriétaires, association foncière urbaine, etc.), les groupements personnalisés ont en matière foncière souvent pris le relais des droits réels (Atias, *Les biens*, n° 44-a). Comme le montre le double exemple de la multipropriété et des associations foncières urbaines, ils constituent un instrument plus souple d'organisation de la gestion (sur les rigidités de la loi sur la copropriété, v. les difficultés soulevées par le droit d'affichage, Civ. 3e, 18 janv. 1984, *D.* 1985. 504, note Zénati, et surtout Civ. 3e, 19 nov. 1985, *D.* 1986. 497, note Zénati).

11 Il est permis néanmoins de se demander si certains facteurs ne sont pas de nature à renouveler, au moins partiellement, les données du problème. Ainsi pourrait-il en aller notamment du développement des *relations privées internationales.* En effet, nombre de pays, moins imprégnés par la tradition romaniste, conçoivent de façon très différente les démembrements de la propriété. Tel est le cas notamment du droit anglo-saxon avec l'institution du *trust.* Celle-ci permet à une personne, le constituant du trust, ou *settlor*, de transférer à une autre personne en laquelle elle a toute confiance, le *trustee*, la propriété d'un bien à charge d'en remettre le revenu ou le capital dans certaines conditions, au bénéficiaire appelé *cestuy que trust* qui peut être le constituant lui-même ou une autre personne. Le *trustee* devient légalement propriétaire des biens remis par le *settlor*, il a le « *legal ownership* », il peut les administrer et en disposer. Toutefois les biens objets du *trust* sont distincts du patrimoine personnel du *trustee* et sont donc soustraits à l'action de ses créanciers personnels. Quant au bénéficiaire du *trust*, ses droits ne dégénèrent pas en simple droit de créance. Il a l'« *equitable ownership* » qui lui permet d'être protégé en équité contre les actions du *trustee.* Mais ces biens échappent également à ses propres créanciers car ils n'entrent pas dans son patrimoine.

Le *trust* provoque ainsi un *démembrement du droit de propriété* étranger aux conceptions françaises. À supposer qu'un tel *trust* soit constitué sur des biens situés en France, pourra-t-il s'y exercer effectivement ? La question a été très débattue (*contra* : Motulsky, « De l'impossibilité juridique de constituer un trust anglo-saxon sous l'empire de la loi française », *Rev. crit. DIP* 1948. 451 ; pour : Lepaulle, *Traité théorique et pratique des trusts*, 1932). Aujourd'hui on a tendance à considérer que le *trust* peut éventuellement produire ses effets, sur les biens situés en France, entre les parties, mais que le démembrement qu'il réalise reste inopposable aux tiers notamment aux créanciers du constituant.

La ratification par la France de la Convention de La Haye du 1er juillet 1985 relative à la loi applicable au *trust* et à sa reconnaissance serait de nature à accroître la fréquence d'application de tels démembrements. Celle-ci n'est à l'évidence concevable que si l'on considère qu'il est possible de s'abstraire des modèles du Code civil (Béraudo, *Les trusts anglo-saxons et le droit français*, 1992). C'est dans cette direction que s'est orientée la loi du 19 février 2007 instituant la fiducie (art. 2011 s. C. civ.) (v. B. Mallet-Bricout, « Fiducie et propriété », *Mélanges C. Larroumet*, 2010, p. 297 ; rappr. C. Witz, *La fiducie en droit privé français*, thèse Strasbourg, éd. 1981).

II. — La durée des droits réels *sui generis*

12 En ce qu'il admet l'existence de droits réels *sui generis*, l'arrêt *Maison de Poésie* se situe dans la ligne précédemment dégagée en droit positif. S'il a suscité des réactions et provoqué comme une relance du débat en la matière, cela tient au fait que le droit réel *sui generis* dont il constate l'existence ne connaît « aucune limite de temps ». Traditionnellement, l'adhésion doctrinale à l'absence de *numerus clausus* des droits réels allait de pair avec l'affirmation que ces droits réels étaient allergiques à la perpétuité. Or si on l'inscrit dans le sillage d'un autre arrêt rendu quelques mois auparavant par la troisième chambre civile (Civ. 3e, 23 mai 2012, préc.), l'arrêt *Maison de Poésie* paraît prendre nettement le contre-pied d'une telle analyse.

13 La question de la durée du droit litigieux constituait, au demeurant, le cœur du procès, puisque celui-ci avait pour objet de savoir si la Fondation Maison de Poésie pouvait ou non demeurer sans limite de temps dans l'hôtel particulier qu'elle avait vendu en 1932. Si l'on retenait, comme les juges du fond, la qualification de droit d'usage et d'habitation, celui-ci s'éteignait au bout de trente ans par application de l'article 619 du Code civil, auquel renvoyait l'article 625 du même code. Si on y voyait un droit réel *sui generis*, le terme extinctif trentenaire n'avait plus lieu de jouer, les parties étant « convenues de conférer à la Maison de Poésie, pendant toute la durée de son existence, la jouissance ou l'occupation des locaux ». Est-ce à dire que le droit réel ainsi constitué soit perpétuel ? Pas exactement, puisque ce droit réel *sui generis* avait pour titulaire la Fondation, laquelle ne pouvait le céder, en sorte qu'il devait s'éteindre avec la Fondation. Mais un tel terme apparaît assez « théorique au regard de la possibilité de reconduire la personne morale à son échéance » (W. Dross, *RTD civ.* 2013. 142). Surtout, dans sa décision du 23 mai 2012, la troisième chambre civile a posé que la prérogative réelle de crû et à croître qui était l'objet du procès « était perpétuelle et ne pouvait s'éteindre par le non-usage ». Il semble donc que si la création des droits réels *sui generis* ne peut se faire que « sous réserve des règles d'ordre public », comme le rappelle la haute juridiction dans son arrêt *Maison de Poésie*, il n'y a rien à attendre de celui-ci en ce qui concerne leur durée. Telle a été, au demeurant la lecture qui a été généralement faite de cette jurisprudence, laquelle a suscité en doctrine des réactions très contrastées.

14 Intitulant son commentaire « les habits neufs de la perpétuité », M. Rémy Libchaber observe que cette menace d'une perpétuité des droits réels *sui generis* ébranle « les principes constitutifs du droit des biens », car en admettant la perpétuité de droits de jouissance de la chose d'autrui, elle exclut la reconstitution de la *plena in re potestas* au profit du propriétaire et par là même porte un coup fatal à la propriété en redonnant vie au domaine divisé de l'ancien droit (*RDC* 2013. 585). À l'opposé, M. Louis d'Avout, mettant en avant ce qu'il estime être l'orientation libérale traditionnelle du droit français des biens, considère que l'arrêt commenté est le reflet des « traditions françaises » qui voudraient que « l'actuel principe de perpétuité du droit réel de propriété soit appliqué aux droits réels innomés, sauf volonté contraire exprimée par les parties à l'acte constitutif » (*D.* 2012. 1936). Enfin, faisant sienne une position intermédiaire, M. William Dross considère que les droits réels *sui generis* doivent pouvoir être conférés sans limitation de durée, mais qu'ils doivent s'éteindre par non-usage trentenaire, le propriétaire conservant ainsi sa vocation à voir réunies entre ses mains l'ensemble des utilités de la chose (*RTD civ.* 2013. 143). Autrement dit, si la perpétuité des droits réels *sui generis* est admissible, leur imprescriptibilité ne l'est pas.

15 À considérer l'état du droit positif antérieur à cette décision, celui-ci paraît plutôt militer en faveur du refus de la perpétuité. En effet, si le droit de propriété est perpétuel (Req. 12 juill. 1905, *infra*, n° 68), les droits réels démembrés prévus par le Code ne le sont pas. L'usufruit est limité à la vie de la personne physique qui en est titulaire (art. 617 C. civ.) ou à trente ans pour les personnes morales (art. 619 C. civ.). Il en va de même pour le droit d'usage et d'habitation (art. 625 C. civ.). En outre, tous ces droits se perdent par le non-usage trentenaire (art. 617 C. civ.). Quant aux servitudes, si elles sont prévues sans limitation de durée, elles se perdent par le non-usage trentenaire (art. 706 C. civ.). Cette limitation dans le temps en se combinant avec la perpétuité du droit de propriété avait pour fonction d'assurer le règne de la pleine propriété (Atias, *Les biens*, n° 76-a).

Certes, le droit de superficie est considéré comme définitif. Mais, c'est parce qu'il est désormais conçu par la jurisprudence comme un « droit de propriété distinct et séparé » qui procède d'une division même de l'objet de la propriété (*supra*, § 6). Aussi bien, peut-on analyser la clause de crû et de croître en une variété de droit de superficie, ce qui expliquerait la solution retenue par la troisième chambre civile dans son arrêt du 23 mai 2012 (préc.), solution par rapport à laquelle l'arrêt *Maison de Poésie* apparaît sensiblement en retrait.

En effet, comme on l'a justement relevé, à aucun moment les hauts magistrats n'affirment que « le propriétaire peut consentir, sous réserve des règles d'ordre public, un droit réel *perpétuel* conférant le bénéfice d'une jouissance spéciale de son bien » (W. Dross, *RTD civ.* 2013. 142).

PROPRIÉTÉ. NATIONALISATION. CONTRÔLE DE CONSTITUTIONNALITÉ

(V. *supra* n° 2)

68

PROPRIÉTÉ. CARACTÈRE PERPÉTUEL. NON-USAGE TRENTENAIRE. PROPRIÉTÉ NON PERDUE

Req. 12 juillet 1905

(*DP* 1907. 1. 141, obs. Potier, *S.* 1907. 1. 273, note Wahl)

Le Cohu c. Morvan

L'article 2262 du Code civil ne s'applique pas à l'action en revendication intentée par le propriétaire dépossédé de son immeuble.

La propriété ne se perdant pas par le non-usage, l'action en revendication peut être exercée aussi longtemps que le défendeur ne justifie être lui-même devenu propriétaire de l'immeuble revendiqué par le résultat d'une possession contraire, réunissant tous les caractères exigés de la prescription acquisitive.

Faits. — Par jugement du tribunal civil de Pontivy, en date du 25 janvier 1854, deux métairies indivises entre les familles Morvan et Le Cohu ont été adjugées : la métairie dite Le Cohu-Morvan, aux consorts Morvan, et la métairie dite Le Cohu-Bodergat aux consorts Le Cohu. L'entrée en jouissance était fixée au 1er janvier 1854. Dès avant l'adjudication, en raison de l'enchevêtrement des parcelles dépendant de chaque métairie et pour faciliter leur exploitation réciproque, certaines terres de la métairie ensuite adjugée aux consorts Morvan étaient cultivées par le fermier de l'autre métairie et réciproquement. Cette situation, créée par des accords entre les fermiers, subsista depuis le jugement sus-daté jusqu'en 1901. On doit noter que, de 1858 à 1894, le fermier de la métairie Le Cohu-Bodergat était un des consorts Morvan, lequel se trouvait, à ce titre de fermier, cultiver en partie la métairie adjugée à la famille Le Cohu en 1854, tandis que le fermier de cette dernière cultivait, comme fermier des consorts Morvan, partie de la métairie adjugée à ceux-ci. Pour faire cesser cet état de choses, le sieur Joseph Morvan, seul représentant des consorts Morvan, a introduit en 1901, contre la demoiselle Le Cohu, elle-même aux droits des consorts Le Cohu, une action en revendication des terres de la métairie Le Cohu-Morvan encore détenues par la défenderesse, à laquelle il offrait de restituer les parcelles dépendant de la métairie Le Cohu-Bodergat. La demoiselle Le Cohu a soutenu qu'elle avait prescrit la propriété des terres litigieuses par une possession trentenaire et qu'en tout cas l'action en revendication du demandeur était éteinte faute d'avoir été exercée dans les trente ans.

Le tribunal civil de Pontivy a fait droit à la revendication de Joseph Morvan par jugement du 5 mars 1902, et sur l'appel formé par la demoiselle Le Cohu, la cour de Rennes (3e ch.) a rendu, le 11 juillet 1903, l'arrêt confirmatif suivant :

« Attendu qu'en admettant comme dès à présent établi qu'à la date du 25 janvier 1854, au moment où les auteurs de l'intimé sont devenus propriétaires des soixante-treize pièces composant, avec les bâtiments, la métairie Le Cohu-Morvan, quelques-unes de ces pièces avaient été cultivées par le fermier de la métairie Le Cohu-Bodergat, et que les adjudicataires ne soient pas entrés en jouissance desdites pièces par la perception des fermages, les auteurs de la demoiselle Le Cohu n'auraient pu en acquérir la propriété par la prescription trentenaire; — Qu'en effet, tenus de les délivrer aux auteurs de J. Morvan, ils ne les ont possédées du 27 janvier 1858 au 1er février 1894 que pour le compte de ceux-ci et que, précaire au début, cette possession n'a pu changer de caractère par les seules volontés et contrairement aux titres qui consacrent leur obligation de délivrer; — Attendu, en ce qui concerne la prescription de l'action intentée par Morvan, que la disposition de l'article 2262 du Code civil n'est point applicable à l'action en revendication ou en délivrance exercée par le propriétaire qui est resté plus de trente ans sans agir; qu'il en est de cette action comme du droit de propriété qui ne peut se perdre par le non-usage; qu'il n'y a pas de distinction à faire entre le droit de propriété et l'action qui en est la sanction et que la prescription n'est possible, contre l'un ou l'autre, que si un tiers a possédé pendant le temps requis et dans les conditions voulues par la loi; — Par ces motifs, et adoptant les motifs qui ont déterminé les premiers juges;... — Dit que les faits articulés ne sont point pertinents, et qu'il n'échet d'en autoriser la preuve; — Dit que la disposition de l'article 2262 du Code civil n'est point applicable à l'action en délivrance ou en revendication exercée par le propriétaire qui est resté plus de trente ans sans agir, etc. ». Pourvoi en cassation par la demoiselle Le Cohu.

Moyens. — 1° Violation et fausse interprétation des articles 2219 et s., 2228 et s., 2236 et s. du Code civil, en ce que l'arrêt attaqué a refusé d'autoriser la demanderesse au pourvoi à administrer la preuve par elle offerte, qu'elle ou ses auteurs étaient, depuis plus de trente ans, en possession des parcelles de terre dont la délivrance lui était réclamée par le défendeur éventuel, sous le prétexte que la propriété n'en aurait pu être acquise par prescription, à raison du caractère précaire et contraire à leur titre de la possession desdits auteurs; alors que, d'une part, le seul titre contre lequel ils ont prescrit *animo domini*, était le titre de leur adversaire, ce qui excluait tout vice de précarité dans leur possession, et que, d'autre part, ce prétendu vice, en admettant qu'il eût existé au début, eût, en tout cas, disparu dès 1858, par suite d'une interversion de titre résultant des faits mêmes qui ont été constatés par l'arrêt attaqué.

2° Violation et fausse interprétation des articles 2241, 2262 du Code civil, en ce que l'arrêt attaqué a refusé de déclarer éteinte, par la prescription trentenaire, l'action en délivrance des parcelles litigieuses, sous le prétexte que cette action ne peut se perdre par le non-usage, alors que toute action, dès le moment où elle est ouverte, se prescrit par un délai de trente ans.

ARRÊT

La Cour; — Sur le premier moyen pris de la violation et de la fausse application des articles 2219 et s., 2228 et s., 2236 et s. du Code civil : — Attendu qu'il résulte des constatations de l'arrêt attaqué que les auteurs des deux parties en cause étaient anciennement copropriétaires par indivis de deux métairies voisines; que c'est seulement par suite d'arrangements intervenus entre les fermiers pour les convenances de leur exploitation respective que, avant comme après le jugement de l'adjudication sur licitation de la métairie comprenant les parcelles litigieuses, prononcé le 25 janvier 1854 au profit des auteurs du défendeur éventuel, les fermiers de l'autre métairie, devenue la propriété des auteurs de la demoiselle Le Cohu, ont cultivé, contrairement aux titres de leurs bailleurs, quelques-unes de ces pièces de terre; — Attendu que, dans ces circonstances de fait, qu'ils constataient souverainement, les juges du fond ont à bon droit reconnu que la possession, qui n'aurait été manifestée que par les actes des fermiers de la demoiselle Le Cohu, et de ses auteurs, précaire au début, et n'ayant jamais perdu ce caractère, ne pouvait servir de fondement légal à la prescription trentenaire invoquée par la demanderesse en cassation; — Attendu, d'autre part, que des faits constatés par l'arrêt ne résulte pas la preuve, que le pourvoi prétend y trouver, d'une contradiction opposée au droit du propriétaire au cours de cette possession, et ayant ainsi produit l'interversion de titre prévue par l'article 2239 du Code civil; que, dès lors, en statuant comme elle l'a fait, la cour d'appel n'a ni violé, ni faussement interprété les articles du Code civil visés au moyen; — Sur le deuxième moyen pris de la violation et de la fausse interprétation des articles 2241 et 2262 du Code civil, en ce que l'arrêt attaqué a refusé de déclarer éteinte par la prescription trentenaire, l'action en délivrance des parcelles litigieuses, sous prétexte que cette action ne peut se perdre par le non-usage, alors que toute action, dès le moment où elle est ouverte, se prescrit par un délai de trente ans : — Attendu que, malgré la généralité des termes de l'article 2262 du Code civil, qui décide que toutes les actions, tant réelles que personnelles, sont prescrites par trente ans, ce texte ne s'applique pas à l'action en revendication intentée par le propriétaire dépossédé de son immeuble; que la propriété ne se perdant pas par le non-usage, l'action en revendication, qui sanctionne et protège ce droit, peut être exercée aussi longtemps que le défendeur ne justifie pas être lui-même devenu propriétaire de l'immeuble revendiqué par le résultat d'une possession contraire, réunissant tous les caractères exigés pour la prescription acquisitive; d'où il suit, qu'après avoir reconnu que la prescription opposée par la demanderesse en cassation était entachée de précarité, la cour de Rennes, en refusant de déclarer prescrite l'action en revendication fondée sur un titre remontant à plus de trente années, loin de violer et de faussement interpréter les articles 2241 et 2262 du Code civil visés au moyen, en a, au contraire, fait une exacte application; — Par ces motifs, rejette...

OBSERVATIONS

1 La propriété revêt un caractère perpétuel qui n'est que la traduction temporelle de son caractère absolu. Cela signifie d'abord que le droit de propriété n'est pas viager, mais héréditaire; cela signifie ensuite qu'il ne se perd pas par

le non-usage, fût-il trentenaire (C. Pourquier, *Propriété et perpétuité, Essai sur la durée du droit de propriété*, PUAM 2000, spéc. n°s 198 s.; N. Kanayama, « La naissance du principe de l'imprescriptibilité de l'action en revendication en droit français », in *La Révolution et l'ordre juridique privé*, Colloque Orléans, PUF, 1998, p. 733; T. Lamarche, « L'imprescriptibilité et le droit des biens », *RTD civ.* 2004. 403 s.). C'est précisément ce deuxième aspect de la perpétuité du droit de propriété qui est affirmé par l'arrêt ci-dessus reproduit.

I. — La propriété ne se perd pas par le non-usage

2 La question, très débattue, se posait dans les termes suivants : le propriétaire qui s'était abstenu d'exercer son droit de propriété pendant plus de trente ans le revendiquait contre un tiers qui ne pouvait se prévaloir de l'usucapion, sa possession ayant revêtu un caractère précaire; le défendeur invoquait l'article 2262 du Code civil qui prévoit que toutes les actions, tant réelles que personnelles, sont prescrites par trente ans. La cour répond que la propriété ne se perd pas par le non-usage et qu'en conséquence l'action en revendication peut être exercée aussi longtemps que le défendeur ne justifie pas être lui-même devenu propriétaire par l'effet de la prescription acquisitive.

3 À l'appui de cette solution, plusieurs arguments ont été avancés. En premier lieu, l'ancien article 2262, en dépit de sa généralité, ne visait pas l'action en revendication; il est, en effet, repris de Pothier qui n'admettait en la matière que la prescription acquisitive (Wahl, note *S.* 1907. 1. 274). En deuxième lieu, la thèse inverse conduirait à des conséquences étatistes inadmissibles : la propriété étant perdue par le propriétaire sans pouvoir être acquise par le possesseur ou le détenteur, l'immeuble serait attribué à l'État comme bien vacant et sans maître (Wahl, note préc. p. 274 s.). L'argument fait sans doute plus ou moins d'impression selon que l'on se trouve à une époque de libéralisme ou de socialisme rampant. Mais il reste vrai qu'admettre en la matière le jeu de la prescription extinctive, ce serait vider de sa signification l'usucapion trentenaire; la prise de possession étant le plus souvent postérieure au moment où le propriétaire a cessé d'user de la chose, le bien serait acquis à l'État avant que le possesseur ait pu prescrire (H., L. et J. Mazeaud et Chabas, t. II, vol. 2, n° 1349).

Enfin la perpétuité du droit de propriété se justifie par la nature même de celui-ci. Étant le droit de faire ce que l'on veut d'une chose, la propriété inclut celui de ne pas en user; partant, ne pas se servir de sa propriété, c'est encore exercer son droit de propriété (Bandrac, *La nature juridique de la prescription extinctive*, 1986, n° 124; Zénati et Revet, *Les biens*, n° 117; Bergel, Bruschi et Cimamonti, *Les biens*, n° 97). Plus généralement, il est la relation normale de l'homme à la chose, la condition ordinaire et naturelle des biens. Combinée avec la prescriptibilité des droits réels démembrés du droit de propriété (*supra*, n°s 66-67, § 15), cette perpétuité assure le règne de la pleine propriété (Atias, *Les biens*, n° 76-a), ce qui rend très discutable l'affirmation que les droits réels *sui generis* pourraient revêtir un caractère perpétuel, à supposer que l'arrêt *Maison de Poésie* énonce bien une telle règle (*supra*, n°s 66-67, § 15).

Plusieurs décisions de la Cour de cassation sont ultérieurement venues rappeler que le non-usage ne saurait entraîner la perte du droit de propriété (Civ. 10 mai 1937, *DH* 1937. 346; Civ. 3e, 9 juill. 1970, *JCP* 1971. II. 16759, note Goubeaux, *D.* 1971. 111, *RTD civ.* 1971. 397, obs. Bredin; Ass. plén., 23 juin 1972, *D.* 1972. 705, concl. Lindon, *JCP* 1973. II. 17331, note Goubeaux et Jegouzo, *RTD civ.* 1973. 147, obs. Bredin; Civ. 3e, 16 mai 1974, *Bull. civ.* III, n° 208, p. 157; 12 avr. 1976, *D.* 1976. IR 195; 14 nov. 1979, *JCP* 1981. II. 19507, note Goubeaux; 22 juin 1983, *JCP* 1986. II. 20565, note Barbièri, *Defrénois* 1983. 1063, obs. Souleau, *RTD civ.* 1984. 744, obs. Giverdon; 5 juin 2002, *Bull. civ.* III, n° 129, *JCP* 2003. I. 117, n° 1, obs. Périnet-Marquet, *D.* 2003. 1641, note G. Pellet; 9 juill. 2003, *JCP* 2004. 1. 125, n° 4, obs. Périnet-Marquet, *Defrénois* 2004. 816, obs. Atias).

Le législateur de 2008 a entériné solennellement la solution à l'article 2227 nouveau du Code civil. Celui-ci dispose, en effet, « le droit de propriété est imprescriptible ».

II. — De la portée de la règle

4 La *portée* de cette jurisprudence demeure cependant discutée. Il a en effet été soutenu qu'elle vaudrait uniquement pour la propriété immobilière. En *matière de meubles*, en dehors de l'hypothèse visée par l'alinéa 2 de l'article 2276 (anc. art. 2279) et lorsqu'elle ne se heurte pas à la règle posée par l'alinéa 1 du même article, l'action en revendication se prescrirait par trente ans conformément au droit commun (Ripert et Boulanger, t. II, n° 2388; Marty et Raynaud, *Les biens*, 2e éd., n° 49). Il paraît plus exact de soutenir que, comme la propriété immobilière, la propriété mobilière ne se perd pas par le non-usage et qu'elle peut s'acquérir par une possession prolongée de 30 ans en cas de mauvaise foi du possesseur (Terré et Simler, *Les biens*, n°s 491 s.; H., J. et L. Mazeaud et Chabas, t. II, vol. 2, n° 1349; Barbièri, *Perpétuité et perpétuation dans la théorie des droits réels*, thèse Toulouse 1977, p. 203 s.). C'est en ce sens que s'est prononcée la haute juridiction (Civ. 1re, 2 juin 1993, *Bull. civ.* I, n° 197, p. 136, *D.* 1993. Somm. 306, obs. A. Robert, *D.* 1994. 582, note B. Fauvarque-Cosson, *RTD civ.* 1994. 389, obs. Zénati, *Defrénois* 1994. 414, obs. I. Defrénois-Souleau). Il avait déjà été jugé que des pièces d'or découvertes dans un immeuble en démolition ne constituent pas un trésor au sens juridique du terme, mais sont la propriété de celui qui les a cachées en les identifiant et en disposant d'elles par testament, et que dès lors la revendication des héritiers devait être admise, bien que le dépôt remontât à deux siècles (T. civ. Seine, 1er juin 1949, *D.* 1949. 350, note G. Ripert). (Sur l'imprescriptibilité des droits de propriété littéraire et artistique, v. Civ. 1re, 13 nov. 1973, *D.* 1974. 533, note Colombet, *JCP* 1975. II. 18029, note M.-C. Manigne.)

L'action en revendication est cependant indirectement soumise à la prescription extinctive lorsqu'elle porte sur un bien ayant fait l'objet d'une aliénation frappée de nullité. Pour revendiquer le bien aliéné, le demandeur doit, en effet, préalablement prouver la nullité de l'aliénation. Bien que soustraite à la prescription extinctive, l'action en revendication ne peut donc être formée lorsqu'elle repose sur la déclaration préalable de nullité d'un acte dont la nullité ne peut être prononcée parce que l'action est prescrite (Req. 5 mai 1879, *DP* 80. 1. 145, note Beudant, *S.* 79. 1. 313, note anonyme, obs. du cons. rapp. M. Almeiras-Latour).

69

PROPRIÉTÉ. CARACTÈRE ABSOLU. ABUS DE DROIT

Req. 3 août 1915

(*DP* 1917. 1. 79)

Coquerel c. Clément-Bayard

L'installation sur un terrain d'un dispositif ne présentant pour son propriétaire aucune utilité et n'ayant d'autre but que de nuire à autrui constitue un abus du droit de propriété.

Faits. — Ils ressortent clairement de l'arrêt rendu par la cour d'appel d'Amiens, le 12 novembre 1913 :

« Considérant que Jules Coquerel a acquis en 1910 une pièce de terre d'une longueur de 170 mètres environ, d'une largeur de 10 à 12 mètres, située sur le territoire de Trosly-Breuil, en face et à une distance de 90 mètres environ d'un hangar pour dirigeables construit par Adolphe Clément-Bayard; — Considérant que Coquerel, qui vit en mésintelligence avec Clément-Bayard, a établi sur la limite de sa propriété et en face de la porte du hangar de Clément-Bayard, deux carcasses en bois d'une longueur de 15 mètres environ, d'une hauteur de 10 à 11 mètres, surmontées de quatre piquets en fer de 2 à 3 mètres de hauteur, et séparées l'une de l'autre de quelques mètres; — Considérant que ces carcasses en bois ne sont ni closes ni couvertes; que Coquerel n'en retire et ne peut, dans l'état où elles se trouvent, en retirer aucun profit direct; qu'elles ne constituent même pas une clôture, puisqu'elles n'existent que sur une longueur de 25 à 30 mètres et sont séparées l'une de l'autre par un intervalle de plusieurs mètres; — Considérant qu'il est manifeste et ne saurait être méconnu qu'elles ne présentent aucun intérêt pour Coquerel et que Coquerel ne les a fait édifier que dans l'unique but de nuire à Clément-Bayard, en rendant plus difficiles, notamment en cas de vent violent, les manœuvres de ses dirigeables à leur départ et à leur retour; qu'il s'ensuit que c'est à juste titre que les premiers juges ont estimé qu'il y avait là, de la part de Coquerel, un abus de son droit de propriété et l'ont condamné à supprimer les poteaux en fer surmontant les charpentes et dont l'un d'eux a causé, en 1912, des avaries à l'un des dirigeables de Clément-Bayard; — Considérant que Coquerel prétend, il est vrai, pour justifier ses agissements, qu'il n'a fait, en exécutant ces travaux et en augmentant ainsi l'intérêt de Clément-Bayard à se rendre acquéreur de sa pièce de terre, qu'un acte de spéculation; — Considérant que s'il est loisible au propriétaire d'un fonds de chercher à en tirer le meilleur parti possible, et si la spéculation est par elle-même et en elle-même un acte parfaitement licite, ce n'est qu'à la condition que les moyens employés pour la réaliser ne soient pas, comme en l'espèce, illégitimes et inspirés exclusivement par une intention malicieuse; — Adoptant, en outre, sur ces divers points, les motifs du jugement non contraires aux présents;

Sur l'appel incident de Clément-Bayard : — Adoptant également les motifs du jugement; — Considérant que Clément-Bayard ne peut prétendre à la réparation d'un dommage éventuel et incertain; que rien ne démontre que les carcasses en bois, lorsqu'elles ne seront plus surmontées de poteaux en fer, lui causeront forcément un préjudice dont il soit fondé dès maintenant à se plaindre;

Par ces motifs, confirme ».

Pourvoi en cassation par le sieur Coquerel.

ARRÊT

La Cour; — Sur le moyen du pourvoi pris de la violation des articles 544 et s., 552 et s. du Code civil, des règles du droit de propriété et plus spécialement du droit de se clore, violation, par fausse application, des articles 1382 et s. du Code civil, violation de l'article 7 de la loi du 20 avril 1810 : — Attendu qu'il ressort de l'arrêt attaqué que Coquerel a installé sur son terrain, attenant à celui de Clément-Bayard, des carcasses en bois de 16 mètres de hauteur surmontées de tiges de fer pointues; que ce dispositif ne présentait pour l'exploitation du terrain de Coquerel aucune utilité et n'avait été édifié que dans l'unique but de nuire à Clément-Bayard, sans d'ailleurs, à la hauteur à laquelle il avait été élevé, constituer, au sens de l'article 647 du Code civil, la clôture que le propriétaire est autorisé à construire pour la protection de ses intérêts légitimes; que, dans cette situation de fait, l'arrêt a pu apprécier qu'il y avait eu par Coquerel abus de son droit et, d'une part, le condamner à la réparation du dommage causé à un ballon dirigeable de Clément-Bayard, d'autre part, ordonner l'enlèvement des tiges de fer surmontant les carcasses en bois; — Attendu que, sans contradiction, l'arrêt a pu refuser la destruction du surplus du dispositif, dont la suppression était également réclamée, par le motif qu'il n'était pas démontré que ce dispositif eût jusqu'à présent causé du dommage à Clément-Bayard et dût nécessairement lui en causer dans l'avenir; — Attendu que l'arrêt trouve une base légale dans ces constatations; que, dûment motivé, il n'a point, en statuant ainsi qu'il l'a fait, violé ou faussement appliqué les règles du droit ou les textes visés au moyen; — Par ces motifs, rejette...

OBSERVATIONS

1 Très connu en raison de circonstances de fait singulières, l'arrêt ci-dessus reproduit fait une application remarquée de la notion d'abus de droit à la propriété.

Il est acquis, à de rarissimes et discutables exceptions près, que les droits subjectifs ne sont pas discrétionnaires (sur ceux-ci v. Rouast, « Les droits discrétionnaires et les droits contrôlés », *RTD civ.* 1941. 1 s.; Ghestin, Goubeaux et Fabre-Magnan, *Droit civil, Introduction générale*, n°s 773 s.). Bien que destinés à la satisfaction d'intérêts individuels, ils ne confèrent pas à leur titulaire des prérogatives illimitées. La question a néanmoins été vivement discutée pour le droit de propriété en raison de son caractère absolu (parmi une littérature très abondante, v. Saleilles, « De l'abus des droits », *Bull. soc. et lég.* 1905, p. 325; Josserand, *De l'abus des droits*, 1905; Ripert, « L'exercice des droits et la responsabilité civile », *Rev. crit. lég. et jurisp.* 1905. 352; *La règle morale dans les obligations civiles*, 4e éd., 1949; Planiol, *Traité élémentaire de droit civil*, t. II, n° 871). La liberté de son titulaire n'aurait d'autre borne que celles que lui fixe la loi ou le règlement. Néanmoins, dès le début du XIXe siècle, la jurisprudence devait affirmer son pouvoir de contrôle et décider que le propriétaire abuse de son droit dès lors qu'il l'exerce dans la seule *intention de nuire* à autrui (Colmar, 2 mai 1855, *D.* 56. 2. 9; Req. 10 juin 1902, *DP* 1902. 1. 454; pour la période antérieure, voir A.-M. Patault, « La propriété absolue à l'épreuve du voisinage au XIXe siècle », *Mélanges Jean Imbert*, 1989, p. 457 et décisions citées). C'est ce critère psychologique que reprend l'arrêt reproduit.

2 Il a été ultérieurement proposé de déceler l'abus dans l'exercice antisocial du droit (Josserand, *De l'esprit des lois et de leur relativité*, 2e éd., 1939). Plus vague et donc plus menaçante pour le droit de propriété, cette notion n'a pas été retenue, au moins directement, par la jurisprudence (A. Pirovano, « La fonction sociale du droit : réflexions sur le destin des théories de Josserand », *D.* 1972. chron. 67; Ghestin, Goubeaux et Fabre-Magnan, *op. cit.*, n°s 786 s.). On a également parfois suggéré que l'exercice du droit de propriété deviendrait abusif dès lors qu'il en résulterait au détriment des tiers un trouble excessif, exorbitant; sans incidence directe sur le terrain de l'abus de droit, la considération fonde, dans un domaine voisin, une création prétorienne : les inconvénients anormaux de voisinage (v. *infra*, n°s 81-82). Les constatations objectives ne sont cependant pas absentes de la théorie de l'abus de droit. Confrontés à la difficulté de qualifier les intentions du propriétaire, les juges ne manquent pas de relever que l'activité est dépourvue de toute utilité pour son auteur et qu'elle est dommageable à autrui; de là s'infère en effet nécessairement l'intention de nuire. Mais la notion même de défaut d'utilité peut donner lieu à des appréciations multiples. Ainsi, dans notre espèce, la cour estime que les ouvrages édifiés par le propriétaire ne présentaient « aucune utilité », alors que celui-ci escomptait obtenir par ce moyen un prix plus élevé de son terrain. L'utilité était donc présente, mais elle n'était pas « avouable » car l'intérêt qui l'inspirait n'était pas sérieux et légitime (Carbonnier, *Les biens*, n° 167; Terré et Simler, *Les biens*, n°s 320 et 326). Par là se réintroduit la considération, chère à Josserand, de la destination normale du droit (v. par ex. Civ. 3e, 20 mars 1978, *Bull. civ.* III, n° 128, p. 101, *Defrénois* 1979. 370, obs. Aubert, il était reproché en la circonstance au propriétaire non une action mais une abstention). Enfin certaines décisions recherchent la preuve de l'intention de nuire en dehors du fait abusif lui-même dans les mésintelligences qui préexistent entre les deux voisins (Civ. 20 janv. 1964, *D.* 1964. 518, *JCP* 1965.

II. 14035, note B. Oppetit; Durry, « La conception jurisprudentielle de l'abus de droit », *RTD civ.* 1972. 395).

3 La théorie de l'abus du droit de propriété présente une certaine parenté avec la responsabilité civile. Aussi bien l'article 1382 est-il, en la matière, généralement visé par les décisions. Mais elle n'en est pas une application pure et simple. L'abus de droit est une faute d'une nature particulière et ce n'est qu'une fois l'abus établi selon ses critères propres que la responsabilité entre en jeu. Elle fournit alors les éléments de solution indispensables à la réparation du dommage. En l'absence de dommage, aucune réparation n'est due; en présence d'un dommage, elle peut se faire comme en l'espèce, en nature ou par équivalent.

La théorie de l'abus du droit de propriété est aujourd'hui concurrencée très directement par la théorie des troubles de voisinage, afin de résoudre les problèmes nés des relations entre propriétaires voisins (v. *infra*, n°s 81-82). La jurisprudence récente n'en offre pas moins encore un certain nombre d'applications (v. not. Civ. 3e, 30 oct. 1972, *D.* 1973. Somm. 43, *Bull. civ.* III, n° 576; 9 mai 2001, 2 arrêts, *Defrénois* 2001. 1123, obs. Atias, construction d'un mur ou d'une clôture afin de priver l'habitation des voisins de vue, de lumière ou d'accès; Civ. 3e, 15 févr. 2012, *D.* 2012. 1308, note N. Thomassin, 2140, obs. B. Mallet-Bricout, *JCP* 2012. 465, obs. H. Périnet-Marquet, en l'absence d'autres moyens permettant au propriétaire d'une maison de réaliser des travaux, le refus du propriétaire du fonds voisin d'autoriser l'installation d'un échafaudage constituerait un abus de droit; Pau, 30 sept. 1986, *D.* 1989. Somm. 32, obs. A. Robert, implantation de peupliers dans l'axe de descente des avions).

70-71

PROPRIÉTÉ. CARACTÈRE EXCLUSIF. IMAGE D'UN BIEN

I. Civ. 1re, 10 mars 1999. — II. Ass. plén. 7 mai 2004

Le propriétaire a seul le droit d'exploiter son bien sous quelque forme que ce soit. L'exploitation du bien par un tiers sous forme de photographies porte atteinte au droit de jouissance du propriétaire (1er arrêt).

Le propriétaire d'une chose ne dispose pas d'un droit exclusif sur l'image de celle-ci. Il peut toutefois s'opposer à l'utilisation de cette image par un tiers lorsqu'elle lui cause un trouble anormal (2e arrêt).

I. — Civ. 1re, 10 mars 1999

(*D.* 1999. 319, concl. J. Sainte-Rose, note E. Agostini, Somm. 247, obs. S. Durrande, 2000, Somm. 282, obs. O. Tournafond, *JCP* 1999. II. 10078, note P.-Y. Gautier, I. 175, n° 2, obs. H. Périnet-Marquet, *JCP* E 1999. 819, note Serna, *RTD civ.* 1999. 819, obs. Zénati, *Defrénois* 1999. 897, chron. Caron)

Mme Pritchett c. Soc. éditions Dubray

Faits. — Ceux-ci ont été retracés par l'avocat général Sainte-Rose dans les termes suivants : « Mme Gondrée, épouse Pritchett, est propriétaire à Bénouville (Calvados) d'une maison où est installé un café jadis tenu par ses parents et qui a été le premier immeuble libéré par les troupes alliées lors du débarquement de juin 1944. Classée monument historique, cette maison bénéficie d'une certaine notoriété qu'exploite, en même temps que le fonds de commerce, Mme Pritchett qui a mis en vente des cartes postales représentant sa façade. Au cours de l'année 1994, la Société des éditions Dubray a diffusé des cartes postales reproduisant l'image du café Gondrée bien qu'elle n'ait pas obtenu l'autorisation de Mme Pritchett. Celle-ci a alors assigné ladite société aux fins de saisie des cartes postales comme des clichés litigieux et d'indemnisation de son préjudice en invoquant tout à la fois, ses prérogatives de propriétaire, la concurrence déloyale et l'utilisation abusive de son nom dans un but commercial ».

Le tribunal puis la cour d'appel de Caen l'ont déboutée de l'ensemble de ses demandes, aux motifs notamment que « la photographie prise sans l'autorisation du propriétaire d'un immeuble exposé à la vue du public et réalisée à partir du domaine public, ainsi que sa reproduction fut-ce à des fins commerciales, ne constituent pas une atteinte aux prérogatives reconnues au propriétaire », même si comme en l'espèce la reproduction représente exclusivement l'immeuble considéré. L'arrêt ajoute que l'image d'un bien n'étant pas protégée par la loi, son utilisation n'est fautive que dans le cas d'atteinte à la vie privée ou d'abus manifeste dont la preuve n'était pas, en la circonstance, rapportée. Un pourvoi a été formé par lequel la demanderesse soutient, après avoir visé l'article 544 du Code civil, que l'utilisation commerciale de l'image d'un bien entre dans les prérogatives conférées par ce texte au propriétaire; que celui-ci a, en conséquence, le droit d'autoriser ou d'interdire cette utilisation par autrui de sorte que le tiers qui exploite l'image d'un immeuble sans y être autorisé porte nécessairement atteinte au droit de propriété; que cette atteinte était, en l'occurrence, d'autant plus caractérisée que la demanderesse commercialisait elle-même les vues extérieures de son bien.

ARRÊT

La Cour; — *Sur le premier moyen, pris en sa première branche :* — Vu l'article 544 du Code civil; — Attendu que le propriétaire a seul le droit d'exploiter son bien, sous quelque forme que ce soit; — Attendu que, pour rejeter la demande de Mme Gondrée, épouse Pritchett, tendant à la saisie de cartes postales mises en vente par la société Éditions Dubray, représentant le « Café Gondrée », dont Mme Pritchett est propriétaire à Bénouville, l'arrêt attaqué (Caen, 18 juin 1996) énonce que la photographie, prise sans l'autorisation du propriétaire, d'un immeuble exposé à la vue du public et réalisée à partir du domaine public ainsi que sa reproduction, fût-ce à des fins commerciales, ne constituent pas une atteinte aux prérogatives reconnues au propriétaire; — Attendu qu'en se déterminant ainsi, alors que l'exploitation du bien sous la forme de photographies porte atteinte au droit de jouissance du propriétaire, la cour d'appel a méconnu le texte susvisé; — *Par ces motifs*, casse et [...] renvoie devant la cour d'appel de Rouen...

II. — Ass. plén., 7 mai 2004

(*D.* 2004. 1545, note J.-M. Bruguière, 1547, note E. Dreyer, et 1470, chron. F. Kendérian, *JCP* 2004. II. 10085, note C. Caron, *LPA* 10 janv. 2005, n° 5, p. 8, *RTD civ.* 2004. 528, obs. Th. Revet).

Soc. civile particulière Hôtel de Girancourt c. Soc. SCIR Normandie et autres

Faits. — Afin de donner plus de lustre à l'image du quartier où il se proposait de réaliser un programme immobilier, un promoteur reproduit sur un dépliant publicitaire la façade d'un hôtel particulier, l'hôtel de Girancourt, sans avoir obtenu l'autorisation de son propriétaire. Celui-ci demande réparation du préjudice qu'il subit du fait de l'utilisation de l'image de son bien. L'agence de publicité ayant réalisé le dépliant publicitaire est appelée en garantie. Après avoir rappelé que « la reproduction par l'image d'un bien, lorsqu'elle a pour objet une certaine exploitation avec des visées lucratives, se rattache au droit de propriété », la cour de Rouen par un arrêt du 31 octobre 2001 n'en repousse pas moins la prétention du demandeur en reprochant à celui-ci de ne pas avoir démontré « l'existence d'un préjudice, car la seule reproduction de son bien immeuble sans son consentement ne suffit pas à caractériser le préjudice » et ajoute que « le droit de propriété n'est pas absolu et illimité et ne comporte pas un droit exclusif pour le propriétaire sur l'image de son bien ». Un pourvoi est formé.

ARRÊT

La cour; — *Sur le moyen unique, pris en ses trois branches :* — Attendu, selon l'arrêt attaqué (Rouen, 31 octobre 2001), que la société de promotion immobilière SCIR Normandie (la société SCIR Normandie), a confié à la société Publicis Qualigraphie aux droits de laquelle se trouve la société Publicis Hourra (la société Publicis) la confection de dépliants publicitaires comportant, outre des informations relatives à l'implantation de la future résidence et à ses avantages, la reproduction de la façade d'un immeuble historique de Rouen, l'hôtel de Girancourt; que se prévalant de sa qualité de propriétaire de cet hôtel, la SCP Hôtel de Girancourt, dont l'autorisation n'avait pas été sollicitée, a demandé judiciairement à la société SCIR Normandie la réparation du préjudice qu'elle disait avoir subi du fait de l'utilisation de l'image de son bien; que cette dernière a appelé la société Publicis en garantie;

Attendu que la SCP Hôtel de Girancourt fait grief à l'arrêt du rejet de ses prétentions, alors, selon le moyen : 1°) qu'aux termes de l'article 544 du Code civil, « la propriété est le droit de jouir et disposer des choses de la manière la plus absolue, pourvu qu'on n'en fasse pas un usage prohibé par les lois et par les règlements »; que le droit de jouir emporte celui d'user de la chose dont on est propriétaire et de l'exploiter personnellement ou par le truchement d'un tiers qui rémunère le propriétaire, ce droit ayant un caractère absolu et conduisant à reconnaître au propriétaire un monopole d'exploitation de son bien, sauf s'il y renonce volontairement; qu'en énonçant que « le droit de propriété n'est pas absolu et illimité et ne comporte pas un droit exclusif pour le propriétaire sur l'image de son bien » pour en déduire qu'il lui appartenait de démontrer l'existence d'un préjudice car la seule reproduction de son bien immeuble sans son consentement ne suffit pas à caractériser ce préjudice, la cour d'appel a violé l'article 544 du Code civil;

2°) qu'elle faisait valoir dans ses conclusions d'appel que l'utilisation à des fins commerciales de la reproduction de la façade de l'hôtel de Girancourt sans aucune contrepartie financière pour elle, qui a supporté un effort financier considérable pour la restauration de l'hôtel particulier ainsi qu'en témoignent les photographies de l'immeuble avant et après les travaux, restauration qui a permis aux intimées de choisir une image de cet immeuble pour l'intégrer dans le dépliant publicitaire, est totalement abusive et lui cause un préjudice réel, le fait que les intimées aient acheté cette reproduction chez un photographe rouennais prouvant bien que la façade restaurée représente une valeur commerciale; qu'en énonçant, sans répondre à ce moyen particulièrement pertinent qu'elle « ne démontre pas l'existence du préjudice invoqué par elle et d'une atteinte à son droit de propriété », la cour d'appel n'a pas légalement justifié sa décision au regard de l'article 544 du Code civil;

3°) qu'elle faisait également valoir dans ses conclusions d'appel en visant les cartes postales de la façade historique de l'hôtel de Girancourt qu'elle édite et qu'elle avait régulièrement produites, que les mentions portées au verso de ces pièces confirment sa volonté de conserver à son usage exclusif le droit de reproduire la façade de l'hôtel ou de concéder une autorisation quand elle estime que les conditions sont réunies; qu'en s'abstenant totalement de se prononcer sur la valeur de ces pièces qu'elle avait régulièrement versées aux débats à l'appui de ses prétentions, la cour d'appel n'a pas légalement justifié sa décision au regard des articles 1353 du Code civil et 455 du nouveau Code de procédure civile;

Mais attendu que le propriétaire d'une chose ne dispose pas d'un droit exclusif sur l'image de celle-ci; qu'il peut toutefois s'opposer à l'utilisation de cette image par un tiers lorsqu'elle lui cause un trouble anormal;

Et attendu que les énonciations de l'arrêt font apparaître qu'un tel trouble n'était pas établi; d'où il suit que le moyen n'est pas fondé;

Par ces motifs, rejette…

OBSERVATIONS

1 Le propriétaire d'un bien a-t-il le pouvoir de s'opposer à l'exploitation de l'image de celui-ci par un tiers ? Par le premier arrêt ci-dessus reproduit, la haute juridiction prenant appui sur l'exclusivité du droit de jouissance que la pleine propriété garantit à son titulaire répond par l'affirmative. Cinq ans plus tard, elle affirme que « le propriétaire d'une chose ne dispose pas d'un droit exclusif sur l'image de celle-ci ». Sacré à l'origine « arrêt de principe majeur » (Zénati, *RTD civ.* 1999. 859), le premier arrêt reproduit se révèle en définitive appartenir à la catégorie des « grands arrêts jetables » (E. Dreyer, *D.* 2004. 1547). Après avoir analysé ce revirement de jurisprudence (I), on s'interrogera sur les raisons qui le fondent (II).

I. — De l'exclusivité du droit de jouissance à la liberté d'exploiter par l'image la chose d'autrui

2 On sait que, au titre des droits de la personnalité, chaque individu a un droit sur sa propre image qui lui permet de s'opposer à la reproduction et à l'exploitation de celle-ci (v. *supra*, n° 21, § 15). Le problème ici posé est différent. Il s'agit de savoir si le propriétaire d'un bien peut s'opposer à ce qu'un tiers photographie celui-ci et exploite cette image, sans qu'il y ait consenti. Comme le relève l'avocat général Sainte-Rose, la doctrine n'a longtemps « prêté qu'une attention toute relative à la question » (*D.* 1999. 319), les quelques auteurs qui s'y sont intéressés répugnant à découvrir, parmi les utilités qu'un propriétaire peut retirer de son bien, le droit de reproduire l'image de celui-ci. Dès 1920, Marcel Nast écrivait que « le fait de dessiner ou de photographier une chose ne porte atteinte à aucune des prérogatives reconnues traditionnellement au propriétaire » (*DP* 1920. 2. 9). Quant à la doctrine ultérieure, elle n'était dans l'ensemble guère portée à découvrir, dans le droit de propriété, le fondement d'une protection du titulaire de ce droit contre l'utilisation par les tiers de l'image de son bien et préférait rechercher celle-ci sur le terrain de la responsabilité civile (Rodière, *RTD civ.* 1966. 293; Bredin, *RTD civ.* 1966. 317) ou encore sur celui des droits de la personnalité lorsque cette utilisation porte atteinte à la vie privée du propriétaire (Kayser, « L'image des biens », *D.* 1995. 291).

La question avait été, au reste, soumise, à de multiples reprises, au cours des années soixante-dix, aux juges du fond, sans que ceux-ci parvinssent à dégager une doctrine claire. La jurisprudence de la Cour de Paris en fournit une excellente illustration : après avoir décidé en 1991 que « la loi ne protège expressément que l'image des personnes et non celle des biens » (Paris, 7 janv. 1991, *D.* 1992. Somm. 15, obs. Colombet), elle avait retenu la solution contraire en énonçant que « tout propriétaire a le droit le plus absolu d'interdire la reproduction à des fins commerciales de ses biens » (Paris, 12 avr. 1995, *JCP* 1995. I. 3878, obs. Périnet-Marquet, 1997. II. 22806, note V. Crombez) pour revenir à sa position initiale en 1998 en décidant que « le propriétaire ne possède aucun droit de reproduction et de représentation sur son bien » (Paris 14 octobre 1998, *D.* 1998. IR 255). La même incertitude se retrouvait en province avec cependant une légère préférence pour la thèse favorable au droit du propriétaire de s'opposer à l'exploitation par un tiers de l'image de son bien (*pour* : Metz, 26 nov. 1992, *D.* 1994. Somm. 161, obs. Robert, *JCP* 1993. I. 3707, obs. Périnet-Marquet; Aix, 18 janv. 1993, *Bull. Aix* 1993.1.11, note A. Sériaux; TGI Saumur, 28 août 1996, *JCP* 1997. I. 4010, obs. Périnet-Marquet, *D.* 1998. Somm. 57, obs. Robert; *contre* : TI Nancy, 21 juin 1991, *Gaz. Pal.* 1992. 1. Somm. 232, obs. G. Ducrey; Caen, 18 juin 1996, préc.). C'est dire que l'intervention de la Cour de cassation était attendue. Mais, en la circonstance, la haute juridiction peine à remplir sa fonction régulatrice. En effet, alors qu'elle se place résolument, dans le premier arrêt reproduit, sur le terrain du droit des biens et plus précisément du caractère exclusif du droit de jouissance du propriétaire, pour résoudre le problème (A), elle use dans le second de la notion de trouble anormal qui renvoie l'interprète vers la théorie des troubles de voisinage et la responsabilité civile (B).

A. — L'exclusivité du droit de jouissance

3 En visant l'article 544 du Code civil et en posant que « le propriétaire a seul le droit d'exploiter son bien sous quelque forme que ce soit », la Cour de cassation prend appui sur le caractère exclusif du droit de propriété d'où il résulte que la propriété est pour son titulaire un « monopole ». Comme le souligne le doyen Cornu, « l'exclusivité signifie que les tiers n'ont en principe aucune part à l'utilité d'une chose qui appartient en propre à autrui. Ils ne peuvent ni en user, ni en jouir, ni en disposer. Ils ne peuvent en retirer aucune utilité personnelle » (Cornu, *Introduction, les personnes, les biens,* n° 1035 ; Terré et Simler, *Les biens*, n° 144). Inversement, le droit qu'a le propriétaire d'exclure les autres des utilités de sa chose l'autorise « à en faire tous les usages, y compris ceux qui ne nécessitent pas d'appréhension matérielle » (Zénati, *RTD civ.* 1999. 861 ; *contra* Bredin, *RTD civ.* 1966. 318). Les utilités de la chose appartiennent au propriétaire comme la chose elle-même. Or ces utilités se sont diversifiées avec l'invention de la photographie, du cinéma, de la télévision, etc., de telle sorte que figure parmi celles-ci le droit de reproduire le bien.

4 À suivre cette analyse, le caractère exclusif du droit de propriété devrait permettre au propriétaire de s'opposer à n'importe quelle utilisation de la chose, son exploitation mais aussi sa simple reproduction par un tiers (v. en ce sens, Zénati, « Du droit de reproduire les biens », *D.* 2004. 962). L'*usus* comme le *fructus* présentent un caractère exclusif. Mais, consciente de ce qu'un tel droit du propriétaire aurait d'excessif, la Cour de cassation a, pour des considérations de politique juridique évidentes, entendu limiter le droit d'opposition du propriétaire à l'exploitation commerciale de l'image du bien. Comme le souligne l'avocat général Sainte-Rose, « le propriétaire ne peut s'opposer à l'utilisation de l'image de son immeuble à des fins privées sans méconnaître la liberté des passants ou des visiteurs : il ne faut pas décourager le tourisme et pas plus que le photographe amateur, le peintre du dimanche ou la personne qui dessine pour son plaisir ne doivent être inquiétés dès lors qu'il n'y a pas violation de domicile ni atteinte à la vie privée » (*D.* 1999. 321). À cet effet, elle « inscrit le droit sur l'image de la chose dans le *fructus* » et le rattache au droit de jouissance (Zénati, *RTD civ.* 1999. 862). La Cour de cassation fait ainsi sienne la doctrine du doyen Cornu qui enseignait que, en raison de la dimension publique de la propriété privée et de la nécessité de préserver la légitime activité des touristes et autres photographes amateurs, l'exclusivité de la propriété commande de reconnaître au propriétaire non un droit exclusif à l'image de son bien mais seulement un droit à l'exploitation commerciale de la chose. « C'est l'exploitation commerciale des vues d'une propriété qui appartient en propre au seul propriétaire (…). la solution a pour assise l'exclusivité du droit de jouissance » (Cornu, *op. cit.*, n° 1038). Certains juges du fond s'étaient déjà prononcés en ce sens (Metz, 26 nov. 1992, préc. ; Paris, 19 avr. 1995, préc. ; TGI Saumur 28 août 1996, préc.). La haute juridiction prendra, au reste, le soin de mettre l'accent sur cette dimension de sa jurisprudence en rappelant, dans son rapport annuel, que « la cassation prononcée, au visa de l'article 544 du Code civil, ne concerne donc que le cas de l'exploitation de l'image du bien – et préserve la liberté de chacun de saisir l'image d'un bien accessible aux yeux du public. La solution ne doit en aucun cas être comprise comme instituant un « droit à l'image » du bien, comme il existe un droit de la personne sur son image. Il ne s'agit que de l'exercice du droit de propriété » (*Rapport de la Cour de cassation*, 1999, p. 392).

5 Il était donc interdit à un tiers, en vertu de cette jurisprudence, non de photographier ou de reproduire un bien, mais d'exploiter cette reproduction. Le propriétaire se voit ainsi reconnaître le monopole de l'exploitation de l'image de son bien. Les contours de ce monopole d'exploitation sont, au reste, précisés par la haute juridiction. D'une part, la cour évoque l'exploitation « sous quelque forme que ce soit ». Tous les procédés de reproduction et de diffusion sont donc concernés dès lors qu'il y a exploitation (Caron, « Les virtualités dangereuses du droit de propriété », *Defrénois* 1999. 897). D'autre part, elle vise « les biens » sans autre précision. Sont donc concernés non seulement les immeubles mais aussi les biens meubles, objets les plus divers, navires, animaux, dès lors qu'ils sont appropriés. En revanche, la solution ne vise pas les biens sans maître non plus que le domaine public de l'État dont la juridiction administrative autorise la photographie (CE 18 nov. 1949, *JCP* 1950. II. 5535, note G.V., *S.* 1950.3.49, note Drago, *RD publ.* 1950. 172, concl. Gazier, note Waline) et l'utilisation de l'image à des fins commerciales (T. adm. Orléans 6 mars 2012, *D.* 2012. 2222, note J.-M. Bruguière). Bien que la précision, figurant dans l'arrêt d'appel, n'ait pas été reprise par la Cour de cassation dans l'arrêt du café Gondrée, le droit du propriétaire ne doit jouer que lorsque son bien constitue « le point d'attraction et la raison d'être du cliché » (Desbois, *RTD com.* 1953. 918), lorsqu'il est le « sujet essentiel » de la reproduction (Sainte-Rose, *D.* 1999. 320; Cornu, *op. cit.*, n° 1038). Aussi bien, la Cour de cassation le précisera quelques mois plus tard en admettant la libre reproduction du bien par l'image lorsque celui-ci n'est pas le « sujet principal de l'image » (Civ. 1re, 25 janv. 2000, *JCP* 2001. II. 10054, note A. Tenenbaum, *LPA* 24 nov. 2000, n° 235, p. 13, note Th. Le Bars). Le monopole d'exploitation du propriétaire rencontrait donc une limite lorsque le bien se fond dans une vue d'ensemble, dans un paysage, qu'il n'est que l'accessoire de la reproduction exploitée. Si l'on ajoute que le droit du propriétaire de refuser d'autoriser la reproduction, loin d'être discrétionnaire, était susceptible d'abus, en sorte qu'il était possible de procéder par ce biais à une conciliation des intérêts en présence (A. Robert, *D.* 1994. Somm. 161 ; Zénati, art. préc., *D.* 2004. 969), on pouvait penser que cette jurisprudence était promise à un bel avenir. Et ceci d'autant plus que la haute juridiction lui avait fait l'honneur de son rapport annuel. Il devait pourtant en aller tout autrement.

B. — La liberté d'exploiter la chose d'autrui par l'image

6 Le reflux s'amorça rapidement. À peine deux ans plus tard, la première chambre civile décida que ne donnait pas de base légale à sa décision au regard de l'article 544 du Code civil, la cour d'appel qui interdit la diffusion de la photographie d'un paysage comportant au premier plan un îlot, malgré l'opposition du propriétaire de celui-ci, « sans préciser en quoi l'exploitation de la photographie par le titulaire du droit incorporel de son auteur portait un trouble certain au droit d'usage ou de jouissance du propriétaire » (Civ. 1re, 2 mai 2001, *D.* 2001. 1973, note J.-P. Gridel, *JCP* 20001. II. 10553, note C. Caron). La solution laissait insatisfait sur le plan juridique. Fondée sur l'article 544 du Code civil, elle exigeait du propriétaire qu'il rapporte la preuve d'un trouble certain à son droit d'usage ou de jouissance. La référence au droit de propriété se trouvait ainsi contredite par l'exigence de la preuve d'un préjudice, laquelle, étrangère à la défense de ce droit, relève de la responsabilité civile (Dreyer, *D.* 2004. 1549; C. Caron, *JCP* 2004. II. 10086, n° 5). Quant à la deuxième chambre civile, elle déclara « erroné » le motif selon lequel « le droit à l'image serait un attribut du droit de propriété » (Civ. 2e, 5 juin 2003, *D.* 2003. 2461, note E. Dreyer, *CCE* oct. 2003, n° 91, p. 25, obs. Caron). La formule ne prêtait pas à contestation si l'on voulait seulement signifier par là, comme l'avait d'ailleurs déjà précisé la Cour de cassation dans son rapport annuel (*supra*, § 4), qu'il n'y a pas un droit à l'image du bien comme il existe un droit de la personne sur son image; il ne s'agit que de l'exercice du droit de propriété. Et de fait, comme cela avait été souligné par certains auteurs, « l'image des biens est un leurre; ce qui est protégé, c'est le bien lui-même en tant que source privative d'utilité » (Zénati, art. préc., *D.* 2004. 964). Mais, on pouvait aussi y déceler l'intention de cette formation de délaisser le terrain du droit des biens pour celui de la responsabilité civile. Aussi bien avait-il été souligné que cette décision donnait « la fâcheuse impression d'une discordance entre les première et deuxième chambres civiles de la Cour de cassation » en sorte qu'une intervention de son assemblée plénière pourrait se révéler utile (Dreyer, *D.* 2004. 2465).

7 L'occasion en fut précisément fournie par l'affaire qui a trouvé son dénouement dans le deuxième arrêt ci-dessus reproduit. Prenant clairement le contrepied des positions initialement adoptées par la première chambre civile, l'Assemblée plénière y affirme que « le propriétaire d'une chose ne dispose pas d'un droit exclusif sur l'image de celle-ci », mais « qu'il peut (...) s'opposer à l'utilisation de cette image par un tiers lorsqu'elle lui cause un trouble anormal ». La haute juridiction retire ainsi au propriétaire l'exclusivité sur une utilité du bien qu'elle lui avait initialement accordée : l'exploitation d'une chose par l'image n'est plus réservée au propriétaire. Désormais, la réalisation de clichés photographiques ainsi que l'exploitation de ceux-ci sont libres, alors même qu'ils auraient pour objet principal la chose d'autrui. Celui qui veut reproduire un bien et exploiter cette reproduction n'a plus à solliciter l'autorisation du propriétaire ni à en payer le prix. On s'est interrogé sur la constitutionnalité et la conventionnalité d'une telle « privation de propriété », « alors qu'elle n'est pas fondée sur l'invocation d'un intérêt général, qu'elle constitue une solution abstraite s'appliquant donc en toute hypothèse et qu'elle s'impose sans contrepartie aucune » (Th. Revet, *RTD civ.* 2004. 532).

8 Ceci étant, si le propriétaire est privé du droit de s'opposer à l'exploitation de l'image du bien, il peut « s'opposer à l'utilisation (de cette) image par un tiers lorsqu'elle lui cause un trouble anormal ». Comme l'ont noté tous les commentateurs, la référence au trouble anormal évoque la théorie des troubles anormaux de voisinage (v. par ex. Dreyer, *D.* 2004. 1550; Caron, *JCP* 2004. II. 10085, n° 6). On sait que le fondement de celle-ci est discuté, puisqu'ont été tour à tour invoquées à son soutien l'idée de risque créé, celle de responsabilité pour faute ou encore de responsabilité objective (*infra*, n°s 81-82). En la circonstance, il semble que sous couvert du trouble anormal, c'est la gravité du désordre porté à l'exercice du droit de propriété qui est prise en compte (Civ. 1re, 5 juill. 2005, *Bull. civ.* I, n° 297, *D.* 2006. 2363, obs. N. Reboul-Maupin, 2931, obs. Y. Picod). C'est ainsi que, s'il ne saurait désormais y avoir faute à diffuser les clichés d'une maison, des dommages-intérêts pourront être réclamés s'il en résulte un afflux de visiteurs affectant la tranquillité des lieux (E. Dreyer, *D.* 2004. 1551; C. Caron, *JCP* 2004. II. 10085). Mais s'il y a afflux, ce sera bien souvent que l'emplacement du bien et parfois l'identité du propriétaire ont été divulgués. On retrouve alors une vieille jurisprudence décidant que l'utilisation de l'image d'un bien ne doit pas être l'instrument d'une atteinte aux droits de la personnalité de son propriétaire, parce qu'elle menace sa tranquillité, son intimité ou encore sa réputation. Ainsi peut-il en aller lorsque le bien est le domicile ou la résidence secondaire de l'intéressé (Civ 2e, 5 juin 2003, *D.* 2003. 2461, note E. Dreyer; v. déjà TGI Paris 8 janv. 1986, *D.* 1987 SC 138, obs. Lindon, photographie de l'intérieur d'un hôtel particulier richement meublé sans l'autorisation du propriétaire; TGI Bordeaux, 19 avr. 1989, *D.* 1989. Somm. 93, obs. Lindon, photographie d'une terrasse; Paris, 27 mars 1987, *D.* 1987. IR 116, photographie d'une piscine et d'un jardin; comp. Paris 22 janv. 1991, *D.* 1991. IR 56). Ainsi en va-t-il encore lorsque cette image est utilisée sans autorisation à des fins licencieuses ou pornographiques (TGI Seine, 1er avr. 1965, *JCP* 1966. II. 14572, note R.L., *RTD civ.* 1966. 294, obs. Rodière, 316, obs. Bredin, qui indemnise le propriétaire d'un domaine dont les vues avaient servi à illustrer un roman-photo licencieux; Paris, 25 févr. 1991, *D.* 1991. IR 135, qui prévoit que le propriétaire peut « pour protéger son cadre de vie » refuser que l'image de son immeuble soit reproduite dans un film pornographique; comp. TGI Paris, 13 juin 1973, *Gaz. Pal.* 1974. 1.27, à propos du film « le dernier tango à Paris »). C'est dire que la référence au « trouble anormal » n'apporte pas alors grand-chose de plus par rapport à la protection qui est obtenue sur le terrain de la vie privée. Mais la jurisprudence ultérieure a montré que le trouble anormal pouvait résulter aussi d'une situation de concurrence déloyale (Civ. 1re, 28 juin 2012, *D.* 2012. 2218, note F. Pollaud-Dulian, deux sociétés commercialisaient du vin sous la même appellation d'origine, la seconde utilisant à cet effet l'image du château, propriété de la première). Sur l'application de cette jurisprudence à un animal, voir Orléans, 15 févr. 2007, *JCP* 2008. IV. 1942.

II. — Les raisons d'un revirement de jurisprudence

9 Comment expliquer que, en moins de cinq ans, la haute juridiction ait réalisé une pareille volte-face qui n'est pas de nature à rehausser son prestige et sa légitimité ? Si, vraiment, la solution finalement retenue s'imposait, n'appartenait-il pas à la haute juridiction de prendre le temps de la réflexion plutôt que d'affirmer son contraire de manière péremptoire ? N'aurait-il pas été préférable de procéder loyalement à la mise en œuvre de la jurisprudence du café Gondrée en lui apportant les tempéraments indispensables (présomption d'autorisation tacite dans certains cas, sanction des refus d'autorisation abusifs) ?

La réponse est, semble-t-il, double. En premier lieu, en reconnaissant un monopole d'exploitation au propriétaire sur l'image de son bien, la Cour de cassation a encouru les critiques quasi unanimes des spécialistes du droit d'auteur (P.-Y. Gautier, note *JCP* 1999. II. 10078; Françon, *RTD com.* 1999. 397; C. Caron, *Defrénois* 1999. 908; S. Durrande, *D.* 1999. Somm. 247). Il y aurait là, en effet, selon eux, une « secousse tellurique » qui ébranlerait l'édifice de la propriété littéraire et artistique (A). En second lieu, ce sont les milieux professionnels directement concernés par l'utilisation de l'image des choses appropriées (photographie, édition, publicité, réalisation audiovisuelle…) qui se sont mobilisés contre ce monopole d'exploitation reconnu aux propriétaires, car il risquait de représenter pour eux une gêne et un surcoût (B).

A. — Monopole du propriétaire et monopole de l'auteur

10 En droit de la propriété littéraire et artistique, l'auteur qui a créé une œuvre se voit conférer sur celle-ci un droit de propriété incorporel, exclusif et opposable à tous, droit qui porte notamment sur la reproduction de la forme protégée. En effet, alors qu'au XIXe siècle, le droit de reproduction de l'œuvre était considéré comme un accessoire de la propriété du bien, support matériel de l'œuvre, et par suite cédé par l'auteur avec la propriété de celui-ci (Ch. réun. 27 mai 1842, *S.* 42. 1. 385), il est depuis une loi du 9 avril 1910 conservé, à défaut de stipulations contraires, par l'auteur qui cède cette propriété. Qu'advient-il dès lors, dans le cas où le bien support de l'œuvre appartient à une personne autre que l'auteur de celle-ci ?

11 Les difficultés qui se présentent sont multiples.

Pratiques : Faudra-t-il pour exploiter l'image du bien obtenir une double autorisation du propriétaire et de l'auteur ? Dans l'affirmative, si le propriétaire et l'auteur ne parviennent pas à s'accorder sur les modalités de l'exploitation, un conflit va naître qu'il faudra résoudre (P.-Y. Gautier, note préc.; Caron, *Defrénois* 1999. 910).

Théoriques : Ne résulte-t-il pas de cette coexistence de droits une « propriété simultanée », de telle sorte que « fondée sur l'exclusivisme du droit de propriété », la décision analysée viendrait « détruire ce même exclusivisme » (Caron, *Defrénois* 1999. 910, n° 16) ?

À cela, on a pu répondre que le conflit annoncé n'existe pas. Le fait que « la chose corporelle soit le produit d'une création dépossède le propriétaire de la forme de sa chose par la création d'un bien autonome, l'œuvre », ce qui fait obstacle à un éventuel concours de prérogatives entre l'auteur et le propriétaire (Zénati, *RTD civ.* 1999. 865; Durrande, *D.* 1999. Somm. 248). Lorsqu'une chose est une œuvre d'art, elle se dédouble en effet en deux biens, le support matériel et l'œuvre. Le propriétaire de la première n'ayant aucun droit sur l'œuvre et ne pouvant exercer les prérogatives qui portent sur celle-ci, les attributs du droit de propriété s'en trouvent nécessairement réduits. Partant, de deux choses l'une : ou bien la chose est une œuvre d'art et le propriétaire est dépossédé de son droit d'exploiter l'image du bien tant que le droit d'auteur subsiste, ou bien la chose n'est pas une œuvre d'art et le propriétaire peut en exploiter l'image. Reste que la solution retenue encourt alors une autre critique : elle ferait obstacle au retour de l'œuvre d'art dans le domaine public.

12 Le droit patrimonial de l'auteur n'est pas perpétuel. Il dure la vie de l'auteur et s'éteint 70 ans après sa mort, conférant alors à l'œuvre le statut de chose commune (art. L. 123-1 CPI). C'est là, enseigne-t-on traditionnellement, un « compromis » entre les intérêts de l'auteur et ceux de ses ayants droit, d'une part, ceux de la société, d'autre part, car le public « doit pouvoir jouir librement de l'œuvre, la reproduire comme il l'entend gratuitement et sans autorisation » (P.-Y. Gautier, note préc., n° 17; Durrande, *D.* 1999. Somm. 248). Or le droit du propriétaire sur l'image de son bien prend ici le relais du droit de reproduction de l'auteur, de telle sorte que la chute de l'œuvre dans le domaine public ne rend pas l'exploitation de celle-ci libre de toute entrave.

L'objection apparaît beaucoup plus forte que la précédente. On a certes entrepris de la récuser en faisant valoir que le caractère temporaire de la propriété incorporelle de l'auteur aurait pour but de lutter contre les corporatismes et non de défendre l'intérêt du public (Zénati, *RTD civ.* 1999. 867). Mais pourquoi lutter contre les corporatismes sinon pour défendre l'intérêt du public ? On a fait aussi valoir que la propriété est un « instrument de libre-échange », dont « la valeur et la vocation à circuler » se trouvent accrues par la solution de la Cour de cassation, de telle sorte qu'il n'y aurait lieu que de s'en féliciter (Zénati, *RTD civ.* 1999. 868). Mais en matière d'œuvre d'art n'est-ce pas la libre utilisation qu'il faut encourager plutôt que le droit du propriétaire ? Aussi bien, une conciliation entre ces impératifs contradictoires a-t-elle été suggérée au moyen du recours à la théorie de l'abus de droit. La propriété d'une œuvre étant « teintée de fonction sociale », on pourrait considérer qu'il y a abus de droit à entraver la libre utilisation de l'œuvre, qu'elle soit commerciale ou non, par tout citoyen qui la réclamerait, en lui imposant des conditions inéquitables » (Gautier, note préc., n° 23).

B. — Le conflit des intérêts en présence

13 Afin de justifier la solution finalement retenue, on a fait valoir que « le propriétaire ne vit pas, tel un Robinson Crusoë, sur une île déserte. (...) Juridiquement fondé au regard du seul droit de propriété (dont acte), le droit à l'image des biens est absolument inapplicable dès lors qu'il se confronte à l'ensemble du système juridique ». Il risquerait, en effet, d'entraver le jeu de « libertés fondamentales aussi essentielles que la liberté d'expression, la liberté de création, mais aussi la liberté du commerce et de l'industrie ». Or la reconnaissance au propriétaire d'un monopole venant brider ces libertés ne serait jamais justifiée car « ils n'ont généralement pas créé et n'ont pas forcément investi pour mettre en valeur leur bien » (C. Caron, *JCP* 2004. II. 10085, n° 2). À cela, on peut répondre que, sous le couvert gratifiant de la liberté de création et de la liberté d'expression, ce sont en réalité les intérêts économiques de l'industrie de la publicité et de l'illustration qu'on entend faire prévaloir. L'affaire de l'hôtel de Girancourt est, à cet égard, topique. Un promoteur, par l'entremise d'une agence de publicité, s'approprie la dimension de luxe et de prestige qui s'attache à l'image d'un immeuble afin, comme le relève l'arrêt attaqué, « de retenir l'œil du lecteur et d'attirer la clientèle ». L'exploitation commerciale de l'image de la chose est manifeste. Pourquoi le propriétaire ne serait-il pas associé aux bénéfices qu'agence de publicité et promoteur retirent de cette exploitation ? Parce qu'il n'aurait « pas forcément investi pour mettre en valeur le bien » ? C'est là pure supposition. En revanche, à se placer sur ce terrain, il est deux certitudes : la première, que le propriétaire supporte seul les charges foncières afférentes à cet immeuble, la seconde que le tiers qui entend exploiter l'image de ce bien n'en assume aucune. La vraie raison est que la haute juridiction a cédé aux pressions d'un groupe, sans doute moins nombreux mais autrement plus actif que les propriétaires, celui de l'industrie de l'image et de la communication avec lequel il est préférable d'entretenir de bons rapports (pour une autre illustration de ce comportement à l'égard d'un autre groupe de pression, voir *infra*, n° 133, § 10). Il y aurait là un « impératif de réalisme socio-économique » (F. Pollaud-Dulian, note *D.* 2012. 2218). Comme on l'a justement noté, « il s'agit de dispenser les photographes d'avoir à solliciter une autorisation préalable et les exploitants d'en payer le prix. Oubliant la plus élémentaire civilité, les entreprises de communication réalisent ainsi une économie substantielle et la Cour de cassation se débarrasse d'un contentieux qui aurait pu l'encombrer. Elle consacre la politique du fait accompli revendiquée par les professionnels de l'image » (E. Dreyer, *D.* 2004. 1549).

72-73

PROPRIÉTÉ. EMPIÉTEMENT SUR LE TERRAIN D'AUTRUI. DÉMOLITION

I. Civ. 22 avril 1823. — II. Civ. 3e, 21 novembre 1969

Le droit de propriété devant être, hors le cas d'utilité publique, scrupuleusement respecté, tout empiétement réalisé sur le fonds d'autrui sans son consentement doit être démoli (1er arrêt).

Nul ne pouvant être contraint de céder sa propriété si ce n'est pour cause d'utilité publique, justifient légalement leur décision les juges du fond qui, pour ordonner la destruction d'un mur empiétant sur le fonds voisin, retiennent qu'il s'agit d'un empiétement réalisé sans droit sur le terrain voisin et non d'une construction édifiée sur le terrain d'autrui au sens de l'article 555 du Code civil, sans avoir d'ailleurs à rechercher si le constructeur était de bonne ou de mauvaise foi (2e arrêt).

I. — Civ. 22 avril 1823

(*S.* 22-24. 1. 234)

Hellot c. Leclerc Morlet

Faits. — Les sieurs Hellot et Leclerc Morlet sont propriétaires de deux maisons contiguës, situées à Rouen, et séparées par un mur mitoyen. En 1819, le sieur Leclerc Morlet démolit le mur mitoyen et élève un nouveau bâtiment. Lorsque le bâtiment du sieur Leclerc Morlet n'a encore que huit ou neuf pieds d'élévation, le sieur Hellot lui fait sommation de cesser ses travaux, attendu qu'il empiète sur son fonds. Nonobstant cette sommation, le sieur Leclerc Morlet continue et achève les constructions. Le sieur Hellot assigne le sieur Leclerc Morlet devant le tribunal de Rouen. Il allègue en fait, 1° qu'au moyen de la nouvelle construction, Leclerc Morlet a commis un empiétement de 14 pouces et 9 lignes; 2° qu'il a coupé un escalier et un sommier du bâtiment lui appartenant; 3° qu'il a, par suite, ébranlé ce bâtiment. Il conclut à ce que Leclerc Morlet soit tenu de démolir la nouvelle construction et de consolider le bâtiment ébranlé, à peine de 3 000 F de dommages-intérêts.

Les faits allégués par Hellot sont établis par une expertise; aussi Leclerc Morlet ne cherche pas à les contester, mais il s'attache à prouver que le bâtiment d'Hellot tombait en ruine, et ne pouvait être réparé, car il était compris dans l'alignement de la ville de Rouen; Hellot n'avait donc éprouvé qu'un dommage très minime alors que l'obligation de démolir causerait à Leclerc Morlet un préjudice considérable. Il estime qu'il convenait par conséquent de rejeter la demande en démolition et d'accorder seulement au sieur Hellot une indemnité propre à réparer le dommage par lui souffert.

Le 1er décembre 1820, un jugement du tribunal de Rouen déclare le sieur Hellot non recevable dans sa demande en démolition et ordonne qu'il sera procédé par un expert à l'estimation du dommage à lui causé.

Le 5 janvier 1821, la cour royale confirme. Pourvoi en cassation du sieur Hellot.

Moyen. — Violation des articles 545 et 555 du Code civil, en ce que l'arrêt dénoncé a jugé qu'un propriétaire pouvait être contraint à souffrir un empiétement sur son terrain, de la part d'un voisin, moyennant une indemnité, contrairement au vœu précis de l'article 545 portant : « Nul ne peut être contraint de céder sa propriété, si ce n'est pour cause d'utilité publique, et moyennant une juste et préalable indemnité » et en ce que l'arrêt dénoncé a jugé que des constructions faites sur le terrain d'autrui peuvent être maintenues, nonobstant l'opposition du propriétaire du fonds, contrairement à l'article 555 du Code civil, portant : « Lorsque les plantations, constructions et ouvrages ont été faits par un tiers et avec ses matériaux, le propriétaire du fonds a droit ou de les retenir, ou d'obliger ce tiers à les enlever ».

ARRÊT

La Cour; — Vu les articles 545 et 555 du Code civil; — Attendu que les dispositions contenues dans ces articles sont un hommage rendu au droit sacré de la propriété, lequel toujours, hors le cas d'utilité publique, doit être d'autant plus scrupuleusement respecté, qu'y porter atteinte, c'est non seulement troubler, mais même ébranler la société, dont il est le fondement; — Attendu qu'il est constant, en fait, que c'est contre le consentement du sieur Hellot, et malgré son opposition formellement exprimée par la sommation du 31 janvier 1820, que le sieur Leclerc Morlet a, pour son intérêt privé, bâti sur le terrain dudit Hellot; qu'ainsi, la cour royale, en rejetant la demande en démolition intentée par ce dernier, a violé les articles sus-référés; — Casse…

II. — Civ. 3e, 21 novembre 1969

(*D.* 1970. 426, note Lindon, *RTD civ.* 1970. 391, obs. Bredin)

Samuel c. Monlon et autre

Faits et moyens. — V. l'arrêt.

ARRÊT

La Cour; — *Sur le premier moyen :* — Attendu qu'il est fait grief à l'arrêt confirmatif attaqué (Rouen, 12 déc. 1967) d'avoir condamné Samuel, ès qualités de syndic de la copropriété de l'îlot S 27 au Havre, dont le mur de l'immeuble empiète sur le fonds de Monlon, à procéder, sous astreinte comminatoire, à tous travaux de destruction pour faire cesser cette atteinte au droit de propriété de celui-ci, sans rechercher si le constructeur avait ou non agi de bonne foi, alors que, même en cas de simple empiétement d'une construction sur un terrain voisin, le propriétaire de ce dernier ne peut poursuivre la démolition de l'ouvrage contrevenant si le constructeur a agi de bonne foi; — Mais attendu qu'aux termes de l'article 545 du Code civil, nul ne peut être contraint de céder sa propriété, si ce n'est pour cause d'utilité publique; que la cour d'appel, ayant retenu, pour accueillir la demande de Monlon, qu'il s'agissait d'un empiétement réalisé sans droit sur le terrain voisin, et non d'une construction édifiée sur le terrain d'autrui dans les circonstances prévues à l'article 555 du Code civil, a, par ce seul motif, et sans avoir à rechercher si le constructeur était ou non de bonne foi, légalement justifié sa décision; que le premier moyen est sans fondement;… — *Par ces motifs*, rejette…

OBSERVATIONS

1 À près de cent cinquante ans d'intervalle, les deux décisions ci-dessus reproduites affirment imperturbablement que toute construction empiétant sur le terrain d'autrui doit être démolie. Mais si la rigueur de la sanction n'a pas varié, son fondement s'est précisé.

2 Le débat est classique. Doit-on fonder la solution sur l'article 545 du Code civil qui implique la destruction de l'empiétement quelle que soit la situation psychologique de son auteur ? De fait, admettre le maintien de la construction contre le versement d'une indemnité serait prononcer une expropriation pour cause d'utilité privée. L'hypothèse relève-t-elle au contraire de l'article 555 du Code civil qui traite de la construction sur le terrain d'autrui ? Lorsque, comme dans la 1re espèce, le constructeur était de mauvaise foi, ce texte conduit lui aussi à la démolition. Mais en cas de bonne foi, il en résulte que le voisin devient par accession, à charge d'indemnité, propriétaire de la partie de la construction qui empiète sur son terrain. Laissée ouverte par la première décision reproduite (en faveur de l'art. 555, v. Civ. 16 juin 1903, *S.* 1905. 1. 329; Civ. 1re, 4 mai 1959 (2 arrêts), *JCP* 1960. II. 11409, note Blin, *RTD civ.* 1960. 134, obs. Solus), la question est nettement tranchée par la seconde : le propriétaire peut toujours, en vertu de l'article 545, exiger la suppression des constructions empiétant sur son fonds.

Si l'on fait abstraction d'une décision isolée (Civ. 3e, 8 oct. 1974, *JCP* 1975. II. 17930, note Thuillier, *D.* 1975. 431, note Fabre, *Defrénois* 1975. 613, note Goubeaux), la solution est régulièrement réaffirmée par la Cour de cassation qui n'hésite pas, si nécessaire, à censurer les juges du fond, marquant ainsi que le droit du propriétaire de maintenir l'intégrité de son fonds, à l'encontre de ses voisins, demeure absolu (Civ. 3e, 12 juill. 1977, *Bull. civ.* III, no 313, *RTD civ.* 1978. 382, obs. Giverdon; 8 juill. 1980, *Defrénois* 1981. 442, obs. Souleau; 3 févr. 1982, *D.* 1983. IR 14, obs. Robert; 29 févr. 1984, *Bull. civ.* III, no 54, p. 44 : 8 févr. 1989, *JCP* 1989. IV. 133; 18 févr. et 4 juin 1998, *JCP* 1999. I. 120, no 1, obs. Périnet-Marquet; 23 mars 1999, *JCP* 2000. I. 211, no 4; 5 déc. 2001, *JCP* 2002. II. 10189, note V. Bonnet, *D.* 2002. Somm. 2507, obs. Mallet-Bricout; 11 juill. 2007, *JCP* 2007. I. 197, no 1, obs. H. Périnet-Marquet; 30 oct. 2013, *RTD civ.* 2014. 147, obs. W. Dross). La condamnation est prononcée contre le propriétaire de l'immeuble qui empiète, alors même qu'il ne l'a ni construit, ni fait construire (Civ. 3e, 16 déc. 1998, *Bull. civ.* III, no 252, *RTD civ.* 1998. 638, obs. Zénati; 14 déc. 2005, *JCP* 2006. IV; 1091) ou qu'il se prévaut d'une servitude (Civ. 3e, 27 juin 2001, *JCP* 2003. II. 10141, note Elhoueiss; 12 juin 2003, *D.* 2003. 2111, note R. Desgorces; 1er avr. 2009, *D.* 2009. 1141, *JCP* 2009. IV. 1773) ou de la mitoyenneté (Civ. 3e, 19 sept. 2007, *D.* 2007. 2467, *JCP* 2008. I. 127, no 6, obs. H. Périnet-Marquet, *Defrénois* 2008. 882, obs. C. Atias; 19 févr. 2014, *D.* 2014. 606).

3 On a reproché à cette solution d'être antiéconomique et de méconnaître gravement l'utilité sociale. Il n'est pas certain que le recours à l'article 555 conduise à un résultat économiquement meilleur. De plus, il méconnaît les caractères de l'accession : mécanisme d'enrichissement, comme l'atteste l'indemnité compensatrice à laquelle elle donne lieu, celle-ci « ne peut être reconnue dans l'acquisition forcée d'une partie d'ouvrage inutilisable, aggravée par la perte de l'usage d'une bande de terrain » (Cornu, *Introduction*, *Les personnes*, *Les biens*, no 1413; v. cep. *contra*, Marty et Raynaud, *Les biens*, no 134-1; Terré et Simler, *Les biens*, no 249). En réalité, seul le renversement de la maxime « *superficies solo cedit* » permettrait à l'article 555 de fournir la solution : la bande de terrain devenant l'accessoire du bâtiment, son constructeur en acquerrait la propriété contre le versement d'une indemnité égale à la valeur du terrain involontairement usurpé (Planiol et Ripert, t. I, no 2978; Blin, note préc.). Il semble cependant que la solution suppose une modification de la loi (Lindon, note *D.* 1970. 427).

4 En son attente, et lorsque l'empiétement, minime, émane d'une personne de bonne foi, il a été proposé, à l'imitation du droit belge, de déceler dans la demande de destruction un abus du droit de propriété (Cour de cass. belge, 10 sept. 1971, *Bull. cass.* 1972. 28, note W. G., *RTD civ.* 1975. 833, n° 12, obs. E. Vieujean); gravement préjudiciable à l'un, d'un intérêt dérisoire pour l'autre, la volonté d'obtenir la destruction laisserait soupçonner une intention malveillante (Mireille Raynal, « L'empiétement matériel sur le terrain d'autrui en droit privé », *JCP* 1976. II. 2800). Mais si cette suggestion est parfois accueillie par les juges du fond (Grenoble, 30 juin 1998, *D.* 2000. 472, note M.-C. Lebreton), elle est systématiquement repoussée par la Cour de cassation, laquelle affirme clairement, après avoir visé l'article 545 du Code civil, que « la défense du droit de propriété contre un empiétement ne saurait dégénérer en un abus » (Civ. 3e, 7 juin 1990, *Bull. civ.* III, n° 140, *D.* 1991. Somm. 308, obs. A. Robert, p. 323, obs. Aubert; 7 nov. 1990, *Bull. civ.* III, n° 226; 20 mars 2002, *D.* 2002. Somm. 2507, obs. Mallet-Bricout, *RTD civ.* 2002. 333, note Th. Revet; 18 oct. 2006, *JCP* 2007. I. 117, n° 3, obs. Périnet-Marquet; 30 oct. 2013, préc.). En d'autres termes, si l'*usage* du droit de propriété peut donner lieu à un abus sanctionnable (*supra*, n° 69), sa conservation n'est pas susceptible d'abus. Il ne faut pas, au demeurant, exagérer les conséquences pratiques de cette jurisprudence. Le plus souvent, elle met simplement le propriétaire de la bande de terrain en position de force pour en négocier la vente à un constructeur qui se retournera contre un architecte et un géomètre eux-mêmes assurés (Carbonnier, t. 3, n° 143). De plus, le propriétaire du terrain décidé à poursuivre l'exécution se heurtera fréquemment au refus de l'administration d'autoriser la démolition (H., J., L. Mazeaud et F. Chabas, t. II, vol. 2, n° 1598-2). Enfin, si l'empiétement est discret, l'usucapion trentenaire est là pour rectifier les frontières (sur une éventuelle responsabilité du notaire, v. Civ. 1re, 7 mai 2002, *Defrénois* 2003. 865, obs. Aubert).

5 L'empiétement sur le terrain d'autrui n'est pas le seul domaine où la jurisprudence judiciaire marque son attachement au principe exprimé par l'article 545 du Code civil. Elle l'érige notamment en une règle d'ordre public au sens international du terme, en refusant de reconnaître effet en France aux nationalisations confiscatoires intervenues à l'étranger (v. not. Req. 5 mars 1928, *DP* 1928. 1. 85, note R. Savatier, *GADIP*, n° 13; Civ. 1re, 23 avr. 1969, *D.* 1969. 340, *Rev. crit. DIP* 1969. 717, note E. Schaeffer; Com. 19 mars 1979, *Rev. crit. DIP* 1981. 524, note P. Lagarde). Quant au Conseil constitutionnel, il a, à l'occasion des nationalisations françaises, réaffirmé la valeur constitutionnelle des articles 2 et 17 de la déclaration des droits de l'homme et précisé qu'une collectivisation plus étendue pourrait méconnaître ces textes et être, de ce fait, contraire à l'ordre constitutionnel français (Cons. const. 16 janv. 1982 et 11 févr. 1982, *supra*, n° 2).

Quant au juge administratif, il a abandonné la règle « ouvrage public mal planté ne se détruit pas » consacrée par un arrêt du Conseil d'État du 7 juillet

1853 (CE 7 juill. 1853, *Robin de Grimaudière*, *S.* 1854.2.213) et peut désormais ordonner la démolition d'un ouvrage public réalisé sans droit sur un terrain privé, si celle-ci n'entraîne pas une atteinte excessive à l'intérêt général (CE 29 janv. 2003, *JCP* 2003. I. 172, n° 105, obs. Périnet-Marquet). Le juge judiciaire peut d'ailleurs ordonner la démolition d'un tel ouvrage lorsque sa réalisation constitue une voie de fait non régularisable (Civ. 3e, 30 avr. 2003, *JCP* 2003. I. 172, n° 1, obs. Périnet-Marquet).

74

ACCESSION. LOCATAIRE. CONSTRUCTION SUR LE TERRAIN LOUÉ. BAILLEUR. ACQUISITION DIFFÉRÉE

Civ., 1re sect. civ., 1er décembre 1964

(*D.* 1965. 473, *JCP* 1965. II. 14213, note P. Esmein, *RTD civ.* 1965. 373, obs. Bredin)

Demoiselle Pocchiola et autres c. Époux Ferouillet

En l'absence d'accord des parties, le sort des constructions élevées par le preneur est réglé à l'expiration du bail par l'article 555, alinéas 1er et 2 du Code civil.

Le preneur reste propriétaire pendant la durée du bail des constructions qu'il a édifiées sur le terrain du bailleur.

Faits. — V. l'arrêt.

Moyen. — Violation par fausse application de l'article 555 du Code civil, violation par refus d'application des articles 546, 551 et s. du même code, article 7 de la loi du 20 avril 1810, défaut de motifs, manque de base légale, en ce que l'arrêt confirmatif attaqué a décidé que les constructions édifiées en cours de bail par le locataire d'un terrain nu appartenant aux exposants et détruites par fait de guerre étaient la propriété dudit locataire et qu'en conséquence l'indemnité de dommages de guerre afférents à ces constructions devait être attribuée aux ayants droit du preneur décédé, au motif que la prétention des exposants de se prévaloir de l'accession en cours de bail au fur et à mesure de l'édification des constructions élevées par leur locataire sur le terrain loué serait en opposition avec l'interprétation couramment admise en jurisprudence sur la portée d'application de l'article 555 du Code civil, alors que le bail ne comportant aucune disposition au sujet des constructions qui pouvaient être édifiées par le locataire, c'était le droit commun qui devait être appliqué et qu'en vertu du droit commun, le droit d'accession reconnu au bailleur devait profiter à celui-ci dès l'instant de l'édification des constructions, par le seul fait de l'incorporation de celles-ci au sol.

ARRÊT

La Cour; — *Sur le moyen unique :* — Attendu qu'il résulte des énonciations de l'arrêt confirmatif attaqué (Aix, 18 mars 1958) que les consorts Pocchiola ont donné à bail à Ferouillet un terrain nu sur lequel le preneur a édifié des constructions qui ont été détruites par fait de guerre; qu'un différend s'étant élevé entre les contractants quant à l'attribution de l'indemnité de dommages de guerre, la cour d'appel a attribué cette indemnité aux ayants cause du preneur, les consorts Ferouillet; — Attendu qu'il est fait grief aux juges d'appel d'avoir ainsi décidé, au motif que la prétention des bailleurs à se prévaloir de l'accession au fur et à mesure de l'édification des constructions est en opposition avec l'interprétation couramment admise en jurisprudence de l'article 555 du Code civil, alors qu'à défaut de disposition particulière dans le bail, le droit commun devait être appliqué, et que le droit d'accession des bailleurs devait être reconnu dès l'instant de l'édification des constructions; — Mais attendu que si, en l'absence d'accord des parties, le sort des constructions élevées par le preneur est réglé à l'expiration du bail par l'article 555, alinéas 1er et 2, du Code civil, le preneur reste propriétaire, pendant la durée de la location, des constructions qu'il a édifiées sur le terrain du bailleur; qu'ainsi le moyen doit être écarté; — *Par ces motifs*, rejette…

OBSERVATIONS

1 En dépit de son caractère insolite, le fait pour une personne d'édifier une construction sur un terrain qui ne lui appartient pas est assez fréquent. Il se rencontre dans les cas les plus divers : possesseur qui construit sur le fonds d'un propriétaire qui triomphera ultérieurement dans son action en revendication, locataire qui élève un édifice sur le terrain qu'il loue… Afin de résoudre les difficultés soulevées par l'intervention du tiers constructeur, l'article 555 du Code civil aménage le droit d'accession du propriétaire du terrain : en cas de mauvaise foi du constructeur, le propriétaire a une option : il peut soit conserver l'ouvrage en désintéressant celui qui l'a construit, soit recouvrer son terrain dans son état originaire, le tiers constructeur supportant alors les frais de démolition; en cas de bonne foi du constructeur, l'accession et l'indemnité qui lui est corrélative s'imposent au propriétaire.

L'article 555 du Code civil qualifiant le constructeur de « tiers » par rapport au maître du sol, la majorité des auteurs considère que ce texte devrait être écarté dès lors qu'existe entre les intéressés un rapport d'obligation (v. not. Aubry et Rau, t. II, § 204, p. 396; Planiol et Ripert, t. III, par Picard, n° 275, p. 270); prévu pour régler la situation du possesseur évincé par l'action en revendication du véritable propriétaire, il ne jouerait pas dans les rapports entre bailleur et locataire. Telle n'est pas la position de la jurisprudence. À défaut de textes spéciaux (v. par ex. art. L. 411-69 s. C. rur. pour le bail rural) ou d'accords particuliers réglant le sort de la construction, elle décide que l'article 555 du Code civil s'applique au locataire qui construit sur le fonds loué. De ce point de vue, l'arrêt reproduit s'inscrit dans une jurisprudence constante (Civ. 3 janv. 1849, *D.* 49. 1. 27; Req. 1er juill. 1851, *D.* 51. 1. 249;

Civ. 1re, 7 mars 1955, *JCP* 1956. II. 9053, note Weill et Becqué, *D.* 1955. 590, note Saint-Alary; Civ. 3e, 9 janv. 1979, *Gaz. Pal.* 1979. 2. 309, note Plancqueel; 3 oct. 1990, *Bull. civ.* III, no 180; 10 nov. 1999, *Defrénois* 2000. 312, obs. Atias). Mais l'admission de cette extension suscite des difficultés spécifiques qui tiennent à la définition tant du moment de l'accession (I) que de la situation psychologique du constructeur (II).

I. — Le moment de l'accession

2 À quel *moment* le bailleur devient-il propriétaire des constructions édifiées par le locataire ? On peut hésiter entre une accession immédiate et une accession différée à la fin du bail (v. P. Hilt, « La date de l'effet de l'accession dans les baux immobiliers », *JCP* 2003. I. 183). À cette question controversée (pour l'accession immédiate : Req. 27 mai 1873, *S.* 73. 1. 254; Civ. 14 déc. 1921, *D.* 1925. 1. 111; R. Saint-Alary, « Les constructions, plantations et ouvrages faits par le preneur sur les lieux loués », *RTD civ.* 1947. 263; J.-P. Delmas Saint-Hilaire, « De l'application de l'article 555 du Code civil dans les rapports de personnes qu'unit un lien d'obligation », *RTD civ.* 1959. 411 s.; Fréjaville, note *JCP* 1952. II. 6908; pour l'accession différée : Req. 22 nov. 1864, *S.* 65. 1. 41; Civ. 18 févr. 1857, *DP* 57. 1. 120; Civ. 7 mars 1955, *Bull. civ.* I, no 106, p. 94; Planiol, note, *DP* 92. 2. 409; Wahl, note, *S.* 94. 1. 241; Esmein, note, *S.* 1923. 1. 121), l'arrêt ci-dessus reproduit apporte une réponse nette : les ouvrages que le preneur élève sur le fonds loué ne deviennent pas immédiatement la propriété du bailleur; l'accession est différée jusqu'à la fin du bail (v. depuis Civ. 2e, 23 nov. 1966, *JCP* 1967. II. 15169, note Bigot; Civ. 3e, 17 juill. 1974, *Bull. civ.* III, no 315, Civ. 1re, 23 oct. 1990, *Bull. civ.* I, no 217; Civ. 3e, 4 avr. 2002, *D.* 2002. Somm. 2508, obs. Mallet-Bricout, *JCP* E 2002. 685, no 9, obs. Raynaud, *RTD civ.* 2003. 114, obs. Th. Revet; 5 janv. 2012, *D.* 2012. 2129, obs. B. Mallet-Bricout, en cas de résiliation anticipée du bail en raison de l'expropriation du terrain; v. Th. Lamarche, « L'accession différée : une nouvelle approche des grandes classifications », *RTD civ.* 2006. 1 s.). Partant, le locataire constructeur est titulaire d'un droit de superficie temporaire (Planiol et Ripert, t. III, par Picard, no 333; Revet, obs. *RTD civ.* 2010. 592). Posée dans un cas de figure assez particulier – l'attribution de dommages de guerre destinés à compenser la destruction survenue avant la fin du bail d'une construction édifiée par le preneur –, la solution présente des intérêts multiples : le preneur peut céder ou hypothéquer pendant et pour la durée du bail la construction qu'il a réalisée (Req. 13 févr. 1872, *S.* 72. 1. 104; Civ. 11 août 1884, *S.* 85. 1. 231); ses créanciers peuvent la saisir; il a un intérêt à agir en expulsion de celui qui occupe sans titre la construction ainsi édifiée (Civ. 1re, 23 oct. 1990, *Bull. civ.* I, no 217, p. 155). Le preneur devrait également pouvoir enlever, jusqu'à l'expiration du bail, les constructions qu'il a édifiées (en ce sens Civ. 16 févr. 1857, *DP* 57. 1. 120; Req. 8 mai 1877, *DP* 77. 1. 305). Néanmoins certaines décisions posent que le bailleur peut s'y opposer « au moment où le contrat de louage touche à sa fin » (Soc. 31 juill. 1950, *Bull. civ.* IV, no 716, p. 480; 29 janv. 1954, *Bull. civ.* V, no 71, p. 53). La solution ne présente au reste que peu d'inconvénients pour le locataire, l'indemnité qui doit lui être versée ne risquant plus depuis la loi du 17 mai 1960 d'être dérisoire. En outre, tant que le bail n'est pas expiré, le bailleur ne saurait demander un supplément de loyer, dans le cas où la loi le permet, en se fondant sur l'existence de constructions nouvelles. Enfin le bailleur ne peut, dans ce cadre, être indemnisé de la contre-valeur des améliorations détruites par un incendie avant la fin du bail (Civ. 3e, 2 avr. 2003, *Loyers et copropriété* 2003.113, note Brault et Pereira-Osouf). On a pu se poser la question de savoir si le jeu de l'accession est retardé par le maintien dans les lieux, la prorogation légale du bail ou le renouvellement du bail. La jurisprudence paraît ne vouloir tenir compte ni de l'un, ni de l'autre (Com. 12 déc. 1960, *Bull. civ.* III, n° 407, p. 370; 3 oct. 1961, *Bull. civ.* III, n° 338, p. 291 ; Civ. 3e, 20 déc. 1971, *JCP* 1972. II. 17197, note Lehmann; 26 nov. 1985, *Gaz. Pal.* 1986. 1. 114, note Brault; *JCP* 2007. I. 117, n° 5, obs. Périnet-Marquet). Sur l'impossibilité de se prévaloir de l'article 555 pour un constructeur qui a construit pour le compte d'un locataire qui ne le paye pas et dont le bail est résilié, v. Civ. 3e, 28 mai 1986, *Bull. civ.* III, n° 83, p. 63, *RTD civ.* 1987. 366, obs. Rémy.

II. — La situation psychologique du preneur

3 Pour l'application de l'article 555 du Code civil, le preneur doit-il être assimilé à un *possesseur de bonne ou de mauvaise foi* ?

En principe, le locataire ne peut bénéficier des avantages du possesseur de bonne foi. Détenant la chose louée précairement, en vertu d'un titre qui implique la reconnaissance de la propriété du bailleur, il sait qu'il construit sur un fonds qui ne lui appartient pas. En conséquence, le bailleur peut exiger la suppression des ouvrages aux frais du preneur. Telle semble bien être la solution à laquelle adhère implicitement l'arrêt ci-dessus reproduit puisqu'il fait référence aux alinéas 1 et 2 de l'article 555 qui visent exclusivement l'hypothèse du constructeur de mauvaise foi (Com. 1er mars 1960, *S.* 1961. 204, note Plancqueel, *Gaz. Pal.* 1960. 2. 30; la démolition peut d'ailleurs être également fondée sur l'article 1730 C. civ. : Civ. 3e, 9 janv. 1979, *Gaz. Pal.* 1979. 2. 309, note Plancqueel, *RTD civ.* 1979. 810, obs. Cornu). Néanmoins, certaines décisions font parfois preuve de plus de libéralisme. Elles considèrent que le preneur peut être assimilé à un possesseur de bonne foi lorsqu'il a été autorisé à construire sans que pour autant le sort de la construction ait été réglé dans le bail (Req. 15 juill. 1912, *S.* 1915. 1. 105, note Naquet; Civ. 3e, 3 oct. 1990, *Bull. civ.* III, n° 180, *D.* 1990. IR 235; 17 déc. 2013, *D.* 2014. 1850, obs. N. Reboul-Maupin, dans l'hypothèse d'une transaction). La bonne foi n'est plus alors le fait de croire que l'on est propriétaire du terrain sur lequel on construit; elle s'apparente plutôt à la bonne foi requise dans l'exécution des contrats par l'article 1134, alinéa 3 du Code civil (Weill et Becqué, note *JCP* 1956. II. 9053).

Mais la position de la haute juridiction est difficile à cerner, dans la mesure où elle se montre parfois plus exigeante dans l'appréciation de la bonne foi. Elle a, en effet, décidé à plusieurs reprises que le « terme de bonne foi employé par l'article 555 du Code civil, s'entend par référence à l'article 550 et ne vise que celui qui possède comme propriétaire en vertu d'un titre translatif de propriété dont il ignore le vice » (Civ. 3e, 12 juill. 2000, *JCP* 2001. I. 10537, note C. Chabas; 1er et 15 juin 2010, *RTD civ.* 2010. 590, obs. Th. Revet). L'aménagement de solutions spécifiques prenant en compte le sort que le propriétaire entend réserver aux constructions édifiées serait souhaitable (v. Cornu, obs., *RTD civ.* 1979. 810).

75

DONATION. CLAUSE D'INALIÉNABILITÉ TEMPORAIRE. VALIDITÉ

Civ. 20 avril 1858

(*DP* 58. 1. 154, *S.* 58. 1. 589)

Crémieux c. Regnard et autres

Le père de famille qui fait donation de ses biens à ses enfants peut s'en réserver l'usufruit et, soit dans l'intérêt de son droit comme usufruitier, soit pour assurer l'exercice du droit de retour qui peut un jour lui appartenir, imposer à ses enfants la condition de ne pas aliéner ou hypothéquer de son vivant les biens donnés (C. civ., art. 900, 1075 et 1076).

Faits. — Le sieur de Sainte-Colombe a fait donation-partage à ses trois enfants de tous ses biens. Il a été convenu dans l'acte que le donateur se réservait l'usufruit et que, d'autre part, les enfants ne pourraient, du vivant de leur père et même avec son consentement, aliéner, ni hypothéquer les biens à eux donnés.

Postérieurement, le donateur ayant emprunté une somme de 100 000 F à un sieur Regnard, hypothéqua l'usufruit qu'il s'était réservé sur les immeubles par lui donnés, et les enfants donataires, intervenant à l'acte, se reconnurent débiteurs solidaires avec leur père et hypothéquèrent au profit des créanciers leur droit de nue-propriété sur ces immeubles. Après le décès de Sainte-Colombe, un sieur Crémieux prêta à son tour une somme de 12 000 F à l'un des donataires, la dame de Pons, qui hypothéqua, en garantie de ce prêt, l'un des immeubles à elle donnés.

Ultérieurement, les immeubles furent mis en vente et un ordre s'ouvrit pour la distribution du prix. Le créancier Crémieux contesta alors la collocation du créancier Regnard pour le motif que l'hypothèque de ce dernier était nulle, comme ayant été consentie par les débiteurs contrairement à la prohibition d'aliéner et d'hypothéquer contenue dans l'acte de donation par Sainte-Colombe à ses enfants.

Un jugement du tribunal civil de Roanne du 20 décembre 1855 fit droit à cette demande, mais celle-ci fut rejetée, sur appel de Regnard, par un arrêt de la cour de Lyon du 12 juin 1856 par les motifs suivants :

… « Considérant que les articles 537 et 544 du Code Napoléon définissent la propriété, le droit de jouir et de disposer des choses de la manière la plus absolue;

— Considérant que la constitution de la propriété est éminemment d'ordre public, et que, comme telle, il ne peut être permis, suivant l'article 6 du Code, d'y déroger par des conventions particulières; — Considérant que la clause de l'acte de donation du 2 mars 1843... altère le droit de propriété dans un des éléments qui le constituent; — Qu'en effet, pendant un temps d'une durée incertaine, la libre disposition de la propriété se trouverait alors entièrement détruite, les donataires ne pouvant aliéner ni hypothéquer les biens à eux donnés, et le donateur s'étant même interdit le pouvoir de lever, au moyen d'un consentement ultérieur, cette entrave mise par le contrat à leur faculté de disposer; — Qu'il s'ensuivrait que des biens soumis ainsi par la convention à un statut d'indisponibilité demeureraient retirés du commerce, soustraits à la circulation et au crédit, immobilisés dans une situation de biens de mainmorte pendant toute la durée de la vie de l'une des parties contractantes, et que l'on verrait par là se produire des atteintes à l'économie sociale et à l'ordre public, que la libre disponibilité des biens, principe organique du droit de propriété, a essentiellement pour objet de prévenir; — Que, de même que de Sainte-Colombe père ne pouvait, en dénaturant dans ses mains le droit de propriété, s'enlever vis-à-vis des tiers, le droit de vendre ses biens ou de les hypothéquer, de même il n'a pu transmettre son droit de propriété à autrui, sous la condition que pendant sa vie les biens transmis ne seraient susceptibles ni d'aliénation ni d'hypothèque; que dans ces deux cas également, le droit de propriété résiste à l'anéantissement absolu, quoique temporaire, de la faculté de disposer, qui est un de ses éléments constitutifs ». Pourvoi en cassation du sieur Crémieux.

Moyen. — Violation des articles 1075 et 1076 du Code civil, et fausse application de l'article 900 du même code.

ARRÊT

La Cour; — ... Attendu que la propriété est le droit de jouir et disposer des choses de la manière la plus absolue, pourvu qu'on n'en fasse pas un usage prohibé par les lois ou par les règlements; — Qu'aucune loi ne défend au père de famille qui fait donation de ses biens à ses enfants, de s'en réserver l'usufruit, et, soit dans l'intérêt de son droit comme usufruitier, soit pour assurer l'exercice du droit de retour qui peut un jour lui appartenir, d'imposer à ses enfants la condition de ne pas aliéner ou hypothéquer, de son vivant, les biens donnés; — Que cette interdiction temporaire, imposée dans l'intérêt du père donateur, ne peut être assimilée à une interdiction d'aliéner absolue et indéfinie qui aurait pour résultat de mettre, pendant un long temps les biens hors de la circulation; — Qu'en déclarant valable l'hypothèque consentie par la femme de Pons à Regnard, par le motif unique que la condition imposée par le père donateur à ladite femme de Pons était nulle comme contraire aux lois, l'arrêt dénoncé a faussement appliqué, et, par suite, formellement violé la disposition ci-dessus visée; — ... Donnant défaut contre les défendeurs, casse...

OBSERVATIONS

1 Si le législateur combat parfois la jurisprudence (*supra*, n° 11), il arrive aussi qu'il la consacre. Ainsi en a-t-il été précisément de la décision ci-dessus reproduite, laquelle n'a pourtant pas perdu tout intérêt : reprenant les solutions jurisprudentielles relatives aux *conditions de validité* des clauses d'inaliénabilité (I), la loi du 3 juillet 1971 est restée muette sur les *effets* de celles-ci (II).

I. — Les conditions de validité des clauses d'inaliénabilité

2 En principe, la clause d'inaliénabilité insérée dans un contrat – donation, vente – ou dans un legs est nulle parce qu'elle porte atteinte au caractère absolu du droit de propriété et à la libre circulation des biens. Mais ne faut-il pas faire exception au principe pour le cas où l'inaliénabilité n'est imposée que pour un temps déterminé et en vue de satisfaire un intérêt digne d'être pris en considération ? Avant le présent arrêt, la question était controversée, ainsi qu'en fait foi l'arrêt de la cour de Lyon cassé par la chambre civile (v. aussi Paris, 11 mai 1836, *DP* 36. 2. 82, *S.* 36. 2. 360; Douai, 29 déc. 1847, *DP* 48. 2. 68, *S.* 48. 2. 462; et en faveur de la validité : Angers, 29 juin 1842, *DP* 42. 2. 218, *S.* 42. 2. 400; Orléans, 17 janv. 1846, *DP* 46. 2. 203, *S.* 46. 2. 177; Douai, 23 juin 1851, *DP* 52. 2. 243, *S.* 51. 2. 612; Bourges, 14 déc. 1852, *DP* 54. 5. 257, *S.* 53. 2. 468).

L'arrêt ci-dessus reproduit a unifié la jurisprudence en posant qu'était valide la clause d'inaliénabilité dès lors qu'elle présentait un caractère « temporaire » et était insérée « dans l'intérêt du donateur ». Les arrêts ultérieurs ont précisé l'une et l'autre de ces exigences.

3 L'inaliénabilité ne doit pas être perpétuelle, car le régime de la propriété serait alors trop gravement altéré. Ainsi en a-t-il été décidé au sujet d'une prohibition qui se prolongerait durant toute la vie du propriétaire (Paris, 1er juill. 1961, *D.* 1962. 13). En revanche, la Cour de cassation a décidé qu'une clause d'inaliénabilité stipulée dans l'intérêt du disposant ou d'un tiers pour toute la durée de la vie du bénéficiaire revêt un caractère temporaire (Civ. 1re, 8 janv. 1975, *JCP* 1976. II. 18240, note Thuillier, *Defrénois* 1975. 524, note Ponsard; 20 nov. 1985, *Bull. civ.* I, n° 313, *Defrénois* 1986. 472, obs. Champenois, *RTD civ.* 1986. 620, obs. Patarin; v. aussi à propos d'une clause de tontine, Civ. 1re, 8 janv. 2002, *JCP* 2002. II. 10036, note Chartier, *RTD civ.* 2002. 343, obs. J. Patarin, 542, obs. Th. Revet).

Quant à l'exigence d'un intérêt légitime, elle s'entend largement. Il peut s'agir, comme dans l'espèce, de l'intérêt du disposant qui souhaite garantir l'exercice de son droit de retour (v. aussi Civ. 27 juill. 1954, *Bull. civ.* I, n° 37; Civ. 1re, 15 juin 1994, *Defrénois* 1995. 51, note X. Savatier, *D.* 1995. 342, note Leborgne, Somm. 50, obs. Grimaldi, *JCP* 1995. I. 3876, n° 8, obs. Le Guidec, *RTD civ.* 1995. 666, obs. Patarin, 919, obs. Zénati; Papeete, 31 janv. 2008, *JCP* 2008. IV. 2702) ou bénéficier d'un droit d'usage et d'habitation exempt de tout trouble de jouissance en conservant son fils comme « débiteur » de ce droit (Civ. 1re, 10 juill. 1990, *Bull. civ.* I, n° 192, *Defrénois* 1991. 272, note Lucet, *RTD civ.* 1991. 141, obs. Zénati, 580, obs. Patarin) ou encore assurer le maintien du bien dans la famille (Civ. 1re, 20 nov. 1985, préc.). Il peut s'agir aussi de l'intérêt du bénéficiaire de la libéralité que le disposant souhaite préserver de son inexpérience (Req. 11 juill. 1877, *DP* 78. 1. 62; 23 mars 1903, *DP* 1903. 1. 337, note Planiol, *S.* 1904. 1. 225, note Tissier; 4 mai 1943, *Gaz. Pal.* 1943. 2. 32). Ce peut être encore l'intérêt d'un tiers : les biens légués sont déclarés inaliénables entre les mains du légataire afin d'assurer le service d'une rente viagère dont ils sont grevés au profit d'une tierce personne qui a la qualité de crédirentier (Req. 12 juill. 1865, *DP* 65. 1. 475; Civ. 18 mars 1903, *DP* 1905. 1. 126, *S.* 1905. 1. 513, note Tissier). Au cas où la validité d'une telle clause serait contestée, c'est à celui qui se prévaut de celle-ci de justifier de l'intérêt sérieux et légitime qu'il allègue (Civ. 1re, 15 juin 1994, préc.). Contraire au principe suivant lequel c'est au demandeur en nullité de prouver la réalité du vice qu'il invoque, la solution se justifie par « le caractère anormal » d'une clause qui déroge au principe de libre disposition des biens (Grimaldi, *D.* 1995. Somm. 50).

4 Ces solutions ont été expressément consacrées par la loi du 3 juillet 1971 pour les clauses d'inaliénabilité insérées dans les actes à titre gratuit. Le nouvel article 900-1 du Code civil dispose, en effet, que les clauses d'inaliénabilité affectant un bien donné ou légué ne sont valables que si elles sont temporaires et justifiées par un intérêt sérieux et légitime (v. Ph. Simler, « Les clauses d'inaliénabilité (C. civ., art. 900-1 nouv.) », *D.* 1971, Lég. 416-1; M. Morin, « Les clauses d'inaliénabilité dans les donations et les testaments », *Defrénois* 1971. 1118; A. Raison, « Clauses d'inaliénabilité contenues dans les donations et les testaments », *Journ. not.* 1971, p. 937; J. Viatte, « Les clauses d'inaliénabilité dans les donations et les testaments », *Rec. gén. lois* 1971, p. 477). La jurisprudence a ultérieurement réaffirmé la validité des clauses d'inaliénabilité insérées dans les actes à titre onéreux (Civ. 1re, 31 oct. 2007, *Bull. civ.* I, n° 337, *D.* 2008. 963, note A.-L. Thomat-Raynaud, *JCP* N 2008. 1064, note R. Mortier, *RDC* 2008. 248, obs. Y.-M. Laithier, *RTD civ.* 2008. 126, obs. Th. Revet).

II. — Les effets des clauses d'inaliénabilité

5 L'arrêt tranche en outre, au moins implicitement, une autre question que soulevait le procès : celle de la *sanction* de la violation des clauses d'inaliénabilité. Pendant longtemps, on n'en a pas vu d'autre que la résolution de la libéralité prononcée contre le gratifié pour inexécution de la condition affectant son titre d'acquisition. Mais cette solution allait trop souvent contre la volonté du stipulant qui désirait maintenir la chose entre les mains du donataire (v. cep. en faveur de cette solution, Larroumet, *Les biens*, n° 350). L'arrêt de 1858 admet, pour la première fois, la possibilité de poursuivre directement la nullité de l'acte de disposition accompli au mépris de la clause d'inaliénabilité. Et la jurisprudence ultérieure devait préciser que seule la personne dans l'intérêt de laquelle l'inaliénabilité a été stipulée, qu'il s'agisse du disposant, du gratifié ou d'un tiers, peut demander la nullité de l'aliénation ou de la constitution de droits réels sur le bien grevé (Req. 27 nov. 1893, *DP* 94. 1. 566; Req. 16 janv. 1923, *DP* 1923. 1. 177). Lorsque la clause d'inaliénabilité stipulée dans une donation a pour objet de garantir le paiement d'une rente viagère, l'action en nullité ne peut survivre à l'extinction des droits qui lui servaient de support juridique, de telle sorte que l'action engagée par le donateur de son vivant ne peut être poursuivie par ses héritiers (Civ. 1re, 13 avr. 1992, *Bull. civ.* I, n° 123, *D.* 1993. Somm. 222, obs. Grimaldi, *JCP* 1993. I. 3676, n° 6, obs. Testu).

6 Le *fondement* de cette nullité est controversé et il le reste malgré la loi du 3 juillet 1971, celle-ci ne contenant aucune disposition relative aux effets de la clause d'inaliénabilité. Dans une opinion, les clauses d'inaliénabilité établissent une incapacité (E. Chénon, *Les démembrements de la propriété foncière avant et après la Révolution*, thèse Paris, 1881, p. 350). Cette explication encourt une objection : une incapacité ne peut être établie par convention. Dans une autre opinion, la nullité se rattacherait à l'article 1143, qui donne au créancier d'une obligation de ne pas faire le droit de demander que ce qui aurait été réalisé par contravention à l'engagement soit détruit (Saignat, *De la clause portant défense d'aliéner*, thèse Bordeaux 1896, p. 128; comp. Bartin, *Théorie des conditions immorales, illicites ou contraires aux mœurs*, thèse Paris 1887, p. 171). Mais l'article 1143 autorise la destruction matérielle et non pas la nullité (Voirin, note *DP* 1937. 2. 1 s.). Il paraît préférable d'admettre avec la jurisprudence qu'il y a une véritable indisponibilité réelle du bien (Rouen, 5 avr. 1905, *S.* 1907. 2. 225, note Tissier). Le Code civil a autorisé certaines décompositions du droit de propriété et il n'y a pas de raison pour que les parties ne puissent, en vue de satisfaire un intérêt légitime, imaginer de nouvelles décompositions de ce droit (v. *supra*, nos 66-67, § 10). En ce cas, le *jus abutendi* ne disparaît pas, il est simplement divisé entre deux personnes. Comme l'a écrit P. Voirin (note préc.), « la charge réelle rendant un immeuble indisponible doit être analysée en un démembrement de la propriété, retirant au propriétaire le plein exercice du *jus abutendi* pour l'attribuer, conjointement avec lui, à un tiers » (v. aussi Hervieu, *De la limitation des droits réels*, thèse Caen, 1981, p. 438 s.).

7 On s'est également interrogé sur le point de savoir si la situation psychologique du tiers acquéreur était de nature à influer sur la portée de la sanction. Il n'est pas douteux que le tiers sous-acquéreur peut être atteint lorsqu'il est de mauvaise foi, c'est-à-dire s'il connaissait la charge d'inaliénabilité grevant le bien acquis : il aurait été, dans ce cas, tiers complice de la violation de la clause d'inaliénabilité; il doit réparer la faute qu'il a commise (art. 1382) et la réparation la plus adéquate est de le contraindre à restituer le bien (Req. 30 oct. 1911, *DP* 1916. 1. 5). Mais que décider si le sous-acquéreur est de bonne foi ? S'il s'agit de meubles, il n'y a pas de problème, car le sous-acquéreur sera protégé par l'article 2276 (anc. art. 2279 C. civ.). S'il s'agit d'immeubles, l'acte initial (vente, donation, legs) contenant la clause d'inaliénabilité est soumis à publicité à la conservation des hypothèques et le décret du 4 janvier 1955 a même soumis à la publicité foncière « les actes entre vifs dressés distinctement pour constater des clauses d'inaliénabilité temporaire » – disposition qui, observons-le, consacrait déjà, avant la loi du 3 juillet 1971, la jurisprudence sur la validité des clauses d'inaliénabilité. Ce n'est donc qu'exceptionnellement que le sous-acquéreur pourra invoquer sa bonne foi. Antérieurement à la réforme de la publicité foncière, la jurisprudence considérait cette circonstance comme inopérante. La bonne foi du sous-acquéreur n'était pas un obstacle à la nullité; plus précisément, à l'époque où la publicité des legs portant sur des immeubles n'avait pas encore été instituée, il avait été jugé que la clause d'inaliénabilité insérée dans un testament était opposable aux tiers bien que la nullité pût alors, en raison de l'absence de toute transcription, atteindre un acquéreur de bonne foi (Paris, 25 mai 1902, *Gaz. Trib.* 14 sept. 1902, *RTD civ.* 1907. 360).

PROPRIÉTÉ APPARENTE

(V. *infra*, n° 104)

USUFRUIT

76-77

USUFRUIT. RÉPARATION D'ENTRETIEN. USUFRUITIER. EXÉCUTION FORCÉE. GROSSE RÉPARATION. NU-PROPRIÉTAIRE. DÉFAUT D'EXÉCUTION FORCÉE

I. Civ. 27 juin 1825. — II. Req. 10 décembre 1900

Aucune loi n'autorisant l'usufruitier à différer ou à suspendre l'exécution de l'obligation qui met à sa charge les réparations d'entretien, le nu-propriétaire peut contraindre l'usufruitier à les faire, au moment où elles sont reconnues nécessaires (1er arrêt).

De l'article 605 du Code civil, combiné avec les articles 600 et 607 du même code, il résulte que la loi n'autorise pas l'usufruitier à agir contre le nu-propriétaire pour le contraindre à exécuter de grosses réparations nécessaires à la conservation de l'immeuble soumis à l'usufruit (2e arrêt).

I. — Civ. 27 juin 1825

(*S.* 25. 1. 142)

Lautour c. Delunel

Faits. — Le sieur Lautour, nu-propriétaire d'un domaine dont le sieur Delunel est usufruitier, assigne ce dernier pour voir dire qu'il sera tenu de faire au domaine sur lequel porte le droit d'usufruit les réparations d'entretien nécessaires, conformément à l'obligation expressément établie, soit par son titre, soit par l'article 605 du Code civil; sinon que les réparations seront faites à ses frais.

Le sieur Delunel reconnaît que les réparations d'entretien sont à la charge de l'usufruitier; mais il soutient que le nu-propriétaire n'a pas le droit d'exiger, pendant la durée de l'usufruit, que l'usufruitier fasse ces réparations; que l'usufruitier est obligé à la fin de l'usufruit de rendre les immeubles en bon état; que faute par lui de se conformer à cette obligation, il peut être exposé à des dommages-intérêts; qu'enfin, le nu-propriétaire peut, même pendant la durée de l'usufruit, au cas d'abus de jouissance, demander la cessation de l'usufruit (C. civ., art. 618); mais que ses droits se bornent là, et que l'action tendant à obtenir la confection de réparations prétendues nécessaires est non recevable.

Le 24 janvier 1822 est rendu un jugement qui admet la demande du sieur Lautour, et ordonne à Delunel de faire les réparations nécessaires.

Appel. — Arrêt de la cour d'Amiens qui infirme; — « Attendu qu'admettre le nu-propriétaire à actionner l'usufruitier pour le contraindre à faire les réparations nécessaires, ce serait exposer l'usufruitier à des vexations continuelles; que le nu-propriétaire a seulement le droit d'exiger que les biens soient rendus en bon état et à la fin de l'usufruit, ou de demander la cessation de l'usufruit pour abus de jouissance ». Pourvoi en cassation du sieur Lautour.

Moyen. — Violation des articles 578, 601 et 605 du Code civil, en ce que l'arrêt dénoncé, tout en reconnaissant que les réparations d'entretien sont à la charge de l'usufruitier, a déclaré le nu-propriétaire non recevable à demander l'exécution des réparations nécessaires. — Le demandeur s'attache à soutenir qu'outre l'action en dommages-intérêts qu'a le nu-propriétaire contre l'usufruitier si, à la fin de l'usufruit, les biens sont rendus en mauvais état par suite du défaut de réparations et d'entretien, il a une autre action tendant à contraindre l'usufruitier à faire les réparations au fur et à mesure qu'elles sont nécessaires; — Que cette double action résulte de divers textes des lois romaines, notamment de la loi 7, § 2 et 3, de la loi 13, § 2, et de la loi 64. ff. *de Usufructu et quemadmodum quis utatur fruatur*; — Que d'ailleurs, tous les commentateurs sur l'article 262 de la coutume de Paris, qui détermine les obligations de la veuve douairière, en termes équivalents à ceux de l'article 605 du Code civil, disent formellement que les héritiers du mari ont action pour contraindre la veuve à faire les réparations d'entretien. V. Ferrière, sur l'article 262 de la coutume de Paris; Bourjon, 1re partie, p. 731 s.; v. aussi M. Proudhon, *Traité de l'usufruit*, nº 872.

ARRÊT
(par défaut)

La Cour; — Vu les articles 578, 601 et 605 du Code civil; — Attendu qu'aux termes de ces articles, l'usufruitier est tenu de jouir en bon père de famille, de conserver la substance de la chose, et par suite, de faire aux immeubles les réparations d'entretien; — Qu'il est de principe certain que toute obligation engendre une action pour son accomplissement, du moment qu'elle existe, et que celui qui a un intérêt né et actuel à son exécution, peut l'exiger sans délai, à moins de disposition contraire; — Qu'il n'y a aucune loi qui autorise l'usufruitier à différer ou suspendre l'exécution de l'obligation qui met à sa charge les réparations d'entretien, et le nu-propriétaire a un intérêt né et actuel à ce qu'elles soient faites sans délai, afin de conserver la substance de la chose et d'en prévenir le dépérissement; qu'il peut, par conséquent, contraindre l'usufruitier à les faire au moment où elles sont reconnues nécessaires; — Qu'on ne peut rejeter sa demande, sous prétexte que, s'il pouvait actionner l'usufruitier, toutes les fois qu'il y a des réparations à faire, celui-ci serait exposé à des vexations continuelles, attendu qu'il n'y a pas vexation à user d'un droit légitime, et qu'un droit acquis ne peut être éludé arbitrairement; que, d'ailleurs, les réparations d'entretien ne se présentent pas d'ordinaire fréquemment; et si le nu-propriétaire se permet des demandes injustes, il appartient aux tribunaux de les rejeter, en les distinguant des demandes légitimes; — Qu'on peut encore moins prétendre que le nu-propriétaire est sans action pour exiger ces réparations, pendant la durée de l'usufruit, parce que l'article 618 ne lui donne d'autre droit que de demander la cessation de l'usufruit, lorsque celui qui en jouit dégrade les biens ou les laisse dépérir, puisque cette action qui a pour objet spécial de punir la mauvaise foi ou la négligence de l'usufruitier, n'est pas exclusive du droit commun d'exiger les réparations durant l'usufruit pour prévenir le dépérissement; sans quoi, il faudrait admettre que le nu-propriétaire est condamné à souffrir la ruine de ses biens, sans autre moyen de s'en garantir que de demander la cessation de l'usufruit, lorsque la ruine est consommée, et lorsque souvent il n'y a plus de biens suffisants pour son recours; ce qui serait aussi injuste que contraire aux principes, suivant lesquels tout propriétaire a le droit de conserver ce qui lui appartient, et de le défendre en justice; — Et attendu qu'il suit de ce qui précède que le nu-propriétaire a le droit de contraindre l'usufruitier à faire les réparations d'entretien, au moment où elles sont reconnues nécessaires; que cependant l'arrêt attaqué juge le contraire, et qu'en cela, il viole ouvertement les articles 578, 601 et 605 du Code civil ci-dessus cités, en même temps qu'il fait une fausse application de l'article 618 du même code — Donnant défaut contre le défaillant; — Casse...

II. — Req. 10 décembre 1900

(*DP* 1901. 1. 209, note Guénée, *S.* 1904. 1. 36)

Fourvel c. Jouvenceau-Domas

Faits. — Fourvel, usufruitier, demandait au tribunal d'ordonner à Jouvenceau, nu-propriétaire, de reconstruire le mur et le toit d'une grange faisant partie d'un fonds grevé d'usufruit. Sa prétention ayant été rejetée par les juges du fond, un pourvoi était formé contre un arrêt de la cour de Riom du 6 juillet 1899.

Moyen. — Violation et fausse application de l'article 605 du Code civil.

ARRÊT

La Cour; — *Sur le premier moyen...* — *Sur le deuxième moyen* tiré de la violation et fausse application de l'article 605 du Code civil et de la violation de l'article 7 de la loi du 20 avril 1810 : — Attendu que de l'article 605 du Code civil, combiné avec les articles 600 et 607 du même code, il résulte que la loi n'autorise pas l'usufruitier à agir contre le nu-propriétaire pour le contraindre à exécuter les grosses réparations nécessaires à la conservation de l'immeuble soumis à l'usufruit; que cette solution résulte, d'ailleurs, de la nature même de l'usufruit qui n'impose au nu-propriétaire aucune obligation positive, mais le force seulement à souffrir sur le fonds l'exercice du droit de l'usufruitier; — D'où il suit, qu'en repoussant la demande de Fourvel, tendant à faire condamner Jouvenceau à reconstruire un mur et le toit d'une grange soumise à son droit d'usufruit, l'arrêt attaqué, qui est d'ailleurs régulièrement motivé, loin de violer l'article 605 du Code civil, en a fait une juste application;... Rejette...

OBSERVATIONS

1 Selon l'analyse traditionnelle, l'usufruit se caractérise par la coexistence sur un même bien de deux droits réels de nature différente. Conséquence de cette approche, *l'indépendance* de l'usufruitier et du nu-propriétaire forme la base

de leurs rapports (Terré et Simler, *Les biens*, n° 781 ; Cornu, *Introduction*, *Les personnes*, *Les biens*, n° 1264). D'une part, il n'y a entre eux aucune communauté d'intérêts analogue à celle que crée l'indivision ou le contrat de société. D'autre part, il n'existe pas entre eux de rapport d'obligation quant à la jouissance du bien. Alors que le bailleur est tenu d'assurer au locataire une jouissance paisible (art. 1719 C. civ.), l'usufruitier n'a rien à attendre du nu-propriétaire. Néanmoins cette indépendance n'est pas absolue. Elle s'accompagne d'un « devoir de respect mutuel » (Cornu, *op. cit.*, n° 1265). Le nu-propriétaire ne peut, selon l'article 599, alinéa 1 du Code civil, par son fait ni de quelque manière que ce soit, nuire à l'usufruitier; quant à l'usufruitier, il doit, aux termes de l'article 601 du Code civil, jouir de son usufruit en bon père de famille. Mais c'est surtout à propos des réparations que requiert le bien grevé d'usufruit que cette logique de l'indépendance est mise à rude épreuve. L'usufruitier supportant les réparations d'entretien (art. 605), le nu-propriétaire les grosses réparations (art. 606), chacun d'entre eux peut-il, en cours d'usufruit, contraindre l'autre à accomplir les réparations qui lui incombent ? (sur la distinction des grosses réparations et des réparations d'entretien, v. P. Courbe, « L'entretien de la chose soumise à usufruit », *JCP* 1982. II. 3070, nos 8 s.; Civ. 3e, 27 nov. 2003, *D.* 2003. IR 43).

Considérée d'un point de vue économique, cette question appelle évidemment une réponse positive. Mais l'adoption de celle-ci se heurte à la logique de l'indépendance qui gouverne les rapports usufruitier-nu-propriétaire. Par les deux arrêts ci-dessus reproduits, la jurisprudence retient une solution moyenne : le nu-propriétaire peut contraindre l'usufruitier mais non l'inverse (I). Aussi bien, un important courant doctrinal propose-t-il aujourd'hui une analyse renouvelée de l'usufruit qui permettrait tout à la fois de mieux expliquer les multiples atteintes déjà portées à la règle de l'indépendance et d'établir les bases d'une véritable collaboration entre nu-propriétaire et usufruitier. Rompant avec la conception traditionnelle selon laquelle les droits réels démembrés du droit de propriété impliqueraient un pouvoir direct et immédiat sur la chose, ces auteurs estiment que l'usufruit donne naissance à un véritable *rapport de droit* entre son titulaire et le propriétaire de la chose sur laquelle il s'exerce (II).

I. — L'indépendance du nu-propriétaire et de l'usufruitier à l'épreuve de l'entretien de la chose grevée d'usufruit

2 La Cour de cassation a très tôt décidé, par le premier arrêt rapporté, que le nu-propriétaire pouvait obliger l'usufruitier à effectuer en cours d'usufruit les *réparations d'entretien.* La solution n'a pas été approuvée par la totalité de la doctrine. Il a été soutenu que le nu-propriétaire devait attendre l'extinction de l'usufruit pour pouvoir exiger l'exécution des réparations d'entretien; l'usufruitier n'aurait pas d'autre obligation que de lui restituer en fin d'usufruit une chose en bon état; quant au nu-propriétaire, il n'aurait rien à redouter de ce retard puisqu'il serait garanti par l'existence d'une caution. Une doctrine très largement dominante a néanmoins approuvé très tôt la solution de la Cour de cassation (Baudry-Lacantinerie et Chauveau, t. IV, nos 559, 670, 687; Planiol et Ripert, t. III par Picard, no 860). Elle fait valoir que, l'usufruitier devant remplir son obligation de jouir en bon père de famille pendant toute la durée du démembrement, le nu-propriétaire peut agir en déchéance à tout moment (art. 618, al. 1). À plus forte raison doit-on lui reconnaître la possibilité d'exiger de l'usufruitier l'exécution de ses obligations. Il a, en effet, ainsi que le souligne l'arrêt, un intérêt actuel évident à éviter le dépérissement du bien grevé d'usufruit. L'usufruitier ne saurait d'ailleurs se soustraire à ses obligations en renonçant à l'usufruit. Cette renonciation ne vaut que pour l'avenir, elle ne le dégage pas des réparations devenues nécessaires entre l'ouverture de l'usufruit et la renonciation. Celle-ci ne supprime pas, en effet, rétroactivement l'obligation de jouir en bon père de famille, dont le devoir d'entretien n'est qu'une conséquence (Planiol et Ripert, t. III par Picard, no 88, p. 820).

La solution a été réaffirmée avec constance par la jurisprudence (Montpellier, 7 juin 1831, *DP* 33. 2. 116; Civ. 10 janv. 1859, *DP* 59. 1. 31; Civ. 1re, 21 mars 1962, *JCP* 1963. II. 13272, note H. G., *Gaz. Pal.* 1962. 1. 393, *RTD civ.* 1962. 527, obs. Solus; 10 juill. 1963, *Bull. civ.* I, no 383); celle-ci permet même au nu-propriétaire de commander directement les travaux aux entrepreneurs sans l'accord de l'usufruitier et de lui en demander le remboursement immédiat (Civ. 21 mars 1962, préc.). Lorsqu'il ne procède pas aux réparations d'entretien, l'usufruitier s'expose en outre à voir ses charges s'accroître : il pourra, en effet, être tenu d'effectuer les grosses réparations qui pèsent normalement sur le nu-propriétaire dès lors qu'elles ont été rendues nécessaires par le défaut d'entretien (art. 605 C. civ.). L'usufruitier est également tenu des grosses réparations lorsqu'une clause les met sa charge; l'article 605 du Code civil n'est pas d'ordre public (Civ. 1re, 23 janv. 2007, *Bull. civ.* I, no 41, *JCP* 2007. I. 197, no 11, obs. H. Périnet-Marquet, *Dr. fam.* 2007, no 69, note B. Beignier).

3 Les *grosses réparations* étant, en principe, à la charge du nu-propriétaire, l'usufruitier peut-il le contraindre à les accomplir pendant la durée de l'usufruit ? La question se posait en termes particuliers dans le deuxième arrêt reproduit. L'usufruitier demandait, en effet, au nu-propriétaire non l'exécution de grosses réparations, mais la reconstruction d'un mur et du toit d'une grange. De ce fait, la Cour de cassation aurait pu se retrancher derrière l'article 607 du Code civil. Mais, dépassant l'hypothèse et délaissant sa réserve habituelle, elle décide de manière beaucoup plus générale que l'usufruitier ne peut forcer le nu-propriétaire à exécuter les grosses réparations nécessaires à la conservation du bien (v. déjà Req. 1er avr. 1889, *D.* 91. 1. 415, *S.* 89. 1. 217; v. aussi Paris, 27 juill. 1928, *DP* 1930. 2. 1, note Chavegrin). La solution a depuis été réaffirmée très clairement par la Cour de cassation (Civ. 3e, 30 janv. 1970, *Bull. civ.* III, no 83, p. 60, *RTD civ.* 1970. 593, obs. Bredin; 3 mai 1989, *Bull. civ.* III, no 100, p. 56, *Defrénois* 1990. 362, obs. Souleau; 10 juill. 2002, *Rev. loyers* 2002. 562, obs. Ph. Rémy; Civ. 1re, 18 déc. 2013, *D.* 2013. 77, *RTD civ.* 2014. 149, obs. W. Dross).

À l'appui de cette solution, on fait observer que l'article 600 du Code civil dispense le nu-propriétaire de faire les réparations qui s'imposent, à l'ouverture de l'usufruit; *a fortiori* doit-il en aller ainsi pour celles qui deviennent nécessaires en cours d'usufruit.

Plus généralement, la jurisprudence n'a pas voulu obliger le nu-propriétaire à faire des dépenses parfois considérables pour assurer l'exercice d'un droit qui n'est pas le sien et qui ne s'éteindra peut-être qu'après sa mort, alors qu'il ne tire aucun revenu du bien grevé (Planiol et Ripert, t. III, par Picard, n° 857). Afin de l'inciter à effectuer les grosses réparations, on ne peut guère compter que sur son intérêt personnel à ne pas retarder des travaux dont le coût ira en augmentant. En cas de refus du nu-propriétaire, l'usufruitier peut décider d'effectuer lui-même les grosses réparations ou y être contraint par son locataire lorsqu'il loue le bien (Soc. 20 mai 1949, *D.* 1949. 424; Civ. 3e, 28 juin 2006, *D.* 2006. IR 2056); il ne pourra alors agir en remboursement qu'à la fin de l'usufruit; la somme qu'il obtiendra ne pourra dépasser ni les dépenses engagées ni la plus-value qui subsiste du fait de l'accomplissement des travaux (Civ. 17 juill. 1911, *D.* 1911. 1. 457; Paris, 27 mai 1936, *S.* 1937. 2. 42; 31 oct. 1961, *Gaz. Pal.* 1962. 1. 75; Rouen, 30 oct. 1973, *Gaz. Pal.* 1975. 1, Somm. 115; *contra* : Paris, 27 juill. 1928, *DP* 1929. 2. 1, note Josserand; Poitiers, 17 mars 1954, *D.* 1954. 360, *JCP* 1954. II. 8425). Ajoutons que, lorsque le démembrement de la propriété résulte d'une convention, les parties à celle-ci peuvent déroger à ces règles et convenir notamment que le nu-propriétaire s'engage envers l'usufruitier à faire effectuer à ses frais toutes les réparations qui deviendraient nécessaires (Civ. 3e, 9 oct. 1985, *Bull. civ.* III, n° 119, *Defrénois* 1986. 1502, obs. Souleau).

II. — La collaboration du nu-propriétaire et de l'usufruitier

4 Déplorant la rareté de ce correctif et soulignant les conséquences économiques néfastes de la solution habituellement reçue, plusieurs auteurs soutiennent que l'usufruitier devrait disposer du pouvoir de contraindre le nu-propriétaire à exécuter les grosses réparations (v. par ex. : Larroumet, *Les biens*, n° 569; Zénati et Revet, *Les biens*, n° 338). La proposition n'appellerait qu'une brève mention si elle ne s'inscrivait, plus fondamentalement, dans une nouvelle présentation de l'usufruit. S'inspirant des analyses de Ginossar (*Droit réel, propriété et créance, élaboration d'un système rationnel des droits patrimoniaux*, 1960), ces auteurs contestent que les droits réels s'exerçant sur la chose d'autrui puissent s'analyser en un pouvoir direct et immédiat sur cette chose. Selon eux, les droits réels autres que le droit de propriété, notamment l'usufruit, donneraient naissance à *un rapport de droit entre deux personnes*, le titulaire de ce droit et le propriétaire de la chose sur lequel celui-ci s'exerce. Dépouillé de l'essentiel de ses prérogatives, le propriétaire serait obligé de ne rien faire qui puisse entraver le libre exercice de ses pouvoirs par l'usufruitier. Quant à l'usufruitier, il serait tenu envers le nu-propriétaire d'obligations positives. Ce rapport de droit ne saurait être confondu avec celui issu de l'existence d'un droit personnel. L'obligation qui en résulte serait, en effet, *réelle*; elle grèverait non l'ensemble du patrimoine de celui qui la doit, mais un bien déterminé. L'originalité de ce rapport se manifesterait notamment dans le mode de désignation du débiteur : celui-ci ne serait pas une personne dénommée, mais le propriétaire d'un bien déterminé. Il en résulterait que le nu-propriétaire pourrait, à la différence d'un débiteur personnel, s'affranchir de ses obligations en abandonnant la chose à l'usufruitier.

5 À supposer cette analyse consacrée, il serait évidemment beaucoup plus aisé d'imposer au propriétaire d'accomplir des prestations positives, telle celle d'effectuer les grosses réparations, qui viendraient s'ajouter à son obligation passive. Rien ne s'opposerait, en effet, à ce que l'obligation du nu-propriétaire revête pour partie un caractère positif. Ainsi l'indépendance qui forme traditionnellement la base des rapports de l'usufruitier et du nu-propriétaire laisserait-elle la place à une véritable collaboration entre ceux-ci. Certains ont, au demeurant, déjà décelé dans des décisions de la haute juridiction les prémisses d'une telle collaboration (Atias, note sous Com. 28 janv. 1980, *JCP* 1980. II. 19416; Zénati, « Pour une rénovation de la théorie de la propriété », *RTD civ.* 1993. 305). Mais la réaffirmation par la haute juridiction que l'usufruitier ne peut contraindre le nu-propriétaire à effectuer les grosses réparations (Civ. 1re, 18 déc. 2013, préc.) montre qu'elle entend rester fidèle à l'analyse traditionnelle.

78

USUFRUIT. NUE-PROPRIÉTÉ. VENTE. PRIX. RÉPARTITION

Civ. 1re, 20 octobre 1987

(*D.* 1988. 85, note G. Morin, *RTD civ.* 1988. 370, obs. Ph. Rémy, 1989. 580, obs. Zénati)

Carbonneaux c. Dame Viglieri

Si la chose vendue simultanément et pour un même prix appartient pour l'usufruit à l'un des vendeurs, pour la nue-propriété à l'autre, chacun d'eux a droit à une portion du prix total correspondant à la valeur comparative de l'usufruit avec la nue-propriété.

Faits. — Un immeuble appartenant pour l'usufruit à une personne, et pour la nue-propriété à une autre, est vendu d'un commun accord, par acte notarié, pour un prix global qui, dans l'attente de l'accomplissement des formalités hypothécaires, reste entre les mains du notaire. Une fois ces formalités accomplies, l'usufruitier demande au notaire de lui remettre la totalité du prix, sur lequel son droit d'usufruit serait, selon lui, reporté. S'opposant à cette remise, le nu-propriétaire demande que le prix soit réparti entre les vendeurs au prorata de la valeur respective de la nue-propriété et de l'usufruit. Les juges du fond ayant donné satisfaction au nu-propriétaire, l'usufruitier forme un pourvoi en faisant valoir que « l'aliénation d'un bien grevé d'usufruit ne constituant pas un cas d'extinction de cet usufruit », son droit d'usufruit « se trouve reporté sur le prix de vente, sous réserve de l'obligation pour l'usufruitier de donner caution, sauf le cas où il en est dispensé ».

ARRÊT

La Cour; — *Sur les deux moyens réunis :* — Attendu que Raymond Carbonneaux, qui était usufruitier d'un immeuble dont Jacqueline Chabaud, épouse Viglieri, était nue-propriétaire, fait grief à l'arrêt attaqué (Caen, 1re ch., 8 févr. 1985) de l'avoir débouté de la demande tendant à lui faire remettre la totalité du prix de la vente de l'immeuble à laquelle l'un et l'autre avaient consenti, alors, selon le premier moyen, que l'aliénation du bien grevé d'usufruit ne constitue pas un cas d'extinction de cet usufruit; que celui-ci se trouve donc reporté sur le prix de vente, sous réserve de l'obligation pour l'usufruitier de donner caution sauf le cas où il en a été dispensé; que la cour d'appel a donc violé les articles 601 et 617 du Code civil; et alors, selon le second moyen, qu'en s'abstenant de répondre aux conclusions par lesquelles M. Carbonneaux faisait valoir que l'usufruitier est seul en droit de percevoir les intérêts de la chose ou des fonds grevés d'usufruit tant qu'il n'a rien été décidé sur son partage, la cour d'appel a violé ensemble les articles 600 et s. du Code civil et 455 du nouveau Code de procédure civile; — Mais attendu que si la chose vendue simultanément et pour un même prix appartient pour l'usufruit à l'un des vendeurs, pour la nue-propriété à l'autre, chacun d'eux a droit à une portion du prix total correspondant à la valeur comparative de l'usufruit avec la nue-propriété; que c'est dès lors à bon droit que les juges du fond, qui ont constaté qu'il y avait eu vente conjointe par l'usufruitier et le nu-propriétaire, ont estimé que M. Carbonneaux ne pouvait recevoir sur le prix de vente que la valeur de son usufruit, et ont procédé au partage dans les mêmes proportions des intérêts résultant de la consignation de ce prix de vente; que la cour d'appel a ainsi répondu aux conclusions invoquées et justifié légalement sa décision; — *Par ces motifs,* rejette...

OBSERVATIONS

1 Lorsqu'un bien grevé d'usufruit est vendu en pleine propriété, quel est le sort du prix de vente ? Doit-on considérer que les droits de l'usufruitier sont reportés sur la totalité du prix ? S'exerçant sur une somme d'argent, c'est-à-dire sur une chose consomptible, l'usufruit se transformerait alors en quasi-usufruit (Terré et Simler, *Les biens*, n° 790). Faut-il au contraire décider que le prix doit être réparti entre l'usufruitier et le nu-propriétaire, à proportion de leurs droits respectifs ?

La question est aisément résolue lorsque les intéressés ont expressément convenu de la solution à adopter; il suffit alors de respecter leur volonté. Ainsi en ira-t-il lorsque le nu-propriétaire, désireux d'éviter la perte économique importante qu'implique l'aliénation de la seule nue-propriété, obtiendra de l'usufruitier un concours que celui-ci subordonnera au report de son droit sur la totalité du prix, le tout moyennant de solides garanties de restitution. Mais quelle solution retenir au cas contraire ? L'arrêt analysé se prononce pour la ventilation du prix entre l'usufruitier et le nu-propriétaire. Posée à l'occasion d'une vente à laquelle l'usufruitier avait consenti (I), la solution vaut-elle encore lorsque l'aliénation lui est imposée (II) ?

I. — La ventilation du prix, en cas de vente d'un bien grevé d'usufruit avec le consentement de l'usufruitier

2 Cent dix ans auparavant, par deux arrêts rendus à quelques mois d'intervalle, la Cour de cassation avait tour à tour consacré l'une et l'autre des solutions évoquées : le 9 avril 1877 (*DP* 77. 1. 389), la chambre des requêtes avait ordonné le report de l'usufruit sur le prix de vente, alors que, le 7 janvier 1878 (*DP* 78. 1. 145, note Beudant, *S.* 80. 1. 145, note Labbé; v. déjà 24 nov. 1858, *D.* 58. 1. 438), la même chambre rendait un arrêt généralement interprété comme retenant la ventilation du prix entre le nu-propriétaire et l'usufruitier. Comme il n'était guère concevable que la même formation ait changé de religion dans un temps aussi bref, les auteurs s'employèrent à concilier des arrêts apparemment contradictoires. Une explication fut trouvée dans la constatation que la première décision avait pour objet une licitation en pleine propriété *imposée* à l'usufruitier, alors que la seconde concernait une vente *sollicitée* par celui-ci (sur cette conciliation, v. M.-C. de Roton-Catala, *Les successions entre époux*, thèse Paris II, éd. 1990, n°s 240 s.). Et de fait, la distinction se conçoit aisément : privé contre son gré de la jouissance du bien licité, l'usufruitier doit être autorisé à reporter, à titre de compensation, son droit sur la totalité du prix (Beudant, note *DP* 78. 1. 146). Reprise par les juges du fond (Aix-en-Provence, 22 oct. 1929, *JCP* 1929. II. 1389, *RTD civ.* 1930. 164, obs. Savatier, qui retient le système de la ventilation lorsque l'usufruitier a consenti à l'aliénation; Poitiers, 5 juin 1883, *DP* 84. 2. 44; T. civ. Dunkerque, 20 mai 1927, *Defrénois* 1927, 21437, *RTD civ.* 1928. 957, obs. Savatier, qui consacrent le système du report lorsque l'aliénation est imposée à l'usufruitier), cette distinction est retenue dans son second volet par la décision ci-dessus reproduite. L'usufruitier ayant concouru volontairement à la vente, la cour décide qu'il n'a droit qu'à la part du prix représentative de la valeur de l'usufruit qu'il a cédé (v. depuis, Civ. 1re, 7 juin 1988, *D.* 1988. IR 192, *Defrénois* 1988. 1381; Civ. 3e, 3 juill. 1991, *Bull. civ.* III, n° 203, *JCP* 1992, éd. N, 404, obs. Périnet-Marquet, *RTD civ.* 1993. 617, obs. Zénati).

3 La solution s'imposait. Lorsque l'usufruitier conclut seul un acte de cession, il ne transfère que le droit dont il était titulaire. De même en va-t-il de l'aliénation consentie par le seul nu-propriétaire; celle-ci laisse subsister l'usufruit si son titulaire n'y a pas formellement renoncé (art. 621 C. civ.; Civ. 8 déc. 1846, *DP* 47. 141). Dès lors, la vente faite conjointement par le nu-propriétaire et l'usufruitier à un même acquéreur et pour un prix global constitue simplement la « cession de deux droits réels distincts qui ne se réunissent que dans le chef de l'acquéreur de la chose », entraînant l'extinction par consolidation de l'usufruit (art. 617, al. 4 C. civ.) (Rémy, obs., *RTD civ.* 1988. 371). Les deux cédants ayant transmis dans un même acte leur droit respectif, la vente fait naître, sauf stipulation contraire, deux créances de prix même si celui-ci est stipulé globalement. Certes, on a fait valoir que cette stipulation d'un prix unique impliquerait la volonté des intéressés de reporter l'usufruit sur la totalité de celui-ci. Mais c'est là une interprétation toute divinatoire. Et l'on ne saurait, non plus, objecter que ces deux ventes faites pour un seul prix global peuvent encourir la nullité pour indétermination du prix. Par deux arrêts des 6 juillet 1983 (*Bull. civ.* III, n° 162, p. 125) et 19 mars 1986 (*Bull. civ.* III, n° 36, p. 27), la troisième chambre civile a, en effet, considéré que « l'exigence de la détermination du prix n'implique pas, en cas de pluralité de vendeurs, que la part revenant à chacun d'eux soit déterminée dans le contrat ». S'agissant notamment de la vente pour un prix global à une même personne d'un immeuble appartenant indivisément à deux époux ainsi que du matériel propre à l'un d'eux, elle a cassé la décision des juges du fond prononçant la nullité de la vente pour indétermination du prix (rappr. Paris, 23 sept. 1988, *Dr. soc.* 1988, n° 318). (Sur la répartition du prix entre nu-propriétaire et usufruitier, v. Civ. 1re, 25 févr. 1997, *D.* 1997. IR 78; Micha-Goudet, *JCP* N 1997. I. 1317.)

La solution a été expressément consacrée par la loi du 23 juin 2006. Dorénavant l'article 621, alinéa 1er du Code civil dispose « En cas de vente simultanée de l'usufruit et de la nue-propriété d'un bien, le prix se répartit entre l'usufruit et la nue-propriété selon la valeur respective de chacun de ces droits, sauf accord des parties pour reporter l'usufruit sur ce prix ».

II. — La ventilation du prix de vente d'un bien grevé d'usufruit en cas d'aliénation forcée

4 Énoncée à l'occasion d'une vente à laquelle l'usufruitier avait concouru volontairement, cette solution vaut-elle aussi au cas d'*aliénation forcée* ? L'affirmative a été soutenue au motif que la Cour de cassation n'avait pas, dans son attendu de principe, « distingué selon que le bien faisait l'objet d'une vente volontaire ou judiciaire » (Morin, note *D.* 1988. 86). La remarque est exacte. Mais il convient de souligner que la mention du caractère volontaire de la vente apparaît en deux endroits de la décision. Aussi bien est-il probable que la haute juridiction, si elle avait entendu rompre avec sa jurisprudence traditionnelle et réaliser l'unité des solutions, aurait pris le soin de l'énoncer plus clairement (en ce sens, P. Sirinelli, « Le quasi-usufruit », *LPA* 21 et 26 juill. 1993, nos 87 et 89, p. 28, n° 137). Certes, dans un arrêt ultérieur (Civ. 1re, 7 juin 1988, préc.), elle a posé que « l'usufruit ne revêt la forme d'un quasi-usufruit que lorsqu'il porte sur les deniers qui existaient dans la succession au jour du décès et non lorsqu'il s'exerce sur d'autres biens qui ne sont pas consomptibles ». Mais, intervenant à l'occasion d'une « vente simultanée » et réaffirmant dans cette hypothèse la ventilation du prix, cet arrêt ne dissipe pas l'incertitude précédemment relevée (v. aussi Civ. 2e, 18 oct. 1989, *JCP* 1990. II. 21502, note Pillebout, *RTD civ.* 1990. 115, obs. Zénati, *D.* 1989. IR 288). Et ceci d'autant plus que les raisons traditionnellement invoquées pour justifier l'existence d'un quasi-usufruit en cas de vente forcée, notamment l'idée que l'usufruitier a droit à une compensation, conservent toute leur valeur. Aussi bien cette solution continue-t-elle de prévaloir dans toute une série d'hypothèses où l'usufruitier est dépossédé contre son gré de la chose sur laquelle s'exerçait son droit. Ainsi en va-t-il en cas d'expropriation pour cause d'utilité publique du bien grevé d'usufruit. La loi prévoit en effet, alors, le report de l'usufruit sur le montant de l'indemnité (art. L. 13-7, al. 2 C. expr.). Tel est également le cas lorsque la perte de la chose soumise à usufruit donne lieu au paiement de dommages-intérêts en raison de la faute d'un tiers responsable ou au règlement d'une indemnité d'assurance due en vertu d'un contrat assurant la pleine propriété de l'immeuble (TGI Paris, 27 janv. 1973, *Journ. not.* 1973, p. 1021, note Viatte). Ainsi en va-t-il encore de l'indemnité d'éviction due en cas de refus de renouvellement d'un bail commercial (Civ. 3e, 6 janv. 1982, *Bull. civ.* III, n° 1, p. 1). C'est dire que l'introduction d'un nouvel article 621 par la loi du 23 juin 2006, alors même qu'elle se proposait de mettre fin à l'incertitude actuelle concernant les modalités de répartition du prix de la cession d'un bien démembré entre l'usufruitier et le nu-propriétaire, est loin d'y parvenir. Se fixant pour objectif de « codifier la jurisprudence » ci-dessus reproduite, ce texte vise uniquement la « vente simultanée ». Qu'en est-il en cas d'aliénation forcée ? (Sur cette question, v. H. de Richemont, *Rapport* Sénat 2005-2006, n° 343, p. 321.)

5 Il est vrai que, si la distinction paraît devoir se maintenir, elle ne recevra plus application qu'exceptionnellement. En modifiant l'article 815-5, la loi du 6 juillet 1987 a, sinon tari, du moins raréfié la principale source d'aliénation forcée. Celle-ci ne peut plus, en effet, être imposée qu'en cas d'usufruit de quotité et à la demande d'un autre usufruitier si le refus d'y procéder met en péril l'intérêt commun (sur cette question, v. F. Terré, Y. Lequette et S. Gaudemet, *Les successions, Les libéralités*, n° 1011). Outre la considération d'équité précédemment relevée, on a songé à justifier en ce cas le recours au quasi-usufruit par l'idée que, la licitation ayant lieu aux fins de partage, le prix est rétroactivement subrogé à la chose vendue dans la masse indivise (en ce sens, M.-C. de Roton-Catala, *op. cit.*, n° 240, p. 331, note 1; arrêt *Cholet-Dumoulin*, *infra*, n° 120; sur cette jurisprudence, v. F. Terré, Y. Lequette et S. Gaudemet, *op. cit.*, n° 1163). Mais y a-t-il à proprement parler partage au cas où coexistent usufruit et nue-propriété ? Rompant avec les errements qui ont entraîné le vote de la loi du 6 juillet 1987, la haute juridiction a clairement posé que « le partage (…) implique une indivision, laquelle n'existe pas entre usufruitier et nu-propriétaire » (Civ. 1re, 29 mars 1989, *Defrénois* 1989. 1219, note G. Morin; Civ. 2e, 18 oct. 1989, préc.; Civ. 1re, 13 déc. 1989, *Defrénois* 1990. 169, note Morin). L'argument ne prouve-t-il pas, au demeurant, trop ? Il devrait, en effet, conduire à l'adoption de cette solution pour toutes les licitations, qu'elles soient volontaires ou forcées.

6 À supposer maintenue la distinction entre aliénation volontaire et aliénation forcée, des problèmes de frontière pourraient se poser. Ainsi qu'adviendrait-il de la vente conclue postérieurement à la constitution de l'usufruit par la levée d'une option résultant d'une promesse de vente conclue antérieurement à cette constitution ? L'hypothèse est complexe, mais aisée à concevoir : une promesse de vente est consentie par une personne qui meurt avant la levée de l'option. Le bien, objet de la promesse, est transmis par voie successorale en nue-propriété aux uns, en usufruit aux autres. Le bénéficiaire de la promesse lève l'option et s'acquitte du prix. À qui et en quelle proportion celui-ci doit-il être versé ? Liant le promettant, la promesse engage ses ayants cause. Faut-il de ce fait l'assimiler à une vente volontaire ou bien retenir le système du quasi-usufruit, car si la levée était intervenue avant le décès, l'usufruit aurait porté sur le prix, chose consomptible (en faveur de la première solution, v. P. Sirinelli, art. préc., p. 25, n° 126) ?

79

USUFRUIT. VALEURS MOBILIÈRES. CHOSES NON CONSOMPTIBLES. PORTEFEUILLE. UNIVERSALITÉ

Civ. 1re, 12 novembre 1998

(*Bull. civ.* I, n° 315, *D.* 1999. 167, note L. Aynès, *JCP* E 1999. II. 426, note Rouxel, II. 10027, note S. Piedelièvre, *JCP* N 351, note Hovasse *RTD civ.* 1999. 422, obs. F. Zénati, 674, obs. J. Patarin, *RTD com.* 1999. 459, obs. M. Storck)

Mme Malet c. Consorts Baylet

L'usufruitier d'un portefeuille de valeurs mobilières, lesquelles ne sont pas consomptibles par le premier usage, s'il est autorisé à gérer cette universalité en cédant des titres dans la mesure où ils sont remplacés, n'en a pas moins la charge d'en conserver la substance et de le rendre, la circonstance que l'usufruitier ait été dispensé de donner caution étant indifférente à cet égard.

Faits. — Un père de famille décède en 1959 laissant sa veuve, légataire de l'usufruit de l'universalité des biens de la succession et trois enfants mineurs, coïndivisaires pour un tiers chacun de la nue-propriété des biens de la succession, parmi lesquels figurait un important portefeuille de valeurs mobilières. Près de trente ans plus tard, l'un des enfants s'oppose à sa mère et à ses cohéritiers et demande le partage. Des partages partiels sont réalisés. Mais des aliénations de valeurs mobilières étant survenues dans l'intervalle, le demandeur au partage cherche à connaître les mouvements enregistrés sur le portefeuille durant cette période, afin d'en connaître la valeur exacte et sollicite à cet effet une expertise ainsi que la communication des pièces permettant de retracer les mouvements du portefeuille.

Tout en considérant que la veuve était titulaire non d'un quasi-usufruit mais d'un usufruit, la cour d'appel décide qu'il n'y a pas lieu d'ordonner ces mesures car les portefeuilles de valeurs mobilières « constituent une universalité (distincte des éléments constitutifs) qui est fongible et appartient à celui qui les détient », de sorte que c'est seulement à la fin de son usufruit que le titulaire de celui-ci devra justifier que la substance en a été conservée. Un pourvoi est formé.

ARRÊT

La Cour; — Attendu que Jean Baylet est décédé le 29 mai 1959 en laissant sa veuve, Mme Baylet, légataire de l'usufruit sur l'universalité des biens de la succession, et leurs trois enfants, alors mineurs, Mme Danièle Malet, Mme Martine Laffont et M. Jean-Michel Baylet; qu'il dépendait de la succession un portefeuille de valeurs mobilières sur le sort duquel Mme Malet s'est opposée à sa mère et à ses cohéritiers, les consorts Baylet; que, par un premier jugement du 12 octobre 1988, la liquidation et le partage de la succession ont été ordonnés; qu'un second, en date du 26 février 1990, a donné acte aux parties de leur accord sur le partage en nature des actions de la société La Dépêche du Midi et Le Petit Toulousain, a invité les notaires à confectionner des lots d'égale valeur pour le partage des titres déposés à la banque Courtois, lesquels ont fait l'objet d'un partage par acte du 12 avril 1991 et a ordonné une expertise afin de rechercher les éléments de la masse à partager; que, le 6 décembre 1994, le juge de la mise en état a liquidé provisoirement à la somme de 2 240 000 F l'astreinte assortissant sa précédente décision ordonnant aux consorts Baylet de communiquer à Mme Malet les mouvements enregistrés sur le portefeuille, depuis l'ouverture de la succession et l'inventaire des titres dépendant de celle-ci, jusqu'au 1er janvier 1993; qu'un troisième jugement du 5 octobre 1995 a ordonné, d'une part, une nouvelle expertise afin de rechercher la valeur actuelle du portefeuille de valeurs mobilières figurant à la déclaration de succession établie en 1959 et des titres qui ne se retrouvent pas dans l'indivision successorale, et, d'autre part, a décidé que seule Mme Baylet devait payer l'astreinte qu'il a liquidée au 19 janvier 1995, en ajoutant à celle déjà prononcée, une somme de 1 400 000 F; que l'arrêt attaqué (Toulouse, 29 mai 1996) a infirmé ce dernier jugement de ces chefs et ordonné la restitution des sommes versées au titre des astreintes;

Sur le premier moyen : — (...);

Et sur les quatre premières branches du deuxième moyen : — Vu les articles 815 et 815-2 du Code civil, ensemble les articles 578 et 587 du même code; — Attendu que pour décider que Mme Baylet n'avait pas à « rapporter » les titres et valeurs mobilières, figurant à la déclaration de succession de 1959, qui manquent après les deux partages partiels, ou leur valeur, de sorte qu'il n'y avait lieu d'ordonner ni une expertise pour rechercher ces éléments, ni la communication des pièces sur les mouvements du portefeuille, la cour d'appel relève que l'article 587 du Code civil n'est pas applicable aux titres et actions et que l'usufruitier pouvant jouir des choses sur lesquelles porte son usufruit, la demande de Mme Malet relative à la vie des divers portefeuilles et aux titres manquants n'est pas recevable; que l'arrêt attaqué énonce encore que les portefeuilles de valeurs mobilières « constituent une universalité (distincte de ses éléments constitutifs) qui est fongible et appartient à celui qui les détient », de sorte que c'est seulement à la fin de son usufruit que Mme Baylet devra justifier que la substance a été conservée; qu'enfin, la cour d'appel retient que la dispense de caution a pour effet de conférer à l'usufruitier le droit de disposer des titres au porteur; — Attendu, cependant, d'une part, que Mme Malet, nue-propriétaire indivise avec ses cohéritiers du portefeuille de valeurs mobilières dépendant de la succession de Jean Baylet, pouvait prendre les mesures nécessaires à la conservation des biens indivis et en demander le partage; qu'elle était donc fondée à demander à Mme Baylet, usufruitière de ce portefeuille, de lui en indiquer la consistance et la valeur, éléments nécessaires pour que la nue-propriété en soit partagée; que, d'autre part, si l'usufruitier d'un portefeuille de valeurs mobilières, lesquelles ne sont pas consomptibles par le premier usage, est autorisé à gérer cette universalité en cédant des titres dans la mesure où ils sont remplacés, il n'en a pas moins la charge d'en conserver la substance et de le rendre, la circonstance que l'usufruitier ait été dispensé de donner caution étant indifférente à cet égard; qu'ainsi, en statuant comme elle a fait, la cour d'appel a violé les textes susvisés;

Et enfin, sur le troisième moyen : — (...);

Par ces motifs, et sans qu'il y ait lieu de statuer sur la dernière branche du deuxième moyen, casse...

OBSERVATIONS

1 En cas de décès, le conjoint survivant, c'est-à-dire statistiquement la veuve, est souvent titulaire, du fait de la loi, d'une donation ou d'un legs, d'un usufruit dont la durée ne cesse de croître en raison de l'allongement de la durée de la vie. Or, dans le même temps, les valeurs mobilières ont pris une importance de plus en plus grande dans le patrimoine des Français. D'où une question, celle des pouvoirs respectifs de l'usufruitier et du nu-propriétaire sur les valeurs mobilières qui appartenaient au *de cujus*. L'usufruitier est-il titulaire sur ces valeurs d'un quasi-usufruit ou d'un usufruit ordinaire ? Ce droit pèse-t-il sur les titres eux-mêmes ou sur le portefeuille qui les rassemble et avec quelles conséquences ? D'une grande importance pratique, ces questions sont résolues de manière fort nette par l'arrêt ci-dessus reproduit, au point que certains n'ont pas hésité à y voir un « grand arrêt » dont « l'apport est considérable » (Zénati, *RTD civ.* 1999. 422), y compris du fait du combat d'arrière-garde qu'il a entraîné (sur renvoi Toulouse 15 mai 2000, rapporté par D. Fiorina, chron. *Dr. fam.* nov. 2001, p. 14; sur nouveau pourvoi Civ. 1re, 3 déc. 2002, *D.* 2003. 2495, note Fiorina, *JCP* 2003. II. 10158, note S. Piedelièvre, *RTD civ.* 2003. 118, obs. Th. Revet; Paris 18 mars 2004, *Defrénois* 2004. 1637, note Fiorina; v. aussi M. Iwanesco, « L'arrêt *Baylet* et l'article 609 du Code civil : chronique d'une tumultueuse rencontre », *Dr. et patr.* 2000. 38; H. Lécuyer, « Usufruit et portefeuille de valeurs mobilières », *Dr. et patr.* 2005. 37). Après avoir constaté que l'usufruit portant sur des valeurs mobilières n'est pas un quasi-usufruit, car celles-ci ne sont pas consomptibles par le premier usage (I), la haute juridiction décide que l'usufruit a pour objet non chaque valeur mobilière considérée *ut singuli* mais l'universalité de fait que constitue le portefeuille, ce qui n'est pas sans conséquence sur les pouvoirs de l'usufruitier (II).

I. — Les valeurs mobilières, choses non consomptibles par le premier usage

2 Le *Vocabulaire Cornu* définit le quasi-usufruit comme un « droit équivalent à l'usufruit qui porte sur des choses consomptibles par le premier usage et (qui), pour cette raison, confère à son titulaire la faculté de les consommer ou de les aliéner, à charge de restituer à la fin de l'usufruit, soit des choses de même quantité et qualité, soit la valeur estimée à la date de restitution ». Il en ressort que, à la différence de l'usufruit ordinaire, le quasi-usufruit confère à son titulaire le droit de disposer de la chose. Cette particularité tient à ce que le bien qu'il grève présente la caractéristique d'être consomptible. Or sur un bien qui se consomme par le premier usage, l'*usus* se confond avec l'*abusus*, de sorte que l'usufruit auquel est attaché le pouvoir d'user et de jouir implique nécessairement, en la circonstance, le pouvoir d'aliéner. Telle est, au reste, la présentation qu'en fait l'article 587 du Code civil (sur le quasi-usufruit, v. P. Sirinelli, *LPA* 21 juill. 1993, n° 87, p. 30).

D'où une question cruciale : les valeurs mobilières sont-elles des choses consomptibles auquel cas elles font l'objet d'un quasi-usufruit qui permet au titulaire de celui-ci de les aliéner en toute liberté et de disposer du prix ainsi obtenu à sa guise, à charge d'en rendre la valeur à la fin de l'usufruit ? Sont-elles au contraire non consomptibles, ce qui, selon la doctrine classique, a pour conséquence que « la négociation de la valeur mobilière nécessite l'accord de l'usufruitier et du nu-propriétaire ; à défaut, chacun ne pourrait céder que le droit qui lui appartient, c'est-à-dire son droit d'usufruit ou son droit de nue-propriété » (Terré et Simler, *Les biens*, n° 814). À cette interrogation sur la nature juridique des valeurs mobilières, l'arrêt reproduit répond très nettement : les valeurs mobilières « ne sont pas consomptibles par le premier usage ». La haute juridiction reprend ainsi une solution qu'elle avait très clairement affirmée dans deux arrêts antérieurs. Par un arrêt du 4 avril 1991, la première chambre civile avait, en effet, posé que les dispositions de l'article 587 du Code civil ne sont pas applicables à l'usufruit portant sur des titres au porteur qui ne sont pas consomptibles par le premier usage (Civ. 1re, 4 avr. 1991, *Bull. civ.* I, n° 129, *Rev. sociétés* 1991. 737, note P. Didier). La solution avait été ultérieurement reprise par la chambre commerciale (Com. 12 juill. 1993, *JCP* E 1994, éd. II. 559, note Lecène-Marénaud, *Defrénois* 1993. 1464, obs. Hovasse, *RTD civ.* 1994. 381, obs. Zénati).

3 Cette solution a, en général, été approuvée. On a souligné que la consomptibilité s'entend, en matière de titre, d'une consomptibilité civile. Consommer, c'est aliéner. Partant, décider que les valeurs mobilières sont consomptibles reviendrait à considérer qu'elles n'ont d'autres finalités que d'être vendues. Or, comme on l'a justement souligné, « s'il est vrai que la négociation est de l'essence des valeurs mobilières, c'est aller vite en besogne que de réduire à cela le profit qu'on en peut retirer ». Elles permettent, en effet, de participer à la vie d'une société et procurent des revenus. Les considérer comme consomptibles serait les envisager sous le seul rapport de leur aliénation, sans avoir égard aux autres avantages qu'elles peuvent procurer (Zénati, *RTD civ.* 1994. 382).

4 Mais, à suivre la doctrine classique, une telle qualification risque d'avoir des conséquences peu heureuses, au regard des exigences pratiques. En effet, aux termes de l'article 578 du Code civil, l'usufruitier jouit des biens grevés d'usufruit et notamment des valeurs mobilières, choses non consomptibles, « comme le propriétaire lui-même, mais à la charge d'en conserver la substance ». En d'autres termes, dans une vision classique de l'usufruit, son titulaire n'a pas l'*abusus* et ne saurait, en conséquence, aliéner seul les titres. Ceux-ci ne peuvent l'être que du consentement de l'usufruitier et du nu-propriétaire. Or, en raison de l'intense vie spéculative qui marque les structures boursières, les fortunes mobilières ne peuvent se maintenir qu'en s'adaptant et en se renouvelant. À cet effet, il est nécessaire de pouvoir procéder aisément à des « arbitrages », c'est-à-dire à des aliénations de titres suivies de remploi. Comme le souligne M. Hovasse, « un portefeuille dépérit s'il n'est pas activement géré » (*Defrénois* 1993. 1464; rappr. Libchaber, « Le portefeuille de valeurs mobilières : bien unique ou pluralités de biens ? », *Defrénois* 1997. 82; D. Fiorina, « L'usufruit d'un portefeuille de valeurs mobilières », *RTD civ.* 1995. 43 s.; M. Storck, « La propriété d'un portefeuille de valeurs mobilières », *Mélanges P. Catala* 2001. 695 s., spéc. 704).

Afin de tourner la difficulté, certains commentateurs des arrêts de 1991 et de 1993 ont souligné que l'on pourrait reconnaître à l'usufruitier de valeurs mobilières le droit de procéder à des arbitrages en appréhendant le portefeuille de valeurs mobilières comme une universalité de fait dont la bonne administration passerait par l'aliénation de certains de ses éléments et leur remploi. C'est ainsi que, sans pour autant se rallier à cette opinion, M. Paul Didier écrit : « Peut-être le pourvoi aurait-il pu tenter un rajeunissement de la thèse du quasi-usufruit et soutenir qu'il s'agissait, en l'espèce, d'un portefeuille de valeurs; qu'un portefeuille est une universalité de fait comme un troupeau ou comme des forêts, dont parlent les articles 590 et suivants du Code civil, dont l'usufruitier peut renouveler les éléments selon l'usage des anciens propriétaires; qu'une bonne gestion de portefeuille exige que l'on fasse, en permanence, des arbitrages entre les valeurs dont il se compose » (P. Didier, *Rev. sociétés* 1991. 737). On retrouve une interrogation analogue sous la plume de M. Hovasse : ne pourrait-on considérer « le portefeuille comme une universalité, à l'instar du troupeau de l'article 616 du Code civil ? L'usufruitier pourrait librement disposer des valeurs mobilières considérées *ut singuli*, il ne serait tenu qu'à une restitution du portefeuille *ut universum* » (Hovasse, *Defrénois* 1993. 1464). C'est dans cette voie que s'est engagé le présent arrêt, faisant ainsi « passer l'universalité de l'âge rural à celui de la finance » (Zénati, *RTD civ.* 1999. 424).

II. — Le portefeuille de valeurs mobilières, universalité de fait

5 Pour la haute juridiction, on est ici en présence d'un usufruit portant sur un portefeuille de valeurs mobilières. Autrement dit, l'usufruit grève non pas des valeurs mobilières considérées *ut singuli*, mais un ensemble, l'universalité de fait que constitue le portefeuille. Or, comme on l'a justement souligné, à partir de cette constatation, « tout s'enchaîne » (M. Grimaldi, « L'usufruit et le quasi-usufruit : questions de droit civil », *Dr. et patr.* nov. 1999, p. 56). La gestion ordinaire d'un portefeuille de valeurs mobilières impliquant des opérations d'arbitrage et la gestion courante du bien grevé d'usufruit revenant à l'usufruitier, celui-ci peut agissant seul « arbitrer » le portefeuille. En faisant porter l'assiette de l'usufruit sur le portefeuille et non sur les valeurs, la haute juridiction « déclasse » les opérations d'arbitrage qui passent de la catégorie des actes graves de disposition à celle des actes courants d'administration (M. Grimaldi, *op.* et *loc. cit.*). On a pu faire valoir également que l'existence d'une universalité confère un caractère fongible aux titres qui la composent (Zénati, *RTD civ.* 1994. 382, 1995. 396, 1999. 425; v. cep. à l'encontre de l'utilisation de la notion d'universalité, les réserves de R. Libchaber, *Defrénois* 1997. 82, n°s 23 s., et de L. Aynès, *D.* 1998. 169, n°s 12 s.).

La différence avec l'analyse en termes de quasi-usufruit n'en reste pas moins profonde. Alors que, s'il s'était vu reconnaître la qualité de quasi-usufruitier, l'usufruitier de valeurs mobilières aurait pu les aliéner et en utiliser le prix à sa guise, par exemple en les consommant, ou encore en les employant à l'acquisition d'autres biens ou au paiement de ses créanciers (*contra*, Zénati, *RTD civ.* 1999. 429), il ne peut en tant qu'usufruitier d'un portefeuille de valeurs mobilières aliéner celles-ci que pour en acquérir de nouvelles. Si l'usufruitier peut disposer des valeurs mobilières, ce n'est qu'à la condition de conserver la substance de l'universalité qui les renferme. « Le devoir de remploi est la clé de la reconnaissance au détenteur de l'universalité d'un pouvoir de disposer des composants » (Zénati, *RTD civ.* 1999. 429; sur les incertitudes inhérentes à la notion de « substance d'un portefeuille de valeurs mobilières », voir P. Catala, *J.-Cl. Civ.*, v° Successions, art. 756 à 767, n° 51). Ainsi en justifiant, par la théorie de l'universalité, la suppression de l'exigence du double consentement de l'usufruitier et du nu-propriétaire, la jurisprudence facilite la gestion des portefeuilles démembrés, tout en protégeant le nu-propriétaire par l'obligation de réinvestissement.

6 Une telle évolution avait été, au reste, annoncée par certaines décisions antérieures rendues en matière de legs *de residuo* : un *de cujus* avait légué en pleine propriété ses biens à son épouse, sauf à ce que ce dont elle n'aurait pas disposé soit, au décès de celle-ci, dévolu à ses neveux. Ce legs *de residuo* étant constitué pour partie d'un portefeuille de valeurs mobilières, un litige survint au décès de la veuve entre les neveux de son mari et les successeurs de celle-ci. De nombreuses valeurs ayant été aliénées et remployées dans l'intervalle par la veuve, ses successeurs prétendirent que seuls les titres ayant appartenu au testateur devaient revenir à ses neveux. Les juges du fond, dont la décision est maintenue par la Cour de cassation, tranchent en faveur des neveux. Le portefeuille de valeurs mobilières est considéré comme formant un tout, de telle sorte que les cessions de valeurs suivies de remploi ne sont pas des aliénations de biens légués diminuant le legs *de residuo*, mais des actes de gestion normale du portefeuille qui conserve son identité et sera transmis en totalité au légataire (Civ. 1re, 2 juin 1993, *D.* 1993. 613, note D.-R. Martin, *JCP* 1994. II. 22206, note J.-P. Couturier, I. 3791, n° 9, obs. Le Guidec, *Defrénois* 1993.

1274, note Buffeteau, *RTD civ.* 1994. 147, obs. Patarin, 1995. 395, obs. Zénati, maintenant Rennes, 19 févr. 1991, *D.* 1992. 379, note J.-P. Couturier; Civ. 1re, 7 juin 2006, *Bull. civ.* I, no 300, *JCP* 2008. I. 108, no 7, obs. R. Le Guidec, *JCP* N 2006. 1359, chron. P. Buffeteau, *RTD civ.* 2006. 807, obs. M. Grimaldi ; rappr. art. 1049, al. 2, C. civ., réd. L. 23 juin 2006, à propos des libéralités graduelles).

Cette analyse est, au reste, susceptible de recevoir d'autres applications. C'est ainsi, pour ne prendre qu'un exemple, qu'en matière de régimes matrimoniaux, elle permet de considérer que les valeurs mobilières achetées par un époux commun en biens au moyen du prix de vente de valeurs mobilières propres sont propres sans qu'il soit nécessaire de procéder à la formalité du remploi (Grimaldi et Roux, « La donation de valeurs mobilières avec réserve de quasi-usufruit », *D.* 1994. 220).

7 Toutes les difficultés ne sont pas pour autant levées. Si l'usufruitier doit être en mesure de justifier que les sommes sont réinvesties, est-ce à tout moment dès lors que le nu-propriétaire en fait la demande ou uniquement, comme en l'espèce, à l'occasion d'une demande en partage, ou encore, en l'absence d'indivision, à l'expiration de l'usufruit ? (*Le patrimoine au XXIe siècle*, 96e Congrès des notaires de France, p. 340).

Il semble résulter de la décision que le nu-propriétaire a le droit d'agir à tout moment pour la conservation de la chose (Zénati, *RTD civ.* 1999. 430). La solution s'imposait d'autant plus, en l'espèce, que les initiatives prises par le nu-propriétaire dans le but de conserver la chose ne portaient pas atteinte au droit de jouissance de l'usufruitier.

La jurisprudence a ultérieurement précisé les restitutions dont est tenu l'usufruitier d'un portefeuille de valeurs mobilières qui n'a pas remployé les fonds obtenus en vendant une partie de celles-ci (Civ. 1re, 16 juin 2011, *RTD civ.* 2011. 568, obs. Th. Revet; sur le cas particulier d'obligations venues à échéance, voir Civ. 1re, 17 mars 2010, *RTD civ.* 2011. 568, obs. Th. Revet).

SERVITUDES ET RAPPORTS DE VOISINAGE

80

ACQUISITION. DESTINATION DU PÈRE DE FAMILLE

Req. 7 avril 1863

(*DP* 63. 1. 413, *S.* 63. 1. 369)

Dejols c. Jozon

L'article 694 du Code civil ne se réfère pas aux articles précédents, mais a une existence propre, et il n'exige, au cas prévu, pour le maintien de la servitude, d'autre condition qu'un signe apparent de cette servitude.

Si ce même texte, par le mot « dispose », semble se référer plus particulièrement à un acte de vente, d'échange ou de donation, on ne saurait en conclure que cet article cesse de recevoir son application au cas où une propriété d'origine commune a été divisée par l'effet du partage, la raison de décider étant la même dans ces divers cas.

Faits. — La succession des époux de Toulongeon, indivise entre Hippolyte de Toulongeon, les enfants d'Alexandre de Toulongeon et la dame de Saluces, comprenait plusieurs immeubles. Les uns, commodément partageables en nature, furent attribués à Hippolyte de Toulongeon; les autres, licités, furent adjugés aux enfants d'Alexandre de Toulongeon. Ils comprenaient notamment le château de Diant, la grande avenue conduisant au château, ainsi qu'un pré contigu.

Par la suite, Hippolyte de Toulongeon vendit à un sieur Jozon un corps de ferme faisant partie de son lot et contigu à l'allée du château et au pré, adjugés aux enfants d'Alexandre de Toulongeon. Dans le mur séparatif existaient deux portes qui avaient été ouvertes pour l'exploitation de la ferme par les époux de Toulongeon, à l'époque où tous les biens se trouvaient réunis entre leurs mains. À leur tour, les enfants d'Alexandre de Toulongeon vendirent le château, la pièce de pré et l'avenue à un sieur Dejols, qui fit fermer cette avenue à l'aide d'une barrière. Sur l'action en complainte intentée par la veuve et les héritiers Jozon, une sentence de justice de paix intervint, maintenant les demandeurs en possession du passage. Le sieur Dejols actionna alors les consorts Jozon au pétitoire à fin de suppression du passage litigieux comme constituant une servitude discontinue non établie par titre, et qui ne pouvait résulter ni de la possession ni de la destination du père de famille, applicables aux seules servitudes continues et apparentes — prétention qui fut rejetée en première instance et en appel. Pourvoi en cassation du sieur Dejols (v. l'arrêt de la cour de Paris du 13 mai 1862, *DP* 62. 2. 111 au *Sirey* sous l'arrêt de cassation).

Moyen. — Violation de l'article 692 du Code civil et fausse application de l'article 694 du même code.

ARRÊT

La Cour; — *Sur le premier moyen, dans sa première branche :* — Attendu que pour déclarer la servitude qui fait l'objet du litige, l'arrêt attaqué se fonde uniquement sur les dispositions de l'article 694 du Code Napoléon; que cet article ne se réfère pas aux articles précédents, qu'il a une existence propre, et qu'il n'exige au cas prévu, pour le maintien de la servitude, d'autre condition qu'un signe apparent de cette servitude; — Attendu qu'après avoir constaté le signe apparent, la cour de Paris n'avait plus à rechercher si la servitude était ou non continue, et qu'à bon droit, l'arrêt attaqué en a maintenu l'exercice en faveur des consorts Jozon. — *Sur la deuxième branche du même moyen :* — Attendu que si l'article 694 du Code Napoléon, par le mot *dispose*, semble se référer plus particulièrement à un acte de vente, d'échange ou de donation, on ne saurait en conclure que cet article cesse de recevoir son application au cas où une propriété d'origine commune a été divisée par l'effet du partage; que la raison de décider est la même dans ces divers cas; qu'en effet la disposition étant fondée sur une présomption de consentement tirée du silence des parties, cette présomption s'applique aussi bien aux partages qu'aux aliénations à titre onéreux ou gratuit; qu'elle est peut-être même plus forte en cas de partage, à cause des opérations préparatoires qui ont pour objet d'assurer une égale composition des lots; — Attendu, d'ailleurs, que, dans l'espèce, il est constaté par l'arrêt attaqué que, loin de garder le silence sur les servitudes apparentes de chaque lot (ce qui suffirait pour les maintenir dans les conditions de l'art. 694), le rapport des experts qui ont procédé au partage, en date du 31 juillet 1841, homologué par le tribunal le 14 avril suivant, déclare que « chaque lot supportera les servitudes apparentes dont il peut être chargé »; — Qu'en maintenant, par suite, la servitude litigieuse, l'arrêt attaqué, loin de violer les règles de la matière, en a fait une saine application; — Rejette...

OBSERVATIONS

1 La divergence de rédaction existant entre les articles 692 et 694 du Code civil a soulevé, tant en doctrine qu'en jurisprudence, une longue controverse. L'arrêt du 7 avril 1863 paraît bien y avoir mis fin. Son examen permettra de rappeler les difficultés que posait le rapprochement de ces textes (I) et les solutions que la Cour de cassation y a apportées (II).

I. — Le problème

2 L'article 692 dispose expressément que « la destination du père de famille vaut titre à l'égard des servitudes *continues et apparentes* »; mais il semble résulter de l'article 694 que ce mode d'établissement convient plus généralement à toutes les servitudes, même discontinues, se manifestant par un signe apparent, comme certaines servitudes de passage par exemple. Suivant ce dernier texte, « si le propriétaire de deux héritages entre lesquels il existe un *signe apparent de servitude*, dispose de l'un des héritages sans que le contrat contienne aucune convention relative à la servitude, elle continue d'exister activement ou passivement en faveur du fonds aliéné ou sur le fonds aliéné ». Pour tenter de concilier les deux textes, il n'y a pas eu moins de six systèmes proposés (v. leur exposé dans Demolombe, *Traité des servitudes*, t. II, n°s 816 s.; Aubry et Rau, t. III, § 252, texte et n° 9 et dans la note au Dalloz). Rappelons seulement ici que, suivant qu'on estime que l'article 694 se réfère aux articles précédents ou, au contraire, qu'on donne à ce texte une existence propre, il faut conclure, soit que la destination du père de famille ne vaut titre qu'à l'égard des servitudes continues et apparentes, soit que ce mode d'établissement concerne toutes les servitudes se manifestant simplement par un signe apparent.

II. — La solution

3 La jurisprudence a concilié les deux textes en reconnaissant à chacun un domaine propre. L'article 692 joue lorsque le titre qui a opéré la division des deux immeubles ne peut être représenté; l'article 694 s'applique lorsque ce titre est produit et ne contient aucune stipulation contraire au maintien de la servitude (Req. 3 déc. 1901, *DP* 1902. 1. 167, *S.* 1902. 1. 282; 28 mars 1904, *DP* 1905. 1. 162, *S.* 1904. 1. 317; Civ. 6 nov. 1906, *DP* 1907. 1. 100, *S.* 1907. 1. 284; 8 juill. 1919, *DP* 1923. 1. 230; Req. 15 févr. 1926, *S.* 1926. 1. 126; 27 janv. 1937, *DH* 1937. 132; 18 déc. 1939, *DH* 1940. 62; Civ. 1re, 23 mai 1959, *D.* 1959. 473; Civ. 3e, 16 mars 1977, *D.* 1977. IR 308, *RTD civ.* 1977. 572, obs. Giverdon; 24 nov. 2004, *Bull. civ.* III, n° 217, *JCP* 2005. I. 119, n° 14, obs. Périnet-Marquet, *Defrénois* 2005. 1175, obs. Atias). Encore faut-il, dans un cas comme dans l'autre, que la servitude revête un caractère apparent au moment de la division des fonds (Civ. 3e, 10 janv. 1996, *JCP* 1996. IV. 504).

Revenant sur sa jurisprudence antérieure (Req. 22 août 1882, *D.* 83. 1. 467; Civ. 25 mai 1964, *D.* 1964. 626), la Cour de cassation a précisé que le seul titre à prendre en compte est celui qui réalise la séparation des fonds (Civ. 3e, 5 oct. 1971, *D.* 1972. 77, *RTD civ.* 1972. 423, obs. Bredin; 29 févr. 1972, *Bull. civ.* III, n° 144. Sur cette jurisprudence v. M.-F. Mialon, « La servitude par destination du père de famille. Nouveaux aspects de l'interprétation de l'article 694 du Code civil », *D.* 1974. chron. 15). On ne saurait donc retenir un acte ultérieur, telle une vente intervenue postérieurement à la séparation des fonds (v. cep. Civ. 3e, 22 mars 1989, *D.* 1989. IR 127, *RTD civ.* 1989. 592, obs. Zénati). En revanche, ainsi qu'il résulte de l'arrêt reproduit, il n'est nul besoin de limiter l'application de l'article 694 à l'hypothèse où le propriétaire lui-même dispose d'une ou plusieurs parties du fonds. En l'espèce, la division n'était pas le résultat d'une aliénation réalisée par le propriétaire, mais d'un acte de partage intervenu entre les héritiers du propriétaire. Faisant prévaloir une interprétation libérale, la Cour de cassation décide que « si, par le mot *dis-*

pose, l'article 694 semble se référer plus particulièrement à un acte de vente, d'échange ou de donation, on ne saurait en conclure que cet article cesse de recevoir son application au cas où une propriété d'origine commune a été divisée par l'effet du partage, la raison de décider étant la même dans les divers cas ». Encore faut-il pour qu'il y ait servitude par destination du père de famille que l'aménagement matériel ait été effectué, comme en l'espèce, avant l'indivision, par l'auteur commun des indivisaires. Dans le cas contraire, c'est-à-dire lorsque l'aménagement a été réalisé par les indivisaires pendant l'indivision, la jurisprudence décide que « des propriétaires indivis ne peuvent constituer une servitude par destination du père de famille » (Civ. 3e, 6 juin 2007, *D.* 2007. 2851, note R. Boffa, *Defrénois* 2007. 1682, obs. C. Atias).

4 L'idée sous-jacente à l'ensemble de cette jurisprudence est simple : si la convention séparative est produite et qu'elle ne contient rien de contraire au maintien de l'aménagement existant, il suffit que celui-ci soit apparent pour présumer que les parties ont entendu d'un accord tacite le maintenir (art. 694 C. civ.). En revanche, si la convention ne peut être retrouvée, la méfiance est permise : peut-être contient-elle une clause supprimant cet aménagement; il est alors légitime de faire montre d'une exigence accrue : continuité et apparence sont requises (art. 692 C. civ.). Confrontée à la même difficulté, la jurisprudence belge a retenu un autre système de conciliation (Cass. Belgique, 29 juin 1905, *S.* 1909. 4. 4; 6 janv. 1944, *Pasicrisie*, 1944. 1. 134; sur ce système v. Ripert et Boulanger, t. II, no 3164; Carbonnier, t. 3, no 158; Terré et Simler, *Les biens*, no 903).

SERVITUDE DE PASSAGE EN CAS D'ENCLAVE. CESSATION DE L'ENCLAVE. EXTINCTION

(V. *supra*, no 11)

81-82

VOISINAGE. TROUBLES ANORMAUX. RESPONSABILITÉ

I. Civ. 27 novembre 1844. — II. Civ. 3e, 4 février 1971

Si on ne peut méconnaître que le bruit causé par une usine peut donner lieu à une indemnité lorsqu'il est porté à un degré insupportable pour les propriétés voisines, il n'en va pas de même de toute espèce de bruit (1er arrêt).

Si le propriétaire voisin de celui qui construit légitimement sur son terrain est tenu de subir les inconvénients normaux du voisinage, il est revanche en droit d'exiger une réparation dès lors que ces inconvénients excèdent cette limite (2e arrêt).

I. — Civ. 27 novembre 1844

(*DP* 45. 1. 13)

Derosne c. Puzin et autres

Faits. — Un établissement industriel, appartenant au sieur Derosne, troublait le voisinage en raison des bruits et des fumées qui en émanaient. Les propriétaires d'immeubles voisins agirent en justice afin d'obtenir des dommages-intérêts. Ceux-ci leur furent accordés par les juges du fond. Le sieur Derosne se pourvut en cassation.

ARRÊT

La Cour; — En ce qui concerne la partie du dispositif de l'arrêt attaqué, relative à l'inconvénient résultant de la fumée, qui, de l'établissement du demandeur, de la cheminée de la forge d'ajustement et de la cheminée à vapeur, se répand sur les propriétés des défendeurs; — Attendu que cet arrêt, en déclarant qu'il était possible, sans nuire aux droits légitimes de Derosne, d'éviter cette espèce de dommage, moyennant certaines précautions, et en condamnant Derosne à des dommages-intérêts pour ne les avoir pas prises, n'a violé ni faussement appliqué les lois de la matière, et en a fait, au contraire, une juste application; — Rejette le pourvoi quant à ce;

Mais, en ce qui concerne le surplus de l'arrêt : — Vu les articles 544 et 1382 du Code civil; — Attendu que, si d'un côté, on ne peut méconnaître que le bruit causé par une usine, lorsqu'il est porté à un degré insupportable pour les propriétés voisines, ne soit une cause légitime d'indemnité; d'un autre côté, on ne peut considérer toute espèce de bruit causé par l'exercice d'une industrie comme constituant le dommage qui peut donner lieu à une indemnité; — Attendu que l'arrêt attaqué s'est, il est vrai, expliqué sur les causes et l'intensité du bruit provenant de l'usine du demandeur; mais que, tout en déclarant que ce bruit était préjudiciable aux propriétés voisines, il n'a point déclaré qu'il fut, d'une manière continue, porté à un degré qui excédât la mesure des obligations ordinaires du voisinage; — Que même, l'arrêt attaqué, en réglant à l'avance une indemnité pour les préjudices futurs, a prévu les cas où les dommages éprouvés seront aggravés ou atténués par l'exploitation future; ce qui ne peut s'entendre, quant à ce, que de l'augmentation ou de la diminution du bruit causé par ladite exploitation, et qu'il n'a considéré l'indemnité comme devant entièrement cesser, que si tout dommage venait à disparaître, sans indiquer à quelle limite l'incommodité, résultant du bruit, cesse d'avoir la gravité suffisante pour constituer le dommage dont la loi autorise la réparation : d'où il suit qu'il a exagéré l'application de l'article 1382 du Code civil, et a, par suite, violé cet article et l'article 544 du même code; — Casse en cette partie.

II. — Civ. 3e, 4 février 1971

(*Bull. civ.* III, nº 80, p. 58, *JCP* 1971. II. 16781, note Lindon)

Brun c. SCI du 10 rue Joseph-Liouville

Faits. — V. l'arrêt.

ARRÊT

La Cour; — *Sur le moyen unique :* — Vu les articles 544 et 1382 du Code civil; — Attendu que si, aux termes du premier de ces textes, la propriété est le droit de jouir et de disposer des choses de la manière la plus absolue, pourvu qu'on n'en fasse pas un usage prohibé par les lois ou par les règlements, le propriétaire voisin de celui qui construit légitimement sur son terrain est néanmoins tenu de subir les inconvénients normaux du voisinage; qu'en revanche, il est en droit d'exiger une réparation dès lors que ces inconvénients excèdent cette limite; — Attendu que, pour décider que la société civile immobilière du 10, rue Joseph-Liouville à Paris, propriétaire d'un immeuble édifié en 1957, plus élevé que celui qui existait au n° 8 de la même rue, lequel a subi de ce fait, des désordres dans le fonctionnement de ses cheminées et de ses conduits de ventilation, n'était tenue de supporter ni la charge des travaux d'exhaussement desdites cheminées prescrits par un arrêté préfectoral en date du 14 novembre 1958, ni celle d'une réparation pécuniaire qui était demandée, la cour d'appel énonce « que l'édification par la société civile d'un immeuble constitue l'exercice normal du droit de propriété, exclusif de toute responsabilité quasi délictuelle ou délictuelle, à défaut d'imprudence, de négligence ou d'intention de nuire établies; que l'existence alléguée de troubles de jouissance excédant les inconvénients normaux du voisinage n'est pas caractérisée dès lors que l'article 8 de l'arrêté du 14 novembre 1958 fait obligation à chaque propriétaire d'immeuble d'élever les conduits extérieurs, dans tous les cas, même en l'absence de désordres affectant leur fonctionnement, à une hauteur déterminée au-dessus de toute construction distante de moins de 8 mètres »; — Attendu, qu'en rejetant, par ces motifs, la demande dont elle était saisie, sans rechercher si, antérieurement à la date d'application de l'arrêté susvisé, l'immeuble des demandeurs avait subi, du fait de la construction de celui de la société civile, des désordres excédant la limite des inconvénients normaux de voisinage, la cour d'appel n'a pas légalement justifié sa décision; — *Par ces motifs*, casse…

OBSERVATIONS

1 Les arrêts ci-dessus reproduits illustrent une création prétorienne en plein essor, la jurisprudence des inconvénients anormaux de voisinage.

Ainsi qu'on l'a vu (*supra*, n° 69), certaines des difficultés nées des relations de voisinage peuvent trouver une solution dans le recours à la théorie de l'abus du droit de propriété. Mais celle-ci suppose tout à la fois que l'auteur du dommage soit propriétaire et qu'il soit animé par l'intention de nuire à son voisin. Or il est nombre d'hypothèses où le trouble émane d'un voisin qui n'a pas la qualité de propriétaire (locataire, entrepreneur…) ou dont l'activité est utile (industriel, artisan, commerçant exerçant leur profession) et licite (les autorisations nécessaires ayant été obtenues). La référence à l'abus du droit de propriété étant alors inopérante, la jurisprudence a mis sur pied, fort tôt, un autre remède, la théorie des inconvénients anormaux de voisinage : dès lors que le trouble présente un caractère anormal, son auteur est tenu de le réparer.

2 Le fondement de cette jurisprudence a été très débattu en doctrine. Si certains auteurs font référence au risque créé (Ripert, *De l'exercice du droit de propriété dans ses rapports avec les propriétés voisines*, thèse Aix, 1902; Josserand, *De l'esprit des droits*, n° 16), d'autres ont tenté de ramener l'hypothèse au schéma classique de la responsabilité pour faute. Ainsi il y aurait faute à laisser échapper de son fonds quoi que ce soit qui puisse préjudicier aux fonds voisins (Leyat, *La responsabilité dans les rapports de voisinage*, thèse Toulouse, 1936). Ou encore, la faute résulterait du fait d'avoir dépassé la mesure coutumière de ce qui doit être supporté entre voisins (Carbonnier, t. 3, n° 168), ou d'avoir introduit dans l'environnement une activité source de troubles dépassant en intensité ce que l'homme peut tolérer sans dommage (Caballero, *Essai sur la notion juridique de nuisance*, thèse Paris II, éd. 1981, n°s 185 s., p. 235 s.; rappr. Terré et Simler, *Les biens*, n° 315).

Sans s'arrêter à ces analyses, la jurisprudence a mis sur pied un régime autonome de responsabilité : il faut et il suffit que le trouble revête un caractère anormal pour que son auteur soit tenu de le réparer. La solution apparaît déjà dans la première décision reproduite, la cour soulignant que seul un bruit « porté à un degré insupportable pour les propriétés voisines », et non « toute espèce de bruit », peut donner lieu à réparation. Elle est encore plus nette dans la seconde décision, puisque toute référence à la faute y est écartée. La cour censure en effet un arrêt de la cour d'appel de Paris qui avait exonéré un constructeur de sa responsabilité envers son voisin au motif qu'on ne saurait déduire une faute du seul fait de l'existence d'un dommage dépassant les inconvénients normaux de voisinage. Ainsi la Cour de cassation a-t-elle fait de l'anormalité du trouble la seule condition objective de la responsabilité. C'est dire que le visa du second arrêt reproduit est quelque peu paradoxal, la Cour se référant à l'article 1382 pour casser une décision qui exigeait la preuve d'une faute. On ne saurait mieux illustrer le souci de la haute juridiction de s'abriter derrière un texte. Cette tendance est aujourd'hui en recul. C'est ainsi qu'en notre domaine, la Cour de cassation a ultérieurement abandonné la référence à l'article 1382 du Code civil pour fonder ses décisions sur l'affirmation d'un principe général du droit en vertu duquel « nul ne doit causer à autrui un trouble anormal de voisinage » (Civ. 2e, 13 nov. 1986, *Bull. civ.* I, n° 172, p. 116; rappr. *supra*, n° 11, § 7; v. P. Morvan, *Le principe de droit privé*, thèse Paris II, éd. 1999, n°s 599 s.).

3 Reste à déterminer où se situe exactement le *seuil* de nuisance à partir duquel apparaît l'anormalité. Sa fixation est, en principe, laissée à l'appréciation souveraine des juges du fond (Civ. 3e, 3 nov. 1977, *D.* 1978. 434). Néanmoins, quelques directives peuvent être énoncées.

En premier lieu, il n'y a inconvénient anormal de voisinage que si le trouble prend sa source dans une situation relativement continue et durable (Larroumet, obs. sous. Civ. 1er mars 1977, *D.* 1977. IR 437; Cornu, *Introduction*, *Les personnes*, *Les biens*, n° 1103). Au reste, le rapport de voisinage suppose en la matière non une situation de contiguïté, mais une simple condition de stabilité d'exposition aux nuisances (Caballero, thèse préc., n°s 156 s., p. 205 s.). La Cour de cassation a étendu la théorie des inconvénients anormaux de voisinage aux rapports entre un entrepreneur effectuant des travaux sur un chantier (construction, rénovation…) et les voisins qui subissent un trouble de ce fait. C'est dire que la victime peut alors agir contre un « voisin occasionnel » (Civ. 3e, 30 juin 1998, *RD imm.* 1998. 647, obs. Malinvaud, *Defrénois* 1999. 549, obs. Périnet-Marquet; 22 juin 2005, *D.* 2006. 40, note Karila; sur la répartition de la charge finale en cas de pluralité d'entrepreneurs, v. Civ. 3e, 26 avr. et 20 déc. 2006, *JCP* 2007. I. 117, no 4, obs. Périnet-Marquet). Encore faut-il que ce voisin occasionnel soit l'auteur direct du trouble (Civ. 3e, 21 mai 2008, *D.* 2008. 2466, obs. N. Reboul-Maupin) ou encore que les troubles soient en relation directe avec les missions confiées à la personne mise en cause (Civ. 3e, 9 févr. 2011, *D.* 2011. 2307, obs. N. Reboul-Maupin, *RTD civ.* 2011. 361, obs. P. Jourdain, à propos d'un architecte et d'un bureau d'études).

En deuxième lieu, le seuil d'anormalité retenu par le juge est indépendant des prescriptions de police écologique établies par l'administration. Le juge peut condamner l'auteur d'un trouble à le réparer alors même que son activité serait autorisée et qu'elle respecterait les normes officielles (Civ. 2e, 22 oct. 1964, *D.* 1965. 344, note Raymond, *JCP* 1965. II. 14288, note Esmein). Celles-ci ne fixent pas, en effet, le plus souvent un seuil de gêne, mais de danger (Civ. 3e, 8 mars 1978, *D.* 1978. 641, note Larroumet). Inversement, le seul manquement à une disposition administrative ne suffit pas à établir le caractère anormal du trouble (Civ. 2e, 17 févr. 1993, *Bull. civ.* II, no 68, *JCP* 1993. I. 3727, no 48, obs. Viney; 6 mars 2008, *D.* 2008. 2465, obs. N. Reboul-Maupin).

En troisième lieu, l'anormalité s'apprécie *in concreto*. Partant, si la prédisposition de la victime la rend particulièrement réceptive à tel ou tel type de trouble, il en sera tenu compte. C'est ainsi qu'il a pu être jugé que « le trouble excédant les inconvénients anormaux de voisinage doit être apprécié non par rapport au bon père de famille mais par rapport au chasseur de palombes averti » (Civ. 2e, 13 juill. 2006, *RCA* 2006, no 338; rappr. Nguyen Thanh Nha, « L'influence des prédispositions de la victime sur l'obligation à réparation du défendeur à l'action en responsabilité », *RTD civ.* 1976. 1; Montanier, *L'incidence des prédispositions de la victime sur la causalité du dommage*, thèse Grenoble, éd. 1981). De même, le juge modulera son appréciation en fonction de l'environnement existant (Civ. 2e, 17 déc. 1975, 2e esp., *D.* 1975. 441, note Larroumet), du milieu considéré (Civ. 2e, 17 févr. 2011, *D.* 2011. 2308, obs. N. Reboul-Maupin).

Quoi qu'il en soit du critère de l'anormalité, le domaine de la jurisprudence des inconvénients de voisinage n'a cessé de s'étendre. Toutes les pollutions sont prises en compte : pollution de l'air (fumée, poussières, odeurs), pollution de l'eau, pollution du sol, bruit, désordres immobiliers, privation de lumière, d'ensoleillement, transformation de l'environnement, dégradations de paysage, troubles d'agrément (agressions lumineuses, réception des ondes de radio et de télévision, absence de tirage des cheminées).

4 Liée à l'accroissement des pollutions, la question de la réparation des inconvénients anormaux de voisinage s'est également posée au juge administratif. Celui-ci apprécie l'anormalité en se référant non à la notion de seuil, mais à l'idée de compensation : les inconvénients résultant de telle ou telle activité n'appellent pas de réparation s'ils sont compensés par les avantages qui en résultent (CE 24 juill. 1931, *DP* 1931. 3. 51). L'analyse a été critiquée lorsqu'elle met en balance des inconvénients d'ordre écologique avec des avantages économiques ou sociaux (Caballero, thèse préc., n° 203, p. 254).

5 Les droits fondamentaux ont fait irruption ici comme ailleurs. Des propriétaires pollueurs ayant soutenu que la théorie des inconvénients anormaux de voisinage n'était pas conforme aux droits fondamentaux, en ce qu'elle portait atteinte au droit de propriété protégé par l'article 1er du 1er Protocole additionnel à la Convention européenne des droits de l'homme, la Cour de cassation a répondu que « le droit de propriété, tel que défini par l'article 544 du Code civil et protégé par l'article 1er du 1er Protocole additionnel à la Convention européenne des droits de l'homme, est limité par le principe selon lequel nul ne doit causer à autrui aucun trouble anormal du voisinage, cette restriction ne constituant » pas une atteinte disproportionnée au droit protégé par la Convention précitée (Civ. 2e, 23 oct. 2003, *JCP* 2004. I. 125, n° 2, obs. Périnet-Marquet). À l'inverse, des victimes de pollution se sont prévalues de la Convention européenne et plus précisément de son article 8, devant la Cour de Strasbourg, lorsqu'elles n'avaient pu obtenir satisfaction devant les juridictions nationales. La Cour européenne des droits de l'homme a considéré que des atteintes graves à l'environnement peuvent affecter le bien-être d'une personne et la priver de la jouissance de son domicile de manière à nuire à sa vie privée et familiale, dès lors que n'a pas été ménagé un juste équilibre entre l'intérêt du bien-être économique d'une collectivité et la protection des droits garantis par l'article 8 de la Convention européenne des droits de l'homme (CEDH 9 déc. 1994, *RTD civ.* 1996. 607, obs. Marguénaud; 19 févr. 1998, *RTD civ.* 1998. 515, obs. Marguénaud; 2 nov. 2006, *D.* 2007. 1324, note J.-P. Marguénaud). Le domicile est ainsi érigé en « un havre de tranquillité et une sorte de petit paradis écologique » (Marguénaud, note préc.).

Enfin, il convient de relever que le Conseil constitutionnel, saisi d'une QPC ayant trait à la conformité à la Charte de l'environnement de l'article L. 112-6 du Code de la construction et de l'habitation qui exonère l'auteur d'un trouble anormal de voisinage de sa responsabilité en raison de l'antériorité de son installation (Civ. 3e, 27 janv. 2011, *JCP* 2011. 323, n° 2, obs. H. Périnet-Marquet, *RCA* 2011, n° 102), a décidé que cette disposition n'était contraire à aucun droit que la Constitution garantit (Cons. const. 8 avr. 2011, *D.* 2011. 1258, *RCA* 2011, n° 267, note G. Courtieu).

PRESCRIPTION ACQUISITIVE

83

JUSTE TITRE. CARACTÈRE

Civ. 29 octobre 1899

(*DP* 1900. 1. 253)

Rawane-Boye c. Chemin de fer de Dakar à Saint-Louis

L'arrêt qui admet l'existence d'un juste titre à l'appui d'une exception de prescription, sans indiquer la date de ce titre, ni sa teneur, ni les circonstances par suite desquelles le précédent propriétaire aurait transmis ses droits, ne permettant pas à la Cour de cassation de vérifier si l'acte constitue un juste titre dans le sens de la loi, manque de base légale et encourt la cassation (C. civ., art. 2265).

Faits. — V. l'arrêt.

Moyen. — Pourvoi en cassation du sieur Rawane-Boye pour violation de l'article 7 de la loi du 20 avril 1810, violation et fausse application de l'article 2265 du Code civil et manque de base légale, en ce que l'arrêt a déclaré que la Cie de Dakar à Saint-Louis avait acquis les terrains du sieur Rawane-Boye par la prescription de dix ans, en vertu d'un juste titre résultant, dit la cour, « d'un arrêté du gouverneur », sans reproduire le texte de cet arrêté, sans en indiquer même la date, et alors qu'il n'existe, à la connaissance du requérant, aucun arrêté du gouverneur du Sénégal susceptible de constituer, à quelque point de vue que ce soit, le juste titre dont il s'agit.

ARRÊT

La Cour; — *Sur le moyen unique de cassation :* — Vu l'article 2265 du Code civil; — Attendu que le sieur Rawane-Boye prétendant que la Cie du chemin de fer de Dakar à Saint-Louis s'était, lors de l'établissement de la voie ferrée, indûment emparée de terrains dont il était propriétaire, a actionné ladite compagnie en paiement d'une indemnité à raison de cette dépossession; — Que, pour repousser cette action, la cour d'appel du Sénégal s'est fondée sur ce qu'en admettant que le demandeur en cassation eût été autrefois propriétaire des immeubles litigieux, la compagnie de chemin de fer était en droit de lui opposer la prescription décennale; qu'elle réunissait les conditions de temps, de juste titre et de bonne foi exigées pour une semblable prescription ; — Mais attendu d'une part, que la compagnie de chemin de fer, simple concessionnaire et par suite, détenteur précaire ne pouvait se prévaloir, en son nom personnel, de l'acquisition par prescription de la propriété des immeubles en litige ; — Attendu, d'autre part, qu'à supposer qu'elle fût recevable à invoquer la prescription acquisitive, du chef de l'État, pour le compte duquel elle détenait les terrains revendiqués, sa prétention n'était susceptible d'être accueillie qu'autant qu'elle eût établi, à côté d'une possession régulière et de la bonne foi, l'existence d'un *juste titre* au profit de l'État ; — Attendu que le seul titre mentionné par l'arrêt attaqué est un « arrêté du gouverneur » qui aurait transmis à la compagnie le sol nécessaire à la construction de la voie, que la décision entreprise ne fait connaître ni la date de cet arrêté, ni sa teneur, ni les circonstances par suite desquelles le gouvernement de la colonie, agissant comme propriétaire, aurait transmis à l'État, au moins en apparence, un droit de propriété sur le sol mis, en fait, à la disposition de la compagnie de chemin de fer ; — Attendu que ce défaut de précision ne permet pas à la Cour de cassation de vérifier si l'acte invoqué constitue un juste titre dans le sens de la loi ; — D'où il suit que la cour d'appel du Sénégal n'a pas donné de base légale à sa décision et a violé le texte de loi sus-énoncé ; — *Par ces motifs*, casse...

OBSERVATIONS

1 Aux termes de l'ancien article 2265, devenu l'article 2272 du Code civil (L. 17 juin 2008), « celui qui acquiert de bonne foi et par juste titre un immeuble en prescrit la propriété par dix ans ».

Si un acquéreur qui est de bonne foi et a un « juste titre » a besoin, en outre, pour devenir propriétaire, de posséder l'immeuble dix ans, c'est qu'il manquait un élément essentiel à la validité du contrat, et cet élément, c'est la qualité de propriétaire en la personne du *tradens* : l'acquéreur n'a pas traité avec le véritable propriétaire, il a acquis *a non domino.*

Le « juste titre » présente donc un défaut essentiel pour avoir une efficacité immédiate : il n'émane pas du propriétaire. Mais, par ailleurs, il présente des qualités telles qu'il permet à l'acquéreur, s'il est de bonne foi et reste en possession de l'immeuble un certain laps de temps, d'en devenir lui-même propriétaire.

Ces qualités, quelles sont-elles ? Le législateur ne les ayant pas précisées, la jurisprudence s'y est employée.

I. — Le juste titre

2 En premier lieu, il faut que le possesseur soit entré en possession en vertu d'un acte qui, de par sa *nature*, lui aurait *transféré* la propriété à titre *particulier* s'il était émané du véritable propriétaire : vente, donation, échange, legs particulier (Civ. 1re, 16 juin 1965, *Bull. civ.* I, no 403, p. 300 ; Civ. 3e, 4 juill. 1973, *Bull. civ.* IV, no 465 ; 13. déc. 2000, *D.* 2001. 2154, note Lipinsky, *JCP* 2001. I. 358, no 1, obs. Périnet-Marquet). Ne constituent donc pas des justes

titres les actes étrangers à toute idée de translation de propriété, tels que le contrat de bail, de prêt, de dépôt. Ne constituent pas non plus de justes titres les actes déclaratifs qui ne font que constater un droit préexistant et non le transmettre d'un patrimoine à un autre : partage (Civ. 3e, 30 oct. 1972, *Bull. civ.* III, no 575), acte de succession notarié (Civ. 3e, 25 juin 2008, *Bull. civ.* III, no 115, *D.* 2008. 2458, note B. Mallet-Bricout, *JCP* 2008. I. 194, no 3, obs. H. Périnet-Marquet), jugement autre qu'un jugement d'adjudication sur saisie et, sauf controverse, transaction (Ch. réun. 12 déc. 1865, *DP* 65. 1. 457), état descriptif de division d'un immeuble en copropriété (Civ. 3e, 5 oct. 1994, *Bull. civ.* III, no 167, *Defrénois* 1995. 804, obs. Atias, *RTD civ.* 1996. 426, obs. Zénati). Ne sont pas non plus des justes titres les actes qui portent sur une universalité (legs universel, legs à titre universel); l'ayant cause à titre universel ne peut, en effet, avoir plus de droits que son auteur. Il a été proposé de considérer comme juste titre, tout titre susceptible d'être publié à la conservation des hypothèques, fût-il seulement déclaratif (Carbonnier, t. 3, no 199). Mais telle n'est pas la position de la jurisprudence qui considère que seul un acte susceptible de transférer la propriété peut constituer un juste titre, et cela même en l'absence de transcription (Civ. 3e, 31 janv. 1984, *D.* 1984. 396, note Aubert).

3 En deuxième lieu, il faut que le titre soit *régulier*, ou plus exactement apparemment valable. En conséquence, ne constitue pas un juste titre un acte nul pour défaut de forme : donation sous seing privé, testament olographe non daté ou non signé. De même en va-t-il des actes atteints d'une cause de nullité absolue. Tout tiers intéressé – et parmi les tiers le véritable propriétaire – est en effet en droit de s'en prévaloir (Req. 9 avr. 1906, *DP* 1907. 1. 406; 5 janv. 1927, *DH* 1927. 66; Paris, 16 mars 1949, *D.* 1950. 419, note Lalou, *JCP* 1949. II. 4960, note Becqué, *RTD civ.* 1949. 548, obs. Savatier; Civ. 3e, 30 nov. 1982, *JCP* 1983. IV. 59). En revanche, un acte nul de nullité relative peut servir de juste titre; seule, en effet, la partie que le législateur a entendu protéger – à l'exclusion donc du revendiquant – peut l'invoquer (Req. 27 févr. 1856, *S.* 56. 1. 799; Civ. 3e, 3 nov. 1977, *Bull. civ.* III, no 366, p. 279).

4 En troisième lieu, il faut que le titre *existe*, *qu'il soit réel*. Cela signifie qu'un titre putatif, c'est-à-dire un titre qui n'existe que dans la croyance du possesseur, n'est pas un juste titre. Ainsi en va-t-il de l'acquéreur d'une propriété rurale qui prend possession de parcelles contiguës et enchevêtrées dans celles qu'il a achetées, mais non visées dans l'acte. Bien que de bonne foi, il ne pourra invoquer la prescription abrégée car, par rapport à ces parcelles, il est dépourvu de titre (Civ. 13 avr. 1881, *S.* 83. 1. 453, *D.* 81. 1. 353; Civ. 3e, 21 févr. 1973, *Bull. civ.* III, no 149, p. 108, *RTD civ.* 1974. 174, obs. Bredin; 21 oct. 1975, *D.* 1976. IR 17; 16 févr. 1983, *D.* 1983. IR 369, obs. A. Robert). Alors même qu'il existe un titre, celui-ci ne constituera un juste titre que s'il y a concordance exacte entre le bien décrit dans le titre et l'immeuble revendiqué (Civ. 3e, 26 nov. 1970, *Bull. civ.* III, no 645, *D.* 1971. 127; 13 déc. 2006, *JCP* 2007. I. 117, no 7, obs. Périnet-Marquet).

5 Cette triple exigence de la loi s'explique aisément. Il en résulte, en effet, que le titre aurait transféré la propriété s'il était émané du véritable propriétaire. Le possesseur se trouve ainsi « justifié dans sa possession » (Cornu, *Introduction, Les personnes, Les biens*, n° 1581 ; H., J., L. Mazeaud et F. Chabas, t. II, vol. 2, n° 1501 ; Marty et Raynaud, *Les biens*, 2e éd., n° 200 ; Terré et Simler, *Les biens*, n° 466 ; Malaurie et Aynès, *Les biens*, n° 566 ; v. aussi : B. Mallet-Bricourt, « Le juste titre », *Mélanges Jacques Foyer*, 2007). D'où une faveur : la possibilité de bénéficier d'une usucapion plus rapide.

II. — La bonne foi

6 Encore faut-il cependant que le possesseur ait été de bonne foi.

La bonne foi consiste pour le possesseur à *croire que son auteur était le véritable propriétaire*, en sorte qu'il pense que son titre lui a bien fait acquérir le droit réel qui en est l'objet. Par exemple, l'acheteur croit fermement que son vendeur était le propriétaire et que la vente l'a rendu propriétaire (Civ. 3e, 18 janv. 1972, *Bull. civ.* III, n° 39). Peu importe qu'il s'agisse d'une erreur de droit ou d'une erreur de fait. D'une jurisprudence assez rigoureuse, il résulte que le simple doute sur ce point est exclusif de la bonne foi (Req. 8 août 1870, *DP* 1872. 1.17 ; 14 nov. 1887, *D.* 1888. 1.129).

La condition est distincte du juste titre. Par hypothèse, l'acquéreur a déjà des raisons plausibles de croire que la propriété lui a bien été transmise puisque l'acte existe, qu'il est apparemment valable et qu'il est par sa nature translatif. Mais il faut qu'il croie aussi que le *tradens* était bien propriétaire. Cette croyance qui est toujours présumée (anc. art. 2269, devenu l'art. 2274 C. civ.) s'apprécie au moment de l'acquisition (anc. art. 2268, devenu l'art. 2275 C. civ.). La connaissance que le possesseur a eue ultérieurement, serait-ce dès la prise de possession (Civ. 1re, 4 juill. 1962, *Bull. civ.* I, n° 341, *D.* 1962. 570), des droits du revendiquant est sans incidence sur l'appréciation de sa bonne foi dès lors qu'elle est postérieure à l'acquisition (Civ. 1re, 18 mai 1955, *Bull. civ.* I, n° 208 ; Civ. 3e, 15 mars 1978, *Bull. civ.* III, n° 123, *RTD civ.* 1979. 153, obs. Giverdon).

7 La Cour de cassation, dans l'arrêt ci-dessus rapporté, applique ces principes en décidant que l'arrêté d'un gouverneur de colonie, qui avait concédé à une compagnie le sol nécessaire à la construction d'une voie, ne peut servir de juste titre que s'il en ressort, au moins en apparence, que la propriété du sol avait été transmise. Elle en déduit d'ailleurs que doit être cassé l'arrêt qui ne précise pas les caractères essentiels du titre invoqué et par suite ne permet pas à la Cour de cassation de vérifier s'il s'agit d'un juste titre au sens de la loi, c'est-à-dire d'un titre translatif de propriété. La Cour de cassation a eu ultérieurement l'occasion de maintenir sa jurisprudence (v. not. Civ., 1re sect. civ. 26 oct. 1953, *D.* 1954. 24 ; comp. Civ. 3e, 21 févr. 1973, *D.* 1973. Somm. 95, *RTD civ.* 1974. 174, obs. Bredin).

8 La Cour EDH a décidé que la prescription acquisitive d'un bien au profit d'un possesseur ne porte pas une atteinte excessive aux droits du propriétaire dépossédé, au regard de la protection voulue par l'article 1 du premier protocole (CEDH 30 août 2007, *JCP* 2008. I. 127, n° 1, obs. H. Périnet-Marquet). Quant au Conseil constitutionnel, il a décidé que la question de savoir si la prescription acquisitive porte atteinte aux droits et libertés garantis par les articles 2 et 17 de la Déclaration des droits de l'homme et du citoyen ne présente pas un caractère sérieux (Civ. 3e, 17 juin 2011, *D.* 2011. 1819, *RTD civ.* 2011. 562, obs. Th. Revet).

ACTIONS RÉELLES

ACTION EN REVENDICATION. CARACTÈRE PERPÉTUEL

(V. *supra*, nº 68)

84-85

ACTION EN REVENDICATION. TITRES. OPPOSABILITÉ

I. Civ. 22 juin 1864. — II. Civ. 27 décembre 1865

En matière de revendication d'immeubles, la preuve du droit de propriété du demandeur peut être établie même à l'aide de titres auxquels le défendeur, possesseur de l'immeuble revendiqué, n'a été partie ni par lui ni par ses auteurs : le défendeur n'est admis à détruire cette preuve que par des titres contraires ou par la justification d'une possession soit antérieure au plus ancien des titres produits par le demandeur, soit suffisante pour prescrire (C. civ., art. 711-1165) (1er arrêt).

... Et sans distinction entre les actes simplement déclaratifs et les actes translatifs de propriété (2e arrêt).

I. — Civ. 22 juin 1864

(*DP* 64. 1. 412, *S.* 64. 1. 349)

Lepère c. Leprovost

Faits. — Une contestation s'étant élevée au sujet d'une haie séparative de leurs fonds respectifs, le sieur Leprovost, l'un des propriétaires, obtint à la suite d'une action en complainte, d'être maintenu en possession de la haie litigieuse. L'autre propriétaire, le sieur Lepère, assigna alors son voisin au pétitoire, appuyant sa demande en revendication de la haie sur un acte d'adjudication du 25 novembre 1855, qui l'avait rendu propriétaire du fonds, rapproché d'un acte de partage de 1812, auquel avait été partie l'un des anciens propriétaires et qui mentionnait la haie litigieuse dans le lot à lui adjugé. Leprovost répliqua que les actes d'adjudication et de partage, étant pour lui *res inter alios acta*, puisque ni lui ni l'un de ses auteurs n'y avaient figuré, lui étaient inopposables et ne pouvaient lui faire perdre le bénéfice de sa possession. Cette défense fut accueillie par la cour de Caen, par un arrêt en date du 4 juillet 1862 (rapporté aux recueils sous l'arrêt de cassation), pour ce motif « que Lepère est sans titre puisque le seul titre qu'il pût invoquer est, en ce qui concerne Leprovost, *res inter alios acta* ».

Lepère se pourvut en cassation.

Moyen. — Violation des articles 711, 1319 et 1322 du Code Napoléon et fausse application de l'article 1165 du même code en ce que, appliquant en matière réelle un principe qui est spécial aux matières personnelles, l'arrêt attaqué (Caen, 4 juill. 1862) a repoussé l'acte de 1812, qu'avait produit le demandeur comme constituant à son profit un titre de propriété, par le seul motif que cet acte où le défendeur n'avait été partie, ni par lui ni par ses auteurs, était, à son égard, *res inter alios acta.*

ARRÊT

La Cour; — ... Attendu qu'il a été reconnu, en fait, par les deux jugements de première instance dont l'arrêt attaqué a adopté les motifs, qu'à consulter l'acte de partage du 15 octobre 1812 et l'adjudication du 25 novembre 1855, titres invoqués par Lepère, la réclamation par laquelle il revendique cette portion de haie séparant sa propriété de celle de Leprovost se trouve clairement établie et devrait être accueillie; — Attendu que, s'appuyant sur ce que le partage de 1812, étranger à Leprovost et à ses auteurs, ne ferait pas absolument foi contre eux, le jugement préparatoire a admis les parties à faire preuve des faits de possession et de prescription respectivement invoqués par elles, et subsidiairement par le demandeur; — Attendu que le jugement définitif, en reconnaissant des actes de jouissance de la part de l'une et de l'autre partie, a déclaré insuffisante la requête du demandeur, préférable celle du défendeur, et a, en conséquence, rejeté comme mal fondée la demande en revendication formée par Lepère; — Attendu qu'il ne résulte ni du dispositif, ni des motifs de ce jugement, que la possession de Leprovost ou de ses auteurs ait été, pendant une durée de trente années, continue, non interrompue, paisible, publique, non équivoque, et à titre de propriétaire; — Attendu que la possession de Leprovost n'aurait pu prévaloir sur les titres de Lepère que si elle avait eu soit ce commencement, soit cette durée; que ni l'un ni l'autre de ces caractères ne lui sont attribués par l'arrêt attaqué; et que, dans l'état des faits déclarés par cet arrêt, l'unique question qui reste à examiner est celle de savoir si les titres de Lepère, quoique reconnus probants en eux-mêmes, ont à bon droit été écartés par le motif qu'ils étaient étrangers à Leprovost et à ses auteurs; — Attendu qu'aux termes de l'article 711 du Code Napoléon la propriété des biens s'acquiert et se transmet par l'effet des obligations; et que les contrats qui lui servent de titre et de preuve sont ceux qui sont passés entre l'acquéreur et le vendeur; que le droit de propriété serait perpétuellement ébranlé si les contrats destinés à l'établir n'avaient de valeur qu'à l'égard des personnes qui y auraient été parties; puisque, de l'impossibilité de faire concourir les tiers à des contrats ne les concernant pas, résulterait l'impossibilité d'obtenir des titres protégeant la propriété contre les tiers; — Attendu que déclarer opposables aux tiers les titres réguliers de propriété, ce n'est aucunement prétendre qu'il peut résulter de ces titres une modification quelconque aux droits des tiers; et qu'ainsi la règle de l'article 1165, qui ne donne effet aux conventions qu'entre les contractants, est ici sans application; — D'où il suit qu'en faisant prévaloir sur les titres produits par Lepère les faits de possession, tels qu'ils sont constatés dans l'espèce, et en rejetant ainsi la demande en revendication formée par Lepère, l'arrêt attaqué a faussement appliqué l'article 1165 du Code Napoléon et violé tant ledit article que l'article 711 du même code; — Casse...

II. — Civ. 27 décembre 1865

(*DP* 66. 1. 5 et la note, *S.* 66. 1. 205)

Tercinet c. Tripier

Faits. — Les sieurs Tercinet et Arvet s'étaient rendus adjudicataires, en 1846, du lac de Paladru. Il était signalé dans le cahier des charges que, quoique faisant partie de la succession dont l'ouverture avait provoqué cette licitation, le lac était en partie indûment exploité par les habitants de certaines communes riveraines. En vue de faire reconnaître leurs droits sur la totalité de ce lac, les acquéreurs intentèrent une action contre divers habitants d'une de ces communes et un jugement du tribunal de Bourgoin, puis un arrêt de la cour de Grenoble du 28 août 1851 déclarèrent que les défendeurs n'avaient qu'un droit de pêche exclusif sur une partie déterminée du lac, mais que, même sur cette partie, les acquéreurs avaient conservé tous les autres attributs du droit de propriété. En 1859, le sieur Tripier ayant cru pouvoir se livrer à la pêche sur ce lac, les sieurs Tercinet et Arvet invoquèrent le droit de propriété que leur avait reconnu sur l'ensemble du lac l'arrêt de la cour de Grenoble, mais les défendeurs prétendirent que cet arrêt constituant un titre déclaratif auquel ils n'avaient pas été parties ne faisait pas preuve du droit de propriété des demandeurs à leur égard et ne leur était pas opposable.

Cette défense fut admise et l'action en revendication des sieurs Tercinet et Arvet repoussée par un arrêt de la cour de Grenoble du 28 juill. 1862, contre lequel ceux-ci se pourvurent en cassation.

Moyen. — Violation des articles 1315, 1350 et 1351 du Code Napoléon par fausse application de l'article 1165 du même code et de la maxime *res inter alios acta vel judicata aliis praejudicare non potest*, en ce que l'arrêt attaqué a déclaré les demandeurs non recevables dans l'action par eux intentée.

ARRÊT

La Cour; — ... Attendu, en droit, que la propriété étant un droit réel, l'arrêt qui déclare un individu propriétaire équivaut nécessairement à un titre susceptible, comme tout autre titre, d'être opposé à tous par celui qui l'a obtenu; que, sans doute, l'autorité de la chose jugée étant limitée par l'article 1351 du Code Napoléon aux seules parties en cause, un tel arrêt ne saurait être opposé aux tiers avec le caractère de la chose jugée; mais qu'il n'en est pas moins un titre et que les tiers contre lesquels il est invoqué, s'ils peuvent l'attaquer au moyen de la tierce opposition ou même directement, ne peuvent, du moins, détruire la preuve qui en résulte, qu'à la charge de faire la preuve contraire et d'établir, à leur profit, soit un droit de propriété préférable, soit une possession antérieure légalement acquisitive; — ... *Par ces motifs, et sans qu'il soit besoin de statuer sur tous les autres moyens du pourvoi*, casse...

OBSERVATIONS

1 À la différence de certains pays étrangers, il n'existe pas en droit français de preuve officielle de la propriété immobilière. La publicité foncière rend certes

opposable aux tiers l'acte juridique publié, mais elle n'atteste pas pour autant que l'acquéreur est propriétaire : l'acte peut être nul ou émaner d'un non-propriétaire; or nul ne peut transmettre à autrui plus de droits qu'il n'en a lui-même. Prouver la propriété immobilière suppose donc que l'on remonte la chaîne des propriétés à l'infini. C'est la fameuse preuve diabolique !

Heureusement, en pratique, le problème se résout beaucoup plus simplement. Ainsi que le rappelle le premier arrêt ci-dessus reproduit, il suffit que l'un des protagonistes soit en mesure de justifier que la prescription acquisitive est accomplie à son profit, soit par lui-même, soit en joignant à sa possession celle de son auteur, pour qu'il établisse sa propriété. La Cour de cassation l'a réaffirmé avec éclat en cassant un arrêt qui avait refusé de prendre en considération l'offre de preuve de l'usucapion de l'une des parties au motif que les faits de possession prolongée devaient se fondre dans l'étude des divers éléments de preuve (Civ. 3e, 5 mai 1970, *Gaz. Pal.* 1971. 2. 529). Il en va ainsi alors même que le litige mettrait aux prises deux acquéreurs successifs tenant leur droit d'un même auteur. Certes, celui qui publie le premier doit en principe l'emporter (v. *infra*, no 178, t. 2, 12e éd.). Mais son droit cède lorsque son adversaire peut se prévaloir d'une usucapion (Civ. 3e, 6 nov. 1975, *JCP* 1977. II. 17609, note Dagot).

En l'absence de prescription acquisitive, le juge procède par comparaison; il recherche celui des deux plaideurs qui lui paraît avoir le meilleur droit. À cet effet, il se fonde principalement sur deux sortes d'éléments, les titres de propriété et les faits de possession. Les deux décisions reproduites apportent, à ce propos, d'utiles précisions sur deux questions : la première est celle de l'opposabilité aux tiers des titres de propriété (I), la seconde, celle du conflit d'un titre et d'une possession (II).

I. — L'opposabilité aux tiers des titres de propriété

2 Aux termes de l'article 1165 du Code civil, « les conventions n'ont d'effet qu'entre les parties contractantes ». Est-ce à dire que, lorsqu'un individu revendique un droit de propriété sur un immeuble, il ne pourra se prévaloir de son titre d'acquisition si ce titre est pour le défendeur *res inter alios acta* ?

Le problème est classique. Les tribunaux l'ont résolu de bonne heure dans un sens qui a le mérite de donner au droit de propriété des assises solides.

L'arrêt du 22 juin 1864, qui a tranché pour la première fois la question en jurisprudence, a écarté l'article 1165 comme étant sans application à la matière pour la raison que « le droit de propriété serait perpétuellement ébranlé si les contrats destinés à l'établir n'avaient de valeur qu'à l'égard des personnes qui y auraient été parties, puisque de l'impossibilité de faire concourir les tiers à des contrats ne les concernant pas résulterait l'impossibilité d'obtenir des titres protégeant la propriété contre les tiers » (v., aussi Civ. 9 janv. 1901, *DP* 1901. 1. 449; 5 mars 1913, *S.* 1913. 1. 191). Cette considération met bien en relief le vice du système qui consisterait, tout en admettant, quant au fond du droit, que la propriété s'acquiert par le seul effet des contrats (art. 1138), aussi bien que par la prescription acquisitive, à refuser d'admettre, sur le terrain de la preuve, que les titres d'acquisition suffisent à démontrer, par eux-mêmes, l'existence du droit. Sous peine de rendre impossible la preuve du droit de propriété en dehors du cas où le possesseur est en état d'invoquer l'usucapion, il faut bien admettre que les actes d'acquisition ont force probante à l'égard des tiers. Au demeurant, l'article 1165 ne s'oppose nullement à une telle force probante : le demandeur en revendication, qui invoque un titre de propriété, c'est-à-dire un acte juridique d'acquisition (vente, donation, etc.), ne prétend pas obtenir du défendeur l'exécution d'une obligation issue d'un contrat auquel il serait demeuré étranger; il lui oppose simplement l'existence d'un acte préexistant; or l'acte juridique, et plus précisément le fait qu'il a été passé, est opposable *erga omnes.* Toutefois il ne faut pas que le titre émane du demandeur lui-même, nul ne pouvant se créer un titre à lui-même (Aix, 18 févr. 1892, *DP* 92. 2. 483). Sur la distinction de l'effet et de l'opposabilité du contrat, v. H., L., J. Mazeaud et F. Chabas, t. II, 2e vol., no 1638; Marty et Raynaud, *Les biens*, 2e éd., nos 221 s.; Terré et Simler, *Les biens*, no 537; Terré, Simler et Lequette, *Les obligations*, nos 483 s.; Ghestin et Billiau, *Les effets du contrat*, nos 624 s.; A. Weill, *La relativité des conventions en droit privé français*, thèse Strasbourg, 1938, nos 173 s.; Planiol et Ripert, t. III, *Les biens*, par M. Picard, nos 355 s.; Aubry et Rau, t. II, § 219, p. 562; Cornu, *Introduction*, *Les personnes*, *Les biens*, no 1614; Atias, *Les biens*, no 473; Esmein, note *S.* 1923. 1. 297).

3 Une question subsidiaire a été également controversée en jurisprudence. Le titre invoqué à l'appui d'une action en revendication, ou pour défendre à cette action, doit-il être nécessairement *translatif*, ou peut-on se contenter à cet égard d'un titre *déclaratif*, comme un acte de partage ou un jugement ? Dans l'arrêt du 22 juin 1864, le titre invoqué était un partage, acte déclaratif, mais la question n'ayant pas été posée, sa solution n'était qu'implicite. Dans l'arrêt du 27 décembre 1865, où il s'agissait cette fois d'un jugement, également déclaratif, la Cour de cassation répond explicitement à la question posée en écartant l'argument tiré de l'autorité relative de la chose jugée; le jugement n'est invoqué ici que comme créant une présomption de vraisemblance. Enfin, dans un arrêt du 3 janvier 1905 (*DP* 1908. 1. 441) non reproduit, la chambre civile s'est prononcée de manière générale et expresse pour l'affirmative, comme elle l'avait fait à propos des espèces antérieures. Il n'y a en effet aucune raison de distinguer, en notre matière, entre le titre translatif et le titre déclaratif, car l'un et l'autre constatent l'existence du droit invoqué (comp., au contraire, en matière de juste titre invoqué à l'appui d'une prescription acquisitive, *supra*, no 83, § 2). Malgré une certaine résistance des cours d'appel, ces solutions ne paraissent plus devoir être remises en question (v. not. Req. 20 févr. 1900, *DP* 1900. 1. 250, *S.* 1900. 1. 492; Civ. 10 déc. 1901, *DP* 1902. 1. 311; 29 oct. 1945, *D.* 1946. 18; Civ. 28 mars 1973, *Gaz. Pal.* 1973. 1, Pan. 135; Civ. 12 déc. 1979, *Gaz. Pal.* 1980. 1, Pan. 245; Civ. 3e, 5 mai 1982, *Bull. civ.* III, no 116, *D.* 1983. IR 17, obs. Robert).

Il va de soi que le titre invoqué n'a pas besoin d'avoir été publié (Civ., 1re sect. civ. 8 mars 1954, *D.* 1954. 362); il n'en irait autrement que si le défendeur était un tiers protégé par la législation sur la publicité immobilière, c'est-à-dire produisant lui-même un titre émanant du même auteur.

II. — Le conflit d'un titre et d'une possession

4 Il est assez fréquent que l'une des parties allègue un titre, l'autre lui opposant, non un autre titre, mais des faits de possession. En ce cas qui l'emporte ? Le premier arrêt reproduit donne une indication générale : le titre prévaut sur la possession, s'il est plus ancien; au cas contraire, c'est la possession qui prime (v. aussi Civ. 12 nov. 1907, *DP* 1908. 1. 313, note Ripert, *S.* 1910. 1. 388). La solution s'explique par le rôle que joue le titre. Celui-ci est pris en considération en tant qu'indice, élément de présomption, facteur rendant vraisemblable la propriété.

L'existence du droit de propriété immobilière est, on le sait, pratiquement indémontrable; nul ne pouvant établir qu'il a acquis un immeuble d'un auteur qui était lui-même propriétaire comme le tenant d'un propriétaire, la preuve judiciaire se ramène à une simple probabilité; on remplace la preuve directe par une preuve indirecte portant sur des faits connexes, en l'espèce la manifestation extérieure de la propriété, c'est-à-dire avant tout la possession. Le titre peut être considéré comme équivalent à un fait de possession, en ce qu'il permet de présumer que, lors de sa confection, son auteur était en possession; en effet, il est rare de vendre un bien si l'on n'en est pas possesseur; au demeurant, le fait même de l'avoir vendu peut être considéré comme constituant un acte de possession de la part du vendeur. On comprend dès lors pourquoi la jurisprudence relève que le titre du demandeur est antérieur en date au commencement de la possession du défendeur : le titre d'acquisition permet de présumer qu'au moment où l'acquisition a été faite, elle correspondait à une possession sérieuse. Le demandeur ne sera d'ailleurs pas nécessairement débouté par cela seul que son titre est postérieur en date à l'entrée en possession de son adversaire, car il aura peut-être la ressource de produire le titre de son auteur ou d'auteurs précédents, et si ce titre est lui-même plus ancien que la possession du défendeur, et correspond à une possession sérieuse, ce sera un élément d'appréciation important. Ceci étant, il ne s'agit là que d'une présomption. Partant, même un titre plus ancien ne devrait pas nécessairement l'emporter sur la possession, les juges conservant la possibilité d'apprécier leur valeur respective. Aussi bien, la haute juridiction a-t-elle tendance à revenir sur le principe de l'antériorité en ce qu'il a de systématique (Civ. 1re, 18 nov. 1964, *Bull. civ.* I, no 512; 24 févr. 1965, *Bull. civ.* I, no 150; 5 mai 1970, *Gaz. Pal.* 1971. 2. 529; Civ. 3e, 6 mars 1974, *Bull. civ.* III, no 108).

86

ACTION EN REVENDICATION. DÉFAUT DE TITRES. POSSESSION PRÉFÉRABLE. PRÉSOMPTION DE FAIT

Civ. 26 décembre 1921

(*DP* 1925. 1. 140, *S.* 1923. 1. 297, note Esmein)

Époux Charlin c. Cons. Sorin

En matière immobilière, lorsque les parties ne produisent pas de titre, que la prescription n'est point acquise, il appartient aux juges de statuer sur la question de propriété d'après les présomptions de fait, si le défendeur à l'action en revendication ne justifie pas d'une possession légale exclusive et bien caractérisée.

Faits. — Les consorts Sorin ont assigné les époux Charlin, propriétaires d'un terrain contigu, en rétablissement de fossés bouleversés et paiement des dommages-intérêts pour suppression d'une haie et abattage d'arbres. La cour de Rennes, constatant que les défendeurs ne pouvaient invoquer, comme fait de possession, que l'abattage des arbres, précisément litigieux, et qu'ils n'avaient même pas la possession annale de la bande de terrain contestée, tandis que les demandeurs, s'ils n'avaient pas encore accompli la prescription trentenaire, pouvaient arguer néanmoins d'une possession très longue et bien caractérisée, avait donné gain de cause à ces derniers. Le pourvoi formé contre cette décision a été rejeté.

ARRÊT

La Cour; — ... Attendu qu'en confirmant le jugement en l'état de ces constatations, l'arrêt attaqué n'a point violé les articles visés au moyen; — Attendu, en effet, qu'en matière immobilière, lorsque les parties ne produisent pas de titre, que la prescription n'est pas acquise, si le défendeur à l'action en revendication ne justifie pas d'une possession légale exclusive et bien caractérisée, il appartient au juge de statuer sur la question de propriété d'après les présomptions de fait invoquées par les parties; — ... Rejette.

OBSERVATIONS

1 L'arrêt reproduit pose, comme la décision précédente, la question de la preuve de la propriété immobilière. En l'espèce, les parties ne pouvaient invoquer ni l'une ni l'autre un titre à l'appui de leurs prétentions respectives. Et comme la prescription n'était pas acquise, le juge avait à statuer entre deux possessions, l'une antérieure – celle du demandeur –, l'autre actuelle, celle du défendeur.

Il semble qu'en ce cas, la prétention du revendiquant devrait être repoussée *de plano*, par simple application du principe de l'article 1315 dont on peut voir une conséquence dans l'adage : *In pari causa melior est possidentis.* Mais la jurisprudence a de bonne heure écarté ce système pour lui en préférer un autre qui tend à faire triompher celui des plaideurs dont le droit paraît « le meilleur et le plus probable » (Aubry et Rau, 6e éd., t. II, § 219, p. 532, notes 9 et 10).

2 Le droit ne lui paraît cependant pas tel pour la seule raison que l'une des possessions est plus ancienne que l'autre.

Il faut encore que cette possession soit *mieux caractérisée.* Or, une possession utile se caractérise, d'après l'ancien article 2229, devenu l'article 2261 du Code civil (L. 17 juin 2008) en ce qu'elle est continue, non interrompue, paisible, publique, non équivoque et à titre de propriétaire. En l'espèce, le défendeur n'invoquait qu'un fait, l'abattage d'arbres de la haie litigieuse dont il n'avait même pas la possession annale, tandis que le revendiquant pouvait arguer d'une possession de très longue durée et présentant les caractères sus-rappelés. La Cour a donné gain de cause à ce dernier en voyant dans une telle possession une « présomption suffisante de propriété ». C'est la même formule qu'a encore employée la chambre des requêtes dans un arrêt du 19 avril 1937 (*DP* 1939. 1. 24, note de Lagrange), où elle a donné cette fois gain de cause au revendiquant, surtout parce qu'il avait acquitté depuis un très long temps l'impôt foncier et était inscrit, en tant que tel ou par ses auteurs, au plan cadastral, présomptions qui lui ont paru plus caractéristiques du droit de propriété que la seule jouissance invoquée par le défendeur, laquelle peut ne pas exister à titre de propriétaire. Parmi les indices qui peuvent rendre une possession antérieure mieux caractérisée, les tribunaux ont encore tenu compte de l'existence entre deux propriétés d'un talus ou d'une borne (Req. 22 déc. 1891, *DP* 92. 1. 512, *S.* 92. 1. 24; 28 oct. 1901, *S.* 1903. 1. 179), des énonciations du cadastre malgré le principe que le cadastre n'est qu'un document administratif qui n'affecte pas la propriété (Req. 19 avr. 1937, préc.; 28 avr. 1941, *DA* 1941. 259; Civ., 1re sect. civ. 10 mars 1953, *JCP* 1953. II. 7842, note Weill; Civ. 3e, 22 juin 1976, *Bull. civ.* III, no 279).

L'appréciation de la valeur respective de ces présomptions échappe d'ailleurs au contrôle de la Cour de cassation (Req. 5 mars 1894, *S.* 98. 1. 439; 12 nov. 1902, *DP* 1902. 1. 568).

POSSESSION DES MEUBLES

87

ACTION EN REVENDICATION. ACTION PERSONNELLE

Req. 5 décembre 1893

(*DP* 94. 1. 48, *S.* 96. 1. 79)

Noury c. Krohn

S'il est vrai, en principe, que la première disposition de l'article 2279 ne met pas le possesseur d'objets mobiliers à l'abri d'une action en restitution, lorsqu'il est personnellement obligé à restituer, cette règle implique cependant, pour l'auteur d'une telle action, la charge de justifier du lien personnel sur lequel elle est fondée, à défaut de quoi le défendeur a titre pour conserver et détenir les meubles dont il a la possession, sans même être obligé de prouver le don manuel qu'il invoque comme cause de sa possession (C. civ., art. 2279).

Faits. — V. l'arrêt.

ARRÊT

La Cour; — ... Attendu qu'il est déclaré constant en fait par l'arrêt attaqué que, quinze jours avant son union avec la dame Krohn, Noury s'est rendu chez un changeur en compagnie de cette dame, en faveur de laquelle il a volontairement fait dresser un bordereau de vente lui attribuant des titres au porteur, américains et français, d'une valeur de 60 000 francs environ qu'il avait payés de ses deniers; que ces titres ont été aussitôt déposés au Crédit lyonnais par la dame Krohn qui, jusqu'à son décès, en a eu possession à titre de propriétaire et non d'une manière équivoque; que, d'après ces constatations, l'arrêt attaqué a décidé que la revendication desdites valeurs, formée par Noury devait être écartée en vertu de l'article 2279 du Code civil, mais que ce dernier prétend que cette disposition de loi ne pouvait légalement lui être opposée; — Attendu que, s'il est vrai en principe, comme le soutient le pourvoi, que la première disposition de l'article 2279 du Code civil ne met pas le possesseur d'objets mobiliers à l'abri d'une action en restitution quand il est personnellement obligé à restituer, cette règle implique cependant pour l'auteur d'une telle action la charge de justifier du lien personnel sur lequel elle est fondée, à défaut de quoi le défendeur a titre pour conserver et détenir les meubles dont il a la possession, sans même être obligé de prouver le don manuel qu'il invoque comme cause de sa possession; — Et attendu que, dans l'espèce, l'arrêt a successivement démenti toutes les allégations à l'aide desquelles Noury prétendait établir l'obligation pour sa femme de lui restituer les valeurs litigieuses; — que, dans ces conditions, la demande de Noury n'avait plus que le caractère d'une action en revendication, et que, dès lors, c'est par une juste application de l'article 2279 du Code civil qu'elle a été écartée; — *Par ces motifs*, rejette…

OBSERVATIONS

1 La règle « en fait de meubles, la possession vaut titre » protège le possesseur de bonne foi, qui a acquis une chose *a non domino*, contre la revendication de celui qui en est propriétaire. C'est sa fonction *acquisitive.* Mais peut-elle être également invoquée par celui qui a acquis une chose contre la personne qui la lui a remise et qui prétend qu'il n'y a pas eu transfert de propriété ? En d'autres termes, a-t-elle un rôle *probatoire* ? Par exemple, peut-elle être invoquée par le possesseur qui se prétend donataire contre le donateur qui conteste la donation ou contre les héritiers du donateur ou encore par une personne qui prétend avoir acheté une chose, alors que le demandeur soutient qu'il y a eu, non pas vente, mais prêt ou dépôt ? Dans l'affirmative, le défendeur qui détient la chose est dispensé de faire la preuve, et c'est au demandeur à prouver qu'il y a eu, non pas donation ou vente, mais détention précaire ou bien détournement.

Certains auteurs avaient soutenu que l'ancien article 2279, devenu l'article 2276 (L. 17 juin 2008) ne s'appliquait pas à cette hypothèse. Ils invoquaient l'article 1141 du Code civil qui, faisant une application particulière de la règle *en fait de meubles…*, suppose que le possesseur oppose sa possession à un tiers avec lequel il n'a pas contracté. L'arrêt reproduit se prononce, au contraire, pour l'application de la règle « en fait de meubles, la possession vaut titre » à toute personne qui se dit possesseur de la chose, tant que l'adversaire n'a pas prouvé, soit qu'elle n'est pas possesseur, soit que sa possession est de mauvaise foi, soit qu'elle ne réunit pas les conditions requises pour mériter la protection de la loi (C. civ., anc. art. 2229, devenu l'art. 2261; sur un cas de précarité de la possession, v. Civ., sect. soc. 3 janv. 1963, *Bull. civ.* IV, n° 9). Et, en effet, l'article 2276 est conçu en termes très larges et n'apporte aucune restriction à l'application de la règle qu'il édicte. Il protège non seulement le possesseur qui, ayant traité *a non domino*, est en conflit avec le propriétaire dépossédé, mais aussi quiconque a un meuble en sa possession. Il constitue, en faveur du possesseur, une présomption de propriété, qui subsiste tant qu'elle n'a pas été renversée par son adversaire. Le possesseur est présumé remplir les conditions exigées pour bénéficier de la protection de la règle. Les motifs d'utilité et d'équité qui sont à la base de la règle *en fait de meubles…* imposent la solution; sinon, les acquéreurs de meubles qui n'ont pas fait dresser d'écrit risqueraient d'être évincés par des aliénateurs de mauvaise foi, à qui il suffirait de dénaturer le contrat et d'invoquer la prétendue précarité de la possession pour rejeter sur le possesseur le fardeau de la preuve. La possession va donc jouer son rôle : jusqu'à preuve du contraire, le possesseur sera présumé propriétaire, la possession faisant présumer son titre et le dispensant d'en produire la preuve directe. La Cour de cassation a affirmé dans l'arrêt ci-dessus rapporté « que le défendeur a titre pour conserver et détenir les meubles dont il a la possession sans même être obligé de prouver le don manuel qu'il invoque comme cause de sa possession » (v. aussi, Civ. 18 janv. 1954, *Bull. civ.* I, n° 18; 6 févr. 1962, *Bull. civ.* I, n° 81, p. 73, *D.* 1962. Somm. 102; 9 févr. 1977, *D.* 1977. IR 235, *Defrénois* 1977. 1340, obs. Champenois; 18 mars 1980, *Bull. civ.* I, n° 91, p. 76, *JCP* 1980. IV. 215).

Cette solution jurisprudentielle n'est pas limitée au don manuel, elle vaut pour toute autre acquisition : vente, échange, dation en paiement (Civ. 21 mai 1951, *Bull. civ.* I, n° 150, p. 117; 7 févr. 1962, *Bull. civ.* I, n° 91, p. 81; 20 oct. 1982, *Bull. civ.* I, n° 298, *RTD civ.* 1983. 559, obs. Giverdon; 8 déc. 1987, *Bull. civ.* I, n° 338).

2 Si telle est bien la force de la maxime « en fait de meubles, la possession vaut titre », il en résulte qu'elle crée au profit du possesseur d'un meuble une protection plus efficace que la possession en matière d'immeubles. En effet, quand un procès s'engage relativement à la propriété d'un immeuble, le possesseur est bien protégé, en ce sens que c'est à son adversaire à faire la preuve de son droit plus fort, mais si ce dernier prouve qu'il a eu la propriété de l'immeuble, ou la possession, antérieurement à la possession invoquée contre lui (à condition, bien entendu, que cette dernière n'ait pas duré un temps suffisant pour l'usucapion), il réussit dans sa revendication (v. Civ. 22 juin 1864, reproduit *supra*, n°s 84-85, § 4; 86, § 2). Au contraire, il ne suffit pas au demandeur, qui revendique la propriété d'un meuble, de prouver qu'il en était propriétaire antérieurement. Par exemple, il ne suffit pas aux héritiers du prétendu donateur de prouver que les titres au porteur ou les objets qu'un tiers prétend avoir reçus à titre de don manuel étaient la propriété du défunt. Il faut, pour réussir dans leur action en revendication, qu'ils prouvent que leur adversaire est seulement un détenteur et que son titre résulte non d'un don mais d'un autre contrat (par ex. d'un dépôt : Civ. 16 oct. 1956, *JCP* 1956. IV. 157, *Bull. civ.* I, n° 351, p. 281; ou d'un prêt : T. civ. Épinal, 6 févr. 1936, *JCP* 1936. 556).

La preuve doit, en principe, en être rapportée par écrit lorsque l'objet du contrat est supérieur à 1 500 euros, mais la jurisprudence facilite le recours aux témoignages ou aux présomptions, en admettant assez libéralement qu'il a pu y avoir une impossibilité morale de se procurer un écrit (Civ. 17 janv. 1910, *D.* 1911. 1. 52).

3 Le demandeur peut encore anéantir la prétention de son adversaire en démontrant que la possession est insuffisamment caractérisée parce qu'entachée notamment du vice de clandestinité ou d'équivoque (en cas d'indivision, v. Civ. 14 mars 1955, *Bull. civ.* I, n° 101; v. cep. TGI Bordeaux, 20 mars 1978, *D.* 1978. 390, note P. Diener, *RTD civ.* 1979. 625, obs. Giverdon; en cas de concubinage : Civ. 3 janv. 1957, *Bull. civ.* I, n° 41; pour des bijoux de famille détenus par une belle-fille : Civ. 20 juin 1961, *Bull. civ.* I, n° 326, *D.* 1961. 641, note R. Savatier, *JCP* 1961. II. 12352, note Ponsard; v. aussi *infra*, n° 131). C'est au jour du prétendu don manuel qu'il convient de se placer pour apprécier les qualités de la possession (Civ. 1re, 4 avr. 1984, *Bull. civ.* I, n° 130).

88

MEUBLES PERDUS OU VOLÉS. REVENDICATION. REMBOURSEMENT. RECOURS CONTRE UN PRÉCÉDENT POSSESSEUR

Civ. 11 février 1931

(*DP* 1931. 1. 129, note R. Savatier, *S.* 1931. 1. 273, note Gégout)

Demoiselle d'Astugue de Sinceny c. Grumbach et Cie

Le propriétaire qui, pour se faire rendre une chose volée ou perdue, a dû rembourser au possesseur actuel le prix qu'elle lui a coûté, ne saurait puiser dans les articles 2279, 2280 et 1251 du Code civil le principe d'une action en indemnité contre celui qui a cessé d'avoir la possession de la chose, spécialement contre le marchand à qui le possesseur évincé a acheté l'objet que ce commerçant tenait du voleur.

De même, le propriétaire n'est pas recevable à intenter contre un possesseur intermédiaire, tel que le marchand qui a acheté, puis revendu avec bénéfice la chose volée, une action fondée sur l'enrichissement sans cause, dès lors que le marchand a agi régulièrement dans l'exercice normal de sa profession : la vente constitue alors pour lui un juste titre d'enrichissement qui le met à l'abri de l'action en répétition du bénéfice de la part du propriétaire.

La seule action appartenant, en pareil cas, au propriétaire contre le possesseur intermédiaire ne peut se fonder, par application de l'article 1382 du Code civil, que sur l'existence d'une faute commise par le défendeur; et cette action ne peut être accueillie que si la faute est préalablement constatée par le juge.

Faits. — Un coffret d'argenterie avait été soustrait frauduleusement à une demoiselle d'Astugue de Sinceny, vendu par le voleur à Grumbach et Cie et revendu par ceux-ci à un sieur Helft. La demoiselle d'Astugue de Sinceny ayant dû payer à Helft une somme de 17 000 F pour rentrer en possession du coffret, en vertu de l'article 2280, alinéa 1er du Code civil, celui-ci ayant acheté la chose chez un marchand vendant des choses pareilles, prétendait exercer un recours contre le sieur Grumbach afin d'obtenir la restitution de ces 17 000 F. Par arrêt du 31 mai 1927 (rapporté aux recueils Dalloz et Sirey sous l'arrêt de la Cour de cassation), la cour de Toulouse rejeta la demande. Pourvoi en cassation de la demoiselle d'Astugue de Sinceny.

Moyens. — 1° Violation des articles 2279, 2280 et 1251 du Code civil, et de l'article 7 de la loi du 20 avril 1810, en ce que l'arrêt attaqué a refusé à Mlle de Sinceny (qui, revendiquant un objet volé, avait dû payer à M. Helft, dernier possesseur, la valeur d'achat de cet objet) le droit d'exercer un recours en remboursement en vertu des articles précités contre MM. Grumbach et Cie, possesseurs antérieurs, qui avaient acheté l'objet directement au voleur.

2° Violation des principes de l'action *de in rem verso*, et de l'article 7 de la loi du 20 avril 1810, en ce que l'arrêt attaqué a subsidiairement refusé à Mlle de Sinceny le droit de répéter tout au moins de MM. Grumbach, premiers acquéreurs de l'objet volé, le bénéfice réalisé par ceux-ci dans la revente de cet objet à M. Helft, alors cependant que ce bénéfice constituait pour MM. Grumbach un enrichissement sans cause légitime aux dépens de Mlle de Sinceny puisqu'il avait été encaissé par lesdits vendeurs alors qu'ils se trouvaient sous le coup de la revendication sans indemnité de la propriétaire volée.

ARRÊT
(après délib. en la ch. du cons.)

La Cour; — *Sur le premier moyen :* — Attendu que l'action de la demoiselle d'Astugue de Sinceny contre Grumbach et Cie tendait principalement à obtenir le remboursement par ces derniers d'une somme de 17 000 F que la demanderesse avait été tenue de payer à Helft pour rentrer en possession d'un coffret d'argenterie qui lui avait été soustrait frauduleusement par d'Abzac, puis vendu par ce dernier à Grumbach et Cie et revendu par ceux-ci à Helft; — Attendu que le pourvoi fait grief à l'arrêt attaqué d'avoir refusé à la demoiselle d'Astugue de Sinceny le droit d'exercer un recours en remboursement contre Grumbach et Cie par le motif que son action ne trouvait aucun fondement juridique, ni dans les articles 2279 et 2280 du Code civil, ni dans la subrogation prévue par l'article 1251 du même code et que seule était possible une action en payement d'indemnité basée sur le préjudice subi par la demanderesse, mais rendant nécessaire la démonstration d'une faute commise par Grumbach et Cie; — Mais attendu que le propriétaire qui, pour se faire rendre une chose volée ou perdue, a dû rembourser au possesseur actuel le prix qu'elle lui a coûté, ne saurait puiser dans les articles 2279, 2280 et 1251 du Code civil, le principe d'une action en indemnité contre celui qui a cessé d'avoir la possession de la chose volée ou perdue; que la seule action appartenant dans ce cas au propriétaire doit être fondée, par application de l'article 1382 du Code civil, sur l'existence d'une faute commise par le défendeur, et qu'elle ne peut être accueillie qu'alors que cette faute est préalablement constatée par le juge; qu'il résulte des constatations de l'arrêt attaqué que Grumbach et Cie, en achetant à d'Abzac le coffret de la demanderesse dans les circonstances précisées par les juges du fait, n'ont commis aucune faute ni imprudence; — D'où il suit que la décision de la cour d'appel est légalement justifiée et que le moyen n'est pas fondé;

Sur le deuxième moyen : — Attendu que le pourvoi reproche à l'arrêt attaqué d'avoir rejeté la demande subsidiaire de la demoiselle d'Astugue de Sinceny tendant à obtenir de Grumbach et Cie le payement du bénéfice réalisé par ceux-ci dans la revente à Helft du coffret qu'ils avaient acheté à d'Abzac, alors que ce bénéfice avait constitué pour Grumbach et Cie un enrichissement sans cause légitime; — Mais attendu qu'il résulte des constatations de l'arrêt attaqué que le bénéfice obtenu par

Grumbach et Cie puise son origine dans un acte régulièrement accompli par eux dans l'exercice normal de leur profession ; qu'en l'absence constatée de toute faute commise par Grumbach et Cie, le contrat de vente intervenu entre ces derniers et Helft a constitué un juste titre pour l'enrichissement reproché aux défendeurs ; qu'ainsi le moyen n'est pas fondé ; — *Par ces motifs*, rejette...

OBSERVATIONS

1 Le propriétaire d'un meuble, qui en a été dessaisi involontairement à la suite d'une perte ou d'un vol, peut le revendiquer entre les mains de son possesseur, même s'il est de bonne foi ; mais lorsque ce dernier a acheté l'objet dans une foire, dans un marché, dans une vente publique ou chez un marchand vendant des choses pareilles, le revendiquant doit le dédommager en lui remboursant le prix de son acquisition (C. civ., art. 2280, al. 1er). C'était le cas en l'espèce, le sieur Helft, possesseur de bonne foi, ayant acheté chez un brocanteur l'objet volé.

Le propriétaire ayant ainsi récupéré sa chose pouvait-il exercer un recours contre le brocanteur, premier acquéreur, lequel tenait la chose du voleur lui-même ?

Le propriétaire revendiquant débouté par les juges du fond invoquait deux moyens à l'appui de son pourvoi.

I. — Le recours du propriétaire revendiquant contre le marchand vendant des choses pareilles

2 Le premier arguait de la violation des anciens articles 2279 et 2280 (art. 2276 et 2277, L. 17 juin 2008) ainsi que de l'article 1251 du Code civil. Le revendiquant doit pouvoir agir en remboursement du prix qu'il a lui-même remboursé contre celui qui le dernier a vendu la chose volée sans l'avoir acquise dans les conditions formulées par l'article 2277 ; en effet, si celui-ci avait été lui-même actionné en revendication, il aurait dû restituer l'objet sans pouvoir récupérer son prix d'acquisition ; dès lors, en revendant la chose et s'il est lui-même marchand vendant des choses pareilles, il améliore sa situation tout en empirant celle du propriétaire. De plus, le dernier acquéreur de la chose volée a une action en garantie fondée sur l'éviction contre son propre vendeur (art. 2276, al. 2), spécialement contre celui qui tenait la chose du voleur. Le propriétaire revendiquant ayant dû rembourser le dernier acquéreur, il se trouve légalement subrogé à son action en garantie (C. civ., art. 1251-3°).

La Cour de cassation, conformément à la jurisprudence antérieure (Civ. 11 juin 1877, *S.* 78. 1. 445 ; Lyon, 7 nov. 1885, *DP* 88. 2. 41, note Cohendy, *S.* 88. 2. 228 ; T. civ. Tulle, 24 nov. 1926, *DP* 1927. 2. 75), a repoussé cette argumentation qui se heurtait aux textes mêmes du Code civil. La situation du propriétaire revendiquant dépend de celle du possesseur entre les mains de qui se trouve la chose. La loi ne prévoit qu'un recours en garantie (art. 2276, al. 2) et celui-ci est personnel au possesseur évincé et ne peut dès lors être exercé par le revendiquant de son propre chef (Comp. Civ. 24 juin 1874, *S.* 75. 1. 168).

Pas davantage le propriétaire revendiquant ne peut exercer le recours en garantie en vertu d'une subrogation légale consécutive au remboursement au second acquéreur de son prix d'acquisition. La subrogation de l'article 1251-3° du Code civil n'est accordée qu'à celui qui est tenu avec d'autres ou pour d'autres au paiement de la dette. Ce n'est pas le cas de l'espèce. La dette de remboursement du prix qui incombe au revendiquant est absolument différente de la dette de garantie qui grève le vendeur. En désintéressant l'acquéreur évincé, le revendiquant paye une dette qui lui est personnelle et qui procède de la sécurité des transactions commerciales, il n'acquitte nullement l'obligation de garantie qui incombe au vendeur. Bien plus, le paiement effectué en vertu de l'article 2277 empêche la naissance de l'obligation de garantie, puisqu'il couvre le préjudice résultant de l'éviction; le preneur évincé, ayant été remboursé, n'a aucun droit à transmettre au subrogé.

II. — L'enrichissement sans cause

3 La demanderesse au pourvoi se plaçait en second lieu sur le terrain de l'enrichissement sans cause : elle faisait valoir que le brocanteur, revendeur pour 17 000 F du coffret acheté 9 500 F, avait réalisé un enrichissement sans cause au détriment du propriétaire contraint à rembourser 17 000 F; à tout le moins, le propriétaire revendiquant était donc fondé à réclamer au brocanteur, premier acquéreur, le bénéfice par lui réalisé, soit 7 500 F.

La Cour de cassation, approuvant la décision qui lui était déférée, a également repoussé ce moyen. Les juges du fond avaient constaté la régularité des opérations commerciales effectuées par le brocanteur. Dès lors l'arrêt déclare que le bénéfice réalisé par le brocanteur, à la suite de l'aliénation de la chose volée, puisait son origine dans un acte régulièrement accompli par lui dans l'exercice normal de sa profession; le contrat de vente passé entre lui et le sous-acquéreur était un juste titre pour l'enrichissement reproché par le demandeur (v. Civ. 28 févr. 1939, *infra*, n° 241, t. 2, 12e éd.).

Le revendiquant se trouve ainsi réduit, soit à intenter l'action civile contre l'auteur du vol, soit à agir en responsabilité, sur le fondement de l'article 1382, contre le détenteur intermédiaire si celui-ci a commis une faute, ce qui supposerait établi qu'il connaissait la provenance de la chose ou du moins devait avoir des doutes.

L'arrêt rapporté reconnaît expressément la possibilité d'une telle action, mais en l'espèce, le moyen ne pouvait servir au propriétaire revendiquant, puisque les juges du fond n'avaient relevé aucune faute ni imprudence à la charge du détenteur intermédiaire. (V. dans le même sens que l'arrêt rapporté Poitiers, 9 mai 1944, *DA* 1944. 101; Paris, 7 févr. 1950, *D.* 1951. 456, note Lalou; Civ., 1re sect. civ. 26 nov. 1956, *D.* 1957. Somm. 55, *JCP* 1957. II. 9919, note Voirin, *RTD civ.* 1957. 362, obs. Solus.)

DON MANUEL. PREUVE. POSSESSION

(V. *infra*, n° 131)

LIVRE IV

Les régimes matrimoniaux

RÈGLES GÉNÉRALES

89

RÉGIME MATRIMONIAL PRIMAIRE. COMPTE BANCAIRE. POUVOIRS DES ÉPOUX. MARI. DÉCÈS. VENTE DE TITRES. ACQUISITION DE BONS DE CAISSE. BLOCAGE DU COMPTE. OPPOSITION DES HÉRITIERS. NÉCESSITÉ

Ass. plén. 4 juillet 1985

(*D.* 1985. 421, concl. J. Cabannes, note D. Martin, *JCP* 1985. II. 20457, rapport A. Ponsard, *Defrénois* 1985. 1. 1130, note Champenois)

Consorts Edberg c. Soc. européenne de Banque

L'article 221, alinéa 2, du Code civil, aux termes duquel l'époux déposant est réputé, à l'égard du dépositaire, avoir la libre disposition des fonds et des titres en dépôt, dispense le dépositaire de procéder à toute vérification de propriété ou de pouvoir au moment où ces fonds ou titres sont déposés et tient en échec à son égard la présomption de communauté. Cette dispense ne peut être remise en cause rétroactivement par le décès de l'un des époux. En effet, si la règle de l'article 221 précité cesse d'être applicable après la dissolution du mariage, les effets qu'elle a produits antérieurement doivent être respectés; s'il n'a pas reçu opposition des héritiers, le dépositaire ne peut donc prendre aucune initiative en ce qui concerne le fonctionnement du compte.

Faits. — Mme Edberg, née Komaisky, mariée en 1909 sans contrat de mariage, était titulaire d'un compte de titres à la banque Rothschild — devenue, après sa nationalisation, l'Européenne de Banque, SA —, dès avant le décès de son mari, survenu le 10 août 1973. Bien que le notaire n'ait avisé la banque qu'en octobre 1973, celle-ci ne conteste pas avoir eu connaissance du décès peu après sa survenance. Des titres 3 1/2 % 1952-1958 (rente Pinay) figuraient au compte pour un montant important. En septembre 1973, les pouvoirs publics annoncèrent la conversion de cette rente en une rente 4 1/2 % 1973 qui, à la différence de la précédente, n'échappait plus aux droits de succession, mais demeurait indexée sur l'or; la conversion devait se réaliser le 31 octobre 1973. Le 10 octobre 1973, un fondé de pouvoir de la Banque Rothschild s'était rendu chez Mme Edberg; à l'issue de cette rencontre, Mme Edberg signa l'ordre de vendre en bourse des titres de rente Pinay et de remployer la somme produite en bons de caisse à 8,50 %. Or il apparut ultérieurement, spécialement en raison de la hausse du cours de l'or, qu'il aurait été préférable de conserver les titres et de laisser jouer la conversion.

Mme Edberg et ses enfants assignèrent alors la banque en dommages-intérêts. Ils firent notamment valoir qu'ayant eu connaissance du décès du mari, commun en biens, la banque n'aurait pas dû accomplir l'opération sans interroger les autres héritiers. La banque répondit que les héritiers n'avaient pas demandé la clôture du compte et invoqua l'article 221 du Code civil relatif aux comptes de dépôt et de titres, lequel dispose qu'« à l'égard du dépositaire, le déposant est toujours réputé, même après la dissolution du mariage, avoir la libre disposition des fonds et des titres en dépôt ».

Par jugement du 26 mars 1976, le tribunal de commerce de Paris a rejeté la demande des consorts Edberg. Par un arrêt du 6 juillet 1977, la cour d'appel de Paris a confirmé ce jugement en observant qu'il n'était pas établi que la banque savait que, dans le compte de Mme Edberg, figuraient des titres propres au mari ou communs et, appliquant l'article 221, alinéa 2, du Code civil, en décidant que la « présomption », posée « dans l'intérêt de la femme mariée » tend à assurer la sécurité du banquier et « survit au décès du conjoint jusqu'à la demande de blocage du compte faite par un notaire ou un héritier du conjoint qui justifierait de sa qualité et des droits de son auteur sur tout ou partie des valeurs en compte » (*D.* 1978. IR 106, obs. M. Vasseur, *RTD com.* 1977. 559, obs. Cabrillac et Rives-Lange, *Defrénois* 1978. 1138, obs. Champenois). La cour d'appel de Paris ajoutait que, même si elle connaissait le décès du mari, la banque « n'avait pas à révéler aux héritiers de celui-ci l'existence d'un compte sur lequel le *de cujus* n'avait apparemment aucun droit, puisque toute initiative en ce sens aurait pu lui être reprochée par sa cliente comme constituant une violation du secret professionnel ».

Mme Edberg et ses enfants se sont pourvus en cassation. Et, par un arrêt en date du 5 février 1980, la chambre commerciale de la Cour de cassation a cassé l'arrêt qui lui était déféré, reprochant à la cour d'appel d'avoir décidé que la présomption de l'article 221 avait survécu, à l'égard de la banque, au décès du mari, alors que « cette présomption cesse de produire ses effets lors de la dissolution du mariage, la présomption de communauté prévue à l'article 1402, alinéa 1er, du Code civil, redevenant alors applicable » (*Bull. civ.* IV, n° 62, p. 49, *D.* 1980. 509, note D. Martin, *JCP* 1980. II. 19474, note F. Boulanger, *Defrénois* 1981. 1. 61, note Champenois; v. aussi *RTD com.* 1980. 584, obs. Cabrillac et Rives-Lange; *RTD civ.* 1981. 419, obs. Patarin, 1982. 120 s., obs. Nerson et Rubellin-Devichi).

Mais, sur renvoi, la cour d'appel de Reims s'est prononcée dans le même sens que l'arrêt cassé (Reims, 11 oct. 1983, *JCP* 1984. II. 20264, note F. Boulanger, *D.* 1985. 306, note Parléani; v. aussi *Defrénois* 1983. 1. 1588, obs. Champenois, *RTD com.* 1984. 706, obs. Cabrillac et Teyssié). La cour d'appel de Reims a décidé que la « présomption » de l'article 221 « ne saurait » priver les héritiers du droit de se prévaloir de la société d'acquêts. La cour d'appel de Reims a néanmoins ajouté, pour donner raison à la banque, que « la dissolution du mariage ne saurait obliger systématiquement le banquier dépositaire à procéder rétroactivement à la vérification du régime matrimonial et de l'origine des deniers ou des titres, ou à prendre, à défaut, l'initiative d'un blocage du compte personnel du survivant et d'un refus d'exécution des ordres de celui-ci, dès qu'il aura eu connaissance du décès, tant que ce blocage ne lui aura pas été demandé par des héritiers justifiant de leur qualité ».

Mme Edberg et ses enfants se sont à nouveau pourvus en cassation.

Moyen. — V. l'arrêt.

ARRÊT

La Cour; — *Sur le moyen unique, pris en ses deux branches :* — Attendu, selon l'arrêt attaqué, que Mme Edberg, mariée en 1909 sans contrat de mariage, s'était fait ouvrir, en son nom personnel, un compte de titres à la Banque Rothschild, devenue depuis l'Européenne de Banque; qu'après le décès, en août 1973, de son mari Félix Edberg, elle a vendu seule, en octobre 1973, des titres de rente et a acquis, en remplacement, des bons de caisse; que, l'opération s'étant révélée désavantageuse, les héritiers de Félix Edberg ont assigné la banque en dommages-intérêts en soutenant qu'ayant eu connaissance du décès, la banque n'aurait pu procéder à cette opération sans leur accord; que l'arrêt confirmatif attaqué, rendu sur renvoi après cassation, a rejeté cette demande, sur le fondement de l'article 221, alinéa 2, du Code civil; — Attendu que, pour critiquer cette décision, les consorts Edberg soutiennent, en premier lieu, que la règle édictée par cet article cesse de produire effet lors de la dissolution du mariage, de sorte que la cour d'appel n'aurait pas dû en accorder le bénéfice à la banque, qui avait eu connaissance du décès; qu'il est prétendu, en second lieu, que la cour d'appel aurait dû rechercher si la banque n'avait pas commis une faute en exécutant des actes de disposition sur des valeurs dont elle connaissait le caractère indivis, sur les instructions d'un seul des indivisaires et sans en informer les autres; — Mais attendu que l'article 221, alinéa 2, du Code civil aux termes duquel l'époux déposant est réputé, à l'égard du dépositaire, avoir la libre disposition des fonds et des titres en dépôt, dispense le dépositaire de procéder à toute vérification de propriété ou de pouvoir au moment où ces fonds ou titres sont déposés et tient en échec à son égard la présomption de communauté; que cette dispense ne peut être remise en cause rétroactivement par le décès de l'un des époux; qu'en effet, si la règle de l'article 221 précité cesse d'être applicable après la dissolution du mariage, les effets qu'elle a produits antérieurement doivent être respectés; que, s'il n'a pas reçu opposition des héritiers, le dépositaire ne peut donc prendre aucune initiative en ce qui concerne le fonctionnement du compte; — Et attendu qu'en l'absence d'une telle opposition, la banque était fondée à considérer les titres comme appartenant à Mme veuve Edberg et que les juges n'avaient donc pas à rechercher si elle avait commis une faute en exécutant sur eux des actes de disposition décidés par sa cliente; D'où il suit que le moyen n'est fondé en aucune de ses branches; — *Par ces motifs*, rejette...

OBSERVATIONS

1 De la capacité, reconnue depuis 1938 à l'un comme à l'autre époux, résulte normalement le pouvoir de se faire ouvrir librement un compte en banque ou un compte de chèques postaux (rappr., de manière générale, en droit bancaire, C. Hugon, « Le droit au compte », *Mélanges M. Cabrillac* 1999. 483). Au sujet des comptes de dépôt et de titres, l'article 221, alinéa 1er du Code civil, dispose que « chacun des époux peut se faire ouvrir, sans le consentement de l'autre, tout compte de dépôt ou tout compte de titres en son nom personnel ». Pour que cette liberté soit réelle, il avait été précisé par la loi du 13 juillet 1965, à l'article 221, alinéa 2, que « l'époux déposant est réputé, à l'égard du dépositaire, avoir la libre disposition des fonds et des titres en dépôt » (sur le compte joint entre époux, v. M. Dupuis, « Une institution dérogeant aux règles des régimes matrimoniaux : le compte bancaire joint », *D.* 1998, chron. 39 s.; F. Terré, « Le compte joint entre époux », *Mélanges M. Cabrillac*, 1999, p. 529 s.).

L'affaire au sujet de laquelle a été rendu l'arrêt ci-dessus rapporté a suscité une vive controverse quant à la durée de la présomption (I). Et la question a donné lieu ultérieurement à une intervention du législateur (II).

I. — Durée de la présomption : la controverse

2 C'est sur la persistance de la règle prévue à l'article 221, alinéa 2, après la dissolution de la communauté que le débat s'est développé. En l'occurrence, il s'agissait d'une dissolution par décès, mais la discussion aurait pu naître en des termes comparables au sujet d'une dissolution par divorce ou séparation de corps.

Il s'agissait de savoir si la dispense, voire l'interdiction, de la vérification, par le banquier, des pouvoirs de l'époux titulaire du compte, peut encore être invoquée après le décès du conjoint du titulaire du compte. Il va de soi que, lorsque le banquier ignore le décès, l'article 221, alinéa 2, s'applique; sinon, la règle serait privée de toute efficacité, le banquier se trouvant sans cesse obligé de vérifier si le conjoint est toujours en vie. Mais en va-t-il de même lorsque la banque connaît le décès, et cela tant qu'il n'y a pas opposition des héritiers ? Tel était le débat.

3 De prime abord, une réponse *négative* paraissait s'imposer dans la mesure où l'article 221, figurant dans un chapitre sur les devoirs et les droits respectifs des époux, n'était, semble-t-il, destiné à recevoir application que pendant la durée du mariage. Aussi bien, s'agissant d'une autre règle composant le régime matrimonial primaire, quant à la protection du logement de la famille pendant le mariage – l'article 215, alinéa 3, du Code civil –, la Cour de cassation a décidé que cette disposition ne porte pas atteinte au droit qu'a chaque conjoint de disposer de ses biens à cause de mort (Civ. 1re, 22 oct. 1974, *Bull. civ.* I, n° 274, p. 234, *D.* 1975. 645, note C.-I. Foulon-Piganiol, *JCP* 1975. II. 18041, note Chartier). Des considérations pratiques tenant à la protection des intérêts des héritiers du prédécédé contre le conjoint survivant militaient en faveur d'une solution analogue au sujet de l'article 221, alinéa 2.

4 À cette réponse négative, on a opposé des arguments liés à l'époque, sinon à la lettre, du moins à l'esprit de l'article 221, alinéa 2. À supposer, bien entendu, que le banquier n'ignore pas le décès du conjoint, il « ne devrait bloquer le compte du conjoint qu'à la demande d'un successible qui justifierait de sa qualité et rendrait au moins vraisemblable l'existence de ses droits sur tout ou partie des valeurs en compte » (Note adressée à l'Association française des banques par lettre des ministres de l'Économie et de la Justice, en date du 4 mai 1966, *Banque* 1966. 399 s.). Cette solution présente des avantages pratiques évidents : elle facilite le fonctionnement des comptes et, par voie de conséquence, l'activité du titulaire d'un compte après le décès de son conjoint. Au surplus, si elle n'était pas sans danger pour les héritiers du conjoint décédé – ce qui n'exclut pas l'éventualité d'une sanction pour fraude –, on pouvait hésiter à faire prévaloir les intérêts de ces héritiers sur la liberté de gestion de ses biens personnels par le survivant.

5 Encore fallait-il observer que la solution libérale aboutissait à faire prévaloir l'article 221, alinéa 1er, de manière radicale, sur la présomption de communauté. Une position intermédiaire a été imaginée, reposant, à partir de la lettre du texte (« … libre disposition des fonds et des titres en dépôt »), sur une distinction entre le fonctionnement du compte et son alimentation. S'agissant du fonctionnement du compte, après la dissolution, mais en ce qui concerne les fonds déposés avant celle-ci, l'article 221, alinéa 2, continuerait de produire effet; il en irait autrement des dépôts et des retraits opérés après la dissolution. À supposer qu'il connaisse le décès, le banquier pourrait donc être alors tenu à des vérifications.

6 Par l'arrêt ci-dessus rapporté, l'Assemblée plénière a donné raison à la banque en des termes consacrant une solution intermédiaire : la dispense dont bénéficie le dépositaire en application de l'article 221, alinéa 2 « ne peut être remise en cause rétroactivement par le décès de l'un des époux; (qu') en effet, si la règle de l'article 221 précité cesse d'être applicable après la dissolution du mariage, les effets qu'elle a produits antérieurement doivent être respectés; (que), s'il n'a pas reçu opposition des héritiers, le dépositaire ne peut donc prendre aucune initiative en ce qui concerne le fonctionnement du compte », c'est-à-dire qu'il ne peut, de lui-même, perturber son fonctionnement en raison du décès.

II. — L'intervention législative

7 Le rappel de cette affaire permet de mesurer la portée de l'innovation réalisée par la loi du 23 décembre 1985, dont la formulation a d'ailleurs varié au cours des débats parlementaires, pour être, en définitive, intégrée à l'alinéa 2 du texte de l'article 221 : « À l'égard du dépositaire, le déposant est *toujours* réputé, *même après la dissolution du mariage*, avoir la libre disposition des fonds et des titres en dépôt ».

À première vue, la solution inscrite dans le texte n'est pas la même que celle retenue par l'Assemblée plénière. La haute juridiction, suivant en cela son rapporteur, confirmait que l'article 221 ne pouvait produire effet après la dissolution du mariage, alors que la rédaction nouvelle donnée au texte prolonge au contraire expressément ses effets au-delà de la dissolution.

Pourtant l'Assemblée plénière interdisait au dépositaire de bloquer le compte en l'absence d'opposition et dégageait, du même coup, sa responsabilité à l'égard des héritiers du conjoint du déposant. En fait, le résultat était étrangement semblable à celui d'une prolongation de la présomption (v. note D Martin, préc. sous Ass. plén. 4 juill. 1985). En cela, la solution de l'Assemblée plénière n'était pas dépourvue d'une ambiguïté que le savant et subtil raisonnement de son rapporteur ne dissipait pas totalement.

Si la règle nouvelle inscrite dans le texte par la réforme est plus franche, elle laisse subsister plusieurs interrogations.

La solution nouvelle est sans aucun doute opportune. Elle consacre une pratique bancaire constante, semble-t-il, depuis 1965 et conforme, au surplus, à la note ministérielle précitée diffusée dès 1966 (v. *Banque* 1966. 399 s.). Sa légalité laissait cependant subsister un doute et les banques, Banque de France en tête, en souhaitaient la consécration législative (v. sur tous ces points, M.-P. Marmier-Champenois et M. Faucheux, *Le mariage et l'argent*, 1981, p. 95; A. Ponsard, rapp. préc.). Ce vœu a été exaucé.

Le législateur fait ainsi produire au mariage un effet, limité certes, mais réel, au-delà de sa dissolution (y compris, nous semble-t-il en ce qui concerne les fonds et titres inscrits au compte *après* la dissolution; *contra M.* Grimaldi, *Gaz. Pal.* 1986. 2. Doctr. 550). En effet, de par sa place dans le code, l'article 221 concerne bien les effets du mariage. Il faut alors se demander pourquoi cet effet subsisterait et non d'autres. Ainsi l'article 221 forme une sorte de couple avec l'article suivant, qui institue une présomption de pouvoir sur les biens meubles détenus individuellement. On peut même soutenir que le premier n'est qu'une application particulière du second en matière bancaire. Logiquement, rien ne justifie que la première présomption survive au décès et non la seconde. Et l'on pourrait en dire autant de la règle formulée à l'article 215, alinéa 3, relative à la protection du logement de la famille (Terré et Simler, *Les régimes matrimoniaux*, n°s 59 s.). Des raisons pratiques pouvaient porter à souhaiter que cette protection ne cesse pas brutalement au décès d'un époux, au détriment de son conjoint et de ses enfants. Or la Cour de cassation a décidé, au contraire, que l'article 215 n'interdisait pas au conjoint propriétaire de disposer librement de ses biens à cause de mort (Civ. 1re, 22 oct. 1974, *Bull. civ.* I, n° 274, *D.* 1975. 645, note C.-I. Foulon-Piganiol, *JCP* 1975. II. 18041, note Y. Chartier, *RTD civ.* 1975. 292, obs. Nerson). Ajoutons que l'inventaire des dispositions dont il y aurait de bonnes raisons de prolonger les effets au-delà de la dissolution du mariage ne prétend pas à l'exhaustivité. On peut d'ailleurs relever que c'est cette difficulté qui a conduit l'Assemblée plénière à ne pas retenir purement et simplement la thèse de la survie de la présomption de l'article 221 au décès.

90

MARIAGE. GAINS ET SALAIRES. POUVOIR DE LIBRE DISPOSITION. DONATION À UNE CONCUBINE. VALIDITÉ

Civ. 1re, 29 février 1984

(*Bull. civ.* I, nº 81, p. 65, *D.* 1984. 601, note D. Martin, *JCP* 1985. II. 20443, note Le Guidec, *Defrénois* 1984. 1074, obs. G. Champenois)

Consorts Le Berre c. Dame Patrin

Une cour d'appel a pu admettre qu'étaient valables les libéralités faites par un époux à sa concubine en retenant que celui-ci s'était acquitté de la part lui incombant dans les charges du mariage, que les libéralités en cause avaient été consenties au moyen de sommes provenant de gains et salaires et qu'il n'était pas allégué que ces sommes avaient été économisées.

Faits et moyen. — V. l'arrêt.

ARRÊT

La Cour; — *Sur le moyen unique, pris en ses deux branches :* — Attendu que Mme Thérèse Roux, veuve d'André Le Berre, avec lequel elle était mariée sous le régime de la communauté légale, et son fils, Luc Le Berre, issu de cette union, font grief à l'arrêt attaqué (Rennes, 1re ch., 20 janv. 1982) d'avoir validé en leur principe les libéralités consenties par André Le Berre à Mme Patrin avec laquelle il avait vécu de 1960 jusqu'à son décès survenu en 1973, alors, selon le moyen, que, d'une part, en se bornant à affirmer que la carence du mari n'avait pas été complète, l'arrêt n'a pas mis la Cour de cassation en mesure d'exercer son contrôle sur le point de savoir si André Le Berre avait intégralement acquitté les charges du mariage et a ainsi violé l'article 224, alinéa 1er modifié, du Code civil; et alors, d'autre part, étant constant qu'André Le Berre a utilisé des gains et salaires pour la constitution sur plusieurs années du patrimoine foncier de sa maîtresse, l'arrêt devait rechercher si ces gains et salaires, accumulés pendant plusieurs années en vue d'immobilisation au profit de Mme Patrin, n'avaient pas le caractère de fonds de communauté que l'article 1421, alinéa 2 modifié, du Code civil interdisait au mari d'utiliser en fraude des droits de son conjoint; — Mais attendu qu'après avoir rappelé que chaque époux a le pouvoir de disposer de ses gains et salaires, à titre gratuit ou onéreux, après s'être acquitté de la part lui incombant dans les charges du mariage, la cour d'appel a souverainement estimé qu'André Le Berre s'était acquitté de sa part, en retenant, par motifs propres et adoptés, que depuis son départ jusqu'à son décès il avait laissé à sa femme la jouissance d'un immeuble lui appartenant en propre et lui avait versé une pension alimentaire; que l'arrêt a relevé que les libéralités en cause ont été consenties au moyen de sommes provenant de gains et salaires; qu'il n'a pas été allégué devant les juges du fond que ces sommes ont été économisées; que dès lors, la cour d'appel a pu admettre le principe de la validité desdites libéralités; d'où il suit que le moyen n'est fondé en aucune de ses branches; — *Par ces motifs*, rejette.

OBSERVATIONS

1 La loi du 13 juillet 1907 avait accordé à la femme mariée de larges pouvoirs sur ses gains et salaires et sur les biens acquis par elle dans l'exercice d'une profession séparée de celle de son mari. Ces biens formaient la catégorie des *biens réservés* (réservés à l'administration de la femme). La loi de 1907 n'avait pas eu tout le succès que l'on en attendait, car elle s'était heurtée à la méfiance de la pratique, spécialement des notaires et des banquiers. Pour exercer effectivement ses pouvoirs, la femme devait prouver : *a)* qu'elle exerçait une profession séparée de celle de son mari; *b)* que les fonds ou les biens sur lesquels elle voulait agir provenaient de son activité professionnelle. La loi de 1907 avait tenté de faciliter cette preuve; elle n'y avait guère réussi.

I. — Le maintien des biens réservés en 1965

2 Lors de l'élaboration de la loi du 13 juillet 1965, on se demanda, à bon escient, s'il y avait lieu de maintenir l'institution des biens réservés. Au moment où l'on s'apprêtait à faire intervenir plus souvent la femme dans la gestion des biens communs, il pouvait sembler moins nécessaire de lui accorder, à titre de compensation, des pouvoirs sur les biens acquis grâce à son activité professionnelle. Le législateur avait finalement maintenu l'institution (art. 224, al. 2 et 3). Sa suppression eût paru aller à contresens de la réforme législative qui, précisément, se proposait d'accroître les droits de la femme; de plus, le mari conservait, malgré les limitations de ses pouvoirs, une situation prépondérante dans la gestion des biens communs; le maintien des biens réservés n'était donc pas injustifié.

3 La loi de 1965 apportait cependant des restrictions nouvelles aux pouvoirs de la femme sur ses biens réservés, lorsqu'elle était commune en biens; désormais, elle subissait, à leur sujet, dans son pouvoir de disposition et même d'administration, les mêmes restrictions auxquelles était soumis le mari, quant à l'administration des biens ordinaires : elle devait obtenir le consentement du mari pour les donations, pour certaines aliénations à titre onéreux, pour certains baux (art. 1422, 1424, 1425, réd. L. 13 juill. 1965).

Mais il fallait compter aussi avec les dispositions du régime matrimonial primaire. L'article 224, alinéa 1er, du Code civil disposait, en effet que « chacun des époux perçoit ses gains et salaires et peut en disposer librement après s'être acquitté des charges du mariage ». Ce rééquilibrage des statuts de l'homme et de la femme, dans le sens de l'égalité, explique le contexte dans lequel a été rendu l'arrêt ci-dessus rapporté.

Par l'expression usuelle de *gains et salaires*, on désigne les revenus professionnels des époux, quelle qu'en soit la source ou la nature : salaires et indemnités accessoires au salaire, traitements, honoraires, droits d'auteur ou d'inventeur, bénéfices d'une exploitation agricole ou commerciale, etc. Peu importe que la profession soit ou ne soit pas distincte de celle du conjoint.

4 Par l'arrêt rapporté, la Cour de cassation s'est prononcée sur la portée de ce pouvoir de libre disposition des gains et salaires, en l'occurrence des gains et salaires du mari. Deux époux étaient mariés sous le régime de la communauté légale. Or le mari avait, de 1960 à 1973, vécu en concubinage et avait fait des libéralités à sa maîtresse à l'aide de ses gains et salaires. On observera d'emblée que la validité de ces libéralités en raison de leur cause, immorale à l'époque (v. *supra*, n°s 29-30, § 3), n'a pas été, ici, en question, du moins devant la Cour de cassation. Toujours est-il qu'après le décès du disposant, sa veuve et le fils issu de leur union contestèrent vainement devant les premiers juges la validité des donations sur le terrain des régimes matrimoniaux. D'où leur pourvoi en cassation, articulé sur deux points : d'une part, la cour d'appel n'aurait pas mis la Cour de cassation en mesure d'exercer son contrôle sur le point de savoir si le mari avait intégralement acquitté les charges du mariage ; d'autre part, il aurait fallu rechercher si l'accumulation des gains et salaires « en vue d'immobilisation » au profit de la maîtresse n'avait pas eu pour conséquence de leur conférer le caractère de biens communs – en tant qu'économies – mettant obstacle au pouvoir, pour le mari, d'en disposer librement.

5 De ses gains et salaires, suivant le texte de la loi, chaque époux dispose librement, à condition de s'être acquitté des charges du mariage. Il en va ainsi quel que soit le régime matrimonial, donc même si les époux sont mariés sous un régime de communauté. Relevant du régime primaire impératif, la règle prime notamment les dispositions relatives aux pouvoirs des époux communs en biens sur les biens communs. Il est d'ailleurs exclu que, par une clause du contrat de mariage, par exemple par une clause d'administration conjointe, ce pouvoir puisse être limité ou atténué. S'agissant du respect de la nécessaire contribution aux charges du mariage, la Cour de cassation a présentement jugé que la cour d'appel avait souverainement estimé que le mari s'était acquitté de sa part, « en retenant, par motifs propres et adoptés, que depuis son départ jusqu'à son décès, il avait laissé à sa femme la jouissance d'un immeuble lui appartenant en propre et lui avait versé une pension alimentaire ».

6 C'est surtout par rapport à la deuxième branche du moyen que l'arrêt rapporté est intéressant, bien qu'il ait laissé subsister, dans quelques esprits, une certaine perplexité (v. Champenois, obs. *Defrénois* 1984. 1. 1074). La veuve et l'enfant axaient aussi leur critique sur le fait que l'accumulation des gains et salaires aurait conféré à ceux-ci le caractère de biens communs, ce qui aurait subordonné au consentement des deux époux leur disposition à titre gratuit par le mari. Le fait est qu'on pouvait orienter une interprétation en ce sens, le passage à l'état d'économie, par accumulation des gains et salaires, restreignant, pour certains, le pouvoir d'en disposer.

Mais telle n'est pas la démarche satisfaisante. En réalité, bien que la question ait été discutée, on est conduit à estimer que les gains et salaires des époux sont des biens communs dès leur perception, ce qui correspond à une doctrine quasi unanime (v. Terré et Simler, *Les régimes matrimoniaux*, n° 285) et à la position de la jurisprudence (Civ. 1re, 31 mars 1992, *Bull. civ.* I, n° 95, p. 63, *D.* 1992. IR 162, *RTD civ.* 1992. 632, obs. F. Lucet et B. Vareille ; v. aussi les obs. de Ph. Simler, *JCP* N 1992. II. 376) (sur la saisie de ces biens communs par des créanciers de la communauté, v. Civ. 1re, 8 févr. 1978, *Bull. civ.* I, n° 53, p. 46, *D.* 1978. IR 238, obs. D. Martin, *Defrénois* 1978. 1. 879, obs. Champenois, *RTD civ.* 1979. 592, obs. Nerson et Rubellin-Devichi ; Paris, 20 oct. 1982, *D.* 1983. IR 345, obs. Martin, *D.* 1984. 126, note Paisant).

7 Là se manifeste précisément l'intérêt essentiel de la règle suivant laquelle chaque époux dispose librement de ses gains et salaires. Si les époux sont communs en biens, les gains et salaires sont des biens communs, mais chacun des époux peut en disposer librement, que ce soit à titre gratuit ou à titre onéreux, sans avoir besoin du consentement de son conjoint. Certes, dans l'arrêt rapporté, la Cour de cassation a pu, demeurant prudente, s'attacher à observer « qu'il n'a pas été allégué devant les juges du fond » que les sommes employées en libéralités « avaient été économisées ». Mais on ne saurait en déduire que seul le passage à l'état d'économies conférerait un caractère commun aux gains et salaires. De surcroît, même s'il y avait « économies » sur les gains et salaires, la solution serait la même : sur elles, chaque époux a un droit de libre disposition (Patarin et Morin, *La réforme des régimes matrimoniaux*, t. I, n° 72 ; Nerson et Rubellin-Devichi, obs. *RTD civ.* 1982. 134 ; v. aussi Rubellin-Devichi, obs. *RTD civ.* 1985. 724), cette liberté ne cessant, si les époux sont communs en biens, qu'à compter de la transformation des gains et salaires – ou des économies réalisées – en acquêts de communauté par l'acquisition d'autres biens au moyen d'eux (v. not. au sujet de la transformation des gains et salaires en bons de caisse, considérés comme des acquêts de communauté : Civ. 1re, 22 oct. 1980, *Bull. civ.* I, n° 267, p. 213, *D.* 1981. IR 462, obs. Martin, *JCP* 1982. II. 19757, note Le Guidec, *RTD civ.* 1982. 132, obs. Nerson et Rubellin-Devichi). À vrai dire, la question évoquée ne peut guère se poser concrètement, car il faut supposer que ces économies proviennent exclusivement de gains et salaires ou figurent à un compte personnel alimenté seulement par les gains et salaires.

II. — La suppression des biens réservés en 1985

8 Menant à son terme l'évolution, la loi du 23 décembre 1985 a supprimé la catégorie des biens réservés et abrogé les alinéas 2 et 3 de l'article 224. Quant à l'article 224, alinéa 1er, appliqué par la Cour de cassation dans l'arrêt rapporté, son contenu a été intégré à l'article 223, ainsi rédigé : « Chaque époux peut librement exercer une profession, percevoir ses gains et salaires et en disposer après s'être acquitté des charges du mariage ». C'est dire qu'au sujet de ce pouvoir de libre disposition des gains et salaires, les solutions retenues sous l'empire de la loi du 13 juillet 1965 conservent leur valeur.

9 Encore faut-il observer qu'au lendemain de la loi de 1965, et en dépit de sa formulation « bilatérale », le principe de libre disposition des gains et salaires permettait essentiellement à la femme d'avoir la libre maîtrise de ceux-ci et de les soustraire au pouvoir du mari, gérant de la communauté. Les deux époux partageant dorénavant les mêmes pouvoirs sur les biens communs (art. 1421 C. civ.), elle signifie maintenant, et de manière réellement réciproque, que les gains et salaires échappent à ce principe de pouvoir égal et concurrent et relèvent au contraire, en vertu de la règle impérative du régime primaire, du pouvoir exclusif de celui qui les a réalisés.

91

RÉGIME MATRIMONIAL. MODIFICATION ET CHANGEMENT. INTÉRÊT DE LA FAMILLE. OFFICE DU JUGE. APPRÉCIATION D'ENSEMBLE

Civ. 1re, 6 janvier 1976

(*D.* 1976. 253, note A. Ponsard, *JCP* 1976. II. 18461, note J. Patarin)

Époux Alessandri

Les époux peuvent, dans l'intérêt de la famille, convenir de modifier leur régime matrimonial ou même d'en changer. L'existence et la légitimité d'un tel intérêt doivent faire l'objet d'une appréciation d'ensemble, le seul fait que l'un des membres de la famille risquerait de se trouver lésé n'interdisant pas nécessairement la modification ou le changement envisagé.

Faits. — Les époux Alessandri s'étaient, en 1953, mariés sans conclure de contrat de mariage. De leur union était, en 1957, né un enfant. En 1972, ils décidèrent d'user de la faculté, reconnue par la loi du 13 juillet 1965 (art. 1397 C. civ.), de changer de régime matrimonial — conventionnel ou légal — dans certaines conditions, spécialement « dans l'intérêt de la famille » (al. 1er).

Le jugement rendu en première instance refusa l'homologation en observant que l'intérêt de la famille devait être entendu comme celui de l'ensemble constitué par les époux et leurs enfants et en relevant tout à la fois que l'enfant né du mariage risquait d'être frustré et que la crainte d'un dénuement de la femme était dépourvue de fondement, les époux étant tous deux… professeurs. En appel, la cour de Bastia, le 12 mars 1974, confirma cette décision. Ayant rappelé l'exigence d'un intérêt familial, elle releva que le changement de régime était, dans l'éventualité d'un prédécès du mari, propriétaire de biens immobiliers, de nature à nuire à l'enfant commun et qu'il n'était pas possible d'opposer à cet intérêt la préoccupation d'assurer

« les vieux jours » de l'épouse, cette préoccupation ne pouvant « être considérée comme constitutive d'un intérêt familial ».

Moyen. — Violation de l'article 1397 du Code civil.

ARRÊT

La Cour; — *Sur le moyen unique :* — Vu l'article 1397 du Code civil; — Attendu que les époux peuvent, dans l'intérêt de la famille, convenir de modifier leur régime matrimonial ou même d'en changer; que l'existence et la légitimité d'un tel intérêt doivent faire l'objet d'une appréciation d'ensemble, le seul fait que l'un des membres de la famille risquerait de se trouver lésé n'interdisant pas nécessairement la modification ou le changement envisagé; — Attendu que les époux Alessandri, qui s'étaient mariés en 1953 sans avoir fait de contrat de mariage, ont, par contrat passé en 1972, adopté le régime de la communauté universelle et prévu, en cas de prédécès du mari, l'attribution de toute la communauté à l'épouse survivante, sans que les héritiers du mari puissent reprendre les apports et capitaux tombés en communauté du chef de leur auteur; que, pour refuser d'homologuer ce contrat de mariage, la cour d'appel (Bastia, 12 mars 1974) a retenu qu'une telle clause, qui profite exclusivement à l'épouse, ne saurait être considérée comme justifiée par un intérêt familial; qu'en statuant ainsi, alors que le souci d'assurer la situation pécuniaire du conjoint survivant répond à un intérêt familial de nature à justifier le changement du régime matrimonial, la cour d'appel a violé le texte susvisé; — *Par ces motifs,* casse...

OBSERVATIONS

1 Dans sa rédaction initiale, l'article 1395 du Code civil disposait : « Les conventions ne peuvent recevoir aucun changement après la célébration du mariage ». Les rédacteurs du code avaient, de la sorte, conservé une règle issue du droit coutumier et s'inspirant de trois considérations : le fréquent caractère de pacte de famille du contrat de mariage, la protection des époux l'un à l'égard de l'autre, la protection de l'intérêt des tiers.

De vives critiques devaient cependant être ensuite – et surtout au XXe siècle – adressées à un principe trop rigide et de nature à se retourner contre l'intérêt des époux et de leur famille. L'immutabilité, a-t-on ajouté, se comprenait encore au XIXe siècle, à une époque statique où les variations de valeur ne se produisaient que rarement et restaient peu importantes. Mais il n'en a plus été de même à l'époque contemporaine.

Tel qu'il était issu de la loi du 13 juillet 1965, l'article 1396, alinéa 3, du Code civil, disposait que, « le mariage célébré, il ne peut être apporté de changement au régime matrimonial que par l'effet d'un jugement, soit à la demande de l'un des époux, dans le cas de la séparation de biens ou des autres mesures judiciaires de protection, soit à la requête conjointe des deux époux, dans le cas de l'article suivant ». Et, précisément, l'article 1397 aménagea un mécanisme de changement du régime matrimonial, à certaines conditions de fond et de forme.

Au sujet du changement de régime matrimonial, l'article 1397, alinéa 1er, disposait qu'« après deux années d'application du régime matrimonial, conventionnel ou légal, les époux pourront convenir dans l'intérêt de la famille de le modifier, ou même d'en changer entièrement, par un acte notarié qui sera soumis à l'homologation du tribunal de leur domicile ». L'on s'était donc demandé en quoi consistait cet intérêt de la famille et quelle était, au sujet de son existence, l'étendue du contrôle pouvant être exercé par le juge (M. Gobert, « Mutabilité ou immutabilité des régimes matrimoniaux », *JCP* 1969. 1. 2281 ; E. Poisson, « Le changement de régime matrimonial », *RTD civ.* 1969. 469 s.). Réflexions d'autant plus utiles que les changements de régime matrimonial sont relativement fréquents (A. Colomer, « La pratique des régimes matrimoniaux depuis la réforme de 1965 », *Defrénois* 1973, 30427, question no XV ; *Le statut matrimonial des Français*, 75e Congrès des notaires de France, La Baule, 1978, t. 2, p. 834).

I. — La notion d'intérêt de la famille

2 De l'avis même de son rapporteur (note *D.* 1976. 254), l'arrêt commenté a pu, quant à la *notion d'intérêt de la famille* servant à fonder le changement de régime matrimonial, être considéré comme un arrêt de principe, car il a situé, entre deux extrêmes, la zone dans laquelle il y a lieu de reconnaître l'existence de cet intérêt.

Deux époux étaient professeurs, mariés sous le régime de la communauté légale, le mari étant propriétaire de biens immobiliers ; de leur union, un enfant était né ; désireux, ultérieurement, d'assurer éventuellement, a-t-il été écrit, « les vieux jours » de l'épouse, ils voulurent substituer au régime initial, la communauté universelle avec attribution, en cas de prédécès du mari, de toute la communauté à l'épouse survivante, sans que les héritiers du mari puissent reprendre les apports et capitaux tombés en communauté du chef de leur auteur. Les juges du fond refusèrent d'homologuer la convention notariée portant changement de régime, la cour d'appel relevant que la combinaison retenue – fort répandue à l'époque à l'occasion des changements de régime matrimonial –, « qui profite exclusivement à l'épouse, ne saurait être considérée comme justifiée par un intérêt familial ».

La Cour de cassation a cassé cet arrêt au motif « qu'en statuant ainsi, alors que le souci d'assurer la situation pécuniaire du conjoint survivant répond à un intérêt familial de nature à justifier le changement du régime matrimonial », la cour d'appel avait violé l'article 1397 du Code civil.

3 De cette décision, l'on a déduit l'exclusion de deux solutions et la consécration d'une troisième, intermédiaire. Il y a exclusion d'une solution trop rigoureuse – et rarement retenue (rappr. cep. Sallé de La Marnierre, note *D.* 1968. 291, sous TGI Chaumont, 3 avr. 1967) –, d'où il résulterait que la satisfaction de l'intérêt de la famille impliquerait que le changement n'entraîne aucun inconvénient pour les époux et pour leurs enfants. Autant dire qu'en cas de changement aboutissant à l'adoption de la communauté universelle, en présence d'enfants, c'est-à-dire d'héritiers présomptifs, réservataires de surcroît, l'opération projetée serait contraire à l'article 1397 du Code civil. L'existence d'enfants mettrait alors, en cours de route, obstacle à l'adoption du régime de la communauté universelle.

Cette position rigoureuse a été, en l'espèce, écartée par la Cour de cassation. Mais, d'un attendu essentiel de son arrêt, découlait aussi l'exclusion de la solution opposée, contraire à la lettre et à l'esprit du texte et suivant laquelle, sous réserve des cas de fraude, l'intérêt de la famille existerait par le fait même que le changement a été voulu par les époux (v. TGI Lille, 16 mai 1967, *JCP* 1968. II. 15370, note Patarin). La première chambre civile a souligné, en effet, que, si les époux peuvent, dans l'intérêt de la famille, changer de régime matrimonial, « l'existence et la légitimité d'un tel intérêt doivent faire l'objet d'une appréciation d'ensemble, le seul fait que l'un des membres de la famille risquerait de se trouver lésé n'interdisant pas nécessairement la modification ou le changement envisagé ». Ainsi, dans cette ligne, n'est-il pas interdit – loin s'en faut – de changer de régime matrimonial, même si cela peut léser notamment un enfant né du mariage. Mais, inversement, la volonté de changer de régime ne suffit pas nécessairement à justifier une opération dont la réalisation est subordonnée à une *appréciation d'ensemble* (v. aussi Civ. 1re, 17 juin 1986, *JCP* N 1986. II. 250, obs. Ph. Simler, *JCP* 1987. II. 20809, note Henry; 5 juill. 1989, *Bull. civ.* I, no 279, p. 185, *JCP* N 1991. II. 59, obs. Ph. Simler, *Defrénois* 1991. I. 1143, obs. G. Champenois, *RTD civ.* 1991. 390, obs. F. Lucet; 22 juin 1994, *Dr. fam.* 2004, no 182, obs. B. Beignier, *JCP* 2004. I. 176, obs. G. Wiederkehr, *RTD civ.* 2005. 172, obs. B. Vareille; rappr., dans le sens d'un refus d'homologation fondé sur une appréciation semblable : Civ. 1re, 25 mai 1982, *D.* 1982. IR 425, *JCP* 1982. IV. 278, *Bull. civ.* I, no 192, p. 167; 3 nov. 1982, *D.* 1983. 593, note Poisson-Drocourt, *Bull. civ.* I, no 313, p. 270, *Defrénois* 1983. I. 922, obs. Champenois; Rouen, 3 févr. 1981, *D.* 1982. IR 236, obs. Martin, *Defrénois* 1981. 1. 969, obs. Champenois).

II. — La portée du contrôle du juge

4 L'orientation dans le sens d'une voie moyenne a accentué l'importance d'une deuxième question : à qui appartenait-il de procéder à cette appréciation ? Initialement, les époux sont censés avoir constaté l'existence de cet intérêt, ce qui explique leur accord. Mais cela suffit-il ? Ou encore, puisqu'un contrôle du juge est prévu, la compétence de celui-ci n'est-elle pas réduite – « liée », dirait-on sous l'influence de quelque terminologie inspirée du droit administratif –, de sorte que, pratiquement, les époux apprécieraient souverainement l'intérêt de la famille, sans que le juge, après s'être sans doute assuré que les époux ont été inspirés par le désir de satisfaire l'intérêt de la famille, puisse se prononcer sur la réalité de cet intérêt et de ses diverses composantes (M. Gobert, chron. préc.) ?

Ni la lettre, ni l'esprit de la loi de 1965 ne permettaient, semble-t-il, de fonder – même dans le droit de la famille, où on en a vu d'autres – une interprétation aussi dynamique (M.-J. Reymond de Gentile, « Volonté des époux et rôle du juge dans la modification du régime matrimonial », *JCP* 1973. 1. 2558; Henry, « L'intérêt de la famille réduit à l'intérêt des époux », *D.* 1979, chron. 179). L'évolution du droit civil attesta, à partir des notions d'intérêt de l'enfant, d'intérêt de la famille, etc. un accroissement de l'office du juge, appelé notamment, en l'état des textes, à exercer en cas de changement de régime matrimonial un contrôle propre à dégager des nuances, mais aussi des incertitudes. La politique judiciaire n'est pas en l'occurrence celle du tout ou rien. C'est pourquoi la Cour de cassation, à laquelle le pourvoi demandait de dire que « le rôle du juge appelé à homologuer (cette) convention des époux se limite à un contrôle de motivation, d'intention », loin de souscrire à cette opinion, l'a écartée en faisant état d'une appréciation d'ensemble.

5 La suite a montré que la grande diversité des situations – âge, importance de la fortune, lien de parenté (filiation naturelle ou légitime; enfant de premier ou de second lit…), etc. – laissait aux juges du fond une marge d'appréciation dont ils ont usé pour mettre obstacle à des changements de régime matrimonial (v., par ex. au sujet de l'état de santé du mari et du manque d'expérience de la femme, TGI Chaumont, 3 avr. 1967, *D.* 1968. 291, note Sallé de La Marnierre, *JCP* 1968. II. 15370, note Patarin). Outre les cas dans lesquels le changement de régime matrimonial est inspiré par la fraude aux droits des créanciers (Civ. 1re, 22 févr. 2000, *JCP* 2000. I. 245, obs. G. Wiederkehr) ou de certains héritiers (Civ. 1re, 23 oct. 1979, *D.* 1980. 295, note E. Poisson-Drocourt, *Defrénois* 1980. 1. 1289, obs. Champenois, *sol. impl.*; 5 janv. 1999, *D.* 1999. IR 32, *Dr. fam.*, 1999, nº 17, obs. B. Beigner), les conventions pouvaient ne pas être homologuées, par exemple parce que « ni l'intérêt fiscal attaché à la clause d'attribution intégrale, ni le supplément d'aisance qui résulterait pour le survivant de l'homologation requise, ni d'éventuelles difficultés de partage entre le survivant et les enfants, ne justifient le sacrifice que le changement de régime demandé imposerait aux enfants communs en retardant leur vocation successorale et en conférant au survivant le pouvoir, au moins théorique, de disposer à son gré de la totalité des biens familiaux et de les en frustrer sans recours » (Rouen, 3 févr. 1981, préc.).

6 Une semblable orientation, axée sur une appréciation d'ensemble, a conduit la jurisprudence à écarter des changements tendant à l'adoption de la communauté universelle avec attribution intégrale de la communauté au survivant afin de protéger des enfants du premier lit (Civ. 1re, 5 juill. 1989, préc.; Colmar, 8 oct. 1980, *D.* 1982. 43, note d'Ambra et A.-M. Boucon; Bordeaux, 18 mai 1992, *JCP* N 1993. II. 112, obs. G. Wiederkehr; Paris, 12 mai 1992, *D.* 1993. Somm. 217, obs. F. Lucet, *RTD civ.* 1993. 868, obs. F. Lucet et B. Vareille) ou des enfants naturels (Colmar, 29 avr. 1981, *D.* 1982. 43, note d'Ambra et A.-M. Boucon et sur pourvoi, Civ. 1re, 8 juin 1982, *D.* 1983. 19, note Beaubrun, *JCP* 1983. II. 20018, note Henry, *Bull. civ.* I, nº 214, p. 185, *Defrénois* 1982. I. 1373, obs. Champenois : il était prévu que les héritiers du prémourant ne pourraient reprendre les apports et capitaux tombés en communauté du chef de leur auteur; Civ. 1re, 9 mars 1983, *Bull. civ.* I, nº 94, p. 82, *JCP* 1983. IV. 94; rappr. Civ. 1re, 23 oct. 1979, préc.; 14 juin 2005, *Defrénois* 2005. 1511, obs. G. Champenois, *JCP* 2005. IV. 2747 – l'enfant d'un premier lit avait pourtant été omis).

Cette orientation jurisprudentielle incita parfois la pratique à préférer, le cas échéant, à l'adoption du régime de communauté universelle avec attribution au survivant, celle de la seule clause d'attribution au survivant jointe au régime de la communauté réduite aux acquêts (v., de manière plus générale, Champenois, « La jurisprudence relative au changement de régime matrimonial fondé sur l'article 1397 du Code civil », in *Le régime matrimonial à l'épreuve du temps*, Economica, 1986, p. 15).

III. — Les voies de recours

7 Au fil des années, le système aménagé en 1965 était de nature à susciter des critiques de divers ordres. Les unes sont d'ordre *technique.* Elles tenaient à la nature et à la portée de la convention homologuée. En tant qu'elle était *homologuée* et revêtait un caractère judiciaire, et compte tenu des textes (art. 1397, al. 6), elle était éventuellement exposée, en cas de fraude, à une tierce opposition réservée aux tiers (sur son refus aux enfants du couple, v. Civ. 1re, 24 nov. 1993, *Bull. civ.* I, nº 342, *D.* 1994. 342, rapp. Thierry, *RTD civ.* 1995. 674, obs. Vareille, ce qui n'exclut pas nécessairement un éventuel recours en révision, Paris, 31 oct. 1996, *D.* 1997. 251, note G. Paire, *Defrénois* 1997. 427, obs. G. Champenois, *RTD civ.* 1997. 988, obs. B. Vareille; sur ce que l'opposition des enfants ne modifie pas la nature gracieuse de la procédure d'homologation, v. Civ. 1re, 19 mars 2008, *D.* 2008. 2042, note D. Le Ninivin, *JCP* 2008. I. 944, nº 8, obs. G. Wiederkehr, *Dr. fam.* 2008, nº 75, note Egea, *Defrénois* 2008. 2187, obs. G. Champenois).

Mais ce caractère judiciaire n'a pas suffi à exclure de possibles contestations portant sur la *convention* elle-même. Et c'est ici que, de manière pour le moins audacieuse, la Cour de cassation a admis l'action en nullité pour fraude à l'encontre d'une convention de changement de régime matrimonial dûment homologuée en posant que « l'homologation judiciaire laisse subsister le caractère contractuel du changement de régime matrimonial des époux, de sorte que la convention des parties (peut) être annulée pour des causes qui lui sont propres » (Civ. 1re, 14 janv. 1997, *Bull. civ.* I, nº 20, *D.* 1997. 273, rapp. X. Savatier, *Defrénois* 1997. 420, obs. G. Champenois, *Dr. et patr.* mars 1997. 63, obs. A. Bénabent, *JCP* 1997. I. 384, obs. G. Wiederkehr et II. 22912, note E. Paillet, *RTD civ.* 1997. 985, obs. B. Vareille; 12 déc. 2000, *Bull. civ.* I, nº 318, *Defrénois* 2001. 604, nullité de la convention de changement de régime pour dissimulation d'un héritier réservataire; Civ. 1re, 17 févr. 2010, *D.* 2010. 582, *Defrénois* 2010. 1159, note Massip, pas de fraude aux droits d'un enfant naturel dans le seul fait d'adopter une séparation de biens).

S'ajoutant aux hésitations demeurant attachées à l'appréciation de l'intérêt de la famille, ces solutions contribuèrent à une remise en cause d'une nécessité de l'homologation judiciaire.

IV. — La suppression de l'homologation judiciaire

8 L'évolution du droit international privé a entraîné l'insertion dans notre droit, par la loi du 28 octobre 1997, des règles issues de la Convention sur la loi applicable aux régimes matrimoniaux conclue à La Haye (art. 1397-2 à 1397-6 C. civ.). À l'alinéa 3 de l'article 1397-3, il est notamment précisé que, « à l'occasion de la désignation de la loi applicable, avant le mariage ou au cours de celui-ci, les époux peuvent désigner la nature juridique du régime matrimonial choisi par eux ». De la sorte, ainsi que cela a été observé par le rapporteur de la loi de 1997, on devait naturellement se demander si l'égalité n'imposait pas que l'exigence d'une homologation judiciaire soit aussi écartée en droit interne (Déb, parl., séance du 21 oct. 1997, p. 2872; v., en ce sens, *Demain la famille*, 95ᵉ Congrès des notaires de France, 1999, p. 199).

9 C'est précisément ce qui a été réalisé à l'occasion de la réforme des successions et des libéralités par la loi du 23 juin 2006. Modifiée par la loi du 6 mars 2007 et complétée par le décret du 23 décembre 2006, cette loi est entrée en vigueur le 1ᵉʳ janvier 2007 (v. E. Jeammin-Petit, « La libéralisation du changement de régime matrimonial », *JCP* 2007. I. 108; M. Beaubrun, « Le nouvel article 1397 du Code civil : un texte transitoire ? », *Defrénois* 2007. 97 s.; I. Omarjee, « Le décret précisant la nouvelle procédure du changement de régime matrimonial est paru », *LPA* 12 janv. 2007; B. Gelot et R. Crône, « La nouvelle procédure de changement de régime matrimonial après la loi du 23 juin 2006 », *Defrénois* 2006. 1736 s.; J. Hauser et J.-M. Plazy, « Changement de régime matrimonial et enfant majeur hors d'état de manifester sa volonté », *Defrénois* 2007. 733 s.; E. Rousseau, *Mutabilité et cohérence du régime matrimonial*, thèse Paris II, éd. 2014).

La réforme laisse subsister dans certains cas l'exigence d'une homologation judiciaire; en outre, le recul de celle-ci est accompagné de diverses mesures de protection. De l'alinéa 1ᵉʳ du nouvel 1397, il résulte qu'« après deux années d'application du régime matrimonial, les époux peuvent convenir, dans l'intérêt de la famille, de le modifier ou même d'en changer entièrement par un acte notarié. À peine de nullité, l'acte notarié contient la liquidation du régime matrimonial modifié si elle est nécessaire ». « Les personnes qui avaient été parties dans le contrat modifié et les enfants majeurs de chaque époux sont informés personnellement de la modification envisagée. Chacun d'eux peut s'opposer à la modification dans le délai de trois mois » (al. 2). « Les créanciers sont informés de la modification envisagée par la publication d'un avis dans un journal habilité à recevoir les annonces légales… Chacun d'eux peut s'opposer à la modification dans les trois mois suivant la publication » (al. 3). « En cas d'opposition, l'acte notarié est soumis à l'homologation du tribunal du domicile des époux… » (nouv. art. 1397, al. 4). De toute façon, « lorsque l'un ou l'autre des époux a des enfants mineurs, l'acte notarié est obligatoirement soumis à l'homologation du tribunal du domicile des époux » (nouvel art. 1397, al. 5). Mais la présence d'un petit-enfant mineur représentant un enfant prédécédé ne rend pas nécessaire l'homologation judiciaire (TGI Chaumont, 23 nov. 2009, *Defrénois* 2010. 320, note J. Massip; Dijon, 2 déc. 2010,

RTD civ. 2011. 510, obs. J. Hauser; *contra* circ. 29 mai 2010; Rép. min. *JOAN* 2 juin 2009, p. 5390).

La jurisprudence a eu l'occasion de préciser les recours ouverts aux époux après le changement dans le cas où celui-ci a été réalisé par acte notarié, sans l'intervention du juge : « le changement de régime matrimonial ayant produit effet s'impose à chacun des époux, de sorte que, à défaut d'invoquer un vice du consentement ou une fraude, aucun d'eux ne peut être admis à la contester sur le fondement de l'article 1397 du Code civil ». En l'espèce, faute de vice du consentement ou de fraude, le mari ne pouvait contester, au nom de l'intérêt de la famille, l'adjonction à une séparation de biens d'une société d'acquêts bénéficiant à la seule épouse (Civ. 1re, 29 mai 2013, *D.* 2013. 2088, note J. Souhami, *JCP* 2013. 1221, note R. Le Guidec).

En l'état actuel du droit, le changement de régime matrimonial demeure plus facile par la voie du droit international (*supra*, § 8).

COMMUNAUTÉ ENTRE ÉPOUX

92

PERSONNALITÉ JURIDIQUE. CONFLIT ENTRE CRÉANCIERS DE LA COMMUNAUTÉ ET CRÉANCIERS PERSONNELS

Civ. 18 avril 1860

(*DP* 60. 1. 185, *S.* 60. 1. 305, note Massé)

Barçon c. Bourgon

La communauté de biens entre époux ne constitue pas, à l'égard des tiers, un être moral et distinct de la personne de chacun des époux. Par suite, l'actif et le passif de cette communauté, après sa dissolution, se confondant de plein droit sur la tête de chaque époux ou de ses héritiers avec ses biens personnels, les créanciers de la communauté n'ont, sur les valeurs provenant de la communauté dissoute, aucun droit de préférence sur les créanciers qui ont traité avec l'un des époux postérieurement à cette dissolution (C. civ., art. 1474, 1476, 1482 s., 2093).

Faits. — Le sieur Barçon, marié sous le régime de la communauté légale, a emprunté au cours de cette communauté, en 1828, au sieur Carpentier, une somme de 20 000 F. La dame Barçon est décédée en 1831, mais il n'a pas été procédé au partage et le mari a continué à administrer la communauté. Durant cette période, il a emprunté 15 000 F à la demoiselle Bourgon. En 1849, cette dernière obtient un jugement de condamnation contre Barçon et fait inscrire son hypothèque judiciaire. Postérieurement, le fils de Barçon rembourse de ses deniers le sieur Carpentier et, ainsi subrogé aux droits de celui-ci, obtient et fait inscrire une hypothèque conventionnelle sur un immeuble du mari.

Un conflit éclate alors entre la demoiselle Bourgon, créancière personnelle du mari, et Barçon fils, cessionnaire des droits de Carpentier, lequel prétend avoir sur les biens communs un droit de préférence par rapport aux créanciers personnels des époux.

Cette thèse, admise par jugement du tribunal de Baume-les-Dames, du 4 mars 1858, a été rejetée, sur appel de la demoiselle Bourgon, par un arrêt de la cour de Besançon du 24 juin 1858 (*DP* 59. 2. 54, *S.* 59. 2. 39), contre lequel le sieur Barçon s'est pourvu en cassation.

Moyen. — Violation des articles 1409 et s. du Code Napoléon et fausse application de l'article 2093 du même code, en ce que l'arrêt attaqué a jugé que les créanciers de la communauté n'étaient pas préférables aux créanciers personnels des époux sur les biens communs.

ARRÊT

La Cour; — Attendu, en droit, que, suivant l'article 2093 du Code civil, les biens d'un débiteur sont le gage commun de ses créanciers et le prix s'en distribue entre eux par contribution, à moins qu'il n'existe entre les créanciers des causes de préférence; que l'article 2094 ne reconnaît d'autres causes de préférence que les privilèges et les hypothèques; — Attendu qu'après la dissolution d'une communauté à laquelle l'épouse ou, à son défaut, ses représentants n'ont pas renoncé, chacun des époux ou leurs héritiers se trouvent saisis de plein droit de la moitié des biens qui la composent, ainsi que chacun d'eux est, de plein droit aussi, constitué débiteur de la moitié des dettes de la communauté; que telle est, notamment, la conséquence des dispositions écrites dans les articles 1474, 1476, 1482, 1483 et 1484 du Code Napoléon; — Attendu, dès lors, qu'en ce qui concerne l'époux survivant, la moitié des biens qui lui appartient par suite de la dissolution de la communauté se confond sur sa tête, sauf l'exception établie au profit de la femme qui a fait inventaire selon l'article 1483, de manière à ne former qu'un seul et même patrimoine avec les autres biens qu'il posséderait alors ou qu'il acquerrait postérieurement; — Qu'il suit de là qu'indépendamment des droits hypothécaires qui pourraient leur appartenir, les créanciers dont les titres remontent par leur date au temps où la communauté existait, n'ont aucun droit de préférence au préjudice des créanciers porteurs de titres procédant de l'époux survivant et qui sont d'une date postérieure, alors même que le prix de la part de biens qu'il aurait recueillie dans la communauté serait mis en distribution; — Qu'au contraire, ces créanciers postérieurs auront droit d'être préférés lorsque, sur cette part consistant en immeubles, ils auront obtenu du débiteur commun une hypothèque antérieure à celle qui aurait été consentie en faveur des premiers créanciers; — Attendu que, pour échapper à cette conséquence légale, appliquée par l'arrêt aux faits de l'espèce, le pourvoi se fonde vainement sur ce que la communauté aurait constitué une personne civile, se distinguant des deux époux, possédant un actif affecté aux dettes faites pendant sa durée, susceptible, de plein droit, d'être suivi par ces dettes, de manière à ne pouvoir, qu'à la condition de leur entier acquittement, devenir le gage d'autres créanciers; — Attendu qu'en ce qui concerne les tiers, la loi ne reconnaît pas, dans la communauté, cette personne civile se séparant des conjoints par mariage entre lesquels elle est formée; — Qu'en effet, le mari, constitué souverain administrateur et maître, absorbe, tant qu'elle dure, la communauté en sa personne; que tous ceux avec qui il agit, plaide, soit en demandant, soit en défendant, et contracte en vertu du droit de pleine et libre disposition à titre onéreux qui lui appartient, ne connaissent que lui; que cette personnalité du mari, seule apparente devant la loi, est exclusive d'une présomption de droit qui ne pourrait se fonder que sur la supposition de la part des créanciers, porteurs de titres consentis pendant la communauté, qu'ils auraient entendu ne traiter qu'en vue d'un être moral qui ne leur était pas annoncé, à la différence des cas où le gérant d'une société, soit commerciale, soit civile, s'engage en cette qualité ou expressément déclarée ou légalement connue des tiers; — Attendu que vouloir attribuer une préférence à ces créanciers, à raison du seul fait de la date de leurs titres, sur les biens ayant appartenu à une communauté dont la liquidation de fait peut n'avoir lieu, comme dans l'espèce, que de longues années après sa dissolution de droit, ce serait leur accorder un privilège occulte qui devrait exister après comme avant le partage de la communauté, et le créer en contradiction avec tout le système de la législation, concernant la publicité des charges dont la propriété immobilière peut être grevée; ce serait même étendre ce privilège sur la propriété mobilière, au grand préjudice du crédit et de la foi publique; — Attendu qu'il suit de ce qui précède qu'en refusant aux demandeurs, sur le prix des immeubles ayant appartenu à la communauté et quant à la partie vendue sur la tête de Barçon père, un droit de préférence au préjudice des défendeurs, qui leur sont antérieurs par la date de leurs inscriptions hypothécaires, loin de violer les dispositions de loi invoquées à l'appui du pourvoi, l'arrêt n'en a fait à la cause qu'une juste application; — Rejette,...

OBSERVATIONS

1 Indépendamment d'une discussion relative à l'éventuelle existence, dans tout régime matrimonial, d'une sorte de personne morale distincte des époux, la nature juridique de la communauté a pu prêter à controverse (I). L'arrêt ci-dessus rapporté a marqué, au cours de l'évolution du droit positif, une prise de position importante de la Cour de cassation (II).

I. — Le débat

2 En l'espèce, il s'agissait de savoir si, après la dissolution de la communauté et avant le partage, les créanciers communs pouvaient prétendre à un droit de préférence sur les biens communs, à l'encontre des créanciers personnels de l'époux survivant.

Pour adopter une réponse affirmative, le tribunal de Baume-les-Dames avait, en l'occurrence, dans la ligne des décisions antérieures, analysé le régime de communauté en un contrat de société. Cette thèse pouvait être résumée en ces termes : si les époux mettent leurs biens en commun, c'est, notamment, afin de réaliser des bénéfices, tout comme s'ils se liaient par un véritable contrat de société. Des règles posées par la loi, il résulterait que le Code civil s'est prononcé en ce sens : il détermine l'actif et le passif de la communauté, sa date de naissance et l'époque de la dissolution; il réglemente son administration et distingue les dettes et créances personnelles et les dettes et créances communes. De tout cela, le tribunal de Baume-les-Dames avait conclu que la communauté est une *société*. De là, admettant qu'elle était une *personne morale* distincte de la personne des époux, avec un actif et un passif propres, il avait déduit que la communauté doit être affectée au payement des dettes communes avant d'être employée à désintéresser les créanciers personnels des époux. Les créanciers communs auraient donc eu un véritable droit de préférence sur tous les biens composant la masse commune.

3 Divers arguments ont conduit successivement la cour d'appel de Besançon et la Cour de cassation à rejeter cette solution. L'évolution postérieure du droit positif a sensiblement atténué la portée de ces décisions.

A. — Arguments tenant au crédit

4 La Cour de cassation, après la cour de Besançon, invoque l'article 2093 du Code civil (réd. 1804; art. 2285, réd. ord. 23 mars 2006), aux termes duquel les biens d'un débiteur sont le gage commun de ses créanciers. Le prix s'en distribue entre eux par contribution, à moins qu'il n'y ait, entre les créanciers, des causes légitimes de préférence. Existe-t-il donc une cause de préférence en faveur des créanciers communs, par rapport à des créanciers personnels, dont les créances étaient, en l'occurrence, nées après la dissolution de la communauté ? On ne trouve aucun texte qui accorde ce droit de préférence. Il n'existe, en matière de communauté, aucune institution analogue à la séparation des patrimoines en matière de succession. Or *il n'y a pas de privilège sans texte*. Donc les créanciers de la communauté n'ont pas plus de droits que les créanciers personnels des époux.

Il est permis de ne pas être convaincu par ce premier argument. On trouve, çà et là, dans notre droit, des causes de préférence entre les créanciers autres que les privilèges ou les hypothèques et, parfois, elles apparaissent en marge des textes. Mais surtout, la technique de la personnalité morale repose sur la distinction du patrimoine de celle-ci et des patrimoines de ses membres, de sorte que ce n'est pas à propos du même patrimoine que, par hypothèse, les créanciers entreraient en conflit. D'où, dans une certaine mesure, l'inutilité d'une séparation des patrimoines. Il est vrai qu'en l'espèce, il aurait fallu admettre que la personnalité morale de la communauté survivait pour les besoins de sa liquidation.

5 Dans un ordre d'idées voisin, la Cour de cassation a utilisé un autre argument, d'ordre pratique. Ce prétendu privilège des créanciers communs serait occulte, puisqu'il résulterait du seul fait de la date du titre. La liquidation des communautés n'ayant lieu souvent (comme dans l'espèce étudiée) que longtemps après leur dissolution, l'existence de ce droit de préférence, dispensé de publicité, annihilerait le crédit de toutes les personnes qui ont été mariées sous le régime de la communauté. Sous la menace de voir apparaître un créancier de cette communauté, nanti d'un privilège occulte, on ne voudrait plus contracter avec elle. Encore faudrait-il savoir si, dans la logique du Code civil, l'indivision post-communautaire n'était pas appelée à disparaître assez rapidement.

B. — Objections liées à la nature de la communauté

6 Ce ne sont pourtant pas ces considérations qui ont, le plus souvent, appelé l'attention. Si la solution retenue par le tribunal de Baume-les-Dames a été écartée, c'est surtout en raison des objections suscitées par l'analyse qu'il avait adoptée à propos de la nature juridique de la communauté.

La cour d'appel de Besançon s'est attachée essentiellement à démontrer que la communauté ne pouvait pas être confondue avec une *société*. Le but principal des époux, lorsqu'ils choisissent ce régime, n'est pas, comme dans un simple contrat de société, de réaliser et de partager des bénéfices. Mais ce sont surtout les règles d'administration qui sont très différentes. Le gérant d'une société est le mandataire de ses associés, tandis que le mari, lui, est seigneur et maître de la communauté. Il peut dissiper les biens communs. Son droit est si fort qu'à l'égard des tiers, la masse commune se confond avec son patrimoine. De plus, on sait que la société léonine est interdite, tandis qu'il est parfaitement possible d'attribuer la communauté en entier à un seul époux. Il est donc impossible de dire que la communauté est une véritable société. Tel est le raisonnement de la cour d'appel.

7 Avant les réformes apportées au droit des gens mariés par les lois de 1938, de 1942 et de 1965, cette argumentation n'a pas convaincu tous les auteurs (v. Carbonnier, *Le régime matrimonial, sa nature juridique sous le rapport des notions de société et d'association*, thèse Bordeaux, 1932, p. 302 s.). Depuis lors, les pouvoirs du mari sur les biens communs ont été progressivement réduits : il n'est plus seigneur et maître de la communauté. Plus que la tendance à l'égalité, au sujet des pouvoirs, qui pourrait justifier simplement le recours à l'idée d'indivision organisée, on pourrait invoquer surtout, à l'appui de la notion de société, le fondement des pouvoirs attribués aux époux et la place primordiale reconnue à leur intérêt commun (Cornu, *JCP* 1967. I. 2128, n°s 17 et 18). Et, si la clause d'attribution de la communauté en entier à un des époux est possible, il n'est pas interdit d'y voir une clause léonine exceptionnellement valable. Ajoutons enfin que, même si la notion de société devait être écartée, cela ne justifierait pas nécessairement l'exclusion de la notion de personnalité morale.

II. — La solution jurisprudentielle

8 C'est davantage sur ce terrain que la question a été tranchée par la Cour de cassation, dans l'arrêt ci-dessus rapporté. Celle-ci ne discute pas le point de savoir si la communauté est une société. Elle établit seulement qu'*elle n'est pas une personne civile*, au moins à l'égard des tiers, parce que « le mari, constitué souverain administrateur et maître, absorbe, tant qu'elle dure, la communauté dans sa personne; que tous ceux avec qui il agit, plaide et contracte, en vertu du droit de pleine et entière disposition à titre onéreux qui lui appartient, ne connaissent que lui; que cette personnalité du mari, seule apparente devant la loi, est exclusive d'une présomption de droit qui ne pourrait se fonder que sur la supposition, de la part des créanciers porteurs de titres consentis pendant la communauté, qu'ils auraient entendu ne traiter qu'en vue d'un être moral qui ne leur était pas annoncé ».

9 Déjà, avant 1965, cette analyse pouvait, elle aussi, susciter des objections, non seulement parce que les pouvoirs du mari sur les biens communs avaient été notablement réduits par la loi du 22 septembre 1942, ce qui ôtait sa signification à l'attendu précité, mais aussi parce que des éléments importants de personnification de la communauté résultaient des textes (actif et passif de la communauté, récompenses dues à la communauté ou par la communauté). Les progrès manifestés dans l'analyse de la personnalité morale pouvaient inciter à se demander si la jurisprudence maintiendrait sa position à propos de la communauté (v. Carbonnier, *Trav. Ass. H. Capitant*, t. VIII, 1953, p. 280 s.). Force est de convenir que l'absence de séparation radicale entre le patrimoine de la personne morale et le patrimoine de ses membres ne suffit pas à exclure l'existence de cette personne morale ; ainsi en était-il de la communauté.

10 Que faudrait-il décider depuis les lois du 13 juillet 1965 et du 23 décembre 1985 ? À ce propos, les avis sont partagés. Certains ont estimé qu'il n'y a « certainement pas eu volonté d'innovation en ce qui concerne le refus de la personnalité morale à la communauté » (Patarin et Morin, *La réforme des régimes matrimoniaux*, t. I, nº 95). D'autres ont trouvé, dans la loi de 1965, des données nouvelles en faveur de l'idée de personnalité morale, par exemple du fait d'une « certaine autonomie du passif du patrimoine commun » (Ponsard, *D.* 1966, L. 136, nº 68). D'autres en viennent à discerner la consécration implicite de l'idée, antérieurement adoptée par certains, d'une « personnalité morale atténuée » (v. en ce sens, Cornu, *JCP* 1967. I. 2128, nº 20 et *Les régimes matrimoniaux*, *op.* et *loc. cit.*). L'on est porté à considérer que la solution consacrée par l'arrêt commenté subsiste dans le droit actuel et que la jurisprudence, régulièrement sollicitée à cet effet, se garde de reconnaître une personnalité civile à la communauté (rappr. Civ. 1re, 21 nov. 1973, *D.* 1975. 549, note Steinmetz ; 15 janv. 1974. *D.* 1974. 393 et 438 concl. Blondeau, note Cornu, *JCP* 1974. II. 17808, note Thuillier). Plus récemment, il a été proposé d'analyser la communauté entre époux en un contrat-organisation (P. Didier, « Brèves notes sur le contrat-organisation », *Mélanges F. Terré*, 1999, p. 635).

93

COMMUNAUTÉ. BIENS PROPRES. BIJOUX DE FAMILLE. PRÊT À USAGE. DIVORCE. RESTITUTION

Civ. 1re, 23 mars 1983

(*D.* 1984. 81, note A. Breton, *Defrénois* 1984. 1. 182)

Dame Roques c. Prioton

Est légalement justifié l'arrêt qui, pour accueillir une demande de restitution de bijoux formée par un époux divorcé contre son ancienne épouse, retient que cette dernière ne contestait pas le caractère familial des bijoux, qu'elle admettait avoir reçus de son mari ou de sa belle-mère, sans invoquer d'événement particulier qui eût pu motiver cette remise, et en donne une énumération descriptive qui en fait ressortir la valeur d'apparat.

De ces constatations, les juges ont pu déduire qu'il s'agissait de bijoux de famille, ce qui impliquait, dans les circonstances de la cause, l'existence du prêt à usage allégué par l'époux divorcé et leur retour à sa famille à la fin de la vie commune.

Faits et moyen. — V. l'arrêt.

ARRÊT

La Cour; — *Sur le moyen unique :* — Attendu, selon les énonciations de l'arrêt attaqué (Bordeaux, 23 mars 1982), qu'après divorce prononcé aux torts réciproques des époux Prioton-Roques, qui s'étaient mariés en 1952 sous le régime de la communauté réduite aux acquêts, M. Prioton a réclamé à Mme Roques la restitution de bijoux de famille qu'il déclarait avoir mis à la disposition de sa femme pour la durée de leur vie commune; que Mme Roques s'est opposée à cette demande en invoquant la propriété de ces bijoux en vertu d'un don manuel; — Attendu que Mme Roques reproche à la cour d'appel d'avoir accueilli la demande en restitution de ces bijoux alors, selon le pourvoi, que les bijoux donnés à la femme pendant le mariage restent, après divorce, sa propriété s'ils constituent des présents d'usage et ne sont restitués au mari que s'ils sont des bijoux de famille, si bien qu'en se bornant à relever que le mari n'avait pas acheté les bijoux pendant le mariage, la cour d'appel n'a pas légalement justifié sa décision; — Mais attendu que dans le dernier état de ses écritures, Mme Roques ne contestait pas le caractère familial des bijoux litigieux, qu'elle admettait avoir reçus de son mari ou de sa belle-mère, sans invoquer d'événement particulier qui eût pu motiver cette remise; que l'arrêt donne de ces bijoux une énumération descriptive qui en fait ressortir la valeur d'apparat; qu'ainsi, de ces constatations, la cour d'appel a pu déduire qu'il s'agissait de bijoux de famille, comme il est dit dans le dispositif de son arrêt, ce qui impliquait, dans les circonstances de la cause, l'existence du prêt à usage allégué par M. Prioton et leur retour à la famille de celui-ci à la fin de la vie commune; que l'arrêt est donc légalement justifié et que le pourvoi ne peut être accueilli; — *Par ces motifs*, rejette...

OBSERVATIONS

1 Deux personnes s'étaient mariées en 1952 sous le régime de la communauté réduite aux acquêts. À l'occasion de ce mariage, des bijoux avaient été remis à la femme par le mari et par la mère de celui-ci, mais il a été considéré que tous les bijoux provenaient du mari. Un divorce aux torts réciproques des époux ayant été prononcé, le mari réclama restitution des bijoux qu'il déclarait avoir, pour la durée de la vie commune, mis à la disposition de la femme; celle-ci s'opposa à la demande, soutenant qu'elle avait acquis la propriété des bijoux en vertu d'un don manuel. La cour d'appel de Bordeaux lui ayant donné tort, le pourvoi reprocha tout d'abord à l'arrêt rendu de ne pas avoir tenu compte du fait que les bijoux donnés à la femme pendant le mariage restent, après divorce, sa propriété s'ils constituent des présents d'usage et ne sont restitués au mari que s'ils sont des bijoux de famille. Mais la Cour de cassation relève que, dans le dernier état de ses écritures, la femme ne contestait pas le caractère de bijoux de famille des biens litigieux, mais maintenait que ceux-ci lui avaient été donnés.

De la sorte, c'était bien le *statut* de bijoux de famille qui était seulement en cause (II), ce qui impliquait une analyse de cette *notion* (I).

I. — La notion de bijou de famille

2 Négativement et positivement, l'analyse de la notion de bijoux de famille appelle des observations.

3 Négativement, il importe de distinguer la notion de bijou de famille de celle de *présent d'usage.* L'existence des cadeaux ou présents d'usage n'est pas ignorée du Code civil, l'article 852 disposant que « les frais de nourriture, d'entretien, d'éducation, d'apprentissage, les frais ordinaires d'équipement, ceux de noces et présents d'usage, ne doivent pas être rapportés ». L'éviction des règles applicables aux libéralités est, à leur sujet, particulièrement nette, puisque, dans une large mesure, les présents d'usage échappent non seulement aux exigences du rapport et de la réduction, mais encore, notamment, à la révocation pour cause d'ingratitude ou aux règles aménageant le sort des donations en cas de divorce ou de séparation de corps.

Pour qu'il y ait présent d'usage, deux conditions sont exigées. Il faut, tout d'abord, que, sans être nécessairement modique, la donation soit en rapport avec la situation pécuniaire du donateur (Civ. 1re, 10 mai 1995, *D.* 1996. 262, note Tendler, *JCP* 1996. I. 3968, nº 7, obs. Le Guidec, *Defrénois* 1996. 1279, note B. de Saint Affrique, *RTD civ.* 1995. 662, obs. Patarin). Il convient, en outre, qu'il existe un usage consistant, en certaines occasions, à faire des cadeaux. Ainsi en est-il d'une bague de fiançailles (Civ. 1re, 1er févr. 1960, *Bull. civ.* I, nº 62, p. 51; 19 déc. 1979, *D.* 1981. 449, note C.-I. Foulon-Piganiol, *JCP* 1980. IV. 90) ou d'un bracelet offert lors d'un anniversaire de mariage (Civ. 1re, 30 déc. 1952, *D.* 1953. 161, *JCP* 1953. II. 7475, note Mihura, aff. *Sacha Guitry*). Mais, si l'acte porte sur un bijou de famille, l'on a considéré qu'il n'y avait pas présent d'usage (Civ. 1re, 20 juin 1961, *D.* 1961. 641, note Savatier, *JCP* 1961. II. 12352, note Ponsard, aff. *La Rochefoucauld*) et, à ce titre, transfert de propriété du bien, de sorte qu'il y aurait alors lieu de se demander si le bijou de famille a fait l'objet d'une donation ordinaire ou a seulement fait l'objet d'un commodat ou prêt à usage (en ce sens, Civ. 1re, 20 juin 1961, préc.). La position adoptée précisément par la femme devant la Cour de cassation n'excluait pas, à lire l'arrêt, la référence à la notion de présent d'usage, comme si cette notion et celle de bijou de famille n'étaient pas antinomiques. Le fait est qu'en lisant l'arrêt ci-dessus rapporté, on n'y relève pas l'affirmation d'une telle antinomie. Mieux : la Cour de cassation relève que la femme admettait avoir reçu les bijoux « sans invoquer d'événement particulier qui eût pu motiver cette remise ». Toujours est-il que, la qualification de présent d'usage n'étant pas retenue, il y avait bien lieu de se demander si le bijou avait fait l'objet d'une donation ordinaire ou d'un prêt à usage.

4 La notion de bijou de famille appelle aussi un rapprochement avec celle de *souvenir de famille*. Il s'agit de biens – papiers de famille, décorations, armes, portraits… – qui ont sans doute appartenu dans le passé à tel ou tel membre de la famille, mais qui, en raison de l'idée d'héritage moral et même plus précisément familial qui leur est attachée, ne sont pas, malgré leur valeur patrimoniale parfois élevée, dévolus et partagés comme les autres, si tant est qu'on parle, à leur sujet, de transmission successorale. Le fait est que, pour des raisons semblables, on est amené à déduire de la qualification de bijoux de famille un statut juridique particulier favorisant la conservation de ceux-ci (v. *infra*, n° 99). L'arrêt ci-dessus rapporté se situe dans cette perspective.

La démarche négative ne suffit pas. En quoi consiste un bijou de famille ? La réponse implique une double référence complétée par la Cour de cassation. Celle-ci prend soin de relever que l'arrêt attaqué donne des bijoux « une énumération descriptive qui en fait ressortir la valeur d'apparat ». Cette dernière expression implique deux exigences : il s'agit de bijoux de valeur comportant un élément d'ostentation, ce qui les destine à une parure en des occasions solennelles (v. l'étude décisive et prémonitoire de J. Carbonnier, « Le statut des bijoux dans le droit matrimonial », *Defrénois* 1950, 26885, p. 305 s., et art. 26890, p. 329 s.; rappr. Toulouse 13 févr. 2001, *Dr. fam.* oct. 2001, n° 100, obs. B. Beignier; comp. Paris 25 oct. 2001, *Dr. fam.* févr. 2002, n° 24, obs. B. Beignier). Plus délicate est évidemment la détermination du caractère familial du bijou, ce qui, en l'espèce, n'était pas discuté et renvoie à des réflexions développées au sujet du caractère familial d'autres biens (v. F. Terré, Y. Lequette et S. Gaudemet, *Les successions, Les libéralités*, n° 242).

II. — Le statut des bijoux de famille

5 La qualité de bijou de famille n'étant pas contestée et l'incidence de la qualification de présent d'usage étant occultée, il y avait lieu de se demander s'il ne s'agissait pas de biens propres à la femme commune en biens et que celle-ci pouvait conserver à la dissolution de la communauté.

De l'article 1404, alinéa 1er, du Code civil, il résulte que « forment des propres par leur nature… tous les biens qui ont un caractère personnel ». Or les bijoux ont, généralement, un caractère personnel évident et une valeur affective prépondérante, qui justifie amplement qu'ils soient considérés comme propres par nature. Souvent ils le sont à un autre titre encore : celui de libéralité. Si tel n'est pas le cas, ils peuvent exceptionnellement être qualifiés de biens communs s'ils ont été principalement acquis, pendant la durée du mariage, à titre de placement, voire à titre ostentatoire, comme le seraient des œuvres d'art ou des meubles précieux. Présentement, s'il y avait eu libéralité, la femme aurait pu considérer que les bijoux de famille lui étaient devenus propres.

6 Restait précisément à savoir quel était le titre en vertu duquel elle possédait ces bijoux. Si c'était une libéralité, on aurait pu à l'époque imaginer que le débat soit présenté en termes de révocation (art. 267-1 C. civ., au sujet du divorce aux torts partagés; art. 1096 C. civ., au sujet de la révocation des donations entre époux). Mais la révocation de la donation est devenue plus incertaine depuis que la loi du 26 mai 2004 a supprimé la règle de la révocabilité des donations entre époux et a prévu que le divorce était sans incidence sur les donations de biens présents consenties pendant le mariage (art. 265 C. civ.).

Aussi bien n'est-ce pas, en la circonstance, pour révocation de libéralité que la femme a été obligée de restituer les bijoux, mais parce que le caractère de ceux-ci faisait présumer qu'ils n'avaient été remis qu'au titre d'un prêt à usage. Cette qualification, relève la Cour de cassation, résulte des « circonstances de la cause ». C'est dire qu'il pourrait donc y avoir, en d'autres circonstances, donation d'un bijou de famille par le mari à sa femme. Mais, ultérieurement, la haute juridiction a posé que les bijoux de famille pouvaient seulement être remis à un tiers à charge de restitution (Civ. 1re, 30 oct. 2007, *Dr. fam.* 2008, nº 23, note V. Larribau-Terneyre, le tiers étant en la circonstance la concubine). En cela se manifeste présentement le caractère spécifique du statut des bijoux de famille, et plus généralement des biens à caractère personnel (v. S. Delcenserie, *Les biens à caractère personnel*, thèse Paris II, 2006, nos 186 s.).

COMMUNAUTÉ. FRUITS ET REVENUS DES BIENS PROPRES. BIENS COMMUNS

(V. *infra*, nº 97)

94

COMMUNAUTÉ. BIENS COMMUNS. GESTION. DÉPASSEMENT DE POUVOIRS. NULLITÉ DE L'ACTE. EFFETS. NULLITÉ À L'ÉGARD DU COCONTRACTANT

Civ. 1re, 27 juin 1978

(*Bull. civ.* I, nº 242, p. 191, *JCP* 1980. II. 19424, note Henry, *Defrénois* 1979. I. 1020, 2e esp., obs. A. Colomer)

Consorts Couka c. Consorts Huchez et autres

L'action accordée à l'épouse par l'article 1427 du Code civil, dans le cas où le mari a passé seul, relativement aux biens communs, un acte qui exigeait le consentement de la femme, tend, non pas à une inopposabilité de l'acte, mais à une nullité qui prive cet acte de ses effets, non seulement à l'égard de la femme, mais aussi dans les rapports du mari et de l'autre contractant. Et cette annulation, qui sanctionne un dépassement de pouvoirs, ne peut, sauf stipulation particulière, faire naître à la charge du mari une obligation de garantie.

Faits et moyens. — V. l'arrêt.

ARRÊT

La Cour; — *Sur le premier moyen, pris en ses deux branches :* — Attendu, selon les énonciations des juges du fond, qu'Eugène Huchez et Laure Joly se sont mariés le 2 décembre 1929 sous le régime de la communauté réduite aux acquêts; que, sur 4 200 actions de la société des Établissements Huchez, 4 193 dépendaient de cette communauté; que, le 6 avril 1967, Eugène Huchez fit transférer 2 801 actions au nom de sa maîtresse, dame Couka; que, Eugène Huchez étant décédé le 14 septembre 1970, sa veuve demanda la nullité de cette donation par application des articles 1422 et 1427 du Code civil; que l'arrêt confirmatif attaqué a fait droit à cette demande; — Attendu qu'il lui est fait grief d'avoir rejeté le moyen subsidiaire, soulevé en cause d'appel, par lequel dame Couka soutenait que la nullité ne pouvait s'appliquer qu'à la part de la femme dans les biens donnés et ne retirait pas à la donataire ses droits contre le donateur et les héritiers de celui-ci, alors que, d'une part, les parties peuvent en cause d'appel invoquer un moyen nouveau pour faire échec aux prétentions adverses, que n'est pas nouvelle la demande qui sert de défense à l'action principale, ce qui serait le cas de la demande tendant à l'opposabilité aux héritiers d'Eugène Huchez de la donation faite par leur auteur; que la cour n'aurait pu d'ailleurs soulever d'office une irrecevabilité que les héritiers Huchez, qui avaient déclaré s'en rapporter à justice, n'avaient pas fait valoir, et alors que, d'autre part, l'action en nullité, prévue par l'article 1427 du Code civil en ce qui concerne les donations de biens communs faites par le mari seul, action en nullité relative et non absolue, édictée dans le seul intérêt de la femme, laisserait subsister les effets de l'acte au regard du mari donateur, dans la mesure de ses droits dans la communauté, comme au regard des héritiers du mari, ceux-ci étant, comme leur auteur, tenus à garantie d'éviction envers les donataires; — Mais attendu, d'une part, que l'action accordée à l'épouse par l'article 1427 du Code civil, dans le cas où le mari a passé seul, relativement aux biens communs, un acte qui exigeait le consentement de la femme, tend, comme l'a relevé à bon droit la cour d'appel, non pas à une inopposabilité de l'acte, mais à une nullité qui prive cet acte de ses effets, non seulement à l'égard de la femme, mais aussi dans les rapports du mari et de l'autre contractant; que, contrairement aux prétentions du pourvoi, cette annulation, qui sanctionne un dépassement de pouvoirs, ne peut, sauf stipulation particulière, faire naître à la charge du mari une obligation de garantie; que, d'autre part, les héritiers d'Eugène Huchez ayant déclaré s'en rapporter à justice et ayant par là même contesté la recevabilité autant que le bien-fondé de la demande dirigée contre eux, la cour d'appel a déclaré à bon droit irrecevable cette demande, formée pour la première fois en appel, qui, dans la mesure où elle concernait les héritiers Huchez ne servait pas de défense à l'action principale; que le moyen n'est donc fondé en aucune de ses branches; — ... *Par ces motifs*, rejette...

OBSERVATIONS

1 Progressivement, nombre d'actes accomplis par le mari sur les biens communs ont été subordonnés au consentement de la femme. Ainsi, la loi du 22 septembre 1942, dans le prolongement de celle du 18 février 1938 qui avait aboli l'incapacité de la femme mariée, avait-elle soumis toute donation entre vifs de biens communs par le mari à la condition du consentement de la femme (art. 1422 C. civ.). La loi du 13 juillet 1965 allongea la liste des actes que, dans la gestion de la communauté, le mari ne pouvait accomplir seul : aliéner ou grever de droits réels les immeubles, fonds de commerce et exploitations dépendant de la communauté, non plus que les droits sociaux non négociables et les meubles corporels dont l'aliénation est soumise à publicité; percevoir les capitaux provenant de telles opérations; donner à bail un fonds rural ou un immeuble à usage commercial, industriel ou artisanal. Corrélativement, les pouvoirs de la femme sur ses biens réservés étaient limités de la même manière.

2 La loi du 23 décembre 1985 a supprimé les biens réservés et placé les époux sur un terrain de stricte égalité quant à la gestion des biens communs. Désormais, s'agissant des actes importants précédemment cités et portant sur les biens communs, il est disposé que les époux ne peuvent agir l'un sans l'autre (art. 1422, 1424, 1425). C'est dire que l'arrêt ci-dessus rapporté, rendu sous l'empire de la loi du 13 juillet 1965, conserve sa valeur depuis la loi du 23 décembre 1985. Lorsqu'il fut rendu, la loi disposait que « le mari ne peut, même pour l'établissement des enfants communs, disposer entre vifs, à titre gratuit, des biens de la communauté sans le consentement de la femme ». Désormais, il est précisé que « les époux ne peuvent, l'un sans l'autre, disposer entre vifs, à titre gratuit, des biens de la communauté » (art. 1422 C. civ.).

3 Quelles conséquences convient-il d'attacher à la violation de semblable règle ? En l'espèce, Eugène Huchez et Laure Joly s'étalent mariés, en 1929, sous le régime de la communauté réduite aux acquêts. Sur 4 200 actions de la société des Établissements Huchez, 4 193 dépendaient de cette communauté. Or, le 6 avril 1967 – à une époque où le régime matrimonial des époux était régi par l'article 1422 du Code civil, réd. Loi du 13 juillet 1965 (v. l'art. 60 de cette loi) –, Eugène Huchez fit transférer 2 801 actions au nom de sa maîtresse, dame Couka. Puis il décéda le 14 septembre 1970. Sa veuve demanda et obtint des juges du fond la nullité de la donation par application des articles 1422 et 1427 du Code civil.

Or, en cause d'appel, dame Couka avait notamment soutenu que la nullité ne pouvait s'appliquer qu'à la part de la femme dans les biens donnés et ne retirait pas à la donataire ses droits contre le donateur et les héritiers de celui-ci. Indépendamment de questions de procédure, sur lesquelles il n'est pas nécessaire d'insister, on retiendra l'intérêt que présente l'arrêt rapporté, qui rejette le pourvoi, au sujet de l'existence de la nullité (I) et de ses effets (II).

I. — Existence de la nullité

4 Antérieurement à la réforme opérée par la loi du 13 juillet 1965, une controverse s'était élevée au sujet de la *sanction* attachée à la violation par le mari de l'interdiction de disposer à titre gratuit des biens communs sans le consentement de sa femme. Raisonnant en termes de défaut de pouvoir, certains auteurs estimèrent que l'acte irrégulier était seulement inopposable à la femme, tenue d'attendre la dissolution de la communauté pour agir en nullité (Planiol et Ripert, t. 8, 2e éd., par Boulanger, no 525, p. 712). D'autres, estimant que la loi avait investi la femme d'un pouvoir propre quant à la participation aux donations de biens communs, soutenaient que la sanction éventuellement applicable était la nullité et que la femme pouvait agir sans attendre la dissolution, ce qui – bien que la question ait été discutée – était de nature à renforcer sa protection (v. M. Fréjaville, « De la prohibition faite au mari de disposer entre vifs à titre gratuit des biens de la communauté sans le consentement de sa femme », *D.* 1945, chron. 5). La Cour de cassation avait fini par se prononcer dans le sens de la nullité dans un arrêt statuant sur l'application de l'article 1422 dans sa rédaction de 1942 (Civ. 1re, 11 juill. 1978, *Bull. civ.* I, no 265, p. 208, *Defrénois* 1979. 1. 1022, 3e esp., obs. A. Colomer).

La loi du 13 juillet 1965 avait, au demeurant, tranché la question : « Si l'un des époux a outrepassé ses pouvoirs sur les biens communs ou sur les biens réservés, l'autre, à moins qu'il n'ait ratifié l'acte, peut en demander l'annulation » (art. 1427, al. 1er C. civ.). À part l'exclusion de la référence aux biens réservés, qui ont disparu, la rédaction retenue par la loi du 23 décembre 1985 est identique.

5 C'est donc la sanction la plus énergique – la nullité – qui a été retenue. La protection du conjoint a été jugée plus importante que la sécurité des tiers. Il est vrai que ceux-ci sont censés ne pas ignorer les principes posés par les articles 1421 s. quant aux pouvoirs des époux. Il leur incombe de s'assurer, si l'acte qu'un époux entend souscrire est de ceux qui requièrent normalement le concours du conjoint, que leur cocontractant dispose du pouvoir de l'accomplir seul, soit en vertu du mandat du conjoint ou d'une habilitation judiciaire, soit par la justification que le bien, objet de l'acte, est un bien propre. Il faut cependant rappeler qu'en matière mobilière, la sécurité des tiers peut se trouver garantie par les présomptions de pouvoir formulées par les articles 221 et 222.

6 Il n'est pas douteux que la nullité que prévoit l'article 1427 est une nullité relative, dont la finalité est la protection des intérêts du conjoint. Il est précisé clairement que l'action est ouverte au conjoint de celui qui a outrepassé ses pouvoirs, et à lui seul (Civ. 3e, 8 janv. 1992, *D.* 1993. Somm. 220, obs. F. Lucet, *JCP* 1992. IV. 723 : l'acquéreur de l'immeuble faisant partie de la communauté ne peut se prévaloir de la nullité; v. cep., dans le cadre d'un conflit entre deux acquéreurs successifs d'un même immeuble, Civ. 1re, 13 mars 1974, *JCP* 1975. II. 17937, note Dagot, *Gaz. Pal.* 1974. 2. 502 : la question de savoir si le second acquéreur était en droit d'invoquer cette cause de nullité n'a pas été soulevée en l'espèce), et que ce même conjoint peut ratifier l'acte (Civ. 1re, 18 mars 1980, *Bull. civ.* I, no 92; 17 mars 1987, *Bull. civ.* I, no 95, *JCP* N 1988. 27, note Simler; rappr. Civ. 3e, 29 avr. 1987, *ibid.*, no 28, note Simler; Civ. 1re, 12 juill. 1994, *Bull. civ.* I, no 246, *D.* 1995. Somm. 326, obs. Lucet, *JCP* 1995. I. 3821, no 18, obs. Simler). Ces caractères sont ceux d'une nullité relative, qui a ceci de particulier, cependant, qu'elle est ouverte à un tiers à l'acte irrégulier et non à l'une des parties. En outre, l'action est enfermée dans un délai de deux ans (art. 1427, al. 2), qui n'est pas celui du droit commun des nullités relatives, ce qui n'exclut pas la possibilité d'invoquer l'exception de nullité après l'expiration du délai de deux ans (Civ. 1re, 23 janv. 1996, *Bull. civ.* I, no 34, *JCP* 1996. I. 3962, obs. Simler).

II. — Effets de la nullité

7 Tirant, quant aux *effets* de la nullité, les conséquences de la sanction retenue, la Cour de cassation, par l'arrêt rapporté, décide « que l'action accordée à l'épouse par l'article 1427 du Code civil, dans le cas où le mari a passé seul, relativement aux biens communs, un acte qui exigeait le consentement de la femme, tend, comme l'a relevé à bon droit la cour d'appel, non pas à une inopposabilité de l'acte, mais à une nullité qui prive cet acte de ses effets, non seulement à l'égard de la femme, mais aussi dans les rapports du mari et de l'autre contractant », c'est-à-dire sa maîtresse.

Ainsi l'acte nul, conformément à un principe classique, ne produit aucun effet. En conséquence est également nulle et sans effet la clause pénale sanctionnant l'inexécution de la convention par l'une des parties (Civ. 1re, 27 juin 1978, *Bull. civ.* I, no 241, p. 191, *D.* 1978. IR 467, obs. D. Martin, *JCP* 1980. II. 19283, note M. Dagot). En outre, ainsi que le montre l'arrêt rapporté, l'acte ne laisse subsister – « sauf stipulation particulière » – aucune obligation de garantie (v. aussi Civ. 1re, 6 févr. 1979, *Bull. civ.* I, no 43, p. 38, *JCP* N 1979. II. 229, note H. Thuillier, *Defrénois* 1980. 1. 958, obs. G. Champenois; Civ. 3e, 5 mai 1981, *D.* 1982. IR 234, obs. D. Martin; Civ. 1re, 17 juin 1981, *Bull. civ.* I, no 222, p. 182, *JCP* 1982. II. 19809, note Patarin; 28 mars 1984, *Bull. civ.* I, no 119, p. 97, *JCP* 1985. II. 20430, note Henry; 20 oct. 1987, *Bull. civ.* I, no 271, p. 196).

8 Franchissant une étape supplémentaire, la Cour de cassation a décidé que le fait par un époux de passer seul un acte pour lequel le consentement du conjoint est nécessaire ne constitue pas une faute dont il doit répondre si l'annulation cause à son cocontractant un préjudice (Civ. 1re, 24 mars 1981, *JCP* 1982. II. 19746, note Le Guidec, *Defrénois* 1982. 1652, obs. Champenois, *RTD civ.* 1981. 854, obs. Durry; 11 janv. 1983, *Bull. civ.* I, no 14, *Defrénois* 1983. I. 1347, obs. Champenois, *RTD civ.* 1983. 347, obs. Durry; 28 mars 1984, préc.), sauf dol, engagement à garantie ou promesse de porte-fort (outre l'arrêt rapporté, v. Civ. 1re, 24 mars 1981, préc.). – V. Terré et Simler, *Les régimes matrimoniaux*, nos 512 s.

95

COMMUNAUTÉ. DISSOLUTION. EXERCICE DES REPRISES. NATURE DU DROIT DE LA FEMME

Ch. réun. 16 janvier 1858

(*DP* 58. 1. 5, *S.* 58. 1. 8, concl. Dupin)

Veuve Moinet c. Moinet

Sous le régime de la communauté légale ou conventionnelle, chaque époux, soit que la femme accepte la communauté, soit qu'elle y renonce, prélève ou reprend, en vertu d'un droit de créance purement mobilier et non en vertu d'un droit de propriété, le prix de ses propres aliénés ou les indemnités à lui dues, conformément aux articles 1470 et 1493 du Code Napoléon; les époux n'opèrent, comme propriétaires, que les prélèvements ou reprises énoncés au 1° de ces articles.

Et la femme n'a, pour sûreté de sa créance, vis-à-vis des autres créanciers de la communauté, que le droit de préférence résultant de son hypothèque légale sur les immeubles de son mari; elle ne jouit, sur les meubles de la communauté, d'aucun privilège, ni d'aucun droit d'exclusion quelconque.

Elle peut seulement, après un partage consommé sans fraude et sous la condition d'avoir fait inventaire, porter en dépenses, comme créancière payée, le montant intégral de ses récompenses ou indemnités, dans le compte par elle dû aux créanciers qui ne se présenteraient que postérieurement à ce partage (C. civ., art. 1493, 1498, 1581 et 1894).

Faits. — Les époux Moinet étaient mariés sons le régime dotal avec société d'acquêts. Au décès du sieur Moinet, la veuve renonça à la communauté, car les dettes étaient supérieures à l'actif. Ses reprises en valeur s'élevaient à la somme de 200 000 F et la veuve prétendit les exercer par voie de prélèvement sur l'actif commun, à titre de propriétaire, c'est-à-dire par préférence aux créanciers de la communauté. Le tribunal et la cour de Rouen la déboutèrent (Rouen, 22 juill. 1854, *DP* 54. 2. 212, *S.* 55. 2. 609), mais la chambre civile (8 mai 1855, *DP* 55. 1. 171, *S.* 55. 1. 530) cassa cet arrêt en ces termes :

« ... Attendu que, suivant l'article 1581 du Code Napoléon, la société d'acquêts que les époux peuvent stipuler en se soumettant au régime dotal est régie, quant à ses effets, comme il est dit aux articles 1498 et 1499 de la section *de la communauté réduite aux acquêts*; — Attendu que la communauté réduite aux acquêts, sauf cette modification à la communauté légale, à savoir que le partage se borne aux acquêts faits par les époux durant le mariage et provenant tant de l'industrie commune que des économies faites sur les fruits et revenus de biens des deux époux et que chacun d'eux prélève, avant le partage, ses apports même mobiliers dûment justifiés, est elle-même réglée par les dispositions du code concernant le partage de la communauté légale après l'acceptation (art. 1467 à 1491), et concernant la renonciation à la communauté légale et ses effets (art. 1492 à 1495); — Qu'ainsi ces mêmes dispositions régissent la société d'acquêts stipulée sous le régime dotal; — Attendu que si, au cas d'acceptation, la femme, aux termes de l'article 1470, prélève, de même que le mari et avant ce dernier, sur la masse des biens, ses apports et reprises, la femme renonçante, suivant le texte de l'article 1493, a le droit de reprendre les mêmes objets sur les mêmes biens; — Attendu qu'il résulte de la combinaison de ces articles que c'est à titre, non pas de créancière, mais de propriétaire, que la femme qui renonce à la communauté ou à la société d'acquêts, comme la femme qui l'accepte, exerce ses reprises sur la masse des biens de cette communauté ou société d'acquêts; — Qu'il suit de là que, dans l'espèce, la veuve Moinet, quoique ayant renoncé à la société d'acquêts stipulée en son contrat de mariage, était fondée à demander, ainsi qu'elle l'avait fait, de prélever ses reprises liquidées, en argent, à la somme de 201 384,41 F sur la masse des biens de cette société d'acquêts, à titre de propriétaire et sans concurrence avec les créanciers de son mari; et qu'en lui refusant ce prélèvement, l'arrêt attaqué a expressément violé les articles ci-dessus;... Casse... ».

Sur renvoi, la cour d'appel de Paris a, par arrêt du 4 août 1855 (*DP* 55. 2. 273, *S.* 55. 2. 449), statué dans le même sens que la cour de Rouen.

La veuve Moinet s'est de nouveau pourvue devant la Cour de cassation, qui a cette fois statué toutes chambres réunies.

Moyen. — Violation des articles 1581, 1498, 1493 et 1894 du Code Napoléon et des principes généraux du même code sur le prélèvement des reprises de la femme à la dissolution de la communauté.

ARRÊT
(après délib. de trois jours en la ch. du cons.)

La Cour; — ... Attendu qu'à la dissolution de la communauté, dans le cas d'acceptation par la femme ou ses héritiers, les prélèvements respectifs des époux, lorsqu'ils ont pour objet soit les biens propres de chacun d'eux existant en nature, soit leurs remplois dûment effectués, ne peuvent être exercés qu'à la charge de justifier, conformément à l'article 1402 du Code Napoléon, de la propriété ou de la possession légale des biens à prélever; — Que, dans le cas du n° 1 de l'article 1470 du Code Napoléon, les prélèvements s'exercent donc à titre de propriétaire et constituent une véritable revendication; — Attendu, au contraire, que c'est à titre de créancier que chaque époux prélève soit le prix de ses propres aliénés, soit les indemnités qui lui sont dues par la communauté, conformément aux n°s 2 et 3 dudit article; — Qu'en effet, l'action n'a alors pour cause qu'une diminution du patrimoine de l'un des époux, et un profit corrélatif fait par la communauté; — Que cette cause ne produit pas un droit de propriété sur des objets déterminés, et qu'il n'en résulte qu'une créance et une action mobilière; — Attendu que l'actif de la communauté, composé de tout ce qui reste, distraction faite des objets reconnus propres à chacun des époux, après justification, est le gage commun des créanciers; — Attendu que la femme, pour sa dot et ses conventions matrimoniales, n'obtient certains droits de préférence que sur les immeubles de son mari, conformément aux articles 2121 et 2135 du Code Napoléon; mais qu'aucun privilège, soit général, soit spécial, n'est inscrit en sa faveur sur les meubles de la communauté, dans les articles 2101 et s. du même code; — Attendu qu'on ne saurait faire résulter des articles 1470 et 1471 du Code Napoléon, un droit quelconque d'exclusion à l'égard des créanciers, au profit de la femme, pour ses prélèvements, sur les biens de la communauté; — Que ces articles ne s'occupent que du partage de l'actif entre les époux et des droits respectifs de ces derniers, en impliquant toutefois la charge des dettes, aux termes des articles 1467, 1482 et 1483 du Code Napoléon; — Attendu qu'un droit quelconque d'exclusion ou de préférence ne saurait résulter plus spécialement de l'article 1483; — Que cet article, étranger aux droits de la femme considérés comme affectant l'actif, a uniquement pour objet de limiter, par une sorte de bénéfice d'inventaire, les effets de l'obligation personnelle de la femme tenue, par le fait de son acceptation, de contribuer au payement des dettes de la communauté contractées par le mari seul; — Attendu que les créanciers vigilants peuvent faire tous actes conservatoires et toutes poursuites légales, pour s'assurer de leur gage et à fin d'être payés, notamment en se conformant aux articles 1476 et 883 du Code Napoléon; — Attendu que si, après le partage consommé sans fraude, la femme a le droit, sous les conditions exprimées audit article, de porter en dépense le montant de ses récompenses et indemnités dans le compte qu'elle doit aux créanciers survenants, ce droit, qui ne consiste qu'à retenir ce qu'elle a reçu à juste titre, n'implique nullement un droit de préférence ou d'exclusion attaché à la créance ainsi payée; — Attendu que des droits reconnus à la femme renonçante par l'article 1493 naissent pour elle des actions qu'elle exerce, à raison de leur nature, comme dans le cas d'acceptation, soit par voie de revendication, soit à titre de créancière; — Attendu, d'ailleurs, que l'article 1493, pour le cas de renonciation, n'est relatif, comme les articles 1470 et 1471 du Code Napoléon, pour le cas d'acceptation, qu'aux rapports des époux entre eux, et ne porte aucune atteinte aux droits des créanciers vigilants sur les biens qui sont leur gage; — Attendu que les principes ci-dessus sont applicables en cas de communauté conventionnelle; — Attendu, en fait, que la veuve Moinet, mariée sous le régime dotal avec stipulation d'une société d'acquêts, a renoncé à cette société; que les créanciers ont formé opposition avant qu'elle n'ait été légitimement payée du montant de ses reprises par l'héritier bénéficiaire de son mari; qu'elle a toutefois repris sans contestation tous ses propres existant en nature; — Attendu que la veuve Moinet ne pouvant, sous les principes du régime de la communauté, comme sous le régime dotal, prétendre aucun droit exclusif à raison de ses autres reprises sur les biens meubles appartenant ou dévolus à la succession de son mari, et n'ayant, le cas échéant, qu'une hypothèque légale sur les immeubles, l'arrêt attaqué, en la déclarant mal fondée dans sa demande à fin de prélèvement préalable, à titre de propriétaire, sur l'actif mobilier et immobilier provenant de la communauté, du montant desdites reprises, par préférence aux créanciers opposants, et en la renvoyant, quant aux biens meubles, à la distribution par contribution pour y faire valoir ses droits ainsi qu'elle avisera, n'a, dans son dispositif, violé ni les articles invoqués du Code Napoléon, ni les principes généraux de la matière, et n'a fait qu'une juste application des articles 1493 et 2093 du même code; — *Par ces motifs*, rejette...

OBSERVATIONS

1 Ce fameux arrêt, rendu après un long délibéré en la chambre du conseil (sur ce long délibéré, v. Y. Chartier, *Mélanges P. Drai*, 2000, p. 281), a mis fin à la vive controverse qui divisait la doctrine et la jurisprudence sur le point de savoir en quelle qualité la femme exerçait ses reprises à l'encontre des créanciers de la communauté. Il va sans dire qu'il ne s'agit ici que des reprises *en valeur*, car la reprise des propres qui existent *en nature* à la dissolution de la communauté ne pouvait soulever, de ce point de vue, aucune difficulté, chaque époux l'exerçant à titre de propriétaire.

I. — La solution jurisprudentielle

2 La controverse était née du fait que l'ancien article 1470 autorisait, d'une façon générale, chaque époux à prélever sur la masse des biens communs, non seulement ses biens personnels, mais le prix des immeubles aliénés sans remploi pendant la communauté, ainsi que les indemnités qui lui sont dues par la communauté, sans distinguer entre ces diverses sortes de prélèvements. On invoquait aussi un argument fondé sur l'ancien article 1483, en vertu duquel la femme n'était tenue des dettes communes que jusqu'à concurrence de son émolument; or, disait-on, si la femme était obligée de subir le recours des créanciers de la communauté pour le payement de ses récompenses, elle serait exposée à perdre une partie de celles-ci.

3 La doctrine n'avait cependant jamais admis cette solution; en revanche, la Cour de cassation l'avait consacrée en décidant plusieurs fois, entre 1853 et 1858, que la femme, à la dissolution de la communauté, exerçait dans tous les cas ses reprises à titre de propriétaire (Civ. 15 févr. 1853, *DP* 53. 1. 75, *S.* 53. 1. 145; 11 avr. 1854, *DP* 54. 1. 152, *S.* 54. 1. 161; Req. 16 avr. 1856, *DP* 56. 1. 298, *S.* 56. 1. 411). C'est donc sa propre thèse que la Cour de cassation a solennellement abandonnée, par l'arrêt du 16 janvier 1858, lequel a fait jurisprudence et a ainsi rétabli l'accord. On lira, dans la décision des Chambres réunies, la réfutation des arguments produits à l'appui du pourvoi.

II. — La confirmation législative

4 Cette solution a été confirmée par la loi du 13 juillet 1965. Du nouvel article 1474 du Code civil, il résulte, en effet, que les prélèvements en biens communs « ne confèrent à l'époux qui les exerce aucun droit d'être préféré aux créanciers de la communauté, sauf préférence résultant, s'il y a lieu, de l'hypothèque légale ». Il n'est pas affirmé expressément que l'époux agit alors en qualité de créancier, ce qui se comprend aisément dans la mesure où la communauté n'est pas vraiment considérée comme étant personnellement débitrice. Mais, quant au problème envisagé, le résultat est analogue.

5 Les conséquences de la solution retenue sont, en principe, celles qui avaient été précédemment dégagées par la jurisprudence. L'article 1470, alinéa 2, du Code civil précise, d'ailleurs, que, si le compte de récompenses présente un solde en faveur de l'époux, celui-ci a le choix ou d'en exiger le paiement ou de prélever des biens communs jusqu'à due concurrence. Dans le passé, la Cour de cassation avait déjà décidé que la femme, parce qu'elle est créancière, pouvait toujours exiger d'être payée en deniers et renoncer à la faculté de prélèvement et qu'elle pouvait aussi exercer cette faculté pour partie, sans perdre, pour cela, le droit d'être payée en deniers de ses créances de sommes d'argent (Civ. 11 mai 1937, *DP* 1938. 1. 71, et la note). On déduisait aussi de l'arrêt *Moinet* que le droit de prélèvement, étant mobilier même s'il portait sur des immeubles, tombait dans la communauté légale, si l'époux se remariait, avant la liquidation de la première communauté, sans faire de contrat de mariage (Comp. Civ. 19 janv. 1925, *DP* 1925. 1. 105); dans la mesure où la communauté réduite aux acquêts a été substituée à la communauté de meubles et acquêts, *comme régime légal*, cette solution doit être écartée. Il en va de même de la règle selon laquelle la femme renonçante exerçait, *a fortiori*, ses prélèvements à titre de créancière (Req. 9 nov. 1926, *DH* 1926. 946), dès lors que la femme commune en biens a perdu la faculté de renoncer à la communauté.

Si l'époux créancier n'a donc pas plus de droits qu'un autre créancier de la communauté, sous réserve de l'hypothèque légale, il n'empêche que le mécanisme de l'indivisibilité du compte de récompenses de chaque époux peut être de nature à lui conférer, en fait, une situation privilégiée.

96

RÉCOMPENSE. PROFIT SUBSISTANT. ACQUISITION D'UN BIEN AVANT LE MARIAGE. EMPRUNT. REMBOURSEMENT AU COURS DU MARIAGE. RÉCOMPENSE DUE

Civ. 1re, 5 novembre 1985

(*Bull. civ.* I, nº 284, p. 254, *JCP* N 1986. II. 97, note Ph. Simler, *D.* 1987. 26, note Le Guidec, *Defrénois* 1986. 465, obs. G. Champenois)

Meynadier c. Dame Ribard

Aux termes de l'article 1469, alinéa 3, du Code civil, la récompense ne peut être moindre que le profit subsistant, quand la valeur empruntée a servi à acquérir, à conserver ou améliorer un bien qui se retrouve, au jour de la dissolution de la communauté, dans le patrimoine emprunteur.

Il en résulte que cette disposition ne distingue pas selon que le bien a été acquis avant ou pendant le mariage, dès lors que le prix ou le remboursement du prêt contracté en vue de le payer a été réglé, au cours du régime, et de deniers communs.

Faits et moyen. — V. l'arrêt.

ARRÊT

La Cour; — *Sur le moyen unique :* — Vu l'article 1469, alinéa 3, du Code civil; — Attendu qu'aux termes de ce texte, la récompense ne peut être moindre que le profit subsistant, quand la valeur empruntée a servi à acquérir, à conserver ou améliorer un bien qui se retrouve, au jour de la dissolution de la communauté, dans le patrimoine emprunteur; que cette disposition ne distingue pas selon que le bien a été acquis avant ou pendant le mariage, dès lors que le prix ou le remboursement du prêt contracté en vue de le payer a été réglé, au cours du régime, et de deniers communs; — Attendu qu'après divorce des époux Meynadier-Ribard, qui s'étaient mariés, sans contrat préalable, le 17 octobre 1969, M. Meynadier a réclamé au profit de la communauté une récompense calculée par application de l'alinéa 3 de l'article 1469 du Code civil, en faisant valoir que la presque totalité des échéances du prêt contracté par Mme Ribard pour payer le prix d'un immeuble acquis par elle, le 2 octobre 1969, soit quelques jours avant le mariage, immeuble qui se retrouvait dans le patrimoine de celle-ci, avaient été réglées avec des deniers communs; — Attendu que l'arrêt attaqué a rejeté cette prétention et a dit que Mme Ribard devait rembourser à la communauté le montant nominal des mensualités de l'emprunt payées à l'aide des deniers communs, au motif que la disposition légale invoquée « doit être interprétée restrictivement; qu'il s'ensuit que son application ne peut que concerner des opérations d'acquisition, de conservation ou d'amélioration intervenues pendant le mariage »; — Attendu qu'en statuant ainsi, alors qu'il n'était pas contesté que l'emprunt de deniers à la communauté avait été fait pendant le mariage, la cour d'appel a, par refus d'application, violé le texte susvisé; — *Par ces motifs*, casse...

OBSERVATIONS

1 Les faits au sujet desquels la Cour de cassation a été appelée à se prononcer, par l'arrêt rapporté, étaient simples. Peu avant de se marier, la future épouse avait acquis un immeuble, financé par un emprunt. Au cours du mariage, dissous par un divorce, les mensualités avaient été acquittées au moyen de fonds communs. L'ex-époux réclamait, au profit de la communauté, une récompense calculée par application de l'article 1469, alinéa 3, du Code civil, faisant observer que la presque totalité des échéances du prêt avait été réglée au moyen de deniers communs. Cette prétention fut rejetée par la cour d'appel de Nîmes le 18 janvier 1984, au motif « que l'article 1469, alinéa 3, doit être interprété restrictivement... (et) que son application ne peut concerner que des opérations d'acquisition, de conservation ou d'amélioration intervenues pendant le mariage ». La solution retenue par l'arrêt attaqué n'était pas elle-même sans précédent. Déjà en 1977, la cour de Paris avait décidé que le remboursement d'un emprunt contracté avant le mariage pour financer l'acquisition d'un bien ne pouvait être qualifié de dépense d'acquisition et que la récompense devait être calculée suivant l'article 1469, alinéa 1er (Paris, 2 déc. 1977, *JCP* N 1979. II. 117, obs. Thuillier, *D.* 1979. IR 73, obs. D. Martin).

I. — La théorie des dettes de valeur

2 La Cour de cassation a, par l'arrêt rapporté, condamné cette interprétation. C'était la première fois qu'elle se prononçait sur la qualification, par rapport à l'article 1469, du remboursement d'arrérages d'un emprunt ayant servi à l'acquisition d'un bien. Sa décision est nette. Le remboursement, pendant la durée de la communauté et au moyen de deniers communs, du prêt contracté avant le mariage en vue de financer l'acquisition d'un bien resté propre fait naître un droit à récompense qui « ne peut être moindre que le profit subsistant… la valeur empruntée (ayant) servi à acquérir, à conserver ou à améliorer un bien… », au sens de l'article 1469, alinéa 3, du Code civil. Pour n'avoir condamné l'époux propriétaire du bien à rembourser à la communauté que le montant nominal des mensualités, l'arrêt attaqué est cassé : il a violé, par refus d'application, le texte visé.

La solution adoptée par la Cour de cassation n'est qu'une nouvelle extension de la vaste construction, entreprise depuis un demi siècle, de la théorie des dettes de valeur. Elle doit être mise en rapport avec d'autres avancées jurisprudentielles et législatives, telles que la solution apportée à l'épineux problème du point de départ du cours des intérêts moratoires d'une telle dette (v. Civ. 1re, 17 juill. 1984, *D.* 1984. 477, note Morin, *JCP* N 1985. II. 25, obs. Rémy; solution entérinée par la loi du 23 déc. 1985, ajoutant un second alinéa nouveau à l'article 1473 du Code civil) ou l'extension du régime des récompenses à la période d'indivision post-communautaire (C. civ., art. 1469, al. 3, mod. L. 23 déc. 1985; v. encore en sens contraire, Civ. 1re, 22 oct. 1985, *Bull. civ.* I, nº 266, p. 237, *JCP* 1986. IV. 11) ou sa transposition au règlement des créances personnelles entre époux communs en biens (C. civ., art. 1479, al. 2 nouv.; v. encore en sens contraire, Civ. 1re, 22 juill. 1985, *JCP* 1985. IV. 337, *D.* 1985. IR 481) et à celui des créances entre époux séparés de biens (C. civ., art. 1543 nouv.; v. en sens contraire, Civ. 1re, 13 janv. 1981, *Bull. civ.* I, nº 12, p. 9).

3 En rejetant l'interprétation étroite sur laquelle se fondait expressément l'arrêt attaqué, la Cour de cassation a apporté une solution réaliste et équitable à la question de l'extension du champ d'application de l'article 1469, alinéa 3. Elle décide que cette disposition dont, sur le point étudié, la rédaction n'a pas été modifiée par la loi du 23 décembre 1985, ne distingue pas selon que « le bien a été acquis avant ou pendant le mariage, dès lors que le prix ou le remboursement du prêt contracté en vue de le payer a été réglé au cours du régime et de deniers communs » (v., dans le même sens, Civ. 1re, 25 mai 1992, *Bull. civ.* I, nº 155, p. 106, *D.* 1992. IR 218, *JCP* 1992. I. 3614, nº 11, obs. Tisserand; 16 juin 1998, *JCP* 1998. I. 183, nº 9, obs. Tisserand). L'innovation est double. La date d'acquisition, en premier lieu, importe peu, dès lors que le prix a été acquitté par la communauté. Le remboursement d'un emprunt contracté pour financer une acquisition doit, en second lieu, être lui-même traité comme une dépense d'acquisition. Si cette dernière qualification est celle retenue par l'arrêt, on doit en évoquer une autre, que la Cour de cassation a appliquée dans un cas voisin : celle de dépense de conservation. Les conséquences ne sont pas nécessairement les mêmes.

II. — Dépense d'acquisition. Dépense de conservation

4 ***A.*** — Dépense d'acquisition ? C'est la qualification à laquelle on songe tout naturellement. Elle avait été écartée par l'arrêt cassé parce que l'acte d'acquisition avait été, non seulement passé, mais entièrement dénoué avant le mariage, par un paiement immédiat de l'intégralité du prix, au moyen de deniers empruntés, et que subsistait seulement l'exécution d'un contrat de prêt, auquel les dispositions de l'article 1469, alinéa 3, sont étrangères. D'un point de vue strictement juridique, l'analyse était irréprochable. La vente et le prêt restent des contrats distincts; le remboursement du prêt n'est pas le paiement du prix. Pourtant, la technique juridique épouse mal, en l'occurrence, la réalité économique et psychologique. C'est bien le prix que le propriétaire-emprunteur est convaincu de rembourser, à tel point qu'il ne se sent réellement propriétaire qu'après complet paiement et, le cas échéant, après la levée de l'hypothèque. On pouvait donc, à juste titre, reprocher à l'arrêt attaqué, qui avait refusé la revalorisation de la récompense en application de l'article 1469, alinéa 3, de ne pas avoir envisagé l'opération dans sa réalité économique concrète (v. A. Colomer, « Vérité juridique, vérité économique et régimes matrimoniaux », *Mélanges Weill*, 1953. 153 s., spéc. 172).

5 À quoi on peut ajouter que la lettre du texte ne s'oppose pas à une interprétation large. Le concept de prix n'y apparaît pas. Il faut que les deniers communs aient « servi à acquérir… ». Or il est indéniable que le crédit n'est que le moyen technique permettant de réaliser une acquisition à tempérament. Si ce crédit était consenti par le vendeur lui-même, nul ne pourrait douter que le paiement par mensualités fût qualifié de dépense d'acquisition. Il serait incohérent que le seul fait que le crédit soit consenti par un tiers conduise à un résultat différent. La réalité économique doit l'emporter sur le montage juridique. Le crédit n'ayant été que le moyen de réaliser la fin, constituée par l'acquisition, il n'y a donc aucun artifice à admettre que le remboursement du crédit a servi à acquérir le bien (v. aussi, en ce que l'emprunt permettant de payer la soulte due par un époux qui a reçu un immeuble en donation-partage contribue à l'acquisition du bien donné et doit être calculé selon le profit subsistant : Civ. 1re, 14 mai 1996, *JCP* 1996. I. 3962, nº 15, obs. Tisserand, *Defrénois* 1996. I. 1442, obs. Champenois; rappr. sur le paiement de frais d'enregistrement, Civ. 1re, 4 juill. 1995, *Bull. civ.* I, nº 290, *Defrénois* 1995. 1448, obs. Grimaldi, *RTD civ.* 1996. 975, obs. Vareille).

6 ***B.*** — Dépense de conservation ? Et de fait, la qualification d'acte d'acquisition n'en exclut pas une autre, pareillement plausible, celle de *dépense de conservation.*

Dans une matière qui n'est pas sans similitude avec celle des récompenses, la Cour de cassation a décidé que les remboursements d'emprunts contractés pour la construction d'un immeuble « avaient constitué des dépenses nécessaires à la conservation de l'immeuble » (Civ. 1re, 18 oct. 1983, *D.* 1984. 289, note D. Rambure, *JCP* N 1985. II. 182, note E. S. de La Marnierre, *Defrénois* 1984. 1083, obs. Champenois). Il s'agissait de l'application de l'article 815-13 du

Code civil qui dispose que, si un indivisaire a fait, de ses deniers personnels, « des impenses nécessaires… pour la conservation » d'un bien indivis, « il doit lui en être tenu compte selon l'équité, eu égard à ce dont la valeur du bien se trouve augmentée ». Le problème de base est le même dans les deux situations : un « patrimoine » (au sens de masse autonome de biens) a supporté le remboursement des mensualités d'un emprunt contracté pour financer l'acquisition d'un bien ayant accru un autre « patrimoine ». Si la qualification de dépense nécessaire à la conservation est appropriée dans le cadre de l'article 815-13, on n'aperçoit aucune raison de ne pas envisager la même qualification au regard de l'article 1469, alinéa 3. Certes, dans le droit de l'indivision, cette solution est la seule permettant de prendre en compte la plus-value pour la détermination de l'indemnisation, alors que le droit des récompenses ouvre une option. Mais on ne peut évidemment pas en tirer argument pour exclure, précisément, l'option là où elle est possible.

7 Au demeurant, la qualification de dépense de conservation peut se justifier sans excès d'artifice : seule la communauté, qui encaisse les revenus des époux, est habituellement en mesure d'assumer la charge du paiement des mensualités du crédit; si elle est défaillante, le créancier, généralement muni d'une sûreté réelle, procède à l'exécution forcée sur le bien vendu; le paiement constitue en conséquence le seul moyen de conserver le bien dans le patrimoine de l'époux acquéreur. Certes, le concept de dépenses conservatoires était traditionnellement appliqué aux impenses assurant la conservation matérielle des biens. Mais rien ne permet d'exclure de la notion de dépenses de conservation celles exposées pour la conservation juridique d'un bien : « Le critère de la notion réside dans la fonction conservatoire de la mesure et non dans sa nature juridique » (P. Catala, « L'indivision », *Defrénois* 1979, 32160, n° 49). – V. Terré et Simler, *Les régimes matrimoniaux*, n°s 669 s.

97

RÉCOMPENSE. PROFIT SUBSISTANT. JOUISSANCE DE LA COMMUNAUTÉ. INTÉRÊTS DES EMPRUNTS. CHARGE DE LA JOUISSANCE. ABSENCE DE RÉCOMPENSE AU PROFIT DE LA COMMUNAUTÉ

Civ. 1re, 31 mars 1992

(*Bull. civ.* I, n° 96, p. 64, *JCP* 1993. II. 22003, note J.-F. Pillebout, 22041, note Alice Tisserand, *Defrénois* 1992. I. 1121, obs. G. Champenois, *RTD civ.* 1993. 401, obs. Lucet et Vareille)

Authier c. Pouyat

La communauté, à laquelle sont affectés les fruits et revenus des biens propres, doit supporter les dettes qui sont la charge de la jouissance de ces biens.

Dès lors, leur paiement ne donne pas droit à récompense au profit de la communauté lorsqu'il a été fait avec des fonds communs en sorte que l'époux qui aurait acquitté une telle dette avec des fonds qui lui sont propres dispose d'une créance contre la communauté.

Il s'ensuit qu'en cas de règlement par la communauté ou par un des époux des annuités afférentes à un emprunt souscrit en vue de l'acquisition d'un bien propre à l'autre conjoint, il y a lieu, pour la détermination des sommes dont ce dernier leur est redevable en conséquence, d'avoir égard à la fraction ainsi remboursée du capital à l'exclusion des intérêts qui sont une charge de la jouissance.

Faits. — Deux époux avaient, en 1970, par contrat de mariage, adopté le régime de la communauté d'acquêts; puis ils avaient divorcé en 1982. La liquidation de leur communauté suscita diverses questions sur lesquelles il n'y a pas lieu d'insister. Il convient, en revanche, de porter attention à la question principale suscitée par ce procès. Elle était relative à un immeuble acquis par les époux le 26 juillet 1974, pour le compte de la femme, au prix de 386 116 F, à concurrence de : *a)* 80 000 F à titre de remploi de deniers propres appartenant à l'épouse; *b)* 180 000 F à titre de remploi anticipé du prix d'aliénation de trois immeubles propres dont l'épouse était propriétaire; *c)* 120 000 F par un emprunt solidairement contracté par les époux auprès du Crédit foncier, remboursable semestriellement du 30 janvier 1975 au 30 juillet 1989 et portant intérêts au taux de 11,60 %; *d)* 6 166 F, correspondant au solde du prix et payés avec des deniers communs.

La communauté ne supporta le remboursement du prêt que pendant trois ans (de janvier 1975 à janvier 1978). Mais c'en était assez pour faire naître un droit à récompense à son profit. Par l'arrêt attaqué, la cour d'appel de Paris décida, le 24 avril 1990, d'accorder à la communauté droit à récompense, calculée conformément aux dispositions de l'article 1469, alinéa 3, du Code civil, tant pour le capital que pour les intérêts versés par elle (sur les autres questions tranchées, v. G. Champenois, obs. sous l'arrêt commenté, *Defrénois* 1992. 1124; v. aussi Ph. Simler, obs. *JCP* N 1991. II. 162).

Alors que diverses imperfections de l'arrêt attaqué auraient permis sa cassation, celle-ci a été prononcée par un arrêt de principe dont l'importance est évidente.

Moyen. — V. l'arrêt.

ARRÊT

La Cour; — Attendu, qu'un jugement du 18 janvier 1981, confirmé par un arrêt du 2 février 1982 a prononcé le divorce de M. Y... et Mme X... en prescrivant la liquidation de la communauté conjugale existant entre eux; que, statuant sur des difficultés afférentes à cette liquidation, l'arrêt attaqué a dit qu'au titre de l'acquisition d'un immeuble propre, à Ormesson, Mme X... était redevable de « récompenses » se montant à 109 980 francs pour la communauté conjugale et à 16 136 francs pour M. Y...; — *Sur le premier moyen :* — Vu les articles 1401 et 1403, 1433 et 1437 du Code civil, ensemble les articles 1469 et 1479 du même Code; — Attendu que la communauté, à laquelle sont affectés les fruits et revenus des biens propres, doit supporter les dettes qui sont la charge de la jouissance de ces biens; que, dès lors, leur paiement ne donne pas droit à récompense au profit de la communauté lorsqu'il a été fait avec des fonds communs; qu'il s'ensuit que l'époux, qui aurait acquitté une telle dette avec des fonds propres, dispose d'une récompense contre la communauté; — Attendu que pour chiffrer la récompense due par Mme X... à la communauté ayant existé entre elle-même et M. Y..., ainsi que l'indemnité qu'elle a cru devoir reconnaître à ce dernier, en raison des annuités servies par eux pour l'acquisition de l'immeuble d'Ormesson, la cour d'appel a retenu comme éléments de calcul, le prix d'acquisition du bien, sa valeur au jour du partage et les sommes versées par la communauté et le mari en capital et intérêts; — Attendu qu'en statuant ainsi, alors que pour déterminer la somme due par un époux, en cas de règlement des annuités afférentes à un emprunt souscrit pour l'acquisition d'un bien qui lui est propre, il y a lieu d'avoir égard à la fraction ainsi remboursée du capital, à l'exclusion des intérêts qui sont une charge de la jouissance, la cour d'appel a violé les textes susvisés;... *Par ces motifs* : casse...

OBSERVATIONS

1 De l'article 1469, alinéa 3, du Code civil, il résulte notamment que la récompense pouvant être due à ou par la communauté « ne peut être moindre que le profit subsistant, quand la valeur empruntée a servi à acquérir, à conserver ou à améliorer un bien qui se retrouve, au jour de la liquidation de la communauté, dans le patrimoine emprunteur ». Par l'arrêt précédent (n° 96), relatif à une récompense due à la communauté, la Cour de cassation avait déjà décidé que l'article 1469, alinéa 3, ne distinguait pas selon que le bien a été acquis avant ou pendant le mariage, dès lors que le prix ou le remboursement du prêt contracté en vue de le payer, a été réglé, au cours du régime, à l'aide de deniers communs.

2 Cette extension du champ d'application de l'article 1469, alinéa 3, a suscité un nouveau problème : celui des intérêts compris dans les arrérages payés. Si le remboursement du capital emprunté doit être traité comme dépense d'acquisition, il n'en va pas de même pour les frais financiers. Une dissociation paraît s'imposer. Au demeurant, si le patrimoine qui a assumé les remboursements, par hypothèse la communauté, a bénéficié de la jouissance du bien financé, soit directement (l'immeuble acquis a servi de logement familial), soit par la perception des revenus, les frais financiers apparaissent, corrélativement, comme une charge devant, raisonnablement, être supportée par la communauté (en ce sens, D. Martin, obs. sous Paris, 2 déc. 1977, *D.* 1979. IR 73; J. Patarin, note sous Lyon, 16 avr. 1975, *JCP* 1975. II. 18104). Récompense ne serait due au titre des intérêts, pour leur montant nominal, que si la masse créancière n'a tiré aucun avantage, directement ou indirectement, du bien acquis. S'agissant, non des intérêts payés par la communauté, mais du prix lui-même, la Cour de cassation a jugé « que l'article 1469… ne prévoit pas que la somme calculée selon les modalités qu'il édicte puisse faire l'objet d'une diminution », en raison des revenus procurés à la communauté par l'usage des biens propres acquis (Civ. 3e, 21 janv. 1987, *D.* 1987. 324, 1re esp., note G. Morin, *JCP* N 1988. II. 69, note Ph. Simler, *Defrénois* 1987, 33917, p. 487, 1re esp., obs. G. Morin). La communauté ayant vocation à recueillir les revenus des biens propres, donc aussi à en user et jouir directement, la solution doit être approuvée, dans la mesure où, comme en l'espèce, le prix *stricto sensu* a été acquitté avec des deniers communs (v. aussi Civ. 1re, 24 oct. 2000, *D.* 2001. Somm. 2936, obs. Nicod, *RTD civ.* 2001. 650, obs. Vareille, *Dr. fam.* 2000, no 145, obs. Beignier).

3 Restait à savoir ce qu'il convenait de décider au sujet des intérêts d'un emprunt qui sont normalement acquittés au moyen des revenus. Et c'est à ce propos qu'a été rendu l'arrêt commenté. Cassant partiellement la décision qui lui était déférée, la Cour de cassation a nettement précisé « que la communauté, à laquelle sont affectés les fruits et revenus des biens propres, doit supporter les dettes qui sont la charge de la jouissance de ces biens; que, dès lors, leur paiement ne donne pas droit à récompense au profit de la communauté lorsqu'il a été fait avec des fonds communs; qu'il s'ensuit que l'époux, qui aurait acquitté une telle dette avec des fonds propres, dispose d'une récompense contre la communauté ».

Dans le cadre de la liquidation d'un régime de séparation de biens, il a été décidé que, au sens de l'article 1469, alinéa 3 du Code civil, la valeur ayant servi à acquérir un bien comprend les frais liés à cette acquisition (Civ. 1re, 26 juin 2013, D. 2013. 1682).

4 Arrêt de principe, l'arrêt rapporté doit figurer parmi les *Grands arrêts*, non seulement en raison des règles générales qu'il formule, mais aussi en raison des conséquences devant être attachées à celles-ci. L'accueil que lui ont réservé les commentateurs atteste son importance (aux auteurs cités, *adde* G. Morin, « Qui, de la communauté ou des biens propres doit supporter les charges usufructuaires des biens propres ? », *Mélanges Colomer*, 1993, p. 259 s., *Defrénois* 1993. 545 s.).

I. — La jouissance des biens propres par la communauté

5 La *qualification des fruits et revenus des biens propres* a suscité, à la suite de la réforme opérée par la loi du 13 juillet 1965, une controverse nourrie, à partir de l'article 1403 du Code civil, qui dispose notamment que « chaque époux conserve la pleine propriété de ses propres » (al. 1er) et que « la communauté n'a droit qu'aux fruits perçus et non consommés… » (al. 2). Tandis qu'une majorité d'auteurs se prononçaient dans le sens du caractère commun des fruits et revenus des biens propres, dès leur perception (Aubry et Rau, t. VIII, 7e éd., par A. Ponsard, n° 136; Marty et Raynaud, *Les régimes matrimoniaux*, par Raynaud, n° 347; Patarin et Morin, *Les régimes matrimoniaux*, t. I, n°s 110 s.; Maubru, *Les revenus des biens propres des époux sous le régime de la communauté légale*, Ann. Fac. Lyon, 1975, p. 463 s.), d'autres estimaient que les fruits et revenus des biens propres restaient propres, tant qu'ils n'avaient pas été employés à la réalisation d'acquêts (H., L., J. Mazeaud, t. IV, 1er vol. par M. de Juglart, n° 130). Suivant une thèse intermédiaire, la communauté ne comprenait, à ce sujet, que les économies réalisées sur les fruits et revenus perçus, non les fruits et revenus eux-mêmes (A. Colomer, « La suppression du droit de jouissance de la communauté sur les biens propres des époux : ou le danger d'innover », *D.* 1966, chron. 23; Le Bayon, « Le sort des fruits dans les différents régimes matrimoniaux », *JCP* 1972. I. 2459). Encore convenait-il d'observer que, même si on reconnaissait aux fruits et revenus des biens propres un caractère commun *ab initio*, cela n'excluait pas, compte tenu des termes mêmes de l'article 1403, alinéa 1er, du Code civil, la pleine propriété de chaque époux – *usus*, *fructus*, *abusus* – sur ses biens propres; simplement, s'agissant des fruits et revenus de ses propres, il en disposait librement parce qu'il avait à cette étape une libre disposition de biens devenus communs *ab initio*.

6 Le débat n'était pas dépourvu d'intérêts pratiques, par exemple quant au pouvoir de percevoir les revenus des propres et d'en disposer – ce qui est distinct de la pleine propriété – ou encore quant au droit de poursuite des créanciers. Enfin au moment de la dissolution, l'enjeu du débat était important quant au droit à récompense de la communauté pour l'emploi par un époux des revenus de ses biens propres, soit pour acquitter des dettes ou charges purement personnelles, soit pour acquérir, conserver ou améliorer des biens propres. Récompense était due si les revenus des propres ainsi employés étaient communs (en ce sens, Civ. 1re, 6 juill. 1982, *Bull. civ.* I, n° 249, p. 215, *D.* 1982. IR 424, *Defrénois* 1982. I. 1644, obs. G. Champenois; Agen, 7 juill. 1986, *JCP* N 1988. II. 85, note Ph. Simler), non dans le cas contraire (rappr. Civ. 1re, 15 juill. 1981, *JCP* 1982. II. 19796, note P. Rémy, *Defrénois* 1981. I. 1653, obs. G. Champenois).

7 Depuis la loi du 23 décembre 1985, certaines conséquences fâcheuses de la qualification de biens communs des revenus des biens propres ont disparu : ainsi n'est-il plus question que le mari puisse se faire remettre les revenus des propres de sa femme. En outre, les revenus des biens propres peuvent également être saisis par les créanciers de l'un ou de l'autre des époux, au titre des dettes nées pendant le mariage, l'article 1414 ne soustrayant du gage des créanciers de l'un que les seuls gains et salaires de l'autre. Tout en atténuant, sans les supprimer, les intérêts du débat, la réforme de 1985 inclinait bien en faveur de la qualification de biens communs *ab initio* des fruits et revenus des biens propres (Terré et Simler, *Les régimes matrimoniaux*, n° 295).

8 L'on pouvait donc se prononcer à leur sujet en faveur d'une solution semblable à celle retenue à propos des gains et salaires, ceux-ci étant, en tant que tels, des biens communs (Civ. 1re, 31 mars 1992, *Bull. civ.* I, n° 95, p. 63, *D.* 1992. IR 162, *RTD civ.* 1992. 632, obs. F. Lucet et B. Vareille; v. aussi *JCP* N 1992. II. 376, note Ph. Simler). Dans l'arrêt commenté, rendu le même jour, la formulation est plus nuancée, puisqu'il est fait état de la *jouissance* des fruits et revenus des biens propres par la communauté. De la différence des formulations, on a déduit que « les gains et salaires sont des biens communs par nature; les revenus des biens propres sont des biens communs par destination » (obs. F. Lucet et B. Vareille, *RTD civ.* 1993. 403), ce qui attesterait une attraction plus grande de la communauté sur les premiers que sur les seconds.

9 Ultérieurement, la haute juridiction a décidé de manière encore plus explicite que les revenus des biens propres « tombaient en communauté » (Civ. 1re, 4 janv. 1995, *Bull. civ.* I, n° 4, *D.* 1995. Somm. 328, obs. Grimaldi, *JCP* 1995. I. 3869, n° 7, obs. Simler, *RTD civ.* 1996. 969, obs. Vareille). Enfin, par un arrêt de principe du 20 février 2007, la première chambre civile a posé que « les fruits et revenus des biens propres ont le caractère de biens communs » (Civ. 1re, 20 févr. 2007, *D.* 2007. 1578, note M. Nicod, *Dr. fam.* 2007, n° 88, note B. Beignier, *Defrénois* 2008. 307, obs. G. Champenois, *RTD civ.* 2007. 618, obs. B. Vareille). On a pu voir dans cet arrêt « l'épilogue d'une des plus fameuses controverses doctrinales du droit des régimes matrimoniaux » (M. Nicod, *D.* 2007. 1579). En dépit de l'affirmation très tranchée par laquelle elle s'ouvre, cette décision n'est cependant pas sans susciter certaines interrogations. On pourra y voir l'affirmation que les revenus des biens propres appartiennent à la communauté, sans qu'il y ait à considérer leur perception ou leur économie, l'arrêt ne faisant aucune référence à ces conditions introduites par la loi de 1965 et maintenues par la loi de 1985 (M. Nicod, *D.* 2007. 1580). En conséquence, même la créance de fruits et de revenus de biens propres serait commune. À l'opposé, on pourrait être tenté de faire valoir que la proposition générale précitée est suivie du constat qu'il y avait eu, en la circonstance, « emploi des revenus d'un bien propre à son amélioration », ce qui est de nature à en réduire la portée. Quoi qu'il en soit, même si une certaine incertitude subsiste sur la portée exacte de la motivation, il semble qu'on puisse affirmer sans risque d'erreur que les fruits et revenus des biens propres ont un caractère commun, au moins dès leur perception.

II. — L'affectation à la communauté des fruits et revenus des biens propres

10 En toute hypothèse, il ne convient pas de considérer qu'il y a, de la sorte, une résurrection de l'usufruit de la communauté sur les propres des époux. Qui dit usufruit, dit usage et jouissance. Or ce n'est en l'occurrence que de jouissance qu'il s'agit, et cela dans la perspective d'un droit à récompense. Au surplus, la formulation retenue par la Cour de cassation est précise : il est fait état de « la communauté, à laquelle sont affectés les fruits et revenus des biens propres ». En d'autres termes, c'est l'idée d'*affectation*, inhérente à la structure du régime ou à la finalité d'une masse de biens, plus que de destination proprement dite, inhérente à une activité considérée, qui établit le lien à partir duquel un ensemble d'avantages et d'inconvénients va résulter dans les rapports entre la communauté et les patrimoines propres des époux (comp. S. Guinchard, *L'affectation des biens en droit privé français*, thèse Lyon, éd. 1976). Il n'en demeure pas moins que les fruits et revenus des biens propres sont des biens communs *ab initio*. L'ensemble se révèle alors cohérent si l'on met en rapport l'article 1403 et l'article 1428 du Code civil, aux termes duquel « chaque époux a l'administration et la jouissance de ses propres et peut en disposer librement »; quant aux fruits et revenus de ses biens propres, il en conserve l'administration, mais ceux-ci sont des biens communs affectés à la communauté, ce qui se manifeste normalement au temps de la liquidation. C'est dire qu'il faut distinguer la jouissance de ses propres par chaque époux et l'affectation, inhérente au régime légal, de ces fruits et revenus à la jouissance de la communauté.

11 Cette jouissance n'est pas sans contrepartie. La Cour de cassation le précise : « la communauté, à laquelle sont affectés les fruits et revenus des biens propres, doit supporter les dettes qui sont la charge de la jouissance de ces biens ». D'une facture des plus logiques, cette formule catégorique dépasse nettement ce qui avait été antérieurement dégagé en droit positif, qu'il s'agisse de la production effective de fruits et revenus par les biens propres ou encore des dépenses d'entretien plus ou moins importantes qu'ils peuvent nécessiter. Peu importe que ces biens ne soient pas frugifères ou tout au moins ne le soient guère. Il peut d'ailleurs suffire qu'ils permettent de réaliser une économie. Désormais, il est clair que, dans le régime légal, la communauté assume, en toute hypothèse, l'entretien des propres et la charge de leur jouissance. Elle « endossera alors le risque d'improductivité, comme elle bénéficie des charges de rendement » (F. Lucet et B. Vareille, obs. préc. *RTD civ.* 1993. 404). *Ubi emolumentum, ibi onus* (v. cep. sur l'incompatibilité de la solution retenue par la Cour de cassation avec l'art. 10, al. 2, de la loi du 13 juill. 1965, aux termes duquel, à compter de l'entrée en vigueur de la présente loi, « les époux reprendront la jouissance de leurs propres et supporteront les charges usufructuaires correspondantes », G. Champenois, obs. *Defrénois* 1992. I. 1131).

III. — Conséquences

12 Pour casser l'arrêt qui lui était déféré, la Cour de cassation a, de ses affirmations de principe, tiré les conclusions : « pour déterminer la somme due par un époux, en cas de règlement des annuités afférentes à un emprunt souscrit pour l'acquisition d'un bien qui lui est propre, il y a lieu d'avoir égard à la fraction ainsi remboursée du capital, à l'exclusion des intérêts qui sont une charge de la jouissance ». L'application des règles générales retenues par elle n'en suscite pas moins diverses interrogations.

13 Tout d'abord, les intérêts d'un emprunt constituent-ils, à proprement parler, une charge de la jouissance ? À vrai dire, il est sans doute vain de se demander, à ce propos, si l'intérêt dû est plutôt un loyer de l'argent ou plutôt le prix de la jouissance d'un bien, jouissance obtenue par l'un et laissée par l'autre, ce qui ouvrirait la porte à des discussions longues et vaines (F. Lucet et B. Vareille, obs. préc. *RTD civ.* 1993. 406). Et sans doute peut-on en dire autant de discussions d'ordre économique et temporel sur les composantes du taux d'intérêt.

14 Plus troublant est le mécanisme de calcul du montant de la récompense due, quel qu'ait été l'usage, commun ou propre, du bien acquis au nom d'un des époux, grâce à un financement auquel aura contribué la communauté. Il n'est pas rare, tout d'abord, que le bien ait été acquis à l'aide d'un financement mixte reposant non seulement sur un emprunt mais aussi sur un apport personnel propre : il faut alors procéder à un calcul tenant compte de cette mixité. Mais surtout de très sérieuses difficultés d'application existent lorsque la liquidation de la communauté doit être opérée non pas après le remboursement intégral de l'emprunt, mais, comme en l'espèce, à une époque où le remboursement est en cours (v. A. Tisserand, note préc.; F. Lucet et B. Vareille, obs. *RTD civ.* 1993. 407 s.). La difficulté majeure tient aux modes variables d'amortissement des emprunts et au fait que souvent les annuités initiales correspondent dans une forte proportion, ensuite décroissante, à un remboursement d'intérêts, la portion de capital remboursée allant en augmentant à mesure que le temps passe. On comprend aussitôt que le calcul de la récompense due à la communauté, si elle est déterminée en fonction des revenus, effectifs ou potentiels, du bien acquis, est de nature à entraîner des conséquences fort injustes au détriment de la communauté, ce qui est propre à stimuler l'imagination des juristes pour l'aménagement de clauses équitables dans les contrats de mariage. – V. G. Dessous, *La question de l'emprunt dans les régimes matrimoniaux*, thèse ronéot. Paris II, 1982; F. Pasqualini, « L'emprunt et le régime matrimonial », *Defrénois* 1991. 449 s.

98

RÉCOMPENSE. PROFIT SUBSISTANT. ÉVALUATION. DATE

Civ. 1re, 16 juillet 1969

(*D.* 1970. 181, note R. Savatier, *JCP* 1970. II. 16158, note J. Patarin)

Dame Lafon c. Picard

Pour l'application de l'article 1469 du Code civil modifié par la loi du 13 juillet 1965, selon lequel la récompense due par un époux commun en biens après dissolution de la communauté ne peut être moindre que le profit subsistant quand la valeur empruntée a servi à conserver ou à améliorer un bien qui se retrouve dans le patrimoine emprunteur, c'est à bon droit que les juges du fond adoptent, comme date d'évaluation de ce profit subsistant, le jour de la liquidation ou le jour le plus proche possible.

Si l'article 1473 du Code civil édicte que les récompenses emportent les intérêts de plein droit du jour de la dissolution de la communauté, il ne saurait en être déduit que l'évaluation du profit doit avoir lieu à cette dernière date.

Faits. — La cour d'appel de Paris a, le 19 novembre 1966 (*D.* 1967. 150, note Malaurie, *JCP* 1967. II. 15007, note J. Patarin), rendu l'arrêt suivant :

« Statuant sur l'appel régulièrement formé par dame Lafon, divorcée Picard, d'un jugement du tribunal de grande instance de Corbeil-Essonnes du 22 décembre 1964, qui a dit que Dieulesaint, notaire à Villeneuve-Saint-Georges, avait fait dans "son rapport" (sic) une juste appréciation des droits des parties et l'a homologué purement et simplement; — Considérant que Robert Picard et Pierrette Lafon ont contracté mariage, le 11 juillet 1953, sans avoir fait précéder leur union d'un contrat de mariage; — Considérant que le divorce a été prononcé d'entre eux par jugement du tribunal de grande instance de Corbeil-Essonnes du 4 février 1963 et que Dieulesaint, notaire à Villeneuve-Saint-Georges, a été commis pour procéder à la liquidation de leurs droits respectifs; — Considérant qu'il n'est pas contesté qu'en 1954 les époux Picard-Lafon ont fait construire à l'aide, soit pour la totalité soit pour la plus grande partie, de deniers communs un pavillon sur un terrain sis à Villeneuve-le-Roi, 6, rue Amédée Simon, et appartenant en propre à dame Lafon; que ledit pavillon est devenu la propriété de cette dernière par voie d'accession; — Considérant que par lettre du 12 décembre 1963, le notaire Dieulesaint a soumis à Picard et à dame Lafon un avant-projet sommaire de liquidation de leurs droits dans lequel il proposait de fixer à 50 000 F le montant de la récompense due à la communauté par dame Lafon pour la construction du pavillon susvisé; mais qu'il ne put obtenir l'accord de cette dernière; — Considérant que saisi par Picard d'abord par exploit introductif d'instance d'une demande en nomination d'expert pour déterminer la valeur actuelle du pavillon, puis par conclusions additionnelles d'une demande d'homologation des propositions de Dieulesaint, qualifiées pour la circonstance de "projet de liquidation", le tribunal a fait droit à cette dernière demande, sans même rechercher si les textes invoqués par les parties notamment les articles 1437 et 555 du Code civil étaient applicables en l'espèce, justifiant sa décision par les motifs suivants : "Attendu que le tribunal n'estime pas en l'occurrence avoir à rechercher si Picard fut ou non de bonne foi lorsqu'il fit construire le pavillon litigieux; qu'il importe seulement de constater que le travail exécuté sur le terrain de la dame Lafon constitue pour cette dernière un enrichissement sans cause pour lequel son ex-mari est justement fondé à lui demander des comptes — que par suite, il convient d'homologuer purement et simplement le projet de liquidation proposé par le notaire, qui a justement apprécié les droits des parties"; — Considérant que dame Lafon soutient : 1° en ce qui concerne la demande initiale en nomination d'expert, qu'en application de l'article 1437 du Code civil, Picard ne peut prétendre qu'au remboursement du coût des matériaux et des prix de la main-d'œuvre évalués au jour de la construction et non au jour du remboursement; qu'elle conclut en conséquence au rejet de cette demande et pour le cas où il y serait fait droit, à ce que la cour précise que c'est « au jour de la construction, c'est-à-dire en 1954 » que l'expert devra se placer « pour évaluer le coût des matériaux et le prix de la main-d'œuvre »; 2° en ce qui concerne la demande d'homologation du document dit « projet de liquidation » formée par Picard seulement par conclusions additionnelles, qu'il s'agit là d'une demande nouvelle qui comme telle devait être déclarée irrecevable par les premiers juges et qui, *a fortiori*, doit l'être par la cour; — Considérant que Picard, invoquant tout à la fois l'article 1437 du Code civil, l'article 555 du même code, les règles de l'enrichissement sans cause et l'équité, conclut au principal à la confirmation de la décision attaquée et subsidiairement pour le cas où la cour estimerait devoir recourir à une expertise, à ce qu'elle précise que "pour déterminer la valeur du pavillon représentant la récompense due à la communauté » l'expert devra se placer « au jour de ses opérations";

Sur la demande d'homologation du document dit "projet de liquidation"; (sans intérêt);

Sur la récompense due par dame Lafon à la communauté et son montant : — Considérant qu'il n'est pas contesté que dame Lafon doit récompense à la communauté en raison des dépenses faites par cette dernière pour la construction du pavillon; que seule est en discussion la question de savoir comment cette récompense doit être calculée et à combien elle se monte; — Considérant que l'article 1469 nouveau du Code civil (dès maintenant applicable en vertu de l'article 12 de la loi du 13 juillet 1965, portant réforme des régimes matrimoniaux) dispose dans son alinéa 1er : "la récompense est, en général, égale à la plus faible des deux sommes que représentent la dépense faite et le profit subsistant", consacrant ainsi les solutions précédemment admises par la loi et la pratique; qu'apportant toutefois une exception à cette règle générale — et ceci est nouveau — ledit article 1469 décide, dans son alinéa 3, que la récompense "ne peut être moindre que le profit subsistant, quand la valeur empruntée a servi à acquérir, à conserver ou à améliorer un bien qui se retrouve, au jour de la dissolution de la communauté, dans le patrimoine emprunteur", comme c'est le cas en l'espèce; qu'il s'ensuit que la récompense due par dame Lafon est égale à la somme représentant le profit retiré par elle des dépenses exposées en 1954 par la communauté pour la construction du pavillon qui est devenu sa propriété; — Considérant, ce premier point étant acquis, qu'il reste à déterminer à quel moment ce profit doit être évalué; — Considérant que l'article 1469 nouveau ne précise pas en effet — au moins lorsque le bien acquis, conservé ou amélioré se retrouve à la dissolution de la communauté — le moment auquel le profit subsistant pour le patrimoine emprunteur doit être évalué et qu'on peut hésiter entre le jour de la dissolution de la communauté et le jour de sa liquidation ; — Considérant qu'une lecture rapide du texte pourrait, au premier abord, laisser penser que le législateur a entendu que ce soit au jour de la dissolution ; que de même le fait que, dans l'article 1473, il décide que « les récompenses dues par la communauté ou à la communauté emportent les intérêts de plein droit du jour de la dissolution » de la communauté ferait volontiers à première lecture incliner dans le même sens ; — Mais considérant que c'est une règle aujourd'hui unanimement admise en matière de partage de succession, que si la consistance des biens à partager se trouve définitivement fixée au jour de l'ouverture de la succession, c'est au jour du partage (ou tout au moins au jour le plus proche, dit jour de la jouissance divise) que leur valeur doit être appréciée ; — Considérant que d'après l'article 1476 du Code civil, les règles régissant les partages entre cohéritiers sont applicables en matière de partage de la communauté ; que décider que lorsqu'un bien qui se retrouve au moment de la dissolution de la communauté, a retiré un profit d'une dépense faite par un patrimoine autre que celui dont il dépend, ledit profit doit être évalué au jour de la dissolution de la communauté et non au jour de la liquidation et du partage de celle-ci, serait donc déroger au principe général ; qu'une telle dérogation ne saurait être admise sans une disposition expresse de la loi, qui en fait n'existe pas ; — Considérant par ailleurs que lorsque le bien amélioré à l'aide de deniers empruntés à un autre patrimoine a été aliéné au cours de la communauté, sans qu'un autre bien lui ait été subrogé, l'article 1469 nouveau précise — cette fois expressément — que le profit subsistant doit être évalué au jour de l'aliénation, c'est-à-dire au jour où en fait les variations de valeur résultant des circonstances économiques et affectant ledit bien cesseront d'avoir une répercussion sur la valeur respective du patrimoine emprunteur et du patrimoine créancier ; — Considérant que c'est seulement au jour de la liquidation de la communauté que tout rapport cesse d'exister entre la communauté et les patrimoines propres à chacun des époux et que les variations de valeur affectant un bien dépendant de l'un de ces patrimoines n'influent plus sur la valeur des autres ; que pour cette raison et par analogie on est encore amené à décider que lorsque récompense est due en raison d'améliorations apportées à un bien qui se trouve au jour de la dissolution de la communauté à l'aide de deniers fournis par un patrimoine, autre que celui dont ce bien dépend, c'est non pas à ce jour, mais au jour de la liquidation et du partage, qu'il convient de se placer pour apprécier le profit subsistant ; — Considérant au surplus que cette solution est la seule qui soit conforme à l'esprit de la loi ; — Considérant, en effet, qu'il ressort tant des travaux de la commission de réforme du Code civil et des divers projets de loi élaborés à leur suite que des travaux préparatoires de la loi du 13 juillet 1965 elle-même, qu'en décidant, par une disposition immédiatement applicable, que, contrairement à la règle antérieure, la récompense "ne pourrait être moindre que le profit subsistant quand la valeur empruntée avait servi à acquérir, à conserver ou à améliorer un bien qui se retrouvait à la dissolution de la communauté", le législateur avait voulu que l'équilibre qu'il avait autrefois, en période de stabilité économique, réussi à assurer grâce à l'institution des récompenses soit maintenu malgré les fluctuations de la conjoncture économique, si fréquentes à notre époque ; que ce but ne serait qu'incomplètement atteint si le profit dont récompense est due devait être évalué au jour de la dissolution de la communauté, et avant que les comptes existant entre le patrimoine emprunteur et le patrimoine créancier de la récompense ne soient définitivement arrêtés et liquidés, puisque c'est à ce moment seulement que les intéressés vont pouvoir jouir effectivement de leurs droits et que jusque-là l'importance dudit profit peut continuer à varier à l'avantage de l'un des patrimoines et au détriment de l'autre; — Considérant enfin que les dispositions de l'article 1473 du Code civil obligeant le débiteur d'une récompense à en payer les intérêts à compter du jour de la dissolution ont pour seul objet d'assurer l'indemnisation du créancier de la perte que lui cause le retard apporté au règlement de la récompense et sont complètement étrangères à la détermination de son montant; qu'elles ne sauraient donc dans la circonstance être prises en considération; qu'il suit de là que la volonté du législateur, bien qu'il ne l'ait pas expressément précisée, a été que le profit dont récompense était due soit évalué, lorsque le bien construit, conservé ou amélioré se retrouvait à la dissolution de la communauté, au jour de la liquidation ou à tout le moins au jour le plus proche possible; — Considérant que la cour n'a pas en l'état les éléments nécessaires pour déterminer l'importance actuelle du profit retiré par dame Lafon des dépenses faites par la communauté pour la construction du pavillon; qu'il convient donc de recourir à une mesure d'instruction;

Par ces motifs, en la forme, reçoit l'appel; au fond, réformant met à néant le jugement entrepris; dit et juge en application de l'article 1469 nouveau du Code civil que la récompense due par dame Lafon à la communauté est égale à la somme représentant le profit, apprécié au jour de la liquidation de la communauté (et en cas d'impossibilité au jour le plus proche), que lui auront procuré les dépenses faites par la communauté pour la construction du pavillon qui est devenu sa propriété; avant plus amplement faire droit au fond, commet en qualité d'expert : Lambert, ancien inspecteur du Crédit foncier, 6, avenue Georges Mandel, Paris (16e) lequel serment préalablement prêté par écrit aura pour mission : 1° de voir et visiter un pavillon édifié vers 1954 sur un terrain sis à Villeneuve-le-Roi, 6, rue Amédée Simon, appartenant en propre à dame Lafon alors épouse commune en biens de Picard; 2° de rechercher et de dire quel était le prix du terrain, au moment de la construction du pavillon, à combien s'est élevé le coût de cette construction; et, une fois celle-ci terminée, quelle était la valeur vénale de l'ensemble (terrain et pavillon); 3° de rechercher et de dire à l'aide de quels moyens cette construction a été réalisée, spécialement si c'est uniquement avec des fonds fournis par la communauté ou encore avec l'aide de fonds ayant une autre origine ou même éventuellement de concours gracieux; et dans ce cas quelle est la part provenant de chacun; 4° de rechercher et de dire en se plaçant au jour où il procédera à ses opérations, quelle est la valeur vénale de l'ensemble (terrain et pavillon) et quelle serait celle du terrain s'il n'était pas construit; 5° de dire si, à son avis, dame Lafon se trouve retirer actuellement un profit des dépenses faites par la communauté pour la construction du pavillon litigieux et dans l'affirmative d'évaluer ce profit; dit que l'expert pourra se faire communiquer tous documents qu'il jugera utiles, entendre tous sachants, mais sans leur faire prêter serment, et s'entourer de tous renseignements à condition d'en faire connaître la source; dit qu'il conciliera les parties si faire se peut; que sinon il déposera son rapport au greffe de la cour dans les quatre mois du jour où il aura été saisi de sa mission ».

Mme Lafon s'est pourvue en cassation.

Moyen. — V. l'arrêt.

ARRÊT

La Cour; — *Sur le moyen unique, pris en ses diverses branches :* — Attendu qu'il résulte des énonciations de l'arrêt attaqué (Paris, 19 nov. 1966, *D.* 1967. 150, note de M. Malaurie) que les époux Picard-Lafon, mariés en 1953 sous le régime de la communauté légale, ont divorcé en 1963, qu'en 1954 ils avaient fait construire un pavillon sur un terrain appartenant en propre à la femme au moyen, soit pour la totalité, soit pour la plus grande partie, de deniers communs, qu'au cours de la liquidation de la communauté des difficultés se sont élevées au sujet du montant de l'indemnité due à ce titre par l'ex-épouse; — Attendu qu'il est fait grief à la cour d'appel d'avoir décidé que la récompense due par dame Lafon à la communauté est égale à la somme représentant le profit apprécié au jour de la liquidation de la communauté (et en cas d'impossibilité au jour le plus proche) que lui auront procuré les dépenses faites par la communauté pour la construction du pavillon qui est devenu sa propriété, alors, selon le pourvoi, que le profit subsistant pour le patrimoine emprunteur, auquel doit correspondre le montant de la récompense, doit être évalué au jour de la dissolution de la communauté, qu'en effet d'une part c'est la présence dans le patrimoine emprunteur du bien amélioré par la valeur empruntée, au jour de cette dissolution qui détermine l'application de la règle de l'évaluation de la récompense au profit subsistant, qu'en effet, d'autre part, les règles régissant les récompenses sont étrangères à celles de la liquidation et du partage de la communauté, si bien que l'arrêt attaqué a estimé à tort que les règles du partage successoral devaient s'appliquer aux récompenses et établissaient, en la matière, un principe générai auquel il ne pourrait être dérogé que par une disposition expresse de la loi, et alors enfin que l'article 1473 du Code civil ne peut être mis en œuvre par hypothèse, que si l'évaluation du profit subsistant pour le patrimoine emprunteur est faite au jour de la dissolution de la communauté dans la mesure où il y aurait impossibilité logique à faire courir des intérêts relatifs à une évaluation qui n'a pas encore été faite; — Mais attendu qu'aux termes de l'article 1469 du Code civil modifié par la loi du 13 juillet 1965, applicable en l'espèce, la récompense « ne peut être moindre que le profit subsistant, quand la valeur empruntée a servi... à conserver ou à améliorer un bien qui se retrouve, au jour de la dissolution de la communauté, dans le patrimoine emprunteur », que c'est par une exacte application de cette disposition que les juges d'appel ont adopté pour date d'évaluation le jour de la liquidation ou le jour le plus proche possible; que si l'article 1473 du Code civil édicte que les récompenses emportent les intérêts de plein droit du jour de la dissolution de la communauté, il ne saurait en être déduit que l'évaluation du profit doit avoir lieu à cette dernière date; d'où il suit, abstraction faite des autres motifs critiqués qui sont surabondants, que l'arrêt attaqué justifie légalement sa décision et que le moyen n'est pas fondé; — *Par ces motifs,* rejette...

OBSERVATIONS

1 L'arrêt ci-dessus rapporté a contribué à fixer les règles relatives à l'évaluation de la récompense due à la communauté par un époux commun en biens, lorsque celui-ci a construit un bâtiment sur un terrain propre, au moyen, totale-

ment ou partiellement, de deniers communs. Malgré son laconisme (v. la note Patarin), cet arrêt est intéressant, car, à propos d'une hypothèse pratique relativement fréquente d'accession (v. l'art. 1406, al. 1er C. civ.), il a précisé la portée de l'actuel article 1469 du Code civil (Comp., à propos de l'application du droit antérieur, Civ., 1re, sect. civ., 19 juill. 1966, *D.* 1966. 713, note Dedieu, *RTD civ.* 1967. 620, obs. Nerson).

2 L'article 1469, alinéa 1er dispose : « La récompense est, en général, égale à la plus faible des deux sommes que représentent la dépense faite et le profit subsistant ». Cette solution, assez classique si l'on se réfère à la théorie de l'enrichissement sans cause, a été complétée par deux règles. La récompense « ne peut, toutefois, être moindre que la dépense faite quand celle-ci était nécessaire » (art. 1469, al. 2). Dans la rédaction retenue par la loi du 13 juillet 1965, l'article 1469, alinéa 3, disposait : « Et elle ne peut être moindre que le profit subsistant, quand la valeur empruntée a servi à acquérir, à conserver ou à améliorer un bien qui se retrouve, au jour de la dissolution de la communauté, dans le patrimoine emprunteur. Si le bien acquis, conservé ou amélioré a été aliéné pendant la communauté, le profit est évalué au jour de l'aliénation; si un nouveau bien a été subrogé au bien aliéné, le profit est évalué sur ce nouveau bien ».

I. — Date de référence : liquidation

3 En l'espèce, le terrain sur lequel avait été construite une villa à l'aide, totalement ou partiellement, de deniers communs, se retrouvait, au jour de la dissolution de la communauté par divorce, dans le patrimoine de la femme. Et le litige a porté essentiellement sur le point de savoir à quel moment il fallait se placer pour évaluer le profit subsistant, au sens de l'article 1469, alinéa 3 du Code civil. Était-ce à la date de la dissolution ou à celle de la liquidation ? La cour d'appel, donnant tort à la femme, a décidé qu'il y avait lieu de se référer au jour de la liquidation ou au jour le plus proche possible de celle-ci; et la Cour de cassation a estimé qu'en se prononçant de la sorte, les juges d'appel avaient exactement appliqué l'article 1469 du Code civil. Ce faisant, elle a consacré une opinion qui avait été généralement adoptée par les premiers commentateurs de la loi nouvelle (Brazier, *Le nouveau droit des époux et les régimes matrimoniaux*, 1966, no 200, p. 219; Patarin et Morin, *La réforme des régimes matrimoniaux*, t. I, 4e éd. 1977, nos 295 s.; v., plus nuancés, Patarin, note *JCP* 1967. II. 15007; Cornu, *JCP* 1967. I. 2128, no 212 *ter*; comp. Ponsard, *D.* 1966, L. 157, no 130).

4 Force est de reconnaître que les textes invoqués à l'appui de la solution inverse étaient insuffisants. Certes, il est, à l'article 1469, alinéa 3, fait référence à la date de la dissolution de la communauté, mais c'est uniquement à l'effet de tenir compte de la présence d'un bien dont l'acquisition ou l'accroissement donne lieu à récompense, et non de fixer une date à laquelle il faudrait évaluer la récompense. Pas plus probant n'était l'argument fondé sur l'article 1473 du Code civil, aux termes duquel « les récompenses dues par la communauté ou à la communauté emportent les intérêts de plein droit du jour de la dissolution », car une dette peut être productive d'intérêts avant d'être liquidée (Malaurie, note *D.* 1967. 153); il reste que les valorisations successives du profit subsistant sont de nature à compliquer singulièrement le calcul du montant des intérêts (comp. *infra*, n° 262, § 4, t. 2, 12ᵉ éd., au sujet de la lésion dans la vente et *infra*, n° 114, § 2, au sujet du rapport des donations).

II. — Quelle motivation ?

5 Implicitement ou explicitement, le rejet de ces arguments de texte est sans doute conçu de la même manière par la cour d'appel et par la Cour de cassation. Mais, positivement, les différences sont plus sensibles : si l'une a, en effet, justifié de manière précise sa décision, l'autre a réduit sa motivation au minimum, ce qui a pu être de nature à laisser subsister encore quelque incertitude (Patarin, note *JCP* 1970. II. 16158).

6 Cette remarque semblait s'imposer d'autant plus que, pour motiver une solution satisfaisante, au moins en l'espèce, les juges d'appel ont retenu une analyse qui n'a pas convaincu la doctrine (Malaurie, note préc.; Patarin, note *JCP* 1967. II. 15007; Nerson, obs. *RTD civ.* 1977. 622). Ils se sont, en effet, référés à l'article 1476 du Code civil, c'est-à-dire à l'extension au partage de la communauté des règles relatives au partage des successions et, principalement, de l'évaluation au jour du partage ou tout au moins au jour le plus proche, dit jour de la jouissance divise (v. sur cette règle, *infra*, n° 115, § 3). Référence insuffisante, a-t-on pensé, dans la mesure où il existe, dans le droit du partage successoral, malgré une tendance dominante, plusieurs règles d'évaluation, même depuis la loi du 3 juillet 1971. Référence inopportune, a-t-on dit, si l'on devait aboutir, en toute hypothèse, à une évaluation au jour du partage, car il convient de tenir compte des cas dans lesquels le règlement de la récompense est effectué plus ou moins longtemps avant le partage par un époux désireux de s'acquitter de sa dette sans attendre, ce qui n'était d'ailleurs pas le cas dans la présente affaire. Référence discutable, a-t-on ajouté, dans la mesure où elle incite à traiter l'enrichissement comme « un bien commun faisant partie de la masse partageable » (Patarin, note préc.). En réalité, mieux valait expliquer la solution consacrée à l'article 1469, alinéa 3, du Code civil comme une illustration, parmi d'autres, de la notion de dette de valeur (Malaurie, note préc.; Cornu, *ibid.*), dont l'influence grandissante s'est manifestée dans notre droit, tant en doctrine (Raynaud, « Les dettes de valeur en droit français », *Mélanges Brèthe de La Gressaye*, 1967, p. 611 s.; Pierre-François, *La notion de dette de valeur en droit civil, Essai d'une théorie*, thèse Paris, éd. 1974; comp. R. Libchaber, *Recherches sur la monnaie en droit privé*, thèse Paris I, éd. 1992, nᵒˢ 212 s., p. 171 s.), qu'en législation (rappr. les art. 860 et 922 C. civ., réd. L. 3 juill. 1971).

7 On a été dans cette perspective porté à considérer que la récompense du profit subsistant, au sens de l'article 1469, alinéa 3 du Code civil, doit être évaluée au jour de son *règlement*, c'est-à-dire, suivant la pratique notariale la plus fréquente – adoptée, en l'espèce –, au jour du partage ou, plutôt, de la jouissance divise (v. aussi Lyon, 23 févr. 1971, *JCP* 1971. II. 16940, note Savatier, *Defrénois* 1971. 1153, note G. Morin, et sur pourvoi, Civ. 1re, 15 févr. 1973, *D.* 1973. 558, note G. Morin; rappr. Civ. 1re, 25 juin 1991, *Bull. civ.* I, n° 206, p. 135, *D.* 1992. Somm. 223, obs. M. Grimaldi). Cette explication que, dans l'arrêt ci-dessus rapporté, la Cour de cassation n'a ni consacrée, ni condamnée limite la portée de la référence à la date du partage, en laissant la place à une date antérieure, dans l'hypothèse où le débiteur de la récompense désire se libérer sans attendre. On est porté à considérer qu'elle a été ultérieurement retenue par la jurisprudence (Civ. 1re, 24 oct. 1972, *D.* 1973. 285, note Breton, *JCP* 1972. IV. 176; comp. Lyon, 16 avr. 1975, *JCP* 1976. II. 18104, note Patarin, *D.* 1975. Somm. 65; v. aussi en cas de financement partiel par la communauté : Civ. 1re, 13 nov. 1980, *Bull. civ.* I, n° 292, p. 232, *JCP* 1981. II. 19668, note Pierre-François).

III. — Depuis la réforme de 1985

8 Dissipant sur ce point toute hésitation, la loi du 23 décembre 1985 a modifié l'article 1469, alinéa 3, lequel dispose désormais que la récompense « ne peut être moindre que le profit subsistant, quand la valeur empruntée a servi à acquérir, à conserver ou à améliorer un bien qui se retrouve, *au jour de la liquidation de la communauté*, dans le patrimoine emprunteur. Si le bien acquis, conservé ou amélioré a été aliéné *avant la liquidation*, le profit est évalué au jour de l'aliénation; si un nouveau bien a été subrogé au bien aliéné, le profit est évalué sur ce nouveau bien ».

La Cour de cassation avait précisé que les intérêts d'une récompense calculée d'après le profit subsistant ne peuvent courir « qu'à partir du jour où le profit qui la faisait naître était constaté par l'évaluation qui en était faite » (Civ. 1re, 17 juill. 1984, *D.* 1984. 477, note Morin, *JCP* N 1985. II. 25, note Rémy). Entérinant cette solution, dont la portée dépasse la seule matière des récompenses, la loi du 23 décembre 1985 a complété l'article 1473 par un second alinéa, ainsi rédigé : « Toutefois, lorsque la récompense est égale au profit subsistant, les intérêts courent du jour de la liquidation » (voir aussi à propos du rapport et de la réduction, *infra*, n° 114).

Au sujet de l'application de l'article 1469, alinéa 3, la jurisprudence, condamnant la méthode de « réévaluation de la dépense », a ensuite précisé que le « profit subsistant » représente l'avantage réellement procuré au fonds emprunteur au jour du règlement de la récompense (Civ. 1re, 9 oct. 1990, *Bull. civ.* I, n° 208, p. 150, *D.* 1990. IR 233, *JCP* 1991. II. 21652, note J.-F. Pillebout, *Defrénois* 1991. 862, obs. G. Champenois, *RTD civ.* 1991. 591 s., obs. F. Lucet et B. Vareille; 13 janv. 1993, *D.* 1993. Somm. 220, obs. M. Grimaldi). – V. Terré et Simler, *Les régimes matrimoniaux*, n° 665.

LIVRE V

Les successions

DÉVOLUTION ET TRANSMISSION

99

PRINCIPE DE L'UNITÉ DE LA SUCCESSION. DÉROGATION. SOUVENIRS DE FAMILLE

Civ. 1re, 21 février 1978

(*D.* 1978. 505, note Lindon, *JCP* 1978. II. 18836, concl. Gulphe, *Defrénois* 1978. 866, obs. Champenois)

Christian de Méneval et autre c. Claude Napoléon de Méneval et autres

Si les souvenirs de famille échappent aux règles de dévolution successorale et de partage établies par le Code civil et peuvent être confiés, à titre de dépôt, à celui des membres de la famille que les tribunaux estiment le plus qualifié, cette exception aux règles normales ne saurait être étendue à des documents qui ne concernent pas la famille, n'émanent pas de ses membres et ne leur ont pas été adressés.

Faits. — Claude-François de Méneval fut, dès le Consulat et jusqu'en 1809, avec des titres divers, le secrétaire particulier de Napoléon Ier. Il devint ensuite le secrétaire des commandements de l'impératrice Marie-Louise. Il avait transmis, entre autres, à ses descendants un ensemble de documents ainsi composé :

– une correspondance privée entre les époux de Méneval,

– des lettres qui lui avaient été écrites par des personnages illustres,

– des lettres de Napoléon Ier à Marie-Louise qui n'émanaient pas des membres de la famille de Méneval et qui ne leur avaient pas été adressées,

– des décorations.

Un différend s'étant élevé entre les descendants de Méneval à la quatrième et à la cinquième générations, le tribunal de grande instance de Paris se prononça le 9 juin 1971 comme suit :

« Attendu que des lettres réunies par un ancêtre qui a eu contact avec leurs auteurs, personnages illustres de notre histoire, transmises en bloc, au cours des 150 années suivantes, dans la famille à un héritier mâle porteur du nom, constituent un trésor familial d'une valeur avant tout morale l'emportant très certainement sur toute valeur vénale, et qui ne saurait suivre la dévolution légale en matière de partage ».

Le tribunal désigna celui des descendants de Méneval qui lui paraissait le plus qualifié pour être le dépositaire.

Sur appel, la cour de Paris ordonna d'abord une mesure d'instruction, puis confirma le jugement par un arrêt du 25 novembre 1975.

Elle jugea, en effet, que l'ensemble des décorations ainsi que les documents des deux premières catégories constituaient des souvenirs de famille. En revanche, s'agissant de ceux de la troisième catégorie considérés comme pouvant, « seuls, donner lieu à discussion », elle ne suivit pas les conclusions de l'expert.

Elle décida en effet « qu'ils ne pouvaient être séparés de l'ensemble de plusieurs centaines de pièces dont ils font partie », pour les deux raisons suivantes : parce que, d'abord, selon une haute probabilité les 8 lettres impériales étaient venues entre les mains du premier baron de Méneval en raison de ses fonctions auprès de l'Impératrice, et, ensuite, parce que la valeur sentimentale de cet ensemble de 12 documents est « très au-dessus de leur valeur vénale, laquelle n'est elle-même qu'une petite partie de la succession de Claude de Méneval » (Claude Eugène).

Un pourvoi fut formé.

ARRÊT

La Cour; — *Sur le moyen unique*, pris dans les griefs concernant les dispositions de l'arrêt relatives aux décorations et aux lettres écrites par des membres de la famille de Méneval ou à eux adressées : — Attendu que l'arrêt confirmatif attaqué a reconnu le caractère de souvenirs de famille, soustraits aux règles du partage, à des lettres émanant pour la plupart du premier baron de Méneval, à des lettres de hauts personnages du premier et du second Empire adressées audit premier baron de Méneval ou à ses descendants et à un lot de quatorze décorations françaises et étrangères, et a décidé que Claude Napoléon de Méneval serait dépositaire de ces souvenirs et documents qui resteraient à la disposition des membres de la famille pour consultation et qui seraient par lui transmis en bloc à l'héritier mâle portant le nom de Méneval qu'il estimerait le plus apte à les recevoir; — Attendu qu'il est fait grief à la cour d'en avoir ainsi décidé, alors qu'il ne pourrait être dérogé au principe général, suivant lequel nul n'est tenu de demeurer dans l'indivision, que pour des souvenirs exclusivement familiaux qui, en raison de cette nature, ont une valeur exclusivement morale et non patrimoniale; qu'il est prétendu qu'il n'en était pas ainsi en l'espèce, ainsi qu'il résulterait du rapport d'expertise, et qu'en tout cas, la dérogation au partage n'aurait pu concerner, ni les lettres de hauts personnages qui étaient des documents historiques n'émanant pas de membres de la famille, ni des décorations dont l'expert n'aurait pu établir qu'elles auraient été réellement celles remises aux membres de la famille ou portées par eux; qu'il est enfin soutenu que l'absence de partage aux générations précédentes n'obligeait pas à exclure les objets litigieux du partage de la succession du père et du grand-père des parties au présent litige, et que l'intention exprimée par les demandeurs au pourvoi d'en faire assurer la conservation par un organisme qualifié n'était pas incompatible avec le refus de les voir échapper au partage; — Mais attendu que la cour d'appel a pu décider que les lettres adressées par de hauts personnages à des membres de la famille de Méneval, lettres dont elle a souverainement estimé, par adoption des motifs des premiers juges, qu'elles « présentaient une valeur avant tout morale l'emportant sur toute valeur vénale », échappaient aux règles habituelles de la dévolution successorale et du partage; que c'est encore par une appréciation souveraine des preuves produites devant elle que la cour d'appel a estimé que les décorations litigieuses avaient été portées par le premier baron de Méneval ou ses descendants; que, par ces motifs, et abstraction faite de ceux que critiquent les derniers griefs du moyen, elle a, en ce qui concerne les objets et documents énumérés ci-dessus, légalement justifié sa décision; que, dans cette mesure, le moyen n'est donc pas fondé; — Rejette le moyen unique, en ce qui concerne l'exclusion du partage et l'attribution, à titre de dépôt, à Claude Napoléon de Méneval, des lettres écrites par le premier baron de Méneval ou ses descendants, des lettres à eux adressées et des décorations par eux portées; — Mais sur les griefs du même moyen pris en tant qu'ils critiquent les dispositions de l'arrêt relatives aux autres documents : — Vu le principe concernant l'attribution des souvenirs de famille; — Attendu que, si les souvenirs de famille échappent aux règles de dévolution successorale et de partage établies par le Code civil et peuvent être confiés, à titre de dépôt, à celui des membres de la famille que les tribunaux estiment le plus qualifié, cette exception aux règles normales ne saurait être étendue à des documents qui ne concernent pas la famille, n'émanent pas de ses membres et ne leur ont pas été adressés; — Attendu, cependant, que la cour d'appel a considéré comme souvenirs de famille, échappant au partage successoral, huit lettres de l'empereur Napoléon Premier à l'impératrice Marie-Louise, une copie d'une lettre du roi Joseph du 18 septembre 1830 demandant le rétablissement de Napoléon II et trois documents de l'époque du Second Empire, au motif qu'il était probable que ces documents, et notamment les huit lettres de Napoléon à Marie-Louise, étaient venus entre les mains du premier baron de Méneval en raison de sa qualité de secrétaire des commandements de l'Impératrice; qu'en statuant ainsi, elle a violé le principe susvisé; — *Par ces motifs* : — Casse et annule, mais seulement en ce qui concerne l'exclusion du partage et l'attribution à titre de dépôt à Claude Napoléon de Méneval, des douze documents énoncés sous le numéro 3 dans les motifs de l'arrêt attaqué (huit lettres de Napoléon 1er à Marie-Louise, copie d'une lettre du 18 septembre 1830 du roi Joseph et trois documents d'époque du Second Empire), l'arrêt rendu le 25 novembre 1975, entre les parties, par la cour d'appel de Paris.

OBSERVATIONS

1 Dans l'Ancien droit, l'origine des biens était loin d'être indifférente à leur dévolution. Ainsi en tenait-on compte dans la distinction des propres et des acquêts; ainsi encore, la règle *paterna paternis, materna maternis*, reposant sur la séparation de la ligne paternelle et de la ligne maternelle, aboutissait-elle, dans certaines conditions et certaines limites, à faire retourner les biens là d'où ils provenaient (F. Terré, Y. Lequette et S. Gaudemet, *Les successions, Les libéralités*, n° 14). En posant que « la loi ne considère ni la nature, ni l'origine des biens pour en régler la succession » (art. 732 C. civ.), les rédacteurs du Code civil ont marqué leur volonté de rompre avec ce système. L'ensemble de la succession doit être dévolu selon un principe unique, celui de la proximité du lien de parenté. C'est la règle de l'unité de la succession. L'abrogation de l'article 732 du Code civil par la loi du 3 décembre 2001 n'a pas remis en cause ce principe, lequel est implicitement formulé par l'article 731 du Code civil qui dispose : « *la succession* est dévolue par la loi aux parents et au conjoint successible du défunt dans les conditions ci-après » (v. sur cette question, Y. Lequette, « La règle de l'unité de la succession après la loi du 3 décembre 2001, continuité ou rupture ? », *Études Ph. Simler*, 2006, p. 167 s.).

Ceci étant, la règle de l'unité de la succession ne va pas sans tempéraments, ni exceptions. Certains sont d'origine législative. Tel est le cas des droits de retour légal qui entraînent la dévolution de certains biens à la personne dont ils proviennent – d'où leur nom – ou à un de ses parents. Au nombre de trois en 1804, le premier édicté au profit des ascendants de l'enfant ayant fait l'objet d'une adoption simple et décédé sans postérité (art. 352, devenu art. 368-1 C. civ.), le deuxième au profit de l'ascendant donateur (art. 747 C. civ.), le troisième au profit des frères et sœurs légitimes de l'enfant naturel (art. 766 C. civ.), ces droits de retour avaient été ramenés à l'unité par la suppression des deux derniers par la loi du 3 janvier 1972. Mais la loi du 3 décembre 2001 et celle du 23 juin 2006 en ont rétabli chacune un qui figurent respectivement à l'article 757-3 (droit de retour légal des frère et sœur du *de cujus* en présence du conjoint) et à l'article 738-2 du Code civil (droit de retour de l'ascendant donateur). Pour souligner le caractère exceptionnel du procédé, on parle traditionnellement à leur propos de succession anormale ou anomale. D'autres sont d'origine jurisprudentielle. Ainsi en va-t-il des *souvenirs de famille*. La Cour de cassation décide, en effet, que les biens liés à l'histoire familiale peuvent être traités différemment des autres éléments patrimoniaux afin d'assurer leur conservation au sein de la famille. L'arrêt ci-dessus reproduit permet tout à la fois de préciser le *régime juridique* (I) et la *notion* de souvenir de famille (II).

I. — Le régime juridique des souvenirs de famille

2 À une époque où l'on insiste volontiers sur le resserrement de la cellule familiale – famille nucléaire, famille monoparentale – les problèmes soulevés par la transmission des biens symbolisant certaines traditions familiales pourraient paraître anachroniques. Ils n'en restent pas moins présents dans la jurisprudence, témoignant de la coexistence, au sein de la société française, de plusieurs modèles familiaux.

Prenant en compte la charge affective qui s'attache à certains biens dans la mémoire des familles, la jurisprudence a, dès le XIXe siècle, entrepris de forger un régime juridique propre permettant d'éviter la dispersion de ceux-ci. Initialement, cette jurisprudence s'est développée sur le terrain du partage, les tribunaux décidant qu'en l'absence d'accords entre les héritiers, de tels biens seraient l'objet d'une licitation ouverte aux seuls successeurs qui s'accompagnerait du droit pour les non-adjudicataires de prendre copie des biens licités (v. Lindon, *Les droits de la personnalité*, n°s 398 et 399); puis, passant du terrain du partage à celui de la *dévolution*, ils ont, malgré l'article 732 du Code civil, décidé qu'il appartient aux juges de désigner, parmi les héritiers, celui qui leur paraîtrait le plus qualifié pour perpétuer les traditions familiales et pour les recevoir à titre de dépôt. Consacrée par deux arrêts de la chambre des requêtes des 14 mars 1939 (*D.* 1940. 1. 9, note Savatier) et 30 juin 1942 (*JCP* 1942. II. 2254, note Savatier), cette solution est réaffirmée par l'arrêt ci-dessus reproduit : « les souvenirs de famille échappent aux règles de dévolution successorale et de partage établies par le Code civil et peuvent être confiés, à titre de dépôt, à celui des membres de la famille que les tribunaux estiment le plus qualifié ». Ainsi, à défaut d'accord amiable entre les héritiers, les tribunaux se reconnaissent le droit d'en organiser l'attribution, hors partage de la succession, soit au conjoint, soit à l'aîné des descendants, soit encore à celui des héritiers paraissant le plus apte à conserver et à perpétuer la valeur morale attachée à ces souvenirs. (Sur l'appréciation de cette aptitude, v. Montpellier 10 sept. 2002, *Dr. fam.* 2003, n° 53, note B. Beignier; Rouen 17 avr. 2002, *Dr. fam.* 2003, n° 63; Caen 22 janv. 2004, *Dr. fam.* 2005, n° 86.)

La personne à laquelle les souvenirs sont ainsi remis, en étant simplement dépositaire dans l'intérêt de la famille, n'acquiert sur eux que des prérogatives limitées. Elle ne peut les céder à des étrangers sans accord exprès des autres membres de la famille et ces derniers peuvent s'opposer à leur aliénation au moyen d'une saisie-revendication (Civ. 2e, 29 mars 1995, *JCP* 1995. II. 22477, note Hovasse, *D.* 1995. Somm. 330, obs. Grimaldi). Elle ne peut non plus se retrancher derrière l'article 2276 (anc. art. 2279) du Code civil pour prétendre qu'elle en a acquis la propriété (Paris, 7 déc. 1987, *JCP* 1988. II. 21248, note Barbièri). Inversement, aucun membre de la famille ne saurait opposer ce même texte au dépositaire des souvenirs de famille agissant en revendication de ceux-ci (TGI Paris, 29 juin 1988, *Duc de Gramont*, *JCP* 1989. II. 21195, note Agostini). Les membres de la famille disposent d'une action *ad exhibendum* leur assurant le libre accès aux souvenirs (TGI Paris, 29 juin 1988, *Castelbajac*, *JCP* N 1989. 353, note Barbièri). Au décès du dépositaire, ceux-ci passent au successeur qu'il se sera choisi parmi les membres de la famille, ce qui n'est pas sans rappeler le mécanisme de la substitution fidéicommissaire (v. cep. Versailles, 15 oct. 1992, *D.* 1993. Somm. 222, obs. Grimaldi). Les membres de la famille peuvent contrôler la régularité de cette transmission grâce à une éventuelle saisine du juge.

3 Les auteurs n'ont pas ménagé leurs efforts pour donner un *fondement* juridique cohérent à ce régime dérogatoire. Avancée par certains (Demogue, « Les souvenirs de famille et leur condition juridique », *RTD civ.* 1928. 27, spéc. p. 70; R. Savatier, note *DP* 1940. 1. 9), l'idée de « propriété familiale » achoppe sur la constatation que la famille n'a pas, en tant que telle, d'existence juridique;

dépourvue de personnalité morale, elle ne peut se voir reconnaître aucun droit de propriété, serait-ce sur ses propres souvenirs (v. cep. M. Reynaud-Canon, « Les souvenirs de famille : une étape vers la reconnaissance de la personnalité morale de la famille », *D.* 1987. 46). À l'opposé, d'autres auteurs préfèrent expliquer ces solutions par l'existence d'une « propriété individuelle grevée d'affectation familiale » (Guinchard, *L'affectation des biens en droit privé français*, 1976, n°s 173 s., p. 147; Barbièri, « Les souvenirs de famille : mythe ou réalité juridique », *JCP* 1984. I. 3156, n° 24). Mais l'analyse ne se concilie que très imparfaitement avec certaines des formules employées par la haute juridiction : les droits conférés à l'attributaire sont « exclusifs de toute appropriation individuelle » (Req. 30 juin 1942, préc.); les souvenirs ne lui sont remis qu'« à titre de dépôt » (Civ. 1re, 21 févr. 1978).

Aussi bien paraît-il plus exact de rechercher le fondement de cette jurisprudence dans l'idée d'une « copropriété indivise familiale », laquelle échapperait au droit commun de l'indivision (Terré et Simler, *Les biens*, n° 715; F. Terré, Y. Lequette et S. Gaudemet, *Les successions, Les libéralités*, n° 242; v. en dernier lieu, TGI Paris, 29 juin 1988, préc.). Il avait été suggéré d'appuyer cette analyse sur l'article 842, alinéa 3 du Code civil qui, dans sa rédaction antérieure à la loi du 23 janvier 2006, disposait : « Les titres communs à toute l'hérédité seront remis à celui que tous les héritiers ont choisi pour en être le dépositaire, à la charge d'en aider les copartageants, à toute réquisition. S'il y a difficulté sur ce choix, il est réglé par le juge » (Grimaldi, *Successions*, n° 264). Donnant un fondement textuel à la dévolution particulière des souvenirs familiaux, cette explication présentait en outre le mérite de rendre compte assez exactement de l'organisation mise sur pied par la jurisprudence. La Cour de cassation n'a cependant jamais visé dans ses décisions l'article 842 du Code civil. Soulignant ainsi le caractère prétorien de cette construction, elle prend appui sur « le principe concernant l'attribution des souvenirs de famille » (P. Morvan, *Le principe de droit privé*, thèse Paris II, éd. 1999, n° 283; v. *supra*, n° 11, § 7). *De lege ferenda*, il a été proposé que, pour répondre à ce type de situations, l'on mette en place des fondations privées à affectation familiale (Barbièri, art. préc., *JCP* 1984. I. 3156, n°s 26 s.).

II. — La notion de souvenirs de famille

4 La condition originale que la jurisprudence fait aux souvenirs de famille donne un intérêt certain à la délimitation des contours exacts de cette notion. On insiste aujourd'hui sur ce qu'il s'agit de « biens dont la signification familiale est si profonde qu'elle éclipse leur valeur vénale » (Malaurie, *Les successions, Les libéralités*, n° 28). Ainsi en va-t-il des archives familiales (sur celle-ci, v. P. Ourliac, « Les archives privées », *Mélanges P. Raynaud*, 1985, p. 587) et plus généralement des papiers de famille, notamment des correspondances échangées entre des membres de la famille et des personnages illustres, des portraits de famille (TGI Paris, 29 juin 1988, *Duc de Gramont*, préc.), des décorations, des armes (Req. 14 mars 1939, préc.), des albums de photographies de famille (Caen 22 janv. 2004, préc). Rappelant en général la mémoire d'un membre de la famille particulièrement marquant, ces objets ne sont qualifiés de souvenirs de famille que s'ils ont été et sont encore considérés comme tels par les membres de celle-ci (rappr. Paris 16 mai 2006, *D.* 2007. 706, note W. Dross déniant à des objets ayant appartenu à Jacques Brel la qualité de souvenir de famille, car ils « ne sont pas par eux-mêmes porteurs d'une valeur symbolique ni particulièrement représentatifs de la vie et de la notoriété de Jacques Brel »). En cas de désaffection, il n'y aurait plus lieu de leur appliquer ce statut dérogatoire.

Néanmoins, le *tractatus* ne saurait suffire à établir le lien entre l'objet et la famille. Le fait qu'un document a été considéré, même pendant une période assez longue, comme un souvenir de famille ne permet pas, en effet, de retenir cette qualification, dès lors que l'élément objectif fait défaut. Ainsi, en l'espèce, appliquée aux correspondances émanant de l'ancêtre ou reçues par lui, l'appellation de souvenir de famille est refusée à des lettres qui ne se rapportent pas à la famille, alors même que tous les documents avaient été transmis en bloc pendant 150 ans. Leur valeur historique l'emporte alors sur leur intérêt familial (v. déjà Angers, 4 févr. 1869, *DP* 69. 2. 139). Ultérieurement, la haute juridiction a considéré que pouvaient constituer des souvenirs de famille des objets « présentant un *rapport direct* avec divers membres de la famille d'Orléans, descendants ou alliés du roi Louis-Philippe » (Civ. 2e, 29 mars 1995, préc.). Mais ce rapport ne saurait résulter ni du « caractère historique » du bien ni de la seule perpétuation de sa possession par la famille (Civ. 1re, 12 nov. 1998, *D.* 1999. 624, note J. Robichez). Gravement dérogatoire au droit commun, le statut des souvenirs de famille ne saurait s'appliquer qu'à des pièces dont la valeur d'enracinement est manifeste parce qu'elles sont directement évocatrices du passé familial.

5 Reste la question de la valeur de ces objets. La qualification *souvenir familial* doit-elle être cantonnée à des biens dont la valeur vénale est modeste ? Dans ses arrêts de 1939 et de 1942, la chambre des requêtes réservait cette appellation à des « objets qui, en raison de cette nature, ont une valeur essentiellement morale » ou encore une « valeur purement morale ». Appliquées à la lettre, ces formules vident la notion de tout son intérêt. Dans une société de plus en plus coupée de ses racines, il n'est plus guère de souvenir dépourvu de valeur vénale ! Aussi bien, la doctrine a-t-elle toujours insisté sur ce que les souvenirs de famille sont des biens, non de faible valeur, mais pour lesquels la « valeur morale » l'emporte sur la « valeur vénale » (E. H. Perreau, « Les droits de la personnalité », *RTD civ.* 1909. 501; Demogue, art. préc.; Nerson, *Les droits extrapatrimoniaux*, thèse Lyon, 1939, p. 262). Les juges du fond ayant fait explicitement référence à cette conception dans l'affaire étudiée, la haute juridiction maintient sur ce point leur décision (v. depuis Civ. 2e, 29 mars 1995, préc.). Des espèces ultérieures montrent qu'il ne s'agit pas là d'un point de vue isolé (Paris, 7 déc. 1987, préc., manuscrit d'Émile Zola évalué plusieurs millions de francs; TGI Paris, 29 juin 1988, préc. portrait de famille exécuté par un peintre réputé; Paris, 2 juill. 1993, *JCP* 1994. II. 22191, note Hovasse-Banget, tableaux historiques, portraits, parures de la famille d'Orléans). S'il est malheureusement souvent vrai aujourd'hui qu'« à partir d'une certaine valeur, on ne se souvient plus, on profite » (Blondel, *La transmission à cause de mort des droits extra patrimoniaux et des droits patrimoniaux à caractère personnel*, n° 139, p. 123), il n'en reste pas moins qu'au sein d'une famille, l'un de ses membres a, grâce à la notion de souvenir de famille, les moyens de rappeler aux autres que la mémoire prime l'esprit de lucre.

Dans le prolongement de cette décision, certains se sont interrogés sur la possibilité d'appliquer ce statut aux bijoux de famille (Grimaldi, *Successions*, n° 264). La conception initialement retenue par la jurisprudence y faisait certainement obstacle. Mais, eu égard à l'évolution constatée, rien ne paraît s'opposer à cette qualification dès lors que le lien avec la famille est nettement caractérisé (v. Paris, 2 juill. 1993, préc.). Aussi bien, dans l'affaire *La Rochefoucauld*, les tribunaux ont-ils retenu la qualification de bijoux de famille afin d'en déduire un statut juridique particulier favorisant la conservation de ceux-ci (T. civ. Seine, 5 févr. 1954, *JCP* 1954. II. 8383, note Boyer, *D.* 1956. 106, note Blaise; Paris, 19 févr. 1957, *D.* 1957. 321, concl. Lindon, note Savatier, *RTD civ.* 1957. 375; Civ. 1re, 20 juin 1961, *D.* 1961. 641, note Savatier, *JCP* 1961. II. 12352, note Ponsard; v. aussi Civ. 29 déc. 1932, *DH* 1933. 115; Civ. 1re, 30 oct. 2007, *Dr. fam.* 2008, n° 23, note V. Larribau-Terneyre). En revanche, une telle solution paraît plus difficile à appliquer à un immeuble, encore qu'elle ne soit pas inconcevable (v. Lindon, note *D.* 1978. 506; comp. Malaurie, *op.* et *loc. cit.*). – V. aussi, sur le sort des bijoux de famille en matière de régimes matrimoniaux, *supra*, n° 93.

100

SUCCESSION. ENFANT ADULTÉRIN. CONCOURS AVEC UN ENFANT LÉGITIME. ARTICLE 760 DU CODE CIVIL. DISCRIMINATION

CEDH 1er février 2000

(*D.* 2000. 332, note Thierry, *JCP* 2000. II. 10286, note Gouttenoire-Cornut et Sudre, I. 278, obs. Le Guidec, *Dr. et patr.* mai 2000, p. 56, note Stoffel-Munck, *Defrénois* 2000. 654, obs. Massip, *RTD civ.* 2000. 311, obs. Hauser, 429, obs. Marguénaud, 601, obs. Patarin, *Grands arrêts CEDH*, n° 52)

Mazureck

La Cour constate que c'est en raison de sa condition d'enfant adultérin que le requérant a vu réduire de moitié, au profit de son demi-frère, la part de succession à laquelle il aurait eu droit s'il avait été un enfant naturel ou légitime et que cette différence de traitement est expressément prévue par l'article 760 du Code civil. Au regard de l'article 14 de la Conv. EDH une distinction est discriminatoire si elle « manque de justification objective et raisonnable », c'est-à-dire si elle ne poursuit pas un « but légitime » et « s'il n'y a pas de rapport raisonnable de proportionnalité entre les moyens employés et le but visé ». La Cour estime qu'il ne peut être exclu que le but invoqué par le gouvernement, à savoir la protection de la famille légitime traditionnelle, puisse être considéré comme légitime. En revanche, les moyens employés, c'est-à-dire l'instauration d'une différence de traitement entre enfants légitimes et enfants adultérins, n'apparaissent pas proportionnés et adéquats par rapport au but poursuivi. La Cour ne trouve, en effet, en la circonstance, aucun motif de nature à justifier une discrimination fondée sur la naissance hors mariage, et l'enfant adultérin ne saurait se voir reprocher des faits qui ne lui sont pas imputables.

Faits. — Une femme décède en 1990, laissant deux enfants Alain et Claude. Né hors mariage en 1936, le premier avait été légitimé en 1937 par le mariage de sa mère. Né en 1942 au cours de cette union, après la séparation de fait des époux mais avant leur divorce prononcé en 1944, le second avait été déclaré sur les registres de l'état civil sous le seul nom de sa mère, sans indication du nom du mari, en sorte que, non couvert par la présomption de paternité, il avait la qualité d'enfant adultérin *a matre*.

Alain, l'enfant légitimé, assigna son demi-frère Claude, l'enfant adultérin, afin qu'il soit décidé que celui-ci n'avait droit, en vertu de l'article 760 du Code civil, qu'à une demie part d'enfant légitime, soit un quart de la succession. Claude répliqua que la règle posée par l'article 760 du Code civil était contraire aux articles 8 et 14 de la Convention européenne des droits de l'homme. Cette argumentation ne fut accueillie ni en première instance par le Tribunal de grande instance de Nîmes, ni en appel par la Cour du même lieu, laquelle dans un arrêt du 24 mars 1994 rejeta les moyens fondés sur les articles 8 et 14 de la Convention européenne, en affirmant que « les dispositions de l'article 760, qui limitent les droits successoraux de l'enfant adultérin sont directement liées au principe d'ordre public de notre droit selon lequel le mariage a un caractère monogamique et selon lequel il est nécessaire de protéger le conjoint et les enfants victimes de l'adultère », en sorte qu'elles ne revêtent pas un caractère discriminatoire à l'égard de l'enfant adultérin (*JCP* N 1996. II. 930, note Mazeron, *RTD civ.* 1995. 717, obs. Hauser; rappr. Reims 15 janv. 1998, *Dr. fam.* 1999, n° 17, 2e esp., note B. Beignier, *RTD civ.* 1999. 497, obs. Marguénaud). La Cour de cassation rejeta le pourvoi formé contre cette décision, par un arrêt du 25 juin 1996 (*JCP* 1997. II. 22834, note Malaurie, *D.* 1997. Somm. 275, obs. Dekeuwer-Défossez, *D.* 1998. 453, note Brunet, *Dr. fam.* 1996, n° 26, note Beignier, *Defrénois* 1997. 310, obs. Massip, *RTD civ.* 1996. 873, obs. Hauser, 542, obs. Marguénaud). À la différence de la Cour de Nîmes, la haute juridiction n'entreprit pas de donner une justification objective à l'article 760 du Code civil, mais affirma péremptoirement que « la vocation successorale est étrangère au respect de la vie privée et familiale dont le droit est reconnu par l'article 8 de la Convention européenne des droits de l'homme et garanti sans discrimination par l'article 14 de cette Convention ». Usant du droit de recours individuel qui permet à toute personne ayant épuisé les voies de recours internes de saisir la Cour de Strasbourg, Claude fit valoir devant celle-ci que la réduction de sa part successorale à laquelle procède l'article 760 du Code civil est constitutive d'une discrimination dans l'exercice de son droit au respect de sa vie familiale et de son droit de propriété.

Voici la réponse de la Cour de Strasbourg.

ARRÊT

La Cour — (...)

En droit :

23. Le requérant allègue être victime d'une violation des articles 8 et 14 de la Convention, ainsi que de l'article 1 du Protocole n° 1 en raison du fait que les dispositions applicables en droit civil français ont limité ses droits successoraux sur les biens de sa mère par rapport à ceux de son demi-frère.

24. La Cour estime que, la succession étant déjà ouverte lors de l'introduction de la requête, il convient d'examiner au premier chef la requête sous l'angle de l'atteinte alléguée au droit au respect des biens du requérant combiné avec le principe de non-discrimination (voir, *mutatis mutandis*, arrêt *Inze c. Autriche* du 28 octobre 1987, série A n° 126, p. 17, § 38).

I. Sur la violation alléguée de l'article 1 du Protocole n° 1 combiné avec l'article 14 de la Convention :

25. Le requérant se plaint que, du fait de l'application par les juridictions françaises de l'article 760 du Code civil, il lui a été alloué une part de la succession de sa mère inférieure à celle qu'a obtenue son demi-frère et ce, parce qu'il était un enfant adultérin.

26. Les articles 1 du Protocole n° 1 et 14 de la Convention se lisent respectivement comme suit :

Article 1 du Protocole n° 1

« Toute personne physique ou morale a droit au respect de ses biens. Nul ne peut être privé de sa propriété que pour cause d'utilité publique et dans les conditions prévues par la loi et les principes généraux du droit international.

Les dispositions précédentes ne portent pas atteinte au droit que possèdent les États de mettre en vigueur les lois qu'ils jugent nécessaires pour réglementer l'usage des biens conformément à l'intérêt général ou pour assurer le paiement des impôts ou d'autres contributions ou des amendes. »

Article 14 de la Convention

« La jouissance des droits et libertés reconnus dans la (...) Convention doit être assurée, sans distinction aucune, fondée notamment sur le sexe, la race, la couleur, la langue, la religion, les opinions politiques ou toutes autres opinions, l'origine nationale ou sociale, l'appartenance à une minorité nationale, la fortune, la naissance ou toute autre situation. »

27. Le requérant rappelle que son demi-frère était un enfant naturel qui a été légitimé par le mariage de ses parents. Il estime que la différenciation, quant aux droits successoraux, entre enfant naturel légitimé par le mariage et enfant adultérin venant en concours ne répond pas à un but légitime. Il ajoute que, même en se plaçant sur le terrain de la défense de l'institution du mariage et de la famille traditionnelle, la différence de traitement réservée à l'enfant adultérin par rapport à l'enfant naturel légitimé est inacceptable puisque, dans les deux cas, l'enfant est conçu hors des liens du mariage. Ainsi, l'égalité de droit ne contreviendrait en rien au règlement d'une situation qui ne s'est pas édifiée sur la foi du mariage, mais en marge du mariage. En outre, il ne s'agissait pas en l'occurrence de protéger le conjoint victime de l'adultère, puisque le divorce avait été prononcé le 4 juillet 1944.

28. Le requérant fait encore observer que la méconnaissance par les juridictions internes de l'intention libérale de la défunte à son égard rend encore plus illégitime la différenciation de ses droits successoraux vis-à-vis de son demi-frère.

29. Le requérant considère que les moyens employés pour protéger la famille légitime étaient disproportionnés au but recherché.

30. Il rappelle que la Convention, qui a un caractère dynamique et entraîne des obligations positives de la part des États, est un instrument vivant, à interpréter à la lumière des conditions actuelles, et que les États membres du Conseil de l'Europe attachent de nos jours de l'importance à l'égalité, en matière de droits de caractère civil, entre enfants issus du mariage et enfants nés hors mariage. Ainsi, seules de très fortes raisons pourraient amener à estimer compatible avec la Convention une distinction fondée sur la naissance hors mariage.

31. En se fondant sur le droit comparé européen, le requérant relève, quant aux arguments avancés par le Gouvernement, que la France se singularise au sein du Conseil de l'Europe en maintenant une position excessivement restrictive et discriminatoire sur cette question.

32. Pour ce qui est de la marge d'appréciation de l'État, le requérant considère que l'on n'aperçoit ni la motivation ni la démonstration d'une spécificité française sur le terrain de la morale, spécificité qui rendrait impossible la mise en œuvre du principe d'égalité constamment affirmé.

33. Le Gouvernement expose que les dispositions de l'article 760 du Code civil reposent sur de très solides raisons qui répondent à un but légitime et respectent le rapport de proportionnalité exigé par la Cour. Il ajoute que, selon la jurisprudence, une distinction est discriminatoire si elle manque de justification objective et raisonnable.

34. Pour ce qui est de la justification, le Gouvernement souligne que dans l'esprit de la loi du 3 janvier 1972 qui reconnaît l'égalité des filiations, l'article 760 du Code civil est une exception introduite dans le but de protéger la famille légitime qui repose sur le mariage d'où découlent des droits et obligations, tel le devoir de fidélité.

35. Il ajoute qu'accorder à l'enfant adultérin une stricte égalité de droits avec l'enfant légitime reviendrait à ne tenir aucun compte de la situation qui est édifiée sur la foi du mariage et que la protection de la famille légitime est ainsi assurée par une protection particulière des membres de celle-ci qui sont particulièrement touchés par l'adultère, à savoir le conjoint et les enfants légitimes.

36. Le Gouvernement conclut qu'un tel but est légitime.

37. Il expose encore que les moyens employés sont proportionnés au but visé et souligne que l'État dispose en la matière d'une marge d'appréciation.

38. Il ajoute qu'il n'existe pas d'approche commune des États membres du Conseil de l'Europe concernant les droits des enfants adultérins et que la Cour a pris ce fait en considération dans son arrêt *Rasmussen c. Danemark* (arrêt du 28 novembre 1984, série A n° 87).

39. Le Gouvernement estime *mutatis mutandis* que l'absence d'unité d'approche au sein du Conseil de l'Europe devrait conduire à reconnaître aux États une marge d'appréciation suffisante pour leur permettre de déterminer les mesures destinées à protéger les membres de la famille légitime, lorsqu'ils sont en concours avec des enfants adultérins pour la succession de leur auteur. Il souligne par ailleurs l'existence d'intérêts moraux qui entrent en jeu dans ce genre de situation.

40. En tout état de cause, le Gouvernement estime que les mesures prises ne sont pas disproportionnées au but poursuivi.

En effet, la restriction des droits de l'enfant adultérin n'est prévue que de manière exceptionnelle, lorsqu'il est en concours avec un enfant légitime ou avec un enfant naturel simple. Il ajoute que le conjoint adultère dispose de plusieurs moyens pour faire disparaître cette inégalité par la légitimation par mariage ou par autorité de justice.

41. La Cour rappelle tout d'abord que l'article 1 du Protocole n° 1 garantit en substance le droit de propriété (arrêt *Inze* précité, p. 17, § 38).

42. Dans la mesure où la mère du requérant était décédée au moment des faits, la Cour constate que le requérant avait automatiquement acquis, en vertu des articles 745, 757 et 760 du Code civil français, des droits héréditaires sur la succession. Le patrimoine était donc la propriété conjointe du requérant et de son demi-frère.

43. Dès lors les faits de la cause relèvent de l'article 1 du Protocole n° 1, et l'article 14 de la Convention peut s'appliquer en combinaison avec lui.

A. Sur l'existence d'une différence de traitement :

44. La Cour relève d'emblée que le Gouvernement ne conteste pas le fait que, en application des articles pertinents du Code civil, les deux demi-frères ne se trouvaient pas dans la même situation vis-à-vis de la succession de leur mère.

45. Elle constate que c'est en raison de sa condition d'enfant adultérin que le requérant a vu réduire de moitié, au profit de son demi-frère, la part de la succession à laquelle il aurait eu droit s'il avait été un enfant naturel ou légitime et que cette différence de traitement est expressément prévue par l'article 760 du Code civil.

46. La Cour rappelle, sur ce point, que dans la jouissance des droits et libertés reconnus par la Convention, l'article 14 interdit de traiter de manière différente, sauf justification objective et raisonnable, des personnes placées dans des situations comparables (arrêt *Hoffmann c. Autriche* du 23 juin 1993, série A n° 255-C, p. 58, § 31).

47. Il convient dès lors de déterminer si la différence de traitement alléguée était justifiée.

B. Sur la justification de la différence de traitement :

48. Au regard de l'article 14 de la Convention, une distinction est discriminatoire si elle « manque de justification objective et raisonnable », c'est-à-dire si elle ne poursuit pas un « but légitime » ou s'il n'y a pas de « rapport raisonnable de proportionnalité entre les moyens employés et le but visé » (voir notamment les arrêts *Inze* précité, p. 18, § 41, et *Karlheinz Schmidt c. Allemagne* du 18 juillet 1994, série A n° 291-B, pp. 32-33, § 24).

49. La Cour rappelle à ce propos que la Convention est un instrument vivant, à interpréter à la lumière des conditions actuelles (voir notamment l'arrêt *Johnston et autres c. Irlande* du 18 décembre 1986, série A n° 112, pp. 24-25, § 53). Or les États membres du Conseil de l'Europe attachent de nos jours de l'importance à l'égalité, en matière de droits de caractère civil, entre enfants issus du mariage et enfants nés hors mariage. En témoigne la Convention européenne de 1975 sur le statut juridique des enfants nés hors mariage, qui n'a pas été ratifiée par la France. Seules donc de très fortes raisons pourraient amener à estimer compatible avec la Convention une distinction fondée sur la naissance hors mariage (voir, *mutatis mutandis*, les arrêts *Abdulaziz, Cabales* et *Balkandali c. Royaume-Uni* du 28 mai 1985, série A n° 94, pp. 37-38, § 78, et *Inze* précité, p. 18, § 41).

50. La Cour estime qu'il ne peut être exclu que le but invoqué par le Gouvernement, à savoir la protection de la famille traditionnelle, puisse être considéré comme légitime.

51. Reste la question de savoir, pour ce qui est des moyens employés, si l'instauration d'une différence de traitement entre enfants adultérins et enfants légitimes ou naturels, quant à la succession de leur auteur, apparaît proportionnée et adéquate par rapport au but poursuivi.

52. La Cour note d'emblée que l'institution de la famille n'est pas figée, que ce soit sur le plan historique, sociologique ou encore juridique. Ainsi, la loi du 3 janvier 1972 a notamment constitué une avancée importante dans l'évolution du droit de la famille et de la situation des enfants non légitimes, réglant la question de l'établissement de la filiation pour tous les enfants. Le 20 novembre 1989, la Convention des Nations unies relative aux droits de l'enfant, consacrant l'interdiction des discriminations fondées sur la naissance, a été adoptée (paragraphe 18 ci-dessus). À sa suite, en mai 1990, le Conseil d'État a publié un rapport préconisant, données sociodémographiques à l'appui, la suppression de la discrimination successorale affectant les enfants adultérins (paragraphe 19 ci-dessus). En décembre 1991, un projet de loi a proposé d'aligner la situation successorale des enfants adultérins sur celle des autres enfants (paragraphe 20 ci-dessus). En 1998, deux missions furent successivement lancées à l'initiative du garde des Sceaux pour, d'une part, prendre en compte les évolutions de la famille sur le plan sociologique et, d'autre part, tenir juridiquement compte de l'évolution des faits. Le premier rapport, déposé le 14 mai 1998, critiqua le statut inégalitaire des enfants adultérins (paragraphe 21 ci-dessus) tandis que le second rapport, déposé le 14 septembre 1999, préconisa d'abroger les limites aux droits successoraux de l'enfant adultérin (paragraphe 22 ci-dessus). Pour ce qui est de la situation dans les autres États membres du Conseil de l'Europe, la Cour note, contrairement aux affirmations du Gouvernement (paragraphe 38 ci-dessus), une nette tendance à la disparition des discriminations à l'égard des enfants adultérins. Elle ne saurait négliger une telle évolution dans son interprétation nécessairement dynamique des dispositions litigieuses de la Convention. À cet égard, la référence faite par le Gouvernement à l'arrêt *Rasmussen* (paragraphe 38 ci-dessus) n'est pas convaincante, les circonstances de fait et de temps n'étant pas les mêmes.

Quant à l'argument tiré de la dimension des intérêts moraux (paragraphe 39 ci-dessus), la Cour ne peut que relever la teneur des données sociodémographiques à l'époque des faits, de même que, notamment, le projet de loi tendant, en 1991, à supprimer toute discrimination.

53. La Cour n'est pas appelée à se prononcer sur le point de savoir si la mère du requérant avait ou non contrevenu aux engagements découlant de son mariage, vis-à-vis de la cellule familiale légitime. Elle note simplement que la mère du requérant et son mari étaient séparés de fait lors de la naissance du premier, naissance qui fut rapidement suivie d'un divorce (paragraphe 8 ci-dessus).

54. Le seul problème soumis à la Cour concerne la question de la succession d'une mère par ses deux enfants, l'un naturel, l'autre adultérin. Or la Cour ne trouve, en l'espèce, aucun motif de nature à justifier une discrimination fondée sur la naissance hors mariage. En tout état de cause, l'enfant adultérin ne saurait se voir reprocher des faits qui ne lui sont pas imputables : il faut cependant constater que le

requérant, de par son statut d'enfant adultérin, s'est trouvé pénalisé dans le partage de la masse successorale.

55. Eu égard à tous ces éléments, la Cour conclut qu'il n'y a pas de rapport raisonnable de proportionnalité entre les moyens employés et le but visé.

Partant, il y a eu violation de l'article 1 du Protocole n° 1 combiné avec l'article 14 de la Convention.

II. Sur la violation des articles 8 et 14 combinés de la Convention :

56. Eu égard à la conclusion figurant au paragraphe précédent et compte tenu du fait que les arguments avancés par les parties sont les mêmes que ceux examinés dans le contexte de l'article 1 du Protocole n° 1 combiné avec l'article 14 de la Convention, la Cour n'estime pas nécessaire d'examiner ce grief.

III. Sur l'application de l'article 41 de la Convention :

(...)

A. Dommages :

58. Le requérant demande au titre du préjudice matériel la différence entre la somme qui lui a été allouée et celle qui lui serait revenue si un partage par moitié avait été effectué. Le Gouvernement ne s'y oppose pas. Dans ces conditions, la Cour dit qu'il y a lieu d'allouer au requérant la somme de 376 034,61 francs français (FRF) au titre du préjudice matériel.

59. Le requérant demande également une indemnisation de son préjudice moral qu'il chiffre à 100 000 FRF. Le Gouvernement s'oppose à cette demande. Statuant en équité, la Cour décide d'allouer au requérant 20 000 FRF au titre du préjudice moral.

(...)

Par ces motifs, la Cour :

1. *Dit*, à l'unanimité, qu'il y a eu violation de l'article 1 du Protocole n° 1 combiné avec l'article 14 de la Convention;

2. *Dit*, par cinq voix contre deux, qu'il n'est pas nécessaire d'examiner le grief tiré des articles 8 et 14 combinés de la Convention;

3. *Dit*, à l'unanimité,

a) que l'État défendeur doit verser au requérant, dans les trois mois à compter du jour où l'arrêt est devenu définitif conformément à l'article 44 § 2 de la Convention, les sommes suivantes :

i. 376 034,61 FRF (trois cent soixante-seize mille trente-quatre francs français soixante et un centimes) pour dommage matériel;

ii. 20 000 FRF (vingt mille francs français) pour dommage moral;

iii. 100 000 FRF (cent mille francs français) pour frais et dépens;

b) que ces montants seront à majorer d'un intérêt simple de 3,47 % l'an à compter de l'expiration dudit délai et jusqu'au versement;

4. *Rejette*, à l'unanimité, la demande de satisfaction équitable pour le surplus.

OBSERVATIONS

1 Plus encore que l'arrêt rendu par la Cour de Strasbourg en matière de transsexualisme (CEDH 25 mars 1992, *D.* 1993. 101, note Marguénaud, *JCP* 1992. II. 21955, note Garé, *supra*, n°s 26-27, § 9), l'arrêt *Mazureck* a fait prendre conscience à la communauté des civilistes français de ce que les droits fondamentaux étaient devenus, pour leur discipline, une donnée positive de première importance (A. Debet, *L'influence de la Convention européenne des droits de l'homme sur le droit civil*, thèse Paris II, éd. 2002). Il en résulte, en effet, que bien loin d'être cantonnés, comme on l'a longtemps cru, aux rapports entre l'État et les particuliers, les droits fondamentaux peuvent désormais jouer un rôle de premier plan au sein des rapports entre particuliers : le droit civil ne vaut plus que s'il est conforme aux droits de l'homme lesquels s'érigent ainsi en une sorte de « droit des droits ». Mieux, cette irruption des droits fondamentaux au sein du droit civil s'opère sans que l'intervention de la plus haute juridiction judiciaire française offre de réelles garanties aux acteurs de la vie civile, puisque l'affirmation par celle-ci de la conformité de telle ou telle disposition de notre droit civil avec les exigences des droits fondamentaux peut, à tout moment, être contredite par la Cour de Strasbourg. Enfin, l'affaire *Mazureck* montre qu'il n'est le plus souvent d'autre solution à une condamnation par cette même juridiction qu'une intervention du législateur. Aussi, après avoir analysé la décision rendue par la Cour de Strasbourg dans la présente affaire (I), envisagera-t-on les conséquences de celle-ci (II).

I. — Analyse

2 La loi du 3 janvier 1972 a posé le principe de l'égalité des filiations (art. 757 C. civ.). Toutefois, soucieux de maintenir une certaine primauté du mariage, ses rédacteurs ont prévu que les droits de l'enfant adultérin sont diminués lorsqu'il est en concours avec les enfants légitimes issus du mariage pendant lequel il a été conçu (art. 760 C. civ.) ou avec le conjoint victime de l'adultère (art. 759 C. civ.). Dans la première hypothèse, il ne recevra que « la moitié de la part à laquelle il aurait eu droit si tous les enfants du défunt, y compris lui-même, eussent été légitimes ».

Assez rapidement, la délimitation du domaine d'application de cette disposition suscita, à plusieurs égards, la controverse. Que fallait-il entendre par « enfant issu du mariage » ? Les enfants ayant fait l'objet d'une adoption par les époux ou encore les enfants légitimés par leur mariage pouvaient-ils bénéficier de cette disposition restrictive à l'encontre d'un enfant adultérin né durant cette même union ? De même, la restriction de l'article 760 s'appliquait-elle uniquement dans la succession de son auteur adultère ou plus généralement dans toute succession dans laquelle l'enfant adultérin est en concours avec des enfants légitimes protégés ? Tant l'esprit que la lettre des dispositions de l'article 760 du Code civil paraissaient commander, dans l'un et l'autre cas, une interprétation stricte de cette disposition (B. Vareille, « Étude critique de l'article 760 du Code civil », *RTD civ.* 1991. 483 et 485). Or curieusement, c'est une interprétation extensive que retint la haute juridiction. Elle assimila, en effet, l'enfant adoptif à l'enfant issu du mariage (Civ 1re, 8 nov. 1982, *D.* 1983. 445, *Defrénois* 1983. 443, note Y. Flour et M. Grimaldi, *RTD civ.* 1983. 569, obs. Patarin, *Grands arrêts jurisp. civile*, t. 1, 11e éd., n° 95 ; 8 oct. 1985, *Bull. civ.* I, n° 249, p. 224, *RTD civ.* 1986. 614, obs. Patarin) et fit jouer la limitation apportée aux droits de l'enfant adultérin dans toutes les successions dans lesquelles celui-ci est en concurrence avec des enfants légitimes protégés (Civ. 1re, 24 juin 1980, *D.* 1980. IR 427, obs. D. Huet-Weiller, *Defrénois* 1980. 1194, note G. Morin, *RTD civ.* 1981. 192, obs. Patarin, *Grands arrêts jurisp. civile*, t. 1, 11e éd., no 94; 26 avr. 1988, *D.* 1988. 469, rapp. Massip, *JCP* 1989. II. 21246, note Testu, *RTD civ.* 1988. 798, obs. Patarin). Se voulant protectrices de la famille légitime, ces décisions l'ont en réalité fragilisée. En étendant les dispositions destinées à protéger la famille légitime à des hypothèses où la raison d'être de cette protection ne se retrouvait pas, elles ont en effet conféré à ces dispositions une coloration abusive qui a ultérieurement facilité leur éviction. L'affaire *Mazureck*, par ses circonstances concrètes, en offre précisément une excellente illustration.

3 En la circonstance, l'enfant adultérin soutenait que la restriction de droits, prévue par l'article 760 à son détriment, était discriminatoire car contraire à l'article 14 de la Convention européenne des droits de l'homme, lequel prévoit que « la jouissance des droits et libertés reconnus dans la présente convention doit être assurée, sans distinction aucune fondée notamment sur le sexe, la race (…), la *naissance* ou toute autre situation ». Mais on sait que le droit à la non-discrimination n'est pas un droit autonome, en sorte que l'interdiction de discrimination ne vaut que pour les droits garantis par la convention. Il convenait donc de rechercher si de tels droits étaient ou non atteints dans le cas présent. Le requérant invoquait à l'appui de sa requête la violation, d'une part, de l'article 8 consacrant le droit au respect de la vie privée et familiale, d'autre part, de l'article 1 du Protocole additionnel no 1 protégeant le droit de propriété.

S'agissant du premier de ces textes, la Cour de cassation avait, dans la présente affaire, décidé que « la vocation successorale est étrangère au respect de la vie privée et familiale, dont le droit est reconnu par l'article 8 » (Civ. 1re, 25 juin 1996, préc.). Cette interprétation était manifestement conforme à la lettre des dispositions du traité ainsi qu'au but poursuivi par ses rédacteurs, lesquels entendaient affirmer au profit des personnes et des familles le droit à une sphère d'intimité dans laquelle il est interdit à l'État de s'immiscer. Mais, pratiquant une interprétation dite évolutive, la Cour de Strasbourg a donné une portée extensive aux notions de vie privée et familiale, englobant dans celle-ci les aspects patrimoniaux. C'est ainsi que, dans la fameuse affaire *Marckx* (CEDH 13 juin 1979, série A, no 31, *Jurisprudence de la Cour européenne des droits de l'homme*, 13e éd., par V. Berger, no 156, *Grands arrêts CEDH*, no 49), elle a affirmé que « le domaine des successions et des libéralités entre proches parents apparaît comme intimement associé à la vie familiale » et décidé que les dispositions du droit belge, restreignant la capacité d'un enfant naturel à recevoir des biens de sa mère et excluant toute vocation successorale à l'égard des grands-parents, violaient les articles 8 et 14 de la Convention européenne. Aussi bien a-t-on fait valoir à l'appui d'une telle analyse que le droit de succéder reposait sur les liens familiaux et que le fait d'accorder ou de limiter la vocation successorale, de façon discriminatoire, peut être de nature à troubler la vie familiale (Massip, obs., *Defrénois* 2000. 655). Dans ces conditions, on a pu s'étonner que la Cour de Strasbourg n'ait, en la circonstance, pas estimé utile d'examiner le grief tiré de l'article 8 combiné avec l'article 14 et se soit placée sur le seul terrain du droit de propriété consacré par l'article 1er du Protocole n° 1 (Gouttenoire-Cornut et Sudre, note *JCP* 2000. II. 10286, n° 7). Peut-être a-t-elle voulu ainsi, en évitant de prendre le contre-pied exact de l'affirmation posée par la Cour de cassation, faciliter à celle-ci un éventuel revirement de jurisprudence ? (rappr. B. Vareille, « L'enfant de l'adultère et le juge des droits de l'homme », *D.* 2000. 626, spéc. 627, col. 1).

4 L'article 1er du Protocole additionnel n° 1 dispose quant à lui que « toute personne physique ou morale a droit au respect de ses biens. Nul ne peut être privé de sa propriété que pour cause d'utilité publique et dans les conditions prévues par la loi et les principes généraux du droit international ». En se fondant sur cette disposition pour asseoir son raisonnement, la Cour de Strasbourg procède à une interprétation singulièrement déformante de celle-ci. Le texte protège, en effet, le droit *de* propriété et non le droit *à* la propriété. Or, Claude Mazureck ne pouvait, en la circonstance, prétendre avoir été évincé de sa propriété, puisqu'il n'était jamais devenu titulaire de celle-ci. Pour essayer de tourner cette difficulté, la Cour énonce que Claude Mazureck avait automatiquement acquis, du seul fait du décès de sa mère, des droits héréditaires sur la succession, en sorte que le patrimoine était « la propriété conjointe du requérant et de son demi-frère ». C'est oublier que, en vertu de la loi, ses droits étaient du 1/4, de telle sorte qu'il n'avait été évincé de rien. Aussi bien en visant l'arrêt *Inze* pour conforter son analyse, la Cour de Strasbourg marque clairement que sa solution repose, comme on l'a justement relevé, sur « une confusion grossière entre la dévolution et le partage » (M. Grimaldi, *Droit civil Successions*, 5e éd., 2001, n° 156, p. 167, note 179). Dans l'arrêt *Inze*, l'enfant adultérin avait droit à une quote-part identique à celle de l'enfant légitime, mais l'attribution préférentielle de l'exploitation agricole qui constituait l'essentiel de la succession bénéficiait au seul enfant légitime. En d'autres termes, le problème était bien celui du respect dû au droit de propriété. Dans la présente affaire, la limitation touche non, comme dans l'affaire *Inze*, à « l'exercice de droits déjà acquis mais à l'acquisition de droits » (M. Grimaldi, *op.* et *loc. cit.*). En d'autres termes, la question était non celle de la violation du droit de propriété, mais celle de savoir si une vocation successorale peut ou non être inégalitaire, ce que n'envisage en aucune façon l'article 1er du Protocole n° 1 (Massip, *Defrénois* 2000. 656).

5 Quoi qu'il en soit, une fois ce fondement retenu, la Cour était conduite à se demander si la distinction à laquelle procédait l'article 760 entre les enfants légitimes et les enfants adultérins était ou non discriminatoire. Au regard de sa jurisprudence, une distinction n'est pas discriminatoire si elle repose sur des justifications objectives et raisonnables. Tel est le cas si elle poursuit un « but légitime » et s'il existe un « rapport raisonnable de proportionnalité entre les moyens employés et le but visé ».

S'agissant de la première exigence, la Cour note qu'« il ne peut être exclu que le but invoqué par le Gouvernement (français) à savoir la protection de la famille traditionnelle, puisse être considéré comme légitime ». Si l'on rapproche cette formulation, pleine de réticence, de celle utilisée dans l'arrêt *Marckx* où la Cour de Strasbourg reconnaissait qu'il était « en soi légitime, voire méritoire de soutenir et encourager la famille traditionnelle », on mesure la « perte de prestige » (Marguénaud, obs., *RTD civ.* 2000. 431) encourue par celle-ci en vingt ans. En réalité, cette différence de formulation reflète un changement d'attitude quant à la place de la famille dans l'organisation de la société. Dans une conception traditionnelle, le législateur, inspiré par une vision « holiste », cherche à assurer un ordre social globalement satisfaisant en « accordant la primauté à cette institution fondamentale qu'est le mariage » (A. Sériaux, « L'égalité des filiations depuis la loi du 3 janvier 1972 », *Mélanges Colomer*, 1993, p. 432). Par les engagements qu'il implique, celui-ci est, en effet, perçu comme ayant valeur de modèle en ce qu'il constitue une structure stable offrant aux enfants un double référent masculin et féminin leur permettant de se construire et de franchir au mieux les différentes étapes conduisant à l'âge d'homme. L'intérêt de la société abstraitement considéré l'emporte en conséquence sur celui des enfants adultérins, voire sur celui des enfants naturels.

Avec la montée en puissance des droits fondamentaux, cette conception cède la place à une approche plus individualiste : il s'agit de savoir si un juste équilibre est maintenu entre les exigences de l'intérêt général (la protection de la famille traditionnelle) et la protection des intérêts individuels (le droit de propriété du requérant). Or, les termes de cet équilibre ont eu tendance à se déplacer. Comme le note la Cour de Strasbourg dans la présente affaire « l'institution de la famille n'est pas figée que ce soit au plan historique, sociologique ou, plus encore, juridique ». Et de fait, dans la plupart des pays européens, on a assisté à un alignement de la condition des enfants naturels et des enfants adultérins sur celle des enfants légitimes. C'est là une donnée importante dans la mesure où la Cour de Strasbourg tient le plus grand compte de l'évolution dominante du droit de la grande majorité des États membres du Conseil de l'Europe pour définir sa position. La France n'est, au demeurant, pas restée étrangère à ce mouvement. Outre l'alignement de la situation des enfants naturels sur celle des enfants légitimes opéré par la loi du 3 janvier 1972, il convient de relever que par la restriction des droits à laquelle procède l'article 760, il s'agit non de frapper l'enfant adultérin mais de compenser le préjudice dont on ne peut nier l'existence en la personne du conjoint et des enfants (J. Carbonnier, *Droit et passion du droit*, 1995, p. 268). Aussi bien, avait-il été souligné que l'emploi de la périphrase « enfant dont le père ou la mère était, au temps de la conception, engagé dans les liens du mariage » avec une tierce personne avait pour objet de montrer que la restriction des droits de cet enfant « ne tient pas à une infériorité congénitale, mais résulte d'un heurt fortuit sur l'échiquier successoral avec les victimes de l'adultère » (J. Carbonnier, *op. cit.*, p. 265). C'est dire que le législateur français s'était déjà placé dans la logique d'une « bataille de droits subjectifs – de bulles de savon diversement irisées » (J. Carbonnier, *op. cit.*, p. 268). Mais dans cette bataille, la Cour de Strasbourg estime que le droit français fait la part trop belle aux enfants légitimes protégés.

6 En la circonstance, plusieurs données sont mises en avant pour souligner que la proportionnalité fait défaut. La première, qui vaut de manière générale, apparaît extrêmement forte à une époque où l'idée d'égalité est omniprésente et entendue sur un mode compulsif : l'enfant adultérin n'a rien fait qui justifie, pour lui, un sort moins favorable que celui de l'enfant légitime; comme le constate la Cour de Strasbourg : « l'enfant adultérin ne saurait se voir reprocher des faits qui ne lui sont pas imputables » (rappr. *supra*, n° 51, § 15, à propos de la gestation pour autrui).

Les secondes tiennent aux circonstances de l'espèce : la configuration très particulière de la famille dans le cas étudié faisait qu'il était difficile de découvrir dans la restriction des droits de l'enfant adultérin l'instrument d'une véritable défense des intérêts de la famille traditionnelle. Et de fait, on est ici en présence de ce qu'on nomme parfois un « adultérin sur mort mariage », c'est-à-dire un adultérin conçu alors que le mariage qui liait son auteur était mort affectivement (J. Carbonnier, *op. cit.*, p. 264), ce que la Cour européenne constate en relevant que « la mère du requérant et son mari étaient séparés de fait lors de la naissance du requérant qui a été rapidement suivie d'un divorce ». Or, comme on l'a justement souligné, il y a dans une telle hypothèse « quelque hypocrisie à opposer à l'enfant adultérin les liens d'un engagement dont ceux qui l'ont contracté se sont affranchis depuis longtemps » (Dekeuwer-Défossez, *Rénover le droit de la famille, Propositions pour un droit adapté aux réalités et aux aspirations de notre temps*, 1999, p. 29). Au surplus, l'enfant légitime issu du mariage était, en réalité un enfant naturel légitimé par celui-ci. Autrement dit, l'article 760 du Code civil introduisait, du fait de la jurisprudence contestable de la Cour de cassation (*supra*, § 2) une différence non entre un enfant né du mariage et un enfant adultérin, mais entre deux enfants naturels, l'un né avant le mariage, l'autre après la séparation des époux. Il n'est pas certain que la défense de la famille sortait véritablement renforcée de l'application de l'article 760 à une situation qui s'était, pour l'essentiel, dans chacune de ses composantes, développée en « marge du mariage ». Il n'est guère surprenant, dans ces conditions, que la Cour de Strasbourg ait estimé qu'il n'y avait pas de rapport raisonnable de proportionnalité entre les moyens employés et le but visé, et qu'elle ait condamné l'État français à verser à Claude Mazureck une indemnité correspondant à la portion de succession dont il avait été privé par le jeu de l'article 760 du Code civil. Restait à apprécier la portée exacte de cette condamnation.

II. — Conséquences

7 En frappant d'inconventionnalité l'article 760 du Code civil, l'arrêt *Mazureck* suscitait de multiples interrogations qui avaient trait aussi bien à l'attitude que devait adopter, dans l'immédiat, la pratique notariale en présence d'une telle situation, qu'aux réactions qu'on pouvait attendre du législateur.

8 « Embarrassante », la situation l'était manifestement pour les notaires appelés à régler des successions auxquelles étaient appelés concurremment des enfants adultérins et des enfants légitimes (Massip, *Defrénois* 2000.657). Devaient-ils appliquer l'article 760 déclaré par la Cour de cassation non contraire à la Convention européenne des droits de l'homme ou l'évincer comme semblait le commander l'arrêt de la Cour de Strasbourg ? La solution la plus sage était certainement, après avoir averti les intéressés de la difficulté, de rechercher un accord amiable entre ceux-ci et de se conformer aux termes de celui-ci (sur la conventionnalité d'un partage amiable dans lequel l'enfant adultérin avait, en connaissance de cause, renoncé à une partie de ses droits, voir Civ. 1re, 20 nov. 2013, *D.* 2013. 2772). Mais, en l'absence d'accord, il ne restait plus aux notaires qu'à dresser un procès-verbal de difficulté et à renvoyer les parties s'expliquer devant les tribunaux. Aussi bien certains juges du fond avaient-ils choisi, d'ores et déjà, de se rallier à la jurisprudence de la Cour de Strasbourg (TGI Montpellier, 2 mai 2000, *D.* 2001. 1270, note C. Pelletier, *Dr. fam.* sept 2000, no 99, note Gouttenoire-Cornut, *Defrénois* 2000. 1435, note Massip, *RTD civ.* 2000. 930, obs. Marguénaud et 2001. 124, obs. Hauser; Pau, 28 novembre 2000, *D.* 2001. Somm. 1068, obs. H. Bosse-Platière) et l'on pouvait raisonnablement subodorer que la Cour de cassation en ferait de même, lorsque l'occasion lui en serait donnée. Certes, les décisions de la Cour de Strasbourg ne s'imposaient pas à l'époque à elle (voir depuis Ass. plén., 15 avr. 2011, *D.* 2011. 1080), mais le résultat « ubuesque » – les enfants légitimes conservent la totalité de la part allouée par l'article 760, l'enfant adultérin reçoit, sous forme de dommages-intérêts financés par le contribuable français, un complément de part qui échappe à tout droit de mutation à titre gratuit – auquel conduisait une condamnation par la Cour de Strasbourg ne permettait guère au système de se pérenniser (J. Hauser, obs. *RTD civ.* 2000. 312). Telle ne fut pourtant pas la position de la haute juridiction, ce qui entraîna une nouvelle condamnation de la France (CEDH 22 déc. 2004, *Merger*, *JCP* 2005. I. 103, no 16, obs. F. Sudre, *RTD civ.* 2005. 335, obs. Marguénaud).

Mais, à supposer même un tel revirement réalisé, celui-ci ne suffisait pas à résoudre tous les problèmes. Restait notamment à préciser sa portée dans le temps. La portée rétroactive des revirements combinée avec la règle qui veut que les successions obéissent à la loi en vigueur au jour de leur ouverture conduisait à écarter l'article 760 dans toutes les successions ouvertes après l'entrée en vigueur de la Convention en France, laquelle était intervenue le 3 mai 1974. Une telle solution était évidemment gravement attentatoire à la sécurité juridique, puisqu'elle signifiait que le partage de ces successions, intervenu dans l'intervalle, pourrait être remis en cause en plaidant l'erreur de droit. Aussi, pour éviter un tel résultat, avait-il été suggéré d'entendre l'arrêt *Mazureck* avec la portée que la Cour de Strasbourg avait jadis reconnu à la jurisprudence *Marckx*; la Cour y avait décidé, au nom notamment du « principe de sécurité juridique » que l'État belge n'était pas tenu de « remettre en cause des actes ou des situations juridiques antérieures au prononcé du présent arrêt (§ 58) ». Encore eut-il fallu pour cela que la Cour de cassation fasse référence à la jurisprudence de la Cour de Strasbourg et reconnaisse ainsi explicitement que celle-ci s'impose à elle (M. Grimaldi, *op. cit.*, p. 168, note 188). C'est dire qu'une intervention du législateur était attendue.

9 Mettant fin aux tergiversations qui avaient marqué son attitude au cours des années quatre-vingt-dix, celui-ci ne s'est pas dérobé. La position qu'il convenait d'adopter à la suite de l'arrêt *Mazureck* n'était cependant pas aisée à définir. Et de fait, si la condamnation de l'article 760 était certaine, il n'en allait pas de même pour les autres textes aménageant la situation de l'enfant adultérin, et particulièrement pour l'article 759 qui réglait la concurrence entre l'enfant adultérin et le conjoint protégé. Accordant une moitié de la succession au conjoint qui se trouvait en présence d'un ou plusieurs enfants adultérins, cette disposition pouvait être comprise comme une sorte d'indemnisation forfaitaire allouée au conjoint pour le préjudice que lui causait l'adultère, indemnisation qu'il aurait pu sinon réclamer à la succession sur le fondement de l'article 1382 du Code civil. Au reste, supprimer en l'état l'article 759, c'était infliger au conjoint une importante régression de ses droits successoraux puisque sa vocation à une moitié en propriété faisait place à un quart en usufruit. Aussi bien avait-il été souligné qu'une telle abrogation n'était concevable que si elle s'accompagnait d'une revalorisation substantielle des droits successoraux du conjoint survivant (Massip, « Réflexions sur les droits successoraux des enfants adultérins », *Rapport de la Cour de cassation*, 1988, p. 87 s.; J. Thierry, note, *D.* 2000. 335). Tel a précisément été l'objet de la loi du 3 décembre 2001. Abrogeant la totalité des dispositions relatives aux enfants adultérins, elle augmente la vocation du conjoint survivant lequel, en présence d'enfants qui ne sont pas issus des deux époux, a désormais droit à un quart en propriété (art. 757).

10 Désireux de conférer une portée maximale à cette abrogation afin d'éviter le risque de nouvelles condamnations sans pour autant attenter trop gravement à la sécurité juridique, le législateur a posé que « les dispositions relatives aux nouveaux droits successoraux des enfants naturels dont le père ou la mère était, au temps de la conception, engagé dans les liens du mariage (seront), sous réserve des accords amiables déjà intervenus et des décisions judiciaires irrévocables, (…) applicables aux successions ouvertes à la date de publication de la présente loi au *Journal officiel* de la République française et n'ayant pas donné lieu à partage ». Restait à savoir si ces dispositions transitoires trouveraient grâce devant la Cour de Strasbourg (Marguénaud et Dauchez, « Les dispositions transitoires de la loi du 3 décembre 2001 à l'épreuve de la CEDH », *Defrénois* 2002. 1367).

Faisant une application quasi-mécanique du critère du « partage » retenu par les dispositions transitoires, la Cour de cassation a fait bénéficier un enfant adultérin des dispositions de la loi nouvelle dans une succession qui n'était pas partagée lors de son entrée en vigueur, et cela alors même que la succession s'était ouverte en 1962, c'est-à-dire sous l'empire du droit antérieur à la loi du 3 janvier 1972 qui lui refusait la qualité même d'héritier et à une époque où la Convention EDH n'était pas ratifiée par la France (Civ. 1re, 15 mai 2008, *Bull. civ.* I, nº 139, *RTD civ.* 2008. 708, obs. critiques M. Grimaldi). À l'inverse, elle a refusé aux enfants adultérins le bénéfice de ces mêmes dispositions, dès lors qu'il y a partage. Plus précisément, elle a décidé qu'une donation-partage intervenue en 1970 entre les deux enfants légitimes du *de cujus* pouvait valoir partage définitif dans une succession ouverte en 1994, en sorte qu'un enfant adultérin dont la filiation avait été établie en 1984 ne pouvait agir en réduction de cette donation-partage en se fondant sur les dispositions nouvelles (Civ. 1re, 14 nov. 2007, *Bull. civ.* I, no 360, RTD civ. 2008. 337, obs. M. Grimaldi). Un recours ayant été formé devant la Cour EDH, celle-ci a successivement retenu dans ses différentes formations des solutions diamétralement opposées. Après avoir considéré, au nom de la sécurité juridique et de la paix des familles, que les juridictions françaises avaient correctement mis en balance les intérêts en présence en appliquant les dispositions transitoires de la loi de 2001 (CEDH 5e sect., 21 juill. 2011, *Fabris*, *RTD civ.* 2011. 732, obs. Marguénaud), la Cour EDH, statuant en grande chambre, a décidé que la solution retenue impliquait violation de l'article 14 et de l'article 1er du Protocole no 1 (CEDH, gr. ch., 7 févr. 2013, *Fabris*, *Dr. fam.* 2013, Alerte no 11, par M. Lamarche, 2014, Étude. 12, no 5, par Gouttenoire, *RTD civ.* 2013. 333, obs. Marguénaud). Avec l'espèce de jubilation que lui procure chaque condamnation de la France, M. Marguénaud relève que la Cour de Strasbourg « a littéralement pulvérisé l'argument relatif à la paix des familles en demandant ironiquement si la négation des droits héréditaires de l'un ou de plusieurs de ses membres peut contribuer à renforcer la paix au sein d'une famille » (*RTD civ.* 2013. 334). On se demandera si « la menace d'application rétroactive abyssale du principe européen de non-discrimination » (Marguénaud, *RTD civ.* 2011. 732) et la possibilité de remettre en cause des partages vieux de plusieurs dizaines d'années qu'elle implique contribuera à faire régner plus efficacement cette même paix, d'autant que la Cour de cassation étant passée outre le butoir qui aurait dû résulter de la date d'entrée en vigueur la Convention EDH (Civ. 1re, 15 mai 2008, préc.), on ne sait où s'arrêtera la remontée dans le temps. Mais, réjouissons-nous, il y a là matière à donner aux spécialistes de la Convention européenne le sentiment de leur importance. Comme le note le même commentateur, « l'arrêt *Mazureck* a introduit si énergiquement le principe européen de non-discrimination dans le droit patrimonial de la famille que l'étude de ses répercussions sur des affaires en cours ou antérieures est presque devenue une activité à plein-temps » (*RTD civ.* 2009. 288). Que valent, à côté de cela, la sécurité juridique et la paix des familles ! Rappelons que l'article 2 du Code civil posant le principe de la non-rétroactivité de la loi nouvelle a été introduit à la suite de l'expérience dévastatrice qu'avait constituée l'application de la loi du 17 nivôse an II (6 janvier 1794) aux successions ouvertes depuis le 14 juillet 1789.

11 Rétrospectivement, les dispositions relatives à l'enfant adultérin prévues par la loi du 3 janvier 1972 apparaissent ainsi comme des textes de transition, marqués du signe de l'auto-scepticisme. Conscient de ce que sa réforme risque de se heurter à de vives résistances dans l'opinion, le législateur prévoit des aménagements destinés à faciliter la transition. Une fois celle-ci effectuée, ces dispositions entourées dès l'origine d'une sorte de « pointillé » peuvent être découpées et extraites de la loi (sur cette technique voir J. Carbonnier « Quelques remarques sur l'esprit de la loi française du 13 juillet 1965 portant réforme des régimes matrimoniaux », *Mc Gill Law Journal*, vol. 14, no 4, 1968,

p. 594 s.; G. Cornu, « L'apport des réformes récentes du Code civil à la théorie générale du droit civil », Cours DES 1970-1971, p. 124 s.). Reste à savoir si la décision de mettre fin à cette période de transition n'aurait pas dû relever de la « marge nationale d'appréciation » que la Cour de Strasbourg reconnaît aux États (en ce sens, M. Grimaldi, *op. cit.*, n° 156, p. 167). On est, au demeurant, bien loin de ces préoccupations avec « l'application rétroactive abyssale » de la jurisprudence de la Cour de Strasbourg.

Notons encore que la Cour de cassation dans un arrêt du 29 janvier 2002, rendu sous l'empire du droit antérieur à la réforme du 3 décembre 2001, a considéré que le refus de faire bénéficier un enfant naturel de l'article 1527 du Code civil fondant l'action en retranchement était discriminatoire. Cette action permet de remettre en cause les avantages matrimoniaux consentis au conjoint qui portent atteinte à la réserve héréditaire, en les qualifiant de libéralités (Civ. 1re, 29 nov. 2002, *D.* 2002. 1938, note A. Devers, *JCP* 2002. I. 178, n° 8, obs. Le Guidec, *Dr. fam.* 2002, n° 45, obs. B. Beignier).

101

SUCCESSION. DÉSHÉRENCE. ÉTAT. CLAUSE D'EXHÉRÉDATION. NULLITÉ

Civ., 1re sect. civ., 3 mars 1965

(*D.* 1965. 428, note J. Mazeaud, *JCP* 1965. II. 14280, note Spitéri)

Administration des Domaines c. Consorts Moreau-Ménard

Il résulte de l'article 768 du Code civil que l'État recueille les successions à défaut d'héritiers, par droit de déshérence.

Une clause d'exhérédation, valable dans la mesure où elle concerne des parents du testateur, est nulle à l'égard de l'État, le testateur ne pouvant, par une exhérédation pure et simple, et sans désigner de légataires, faire échec aux droits de l'État.

Par suite doit être cassé l'arrêt qui, pour faire droit à la demande de la sœur du de cujus tendant à la nullité de la clause d'exhérédation, relève que la disposition générale prise par ce dernier vise non seulement ses parents mais l'État et ouvre ainsi les droits des héritiers ab intestat.

Faits et moyen. — V. l'arrêt.

ARRÊT

La Cour; — *Sur le moyen unique :* — Vu l'article 768 du Code civil; — Attendu qu'il résulte de ce texte que l'État recueille les successions, à défaut d'héritiers, par droit de déshérence; — Attendu qu'il ressort des énonciations de l'arrêt infirmatif attaqué (Angers, 28 janv. 1963) que Le Becq est décédé, laissant comme parent le plus proche sa sœur dame Moreau, et en l'état d'un testament par lequel, en même temps qu'il consentait certains legs particuliers, il déclarait exhéréder « qui que ce soit des ayants droit à sa succession », clause que les juges d'appel ont interprétée comme traduisant la volonté du *de cujus* d'exclure l'État lui-même; — Attendu que, pour faire droit à la demande de dame Moreau, tendant à la nullité de la clause d'exhérédation, la cour d'appel relève que, la disposition générale prise par le *de cujus* visant, non seulement ses parents, mais l'État « aurait pour résultat de rendre intransmissible la partie de l'héritage dont le *de cujus* n'a pas disposé »; — Attendu que la clause d'exhérédation, valable dans la mesure où elle concernait les parents de Le Becq, était nulle à l'égard de l'État, le testateur ne pouvant, par une exhérédation pure et simple, et sans désigner de légataires, faire échec aux droits de l'État; qu'en prononçant la nullité de la clause dans son ensemble et en ouvrant ainsi les droits des héritiers *ab intestat*, la cour d'appel a violé, par fausse application, le texte susvisé; — *Par ces motifs*, casse...

OBSERVATIONS

1 À propos de la détermination de la portée d'une clause d'exhérédation insérée dans un testament (I), la Cour de cassation a été conduite à se prononcer, par l'arrêt ci-dessus rapporté, sur le fondement du droit de l'État, en matière successorale (II).

I. — Portée de la clause d'exhérédation au regard de la nature des droits de l'État

2 Dès lors qu'il n'est pas porté atteinte aux droits des héritiers réservataires, la validité d'une clause d'exhérédation ne paraît pas, de prime abord, devoir être mise en doute. Il suffit de remarquer que l'exhérédation peut alors être analysée comme une libéralité indirecte consentie au profit des héritiers subséquents. Mais que faut-il décider lorsqu'elle vise tous les successibles ?

Traditionnellement, on fait alors dépendre la réponse de la nature des droits de l'État.

Si l'État est considéré comme un *successible*, la clause aura pour effet de l'exclure. Il en résulte une situation de mainmorte que l'ordre public ne saurait accepter. Partant, la clause sera considérée comme nulle, et la succession dévolue comme si elle n'existait pas. Ce sont donc les *parents* qui la recueilleront.

Si l'État est pris comme *souverain*, il échappe à la clause d'exhérédation visant les seuls successibles et recueille la succession. Néanmoins, il arrive que le *de cujus* utilise une formule très générale excluant tous ses ayants droit, successibles mais aussi État. La clause est alors nulle en tant qu'elle vise celui-ci, des volontés privées ne pouvant tenir en échec un droit de souveraineté. En ce cas la succession est acquise à l'État.

3 En l'espèce le problème était clairement posé. Un *de cujus* était décédé en exhérédant « qui que ce soit des ayants droit à sa succession », clause que les juges d'appel avaient interprétée comme traduisant la volonté du *de cujus* d'exclure l'État lui-même. Dès lors, les thèses en présence étaient nettement tranchées. Les parents du *de cujus* soutenaient que l'État était appelé en tant que successible. Partant, la clause était nulle en ce qu'elle rendait le patrimoine du *de cujus* intransmissible et la succession devait leur revenir par application des règles de la dévolution *ab intestat.* L'Administration des domaines soutenait, au contraire, que l'État recueillait la succession non pas *jure hereditario*, mais en vertu d'un droit de souveraineté. Celui-ci ne pouvant être tenu en échec par des volontés privées, la clause d'exhérédation, valable au regard des parents, était nulle à son égard. Partant, la succession lui était acquise.

Les juges du fond ayant accueilli la thèse des parents, la haute juridiction les censure, au motif que « la clause d'exhérédation, valable dans la mesure où elle concernait les parents de Le Becq (le *de cujus*) était nulle à l'égard de l'État, le testateur ne pouvant, par une exhérédation pure et simple, et sans désigner de légataire, faire échec aux droits de l'État ». C'est dire que la haute juridiction se prononce très clairement en faveur de la thèse de l'État souverain.

II. — L'État est titulaire d'un droit de souveraineté

4 Cette solution s'inscrit dans un courant traditionnel du droit français. Sous l'Ancien droit, la tendance dominante consistait à assimiler les successions en déshérence à des biens vacants dévolus au seigneur puis au Roi en vertu d'un droit régalien. Cette solution fut, semble-t-il, reprise par les rédacteurs du Code civil. Selon Portalis, « jamais le droit de succéder aux fortunes privées n'a fait partie des prérogatives attachées à la puissance publique (...) l'État ne succède pas » (Fenet, t. I, p. 518). Son intervention a simplement pour but de prévenir « les désordres qu'entraîneraient les prétentions de ceux qui s'efforceraient d'être les premiers occupants d'une succession vacante » (Fenet, t. XII, p. 233). Comme la nature, le droit successoral français a horreur du vide; l'État est là pour le combler. La thèse de l'État héritier avait néanmoins été soutenue par quelques auteurs qui s'appuyaient sur des arguments exégétiques (Ambroise Colin, note *DP* 1902. 2. 177; Josserand, *Cours de droit civil positif français*, t. III, n° 786). Mais en donnant une nouvelle rédaction à l'article 768 (1) et en intitulant le chapitre dans lequel figure cette disposition « Des droits de l'État » et non plus « Des successions irrégulières », l'ordonnance du 23 décembre 1958 a balayé ces arguments. Les lois du 3 décembre 2001 et 23 juin 2006 qui ont déplacé le siège de la matière de l'article 768 à l'article 724 alinéa 3 du Code civil sans en modifier de manière significative la lettre, n'ont pas remis en cause cette solution. Aussi bien, la doctrine française qui était dans sa grande majorité demeurée fidèle à la théorie traditionnelle de l'acquisition par droit de souveraineté (Demolombe, *Cours de Code Napoléon*,

---

(1) « À défaut d'héritier, la succession est acquise à l'État ». Ainsi l'État n'en est pas un.

t. XIV, n° 177 ; Aubry et Rau, t. IX, § 606 *ter*, note 2 ; Planiol et Ripert, *Traité de droit civil*, t. IV, par Maury et Vialleton, n° 255) professe-t-elle aujourd'hui unanimement cette analyse (Grimaldi, n° 235 ; Mazeaud et Leveneur, n° 825 ; F. Terré, Y. Lequette et S. Gaudemet, *Les successions, les libéralités*, n° 201). Quant à la jurisprudence française, un moment hésitante (Civ. 13 juin 1855, *DP* 55. 1. 253, *S.* 55. 1. 690 ; Paris, 14 févr. 1890, *DP* 91. 2. 275, *S.* 91. 2. 109 ; 13 déc. 1901, *DP* 1902. 2. 177, note A. Colin), elle s'est très nettement prononcée pour la thèse de l'État souverain par la décision ci-dessus reproduite (v. depuis Civ. 1re, 11 mars 1968, *D.* 1968. 541, note Voirin, *JCP* 1968. II. 15633, *RTD civ.* 1968. 748, obs. Savatier ; 6 avr. 1994, *D.* 1994. 505, note F. Boulanger, *D.* 1995. Somm. 45, obs. Grimaldi, *RTD civ.* 1994. 652, obs. Patarin, à propos de l'incidence de l'envoi en possession de l'État sur la faculté de rétractation reconnue à l'héritier renonçant).

5 Dans la perspective de la transmission de la succession, on observera que l'État doit se faire envoyer en possession (art. 721, al. 2 C. civ.), selon une procédure qui a été, à plusieurs reprises, simplifiée (Décr.-L. 30 oct. 1935 ; Ord. 24 oct. 1958 ; Ord. n° 1307 du 23 déc. 1958 ; v. les art. 768 s. C. civ.) et qui figure aujourd'hui aux articles 811 et suivants du Code civil. Il n'empêche que, même en l'absence de tout envoi de possession, l'État est propriétaire des biens vacants et sans maître (art. 539 et 713 C. civ. ; même en l'absence d'un arrêté préfectoral constatant cette attribution : v. l'art. 27 *bis* du Code du domaine de l'État, réd. L. 8 août 1962) et qu'il peut être, à ce titre, responsable des dommages provoqués par ces biens (Civ., 1re sect. civ., 22 mai 1970, *JCP* 1970. II. 16482, note M. D., *RTD civ.* 1971. 177, obs. Savatier).

102

SUCCESSIBLES. HÉRITIER SUBSÉQUENT. DROIT D'OPTION. INACTION. PRESCRIPTION EXTINCTIVE. SUSPENSION

Civ. 1re, 24 février 1970

(*D.* 1970. 336, note Breton, *JCP* 1971. II. 16790, note Patarin)

Époux Bois c. Rubino

Le délai de 30 ans prévu par l'article 789 du Code civil est sujet aux causes légales de suspension et d'interruption de la prescription.

Tout parent au degré successible a, sur l'hérédité, un droit éventuel subordonné à la renonciation des parents plus proches ou à l'extinction de leur droit par l'effet de la prescription ; en cas d'inaction du premier appelé, celui qui vient à son défaut peut, dès lors, accepter la succession tant que sa propre vocation héréditaire n'a pas elle-même pris fin de l'une ou de l'autre façon.

Viole l'article 789 l'arrêt qui dénie à un parent un droit propre à l'hérédité, existant dès le décès, quoique simplement éventuel, et se refuse à admettre que la prescription extinctive applicable à ce droit ait pu être suspendue par la minorité de son titulaire.

Faits. — C'est à la suite d'une série d'instances que la Cour de cassation a eu l'occasion de se prononcer, par l'arrêt ci-dessous rapporté.

Mlle Anna Szumlanska était propriétaire d'une villa à Lourdes, où elle vivait en compagnie de deux amies. Elle mourut le 7 juin 1929, laissant comme héritiers ses deux frères et sa sœur, Mme Allaben ; tous trois vivaient en Amérique. Et c'est seulement en 1960 qu'ils prétendirent exercer leurs droits successoraux en réclamant le paiement de loyers à Mademoiselle Brouiller, occupante de la villa. Celle-ci répliqua en soutenant qu'elle était devenue, par l'effet de la prescription acquisitive, propriétaire de l'immeuble. Par un arrêt rendu le 13 novembre 1962, la cour d'appel de Pau a décidé qu'il n'y avait pas eu usucapion par Mlle Brouiller, faute, semble-t-il, d'*animus domini ;* mais elle a aussi estimé que, compte tenu de la prescription extinctive du droit d'option, les frères et sœur de Mlle Szumlanska, restés inactifs pendant trente ans, avaient perdu tout droit sur la succession.

Mlle Brouiller décéda le 9 mars 1964, après avoir désigné M. Antoine Rubino comme légataire universel. Et c'est lui que la fille de Mme Allaben, Mme Bois, née Allaben et nièce de Mme Szumlanska, a assigné, par exploit en date du 20 octobre 1966. Née le 7 avril 1924, Mme Bois a fait valoir que la prescription de sa propre vocation héréditaire avait été, conformément à l'article 2252 du Code civil, suspendue pendant sa minorité, c'est-à-dire jusqu'au 7 avril 1945, et qu'elle se trouvait donc encore dans le délai de 30 ans à elle ouvert par l'article 789 du Code civil, pour accepter la succession litigieuse.

Par jugement en date du 11 juillet 1967, le tribunal de grande instance de Tarbes a donné raison à Mme Bois. Il a accueilli l'action en revendication intentée par celle-ci aux motifs que Mme Allaben n'avait pu transmettre à sa fille, Mme Bois, aucun droit, « que l'on doit, dès lors, apprécier la situation de celle-ci comme si les héritiers du premier degré n'avaient jamais existé ; que dame Bois se présente donc comme héritière de son propre chef en qualité de nièce de demoiselle Szumlanska ; que la prescription trentenaire court contre tous les héritiers à compter du jour de l'ouverture de la succession, mais que ce délai est affecté de toutes les causes de suspension et d'interruption correspondant à la situation personnelle de chacun ; que la prescription trentenaire n'a commencé à courir à l'égard de la fille de veuve Allaben, née le 7 avril 1924, que le 7 avril 1945… ».

Sur appel interjeté par M. Rubino, la cour d'appel de Pau, par un arrêt du 11 décembre 1968, a donné raison à celui-ci, dans les termes suivants : « Attendu que le délai de 30 ans pour accepter ou répudier une succession court en même temps pour les successibles de tous les degrés à compter du jour de l'ouverture de la succession ; que ce délai a expiré le 7 juin 1959 ; — Attendu que dame Bois ne peut prétendre qu'il y a eu à son profit suspension de la prescription pendant sa minorité, sa mère n'ayant pas alors renoncé à la succession ; — Attendu que sa vocation héréditaire n'a pris naissance que postérieurement à l'expiration du délai de la prescription extinctive, plus de 30 ans après l'ouverture de la succession ; — Attendu qu'elle ne peut, en conséquence, se porter héritière ».

Moyen. — Violation des articles 789 et 2252 du Code civil en ce que, « à partir du moment où les droits de la mère de (dame Bois) se trouvaient prescrits, ladite dame avait sur la succession de sa tante une vocation héréditaire personnelle en vertu d'un droit propre; que, si le délai de la prescription trentenaire a couru à son encontre du jour de l'ouverture de la succession, il s'est trouvé suspendu jusqu'à ce que (dame Bois) ait atteint sa majorité, en sorte que celle-ci était recevable à se porter héritière de la *de cujus* et que les juges du fond n'ont pas déduit de leurs propres constatations les conséquences juridiques qui s'imposaient ».

ARRÊT

La Cour; — *Sur le moyen unique :* — Vu les articles 789 et 2252 du Code civil; — Attendu, d'une part, que le délai de trente ans prévu par le premier de ces textes est sujet aux causes légales de suspension et d'interruption de la prescription; — Attendu, d'autre part, que tout parent au degré successible a, sur l'hérédité, un droit éventuel subordonné à la renonciation des parents les plus proches ou à l'extinction de leur droit par l'effet de la prescription; qu'en cas d'inaction du premier appelé, celui qui vient à son défaut peut, dès lors, accepter la succession tant que sa propre vocation héréditaire n'a pas elle-même pris fin de l'une ou de l'autre façon; — Attendu qu'il résulte des énonciations de l'arrêt attaqué (Pau, 11 déc. 1968) qu'Anna Szumlanska, en son vivant propriétaire d'une villa à Lourdes, est décédée le 17 juin 1929; que ses deux frères et sa sœur, cette dernière veuve Allaben, prétendirent en 1960 exercer un droit de propriété sur cette villa, mais que demoiselle Brouiller, qui occupait l'immeuble, se prévalut de l'extinction par la prescription de la vocation héréditaire de ces successibles et obtint le rejet de leurs prétentions; que demoiselle Brouiller décéda le 9 mars 1964 ayant fait son légataire universel d'Antoine Rubino; que, par exploit du 20 octobre 1966, Jacqueline Allaben, épouse Bois et nièce d'Anna Szumlanska, assigna Antoine Rubino, pris comme détenteur des biens de ladite Anna Szumlanska; qu'elle faisait état de sa vocation personnelle à la succession de sa tante et soutenait que, sa naissance ne datant que du 7 avril 1924, la prescription de ladite vocation avait été suspendue par sa minorité jusqu'au 7 avril 1945, qu'elle se trouvait donc encore dans le délai de 30 ans à elle ouvert par l'article 789 précité pour accepter la succession litigieuse; — Attendu que, pour débouter dame Bois de sa demande, l'arrêt attaqué énonce « que le délai de 30 ans pour accepter ou répudier une succession court en même temps pour les successibles de tous les degrés à compter du jour de l'ouverture de la succession; que ce délai a expiré le 7 juin 1959;... que dame Bois ne peut prétendre qu'il y a eu à son profit suspension de la prescription pendant sa minorité, sa mère n'ayant pas alors renoncé à la succession;... que sa vocation héréditaire n'a pris naissance que postérieurement à l'expiration du délai de la prescription extinctive, plus de 30 ans après l'ouverture de la succession »; — Attendu qu'en déniant ainsi à dame Bois un droit propre à l'hérédité, existant dès le décès, quoique simplement éventuel, et en refusant d'admettre que la prescription extinctive applicable à ce droit pût être suspendue par la minorité de son titulaire, la cour d'appel a violé, par fausse application, le texte susvisé; — *Par ces motifs*, casse...

OBSERVATIONS

1 Rendu à propos d'une acceptation de succession manifestée par un héritier de second rang plus de trente ans après le décès du *de cujus*, l'arrêt ci-dessus rapporté confirme (I) et complète (II) les solutions antérieurement dégagées par la jurisprudence relativement à la prescription de l'option héréditaire. Sous réserve du passage de la prescription trentenaire à la prescription décennale (art. 780 C. civ.), les solutions dégagées conservent leur pertinence sous l'empire de la loi du 23 juin 2006.

I. — Un silence trentenaire vaut renonciation

2 L'article 789 du Code civil disposait en 1804 : « La faculté d'accepter ou de répudier une succession se prescrit par le laps de temps requis pour la prescription la plus longue des droits immobiliers ». En se prononçant de la sorte, les rédacteurs du Code civil avaient abandonné une règle de l'Ancien droit selon laquelle la faculté d'acquérir ou de répudier une succession était imprescriptible. Mais la rédaction qu'ils avaient donnée à ce texte faisait de lui une « énigme » (Maury et Vialleton, *Traité*, t. IV, n° 269). La loi ne déclarant pas prescrite au bout de trente ans d'inaction la faculté d'accepter ou celle de répudier mais les deux à la fois, l'on ne savait quelle était la situation de l'héritier. Fallait-il le tenir pour acceptant ou pour renonçant ? Longtemps débattue en doctrine, la question a été nettement tranchée par la jurisprudence. Après trente ans, l'héritier qui n'a pas pris parti est étranger à la succession (Civ. 13 juin 1855, *D.* 1855. 1. 253; 13 févr. 1911, *DP* 1911. 1. 391; Req. 15 janv. 1929, *S.* 1929. 1. 191; 27 janv. 1941, *S.* 1941. 1. 7, *JCP* 1941. II. 1635, note Voirin). On a justifié cette solution en faisant valoir que c'est le droit héréditaire lui-même, la vocation du successible, qui était éteint par l'expiration du délai de trente ans (Maury et Vialleton, t. IV, n° 271; Mazeaud et Leveneur, t. IV, n° 1082). La solution ne se concilie que très imparfaitement avec les principes du droit des biens. Le successeur devient de plein droit, au jour du décès, propriétaire des biens héréditaires; or le droit de propriété ne se perd pas par le non-usage fût-il trentenaire (*supra*, n° 68). On pourrait également se demander si une prescription extinctive n'a pas pour seul effet de mettre obstacle à l'exercice de l'action en justice, le cas échéant sous la forme d'une fin de non-recevoir (art. 122 C. pr. civ.) sans porter atteinte à l'existence du droit subjectif (Carbonnier, « Notes sur la prescription extinctive », *RTD civ.* 1952. 178 s.). En réalité, la solution s'explique probablement par des considérations pratiques : si l'héritier a gardé le silence pendant trente ans, c'est sans doute parce que la succession ne l'intéressait pas; le réputer acceptant serait troubler un état de fait solidement constitué par son inaction prolongée (Grimaldi, *Successions*, n° 444). Aussi bien est-ce la solution expressément consacrée par la loi du 23 juin 2006 laquelle déplace le siège de la matière de l'article 789 à l'article 780. Ramenant dans son alinéa 1er le délai de prescription de l'option successorale de trente à dix ans, ce texte précise dans son alinéa 2 que « l'héritier qui n'a pas pris parti est réputé renonçant ».

Ajoutons que, conformément à la notion de prescription extinctive, la Cour de cassation tient compte, en la matière, des causes de suspension et d'interruption de la prescription ainsi que de la maxime *contra non valentem agere non currit praescriptio* (Req. 27 janv. 1941, préc.). Consacrant la jurisprudence qui décidait que l'ignorance légitime de l'ouverture d'une succession peut suspendre le délai de prescription extinctive (Civ. 1re, 7 juin 2006, *D.* 2006. IR 2219), l'article 780 alinéa 5 précise que « la prescription ne court pas tant que le successible a des motifs légitimes d'ignorer la naissance de son droit notamment l'ouverture de la succession » (sur la charge de la preuve, v. Civ. 1re, 18 janv. 1989, *Bull. civ.* I, nº 34, *Defrénois* 1989. 487, obs. Champenois, *RTD civ.* 1989. 606, obs. Patarin; 27 oct. 1993, *Bull. civ.* I, nº 304, p. 209, *D.* 1995. Somm. 332, obs. Grimaldi, jurisprudence consacrée par l'article 781 du Code civil).

II. — La prescription de l'option de l'héritier de second rang

3 Réaffirmant une règle prétorienne bien assise, l'arrêt ci-dessus reproduit apporte à celle-ci le complément que rendait nécessaire la spécificité de l'espèce.

En l'occurrence, la prescription trentenaire était opposée non à un héritier de premier rang, mais à un héritier de seconde ligne. Partant, la question se posait de savoir, d'une part, quel était à son égard le point de départ du délai de prescription, d'autre part, quelles étaient les causes de suspension ou d'interruption dont il pouvait se prévaloir.

4 À l'égard des héritiers premiers appelés, la prescription a en principe pour *point de départ* la date d'ouverture de la succession, ce que précise désormais expressément l'article 780 alinéa 1er du Code civil (réd. L. 23 juin 2006). En ce qui concerne les héritiers subséquents, on a pu hésiter entre deux thèses : ou bien considérer que la prescription ne court contre eux qu'à compter du jour où ils sont eux-mêmes appelés, c'est-à-dire du jour où la prescription est acquise contre les héritiers de première ligne ou du jour où ceux-ci ont renoncé, ce qui se justifie théoriquement (*actioni non natae non praescribitur*; *l'action non encore née ne se prescrit pas*), mais risque en pratique de prolonger exagérément l'incertitude; ou bien considérer que le point de départ du délai est le même pour tous les héritiers, y compris les héritiers subséquents. C'est cette seconde solution que consacre l'arrêt reproduit (v. déjà Civ. 20 juin 1898, *DP* 99. 1. 441, note Capitant, *S.* 99. 1. 513, note Wahl; 15 déc. 1913 et 8 mai 1923, *DP* 1926. 1. 119). Cette solution est implicitement consacrée par l'alinéa 4 de l'article 780 du Code civil (réd. L. 23 juin 2006). Visant une hypothèse particulière, celle d'un héritier subséquent à un héritier de premier rang dont l'acceptation est annulée, et prévoyant que dans un tel cas la prescription ne court qu'à compter de la décision définitive constatant cette nullité, cette disposition se prête à une interprétation *a contrario*.

Afin d'éviter que le droit des héritiers de second rang ne soit prescrit avant qu'ils aient pu l'exercer, la jurisprudence les autorisait à accepter la succession à titre éventuel. Et afin d'éviter que cette option anticipée ne constitue un avantage illusoire, elle leur conférait une saisine virtuelle. Plus encore que celle de l'arrêt reproduit, la motivation de décisions plus anciennes marque bien cette corrélation : « Attendu que tout parent au degré successible a, sur l'hérédité, un droit éventuel subordonné à la renonciation des parents les plus proches; qu'en cas d'inaction du premier appelé, celui qui vient à son défaut peut donc accepter la succession, tant qu'il ne s'est pas écoulé trente ans depuis son ouverture, et en intentant les actions y relatives, mettre son droit à l'abri de la prescription et le protéger contre les détenteurs de biens héréditaires » (Civ. 20 juin 1898, 15 déc. 1913, 8 mai 1923, préc.; H. Cabrillac, « Des droits des successibles éventuels devant l'inaction de l'héritier préférable », *Rev. crit. lég. et jurisp.* 1932. 246). Ces solutions sont, semble-t-il, remises en cause par la loi du 23 juin 2006. Celle-ci a, en effet, prévu qu'un héritier de rang subséquent peut sommer un successible de prendre parti (art. 771, al. 2, C. civ.), l'héritier qui n'a pas pris parti dans les deux mois qui suivent la sommation étant réputé acceptant pur et simple (art. 772 C. civ.). Il en résulte que les héritiers de rang subséquent ne peuvent plus arguer de la nécessité de protéger leurs droits éventuels pour intervenir dans l'hérédité.

5 L'existence d'un point de départ commun des prescriptions n'empêche pas les successibles de second rang de se prévaloir des *causes d'interruption et de suspension* qui leur sont propres. Aussi bien, la haute juridiction censure-t-elle la cour d'appel qui avait dénié à l'héritier subséquent « un droit propre à l'hérédité, existant dès le décès, quoique simplement éventuel » et, dans cette perspective, « refusé d'admettre que la prescription extinctive applicable à ce droit pût être suspendue par la minorité de son titulaire ».

103

PÉTITION D'HÉRÉDITÉ. PARENTÉ. PREUVE

Req. 8 novembre 1820

(*S.* 19-21. 1. 322, *Dalloz JG*, v° *Successions*, n° 181)

Petit c. Héritiers Pourradier

Le juge saisi d'une question de preuve de la parenté unissant le défunt à ceux qui réclament sa succession peut, à défaut d'actes de filiation, que l'éloignement du temps et des circonstances particulières indépendantes du fait des parties ne leur permettent pas de représenter, accueillir comme preuves d'autres actes qu'il est en droit d'apprécier, sans contrevenir aux articles 46, 320, 321 et 325 du Code civil.

Faits. — Anne Delavergne, fille de Georges Delavergne, étant décédée sans postérité, en 1761, le duc d'Orléans, en sa qualité de seigneur du pays, prit possession des biens laissés par la défunte et, en vertu du droit de mainmorte, vendit au sieur Petit tous les biens de la succession. Mais la nièce de Georges Delavergne, Marie Delavergne, qui avait épousé le sieur Pourradier, avait laissé des enfants, Blaise et Jacqueline Pourradier, qui intentèrent une action en délaissement contre le sieur Petit, en soutenant que le droit de mainmorte n'avait pu s'exercer à leur préjudice en leur qualité d'héritiers collatéraux. À l'appui de leur parenté, ils produisaient : 1° un procès-verbal de 1732, qui constatait que le sieur Georges Delavergne avait été nommé curateur de Marie Delavergne et qualifiait le curateur nommé d'oncle de la mineure; 2° le contrat de mariage de celle-ci avec le sieur Pourradier, qui faisait mention de Georges Delavergne, désigné comme son oncle et curateur. Le sieur Petit prétendait que les enfants Pourradier n'établissaient pas suffisamment leur parenté avec le sieur Georges Delavergne et qu'ils devaient la prouver par des actes de l'état civil établissant leur filiation. La cour royale de Limoges, par un arrêt du 12 mars 1819, ordonna le désistement du sieur Petit en faveur des héritiers Pourradier. Pourvoi en cassation du sieur Petit.

Moyen. — Violation des articles 46, 319, 320, 321 et 323 du Code civil.

ARRÊT

La Cour; — Attendu que pour établir qu'il y avait parenté entre Marie Delavergne et Georges Delavergne, père d'Anne Delavergne, la cour s'est déterminée, à défaut d'acte de filiation, que l'éloignement du temps et des circonstances particulières indépendantes du fait des parties ne leur permettaient pas de représenter, par des actes de famille authentiques qu'elle avait le droit d'apprécier sans contrevenir à aucun des articles 46, 320, 321 et 323 du Code civil... Rejette.

OBSERVATIONS

1 Celui qui se prétend héritier d'une personne décédée doit prouver le lien de parenté qui l'unit à celle-ci. À cet effet, il devrait logiquement établir conformément aux règles qui régissent la preuve de la filiation – production d'un titre, établissement d'une possession d'état, prononcé d'un jugement – les différents maillons de la chaîne qui le relient au *de cujus*. Mais en cas de parenté éloignée, spécialement en ligne collatérale, cette preuve peut se révéler difficile, sinon impossible, à rapporter. Ainsi en ira-t-il notamment lorsque l'intéressé, ignorant le lieu de naissance de tel ou tel membre de sa famille, ne saura où se procurer le titre dont il a besoin. Aussi la jurisprudence lui permet-elle, en pareil cas, de faire la preuve par d'autres moyens dont elle apprécie la valeur : contrats de mariage, registres et papiers domestiques, témoignages, actes de notoriété, etc. Encore faut-il qu'on soit en présence, non d'une question d'état, mais d'une question de « généalogie ». Selon la jurisprudence, il en va ainsi lorsque, « d'une part, il s'agit de relations de parenté, remontant à des temps éloignés et dont les preuves régulières sont par suite impossibles à réunir et (que), d'autre part, l'état du successible n'étant pas en jeu, il y a lieu seulement de déterminer son degré de parenté avec le *de cujus* » (Civ. 9 mars 1926, *DP* 1926. 1. 225, note Rouast, *S.* 1926. 1. 337, note Vialleton; v. aussi Req. 9 avr. 1894, *DP* 94. 1. 401, *S.* 94. 1. 288; 24 févr. 1908, *D.* 1908. 1. 254).

2 C'est dire que le seul fait que la preuve de l'état d'une personne se pose à l'occasion d'une action en pétition d'hérédité ne suffit pas à la nover en une question de généalogie. Il y faut des conditions biens précises : en premier lieu, la relation à établir doit remonter à des temps anciens; en second lieu, le lien de famille que le demandeur se propose d'établir doit être celui « dont l'intéressé a été légalement doté sa vie durant » (Grimaldi, *Successions*, n° 523; Nîmes, 17 déc. 2008, *JCP* 2009. IV. 1760). Au cas contraire, il ne pourrait utiliser que les seuls modes de preuve autorisés par les articles 310-3 s. du Code civil (réd. ord. 4 juill. 2005). Ainsi en irait-il par exemple d'un demandeur qui chercherait à établir une filiation légitime contraire à celle établie par l'acte de naissance de l'intéressé (Req. 24 févr. 1908, préc.).

Ajoutons pour conclure que cette distinction a perdu une partie de son intérêt depuis que la possession d'état permet de prouver aussi bien la filiation naturelle (art. 334-8 C. civ. réd. L. 25 juin 1982) que la filiation légitime (art. 317 C. civ., réd. ord. 4 juill. 2005). Tout au plus autorise-t-elle le juge à fonder sa conviction sur des faits qui seraient insuffisants pour constituer une possession d'état répondant à toutes les exigences du droit de la filiation.

104

HÉRITIER APPARENT. ALIÉNATION DE BIENS HÉRÉDITAIRES

Civ. 26 janvier 1897

(*DP* 1900. 1. 33, note Sarrut, *S.* 97. 1. 313)

Cons. Prouff et autres c. Cons. de Bréon et de Legge

Les aliénations consenties par l'héritier apparent échappent à toute action en résolution ou lui sont opposables dès l'instant que l'erreur commune et invincible, ainsi que la bonne foi des tiers, sont établies.

Faits. — Le sieur Adolphe de La Boussinière est décédé le 10 février 1885, après avoir institué par testament authentique, en date du 9 juin 1880, le comte de Bréon légataire universel et avoir fait des legs particuliers à diverses personnes, notamment aux sieurs de Legge. En l'absence de tout héritier réservataire, le comte de Bréon se mit en possession de la succession et délivra les legs particuliers. Mais, le 12 août 1886, le président du tribunal de Segré reçut deux testaments olographes, datés des 13 et 14 janvier 1885, révoquant le testament authentique du 9 juin 1880 et instituant comme légataire universel Édouard de La Boussinière, frère du défunt. Celui-ci intenta en conséquence une action en revendication des biens héréditaires. Bien que les défendeurs à cette première instance aient contesté l'écriture et la signature des testaments olographes, la cour d'Angers, le 9 juin 1890, en déclara la sincérité et ordonna la restitution des biens; le 13 juillet 1891, la chambre des requêtes rejeta le pourvoi formé contre cette décision.

Pourtant, le 24 mai 1892, la cour d'assises de la Seine condamna à dix ans de réclusion un sieur Guyard, alors notaire, coupable d'avoir fabriqué ou fait fabriquer les prétendus testaments olographes. Aussitôt le comte de Bréon et les légataires particuliers institués par le testament authentique du 9 juin 1880 attaquèrent, par la voie de la requête civile, l'arrêt rendu, le 9 juin 1890, par la cour d'Angers et obtinrent, le 3 août 1892, sa rétractation. Et le 9 janvier 1893, la cour d'Angers rejeta la demande en pétition d'hérédité formée par Édouard de La Boussinière.

Or, dans l'intervalle, les 24 et 31 mars 1891, celui-ci, alors qu'il était héritier apparent, avait vendu à des tiers divers immeubles et divers droits immobiliers dépendant de la succession de son frère. Invoquant l'arrêt rendu le 9 janvier 1893 par la cour d'Angers, qui les remettait en possession, les comtes de Bréon et de Legge ont alors assigné les consorts Prouff et autres, acheteurs, en délaissement de ces immeubles et de ces droits immobiliers. Le tribunal civil de Morlaix, puis la cour d'appel de Rennes firent droit à cette demande. C'est pourquoi les consorts Prouff, Quemener, Martin et Guyader se sont pourvus en cassation.

Moyens. — Violation des articles 132, 199, 724, 777, 795 du Code civil en ce que l'arrêt a annulé comme faites *a non domino* des ventes d'immeubles successoraux consenties à des tiers de bonne foi par un héritier et légataire universel apparent, dont les droits se trouvaient consacrés par une décision judiciaire passée en force de chose jugée, et cela pour le motif que le prétendu héritier apparent n'était qu'un usurpateur sans qualité pour consentir des aliénations.

ARRÊT

La Cour; — ... Attendu que l'arrêt attaqué constate en outre qu'à la date du 24 mars et à celle du 31 mars 1891, Édouard de La Boussinière a vendu à Prouff et joints, les demandeurs en cassation, différents biens dépendant de la succession de son frère Adolphe et compris dans le legs particulier fait aux consorts de Legge par le testament authentique; qu'il constate enfin la bonne foi des acheteurs qui ont traité sous l'empire de l'erreur résultant de la chose jugée, qu'il les condamne néanmoins à restituer aux consorts de Legge les immeubles que ces derniers revendiquaient par ce motif que le testament authentique du 9 juin 1880 a dépouillé Édouard de La Boussinière de la saisine légale de la succession de son frère, que l'arrêt du 9 juin 1890, qui avait déclaré ce testament révoqué, a été lui-même rétracté, qu'Édouard de La Boussinière n'a donc été qu'un usurpateur de la succession, sans qualité pour consentir une aliénation portant atteinte au droit de propriété des héritiers; — Mais attendu, en droit, que les considérations d'ordre public et d'intérêt général, qui ont conduit à reconnaître la validité des ventes passées entre l'héritier apparent et les tiers de bonne foi, n'autorisent pas à la subordonner aux conditions dans lesquelles celui qui est regardé par tous comme le successeur du défunt s'est emparé de la succession, ni à celles dans lesquelles il en a été dépossédé; qu'il importe peu, au point de vue des tiers, que l'héritier apparent semble tenir son titre de la loi ou de la volonté du défunt, qu'il soit entré sans contradiction en possession des biens héréditaires ou qu'une décision de justice ayant acquis l'autorité de la chose jugée l'en ait déclaré propriétaire; qu'il n'importe pas davantage qu'un crime ait été commis par l'héritier apparent, ou par un tiers à son insu, comme dans l'espèce, crime qui lui a permis de passer pour héritier, ni que le jugement qui lui avait reconnu cette qualité ait été rétracté; — Que dès que l'erreur commune et invincible, ainsi que la bonne foi des tiers, sont établies, les aliénations consenties par l'héritier apparent échappent à toute action en résolution dirigée par l'héritier véritable; que c'est là une exception nécessaire tant à la règle générale posée dans l'article 2182 du Code civil qu'aux effets particuliers de l'admission de la requête civile que détermine l'article 501 du Code de procédure civile; — D'où il suit qu'en condamnant Prouff et joints, dont il constatait la bonne foi et l'erreur, à restituer aux consorts de Legge les biens qui leur avaient été vendus par Édouard de La Boussinière, l'arrêt attaqué a faussement appliqué et, par suite, violé les articles ci-dessus visés — *Par ces motifs*, casse…

OBSERVATIONS

1 À la suite d'un décès, une personne se comporte en successeur universel du défunt. Mais, quelques mois ou quelques années plus tard, le véritable successeur se révèle et obtient, par l'effet d'une action en justice, le plus souvent d'une pétition d'hérédité, la reconnaissance de ses droits. Ce sera, par exemple, le cas du bénéficiaire d'un testament découvert après coup ou du bénéficiaire d'un second testament révoquant le premier. Quelles conséquences convient-il d'attacher alors à cette situation, plus spécialement quant aux actes de l'héritier apparent ? Si le sort des *actes matériels* accomplis par celui-ci dans l'intervalle ne soulève pas, d'ordinaire, de sérieuses difficultés, il en va autrement des *actes juridiques* qu'il a pu passer, durant cette même période, avec des tiers. Comment résoudre, par exemple, en cas d'aliénation de biens successoraux, le conflit qui peut opposer le tiers à l'héritier véritable ?

Sans doute doit-on tenir compte, en la matière, de règles plus ou moins générales, qui peuvent, là comme ailleurs, tendre à assurer la protection des tiers. Ainsi, l'article 2276, alinéa 1er du Code civil (anc. art. 2279 C. civ.) protégera l'acquéreur de bonne foi d'un meuble corporel, même acquis *a non domino*; ainsi, l'article 1240 du Code civil rendra libératoire le paiement fait de bonne foi par un tiers à l'héritier apparent, en possession de la créance. Mais que faut-il décider en dehors de telles hypothèses ?

De prime abord, il paraît logique de considérer que l'anéantissement du titre de l'héritier apparent doit entraîner la résolution des actes juridiques, notamment des aliénations, qu'il a pu consentir, même si des tiers de bonne foi peuvent en souffrir. Il suffit d'invoquer à ce propos la maxime *Nemo plus juris ad alium transferre potest quam ipse habet* (Nul ne peut transférer à autrui plus de droits qu'il n'en a lui-même) (v. en ce sens, Cass. belge, 11 juill. 1878, *D.* 79. 2. 35). Mais une telle solution présente l'inconvénient d'altérer gravement la sécurité des transactions et, par ce fait même, de nuire au crédit de tous les héritiers qui ne trouvent plus que difficilement des partenaires pour traiter avec eux tant que les longs délais de la prescription acquisitive ne sont pas écoulés.

Aussi bien, préférant la « sécurité dynamique » à la « sécurité statique », celle des « acquéreurs de droit » à celle des « titulaires de droit » (Demogue, *Les notions fondamentales du droit privé*, p. 73), la haute juridiction a-t-elle admis très tôt la validité des actes accomplis, dans certaines conditions, par l'héritier apparent. La solidité du *fondement* qu'elle a ultérieurement donné à cette solution (I) lui a permis d'en étendre le *domaine* (II).

I. — Le fondement

2 Dès 1815, la Cour de cassation accepte que les tiers acquéreurs de bonne foi soient maintenus dans leur acquisition malgré la revendication du véritable héritier (Req. 3 août 1815, *S.* 1815-18. 83). Maintes fois répétée au cours du XIXe siècle, cette solution ne reposait pas sur une motivation constante. Alors que les décisions les plus anciennes la reliaient à la tradition et plus précisément à « une ancienne jurisprudence conforme au droit commun » (Req. 3 août 1815, préc.), d'autres prenaient appui sur la théorie de la *saisine collective* (Civ. 16 janv. 1843, *D.* 43. 1. 49, *S.* 43. 1. 99, 2e et 3e arrêts). Outre le fait qu'en droit français, cette conception de la saisine n'est pas retenue, l'explication présentait l'inconvénient de limiter la validité des actes de l'héritier apparent aux cas dans lesquels celui qui les a accomplis dispose d'un certain pouvoir sur la succession. Pas plus convaincant n'était l'appel à la *responsabilité civile* (Civ. 16 janv. 1843, préc., 2e arrêt). Certes le maintien des actes pouvait s'analyser en une réparation en nature. Mais quelle faute reprocher dans la quasi-totalité des cas à l'héritier véritable qui ignore qu'il est appelé ?

Aussi bien, délaissant rapidement ces justifications, la Cour de cassation rattache-t-elle la solution à la théorie de l'*apparence* et à la maxime *error communis facit jus*. Mêlée aux autres arguments dans certaines décisions précédentes, cette considération l'emporte seule dans l'arrêt ci-dessus reproduit. Celui-ci pose, en effet, que les actes de l'héritier apparent doivent être maintenus « dès que l'erreur commune et invincible ainsi que la bonne foi des tiers sont établies ». Définitivement acquis depuis lors, ce fondement a été affirmé avec plus de solennité encore par un arrêt de la première chambre civile, en date du 3 avril 1963 : « les tiers de bonne foi qui agissent sous l'empire de l'erreur commune ne tiennent leur droit ni du propriétaire apparent, ni du propriétaire véritable; ils sont investis par l'effet de la *loi* » (*Bull. civ.* I, n° 203, p. 174, *D.* 1964. 306, note Calais-Auloy, *JCP* 1964. II. 13502, note J. Mazeaud, *S.* 1964. 1, note Plancqueel, *RTD civ.* 1964. 346, obs. Bredin; repris mot à mot par Civ. 1re, 22 juill. 1986, *Bull. civ.* I, n° 214, p. 205). Selon un avis interprétatif du Conseil d'État en date du 2 juillet 1807, la maxime *error communis facit jus* serait une règle coutumière qui n'aurait pas été abrogée par le Code civil (H. Mazeaud, « La maxime *error communis facit jus* », *RTD civ.* 1924. 929). On a d'ailleurs pu écrire à son propos qu'elle est « une des vérités premières de la superlégalité devant laquelle fléchissent les dispositions de la loi écrite » (Josserand, *Cours de droit civil positif français*, 3e éd., t. 2, n° 1690) et il a même été soutenu qu'« elle est un principe constitutionnel de notre droit » (A. Weill, *La relativité des conventions en droit privé français*, thèse Strasbourg 1938, n° 306).

3 Quoi qu'il en soit de la place de cette maxime dans la hiérarchie de nos normes, l'appui que prend sur elle la Cour de cassation permet de déterminer avec précision les conditions auxquelles les actes accomplis par l'héritier apparent seront maintenus au profit des tiers. Peu importe l'attitude de l'héritier apparent ; il n'est pas nécessaire qu'il ait été lui-même de bonne foi (rappr. Civ. 16 janv. 1843, 2e arrêt, préc. ; Req. 20 mai 1935, *D.* 1935. 1. 97, rapport Pilon, note Capitant ; 14 oct. 1940, *S.* 1940. 1. 141). De même, le comportement de l'héritier réel paraît secondaire, car il ne s'agit pas de sanctionner une quelconque négligence de sa part. Seule compte, en définitive, l'existence d'une erreur *commune* et *invincible* partagée par le tiers contractant.

Par erreur commune, on vise non l'erreur universelle, mais l'erreur qui aurait pu être commise par tous parce qu'aucune prudence humaine ne permettait de se prémunir contre elle (Req. 3 juill. 1877, *D.* 77. 430). Afin de déterminer si elle présente cette qualité, on raisonne par rapport à un modèle abstrait, qui n'est pas l'homme normal « reflet d'une moyenne » statistique, mais l'homme d'un « type idéal rompu aux affaires » (J.-M. Trigeaud, *La possession des biens immobiliers*, 1981, n° 567, p. 555). En bref, l'erreur commune s'entend d'une erreur invincible ; elle est commune parce qu'invincible. Le fait qu'elle ait été statistiquement communément partagée n'est cependant pas sans intérêt dans la mesure où il « crée une présomption d'invincibilité » (H. Mazeaud, art. préc., *RTD civ.* 1924. 938). Les faits susceptibles d'engendrer cette erreur se présenteront souvent sous la forme d'un « faisceau de circonstances » (Ghestin, Goubeaux et Fabre-Magnan, *Introduction générale*, n° 862 ; L. Leveneur, *Situations de fait et droit privé*, thèse Paris II, éd. 1990, nos 102 s., p. 120 s.). La production par le successeur d'un acte de notoriété, d'un intitulé d'inventaire ou d'une attestation notariée immobilière, ainsi que l'accomplissement des formalités de publicité foncière, joueront souvent un rôle de premier plan (art. 730-4 C. civ., réd. L. 3 déc. 2001). Au-delà de la formulation des arrêts, certains exigeant à l'image du présent arrêt une erreur commune et invincible (Req. 19 mars 1946, *JCP* 1946. II. 3125, note Becqué), d'autres évoquant seulement l'erreur commune (Req. 6 janv. 1930, *DP* 1931. 43 ; 20 mai 1935, préc. ; Civ. 1re, 2 nov. 1959, *JCP* 1960. II. 11456, note P. Esmein, *RTD civ.* 1960. 327, obs. Carbonnier ; Civ. 1re, 22 juill. 1986, préc.), il est certain que la signification de l'erreur commune reste inchangée, ce qui prive d'intérêt les déductions que l'on a parfois cru pouvoir faire à partir de ces variations terminologiques.

Cette erreur doit évidemment être partagée par le tiers qui invoque l'apparence. Mais sa bonne foi ne suffit pas ; il faut une erreur commune, ce qui devrait suffire à apaiser ceux qui craignent que la jurisprudence analysée permette aux tiers d'échapper trop facilement à la nécessité du délai de dix ans qui, joint à un juste titre et à la bonne foi (*supra*, n° 83), fait acquérir par prescription la propriété d'un immeuble (H., L. et J. Mazeaud et Leveneur, *op. cit.*, n° 1261).

4 Sous-tendant cette jurisprudence, l'on retrouve l'idée qu'il convient d'assurer la sécurité des transactions et plus précisément de faire prévaloir la sécurité dynamique sur la sécurité statique. Ce sont là les « considérations d'ordre public et d'intérêt général qui ont conduit à reconnaître la validité » des actes de l'héritier apparent. L'intérêt du commerce, du moins du commerce loyal, ce qu'atteste l'existence d'une bonne foi renforcée, doit l'emporter sur la protection des situations acquises. Par la sécurité qu'elle donne aux transactions, l'apparence est « une incitation à l'action et à la libre circulation des biens » (L. Leveneur, thèse préc., n° 109, p. 126). Cette considération explique, au demeurant, que, selon les matières où l'apparence est invoquée, la définition de l'erreur ne soit pas la même. L'incitation à contracter doit, en effet, être modulée suivant qu'on est ou non dans un domaine où les vérifications sont considérées comme naturelles. Ainsi comprend-on que la théorie de l'apparence accueille plus volontiers la conception souple de l'erreur légitime dans les relations d'affaires commerciales (Ass. plén. 13 déc. 1962, *infra*, n° 281, t. 2, 12e éd.) que dans certains secteurs du droit civil aménagés en vue de la protection des patrimoines familiaux (Ghestin, Goubeaux et Fabre-Magnan, *op. cit.*, n° 853).

II. — Le domaine

5 Figurant parmi les « créations les plus remarquables de la Cour de cassation » (Pilon, rapport préc.), la théorie de l'apparence n'a cessé d'étendre son domaine.

Constituant une première application de la théorie de l'apparence en matière de propriété, la jurisprudence relative aux actes de l'héritier apparent a été étendue au-delà de la propriété des biens successoraux et vise désormais tout propriétaire. Longtemps incertaine en raison d'une divergence entre la chambre civile (hostile à cette extension : 17 juill. 1907, *D.* 1908. 1. 11, *S.* 1907. 1. 401, note Wahl; 1er mars 1938, *JCP* 1938. II. 900, note Dallant) et la chambre des requêtes (qui y était favorable : 20 juill. 1910, *D.* 1910. 392, *S.* 1915. 1. 174), cette solution a finalement été consacrée par la haute juridiction (Civ. 1re, 2 nov. 1959, préc.; Civ. 1re, 11 avr. 1962, *Bull. civ.* I, n° 213, p. 188; Civ. 1re, 3 avr. 1963, préc.). La théorie de la propriété apparente permet donc désormais de valider non seulement les actes des héritiers apparents, mais également ceux de tout propriétaire apparent. Tel sera le cas par exemple lorsque la vente dont il tenait son titre sera rétroactivement annulée. Ainsi en allait-il dans l'arrêt du 3 avril 1963 (préc.). Gratifié par son père au moyen d'une donation déguisée, un enfant adultérin avait hypothéqué l'immeuble ainsi reçu. Les héritiers du donateur ayant demandé l'annulation de la donation déguisée et par voie de conséquence de l'hypothèque, la Cour de cassation approuve les juges du fond d'avoir annulé la première mais maintenu la seconde. Désireuse, semble-t-il, de limiter la portée de la théorie de l'apparence, la chambre commerciale a refusé d'en faire application lorsque le tiers sous-acquéreur tient ses droits d'une personne dont le titre a été annulé, dans le cadre des nullités de la période suspecte édictée par les articles 107 et 108 de la loi du 25 janvier 1985

(Com. 3 févr. 1998, *D.* 1999. 185, note critique Bénabent, Somm. 170, obs. Honorat, *RTD civ.* 1998. 362, obs. Mestre; rappr. Com. 25 nov. 1997, *RTD civ.* 1998. 361, obs. Mestre).

6 En dépit du domaine extensif qui lui a été reconnu, la théorie de l'apparence ne permet pas de valider tous les *actes* accomplis par le propriétaire apparent. Ainsi, la jurisprudence réserve-t-elle son effet salvateur aux actes à titre onéreux, excluant de ce bénéfice ceux qui relèvent du titre gratuit (Req. 10 avr. 1888, *DP* 89. 1. 278). Le fondement de la théorie l'explique : le donataire n'a pas besoin d'encouragement pour conclure une donation; son seul risque est d'avoir à rendre ce qu'il a reçu sans contrepartie. En revanche, les actes à titre gratuit peuvent constituer le juste titre de la prescription abrégée (*supra*, n° 83). De même, on enseigne souvent que cette jurisprudence ne couvre pas les actes à titre universel. Mais, fondée sur des arrêts anciens et peu probants (Civ. 26 août 1833, *S.* 33. 737; Paris, 22 janv. 1937, *S.* 1937. 138), cette solution est contestée (Sourioux, « La croyance légitime », *JCP* 1982. I. 3058, n° 94; Carbonnier, note *D.* 1948. 462; L. Leveneur, thèse préc., n° 111, p. 198).

Enfin, élaborée pour permettre le maintien des actes de disposition à titre onéreux, cette jurisprudence semble aujourd'hui pouvoir bénéficier, si nécessaire, aux actes d'administration, la condition d'erreur commune étant alors appréciée avec plus de souplesse (sur cette question, v. L. Leveneur, thèse préc., n°s 96 s., p. 175 s.).

AUX AUTEURS CITÉS, *adde* : E. Leroux, « Recherche sur l'évolution de la théorie de la propriété apparente dans la jurisprudence depuis 1945 », *RTD civ.* 1974. 508 s.

LIQUIDATION ET PARTAGE

105

OBLIGATION *ULTRA VIRES*. LÉGATAIRE UNIVERSEL OU À TITRE UNIVERSEL

Civ. 13 août 1851

(*DP* 51. 1. 281, *S.* 51. 1. 657)

Toussaint de Gérard et autres c. Époux Larenaudie

Le droit à une quotité de succession implique l'obligation de supporter une quotité proportionnelle des dettes et charges; ce droit et cette obligation sont des conséquences corrélatives de tout titre successif universel. Et il n'y a pas à distinguer, à cet égard, entre les successeurs à titre universel institués par la loi et ceux institués par la volonté de l'homme, ni entre le légataire universel, qui, se trouvant en concours avec un héritier à réserve, est tenu de demander la délivrance, et celui qui, ne concourant point avec un héritier à réserve, est saisi de plein droit de la succession, ni même entre le légataire universel et le légataire à titre universel.

Les uns et les autres sont personnellement obligés et leur obligation, ayant pour cause la confusion des biens du défunt avec les biens de ses successeurs, ne se mesure pas à l'importance des biens que le successeur a recueillis mais à la portée de son titre même (C. civ., art. 861, 1009 et 1012).

Faits. — Dans le contrat de mariage des époux Louis Larenaudie, il était stipulé que la femme, si elle renonçait à la communauté, reprendrait tous ses apports francs et quittes de toutes dettes et hypothèques de la communauté. En 1828, le mari acheta le domaine d'Anzolles, qu'il revendit peu après au sieur Raymond Larenaudie, son frère. Ce dernier décéda en 1841, laissant sa mère héritière à réserve, et les époux Louis Larenaudie comme légataires universels. Tous trois furent, plus tard, poursuivis et condamnés en ces qualités, conjointement, suivant leurs droits dans la succession du sieur Raymond Larenaudie, à la requête du sieur Toussaint de Gérard, porteur d'effets de commerce souscrits par Louis Larenaudie et avalisés par son frère. Plus tard encore, la dame Louis Larenaudie, après avoir obtenu la séparation de biens, renonça tant à la communauté qu'au legs qui lui avait été fait par son beau-frère. En vertu du jugement qu'il avait obtenu, le sieur Toussaint de Gérard fit saisir et vendre le domaine d'Anzolles. La dame Louis Larenaudie produisit à l'ordre ouvert pour la distribution du prix pour le montant de ses reprises.

Cette prétention a été contestée par le sieur Toussaint de Gérard et les autres créanciers héréditaires, pour cette raison que, la dame Larenaudie, ayant renoncé au legs postérieurement au jugement de condamnation obtenu contre elle, était tenue, comme un héritier ordinaire, de l'universalité des dettes de la succession et que, dès lors, elle ne pouvait être colloquée qu'après tous les autres créanciers de la succession. La dame Larenaudie répliquait que si, comme légataire universelle, elle était bien tenue aux dettes, cette obligation se limitait en tout cas à son émolument dans la succession.

La prétention des créanciers est accueillie par jugement du tribunal civil de Cahors du 28 avril 1848, mais repoussée, sur appel, par un arrêt de la cour d'Agen du 7 décembre 1849 (rapporté au *Sirey* sous l'arrêt de cassation), pour les motifs suivants :

« Considérant que le légataire à titre universel n'est pas tenu de payer les dettes *ultra vires emolumenti*, même après son acceptation pure et simple, lorsqu'il y a un héritier à réserve, puisqu'il n'a pas la saisine; — Considérant que la dame Larenaudie ne doit pas payer ces dettes sur ses biens personnels; que ce serait l'y obliger que de la faire renoncer à ses reprises matrimoniales au profit des créanciers de la succession, puisqu'elle n'est pas tenue des dettes de la succession de Raymond Larenaudie sur ses biens personnels; que l'on doit distinguer sa qualité de créancière et celle d'héritière, et que cette dernière qualité ne peut pas nuire à la première;... *Par ces motifs*, la cour ordonne que la dame Larenaudie sera colloquée au premier rang hypothécaire ».

Pourvoi en cassation par le sieur Toussaint de Gérard et les autres créanciers successoraux.

Moyen. — Violation des articles 871 et s., 1009 et 1012 du Code civil, en ce que l'arrêt attaqué a décidé que la dame Larenaudie, légataire universelle de Raymond Larenaudie, n'était pas tenue des dettes de la succession *ultra vires emolumenti* et sur ses biens personnels, mais seulement jusqu'à concurrence de son émolument et sur les biens qui le composaient, par le motif que Raymond Larenaudie avait un héritier à réserve qui avait la saisine légale.

ARRÊT
(après délib. en la ch. du cons.)

La Cour;... Attendu que le droit à une quotité de succession implique l'obligation de supporter une quotité proportionnelle des dettes et charges; que ce droit et cette obligation sont des conséquences corrélatives de tout titre successif universel; qu'il n'y a point à distinguer, sous ce rapport, entre les successeurs à titre universel qui sont institués par la loi et ceux qui sont institués par la volonté de l'homme; qu'il n'y a pas à distinguer davantage soit entre le légataire universel, qui, se trouvant en concours avec un héritier à réserve, est tenu de demander la délivrance, et le légataire universel, qui, ne concourant point avec un héritier légitime, est saisi de plein droit de la succession, soit même entre le légataire universel et le légataire à titre universel; que ces divers légataires sont, comme les héritiers eux-mêmes, de véritables successeurs à titre universel, ayant les mêmes droits, sujets aux mêmes charges; — Attendu, en effet, que l'intention manifeste du législateur a été de modifier à cet égard les anciens principes, tant du droit écrit que du droit coutumier, et de ne laisser subsister, si ce n'est quant à la saisine légale, aucune différence entre les diverses personnes qui succèdent à titre universel ou par le vœu de la loi, ou par la volonté de l'homme; que cette assimilation entre les successeurs à titre universel, malgré les différences de dénomination, résulte de l'article 1002 du Code civil, qui ne subordonne pas les effets des dispositions testamentaires, universelles ou à titre universel, à leur dénomination d'institution d'héritier ou de legs; qu'elle résulte plus spécialement et en termes exprès, en ce qui concerne l'assujettissement aux dettes et charges de la succession, du rapprochement de l'article 1017, qui, pour le payement des legs, restreint l'obligation personnelle des héritiers du testateur ou autres débiteurs desdits legs au prorata de la part et portion dont ils profiteront dans la succession et des articles 781, 1009 et 1012, suivant lesquels le légataire universel en concours avec un héritier à réserve et le légataire à titre universel sont, sans restriction, tout comme les héritiers eux-mêmes, tenus des dettes et charges de la succession, personnellement pour leur part et portion, et hypothécairement pour le tout; — Attendu que l'obligation personnelle, dont le successeur à titre universel est ainsi tenu, existe avec toutes ses conséquences légales, du moment où il est saisi des biens de la succession, soit que la saisine procède immédiatement de la loi, soit qu'elle procède de la délivrance; qu'elle n'a pas pour principe unique le titre successif universel d'où elle dérive; qu'elle a aussi pour cause la confusion des biens du défunt avec les biens des successeurs; qu'elle ne se mesure donc pas à l'importance des biens que ce dernier a recueillis, mais à la portée de son titre même; qu'il serait, en effet, contraire à la nature de l'obligation personnelle de se limiter selon la consistance et l'origine de certains biens advenus au débiteur; que le titre de celui-ci ne constatant pas, par lui-même, la consistance et la valeur des effets de la succession, a nécessairement pour résultat de réunir en ses mains et de confondre avec ses propres droits actifs ou passifs les droits actifs ou passifs du défunt; en telle sorte que les biens par lui recueillis deviennent, à l'instant même où il en obtient la saisine, le gage de ses propres créanciers, de même que ses propres biens deviennent le gage des créanciers de la succession; que, pour empêcher la confusion de s'opérer, soit par l'effet de la saisine légale, dans le cas où le successeur à titre universel est saisi de plein droit, soit par l'effet de la mise en possession, dans les cas où il doit demander la délivrance, et pour prévenir les conséquences de cette confusion, un seul moyen est offert par la loi au successeur, qui, s'il craint de ne pas trouver dans son émolument des ressources suffisantes pour le payement des dettes, peut recourir au bénéfice d'inventaire; que, sous ce rapport, la position de l'héritier légitime et celle de l'héritier institué sont identiquement les mêmes, la loi n'ayant pas établi, en faveur du second, une qualité de successeur bénéficiaire, qui subsisterait, de plein droit, sans l'accomplissement des formalités destinées à en assurer l'efficacité et à garantir les droits des créanciers; — D'où il suit qu'en décidant que la défenderesse, légataire universelle de Raymond Larenaudie, en concours avec un héritier à réserve, était tenue des dettes et charges de la succession, jusqu'à concurrence seulement de l'actif par elle recueilli, bien qu'elle eût accepté purement et simplement et que la saisie et l'adjudication des immeubles de la succession eussent été poursuivies contre elle par les créanciers du testateur, l'arrêt attaqué a expressément violé les dispositions ci-dessus visées...; — Casse...

OBSERVATIONS

1 Quels sont les successeurs tenus d'acquitter le passif au-delà des forces de la succession ? Longtemps débattue, cette question avait reçu en jurisprudence une solution, dont la justification n'était plus discutée (I). Mais les auteurs de la loi du 23 juin 2006, faisant montre en la matière d'une rare maladresse, ont réussi à réactiver une controverse qu'on pouvait espérer close (II).

I. — L'affirmation de la solution

2 Trois réponses sont concevables : ou bien l'obligation *ultra vires* ne pèse que sur les héritiers *ab intestat*; ou bien, thèse plus extensive, elle est à la charge de tous les successibles saisis; ou bien enfin, tous les successeurs universels ou à titre universel y sont assujettis. La jurisprudence s'est prononcée pour la troisième solution (A) et la doctrine a donné à celle-ci une justification solide (B).

A. — La jurisprudence

3 Le choix entre les solutions décrites ci-dessus est délicat. L'histoire, non plus que le Code civil ne donnent de directives certaines (sur ces points v. F. Terré, Y. Lequette et S. Gaudemet, *Les successions, Les libéralités*, n° 912). Les auteurs ont été partagés. Demolombe, fondant l'obligation *ultra vires* sur le titre universel, s'est prononcé pour la solution la plus large (*Cours de Code Napoléon*, t. XV, n°s 115 à 119); Aubry et Rau, liant obligation *ultra vires* et saisine, ont retenu la solution intermédiaire (*Cours de droit civil français*, 6e éd. par Esmein, t. IX, § 582).

Par l'arrêt de principe du 13 août 1851, le premier rendu en la matière, la Cour de cassation a décidé que l'obligation personnelle indéfinie est la conséquence, non de la saisine, mais de tout titre successif universel. Elle incombe par suite aux héritiers *ab intestat*, mais aussi au légataire universel, qu'il soit saisi ou non de plein droit, ainsi qu'au légataire à titre universel (v. aussi en ce sens, Montpellier, 9 juin 1868, sous Req. 11 mai 1870, *DP* 71. 1. 141, *S.* 70. 1. 396). La cour se fonde à cet effet sur des arguments de texte qui sont loin d'être décisifs. Les textes cités par l'arrêt ne traitent pas, en effet, de l'étendue de l'obligation aux dettes, mais de leur répartition entre une pluralité de successeurs. L'adverbe « personnellement » doit être lu en opposition à « hypothécairement »; il ne signifie donc pas, comme dans l'article 2092, « sans limite ».

4 Par la suite, la haute juridiction, sans revenir expressément sur la doctrine de l'arrêt *Toussaint*, a énoncé des motifs qui paraissaient la contredire. S'inspirant de la doctrine d'Aubry et Rau, elle a en effet posé que les légataires universels ne sont tenus personnellement des dettes que s'ils bénéficient de la saisine. Plus précisément, dans trois arrêts, elle a dénié la qualité de continuateur de la personne du défunt, tenu *ultra vires*, au légataire universel non saisi et au légataire à titre universel (Civ. 12 mai 1897, *DP* 98. 1. 164, *S.* 98. 1. 193, note Wahl;

14 déc. 1910, *DP* 1911. 1. 425, *S.* 1913. 1. 467; 28 févr. 1927, *DH* 1927. 240, *S.* 1927. 1. 353, note P. Esmein). Mais ces arrêts ont été rendus en matière fiscale, où des considérations spéciales conduisent souvent à infléchir, sinon à méconnaître, les règles du droit civil. Il est vrai que, par un arrêt rendu en matière civile, la chambre civile, le 1er août 1904 (*DP* 1904. 1. 513, note Guillouard, *S.* 1905. 1. 13), a, dans un attendu, exprimé l'idée que le légataire universel, lorsqu'il n'est pas en concours avec les héritiers à réserve, est, par l'article 1006, assimilé à l'héritier légitime. Fallait-il en conclure que, pour la cour, l'assimilation n'a pas lieu pour le légataire universel en présence d'héritiers réservataires et pour les légataires à titre universel ? L'argument *a contrario* est toujours dangereux à manier, d'autant plus que, dans notre espèce, il s'agissait d'un légataire universel saisi et que la Cour n'avait à s'occuper que de ce cas. Toutefois, des cours d'appel nièrent que le légataire non saisi fût tenu *ultra vires* (Paris, 9 juin 1941, *Gaz. Trib.* 11 oct. 1941; Lyon, 8 oct. 1956, *D.* 1956. 764).

5 Quoi qu'il en soit, ultérieurement, la Cour de cassation paraît être revenue à la doctrine de l'arrêt *Toussaint.* Dans l'arrêt *Guyot* du 1er février 1955 (*D.* 1955. 437, rapp. Chavanne, *Defrénois* 1955, 27362, note Françon, *JCP* 1955. II. 8646, note Becqué), la 1re sect. civ. de la Cour de cassation a jugé, à propos de l'application de l'article 790 du Code civil, que l'acceptation de tout légataire universel faisait obstacle à la rétractation d'un autre successeur, sans qu'il y ait lieu de distinguer entre le légataire universel saisi et celui qui ne l'est pas, car ils sont l'un et l'autre des héritiers, des véritables successeurs universels appelés à recueillir le tout. On en rapprochera un arrêt de la chambre sociale du 25 mars 1955 (*Gaz. Pal.* 1955. 1. 413), qui affirme, dans un attendu, que, d'après l'article 1742 du Code civil, le droit au bail profite à tous ceux qui continuent la personne du défunt en succédant à ses droits et obligations dans l'universalité ou *une quote-part* de l'universalité de l'hérédité. En outre, sans cependant que fût envisagée nettement la question de l'obligation *ultra vires*, un arrêt de la 1re sect. civ., du 18 mai 1960 (*D.* 1960. 681, note Holleaux, *JCP* 1961. II. 12148, note Ponsard), a précisé de nouveau que le légataire universel non saisi continue la personne du défunt. Mais c'est surtout le 28 mai 1968, à propos de l'exécution de legs particuliers, que la première chambre civile a déclaré tenu aux dettes *in infinitum* tout légataire universel, même non saisi, à moins qu'il n'ait accepté sous bénéfice d'inventaire (*D.* 1969. 95, *JCP* 1969. II. 15714, note Dagot, *RTD civ.* 1969. 365, obs. Savatier).

Il semble donc que, pour la jurisprudence, tous les successeurs universels ou à titre universel, qu'ils soient légaux ou testamentaires, saisis ou non, soient tenus du passif *ultra vires hereditatis* (rappr. Grimaldi, *Successions*, no 559). La solution vaut notamment pour le conjoint survivant alors même qu'il ne viendrait qu'en usufruit; l'héritier usufruitier n'est tenu que des intérêts des dettes successorales, mais dans cette limite il l'est indéfiniment.

B. — La justification de la solution

6 Les auteurs approuvent généralement cette solution, mais pour des motifs différents de ceux donnés par la doctrine du XIXe siècle. Ils font valoir qu'en cas d'acceptation pure et simple de la succession, le droit français ne prévoit aucune mesure d'organisation de la liquidation. L'héritier a de ce fait la pleine maîtrise des biens du défunt; il peut dilapider ce qui était le gage exclusif des créanciers successoraux. Solution déconcertante, au premier abord. Mais il existe une contrepartie; l'héritier répond des dettes, non seulement sur les biens successoraux, mais aussi sur ses biens personnels. Le caractère illimité des pouvoirs trouve son contrepoids dans une responsabilité illimitée. Or, admettre que les successeurs universels ou à titre universel non saisis ne sont pas tenus *ultra vires*, serait leur conférer la pleine maîtrise du gage des créanciers successoraux sans que ceux-ci puissent les poursuivre sur leurs biens personnels. La solution est évidemment inadmissible. C'est donc dans les grands équilibres de notre droit successoral que doit être trouvée la justification de la jurisprudence (Flour, *Le passif successoral*, Cours de doctorat 1956-1957, p. 174 s.; Flour et Souleau, *Les successions*, n° 251 ; F. Terré, Y. Lequette et S. Gaudemet, *Les successions, Les libéralités*, n° 913). À lire de près l'arrêt *Toussaint*, cette justification y était au demeurant déjà présente. La haute juridiction y affirme en effet : « L'obligation personnelle dont le successeur à titre universel est ainsi tenu (...) n'a pas pour principe unique le titre successif universel d'où elle dérive; elle a *aussi* pour cause la confusion des biens du défunt avec les biens des successeurs ».

II. — La maladresse du législateur

7 Cette solution jurisprudentielle a été consacrée sans ambiguïté par la loi du 3 décembre 2001, laquelle a introduit dans le Code civil un article 723 qui disposait : « les *successeurs universels ou à titre universel* sont tenus d'une obligation indéfinie aux dettes de la succession ». La controverse paraissait ainsi définitivement close. Mais les auteurs de la loi du 23 juin 2006 ont abrogé cette disposition, en sorte que la question de l'étendue de l'obligation au passif est désormais traitée à l'article 785 du Code civil, lequel dispose : « *l'héritier universel ou à titre universel* qui accepte purement et simplement la succession répond indéfiniment des dettes et charges qui en dépendent ». Il en résulte une incertitude sur la portée de l'obligation *ultra vires hereditatis* : vaut-elle uniquement pour les héritiers *ab intestat*, comme la lettre même de l'article 785 du Code civil le laisse entendre, ou continue-t-elle à peser sur tous les successeurs universels ? Mais, dans ce dernier cas, pourquoi avoir abrogé l'article 723 du Code civil ? On voit ainsi resurgir une vieille question qu'on pouvait croire définitivement réglée. C'est là une illustration, parmi d'autres, de la médiocrité du travail législatif contemporain.

106

SÉPARATION DES PATRIMOINES. DIVISION DES DETTES

Civ. 10 juillet 1893

(*DP* 94. 1. 5, note de Loynes, *S.* 94. 1. 177, note Tissier)

Rolland et Cie c. Consorts Deschamps

La séparation des patrimoines ne fait pas échec à l'application du principe de la division de plein droit des dettes entre les héritiers.

En conséquence, le créancier du défunt qui, pour conserver le bénéfice de cette séparation, a pris inscription sur un immeuble de la succession ne peut s'opposer à l'application des règles du rapport en moins prenant, les cohéritiers créanciers de ce rapport étant à ce titre créanciers de la succession et non pas créanciers personnels de l'héritier.

Faits. — Le sieur Deschamps s'est porté caution, envers les sieurs Rolland et Cie, de son fils Léopold pour deux engagements de chacun 50 000 F. À son décès, Rolland et Cie ont pris inscription de séparation des patrimoines. Le notaire liquidateur a mis à la charge de chacun des trois autres enfants du *de cujus* un quart de la dette Rolland. Léopold ne touchait sa part successorale qu'au moyen d'un rapport en moins prenant.

Les sieurs Rolland ont contesté cette liquidation et soutenu qu'ils devaient être admis, par l'effet de la séparation des patrimoines, à se faire payer sur la masse indivise de l'intégralité de leur créance contre le défunt. Cette prétention, accueillie en première instance, a été repoussée sur appel des héritiers Deschamps, par un arrêt de la cour de Rennes du 29 novembre 1889 (rapporté aux recueils sous l'arrêt de cassation) contre lequel les sieurs Rolland se sont pourvus en cassation.

Moyen. — Violation des articles 724, 851, 857, 858, 868, 870 et s., 878 et s., 883 et s., 1220, 2092 et s., 2111 du Code civil, en ce que l'arrêt attaqué a décidé que le bénéfice de la séparation des patrimoines obtenu par un créancier du défunt contre les héritiers n'avait pas pour effet de lui donner un droit de préférence sur la partie des biens de la succession qui devait faire l'objet d'un prélèvement des cohéritiers à l'encontre d'un autre cohéritier, débiteur d'un rapport en moins prenant, sous prétexte que les dettes se divisent de plein droit et que le rapport ne profite jamais qu'aux cohéritiers du débiteur, alors que la masse active de la succession était encore indivise au moment de la poursuite du créancier et que même le litige ne s'est élevé que dans le cours d'une procédure en homologation de partage.

ARRÊT

La Cour; — Attendu qu'il résulte de l'arrêt attaqué que Rolland et Cie, créanciers de Deschamps père, ont demandé après le décès de celui-ci, contre trois de ses quatre héritiers, le payement par chacun d'un quart de la dette, et qu'il n'apparaît pas qu'ils aient fait d'autres poursuites tendant à obtenir leur payement sur la masse de la succession; qu'ils ont seulement demandé et obtenu la séparation des patrimoines; — Attendu que, dans l'instance en partage, le notaire commis a proposé, par application du principe de la division des dettes et des règles du rapport en moins prenant, que, nonobstant la séparation des patrimoines, la créance de Rolland et Cie fût supportée par les quatre enfants de Deschamps père divisément, et que Léopold Deschamps, débiteur d'un rapport, ne touchât rien dans la succession; que ce projet de liquidation a été homologué par l'arrêt attaqué; — Attendu que Rolland et Cie soutiennent avoir acquis, par le bénéfice de la séparation des patrimoines obtenue avant tout partage, le droit d'être payés de l'intégralité de leur créance sur l'ensemble indivis des biens effectivement trouvés dans la succession, sans que les règles de la division des dettes entre les cohéritiers et du rapport en moins prenant puissent venir faire échec à ce droit privilégié; — Mais attendu, d'une part, que, d'après les articles 870, 873, 1220 du Code civil, la division des dettes entre les héritiers s'opère de plein droit au moment même du décès du *de cujus* et qu'aux termes des articles 829 et s., 858, 869 du même code, le rapport en moins prenant, dans les cas indiqués par la loi, est prescrit d'une manière générale pour le règlement des successions; — Attendu, d'une autre part, qu'il résulte des articles 878 et 2111 du Code civil que la séparation des patrimoines a été instituée dans le but d'empêcher les créanciers personnels de l'héritier de profiter de la transmission de biens héréditaires qui accompagne l'ouverture de la succession, pour venir concourir sur lesdits biens avec les créanciers du *de cujus*; — Attendu qu'il suit de là que la séparation des patrimoines ne peut avoir pour résultat de changer la nature de la créance, ni de modifier les relations juridiques, soit des créanciers de la succession avec les héritiers, soit des héritiers les uns vis-à-vis des autres; — Attendu, il est vrai, qu'il est soutenu que la séparation des patrimoines doit avoir effet contre les cohéritiers qui ont droit à un rapport, parce qu'ils auraient la qualité de créanciers du cohéritier débiteur de ce rapport; — Mais attendu que celui qui est soumis à rapporter n'est proprement débiteur que de la masse de la succession, et que, si ses cohéritiers ont le droit d'exiger que le rapport soit fait, c'est à titre de copartageants, afin de faire reconstituer l'hérédité à partager; qu'ils ne sont donc pas investis d'une créance directe et personnelle sur leurs cohéritiers, et que, dès lors, ils ne sont pas compris parmi les créanciers de l'héritier, au sens où l'ont entendu les articles 878 et 2111 précités; — Attendu qu'il ressort de ce qui précède que l'arrêt attaqué a sainement appliqué les principes de la matière et n'a, par conséquent, violé aucun des articles visés au pourvoi, en refusant d'accorder à la séparation des patrimoines obtenue par Rolland et Cie l'effet de mettre obstacle à l'application des règles de la division des dettes et des rapports en moins prenant; — Rejette...

OBSERVATIONS

1 Le privilège de la séparation des patrimoines a pour objet de remédier au danger que représente pour les créanciers successoraux la confusion des patrimoines du défunt et du successeur lorsque celui-ci est insolvable; gage des créanciers héréditaires, le patrimoine du défunt devient en effet celui des créanciers personnels de l'héritier. Partant, les créanciers successoraux voient leur chance de paiement s'amenuiser. Afin de permettre aux créanciers hérédi-

taires de conserver intact leur droit sur le patrimoine héréditaire, le code leur offre le bénéfice du privilège de la séparation des patrimoines. Celui-ci leur évite de supporter le concours des créanciers personnels de l'héritier, tout en acquérant le droit de se payer sur ses biens personnels (sur le privilège de la séparation des patrimoines, v. Mazeaud et Leveneur, *Successions, Libéralités*, n° 1275; Marty et Raynaud, *Les successions et les libéralités*, n° 229; Flour et Souleau, *Les successions, Les libéralités*, n° 322; Grimaldi, *Successions*, n°s 628 et 654; Malaurie, *Les successions, Les libéralités*, n°s 228 s.; Sériaux, *Les successions, Les libéralités*, n°s 159 s.; F. Terré, Y. Lequette et S. Gaudemet, *Les successions, Les libéralités*, n°s 924 s.).

Mais qu'en est-il lorsqu'il existe plusieurs héritiers dont l'un est insolvable ?

I. — Séparation des patrimoines et division des dettes

2 La dette du défunt se divisant entre les cohéritiers au prorata de leur vocation héréditaire (art. 1220), les créanciers héréditaires ne pourront exiger de chaque cohéritier que le paiement de la fraction de la dette correspondant à sa vocation. En cas d'insolvabilité d'un des cohéritiers, le créancier successoral se heurte pour cette part aux créanciers personnels de l'héritier. Afin d'éviter ce risque, il dispose là encore du privilège de la séparation des patrimoines. Celui-ci lui évite de supporter sur la part d'actif attribuée à l'héritier insolvable le concours des créanciers personnels de celui-ci. Néanmoins, le remède se révèle insuffisant lorsque, comme en l'espèce, l'héritier insolvable ne recueille effectivement aucun bien parce qu'il est rempli de ses droits par un rapport purement comptable à la succession; les droits des créanciers séparatistes, bien que préférentiels, ne trouvent pas matière à s'exercer. Et ils ne sauraient se retourner contre les autres héritiers pour la part du passif due par l'héritier insolvable : en vertu du principe de la division des dettes, chaque héritier ne peut en effet être poursuivi que pour une part du passif proportionnelle à sa vocation héréditaire. De même, c'est en vain que les créanciers séparatistes prétendraient que les cohéritiers de l'insolvable, débiteur de la succession, sont des créanciers personnels de celui-ci et ne peuvent pas se faire payer par préférence, grâce au procédé du rapport en moins prenant. Ainsi que l'indique très justement la cour dans l'arrêt reproduit, le privilège de la séparation des patrimoines ne modifie pas les relations juridiques des héritiers les uns à l'égard des autres; le cohéritier soumis au rapport en moins prenant est débiteur de la masse et ses cohéritiers ont droit à ce rapport en qualité de copartageants. Ainsi, alors même que le *de cujus* est mort solvable, ses créanciers peuvent ne pas être intégralement désintéressés.

3 Afin d'éviter ce résultat, le créancier séparatiste alléguait, en l'espèce, que le privilège de la séparation des patrimoines faisait obstacle à la division des dettes entre les cohéritiers. La Cour, reprenant une solution déjà affirmée à deux reprises en 1857 (Civ. 3 févr. 1857, *DP* 57. 1. 49; 9 juin 1857, *DP* 57. 1. 295), se prononce pour la négative. La réponse est tout à fait exacte. Ainsi que le relève la Cour de cassation, la séparation des patrimoines a pour unique objet de garantir les créanciers héréditaires contre le concours des créanciers personnels d'un cohéritier insolvable sur les biens mis dans son lot; elle ne modifie pas les règles relatives à la liquidation de la succession.

La séparation des patrimoines se révèle ainsi impuissante à protéger les créanciers héréditaires en présence d'une pluralité d'héritiers dont l'un, insolvable, est alloti au moyen d'un rapport. Les créanciers héréditaires subiront l'insolvabilité de cet héritier, alors même que le défunt était solvable.

II. — Les biens indivis, gage indivisible des créanciers successoraux

4 Cette dernière réflexion n'est toutefois vraie que si les créanciers héréditaires attendent pour agir la réalisation du partage. Afin de permettre aux créanciers héréditaires de conserver intacts leurs droits sur les biens héréditaires, la jurisprudence (v. *infra*, n° 108), puis le législateur (art. 815-17) ont assorti le principe de la division des dettes d'un tempérament. Jusqu'à la réalisation du partage, les biens héréditaires forment un gage indivisible sur lequel les créanciers héréditaires sont seuls admis à exercer leurs droits. La préférence leur est ainsi assurée sur les créanciers personnels des héritiers et notamment sur ceux de l'héritier insolvable. Ils sont de ce fait pleinement protégés contre les conséquences de l'insolvabilité de l'un des cohéritiers, même si celui-ci est débiteur de la succession. Aussi, dans la pratique, est-il de règle de payer les créanciers de la succession avant de procéder au partage.

Cette solution était déjà, semble-t-il, implicitement reconnue par l'arrêt ci-dessus reproduit. Celui-ci commence en effet par constater que « les créanciers ont demandé contre trois des héritiers le paiement par chacun d'un quart de la dette et qu'il n'apparaît pas qu'ils aient fait d'autres poursuites tendant à obtenir leur paiement sur la masse de la succession ».

Sur les intérêts que conserve le privilège de la séparation des patrimoines malgré l'article 815-17, en cas de pluralité d'héritiers, v. Y. Lequette, « Le privilège de la séparation des patrimoines à l'épreuve de l'article 815-17 du Code civil », *Mélanges A. Weill*, 1983, p. 371.

5 La loi du 23 juin 2006 a bilatéralisé le privilège de la séparation des patrimoines, en accordant également le bénéfice de celui-ci aux créanciers personnels de l'héritier, sur les biens de ce dernier. Elle a curieusement retiré à l'institution son appellation de séparation des patrimoines pour lui substituer celle de droit de préférence, au moment même où, du fait de cette bilatéralisation, elle se rapprochait d'une véritable séparation des patrimoines. Les solutions résultant de la jurisprudence ci-dessus reproduite ne sont pas affectées par ces changements.

107

SÉPARATION DES PATRIMOINES. EFFETS ENTRE LES CRÉANCIERS DU DÉFUNT. ABSENCE DE PRIVILÈGE

Req. 4 décembre 1871

(*DP* 71. 1. 249, *S.* 71. 1. 238, concl. Reverchon)

Desgrottes c. Faillite Gastel

La séparation des patrimoines ne confère de privilège que contre les créanciers de l'héritier, mais ne modifie en rien les rapports et les droits respectifs des créanciers du défunt entre eux, lesquels, ne venant pas en concours avec les créanciers de l'héritier, doivent partager, proportionnellement à leurs créances, les biens du défunt réservés par la séparation des patrimoines.

Moyen. — Fausse interprétation des articles 878 et 2111 du Code civil, en ce que l'arrêt attaqué (cour de la Martinique, 12 juin 1869, rapporté aux recueils sous l'arrêt de cassation) a refusé au créancier qui a demandé la séparation des patrimoines et requis sur les immeubles et en son nom personnel l'inscription prescrite par l'article 2111 du Code civil, le droit de préférence qui résulte de cette inscription, à l'encontre des autres créanciers de la succession qui ont négligé d'exercer les mêmes droits.

ARRÊT

La Cour; — Attendu que la séparation des patrimoines demandée par application de l'article 878 du Code civil, et inscrite, en vertu de l'article 2111 du même code, ne confère de privilège, conformément à l'esprit et au texte même de ces articles, que contre les créanciers de l'héritier, mais ne modifie en rien les rapports et les droits respectifs des créanciers du défunt entre eux, lesquels, ne venant pas en concours avec les créanciers de l'héritier, doivent partager, proportionnellement à leurs créances, les biens du défunt réservés par la séparation des patrimoines; — Qu'en le décidant ainsi, l'arrêt attaqué n'a fait qu'une juste application des articles ci-dessus visés; — *Par ces motifs*, rejette...

OBSERVATIONS

1 Ainsi que cela a déjà été exposé (v. n° préc.), la séparation des patrimoines a pour objet de permettre aux créanciers successoraux de conserver intacts leurs droits sur le patrimoine héréditaire en leur évitant de supporter le concours des créanciers personnels des héritiers.

Mais qu'en est-il lorsque, parmi les créanciers de la succession, certains ont inscrit le privilège de la séparation des patrimoines alors que d'autres ont omis de le faire ? L'arrêt reproduit décide que les créanciers séparatistes ne bénéficient d'aucun droit de préférence sur les autres créanciers successoraux. Ils ne peuvent donc éviter le concours, sur les immeubles successoraux, des créanciers héréditaires moins diligents qui n'ont pas usé de cette précaution. Ce n'est, en effet, qu'à l'encontre des créanciers personnels de l'héritier que le droit de préférence existe. L'admettre également entre les créanciers de la succession serait modifier leur situation par rapport à celle qui était la leur avant le décès. Or tel n'est pas l'objet de la séparation des patrimoines, qui vise uniquement à ce que les tiers qui avaient fait crédit à un débiteur solvable ne voient pas leurs prévisions ruinées par son décès; aussi les créanciers héréditaires conservent-ils inchangées, les uns par rapport aux autres, leurs causes de préférence : les créanciers hypothécaires ou privilégiés l'emportent sur les créanciers chirographaires qui priment eux-mêmes, en vertu de la règle *nemo liberalis nisi liberatus*, les légataires particuliers de sommes d'argent. (Sur les différents systèmes concevables pour régler le concours entre créanciers séparatistes, créanciers non séparatistes et créanciers personnels, v. F. Terré, Y. Lequette et S. Gaudemet, *Les successions, Les libéralités*, n° 937; Grimaldi, *Successions*, n° 655; v. dans le même sens, Civ. 15 juill. 1891, *DP* 93. 1. 465, note de Loynes, *S.* 91. 1. 409; Req. 10 avr. 1906, *DP* 1909. 1. 113; 25 janv. 1910, *DP* 1910. 1. 177.) Ces solutions ne sont pas remises en cause par la loi du 23 juin 2006.

108

DETTES. DIVISION. ACTION DES CRÉANCIERS HÉRÉDITAIRES SUR LA MASSE INDIVISE

Req. 24 décembre 1912

(*S.* 1914. 1. 201)

Consorts Frécon c. Dame Frécon

Les créanciers héréditaires peuvent, malgré l'article 1220 du Code civil, poursuivre la masse indivise pour le total de leur créance.

Faits. — La séparation de corps est prononcée entre les époux Gustave Frécon aux torts du mari. Celui-ci enlève sa fille, au cours d'une visite qu'elle lui faisait et disparaît avec elle. En 1899, la dame Frécon obtient un jugement de condamnation au payement de 1 000 F par jour de retard que son mari apporterait à la remise de l'enfant, et comme il ne s'exécuta pas, cette astreinte fut liquidée en 1909 à 250 000 F.

Au lendemain de la séparation de corps, le père de Frécon lui avait fait une donation en avancement d'hoirie de 234 500 F, portant que cette somme formerait la totalité de sa part héréditaire et lui serait allouée en lotissement de partage. Le 8 décembre 1902, Frécon père règle sa succession par un testament-partage, attribuant le reste de ses biens à ses deux autres enfants. Après le décès du père de Frécon, la dame Gustave Frécon, créancière de son mari, demande la nullité de la donation et du testament comme faits en fraude de ses droits. Le tribunal et la cour de Lyon font droit à sa demande et annulent ces actes comme constituant un ensemble de manœuvres frauduleuses ourdies dans le dessein de mettre le fils, au regard de sa femme, en état d'insolvabilité apparente. La dame Frécon intente alors une nouvelle action pour demander que les héritiers rapportent à la succession la somme de 234 500 F qui a disparu par l'effet de la donation en avancement d'hoirie. Les deux cohéritiers de Gustave Frécon soutiennent que chacun d'eux ne doit qu'un tiers de cette somme, parce que la dette dont le père était tenu par suite de la fraude commise s'était divisée de plein droit à son décès entre ses héritiers.

Le tribunal de Lyon a, par jugement du 17 juin 1910, donné gain de cause aux consorts Frécon, mais ce jugement a été infirmé par un arrêt de la cour de Lyon, du 7 février 1911, contre lequel ils se sont pourvus en cassation.

Moyen. — Violation des articles 832, 843, 868, 873, 894, 1134, 1165, 1166, 1167, 1220, 1300, 1350, 1351, 1382 du Code civil et 7 de la loi du 20 avril 1810, en ce que l'arrêt attaqué a jugé que le montant d'une créance successorale ne devait pas être réparti entre les trois héritiers du *de cujus*.

ARRÊT

La Cour... — Attendu que la seule question qui se posait était de savoir si les demandeurs en cassation, débiteurs seulement, comme héritiers de leur père, d'un tiers chacun de la dette résultant pour lui de sa participation à l'acte préjudiciable à la dame Frécon-Frachon, devaient être tenus de subir ce rapport pour le tout, sauf leur recours pour un tiers contre leur frère Gustave Frécon, ou s'ils n'étaient obligés de contribuer au payement de cette dette de leur père que pour un tiers chacun; que, pour décider que le notaire chargé de la liquidation mettrait ce rapport à leur charge, l'arrêt attaqué fait valoir justement que le succès de la fraude serait assuré pour un tiers si on lotissait Gustave Frécon du tiers de ces 234 500 F; qu'en effet, au lieu de retrouver dans la succession d'Auguste Frécon cette somme, qui lui était due intégralement, la défenderesse éventuelle n'y trouverait que les deux tiers, puisqu'en fait son mari ne rapporterait rien; qu'un tel résultat ne respectait pas l'annulation de l'acte du 8 décembre 1898, prononcée pour le tout; que les choses ne seraient remises au même état que si la donation n'avait pas été faite, ce qui est l'effet légal de la révocation; que la décision attaquée se trouve donc pleinement justifiée; qu'il est cependant encore permis d'ajouter que les règles ordinaires du droit fléchissent devant la nécessité de la réparation d'une fraude; que, dans l'espèce, les demandeurs en cassation sont d'autant moins fondés à se plaindre de la décision attaquée qu'ils y sont déclarés complices de la fraude commise par leur père et leur frère; — Attendu, au surplus, que les demandeurs en cassation font vainement grief à l'arrêt de n'avoir pas appliqué le principe que les dettes se divisent de plein droit entre les héritiers; qu'en effet, malgré la division légale entre les héritiers des dettes de la succession, le gage dont les créanciers du défunt jouissaient de son vivant continue, même après son décès, et ce jusqu'au partage, de subsister d'une manière indivisible sur l'hérédité toute entière; que la dame Gustave Frécon, intervenante dans le partage non effectué, avait donc le droit de recouvrer l'intégralité de sa créance sur la totalité des biens héréditaires, et que c'est cette règle qui est appliquée par l'arrêt attaqué, sous la forme de l'obligation au rapport total de la somme due par la succession d'Auguste Frécon à sa belle-fille par les héritiers qui prétendaient en conserver une partie; qu'il suit de tout ce qui précède qu'en décidant que les demandeurs en cassation étaient tenus de laisser dans la succession d'Auguste Frécon, leur père, la somme de 234 000 F, que la dame Frécon-Franchon était en droit d'y appréhender pour les causes ci-dessus énoncées, l'arrêt attaqué a assuré le respect de l'arrêt précédent du 17 novembre 1909, sans violer les dispositions de loi invoquées par le pourvoi; — Rejette.

OBSERVATIONS

1 Apportant une limitation considérable à la portée de l'article 1220 du Code civil qui prévoit que les dettes du défunt se divisent de plein droit entre ses héritiers, cet arrêt constitue une pièce essentielle du règlement du passif successoral. Après avoir rappelé la solution qu'il pose (I), on s'attachera à en préciser la mise en œuvre (II).

I. — L'affirmation de la solution

2 L'arrêt ci-dessus reproduit pose que les créanciers héréditaires peuvent, tant que la succession n'a pas été partagée et nonobstant le principe de la division de plein droit des dettes entre les cohéritiers (C. civ., art. 1220), poursuivre le payement de l'intégralité de leurs créances sur la masse indivise, le gage dont ils jouissaient du vivant de leur débiteur continuant, même après son décès et jusqu'au partage, de subsister d'une manière indivisible sur l'hérédité toute entière. Cette solution se trouvait déjà implicitement contenue dans un arrêt de la chambre civile du 10 juillet 1893 (*supra*, n° 106, § 4). Admise par nos anciens auteurs (Pothier, *Traité des obligations*, n° 310), elle a été défendue par Demolombe (*Successions*, t. V, n° 214) et Aubry et Rau (t. IX, § 583, texte et note 8), auxquels cet arrêt a emprunté leur formule (dans le même sens, H. Capitant, « De l'indivision héréditaire », *Rev. crit.* 1924. 26 s.; Siesse, *Contribution à l'étude de la communauté d'héritiers en droit comparé*, thèse Paris, 1922, p. 290 à 293; rappr. Delhay, *La nature juridique de l'indivision*, thèse Lille, éd. 1968). Elle a été, au contraire, contestée par quelques interprètes comme étant inconciliable avec l'article 1220 (v. not. la note Tissier préc.). Mais la Cour de cassation a maintenu son opinion (Req. 25 juill. 1939, *DP* 1940. 1. 62; Civ., 1re sect. civ., 4 avr. 1962, *Gaz. Pal.* 1962. 2. 29; Civ. 1re, 19 juill. 1976, *Bull. civ.* I, n° 264, p. 214; 28 avr. 1987 (motifs), *JCP* 1987. IV. 226).

3 Pour la justifier, Aubry et Rau ont fait appel à l'idée d'indivisibilité de la saisine : l'hérédité, d'après eux, constitue jusqu'au jour du partage un patrimoine aussi indivisible que celui d'une personne vivante. Il est plus exact de dire que la division des dettes est là pour contrebalancer l'obligation *ultra vires hereditatis*; chaque héritier est tenu du passif au-delà de l'actif qu'il recueille, mais il ne peut être poursuivi que pour une fraction de la dette proportionnelle à sa vocation héréditaire. Lorsque les créanciers héréditaires, agissant avant partage, cantonnent leur action sur les biens héréditaires, ils n'utilisent pas l'avantage que représente l'obligation *ultra vires*; il n'est donc nul besoin de l'équilibrer au moyen de la division des dettes (Flour, *Le passif successoral*, Cours doctorat, 1956-1957, p. 340; F. Terré, Y. Lequette et S. Gaudemet, *Les successions, Les libéralités*, n°s 943 s.).

II. — La mise en œuvre de la solution

4 Trois possibilités s'offrent donc aux créanciers successoraux :

– ou bien ils agissent avant partage sur les biens héréditaires; ils n'ont pas alors à diviser leurs poursuites, ainsi que l'indique l'arrêt rapporté (v. aussi T. civ. Brive, 27 janv. 1938, *D.* 1939. 2. 53, note Nast); n'étant pas concurrencés par les créanciers personnels des héritiers, ils ont la certitude d'être payés si le défunt était solvable;

– ou bien, l'actif héréditaire étant insuffisant, ils poursuivent les successeurs avant partage, sur leurs biens personnels; leur action se divise alors, conformément à l'article 1220 du Code civil, entre les successeurs (Civ. 1re, 14 mars 1972, *D.* 1972. Somm. 159, *RTD civ.* 1972. 801, obs. Savatier) et ils supportent le concours de leurs créanciers personnels;

– ou bien enfin, ils agissent postérieurement au partage; le patrimoine héréditaire étant désagrégé, leur action se divise nécessairement entre tous les successeurs.

La solution posée par l'arrêt *Frécon* a été consacrée par la loi du 31 décembre 1976. L'article 815-17 du Code civil dispose en effet : « Les créanciers qui auraient pu agir sur les biens indivis avant qu'il y eût indivision et ceux dont la créance résulte de la conservation ou de la gestion des biens indivis seront payés par prélèvement sur l'actif avant le partage. Ils peuvent en outre poursuivre la saisie et la vente des biens indivis ». Maintenu inchangé par la loi du 23 juin 2006, ce texte est pour la pratique d'une extrême importance dans la mesure où, en permettant aux créanciers successoraux d'échapper au concours des créanciers personnels des successeurs sur les biens de la succession, il favorise la mise sur pied d'une liquidation organisée du passif successoral (F. Terré, Y. Lequette et S. Gaudemet, *op. cit.*, nos 953 s.; M. Névot, *La notion d'opération de partage*, thèse Paris II, 1979, nos 73 s., p. 104 s.).

109

RAPPORT DES DETTES. COPARTAGEANTS

Civ. 9 février 1887

(*DP* 87. 1. 193, *S.* 88. 1. 5, note Labbé, concl. Desjardins)

Sommier et Argence c. Consorts Marcq

Le rapport des dettes a lieu non seulement de cohéritier à cohéritier, mais encore de copartageant à copartageant et de donataire à cohéritier (C. civ., art. 828, 829, 1872).

En conséquence, lorsque le débiteur d'une succession est un donataire (spécialement un conjoint, donataire par contrat de mariage de l'usufruit de la moitié des biens de la succession), il y a lieu, pour le remplir de son droit, de lui attribuer, jusqu'à concurrence et par voie d'imputation, sa propre dette envers la succession.

Faits. — La dame Marcq avait fait donation à son mari de l'usufruit de la moitié des biens qu'elle laisserait à son décès. Elle est décédée, laissant pour héritiers son mari et son fils mineur émancipé. La liquidation de la succession a fait ressortir un actif de 787 022 F, plus 570 000 F représentés par une créance contre le mari survivant.

Les créanciers du sieur Marcq père, la dame Sommier et le sieur Argence sont intervenus au partage et ont réclamé la part devant revenir en usufruit à leur débiteur sur la moitié de la succession.

Le sieur Marcq père et son fils mineur émancipé ont soutenu que la dette du sieur Marcq envers la succession devait être imputée sur la part lui revenant dans la succession comme donataire, dette qui absorberait entièrement cette part. La cour de Paris leur ayant, par arrêt du 30 mai 1884, donné gain de cause, les créanciers se sont pourvus en cassation.

Moyen. — Violation des articles 2092, 2093, 829, 830, 843 et 851 du Code civil et fausse application de l'article 1872 du même code, en ce que l'arrêt attaqué (Paris, 30 mai 1884, rapporté aux recueils sous l'arrêt de cassation) a décidé que le sieur Marcq était obligé de rapporter avant partage à la succession de la dame Marcq les sommes dont il était débiteur et que ces sommes lui seraient attribuées jusqu'à due concurrence pour le remplir de ses droits, alors que le sieur Marcq étant, non pas héritier, mais donataire de sa femme par contrat de mariage, n'était pas tenu envers la succession de l'obligation au rapport.

ARRÊT

La Cour; — ... Attendu, en fait, que, des constatations de l'arrêt attaqué, il résulte que la veuve Sommier et le sieur Argence, créanciers du sieur Marcq père, ont réclamé, du chef de leur débiteur, le bénéfice de l'institution contractuelle par laquelle la dame Marcq avait fait donation à son mari de l'usufruit de la moitié des biens qu'elle laisserait à son décès; — Attendu que le sieur Marcq père et le mineur émancipé Marcq fils, héritier légitime de la dame Marcq, sa mère, ont soutenu que Marcq père, étant débiteur envers la succession de sa femme d'une somme de 570 000 F, et l'actif net de cette succession s'élevant à 787 022 F, dont la moitié est de 393 511 F, devait être rempli de ses droits d'usufruitier au moyen de sa dette, qui devait être imputée sur la part lui revenant dans ladite succession comme donataire par contrat de mariage et qui l'absorbait entièrement; que les créanciers de Marcq père, au contraire, ont prétendu que leur débiteur n'était pas tenu de rapporter sa dette à la succession de la dame Marcq, parce qu'il n'était qu'un institué contractuel, et que le rapport des dettes, comme celui des dons et legs, n'est dû que de cohéritier à cohéritier; — Attendu, en droit, qu'à côté de la prescription concernant le rapport des dons et legs, spéciale aux relations des héritiers légitimes entre eux, l'article 829 du Code civil pose le principe du rapport des dettes; — Attendu que le rapprochement de cette disposition avec le paragraphe final de l'article immédiatement précédent (art. 828) et avec l'article 1872 du même code prouve que la disposition dont s'agit n'est que l'application du principe d'après lequel, préalablement à la formation de la masse commune à partager, il doit être procédé au règlement de la situation de chacun des copartageants et au compte de ce qu'ils peuvent réciproquement devoir à la masse; — Attendu, en effet, qu'une règle générale de droit et d'équité qui s'impose à tous les prétendants droit à une fraction d'une masse commune veut que, pour empêcher qu'aucun d'eux ne prenne plus que la part qui doit lui revenir, s'il arrive qu'un des copartageants ait déjà entre les mains une portion de la masse, il soit tenu de l'y remettre, pour que le tout soit partagé, et que, si ce rapport en nature est impossible, les autres communistes soient fondés à imputer sur la part qui lui revient la portion qu'il détient et à prélever sur les biens composant la masse une fraction égale à celle dont leur copartageant est déjà muni; — Attendu que la dette dont Marcq est tenu envers la succession de sa femme fait partie de l'actif héréditaire de cette succession dont ses créanciers réclament une part de son chef; qu'ainsi, et par une conséquence nécessaire du principe qui vient d'être rappelé, si Marcq père ne paye pas sa dette en nature, ses créanciers, qui ne sont que ses ayants cause, doivent subir l'imputation de cette dette sur la part de la dame Marcq revenant à leur débiteur, comme donataire par contrat de mariage, et le prélèvement d'une part égale au profit de l'héritier légitime de la dame Marcq; — D'où il suit que, en décidant que la dette de Marcq père serait comprise dans l'actif de la succession de la dame Marcq, et lui serait attribuée pour le remplir, jusqu'à due concurrence, de la moitié sur laquelle doit être assis son usufruit, l'arrêt attaqué, loin de violer la loi, n'en a fait qu'une exacte application; — *Par ces motifs*, rejette…

OBSERVATIONS

1 Aux termes de l'article 829 du Code civil dans sa rédaction de 1804, « *chaque cohéritier fait rapport à la masse*, suivant les règles qui seront ci-après établies, des dons qui lui ont été faits, et *des sommes dont il est débiteur* ». Cette application du rapport aux dettes, qui peut paraître singulière, car des dettes ne sont pas rapportables, mais payables, n'avait fait l'objet d'aucune autre disposition législative. Force avait donc été à la jurisprudence de suppléer au laconisme de la loi. Dans cette perspective, l'arrêt ci-dessus reproduit présente l'intérêt de préciser tant la nature juridique (I) que le domaine d'application du rapport des dettes (II). Ces solutions ont été consacrées, au moins pour partie, par la loi du 23 juin 2006 (III).

I. — La nature juridique du rapport des dettes

2 Lorsqu'un héritier est débiteur de la succession, il doit être alloti avec la créance que celle-ci a contre lui. Cette créance ne se divise donc pas entre les successeurs au prorata de leur vocation successorale : placée dans la masse partageable, elle est, selon les termes mêmes de l'arrêt, « attribuée » à l'héritier débiteur « pour le remplir » de ses droits. En bref, le rapport des dettes est une règle d'attribution.

3 Les avantages de la solution sont manifestes.

Attribuée à l'héritier qui en était débiteur, la créance s'éteint par confusion. D'où une simplification des opérations. D'où surtout une protection des cohéritiers qui sont ainsi prémunis contre une éventuelle insolvabilité de l'héritier débiteur.

De fait, si on appliquait le principe de la division des créances, celle-ci se répartirait entre tous les successeurs au prorata de leur vocation successorale. L'héritier débiteur en devenant titulaire pour sa part, la créance s'éteindrait dans cette mesure par confusion. Mais pour le surplus, il devrait paiement à son ou à ses cohéritiers. À le supposer insolvable, ceux-ci n'obtiendraient au mieux qu'un paiement partiel, au pire rien, ce qui n'empêcherait pas l'héritier débiteur de prendre sa part dans les biens existants. L'égalité entre les cohéritiers serait rompue. Grâce au rapport des dettes, les cohéritiers du débiteur sont à l'abri du risque d'insolvabilité de celui-ci.

Il est vrai que, favorable aux cohéritiers du débiteur, cette solution est rigoureuse pour les autres créanciers de celui-ci : ses droits héréditaires sont, en effet, fixés sur une créance qui, à peine entrée dans son patrimoine, s'éteint. Autant dire que les créanciers ne retireront aucun profit de la succession qui est échue à leur débiteur. D'où, en l'espèce, l'action des créanciers du sieur Marcq. Maintenant la décision des juges du fond, la haute juridiction rejette le pourvoi : du fait du rapport des dettes, les créanciers personnels de l'héritier débiteur sont primés par les copartageants de celui-ci. « L'égalité du partage l'emporte sur l'égalité des créanciers » (Grimaldi, *Successions*, n° 877). Aussi bien la décision fait-elle expressément référence au principe de l'égalité entre les copartageants (sur le caractère facultatif ou obligatoire du rapport des dettes pour l'héritier débiteur, v. *infra*, n°s 110-111, § 8).

II. — Le domaine d'application du rapport des dettes

4 Intéressant en ce qu'il pose que le rapport des dettes est une règle d'attribution, le présent arrêt l'est également en ce qu'il entend largement le domaine d'application de celui-ci. En premier lieu, le rapport des dettes est dû non seulement par l'héritier *ab intestat*, mais aussi, comme en l'espèce, par un institué contractuel à titre universel et plus largement par un légataire universel ou à titre universel (rappr. TGI Bayonne, 4 juin 1971, *JCP* 1974. II. 17842). La solution est logique : ayant pour but d'assurer l'égalité entre les copartageants, le rapport des dettes s'opère dès lors que le débiteur vient au partage (Grimaldi, *Successions*, n° 879).

En second lieu, la généralité de la formule employée implique que le rapport des dettes joue dans toute espèce de partage et d'indivision, indivision héréditaire, mais aussi comme en l'espèce partage de communauté (v. aussi Civ. 17 nov. 1936, *DH* 1937. 3) ou partage de société (Civ. 8 févr. 1882, *DP* 82. 1. 25).

En troisième lieu, enfin, sont soumises au rapport toutes les dettes dont un successeur est tenu envers la succession, dettes envers le *de cujus* comme en l'espèce, mais aussi dettes envers l'indivision (Civ. 17 nov. 1936, préc.; Civ. 1re, 23 janv. 1968, *D.* 1968. 219, note Breton; 29 juin 1983, *Bull. civ.* I, n° 195), ainsi que dettes envers la succession proprement dites, c'est-à-dire consécutives au rapport ou à la réduction en valeur d'une libéralité. En revanche, ne donnent pas lieu à rapport « les sommes dont les copartageants peuvent être créanciers ou débiteurs les uns envers les autres en dehors des relations nées de l'indivision successorale » (Civ. 1re, 26 mars 1974, *D.* 1975. 41, note Sortais, *JCP* 1975. II. 17970, note Dagot).

Ajoutons que, si la dette a changé de valeur entre le jour où elle a été contractée et celui où elle est réglée, par exemple parce qu'elle était libellée en monnaie étrangère, le montant du rapport est de sa valeur au jour du règlement et non au jour où l'héritier l'avait contractée (Civ. 10 juin 1976, *D.* 1976. IR 264, *Defrénois* 1977, 31310, note Ponsard; la solution contraire avait été posée par Civ. 5 déc. 1933, *DP* 1934. 1. 25, note Capitant, *S.* 1934. 1. 281, note E. P.).

III. — La loi du 23 juin 2006

5 La loi du 23 juin 2006 a introduit dans le chapitre VIII, Du partage, une nouvelle section intitulée « Du payement des dettes », laquelle renferme un § 1er, ayant pour titre « Des dettes des copartageants ». Il y est prévu à l'article 864 que « lorsque la masse partageable comprend une créance à l'encontre de l'un des copartageants, exigible ou non, ce dernier en est alloti dans le partage à concurrence de ses droits dans la masse. À due concurrence, la dette s'éteint par confusion. Si son montant excède les droits du débiteur dans cette masse, il doit le paiement du solde sous les conditions et délais qui affectaient l'obligation ». L'article 865 ajoute que « sauf lorsqu'elle est relative aux biens indivis, la créance n'est pas exigible avant la clôture des opérations de partage. Toutefois, l'héritier peut décider à tout moment de s'en acquitter volontairement ». L'article 867 rappelle enfin que « lorsque le copartageant a lui-même une créance à faire valoir, il n'est alloti de sa dette que si, balance faite, le compte présente un solde en faveur de la masse indivise ».

110-111

RAPPORT DES DETTES. PRÊT D'ARGENT. ARTICLE 869 DU CODE CIVIL

I. Civ. 1re, 18 janvier 1989. — II. Civ. 1re, 29 juin 1994

L'article 869 du Code civil, rédigé en termes généraux, ne distingue pas suivant que les sommes rapportables par un successible ont fait l'objet d'un don ou d'un prêt. Il a dès lors vocation, sauf stipulation contraire, à s'appliquer à l'un comme à l'autre.

Les dispositions de ce texte dérogent en matière de liquidations successorales aux dispositions générales de l'article 1895, alinéa 1, du Code civil qui prévoient que l'obligation qui résulte d'un prêt en argent n'est toujours que de la somme numérique énoncée au contrat (1er arrêt).

L'article 869 du Code civil, qui concerne exclusivement le rapport de dons ne s'applique pas au rapport de dettes prévu par l'article 829 du même code, qui n'est qu'une technique de règlement. Le cohéritier débiteur n'en doit pas moins réaliser le rapport de sa dette en moins prenant, par imputation sur sa part, et non en effectuer le paiement (2e arrêt).

I. — Civ. 1re, 18 janvier 1989

(*D.* 1989. 305, note G. Morin, *JCP* N 1989. II. 149, note Montredon, *JCP* 1990. II. 21465, note Vigneau, *RTD civ.* 1989. 794, obs. J. Patarin)

Mme Aubert c. Fougerol

Faits. — Un frère et une sœur avaient reçu l'un et l'autre de leurs parents diverses sommes d'argent afin de leur permettre d'acquérir chacun un appartement. Aucun des prêts ne fut remboursé et, après le décès des parents, un litige survint entre le frère et la sœur relativement au montant des rapports dont ils étaient respectivement débiteurs envers la succession du chef de leurs dettes respectives. La sœur soutenait que le rapport des sommes dues devait se faire pour leur valeur nominale. Le frère prétendait que les sommes reçues, même à les considérer comme des prêts, devaient être rapportées en tenant compte de la valeur des biens qu'elles avaient permis d'acquérir, conformément à l'article 869 du Code civil.

Le tribunal de grande instance de Guéret ayant donné raison à la sœur par un jugement en date du 1er février 1983, la cour d'appel de Limoges infirma cette décision par arrêt du 28 octobre 1986. Un pourvoi fut formé.

ARRÊT

La Cour; — *Sur le premier moyen pris en ses deux branches :* — Attendu, selon les énonciations des juges du fond, qu'Henri Fougerol et son épouse ont prêté à leurs enfants Philippe et Thérèse diverses sommes d'argent pour leur permettre d'acquérir un logement; qu'après le décès des père et mère un litige a surgi entre

M. Philippe Fougerol et Mme Thérèse Fougerol épouse Aubert sur le point de savoir si les sommes qui leur avaient été remises devaient être rapportées à la succession pour leur valeur nominale ou s'il convenait de tenir compte de la valeur des biens que les sommes prêtées avaient permis d'acquérir ; que l'arrêt attaqué (Limoges, 28 oct. 1986) a estimé que les articles 869 et 860 du Code civil avaient vocation à s'appliquer en matière de rapport des dettes, de sorte que le rapport devait être fait selon la valeur des biens acquis grâce aux deniers prêtés, évaluée à l'époque du partage ; — Attendu que Mme Aubert fait grief à la cour d'appel d'avoir, en statuant ainsi, violé, d'une part, les articles 869 et 860 du Code civil qui ne seraient applicables qu'en matière de rapport des dons et non en matière de rapport des dettes, d'autre part, l'article 1895, alinéa 1er, du même code, qui dispose que l'obligation qui résulte d'un prêt en argent n'est toujours que de la somme numérique énoncée au contrat ; — Mais attendu que l'article 869 du Code civil, rédigé en termes généraux, ne distingue pas suivant que les sommes rapportables par un successible ont fait l'objet d'un don ou d'un prêt ; qu'il a dès lors vocation, sauf stipulation contraire et comme l'a estimé à bon droit la cour d'appel, à s'appliquer à l'un comme à l'autre ; que, comme l'a justement retenu l'arrêt attaqué, les dispositions de ce texte dérogent en matière de liquidations successorales aux dispositions générales de l'article 1895, alinéa 1er, du Code civil ; que le moyen ne peut donc être accueilli en aucune de ses branches ;

Et sur le second moyen : — Attendu qu'il est encore reproché à la cour d'appel d'avoir dénaturé une note rédigée par le père de famille en août 1968 et d'avoir refusé de tenir compte de la volonté clairement exprimée par celui-ci de limiter le rapport dû par sa fille Thérèse au montant nominal des sommes qu'elle avait reçues ; — Mais attendu que c'est par une interprétation souveraine des documents de la cause que la cour d'appel a estimé qu'il n'était nullement établi qu'Henri Fougerol avait entendu dispenser ses enfants du rapport en valeur selon les règles fixées par les articles 869 et 860 du Code civil ; que le moyen n'est pas mieux fondé que le précédent ; — *Par ces motifs,* rejette…

II. — Civ. 1re, 29 juin 1994

(*D.* 1995. 88, note M. Grimaldi, *JCP* 1995. I. 3876, n° 5, obs. Le Guidec, *RTD civ.* 1995. 161, obs. J. Paratin)

Mme Cummings c. Mme Martineau-Freymann

Faits. — Émile a deux enfants, Émilien et Émilienne. Émilien acquiert en 1952 une propriété de campagne, le Domaine des Combes, au prix de 2 500 000 F, payés pour 1 500 000 F hors de la vue du notaire et pour 1 000 000 F au moyen d'un chèque tiré sur le compte de son père. Le père décède en 1956 et son épouse en 1962, mais le frère et la sœur restent dans l'indivision. Émilien décède en 1979 laissant comme héritier une fille naturelle reconnue. Émilienne demande alors la liquidation et le partage de la communauté et des successions de ses parents. À cette occasion, elle soutient que son frère avait acquis le Domaine des Combes au moyen d'une donation déguisée de leur père et demande le rapport de celle-ci sous forme d'une indemnité égale à la valeur actuelle du domaine. Elle se fonde à cet effet sur l'article 869 du Code civil qui dispose : « le rapport d'une somme d'argent est égal à son montant. Toutefois si elle a servi à acquérir un bien, le rapport est dû de la valeur de ce bien, dans les conditions prévues à l'article 860 du Code civil ». La cour d'appel de Bordeaux, par un arrêt du 21 octobre 1991, exclut tout rapport, en considérant que la preuve de la donation déguisée n'avait pas été rapportée et que l'indivision successorale était seulement créancière de la somme de 1 000 000 F, montant nominal du prêt que lui avait consenti son père en 1952.

Un pourvoi fut formé. Émilienne n'y soutenait plus l'existence d'une donation mais réclamait le rapport de la dette de son frère évaluée selon l'article 869 du Code civil. À cet effet, elle s'appuyait sur l'arrêt rendu par la première chambre civile de la Cour de cassation, le 18 janvier 1989, ci-dessus reproduit.

ARRÊT

La Cour; — Attendu que M. Émile Freymann a épousé Mlle Escudier sous le régime de la communauté légale; que, de cette union, sont issus deux enfants Émilien et Émilienne, épouse Cummings; que, par acte notarié du 9 janvier 1952, Émilien Freymann a acheté la propriété dite Les Combes, sise à Mauzac, moyennant le prix de 2 500 000 F, dont 1 500 000 F payés « hors la vue du notaire », et le solde de 1 000 000 F au moyen d'un chèque tiré sur le compte de son père; que celui-ci est décédé en 1956, et son épouse en 1962; que les deux enfants sont demeurés dans l'indivision; que Mme Cummings, qui vivait aux États-Unis avec son mari, a donné à son frère Émilien une procuration générale en vue de gérer les biens; que ce dernier a vendu certains immeubles avec le concours de sa sœur, et en a acquis d'autres; qu'il est décédé le 16 mai 1979, en laissant une fille naturelle qu'il avait reconnue, Mme Martineau; que, le 3 octobre 1979, Mme Cummings a assigné Mme Martineau en liquidation-partage des communauté et successions Freymann-Escudier, en reddition des comptes de l'indivision et en rapport à la masse successorale du Domaine des Combes sis à Mauzac; que l'arrêt attaqué (Bordeaux, 31 oct. 1991) a estimé que la preuve de l'acquisition de cette propriété au moyen d'une donation déguisée consentie par son père à Émilien Freymann n'avait pas été administrée et qu'il n'y avait donc pas lieu à rapport de ce bien, déclaré l'indivision créancière du remboursement du prêt de 1 000 000 F accordé au fils à cette occasion, constaté que le seul immeuble dépendant de l'indivision était celui situé place de la Victoire à Bordeaux, et débouté Mme Cummings de sa demande en plus ample reddition de comptes;

Sur le second moyen, pris en ses quatre branches : (sans intérêt);

Sur le premier moyen, pris en sa seconde branche : (sans intérêt);

Mais sur la première branche du même moyen : — Vu les articles 829, 860 et 869 du Code civil; — Attendu que si le rapport de dettes prévu par l'article 829 du Code civil n'est qu'une technique de règlement qui n'obéit pas aux règles de l'article 869 du même code, lequel concerne exclusivement le rapport de dons, le cohéritier débiteur n'en doit pas moins réaliser le rapport de sa dette en moins prenant, par imputation sur sa part, et non en effectuer le paiement; — Attendu que, pour exclure tout rapport à succession, l'arrêt attaqué énonce que la preuve d'une donation déguisée n'a pas été rapportée et que l'indivision successorale est créancière de M. Émilien Freymann pour la somme nominale de 1 000 000 F, montant du prêt qui lui avait été consenti par son père en 1952; Attendu qu'en statuant ainsi, la cour d'appel a violé les textes susvisés; — *Par ces motifs*, casse..., mais seulement en ce qu'il s'est borné à déclarer l'indivision créancière d'une somme de 1 000 000 F [...].

OBSERVATIONS

1 Lorsqu'un héritier a bénéficié d'un prêt du *de cujus* et ne l'a pas remboursé au jour de l'ouverture de la succession, il est tenu au rapport de cette dette. Lorsqu'un héritier a reçu une donation en avancement d'hoirie du *de cujus*, il est tenu au rapport de cette libéralité. Qu'en est-il du montant de ces rapports lorsque le prêt ou le don avait pour objet une somme d'argent qui a permis l'acquisition d'un bien ? Posant que le rapport d'une somme d'argent est, en principe, égal à son montant nominal, l'article 869 du Code civil ajoute qu'au cas où cette somme a servi à acquérir un bien le rapport est dû de la valeur de ce bien estimée à l'époque du partage. En d'autres termes, l'indemnité est réévaluée conformément à la technique de la dette de valeur. Cette disposition joue-t-elle pour le seul rapport des dons ou également pour le rapport des dettes ? La réponse n'est nullement évidente, comme le montrent les solutions contradictoires que la jurisprudence a apportées à cette question à cinq ans d'intervalle : assimilant en 1989 rapport des dons et rapport des dettes au regard de l'article 869, la haute juridiction limite en 1994 le jeu de cette disposition au seul rapport des dons (I) et précise le régime propre du rapport des dettes (II). Il importe de souligner que la loi du 23 juin 2006 n'a pas modifié les données du problème. Les dispositions de l'article 869 se retrouvent, en effet, inchangées à l'article 860-1 du Code civil.

I. — L'article 869 du Code civil et le rapport des dettes

2 S'interrogeant, au lendemain de l'adoption de la loi du 3 juillet 1971, sur l'étendue exacte du domaine d'application de l'article 869 du Code civil, un auteur pourtant particulièrement averti a pu écrire que « la réponse que la jurisprudence aura sans doute à faire à cette question est actuellement imprévisible car il y a trop d'inconnues dans le raisonnement juridique qui y conduit » (P. Catala, *La réforme des liquidations successorales*, n° 42 *bis*). Et de fait les arguments s'entrecroisent (A) qui ont conduit la haute juridiction à retenir une solution et son contraire (B).

A. — Le débat doctrinal

3 Aucun des arguments de texte invoqués à l'époque n'apparaît décisif. Ainsi, on a pu souligner que l'article 869 du Code civil, qui faisait état antérieurement à la loi du 3 juillet 1971 de « l'argent donné » utilise dans sa nouvelle version l'expression neutre de « somme d'argent » (Catala, *op.* et *loc. cit.*). Ne faut-il pas en déduire que cette disposition s'applique aussi bien au rapport des dettes qu'au rapport des dons ? Mais il est d'autres éléments qui militent en sens inverse : placé, à l'époque, dans une section intitulée « Du rapport, de l'imputation et de la réduction des libéralités faites aux successibles », l'article 869 renvoyait à l'article 860 lequel traite uniquement du rapport des libéralités. De telles considérations ne peuvent qu'être renforcées par le déplacement du siège de la matière de l'article 869 à l'article 860-1 auquel a pro-

cédé la loi du 23 juin 2006. Quant à l'article 829 du Code civil, qui a parfois été invoqué à l'appui de l'interprétation extensive (Patarin, obs. *RTD civ.* 1989. 794), il n'était guère déterminant. En disposant que « chaque cohéritier fait rapport à la masse, suivant les règles qui seront ci-après établies, des dons qui lui ont été faits et des sommes dont il est débiteur », ce texte pouvait se comprendre non comme prescrivant l'application des mêmes règles au rapport des dons et à celui des dettes, mais comme annonçant les deux sections suivantes, respectivement consacrées au rapport des libéralités et au « paiement des dettes », même si la seconde reste étonnamment silencieuse sur le rapport des dettes *stricto sensu.*

4 Aussi bien la question est-elle beaucoup plus fondamentalement de savoir si, eu égard à leur finalité et à leur nature juridique, ces deux institutions doivent être assimilées en ce qui concerne le problème qui nous occupe. En faveur d'une telle solution, on a relevé que l'extension de l'article 869 du Code civil au rapport des dettes favorise l'égalité entre les cohéritiers (Patarin, obs. *RTD civ.* 1989. 795). Fréquemment, le *de cujus* utilise indifféremment la qualification de don ou de prêt; de fait, un prêt sans intérêt dont le capital n'est pas indexé et est remboursable au décès du prêteur est « équipollent » à une donation par avancement d'hoirie (Catala, *op.* et *loc. cit.*). La non-application de l'article 869 du Code civil aurait, au demeurant, pour conséquence que la formule apparemment la moins favorable à l'héritier (le prêt qu'il doit restituer) se révélerait la meilleure. En cas d'investissement judicieux, l'emprunteur ne devrait en effet que la somme prêtée, alors que le donataire devrait la valeur du bien acquis au moyen de cet argent. À l'encontre de cette extension, on insiste sur ce que le rapport des dettes s'est progressivement dissocié du rapport des libéralités, le second étant une opération préparatoire au partage, le premier une opération de partage proprement dite (F. Terré, Y. Lequette et S. Gaudemet, *Les successions, Les libéralités*, n°s 1038 et 1045; Grimaldi, *Successions*, n° 884; *D.* 1995. 89, n° 3; Le Guidec, obs. *JCP* 1995. I. 3876, n° 5). Surtout, on souligne que, si la subrogation semble être devenue un procédé liquidatif général des dettes de valeur dans les règlements successoraux, le nominalisme n'en reste pas moins la règle, notamment dans le cas du prêt (Catala, *op.* et *loc. cit.*). L'article 1895 du Code civil énonce, en effet, très clairement que l'obligation résultant d'un prêt d'argent est « toujours » de la somme numérique énoncée au contrat.

B. — Les variations jurisprudentielles

5 En posant dans son arrêt du 18 janvier 1989 que « l'article 869 rédigé, en termes généraux, ne distingue pas suivant que les sommes rapportables par un successible ont fait l'objet d'un don ou d'un prêt, qu'il a dès lors vocation, sauf stipulation contraire (...) à s'appliquer à l'un comme à l'autre », la première chambre civile s'était nettement prononcée pour l'assimilation du rapport des dettes au rapport des dons au regard de l'article 869 du Code civil. Cinq ans plus tard, la même formation retient, par son arrêt du 29 avril 1994, la solution diamétralement opposée, en posant que « le rapport des dettes prévu par l'article 829 n'est qu'une technique de règlement qui n'obéit pas aux règles de l'article 869 ».

6 Comment expliquer une telle volte-face dans un intervalle aussi rapproché ?

Tout d'abord, par la « témérité » (Patarin, obs. préc.) de l'interprétation initialement retenue. La haute juridiction écartait, en effet, l'article 1895 du Code civil qui règle le cas considéré pour lui préférer une disposition dont l'application repose sur une analogie incertaine (Vigneau, *JCP* 1990. II. 21465). Aussi bien la Cour de cassation a-t-elle ultérieurement interprété strictement l'article 869 en décidant que les dons manuels consentis à un héritier pour financer une construction sur un terrain dont il était propriétaire ne constituent pas l'acquisition d'un bien au sens de ce texte et que le rapport doit donc être égal à leur montant (Civ. 1re, 21 mai 1997, *Defrénois* 1997. 1140, note Malaurie). Ensuite, par le fait que l'assimilation du rapport des dettes au rapport des dons engageait la haute juridiction sur une voie semée d'embûches. Elle soulevait, en effet, de multiples interrogations.

Le traitement semblable des dons et des prêts au regard de l'article 869 du Code civil commandait-il l'application de cette disposition aux autres dettes de l'hériter envers le *de cujus* ? Une réponse positive aurait impliqué une avancée considérable du valorisme au détriment du nominalisme, sans qu'elle puisse pourtant s'appuyer sur un texte. Or il n'est pas, en principe, de dettes de valeur sans texte (Flour, « Pot-pourri autour d'un arrêt », *Defrénois* 1975, 30854, p. 1 s.; Grimaldi, *op. cit.*, n° 884).

À supposer le prêt remboursé après l'ouverture de la succession mais avant le partage, fallait-il appliquer la revalorisation prévue par l'article 869 du Code civil ? En d'autres termes, la réévaluation de la dette opérait-elle uniquement au cas où le règlement s'effectue par la voie du rapport ? Dans la mesure où il semble bien que le rapport des dettes ne soit qu'un procédé facultatif, l'héritier pouvant s'il le préfère régler sa dette avant partage par la voie ordinaire du paiement (*infra*, § 9; Grimaldi, *op. cit.*, n° 881 ; v. depuis art. 865 C. civ., réd. L. 23 juin 2006), la question présentait un intérêt pratique certain.

Comment, enfin, se conciliaient les intérêts stipulés dans le contrat de prêt et la règle suivant laquelle les dettes de valeur ne portent intérêt qu'à compter de la liquidation (*infra*, n° 114; v. depuis art. 856, al. 2, C. civ., réd. L. 23 juin 2006) (Morin, note *D.* 1989. 307) ?

On le voit, l'arrêt du 19 janvier 1989 soulevait plus de problèmes qu'il n'en résolvait.

7 Ce n'est pas à dire pour autant que la solution retenue par la haute juridiction dans son arrêt du 29 juin 1994 soit elle-même exempte de toute incertitude quant à sa mise en œuvre. Fort probablement, la jurisprudence de 1989 a été inspirée par l'analogie existant en fait entre une donation de deniers stipulée rapportable et un prêt de somme d'argent stipulé sans intérêt et remboursable au décès (P. Catala, *op.* et *loc. cit.*; Grimaldi, note *D.* 1995. 91, n° 10). Un ascendant qui remet à un enfant une somme d'argent afin de lui permettre d'acquérir un bien « ne fait pas toujours la différence nécessaire entre le don par avancement d'hoirie et le prêt d'argent » (Patarin, *RTD civ.* 1995. 162).

Aussi bien est-il probable que, à la suite de cette nouvelle jurisprudence, il sera souvent allégué que « la remise d'argent à un futur héritier, qui n'a pas remboursé à l'époque de la liquidation de la succession, recouvre en réalité un don » (Le Guidec, obs. préc.). Dans ce contexte, il appartient au juge d'appliquer les règles de la simulation et de contrôler les qualifications des actes juridiques. Il doit débusquer, derrière un acte qui se présente comme un prêt mais dont l'apparence est suspecte sur le terrain analysé, la donation et en tirer les conséquences. Et en présence d'un *de cujus* qui renonce à demander à son futur héritier le remboursement du prêt qu'il lui a jadis consenti, il y a remise de dette valant donation indirecte d'une somme d'argent, laquelle doit être traitée comme une donation de deniers, rapportable pour la valeur du bien acquis par le donataire (Grimaldi, note *D.* 1995. 91, n° 10).

II. — Le régime juridique du rapport des dettes

8 Ayant nettement établi la distinction du rapport des dons et du rapport des dettes, la haute juridiction précise dans le deuxième arrêt analysé le régime juridique du second.

Le règlement de la dette par la voie du rapport signifie que, lorsque la masse partageable comprend une créance contre l'un des successeurs, c'est à ce dernier qu'elle doit être attribuée (Civ. 1re, 9 févr. 1887, *supra*, n° 109; v. depuis art. 864 C. civ., réd. L. 23 juin 2006). La solution présente un intérêt pour les cohéritiers du débiteur en les mettant à l'abri du risque d'insolvabilité de ce dernier (Civ. 1re, 9 févr. 1887, préc.). Elle en présente aussi pour l'héritier débiteur car, entre l'ouverture de la succession et le partage, les cohéritiers ne peuvent pas exiger le paiement (art. 865 C. civ., réd. L. 23 juin 2006), pas plus qu'ils ne peuvent exiger un paiement en numéraire au moment du partage. En contrepartie d'ailleurs, la prescription est suspendue (Civ. 1re, 11 janv. 1972, *Bull. civ.* I, n° 16; 5 déc. 1978, *Bull. civ.* I, n° 377) et les intérêts courent de plein droit (art. 866 C. civ., réd. L. 23 juin 2006), mais il ne peut être imposé à l'héritier de s'acquitter avant le partage des intérêts de la somme due (Civ. 1re, 22 mars 1994, *Bull. civ.* I, n° 115, *RTD civ.* 1994. 912, obs. Patarin).

9 Mais en droit de s'acquitter de sa dette par la voie du rapport, l'héritier débiteur est-il tenu de le faire ?

En décidant que le cohéritier débiteur d'une dette envers le *de cujus* « doit réaliser le rapport de sa dette en moins prenant, par imputation sur sa part, et non en effectuer le paiement », la première chambre civile semble considérer que cette modalité de règlement de la dette s'impose à l'héritier débiteur. Une telle lecture de l'arrêt serait néanmoins probablement excessive. Certes, si le débiteur choisit d'attendre le partage de la succession pour opérer le règlement de sa dette, il s'acquittera par la voie du rapport et celui-ci s'effectuera en moins prenant à concurrence du montant de la dette et des droits du débiteur dans la masse à partager. Si la dette est supérieure à ses droits, il devra à l'évidence payer, en outre, l'excédent (art. 864, al. 2, C. civ., réd. L. 23 juin 2006). Mais rien ne paraît s'opposer à ce que le débiteur puisse s'acquitter effectivement en numéraire avant le partage. Les autres successeurs ne sauraient s'en plaindre et lui-même y trouve l'avantage de mettre fin aux intérêts qui courent et à leur capitalisation (Grimaldi, *Successions*, n° 881 ; Patarin, obs. *RTD civ.* 1995. 164). Telle est, au demeurant, la solution qui a été consacrée par l'article 865 du Code civil dans la rédaction que lui a donnée la loi du 23 juin 2006.

112

RAPPORT DES DONS. DONATIONS DÉGUISÉES. DISPENSE

Civ. 10 novembre 1852

(*DP* 52. 1. 307, *S.* 53. 1. 289)

Reynoird c. Héritiers Reynoird

Les donations même indirectes ne sont dispensées de rapport que si elles ont été faites expressément avec cette condition. Le déguisement d'une donation sous la forme d'un contrat à titre onéreux ne suffit pas à lui seul pour créer de plein droit la présomption que la dispense de rapport, qui doit toujours être claire et certaine, a réellement été dans la volonté de l'auteur de la disposition (C. civ., art. 843).

Faits. — Les dames Fabre et Martineau ont reçu de la dame veuve Reynoird, leur mère, chacune une rente de 750 F, inscrite sur le Grand-Livre, dont elles étaient censées, par un acte dressé à cet effet, lui avoir payé la valeur. La dame Reynoird a fait, postérieurement et dans les mêmes conditions, cession à son fils, Michel Reynoird, d'une somme de 1 000 F de rente à prendre sur une rente plus considérable, également inscrite sur le Grand-Livre. Après le décès de la veuve Reynoird et dans l'inventaire qui a été dressé, les dames Fabre et Martineau ainsi que Michel Reynoird ont reconnu que leur mère avait fourni les fonds et que les ventes à eux consenties étaient simulées et cachaient des donations. La tutrice d'un petit-fils venant par représentation à la succession de sa grand-mère Reynoird a demandé le rapport de ces donations. La cour de la Martinique ayant, le 14 février 1849 (au *Sirey* sous l'arrêt de cassation), fait droit à cette demande, motif pris de ce que la volonté de la donatrice de dispenser ses enfants du rapport ne résultait d'aucune preuve ni présomption de nature à satisfaire la conscience des magistrats, les dames Fabre et Martineau et le sieur Michel Reynoird se sont pourvus en cassation.

Moyen. — Violation de l'article 843 du Code Napoléon, en ce que l'arrêt attaqué a jugé que les donations déguisées sous la forme d'un contrat à titre onéreux n'emportaient pas par elles-mêmes et virtuellement dispense de rapport.

ARRÊT

La Cour; — Attendu qu'aux termes de l'article 843 du Code Napoléon, les donations, même indirectes, ne sont dispensées de rapport que lorsqu'elles ont été faites expressément avec cette condition; que si, à raison de la nature particulière des actes de libéralité déguisés sous la forme de contrats à titre onéreux, il est permis aux juges du fait, par exception au principe général, d'interpréter l'intention du donateur, de décider qu'il a voulu donner avec dispense de rapport et d'attacher à la volonté ainsi implicitement exprimée les mêmes effets qu'à une déclaration expresse de volonté, cette circonstance du déguisement de la donation ne suffit pas à elle seule pour créer, de plein droit, la présomption que la dispense de rapport, qui doit toujours être claire et certaine, a réellement été dans la volonté de l'auteur de la disposition; — Attendu qu'il est constaté par l'arrêt attaqué que l'achat de deux rentes sur l'État, de 750 F chacune, l'une sous le nom de la veuve Fabre, l'autre sous celui de la dame Martineau, et le transport d'une rente de 1 000 F à Pierre Michel Reynoird ont déguisé des libéralités faites par la veuve Reynoird à ses trois enfants susnommés; — Attendu qu'en jugeant, dans ces circonstances, qu'il y a lieu à rapport, l'arrêt attaqué n'a violé aucune loi; — Rejette...

OBSERVATIONS

1 Les donations déguisées sont-elles soumises au rapport quand elles ont été faites à l'un des cohéritiers ? Aux termes de l'article 843, alinéa 1er, « tout héritier, même bénéficiaire, venant à une succession, doit rapporter à ses cohéritiers tout ce qu'il a reçu du défunt, par donations entre vifs, *directement ou indirectement* : il ne peut retenir les dons à lui faits par le défunt, à moins qu'ils ne lui aient été faits *expressément* par préciput et hors part, ou avec dispense du rapport ». La lettre de ce texte a été modernisée par la loi du 23 juin 2006 sans que sa substance soit modifiée, en sorte que la question envisagée se pose, aujourd'hui, dans les mêmes termes qu'à l'époque où la décision analysée a été rendue.

2 La doctrine estime généralement que les donations déguisées peuvent être considérées comme rentrant dans les expressions employées par l'article 843, une donation déguisée étant, en somme, une donation faite *indirectement.* Mais surtout elle fait ressortir qu'assimiler le détour employé par le donateur à une clause de préciput est contraire à la disposition de l'article 843, qui, pour les donations, exige que cette clause soit *expresse*. On ajoute enfin que le déguisement peut être inspiré par une autre pensée que celle de dispenser le donataire du rapport, notamment par le désir d'éviter le payement de droits fiscaux (*contra*, Aubry et Rau, t. X, § 632).

3 La jurisprudence a été assez longtemps divisée. Une première série de décisions a admis la dispense pure et simple, en se fondant surtout sur le fait que le déguisement équivalait à une clause de dispense de rapport (Lyon, 22 mai 1825, *S.* 25. 2. 366; Toulouse, 7 juill. 1829, *S.* 30. 2. 114; Agen, 4 mai 1830,

S. 30. 2. 319). Cependant, la majorité des cours d'appel s'était, pour des motifs divers, prononcée en sens contraire (Caen, 23 mai 1836, *S.* 37. 2. 360; Nancy, 26 nov. 1834, *S.* 35. 2. 63; Limoges, 30 déc. 1837, *S.* 38. 2. 441).

L'arrêt du 10 novembre 1852 a tranché le débat par une transaction entre les deux tendances antérieures. La formule retenue y est énoncée en termes très nets : « si, à raison de la nature particulière des libéralités déguisées sous des actes à titre onéreux, il est permis aux juges du fait, par exception au principe général, d'interpréter l'intention du donateur… et d'attacher à la volonté ainsi exprimée implicitement les mêmes effets qu'à une déclaration expresse de volonté, cette circonstance du déguisement de la donation ne suffit pas à elle seule pour créer, de plein droit, la présomption que la dispense de rapport, qui doit toujours être claire et certaine, a réellement été dans la volonté de l'auteur de la disposition ».

On voit la part qu'emprunte cette théorie à chacune des positions précédentes. À la première, elle accorde qu'il est impossible d'exiger une dispense expresse dans les donations déguisées; à la seconde, que le fait du déguisement peut dissimuler une autre intention que celle d'éviter le rapport. Conclusion : d'une part, *une dispense tacite est suffisante*; d'autre part, *cette dispense ne doit pas s'induire du seul déguisement*. D'où la possibilité et la nécessité de rechercher, dans les *circonstances* qui ont précédé, accompagné ou suivi la conclusion de l'acte, l'intention du disposant à cet égard (v. postérieurement, dans le même sens : Civ. 3 mai 1864, *DP* 64. 1. 173; Req. 28 juin 1882, *DP* 85. 1. 27, *S.* 83. 1. 123; Req. 11 janv. 1897, *DP* 97. 1. 473, note Guénée, *S.* 1901. 1. 444; Colmar, 18 févr. 1958, *D.* 1959. Somm. 37; Lyon, 11 déc. 1973, *D.* 1974. Somm. 76; Civ. 1re, 13 nov. 1976, *JCP* 1978. II. 18871, note Dagot, *D.* 1977. IR 80, *RTD civ.* 1979. 415, obs. Savatier. – Sur l'interprétation souveraine, par les tribunaux, de l'intention du donateur, v. Civ. 1re, 30 mai 1973, *D.* 1974. 1, note A. B.).

4 Il y a là une manifestation de la tendance générale de la jurisprudence à élargir les dispenses de rapport. On peut en signaler d'autres exemples. Ainsi, la facilité avec laquelle les arrêts ont admis une dispense virtuelle de rapport pour les avantages retirés par un héritier d'une société conclue avec le *de cujus* par acte sous seing privé (Req. 31 déc. 1855, *DP* 57. 1. 358; 23 juin 1919, *DP* 1920. 1. 159).

Ainsi encore, les décisions de la chambre civile jugeant que l'héritier bénéficiaire d'une assurance sur la vie n'avait pas à rapporter le capital assuré, qui n'avait jamais fait partie du patrimoine du défunt, l'héritier devant, tout au plus, selon les circonstances, rapporter le montant des primes payées par celuici (Civ. 4 août 1908, *DP* 1909. 1. 185, note Dupuich, *S.* 1909. 1. 5, note Lyon-Caen), décisions qui ont été consacrées par l'article 68 de la loi du 13 juillet 1930 sur le contrat d'assurance (art. L. 132-13 C. ass.) (v. *infra*, n° 133). On observera que la loi du 3 juillet 1971 pas plus que celle du 23 juin 2006 n'ont modifié la solution adoptée dans l'arrêt ci-dessus commenté (v. P. Catala, *La réforme des liquidations successorales*, 3e éd., n° 19).

113

RAPPORT DES DONS. DONATION DE FRUITS. AVANTAGE RAPPORTABLE

Civ. 1re, 14 janvier 1997

(*D.* 1997. 607, note V. Barabé-Bouchard, *JCP* 1998. I. 133, n° 8, obs. Le Guidec, *JCP* N 1998. I, n° 10, p. 356, chron. D. Barthe, *Defrénois* 1997. 1136, note Ph. Malaurie, *RTD civ.* 1997. 480, obs. J. Patarin)

Mme Katz c. Consorts Knoll

L'article 843 du Code civil n'opère aucune distinction selon que le défunt a donné un bien ou seulement les fruits de celui-ci.

Se fonde sur une circonstance inopérante la cour d'appel qui retient que, en abandonnant gratuitement l'usage d'immeubles à certains de ses enfants, le défunt avait disposé de fruits de telle sorte que cet avantage ne devait pas être rapporté à la succession au titre de libéralité.

Faits. — Un père de famille avait permis à six de ses sept enfants d'occuper gratuitement et durant de longues périodes des immeubles lui appartenant. À l'occasion de la liquidation de sa succession, le septième enfant demanda le rapport de l'avantage dont avaient bénéficié ses cohéritiers, avantage « tiré de l'occupation gratuite de l'immeuble pendant une période pouvant atteindre une quinzaine d'années avant le décès du père de famille ». Le tribunal de grande instance de Soissons puis la cour d'appel d'Amiens, dans un arrêt du 3 mai 1994, décidèrent qu'il n'y avait pas lieu à rapport, car le *de cujus* « était libre de disposer à son gré des fruits qu'il avait la liberté de percevoir ou de ne pas percevoir ». Un pourvoi fut formé.

ARRÊT

La Cour; — Attendu que Saül Knoll est décédé le 10 mars 1978 en laissant à sa succession sa veuve, Mme Knoll, qui a opté pour l'usufruit de l'universalité des biens de la succession dont elle était donataire, et leurs sept enfants; que Mme Katz a demandé la liquidation et le partage de la communauté ayant existé entre ses parents et de la succession; [...] — *Mais sur le premier moyen :* — Vu l'article 843 du Code civil; — Attendu que ce texte n'opère aucune distinction selon que le défunt a donné un bien ou seulement les fruits de celui-ci; — Attendu que, pour décider que ne devait pas être rapporté à la succession de Saül Knoll, au titre de libéralité, l'avantage, dont avaient bénéficié certains héritiers, tiré de l'occupation gratuite d'immeubles pendant une période pouvant atteindre une quinzaine d'années avant le décès du père de famille, l'arrêt attaqué énonce que Saül Knoll était libre de disposer à son gré de fruits qu'il avait la liberté de percevoir ou de ne pas percevoir; — Attendu cependant qu'en statuant ainsi, la cour d'appel, qui s'est fondée uniquement sur la circonstance inopérante que le défunt avait disposé de fruits en abandonnant gratuitement l'usage d'immeubles à certains de ses enfants, a violé le texte susvisé; — *Par ces motifs*, casse...

OBSERVATIONS

1 Les libéralités portant sur des fruits sont-elles rapportables ? À cette question, l'arrêt ci-dessus reproduit répond par l'affirmative (I), tout en laissant la porte ouverte à d'éventuelles exceptions. Il n'est pas certain qu'une telle solution favorise la paix des familles (II).

I. — Solution

2 Le caractère rapportable ou non des libéralités réalisées au moyen de fruits a donné lieu à un débat doctrinal très équilibré (A), qui a conduit à une solution formulée en termes de principe et d'exceptions. Mais, avec le présent arrêt, « principe et exceptions ont changé de cap » (Malaurie, *Defrénois* 1997. 1137). Alors que, dans le passé, donations de fruits et de revenus étaient, sauf exceptions, dispensées de rapport, c'est désormais la solution contraire qui prévaut (B).

A. — Le débat doctrinal

3 Arguments de texte et considérations de fond s'entremêlent. À l'article 843 du Code civil qui énonce que toute donation faite à un héritier est, sauf dispense, soumise au rapport, on oppose les articles 852 et 856 du Code civil qui disposent respectivement, le premier que « les frais de nourriture, d'entretien, d'éducation, d'apprentissage, les frais ordinaires d'équipement, ceux de noces et présents d'usage, ne doivent pas être rapportés », le second que « les fruits et intérêts des choses sujettes à rapport ne sont dus qu'à compter du jour de l'ouverture de la succession ». Raisonnant par analogie à partir de ces deux derniers textes, une partie de la doctrine soutient qu'il existerait, par une sorte de généralisation de leur fondement, un principe général d'exonération du rapport pour tous les avantages qui ont pu être consentis par le défunt avec ses revenus sans entamer le capital (rappr. art. L. 132-13 C. ass. pour l'assurance-vie). Prenant plus particulièrement appui sur l'article 856 du Code civil, on fait valoir qu'entre la donation d'un bien frugifère dont le donataire conserve les revenus produits entre la donation et l'ouverture de la succession et la donation directe de revenus, il n'y a guère de raisons de distinguer. Afin d'étayer cette assertion, on a coutume de citer Demolombe qui raisonnait sur l'exemple suivant : un père donne à l'un de ses enfants un immeuble qui rapporte 2 000 francs par an et meurt 10 ans plus tard. Pendant la même période, le père a prélevé 2 000 francs par an sur ses revenus pour les donner à un autre enfant. L'un et l'autre enfants ont donc perçu 20 000 francs. Pourquoi seul le second devrait-il les restituer ? (*Traité des successions*, t. IV, 4ᵉ éd., 1871, nº 438, p. 520). À cela, il est répondu que l'article 856 du Code civil, peut entraîner d'autres disparités auxquelles il n'est pas pour autant remédié : « Voici deux enfants dont l'un reçoit une chose frugifère et l'autre une chose d'égale valeur mais insusceptible de porter des fruits; ils feront un rapport équivalent bien que le premier ait reçu davantage » (B. Vareille, *Volonté, rapport et réduction*, 1988, n° 192, p. 127).

4 Glissant des textes au fondement même du rapport des libéralités, on fait valoir que celui-ci a pour fonction de « réintégrer dans le patrimoine du *de cujus* des valeurs qui, s'il n'en avait pas disposé, s'y seraient trouvées à sa mort et auraient été transmises à ses héritiers » (Grimaldi, *Successions*, n° 671; F. Terré, Y. Lequette et S. Gaudemet, *Les successions, Les libéralités*, n° 1060). C'est dire que seul l'appauvrissement du disposant peut justifier la mise en œuvre du rapport. Or, souligne-t-on, les libéralités portant sur des fruits ou des revenus n'appauvrissent pas le donateur, car à défaut de les donner il les aurait dépensés. Dans cette conception, il existerait une sorte de principe de libre disposition des revenus, les individus ne devant compte à leur famille que des prélèvements opérés sur le capital (P. Esmein, « Les donations de fruits et revenus », *Defrénois* 1934. 637). L'argument avait manifestement fait impression, dans la présente affaire, sur la cour d'Amiens, puisqu'elle avait justifié la dispense de rapport en énonçant que le *de cujus* « était libre de disposer à son gré des fruits qu'il avait la liberté de percevoir ou de ne pas percevoir ».

À cela, on rétorque qu'on ne saurait poser en principe que les fruits n'ont jamais vocation à être capitalisés (Grimaldi, *op. cit.*, n° 671). Tout serait, en réalité, question de qualification. Si les donations faites au moyen de revenus sont dispensées de rapport, ce serait parce qu'il y a là un indice de leur modicité (Grimaldi, *op.* et *loc. cit.*). Or les dons modiques ont tendance à échapper au statut des libéralités. Mais il se pourrait parfaitement qu'une donation réalisée au moyen de fruits ne soit pas modique et le rapport en serait dû.

B. — Le renversement jurisprudentiel du principe et de l'exception

5 La difficulté du problème a, dans un premier temps, donné naissance à une jurisprudence ondoyante que la doctrine s'est efforcée de synthétiser (B. Vareille, *op. cit.*, n° 194, p. 129; D. Barthe, « Les fruits et revenus sont rapportables », *JCP* N 1998. I, n° 10, p. 356). Certains ont tenté de rendre compte des diverses décisions rendues en enseignant que la jurisprudence aurait été marquée par « un mouvement de va-et-vient entre l'affirmation du principe de la dispense de rapport des donations de fruits ou de revenus et sa condamnation » (L. Bertheaut, *Du rapport et de la réduction des libéralités portant sur les fruits ou revenus*, thèse Dijon, 1924, p. 66; Ch. Lyon-Caen, note *S.* 1917. 1. 105). Consacrée en 1889, la dispense de rapport des donations de fruits (Civ. 12 mars 1889, *DP* 90. 1. 30, *S.* 92. 1. 379) aurait été supprimée en 1899 (Civ. 13 avr. 1899, *DP* 1901. 1. 223, note A. Boistel) pour être rétablie en 1913 (Civ. 28 juill. 1913, *DP* 1917. 1. 58). D'autres n'ont vu dans l'arrêt de 1899 (préc.) qu'un arrêt d'espèce de telle sorte qu'une ligne directrice constante se dégagerait de la jurisprudence : les dons de fruits et revenus étaient, selon eux, présumés dispensés de rapport, tant que le disposant n'en avait pas décidé autrement; il en allait toutefois différemment pour les donations réalisées par abandon ou constitution d'usufruit qui étaient présumées rapportables (Civ. 16 févr. 1940, *DC* 1943. 104, note Flour, *JCP* 1941. II. 1655, note P. Voirin) car, en opérant transfert d'un droit réel du patrimoine du donateur à celui du donataire, elles amputent le capital du disposant et n'ont pas pour unique objet des revenus (P. Esmein, art. préc., *Defrénois* 1934. 637; J. Flour, note *DC* 1943. 104).

Quelle que soit la lecture retenue, l'arrêt rendu par la Cour de cassation le 27 novembre 1917 (*S.* 1917. 1. 105, note Ch. Lyon-Caen, *DP* 1921. 1. 21) exprimait la position à laquelle s'était finalement ralliée la haute juridiction. Solidement argumenté, il posait que l'article 856 du Code civil, « dérogatoire à la règle générale formulée par l'article 843, est fondé sur la volonté présumée du donateur, dont la libéralité tournerait évidemment au détriment du donataire si ce dernier était obligé de rapporter non seulement la chose donnée elle-même, mais encore tous les fruits qu'elle a produits; (...) que la même présomption doit être admise, par identité de raison, pour les abandons de fruits à percevoir par le donataire pendant la vie du donateur, consentis en dehors de tout établissement d'usufruit, et qui forment alors l'objet direct et principal de la donation; que les fruits ainsi donnés ne diminuent pas le patrimoine du donateur qui aurait pu les consommer, et n'augmentent pas le patrimoine du donataire, qui les a perçus annuellement et a pu les dépenser au fur et à mesure de leur échéance; que l'obligation de les rapporter aboutirait à priver le successible de tout avantage résultant de sa libéralité ». Aussi bien est-ce, on l'a vu, de cette jurisprudence que la cour d'Amiens s'était fait clairement l'écho dans la présente affaire.

6 Par le présent arrêt, la haute juridiction rompt manifestement avec cette position. Elle casse, en effet, l'arrêt de la cour d'Amiens qui avait refusé d'ordonner le rapport à la succession de l'avantage résultant de l'occupation gratuite par certains héritiers d'un immeuble appartenant au *de cujus*, au motif que celle-ci s'était fondée sur « la circonstance inopérante que le défunt avait disposé de fruits en abandonnant gratuitement l'usage d'immeubles à certains de ses enfants », alors que « ce texte (l'art. 843) n'opère aucune distinction selon que le défunt avait donné un bien ou seulement les fruits de celui-ci ». Le rapport des donations réalisées au moyen des fruits devient donc le principe. La solution a été consacrée par la loi du 23 juin 2006. L'article 851 alinéa 2 dispose désormais : « (Le rapport) est également dû en cas de donations de fruits ou de revenus, à moins que la libéralité n'ait été faite expressément hors part successorale ».

II. — Appréciation

7 Généralement approuvé par la doctrine (Grimaldi, *Dr. et patr.* 1998, n° 62, p. 44; V. Barabé-Bouchard, note *D.* 1997. 609), ce revirement de jurisprudence n'en suscite pas moins certaines interrogations. Sa portée est, en effet, difficile à définir en ce qui concerne notamment une question d'une grande importance pratique : l'occupation gratuite d'un logement (A). Aussi bien l'affirmation d'un principe du rapport des donations de fruits, dont le domaine n'est nullement évident à tracer, risque-t-elle d'encourager les héritiers « peu enclins à la magnanimité ou à la modération » à formuler « des prétentions moralement abusives ou excessives » (Patarin, *RTD civ.* 1997. 483) (B).

A. — Le contour incertain des donations de fruits

8 Bien que l'arrêt analysé ait été rendu à propos d'une occupation gratuite de logement, sa portée en la matière n'était pas évidente à définir : si la Cour de cassation censure la décision des juges du fond écartant le rapport de l'avantage résultant de l'occupation gratuite d'un appartement, elle se fonde pour cela « non (…) sur ce que le rapport serait dû, mais sur ce qu'il ne pouvait être exclu par le motif inopérant retenu par les juges du fond », à savoir que le *de cujus* avait disposé de fruits (Grimaldi, *Dr. et patr.* 1998, n° 62, p. 45). C'était suggérer que le même résultat pouvait être atteint par d'autres voies. Néanmoins, quelques années plus tard, la Cour de cassation décida que l'occupation gratuite d'un immeuble par un enfant constitue un « avantage indirect » rapportable (Civ. 1re, 8 nov. 2005, *Bull. civ.* I, n° 409, *D.* 2006. 2072, obs. M. Nicod, *JCP* 2008. I. 108, n° 8, obs. Le Guidec, *LPA* 3 mai 2006, note Chamoulaud-Trapiers; voir déjà Civ. 1re, 11 févr. 1997, *Dr. fam.* 1997, n° 114, note B. Beignier). Toute ambiguïté paraissait dès lors levée : l'occupation gratuite d'un logement donnait lieu à rapport.

Des auteurs, qui avaient milité très activement pour que les donations de fruits deviennent rapportables, firent valoir qu'une telle solution « était de nature à empoisonner les règlements successoraux en les encombrant de prétentions incertaines, tant ce genre d'avantage peut être difficile à caractériser et délicat à évaluer » (M. Grimaldi, *RTD civ.* 2010. 605). Cela conduisit la haute juridiction à modifier sa position. Dans un premier temps, prenant en compte les circonstances particulières de l'espèce (enfant qui avait vécu au domicile des parents et s'était occupé d'eux), la haute juridiction contourna la difficulté en analysant cet hébergement en frais de nourriture et d'entretien non rapportables aux termes de l'article 852 du Code civil (Civ. 1re, 3 mars 2010, *Bull. civ.* I, n° 58, *D.* 2010. 2402, obs. M. Nicod, *JCP* 2011. 251, obs. Le Guidec, *Dr. fam.* 2010, n° 62, note B. Beignier, *RTD civ.* 2010. 604, obs. M. Grimaldi). Dans un second temps, prenant la difficulté de front, elle posa que la mise à disposition d'un logement ne peut donner lieu à rapport sur le seul constat de l'existence d'un avantage indirect. Il y faut une donation, laquelle requiert un acte d'appauvrissement procédant d'une intention libérale (Civ. 1re, 18 janv. 2012 (3 arrêts), *Bull. civ.* I, nos 7, 8 et 9, *D.* 2012. 2482, obs. M. Nicod, *JCP* N 2012. 1188, note Y. Delecraz, *RTD civ.* 2012. 307, obs. Hauser, 353, obs. M. Grimaldi; 2 avr. 2014, *Dr. fam.* 2014, n° 104, note J.-D. Azincourt; 25 juin 2014, *Dr. fam.* 2014, n° 131, note B. Beignier). À défaut de cette double preuve, le rapport n'est pas dû. L'intention libérale peut être prouvée par tous moyens, notamment à l'aide d'un testament finalement révoqué (Civ. 1re, 19 mars 2014, *Dr. fam.* 2014, n° 77, note M. Nicod).

Comme on l'a souligné « de l'arrêt de 2005 à ceux de 2012, la tendance s'est bel et bien inversée. À présent, il est permis de dire qu'en principe l'hébergement d'un enfant n'est plus un avantage rapportable », sauf volonté contraire du *de cujus* (M. Grimaldi, « Retour sur les donations de fruits et de revenus (à propos de la mise à disposition d'un logement) », *Mélanges G. Champenois*, 2012, p. 431, p. 434). Aussi bien serait-on porté à dire « tout cela pour ça ». Était-il vraiment utile de renverser la jurisprudence relative aux donations de fruits, pour quinze ans après revenir sur sa conséquence la plus tangible ? Et ceci d'autant plus que les effets néfastes de cette jurisprudence, désormais consacrée par le législateur (art. 851, al. 2, réd. L. 23 juin 2006), ne se limitent pas à l'hypothèse de l'occupation gratuite d'un logement.

9 Existe en jurisprudence une autre cause de dispense du rapport des dons, la modicité de ceux-ci (Civ. 1re, 10 déc. 1969, *Bull. civ.* I, n° 387, p. 309, *JCP* 1970. II. 16351, note M. D., *RTD civ.* 1970. 559, obs. R. Savatier). Bien qu'elle ne soit pas visée par l'article 851 alinéa 2 du Code civil, on peut imaginer qu'elle est maintenue. Encore faut-il savoir ce qu'on entend par là, la notion étant éminemment relative. Les dispenses de rapport prévues par l'article 852 du Code civil, parfois justifiées par cette notion, peuvent en réalité correspondre à des dépenses importantes. Qu'on songe par exemple à des études outre-Atlantique financées par le *de cujus*. Aussi bien, certains ont-ils suggéré de soumettre au rapport les avantages d'éducation qu'un enfant a reçus (Carbonnier, *Essais sur les lois*, p. 83), alors que d'autres estiment qu'il y a là une prime à la paresse et au parasitisme familial, symptomatique de la frénésie égalitaire de notre époque (Malaurie, *Droit civil, Successions et libéralités*, Les cours de droit 1979-1980, p. 386). Quoi qu'il en soit, la modicité apparaît comme un « critère inconsistant » (D. Barthe, art. préc.), porteur de nombre d'incertitudes et par là même susceptible d'envenimer les rapports de famille.

B. — La paix des familles

10 En décidant que les donations de fruits et de revenus étaient rapportables, la haute juridiction puis le législateur sont entrés dans une logique qui risque de compliquer singulièrement la tâche des notaires chargés de liquider les successions et d'exacerber les tensions au sein des familles.

Si, comme on l'enseigne, la dispense de rapport tient vraiment à la modicité du don, poser que les donations de fruits et de revenus étaient dispensées du rapport revenait à présumer qu'elles étaient modiques, sauf à ce que les héritiers du bénéficiaire en apportent la preuve contraire. Une telle solution était plus satisfaisante au regard des règles de preuve que celle qui prévaut aujourd'hui. La vraisemblance est, en effet, que les libéralités réalisées au moyen des revenus sont modestes plutôt que l'inverse. Elle l'était aussi au regard des impératifs familiaux. Décider que toutes les donations de fruits et revenus sont rapportables, c'est en effet mettre le doigt dans un engrenage qui risque de conduire à des « comptes d'apothicaire qui rendent irrespirable la vie familiale » (Malaurie, *Defrénois* 1997. 1147). En définitive, il n'est à cette nouvelle jurisprudence et à sa consécration par la loi qu'un gagnant assuré, le fisc, qui pourra, grâce à elle, taxer des libéralités qui lui échappaient traditionnellement.

114

RAPPORT DES DONS. INTÉRÊTS. POINT DE DÉPART. RECEL

Civ. 1re, 27 janvier 1987

(*D.* 1987. 253, note G. Morin, *RTD civ.* 1987. 578, obs. Patarin)

Dame Desgens c. Dame Rubio

Lorsque le rapport se fait en valeur sous forme d'une indemnité, celle-ci n'est productive d'intérêts qu'à compter du jour où elle est déterminée.

Un héritier ne peut être frappé des peines du recel que lorsqu'est apportée la preuve de son intention frauduleuse constitutive de ce délit civil.

Faits. — Deux époux étaient décédés à neuf ans d'intervalle laissant deux filles de leur mariage. Au cours des opérations de partage, un jugement ordonna à l'encontre d'une des filles le rapport d'une donation déguisée immobilière pour sa valeur au jour du partage de la succession du donateur. La cohéritière de la donataire soutint, en premier lieu, que sa sœur avait commis au regard de l'immeuble un recel la privant de tout droit sur celui-ci, en second lieu, et à supposer que sa sœur conservât ses droits sur l'immeuble, que la valeur rapportable devait être augmentée des intérêts au taux légal à compter de l'ouverture de la succession du donateur. La cour de Bordeaux l'ayant déboutée de cette double prétention, un pourvoi fut formé.

ARRÊT

La Cour; — Attendu, selon les énonciations des juges du fond, qu'Élisabeth Frétiller est décédée le 25 octobre 1968, laissant Michel Keustermans son mari commun en biens et légataire de la plus forte quotité disponible entre époux et les deux filles de leur mariage, Michelle épouse Rubio et Jacqueline épouse Desgens; qu'un jugement du 14 mars 1972 a ordonné les opérations de liquidation et de partage de la communauté de biens ayant existé entre les époux Keustermans-Frétiller et de la succession d'Élisabeth Frétiller, ainsi qu'une mesure d'instruction pour rechercher les modalités d'un partage en nature des immeubles en dépendant; qu'un autre jugement du 13 janvier 1976 a ordonné le rapport par Mme Rubio à la masse partageable d'un immeuble sis à Saint-Jean-d'Illac (Gironde), prétendument acheté par ladite dame le 24 mars 1944, pour sa valeur au moment du partage et d'après son état à l'époque de l'acte; que ce jugement a été confirmé par un arrêt de la cour d'appel du 9 mars 1978 qui, y ajoutant, a ordonné les opérations de partage de la succession de Michel Keustermans, décédé en cours d'instance le 4 janvier 1977, laissant les deux mêmes héritières que sa femme; — Attendu que l'arrêt confirmatif attaqué (Bordeaux, 1re ch., 23 mai 1985) a débouté Mme Desgens de sa demande tendant à faire juger que Mme Rubio avait commis un recel successoral portant sur l'immeuble de Saint-Jean-d'Illac et de sa demande tendant à faire rapporter par Mme Rubio la contre-valeur de la jouissance de cet immeuble, a ordonné une mesure d'instruction pour déterminer la valeur de rapport de ce bien et a dit que Mme Desgens devra rapporter à la masse partageable, à compter du 22 mars 1980, la valeur locative des locaux d'habitation et industriels ainsi que des terres agricoles, dépendant de l'indivision et dont elle jouit privativement;

Sur le premier moyen du pourvoi principal : — Attendu que Mme Desgens reproche à l'arrêt attaqué d'avoir rejeté sa demande en recel successoral alors que la cour d'appel, qui avait constaté que Mme Rubio avait déclaré avoir acquis à titre onéreux l'immeuble litigieux dont il était jugé qu'il avait fait l'objet d'une donation déguisée, n'aurait pas tiré les conséquences légales de ses propres constatations d'où il s'évinçait que, selon le moyen, par cette déclaration mensongère, Mme Rubio avait tenté de soustraire l'immeuble de la masse partageable et de frustrer sa cohéritière; — Mais attendu qu'un héritier ne peut être frappé des peines du recel que lorsque est apportée la preuve de son intention frauduleuse, constitutive de ce délit civil; que la cour d'appel, qui n'a pas fait état d'une déclaration mensongère de Mme Rubio, a retenu, par une appréciation souveraine, qu'une telle intention n'était pas établie à l'encontre de cette dernière; qu'elle a légalement justifié sa décision et que le moyen n'est pas fondé;

Sur le second moyen, pris en ses deux branches, du pourvoi principal : — Attendu que Mme Desgens reproche encore à l'arrêt attaqué d'avoir dit que Mme Rubio ne doit que le rapport en valeur de l'immeuble de Saint-Jean-d'Illac dans les conditions prévues par l'article 860 du Code civil issu de la loi du 3 juillet 1971 et pas autre chose et qu'elle n'est pas tenue de rendre compte à la succession de l'utilisation qu'elle a faite de cet immeuble depuis le jour où il est entré dans son patrimoine, alors que, d'une part, la cour d'appel aurait violé l'article 12 du nouveau Code de procédure civile en énonçant que Mme Desgens n'indiquait pas le texte de loi ou le principe reconnu sur lequel elle fondait sa demande et alors que, d'autre part, l'annulation d'une donation déguisée constituant le donataire débiteur de la valeur du bien donné à compter de l'ouverture de la succession, c'est-à-dire d'une somme d'argent correspondant à cette valeur augmentée des intérêts au taux légal à compter de cette ouverture, la cour d'appel, en statuant comme elle a fait, aurait violé par refus d'application l'article 856 du Code civil; — Mais attendu d'abord, qu'en décidant que Mme Rubio ne devra que le rapport en valeur de l'immeuble, dans les conditions prévues par l'article 860 du Code civil rédigé par la loi du 3 juillet 1971, la cour d'appel a tranché le litige conformément à la règle de droit qui lui est applicable; — Et attendu ensuite que, lorsque le rapport se fait en valeur sous forme d'une indemnité, celle-ci n'est productive d'intérêts qu'à compter du jour où elle est déterminée; d'où il suit que le moyen ne peut être accueilli en aucune de ses branches;

Sur le moyen unique du pourvoi incident, pris en ses deux branches : — (sans intérêt); — *Par ce motif,* rejette…

OBSERVATIONS

1 Figurant dans cet ouvrage parce que la Cour de cassation y énonce, en substance, que les dettes de valeur ne produisent d'intérêt qu'à compter de leur liquidation (I), la décision analysée a également le mérite de préciser à quelles conditions les peines du recel successoral peuvent être prononcées contre le bénéficiaire d'une donation déguisée (II).

I. — Dettes de valeur et intérêts

2 Comment se calculent les intérêts légaux portant sur la somme due au titre d'un rapport en moins-prenant, lorsque celui-ci s'effectue selon la valeur actuelle du bien donné ? D'une grande importance depuis que le législateur préfère, au sein du droit patrimonial de la famille, les règlements en valeur aux restitutions en nature, cette question trouvait à l'époque une réponse apparemment claire dans l'article 856 du Code civil : « Les fruits et les intérêts des choses sujettes à rapport ne sont dus qu'à compter de l'ouverture de la succession ». La règle établit « un parallélisme rigoureux » entre le rapport en nature et le rapport en valeur (Grimaldi, *Successions*, n° 712). De même que l'héritier gratifié, débiteur d'un rapport en nature, doit compte des fruits produits par le bien donné dès l'ouverture de la succession, de même l'héritier gratifié d'une libéralité rapportable en valeur doit compte des intérêts de la somme due dès cette même date. Au reste, cette solution joua sans difficulté tant que le montant du rapport fut évalué à une date concomitante ou antérieure à celle à laquelle la somme est censée produire intérêt : jour de l'ouverture de la succession, jour de la donation. Les problèmes apparurent lorsque le législateur énonça que le montant du rapport est égal à « la valeur du bien donné à l'époque du partage » (art. 860 C. civ., réd. L. 3 juill. 1971). Comment, en effet, calculer à compter du décès les intérêts d'une dette dont le montant n'est connu qu'au partage ? Fallait-il pour déterminer l'assiette des droits considérer la valeur du bien donné au jour du partage et calculer rétrospectivement les intérêts sur cette base ? Simple à mettre en œuvre, ce système ne peut être retenu ; il aboutit, en effet, à considérer que le bien rapporté a, dès l'ouverture de la succession, la valeur qu'il aura lors du partage alors qu'il ne l'a atteinte que progressivement. Partant, les cohéritiers créanciers du rapport se trouvent enrichis sans cause, car ils obtiennent des intérêts sur des sommes qui n'ont pas existé. Aussi bien, transposant les solutions jadis retenues en matière de lésion, à propos des intérêts du supplément du juste prix (*infra*, n° 262, § 4, t. 2, 12e éd.), la Cour de cassation décida qu'il devait être tenu compte pour le calcul des intérêts « de la variation dans le temps de la valeur de la chose donnée… et de la modification du taux de l'intérêt légal au cours de cette période » (Civ. 1re, 11 juill. 1981, *D.* 1981. 594, note Morin, *JCP* N 1982. II. 25, obs. Ph. Rémy, *RTD civ.* 1982. 453, obs. Patarin).

3 Complexe dans sa mise en œuvre, ce système se vit objecter les conséquences inacceptables auxquelles il conduisait, depuis que les lois du 11 juillet

1975 et du 23 juin 1989 ont modifié le mode de fixation du taux de l'intérêt légal. Strictement moratoire auparavant puisqu'il était seulement de 4 % en matière civile, ce taux compense en grande partie depuis 1975 et même au-delà actuellement la dépréciation monétaire. Partant, déjà protégé contre l'érosion de la monnaie par le jeu de la dette de valeur, le créancier l'est également par le nouveau taux de l'intérêt légal. Il en résulte que le rapport en valeur, bien loin d'être la réplique fidèle du rapport en nature, risque de devenir pour l'héritier débiteur beaucoup plus lourd que celui-ci. Il doit, en effet, restituer non seulement un capital réévalué, mais encore une masse d'intérêts qui risque d'être sensiblement supérieure aux fruits sécrétés par le bien.

Sensible à ces critiques qui ne sont d'ailleurs pas propres aux rapports des libéralités mais valent pour l'ensemble du droit patrimonial de la famille, la haute juridiction a renversé sa jurisprudence. Ayant à connaître d'une affaire de calcul d'intérêts qui se présentait, en matière de régime matrimonial, à propos de récompenses, elle a, dans un arrêt du 17 juillet 1984, posé le principe « que si, aux termes de l'article 1473 du Code civil, les récompenses dues par la communauté ou à la communauté emportent les intérêts de plein droit du jour de la dissolution, il résulte de l'article 1469, alinéa 3 du Code civil que la masse dans laquelle est le bien – acquis, conservé ou amélioré avec des deniers empruntés par l'un des époux à la communauté ou inversement – doit récompense pour le profit qu'elle réalise au jour de l'indemnisation » et que « les intérêts de cette récompense ne pouvaient courir de plein droit qu'à partir du jour où le profit qui la faisait naître était constaté par l'évaluation qui en était faite », c'est-à-dire à compter du jour du partage de la communauté (Civ. 1re, 17 juill. 1984, *D.* 1984. 477, note G. Morin, *RTD civ.* 1985. 116, obs. Patarin; v. aussi Civ. 1re, 27 mai 1986, *Bull.* I, n° 138, p. 138 et art. 1473 C. civ., réd. L. 23 déc. 1985. V. aussi *supra*, n° 98).

4 Un peu moins d'un an plus tard, elle a appliqué cette analyse aux intérêts relatifs à l'indemnité de réduction prévue par l'article 868 du Code civil, en affirmant que « l'indemnité due par l'héritier qui entend retenir le bien donné en totalité au-delà de la portion disponible, n'est productive d'intérêts au taux légal qu'à compter du jour où elle est déterminée » (Civ. 1re, 21 mai 1985, *D.* 1987. 65, note G. Morin, *RTD civ.* 1986. 394, obs. Patarin).

Enfin, parachevant sa construction, elle l'a étendue par l'arrêt ci-dessus reproduit au rapport successoral, en énonçant « que lorsque le rapport se fait en valeur sous forme d'une indemnité, celle-ci n'est productive d'intérêts qu'à compter du jour où elle est déterminée » (v. aussi Civ. 1re, 4 oct. 1988, *Defrénois* 1989. 173, note G. Morin; v. cep. Civ. 1re, 14 mai 1992, *D.* 1993. Somm. 225, obs. Grimaldi, lorsque le rapport est dû de la valeur du bien au jour de la donation). Faisant abstraction de l'article 856 du Code civil, lequel, inchangé depuis 1804, apparaît anachronique par rapport à l'article 860, la haute juridiction ramène à une même date, celle du partage, le point de départ des intérêts, le calcul de leur assiette et l'appréciation du capital à rapporter. Il en résulte que la dette de valeur ne produit pas d'intérêts; ceux-ci ne courent que sur la dette de monnaie en laquelle est convertie la dette de valeur à des fins de paiement. Partant, aucun intérêt ne sera dû si la valeur rapportable n'excède pas les droits du donataire dans la succession. Le courant plus général auquel se relient ces solutions (v. par ex. créance de restitution de l'art. 1099-1, Civ. 1re, 3 déc. 1991, *D.* 1993. Somm. 231, obs. Vareille, *Defrénois* 1992. 402, obs. Champenois; v. aussi art. 1153-1 C. civ., réd. L. 5 juill. 1985) n'a pas pour autant triomphé en tous les domaines. Il est encore des dettes de valeur qui produisent intérêt avant la liquidation (*infra*, no 262, t. 2, 12e éd.).

5 Restait en suspens le sort des fruits. En cas de rapport ou de réduction en valeur, le donataire est-il comptable des fruits ? Dans un premier temps la haute juridiction avait paru exclure toute restitution de ceux-ci au cas de réduction en valeur (Civ. 1re, 21 mai 1985, préc.). Mais dans un deuxième temps, s'appuyant sur l'article 928 du Code civil, elle a décidé « qu'en cas de réduction en valeur de la libéralité, le donataire doit restituer, à compter du jour du décès du donateur, l'équivalent des fruits perçus de la portion des biens donnés sur laquelle porte la réduction » (Civ. 1re, 21 juin 1989, *D.* 1989. 525, 2e esp., note Morin, *Defrénois* 1989. 1126, 3e esp., même note; rappr. Civ. 1re, 2 juin 1992, *D.* 1992. IR 212). La solution a été ultérieurement étendue au rapport (Civ. 1re, 5 avr. 2005, *JCP* 2005. IV. 2200). Qu'il s'agisse des intérêts ou des fruits, ces solutions ont été consacrées par la loi du 23 juin 2006. L'article 856 du Code civil dispose désormais : « Les fruits des choses sujettes à rapport sont dus à compter du jour de l'ouverture de la succession. Les intérêts ne sont dus qu'à compter du jour où le montant du rapport est déterminé ».

II. — Recel successoral et donation déguisée

6 Les juges du fond ayant décidé que la donation déguisée dont avait bénéficié l'une des deux héritières serait rapportable à la succession du donateur, sa cohéritière leur reprochait dans son pourvoi de ne pas avoir appliqué les peines du recel successoral qui auraient privé la donataire de toute part sur le bien recelé (art. 792 C. civ.).

La première chambre civile répond « qu'un héritier ne peut être frappé des peines du recel que lorsqu'est apportée la preuve de son intention frauduleuse, constitutive de ce délit civil ». Or, ajoute-t-elle, « la cour d'appel qui n'a pas fait état d'une déclaration mensongère de Mme R., a retenu, par une appréciation souveraine, qu'une telle intention n'était pas établie à l'encontre de cette dernière ».

L'arrêt est intéressant en ce qu'il insiste sur la nécessité d'une intention frauduleuse pour qu'il y ait recel, et se montre exigeant sur la preuve de celle-ci. Alors qu'auparavant les tribunaux estimaient que le recel était constitué dès lors que l'héritier n'avait pas signalé qu'il avait bénéficié d'une donation déguisée ou avait tu le caractère gratuit de l'acte apparemment onéreux (Civ. 1re, 19 juill. 1954, *Bull. civ.* I, no 250, p. 214), la haute juridiction exige désormais que l'intention frauduleuse soit positivement établie. Ainsi en va-t-il lorsque le bénéficiaire de la libéralité, invité à en reconnaître l'existence par ses cohéritiers, prend le parti de nier ce qui sera ultérieurement établi. Or précisément, les juges du fond n'avaient pas, en l'espèce, fait état d'une déclaration mensongère (v. déjà Civ. 1re, 9 févr. 1983, *Bull. civ.* I, nº 57, p. 49; 3 juin 1986, *Bull. civ.* I, nº 155, p. 155).

115

PARTAGE. DATE D'ÉVALUATION DES BIENS

Civ. 11 janvier 1937

(*DH* 1937. 101, *S.* 1938. 1. 377, note H. Batiffol)

J. Mulle et veuve P. Mulle c. H. Mulle

Aucune compensation légale ne saurait se produire entre le droit réel de copropriété qui appartient à un cohéritier sur l'ensemble des biens meubles et immeubles laissés par le de cujus et la dette, obligation personnelle, dont il peut être tenu envers l'hérédité.

Loin de s'éteindre à l'instant où s'ouvre la succession, la dette rapportable de cet héritier est, aux termes de l'article 858 du Code civil, productive d'intérêts depuis ce moment jusqu'au partage; par voie de réciprocité, l'héritier reste, jusqu'à l'acte mettant fin à l'indivision, investi de son droit de copropriété sur la totalité des biens successoraux.

La plus-value acquise ou la moins-value soufferte par les biens de la succession pendant le cours de l'indivision profite ou préjudicie à tous les héritiers indivisaires, les divers lots proportionnels à la vocation héréditaire de ceux-ci devant être composés, comme il ressort de l'article 890 du Code civil, en considération de la valeur de leurs éléments au jour du partage et non au jour du décès.

Faits et moyen. — V. l'arrêt.

ARRÊT

La Cour; — *Sur le moyen unique;* — Attendu que la succession de la dame Marie Mulle, épouse Lefebvre, était dévolue, dans la proportion de trois huitièmes, à Henri Mulle qui se trouvait, par ailleurs, tenu au rapport d'une dette de 333 382 F par lui contractée envers la *de cujus*, sa sœur; — Attendu qu'après avoir chiffré l'émolument d'Henri Mulle à la somme de 217 500 F, représentant les trois huitièmes de la valeur de l'actif successoral net au jour le plus proche de la clôture de ses opérations, c'est-à-dire au jour considéré comme celui du début de la jouissance divise des copartageants, le notaire liquidateur proposait d'approvisionner le susnommé en lui attribuant, jusqu'à concurrence de ces 217 500 F, la créance possédée par la succession contre lui-même; qu'en conséquence, le surplus de l'actif devait être réparti entre les autres héritiers, au nombre de deux, qui allaient avoir notamment le droit de réclamer à Henri Mulle le payement du solde de la créance restant après déduction de la portion (217 500 F) qui en serait détachée pour constituer l'élément unique du lot de ce dernier, et s'éteindre alors par confusion sur sa tête; — Attendu qu'au soutien de leur pourvoi contre l'arrêt qui a homologué le travail du notaire sur ce point, les deux cohéritiers d'Henri Mulle font état d'une prétendue compensation partielle qui se serait opérée de plein droit, dès le décès de la *de cujus*, entre la dette rapportable du susnommé et ses droits héréditaires, et par l'effet de laquelle le montant du reliquat de dette à régler entre leurs mains par le successible débiteur se serait trouvé définitivement arrêté, au jour de l'ouverture de la succession, à la différence existant entre le chiffre originaire et la valeur qu'avaient alors les trois huitièmes de l'actif successoral, quel qu'ait été d'ailleurs l'accroissement de valeur de cet actif pendant la période écoulée du jour du décès au jour du partage; — Mais attendu qu'aucune compensation légale ne saurait se produire entre le droit réel de copropriété qui appartient à un héritier sur l'ensemble des biens meubles et immeubles laissés par le *de cujus*, et la dette, obligation personnelle, dont il peut être tenu envers l'hérédité; que, loin de s'éteindre à l'instant où s'ouvre la succession, la dette rapportable de cet héritier est, aux termes de l'article 856 du Code civil, productive d'intérêts depuis ce moment jusqu'au partage; que, par voie de réciprocité, ledit héritier reste, jusqu'à l'acte mettant fin à l'indivision, investi de son droit de copropriété sur la totalité des biens successoraux; — Attendu, d'autre part, que la plus-value acquise ou la moins-value soufferte par les biens de la succession, pendant le cours de l'indivision, profite ou préjudicie à tous les héritiers, indivisaires, les divers lots proportionnels à la vocation héréditaire de ceux-ci devant être composés, comme il ressort de l'article 890 du Code civil, en considération de la valeur de leurs éléments au jour du partage et non point au jour du décès; — Attendu que l'arrêt attaqué a fait une juste et saine application de ces principes combinés avec les règles des articles 829 et 830 du Code civil, sur les rapports de dettes, en allotissant Henri Mulle au moyen d'une portion de la créance contre lui-même qui correspondait à la valeur des trois-huitièmes de l'hérédité à l'époque du partage; qu'ainsi, le moyen est mal fondé; — *Par ces motifs*, rejette…

OBSERVATIONS

1 Figurant dans cet ouvrage parce qu'il tranche une question dont l'importance pratique et théorique est essentielle, celle de la date d'évaluation des biens dans le partage (I), l'arrêt reproduit présente également le mérite de résoudre une difficulté plus particulière ayant trait au rapport des dettes (II).

I. — La date d'évaluation des biens dans le partage

2 À l'occasion d'un partage *amiable*, les parties sont libres d'évaluer les biens selon le procédé de leur choix, sous réserve, toutefois, que celui-ci n'engendre pas une lésion de plus du quart (anc. art. 887, al. 2 C. civ., devenu art. 889 C. civ. réd. L. 23 juin 2006).

Mais à quelle date faut-il se placer lorsque le partage est judiciaire ?

Sans grand intérêt initial en raison de la précarité des indivisions et de la stabilité de la monnaie, la question devait ultérieurement revêtir une acuité certaine.

Dans un premier temps, sans se prononcer formellement, la jurisprudence se montra favorable à l'évaluation au jour de l'ouverture de la succession (Req. 8 juin 1868, *DP* 71. 1. 224; 23 juin 1873, *DP* 74. 1. 173; 22 juill. 1884, *DP* 85. 1. 253). La solution allait de pair avec l'effet déclaratif du partage : l'héritier étant censé être propriétaire des biens mis dans son lot, depuis le jour du décès, c'est à cette date qu'il convenait de se placer pour les estimer. Mais c'était méconnaître la dimension économique du problème : avec le développement de l'inflation, l'estimation au jour du partage était seule susceptible d'assurer l'égalité des copartageants. Aussi la pratique notariale devait-elle adopter rapidement une position contraire; dès lors que l'indivision n'était pas de courte durée, elle situait l'évaluation au jour du partage. La solution se recommandait, au reste, de solides arguments. En premier lieu, pour déterminer s'il y a ou non lésion de plus du quart, le Code prescrit de se placer à l'époque du partage (anc. art. 890 C. civ., devenu art. 889, al. 1, réd. L. 23 juin 2006). Comment dès lors retenir une date différente pour l'évaluation des biens ? Même effectué avec le plus grand soin, tout partage adoptant une autre date serait lésionnaire dès lors que les biens à partager n'ont pas varié dans les mêmes proportions durant le temps séparant la date retenue du jour du partage. En second lieu, les règles gouvernant l'évaluation étaient en contradiction avec celles qui régissaient la consistance de la masse et notamment la subrogation réelle. Comment, en effet, estimer au jour où l'indivision a commencé des biens qui n'étaient pas alors compris dans la masse indivise ? Aussi, s'alignant sur la pratique et faisant expressément état des arguments ci-dessus développés, la haute juridiction devait-elle dans un second temps, par la décision ci-dessus reproduite, se fixer très fermement en faveur de l'estimation au jour du partage (v. déjà : Civ. 20 avr. 1928, *S.* 1928. 1. 299; v. depuis : Civ. 18 mars 1946, *D.* 1946. 269; 13 déc. 1950, *D.* 1951. 169; 19 mars 1958, *Bull. civ.* I, n° 163; Civ. 1re, 16 juill. 1970, *D.* 1971. 424, note R. Martin; 19 avr. 1977, *D.* 1977. IR 324; 22 déc. 1980, *JCP* 1981. IV. 379; 7 juill. 1981, *Bull. civ.* I, n° 241, p. 204, *Defrénois* 1981. 1656, obs. Champenois; 14 nov. 2006, *Bull. civ.* I, n° 484, *JCP* 2008. I. 108, n° 4, obs. Le Guidec). Lorsqu'il n'y a pas d'héritiers à réserve, le *de cujus* peut, par testament, imposer une autre date d'évaluation (Civ. 18 oct. 1954, *D.* 1955. 681, note Vialleton).

3 Encore faut-il préciser ce qu'on doit entendre par évaluation au jour du partage. Il ne saurait être question d'estimer les biens à l'instant précis où sera rédigé et approuvé l'acte de partage. Celui-ci procède, en effet, d'une série d'opérations longues et complexes. Le notaire ne pouvant prévoir quel sera au jour du partage le prix exact des biens successoraux, et notamment le cours des valeurs mobilières, l'on retient une date antérieure au partage mais la plus proche possible de celui-ci. Fixé par une clause qui figure dans tous les partages, ce jour est dénommé jour de la jouissance divise, car c'est de ce moment que chaque copartageant aura personnellement droit aux revenus des biens qui lui sont attribués (J. Boulanger, « La clause notariale de la jouissance divise »,

Rev. crit. lég. et jurisp. 1935. 449). Néanmoins, les juges du fond peuvent être amenés à fixer souverainement une autre date eu égard aux circonstances et à « l'intérêt respectif des copartageants dont l'égalité est voulue par la loi » (Civ. 4 mai 1953, *D.* 1953. 494; 1er déc. 1965, *D.* 1966. 59, note A. B., *RTD civ.* 1966. 326, obs. Savatier; Civ. 1re, 16 févr. 1971, *D.* 1972. 495, note Morin, *JCP* 1971. II. 16935, note Malaurie; 24 juin 1977, *JCP* 1977. IV. 226; 17 juin 1981, *Bull. civ.* I, no 225, p. 184, *RTD civ.* 1982. 638, obs. Patarin).

4 La solution retenue joue non seulement pour le partage global, mais aussi pour le partage *partiel.* Si l'hérédité a été répartie au moyen de plusieurs partages partiels successifs, la date d'évaluation des biens sera celle du partage qui en a réalisé l'attribution. Tel est le cas notamment lorsqu'un des biens est licité au profit d'un cohéritier, l'adjudication emportant partage partiel (Civ. 17 nov. 1890, *DP* 91. 1. 25). Le fait que l'adjudication soit assortie d'une clause dite d'attribution soulève des difficultés propres. En vertu de cette clause, l'adjudicataire s'oblige à prendre le bien, et ses cohéritiers à le lui attribuer pour le prix fixé aux enchères, dans le partage auquel on procédera ultérieurement. Partant, il n'y a plus partage partiel, mais simple promesse de partage (Civ. 1re, 9 févr. 1970, *JCP* 1970. II. 16394, note Mourgeon, *Defrénois* 1971, 29816, note Savatier; Catala, « Les maléfices de la promesse d'attribution », *JCP* 1971. I. 2441). La valeur retenue est alors non la valeur du bien réévalué au jour du partage, mais celle déterminée par la dernière enchère. Toutefois, si le jeu de la clause entraîne une lésion de plus du quart, il y a lieu à réévaluation au jour de la jouissance divise (Civ. 1re, 4 janv. 1979, *Defrénois* 1979, 31973, note Ponsard; F. Terré, Y. Lequette et S. Gaudemet, *Les successions, Les libéralités*, no 1026).

Les parties peuvent convenir d'évaluer certains biens à une date différente de celle du partage (Ass. plén. 22 avril 2005, *JCP* N 2005. 1344, note Ph. Simler, *RTD civ.* 2005. 810, obs. M. Grimaldi). Mais l'opération n'est pas sans danger car la différence existant entre le prix convenu et le prix qui aurait pu être obtenu au jour du partage par le jeu de l'offre et de la demande, si elle ne procède pas d'une intention libérale, pourra éventuellement être sanctionnée sur le terrain de la lésion.

5 Ces solutions ont été, pour l'essentiel, consacrées par la loi du 23 juin 2006. L'article 829 du Code civil dispose en effet : « en vue de leur répartition, les biens sont estimés à leur valeur à la date de la jouissance divise telle qu'elle est fixée par l'acte de partage, en tenant compte, s'il y a lieu, des charges les grevant. Cette date est la plus proche possible du partage. Cependant, le juge peut fixer la jouissance divise à une date plus ancienne si le choix de cette date apparaît plus favorable à la réalisation de l'égalité ».

II. — Le rapport des dettes

6 La question de principe qui vient d'être examinée se greffait, en l'espèce, sur une difficulté plus particulière tenant à ce qu'un des héritiers était débiteur du défunt. Ses cohéritiers prétendaient qu'au jour du décès compensation s'était établie de plein droit entre sa dette et ses droits dans l'actif évalué à cette date. Et comme le montant de ses droits était inférieur au chiffre de sa dette, il résultait de la balance ainsi proposée du compte du cohéritier un solde débiteur à sa charge définitivement fixé, sans qu'il y ait lieu de prendre en considération dans le partage l'accroissement de valeur de l'actif entre le jour du décès et celui du début de la jouissance divise. La haute juridiction écarte ce raisonnement : la dette de l'héritier s'éteint non de plein droit au jour de l'ouverture de la succession, mais à celui du partage. Le rapport des dettes est une opération de partage (*supra*, n° 109) (Grimaldi, *Successions*, n°s 878 s. ; Malaurie, *Les successions, Les libéralités*, n° 871 ; F. Terré, Y. Lequette et S. Gaudemet, *Les successions, Les libéralités*, n° 1045).

116

PARTAGE. ATTRIBUTION PRÉFÉRENTIELLE. ESTIMATION DU BIEN

Civ., 1re sect. civ. 12 mai 1966

(*Bull. civ.* I, n° 289, p. 221)

Claude Reveniaud c. Denis Reveniaud

Lorsqu'une exploitation agricole fait, dans un partage, l'objet d'une attribution préférentielle au profit de l'héritier qui la tient à ferme, elle doit être estimée comme libre de bail.

Faits. — V. l'arrêt.

ARRÊT

La Cour ; — *Sur le premier moyen, pris en sa seconde branche :* — Vu la règle de l'égalité du partage ; — Attendu que, lorsqu'une exploitation agricole fait, dans un partage, l'objet d'une attribution préférentielle au profit de l'héritier qui la tient à ferme, elle doit être estimée comme libre de bail ; qu'en effet cette estimation, faite au jour du partage et destinée à assurer l'égalité entre les copartageants, concerne un bien qui, par l'effet de son attribution à l'héritier qui en était preneur et de la réunion sur la tête de celui-ci des qualités incompatibles de propriétaire et de fermier, a cessé d'être grevé du bail dont il était auparavant l'objet ; — Attendu que, s'agissant en la cause de l'attribution préférentielle du domaine de Trézillon sis à Luzy (Nièvre), au profit de Denis Reveniaud qui le tenait à bail, dans le partage de la succession de ses père et mère, la cour d'appel a confirmé le jugement qui avait fixé la valeur du domaine, compte tenu de la moins-value résultant du bail ; qu'elle a ainsi violé la règle ci-dessus visée ; — *Par ces motifs*, casse.

OBSERVATIONS

1 En l'absence d'accord des successeurs sur la répartition des biens, l'on doit en principe procéder à un partage judiciaire. Les inconvénients de ce mode de partage sont connus : lorsque le patrimoine ne comprend qu'un bien important, il n'est d'autre solution que la licitation ou le morcellement; et si le patrimoine est suffisant pour constituer des lots équivalents sans procéder au morcellement des unités économiques, le tirage au sort rend aléatoire leur attribution au plus apte. Afin d'éviter ce double inconvénient, le législateur a mis sur pied l'*attribution préférentielle*. Modalité du partage, elle permet à un ou plusieurs copartageants d'obtenir l'attribution de certains biens limitativement énumérés à charge pour eux, si nécessaire, d'indemniser les autres copartageants sous forme de soulte. Déjà utilisée par la loi du 12 juillet 1909 à propos du bien de famille insaisissable, l'attribution préférentielle a pris son essor avec le décret-loi du 17 juin 1938. Les lois des 19 décembre 1961, 23 décembre 1970, 4 juillet 1980 et 12 juillet 1982, pour ne citer que les principales, lui ont conféré une ampleur considérable.

La jurisprudence a joué dans ce mouvement un rôle significatif, soit qu'elle ait précédé l'évolution législative, soit qu'au contraire, la loi l'ait combattue. Dans le premier sens, on citera les décisions qui ont posé qu'il suffisait que le conjoint survivant ait au moment du décès la qualité de copropriétaire, peu important qu'il le soit devenu à cette date ou qu'il l'ait été antérieurement (Civ. 20 nov. 1950, *D.* 1951. 95), solution consacrée par la loi du 28 octobre 1955, puis par celle du 19 décembre 1961. On citera encore les décisions qui ont posé que lorsqu'un successeur décède, avant partage, laissant lui-même un descendant, la condition de participation à l'exploitation peut être remplie par la personne de celui-ci (Civ. 1re, 10 juin 1987, *D.* 1987. 537, note Breton, *RTD civ.* 1988. 160, obs. Patarin), solution consacrée par la loi du 23 juin 2006 (art. 831, al. 1er, C. civ.). Dans la même ligne, il a été décidé que le mécanisme de l'attribution préférentielle pouvait être appliqué en matière de partage de communauté à la suite d'une séparation de corps (Civ. 1re, 9 nov. 1954, *D.* 1954. 749, note Savatier); cette interprétation a été à la fois confirmée et restreinte par la loi du 13 juillet 1965. À l'opposé, la jurisprudence qui réservait aux héritiers *ab intestat* et au conjoint du *de cujus* le bénéfice de l'attribution préférentielle a été brisée par une loi du 23 décembre 1970 qui en a étendu le bénéfice aux légataires, universel et à titre universel.

L'arrêt ci-dessus reproduit tranche un problème qui a trait aux effets de l'attribution préférentielle, et plus particulièrement, à l'estimation du bien attribué, sur lequel le législateur n'a pas pris position. On envisagera le problème et sa solution (I), puis les justifications qui ont été données à celle-ci (II).

I. — Le problème et sa solution

2 Lorsqu'un bien loué figure dans la masse successorale, ce bien est estimé à sa valeur de bien loué et non à celle de bien libre (Civ. 17 juill. 1958, *Gaz. Pal.* 1958. 2. 201). Mais qu'en est-il lorsque le bénéficiaire du bail est l'indivisaire

auquel le bien est attribué ? Faut-il alors estimer le bien pour sa pleine valeur en propriété ou diminuer celle-ci de la dépréciation causée par le bail ? L'intérêt pratique de la question est grand : d'une part, l'existence d'un bail déprécie le bien qu'il grève dans des proportions importantes; d'autre part, elle intéresse l'attribution préférentielle mais aussi nombre d'autres institutions du droit successoral : évaluation de la masse partageable, rapport, réduction.

Débattue devant les cours d'appel qui lui ont apporté des réponses diverses, la question a été nettement tranchée par la Cour de cassation dans un arrêt du 8 décembre 1965 (*D.* 1967. 407, note Savatier, *Gaz. Pal.* 1965. 1. 195). L'arrêt ci-dessus reproduit, fidèle à cette solution, l'exprime sous la forme d'une décision de principe. Cassant un arrêt de la cour d'appel de Bourges en date du 29 juin 1964, il décide en effet, après avoir visé la règle de l'égalité du partage, que « lorsqu'une exploitation agricole fait, dans un partage, l'objet d'une attribution préférentielle au profit de l'héritier qui la tient à ferme, elle doit être estimée comme libre de bail » (v. depuis Civ. 1re, 13 mai 1968, *D.* 1968. 561, note Breton, *JCP* 1968. II. 15598, *RTD civ.* 1968. 756, obs. Savatier; 31 mars 1981, *JCP* N 1982. II. 28, note Ph. Rémy, *Defrénois* 1981. 1327, obs. Champenois, *RTD civ.* 1982. 183, obs. Patarin; 17 mars 1987, *JCP* 1988. II. 20989; 11 juin 1996, *Bull. civ.* I, n° 252, p. 177, *Defrénois* 1996. 1447, obs. Champenois, *JCP* 1997. I. 4021, n° 3, obs. Le Guidec, *D.* 1997. Somm. 369, obs. Grimaldi, *RTD civ.* 1997. 197, obs. Patarin). La solution paraît s'imposer. Si on évaluait le bien loué en tenant compte de la dépréciation due à la location, les successeurs auraient le sentiment que l'égalité est, à leur égard, doublement rompue : en nature, car ils perdent leur chance de se voir attribuer le bien; en valeur, car ils ne toucheront qu'une indemnité diminuée alors que, pour l'attributaire, le bien est en réalité libre (Savatier, note *D.* 1967. 408).

3 Il faut noter que cette solution a fait l'objet d'une grande extension : elle s'applique alors même que le bail avait été consenti au conjoint de l'héritier qui a obtenu l'attribution préférentielle (Civ. 13 mai 1968, préc.); elle joue, qu'il s'agisse, comme en l'espèce, de procéder à l'estimation au jour du partage ou au jour de l'ouverture de la succession afin de vérifier si les conditions légales de l'attribution sont réunies (Civ. 1re, 16 juill. 1968, *D.* 1968. 61, note A. B.); elle a été également appliquée en matière de réduction (Civ. 1re, 14 oct. 1981, *Bull. civ.* I, n° 296, p. 248, *RTD civ.* 1982. 641) et de rapport (Rouen, 27 avr. 1971, *D.* 1971. Somm. 143, *RTD civ.* 1971. 875, obs. Savatier).

II. — La justification de la solution

4 Comment justifier cette solution ? Reprenant la motivation de l'arrêt du 8 décembre 1965 (préc.), l'arrêt reproduit fait référence à l'idée de confusion : les deux qualités de propriétaire et de locataire se réunissant du fait de l'attribution sur la même tête ont pour effet d'éteindre le bail. Un auteur a cependant estimé que cette justification était insuffisante (Savatier, note préc.). Et de fait, mieux que par l'idée de confusion, la solution s'explique par la nécessité de mettre fin à l'inégalité qu'a introduite entre les successibles la conclusion d'un bail entre l'un d'eux et le *de cujus*. Il y a là, en effet, un avantage indirect qui doit être rapporté par l'héritier qui en a bénéficié (Civ. 1re, 31 mars 1981, préc.; 19 mars 1991, *Bull. civ.* I, n° 90, p. 59, motifs). C'est dire que cette solution doit être écartée, lorsque l'héritier a acquis le droit au bail à titre onéreux et n'a donc pas bénéficié d'un avantage. D'où les vives critiques adressées par la doctrine (Champenois, *Defrénois* 1996. 1449; Le Guidec, *JCP* 1997. I. 4021, n° 3) aux décisions qui, même dans ce cas, ont décidé que le bien devait être estimé libre de bail (Civ. 1re, 11 juin 1996, préc.).

117

PARTAGE. OPPOSITION DES CRÉANCIERS HÉRÉDITAIRES. EFFETS. INDISPONIBILITÉ DES PARTS SUCCESSORALES

Civ. 18 juillet 1899

(*DP* 1900. 1. 17, note de Loynes, *S.* 1900. 1. 27)

Jam, Laporte et autres c. Dame Sautet et autres

L'opposition à partage met obstacle à ce que le copartageant débiteur puisse disposer de ses droits dans la succession au préjudice des opposants et rendre illusoire la mesure conservatoire prise par ses créanciers.

Et ce principe doit, par identité de motifs, être appliqué à l'opposition formée par le créancier d'un associé au partage de l'actif d'une société en liquidation (C. civ., art. 882).

Faits. — Le sieur Jam, créancier à la fois de Sautet et de Peccadeau, associés en nom collectif, a, après la dissolution de la société, fait opposition au partage conformément à l'article 882 du Code civil. Nonobstant cette opposition, Sautet a cédé sa part dans l'actif social aux consorts Péchaud, qui l'ont rétrocédée à la dame Sautet, et celle-ci, lors de la distribution par contribution ouverte elle-même à la suite de la vente des biens de l'ancienne société, a été, en raison de cette cession, colloquée par préférence et antériorité à Jam. Le sieur Jam a alors demandé la nullité de cette cession, mais la cour de Riom a rejeté sa demande par un arrêt rendu le 3 juin 1897, dont voici les principaux considérants :

« … Considérant que Jam attache à son intervention ou opposition sus-indiquée l'effet d'une mainmise supprimant pour Sautet la faculté de disposer, au préjudice des créanciers, de la portion dont serait alloti son débiteur;… mais que, si l'opposition ou intervention permise par l'article 882 du Code civil est considérée comme affranchie des formes de la saisie-arrêt, il est aussi fort contestable qu'elle en ait le caractère et la force juridique; qu'un effet aussi exorbitant du droit commun ne pourrait résulter que d'un texte formel; que, d'après l'article 882 du Code civil, l'opposition n'a pour but que d'empêcher qu'il soit procédé au partage hors la présence des opposants et en fraude de leurs droits, mais que cette disposition législative ne dessaisit point le copartageant débiteur de la libre disposition de sa part; que, loin d'étendre le droit ordinaire des créanciers, l'article 882 *in fine* le restreint au point de vue de la faculté d'attaquer le partage consommé; — Considérant que l'interprétation contraire substituerait à une faculté de surveillance un véritable droit de préférence, susceptible, en outre, de préjudicier aux tiers auxquels rien n'aurait révélé cette situation; — Considérant que l'appelant pouvait sauvegarder sa créance en pratiquant une saisie-arrêt entre les mains des débiteurs du prix de la licitation Forqueray, mais qu'il ne l'a point fait, etc. ».

Pourvoi en cassation par le sieur Jam et autres.

Moyens. — Violation et fausse application de… l'article 882 du Code civil, en ce que l'arrêt attaqué, alors que le sieur Jam et consorts… avaient invoqué, pour faire tomber le droit d'antériorité de la dame Sautet, l'intervention et l'opposition du sieur Jam au partage Sautet-Peccadeau, a rejeté ce moyen… comme mal fondé, sous prétexte que l'opposition à partage ne vaut pas saisie-arrêt et ne dessaisit pas le copartageant débiteur de la libre disposition de ses biens.

ARRÊT

La Cour; — … Attendu que l'opposition à partage, autorisée par l'article 882 du Code civil, met obstacle à ce que le copartageant débiteur puisse disposer de ses droits dans la succession au préjudice des opposants et rendre illusoire la mesure conservatoire prise par ses créanciers; que ce principe doit, par identité de motifs, être appliqué à l'opposition formée par le créancier d'un associé au partage de l'actif d'une société en liquidation; — Attendu qu'il résulte des constatations de l'arrêt attaqué qu'après la dissolution de la société Sautet et Peccadeau, le sieur Jam, créancier tout à la fois de Sautet et de Peccadeau, a été admis par justice à intervenir pour la sauvegarde de ses droits dans le partage des biens sociaux; — Attendu que, malgré cette intervention, constituant une opposition à partage, dans le sens de l'article 882 du Code civil, Sautet a cédé sa part dans l'actif social aux consorts Péchaud, qui l'ont rétrocédée à la dame Sautet; — Attendu que, dans la distribution par contribution ouverte à la suite de la vente des biens de l'ancienne société, la dame Sautet a été, à raison de ladite cession, colloquée par préférence et antériorité aux demandeurs en cassation; — Que Jam, à l'appui du contredit élevé par lui contre cette collocation, a demandé la nullité des cessions faites au mépris de son opposition à partage, et que les autres demandeurs en cassation se sont joints à sa contestation; — Attendu que la cour de Riom a repoussé le système de Jam, sous le prétexte que l'opposition à partage n'enlèverait pas au copartageant débiteur le droit de disposer librement de sa part dans les biens indivis, et ne conférerait à l'opposant que la faculté d'attaquer, le cas échéant, le partage consommé; — Qu'en statuant ainsi, l'arrêt attaqué a violé la disposition légale sus-énoncée… Casse…

OBSERVATIONS

1 La question des effets de l'opposition à partage formée par les créanciers des copartageants a été très discutée en doctrine et a divisé la Cour de cassation et les cours d'appel. Les effets normaux, énoncés par l'article 882, sont l'interdiction pour les copartageants de procéder au partage hors la présence des créanciers, le droit pour ces derniers d'y intervenir pour s'assurer de la régularité des opérations et, si le partage a été effectué sans eux nonobstant leur opposition, celui de l'attaquer sans avoir à démontrer la fraude de leur débiteur.

Faut-il ajouter à ces effets l'interdiction pour les copartageants de disposer de leur part héréditaire ? Autrement dit, l'opposition à partage du créancier vaut-elle à son profit saisie-arrêt (saisie conservatoire depuis la loi du 9 juill. 1991) ? On l'a contesté, car, dit-on, c'est ajouter à la loi qui interdit seulement aux cohéritiers de *partager* hors la présence des opposants, d'autant plus que l'opposition n'est assujettie à aucune forme spéciale à la différence de la saisie-arrêt (Glasson, note *DP* 1896. 1. 369; Ripert et Boulanger, t. IV, n° 3204; Planiol et Ripert, t. IV, *Les successions*, par Maury et Vialleton, n° 541; Planiol, note *DP* 1908. 2. 145). Mais la principale fraude que les créanciers des copartageants aient précisément à redouter est que leur débiteur ne réalise sa part héréditaire en dehors d'eux, en la touchant en espèces à leur insu. Si cet agissement restait possible, la disposition de l'article 882 n'aurait pas atteint son but. Aussi la Cour de cassation décide-t-elle que l'opposition d'un créancier dessaisit le cohéritier, son débiteur, de ses droits successoraux et met obstacle à ce qu'il puisse en disposer (Req. 18 févr. 1862, *DP* 62. 1. 224; Civ. 18 juill. 1899, *DP* 1900. 1. 17, note de Loynes).

Toutefois l'assimilation de l'opposition de l'article 882 à une saisie-arrêt doit souffrir, semble-t-il, deux tempéraments : d'une part, l'opposition ne saurait réfléchir contre les tiers qui auraient traité de bonne foi avec le cohéritier; d'autre part, l'indisponibilité créée par l'opposition d'un créancier ne va pas jusqu'à dépouiller l'héritier de son droit d'administrer sa part héréditaire.

2 Reste la question de savoir si cette règle, applicable aux partages de communautés et de successions, doit être étendue, comme c'était le cas en l'espèce, aux partages des sociétés. La Cour de cassation se prononce dans l'arrêt rapporté pour l'affirmative; c'est là une innovation jurisprudentielle, car auteurs et tribunaux décidaient généralement que, l'article 882 étant un texte exceptionnel, il n'y avait pas lieu d'en étendre l'application en dehors des cas pour lesquels il a été écrit (v. les auteurs et les arrêts cités au Dalloz, *Nouveau Code civil annoté*, Add. III, 1939, art. 882, n° 216, 2° et 3°; v. Civ. 17 nov. 1890, *DP* 91. 1. 25).

118-119

PARTAGE. NULLITÉ POUR ERREUR SUR LA CAUSE

I. Civ. 26 octobre 1943. — II. Civ., 1re sect. civ. 27 janvier 1953

À la différence de la violence et du dol, visés par l'article 887 du Code civil, l'erreur ne constitue pas, en dehors de cas spéciaux et très exceptionnels, une cause de nullité des partages.

De sorte qu'à supposer même qu'on puisse considérer comme une erreur au sens de l'article 1110 du Code civil l'impossibilité où les copartageants s'étaient trouvés de prévoir le résultat des controverses qui devaient s'élever plus tard sur la valeur légale des clauses dites commerciales, habituelles dans les contrats de mariage, et tenues jusque-là pour valides, cette erreur ne serait pas de nature à entraîner la nullité d'un partage non attaqué pour cause de lésion, de dol ou de violence (1er arrêt).

Jugé cependant que si, d'une façon générale, l'erreur en matière de partage se confond le plus souvent avec la lésion prévue par l'article 887 du Code civil et n'entraîne pas la nullité, il en est autrement quand l'erreur alléguée porte à la fois sur la quotité des droits et la cause même du partage. Tel est le cas lorsqu'un des copartageants découvre, après le partage, un testament l'instituant légataire universel (2e arrêt).

I. — Civ. 26 octobre 1943

(*D.* 1946. 301, note Boulanger)

Paul Clerc c. Clerc et autres

Faits et moyens. — V. l'arrêt.

ARRÊT

La Cour ; — *Sur les premier et quatrième moyens, ce dernier pris dans sa première branche :* — Attendu qu'à la mort de Rémy Clerc, survenue au cours de l'année 1915, sa veuve a manifesté la volonté de profiter de la faculté que le contrat de mariage du 12 avril 1887 réservait dans son article 9 au conjoint survivant de conserver pour lui, s'il le jugeait bon, les établissements de commerce qui se trouveraient exploités, au moment du décès du prémourant, soit par celui-ci seul, soit par les deux époux ensemble, les héritiers du défunt devant, dans ce cas, recevoir en autres biens successoraux ou deniers l'équivalent de leurs droits sur ces fonds de commerce suivant l'estimation qui en serait faite alors par experts ; que Charles et Paul Clerc, enfants issus du mariage, ne se sont pas opposés à cette prétention de leur mère, et que, par le partage conventionnel du 18 février 1916, celle-ci, qui participait à l'opération comme commune en biens et bénéficiaire d'une donation par institution contractuelle ayant pour objet le quart en pleine propriété et le quart en usufruit des biens composant la succession de son mari, s'est vue attribuer notamment quatre établissements de bijouterie-joaillerie dont l'un était propre au défunt, les trois autres dépendant de la communauté conjugale dissoute; — Attendu cependant qu'à la date du 3 août 1933, Paul Clerc a engagé, sur le fondement de l'article 1130, alinéa 2, et de l'article 1389 du Code civil, une action tendant à l'annulation de ce partage du 18 février 1916; qu'il reproche à la cour d'appel (Paris, 18 avr. 1939) de l'avoir débouté de ladite action bien que la clause 9 du contrat de mariage, en vertu de laquelle il avait été fait attribution à la veuve Rémy Clerc des établissements commerciaux dont s'agit, constituait un pacte sur succession future frappé par les articles 1130 et 1389 d'une nullité d'ordre public non susceptible d'être couverte par confirmation; — Mais attendu que, la disposition litigieuse du contrat de mariage de 1887 étant même tenue pour nulle, les parties à l'acte de 1916 n'en conservaient pas moins le droit de régler de la façon leur paraissant la plus convenable la répartition entre elles des biens dont elles étaient devenues, à la mort du père de famille, copropriétaires par indivis; que rien ne leur interdisait, en particulier, si elles étaient d'accord pour cela, de reproduire, en se les appropriant dans l'acte de partage conventionnel qui était leur œuvre personnelle, les dispositions sans force obligatoire de ladite clause du contrat de mariage; — Or, attendu qu'il est constaté souverainement par l'arrêt attaqué que Paul Clerc a donné à la convention du 18 février 1916 et en toute connaissance de cause le consentement réfléchi et éclairé d'un homme « averti »; — Attendu, à la vérité, que le demandeur présentait comme une erreur de droit ayant vicié son consentement lors de la confection de cet acte de partage, la croyance qu'il avait en la licéité, non encore contestée à cette époque, des clauses pareilles à celles de l'article 9 du pacte matrimonial invoqué par sa mère; — Mais attendu qu'à la différence de la violence et du dol, visés par l'article 887 du Code civil, l'erreur ne constitue pas, en dehors de cas spéciaux et très exceptionnels, une cause de nullité des partages; que, même s'il était permis de considérer comme une erreur au sens de l'article 1110 l'impossibilité où les parties à l'acte du 18 février 1916 s'étaient trouvées de prévoir le résultat de controverses qui devaient s'élever plus tard sur la valeur légale des clauses dites commerciales, habituelles dans les contrats de mariage de négociants et tenues jusqu'alors pour valides, cette erreur ne serait donc pas de nature à entraîner la nullité d'une convention ayant pour objet un partage et qui n'était d'ailleurs pas attaquée pour cause de lésion, de dol ou de violence; — D'où il suit qu'indépendamment des motifs critiqués par le pourvoi, l'arrêt attaqué est légalement justifié sur le point visé par les moyens susdits; — … *Par ces motifs*, rejette…

II. — Civ., 1re sect. civ. 27 janvier 1953

(*D.* 1953. 334, note M. F.)

Veuve Grisot c. Époux de Turenne

Faits et moyens. — V. l'arrêt.

ARRÊT

La Cour; — *Sur le premier moyen, pris dans ses deux branches :* — Attendu qu'il résulte des énonciations de l'arrêt attaqué que Constant Decrion est décédé le

1er décembre 1936 à la survivance de son frère Émile et de ses deux sœurs Joséphine et Émilie; qu'après dépôt, le 4 décembre suivant, de deux testaments des 7 mars 1904 et 21 janvier 1926, contenant divers legs particuliers à la dame Jeanne Gral, celle-ci ayant renoncé auxdits legs, les trois héritiers ont fait procéder, le 29 janvier 1937, à l'inventaire des objets mobiliers, mais seulement dans la villa sise avenue Loubet à Sidi-bel-Abbès, appartenant au *de cujus*, et, le 31 mai 1937, à la vente aux enchères de trois propriétés, puis ils ont abouti le 19 novembre 1937, à un partage par devant notaire; qu'après le décès d'Émile Decrion, les héritiers de ce dernier ont, le 23 avril 1945, invoqué un testament olographe découvert par eux dans la maison familiale des Decrion, et daté du 26 mars 1910, par lequel Constant Decrion léguait tous ses biens à son frère Émile, et qu'ils ont demandé la nullité du partage de 1937; — Attendu que, la cour d'appel en ayant prononcé la nullité par l'arrêt confirmatif attaqué, le pourvoi prétend qu'elle se serait à tort basée sur une présomption pour admettre que le légataire universel avait donné par erreur son consentement audit partage; — Mais attendu que, d'une part, si, d'une façon générale, en matière de partage, l'erreur se confond le plus souvent avec la lésion réglementée et sanctionnée par l'article 887 du Code civil, et n'engendre pas la nullité, il en est autrement en l'espèce, où l'erreur alléguée par le copartageant (ou ses ayants droit) porte à la fois sur la quotité des droits et la cause même du partage; que, d'autre part, la preuve d'un fait pouvant être apportée par tous moyens par celui qui l'invoque, c'est à bon droit que l'arrêt attaqué retient d'abord — après avoir énoncé qu'il convenait d'examiner si la preuve de l'erreur, c'est-à-dire de l'ignorance où se trouvait Émile Decrion du testament l'instituant légataire universel, était ou non rapportée — parmi les présomptions susceptibles d'établir l'erreur, celle qui résulte du caractère désavantageux de l'acte qui, sans raison apparente, lui porte préjudice (...); *Sur le deuxième moyen* (...); — *Par ces motifs*, rejette...

OBSERVATIONS

1 L'erreur est-elle une cause de nullité du partage ? Telle est la question à laquelle tentent de répondre les deux arrêts ci-dessus reproduits.

La difficulté procédait de l'article 887 du Code civil. Ce texte visait, en effet, à l'époque, comme causes de nullité du partage, le dol et la violence, mais non l'erreur. Ce silence valait-il exclusion ? Cette omission fut, semble-t-il, délibérée de la part des rédacteurs du Code civil (Fenet, t. XII, p. 18). Désireux d'asseoir la stabilité du partage, ils avaient entendu écarter une cause de nullité qui, au surplus, leur paraissait faire double emploi. Il existe en effet d'autres moyens de corriger les irrégularités du partage. Y a-t-il erreur sur la consistance de la masse partageable, le remède est simple : si le bien n'a pas été compris dans la masse alors qu'il aurait dû l'être, l'article 887 *in fine* (devenu l'art. 892 C. civ., réd. L. 23 juin 2006) prescrit un partage supplémentaire; si le bien y a été compris alors qu'il n'aurait pas dû l'être, son propriétaire le revendiquera et l'héritier évincé disposera contre ses copartageants d'une action en garantie. Y a-t-il enfin admission à tort d'un copartageant, une action en pétition d'hérédité sera intentée par les autres copartageants qui se partageront les biens ainsi récupérés (Civ., 1re sect. civ., 19 déc. 1962, *D.* 1963. 145, note Voirin).

2 Le premier arrêt ci-dessus reproduit semble s'inscrire parfaitement dans cette logique. Il y est décidé en effet qu'« à la différence de la violence et du dol visés par l'article 887 du Code civil, l'erreur ne constitue pas, en dehors de cas spéciaux et très exceptionnels, une cause de nullité des partages ». Il en conclut, en l'espèce, à l'impossibilité d'annuler un partage pour erreur de droit sur la validité d'une clause commerciale insérée dans un contrat de mariage; un héritier ne s'était, en effet, engagé lors du partage intervenu en 1916, à exécuter cette clause que parce qu'il la croyait valable, alors que cette sorte de clause devait, en 1933, être déclarée nulle par la Cour de cassation (v. *infra*, nº 135).

Mais qu'entendre alors par « cas spéciaux et très exceptionnels » susceptibles de fonder une nullité pour erreur ? La jurisprudence antérieure en avait déjà offert quelques exemples; elle avait, en effet, admis la nullité pour erreur dans des situations où aucune autre action ne permettait de sanctionner l'irrégularité du partage : omission d'un des héritiers (Civ. 25 oct. 1887, *DP* 88. 1. 135; Req. 21 mars 1922, *D.* 1923. 1. 60), découverte d'un testament attribuant la totalité des droits à l'un des cohéritiers (Civ. 17 nov. 1858, *DP* 58. 1. 465).

3 Reprenant ces hypothèses, un auteur a proposé de les grouper dans la catégorie des erreurs sur la cause (J. Boulanger, note *D.* 1946. 304). Cette suggestion a été rapidement retenue par la jurisprudence. Maintenant un arrêt de la cour de Douai du 24 mars 1947 (*Gaz. Pal.* 1947. 1. 249) qui faisait déjà état d'une erreur sur la cause, la Cour de cassation a, dans un arrêt du 5 juillet 1949 (*D.* 1950. 393, note Fréjaville), posé le principe suivant : « Si, d'une façon générale, en matière de partage, l'erreur se confond le plus souvent avec la lésion réglementée et sanctionnée par l'article 887 du Code civil et n'engendre pas la nullité, il en est autrement lorsqu'un bien propre à l'un des copartageants a été par erreur compris dans la masse partageable; (qu')en ce cas, en effet, l'inclusion dans cette masse d'un bien appartenant privativement à l'un des indivisaires détruit l'équilibre et le fondement du partage envisagé et constitue l'erreur de l'article 1131 du Code civil ». Et de fait, il n'était en l'espèce aucun autre remède possible : la revendication de l'héritier se heurtait à la maxime « qui doit garantie ne peut évincer », rendant tout recours impossible. Cette solution fut reprise par le deuxième arrêt ci-dessus reproduit, l'erreur provenant non de l'inclusion à tort d'un bien appartenant à un héritier dans la masse partageable, mais de la découverte postérieure au partage d'un testament attribuant la totalité des droits à l'un des cohéritiers (en ce sens, v. décisions déjà citées *supra*, et Civ. 1re, 1er mars 1978, *JCP* 1978. IV. 145).

4 La doctrine s'est employée à préciser la notion de cause du partage (M. Cabrillac, « L'erreur dans le partage », *RTD civ.* 1955. 48; J. Ghestin, *La notion d'erreur dans le droit positif actuel*, Paris, 1971, 2e éd., nos 245 s.). Elle serait constituée non par les motifs subjectifs du copartageant mais par sa raison d'être objective, à savoir la transformation des droits des copartageants sur la masse indivise en droits privatifs équivalents. La cause du partage serait dès lors atteinte chaque fois que « la détermination du lot attribué à l'un des copartageants n'a pas été effectuée à partir des éléments essentiels qui définissent ses droits dans la masse indivise, c'est-à-dire une certaine masse de biens, un nombre de copartageants déterminé et une répartition en quotité entre ceux-ci » (Ghestin, *La formation du contrat*, n° 872). De là, la nullité en cas d'inclusion dans la masse d'un bien appartenant à l'un des cohéritiers, d'omission d'un cohéritier, ou d'utilisation de quotités inexactes. Mais la jurisprudence ne prononce pas la nullité sur le seul constat de l'inexactitude de la composition de la masse ou de la délimitation des quotes-parts ; elle exige que soit apportée la preuve d'une erreur (Civ. 1re, 9 févr. 1964, *Bull. civ.* I, n° 54). Encore faut-il que cette erreur ne soit pas négligeable et qu'elle crée un réel déséquilibre entre les lots (Civ. 1re, 6 janv. 1987, *D.* 1987. 377, note Breton, *RTD civ.* 1987. 789, obs. Patarin).

5 Ces solutions ont été reprises, pour l'essentiel, par la loi du 23 juin 2006. Mais plutôt que de consacrer explicitement la notion d'erreur sur la cause, celle-ci envisage les différents cas qu'elle recouvre. C'est ainsi que l'article 887 alinéa 2 dispose désormais que le partage « peut être annulé pour cause d'erreur, si celle-ci a porté sur l'existence ou la quotité des droits des copartageants ou sur la propriété des biens compris dans la masse partageable ». Quant à l'article 887-1, il prévoit que « le partage peut être également annulé si un des cohéritiers a été omis ». Soucieux de préserver la stabilité du partage, l'alinéa 3 de l'article 887 ainsi que l'alinéa 2 de l'article 887-1 ajoutent, d'une part, que « s'il apparaît que les conséquences de la violence, du dol ou de l'erreur peuvent être réparées autrement que par l'annulation du partage, le tribunal peut, à la demande de l'une des parties, ordonner un partage complémentaire ou rectificatif », d'autre part, que « l'héritier omis peut toutefois demander de recevoir sa part, soit en nature, soit en valeur, sans annulation du partage ».

120

EFFET DÉCLARATIF DU PARTAGE. ADJUDICATION SUR LICITATION. TIERS ADJUDICATAIRE. EFFETS QUANT AUX COHÉRITIERS

Ch. réun. 5 décembre 1907

(*DP* 1908. 1. 113, note Colin, *S.* 1908. 1. 5, note C. Lyon-Caen et concl. Baudouin)

Chollet c. Dumoulin

Si l'adjudication sur licitation d'un immeuble dépendant d'une hérédité doit, à l'égard de l'adjudicataire, quand il est un tiers étranger à l'indivision, être considérée comme une vente, elle constitue dans les rapports des cohéritiers entre eux une opération préliminaire du partage.

Dès lors, la créance du prix entre dans l'actif à partager pour y être soumise, comme l'aurait été l'immeuble même qu'elle remplace, aux règles ordinaires du partage, notamment en ce qui concerne, soit les prélèvements autorisés par l'article 830 du Code civil, au profit des cohéritiers à qui un rapport est dû en moins prenant, soit la formation et la composition des lots à chacun desquels il convient d'attribuer, suivant l'article 832, la même quantité de créances héréditaires, ce qui exclut l'application en cette matière de l'article 1220 du Code civil, d'après lequel les créances se divisent de plein droit entre les héritiers du créancier proportionnellement à leur part (C. civ., art. 832, 883 et 1220).

Faits. — La dame Dumoulin est décédée en 1879, laissant pour lui succéder trois enfants dont deux, Amicie et Louis, étaient en état de démence. Par testament, elle a légué à Louis par préciput un quart des biens meubles et immeubles qu'elle délaisserait. À la suite de son décès, son troisième enfant, Paul Dumoulin, est resté en possession intégrale de la succession qu'il a administrée seul, sans l'autorisation du conseil de famille, en qualité de gérant d'affaires. L'indivision comprenait notamment des immeubles indivis, que Paul Dumoulin, qui était commerçant, a hypothéqués à un sieur Chollet jusqu'à concurrence de 27 000 F. En 1894, Paul Dumoulin a été déclaré en faillite et son syndic a obtenu un jugement ordonnant la liquidation et le partage de la succession de la dame Dumoulin et condamnant Paul à rapporter les fruits et revenus perçus par lui avec intérêts de droit. Au cours de cette liquidation, deux immeubles indivis ont été licités et adjugés à des étrangers moyennant le prix de 53 000 F. Du travail liquidatif dressé par le notaire commis, il est résulté que Paul était débiteur de la succession d'une somme de 42 000 F, que la masse à partager, y compris cette somme, s'élevait à 105 000 F et qu'en conséquence Paul, n'ayant droit qu'à un quart et devant rapporter en moins prenant, ne pouvait prétendre à aucune part.

Des ordres ayant été ouverts pour la distribution du prix de vente des deux immeubles, le créancier Chollet a produit à l'ordre, mais sa demande a été rejetée par le tribunal civil de Saint-Claude et par la cour de Besançon, le 15 novembre 1901 (*S.* 1905. 2. 89). Sur son pourvoi, la chambre civile a rendu, le 2 juin 1904 (*DP* 1906. 1. 42, *S.* 1905. 1. 273), l'arrêt suivant :

« … Attendu que si, aux termes des articles 829 et 830 du Code civil, les cohéritiers auxquels il est dû un rapport de dettes peuvent en prélever le montant sur la masse de la succession, ce prélèvement ne saurait toutefois, en l'absence d'une disposition légale expresse, s'exercer sur le prix d'un immeuble successoral, au préjudice des droits d'un créancier nanti d'une hypothèque sur ledit immeuble, et que cette règle s'applique notamment à l'hypothèque constituée pendant l'indivision par l'héritier tenu au rapport, lorsqu'elle a conservé son effet, en cas de licitation, par le fait que l'adjudication a été prononcée au profit d'un tiers étranger à la succession; qu'il n'en pourrait être autrement qu'autant qu'un partage intervenu avant la licitation aurait définitivement réglé les droits respectifs des cohéritiers sur le prix de l'immeuble, et fixé ainsi, par application de l'article 883 du Code civil, le sort des droits constitués sur cet immeuble au cours de l'indivision; — Attendu qu'il résulte des constatations de l'arrêt attaqué que deux immeubles dépendant de la succession de la veuve Dumoulin ont été licités et adjugés à des tiers et que, dans les ordres ouverts à la suite de cette vente, Chollet, créancier de l'un des cohéritiers, Paul Dumoulin, se prévalant d'une hypothèque à lui conférée par ce dernier, a demandé à être colloqué en proportion de la part héréditaire de son débiteur; — Attendu que la cour de Besançon, tout en reconnaissant que l'hypothèque était valable, a néanmoins rejeté la demande de collocation, sous le prétexte que, suivant un partage définitif, Paul Dumoulin, débiteur d'un rapport supérieur à son émolument, ne pouvait prétendre à aucune part du prix, et que dès lors, ses cohéritiers devaient être admis à exercer leur prélèvement sur ce prix à l'encontre des créanciers personnels dudit Paul Dumoulin; — Mais attendu, d'une part, que le partage invoqué, étant postérieur à la licitation, ne pouvait donner lieu à l'application de l'article 883 du Code civil quelle que fût l'attribution du prix de vente consacré par cette opération, et que, d'autre part, la préférence donnée par la cour au prélèvement des cohéritiers sur le droit du créancier hypothécaire équivalait à la reconnaissance au profit des premiers d'un privilège non prévu par la loi; — Casse ».

La cour de Lyon, désignée comme juridiction de renvoi, s'est prononcée dans le même sens que la cour de Besançon, par un arrêt du 29 mars 1905 (*DP* 1906. 2. 27, *S.* 1905. 2. 243), contre lequel un nouveau pourvoi a été formé.

Moyen. — Violation et fausse application des articles 883, 829, 830, 1220, 1221 du Code civil, et 7 de la loi du 20 avril 1810, en ce que l'arrêt attaqué a jugé que, si l'hypothèque constituée par un cohéritier sur un immeuble successoral, qui est plus tard licité et adjugé à un tiers, conserve sa valeur jusqu'à concurrence de la part du cohéritier débiteur dans le prix de la licitation, elle est néanmoins primée, dans le cas de l'article 830 du Code civil, par le droit de prélèvement des autres cohéritiers.

ARRÊT

La Cour; — ... Attendu que, si l'adjudication sur licitation d'un immeuble dépendant d'une hérédité doit, au regard de l'adjudicataire, quand il est un tiers étranger à l'indivision, être considérée comme une vente, elle constitue, dans les relations des cohéritiers entre eux, une opération préliminaire du partage; que la vente ainsi faite l'est, en réalité pour le compte de la masse successorale, et que la créance du prix entre dans l'actif à partager, pour y être soumise, comme l'aurait été l'immeuble même qu'elle remplace, aux règles ordinaires du partage, notamment en ce qui concerne, soit les prélèvements autorisés par l'article 830 du Code civil, au profit des cohéritiers à qui un rapport est dû en moins prenant, soit la formation et la composition des lots, à chacun desquels, suivant l'article 832, il convient d'attribuer, s'il se peut, « la même quantité de meubles, d'immeubles, de droits ou de créances de même nature et valeur », ce qui exclut, même pour les créances héréditaires, l'application en cette matière de l'article 1220, d'après lequel elles se divisent entre les héritiers du créancier proportionnellement à leur part, lorsqu'il s'agit d'en poursuivre le payement contre les débiteurs; — Attendu, en conséquence, que, sur le prix d'adjudication, le droit qui, en principe, appartient à chaque héritier n'est pas, dès le jour de la vente, fixé pour lui définitivement à l'égard de ses cohéritiers, mais reste subordonné aux résultats de la liquidation et du partage; que si donc un héritier est tenu à un rapport en moins prenant, et si, à la suite d'un prélèvement, opéré en conformité de l'article 830, la créance du prix est, dans le partage, attribuée tout entière à un de ses cohéritiers, il sera réputé rétroactivement n'avoir eu sur ce prix aucun droit puisque le cohéritier, qui en est attributaire, est, aux termes de l'article 883, « censé avoir succédé seul et immédiatement à tous les effets compris dans son lot », et qu'ainsi la créance remplaçant l'immeuble dans la masse successorale devient elle-même, quoique n'étant pas née en la personne du défunt, un « effet de succession », auquel l'article 883 s'applique; — Attendu qu'il en résulte que les créanciers personnels de l'héritier débiteur du rapport, n'ayant pas plus de droits que lui, ne peuvent, à l'encontre des copartageants par qui le prélèvement a été exercé, élever la prétention, soit, s'ils sont chirographaires, de concourir avec ceux-ci au marc le franc, soit de leur être préférés, s'ils ont fait inscrire une hypothèque consentie par lui sur l'immeuble durant l'indivision; — Et attendu, d'après les constatations de l'arrêt attaqué, qu'au cours de l'indivision ayant existé entre Paul, Louis et Amicie Dumoulin, héritiers de leur mère, Paul Dumoulin avait consenti une hypothèque à l'un de ses créanciers sur deux immeubles indivis; que ces immeubles ont été, sur licitation, adjugés à des étrangers; que, dans le partage, les prix d'adjudication ont été attribués aux cohéritiers de Paul Dumoulin, lequel était tenu au rapport en moins prenant d'une dette supérieure à son émolument; que, néanmoins, le créancier hypothécaire a, dans les ordres ouverts, demandé sa collocation sur lesdits prix en proportion de la part héréditaire de son débiteur; — Attendu qu'en rejetant cette demande par le motif que Paul Dumoulin n'avait aucun droit sur les sommes mises en distribution, l'arrêt n'a ni violé ni faussement appliqué les articles de loi visés au moyen; — Rejette...

OBSERVATIONS

1 Cet arrêt fixe la jurisprudence sur deux points importants relatifs à la portée de l'effet déclaratif du partage : 1° en cas de licitation; 2° au cas où des créances sont comprises dans l'actif à partager.

I. — Effet déclaratif du partage et licitation

2 L'article 883 du Code civil énonce en ces termes le principe de l'effet déclaratif du partage : « Chaque cohéritier est censé avoir succédé seul et immédiatement à tous les effets compris dans son lot, ou à lui échus sur licitation, et n'avoir jamais eu la propriété des autres effets de la succession ».

Lorsqu'un bien de la succession est vendu aux enchères et qu'un cohéritier se porte acquéreur, la licitation équivaut à une opération de partage. Elle met fin à l'indivision qui existait sur l'immeuble vendu. Elle est donc soumise à l'effet déclaratif : l'héritier adjudicataire tient son bien du défunt et ce, depuis le décès. Si une hypothèque avait été constituée par un héritier autre que l'adjudicataire, elle est anéantie.

En revanche, la licitation prononcée au profit d'un étranger reste une vente. L'adjudicataire ne tient pas ses droits du défunt mais des coïndivisaires. L'acquisition ne remonte pas au jour de l'ouverture de la succession, mais s'opère au jour de la licitation. Néanmoins, si l'opération est une vente à l'égard du tiers adjudicataire, qu'en est-il dans les rapports des copartageants entre eux ? N'y a-t-il pas dans ces rapports une place pour le jeu de l'effet déclaratif ?

3 C'est cette question, une des plus célèbres du droit des successions, que résout l'arrêt *Chollet Dumoulin.*

Encore faut-il en préciser exactement les données.

Un immeuble est licité au profit d'un tiers. Il y a trois héritiers. L'un de ceux-ci, qui se révèle insolvable, a hypothéqué sa quote-part dans l'immeuble. Normalement, cet héritier sera alloti au moyen de la créance du prix, au moins jusqu'à concurrence de la somme garantie par l'hypothèque, et l'adjudicataire réglera le créancier hypothécaire. Mais cette solution n'est plus possible lorsque l'héritier qui a constitué l'hypothèque est tenu d'un rapport en moins prenant qui suffit à le remplir de ses droits. Le prix de l'immeuble est alors attribué à un autre ou aux autres cohéritiers afin de les allotir. Doit-on, dans une telle hypothèse, considérer que l'attributaire du prix a été seul propriétaire de l'immeuble au temps de l'indivision et par suite seul vendeur lors de la licitation ? Doit-on au contraire considérer que tous les cohéritiers ont été covendeurs à concurrence de leurs quotes-parts indivises dans l'immeuble au moment de l'opération ?

L'intérêt pratique est considérable. La réponse commande, en effet, l'efficacité des droits consentis aux tiers et notamment des hypothèques. Si l'on applique l'effet déclaratif, l'héritier qui a constitué l'hypothèque est considéré comme n'ayant jamais été propriétaire de l'immeuble puisqu'il n'en perçoit pas le prix : l'hypothèque tombe. Si l'on écarte l'effet déclaratif, l'hypothèque joue à concurrence de la part théorique de l'héritier dans l'immeuble. Dans le premier cas, le créancier hypothécaire est sacrifié à l'égalité des héritiers. Dans le second cas, la solution inverse prévaut; le créancier hypothécaire étant admis à faire valoir ses droits sur le prix pour la part de son débiteur, celui-ci touche deux fois sa part : il ajoute, en effet, à la libéralité qu'il avait reçue et qui suffisait à l'allotir, le montant de l'emprunt. En fait, il s'agit de déterminer qui supportera l'insolvabilité de l'héritier qui a constitué l'hypothèque : ses cohéritiers ou son créancier. En droit, la réponse dépend du point de savoir si les hypothèques consenties par un cohéritier à des tiers sur l'immeuble licité sont opposables à ses cohéritiers dans la mesure où le partage le consacre propriétaire (il y a effet déclaratif) ou dans la mesure de sa quote-part légale, indépendamment de ce qu'il touche effectivement du prix (l'effet déclaratif est écarté).

4 La question a été vivement discutée. La Cour de cassation a changé trois fois d'opinion. Avant 1887 (Civ. 18 juin 1834, *Colombacher c. Sommier, Dalloz JG,* v° *Contrat de mariage*, n° 2320, *S.* 34. 1. 734), elle décidait que, dans ce cas, l'hypothèque s'éteignait. En effet, disait-elle, les cohéritiers auxquels le prix est attribué doivent être considérés, par application de l'effet déclaratif, comme ayant été seuls propriétaires de l'immeuble depuis l'ouverture de la succession et par conséquent seuls vendeurs de cet immeuble. Dès lors, le cohéritier qui a hypothéqué sa part indivise est censé n'avoir jamais été propriétaire et n'avoir pu constituer valablement une hypothèque sur cet immeuble. Cette solution était également celle des cours d'appel. Elle a l'avantage de garantir les cohéritiers attributaires du prix contre l'insolvabilité de leur cohéritier.

Mais, par un arrêt du 14 décembre 1887 (*DP* 88. 1. 385, *S.* 89. 1. 193, avec une note Labbé, qui retrace l'historique de la jurisprudence jusqu'à cette date), rendu dans l'affaire *Touzet c. Mas*, la chambre civile se prononça en sens contraire, par le motif que le prix de licitation se divise de plein droit entre tous les cohéritiers, par application de l'article 1220 du Code civil, que, par conséquent, l'indivision cesse par l'effet de la licitation et ne peut être réputée effacée par aucune fiction légale.

La question a été de nouveau portée devant la Cour de cassation dans l'affaire *Chollet c. les héritiers Dumoulin*. Les Chambres réunies sont revenues à la solution adoptée par la cour avant 1887.

Elles ont décidé que, si l'adjudication sur licitation d'un immeuble dépendant d'une hérédité doit, *au regard du tiers adjudicataire*, être considérée comme une vente, elle constitue, *dans les relations des cohéritiers* entre eux, une opération préliminaire du partage, régie par l'article 883. On a pu objecter à cette solution qu'il était curieux que l'héritier attributaire soit censé tenir du défunt une créance dont celui-ci n'a jamais été titulaire. À cela, il a été répondu que l'effet déclaratif porte non sur la créance du prix mais sur l'immeuble lui-même. La créance est, en effet, subrogée à l'immeuble dont elle prend la place. Tout se passe comme si l'immeuble et non la créance avait été attribué à l'héritier. Censé avoir toujours été propriétaire de l'immeuble et l'avoir seul vendu, l'héritier attributaire ne peut se voir opposer les hypothèques consenties par d'autres; elles l'ont été *a non domino*.

Cette solution ne se discute plus en doctrine et en jurisprudence. Elle a été consacrée à nouveau par la chambre des requêtes (2 févr. 1925, *DP* 1926. 1. 57, note R. Savatier) et par la chambre civile (Civ. 2 juill. 1925, *DP* 1926. 1. 57; 14 mars 1950, *D.* 1950. 396; Civ. 1re, 26 oct. 1976, *Defrénois* 1977, 31467, p. 931, obs. Champenois).

II. — Effet déclaratif du partage et créances

5 Il est intéressant de souligner les motifs sur lesquels s'est appuyé l'arrêt des chambres réunies, car, en les invoquant, cet arrêt a tranché une autre question concernant le sort des créances faisant partie de l'actif à partager. Comment concilier, en effet, l'application à ces créances de l'article 883 avec la règle formulée à l'article 1220, d'après laquelle les héritiers peuvent demander le paiement de la dette ou ne sont tenus de la payer que pour la part dont ils sont saisis ?

C'est en effet sur l'article 1220 que la chambre civile, par son arrêt du 14 décembre 1887, s'était fondée pour écarter dans notre cas l'article 883. Il faut remarquer cependant que la jurisprudence était hésitante et contradictoire. Si certains arrêts avaient adopté la même thèse que l'arrêt de 1887 (Req. 18 juill. 1883, *DP* 85. 5. 143; Civ. 18 juin 1900, *DP* 1906. 1. 41), d'autres avaient au contraire refusé d'appliquer l'article 1220 aux créances comprises dans la masse indivise (v. Civ. 18 juin 1834, *Dalloz JG*, v° *Contrat de mariage*, n° 2320, *S.* 34. 1. 734, décidant que l'adjudicataire d'un immeuble compris dans la communauté ne peut compenser la moitié de sa dette du prix avec la créance qu'il a contre l'époux survivant, alors que celui-ci est débiteur de récompenses absorbant sa part dans la masse commune; v. aussi Civ. 18 oct. 1893, *DP* 94. 1. 263, *S.* 94. 1. 354, note Tissier).

6 L'arrêt des chambres réunies, rendu en 1907, que nous rapportons, résout le problème en faisant une distinction. Il écarte, dans l'espèce, l'application de l'article 1220. La division de la créance entre les héritiers s'applique « lorsqu'il s'agit d'en poursuivre le payement contre les débiteurs » (v., not., au sujet des dettes relatives à l'exploitation d'un fonds de commerce, Dijon, 14 mars 1975, *D.* 1975. Somm. 95). Mais, *entre les héritiers*, le droit qui appartient à chacun d'eux reste subordonné aux résultats du partage et l'article 883 s'applique à la créance du prix, qui « remplace l'immeuble dans la masse successorale » (par le jeu de la subrogation réelle). Un peu plus d'une année après cet arrêt, la chambre des requêtes se rangeait à l'opinion des chambres réunies, en jugeant, à propos d'un partage de communauté, que l'article 1220 n'a pas pour effet d'écarter l'article 883, en sorte que celui auquel un des coïndivisaires a cédé une créance faisant partie de la masse à partager ne peut s'en prétendre propriétaire que si le résultat du partage l'attribue à son cédant (Req. 13 janv. 1909, *DP* 1911. 1. 435, *S.* 1911. 1. 411, note Naquet). L'article 1220 confère simplement à chaque cohéritier le droit de réclamer, durant l'indivision, le payement de sa part au débiteur. Mais c'est là son seul effet et il n'a pas d'influence sur l'effet déclaratif, qui s'applique non seulement dans les rapports entre les héritiers, mais à l'égard de leurs ayants cause, à qui ils ont concédé des droits sur la créance.

121

EFFET DÉCLARATIF DU PARTAGE. HYPOTHÈQUE DE PART INDIVISE. LICITATION

Req. 16 avril 1888

(*DP* 88. 1. 249, *S.* 88. 1. 216)

Couralet et Ducousso c. Dubroca et Duvigneau

Le cohéritier copartageant d'immeubles indivis adjugés à un autre cohéritier est censé n'en avoir jamais été propriétaire; par suite, les hypothèques qu'il a consenties sur sa quote-part pendant l'indivision sont caduques.

Et le créancier hypothécaire ne peut faire valoir son droit de préférence sur la part du prix d'adjudication due à son débiteur, au détriment de créanciers chirographaires au profit desquels ce débiteur a postérieurement cédé ses droits sur cette part.

Faits. — La veuve Claverie est décédée le 19 mai 1880, laissant un fils, Jules Claverie, héritier à réserve de la moitié de la succession, et un petit-fils, Aymard Claverie, légataire de la seconde moitié de cette même succession. Couralet et Ducousso, créanciers de Jules Claverie, ayant hypothèque judiciaire sur ses biens, ont, aussitôt après le décès de la veuve Claverie, pris inscription sur les immeubles dépendant de la succession. Les immeubles furent licités et adjugés à Aymard Claverie, le 21 décembre 1880. Le 28 février 1881, Jules Claverie a fait à Dubroca et Duvigneau, ses créanciers chirographaires, cession de toute la part lui revenant nette dans le prix de la licitation intervenue entre lui et son fils, sous la réserve d'une somme de 5 019 F déjà cédée à quatre autres créanciers; cette cession sous seing privé a été enregistrée le lendemain, 29 février, et signifiée le même jour à Aymard Claverie, adjudicataire. Mais Couralet et Ducousso, tout en reconnaissant que, par suite de l'adjudication au profit du cohéritier de leur débiteur, leur hypothèque sur les immeubles licités était caduque, émirent la prétention d'être néanmoins payés sur la portion du prix de l'adjudication due à Jules Claverie, par préférence à Dubroca et Duvigneau, créanciers simplement chirographaires et dont le droit était né postérieurement au leur. Cette prétention ayant été repoussée par un arrêt de la cour de Pau du 28 février 1887 (*S.* 87. 2. 125), Couralet et Ducousso se pourvurent en cassation.

Moyen. — Violation par fausse application des articles 883, 2124, 2125, 2136, 2166 et s. du Code civil.

ARRÊT

La Cour; — ... Attendu, en droit, qu'aux termes de l'article 883 du Code civil, chaque cohéritier est censé avoir succédé seul et immédiatement à tous les effets compris dans son lot ou à lui échus sur licitation et n'avoir jamais eu la propriété des autres effets de la succession; que cette règle, avec ses conséquences juridiques, est applicable à tout partage faisant cesser définitivement l'indivision entre tous les communistes; — Attendu que ceux qui n'ont sur des immeubles qu'un droit résoluble ne peuvent consentir sur ces immeubles qu'une hypothèque soumise à la même condition; — D'où il suit que le copartageant d'immeubles indivis qui, sur licitation, ont été adjugés à un autre copartageant, étant réputé n'avoir jamais été propriétaire desdits immeubles, les hypothèques par lui consenties sur ces immeubles restent sans valeur et sans effet comme ayant été consenties par un individu sans qualité; — ... Attendu que l'arrêt attaqué, en décidant que les hypothèques consenties par Jules Claverie à Couralet et Ducousso, inscrites durant l'indivision sur les immeubles plus tard adjugés à Aymard Claverie et dont Jules Claverie est censé n'avoir jamais été propriétaire, sont nulles et de nul effet, et ne sauraient faire obstacle aux droits résultant pour Dubroca et Duvigneau de la cession ci-dessus rappelée, loin de violer les articles de la loi visés par le pourvoi, a fait une juste application des articles 883 et 2125 du Code civil; — Rejette...

OBSERVATIONS

1 La solution donnée par cet arrêt est la conséquence nécessaire du principe de l'effet déclaratif du partage, d'après lequel tous les actes, soit d'administration (Req. 21 nov. 1898, *S.* 99. 1. 334), soit de disposition consentis par un seul des indivisaires ne conservent leur effet que si le bien est mis dans son lot. L'immeuble, ayant été adjugé à un autre copartageant que celui dont la part indivise était hypothéquée, est traité comme s'il n'avait jamais été indivis et avait appartenu en totalité au copartageant adjudicataire depuis le décès. Partant, l'hypothèque est anéantie (Civ. 3e, 7 mai 1986, *Bull. civ.* III, no 66, p. 52, *JCP* 1987. II. 20737). Et il n'est pas possible de soutenir, comme le faisaient les créanciers hypothécaires, que ceux-ci conservent néanmoins un droit de préférence sur la portion du prix due à leur débiteur. L'hypothèque, étant résolue par application de l'article 2125 du Code civil, ne peut pas entraîner un droit de préférence. En vain prétendrait-on que la créance du prix est substituée à l'immeuble et tombe dans la masse; il suffit d'observer, pour répondre à cette objection, que l'adjudication prononcée au profit d'un copartageant vaut partage (v. dans le même sens : Civ. 27 janv. 1857, *DP* 57. 1. 5; 9 mars 1886, *DP* 86. 1. 353; 6 févr. 1901, *DP* 1904. 1. 180; 12 janv. 1909, *DP* 1910. 1. 33, note de Loynes, *S.* 1909. 1. 361, note Wahl). Le dernier arrêt cité avait décidé que la règle ne comportait pas d'exception, même lorsque l'immeuble indivis avait été hypothéqué par tous les indivisaires pour sûreté d'une dette contractée solidairement. Mais cette solution allait à l'encontre de la pratique notariale et portait atteinte au crédit des indivisaires en rendant impossible la constitution d'une sûreté efficace sur un immeuble dépendant de la masse. Aussi le législateur, par la loi du 31 décembre 1910, complétant l'article 2125 du Code civil, a-t-il décidé que l'hypothèque consentie par *tous* les indivisaires conserverait son effet, quel que soit le résultat du partage. Cette disposition figure désormais à l'article 2414 du Code civil (réd. ord. 23 mars 2006).

2 La doctrine et la jurisprudence admettent une autre exception à l'effet déclaratif, lorsque les cohéritiers y ont eux-mêmes renoncé ou ont renoncé à certaines de ses conséquences (v. Civ. 6 janv. 1846, *DP* 46. 1. 16; Req. 12 août 1856, *DP* 57. 1. 8; 2 janv. 1884, *DP* 84. 1. 315; 5 août 1902, *DP* 1902. 1. 436, permettant de stipuler la résolution du partage ou de la licitation pour défaut de payement de la soulte ou d'astreindre à la procédure de folle enchère le cohéritier qui se porterait adjudicataire).

Ajoutons que l'alinéa 3 de l'article 883 (réd. L. 31 déc. 1976) prévoit que les actes conclus en conformité des règles qui gouvernent l'indivision « conservent leurs effets quelle que soit, lors du partage, l'attribution des biens qui en ont fait l'objet ».

AUX AUTEURS CITÉS, *adde* : Dagot, « L'hypothèque de l'immeuble indivis après la loi du 31 décembre 1976 », *JCP* 1980. I. 2994.

LIVRE VI

Les dispositions à titre gratuit

CAUSE DANS LES DONATIONS ET LES LEGS

122

CONDITION IMPOSSIBLE, IMMORALE OU ILLICITE. CAUSE IMPULSIVE ET DÉTERMINANTE

Req. 3 juin 1863

(*DP* 63. 1. 429, *S.* 64. 1. 269)

Martal et consorts c. Veuve Jolly et cons.

La démission de biens consentie par un ascendant à ses enfants présents à l'acte, sous la condition expresse que les biens donnés seront partagés entre les donataires, sous les yeux du donateur et de son consentement, est nulle, si ce partage est annulé pour prétérition d'un autre enfant de l'ascendant donateur.

On prétendrait vainement que la nullité d'un partage d'ascendant n'entraîne pas celle des libéralités préciputaires qu'il renferme, la démission de biens étant liée ici au sort du partage, ou que la condition doit être réputée non écrite comme contraire à l'ordre public, une telle condition entraînant la nullité de la donation qui en dépend lorsqu'elle a été la cause impulsive et déterminante de la libéralité (C. civ., art. 900, 1076 et 1078).

Faits. — La veuve Jolly a fait à ses enfants donation-partage de tous ses biens, sous diverses conditions et notamment sous celle que les donataires feraient, sous ses yeux et de son consentement, le partage tant des biens de la donatrice que de ceux de l'hoirie paternelle. À ce partage, l'un des enfants, la dame Meynot, ne fut pas appelée, sous prétexte qu'elle avait reçu en avancement d'hoirie diverses sommes excédant la part à laquelle elle aurait eu droit. Elle demanda, en conséquence, la nullité du partage, comme ayant été fait hors de sa présence. La veuve Jolly a, de son côté, demandé qu'au cas d'annulation du partage, la donation de ses biens fut également déclarée nulle.

La cour de Toulouse a fait droit à ces deux demandes par un arrêt du 3 février 1862 (rapporté aux recueils sous l'arrêt de cassation), contre lequel les consorts Martal, autres cohéritiers, se sont pourvus en cassation.

Moyen. — Violation des articles 938, 953, 956 et 1078 du Code Napoléon, en ce que l'arrêt attaqué a décidé que la nullité, pour prétérition d'un des enfants, d'un partage d'ascendant, entraînait celle de la donation émanée de cet ascendant, bien qu'il soit de principe qu'il y a simplement lieu, en ce cas, de refaire le partage entre tous les ayants droit, principe applicable même au cas où l'ascendant aurait fait de cette prétérition une condition essentielle de la libéralité, une telle condition étant réputée non écrite en vertu de l'article 900 du Code Napoléon.

ARRÊT

La Cour; — ... Attendu que si, en thèse générale, l'annulation d'un pacte de partage d'ascendant n'entraîne point la nullité du don préciputaire qu'il renferme, ce principe ne peut recevoir aucune application à la cause; — Qu'en effet, l'acte de partage du 16 avril 1851 ne contient aucune libéralité de cette nature; que la veuve Jolly s'y démet de tous ses biens en faveur de tous ses enfants et petits-enfants présents à l'acte, sous l'expresse condition que ces biens, réunis à ceux de son défunt mari, seront partagés par voie d'attribution, sous les yeux de la donatrice et de son consentement; — Attendu que le partage qui fut ainsi effectué est inséparable de la donation; que sa réalisation immédiate était la condition essentielle de la démission de biens consentie par la mère commune; — Attendu que, le partage ayant été annulé, la donation ne pouvait lui survivre et que c'est à bon droit que l'arrêt attaqué en a prononcé la nullité; — Attendu qu'il en serait encore ainsi, alors même que la condition devrait être réputée non écrite comme contraire à l'ordre public (art. 900 C. Nap.); qu'il est en effet constant que la nullité d'une condition contraire à la loi entraîne la nullité de la donation à laquelle elle est jointe, s'il est reconnu, comme dans le litige actuel, que la condition a été la cause impulsive et déterminante de la libéralité; — *Par ces motifs*, rejette...

OBSERVATIONS

1 Cet arrêt témoigne de ce que la Cour de cassation n'a pas attendu le XXe siècle pour s'arroger, en droit civil, un pouvoir créateur. Interprétant très librement l'article 900 du Code civil qui prévoit qu'au cas où une condition impossible ou illicite est insérée dans un acte à titre gratuit, seule cette condition est réputée non écrite, elle décide que la nullité de la condition entraîne celle de la libéralité à laquelle elle est jointe s'il est établi que cette condition en a été la cause impulsive et déterminante (I). Les tribunaux ont depuis fait de multiples applications du texte ainsi réécrit (II).

I. — Nullité de la libéralité dont la cause impulsive et déterminante est illicite ou immorale

2 L'article 900 du Code civil dispose : « Dans toute disposition entre vifs ou testamentaire, les conditions impossibles, celles qui seront contraires aux lois ou aux mœurs, seront réputées non écrites ». En d'autres termes, lorsqu'une condition impossible ou illicite est insérée dans une libéralité, la nullité qui frappe cette condition n'atteint pas l'acte qui la renferme. Cette solution est à l'exact opposé de celle que le Code civil consacre pour les actes à titre onéreux. L'article 1172 énonce, en effet, à leur propos, que « toute condition d'une chose impossible ou contraire aux bonnes mœurs, ou prohibée par la loi, est nulle, et rend nulle la convention qui en dépend ». Comment expliquer cette distorsion ?

3 L'origine en est historique. Soucieux d'éviter autant que possible l'anéantissement de testaments auxquels il reconnaissait un rôle essentiel dans la dévolution héréditaire, le droit romain prévoyait que les conditions impossibles, illicites ou immorales assortissant des dispositions de dernière volonté ne présentaient par rapport à celles-ci qu'un caractère accessoire et que la nullité des premières n'entraînait pas l'anéantissement des secondes. Cette solution, limitée aux testaments, fut conservée sous l'Ancien droit. À l'époque de la révolution française, on s'inspira de ces précédents tout en modifiant l'esprit et le domaine de la règle. Craignant que les charges et conditions apposées à des libéralités ne soient utilisées pour favoriser la survie d'institutions abrogées de l'Ancien régime, les révolutionnaires décidèrent que ces charges sont seules réputées non écrites et étendirent cette disposition à l'ensemble des libéralités (lois 5-12 sept. 1791, 5 brumaire an II, 17 nivôse an II). La solution fut reprise par les rédacteurs du Code civil. De fait, si l'on avait retenu, au sujet des libéralités, une règle semblable à celle qui figure à l'article 1172 du Code civil, le bénéficiaire de la libéralité aurait eu le choix entre l'anéantissement de celle-ci, consécutif à une action en nullité, ou son exécution dans sa totalité, et il aurait donc été tenté de choisir cette dernière solution, afin de conserver le bien donné ou légué. L'article 900 lui permet d'obtenir l'annulation d'une condition ou d'une charge, tout en conservant le bénéfice de la libéralité.

4 Cette disposition n'en était pas moins choquante en tant qu'elle permettait au bénéficiaire de conserver une libéralité sans avoir à exécuter la charge. Aussi bien, les motifs qui avaient justifié l'adoption de ce texte s'estompant à mesure que l'on s'éloignait de l'époque de la révolution, certains auteurs avaient proposé d'aménager cette disposition en considérant qu'elle n'était qu'interprétative de la volonté du disposant qui pouvait alors l'écarter par une clause de son acte (Demolombe, t. XVIII, n° 205). C'est une autre voie qu'a choisie la haute juridiction pour remédier aux inconvénients de l'article 900 du Code civil. Utilisant la cause qui n'est pas ici l'intention libérale pure, laquelle ne pourrait jamais, ainsi comprise, être illicite ou immorale, mais le motif déterminant qui justifie cette intention (Terré, Simler et Lequette, *Les obliga-*

tions, n° 349), la haute juridiction décide pour la première fois, par l'arrêt reproduit ci-dessus, que la libéralité est nulle s'il est établi que la condition illicite ou immorale a été la cause impulsive et déterminante de celle-ci. En d'autres termes, ou bien le disposant n'entendait pas subordonner sa libéralité à cette clause et celle-ci, revêtant un caractère accessoire, est réputée non écrite, ou bien il entendait subordonner sa libéralité à ladite clause, laquelle revêt alors un caractère essentiel, et c'est la libéralité en son entier qui tombe.

Si l'on rappelle que, dans le même temps, la jurisprudence, interprétant l'article 1172 du Code civil, a décidé que l'insertion d'une condition illicite dans un contrat n'emportait nullité de celui-ci que si cette condition était en réalité la cause impulsive et déterminante de l'engagement, on doit alors constater que deux courants ont convergé à l'effet d'atténuer profondément la différence entre les actes à titre gratuit et les actes à titre onéreux.

5 En l'espèce, le pourvoi soutenait que la nullité du partage pour omission de l'un des enfants ne devait pas entraîner la nullité de la donation qui l'avait précédé, pour la raison que la condition, imposée aux enfants, de faire un partage contrairement aux prescriptions de la loi devait être tenue pour non écrite. La chambre des requêtes a répondu à ce moyen que la nullité de la condition entraîne celle de la donation à laquelle elle est jointe, s'il est reconnu, dans ce cas, que la condition a été la cause impulsive et déterminante de la donation. En effet, dès lors que la libéralité a une cause illicite, il faut appliquer l'article 1131. Encore convient-il de remarquer que les réformes successives des règles applicables au partage d'ascendant ont entraîné le refoulement, puis la suppression de l'action en nullité pour omission d'enfant. Depuis la modification de l'article 1077 du Code civil par la loi du 7 février 1938, la nullité n'était encourue que s'il n'existait pas, dans la succession de l'ascendant, de biens non compris dans le partage et suffisants pour constituer en valeur la part de l'héritier omis (Civ. 18 déc. 1950, *D.* 1951. 37, note Lenoan; 23 févr. 1954, *D.* 1954. 273, note Savatier). Elle a même disparu avec la loi du 3 juill. 1971 : si un enfant est omis dans le partage d'ascendant, c'est désormais par la seule voie de l'action en réduction qu'il peut agir, « s'il n'existe pas à l'ouverture de la succession des biens non compris dans le partage et suffisants pour composer ou compléter sa réserve, compte tenu des libéralités dont il a pu bénéficier » (art. 1077-1 C. civ.).

La solution formellement consacrée par l'arrêt ci-dessus rapporté n'en reste pas moins essentielle. Mais il faut souligner que l'article 900 n'est écarté que si la condition illicite a été la cause impulsive et déterminante de la libéralité (v. not. Civ., 1re sect. civ. 8 nov. 1965, *Gaz. Pal.* 1966. 1. 55; comp. cep., à propos d'un pacte sur succession future, Civ., 1re sect. civ. 30 avr. 1968, *JCP* 1968. II. 15580, note R. L.) – sinon, elle est réputée non écrite (Civ. 19 oct. 1910, *DP* 1911. 1. 403, *S.* 1911. 1. 207) – et que, pour qu'il en soit ainsi, il ne suffit pas d'une déclaration du disposant subordonnant l'effet de sa libéralité à l'exécution de la charge (Civ. 17 juill. 1883, *DP* 84. 1. 156, *S.* 84. 1. 305, note Labbé). L'appréciation de ce caractère déterminant relève du pouvoir souverain des juges du fond (Civ. 1re, 23 nov. 1955, *Bull. civ.* I, n° 413).

II. — Applications

6 Le recours à la notion de cause impulsive et déterminante a été fréquent en matière de libéralités. Certains arrêts ont été rendus à propos de conditions ou de charges portant atteinte à la liberté individuelle (obligation d'habiter à tel endroit, obligation de se marier ou de ne pas se marier : Req. 8 avr. 1913, *DP* 1915. 1. 29, note G. R.; 25 mars 1946, *D.* 1946. 222; Civ. 22 déc. 1896, *DP* 98. 1. 537); d'autres à propos de clauses destinées à empêcher l'exercice d'une action en nullité ou en réduction (Civ. 14 mars 1866, *DP* 66. 1. 173; Req. 29 juin 1910, *S.* 1913. 1. 33; 9 nov. 1959, *D.* 1959. 613); d'autres enfin à propos de clauses imposant un maintien de l'indivision (Req. 25 nov. 1940, *DH* 1940. 209) ou rendant inaliénables à perpétuité les biens donnés (Req. 16 janv. 1923, *DP* 1923. 1. 177; Civ. 29 juin 1933, *DH* 1933. 477; comp. Paris, 4 oct. 1971, *D.* 1972. 402, concl, Cabannes). La loi n° 71-526 du 3 juillet 1971, relative aux clauses d'inaliénabilité contenues dans une donation ou un testament (v. l'art. 900-1 C. civ.), a d'ailleurs, sur le dernier point, modifié les données du problème (v. Simler, comm. *D.* 1971, L. 416 s.; v. aussi, *supra*, n° 75). D'autres arrêts, et ceci traduit le changement de mentalité survenu depuis l'an II et 1804, sont intervenus à l'occasion de libéralités faites à des personnes publiques, sous la condition de créer ou d'entretenir des établissements à caractère religieux, condition dont le caractère était discuté, mais qui devint certainement illicite à la suite des lois des 30 octobre 1886, 1er juillet 1901, 7 juillet 1904 et 9 décembre 1905 (Civ. 19 mars 1884, *DP* 84. 1. 284, *S.* 85. 1. 49, note Labbé; 3 nov. 1886, *DP* 87. 1. 157; 19 oct. 1896, *DP* 96. 1. 573; 23 juill. 1913, *DP* 1915. 1. 49, note Mérignhac; Req. 29 nov. 1892, *DP* 93. 1. 67; 29 janv. 1896, *DP* 96. 1. 573; 31 oct. 1922, *DP* 1922. 1. 239; 28 déc. 1938, *DH* 1939. 132).

7 Il convient néanmoins de relever que, « en présence d'une clause particulièrement intolérable, le juge répute volontiers la clause non écrite, alors même que celle-ci était, de toute évidence, déterminante de l'intention libérale » (Grimaldi, *Libéralités, partages d'ascendants*, n° 1220, p. 166). Ainsi en va-t-il en présence de « clauses odieuses » (T. civ. Seine, 22 janv. 1947, *D.* 1947. 126, exclusion du mariage avec un juif) ou d'une clause tendant à faire obstacle à l'application d'une loi nouvelle jugée particulièrement importante (Paris, 8 mars 1924, *Gaz. Pal.* 1924. 2. 103, interdiction d'épouser sa maîtresse, condition tendant à détourner le gratifié du « devoir impérieux » de légitimer l'enfant issu de l'union). Le juge renoue alors, au nom de la sauvegarde de l'intérêt général, avec la conception initiale de l'article 900, afin de favoriser la dénonciation de clauses contraires à des valeurs jugées particulièrement essentielles. Aussi bien a-t-il été soutenu que le réputé non écrit pouvait être conçu « comme un instrument de police des valeurs de l'ordre social », afin notamment de sanctionner des conditions qui porteraient atteinte aux libertés fondamentales (S. Gaudemet, *La clause réputée non écrite*, thèse Paris II, éd. 2006, nos 549 s., spéc. n° 572).

123

CAUSE ILLICITE. ADMINISTRATION DE LA PREUVE. PREUVE EXTRINSÈQUE

Civ. 2 janvier 1907

(*DP* 1907. 1. 137, note Colin, *S.* 1911. 1. 585, note Wahl)

Fruneau c. Veuve Fruneau

Les dispositions à titre gratuit sont nulles, comme les dispositions à titre onéreux, quand elles reposent sur une cause illicite, et, pour rechercher si un contrat a une cause illicite, les tribunaux peuvent, en principe, recourir, en dehors des énonciations du contrat lui-même, à tous les modes de preuve autorisés par la loi, sans qu'il y ait lieu de distinguer, à cet égard, entre les actes à titre gratuit et les actes à titre onéreux.

Par suite, doit être cassé l'arrêt qui refuse d'annuler une donation sous prétexte qu'en droit, l'existence d'une cause illicite dans une donation doit résulter des énonciations du contrat même, et qu'en fait, aucune énonciation de cette nature ne se rencontrait dans le contrat (C. civ., art. 1131, 1133 et 1353).

Faits. — Les époux Gustave Fruneau, ayant décidé de rompre la vie commune, ont passé entre eux un acte sous seing privé, le 30 mars 1881, liquidant leurs droits respectifs dans la communauté. Le même jour, par acte notarié, le sieur Fruneau a fait donation à sa femme, au cas où elle lui survivrait, d'une somme de 30 000 F, « pour assurer l'exécution de leurs conventions pendant leur vie et après le décès du prémourant ». De son côté, la dame Fruneau, pour le cas de survie de son mari, a fait donation à ce dernier d'une rente annuelle de 4 000 F. Au décès du sieur Fruneau, ses légataires universels ont prétendu que la donation faite par le *de cujus* à son épouse, ayant pour objet d'assurer l'exécution de conventions nulles, comme étant faites à l'amiable et sous seing privé, reposait sur une cause illicite et devait, par suite, être elle-même annulée.

Cette thèse, admise par un jugement du tribunal civil de Nantes du 31 juillet 1902, a été repoussée sur appel de la dame Fruneau, par un arrêt de la cour de Rennes du 27 avril 1903 (rapporté au *Sirey* sous l'arrêt de cassation), lequel est ainsi conçu :

« Considérant que la donation attaquée a été faite par un acte complètement distinct du traité de séparation amiable, et qu'elle est régulière en la forme; que... sans doute une donation doit être annulée quand elle a été déterminée par une cause illicite contrairement à la loi, à l'ordre public ou aux bonnes mœurs; mais que l'existence de cette cause illicite doit résulter des énonciations de l'acte lui-même, de telle sorte qu'il ne soit pas possible de mettre en doute l'influence déterminante qu'elle a exercée sur la volonté du donateur; — Considérant que la donation du 30 mars 1881 ne renferme aucune indication qui permette de penser que Fruneau, en la faisant, ait obéi à des motifs contraires à la loi ou à la morale; que, par suite, elle doit être déclarée valable; — *Par ces motifs*, infirme... ».

Moyen. — Violation et fausse application des articles 6, 307, 1104 à 1106, 1131 à 1133, 1172, 1353, 1354 à 1356, 1443 du Code civil, 7 de la loi du 20 avril 1810, et des règles en matière de preuve, en ce que l'arrêt attaqué a déclaré valable la donation faite par un mari à sa femme, en se refusant à rechercher, ailleurs que dans les énonciations de l'acte même de donation, la preuve qu'il n'était que l'exécution d'un acte de séparation amiable de corps et de biens, radicalement nul, alors, d'une part, que la preuve de la cause illicite d'une obligation et de la fraude à la loi peut être faite par tous moyens, que, d'autre part, la donation constituait un acte à titre onéreux déguisé, qu'enfin la défenderesse avait fait elle-même état de la pièce qu'elle prétendait faire écarter, et qu'elle avait avoué le caractère illicite de la prétendue donation.

ARRÊT
(après délib. en la ch. du cons.)

La Cour;... — Vu l'article 1131 du Code civil; — Attendu que, par application de ce texte, les dispositions à titre gratuit sont nulles, comme les dispositions à titre onéreux, quand elles reposent sur une cause illicite, et que, pour rechercher si un contrat a une cause illicite, les tribunaux peuvent, en principe, recourir, en dehors des énonciations du contrat lui-même, à tous les modes de preuve autorisés par la loi; qu'à cet égard, il n'y a pas lieu de distinguer entre les actes à titre gratuit et les actes à titre onéreux; — Attendu, dans l'espèce, que, le 30 mars 1881, les époux Fruneau avaient formé, sous seings privés, une convention portant qu'« à partir de ce jour, la séparation de corps, entraînant la séparation de biens, existait entre eux, avec tous les effets attachés à la séparation judiciaire »; — Qu'en conséquence, ils procédaient au règlement de leurs intérêts respectifs, et qu'ils ajoutaient : « Pour assurer l'exécution de leurs conventions, pendant leur vie et après le décès du prémourant, ils ont signé, aujourd'hui, par actes séparés, passés devant Me Bertrand Maillefer, notaire à Paris,... M. Fruneau, une donation entre époux, au profit de Mme Fruneau en cas de survie de cette dernière, d'une somme de 30 000 F, à prendre dans la succession de M. Fruneau,... et Mme Fruneau une donation entre époux, au profit de M. Fruneau, en cas de survie de ce dernier, d'une rente annuelle et viagère de 4 000 F, incessible et insaisissable »; — Attendu que Fruneau étant décédé, ses héritiers ont soutenu que la donation faite à la femme survivante devait être annulée, par le motif qu'elle avait pour cause la convention de séparation amiable, laquelle était incontestablement nulle, comme contraire à la loi (C. civ., art. 307 et 1443); — Attendu que l'arrêt attaqué a rejeté ces conclusions, sous prétexte qu'en droit, l'existence d'une cause illicite dans une donation doit résulter des énonciations du contrat même, et qu'en fait, aucune énonciation de cette nature ne se rencontrait dans l'acte authentique du 30 mars 1881, distinct de l'acte sous seing privé du même jour; — Mais attendu qu'en refusant ainsi de puiser, en dehors de la donation, des éléments de preuve dans les autres documents du procès et dans les circonstances extrinsèques, alors qu'une fraude à la loi était alléguée, la cour d'appel a violé l'article 1131 susvisé;... — Casse...

OBSERVATIONS

1 Si le cas d'illicéité de la cause sur lequel elle se fonde pour prononcer la nullité d'une libéralité ne fait plus aujourd'hui l'unanimité (I), cette décision n'en reste pas moins un grand arrêt en ce que, la première, elle affirme que la preuve de cette illicéité peut être apportée au moyen d'éléments extrinsèques à l'acte (II).

I. — Nullité des pactes de séparation amiable

2 Deux époux s'étaient consenti, par acte authentique, une donation réciproque. Ils entendaient ainsi consolider une séparation amiable dont les conditions avaient été fixées dans un acte sous seing privé rédigé le même jour. Estimant que la donation avait sa cause dans la convention de séparation amiable, la chambre civile l'annule sur le fondement de l'article 1131 du Code civil (v. déjà, Civ. 14 juin 1882, *D.* 83. 1. 248; et depuis, Civ. 26 janv. 1938, *DC* 1942. 120, note Nast; Req. 22 oct. 1945, *S.* 1947. 1. 53, note Delaume). Et de fait, l'illicéité des pactes de séparation amiable était, à l'époque, indiscutée. Le devoir de cohabitation étant une pièce essentielle du mariage, les époux ne pouvaient convenir de vivre séparés. Aussi bien, un texte l'affirmait-il expressément, puisque l'article 307, alinéa 1 ancien du Code civil disposait que la séparation de corps « ne pourra avoir lieu par le consentement mutuel des époux ». Partant, leur pacte était nul et cette nullité rejaillissait sur les conventions qui n'en étaient que l'accessoire. Certains souhaitaient néanmoins que la jurisprudence témoignât plus de compréhension à ces conventions lorsqu'elles n'étaient que de « simples aménagements provisoires des rapports réciproques entre époux » réglant la pension alimentaire et la garde des enfants (R. Savatier, « Les conventions de séparation amiable », *RTD civ.* 1931. 535 s.).

Aujourd'hui, les données du problème se sont quelque peu transformées. Si l'article 1388 du Code civil affirme toujours que « les époux ne peuvent déroger ni aux devoirs ni aux droits qui résultent pour eux du mariage, ni aux règles de l'autorité parentale… », l'article 307 dans son ancienne rédaction a été supprimé et l'article 215 confère à la communauté de vie une coloration plus volontaire. Quant au nouveau droit du divorce, il favorise, soit directement, soit indirectement, la conclusion d'accords entre époux. En dehors même des hypothèses de divorce par consentement mutuel, le juge est invité, lorsqu'il ordonne des mesures provisoires, à « prendre en considération les arrangements que les époux ont déjà conclus entre eux » (art. 1117 C. pr. civ.) et même incité à obtenir des époux un règlement amiable, notamment en ce qui concerne les enfants, règlement dont le tribunal pourra tenir compte dans son jugement (art. 373-2-7 et 373-2-11, 1° C. civ.; rappr. art. 376-1 C. civ.). L'article 265-2, quant à lui, autorise les époux en instance de divorce à passer toutes conventions pour la liquidation et le partage de la communauté. Aussi certains, estimant que le principe des pactes de séparation amiable n'est plus incompatible avec l'esprit de notre droit de la famille, se prononcent-ils pour leur validité (A. Brunet, *D.* 1977, chron. 191, n°s 29 s.; J. Revel, « La convention entre époux désunis », *JCP* 1982. I. 3055, n°s 38 s.), quitte à leur imprimer une certaine fragilité (A. Chapelle, « Les pactes de famille en matière extrapatrimoniale », *RTD civ.* 1984. 411 s., spéc. p. 425). Cette opinion qui ne paraît pas partagée par la jurisprudence (Civ. 2e, 22 avr. 1977, *D.* 1977. IR 359; *contra* Aix, 15 sept. 1982, *D.* 1984. 267, note critique Atias et Sériaux) rencontre l'hostilité de la majorité de la doctrine, qui souligne que de tels pactes ne sont acceptables qu'assortis du contrepoids d'un contrôle judiciaire (Bénabent, *La famille*, n° 419; Carbonnier, t. 2, 21e éd., p. 672; Marty et Raynaud, n° 364; Malaurie et Fulchiron, n° 1484; Mazeaud et Leveneur, n° 1567; comp. Terré et Fenouillet, n° 434 qui distinguent l'accord portant sur le principe même de la séparation qui est « incontestablement nul » et les conventions accessoires réglant les rapports des époux avec leurs enfants ou leurs rapports patrimoniaux dont la validité peut être admise – Rappr. Divorce et contrat, par F. Dekeuwer-Défossez *in La contractuation de la famille*, dir. D. Fenouillet et P. de Vareilles – Sommières, 2001, p. 67 s.).

II. — Preuve du caractère illicite ou immoral de la cause d'une libéralité

3 Si l'illicéité des pactes de séparation amiable ne laissait place, à l'époque, à aucune hésitation, encore fallait-il, pour obtenir l'annulation de la libéralité, démontrer qu'elle avait sa cause dans un tel pacte. Comment cette preuve dont la charge pèse sur celui qui invoque l'illicéité de la cause (Civ. 22 déc. 1896, *DP* 98. 1. 596) pouvait-elle être apportée ? C'est dans la réponse à cette question que réside l'apport principal de l'arrêt.

En ce qui concerne les actes à titre onéreux, la jurisprudence a toujours admis que la démonstration du caractère illicite ou immoral d'une opération juridique peut se faire par tous les modes de preuve autorisés par la loi. L'article 1353 autorise, en effet, tous les moyens de preuve quand il s'agit de démontrer la fraude ou le dol. Il semblerait que la même solution dût s'appliquer aux libéralités. Pourtant, la jurisprudence a affirmé pendant longtemps que la preuve du caractère illicite de la cause impulsive qui a déterminé le disposant à donner ne pouvait résulter que des énonciations de l'acte même de donation ou du testament, de façon qu'aucun doute ne pût s'élever sur la relation existant entre la cause illicite et la libéralité déterminée par cette cause. C'était le système de la *preuve intrinsèque*, dans lequel on pouvait discerner le souci de la Cour de cassation de restreindre l'extension qu'elle se permettait de la notion classique de cause (Req. 31 juill. 1860, *DP* 60. 1. 458; 29 juin 1887, *DP* 88. 1. 295).

4 L'arrêt du 2 janvier 1907 marque un revirement dans l'opinion de la Cour de cassation; celle-ci décide qu'il n'y a pas lieu de distinguer entre les actes à titre onéreux et les actes à titre gratuit et que, pour ceux-ci comme pour ceux-là, les tribunaux peuvent recourir, en dehors des énonciations de l'acte lui-même, à tous les modes de preuve autorisés par la loi (*adde* : Req. 4 mars 1914, *DP* 1916. 1. 27; Civ. 23 mars 1949, *S.* 1949. 1. 167). Ainsi, en l'espèce, la chambre civile a pu déclarer nulle la libéralité dont s'agit, en allant puiser la preuve du caractère illicite de la cause, non pas dans l'acte de donation même, lequel ne révélait rien à cet égard, mais dans l'acte constatant la séparation des époux, où il était mentionné que, « pour assurer l'exécution de leurs conventions, pendant leur vie et après le décès du prémourant, ils avaient signé, par actes séparés passés devant Me Bertrand Maillefer, notaire à Paris,... le sieur Fruneau, une donation entre époux au profit de la dame Fruneau, en cas de survie de cette dernière, d'une somme de 30 000 F, à prendre dans la succession de Fruneau... et la dame Fruneau, une donation entre époux, au profit de Fruneau, au cas de survie de ce dernier, d'une rente annuelle et viagère de 4 000 F, incessible et insaisissable ».

5 Observons encore que la Cour de cassation a pu, sans se déjuger, maintenir son ancienne jurisprudence, c'est-à-dire le système de la preuve intrinsèque, dans l'hypothèse très spéciale de libéralités faites à des enfants adultérins (v. Req. 31 juill. 1860, *DP* 60. 1. 458, *S.* 60. 1. 833 ; 29 juin 1887, *DP* 88. 1. 295, *S.* 87. 1. 358 ; Civ., 1re sect. civ. 12 oct. 1954, *D.* 1955. 452 ; 13 avr. 1956, *D.* 1956. 506 ; 4 juill. 1960, *D.* 1960. 617). Cette solution fut ultérieurement consacrée à l'occasion de la réforme de la filiation opérée par la loi du 3 janvier 1972. De l'article 908-1 du Code civil (réd. L. 3 janv. 1972), il résultait que « les dispositions de l'article précédent » – c'est-à-dire celles qui régissent l'incapacité partielle de recevoir frappant certains enfants adultérins – « sont applicables quand bien même la filiation des gratifiés ne serait pas légalement établie, si par des indices tirés de l'acte lui-même, il est prouvé qu'elle a été la cause de la libéralité » (v. Massip, Morin et Aubert, *La réforme de la filiation*, 2e éd., 1973, n° 154 ; Colombet, Huet-Weiller, Jacques Foyer et Labrusse-Riou, *La filiation légitime et naturelle*, 1973, n° 399 ; M. Grimaldi, « L'article 908-1 du Code civil : l'incapacité de recevoir à titre gratuit des enfants adultérins de fait », *JCP* 1981. I. 3035). Ces dispositions ont été rétroactivement abrogées par la loi du 3 décembre 2001 réformant les successions (v. *supra*, n° 100, § 9).

LIBÉRALITÉS ENTRE CONCUBINS. VALIDITÉ

(V. *supra*, n°s 29-30)

TESTAMENTS ET LEGS

124

TESTAMENT OLOGRAPHE. ÉCRITURE ET SIGNATURE. LÉGATAIRE UNIVERSEL SAISI. CHARGE DE LA PREUVE

Civ. 28 décembre 1824

(*Dalloz JG*, v° *Dispositions entre vifs et testamentaires*, n° 2745, S. chron.)

Grailhe c. Villa

Le légataire universel saisi de plein droit par le fait qu'il n'y a pas d'héritier à réserve et qui a obtenu du président du tribunal l'envoi en possession conformément à l'article 1008 du Code civil n'a pas, lorsque l'écriture et la signature du testament sont contestées, à en prouver la véracité. C'est à l'héritier demandeur qu'il incombe de faire la preuve de la fausseté (C. civ., art. 1006 et 1008).

Faits. — Le sieur Pierre Grailhe a, par testament olographe, en date du 1er octobre 1819, institué la dame Villa, sa sœur, pour sa légataire universelle. Il est décédé le 16 juin 1820, sans laisser d'héritiers à réserve ayant droit à la saisine légale de sa succession. Cependant, cette saisine appartenant en fait à Guillaume Grailhe, frère du *de cujus*, la dame Villa assigna ce dernier en dessaisissement. Guillaume Grailhe déclara pour sa défense ne pas reconnaître l'écriture et la signature du testateur et refusa de se dessaisir avant que la dame Villa en eût fait la vérification en justice. La cour de Montpellier, par arrêt du 13 juillet 1821, a décidé que la preuve de la fausseté de l'écriture et de la signature incombait à Guillaume Grailhe. Ce dernier s'est pourvu en cassation.

Moyen. — Violation des articles 1315, 1323, 1324 du Code civil, 193 et 195 du Code de procédure civile.

ARRÊT

La Cour; — Attendu qu'aux termes des articles 1006 et 1008 du Code civil, le légataire universel, dans le cas où il n'y a pas d'héritier à réserve, est saisi de plein droit par la mort du testateur sans être tenu de demander la délivrance, et à la charge seulement, si le testament est olographe ou mystique, de se faire envoyer en possession; — Attendu que la dame Villa, légataire universelle, était en possession de droit et avait été mise en possession de fait par ordonnance du vice-président du tribunal de Rodez, lorsque Guillaume Grailhe, héritier naturel, a déclaré méconnaître l'écriture et la signature du testateur; que, par conséquent, ledit Grailhe, qui n'était saisi de rien, parce qu'il n'avait droit à aucune réserve, en attaquant le titre de la dame Villa, s'est constitué demandeur, et, comme tel, s'est obligé de droit à établir et justifier sa demande; qu'il suit de là qu'en décidant (et surtout alors qu'il n'existait aucun reproche grave et qu'il n'était allégué aucune circonstance particulière qui pussent porter évidemment atteinte au caractère du titre apparent déclaré exécutoire, dont se prévalait la dame Villa) que c'était audit Guillaume Grailhe qu'il incombait de faire vérifier l'écriture et la signature qu'il n'avait méconnues qu'en cause d'appel, et longtemps après que le testament, le procès-verbal de présentation et d'ouverture, et les ordonnances du dépôt et de mise en possession lui avaient été dûment notifiés, la cour royale de Montpellier (arrêt du 13 juill. 1821) a fait une juste application à l'espèce des articles 1006 à 1008 du Code civil, et de la règle de droit, *actori incumbit onus probandi*; — Rejette...

OBSERVATIONS

1 Dans quelle mesure un testament olographe, régulier *prima facie*, fait-il foi de sa signature et de son écriture apparentes ?

Le testament olographe étant un acte sous seing privé ne fait pas foi de son origine (C. civ., art. 1323 et 1324). Il en résulte que les héritiers auxquels on l'oppose sont toujours en droit de déclarer qu'ils ne reconnaissent point l'écriture et la signature de leur auteur, et qu'en cas de contestation, il y a lieu de recourir à la procédure de vérification d'écriture.

D'après le droit commun, la charge de la preuve devrait incomber à celui qui invoque l'acte sous seing privé, en l'espèce au légataire (v. Req. 28 févr. 1928, *DP* 1929. 1. 8). Mais, si la jurisprudence admet cette solution de principe, elle y déroge dans une hypothèse pratiquement fréquente, celle où il y a un *légataire universel saisi*, c'est-à-dire lorsque le défunt ne laisse pas d'héritier réservataire (art. 1006) et que le légataire a obtenu du tribunal l'*envoi en possession* de l'hérédité (art. 1008). En effet, disent les arrêts, le légataire universel se trouve en ce cas *en possession*. Or, d'après les principes généraux en matière de preuve, ce n'est pas au possesseur, mais à celui qui prétend l'évincer, c'est-à-dire à l'héritier, à faire la démonstration du fait qu'il allègue, en l'espèce celle de la non-véracité de l'écriture du testament. Cette jurisprudence, qui semble remonter à l'arrêt du 28 décembre 1824, ci-dessus rapporté, s'est affirmée depuis par une longue suite d'arrêts (v. Req. 10 janv. 1877, *DP* 77. 1. 159, *S.* 77. 1. 303; 21 avr. 1902, *DP* 1902. 1. 310, *S.* 1902. 1. 340; 29 mai 1904, *DP* 1904. 1. 311; 28 févr. 1928, *DP* 1929. 1. 8; Civ. 1re, 11 févr. 1976, *D.* 1976. 557, note F. Boulanger, *RTD civ.* 1976. 815, obs. R. Savatier; 6 juin 1990, *Bull. civ.* I, n° 150, *Defrénois* 1990. 1162, note X. Savatier; 29 févr. 2012, *D.* 2012. 2483, obs. M. Nicod).

2 Généralement critiquée par la doctrine (Cons. Colin et Capitant, t. III, n° 1791; Ripert et Boulanger, t. IV, n° 1980; Planiol et Ripert, t. V, par Trasbot et Loussouarn, n° 549; Aubry et Rau, t. X, § 669; Josserand, t. III, n° 1280; Beudant et Lerebours-Pigeonnière, t. VII, par Voirin, nos 267 et 272; Dalloz,

Rép. civ., 2e éd., v° *Testament*, par Loussouarn et Vanel, nos 105 s.), parce qu'elle consiste à faire produire effet, du moins dans un premier temps, à un testament dont la validité est précisément en cause, cette solution s'explique cependant par des considérations pratiques et par le fait que le légataire universel saisi a obtenu l'envoi en possession; or l'envoi en possession suppose que le juge ait constaté la régularité apparente du testament. Elle est d'ailleurs écartée lorsqu'il existe des circonstances qui rendent le testament suspect (Civ. 21 mai 1860, *DP* 60. 1. 434, *S.* 61. 1. 79; Civ. 1re, 11 févr. 1976, préc.; 6 juin 1990, motifs, préc.).

125-126

TESTAMENT OLOGRAPHE. DATE FAUSSE. DATE INCOMPLÈTE. PREUVE

I. Civ. 11 juin 1902. — II. Civ. 1re, 9 mars 1983

Le testament olographe fait foi par lui-même, sauf le cas de fraude, de la date qu'il énonce; et si des faits et circonstances extrinsèques peuvent être invoqués comme preuve de l'inexactitude de la date, c'est à la condition que cette preuve ait son principe et sa racine, soit dans les autres énonciations, soit dans l'état matériel du testament (1er arrêt).

Lorsque des juges constatent que la capacité et la volonté d'un testateur ne font pas de doute, qu'il n'avait pas établi d'autre testament et que l'omission du quantième du mois de la rédaction du testament n'a été manifestement que le fruit d'une inadvertance, ils ne tirent pas les conséquences légales de leurs constatations en décidant que le testament ne pouvait être valable, faute de date, en raison de l'omission du seul quantième du mois (2e arrêt).

I. — Civ. 11 juin 1902

(*DP* 1902. 1. 434, note L. S., *S.* 1905. 1. 117)

Demoiselle Rogé c. Cons. Ollivier

Faits. — V. le jugement ci-dessous. — Le 9 avril 1897, le tribunal de la Seine a rendu le jugement suivant (rapporté aux recueils sous l'arrêt de cassation).

« Attendu que la dame veuve Thomas est décédée à Dieppe, le 28 septembre 1896, après avoir, par un testament olographe portant la date du 27 janvier 1895, institué pour légataire universelle la demoiselle Madeleine Rogé; que les héritiers demandent la nullité de ce testament, dont la date serait inexacte; — Attendu que l'article 970 du Code civil exige que le testament olographe, pour produire effet, soit notamment daté de la main du testateur; que cette condition ne saurait être remplie lorsqu'il est constaté avec certitude que la date est erronée; que, si la preuve de la fausseté de la date doit résulter du testament lui-même, les tribunaux ont la faculté de l'induire, non seulement des dispositions écrites du testament, mais aussi du papier qui contient les dispositions et qui fait corps avec elles; que, pour établir la contrariété qui existerait entre l'inscription de la date consignée par écrit et les énonciations du testament ou les signes matériels que révèle le papier, les parties intéressées peuvent, par des faits extrinsèques appréciés à titre d'éléments accessoires, compléter une preuve, pourvu que celle-ci ait déjà son principe dans le testament; — Attendu qu'il résulte des renseignements fournis au tribunal par l'Administration de l'enregistrement que les chiffres 5 du millésime 1895 ont été adressés de l'atelier général du timbre à Paris à l'usine administrative de Thiers le 2 janvier 1895, et ont été remis le lendemain aux fabricants, aux termes d'un procès-verbal contradictoire; que si, depuis cette dernière date jusqu'au 27 janvier suivant, l'usine administrative de Thiers a pu adresser à l'atelier général du timbre à Paris des envois de papier qui, faisant partie de la commande de 1894, auraient été pour ce motif inscrits, non à la date réelle d'arrivée, mais à celle du 31 décembre 1894, il n'est pas matériellement possible que ces envois, s'ils ont eu lieu dans les premiers jours du mois de janvier, aient pu comprendre du papier au filigrane de 1895; qu'en effet les délais de la mise en forme et du mouvement du nouveau matériel, la durée de la fabrication du papier et celle du voyage n'auraient pas permis au fabricant, quelque hâte qu'il y eût apportée, de faire parvenir à l'atelier de Paris, avant le 27 janvier 1895, du papier nouveau au filigrane de 1895, qu'il y a lieu, d'ailleurs, d'ajouter que l'émission de ce papier, qui est arrivé avant cette époque à Paris, devait être encore retardée par sa manutention dans les ateliers, son timbrage et sa livraison aux dépôts de vente; que c'est pour tous ces motifs que l'Administration de l'enregistrement, dont il y a lieu d'admettre les affirmations, déclare qu'il ne pouvait y avoir normalement en circulation, le 27 janvier 1895, une feuille de papier timbré au millésime de 1895; qu'il résulte de ce qui précède que la veuve Thomas n'a pu avoir à sa disposition, le 27 janvier 1895, la feuille de papier timbré sur laquelle elle a consigné ses dernières volontés, et que la date réelle de son testament est postérieure à celle qu'elle y a inscrite...; — *Par ces motifs* : — Déclare nul pour défaut de date le testament olographe de la dame veuve Thomas, etc. ».

Pourvoi en cassation.

Moyen. — Violation des articles 970 du Code civil et 7 de la loi du 20 avril 1810, en ce que l'arrêt attaqué a puisé dans des documents extrinsèques la preuve de l'inexactitude de la date d'un testament, bien que le testament ne fournisse par lui-même aucun commencement de preuve de cette inexactitude.

ARRÊT
(après délib. en la ch. du cons.)

La Cour; — Vu l'article 970 du Code civil; — Attendu que, sauf le cas de fraude, le testament olographe fait, par lui-même, foi de la date qu'il énonce; que si les faits et circonstances qui lui sont extrinsèques peuvent être invoqués comme preuve de l'inexactitude de sa date, c'est à condition que cette preuve ait son principe et sa racine, soit dans les autres énonciations, soit dans l'état matériel du testament; — Attendu, dans l'espèce, que le testament litigieux, écrit sur du papier timbré en filigrane de l'année 1895, porte la date du 27 janvier de la même année; qu'il y a donc concordance entre la date exprimée par la testatrice et le filigrane du papier dont elle a fait usage ; — Attendu que, pour déclarer que la date susdite est inexacte, l'arrêt attaqué se fonde uniquement sur les documents versés aux débats par la Régie, desquels il résulterait que le papier au filigrane de 1895 n'aurait été mis à la disposition du public que plusieurs jours après le 27 janvier de ladite année ; — Mais attendu que les juges du fond n'ont relevé dans le testament l'existence d'aucun indice de nature à rendre suspecte la concordance de la date et du filigrane ; — Que dès lors, en accueillant la preuve de la tardiveté de l'émission et en statuant comme il l'a fait, l'arrêt a faussement appliqué et, par suite, a violé l'article de loi ci-dessus visé ; — *Par ces motifs,*... casse...

II. — Civ. 1re, 9 mars 1983

(*Bull. civ.* I, nº 95, p. 84, *Defrénois* 1983. I. 1448, note Souleau)

Dame Odette Payan c. Dame Béatrice Payan et autres

Faits. — M. Frédéric Payan est décédé le 1er février 1978, laissant comme héritiers *ab intestat* son épouse, Mme Odette Bourguignon, sa sœur Mme Béatrice Payan, épouse Raoux, les deux enfants de cette dernière, M. Jean-Louis Raoux et Mme Marie-Christine Raoux, épouse Amblard, et les enfants de ceux-ci, c'est-à-dire ses petits-neveux.

Le 26 février 1975, il avait remis, sous pli cacheté, à Maître Camille, notaire à Salon, un testament ainsi rédigé :

« Janvier 1975. *Ceci est mon testament.* Je laisse tous mes biens d'Eyguières (meubles et immeubles, terrains divers, et le domaine du Mas d'Espagne) à ma femme, née Bourguignon, Odette Malcy — sauf la partie jardin, cadastrée Al 124, jusqu'à la cour délimitée par un mur et un portail de fer. Cette partie du jardin, qui s'ouvre sur l'avenue Gabriel Péri, je la laisse à la commune d'Eyguières, à qui je demande d'en faire un jardin public qui portera mon nom (ce qui laissera le nom de Payan dans mon village). Mes biens cadastrés sur les communes de Charleval, Lambesc et Vernègues seront attribués à mes petits-neveux (moitié à ceux de mon neveu Jean-Louis Raoux, moitié à ceux de ma nièce Marie-Christine Amblard) déduction faite de ma part du château et du parc de Bonneval qui restera la propriété de ma femme (meubles et immeubles). Mes titres et parts diverses sur différentes sociétés seront dévolus à mon épouse avec les avantages et obligations qu'ils comportent, ainsi que les voitures existantes à mon décès. Signé : Payan ».

De la sorte, M. Frédéric Payan avait choisi de répartir sa fortune au moyen de legs particuliers, exhérédant ainsi sa sœur qui détenait la vocation principale *ab intestat* et s'opposa à la délivrance des legs en se fondant sur l'article 970 du Code civil et sur le fait qu'à défaut d'indication du quantième du mois de sa confection, le testament n'était pas valable. Mme Odette Payan l'assigna en délivrance de legs, ainsi que les divers intéressés — par l'intermédiaire de leurs représentants légaux — et la commune d'Eyguières — en déclaration de jugement commun. Mme Raoux et ses enfants invoquèrent la nullité du testament pour défaut de date. Mais Mme Odette Payan se prévalut de la possibilité reconnue par la jurisprudence aux tribunaux de compléter la date d'un testament en se fondant sur des éléments extrinsèques (attestations) d'où il résultait que le testament avait été rédigé le 28 janvier 1975.

Par un jugement du 4 octobre 1979, le tribunal de grande instance de Tarascon lui a donné raison; il s'est fondé sur la capacité et sur la volonté du testateur, ainsi que sur divers éléments extrinsèques, pour constater que le caractère incomplet de la date provenait manifestement d'un oubli de M. Frédéric Payan et pour situer au 28 janvier la rédaction du testament. Mais, sur appel, la cour d'appel d'Aix-en-Provence a adopté la solution contraire dans les termes suivants :

« Attendu certes que la capacité du testateur n'est pas mise en cause et que sa volonté de gratifier sa femme et ses petits-neveux ne fait pas de doute; que Frédéric Payan n'a établi aucun autre testament; que l'omission du quantième dans la date est manifestement le fruit d'une inadvertance; — Attendu que le testament litigieux ne saurait pour autant être validé; que l'indication "janvier 1975" ne peut, en dehors de tout élément dans le texte même de l'acte — référence à un événement particulier, visite, conversation, démarche ou voyage — si ténu soit-il — être considérée comme la racine intrinsèque de la preuve à rapporter permettant, par recours aux témoignages proposés, de déterminer quel jour exact il a été établi; Que ces témoignages et les conversations ou confidences qui y sont relatées par MM. Vincent et Daumas ne trouvent leur principe et leur racine dans aucun élément interne au testament; Qu'il y a lieu dans ces conditions de dire celui-ci nul comme dépourvu d'un élément essentiel; Qu'ainsi tant Mme Frédéric Payan et la commune d'Eyguières ne sauraient triompher dans leurs prétentions... ». De la sorte, les droits successoraux de la veuve ne consistaient plus qu'en sa part d'usufruit *ab intestat* (en la circonstance, un usufruit de moitié).

Sur pourvoi formé tant par Mme Odette Payan que par la commune d'Eyguières, deux arrêts ont été rendus par la 1re Chambre civile le 9 mars 1983. S'agissant de la question étudiée, leurs termes sont identiques. On se bornera donc à analyser — en ce qu'il nous paraît intéressant — l'arrêt rendu sur le pourvoi de Mme Odette Payan.

Moyen. — Violation de l'article 970 du Code civil en ce que l'omission ou l'erreur concernant une partie de la date ne vicie pas l'autre partie qui, en l'absence de preuve contraire, doit être considérée comme exacte, et que la partie non contestée de la date figurant dans le testament constitue donc la racine intrinsèque qui autorise la preuve extrinsèque de l'élément déficient.

ARRÊT

La Cour; — ... *Sur le moyen unique :* — Vu l'article 970 du Code civil; — Attendu que, d'après ce texte, le testament olographe n'est pas valable s'il n'est daté de la main du testateur; — Attendu qu'il résulte de l'arrêt attaqué que Frédéric Payan est décédé le 1er février 1978, sans laisser d'héritier réservataire et en l'état d'un testament olographe, daté seulement « janvier 1975 », aux termes duquel il a consenti divers legs de biens meubles et immeubles à sa femme et à ses petits-neveux; — Attendu que la cour d'appel a constaté que Frédéric Payan avait lui-même daté son testament de « janvier 1975 », que sa capacité et sa volonté de gratifier son épouse et ses petits-neveux ne faisaient pas de doute, qu'il n'avait pas établi d'autre testament et qu'il avait déposé le testament litigieux chez un notaire le 26 février suivant; qu'en décidant, en de telles circonstances, que le testament ne pouvait être tenu pour valable, faute de date, en raison de l'omission du seul quantième du mois qui n'était « manifestement que le fruit d'une inadvertance », la juridiction du second degré n'a pas tiré les conséquences légales de ses propres constatations, et, par suite, a violé le texte susvisé; — *Par ces motifs*, casse…

OBSERVATIONS

1 Les arrêts rapportés sont relatifs à deux éventualités qu'il n'est relativement pas rare de constater au sujet des testaments olographes. Les solutions qui se dégagent de l'un et de l'autre permettent de situer les pouvoirs des tribunaux face aux contraintes plus ou moins fortes qui peuvent résulter du formalisme prévu par la loi et aux imperfections constatées dans le comportement des particuliers. Il peut s'agir, selon les cas, d'une date inexacte (I) ou d'une date incomplète (II).

I. — La date inexacte

2 Alors que l'acte sous seing privé ne fait, en principe, pas foi de sa date, le testament olographe fait foi de la date qu'il énonce jusqu'à preuve contraire. On justifie habituellement cette solution dérogatoire par le fait que la preuve de l'exactitude de la date serait « une tâche quasi impossible » pour le légataire (Grimaldi, *Libéralités, Partages d'ascendants*, n° 1375). On peut ajouter que le moyen offert par le code à l'auteur d'un acte sous seing privé pour lui donner date certaine, à savoir l'enregistrement (art. 1328 C. civ.), ne convient pas en la circonstance car il risquerait de remettre en cause le secret testamentaire. Il appartient donc à celui qui allègue l'inexactitude de la date apposée sur le testament d'en apporter la preuve. De quels procédés faut-il user pour rapporter celle-ci ?

3 L'inexactitude de la date étant un fait juridique, la preuve devrait, en application des règles générales, pouvoir être rapportée par tous moyens. Tel n'est pourtant pas toujours le cas. Sans doute, s'il est prétendu que l'inexactitude est liée à une *fraude* commise par le testateur ou même par un tiers, par exemple si l'on soutient qu'elle tendait à masquer l'existence d'une captation ou d'une atteinte aux règles régissant la capacité de disposer ou de recevoir, la preuve de l'inexactitude, absorbée en quelque sorte par celle de la fraude, peut être rapportée par tous moyens (Civ. 27 déc. 1957, *D.* 1958. 111; 5 oct. 1959, *D.* 1959. 508, 3e esp., note G. Holleaux, *JCP* 1959. II. 11323, 1re esp., note Voirin).

En l'absence de fraude, il en va différemment, car la jurisprudence, sensible à la signification du formalisme testamentaire, applique alors le système de la *preuve intrinsèque* : l'inexactitude doit être prouvée à l'aide d'éléments intrinsèques du testament, et si elle peut l'être aussi au moyen d'éléments extrinsèques, c'est « à condition que cette preuve ait son principe et sa racine, soit dans les autres énonciations, soit dans l'état matériel du testament ».

4 En utilisant cette formule, dans le premier arrêt rapporté, la Cour de cassation se réfère à un principe déjà consacré (Req. 10 déc. 1883, *D.* 84. 1. 135; v. depuis lors Req. 12 mars 1928, *S.* 1928. 1. 240; Civ. 1re, 9 janv. 1979, *JCP* 1979. IV. 92; 5 févr. 1980, *Bull. civ.* I, n° 146; 4 févr. 1981, *JCP* 1982. II. 19715, note Rémy).

L'intérêt de l'arrêt de 1902 réside en ce qu'il a précisé la position de la jurisprudence, relativement à l'une des difficultés qui se présentent le plus souvent devant les tribunaux, à savoir le défaut de concordance de la date du testament et de celle du filigrane du papier timbré. Par deux arrêts antérieurs, la Cour de cassation (Req. 5 avr. 1847, *DP* 47. 1. 147, *S.* 47. 1. 357, et Civ. 14 mai 1867, *DP* 67. 1. 201, *S.* 67. 1. 236) semblait avoir renoncé, dans ce cas particulier, à la règle générale, en décidant que tous les moyens de preuve étaient admissibles pour établir que le papier timbré avait été mis en circulation postérieurement à la date portée sur le testament. Mais, dans les espèces de ces arrêts, le papier timbré portait lui-même un indice matériel permettant de s'assurer que son émission était postérieure à la date du testament, tandis que cet indice n'existait pas dans l'espèce de 1902. La cour a en conséquence jugé ici que la fausseté de la date ne pouvait être démontrée. Ainsi s'est trouvée dégagée à ce propos une distinction assez nette. Lorsque le filigrane porte un millésime postérieur à l'année indiquée dans le testament, la preuve de l'inexactitude de la date est rapportée (Req. 21 avr. 1931, *S.* 1931. 1. 244; Civ. 1re, 27 déc. 1957, *D.* 1958. 111, *Bull. civ.* I, no 511, p. 413). Mais s'il y a concordance entre la date du testament et le filigrane du papier, la preuve de l'inexactitude ne peut résulter de documents fournis par l'Administration et attestant que le papier timbré utilisé n'a été mis en circulation qu'à une date postérieure à celle du testament.

La jurisprudence offre d'autres exemples de preuve intrinsèque : la date figurant sur le testament est postérieure au cachet postal apposé sur l'enveloppe dans laquelle le testament a été envoyé (Civ. 1re, 22 mars 1977, *Bull. civ.* I, no 146). Elle est postérieure au décès du testateur (Civ. 6 juill. 1895, *DP* 96. 1. 196; Civ. 1re, 7 juin 2006, *D.* 2006. IR 1706), ou antérieure à un décès que mentionne le testament (Req. 30 juin 1942, *JCP* 1943. II. 2254, note R. Savatier). Elle est contredite par la mention d'un lieu où le testateur ne pouvait se trouver à la date indiquée (Civ. 1re, 5 févr. 1980, préc.). Le testament fait référence à un événement qui ne s'était pas encore produit au jour où le testateur est supposé avoir rédigé son testament (Civ. 1re, 1er févr. 2003, *Bull. civ.* I, no 46).

Les tribunaux usent de la théorie de la preuve intrinsèque avec une certaine souplesse qui leur permet, le cas échéant, de tempérer le formalisme testamentaire. L'on discerne à ce propos le souci de sauver, de deux manières différentes, l'expression contestée des dernières volontés. Ici, la jurisprudence n'admet que de manière restrictive le recours à des éléments extrinsèques lorsqu'il est de nature à entraîner l'anéantissement du testament (Req. 16 févr. 1909, *DP* 1911. 1. 189; Civ. 1re, 5 oct. 1959, préc.; 10 mai 1977, *Bull. civ.* I, no 222, p. 176, *JCP* 1977. IV. 172). Ailleurs, mais à des fins semblables, elle manifeste, ainsi qu'on va le voir, le désir d'assouplir les restrictions pouvant résulter de la théorie de la preuve intrinsèque.

II. — La date incomplète

5 La notion de date, au sens de l'article 970, repose sur l'existence de trois composantes : jour, mois, année. En principe, l'absence de l'une d'elles entraîne la nullité du testament (ex. au sujet du jour : Req. 2 mars 1903, *DP*

1903. 1. 152; 25 nov. 1975, *Bull. civ.* I, n° 344, p. 383). Toutefois, selon une tendance semblable à celle qui a été constatée au sujet de l'inexactitude de la date, les tribunaux usent des larges pouvoirs dont ils disposent en la matière pour atténuer le formalisme testamentaire lorsque la date est incertaine. À cet effet, deux voies s'offrent : soit la date incomplète peut être reconstituée (A), soit l'élément qui fait défaut est indifférent (B).

A. — La reconstitution de la date

6 Dans un premier temps, la haute juridiction a admis que la nullité est écartée s'il est possible de *reconstituer* la date du testament pourvu que ce soit à partir d'éléments intrinsèques ou même à partir d'éléments extrinsèques, à la condition qu'« ils corroborent les éléments intrinsèques dans lesquels doit avoir son principe et sa racine la preuve de la date d'un testament olographe » (Civ. 24 juin 1952, *D.* 1952. 613, *JCP* 1952. II. 7179, note Voirin, *Gaz. Pal.* 1952. 2. 162). En l'espèce, les dernières volontés figuraient sur une carte interzones, expédiée pendant l'occupation allemande d'une localité avec indication du jour et du mois (4 nov.), mais non de l'année. Ces cartes n'ayant été utilisées que pendant trois années – 1940, 1941, 1942 – et le testateur ne s'étant trouvé dans cette localité qu'en 1942, les juges retiennent la date du 4 novembre 1942 et admettent la validité du testament. Cette jurisprudence avait des précédents. Il avait notamment aussi été tenu compte d'une opération subie par le testateur (Req. 4 juin 1934, *DH* 1934. 460) ou d'un voyage fait par lui (Paris, 13 avr. 1940, *DH* 1940. 105). Et ultérieurement, la haute juridiction a même pris appui sur la rédaction du testament et les événements qui l'avaient immédiatement suivie pour suppléer une absence complète de date : une personne s'était tuée en se jetant dans un puits et avait laissé une lettre ainsi libellée « Adieu Albert. Je te donne tout ce qui m'appartient. Alice Gilbert ». La haute juridiction rejette le pourvoi formé contre l'arrêt par lequel les juges du fond avaient jugé que « la phrase "Adieu Albert", par la brièveté et la solennité de l'expression, ne permet aucune incertitude quant à la succession presque instantanée de la rédaction de l'acte et de la consommation du suicide » (Civ. 1re, 11 oct. 1955, *D.* 1956. 5, *JCP* 1955. II. 8994).

La Cour de cassation veille soigneusement à ce que la reconstitution procède d'éléments intrinsèques ou, du moins, trouve son point de départ dans ceux-ci. C'est ainsi notamment qu'elle a censuré les juges du fond qui avaient cru pouvoir tenir pour un élément intrinsèque pertinent les termes « en cas de décès » alors que « cette formule qui se référait à la date à laquelle, de par sa nature même, le testament devait produire effet ne permettait de fournir aucun élément sur la date de sa rédaction » (Civ. 1re, 14 mars 1984, *JCP* 1985. II. 20506, note Ph. Rémy, *RTD civ.* 1985. 200, obs. Patarin; v. aussi Civ. 1re, 11 janv. 1984, *D.* 1984. 642 et IR 248, obs. D. Martin, *RTD civ.* 1985. 200, obs. Patarin).

B. — L'indifférence de la date

7 Un deuxième assouplissement est, au demeurant, concevable. L'exigence d'une date complète étant posée, en la forme, pour protéger certains intérêts de fond – vérifier la capacité du testateur, fixer le rang de dispositions incompatibles – ne pourrait-on en faire l'économie et écarter la nullité lorsque ces intérêts ne sont pas en jeu, c'est-à-dire lorsqu'aucun doute n'existe sur la capacité du testateur, ni sur le maintien de son intention libérale ? Initialement la haute juridiction condamna avec fermeté une telle analyse en posant qu'« il importe peu, lorsque la date n'a pu être reconstituée avec précision mais seulement cantonnée dans un laps de temps, si bref soit-il, de constater que durant cette période, la capacité du disposant n'avait pas été modifiée, ni ses intentions libérales par révocation ou modification de ses dernières volontés » (Civ. 1re, 2 févr. 1971, *D.* 1971. 421, note J. Maury, *JCP* 1972. II. 17000, note M. D., *Defrénois* 1971, 30009, obs. Aubert). Mais, par le deuxième arrêt ci-dessus reproduit, elle a paru prête à s'engager dans cette voie. Un testament portant pour seule date « janvier 1975 », sans précision de quantième, ayant été laissé par un *de cujus*, les juges du fond l'avaient annulé en tenant pour indifférent que la capacité du testateur ne fût pas contestée ni l'existence d'un autre testament soutenue. La première chambre civile les censure. Ayant constaté, en fait, que la capacité du testateur « ne faisait pas de doute » et qu'« il n'avait pas établi d'autre testament », les juges du fond ne pouvaient, en droit, faute de doute annuler le testament litigieux. La haute juridiction décide donc que le testament incomplètement daté ne doit pas être annulé lorsque ni l'incapacité du testateur, ni la révocation du testament ne sont soutenues, c'est-à-dire lorsque la date est *indifférente*. Illustrant, selon certains, le glissement « d'un formalisme abstrait (...) vers un formalisme causé » (Souleau, note *Defrénois* 1983. 1448), cet arrêt se contenterait, selon d'autres, de rejeter un « formalisme aveugle » (Grimaldi, « La jurisprudence et la date du testament olographe », *D.* 1984. 253 s., spéc. p. 256).

Trois ans plus tard, la première chambre civile a confirmé ce revirement de jurisprudence (Civ. 1re, 1er juill. 1986, *Defrénois* 1986. 1019, obs. Grimaldi). S'agissant d'un testament dans lequel figurait une date (oct. 1972) à laquelle manquait le quantième, la Cour de cassation le déclare valable aux motifs qu'il n'a pas été soutenu devant la cour d'appel que, pendant tout le cours du mois d'octobre 1972, (la testatrice) ait été frappée d'une incapacité de tester, ni qu'elle ait rédigé un autre testament, révocatoire ou inconciliable avec le testament litigieux; que, dès lors, le caractère incomplet de la date n'entraîne pas la nullité du testament ». Aussi bien, combinant cette jurisprudence avec le tempérament précédent et les poussant jusqu'au bout de leur logique, un auteur a-t-il suggéré, d'une part, que le légataire ne devrait plus être tenu de reconstituer la date en entier, mais dans la seule mesure où celle-ci est utile à connaître et, d'autre part, qu'on applique cet assouplissement même aux testaments dépourvus de date (Grimaldi, note *Defrénois* 1986. 1026).

8 S'agissant de la combinaison du tempérament nouveau de la date indifférente avec le tempérament classique de la date reconstituée, la Cour de cassation l'a admise. Il suffit pour valider le testament de reconstituer la date utile à connaître (Civ. 1re, 30 juin 1992, *Bull. civ.* I, no 215, p. 143, *D.* 1993. 325, obs. J. Maury, *Defrénois* 1993. 384, obs. Champenois, validant un testament rédigé entre le 21 et le 25 décembre 1984, date à laquelle s'était suicidé le testateur après avoir été avisé le 21 décembre qu'il serait soumis le 28 décembre à un contrôle fiscal qui lui occasionnait une appréhension dont il fait état dans son testament).

S'agissant du cas où font défaut, non seulement le jour, mais aussi le mois ou l'année, la première chambre civile, dans un premier temps, a marqué qu'elle n'entendait pas aller plus loin sur la voie de l'assouplissement de l'exigence formaliste. Saisie d'un pourvoi contre une décision qui avait annulé un testament daté uniquement du millésime (1979), elle le rejette au motif que, « suivant l'article 970 du Code civil, le testament olographe, pour être valable, doit être daté et que l'indication de la seule année ne peut constituer la date au sens de ce texte » (Civ. 1re, 8 mars 1988, *D.* 1989. 110, note Malaurie, *JCP* 1988. II. 21077, note Montredon, *Defrénois* 1988. 1229 [1re esp.], note Grimaldi; rappr. Civ. 1re, 19 avr. 1988, *Defrénois* 1988. 1229 [2e esp.], note Grimaldi).

Développant l'idée que la date traduirait, comme la signature, un *animus testandi* et serait de ce fait irremplaçable certains ont vu dans ces décisions l'amorce d'un retour à la jurisprudence antérieure (Malaurie, note *D.* 1989. 111). Un tel revirement apparaissait néanmoins peu probable : d'une part, la haute juridiction s'était gardée de reprendre les termes très explicites de son arrêt de 1971 ; d'autre part, elle sait que deux revirements à cinq ans d'intervalle ne seraient pas de nature à accroître l'autorité qui s'attache à ses décisions. Plus probablement avait-elle entendu marquer un temps d'arrêt en bornant le domaine d'application de cette jurisprudence au quantième manquant. (V. en ce sens Civ. 1re, 1er juin 1994, *Bull. civ.* I, no 200, *D.* 1995. Somm. 52, obs. Grimaldi, *RTD civ.* 1995. 669, obs. Patarin, qui admet la validité d'un testament dont la rédaction pouvait être située au cours d'une période de moins d'un mois à cheval sur février et mars.)

Plus récemment, la haute juridiction a franchi une nouvelle étape sur la voie du libéralisme en rejetant le pourvoi formé contre un arrêt qui avait admis la validité d'un testament non daté, mais dont la date avait pu être partiellement reconstituée au moyen d'éléments intrinsèques, la rédaction du testament se situant nécessairement dans un intervalle de 10 mois et 7 jours durant lequel il n'était contesté, ni que le testateur fut capable ni qu'aucune autre disposition testamentaire ait été prise (Civ. 1re, 10 mai 2007, *Bull. civ.* I, no 182, *D.* 2007. 2135, obs. M. Nicod et 2327, chron. Chauvin, *Dr. fam.* 2007, no 131, 1re esp., obs. B. Beignier, *Defrénois* 2007. 1432, obs. M. Beaubrun, *RTD civ.* 2007. 604, obs. M. Grimaldi). La même solution a été ultérieurement retenue alors que la période de confection du testament se situait entre le 1er juin 2001 (embauche de la légataire en qualité d'aide-ménagère) et le 9 janvier 2008 (décès de la testatrice), soit une durée de presque sept ans (Civ. 1re, 5 mars 2014, *D.* 2014. 1133, note G. Raoul-Cormeil, 1913, obs. M. Nicod, *Dr. fam.* 2014, no 78, note B. Beignier, *RTD civ.* 2014. 428, obs. M. Grimaldi).

127-128

LEGS AVEC FACULTÉ D'ÉLIRE. PERSONNE INCERTAINE. NULLITÉ. FONDATION. LEGS AVEC CHARGE. VALIDITÉ

I. Civ. 12 août 1863. — II. Req. 27 juin 1899

La disposition par laquelle un testateur institue pour légataires universels deux enfants naturels, un garçon et une fille, de dix à douze ans, choisis dans l'un des hospices d'un certain département par la supérieure de l'hôpital de telle ville, est nulle comme ne manifestant pas, d'une manière assez précise, la volonté du testateur lui-même (C. civ., art. 895) (1er arrêt).

Mais il appartient aux juges du fond de décider que la disposition d'un testament par lequel le testateur, instituant un légataire universel, a déclaré en outre lui donner et léguer une somme de... destinée à fonder un couvent et à doter les trois religieuses établies dans une localité désignée, ne constitue pas un legs au profit de telle ou telle personne, mais une charge se résolvant pour le légataire universel en une obligation de faire, valable sans plus ample désignation des religieuses dont s'agit (2e arrêt).

I. — Civ. 12 août 1863

(*DP* 63. 1. 356, *S.* 63. 1. 446)

Gauran ès qual. c. Héritiers Guy

Faits. — V. l'arrêt.

Moyen. — Fausse application de la loi du 17 niv. an II et de l'article additionnel du 9 fruct. de la même année, et violation des articles 895, 902, 906 et 967 du Code civil, en ce que l'arrêt attaqué (Agen, 25 nov. 1861, *DP* 62. 2. 34, *S.* 62. 2. 17) a annulé, comme fait au profit de personnes incertaines, un legs fait à deux enfants naturels d'un hospice déterminé, et au choix de la sœur supérieure de cet hospice.

ARRÊT

La Cour; — Attendu qu'aux termes de l'article 895 du Code Napoléon, le testament est un acte par lequel le testateur dispose, pour le temps où il ne sera plus; que le testateur doit donc choisir lui-même ses légataires, et non pas en abandonner le choix au libre arbitre d'un tiers qui serait, en ce cas, le véritable disposant; — Qu'il n'en résulte pas sans doute que le testateur est obligé d'écrire dans son testament le nom même du légataire; qu'il peut se contenter de le désigner par une qualité, ou même faire dépendre la désignation d'un événement futur ou de l'accomplissement d'une condition; mais que, dans tous les cas, il est nécessaire que la désignation soit suffisamment précise pour manifester la volonté du testateur lui-même; — Et attendu, en fait, que le sieur Guy a légué tous ses biens à deux enfants naturels, de l'âge de dix ou douze ans, un garçon et une fille, pris dans l'un des hospices du département du Gers, sur le choix qu'en fera la supérieure de Condom; — Attendu que ces circonstances d'âge, de sexe et de lieu ne sont pas suffisantes pour déterminer, parmi les enfants naturels élevés dans les hospices du Gers, quels sont ceux que le sieur Guy a entendu gratifier; — Que la désignation de ces deux enfants est entièrement livrée au choix de la supérieure de Condom, à qui nulle indication précise n'est donnée, à qui nulle condition n'est imposée; — Qu'un testament ainsi fait n'est pas conforme aux prescriptions de l'article 895 du Code Napoléon, et que l'arrêt attaqué, en refusant de le déclarer valable, n'a violé aucune loi; — *Par ces motifs*, rejette...

II. — Req. 27 juin 1899

(*DP* 99. 1. 592, *S.* 1901. 1. 271)

Gally c. Sizaire

Faits. — V. l'arrêt.

Moyens. — Violation des articles 902, 967, 1038 et 1134 du Code civil, en ce que l'arrêt attaqué (Montpellier, 24 janv. 1898) a imposé à l'exposant, légataire universel, la charge d'exécuter une disposition qui ne pouvait être considérée que comme un legs s'adressant à des personnes incertaines.

ARRÊT

La Cour; — ... Attendu que, par acte public du 11 juin 1892, Marie Sizaire, veuve Ducup, fit donation entre vifs à Alfred Gally et Euphrasie Pendaris, son épouse, du domaine de Saint-Estève, sous différentes charges, et notamment sous celle de payer une somme de 80 000 F, six ans après le décès de la donatrice et sans intérêts, aux personnes qu'elle se réservait de désigner dans son testament; que, par ce testament, en date du 15 juin 1892, ladite veuve Ducup a institué divers légataires à titre particulier; qu'ensuite elle a institué Alfred Gally pour son légataire universel et qu'elle a déclaré en outre lui donner et léguer une somme de 40 000 F qui serait destinée à doter les trois religieuses établies à Tourouzelles, et une somme de 10 000 F alors en compte courant à la banque Montès à Carcassonne, cette somme devant servir à construire un couvent dirigé par les Sœurs de Saint-Vincent de Paul; — Attendu que le pourvoi prétend que les dispositions ci-dessus ne peuvent être imposées au sieur Gally... parce qu'elles constitueraient un legs s'adressant à des personnes incertaines...; — Mais attendu que les juges du fond, interprétant, sans les dénaturer, l'acte de donation et le testament sus-énoncés, ont souverainement décidé qu'il résultait de ces deux actes que la disposition du testament, relative au couvent à doter et à fonder, ne constituait pas un legs au profit de telle ou telle personne, mais une charge se résolvant en une obligation de faire, en vertu de laquelle le sieur Gally, légataire universel de la dame veuve Ducup, devrait construire un couvent et doter trois religieuses et que, par suite, il n'avait pas été nécessaire de désigner plus amplement les religieuses dont s'agit; — ... Attendu qu'en l'état de ces constatations souveraines en fait, l'arrêt attaqué n'a violé aucun des articles de loi invoqués à l'appui du pourvoi; — Rejette....

OBSERVATIONS

1 Il arrive que le disposant, plutôt que de désigner lui-même le gratifié, confie à un tiers le soin de procéder à cette désignation après sa mort. Le choix de la technique employée est alors essentiel. Si le testateur use du legs avec faculté d'élire, sa disposition est nulle, comme le montre le premier arrêt reproduit (I), s'il use du legs fait à une personne déterminée à charge pour celle-ci d'en transmettre le bénéfice intégral à une personne qu'elle est chargée de choisir, la disposition est valable, comme le montre le deuxième arrêt reproduit (II).

I. — La nullité du legs avec faculté d'élire

2 Il y a legs avec faculté d'élire lorsque le testateur confie à un tiers le soin de choisir le bénéficiaire après sa mort (*post mortem testatoris*). L'intermédiaire reçoit alors en quelque sorte mandat de désigner le légataire. Bien qu'aucun des articles du Code civil ne formule la prohibition du legs avec faculté d'élire, la Cour de cassation annule la combinaison par le premier arrêt ci-dessus reproduit, alors même que le testateur avait précisé le groupe au sein duquel devait être choisi le bénéficiaire de la libéralité (G. Légier, « La prohibition du legs avec faculté d'élire », *JCP* N 1978. I. 87). S'inscrivant dans un contexte historique favorable à la prohibition, la solution s'explique par diverses considérations.

3 Le droit romain, suivi en cela par l'Ancien droit écrit, annulait le legs avec faculté d'élire, sauf lorsque le choix ne pouvait être opéré que parmi des personnes déterminées par le testateur (*incertus ex certis personis*). Le droit intermédiaire se montra encore plus sévère puisqu'il interdit de laisser au conjoint la faculté d'élire (L. 17 nivôse an II, art. 23; L. 9 fructidor an II, art. 3). La jurisprudence de la Cour de cassation s'inscrit dans le droit fil de cette sévérité. Elle décide, en effet, par le premier arrêt ci-dessus reproduit, que le legs avec faculté d'élire est nul même si le testateur a déterminé la catégorie à laquelle l'élu doit appartenir. En revanche, elle a admis ultérieurement la validité du legs avec mandat de répartition : le testateur désigne les légataires mais donne pouvoir à un tiers de répartir les biens légués entre ceux-ci (Civ. 17 juill. 1922, *DP* 1922. 1. 5, note Bartin, *S.* 1924. 1. 97, note Tissier; v. cep. *contra*, Civ. 1re, 6 mars 1984, *Bull. civ.* I, no 88, *D.* 1985. 5, note Breton, *RTD civ.* 1985. 431, obs. Patarin).

4 À l'appui de cette solution, on invoque diverses considérations (C. Bahurel, *Les volontés des morts*, thèse Paris II, éd. 2014, nos 362 s.).

En premier lieu, acte de dernière volonté, le testament doit être l'œuvre propre du testateur. Comme l'écrit M. Patarin « manifestation ultime et souveraine de la volonté et de la personnalité du *de cujus*, le testament est et doit être son œuvre personnelle et de nul autre » (*RTD civ.* 1985. 431). Abandonner le choix du bénéficiaire au libre arbitre d'un tiers serait, comme le relève la Cour de cassation dans la première décision, faire de ce dernier le « véritable disposant » (Req. 19 juill. 1938, *DH* 1939. Somm. 14; Civ. 1re, 25 nov. 1952, *JCP* 1953. II. 7696 *bis*, note P. Voirin; Paris, 28 mars 1938, *DH* 1938. 376). Au surplus, on veut éviter que le tiers, appelé à désigner les légataires, ne soit soumis à des pressions (Fenet, t. XII, p. 579) qui risqueraient de conduire à des choix arbitraires et dangereux (Breton, note *D.* 1985. 5; Patarin, *RTD civ.* 1985. 433).

En deuxième lieu, à supposer la combinaison valable, les biens légués seraient vacants et sans maître entre le décès du testateur et la désignation du légataire. Il y aurait, en quelque sorte, rupture dans la chaîne des titulaires de droit sur un bien ou un ensemble de biens, ce qui serait contraire à la théorie du patrimoine.

II. — La validité du legs à charge d'élire le bénéficiaire

5 La jurisprudence a notablement tempéré la prohibition du legs avec faculté d'élire en admettant la validité d'un legs fait à un légataire déterminé à charge d'en transmettre intégralement le bénéfice soit à une personne future (association à créer par exemple), soit – et c'est tout l'intérêt du second arrêt rapporté –, à des personnes incertaines, que le légataire est chargé de choisir (v. aussi Req. 7 janv. 1902, *D.* 1903. 1. 302; Civ. 1re, 30 nov. 1964, *Gaz. Pal.* 1965. 1. 84).

Techniquement, la situation est différente de la précédente. Alors que le mandataire chargé d'élire le bénéficiaire n'a vocation à rien, même si le legs n'est pas recueilli par son bénéficiaire, le légataire institué à charge de transmettre a vocation à recueillir le legs si la charge ne peut pas s'exécuter (par exemple dans le cas où le bénéficiaire est à choisir dans un groupe dont tous les membres se récusent). Par où l'on voit que le deuxième argument invoqué à l'encontre du legs avec faculté d'élire ne se retrouve pas en la circonstance. Il n'y a donc pas, en ce cas, de rupture dans la propriété des biens légués. En revanche, il n'y a, en ce qui concerne la première série d'objections, guère de différence entre le legs avec faculté d'élire au sein d'un groupe prédéterminé par le testateur et le legs à charge de déterminer un bénéficiaire au sein d'une catégorie définie par le testateur, de telle sorte qu'on a souvent souligné le caractère artificiel de la distinction, la validité de la disposition dépendant bien souvent d'un accident de rédaction dont le testateur n'a pas mesuré toutes les conséquences. Aussi bien, un courant doctrinal important estime-t-il qu'il faudrait faire disparaître la différence entre le legs à charge d'élire le bénéficiaire et le legs avec faculté d'élire du moins lorsque le choix ne peut être opéré qu'à l'intérieur d'une catégorie de personnes définie par le testateur (Flour et Souleau, *Les libéralités*, no 213; Grimaldi, *Libéralités, Partages d'ascendants*, no 1471). Certaines décisions semblent s'orienter en ce sens, en admettant avec une facilité grandissante la validité du legs avec faculté d'élire lorsque le testament désigne le groupe de personnes auquel doit appartenir le bénéficiaire à choisir (v. les motifs de Civ. 4 nov. 1952, *JCP* 1953. II. 7554, note Ponsard) ou lorsqu'il indique la sorte de groupement à choisir (Civ. 1re, 14 nov. 1966, *D.* 1967. 186, *JCP* 1966. II. 14973, note Voirin, *RTD civ.* 1967. 427, obs. R. Savatier; 22 janv. 1968, *D.* 1968. 592, *JCP* 1968. II. 15613).

Mais, plus récemment, la jurisprudence a réaffirmé clairement la nullité du legs avec faculté d'élire, dans des circonstances qui, il est vrai, ne se prêtaient guère au refoulement du principe (Dijon, 1er avr. 1998, *Dr. fam.* 1999, nº 21, obs. B. B., legs d'une maison à telle œuvre humanitaire que mon fils jugera nécessiteuse; Civ. 1re, 8 nov. 2005, *Dr. fam.* 2005, nº 277, obs. B.B., testament olographe confiant au notaire le soin de faire don à qui il voudrait de ce qu'avait le *de cujus*).

L'offre de loi émise par MM. Carbonnier et Catala, après avoir rappelé que « le légataire est désigné par le testateur dans le testament. S'il n'y est pas expressément déterminé, il doit être déterminable à la mort du disposant par interprétation de l'ensemble des dispositions » (art. 955), propose de valider mais de manière limitée le legs avec faculté d'élire : « le testateur peut confier à l'un de ses héritiers ou légataires, ou à l'exécuteur testamentaire le soin de déterminer les bénéficiaires des legs dès lors que ceux-ci doivent être choisis, soit au sein d'une catégorie de personnes physiques ou morales qu'il a définie, soit par un mode de désignation qu'il a lui-même arrêté ». La loi du 23 juin 2006 est restée silencieuse sur cette question.

129

LEGS D'USUFRUIT. LEGS À TITRE UNIVERSEL

Req. 31 janvier 1893

(*DP* 93. 1. 359, *S.* 93. 1. 438)

Pascaud c. Admin. de l'enregistrement

Un legs portant sur l'usufruit de tous les biens meubles et immeubles d'une succession est un legs à titre universel (C. civ., art. 538, 1003 et 1010).

Faits. — Par testament olographe en date du 24 février 1887, la veuve Fermé a légué au sieur Thomas, son frère, l'usufruit de tous ses biens meubles et immeubles, sauf les exceptions indiquées audit testament. Par le même acte, elle a disposé que tous les legs sans exception contenus dans son testament seraient francs de tous droits de succession, lesquels seraient payés par son exécuteur testamentaire et prélevés en totalité sur les biens de la succession. Dans la déclaration de succession souscrite à l'Enregistrement, l'exécuteur testamentaire a déclaré les biens et valeurs de la succession, en passant sous silence le legs d'usufruit fait au sieur Thomas, lequel n'a déclaré, en ce qui le concernait, que l'usufruit du mobilier garnissant la maison, estimé 8 419,12 F, et du reliquat du compte mobilier après payement des droits de succession et des legs, évalué 10 000 F.

L'Administration de l'enregistrement a estimé que le legs fait à M. Thomas avait un caractère universel et s'étendait par suite à toutes les valeurs de la succession non formellement exceptées et non pas seulement au reliquat de la gestion confiée à l'exécuteur testamentaire. Seuls devaient être déduits les legs en nature ou en argent à titre particulier. L'émolument imposable s'élevait ainsi à 225 399,63 F. Le sieur Thomas étant décédé, elle a réclamé les droits y afférents aux sieurs Pascaud, ses légataires universels.

Cette prétention a été admise par un jugement du tribunal de Bourges du 12 juin 1891 (rapporté au *Sirey* sous l'arrêt de cassation), contre lequel les consorts Pascaud, légataires universels de M. Thomas, se sont pourvus en cassation.

Moyen. — Violation des articles 538, 1003 et 1010 du Code civil, fausse application des articles 2, 4 et 13 de la loi du 22 frim. an VII, en ce que le jugement attaqué, considérant comme un legs universel un legs particulier d'usufruit, a déclaré que le bénéficiaire de ce legs devait payer le droit de mutation sur l'ensemble des biens de la testatrice, alors que ledit légataire ne pouvait être tenu de payer que pour les biens sur lesquels il était appelé à exercer son droit de jouissance.

ARRÊT

La Cour; — ... Attendu que les demandeurs en cassation soutiennent vainement que le legs recueilli par le sieur Thomas, leur auteur, était un legs particulier d'usufruit, auquel n'était pas applicable le principe de la non-distraction des charges, et que les droits n'étaient dus que pour les biens sur lesquels il avait été appelé à exercer son droit de jouissance, c'est-à-dire pour le reliquat de compte dressé par l'exécuteur testamentaire; — Qu'en effet, d'une part, l'usufruit légué l'a été sur tous les biens meubles et immeubles de la succession, ce qui a constitué un legs à titre universel; que, d'autre part, si la dame Fermé a dit, dans son testament, que « lorsque les legs particuliers, les droits de succession, les frais de dépôt et de constat de testament, d'inventaires, de délivrance de legs et autres relatifs à sa succession auraient été acquittés par son exécuteur testamentaire, celui-ci distribuerait le surplus des deniers provenant des ventes et réalisation d'actif entre ses parents », c'est là une disposition qui n'a nullement pour but de limiter l'usufruit légué à son frère, puisque ladite dame Fermé a formellement déclaré qu'elle ne recevrait son exécution qu'après le décès de son frère et l'extinction de son usufruit; qu'ainsi l'usufruit légué a, conformément aux intentions mêmes de la testatrice, conservé son caractère de legs à titre universel; — D'où il suit qu'en décidant que les droits devaient être payés sur l'usufruit de son actif, sous la seule déduction des sommes léguées, et en déclarant mal fondée l'opposition des consorts Pascaud à la contrainte décernée contre eux, le jugement attaqué n'a ni violé ni faussement appliqué les articles visés au pourvoi, mais a fait une juste application des principes de la matière; — Rejette...

OBSERVATIONS

1 La détermination de la nature du legs portant sur l'usufruit de l'universalité ou d'une quote-part de l'universalité de la succession est une question qui divise depuis longtemps la doctrine et la jurisprudence.

Aux termes de l'article 1010 du Code civil, « le legs à titre universel est celui par lequel le testateur lègue une quote-part des biens dont la loi lui permet de disposer…, ou tous ses immeubles, ou tout son mobilier, ou une quotité fixe de tous ses immeubles ou de tout son mobilier ». Et il est ajouté : « Tout autre legs ne forme qu'une disposition à titre particulier ».

D'après l'opinion qui a prévalu chez la majorité des auteurs classiques et qui a été longtemps et obstinément consacrée par les cours d'appel, un legs d'usufruit n'est jamais qu'un legs à titre particulier. En effet, dit-on, ce legs ne peut être un legs universel, porterait-il sur la totalité du patrimoine, car ce qui caractérise le legs universel, c'est la vocation au moins éventuelle à la totalité des biens; or, quoi qu'il arrive, le légataire de la succession en usufruit n'en recueillera jamais la totalité. Et, quant au legs d'une quotité en usufruit, c'est un legs particulier pour cette raison qu'il n'est pas compris dans l'énumération de l'article 1010, laquelle est essentiellement limitative (Orléans, 13 févr. 1869, *DP* 69. 2. 109; Dijon, 14 juill. 1879, *DP* 80. 2. 124, *S.* 79. 2. 261; Riom, 23 déc. 1889, sous Civ. 12 juill. 1892, *DP* 92. 1. 451; Besançon, 18 mai 1892, *DP* 92. 2. 516; Amiens, 14 nov. 1892, *DP* 93. 2. 314; Colin et Capitant, t. III, n° 1862).

2 Ce raisonnement n'est admis qu'en partie par la Cour de cassation. Celle-ci décide qu'un legs d'usufruit ne peut jamais être universel; mais il n'en résulte pas, à ses yeux, qu'un legs d'usufruit ne soit jamais qu'un legs particulier. En d'autres termes, elle décide qu'un legs d'usufruit portant, soit sur la totalité, soit sur une quote-part de la totalité de la succession, est un legs *à titre universel*. En effet, on ne résout pas la question en faisant observer que l'énumération de l'article 1010 est limitative. Ce qui est limitatif dans ce texte, c'est l'indication des *quotités* de biens qui peuvent faire l'objet d'une disposition à titre universel. Mais la loi ne détermine point quelle doit être la *nature* du droit légué sur ces quotités; elle ne dit point que ce doive être nécessairement la pleine propriété. Et, de même qu'un legs de nue-propriété peut être autre chose qu'un legs particulier, de même le legs d'usufruit peut se ranger dans la catégorie des legs à titre universel, lorsqu'il porte sur une quotité visée à l'article 1010 (comp. Ripert et Boulanger, t. IV, n°s 2120 et 2121; Planiol et Ripert, t. V, par Trasbot et Loussouarn, n° 618). La chambre des requêtes avait déjà statué en ce sens par un ancien arrêt (Req. 8 déc. 1862, *S.* 63. 1. 34). Par l'arrêt du 31 janvier 1893, la Cour de cassation a maintenu sa position, qu'elle a confirmée à plusieurs reprises depuis (Civ. 19 juin 1895, *DP* 95. 1. 470, *S.* 95. 1. 336; Req. 29 juin 1910, *DP* 1911. 1. 49, note Capitant, *S.* 1913. 1. 33, note Hugueney; Req. 22 nov. 1910, *DP* 1911. 1. 176, *S.* 1911. 1. 168; 27 déc. 1934, *DH* 1935. 100; v. aussi Paris, 12 juill. 1979, *JCP* N 1981. 193, obs. E. S. de La Marnierre).

Au regard de la qualification legs universel ou à titre universel, il existe néanmoins une différence entre legs en nue-propriété et legs en usufruit. Alors que le legs de l'usufruit de la totalité n'est qu'un legs à titre universel car l'usufruitier n'a jamais vocation au tout, le legs de la nue-propriété du tout est un legs universel car à terme le nu-propriétaire est appelé à devenir le plein propriétaire (Req. 3 déc. 1872, *D.* 73. 1. 233; Civ. 1re, 22 oct. 1959, *D.* 1960. 49).

3 Il convient d'observer que cette discussion n'a pas d'intérêt en ce qui concerne l'obligation, pour l'usufruitier, de contribuer au payement des dettes de la succession. En effet, aux termes des articles 610 et 612 du Code civil, l'usufruitier universel ou à titre universel, c'est-à-dire qui recueille tout ou partie de la succession, doit, quelle que soit la catégorie dans laquelle on le range, contribuer avec le propriétaire au payement des dettes.

DONATIONS ENTRE VIFS

130

DONATION DÉGUISÉE. VALIDITÉ

Civ. 31 mai 1813

(*S.* 13. 1. 362)

Zarbérini c. Barbiéri

Un contrat de vente ne peut être déclaré nul pour simulation d'une donation qu'autant qu'il aurait eu pour objet de déguiser une libéralité au profit d'une personne incapable (C. civ., art. 911).

Faits. — Les faits sont rappelés au *Sirey* ainsi qu'il suit :

Par acte authentique du 19 juin 1805, le sieur Jérôme Pascali a vendu divers immeubles aux époux Zarbérini. Au décès de Pascali, les époux Barbiéri, ses héritiers à défaut d'héritiers réservataires en ligne directe, ont prétendu que la vente cachait une donation et que celle-ci était nulle faute d'acceptation expresse des donataires. La cour de Gênes a, par arrêt du 11 décembre 1809, reconnu le caractère gratuit de la pseudo-vente et l'a, en conséquence, annulée. Pourvoi en cassation des époux Zarbérini.

Moyen. — Violation de l'article 911 du Code Napoléon, qui ne permet d'annuler les dispositions déguisées sous la forme d'un contrat onéreux qu'autant que ces dispositions ont pour but de gratifier un incapable.

ARRÊT

Vu les lois 36 et 38, D. *de contrahenda emptione;* la loi 6, *pro donato*, et les lois 3 et 9, C. *de contr. empt.* — Vu pareillement l'article 911 du Code Napoléon; — Et attendu qu'il résulte du texte des lois citées qu'un contrat de vente ne peut être déclaré nul pour fait de simulation qu'autant qu'il aurait eu pour objet de déguiser une libéralité au profit d'une personne incapable, ce qui n'a été ni reconnu par les arrêts attaqués, ni même allégué par les défendeurs; d'où il résulte que, soit l'arrêt interlocutoire, en admettant la preuve testimoniale des faits de simulation articulés par les défendeurs, soit l'arrêt définitif, en déclarant nul le contrat de vente du 30 prair. de l'an XII comme simulé, ont commis un excès de pouvoir, en créant une nullité qui n'est établie par aucune loi; — La Cour, *par ces motifs*, casse…

OBSERVATIONS

1 La Cour de cassation s'est prononcée de très bonne heure en faveur de la validité des donations déguisées sous l'apparence d'un contrat à titre onéreux. La section civile du Tribunal de cassation avait statué en ce sens, dès avant la promulgation du Code civil, par un arrêt du 6 pluviôse an XI (25 janv. 1803, *Dalloz JG, Dispositions entre vifs et testamentaires*, 1660, *S.* chron.). Il y eut, pendant quelques années, un dissentiment entre la section des requêtes et la section civile, mais l'arrêt de 1813 ci-dessus reproduit y mit fin (v. la note au *S.* chron. sous l'arrêt du 6 pluv. an XI). Il invoque comme principal argument l'article 911 qui, déclarant nulle toute disposition *au profit d'un incapable*, soit qu'on la déguise sous la forme d'un acte à titre onéreux, soit qu'on la fasse sous le nom de personnes interposées, admet, par *a contrario*, que la donation déguisée faite à une personne capable est valable. Il invoque également les textes du Digeste.

2 Depuis cette époque, de très nombreuses décisions ont consacré la validité des donations déguisées (v. not., Req. 1er juin 1932, *DP* 1932. 1. 169, 2e esp., note Savatier; 13 mai 1952, *Gaz. Pal.* 1952. 2. 105; Civ., 1re sect. civ. 2 févr. 1971, *Gaz. Pal.* 1971. 1. 313, *RTD civ.* 1971. 681, obs. Savatier; etc.). Outre l'article 911, elles invoquent l'article 931 du Code civil, aux termes duquel « tous actes *portant donations entre vifs* seront passés devant notaires »; or, décide la jurisprudence, l'acte à titre onéreux qui déguise une libéralité ne « porte pas donation ». On ne trouve aucune décision en sens contraire. Mais la doctrine a longtemps contesté le bien-fondé de ce système (v. Laurent, t. XII, n° 305; Huc, t. VI, n° 191; Baudry-Lacantinerie et Colin, t. I, n° 240). Elle s'y est cependant ralliée. Elle fait valoir que, dans la mesure où le formalisme tend à protéger le donateur contre les actes le dépouillant sans contrepartie, on peut se contenter de *formalités de substitution*; les contraintes procédant de la nécessité d'une simulation correcte suffisent en effet à mettre en garde l'auteur de la libéralité de manière équivalente (Ripert, « La notion de libéralité », *Cours de droit civil approfondi* 1930-1931; Flour, « Quelques remarques sur l'évolution du formalisme », *Mélanges Ripert* 1950, t. I, p. 110 s.).

3 C'est ainsi que, pour que la donation déguisée soit valable, il faut : 1° que les formes légales de l'acte à titre onéreux aient été respectées (Civ. 18 oct. 1909, *DP* 1910. 1. 462); 2° que les règles de fond des donations aient été respectées (Req. 1er juin 1932, préc.), notamment celles relatives aux incapacités (v. l'arrêt rapporté), à la réserve, ou au recel successoral (Civ. 1re, 30 mai 1973, *D.* 1974. 1, note A. B., *JCP* 1975. II. 17921, note Thuillier). La Cour de cassation l'a au reste, énoncé ultérieurement en une formule synthétique : « Les libéralités faites sous le couvert d'actes à titre onéreux sont valables lorsqu'elles réunissent les conditions des actes dont elles empruntent l'apparence, les règles auxquelles elles sont assujetties quant au fond étant celles propres aux actes à titre gratuit » (Civ. 1re, 29 mai 1980, *Bull. civ.* I, n° 164, *D.* 1981. 273, note Najjar, *Defrénois* 1980. 1562, obs. Champenois, *RTD civ.* 1981. 422, obs. Patarin; 27 oct. 1993, *JCP* 1993. IV. 2728, *D.* 1994. IR 4). La justification par l'idée de formalisme de substitution a été critiquée par un auteur qui a proposé de lui substituer une explication fondée sur le recours à la coutume (J.-F. Montredon, *La désolennisation des libéralités*, 1989, n°s 49 s., p. 41 s.).

AUX AUTEURS CITÉS, *adde* : H. Blaise, « La formation au XIXe siècle de la jurisprudence sur les donations déguisées », *Mélanges R. Savatier*, 1965. 89; S. Dalligny, *Étude de jurisprudence sur les donations déguisées*, thèse Paris, 1927; Jolivet, *Essai sur la tendance antiformaliste de la jurisprudence en matière de donations déguisées*, thèse Poitiers, 1940; H. Méau-Lautour, *Les donations déguisées en droit français*, thèse Paris II, éd. 1985; M. Nicod, *Le formalisme en droit des libéralités*, thèse Paris XII, 1996, n° 400, p. 460.

131

DON MANUEL. REMISE DE LA CHOSE. TRADITION. REMISE D'UN CHÈQUE

Civ. 1re, 4 novembre 1981

(*Bull. civ.* I, n° 327, p. 277, *Defrénois* 1982. 1378, obs. Champenois, *RTD civ.* 1982. 781, obs. Patarin)

Fondation Coga c. Mironnet

Le don manuel d'une somme d'argent peut être fait au moyen de la remise d'un chèque, qui réalise la tradition par le dessaisissement irrévocable du tireur au profit du bénéficiaire, qui acquiert immédiatement la propriété de la provision.

Faits et moyen. — V. l'arrêt.

ARRÊT

La Cour; — *Sur le moyen unique pris en ses divers griefs :* — Attendu que la Fondation Coga, légataire universelle de Mlle Chanel, décédée le 10 janvier 1971, fait grief à l'arrêt attaqué de l'avoir condamnée à payer à M. Mironnet la contre-valeur en francs français au jour du paiement de la somme de 300 000 francs suisses, montant d'un chèque au porteur tiré sur l'Union des banques suisses à Zurich par Mlle Chanel et remis à M. Mironnet le 23 décembre 1970; qu'il est reproché à la cour d'appel d'avoir décidé que M. Mironnet avait bénéficié d'un don manuel de la part de Mlle Chanel, alors que la remise volontaire d'un chèque ne vaudrait don manuel que si cette remise opère transfert irrévocable de la somme mentionnée, ce qui ne serait pas le cas en l'espèce, le chèque présenté au paiement en février 1972, n'ayant pas été payé par l'établissement bancaire en raison de la tardiveté de la présentation, et alors que le don manuel suppose une tradition du vivant du donateur, ce qui n'a pu être réalisé en l'espèce, Mlle Chanel étant décédée le 10 janvier 1971 ; qu'en outre, la cour d'appel n'aurait pas répondu aux conclusions faisant valoir que la remise du chèque ne valait pas transfert des fonds au profit de M. Mironnet et que Mlle Chanel aurait pu faire opposition ou bloquer son compte en banque; que de plus, la cour d'appel qui déclare la loi suisse applicable au chèque litigieux, n'a pas recherché si cette législation donnait au porteur du chèque la propriété immédiate de la provision, et si le tireur avait le droit de révoquer le chèque ou de faire opposition à son paiement; — Mais attendu que le don manuel d'une somme d'argent peut être fait au moyen de la remise d'un chèque qui réalise la tradition par le dessaisissement irrévocable du tireur au profit du bénéficiaire, qui acquiert immédiatement la propriété de la provision; que la cour d'appel a retenu à cet égard que Mlle Chanel, en remettant le chèque à M. Mironnet, avait entendu « réaliser la tradition de la somme d'argent représentée par ce titre, qui n'était que l'instrument du paiement », et que cette remise opérait dessaisissement irrévocable de la donatrice, dont l'intention libérale était établie, au profit de M. Mironnet, porteur légitime du chèque; qu'ayant ainsi justement admis que la tradition avait été faite avant le décès de la donatrice, la cour d'appel, qui n'avait pas à rechercher la teneur de la loi suisse qui n'était pas invoquée sur le point litigieux, et qui a souverainement estimé que la preuve de l'intention libérale était rapportée, indépendamment du motif surabondant relatif à l'existence d'un commencement de preuve par écrit, a légalement justifié sa décision, en répondant aux conclusions dont elle était saisie; — Que le moyen n'est donc fondé en aucun de ses griefs; — *Par ces motifs*, rejette...

OBSERVATIONS

1 Il n'est pas rare qu'une libéralité entre vifs se réalise au moyen d'un chèque. Lorsque celui-ci sert à la réalisation d'un achat pour autrui ou d'un paiement pour autrui, il peut y avoir une donation indirecte ou une donation déguisée. Mais le recours aux mécanismes bancaires permet aussi de réaliser des dons manuels, par exemple par virement bancaire (Civ. 1re, 7 juill 1959, *Bull. civ.* I, n° 342, p. 285; 12 juill. 1966, *S.* 1966. 614, note J. Mazeaud). Il faut en dire autant de la remise d'un chèque.

La jurisprudence avait admis que la tradition constitutive d'un don manuel pouvait résulter de la remise d'un chèque (Civ. 1re, 24 mai 1976, *D.* 1976. IR 253, *JCP* 1978. II. 18806, note Gavalda; 27 mai 1977, *D.* 1978. 89, note Jeantin, *Defrénois* 1977. 462, obs. Champenois; Orléans, 8 nov. 1978, *D.* 1979. IR 255, obs. Martin). L'arrêt ci-dessus contribue à préciser le fondement et le mécanisme d'une telle libéralité (I). Dictée par les transformations de la monnaie, cette solution n'est pas sans soulever certaines interrogations (II).

I. — Analyse

2 Avant de décéder, une donatrice avait remis au donataire un chèque tiré sur une banque suisse. Treize mois après son décès, le donataire présenta son chè-

que au paiement, mais la banque suisse, estimant la présentation tardive, refusa de verser le montant du chèque. Le bénéficiaire de celui-ci se retourna contre la légataire universelle et obtint la condamnation de celle-ci au versement de ce montant, en application de la loi française, les parties n'ayant pas réclamé l'application du droit helvétique. Pour rejeter le pourvoi, la Cour de cassation affirme « que le don manuel d'une somme d'argent peut être fait au moyen de la remise d'un chèque qui réalise la tradition par le dessaisissement irrévocable du tireur au profit du bénéficiaire, qui acquiert immédiatement la propriété de la provision » (v. aussi Civ. 1re, 10 févr. 1993, *Bull. civ.* I, n° 65, *D.* 1993. IR 61).

3 Il est bien établi que, à la condition qu'il y ait provision, la simple remise du chèque entraîne paiement (v. Soc. 17 mars 1972, *D.* 1973. 129). Le chèque apparaît ainsi comme « un papier-monnaie doté d'un pouvoir libératoire conditionnel (sous condition résolutoire) » (Carbonnier, t. 4, n° 317). On en déduit que la remise du chèque suffit à réaliser la tradition constitutive du don manuel, car le porteur acquiert immédiatement et irrévocablement la propriété de la provision (Cabrillac, *Le chèque et le virement*, 3e éd., 1980, n° 45).

Autrement dit, la tradition a pour objet la *provision.* Il en résulte, comme le décide la Cour de cassation, que le décès du tireur avant l'encaissement demeure sans influence sur la validité du don manuel (v. aussi Civ. 1re, 10 févr. 1993, *Bull. civ.* I, n° 65, *D.* 1993. Somm. 182, obs. M. Cabrillac). La solution eut été différente si la Cour de cassation avait jugé que la tradition avait pour objet la *somme donnée*. La tradition et donc le don manuel ne se réalisant que par l'encaissement du chèque, c'est-à-dire par l'inscription de la somme au débit du compte du donateur et au crédit du compte du donataire, la présentation du chèque à l'encaissement après le décès du tireur aurait pour conséquence la nullité ou même l'inexistence de la donation car celle-ci ne peut se réaliser *post mortem.*

4 Mais qu'en est-il lorsque la provision fait défaut ? À suivre l'une comme l'autre des analyses précédentes, on devrait, semble-t-il, considérer que la donation est nulle. Si la tradition a pour objet la somme donnée, la donation est évidemment nulle en cas de défaut de provision, car celui-ci fait obstacle à l'encaissement du chèque. Si la tradition a pour objet la provision, la donation est nulle faute d'objet dès lors que la provision fait défaut. La haute juridiction, par un assouplissement notable, considère néanmoins qu'il peut y avoir donation valable, alors même que la provision fait défaut à l'émission, dès lors que le donateur fournit ensuite la provision, ce qu'il peut faire jusqu'à son décès (Civ. 1re, 11 juin 1991, *Bull. civ.* I, n° 314, *Defrénois* 1991, 35119, obs. Champenois). La tradition se réalise alors au jour de la fourniture de la provision (Cabrillac, *Le chèque et le virement*, 3e éd., 1980, n° 197), de telle sorte que c'est à cette date que se forme le don manuel, ce qui peut être essentiel pour déterminer l'ordre de réduction des libéralités (Patarin, *RTD civ.* 1982. 137).

5 Il a été suggéré que la remise d'un chèque non provisionné pouvait constituer un don manuel valable, car le don aurait pour objet le titre même, assisté de ses attributs cambiaires. La libéralité ne serait pas limitée à la somme constitutive de la provision et s'étendrait aux droits liés au titre (v. en ce sens Cabrillac et Teyssié, *RTD com.* 1981. 570; Vivant, note *JCP* 1982. II. 19706, sous Pau, 3 mars 1981). Cette analyse est manifestement écartée et avec juste raison, par l'arrêt reproduit. Elle heurte, en effet, directement la notion même de don manuel. Celui-ci suppose, en effet, un dépouillement immédiat. Or une telle analyse permettrait au donateur de donner ce qu'il n'a pas (Champenois, *Defrénois* 1982. 1381; Patarin, *RTD civ.* 1982. 782).

6 Dans la ligne de l'arrêt commenté, il a été décidé que le donateur doit avoir procédé à la remise du chèque au bénéficiaire; il ne suffit pas que le chèque ait été déposé dans un coffre auquel celui-ci n'avait pas accès avant le décès du donateur (Civ. 1re, 3 avr. 2002, *Bull. civ.* I, n° 105, *RTD civ.* 2002. 554, obs. J. Patarin). En outre, il faut que la provision soit égale au montant du chèque, de sorte qu'en cas de provision partielle, il n'y aurait pas don manuel même pour la provision existante (Civ. 1re, 5 févr. 2002, *Bull. civ.* I, n° 39, *D.* 2002. 2447, obs. M. Nicod, 2003. 344, obs. D. Martin, *Defrénois* 2003. 43, obs. G. Champenois, *RTD civ.* 2002. 551, obs. J. Patarin).

II. — Questions

7 Adaptant la technique du don manuel au développement de la monnaie scripturale (J. Mazeaud, *D.* 1966. 614), la présente jurisprudence n'en suscite pas moins certaines interrogations. On enseigne habituellement que la tradition réelle que suppose le don manuel joue le rôle d'un formalisme de substitution. À défaut d'être un contrat solennel, le don manuel est un contrat réel, la remise de la chose se substituant à l'acte notarié. Que reste-t-il de ce raisonnement dans l'hypothèse d'un don par chèque ? Peut-on encore parler de contrat réel dès lors qu'il n'y a pas dépouillement matériel du bien qui en forme l'objet ? Certains en doutent et estiment que la qualification donation indirecte serait plus adaptée (Grimaldi, *Libéralités, Partages d'ascendants*, n° 1290; M. Nicod, *Le formalisme en droit des libéralités*, thèse Paris XII, éd. 2000, n° 368, p. 156; comp. N. Peterka, *Les dons manuels*, thèse Paris II, 1999, pour qui il y a don manuel en cas de remise d'un chèque et donation indirecte en cas de virement). En tout état de cause, le sentiment de dépouillement est moins fort à la signature du chèque qu'à la remise d'espèces. De plus, le don par chèque ne rencontre pas les obstacles matériels que doit surmonter celui qui entend procéder à un don d'espèces important. D'où une interrogation plus fondamentale sur le bien-fondé de l'admission d'une telle donation par la jurisprudence (Grimaldi, *op. cit.*, n° 1290; W. Dross, *RTD civ.* 2013. 147).

132

DON MANUEL. PREUVE. POSSESSION. COHABITATION

Req. 18 décembre 1894

(*DP* 95. 1. 364, *S.* 95. 1. 136)

Ferbus c. Arnould

Le possesseur de valeurs mobilières qui prétend les avoir reçues à titre de don manuel peut, pour repousser l'action en revendication des héritiers du donateur, invoquer la règle « en fait de meubles, la possession vaut titre », pourvu que sa possession soit paisible, publique, non précaire ni équivoque.

La communauté d'habitation n'est pas, à cet égard, un élément juridique rendant à lui seul et de plein droit la possession équivoque. Elle n'est qu'un élément de fait, dont l'appréciation, au point de vue du caractère de la possession, appartient souverainement aux juges du fond (C. civ., art. 2229 et 2279).

Faits. — Les consorts Arnould ayant été trouvés, au décès de la demoiselle Cabasset qu'ils avaient hébergée chez eux, en possession de valeurs mobilières ayant appartenu à la défunte, les consorts Ferbus, héritiers de cette dernière, revendiquèrent ces valeurs. Les consorts Arnould, prétendant avoir reçu celles-ci à titre de don manuel, opposèrent à l'action en revendication la règle de l'article 2279; mais les héritiers soutinrent que ce texte n'était pas invocable en l'espèce, la possession des défendeurs étant équivoque du fait de leur cohabitation avec la défunte. Cette thèse ayant été repoussée par les juges du fond, les héritiers Ferbus se pourvurent en cassation.

Moyen. — Violation des articles 2279 et 2229 du Code civil, et des principes généraux en matière de preuve, en ce que l'arrêt attaqué (Nancy, 8 juill. 1892, *DP* 94. 2. 13, *S.* 94. 2. 95) a rejeté l'action en revendication des valeurs mobilières dépendant de la succession d'une personne défunte, intentée par les héritiers de cette personne, alors que la possession invoquée par les détenteurs de ces valeurs était équivoque, par suite de leur cohabitation commune avec la défunte.

ARRÊT

La Cour; — ... Attendu que la règle « en fait de meubles, possession vaut titre » dispense le possesseur de toute preuve quant à son droit de propriété, lorsque cette possession a lieu *animo domini*, qu'elle est paisible, exempte de précarité et d'équivoque; — Attendu que l'argent et les effets mobiliers qui font l'objet du litige et qui avaient appartenu à la demoiselle Cabasset, étaient, au moment de son décès, en la possession des époux Arnould, qui, alléguant les avoir reçus d'elle en don manuel, ont opposé leur possession aux revendications des consorts Ferbus; — Attendu que le pourvoi prétend que cette possession ne peut leur valoir titre et les dispenser de rapporter la preuve du don manuel qu'ils allèguent par le motif qu'à raison du seul fait de leur cohabitation avec la défunte, cette possession aurait, en droit, un caractère équivoque; — Attendu que la communauté d'habitation n'est pas un élément juridique rendant à lui seul et de plein droit la possession équivoque; qu'elle n'est qu'un élément de fait dont l'appréciation, au point de vue du caractère de la possession, appartient souverainement aux juges du fait; — Attendu qu'en déclarant que la possession des consorts Arnould était une possession *animo domini*, paisible, publique et non équivoque, la cour de Nancy n'a fait qu'une appréciation de faits et de circonstances qui échappe au contrôle de la Cour de cassation, et qu'en rejetant, par suite, la revendication des consorts Ferbus, elle n'a fait qu'une exacte application de l'article 2279; — Rejette...

OBSERVATIONS

1 La preuve du don manuel donne lieu à de fréquents procès. En particulier, il peut arriver qu'au moment de l'ouverture d'une succession, une tierce personne soit trouvée en possession de meubles héréditaires et que les ayants droit à la succession soutiennent que ces biens ont été détournés de l'actif héréditaire, alors que le possesseur allègue qu'ils lui ont été remis à titre de don manuel par le défunt. On se demande, en ce cas, à qui des deux adversaires incombe la charge de la preuve.

L'arrêt analysé répond à cette question très pratique en découvrant dans l'ancien article 2279 du Code civil, devenu l'article 2276 (L. 17 juin 2008), une présomption de titre au profit du donataire (I) et en précisant les moyens que peut utiliser le prétendu donateur ou ses ayants droit pour écarter celle-ci (II).

I. — La fonction probatoire de l'article 2276 du Code civil

2 On sait que la maxime « en fait de meubles possession vaut titre » posée par l'article 2276 du Code civil a deux fonctions, lesquelles jouent dans des circonstances de fait bien distinctes (*supra*, n° 87). Dans le conflit opposant le propriétaire dépossédé et le possesseur de bonne foi ayant acquis un bien *a non domino*, elle remplit une fonction *acquisitive*. Règle de fond, elle confère au possesseur un titre de propriété et déroge ainsi au principe selon lequel nul ne peut transférer à autrui plus de droits qu'il n'en a lui-même. Dans le conflit opposant le possesseur d'un bien mobilier à son auteur (ou aux héritiers de celui-ci), elle remplit un rôle *probatoire*. Règle de preuve, elle fait présumer l'existence d'un titre efficace d'acquisition. C'est cette deuxième fonction qui était ici en question. Le possesseur défendait, en effet, à une revendication intentée par les héritiers de celui dont il prétendait tenir ses droits. Il en résultait que, grâce à la maxime, il n'avait pas à prouver le don manuel qu'il alléguait, la réalité et la régularité de celui-ci étant présumées.

3 Alors que le premier sens de la maxime est son sens originaire, son deuxième sens a été découvert au XIXe siècle par la jurisprudence. L'arrêt reproduit en est une excellente illustration. Certains auteurs ont néanmoins soutenu que l'article 2276 n'était nullement nécessaire à la justification de cette solution. Il suffirait pour la fonder d'invoquer la présomption générale selon laquelle le possesseur est présumé propriétaire (Trasbot et Loussouarn, n° 392). C'est méconnaître que cette présomption ne trouve à s'appliquer que dans le cas d'un conflit qui oppose deux personnes qui ne peuvent prouver leur droit de propriété. Leur propriété respective étant alors incertaine, le risque de la preuve profite au possesseur qui l'emporte. Toute différente est l'hypothèse analysée. Le prétendu donateur ou ses héritiers justifient de leur propriété antérieure. Ils devraient donc l'emporter si la jurisprudence n'avait découvert dans l'article 2276 au profit du possesseur une présomption de titre qui lui permet de faire échec au titre du revendiquant.

Aussi bien la solution a-t-elle été constamment réaffirmée par la jurisprudence (v. par ex. Civ. 18 janv. 1954, *Bull. civ.* I, n° 23; 9 févr. 1977, *Bull. civ.* I, n° 75, *Defrénois* 1977, 31530, obs. Champenois; 18 mars 1980, *Bull. civ.* I, n° 90; 13 oct. 1982, *Bull. civ.* I, n° 287; 28 avr. 1986, *Bull. civ.* I, n° 106; 17 janv. 1995, *Bull. civ.* I, n° 42).

II. — Les moyens de combattre la présomption de l'article 2276 du Code civil

4 La charge de la preuve pèse donc sur le donateur ou sur ses héritiers.

Deux voies s'offrent à eux pour combattre la présomption : soit démontrer que les conditions d'application de la présomption ne sont pas réunies, soit établir qu'il n'y a pas eu don manuel. La jurisprudence ultérieure les rassemble dans une formule synthétique : « Vu l'article 1315 du Code civil, ensemble l'article 2279 du même code; attendu que le possesseur qui prétend avoir reçu une chose en don manuel bénéficie d'une présomption et qu'il appartient à la partie adverse de rapporter la preuve de l'absence d'un tel don ou de prouver que la possession dont se prévaut le détenteur de la chose ne réunit pas les conditions légales pour être efficace » (Civ. 1re, 13 oct. 1982, préc.).

5 Pour que le donataire puisse se retrancher derrière la présomption de titre édictée par l'article 2276, il faut que sa possession soit utile, c'est-à-dire qu'elle soit paisible, publique et non équivoque. La présomption derrière laquelle se retranche le possesseur, est donc écartée si ses adversaires démontrent que sa possession est infectée d'un vice (Req. 15 nov. 1881, *DP* 82. 1 67; 5 déc. 1893, *supra*, n° 87; 12 mars 1918, *DP* 1921. 1. 148).

Les vices le plus souvent invoqués sont ceux d'équivoque (v. par ex. Civ. 24 avr. 1866, *DP* 66. 1. 347, maître et domestique; Civ. 1re, 24 févr. 1956, *D.* 1956. 287, concubins; Civ. 1re, 16 juin 1971, *Bull. civ.* I, n° 199, époux) ou de clandestinité (Paris, 16 mai 2006, *D.* 2007. 706., note W. Dross).

6 Lorsque la possession est régulière, le prétendu donateur ou ses héritiers peuvent combattre la présomption en démontrant l'absence de donation. À cet effet, ils peuvent par exemple établir l'irrégularité de la tradition qui aurait été postérieure au décès du donateur de telle sorte qu'il n'a pu y avoir don manuel de sa part (Orléans, 3 nov. 1943, *D.* 1947. 17, note Ponsard, maintenu par Req. 23 juin 1947, *D.* 1947. 463) ou encore l'absence d'intention libérale qui résulte notamment de ce que celui qui prétend avoir reçu la chose à titre de don manuel en est en réalité le détenteur précaire (Civ. 1re, 19 oct. 1983, *Bull. civ.* I, no 241 ; 28 avr. 1986, *Bull. civ.* I, no 106).

133

ASSURANCE VIE. CONTRAT DE CAPITALISATION. EXISTENCE D'UN ALÉA. ABSENCE DE LIBÉRALITÉ

Ch. mixte, 23 novembre 2004

(*D.* 2005. 1905, note B. Beignier, *Dr. fam.* 2005, chron. no 6, par H. Lécuyer, *Resp. civ. ass.* 2005, no 42 et chron. no 3, par F. Leduc et Ph. Pierre, *JCP* 2005. I. 111, chron. par J. Ghestin, *JCP* N I. 103, *RDC* 2005/2. 297, obs. Bénabent, *RTD civ.* 2005. 434, obs. M. Grimaldi)

Wangermee c. Dame Wangermee

Le contrat d'assurance dont les effets dépendent de la durée de la vie humaine comporte un aléa au sens des articles 1964 du Code civil, L. 310-1, 1° et R. 321-1, 20 du Code des assurances et constitue un contrat d'assurance sur la vie.

Il résulte de l'article L. 132-13 du Code des assurances que les règles du rapport et celles de la réduction pour atteinte à la réserve des héritiers ne s'appliquent pas aux sommes versées par le contractant à titre de primes, à moins que celles-ci n'aient été manifestement exagérées eu égard à ses facultés.

Faits. — Une personne souscrit trois contrats d'assurance placement. En vertu de ces contrats, la compagnie d'assurances s'engage à verser, au terme convenu, un capital égal aux primes versées majoré des produits financiers. En cas de prédécès du souscripteur, il est prévu que le capital sera versé à sa petite-fille. Cette éventualité s'étant réalisée, les enfants du *de cujus* virent dans ces contrats des libéralités et demandèrent que le produit de ces assurances placement soit pris en compte pour le calcul de la réserve héréditaire et qu'il soit procédé à leur réduction en cas d'empiétement sur celle-ci. Les juges du fond ayant repoussé leur demande, un pourvoi en cassation fut formé.

ARRÊT

Attendu, selon l'arrêt attaqué (Douai, 25 mars 2002), que les consorts Marie-Christine, Pascal et Claudine X..., ont fait assigner Mme Édith X..., leur sœur, ainsi que

Mlle Y…, leur nièce, pour voir ordonner à cette dernière la restitution, à la succession de sa grand-mère Mme Z… veuve X…, du bénéfice de trois contrats d'assurance vie souscrits par cette dernière à son profit auprès de la société Natio-Vie, au motif que les libéralités consenties dépassaient la quotité disponible ;

Sur le premier moyen :

Attendu que les consorts X… font grief à l'arrêt d'avoir retenu que les contrats souscrits étaient des contrats d'assurance vie, alors, selon le moyen :

1) qu'en retenant que l'opération d'assurance sur la vie n'est pas une assurance de placement, qu'elle vise à couvrir soit le risque de survie, soit le risque de décès de l'assuré, que le risque couvert par l'assurance sur la vie est un événement certes certain dans sa réalisation mais incertain quant à sa date, qu'elle est alternative dès lors que si le risque décès se réalise en premier le bénéficiaire sera le tiers désigné, cependant qu'en cas de survie de l'assuré à l'échéance il bénéficiera d'une garantie vie, que l'obligation de l'assureur prend en compte non pas le terme fixé à l'avance mais la durée de vie de l'assuré, la mort ou la survie constituant la réalisation du risque dont la date est inconnue d'où l'aléa, cependant que dans tels types de contrats l'assureur s'engage à verser à l'assuré s'il est en vie aux termes du contrat ou, s'il meurt avant, au bénéficiaire désigné, un capital qui dans les deux cas est égal aux primes cumulées majorées des produits financiers et diminuées des frais de gestion, ce qui exclut tout aléa tenant à la date du décès laquelle est indifférente, la cour d'appel n'a pas légalement justifié sa décision au regard des articles L. 132-1 et suivants du Code des assurances et 1104 du Code civil ;

2) qu'en retenant que dans un contrat d'assurance sur la vie l'assureur est propriétaire des primes mais ne devient débiteur d'une obligation personnelle que lorsque le risque se réalise, que son créancier lui est désormais connu, que le souscripteur ne récupérera la valeur acquise de son épargne que s'il survit à l'échéance du contrat d'où un risque de perte puisque l'actif successoral sera dans ce cas privé d'un actif correspondant à l'épargne du souscripteur, la cour d'appel n'a nullement caractérisé la perte encourue par le souscripteur, lequel connaît à la date de conclusion du contrat le montant du capital devant être versé, que ce soit à lui-même ou au bénéficiaire désigné, la cour d'appel a privé sa décision de base légale au regard des articles L. 132-1 et suivants du Code des assurances ;

3) qu'en ne procédant à aucune analyse du contrat dans lequel la défunte avait versé un capital avec rachat trimestriel réduisant le capital dû au décès ce dont il se déduisait l'absence d'aléa dès lors que l'assureur s'engageait à verser le capital acquis au jour du décès lequel dépendait uniquement des cotisations versées, étant assorti d'une demande de prélèvement libératoire, la cour d'appel, qui se prononce par des motifs généraux sur la distinction entre le contrat d'assurance vie et le contrat de capitalisation a violé l'article 455 du nouveau Code de procédure civile ;

4) qu'en ne statuant pas sur le moyen faisant valoir que dans le cadre d'un contrat (formule B souscrit le 28 décembre 1987) conclu pour une durée déterminée et stipulant qu'en cas de vie au terme du contrat, le capital serait versé à la *de cujus* et en cas de décès avant terme à la bénéficiaire, le contrat prévoyant aussi le dénouement sous la forme d'une rente viagère calculée sur le montant des cotisations, ce qui excluait tout aléa, la cour d'appel a violé l'article 455 du nouveau Code de procédure civile ;

5) qu'en ne statuant pas sur le moyen faisant valoir que la *de cujus* avait souscrit un contrat (Natio-Vie le 31 octobre 1993) mixte vie et décès pour une durée déterminée, l'article 1 des conditions générales valant note d'information précisant que « l'objet du contrat est la constitution d'un capital ou d'une rente viagère. L'épargne est accumulée par des cotisations périodiques ou libres. Elle se valorise au choix de l'adhérent, soit par une capitalisation garantie complétée de participation aux bénéfices, soit conversion d'actions de SICAV ou de parts de SCI, » la cour d'appel a violé l'article 455 du nouveau Code de procédure civile;

Mais attendu que le contrat d'assurance dont les effets dépendent de la durée de la vie humaine comporte un aléa au sens des articles 1964 du Code civil, L. 310-1,1° et R. 321-1,20. du Code des assurances et constitue un contrat d'assurance sur la vie;

Et attendu que l'arrêt retient que l'exécution des engagements de faire fructifier l'épargne du souscripteur par une méthode commune aux opérations de capitalisation et à celles d'assurance dépendait de la durée de la vie humaine; que la cour d'appel en a exactement déduit l'existence de l'aléa inhérent aux contrats au sens des textes précités et a ainsi légalement justifié sa décision;

Et sur le second moyen :

Attendu qu'il est fait grief à l'arrêt d'avoir ordonné l'ouverture des opérations de compte liquidation et partage de la succession décidant que Mlle Y... était bénéficiaire des contrats d'assurance sur la vie, alors, selon le moyen :

1/ que la cour d'appel qui a pris en considération les avoirs boursiers tels qu'ils existaient antérieurement à la conclusion du contrat Duo Dix souscrit le 9 octobre 1992 et la souscription du contrat Multiplacement du 31 octobre 1993 n'a pas légalement justifié sa décision au regard de l'article L. 132-13 du Code des assurances;

2/ que la cour d'appel, qui n'a pas apprécié la situation à la date à laquelle a été conclu chacun des contrats, n'a, par là même, pas légalement justifié sa décision au regard de l'article L. 132-13 du Code des assurances;

3/ qu'en relevant que les contrats ont été souscrits en 1987,1992 et 1993 à une époque où la défunte avait 73 ans pour le premier, 78 et 79 pour les suivants étant décédée à l'âge de 82 ans et que dès lors les primes payées étaient manifestement exagérées par rapport à ses facultés, la cour d'appel, qui n'explique pas en quoi la souscription de tels contrats peu d'années avant le décès étaient utiles pour la défunte n'a pas légalement justifié sa décision au regard de l'article L. 132-13 du Code des assurances;

Mais attendu qu'il résulte de l'article L. 132-13 du Code des assurances que les règles du rapport à succession et celles de la réduction pour atteinte à la réserve des héritiers ne s'appliquent pas aux sommes versées par le contractant à titre de primes, à moins que celles-ci n'aient été manifestement exagérées eu égard à ses facultés;

qu'un tel caractère s'apprécie au moment du versement, au regard de l'âge ainsi que des situations patrimoniale et familiale du souscripteur;

Et attendu que l'arrêt retient, par motifs propres et adoptés, que Mme Z... veuve X..., âgée de 73, 78 et 79 ans au moment des versements est décédée à 82 ans laissant plusieurs héritiers, qu'elle disposait de valeurs mobilières d'un montant de 1 200 000 francs en 1992, possédait un mobilier estimé à 336 000 francs en 1990, des biens immobiliers évalués à 500 000 francs lors de l'ouverture de sa succession et percevait une retraite mensuelle de 11 000 francs; que la cour d'appel en a exactement déduit que les primes versées d'un montant global de 900 000 francs n'étaient pas manifestement exagérées eu égard aux facultés du souscripteur; qu'elle a ainsi légalement justifié sa décision;

Par ces motifs, rejette...

OBSERVATIONS

1 Institution en euphorie, l'assurance vie recouvre une réalité qui s'est considérablement diversifiée au cours des trente dernières années. À la classique assurance décès prévoyant en contrepartie du paiement d'une prime, le versement d'un capital à un bénéficiaire au cas où le souscripteur viendrait à décéder en cours de contrat, se sont ajoutées des formules d'assurance placement qui capitalisent les versements du souscripteur pour les reverser à l'échéance convenue soit au souscripteur lui-même s'il est encore en vie à cette date, soit au bénéficiaire désigné par le souscripteur s'il vient à décéder avant celle-ci. Traditionnellement, l'assurance vie première manière bénéficie d'un régime tant civil que fiscal particulier. En tant qu'opération aléatoire, elle n'est pas une libéralité et échappe de ce fait au rapport et à la réduction, ainsi qu'au paiement des droits de mutation à titre gratuit. Mais ce régime particulier vaut-il aussi pour l'assurance vie nouvelle manière, c'est-à-dire pour l'assurance placement ? Telle était la question posée, en la circonstance, à la haute juridiction. Celle-ci y répond avec une certaine solennité puisque, réunie en chambre mixte et éclairée par l'intervention d'*amici curiae*, elle use de l'effet de répétition en rendant le même jour quatre arrêts à la motivation identique, dont seul le troisième est ici reproduit. Comme on va le voir, la réponse apportée à la question posée variait selon que l'on faisait prévaloir les considérations juridiques ou les considérations économiques. Manifestement, la haute juridiction a, en la circonstance, résolument sacrifié les premières aux secondes.

I. — Approche juridique

2 Après avoir rappelé les éléments du problème ainsi que la solution qui lui a été apportée (A), on procédera à une analyse critique de celle-ci (B).

A. — Le problème et sa solution

3 Ainsi qu'on l'a déjà rappelé, l'assurance vie a connu au cours des trente dernières années une montée en puissance qui s'est accompagnée d'une grande diversification (C. Béguin, *Les contrats d'assurance sur la vie et le droit patrimonial de la famille*, thèse Paris II, 2011).

À l'origine, elle se présentait essentiellement sous la forme de l'assurance décès. Il s'agit d'une opération de prévoyance par laquelle le souscripteur va contracter avec une compagnie d'assurance pour garantir qu'une ou des personnes qui lui sont chères ne resteront pas démunies au cas où il viendrait à disparaître prématurément. À cet effet, l'assuré verse à la compagnie d'assurance une prime, celle-ci s'engageant en contrepartie à verser aux bénéficiaires désignés dans le contrat un capital dans le cas où l'éventualité envisagée viendrait à se réaliser.

Le caractère aléatoire d'un tel contrat est indiscuté. Et de fait, selon que l'événement envisagé – la mort de l'assuré – se réalisera ou non, les chances de gain ou de perte seront pour l'une ou l'autre partie : si le risque ne se réalise pas, les primes auront été versées à fonds perdu; si le risque survient, la somme versée peut être très supérieure aux primes perçues. Or, sous-catégorie des contrats à titre onéreux, les contrats aléatoires s'opposent par nature aux contrats à titre gratuit et aux libéralités. Comme on l'a justement souligné, « celui qui joue n'est pas mû par une intention libérale »; quand il perd, l'avantage qu'il procure à l'autre n'est nullement un cadeau qu'il lui fait mais un gain que celui-ci réalise, ce gain n'étant que la contrepartie du risque de perte assumé (A. Bénabent, obs. *RDC* 2005/2, p. 297). Ce caractère aléatoire, antithétique de l'existence d'une libéralité, se répercute sur les rapports assuré-bénéficiaire. Les deux éléments nécessaires à l'existence d'une libéralité font alors, en effet, défaut. L'élément moral manque car « le souscripteur qui contracte en vue de protéger le bénéficiaire contre le risque de tomber dans un état de besoin n'est pas animé d'une intention libérale : il s'acquitte d'un devoir de conscience ». Il en va de même pour l'élément matériel car « le paiement des primes ne réalise pas un transfert de richesse mais le financement d'une protection » (M. Grimaldi, « L'assurance vie et le droit des successions », *Defrénois* 2001. 3 s., spéc. 17).

Aussi bien, prenant en compte fort logiquement la spécificité de l'opération, les articles L. 132-12 et L. 132-13 du Code des assurances prévoient-ils au regard du droit des successions, d'une part, qu'en cas d'assurance décès le capital ne fait pas partie de la succession de l'assuré, le bénéficiaire ayant acquis son droit dès le jour de la conclusion du contrat, d'autre part, que ni le capital ni les primes versées ne sont sujets au rapport ou à la réduction pour atteinte à la réserve. N'étant pas une libéralité, le capital n'a pas à être réintégré dans la succession par la voie du rapport ou de la réduction, comme le sont les biens donnés. Enfin, le capital n'est, en principe, pas assujetti aux droits de mutation à titre gratuit (sur cette question, v. F. Douet, *Précis de droit fiscal de la famille*, 13e éd., 2014, nos 2703 s.)

4 À cette première variété d'assurance vie s'en est ajoutée plus récemment une autre, l'assurance placement encore nommée assurance capitalisation, qui l'emporte aujourd'hui en pratique par l'importance des fonds collectés, sans pour autant avoir éliminé la première. Selon cette nouvelle formule, la compagnie d'assurance capitalise les primes périodiquement versées par l'assuré, augmentées des produits financiers issus de leur placement mais diminuées des frais de gestion et s'engage, au terme du contrat, à reverser l'épargne ainsi constituée soit à l'assuré s'il est toujours en vie, soit au cas où il serait décédé dans l'intervalle à un bénéficiaire désigné par celui-ci. Comme on a pu l'écrire, la règle du jeu est alors « aussi claire que dans l'assurance décès mais ce n'est pas la même : le capital assuré sera nécessairement payé par l'assureur, mais il ne représente que la valeur de l'épargne acquise au jour du paiement » (M. Grimaldi, art. préc., *Defrénois* 2001. 4).

D'où une interrogation : les dispositions des articles L. 132-12 et L. 132-13 du Code des assurances, soustrayant l'assurance décès au jeu des règles du droit des successions s'appliquent-elles à l'assurance placement ?

5 On s'accorde, en général, à considérer que la réponse dépend de la qualification apportée à cette seconde variété d'assurance vie. Constitue-t-elle ou non, comme la première, un contrat d'assurance, lequel implique l'existence d'un aléa ?

Dans un premier temps, la haute juridiction a paru incliner vers une réponse négative dans un arrêt *Leroux* par lequel elle décida que les articles L. 132-12 et L. 132-13 du Code des assurances ne s'appliquaient pas aux contrats de capitalisation. Mais la portée exacte de la décision restait sujette à discussion en raison de sa motivation « succincte et énigmatique » (Lambert-Faivre, *Droit des assurances*, 11e éd., 2001, no 969). Aussi bien une réponse claire était-elle souhaitée par la pratique, en raison de l'importance des enjeux. Par l'arrêt ci-dessus reproduit, lequel est le troisième d'une série de quatre, rendus le même jour et motivés en termes identiques, la haute juridiction a entrepris de répondre à cette attente. Elle affirme, en effet, que « le contrat d'assurance dont les effets dépendent de la durée de la vie humaine comporte un aléa au sens des articles 1964 du Code civil, L. 310-1, 1° et R. 321-1, 20 du Code des assurances, et constitue un contrat d'assurance sur la vie », en sorte que les dispositions des articles L. 132-12 et L. 132-13 du Code des assurances qui soustraient les contrats d'assurance vie au jeu du droit des successions leur sont applicables. Considérée d'un point de vue strictement juridique, la décision n'a pas emporté la conviction de la plupart des commentateurs.

B. — Analyse critique

6 Et de fait, il lui a été reproché de heurter de front les catégories du droit civil et de méconnaître les intérêts des familles en ce qu'ils s'incarnent dans la réserve héréditaire.

7 Selon la haute juridiction, les contrats visés constituent bel et bien des contrats justiciables de l'article L. 132-13 du Code des assurances, la raison en étant que « le contrat d'assurance dont les effets dépendent de la durée de la vie humaine comporte un aléa au sens de l'article 1964 du Code civil ». Comme on l'a souligné, l'affirmation est ambiguë. S'agit-il d'une définition de l'aléa qui vaut pour le seul contrat d'assurance, comme semble l'impliquer la référence initiale à celui-ci, ou pour tout contrat, comme paraît le laisser entendre la référence à l'article 1964 du Code civil, lequel définit le contrat aléatoire en général ? (M. Grimaldi, *RTD civ.* 2005. 435). Quoi qu'il en soit, pour la Cour de cassation, présente un caractère aléatoire le contrat (d'assurance ?) « dont les effets dépendent de la durée de la vie humaine ». La proposition n'est pas sans surprendre. En effet, si la référence à la durée de la vie d'une personne introduit un élément incertain dans le contrat, la seule présence de cet élément ne suffit pas à conférer à celui-ci un caractère aléatoire. Pour que le contrat revête un tel caractère, il faut que cet élément *commande son équilibre* et détermine en même temps, selon les termes mêmes de l'article 1964 du Code civil, ses « effets quant aux avantages et aux pertes ». En d'autres termes, il faut que chacune des parties « court une chance de gain et un risque de perte entre lesquels il y a réciprocité : le même événement détermine le gain de l'un et la perte de l'autre » (Malaurie, Aynès et Gautier, *Les contrats spéciaux*, n° 970). Ainsi en va-t-il, on l'a vu, pour l'assurance décès, car si le risque – la mort du souscripteur – ne se réalise pas, les primes auront été versées à fonds perdus et, s'il se réalise, l'indemnité peut être très supérieure aux primes versées. Tel n'est pas le cas, en revanche, des contrats d'assurance placement concernés. La durée de la vie humaine ne commande, en effet, en rien la valeur des prestations, laquelle sera, dans tous les cas, du montant des primes capitalisées, augmenté des intérêts et diminué des frais de gestion. L'assureur devra, de toute façon, verser l'épargne capitalisée. La seule conséquence que commande la survie du souscripteur à l'échéance est la détermination du destinataire de cette épargne : le souscripteur en cas de survie, le bénéficiaire désigné par le souscripteur en cas de prédécès de celui-ci. C'est dire que cette survie ne décide en rien de l'équilibre « quant aux avantages et aux pertes de l'opération » (A. Bénabent, obs., *RDC* 2005/2, p. 299). Comme on l'a justement souligné, voir dans une telle opération un contrat aléatoire, ce serait faire entrer dans la catégorie des contrats aléatoires tous les contrats conclus pour l'avenir avec une personne physique, mortelle par essence (A. Bénabent, obs. préc.; M. Grimaldi, obs. préc.).

En réalité, il n'est aucun aléa dans ces produits, car leurs promoteurs n'ont eu à l'esprit qu'un seul souci : réduire celui-ci au maximum pour séduire la clientèle (B. Beignier, *D.* 2005. 1906). Ainsi, en découvrant un contrat d'assurance sur la vie revêtant un caractère aléatoire là où manifestement il n'y avait qu'un simple contrat d'épargne ou de placement, la Cour de cassation méconnaît les catégories fondamentales du droit des contrats (J.-L. Aubert, « L'aléa et l'assurance sur la vie », *Mélanges Groutel*, 2006, p. 13 s., spéc. 21).

8 Cette méconnaissance des catégories civiles n'est, au demeurant, pas gratuite. Elle a pour but de permettre à la Cour de cassation de qualifier les contrats d'épargne et de placement de contrat d'assurance vie, afin de les faire bénéficier du régime particulier édicté par les articles L. 132-12 et L. 132-13 du Code des assurances. Il en résulte que l'épargne ainsi constituée et transmise échappe au rapport et à la réduction.

La règle connaît néanmoins deux tempéraments. En premier lieu, les dispositions précitées prévoient que les primes versées par le *de cujus* seront soumises au rapport et à la réduction si elles sont « manifestement exagérées ». L'arrêt analysé apporte à cet égard d'utiles précisions : « le caractère manifestement exagéré des primes s'apprécie au moment du versement, au regard de l'âge, ainsi que des situations patrimoniale et familiale du souscripteur » (rappr. Civ. 1re, 12 nov. 2009, *Dr. fam.* 2010, n° 7, note B. Beignier, à propos de la date). La directive n'en reste pas moins délicate à mettre en œuvre, en sorte qu'elle risque de déboucher sur un contentieux au résultat malaisément prévisible et de nature à exacerber les conflits familiaux (v. M. Grimaldi, obs., *RTD civ.* 2005. 437) (pour des exemples de primes manifestement exagérées, voir Civ. 1re, 10 avr. 2008, *Bull. civ.* I, no 79, *JCP* 2008. IV. 1912; 10 oct. 2012, *Bull. civ.* I, no 199; pour un exemple de primes non manifestement exagérées, voir Civ. 1re, 17 juin 2009, *Bull. civ.* I, no 136, *D.* 2009. 1824).

En second lieu, une chambre mixte a requalifié un contrat d'assurance-vie en donation indirecte en approuvant une cour d'appel d'avoir déduit cette qualification de l'absence d'aléa dans les dispositions prises, du caractère illusoire de la faculté de rachat et de l'existence chez le souscripteur d'une volonté irrévocable de se dépouiller (Ch. mixte, 21 déc. 2007, *D.* 2008. 218, note G. Bruguière-Fontenille, 1314, note F. Douet, *JCP* 2008. II. 10029, note L. Mayaux, 2009. I. 109, no 10, obs. R. Le Guidec, *Dr. fam.* 2008, no 30, obs. B. Beignier, *RTD civ.* 2008. 137, obs. M. Grimaldi). Concrètement, l'hypothèse vise l'opération qui est réalisée par un souscripteur à l'article de la mort.

9 Quoi qu'il en soit, Le placement de sommes importantes en assurance vie permet de les soustraire aux droits légitimes des héritiers et de priver ceux-ci de leur réserve. Bien sûr, on fera valoir que « la réserve du droit français est d'un autre temps (celui des patrimoines ruraux à transmettre impérativement) », qu'elle est « une ligne Maginot, une passoire hors d'âge » (B. Beignier, *D.* 2005. 1907), à laquelle la loi du 23 juin 2006 a multiplié les atteintes directes et indirectes (sur ces atteintes, v. G. Wicker, « Le nouveau droit des libéralités entre évolution, révolution et contre-révolution », *Dr. et patr.* mars 2007.74 s., spéc. 76). Il n'en reste pas moins que cette même loi du 23 juin 2006 a réaffirmé très clairement à l'article 721, alinéa 2 du Code civil le principe de la réserve héréditaire et que la Cour de cassation n'hésite pas parfois à traquer les libéralités afin de les soumettre à une réduction, dans des hypothèses fort voisines de celles ici étudiées et où il n'est nullement question de transmission de patrimoines ruraux. C'est ainsi que lorsqu'une personne décède domiciliée en France, après avoir constitué à l'étranger un trust entre vifs réalisant une libéralité à cause de mort, les biens qui sont ainsi transmis au moyen de ce trust sont, en présence de réservataires, soumis à réduction au cas où ils empiéteraient sur la réserve (Paris, 10 janvier 1970, *D.* 1972. 127, note Malaurie; Paris 12 juillet 1984, *Rev. crit. DIP* 1985. 514, note Y. Lequette; Civ. 1re, 4 févr. 1986. *Rev. crit. DIP* 1986. 685; Civ. 1re, 20 févr. 1996, *D.* 1996. 390 et chron. Y. Lequette, p. 231). Or, l'opération ainsi réalisée présente une étroite similitude avec les contrats d'assurance placement qui, pourtant, échappent, eux, à cette même réduction. Dans les deux cas, on est en présence d'opérations qui ont pour objet la gestion et la transmission d'une épargne par l'entremise d'un tiers, le trustee dans un cas, la compagnie d'assurances dans l'autre. Dans les deux cas, la durée de la vie humaine influe sur la désignation du bénéficiaire. Pourquoi aller traquer ces opérations réalisées à l'étranger au moyen d'un trust régi par une loi étrangère afin de les soumettre à la réserve du droit français et soustraire à l'emprise de celle-ci ces mêmes opérations lorsqu'elles sont accomplies en France en application de la loi française ? Tout cela manque singulièrement de cohérence.

En réalité, comme tous les commentateurs l'ont souligné mais comme la décision ci-dessus reproduite le dissimule soigneusement, la solution retenue s'explique essentiellement par des considérations économiques.

II. — Approche économique

10 La raison du choix de la Cour de cassation réside dans une note du ministère de l'Économie et des Finances, à laquelle se sont ajoutées des notes émanant de la Fédération française des sociétés d'assurances et du Conseil supérieur du notariat. Renouant avec la pratique de l'*amicus curiae* (sur celle-ci v. *supra*, nº 51, § 19; R. Encinas de Munagorri, *RTD civ.* 2005. 88 s.), ces documents n'ont pas été rendus publics par la Cour de cassation, sinon au moyen d'extraits figurant dans le rapport du conseiller-rapporteur et dans les conclusions de l'avocat-général de Gouttes. On peut lire dans celles-ci que la requalification « affecterait profondément les stratégies de prévoyance, d'épargne et de transmission patrimoniale pour lesquelles les contrats d'assurance vie mixtes fournissent un outil simple et très efficace à des millions de Français. Compte tenu des montants en jeu et de l'image très sécurisante de l'assurance vie, un tel bouleversement serait, non seulement, porteur de risques systémiques pour la place de Paris, mais ne manquerait pas de susciter une crise de confiance profonde et durable des épargnants vis-à-vis de l'ensemble du régime légal et fiscal mis en place par l'État autour des produits d'épargne et de prévoyance ». À dire les choses plus crûment, les fonds investis dans ce genre de contrats sont massivement placés en obligations d'État, en sorte que toute mesure de nature à dissuader les particuliers de souscrire de tels contrats pourrait mettre en péril les finances publiques.

Aussi bien, afin de préserver ces mêmes finances publiques, l'avocat-général avait envisagé, au cas où la haute juridiction aurait choisi de respecter la loi civile c'est-à-dire de requalifier les contrats d'assurance vie en contrats d'épargne et de placement opérant une libéralité indirecte, de limiter dans le temps les effets de ce « changement de jurisprudence », celui-ci ne valant que pour l'avenir. La suggestion appelle deux remarques. En premier lieu, on voit mal où était, ici, le « changement de jurisprudence » puisque celle-ci était, en la matière, inexistante, à moins qu'une « pratique auto-instituée » vaille jurisprudence (Bénabent, obs., *RDC* 2005/2. 300; sur la difficulté à définir le changement de jurisprudence, v. *supra*, nº 12, § 4). En second lieu, introduire une telle limitation, c'était, comme en convient l'avocat-général, ressusciter la pratique des arrêts de règlement avec « le risque de voir la Cour de cassation entrer en concurrence avec la loi et avec la mission du législateur ». On sait que, depuis, la haute juridiction a assumé ce risque sans état d'âme (*supra*, nº 12, § 8).

Il n'a, au demeurant, pas été nécessaire en la circonstance de recourir à ces artifices. Ainsi mise en demeure, la haute juridiction a, en effet, préféré tordre les catégories juridiques plutôt que de pouvoir être suspecté d'avoir déclenché un séisme financier. Une telle solution était au demeurant hautement prévisible. On sait, en effet, que dès lors que les intérêts des familles entrent en conflit avec des intérêts économiques, fussent ceux de la prostitution, la haute juridiction fait systématiquement prévaloir les seconds (v. *supra*, n° 30).

11 Il était pourtant, en l'occurrence, un moyen simple de concilier considérations juridiques et considérations économiques. S'agissant des considérations *juridiques*, il aurait suffi que la haute juridiction requalifie les contrats dont elle avait à connaître en contrat d'épargne et de placement, ce qui aurait conduit à voir dans ceux-ci des libéralités indirectes soumises au rapport et à la réduction. Ainsi aurait-on respecté les catégories juridiques et sauvegardé les intérêts des familles, que prend notamment en charge l'institution de la réserve héréditaire. S'agissant des considérations *économiques*, il aurait suffi que le législateur soustraie, fiscalement, ce type de contrat au paiement des droits de mutation. L'affirmation claire de cette exemption par le législateur aurait suffi à sauvegarder, voire aurait même renforcé l'attractivité de ce type de placement. Il y aurait eu là une simple manifestation de l'autonomie du droit fiscal, dont le droit patrimonial de la famille a dans le passé donné maints exemples (v. M. Grimaldi, art. préc., *Defrénois* 2001. 27). Ainsi la Cour de cassation et le législateur auraient-ils respecté chacun la mission dont ils sont investis. La première, gardienne du droit, aurait rendu ce qui serait apparu comme un arrêt de provocation, le second assumant les responsabilités qui lui incombent naturellement aurait ainsi contribué à définir la politique économique et financière du pays. Mais l'adoption d'une telle mesure nécessitait un minimum de courage politique.

Aussi bien, la voie choisie a-t-elle été tout autre, illustrant ainsi la crise profonde que traversent aujourd'hui, en France, les sources du droit : d'un côté, l'affaiblissement d'un pouvoir législatif national qui se dérobe devant ses responsabilités naturelles, de l'autre, un juge qui tend à s'arroger une fonction normative propre, l'une des manifestations les plus notables en étant la résurrection de la pratique des arrêts de règlement (*supra*, n° 12, § 8). L'exemple présent montre que le droit et la justice ne peuvent que souffrir de cette « fuite en avant aussi désespérée qu'inutile ». Comme on l'a justement rappelé, « ce qui, dans notre système juridique, fait la force de la jurisprudence et son autorité même, c'est (...) sa propension à convaincre, à susciter l'adhésion de la communauté des juristes » (C. Brenner, « Le rôle créatif de la jurisprudence en droit des successions », *APD* 2007, t. 50, p. 149, spéc. p. 162). Or que reste-t-il de cette force lorsqu'on est en présence d'une motivation « autoritaire et péremptoire » qui ne peut convaincre, s'agissant de la définition du contrat aléatoire, que ceux qui ont décidé de l'être, en l'occurrence une doctrine complaisante (J. Ghestin, « La Cour de cassation s'est prononcée contre la requalification des contrats d'assurance vie en contrats de capitalisation », *JCP* 2005. I. 111), forgée pour les besoins de la question qui nous occupe (J. Ghestin et M. Billiau, « Contre la requalification des contrats d'assurance vie en contrats de capitalisation », *JCP* 2001. I. 329) ?

12 Alors qu'en Belgique, la loi qui mettait hors d'atteinte des héritiers réservataires les capitaux placés dans des produits d'assurance-vie a été déclarée contraire à la Constitution (Cour const. belge 26 juin 2008, *RTD civ.* 2008.

526, obs. M. Grimaldi), en France la Cour de cassation a décidé que la QPC visant la conformité à la Constitution des articles L. 132-12 et L. 132-13 du Code des assurances en ce qu'ils porteraient atteinte au principe fondamental d'égalité des citoyens devant la loi et notamment au principe de non-discrimination entre les héritiers réservataires ne présentait pas un caractère sérieux (Civ. 2e, 19 oct. 2011, *RCA* 2012, n° 21, note Ph. Pierre).

PACTES SUR SUCCESSION FUTURE

134-137

PACTES SUR SUCCESSION FUTURE. NULLITÉ. CONDITIONS. RENONCIATION AU DROIT LÉGAL. CLAUSE MATRIMONIALE DITE COMMERCIALE. EXCEPTION LÉGALE. ARTICLE 1868 DU CODE CIVIL. CLAUSE D'ACCROISSEMENT

I. Ch. réun. 2 juillet 1903. — II. Civ. 11 janvier 1933. — III. Ch. réun. 28 avril 1961. — IV. Ch. mixte 27 novembre 1970

Toute stipulation ayant pour objet soit de renoncer à une succession non ouverte, soit d'attribuer à une autre personne un droit privatif sur tout ou partie d'une telle succession constitue un pacte sur succession future prohibé par les articles 791 et 1130 du Code civil. Cette prohibition est d'ordre public et ne comporte d'autres dérogations que celles qui sont limitativement déterminées par la loi.

En conséquence, le droit de retour légal étant essentiellement un droit successoral dont le mode d'exercice est exclusivement régi par la loi, est radicalement nul, comme constituant un pacte sur succession future, tout accord intervenu du vivant du donataire, par lequel le donateur renonce à son droit de retour ou consent à en restreindre l'exercice (1er arrêt).

De même est nulle de plein droit, comme constituant un pacte sur succession future, la clause d'un contrat de mariage permettant au survivant des époux de prendre dans la succession du prémourant le fonds de commerce appartenant en propre à celui-ci, à charge d'en payer la valeur à ses héritiers (2e arrêt).

La stipulation d'un acte de société prévoyant, au décès d'un associé, la continuation de la société entre les seuls survivants, qui peuvent alors racheter dans les conditions prévues par le contrat les parts du prédécédé, est, bien qu'attribuant aux associés survivants un droit éventuel sur une succession non ouverte, autorisée par les termes de l'article 1868 du Code civil et, par exception, ne tombe pas sous le coup de la prohibition des pactes sur succession future (3e arrêt).

Ne constitue pas une clause attribuant au survivant un droit privatif sur une partie de la succession du prémourant et ne tombe pas sous la prohibition des pactes sur succession future, la convention donnant à chacun des époux séparés de biens, acquéreurs d'un immeuble, la propriété de l'immeuble tout entier à partir du jour de son acquisition, sous condition de prédécès de son cocontractant (4e arrêt).

I. — Ch. réun. 2 juillet 1903

(*DP* 1903. 1. 353, rapport Roulier et concl. Baudouin, *S.* 1904. 1. 65, note Ch. Lyon-Caen, *PF* 1903. 1. 497, note Gény)

Ménard c. Roux

Faits. — Dans le contrat de mariage des époux Roux-Ménard, portant adoption du régime de la communauté d'acquêts, les époux Ménard, père et mère de la future épouse, ont constitué en dot divers biens à leur fille, avec réserve à leur profit du droit de retour pour le cas où cette dernière décéderait avant eux sans postérité; il a été toutefois stipulé que cette réserve du droit de retour ne ferait pas obstacle à l'exécution de toutes les donations et dispositions en usufruit, même avec dispense de caution et d'emploi, que la future épouse pourrait faire au futur époux au cours du mariage ni à l'effet de tous autres avantages et dispositions qui pourraient résulter au profit de ce dernier, soit du contrat même, soit de la loi. La dame Roux est décédée le 7 janvier 1898, sans avoir fait de dispositions au profit de son conjoint survivant, laissant pour seuls héritiers ses père et mère. Un conflit s'est élevé entre ces derniers et le sieur Roux sur le point de savoir si les biens donnés à la future épouse et grevés d'un droit de retour au profit des donateurs étaient soumis à l'usufruit légal que la loi accorde au conjoint survivant.

Le tribunal civil de la Seine, par jugement du 7 janvier 1899, et la cour de Paris, par arrêt du 21 juin suivant (*S.* 1901. 1. 433, sous Civ. 24 juill. 1901), se sont prononcés pour l'affirmative. Mais, sur pourvoi des époux Ménard, la chambre civile a, par arrêt du 24 juillet 1901 (*DP* 1901. 1. 433, note Lyon-Caen), cassé cette dernière décision et renvoyé la cause devant la cour d'Amiens, laquelle, par arrêt du 6 mars 1902 (*DP* 1902. 2. 112 et au *Sirey*, sous l'arrêt des chambres réunies), s'est rangée à la thèse de la cour de Paris pour les motifs suivants :

« Mais considérant que les articles 791 et 1130 du Code civil ne paraissent pas devoir s'appliquer à la clause litigieuse, alors même qu'elle ne constituerait qu'une limitation du droit de retour; que les pactes sur succession future et les renonciations à une succession non ouverte n'ont été interdits par le législateur que parce qu'ils ont un caractère immoral, soit à cause du *votum mortis* qu'ils impliquent, soit à raison de l'aléa qu'ils présentent et des complications qu'ils pourraient entraîner; qu'une des considérations qui les ont fait prohiber ne peut s'appliquer à la clause litigieuse; que cette clause est absolument morale; qu'elle porte sur un objet précis et déterminé; qu'elle ne présente dans la pratique que des avantages, et qu'aucun motif plausible n'apparaît qui puisse en justifier l'annulation; que des jurisconsultes éminents ont pensé que, dans ces conditions, les articles 791 et 1130 du Code civil ne pouvaient être applicables : *cessante ratione legis, cessat lex* »;

« Considérant d'ailleurs qu'il y a lieu de se placer à un autre point de vue pour apprécier la clause litigieuse; que cette clause, dans la pensée des parties contractantes, ne constituait pas une simple renonciation partielle au droit de retour, mais une libéralité éventuelle au profit du futur époux; qu'elle doit être entendue et interprétée dans ce sens "que le futur époux aura l'usufruit de la moitié des biens donnés, si la future prédécède sans avoir disposé desdits biens"; qu'une pareille stipulation serait certainement valable si elle était faite au profit d'un tiers quelconque (C. civ., art. 1121); qu'*a fortiori* elle doit l'être quand elle est faite au profit de l'un des conjoints.

... Confirme ».

La veuve Ménard s'est de nouveau pourvue en cassation.

Moyen. — Violation des articles 747, 791 et 1130 du Code civil, fausse application des articles 949, 951 et 1121 du même code, en ce que l'arrêt attaqué a déclaré que la clause insérée dans le paragraphe 4 de l'article 9 du contrat de mariage du 4 juin 1894, constituant, soit une renonciation partielle au droit de retour, soit une libéralité éventuelle au profit de l'époux survivant, était valable, et qu'elle devait produire tous ses effets à l'encontre de la vocation héréditaire spéciale que l'article 747 du Code civil a créée au profit des ascendants donateurs sur les choses par eux données à leurs enfants décédés sans postérité, lorsque les objets se retrouvent en nature dans la succession.

ARRÊT

La Cour; — ... Attendu que l'arrêt attaqué constate que les époux Ménard ont, suivant contrat de mariage en date à Paris du 4 juin 1894, constitué en dot à leur fille certains biens en pleine propriété, et qu'ils se sont réservé le droit de retour sur les biens donnés, en ajoutant toutefois que ce droit ne ferait pas obstacle à l'exécution de toutes les donations et dispositions en usufruit que la future épouse pourrait faire à son conjoint pendant le cours du mariage, ni à l'effet de tous autres avantages et dispositions pouvant résulter, au profit du futur époux, soit du contrat de mariage, soit de la loi; — Attendu que la fille dotée, la dame Roux, étant décédée sans postérité et sans avoir disposé des biens qui lui avaient été constitués, ledit arrêt ne méconnaît pas que les époux Ménard se trouvaient exactement dans les conditions prévues par la loi, à l'effet d'invoquer le bénéfice de l'article 747 du Code civil, aux termes duquel les ascendants succèdent, à l'exclusion de tous autres, aux choses par eux données à leurs enfants ou descendants décédés sans postérité, lorsque les objets donnés se retrouvent en nature dans la succession; que, cependant, l'arrêt repousse tout d'abord la prétention ainsi formulée de la dame Ménard, ès qualité, pour ce motif que, dans le cas même où la clause litigieuse, suivant laquelle le droit de retour ne devait pas faire obstacle à l'effet des avantages pouvant résulter de la loi au profit du futur époux, constituerait une limitation du droit de retour légal, les articles 791 et 1130 du Code civil, qui interdisent les pactes sur succession future, lui seraient inapplicables parce qu'elle ne pouvait présenter aucun des inconvénients qui motivent les prohibitions de la loi; — Mais attendu qu'il résulte tant des termes de l'article 747 que de la rubrique sous laquelle cet article se trouve placé, et qui est intitulée « des successions déférées aux ascendants », que le droit de retour légal est essentiellement un droit successoral formant, à côté de la succession ordinaire et dans les circonstances que la loi détermine, une succession privilégiée, dont la dévolution a lieu en vertu d'une vocation héréditaire spéciale, et qui a pour objet une classe particulière de biens; que son mode d'exercice est exclusivement régi par la loi; — Attendu que, suivant l'article 791 du Code civil, on ne peut, même par contrat de mariage, renoncer à la succession d'une personne vivante, ni aliéner les droits éventuels qu'on peut avoir à cette succession; que l'article 1130 du même code interdit en outre toute stipulation sur une succession non ouverte, même avec le consentement de celui de la succession duquel il s'agit; que ces prohibitions sont formelles et d'ordre public et que toute convention qui a pour conséquence de les éluder est nulle, aux termes de l'article 6 du Code civil; — Attendu, au surplus, et en ce qui touche les droits du conjoint survivant en concours avec des ascendants, que l'article 767 du Code civil, modifié, porte expressément que l'exercice du droit successoral de l'époux survivant ne devra pas préjudicier aux droits de retour, et que cette dernière expression, par la généralité de ses termes, s'applique aussi bien au droit de retour légal de l'article 747 qu'au droit de retour conventionnel; — Attendu qu'en se plaçant à un autre point de vue, l'arrêt attaqué ajoute que la clause dont il s'agit doit être interprétée dans le sens d'une libéralité éventuelle en usufruit, faite par les ascendants au profit du futur époux, portant sur la moitié de l'usufruit des biens donnés à la dame Roux, et subordonnée à cette double condition que l'épouse donataire en pleine propriété prédécède et qu'elle n'ait pas disposé de ses biens; que, cette double condition venant à se réaliser, la libéralité remonte rétroactivement au jour du contrat de mariage, de telle sorte que la partie des biens à laquelle s'applique cette stipulation d'usufruit faite au profit de Roux, conformément à l'article 1121 du Code civil, n'est entrée qu'en nue-propriété dans la succession de la dame Roux; que, par conséquent, la dame Ménard ne peut exercer son droit de retour légal que sur la nue-propriété des biens donnés à sa fille et sur la moitié de leur usufruit; — Mais attendu que les termes clairs et précis du contrat de mariage du 4 juin 1894 excluent formellement l'hypothèse d'un usufruit conventionnel, qui, soit par donation directe, soit sous la forme d'une stipulation pour autrui, aurait été dans l'espèce éventuellement constitué au profit du conjoint survivant; qu'en effet, les époux Ménard, donnant expressément à leur fille une propriété pleine et entière, se bornent à déclarer que, le cas échéant, « leur droit de retour ne fera pas obstacle à l'effet des avantages et dispositions pouvant résulter pour le futur époux, soit du contrat de mariage, soit de la loi »; — Attendu que cette clause, dans sa dernière partie, a pour but manifeste, ainsi que le constate l'arrêt attaqué lui-même, d'assurer l'exercice de l'usufruit légal attribué au survivant par l'article 767 nouveau du Code civil; — Or, attendu, comme il a déjà été dit, que, d'après cet article, l'exercice de l'usufruit légal ne préjudicie pas au droit de retour; — Attendu, dès lors, que la prétendue libéralité, qui aurait été faite par les époux Ménard au sieur Roux, constitue uniquement une renonciation anticipée au bénéfice de l'article 747; qu'il s'agit donc bien d'un pacte sur succession future, frappé de nullité par les articles 791 et 1130; — D'où il suit qu'en statuant comme elle l'a fait, la cour d'Amiens a violé les textes de loi visés au moyen; — Casse...

II. — Civ. 11 janvier 1933

(*DP* 1933. 1. 10, note H. Capitant, *S.* 1933. 1. 161, note Gény)

Époux Moritz c. Veuve Crémieux et Millaud

Faits. — Le 3 septembre 1907, MM. Crémieux et Millaud ont formé entre eux une société en nom collectif pour l'exploitation d'un fonds de commerce de tailleur. L'article 9 des statuts stipulait qu'en cas de décès de l'un des associés au cours de la société, sa veuve aurait la faculté d'opter pour la continuation de la société ou pour sa dissolution, à charge par elle de notifier son intention aux associés dans les trois mois du décès de son mari et, si elle optait pour la continuation de la société, les héritiers du mari ne seraient pas personnellement associés et n'auraient contre elle qu'une créance dont les statuts déterminaient le montant. En 1921, M. Crémieux se marie. Dans le contrat de mariage, qui établit entre les futurs époux le régime de la séparation de biens, figure un article 5, d'après lequel, si, au décès du premier mourant des époux, ceux-ci avaient des droits comme associés dans un établissement commercial, l'époux survivant pourrait conserver les droits sociaux du prédécédé pour son compte personnel, autant que le permettraient les actes constitutifs de la société, en tenant compte de leur valeur d'après le dernier inventaire social, valeur augmentée des intérêts au taux légal depuis cet inventaire jusqu'au décès. Au cours du mariage, en 1927, MM. Crémieux et Millaud transforment leur société en nom collectif en une société à responsabilité limitée. L'article 44 des statuts de cette nouvelle société reproduit la disposition de l'article 9 des statuts de l'ancienne. M. Crémieux décède le 13 octobre 1927. Par testament du 24 août de la même année, il avait légué à sa fille, la dame Moritz, tout ce qu'il possédait, notamment tous ses droits dans la société à responsabilité limitée Crémieux et Cie, à l'exception d'une villa à Biarritz qu'il abandonnait à sa femme.

Dans les trois mois suivant le décès, en novembre 1927, la veuve a fait connaître à la fille son intention de conserver les droits sociaux de son mari; elle en avisait en même temps l'associé du défunt. Elle invoquait à l'appui de sa demande le double titre qu'elle tenait du contrat de mariage et des statuts de la société.

Le tribunal civil de la Seine, saisi de cette demande, l'a repoussée par jugement du 21 décembre 1928 (*DP* 1929. 2. 105, note approbative Capitant), motif pris de ce que la clause contenue dans le contrat de mariage était nulle comme constituant un pacte sur succession future (C. civ., art. 1130) et de ce que, d'autre part, la clause insérée dans les statuts de la société à responsabilité limitée constituait une stipulation pour autrui, qui pouvait être révoquée tant que le bénéficiaire ne l'avait pas acceptée, et qui avait été en fait révoquée par le testament du stipulant.

La cour de Paris a infirmé ce jugement par un arrêt du 21 février 1930 (*DP* 1931. 2. 1, note Capitant, *S.* 1930. 2. 97, note Gény), considérant que les clauses des statuts sociaux contenaient une stipulation pour autrui au profit de la femme de l'associé prédécédé; qu'en insérant dans son contrat de mariage l'article 5, Madame Crémieux avait ainsi accepté la stipulation faite à son profit; que par ailleurs cet article 5 était valable et ne constituait pas un pacte sur succession future, car il ne portait aucune atteinte à l'ordre légal des successions et ne revêtait pas le caractère d'un pacte sur succession future.

Les époux Moritz ont formé un pourvoi contre cet arrêt.

Moyen. — « Violation par fausse application des articles 1121, 1130, 1134, 1471 du Code civil et 7 de la loi du 20 avril 1810, défaut de motifs et manque de base légale, en ce que l'arrêt attaqué a décidé que la veuve Crémieux pouvait se prévaloir de la clause insérée dans l'acte de société auquel son mari était partie en faveur de la veuve survivante (et ce, malgré un testament révoquant ladite faculté), sous prétexte que la clause existant dans le pacte social avait le caractère d'une stipulation pour autrui, laquelle aurait été acceptée par la référence contenue dans le contrat de mariage des époux Crémieux à la clause en question, sans qu'on puisse objecter que, telle qu'elle était appliquée, cette clause avait le caractère d'un pacte sur succession future, — alors que, les époux Crémieux étant mariés sous le régime de la séparation de biens, le fonds de commerce litigieux appartenait à M. Crémieux et devait, par suite, faire partie de sa succession, et que, dès lors, toute stipulation, quelle que soit la convention à laquelle on la rattache, qui a pour objet d'attribuer un droit privatif sur un fonds comme celui de l'espèce, porte nécessairement sur l'un des éléments d'une succession non ouverte et doit être, en conséquence, considérée comme nulle, aux termes de l'article 1130 susvisé ».

ARRÊT

La Cour; — *Sur le moyen unique :* — Vu l'article 1130 du Code civil; — Attendu que toute stipulation ayant pour objet d'attribuer un droit privatif sur tout ou partie d'une succession non ouverte constitue un pacte sur succession future prohibé par la loi, encore que celui de la succession duquel il s'agit y ait consenti; que cette prohibition est formelle et d'ordre public, et ne comporte d'autres dérogations que celles qui sont limitativement déterminées par la loi; — Attendu qu'il résulte des qualités et des motifs de l'arrêt attaqué que Raphaël Crémieux, qui s'était associé en 1907 avec Marcel Millaud pour exploiter à Paris un fonds de commerce de marchand-tailleur, en constituant, à cet effet, une société en nom collectif, transformée au mois de janvier 1927 en société à responsabilité limitée, est décédé le 13 octobre 1927; que le défunt, qui avait épousé en 1921 la défenderesse en cassation sous le régime de la séparation de biens, avait, par testament du 24 août 1927, légué à sa fille naturelle reconnue, la dame Moritz, la totalité de sa fortune, y compris tous ses droits dans la société sus-rappelée; — Attendu qu'il avait été convenu par l'article 5 du contrat de mariage des époux Crémieux que si, au décès du premier mourant, celui-ci avait des droits comme associé dans un établissement commercial, l'époux survivant pourrait, en tant que les actes constitutifs de la société le permettraient, les prendre pour lui, en tenant compte de leur valeur, d'après le dernier inventaire social, aux héritiers de son conjoint; qu'il avait été stipulé, d'autre part, à l'article 44 des statuts de la société à responsabilité limitée Crémieux et Cie, qui n'avait fait que reproduire sur ce point les dispositions de l'article 9 des statuts originaires, qu'au cas où l'un des associés viendrait à décéder, sa veuve pourrait, à la condition d'en faire la déclaration dans les trois mois du décès de son mari, opter pour la continuation de la société en s'y substituant à ce dernier, dont les héritiers n'auraient alors qu'un droit de créance contre elle, à concurrence du compte courant du défunt dans la société et de la valeur de ses parts, telle qu'elle résulterait du dernier inventaire social; que la veuve Crémieux, ayant, à la date du 19 novembre 1927, notifié à la dame Moritz que, conformément à l'article 5 de son contrat de mariage, elle entendait prendre pour elle les droits de son mari dans la société Crémieux et Cie, et à Marcel Millaud qu'elle optait pour la continuation de cette société par application de l'article 44 des statuts, il lui fut répondu par un refus de la considérer comme associée; — Attendu que le tribunal civil de la Seine, saisi de ce litige, a décidé, par jugement du 24 décembre 1928, que la dame Crémieux n'avait aucun droit dans la société Crémieux et Cie, motif pris de ce que la stipulation pour autrui, qui résultait en sa faveur de l'article 44 des statuts, avait été tacitement révoquée par le testament du 24 août 1927, par lequel Raphaël Crémieux avait disposé de ses droits sociaux en faveur de la dame Moritz, et de ce que la clause de l'article 5 du contrat de mariage était entachée de nullité comme constituant un pacte sur succession future prohibé par l'article 1130 du Code civil; que, sur l'appel interjeté par la défenderesse en cassation, la cour de Paris, infirmant le jugement entrepris, a décidé que la veuve Crémieux avait valablement opté pour la continuation de la société sur le fondement que la validité de la clause du pacte social, qui lui avait attribué la faculté de se substituer à son mari dans les droits d'associé de celui-ci n'était pas contestée; qu'il n'était pas douteux que, lorsqu'elle avait signé son contrat de mariage, elle avait, à l'article 5 de ce contrat, solennellement ratifié la clause que Raphaël Crémieux avait déjà insérée aux statuts de 1907 pour lui permettre, s'il venait à prédécéder, de demander la continuation de la société; que la disposition du contrat de mariage, qui était venue « se juxtaposer avec cette clause, avait eu, pour seule vertu, de rendre définitive une stipulation pour autrui valable en soi »; qu'elle ne revêtait pas en l'état le caractère d'un pacte sur succession future; — Mais attendu que, par l'article 5 du contrat de mariage ci-dessus analysé, Raphaël Crémieux avait disposé, pour le temps où il n'existerait plus, de ses droits dans la société Crémieux et Cie; qu'une telle stipulation avait pour objet d'attribuer un droit privatif sur une succession non ouverte; que, du moment que les droits sociaux du mari étaient attribués à la veuve contre versement de leur valeur aux héritiers de celui-ci, donc à titre onéreux, elle tombait nécessairement sous le coup de la prohibition des pactes sur succession future; que, nulle de plein droit et par suite dépourvue de toute existence légale, la clause de l'article 5 susvisé était réputée n'avoir point été consentie; qu'ainsi il ne pouvait en être fait état à quelque titre que ce soit; d'où il suit, sans qu'il y ait lieu de rechercher si la stipulation pour autrui résultant du pacte social était elle-même valable au regard de l'article 1130 du Code civil, que l'arrêt attaqué n'a pas justifié légalement sa décision; — *Par ces motifs* : — Casse…

III. — Ch. réun. 28 avril 1961

(*D.* 1961. 697, note A. Besson, *S.* 1961. 169, note Autesserre, *JCP* 1961. II. 12135, note Bastian)

Dame veuve Gatellier c. Vignon et SARL « Les Moulins de Condetz »

Faits. — En 1945, la société en nom collectif fondée en 1925 entre M. Vignon et M. Gatellier pour l'exploitation des Moulins de Condetz a été, à la mort de M. Gatellier, transformée en une SARL, entre Vignon et le fils de Gatellier, seul successeur de son père dans ses droits sociaux. Il était stipulé dans les statuts nouveaux qu'en cas de décès d'un associé, la société continuerait entre l'associé survivant et le conjoint ou les héritiers directs de l'associé prédécédé, mais que, si les parts de celui-ci étaient transmises à d'autres successibles, l'associé survivant pourrait les racheter. Le fils Gatellier mourut en Indochine, laissant comme héritière sa mère. M. Vignon déclara alors vouloir racheter les parts dévolues à celle-ci. Mais Mme Gatellier l'assigna en nullité de la clause des statuts, cette clause constituant un pacte sur succession future. Sans doute l'article 1868 du Code civil disposait qu'il peut être stipulé qu'en cas de mort de l'un des associés, la société continuerait avec son héritier ou seulement entre les associés, l'héritier du décédé n'ayant droit dans ce second cas qu'au partage de la société. Mais ce texte, soutenait Mme Gatellier, ne permet pas de faire une discrimination entre les héritiers de l'associé et de décider que certains auront droit aux parts sociales et les autres seulement à leur valeur.

La cour de Paris ayant, le 16 mai 1952, repoussé la demande de Mme Gatellier, celle-ci se pourvut en cassation. La chambre civile, section commerciale, le 18 octobre 1955 (*D.* 1956. 281, note Esmein), cassa son arrêt, considérant que la clause des statuts, établissant une distinction entre les héritiers de l'associé qui prédécède, avait pour objet de régler contractuellement, nonobstant toute disposition légale ou testamentaire, la dévolution d'une partie de la succession de cet associé, qu'elle constituait un pacte sur succession future nul, sans que les dispositions de l'article 1868 puissent le valider, ces dispositions n'ayant pour but que de déroger à l'article 1865.

Sur renvoi, la cour de Rouen, le 14 mai 1957 (*D.* 1958. 208, note P. Esmein), se prononça dans le même sens que la cour de Paris, se référant encore expressément à l'article 1868, mais affirmant que la prohibition des pactes sur succession future ne frappe que les stipulations méconnaissant les règles légales sur l'égalité entre les héritiers et ne s'applique pas aux clauses qui ne font qu'aménager les droits des copartageants tout en respectant, ce qui est l'essentiel, l'égalité en valeur.

Mme Gatellier intenta un nouveau pourvoi, dont nous détachons le premier moyen.

Violation des articles 1130 et 1868 du Code civil, ainsi que de l'article 7 de la loi du 20 avril 1810, pour défaut de motifs et manque de base légale, en ce que l'arrêt attaqué (Rouen, 14 mai 1957) a refusé de voir un pacte sur succession future prohibé par l'article 1130 du Code civil, dans les clauses de l'acte constitutif d'une société à responsabilité limitée stipulant qu'en cas de décès d'un associé, la société ne sera pas dissoute, mais continuera d'exister entre l'associé survivant et le conjoint et les héritiers en ligne directe descendante de l'associé décédé et qu'un droit de préemption sur les parts sociales de ce dernier pourra être exercé par l'associé survivant si le défunt ne laisse ni conjoint, ni descendant, sous le prétexte que lesdites clauses seraient autorisées par l'article 1868 du Code civil, qui donne aux associés le droit de stipuler que la société se continuera après le décès de l'un d'entre eux; alors que ce dernier texte ne saurait être considéré comme constituant une disposition apportant une exception à la prohibition formelle, d'ordre public et appliquée rigoureusement, des pactes sur succession future, dans le cas, qui est celui de l'espèce, où les clauses du pacte social déterminent la dévolution des droits sociaux d'un associé, en cas de décès de celui-ci, contrairement à la dévolution héréditaire telle qu'elle est réglée par les textes législatifs d'ordre public, en liant contractuellement la nature des biens successoraux à la qualité des héritiers.

ARRÊT

La Cour; — *Sur le premier moyen :* — Attendu qu'il résulte des motifs et des qualités de l'arrêt attaqué que la société en nom collectif, fondée en 1925 pour l'exploitation du Moulin de Condetz entre Marcel Vignon et Charles Gatellier, a été, à la mort de ce dernier, transformée en commandite, Vignon restant seul gérant et les héritiers de Gatellier, sa veuve et son fils Roger, devenant commanditaires; que la veuve Gatellier ayant cédé tous ses droits dans la société à son fils, Vignon et la mandataire de Roger Gatellier, parti comme officier en Indochine, procédèrent, par actes des 28 et 29 juin 1945, à une nouvelle transformation de la société qui prit la forme de société à responsabilité limitée; qu'il était stipulé au pacte social qu'en cas de décès d'un associé la société continuerait entre l'associé survivant et le conjoint ou les héritiers directs de l'associé prédécédé, tandis que, si les parts de celui-ci se trouvaient transmises à d'autres successibles, l'associé survivant pourrait les racheter suivant un prix et des modalités fixés par le contrat; que Roger Gatellier disparut lors d'un combat en Indochine et que, après que son acte de décès eut été dressé, Vignon déclara vouloir exercer son droit de préemption, le seul héritier du défunt étant, non le conjoint ou un descendant, mais sa mère, la dame Gatellier; que cette dernière assigna alors Vignon en nullité de la clause de préemption; — Attendu qu'il est reproché à l'arrêt confirmatif attaqué d'avoir décidé que la clause litigieuse ne constituait pas un pacte sur succession future prohibé par l'article 1130, au motif qu'une telle stipulation était autorisée par l'article 1868; que, selon le pourvoi, ce dernier texte n'apporte aucune exception à la prohibition rigoureuse édictée par l'article 1130, qui doit dès lors frapper toute disposition du contrat de société ayant pour objet de déterminer, au décès d'un associé, la dévolution des droits sociaux de celui-ci contrairement aux règles d'ordre public de la dévolution successorale; — Mais attendu qu'aux termes de l'article 1868 du Code civil, le pacte social peut prévoir, au décès d'un des associés, la continuation de la société entre les seuls survivants qui peuvent alors racheter dans les conditions prévues au contrat les parts sociales du prédécédé; qu'une telle stipulation, bien qu'attribuant aux associés survivants un droit éventuel sur une partie d'une succession non ouverte est, par exception, autorisée par l'article 1868 et par suite ne tombe pas sous le coup de la prohibition des pactes sur succession future édictée par l'article 1130; d'où il suit qu'en statuant comme il l'a fait, l'arrêt attaqué, loin de violer les textes visés par le moyen, en a fait au contraire une exacte application; qu'ainsi le premier moyen ne saurait être accueilli;...

IV. — Ch. mixte, 27 novembre 1970

(*D.* 1971. 81, concl. Lindon, *JCP* 1971. II. 16821, note Blin, *Gaz. Pal.* 1971. 1. 110, *Defrénois* 1971, 29786, note G. Morin)

Weiss c. Époux Cole et autres

Faits et moyen. — V. l'arrêt.

ARRÊT

La Cour; — *Sur le moyen unique :* — Attendu que, selon les énonciations de l'arrêt infirmatif attaqué (Aix, 20 nov. 1967), Théodore Cole et son épouse, Marjorie Ray Leewarden, tous deux de nationalité anglaise, mariés sous le régime de la séparation de biens, ont, suivant acte notarié daté des 31 mars et 4 avril 1949, acquis en commun un immeuble situé à Cannes; que cet acte prévoit que le premier mourant sera réputé n'avoir jamais eu droit à la propriété de l'immeuble qui appartiendra en totalité au survivant, considéré comme unique propriétaire, comme s'il l'avait toujours possédé; que, nommé syndic de la faillite de Cole, prononcée par jugement de la Haute Cour de justice de Londres rendu exécutoire en France, Weiss a demandé le partage et la licitation de l'immeuble; que la cour d'appel a rejeté cette demande au motif que la clause précitée interdirait le partage et la licitation du bien, réalisés autrement que par la commune volonté des parties; — Attendu qu'il est fait grief aux juges du second degré d'avoir ainsi statué, alors que la clause litigieuse, prévoyant la transmission aléatoire de droits sur une succession non ouverte, constituerait un pacte sur succession future, nul d'une nullité d'ordre public en application de l'article 1130 du Code civil; — Mais attendu que, loin de constituer, comme le soutient le pourvoi, une clause attribuant au survivant un droit privatif sur une partie de la succession du prémourant, le contrat litigieux, tel qu'il est analysé par l'arrêt attaqué, conférait à chacun des acquéreurs la propriété de l'immeuble tout entier à partir du jour de son acquisition, sous condition du prédécès de son cocontractant; que dès lors, une telle convention ne pouvait tomber sous la prohibition des pactes sur succession future; d'où il suit que le moyen n'est pas fondé; — *Par ces motifs*, rejette.

OBSERVATIONS

1 Les quatre arrêts reproduits ci-dessus ont été rapprochés, car ils ont tous trait à la prohibition des pactes sur succession future édictée par le Code civil et sont caractéristiques de l'évolution de la jurisprudence en la matière. Observons d'ailleurs que, dans deux de ces hypothèses, le législateur est ensuite intervenu.

I. — Loi et jurisprudence

2 On sait que les rédacteurs du Code civil, aux articles 791, 1130 et 1600, ont suivi ici les traditions de Rome et de l'Ancien droit, mais en accentuant leur sévérité. Le Code civil interdit de façon générale de renoncer à une succession non ouverte ou de faire aucune stipulation sur une pareille succession, et cela, qu'il s'agisse de pactes faits par un individu sur sa propre succession, soit avec ses héritiers présomptifs, soit avec des tiers (car l'individu se lierait alors définitivement, alors qu'il ne peut régler sa succession que par testament, acte essentiellement révocable), ou qu'il s'agisse de pactes sur la succession d'autrui (car ils impliquent une stipulation immorale sur la mort d'un parent ou émanent d'héritiers présomptifs pressés par le besoin et cédant des droits éventuels sans connaître la portée exacte de leur acte), la nullité étant encourue, précise l'article 1130, contrairement à la tradition romaine, même si le consentement de celui de la succession duquel il s'agit a été obtenu.

3 La *jurisprudence* a adopté la même voie que les auteurs du code, la voie étroite, interprétant avec rigueur la prohibition et décidant notamment que la nullité était encourue même si la convention portait non sur l'universalité ou une quote-part de la succession, mais sur des biens déterminés envisagés comme devant en faire partie (Civ. 9 mai 1894, *DP* 94. 1. 546; Civ., 1re sect. civ. 13 oct. 1964, *D.* 1964. 718; 11 juill. 1967, *D.* 1968. 64, *JCP* 1967. II. 15297 et 15306 *bis*, note R. Savatier).

4 Encore faut-il, dans ce dernier cas, préciser la notion de pacte sur succession future, afin de la distinguer d'opérations voisines qui ne tombent pas sous le coup de la prohibition. Il y a pacte sur succession future lorsque l'ayant cause ne retire de celui-ci qu'un simple *droit éventuel*, parce que le *de cujus* a jusqu'à son décès conservé la possibilité d'anéantir ce droit par l'accomplissement d'un acte de disposition entre vifs sur ce bien. C'est, en effet, à son caractère potestatif qu'on reconnaît le pacte sur succession future. En revanche, ne tombent pas sous le coup de la prohibition des pactes sur succession future, les conventions par lesquelles le *de cujus* s'engage irrévocablement à transférer la propriété d'un bien, mais repousse l'exécution de ce transfert jusqu'à son décès. On est alors en présence non d'un pacte sur succession future, prohibé, mais d'un pacte *post mortem*, permis. Ainsi ne constitue pas un pacte prohibé la vente à exécuter au décès du vendeur, ou encore le contrat par lequel on stipule qu'un débiteur ne payera sa dette qu'à l'ouverture de telle ou telle succession, car l'objet de cette clause est seulement de fixer l'exigibilité d'une dette ayant une autre source (Req. 17 mai 1852, *DP* 52. 1. 282; 15 février 1897, *DP* 97. 1. 582). En revanche, constitue un pacte sur succession future l'acte prévoyant que la reconnaissance de dette correspondra au cinquième des biens possédés par le *de cujus* à son décès, car elle ne confère pas un droit actuel dont l'exécution serait différée à l'ouverture de la succession, mais un droit sur une fraction des biens que le *de cujus* laissera à sa mort, s'il en laisse (Civ. 1re, 6 févr. 1996, *Bull. civ.* I, n° 67, *D.* 1997. 369, note Najjar, *D.* 1998. Somm. 368, obs. Grimaldi, *RTD civ.* 1996. 679, obs. Patarin).

La distinction du licite et de l'illicite s'est, dans cette perspective, révélée particulièrement délicate, au sujet de promesses de vente dont l'option est appelée à être levée après le décès du promettant. Un critère relativement simple fut dégagé par la doctrine : si l'option pouvait être levée du vivant du promettant, même si elle ne l'avait pas été, il y avait promesse *post mortem*, donc validité; si elle ne pouvait l'être qu'après le décès du promettant, il y avait pacte sur succession future, donc nullité (H. Capitant, *D.* 1931. 2.1; H. Vialleton, *S.* 1929.1.137). Jusqu'à une époque récente, la jurisprudence semblait avoir consacré cette distinction (Req. 4 déc. 1935, *S.* 1936.1.147; Civ. 1re, 20 oct. 1958, *JCP* 1958. IV. 165; 13 oct. 1964, *JCP* 1965. II. 14115, note P. Voirin; 11 juill. 1967, *JCP* 1967. II. 15297, 2e esp., note R. Savatier). Après quelques tergiversations (Civ. 1re, 20 mai 1967, *JCP* 1967. II. 15297, 1re esp., note R. Savatier; 13 juin 1979, *D.* 1980. 553, note Najjar, *Defrénois* 1980. 613, obs. Champenois, *RTD civ.* 1981. 658, obs. Patarin), la Cour de cassation a, à propos de promesses dont la levée n'était possible qu'après le décès du promettant, écarté la prohibition, dans deux arrêts, au motif que la promesse ferait naître au profit du bénéficiaire un « droit actuel pur et simple » dont « seule l'exécution était différée au jour du décès » du promettant (Civ. 1re, 30 mai 1985, *Bull. civ.* I, n° 173, p. 155, *D.* 1986. 65, note Najjar; 5 mai 1986, *JCP* 1987. II. 20851, note Barret, *RTD civ.* 1986. 391, obs. Patarin).

5 Dès que les conditions ainsi précisées sont réalisées, il s'ensuit une nullité d'ordre public (Civ. 1re, 30 avr. 1968, *JCP* 1968. II. 15580, note R. L.), qui prive l'acte de tout effet, à moins cependant qu'il ne s'agisse d'une des hypothèses dans lesquelles la loi a exceptionnellement admis la validité des pactes sur succession future, par exemple en cas de donation de biens à venir dans un contrat de mariage (art. 1082 C. civ.) ou encore en cas de donation-partage (art. 1075 C. civ.). Parfois, à propos de la validité d'un pacte, on peut d'ailleurs hésiter entre deux explications : absence de pacte sur succession future ou pacte exceptionnellement valable (sur le recours à cette seconde analyse au sujet de la donation avec dispense de rapport, v. Civ. 1re, 27 mai 1968, *JCP* 1968. II. 15662, note R. Savatier). Toujours est-il que, pendant longtemps, la jurisprudence a estimé que les dérogations prévues par les textes devaient être interprétées de manière restrictive.

II. — Jurisprudences rigoureuses

6 Cette attitude a conduit la Cour de cassation à s'opposer à certaines pratiques notariales, qui se manifestaient au cours du XIXe siècle et au début du XXe siècle. Elles avaient pour objet de prévoir certains avantages en faveur du conjoint survivant. Bien que l'on pût y voir des conventions relatives à la succession du prédécédé, on n'avait pas songé à invoquer, à ce sujet, la prohibition des pactes sur succession future, car les motifs qui ont inspiré cette règle ne s'y manifestaient pas; au contraire, on constatait l'existence de raisons semblables à celles qui peuvent justifier les dérogations apportées par la loi à l'article 1130, dans l'intérêt des familles.

La Cour de cassation ne s'est pas laissée fléchir et s'est montrée intransigeante.

C'est ce que nous montrent les deux premiers arrêts ci-dessus rapportés.

7 ***A.*** — Le premier, celui du 2 juillet 1903, concernait une clause par laquelle les père et mère, ayant constitué en dot divers biens à leur fille lors de son mariage, avaient stipulé que la réserve de leur droit de retour ne ferait pas obstacle, non seulement aux donations en usufruit que l'épouse pourrait faire à son mari, mais encore aux avantages qui pourraient résulter de la loi au profit de celui-ci. Or, au décès de sa femme, le mari prétendit faire jouer sur les biens donnés l'usufruit légal que l'article 767 lui attribuait. Le tribunal et les cours d'appel saisis de la question lui donnèrent raison, invoquant, d'une part, le fait que les motifs qui justifient la prohibition de la renonciation aux successions non ouvertes ne se retrouvaient pas ici, d'autre part, que l'intention des père et mère avait été de faire une libéralité éventuelle de l'usufruit de la moitié des biens donnés à leur fille au profit du futur gendre. Il a fallu un arrêt des Chambres réunies pour condamner cette opinion. L'arrêt se fonde : 1° sur ce que le droit de retour légal établi par l'article 747 au profit de l'ascendant donateur est un droit de succession, privilégié certes, mais régi uniquement par la loi; toute renonciation à ce droit est donc interdite par les articles 791 et 1130; 2° sur ce que l'usufruit légal n'est pas et ne peut être une libéralité, qu'il résulte de la loi et que l'article 767 dispose qu'il ne peut pas préjudicier aux droits de retour, droits auxquels l'ascendant n'a pu renoncer avant leur ouverture. Décision tranchante, par laquelle la cour a refusé, malgré les intérêts familiaux en cause, de prendre en considération le caractère anormal de cette succession exceptionnelle (v. Colin et Capitant, t. III, n° 989; Ripert et Boulanger, t. IV, n° 1769; Planiol et Ripert, t. IV, par Maury et Vialleton, n° 180; Beudant et Lerebours-Pigeonnière, t. V, par Le Balle, n° 350).

Observons, au surplus, que les circonstances dans lesquelles la Cour de cassation s'est prononcée, en 1903, ne sont plus les mêmes depuis que la loi du 3 janvier 1972, sur la filiation, en abrogeant (art. 4) l'article 747 du Code civil, a supprimé le droit de retour légal de l'ascendant donateur. La loi du 23 juin 2006 l'a rétabli, mais en lui donnant une configuration fort différente (art. 738-2 C. civ.).

8 ***B.*** — Le second arrêt, en date du 11 janvier 1933, a fait, plus encore peut-être, sensation. Il concerne la clause d'un contrat de mariage autorisant l'époux survivant à conserver le fonds de commerce ou le fonds agricole exploité par le ménage, à charge d'en payer la valeur aux héritiers du prédécédé. L'utilité de cette clause est évidente et elle était fort pratiquée.

9 Si le fonds est *commun*, la validité de cette clause, dite souvent clause commerciale, a été assez facilement admise. Les conjoints ont pu, dans leur contrat, régler le partage de la communauté (art. 1511 à 1525 C. civ.) : c'est, disait-on, une convention entre associés. La liquidation de la communauté doit, en effet, être effectuée avant celle de la succession de l'époux prédécédé. La clause portant sur un bien commun a donc pour objet et pour effet d'attribuer au survivant, dans le partage de la communauté, le bien en question et aux héritiers du prédécédé une valeur équivalente. C'est cette valeur seule qui fait partie de la succession.

Au contraire, la Cour de cassation, par l'arrêt du 11 janvier 1933, a annulé la clause lorsqu'elle porte sur un bien *propre* à l'époux prédécédé; ce n'est plus, a-t-elle décidé, une convention de partage de la communauté, mais une stipulation concernant un bien faisant partie de la succession du prédécédé; or cette stipulation confère un droit privatif éventuel sur ce bien au conjoint survivant et, étant à titre onéreux (puisque ce dernier doit en payer la valeur), elle tombe sous le coup des prohibitions des articles 791 et 1130.

10 La doctrine n'en devait pas moins, dans sa majorité, souligner l'intérêt social de la clause commerciale et suggérer divers raisonnements de nature à la faire échapper à la nullité. Pourquoi, notamment, ne pouvait-on pas la considérer comme permise par la loi ? Puisque les époux peuvent se faire, par contrat de mariage, des donations de biens à venir (art. 1093 C. civ.), n'était-il pas illogique, a-t-on soutenu, de leur refuser le pouvoir d'insérer dans le contrat une clause à titre onéreux, ce qui est plus avantageux pour leurs héritiers (v. Gény, note Sirey, préc.; Esmein, *DH* 1933, chron. 57; Julliot de La Morandière, *D.* 1947, chron. 1) ? Mais, malgré ces critiques, la jurisprudence a persisté dans le sens de la rigueur (Req. 20 juill. 1936, *DH* 1936. 555; Civ., 1re sect. civ. 19 déc. 1956, *D.* 1957. Somm. 95, *JCP* 1957. II. 10324; 12 déc. 1961, *D.* 1962. Somm. 73), tout en admettant qu'après le décès, les héritiers de l'époux prédécédé et le survivant pouvaient s'entendre en vue d'exécuter la clause (Civ. 26 oct. 1943, *D.* 1946. 301, note Boulanger; rappr. Civ., 1re sect.

civ., 12 déc. 1961, préc. – Cons. Colin et Capitant, t. III, n° 539; Ripert et Boulanger, t. IV, n° 963; Planiol et Ripert, t. IX par Boulanger, nos 1025 s.).

11 C'est la loi du 13 juillet 1965 qui a mis fin à cette situation regrettable.

Si l'actuel article 1389 du Code civil rappelle la prohibition des pactes sur succession future, il résulte, cependant, de l'actuel article 1390 du Code civil que les époux peuvent « stipuler qu'à la dissolution du mariage par la mort de l'un d'eux, le survivant aura la faculté d'acquérir ou, le cas échéant, de se faire attribuer dans le partage certains biens personnels du prémourant, à charge d'en tenir compte à la succession, d'après la valeur qu'ils auront au jour où cette faculté sera exercée » (v. Civ. 1re, 5 févr. 1975, *Defrénois* 1976. 1. 318, note G. Morin). Bien plus, l'article 20, alinéa 1er, de la loi du 13 juillet 1965 a validé rétroactivement lesdites clauses, insérées dans les contrats conclus antérieurement au 1er février 1966, et les époux qui avaient, avant cette date, conclu un contrat de mariage, sans prévoir lesdites clauses, ont pu, jusqu'au 31 décembre 1967, les adopter par simple déclaration conjointe devant notaire (L. 13 juill. 1965, art. 20, al. 2; L. 22 nov. 1966, art. 1er; sur l'application de l'art. 20, al. 2 de la loi de 1965, v. Civ., 1re sect. civ., 24 juin 1969, *D.* 1969. 705, note Breton).

III. — Jurisprudences salvatrices

12 En d'autres domaines, voisins du précédent, on aurait pu craindre que la jurisprudence ne montrât la même rigueur. Tel n'a pourtant pas été le cas, la Cour de cassation sauvant l'acte, soit en considérant qu'il s'agissait d'un pacte sur succession future exceptionnellement autorisé, soit en décidant qu'il ne s'agissait pas d'un pacte sur succession future.

13 ***A.*** — Dans le troisième arrêt, ci-dessus rapporté, il s'agissait de l'application de l'ancien article 1868 du Code civil. Ce texte permettait aux rédacteurs des statuts de sociétés de personnes de prévoir qu'en cas de décès d'un des associés, la société continuerait, soit avec son héritier, soit uniquement entre les associés survivants; dans ce dernier cas, l'héritier du prédécédé avait droit au partage, c'est-à-dire qu'il avait le droit de réclamer la valeur de la part qu'avait son auteur dans la société. Et la jurisprudence avait décidé que, même si la valeur de rachat par les associés survivants de la part du prédécédé avait été fixée à forfait, la clause ne constituait pas un pacte sur succession future, mais une convention entre associés, expressément prévue à l'article 1868 (Civ. 7 mars 1939, *DH* 1939. 193, *S.* 1940. 1. 14; 16 oct. 1943, *D.* 1946. 301, note J. Boulanger; Req. 3 mai 1944, *S.* 1944. 1. 111).

Mais, dans l'affaire *Gatellier*, ci-dessus rapportée, la question s'est posée de savoir si la clause était encore valable lorsqu'elle établit une discrimination entre les héritiers du prédécédé, précisant, comme dans l'espèce, que, si le prédécédé laissait pour héritier son conjoint ou ses enfants, ceux-ci succéderaient à la part sociale, et que si, au contraire, il laissait d'autres héritiers (ascendants ou collatéraux...), la société ne continuerait qu'entre les survivants, ceux-ci rachetant les parts. Il a été soutenu qu'il y avait là un pacte sur succession future. Ce fut l'opinion de la chambre commerciale de la Cour de cassation, qui, le 18 octobre 1955, cassa pour ce motif l'arrêt de la Cour de Paris, lequel avait admis la validité de la clause. La Cour de Paris s'étant fondée sur l'ancien article 1868 du Code civil, la chambre commerciale objecta que cet article avait seulement pour objet de déroger à l'article 1865 du Code civil, aux termes duquel la société finit par la mort de l'un des associés, mais que rien ne permettait d'y déceler la validité d'une clause opérant une distinction entre les héritiers. Certes, les statuts pouvaient prévoir que la société continuerait avec les survivants – car alors, il y a liquidation partielle de la société et les héritiers du prédécédé trouvent dans la succession non pas une part sociale, mais la valeur de cette part –, mais ils ne pouvaient pas prévoir que la société continuerait avec tel héritier et non avec tel autre, car la nature du bien qui se trouve au décès dans le patrimoine du défunt ne pouvait dépendre de la qualité de ses héritiers, être de telle nature pour les uns, de telle autre nature pour les autres. En décider ainsi, par contrat, ce n'était donc plus conclure une convention entre associés, comme le prévoyait l'ancien article 1868 du Code civil, c'était, dans l'opinion de la chambre commerciale, conclure un pacte sur succession future.

14 La cour de renvoi ayant cependant admis la validité de la clause, les chambres réunies lui ont finalement donné raison, en décidant qu'il y avait bien, en l'espèce, un pacte sur succession future exceptionnellement valable, en application de l'ancien article 1868 du Code civil. Conforme aux besoins de la pratique et au rôle de l'*intuitus personae* dans les sociétés de personnes, cette solution traduisait, de la part de la Cour de cassation, un certain relâchement, par rapport à sa sévérité traditionnelle, car l'ancien article 1868 du Code civil ne formulait pas, à proprement parler, une exception à la prohibition des pactes sur succession future. Depuis lors, la solution libérale, admise dans l'arrêt *Gatellier*, a été expressément consacrée (v. l'art. 1870 C. civ., réd. L. 4 janv. 1978 et P. Catala, « Le sort des parts sociales au décès de l'associé », *Mélanges Cabrillac*, 1968, p. 59 s.) (pour l'annulation d'une convention par laquelle un père et ses deux enfants règlent par avance la dévolution pour cause de mort d'actions d'une société anonyme, v. Civ. 1re, 11 mars 1981, *Bull. civ.* I, nº 87, p. 73, *RTD civ.* 1982. 448, obs. Patarin).

15 ***B.*** — Dans le quatrième arrêt, ci-dessus rapporté, il s'agissait d'un acte comportant une *clause d'accroissement* et prévoyant, lors de l'acquisition d'un immeuble par deux époux mariés sous le régime de la séparation de biens, que le premier mourant serait réputé n'avoir jamais eu droit à la propriété de l'immeuble, lequel appartiendrait en totalité au survivant, unique propriétaire comme s'il l'avait toujours possédé. Conformément à la solution déjà admise en 1959 par la chambre civile (Civ., 1re sect. civ. 3 févr. 1959, *D.* 1960. 592, note S. de La Marnierre, *JCP* 1960. II. 11823, note Voirin, *RTD civ.* 1960. 692, obs. R. Savatier) et contrairement aux conclusions de l'avocat général Lindon, une chambre mixte a décidé, le 27 novembre 1970, que la clause d'accroissement ne tombe pas sous le coup de la prohibition des pactes sur succession future, dès lors que son libellé permet de considérer que chaque acquéreur se trouve être copropriétaire de sa part du bien sous condition résolutoire de prédécès, et de l'autre part du bien sous condition suspensive de sa survie; le prédécès de l'un ou l'autre des acquéreurs efface rétroactivement sa propriété en sorte que le dernier survivant est réputé seul propriétaire. On est alors en présence non d'un pacte sur succession future, prohibé, mais d'un pacte conditionnel, permis. Reposant sur l'opposition du droit éventuel et du droit conditionnel, cette distinction est délicate à mettre en œuvre, car ces deux catégories de pacte ont en commun de donner naissance à des droits dont l'existence est incertaine. Mais ils se distinguent en ce que, dans le pacte sur succession future, l'incertitude vient de ce que le disposant a la possibilité de revenir sur son acte en aliénant entre vifs le ou les biens qui en sont l'objet, alors que, dans le pacte conditionnel, l'incertitude tient à un événement fortuit, l'ordre des décès. Encore faut-il que la clause soit correctement rédigée (v. à ce sujet Req. 14 janv. 1928, *DP* 1928. 1. 158, rapp. Célice, *S.* 1929. 1. 137, note Vialleton). – V. Nast, « De l'acquisition d'un immeuble avec clause d'accroissement au profit du survivant », *Defrénois* 1928, 21750; J. Mazeaud, « Les clauses d'accroissement ou de réversion et la jurisprudence de la Cour de cassation », *Defrénois* 1961, 28080; M. Morin, « La clause d'accroissement », *D.* 1971, chron. 55; M. Dagot, « L'acquisition faite au profit du survivant des acquéreurs », *JCP* 1972. I. 2242. – Plus précisément, au sujet de la *tontine*, B.-H. Dumortier, « Recherche d'un nouveau fondement de la validité de la clause d'accroissement eu égard à la prohibition des pactes sur succession future », *RTD civ.* 1987. 653; contre la rétroactivité de la clause de tontine insérée dans les statuts d'une société, *JCP* 1995. I. 3857; M. Cozian, « La clause tontinière », *Dr. et patr.* 1994, n° 20, p. 22; A. Depondt, « Les applications du pacte tontinier », *Dr. et patr.* 1995, n° 25, p. 42; Delmas Saint-Hilaire, *Dr. et patr.* 1998. 52. – Sur le statut du bien jusqu'au décès du prémourant, v. M. Grimaldi, *Successions*, 6e éd., 2001, p. 352, note 341.

16 Les lois du 3 décembre 2001 et du 23 juin 2006 ont respectivement abrogé les articles 1600 et 791 du Code civil. Le principe de la prohibition des pactes sur succession future a, dans le même temps, été réaffirmé par l'article 722 du Code civil, dans une forme édulcorée. Désormais « les conventions qui ont pour objet de créer des droits ou de renoncer à des droits sur tout ou partie d'une succession non encore ouverte ou d'un bien en dépendant ne produisent effet que dans le cas où elles sont autorisées par la loi » (v. aussi art. 1130 C. civ.). Aussi bien, le législateur a-t-il multiplié les pactes exceptionnellement valides : donation-partage transgénérationnelle (art. 1078-4 s. C. civ.), renonciation anticipée à l'action en réduction (art. 929 s. C. civ.) (v. N. Baillon-Wirtz, « Que reste-t-il de la prohibition des pactes sur succession future ? », *Dr. fam.* 2006, chron. n° 44).

RÉSERVE ET QUOTITÉ DISPONIBLE

138

QUOTITÉ DISPONIBLE. CALCUL. ENFANTS RENONÇANTS

Civ. 13 août 1866

(*DP* 66. 1. 465, *S.* 66. 1. 383)

Dufeu c. Dufeu

La quotité disponible, déterminée par la loi sur des bases invariables, ne peut être modifiée par des événements qui, survenant après le décès du testateur, ne sauraient accroître ou restreindre les droits qu'il pouvait exercer de son vivant.

Par suite, l'enfant qui renonce à la succession de son auteur doit être compté au nombre des enfants laissés par le défunt pour le calcul de la quotité disponible de cette succession (C. civ., art. 913).

Faits. — Le sieur Dufeu est décédé laissant ses deux fils, Armand et Charles Dufeu. Ce dernier, bénéficiaire de diverses libéralités du défunt, renonça à la succession pour s'en tenir à ces libéralités dans la mesure où elles n'excéderaient pas la quotité disponible. Pour le calcul de cette quotité, il prétendit qu'en tant que renonçant à la succession, il ne pouvait pas être compté au nombre des enfants laissés par le défunt et que la quotité disponible devait, en conséquence, être fixée à la moitié de la succession. Armand Dufeu soutint, au contraire, que l'enfant renonçant doit être compté pour ce calcul et que la quotité disponible était donc, en l'espèce, d'un tiers. Un arrêt de la cour de Rennes, du 10 août 1863 (*DP* 64. 2. 236, *S.* 63. 2. 209), infirmant un jugement du tribunal de Fougères, donna gain de cause à Charles Dufeu en ces termes :

« … Considérant que du moment où l'enfant qui renonce perd tout droit à sa réserve, il serait contradictoire d'admettre qu'il puisse faire nombre quand il s'agit de déterminer contre lui-même la quotité disponible ; — Que par cela même que les termes dans lesquels est conçue la disposition de l'article 913 du Code Napoléon n'ont pas l'effet d'attacher à la qualité d'enfant, si celle d'héritier ne s'y vient point réunir, le droit de demander ni même de retenir la réserve, on ne peut davantage admettre qu'ils aient pour conséquence de maintenir à la quotité disponible et à la réserve la mesure que leur donne le nombre des enfants, quand l'un ou plusieurs d'entre eux ne se portent pas héritiers ; — Qu'il n'est pas possible de concilier l'article 845 du Code Napoléon, qui exclut de toutes parts dans la réserve l'enfant qui renonce, avec l'article 913, qui fixe la réserve d'après le nombre des enfants ; — Que si l'on reconnaît que ledit article 913 ne considère point les enfants abstraction faite de leur qualité d'héritiers, il n'est pas permis de supposer que le législateur, en édictant successivement ces deux textes, ait entendu que l'enfant non héritier serait ou ne serait pas réputé réservataire au gré des intérêts qui lui sont contraires; — Que vainement on objecterait qu'aux termes de l'article 786 du Code Napoléon, la part du renonçant accroît à ses cohéritiers, puisque cette règle ne pourrait recevoir son application que s'il était d'abord reconnu que l'enfant qui renonce a une part dans la réserve et compte pour la déterminer; — Qu'il faut donc conclure que, si un seul enfant accepte la succession, et peut seul, par suite, avoir droit à la réserve, la quotité disponible doit être calculée comme si le disposant n'avait laissé qu'un seul enfant; — Qu'il suit de là que, dans l'espèce, la quotité disponible doit être fixée à la moitié des biens qui composent la succession… ».

Armand Dufeu s'est pourvu en cassation.

Moyen. — Violation de l'article 913 du Code Napoléon, en ce que l'arrêt attaqué n'a pas tenu compte de l'enfant renonçant dans le calcul de la quotité disponible.

ARRÊT

La Cour; — … Vu l'article 913 du Code Napoléon; — Attendu que cette disposition a réglé et limité les libéralités permises au père de famille sur le nombre d'enfants qu'il laisserait à son décès; que c'est ce nombre d'enfants qui devient la base fixe et invariable d'après laquelle est déterminée à l'instant même la quotité de la portion disponible, sans que cette quotité puisse être modifiée plus tard par des événements ou des incidents qui, postérieurs au décès du père de famille, ne sauraient ni accroître, ni restreindre les droits qu'il pouvait exercer de son vivant; — Qu'il importe peu que, sur le nombre d'enfants délaissés par l'auteur commun, les uns acceptent la succession et que d'autres la répudient; qu'avant l'intervention de ces actes, la quotité disponible se trouvait déjà fixée d'une manière invariable, et que cette quotité ne saurait s'élever ou s'abaisser, suivant le parti que l'un ou l'autre des enfants jugerait prudent de prendre au point de vue de ses intérêts personnels, après la mort de l'auteur commun; — Attendu qu'en jugeant le contraire, la cour impériale de Rennes a méconnu à la fois le texte et l'esprit de l'article 913 du Code Napoléon; — Casse…

OBSERVATIONS

1 L'importance respective de la quotité disponible et de la réserve dépendant du nombre des descendants, quel sort réserver aux héritiers renonçants ? Faut-il pour le calcul de la réserve prendre en considération l'état de la famille au jour du décès sans avoir égard aux renonciations ultérieures ? Doit-on au contraire s'en tenir aux seuls héritiers acceptants ? La question a été résolue dans le premier sens par la jurisprudence dès le début du XIXe siècle (I). Mais la loi du 23 juin 2006 est revenue sur cette solution (II).

I. — La jurisprudence

2 L'héritier venant en rang utile à la succession ayant seul droit à une part de réserve, et le renonçant ou l'indigne étant censé n'avoir jamais été héritier, il

semblerait naturel de calculer la réserve globale en s'en tenant aux seuls héritiers acceptants. Telle ne fut pourtant pas la position adoptée par la jurisprudence.

Se conformant à une jurisprudence constante depuis l'arrêt *Laroque de Mons* (Civ. 18 févr. 1818, *Dalloz JG,* v° *Successions*, n° 1028), l'arrêt ci-dessus reproduit décide que la réserve doit être calculée en se fondant sur l'état de la famille au jour du décès sans prendre en considération les événements ultérieurs (v. depuis, Req. 10 juin 1902, *DP* 1904. 1. 425). Le renonçant fait ainsi nombre pour le calcul de la réserve, ce qui accroît d'autant la part des autres réservataires.

Les arguments de texte invoqués à l'appui de cette solution ne sont pas décisifs. L'article 913 prévoit certes que le montant de la réserve dépend des enfants que le défunt « laisse » à son décès, mais il s'agit précisément de savoir si les enfants laissés sont tous ceux qui survivent au *de cujus*, ou seulement ceux qui recueillent sa succession. On justifie également la solution par le fait qu'elle assure une meilleure protection de la famille puisqu'elle accroît la réserve, ainsi que par l'idée que lorsqu'un enfant renonce, il le fait plus en faveur de ses cohéritiers que dans le dessein de procurer un avantage à un étranger. Cette dernière justification n'est cependant guère réaliste lorsque l'héritier renonce pour se soustraire au rapport d'une libéralité que lui avait consentie le *de cujus*.

Sa situation est alors particulièrement sévère si on la rapproche des règles qui gouvernent l'imputation des libéralités. Sa libéralité s'impute en effet, comme on le verra (*infra*, n° 139), sur le disponible au motif que le gratifié renonçant n'a aucun droit sur la réserve. Ce disponible étant diminué du seul fait de son existence, on constate que le gratifié renonçant fait nombre contre lui-même; moins favorisé qu'un étranger, il a intérêt à contester sa filiation (Perney, *La nature juridique de la réserve héréditaire*, thèse Nice, 1976, p. 130). Il est vrai qu'on peut faire valoir, en sens contraire, qu'il n'y a là qu'une compensation au fait qu'en renonçant, l'héritier gratifié échappe au rapport et garde ce qui ne lui avait été remis qu'à titre d'avance sur une succession qu'il décline : en augmentant la part de réserve que les gratifiés acceptants peuvent opposer au renonçant gratifié, cette jurisprudence contribue à rétablir un certain équilibre entre les enfants malgré la perturbation causée par le gratifié qui soustrait sa libéralité au rapport (Testu, *L'influence de la destination des biens sur leur transmission successorale*, thèse Paris X, 1983, n° 406, p. 556; comp. Grimaldi, *Successions*, n° 299).

II. — La loi du 23 juin 2006

3 Les auteurs de la loi du 23 juin 2006 ont expressément réglé la question en ajoutant à l'article 913 un alinéa 2 qui dispose : « l'enfant qui renonce à la succession n'est compris dans le nombre d'enfants laissés par le défunt que s'il est représenté ou s'il est tenu au rapport d'une libéralité en application des dispositions de l'article 845 ».

Rappelons pour ce qui est de la représentation que, sous l'empire du droit antérieur, on ne pouvait représenter qu'un prédécédé ou, depuis la loi du

3 décembre 2001, un indigne (art. 755 C. civ.). La loi du 23 juin 2006 a posé qu'on pourrait également représenter un renonçant. La solution appelle une double remarque. Formellement, la règle est énoncée de manière particulièrement maladroite puisque l'article 754 dispose : « on ne représente les renonçants que dans les successions dévolues en ligne directe ou collatérale ». La restriction « ne que » avait été initialement insérée dans le texte car celui-ci visait la seule ligne directe. Dès lors que la solution a été étendue à la ligne collatérale, elle n'avait plus lieu d'être. C'est là une nouvelle illustration de la médiocrité du travail législatif contemporain. Au fond, la technique de la représentation apparaît totalement inadaptée dans le cas des renonçants. Celle-ci veut, en effet, que le représentant exerce les droits du représenté. Comment le représentant peut-il exercer les droits d'un renonçant, dont l'article 805 nous dit qu'il est censé n'avoir jamais été héritier ? (Sur cette question, v. S. Gaudemet, « La représentation successorale au lendemain de la loi du 23 juin 2006 », *Defrénois* 2006. 1366 ; A. Bertrand-Mirkovic, « La représentation de l'héritier renonçant », *Dr. fam.* 2006, chron. n° 56.)

S'agissant de l'article 845 du Code civil, celui-ci prévoit que le *de cujus* peut désormais stipuler expressément que l'héritier gratifié devra rapporter la libéralité reçue, alors même qu'il renonce à la succession.

139

ENFANT RENONÇANT. DONATION EN AVANCEMENT D'HOIRIE. RÉSERVE. QUOTITÉ DISPONIBLE. NON-CUMUL

Ch. réun. 27 novembre 1863

(*DP* 64. 1. 5, note Brésillion, *S.* 63. 1. 513)

Lavialle c. Calvinhac

L'enfant donataire en avancement d'hoirie, qui renonce à la succession du donateur, ne peut retenir le don à lui fait par le défunt qu'à titre de donataire, c'est-à-dire seulement jusqu'à concurrence de la quotité disponible, et sans pouvoir cumuler cette quotité et la part de réserve à laquelle il aurait eu droit comme héritier (C. civ., art. 845 et 913).

Faits. — La chambre civile a, le 25 juillet 1859 (*DP* 59. 1. 303, *S.* 59. 1. 812), rendu l'arrêt suivant, cassant un arrêt de la cour d'appel de Riom, du 12 mars 1858 (rapporté au *Sirey* sous l'arrêt de la chambre civile) :

« Attendu que le don en avancement d'hoirie, même sans clause de préciput, confère à l'enfant un droit irrévocable, sous la seule condition du rapport, s'il accepte la succession, ou de la réduction, s'il renonce et si sa libéralité est excessive; — Que le rapport n'est pas dû par l'héritier renonçant et que l'action en réduction ne peut être exercée que par l'héritier dont la réserve n'est pas complète; — Attendu que la réserve légale ne peut être ni directement ni indirectement entamée; que l'enfant donataire, qui renonce à la succession paternelle pour s'en tenir à sa donation, conserve, en vertu de ce titre irrévocable, ses droits dans la quotité disponible; que ses cohéritiers sont sans droit à lui contester sa part réservataire, puisqu'ils demeurent en possession d'une semblable part qui leur est échue au décès du père commun; — Que la réserve, bien qu'attribuée collectivement à tous les héritiers, n'en doit pas moins être partagée entre eux dans la proportion de leurs parts viriles; que le seul effet de l'indivision de la réserve est de conférer à chaque réservataire, à l'exclusion de l'héritier institué, le droit de profiter des renonciations par voie d'accroissement conformément au principe posé par l'article 786 du Code Napoléon; que cet article, toutefois, n'attribue la part du renonçant à ses cohéritiers, réservataires ou non, qu'autant qu'elle se trouve encore dans la succession et ne s'applique pas à des biens qui, en ayant été détachés avant son ouverture, ne peuvent plus y rentrer qu'au moyen du rapport ou de la réduction; que, hors ces deux cas, les biens donnés ne peuvent, aux termes de l'article 922 du Code Napoléon, être réunis que fictivement à la masse de ceux existant au décès du donateur pour fixer le montant de la quotité disponible; — Attendu que l'article 845, placé au chapitre *Du partage et des rapports*, régit indistinctement toutes les donations faites à des successibles, même non réservataires, et ne doit pas être isolé des articles 919, 920, 921, 922, qui l'expliquent et le complètent, dans son application spéciale au cas d'une donation comprenant tout à la fois la réserve du donataire et la quotité disponible ordinaire; qu'on ne saurait considérer comme indisponibles, dans les mains du père, les biens réservés à ses enfants par la volonté de la loi, dont la donation ne fait que reconnaître et hâter le bienfait; que cette interprétation, conforme à l'Ancien droit, tend à fortifier l'autorité du père de famille, en maintenant dans toute son étendue le pouvoir rémunérateur qu'elle lui a concédé; — D'où il suit que la cour impériale de Riom, en jugeant que la donation en avancement d'hoirie faite à la dame Lavialle ne vaudrait, par suite de sa renonciation à la succession de son père, que jusqu'à concurrence de la quotité disponible, a faussement appliqué les articles 786, 845, 913 et violé les articles 919 et 921 du Code Napoléon; — Casse, etc. ».

La cour de Bourges, désignée comme cour de renvoi a, par arrêt du 14 juin 1860 (*DP* 60. 2. 215, *S.* 60. 2. 454), statué dans le même sens que la cour de Riom. Nouveau pourvoi en cassation.

Moyen. — Violation des articles 845, 919 et 921 du Code Napoléon, en ce que l'arrêt attaqué a décidé que l'enfant donataire en avancement d'hoirie, qui renonce à la succession de son père donateur pour s'en tenir à la donation, ne peut retenir ce don que jusqu'à concurrence de la quotité disponible, et n'a pas le droit de le cumuler avec sa part dans la réserve.

ARRÊT

La Cour; — Attendu que de l'article 913 du Code Napoléon, qui détermine la portion des biens que les père et mère peuvent donner, soit à leurs enfants hors part, soit à des étrangers, il résulte que la réserve n'est autre chose que la succession elle-même, diminuée de cette portion, s'il en a été disposé; — Que les enfants n'ont, dès lors, droit à cette réserve et ne la recueillent qu'à titre d'héritiers, et qu'aucune disposition du code ne sépare la qualité de réservataire et celle d'héritier ; — Qu'ils succèdent, aux termes de l'article 745, à tous les biens du défunt, et sont investis, par les articles 920 et 921, du droit de former, contre tous les donataires, la demande en réduction des donations qui excèdent la quotité disponible ; — Attendu que, si la donation a été faite à un successible réservataire, il y a lieu de distinguer si elle a été faite avec ou sans dispense de rapport ; que ce n'est que lorsqu'elle a été faite avec dispense de rapport en vertu du droit que la loi a conféré aux pères et mères comme un attribut de la puissance paternelle, que le donataire peut, en venant à la succession, cumuler avec la quotité disponible sa part dans la réserve ; — Mais que, lorsque cette dispense n'a pas été expressément stipulée par le donateur, le donataire doit, s'il accepte, faire le rapport du don qu'il a reçu, et que, s'il renonce, il ne peut le retenir qu'à titre de donataire et jusqu'à concurrence de la quotité disponible ; — Que, si le don excède cette quotité, il ne peut y avoir lieu de l'imputer d'abord sur la part du donataire dans la réserve et subsidiairement sur la portion disponible, puisque, suivant l'article 785, le donataire renonçant n'a plus la qualité d'héritier ; — Enfin, que les héritiers acceptants ne peuvent être privés du droit de demander la réduction, sous prétexte qu'ils seraient nantis de leur part personnelle, ou que les biens seraient sortis de la succession, puisque, d'une part, les héritiers sont appelés collectivement à la succession, et, par conséquent, à la réserve, et puisque, d'une autre part, ils exercent tous les droits et actions qui sont attachés à leur titre d'héritiers ; — D'où il suit qu'en décidant que la donation faite à la dame Lavialle ne sera admise dans la liquidation de la succession du sieur Croizet que jusqu'à concurrence de la quotité disponible, l'arrêt attaqué n'a fait qu'une juste application de l'article 845 du Code Napoléon, et n'a violé aucune loi ; — Rejette...

OBSERVATIONS

1 Les libéralités faites aux héritiers réservataires renonçants sont-elles imputables sur leur part de réserve ou sur la quotité disponible ? Cette question a suscité jadis, entre la chambre civile, d'une part, la majorité des auteurs et des cours d'appel, d'autre part, une fort longue controverse et donné lieu à un revirement célèbre de jurisprudence.

Voici à quels termes la question peut se ramener : un héritier réservataire, qui a reçu du défunt une donation ou un legs, renonce à la succession pour s'en tenir à sa libéralité. Il va sans dire que cette renonciation le prive de tous ses droits à sa part héréditaire ; mais on a discuté longtemps le point de savoir en quoi elle influait sur l'étendue de ses droits en tant que donataire. Après avoir retracé les hésitations auxquelles cette question a donné lieu en jurisprudence (I), on analysera la solution finalement retenue (II).

I. — Les hésitations jurisprudentielles

2 Un premier arrêt de la Cour de cassation, rendu le 18 février 1818 (arrêt *Laroque de Mons*, *Dalloz JG*, v° *Successions*, n° 1028, *S.* chron.), avait affirmé, que tout en étant compté pour le calcul de la réserve globale, l'enfant qui renonce est censé n'avoir jamais été héritier, ni, par conséquent, réservataire, et qu'il ne peut dès lors profiter du don qui lui a été fait que jusqu'à concurrence de la quotité disponible. Mais la Cour de cassation, frappée par le trouble que cette solution peut apporter dans les prévisions du père de famille (elle aboutit, en effet, au cas où l'enfant donataire renonce à la succession, à rendre caduques, en tout ou en partie, les libéralités que le disposant a pu faire sur la quotité disponible), ne tarda pas à l'abandonner. Deux arrêts de la chambre des requêtes (11 août 1829, *DP* 29. 1. 328, *S.* chron.) et de la chambre civile (24 mars 1834, *DP* 35. 1. 99, *S.* 34. 1. 145) décidèrent que la donation devait s'imputer sur la part de réserve de l'enfant, bien qu'il renonçât à la succession, parce que, disaient-ils, étant faite en avancement d'hoirie, cette libéralité n'était, dans la pensée du constituant, qu'une avance sur la part qui devait revenir à l'enfant dans la succession.

Cette première solution entraîna la Cour de cassation à en adopter une seconde, plus grave. En effet, du moment que l'enfant renonçant était admis à conserver sa donation jusqu'à concurrence de sa part de réserve, il fallait bien lui permettre aussi d'en imputer le surplus, le cas échéant, sur la quotité disponible. La Cour de cassation fut ainsi conduite à admettre que l'enfant donataire, renonçant à la succession, avait le droit de retenir sa donation jusqu'à concurrence à la fois de sa part de réserve et de la quotité disponible (Civ. 17 mai 1843, *DP* 43. 1. 289, *S.* 43. 1. 689, note Devilleneuve; 17 juill. 1854, *DP* 54. 1. 271, *S.* 54. 1. 513, note Carette; 25 juill. 1859, *DP* 59. 1. 303, *S.* 59. 1. 812).

Ce système, connu sous le nom de système du *cumul de la réserve et de la quotité disponible*, souleva la protestation de toute la doctrine, car le donataire, en renonçant, perd à la fois sa qualité d'héritier et celle de réservataire, et sa libéralité ne peut donc s'imputer que sur les biens disponibles.

II. — La solution finalement retenue

3 Par l'arrêt des Chambres réunies du 27 novembre 1863, la Cour de cassation est enfin revenue aux vrais principes et a clos ainsi une des plus célèbres controverses qu'ait suscitées l'interprétation du Code civil. Elle a décidé que l'enfant, donataire en avancement d'hoirie qui renonce à la succession du donateur, ne peut conserver son don que jusqu'à concurrence de la quotité disponible, et sans pouvoir cumuler cette quotité avec la part de réserve à laquelle il aurait eu droit comme héritier (v., ensuite, Civ. 22 août 1870, *DP* 71. 1. 133, *S.* 70. 1. 428; Req. 10 nov. 1880, *DP* 81. 1. 81, *S.* 81. 1. 97, note Labbé; 2 mai 1899, *DP* 1900. 1. 217, note Planiol, *S.* 1901. 1. 449, note Esmein). La Commission de réforme du Code civil a proposé de consacrer législativement ce système (avant-projet, art. 900); c'est ce qui a été fait par la loi du 3 juillet 1971, à l'article 864, alinéa 3 du Code civil qui dispose : « la donation faite en avancement d'hoirie à un héritier réservataire qui renonce à la succession est traitée comme une donation préciputaire » (v. P. Catala, *La réforme des liqui-*

dations successorales, 3e éd., n° 74; Dagot et Précigout, *Le nouveau droit des successions*, 1972, n° 91 ; Ponsard, *Liquidations successorales*, n° 80, p. 104).

4 La loi du 23 juin 2006 a déplacé le siège de cette disposition de l'article 864, alinéa 3 à l'article 919-1, alinéa 2 du Code civil. Cette loi a, en outre, prévu que le *de cujus* pourrait astreindre l'héritier gratifié au rapport, alors même que celui-ci renoncerait à la succession (art. 845 C. civ.). En ce cas, l'alinéa 3 de l'article 919-1 dispose que « l'héritier qui a renoncé est traité comme un héritier acceptant pour la réunion fictive, l'imputation et, le cas échéant, la réduction de la libéralité qui a été consentie ».

140

ENFANT ACCEPTANT. IMPUTATION DES LIBÉRALITÉS

Civ. 2 mai 1838

(*Dalloz JG*, v° *Dispositions entre vifs et testamentaires*, n° 1202, *S*. 38. 1. 385)

Fédas c. Lacoste

L'enfant donataire en avancement d'hoirie, qui accepte la succession du donateur, peut retenir, jusqu'à concurrence de sa part de réserve et de la quotité disponible, le don à lui fait par le défunt, bien que cette quotité disponible ait fait l'objet d'un legs par préciput, la règle de l'irrévocabilité s'opposant à ce qu'une donation puisse être révoquée par une libéralité, même préciputaire, faite postérieurement (C. civ., art. 1083).

Faits. — Le sieur Fédas a donné en avancement d'hoirie à trois de ses enfants, Léonard, la dame Noubel et la dame Lacoste, par leurs contrats de mariage respectifs, une somme de 20 000 F payable après son décès avec intérêts jusqu'à cette époque. Postérieurement, il a légué à la dame Lacoste, par préciput et hors part, différents biens évalués à une somme de 30 000 F. Le sieur Fédas décéda en 1819, laissant une fortune évaluée à environ 88 000 F, ce qui, en raison de l'existence de quatre enfants, portait la réserve de chacun à 16 000 F et la quotité à 22 000 F.

La dame Lacoste, légataire par préciput de 30 000 F, prétendit avoir droit à la totalité de la quotité disponible, sans qu'il y eût lieu d'avoir égard aux donations en avancement d'hoirie faites antérieurement par le défunt à Léonard Fédas et à la dame Noubel.

Un jugement du tribunal civil de Villeneuve, du 7 août 1823, confirmé par un arrêt de la cour de Bordeaux, du 21 janvier 1835 (rapporté au *Sirey* sous l'arrêt de cassation), a accueilli cette prétention pour les motifs suivants :

« Attendu que le Code civil a voulu concilier le droit de disposer et le droit qu'il a établi en faveur de certains héritiers légitimes; que tel est l'objet des articles 913 et s., qui fixent la quotité disponible pour les libéralités entre vifs et testamentaires;

que, suivant ces articles, bases fondamentales de notre législation sur les successions, les héritiers à réserve ne peuvent se plaindre lorsqu'en venant à partage, ils trouvent la portion qui leur a été réservée; — Attendu que si les articles 857, 921 et 925 du Code civil, pris isolément, peuvent présenter quelques doutes sur la manière de fixer et de prélever la quotité disponible, il est facile d'en pénétrer le véritable sens, lorsqu'on rapproche leurs dispositions du principe général de la matière et des articles 843 et 922; que la loi a établi deux choses : la réserve en faveur de certains héritiers et la liberté de disposer d'une partie de ses biens; — Que c'est aller contre la disposition de la loi que d'accorder à l'héritier à réserve un moyen détourné pour restreindre une libéralité dont la quotité n'est pas excessive, lorsque la loi donne elle-même un moyen simple et facile de maintenir la réserve avec la libéralité; — Attendu qu'il ne faut pas confondre les donations entre vifs pures et simples avec les donations en avancement d'hoirie; que celles-ci ne deviennent irrévocables que lorsque les donataires, qui sont aussi les héritiers, répudient la succession du donateur; que, s'ils acceptent cette succession, ils sont tenus de rapporter les biens donnés; que dans ce cas il n'est pas exact de dire qu'ils font spécialement rapport au légataire préciputaire, que le rapport est la conséquence nécessaire de leur acceptation de la succession et des dispositions de l'article 857; que le donataire en avancement d'hoirie, qui est héritier et qui, à ce titre, veut prendre part dans la succession, est obligé de reconnaître qu'avant de venir à partage, il faut composer la masse de la succession et que, par l'effet de son acceptation et du rapport qui en est la conséquence, les biens qui lui avaient été donnés en avancement d'hoirie rentrent dans cette masse de la succession et doivent en faire partie; que l'article 923 s'applique au cas où, des donations étant excessives, il y a lieu de procéder par retranchement pour compléter la réserve, mais nullement à celui où il s'agit de venir à partage après avoir composé la masse de l'hérédité, et lorsque soit la donation, soit le legs préciputaire laissent aux héritiers à réserve toute la portion disponible qui leur est assurée par la loi; — Que les appelants se trouvant dans ce cas ne peuvent prétendre à autre chose que la réserve; — *Par ces motifs*, la cour ordonne que le jugement dont est appel sortira effet... ».

Pourvoi en cassation par le sieur Fédas et la dame Noubel.

Moyen. — Violation des articles 921, 922, 923, 1082 et 1083 du Code civil et fausse application de l'article 857, en ce que l'arrêt ordonne non seulement le rapport fictif à la masse de la succession du montant des donations en avancement d'hoirie faites par le père commun, mais encore la réduction de ces donations et, par suite, le rapport réel de ces donations au profit de la légataire de la quotité disponible.

ARRÊT
(après délib. en la ch. du cons.)

La Cour; — ... Attendu qu'aux termes des articles 1082, 1083 et 1090 du Code civil, toutes les donations faites par contrat de mariage aux époux ou à l'un d'eux, soit qu'elles soient faites par les père et mère ou autres ascendants, soit qu'elles soient faites par des parents collatéraux ou des étrangers, sont irrévocables en ce sens que le donateur ne peut plus disposer, à titre gratuit, des objets compris dans la donation, et qu'elles ne sont sujettes qu'à la réduction dans le cas où elles excéderaient la quotité de biens dont la loi permettait au donateur de disposer; — Attendu que, lorsqu'il s'agit de donations faites par un père en faveur d'un ou plusieurs de ses enfants, la loi n'établit aucune distinction entre une donation pure et simple et une donation faite à titre d'avancement d'hoirie; — Qu'une pareille donation est une sorte de délibation faite sur la part revenant à l'enfant donataire dans la succession de son père, et que, sous ce rapport, elle est toujours censée faite à titre d'avancement d'hoirie; — Attendu que la loi ne subordonne pas l'irrévocabilité d'une pareille donation à la condition imposée à l'enfant donataire de renoncer à la succession de son père; — Attendu, enfin, que si la loi la déclare irrévocable, c'est parce qu'il ne peut pas être au pouvoir du père donateur, après avoir fait à son enfant une donation pour faciliter son établissement par mariage, de porter atteinte, par des dispositions postérieures, à une donation sous la foi de laquelle l'union des deux époux avait été contractée; — Attendu qu'il est constaté par l'arrêt attaqué que le sieur Raymond-Joseph Fédas, père, en mariant Léonard Fédas, son fils aîné, et Marie Fédas, l'une de ses filles, leur a constitué à chacun, à titre d'avancement d'hoirie, une somme de 20 000 F, payable à son décès; — Attendu que l'arrêt attaqué a déclaré que cette donation avait été révoquée par l'acceptation que Léonard Fédas et Marie Fédas, femme Noubel, avaient faite de la succession de Raymond-Joseph Fédas, leur père; — Et que, par cette décision, l'arrêt attaqué a violé les articles ci-dessus cités du Code civil; — Attendu, d'un autre côté, que, lorsque des dispositions entre vifs ou testamentaires ont été faites par un individu qui laisse des héritiers en faveur desquels la loi a établi une réserve, et qu'il s'agit, à son décès, de vérifier et constater si les dispositions par lui faites excèdent ou non la quotité de biens dont la loi lui permettait de disposer, il devient nécessaire de former une masse des biens du défunt; — Que le Code civil, dans son article 922, a déterminé la manière de former cette masse; qu'aux termes de cet article, cette masse doit être composée de tous les biens existant au décès du donateur ou testateur, et qu'on doit y réunir fictivement ceux dont il a disposé par donation entre vifs; — Attendu que ce rapport *fictif*, qui a uniquement pour objet de déterminer la portion de biens dont le donateur a pu disposer, est essentiellement différent du rapport *réel*, qui, aux termes de l'article 843, doit être fait par tout héritier à ses cohéritiers de tout ce qu'il a reçu par donation entre vifs, directement ou indirectement; — Attendu que les règles sur le rapport réel sont fixées par les articles 857, 921 et 923 du Code civil; — Que, suivant l'article 857, le rapport n'est dû que par le cohéritier à son cohéritier, et qu'il n'est pas dû aux légataires ni aux créanciers de la succession; — Qu'aux termes de l'article 921, la réduction des dispositions entre vifs ne peut être demandée que par ceux au profit desquels la loi fait une réserve, et que les donataires, légataires ou créanciers du défunt ne peuvent demander cette réduction ni en profiter; — Qu'enfin, aux termes de l'article 923, il ne peut y avoir lieu à réduire les donations entre vifs qu'après avoir épuisé la valeur de tous les biens compris dans les dispositions testamentaires; — Attendu, dans l'espèce, que l'arrêt attaqué constate que le sieur Fédas, père, de la succession duquel il s'agit, après avoir fait au profit de plusieurs de ses enfants des donations entre vifs à titre d'avancement d'hoirie, a, par son testament, légué à la dame Lacoste, l'une de ses filles, des biens immeubles d'une valeur de plus de 30 000 F; — Qu'il est également constaté que, par cette disposition, le père commun a excédé la quotité dont la loi lui permettait de disposer, et qu'ainsi il y avait lieu d'en opérer la réduction; — Attendu qu'au lieu de faire porter le montant total de cette réduction sur le legs fait en faveur de la dame Lacoste, en conformité de l'article 923 ci-dessus cité, l'arrêt attaqué l'a fait supporter en grande partie au sieur Fédas et à la dame Noubel, donataires à titre d'avancement d'hoirie, en assujettissant ces derniers au rapport réel des donations entre vifs qui leur avaient été faites par le contrat de mariage; — Attendu que la dame Lacoste n'exerçait pas dans la succession de son père les droits qui lui auraient appartenu en qualité d'héritier réservataire, mais ceux résultant de la disposition testamentaire qui avait été faite en sa faveur; — Attendu, enfin, qu'en assujettissant Léonard Fédas et la dame Noubel au rapport des donations entre vifs qui leur avaient été faites, pour diminuer d'autant la réduction qui devait s'opérer sur le legs fait à ladite dame Lacoste, l'arrêt attaqué a fait une fausse application des articles 845, 921 et 922, et a formellement violé les articles 857 et 923 ci-dessus cités; — Casse...

OBSERVATIONS

1 Il a été vu, dans l'arrêt précédent, comment la Cour de cassation a résolu la question de l'imputation sur la quotité disponible et sur la réserve des libéralités faites à des héritiers réservataires *renonçants*. L'arrêt ci-dessus est le premier qui ait tranché la même question au regard des héritiers *acceptants*.

Pour ces derniers, l'imputation est opérée en principe de la façon suivante : les libéralités faites par *préciput et hors part* s'imputent sur la quotité disponible (art. 844 et 919, al. 1er). Au contraire, celles qui ont été faites en *avancement d'hoirie* s'imputent sur la part de réserve du gratifié, de sorte que la quotité disponible reste libre. Si l'on s'en tient donc, à ce propos, au problème de *l'imputation*, les solutions des chambres de la Cour de cassation sont concordantes (Civ. 8 févr. 1898, *DP* 99. 1. 265, note Sarrut, *S.* 99. 1. 137, note Wahl; Req. 13 mars 1907, *DP* 1910. 1. 309, *S.* 1911. 1. 188).

Mais que faut-il décider au cas où la donation faite en avancement d'hoirie *excède la part de réserve du donataire* ? Dans les relations entre les cohéritiers, la réponse ne fait pas de doute : puisqu'il s'agit d'une donation en avancement d'hoirie, l'excédent doit être rapporté, de telle manière que l'égalité entre les cohéritiers soit respectée. La difficulté n'est apparue en jurisprudence que dans le cas où le *de cujus* a, postérieurement à cette libéralité rapportable, disposé, totalement ou partiellement, de la quotité disponible. L'excédent doit-il alors être imputé sur la réserve globale de tous les réservataires ou sur la quotité disponible ? Ainsi, en l'espèce, les libéralités faites, en avancement d'hoirie, à deux des enfants, Léonard Fédas et la dame Noubel, excédaient leur part de réserve. Or, si on en imputait l'excédent sur la *réserve globale*, la quotité disponible était libre et le legs fait au troisième enfant, la dame Lacoste, pouvait s'exécuter, au moins jusqu'à due concurrence, sur la quotité disponible. Si, au contraire, on imputait l'excédent des deux premières libéralités sur la *quotité disponible*, le legs devait être réduit.

2 C'est cette dernière solution qu'a adoptée la chambre civile, en cassant l'arrêt de la cour d'appel de Bordeaux, et qu'a consacrée depuis une longue suite d'arrêts (Civ. 3 août 1870, *DP* 72. 1. 356, *S.* 70. 1. 393; 31 mars 1885,

DP 88. 5. 372, *S.* 85. 1. 302; 8 févr. 1898, *DP* 99. 1. 165, note Sarrut, *S.* 99. 1. 337, note Wahl). On peut y voir le signe, parmi d'autres, du recul du caractère collectif de la réserve. L'argument principal invoqué par ces arrêts est que le rapport, destiné à assurer l'égalité entre les cohéritiers, ne retire pas à la disposition faite en avancement d'hoirie son caractère de libéralité; or, toute donation étant en principe irrévocable, le donateur ne peut pas disposer une seconde fois des sommes qu'il a données. C'est ce qui serait précisément arrivé en l'espèce, si l'on avait imputé sur la masse de réserve les libéralités faites à Léonard Fédas et à la dame Noubel. En effet, la donation de 20 000 F faite à chacun d'eux se serait trouvée ainsi réduite à 16 500 F et le père aurait pu de nouveau disposer de la quotité disponible au profit de la dame Lacoste.

Rendu il est vrai à propos d'une donation par contrat de mariage, qui fait exception, dans certaines conditions (art. 947 et 1086 C. civ.), à la règle de l'irrévocabilité, un arrêt de la chambre des requêtes, en date du 13 mars 1907 (*DP* 1910. 1. 309, *S.* 1911. 1. 188), a pu être considéré comme contraire à cette jurisprudence dominante. La chambre des requêtes a fondé sa décision sur deux arguments. D'une part, elle a précisé que, d'une façon générale, le rapport a pour résultat de résoudre la donation qui est réputée n'avoir jamais été faite; à quoi l'on a objecté que le rapport n'a pas une telle portée, qu'il répartit seulement le bénéfice de la donation entre tous les enfants, la donation sujette à rapport conservant, en raison de son caractère irrévocable, tous ses effets à l'égard des autres intéressés, donataires postérieurs, légataires, créanciers de la succession. D'autre part, elle a observé que le donateur, en s'abstenant d'insérer dans sa donation une dispense de rapport, a montré qu'il ne voulait pas avantager l'enfant doté, donc qu'il ne voulait pas disposer à son profit de la quotité disponible; mais l'on a fait valoir, en sens contraire, que le disposant a simplement l'intention de ne pas avantager l'enfant doté au détriment des autres et que, cela mis à part, il ne songe pas à laisser libre, par ce moyen, la quotité disponible (rappr. les trav. de la Commission de réforme du Code civil, t. IX, p. 386 s.).

3 Ces constatations paraissaient permettre l'adoption d'une solution transactionnelle, liée à l'interprétation de la volonté du disposant (Planiol et Ripert, t. V, par Trasbot et Loussouarn, n° 98; P. Catala, « L'article 866 du Code civil et l'attribution de la réserve », *RTD civ.* 1960. 410; Dalloz, *Rép. civ.*, 2e éd., v° *Quotité disponible*, par Julien, nos 397 s.). La chambre civile, 1re sect. civ., de la Cour de cassation ne l'a pas pensé. Par un arrêt rendu le 23 juin 1964 (*JCP* 1964. II. 13819, note Patarin, *Defrénois* 1964, 28557, note J. Mazeaud), elle a marqué nettement sa fidélité à la solution adoptée en 1838. L'argument retenu par elle repose sur la règle de l'irrévocabilité des donations. Fallait-il cependant en conclure que la solution ainsi dégagée n'impliquait aucun tempérament ? Il ne le semblait pas, puisqu'il y a des exceptions au principe de l'irrévocabilité, à supposer que l'on doive parler ici d'une atteinte à ce principe. Aussi bien la loi du 3 juillet 1971 a-t-elle consacré expressément une règle réaliste et nuancée : de l'article 864, alinéa 1er du Code civil, il est résulté que « la donation faite en avancement d'hoirie à un héritier réservataire qui accepte la succession s'impute sur sa part de réserve et, subsidiairement, sur la quotité disponible, s'il n'en a pas été autrement convenu dans l'acte de donation » (v. P. Catala, *La réforme des liquidations successorales*, 3e éd., nos 77 s.; G. Morin, *La loi du 3 juillet 1971 sur les rapports à succession, la réduction des libéralités et les partages d'ascendants*, 2e éd., 1972, p. 41 s.; Dagot et Précigout, *Le nouveau droit des successions*, 1972, no 90; Ponsard, *Liquidations successorales*, no 83, p. 106). La loi du 23 juin 2006 a déplacé le siège de la matière de l'article 864 à l'article 919-1 alinéa 1er du Code civil.

141

QUOTITÉ DISPONIBLE. QUOTITÉ ORDINAIRE. QUOTITÉ ENTRE ÉPOUX. COMBINAISON

Civ. 1re, 26 avril 1984

(*D.* 1985. 133, note G. Morin, *Defrénois* 1984. 117, même note, *JCP* 1986. II. 20612, note Arrault, *RTD civ.* 1985. 194 et 760, obs. Patarin)

Dreuil c. Consorts Dreuil

Il est loisible à un époux de léguer à son conjoint l'usufruit de la totalité des biens composant sa succession, par application de l'article 1094-1 du Code civil résultant de la loi du 3 janvier 1972, et cette libéralité, en ce qu'elle n'affecte pas la nue-propriété des biens, lui laisse la faculté de disposer au profit d'un ou plusieurs de ses enfants, de la nue-propriété de la quotité disponible ordinaire fixée, en présence de trois enfants, au quart des biens du disposant par l'article 913 du Code civil.

Faits. — Le *de cujus* avait disposé par testament de l'usufruit de la totalité de sa succession au profit de son conjoint et légué à ses enfants, au nombre de trois, la nue-propriété d'une partie de ses immeubles. Les legs adressés aux enfants s'étant révélés inégalitaires, l'un de ceux-ci avait prétendu que le legs consenti au conjoint survivant avait épuisé la quotité ordinaire, laquelle était de 1/4 en propriété, et que la nue-propriété devait être partagée entre héritiers par parts égales. Les juges du fond ayant repoussé cette prétention, un pourvoi fut formé.

ARRÊT

La Cour; — *Sur le moyen unique :* — Attendu, selon les énonciations des juges du fond, que M. Pierre Dreuil est décédé le 30 juin 1975, laissant Mme Marie-Thérèse Martinet, sa seconde épouse, Mme Marie-Louise Dreuil, épouse Augeyrolle, M. René Dreuil et M. Henri Dreuil, ses trois enfants issus de son premier mariage; qu'aux termes d'un testament et d'un codicille en la forme olographe, des 26 et 29 mars 1975, il a légué à son épouse la totalité en usufruit des biens composant sa succession et partagé entre ses trois enfants la nue-propriété d'une partie de ses immeubles; que, sur la demande en partage de la succession formée par ses frères et sœur, M. René Dreuil a fait valoir que, son père ayant épuisé la quotité disponible ordinaire par le legs en usufruit consenti à son épouse, le testament de 1975 ne pouvait plus recevoir exécution et que la nue-propriété de la succession devait être partagée entre tous les héritiers par parts égales; que l'arrêt confirmatif attaqué, statuant après une expertise qui a révélé l'inégalité de valeur des lots d'immeubles partagés entre les enfants, a rejeté cette prétention, dit que M. Pierre Dreuil a pu valablement disposer au profit de sa fille Marie-Louise et de son fils Henri du quart de sa succession en nue-propriété et a ordonné les opérations de compte, liquidation et partage de la succession; — Attendu que M. René Dreuil reproche à l'arrêt attaqué (Bordeaux, 10 janv. 1983) d'avoir ainsi statué, alors que le *de cujus*, ayant consenti à son épouse survivante une libéralité en usufruit qui n'excédait pas la quotité disponible spéciale entre époux, ne pouvait disposer au profit de ses enfants que de la différence entre la valeur de l'usufruit de la totalité de la succession et le quart en pleine propriété représentant, en présence de trois enfants, la quotité disponible ordinaire; qu'en reconnaissant à M. Pierre Dreuil le droit de gratifier deux de ses enfants au-delà de cette différence, la cour d'appel aurait violé l'article 913 du Code civil; — Mais attendu qu'il était loisible à M. Pierre Dreuil de léguer à son épouse l'usufruit de la totalité des biens composant sa succession, par application de l'article 1094-1 du Code civil résultant de la loi du 3 janvier 1972 et que cette libéralité, en ce qu'elle n'affectait pas la nue-propriété des biens, lui laissait la faculté de disposer, au profit d'un ou de plusieurs de ses enfants, de la nue-propriété de la quotité disponible ordinaire fixée, en présence de trois enfants, au quart par l'article 913 du Code civil; qu'en statuant comme elle l'a fait, la cour d'appel, qui a, au demeurant, enjoint au notaire liquidateur d'effectuer, au vu du rapport d'expertise, les réductions de legs dans la limite de cette dernière quotité disponible, a fait une juste application de l'article 913 précité; d'où il suit que le moyen n'est pas fondé; — *Par ces motifs*, rejette...

OBSERVATIONS

1 La dévolution *ab intestat* étant principalement fondée sur la parenté par le sang, le conjoint survivant n'y a longtemps occupé qu'une place modeste. Pour compenser cette situation, la loi s'en remet au *de cujus*, lui laissant le soin de prévoir une attribution plus équitable au profit de son conjoint. À cet effet, elle a prévu entre époux une extension de la quotité disponible ordinaire. Ainsi en l'espèce, la quotité disponible spéciale est d'1/4 en propriété et des 3/4 en usufruit, alors qu'en présence de trois enfants le disponible ordinaire n'est que d'1/4 en propriété. La modestie des droits *ab intestat* du conjoint survivant trouve une compensation sur le terrain de la dévolution volontaire au point qu'on a pu écrire qu'elle constituait « la voie successorale normale entre époux » (B. Ancel, *Les conflits de qualifications à l'épreuve de la donation entre époux*, thèse Paris II, éd. 1977).

L'étendue de la quotité disponible variant selon la personne du gratifié, que faire lorsque le *de cujus* a consenti des libéralités à la fois à son conjoint et à d'autres personnes que celui-ci ? C'est la difficile question de la combinaison des quotités disponibles.

2 Rompant avec une jurisprudence bien assise qui énonçait qu'il fallait « combiner les deux quotités disponibles des articles 1094 et 913 du Code civil, de manière à renfermer chacun des gratifiés dans les limites de la quotité disponible qui lui est propre et à ne dépasser, dans aucun cas, la mesure de la quotité disponible la plus étendue » (Civ. 30 déc. 1902, *D.* 1903. 1. 151, *S.* 1904. 1. 313, note Naquet), l'arrêt reproduit apporte à cette question une analyse renouvelée.

À suivre l'interprétation qui en a été proposée par la doctrine la plus autorisée (v. G. Morin, note *D.* 1985. 133; M. Grimaldi, « La combinaison de la quotité disponible ordinaire et de la quotité disponible entre époux : revirement de jurisprudence », *Defrénois* 1985. 881 s.), la question du concours des disponibles doit désormais être résolue par la combinaison de trois règles.

En premier lieu, aucun des gratifiés ne peut recevoir au-delà du disponible qui lui est propre.

En second lieu, le total des libéralités consenties ne peut excéder le disponible ordinaire majoré de ce que lui ajoute le disponible spécial. La règle ne signifie pas que les intéressés peuvent cumuler la totalité des deux quotités disponibles en présence, mais simplement que le *de cujus* peut disposer du disponible ordinaire ainsi que de la partie du disponible spécial qui déborde le disponible ordinaire. Évidente lorsque, comme en l'espèce, la quotité disponible ordinaire est incluse dans la quotité disponible spéciale, cette directive est plus délicate à mettre en œuvre lorsque quotité disponible ordinaire et quotité disponible spéciale se chevauchent. Tel est le cas en présence d'un ou deux enfants, le disponible ordinaire étant alors d'1/2 ou d'1/3 en propriété, le disponible spécial d'1/4 en propriété et des 3/4 en usufruit. La règle énoncée signifie alors que le *de cujus* peut disposer du disponible ordinaire 1/2 ou 1/3, majoré de ce qu'y ajoute le disponible spécial 1/2 ou 2/3 en usufruit.

Enfin, dernière règle, les libéralités consenties aux tiers s'imputent exclusivement sur le disponible ordinaire; celles consenties au conjoint s'imputent dans toute la mesure du possible sur le disponible spécial. En d'autres termes, les libéralités consenties au conjoint s'imputent en priorité sur l'usufruit du disponible spécial et subsidiairement sur le disponible ordinaire.

Ces règles reposent sur une analyse renouvelée des rapports entre quotité disponible ordinaire et quotité disponible spéciale. Celles-ci ne devraient plus être considérées comme deux masses d'inégale importance, la seconde constituant une simple extension de la première, mais comme deux masses distinctes dotées d'une certaine autonomie laquelle se traduirait non seulement par la différence de quotité mais aussi par la nature des droits (usufruit ou propriété) dont il est permis au *de cujus* de disposer.

3 Faisant valoir que le résultat eût été le même avec l'ancien système, certains auteurs ont douté que cette décision ait véritablement la portée qui lui avait été prêtée (Arrault, *JCP* 1986. II. 20612). Mais en réaffirmant très nettement sa nouvelle position quant à la combinaison des disponibles par un arrêt du

20 février 1996, la haute juridiction a dissipé les hésitations qui pouvaient subsister (Civ. 1re, 20 févr. 1996, *JCP* 1996. I. 3968, nº 9, obs. Le Guidec, *RTD civ.* 1996. 452, obs. Patarin; rappr. Civ. 1re, 12 mai 2010, *D.* 2010. 1346, 2404, obs. M. Nicod).

TABLE CHRONOLOGIQUE DES ARRÊTS

(Les numéros renvoient aux numéros des arrêts)

INDEX ALPHABÉTIQUE

Les chiffres en gras correspondent au numéro d'ordre des grands arrêts reproduits et commentés.
Les chiffres en maigre renvoient aux numéros de paragraphes à l'intérieur des commentaires.
L'index alphabétique reproduit à la fin du tome 1 couvre la seule matière traitée dans celui-ci.
Un index couvrant la totalité de la matière traitée dans les deux tomes est publié à la fin du tome 2.

A

B

C

D

E

F

Q

R

U

V

TABLE DES MATIÈRES

(Les chiffres gras renvoient aux numéros des arrêts, les chiffres maigres renvoient aux pages)

LIVRE I
Introduction

SOURCES

NOM

DOMICILE

SEXE

CONCUBINAGE

MARIAGE

DIVORCE ET SÉPARATION DE CORPS

FILIATION

LIVRE III
Les biens

PROPRIÉTÉ

USUFRUIT

SERVITUDES ET RAPPORTS DE VOISINAGE

PRESCRIPTION ACQUISITIVE

ACTIONS RÉELLES

POSSESSION DES MEUBLES

LIVRE IV
Les régimes matrimoniaux

RÈGLES GÉNÉRALES

COMMUNAUTÉ ENTRE ÉPOUX

LIVRE V
Les successions

DÉVOLUTION ET TRANSMISSION

LIQUIDATION ET PARTAGE

LIVRE VI
Les dispositions à titre gratuit

CAUSE DANS LES DONATIONS ET LES LEGS

TESTAMENTS ET LEGS

DONATIONS ENTRE VIFS

PACTES SUR SUCCESSION FUTURE

RÉSERVE ET QUOTITÉ DISPONIBLE

PHOTOCOMPOSITION
SCM • Toulouse
715017, 715018 - (I) OSB – P 50 g SCM (CDR)
Achevé d'imprimer sur les presses de C.H. BECK
Dépôt légal : Avril 2015
Imprimé en Allemagne